KB041117

제 4 판

군사법원론

김현주·김회동·김동혁

박영사

제 4 판 머리말

대한민국 군인은 헌법 제 5 조 제 2 항이 규정한 바와 같이 "국가의 안전보장과 국토방위의 신성한 의무를 수행"한다는 막중한 사명을 부여받은 특정직 공무원이다. 헌법이 부여한 사명을 완수하기 위하여 군은 법치주의를 원칙에 따라 다양한 법률을 바탕으로 군의 조직·질서 및 기율을 엄정히 유지하여 전투력을 보존·발휘하여야 한다. 군 본연의 임무를 완수하기 위하여 특정직 공무원인 군인은 군사에 관하여 적용되는 군형사법(군형법과 군사법원법), 군사행정법, 전쟁법(국제인도법) 등의 일련의 법(이하 군사법)에 대해 반드시 숙지하고 이해해야 한다. 이는 선택이 아닌 필수요건이다.

국가의 존립을 위해서는 강력한 국방력이 필수 불가결하다. 그러나 대부분 사람이 심지어 군인조차도 강력한 국방력은 우수한 무기체계와 무조건적 상명하복의 군기만으로 달성된다고 생각하고 있는 듯하다. 이는 심각하고, 심각하고 또 심각한 오해이다. 강력한 국방력은 우수한 무기체계뿐만 아니라 적법한 권위로부터 비롯되는 명령에 바탕이 된 엄정한 군기로 구성된다. 무조건적 복종이 군기라는 오해는 군사법의 이론과 실제, 그리고 그 필요성과 기능을 제대로 이해하지 못한 것에서 기인한다. 이에 본서는 일차적으로 미래 우리 국군의 간성(干城)이 될 사관생도가 올바른 군인의 길을 갈 수 있도록 그 기본적인 방향타의 역할을 하는 군사법 교육을 위해 집필되었다. 사관생도들이 군의 막중한 사명을 수행하는 데 필요한 군사법 전반을 관통하는 올바른 이해를 제공하는 데 주안점을 두었다. 아울러, 본서는 군인의 길을 가고자 하는 이들, 그리고 현재 군인의 길을 걸어가고 있는 이들에게도 완벽하지는 않더라도 그 길은 제대로 갈 수 있는 나침반과 같은 기능을 할 수 있다고 감히 생각한다.

군사법 분야의 특수성 및 그 범위의 방대함은 날이 갈수록 증대하고 있다. 본서에 다루고 있는 법규는 군사법 전부가 아닌 그중 가장 기초일 뿐이다. 군사법 모두를 망라하기란 사실상 불가능하다. 기본에 충실하기 위해 노력하였지만, 여전히 부족하다는 점을 밝히지 않을 수 없다. 이 책의 독자들이 많은 지적과 조언을 해주실 것을 부탁드린다. 독자의 따끔한 지도편달을 바탕으로 저자들도 계속해서 배우고 익히며 연구 정진하여 책의 완성도를 높이겠다는 말씀을 드리는 바이다.

끝으로 출판의 기회를 주신 박영사 안종만 회장님께 감사드리며, 이 책의 출판에 힘써주신 박영사 이승현 차장님, 최동인 선생님께도 감사드린다. 아울러 생도법학 교육뿐만 아니라 책의 출간의 위해 자료와 집필방향에 고견을 보태주신 법무법인 청율인 변호사이신 김백진 박사와 송호춘 법무관, 그리고 마지막 퇴고 과정에서 혼신을 다해 도움 준 유동훈 교수께도 진심으로 감사드린다.

2023년 8월

화랑대에서 **공저자 일동**

제 3 판 머리말

군사법 연구에 초석을 놓고자 하는 마음으로 출발한 군사법원론은 2011년 2월 초판을 출간한 이후 2014년 2월 제 2 판 개정판을 출간하였다. 다시 2년이라는 시간이 흘러 그 기간 동안 독자들로부터 지적됐던 문제점과, 교육을 통해 식별한 사항들을 반영하여 제 3 개정판을 출판하게 되었다.

제 3 판에서는 전체의 흐름과 맥락을 중요시 하여 전체적인 구성을 일목요연하게 하는 것에 그 중점을 두었다. 급변하고 있는 법령들과 판례를 최신화 하는 것은 당연한 일이라 부연하지 않을 생각이다. 주요 반영사항은 다음과 같다.

첫째, 군사법원법에 대한 전반적인 개정이 이루어졌다. 예를 들어 법률의 변경에 의해 '군검찰관'이라는 용어가 '군검사'로 변경된 점, 보통군사법원의 설치부대가 사단에서 군단으로 상향된 것과 아울러 대법원의 판례변경으로 군사법원의 관할이 변경된 사항 등을 반영하였다.

둘째, 행정법 분야에서는 이전에 기술되어 있던 군인연금법 부분은 전체적인 흐름을 명료히 한다는 의미에서 간략하게 소개하는 수준으로 정리하였으며, 개정된 법령의 내용을 반영하였다.

셋째, 전쟁법에 있어서는 최근 이슈가 되고 있는 사이버전과 관련한 내용을 추가하였으며, 국제형사법 부분은 2017년 파리 Review Conference와 이후 당사국회의를 거쳐 변경된 내용을 추가하였다. 아울러 자위권에 대한 용어를 현재 국제법학회의 공식적인 용어로 통일하였다.

사관학교의 교수들은 일반대학의 교수들과 달리 교육, 연구와 학교행정업무에만 집중할 수 없다. 군인의 한 일원으로서 부여된 현안업무를 수행해야한다. 본연의 임무인 교육과 연구보다 부가적인 임무인 현안업무가 더 많은 노력과 열정을 요구하기도 한다. 그럼에도 교육과 연구는 본연의 명시된 임무라는 점과 인간의 존엄을 최고의 가치로 여기는 민주시민의 일원으로서 군의 지도자를 양성함에 있어 군사법 교육이 필수불가결한 요소라는 부정할 수 없는 진실 앞에서 생도교육 전에 늘 치열하게 토론하고 고민하고 아쉬워하였으며, 그 고민과 아쉬움을 군사법 교육의 기초인 교과서에 녹아들 수 있도록 수정과 집필에 가능한 모든 역량을 쏟아 부었다는 점을 말씀드리고자 한다. 늘 그렇지만 수정과 검토를 반복해도 미흡한 부분이 있기 마련이다. 독자들께서 너그러이 이해해주시길 부탁드린다.

다만 저자들은 스스로의 미흡함에 있어 절대 너그러이 용서하지 않을 것을 다짐하며 많은 지도편달을 해 주실 것을 또한 당부드린다.

　　마지막으로 초판부터 계속해서 본서의 출간을 허락해 주신 박영사 안종만 회장님께 감사드리며, 편집과 교정에 있어서 수고를 아끼지 않으신 김상윤 님과 편집부 임직원 여러분, 그리고 출간진행을 꼼꼼하게 챙겨 주신 손준호 과장님께 진심으로 감사의 마음을 전한다. 아울러 이 책의 전반적인 개정과 군사행정법 분야 수정에 노력을 아끼지 않은(군사행정법 분야 전반에 걸쳐 법령 변경부분의 수정을 담당하였음에도 스스로 부족하다며 공저자를 거부하였다.) 법학과 최미경 대위와 개정말미 본인의 연구강의가 계획되어 바쁜 일정에 허덕이면서도 기꺼이 행정적인 지원을 아끼지 않은 법학과 서경준 대위에게도 이 글을 통해 감사의 마음을 전한다. 한결같은 마음이지만 이 책이 군의 법치주의와 사관생도들을 비롯한 군의 간부들이 정의로운 리더, 인간의 존엄과 가치를 최고의 덕목으로 여기는 민주시민의 일원으로서 역할을 함에 있어 작은 보탬이 되었으며 하는 바람이다.

2018년 2월

화랑대에서 **공저자 일동**

제2판 머리말

군사법 연구에 초석을 놓고자 하는 마음으로 출발한 군사법원론은 2011년 2월 초판을 출간한 이후 독자들로부터 지적되어 왔던 그간의 문제점을 반영하여 제2판 개정판을 출간하게 되었다.

제2판에서는 본서가 시대에 적합한 이론서가 될 수 있도록 최근까지 개정된 주요 법령과 대법원 판결 및 헌법재판소 결정 등을 새로 반영하였다. 주요 반영사항은 다음과 같다.

첫째, 2013년에 개정된 현행 군형법은 최근 개정된 형법을 반영하여 성폭력 범죄의 객체를 "부녀"에서 "사람"으로 확대하고 '유사강간행위'를 처벌하는 규정을 신설하였으며 성범죄에 대한 친고죄 규정을 삭제하는 한편, 동성간의 성행위를 비하하는 "계간"이라는 용어를 "항문성교"라는 용어로 변경하는 등의 법령정비 작업이 있었다. 이에 따라 본서는 관련 조문에 대한 내용을 보완·수정하거나 신설하는 등 상당부분에 대한 손질을 가하였다. 뿐만 아니라 군사법원법에서 인용된 조문들 역시 모두 2014년 6월 1일을 기준으로 수정·보완하였다.

둘째, 다른 법령에 비해 상대적으로 법 개정이 빈번하게 이루어지는 행정법 분야에 있어서는 2014년 6월 1일 시행중인 법령을 기준으로 개정된 법률을 최대한 반영하였다. 특히 각군대학의 합동군사대학으로의 변경·설치와 군인연금법 개정, '공익근무요원' 제도에서 '사회복무요원'으로의 변경 등을 포함한 병역법 개정, 국적법 등의 타법개정 등 주요 개정내용을 포함하면서 기존에 누락되었던 징병검사, 입영 등의 군인사법도 상당부분 보강하였다.

셋째, 전쟁법에 있어서는 저자가 교육을 담당하고 있는 사관생도들에게 장차 지휘관에게 요구되는 전쟁법상의 의무준수 및 합법적 권한행사 의식을 함양할 수 있도록 ICC 관할범죄와 지휘관책임, 상관명령의 항변 등에 대한 내용을 보강하였으며, 국제재판소 규정과 이행입법 등의 항목을 추가하였다.

이와 같은 개정에도 불구하고 여전히 미흡한 부분들이 있을 것이다. 이는 추후 개정을 통하여 계속 보완해 나갈 것을 다짐하며, 모쪼록 본서가 사관생도들에게 냉철한 판단력과 분석력을 배양케 하고, 이를 바탕으로 군사정책 수립의 실체적·절차적 정당성을 확보하여 장차 국민의 신뢰를 받는 인재로 양성되는데 기여하기를 간절히 바란다.

마지막으로 초판부터 계속해서 본서의 출간을 허락해 주신 박영사 안종만 회장님께 감사드리며, 편집과 교정에 있어서 수고를 아끼지 않으신 우석진 부장님과 편집부 임직원 여러분, 그리고 출간진행을 꼼꼼하게 챙겨 주신 박광서 대리님께 진심으로 감사의 마음을 전한다.

2014년 6월

화랑대에서 **공저자 일동**

머리말

국가는 국민의 기본적인 권리를 보호하고, 질서 있고 평화로운 사회를 유지하는 것을 그 본질적인 기능으로 하고 있다. 국가가 이러한 본질적 기능을 수행하기 위해서는 국가 그 자체의 존립과 안전보장이 반드시 선행되어야만 한다. 이러한 측면에서 대한민국 헌법은 제5조 제2항에서 국군에 "국가의 안전보장과 국토방위의 신성한 의무를 수행"한다는 막중한 사명을 부여하고 있는 것이다.

헌법이 부여한 사명을 완수하기 위하여 군은 법치주의의 원칙 아래 다양한 법률을 바탕으로 군의 조직·질서 및 기율을 엄정히 유지함으로써 전투력을 보존·발휘할 수 있도록 하고 있다. 이와 같이 군 본연의 임무를 완수하기 위하여 군사에 관하여 적용되는 군형사법(군형법과 군사법원법), 군사행정법, 전쟁법(국제인도법) 등의 일련의 법체계를 군사법이라고 말할 수 있다.

그러나 아직까지도 군사법이라고 하면 군형법만을 생각하는 경우가 대부분이며, 그 필요성을 외면한 채 권위주의적이고 불합리한 개선의 대상으로 보려는 경우가 많다. 이러한 오해는 군사법의 이론과 실제, 그리고 그 필요성과 기능을 제대로 이해하지 못한 것에서 출발하고 있다. 미래 우리 국군의 간성이 될 사관생도에 대한 군사법 교육을 위해 집필된 본서에서는 군의 막중한 사명을 수행하기 위해 필요한 군사법 전반을 관통하는 올바른 이해를 제공하는 데 주안점을 두었다.

이를 위해 본서는 제Ⅰ부에서 군의 조직, 질서 및 그 통제력을 보호하고자 이를 침해하는 행위에 대해 일정한 제재를 가하는 군형법을, 제Ⅱ부에서는 군형사소송에 관한 절차를 규정하고 있는 군사법원법을, 제Ⅲ부에 국방목적의 국가행정작용을 담당하는 군의 군사행정에 관한 전반을 다루는 군사행정법을, 마지막 제Ⅳ부에 군인이 전투행위시 지켜야 할 국제법규인 전쟁법을 배치하여 군사법의 주요 분야들을 망라할 수 있도록 편성하고 그에 대한 깊이 있는 논의를 다루고자 하였다.

그러나 군사법 분야의 특수성 및 그 범위의 방대함 등으로 인해 군사법에 관한 교재가 거의 없는 현상황에서 군사법 연구에 초석을 놓는 마음으로 위와 같이 의욕적으로 시작한 본서의 집필이 여러 가지 사정으로 출판기한에 쫓기다 보니 마음먹었던 만큼의 완성도가 높은 내용을 담아내지 못해 많은 아쉬움이 남는다. 이 아쉬움은 이후 개정판을 내며 더욱 완성도를 높이겠다는 약속으로 달래고자 한다. 아무쪼록 본서가 군사법 분야에 대한 법학자들의 관심을 이끌어 군사법 분야의 연구가 활발해지고 그에 따라 군사법 분야가 좀더 발전되기를 바라며, 아울러 군무에 종사하는 여러 사람들의 업무수행에 도움이 되기를 바란다.

끝으로 출판의 기회를 주신 박영사 안종만 회장님께 감사드리며, 이일성 편집위원과 김중용 차장을 비롯한 박영사 임·직원 여러분께 감사의 뜻을 표한다.

2011년 2월

화랑대에서 **공저자 일동**

목 차

제 I 부 군 형 법

제 1 편 총 론

제 1 장 서 론

제 2 편 각 론

제1장 서 설 / 113

제2장 반란의 죄

제3장 이적(利敵)의 죄

제 9 장　항명의 죄

제14장 약탈의 죄

제15장 포로에 관한 죄

제Ⅱ부 군사법원법

제 1 편 총   론

제1장 서   론

제 2 장   소송의 주체

제 3 장   군사재판의 절차

제 2 편　각　　　론

제 1 장　수사와 공소

제 Ⅲ 부　군사행정법

제 1 장　군사행정법 총론

제 4 장 군 징 계

제 5 장 군사행정구제법

제 Ⅳ 부   전   쟁   법

제 1 장   서   론

제 I 부

군 형 법

제 1 편
총 론

제1장

서   론

제1절 형법의 의의와 기능

I. 형법의 의의

1. 정   의

법률요건인 범죄와 이에 따른 법률효과인 형벌 및 보안처분을 규정하고 있는 법규범의 총체를 형법이라 한다.[1] 형법을 범죄와 형벌에 관한 법이라고 할 경우에는 범죄에 대한 형벌 이외의 법률효과인 보안처분을 과하는 법규범을 포함할 수 없게 되므로 정확한 형법의 개념이라고 할 수 없고, 사회보호법상의 범죄에 대한 법률효과인 보안처분도 포함하는 것이 타당하다.

2. 형식적 의미의 형법과 실질적 의미의 형법

형식적 의미의 형법은 형법전(제정 1953.9.18. 법률 제293호; 일부개정 2020.12.8. 법률 제17571호)을 말한다.

실질적 의미의 형법은 그 명칭·형식 여하를 불문하고 범죄와 형벌 및 보안처분을 규율하는 법규범 일체를 말한다.

형식적 의미의 형법이 형법전이라는 명칭을 가진 것을 모두 형법이라고 함에 비하여, 실질적 의미의 형법은 그 명칭과는 무관하게 내용만을 토대로 판단하기에 때로는 형식적

---

1) 외국어로 형법이란 말은 Strafrecht(獨), droit penal(佛), Criminal law(美) 등이 있는데, 獨·佛과 같은 대륙법계국가에서는 형벌(Straf, penal)이라는 규범적 측면을 강조하는 표현을 쓰며, 영미법계국가에서는 범죄(Crime)라는 사실적 측면을 강조하는 표현을 쓰고 있다.

의미의 형법도 실질적 의미의 형법에 속하지 않는 경우가 있고, 반대로 실질적 의미의 형법이 형법전에 포함되지 않는 경우도 있다.

3. 형법의 범위

형법은 협의와 광의의 두 가지 의미로 사용할 수 있다. 협의의 형법이란 현행 형법전(2020.12.8. 법률 제17571호)을 의미한다. 범죄와 이에 대한 법률효과에 관한 규정은 협의의 형법 이외에도 많은 특별형법과 행정형법에 포함되어 있다. 이를 광의의 형법이라고 하며, 군형법·국가보안법·폭력행위 등 처벌에 관한 법률·특정범죄가중처벌 등에 관한 법률·도로교통법·사회보호법·식품위생법 등이 여기에 해당한다.

여기서 유의할 것은 광의의 형법에 특별한 규정이 없는 한 협의의 형법의 총칙에 관한 규정이 적용된다는 점이다(형법 제8조).

Ⅱ. 형법의 기능

우리나라 형법학자들은 형법의 기능을 일반적으로 규제적 기능·법익보호적 기능·보장적 기능의 세 가지로 구분한다.

1. 규제적 기능

형법은 일정한 행위를 범죄로 규정함으로써 그러한 행위를 무가치하고 위법한 것으로 평가하고, 일정한 형사제재로 대응함으로써 법질서교란행위들을 규제하는 기능을 수행한다. 이러한 규제기능으로 말미암아 공동생활의 평화질서를 유지되게 된다.

2. 보장적 기능

형법은 국가의 형벌권을 명확하게 한계지음으로써 국가의 자의적인 형벌권행사로부터 국민의 자유와 권리를 보장하는 기능을 수행하는데, 이를 형법의 보장적 기능이라고 한다.

형법은 "…한 자는 …에 처한다"는 가설적 판단형식을 취하기에 일반국민이 형법에 규정된 행위 이외의 어떠한 행위를 하더라도 범죄자로 처벌되지 않는다는 것을 보장한다는 점에서 국민에게 무한한 행동의 자유를 보장하며(일반국민의 마그나 카르타), 설령 죄를 범한 범죄인의 경우라도 형법이 정하고 있는 형벌 이외의 어떠한 형벌도 과하지 않음으로써 범죄인의 권리를 보장한다(범죄인의 마그나 카르타).

3. 보호적 기능

형법은 형법적 보호를 받을 자격을 받을 이익이 있는 법익들을 보호하는 기능을 수행한다. 이러한 보호적 기능을 통해 평화로운 공동질서를 확보해 주게 된다.

형법은 국가가 형벌권이라는 가장 강력한 제재수단을 통하여 보호할 가치가 있는 이익들을 보호하는 것을 그 주된 기능으로 한다. 형법은 국가가 가진 가장 강력한 제재수단이므로 다른 사회적·법적 통제수단들이 사회적 분쟁상황을 완전히 처리하지 못하는 곳에서만 보충적으로 사용될 수 있다는 점에서 최후의 수단으로 적용될 것을 요한다. 이를 형법의 보충성의 원칙이라고 할 수 있다. 형벌 또는 보안처분은 다른 법률수단과는 비교할 수 없는 강력한 법률효과를 지니며, 형법의 지나친 확대금지는 형사정책의 영원한 요청임을 부정할 수는 없다.

제2절 군형법의 의의와 기능

Ⅰ. 군형법의 의의 및 연혁

1. 군형법의 의의

군형법(Military penal law, Militärstrafrecht, droit penal militaire)은 군사에 관한 범죄와 이에 대한 형사제재로서 형벌 및 보안처분을 과하는 국법질서를 규정한 법규범을 말한다. 이러한 군형법 가운데 가장 중요한 것이 협의의 군형법인 군형법전(1962.1.20. 법률 제1003호; 2021.9.24. 법률 제18465호)이라고 할 수 있다. 이외에 군사기밀보호법·군사기지 및 군사시설 보호법·군용물 등 범죄에 관한 특별조치법 등이 광의의 군형법에 속한다.

법은 통상 그 효력의 범위가 일반적인가 특수적인가에 따라 일반법과 특별법으로 나눌 수 있는데, 일반법은 그 효력이 사람·장소·규율사항 등에 관계 없이 일반적으로 미치는 법을 말하며, 특별법이란 그 효력이 부분적으로 일정한 범위 안에서만 미치는 법을 말한다. 군형법은 그 규정사항이 군사범죄라고 하는 특수한 사항이고, 적용을 받는 사람이 원칙적으로 군인 또는 그에 준하는 신분을 가지는 자라고 하는 점에서 특별형법이라 할 수 있다.

2. 군형법의 연혁

해방 후 군정 하에서 미 군정법령 제28호에 의거 조선경비대가 창설되고, 이어서 동령 제86호 제4호에 따라 조선경비대법이 공포·시행되었다. 그러나 이 법은 당시 미 육군전시법을 그대로 번역한 것으로 우리나라의 근대적인 군형법의 발판을 마련하였다는 의의만을 인정할 수 있을 뿐이다. 그 후 국방경비대의 창설에 따라 1948년 7월 5일 국방경비법과 해안경비법을 제정·공포하였는데,[2] 동법은 며칠 후인 1948년 7월 17일 제정·공포된 대한민국헌법 제100조에 따라 그 이후에도 계속 적용되어 공군에도 준용되어 왔다(1950.1.21. 국방부훈령 제6호). 그러나 법률 자체가 미국의 제도를 그대로 도입한 것이어서 법제가 이질적인 우리나라에 적용하는 데 어려움이 많았고, 해석상 많은 난점이 산재하였다. 이에 1952년 국방부 주관 하에 군형법제정사업이 시작되어 5·16 이후 법령정비사업의 일환으로 1962년 1월 20일 비로소 군형법이 제정·공포되었다. 그러나 이 법 역시 일본 구육군형법을 모체로 국방경비법을 가미한 데 불과하여 많은 문제점을 안고 있었다.

군형법은 그 이후에도 시대의 변화를 반영하고 국민적 요구를 반영하여 여러 차례에 걸쳐 개정되었으며, 최근에 이루어진 개정의 내용은 다음과 같다. 2009년 11월 2일 법률 제9820호로 개정시 특이할 만한 개정내용으로서는 군무이탈죄의 법정형을 하향조정하고, 결과적 가중범에 대한 평시 사형을 폐지하고, 상관살해죄의 법정형을 사형에서 사형과 무기징역으로 하향조정하는 등 군형법의 형량을 하향조정하였다는 것, 벌금형을 확대하였다는 것, 여군 등을 강간하거나 강제추행한 자 등을 처벌하는 규정 등을 신설하였다는 것 등이다. 2009년의 군형법 개정이 그간 군형법의 문제점으로 지적되어 온 형벌이 지나치게 높다는 비판을 수용하여 형량을 하향조정하고 벌금형을 확대한 것은 환영할 만한 일이다. 그러나 여군 등을 강간하거나 강제추행한 자들을 기존의 형법상의 강간죄와 강제추행죄 등으로 충분히 처벌할 수 있음에도 불구하고 군형법에 도입하여 훨씬 엄하게 처벌하는 것은 성범죄에 대한 국민들의 혐오감을 반영한 것이라고는 하나 특별히 여군 등을 강간으로부터 일반여성 등과 구별하여 보호해야 할 필요가 있는지, 그리고 그들에 대한 범죄를 특히 가중처벌해야 할 법적 근거가 무엇인지에 대해서는 의문이 든다.

군형법은 2013년 4월 5일 법률 제11734호로 다시 한 번 개정되었는데 개정 이유 및 내용은 최근 개정된 형법을 반영하여 성폭력 범죄의 객체를 "부녀"에서 "사람"으로 확대하고, 구강·항문 등 신체(성기 제외)의 내부에 성기를 넣거나 성기·항문에 손가락 등 신체의 일부(성기 제외) 또는 도구를 넣는 '유사강간행위'를 처벌하는 규정을 신설하며, 성범죄에 대한 친고죄 규정을 삭제하는 한편, 동성간의 성행위를 비하하는 "계간"이라는 용어를 "항문성교"라는 용어로 변경하는 등 추행죄 규정을 정비하였다. 이러한 두 차례의 개정에도 불구하고 여전히 형량이 일반형법상의 범죄에 비해 지나치게 높고 군조직의 급변성, 전쟁개념의 상대화, 전쟁방식의 다양화 등에 부합할 만한 근본적인 개정을 하지 못하였다는 점

---

2) 국방경비법도 그 내용은 당시에 개정되었던 미 전시법(Articles of War)을 그대로 번역한 것에 불과하였으며, 해안경비법 역시 미 해안경비법(The Disciplinary Laws of the Coats Guard)을 모방한 것이었으므로 당시 우리 군의 실정과는 상당한 괴리가 있었다. 참고로 미국은 1951년 위 양 법을 통합하여 통일군사법전(Uniform Code of Military Justice)을 만들었다.

에 그 한계가 있다. 2014년 1월 14일 군인의 정치 관여에 대한 처벌 요건을 구체화하고 그 형량을 현행 2년 이하의 금고에서 5년 이하의 징역과 5년 이하의 자격정지로 강화하는 개정이 있었으며, 2016년 5월 29일에는 군대 내 폭행과 협박을 근절하고 인권보장 등 건전한 병영문화를 조성하기 위하여 「군사기지 및 군사시설 보호법」상 군사기지, 군사시설, 군용항공기와 군용에 공하는 함선 내에서 군인 등에 대하여 폭행 · 협박을 한 경우 피해자의 의사에 관계없이 처벌을 할 수 있도록 하는 것을 주요 내용으로 하는 개정(법률 제14181호)이 행해져 2016년 11월 30일부로 시행되고 있다.

II. 군형법의 기능

특별형법인 군형법도 일반형법과 동일하게 규제적 · 보장적 · 보호적 기능을 수행한다.

1. 규제적 기능

군형법은 군의 질서를 파괴하고 기율을 해치는 일정한 행위를 범죄로 규정하여 그러한 행위를 무가치하고 위법한 것으로 평가하고, 일정한 형사제재로 대응함으로써 군의 법질서를 교란하는 행위들을 규제하는 기능을 수행한다. 이러한 규제기능으로 말미암아 군의 질서와 기율이 유지되게 된다.

2. 보장적 기능

형법이 일반국민과 범죄인의 권리를 보장하는 보장적 기능을 수행하는 것과 마찬가지로 군형법도 군형법에 규정된 행위 이외의 어떠한 행위를 하더라도 군형법에 의해 처벌되지 않고, 설령 군형법상의 범죄를 범한 범죄인의 경우라도 군형법이 정하고 있는 형벌 이외의 어떠한 형벌도 과하지 않는다는 의미에서 보장적 기능을 수행한다.

3. 보호적 기능

군형법도 일반형법과 동일하게 법익들을 보호하는 기능을 수행한다. 다만, 그 보호의 대상이 되는 법익들이 군의 조직 · 질서 · 기율 등이라는 점에서 차이가 있을 뿐이다.

군은 국가의 안전보장과 국토방위의 신성한 의무를 수행함을 그 사명으로 한다(헌법 제5조 제2항). 이러한 사명에 부응하기 위하여 군은 그에 상응하는 특수한 조직 및 고도의 질서와 기율을 필요로 하고, 이를 위한 제도적 장치로서 엄격한 계급구조가 확립되어 있다. 이와 같은 특수한 조직구조, 고도의 위계질서, 기율 등을 유지하기 위한 수단이 바로 군형법이라 할 수 있다. 최후의 강력한 수단인 군형법에 의한 제재를 통하여 군의 전투력을 보존·발휘할 수 있는 기틀이 마련되는 것이며, 이를 통해 궁극적으로는 군 본연의 사명이라 할 수 있는 모든 전쟁에서의 승리를 통한 국가의 안전보장과 국토방위의 임무를 달성할 수 있는 것이다.

즉 군형법은 군의 조직과 질서 및 기율 등의 법익을 보호함으로써 군의 전투력을 보존·발휘하는 기능을 수행하고 있다.

제 3 절 군형법의 특질

군형법은 전투력의 보존·발휘를 궁극적인 목적으로 하는 특별형법으로서, 그 범죄유형이나 형벌면에서 일반형법에 비하여 많은 특성이 있다.

I. 특수범죄유형의 규정

군형법은 그 목적상 일반형법이 범죄로 규정하지 않은 행위를 범죄로서 규정하고 있는데, 이것을 순정군사범이라고 한다.[3] 예를 들면 불법전투개시죄, 군무이탈죄, 항명죄, 지휘관의 항복죄, 초령위반죄 등 많은 군형법상의 범죄유형이 이에 속한다. 이에 반하여 다른 형벌법규상의 범죄로 규정된 것을 군형법상으로도 역시 범죄로 규정하고 있는 것을 불순정군사범이라고 하며, 대부분의 경우에는 다른 형벌법규보다 그 형벌이 가중되어 있는 점에서 특색을 가진다.

II. 행위객체와 보호객체의 특수성

범죄의 구성요건에 있어서 행위의 객체와 보호의 객체는 구별된다. 행위의 객체란 행위의 사실적·물리적인 대상을 말하며, 보호의 객체란 구성요건으로부터 관념적으로 이해되는 형벌법규가 보호하려는 이익을 말한다. 그 보호법익에는 국가적·사회적·개인적 법익이 포함된다. 일반형법의 경우에는 행위의 객체와 보호의 객체가 일치함이 원칙이나 군형법에 있어서 보호의 객체는 군의 질서와 기율유지, 전투력의 보존·발휘이므로 행위의 객체와 일치하지 않는 것이 원칙이고, 개인적, 사회적 이익이 직접적인 보호의 대상으로 되는 것은 아니다. 군형법에서 친고죄, 반의사불벌죄가 적은 까닭은 여기에 있다.

---

3) 순정군사범을 군형법에만 특유한 범죄에 국한시키지 않고, 다른 형벌법규에 이미 죄로 규정되어 있는 것이라도 구성요건의 중요부분에 변경을 가함으로써 죄의 실질을 변경시킨 것도 포함하는 것으로 보아야 한다는 견해도 있다(이진우, 군형법, 법문사, 1973, 18면 이하).

Ⅲ. 과실범의 확대

형법 제14조는 "정상의 주의를 태만함으로 인하여 죄의 성립요소인 사실을 인식하지 못한 행위는 법률에 특별한 규정이 있는 경우에 한하여 처벌한다"고 하여 과실범을 예외적으로 처벌함을 규정하고 있다(현행형법이 인정하고 있는 과실범으로는 실화죄 등 8개 범죄뿐이다). 그러나 군형법은 그 자체가 군인이라는 신분을 가진 자에게만 적용됨이 원칙이므로 일종의 업무상 과실범으로서 중한 주의의무를 요구함과 동시에 과실범의 유형을 확대하고 있다. 즉 군용물에 관한 죄 중 군용시설·노획물 등의 과실손괴를 벌하고, 군용물분실죄도 규정하고 있다.

Ⅳ. 형벌의 준엄성

군형법은 군의 기율과 질서를 유지하고 전투력을 보존하기 위하여 군사범죄에 대하여 일반형법보다도 가중한 형벌을 규정하고 있다. 즉 군형법상의 법정형은 사형·징역·금고가 대부분이며, 일반형법과 동일한 유형에 대하여도 위와 같은 목적을 위하여 형을 가중하여 규정하는 것이 일반적이다. 예를 들면 군형법 제48조 상관에 대한 폭행·협박죄는 일반폭행죄에 비하여 훨씬 중한 형을 규정하고 있다.

제 4 절 군형법의 법원(法源)

Ⅰ. 군형법과 죄형법정주의

1. 죄형법정주의의 의의 및 연혁

"법률이 없으면 범죄도 없고 형벌도 없다"(nullum crimen, nulla poena sine lege)라는 근대형법의 기본원리를 죄형법정주의(罪刑法定主義)라 한다. 즉 어떤 행위가 범죄로 되고, 그 범죄에 대하여 어떤 처벌을 할 것인가는 미리 성문의 법률에 규정되어 있어야 한다는 원칙을 의미한다.

죄형법정주의는 국가형벌권의 확장과 자의적인 행사로부터 시민의 자유를 보장하기 위한 형법의 최고원리(oberster Grundsatz des Strafrechts)이다. 우리의 헌법 제12조 제 1 항은 "… 누구든지 법률에 의하지 아니하고는 … 처벌과 보안처분을 받지 아니한다…," 제13조 제 1 항은 "모든 국민은 행위시의 법률에 의하여 범죄를 구성하지 아니하는 행위로 소추되지 아니한다"고 하여 죄형법정주의를 규정하고 있다.

죄형법정주의[4]의 기원은 보통 1215년 영국 존(John)왕의 Magna Charta에서 찾고 있다. Magna Charta 제39조에 "형벌은 자유인에 대해 법률에 의한 동료의 재판을 통해서만 허용되어진다"고 규정하고 있기 때문이다. 그 후 1776년 버지니아 권리선언, 1787년 미합중국헌법을 거쳐 1789년 프랑스 대혁명의 인권선언[5]에서 그 꽃을 피우게 되었다. 오늘날에는 구 소련과 동구권의 구 사회주의국가 형법까지도 이 원칙을 인정하였고, 1948년 12월 10일 UN 세계인권선언 제11조 및 1950년 11월 4일 유럽인권협약 제 7 조 제 1 항에서도 천명되어 있어 죄형법정주의는 이제 인류공동의 법문화적 유산이 되었다.

2. 죄형법정주의의 사상적 기초

죄형법정주의는 형법학의 산물이 아니라, 절대국가권력에 대한 시민저항·혁명의 산물이고, 그것의 철학적·정신사적 기초를 제공한 것은 17·18세기 서구 계몽주의(Aufklarung)였다. 따라서 근세 계몽주의 사상가들, 예컨대 홉스(Hobbs), 로크(Locke), 몽테스키외(Montesquieu), 루소(Rousseau) 등이 사상적 기초를 제공하였다.

(1) 정치적 자유주의

절대주의에 대항하여 근대 시민계층의 투쟁의 산물로 확립된 정치적 자유주의는 추상적으로 실정화하여 놓은 법률에 행정작용과 사법작용을 구속시킬 것을 요구했다. 국가는 사전에 이 법에 정해져 있는 행위에 대해서만 개인에게 책임을 물을 수 있다는 것이다. 이처럼 정치적 자유주의의 영향으로 죄형법정주의는 국가권력을 제한하고, 그 제한을 통하여 개인의 자유보장을 가능하게 하는 제도로 발전하게 되었다.

(2) 권력분립주의

국가의 자의적인 권력행사로부터 개인의 자유와 권리를 확보하기 위해 국가권력작용을 입법·사법·행정으로 나누어, 이를 각각 독립된 국가기관이 행사해야 한다는 3권분립론이 몽테스키외에 의해 주장되었다. 이에 의하면 사법부는 입법부가 제정한 법률에 따라서 재판해야 하기 때문에 범죄와 형벌의 관계가 입법부의 법률에 미리 규정되어 있어야 하는 죄형법정주의가 요청된다.

---

4) 원래 죄형법정주의를 나타내는 명제는 1801년 포이어바흐의 형법교과서에서 처음 사용되었으며, 이와 대비되는 것으로서 죄형전단주의가 있다. 이것은 범죄와 형벌을 미리 법문으로 명기해 두지 않고 국왕이나 재판관의 자의적인 재량에 의해 결정하는 주의로서, 이것을 통하여 개인의 권리나 자유가 부당하게 침해되어 왔다는 것이다.

5) 프랑스인권선언 제 8 조는 "누구든지 범죄 이전에 제정·공포되고 적법하게 적용된 법률에 의하지 아니하고는 처벌되지 아니한다"고 규정하고 있다.

(3) 일반예방사상

포이어바흐(Feuerbach)는 칸트(Kant)류의 인간이성에 대한 믿음에서 출발하여 심리강제설을 주장하였다. 즉 인간은 이익과 불이익을 냉철하게 비교·계산하는 이성을 가지고 행동하기 때문에 범죄와 형벌을 미리 법률에 규정하여 두면, 일반국민들은 범죄로 얻을 쾌락과 형벌로 받게 될 고통을 비교하여 범죄를 단념하는 심리적 강제로 작용한다고 한다. 일반예방의 고전적 형식이다. 이러한 심리강제설은 그 논리적 귀결로 당연히 "nullum crimen, nulla poena sine lege"라는 형법의 최고원리를 요구한다.

3. 죄형법정주의의 내용

위와 같은 사상적 배경을 가진 당시의 죄형법정주의는 이전의 죄형전단주의에 대하여 개인의 자유와 권리를 보장함을 그 사명으로 하였으므로, 다음과 같은 파생적 원칙이 요구되었다.

(1) 소급효금지의 원칙

소급효금지의 원칙은 정확히 표현하면 소급입법의 금지와 소급적용의 금지로 나눌 수 있다. 소급입법의 금지는 사후입법에 의하여 범죄와 형벌을 행위자에게 불리하게 소급적으로 적용되도록 해서는 안 된다는 것이고, 소급적용의 금지는 범죄와 형벌·보안처분의 가중에 관한 법률규정은 다만 그 법률시행 이후 장래에 대해서만 적용되고, 그 법률시행 이전에 저질러진 범행에 대해서까지 소급적용될 수 없다는 것이다. 소급효금지의 원칙은 법적 안정성과 법률에 대한 국민의 예측가능성을 담보하는 법치국가이념에 그 근거가 있다. 가령 소급효를 인정하면 행위 당시에 범죄가 아니었던 행위가 행위 후의 법률에 의하여 범죄로 처벌되어 범죄와 형벌을 미리 법률로서 정해야 한다는 대원칙에 반하게 된다.

우리 헌법도 제13조 제 1 항에서 이 원칙을 선언하고 있고, 형법 제 1 조 제 1 항에서도 이를 재언명하고 있다. 그러나 이 원칙은 다만 중한 형벌에 대한 불소급에만 적용되며, 법률의 변경에 의하여 형이 경하게 된 경우에는 피고인의 이익을 위해 소급효를 인정하는데, 형법 제 1 조 제 2 항에서도 이를 규정하고 있다.[6]

---

6) 법령이 변경된 경우 신 법령이 피적용자에게 유리하여 이를 적용하도록 하는 경과규정을 두는 등의 특별한 규정이 없는 한 헌법 제13조 등의 규정에 비추어 볼 때, 그 변경 전에 발생한 사항에 대하여는 변경 후의 신 법령이 아니라 변경 전의 구 법령이 적용되어야 한다.
　　구 건설업법(1996.12.30. 법률 제5230호 건설산업기본법으로 전문 개정되기 전의 것) 시행 당시에 건설업자가 도급받은 건설공사 중 전문공사를 그 전문공사를 시공할 자격 없는 자에게 하도급한 행위에 대하여 건설산업기본법(1999.4.15. 법률 제5965호로 개정된 것) 시행 이후에 과징금 부과처분을 하는 경우, 과징금의 부과상한은 건설산업기본법 부칙(1999.4.15.) 제 5 조 제 1 항에 의하여 피적용자에게 유리하게 개정된 건설산업기본법 제82조 제 2 항에 따르되, 구체적인 부과기준에 대하여는 처분시의 시행령이 행위시의 시행령보다 불리하게 개정되었고, 어느 시행령을 적용할 것인지에 대하여 특별한 규정이 없으므로 행위시의 시행령을 적용하여야 한다(대법원 2002.12.10. 선고 2001두3228 판결).

형벌에 대하여 소급효금지의 원칙이 적용되는 데에는 문제가 없다. 문제는 보안처분에 대하여 소급효금지의 원칙이 적용되느냐에 있다. 판례는 보안처분에 대하여는 소급효금지의 원칙이 적용되지 않는다고 하는 입장이다.[7] 그러나 보안처분도 범죄에 대한 제재이며, 자유제한의 정도에 있어서 형벌 못지 않은 효과가 있으므로 보안처분에 대하여 소급효금지의 원칙이 적용되지 않으면 형벌불소급의 원칙의 의의는 상실된다는 점에서 보안처분에 대하여도 소급효원칙이 적용된다고 하는 것이 우리나라의 통설이다.[8] 대법원도 보호관찰의 경우와는 달리 사회봉사명령은 보안처분의 성격을 갖는 것이지만 실질적으로 신체의 자유를 제한하게 된다는 이유로 소급효금지의 원칙이 적용된다고 판시하였다.[9]

일단 만료된 공소시효를 사후의 소급입법에 의하여 연장 재개시키는 것은 법적 신뢰·안정성의 보호와 모순되기에 이를 허용할 수는 없으나, 공소시효기간을 사후적으로 연장시키거나 공소시효진행을 정지시키는 것은 소급입법금지의 원칙에 반하지 않는다. 왜냐하면 공소시효는 단지 소추조건일 뿐이고, 범죄와 형벌은 이미 행위시에 법률로 확정되어 있었기에 공소시효의 진행·완성에 대한 범죄자의 신뢰이익의 보호는 상대적인 보호에 불과하기 때문이다.[10]·[11]

---

7) 개정 형법 제62조의 2 제1항에 의하면 형의 집행을 유예를 하는 경우에는 보호관찰을 받을 것을 명할 수 있고, 같은 조 제2항에 의하면 제1항의 규정에 의한 보호관찰의 기간은 집행을 유예한 기간으로 하고, 다만 법원은 유예기간의 범위 내에서 보호관찰의 기간을 정할 수 있다는 입장을 취하고 있는바, 이에 따르면 위 조항에서 말하는 보호관찰은 형벌이 아니라 보안처분의 성격을 갖는 것으로서, 과거의 불법에 대한 책임에 기초하고 있는 제재가 아니라 장래의 위험성으로부터 행위자를 보호하고 사회를 방위하기 위한 합목적적인 조치이므로, 그에 관하여 반드시 행위 이전에 규정되어 있어야 하는 것은 아니며, 재판시의 규정에 의하여 보호관찰을 받을 것을 명할 수 있다고 보아야 할 것이고, 이와 같은 해석이 형벌불소급의 원칙 내지 죄형법정주의에 위배되는 것이라고 볼 수 없다고 보았다(대법원 1997.6.13. 선고 97도703 판결).

8) 김일수/서보학 64면; 박상기 31면; 배종대 93면; 손해목 61면; 오영근 59면; 이재상 18면; 임웅 21면; 정성금/박광민 18면.

9) 가정폭력범죄의 처벌 등에 관한 특례법이 정한 보호처분 중의 하나인 사회봉사명령은 가정폭력범죄를 범한 자에 대하여 환경의 조정과 성행의 교정을 목적으로 하는 것으로서 형벌 그 자체가 아니라 보안처분의 성격을 가지는 것이 사실이다. 그러나 한편으로 이는 가정폭력범죄행위에 대하여 형사처벌 대신 부과되는 것으로서, 가정폭력범죄를 범한 자에게 의무적 노동을 부과하고 여가시간을 박탈하여 실질적으로는 신체적 자유를 제한하게 되므로, 이에 대하여는 원칙적으로 형벌불소급의 원칙에 따라 행위시법을 적용함이 상당하다(대법원 2008.7.24. 선고 2008어4 결정).

10) 독일에서는 Nazi 전범을 염두에 두고 공소시효의 연장과 정지문제가 논의되었으나, 이 문제에 관해 독일 연방헌법재판소는 "공소시효는 가벌성이 아니라 단지 소추가능기간에만 관련된 것이므로 소급적인 시효연장은 단지 행위의 가벌성에만 관련된 죄형법정원칙을 침해하는 것은 아니다"라는 판결을 한 바 있다(BVerfGE 25, 287ff.).

11) [다수의견] 5·18민주화운동등에관한특별법 제2조는 그 제1항에서 그 적용대상을 "1979년 12월 12일과 1980년 5월 18일을 전후하여 발생한 헌정질서파괴범죄의공소시효등에관한특례법 제2조의 헌정질서파괴범죄행위"라고 특정하고 있으므로, 그에 해당하는 범죄는 5·18민주화운동등에관한특별법의 시행 당시 이미 형사소송법 제249조에 의한 공소시효가 완성되었는지 여부에 관계 없이 모두 그 적용대상이 됨이 명백하다고 할 것인데, 위 법률 조항에 대하여는 헌법재판소가 1996.2.16. 선고 96헌가2, 96헌마7, 13 사건에서 위 법률 조항이 헌법에 위반되지 아니한다는 합헌결정을 하였으므로, 위 법률 조항의 적용범위에 속하는 범죄에 대하여는 이를 그대로 적용할 수밖에 없다.

나아가 판례를 변경하여 그 변경 이전에 행한 범죄를 처벌할 수 있는가에 대하여 판례
가 입법자와 동일한 기능을 하여 일정한 가벌조건을 창조한 경우에는 피고인의 규범에 관
한 신뢰보호를 위해 소급적용이 금지되어야 한다.[12]

(2) 명확성의 원칙

형사처벌은 항상 성문법규범에 의거할 뿐만 아니라, 무엇이 범죄이고 그에 대한 형벌
은 어떠한 것인지가 법률로 명확하게 규정되어 있어야 한다는 원칙이다. 형벌법규의 불명
확성에 따른 법관의 자의를 방지하고, 국민에게 형법상 금지되는 행위와 그에 대한 형벌의
예측가능성을 제공하여 규범의 의사결정효력을 담보할 수 있다는 데 그 근거가 있다.[13] 헌

[반대의견 1] 5·18민주화운동등에관한특별법이 적용대상으로 삼는 헌정질서파괴범죄를 처벌하기 위
한 공익의 중대성과 그 범죄혐의자들에 대하여 보호해야 할 법적 이익을 교량할 때 5·18민주화운동 등
에 관한 특별법 제 2 조는 그 정당성이 인정된다. 그러나 공소시효가 이미 완성한 다음에 소급적으로 공
소시효를 정지시키는 이른바 진정소급효를 갖는 법률규정은 형사소추권이 소멸함으로써 이미 법적·사
회적 안정성을 부여받아 국가의 형벌권 행사로부터 자유로워진 범죄혐의자에 대하여 실체적인 죄형의
규정을 소급적으로 신설하여 처벌하는 것과 실질적으로 동일한 결과를 초래하게 되어 행위시의 법률에
의하지 아니하고는 처벌받지 아니한다는 헌법상의 원칙에 위배되므로, 공소시효에 관한 것이라 하더라
도 공소시효가 이미 완성된 경우에 다시 소추할 수 있도록 공소시효를 소급하여 정지하는 내용의 법률은
그 정당성이 인정될 수 없다. 따라서 5·18민주화운동등에관한특별법 제 2 조는 그 시행 당시 공소시효
가 완성하지 않은 범죄에 대하여만 한정하여 적용되고, 이미 공소시효가 완성된 범죄에 대하여까지 적용
되는 것은 아니라고 해석하는 것이 옳다.
또한 법원은 헌법재판소의 1996.2.16. 선고 96헌가2, 96헌가7, 13 결정에서 공소시효가 이미 완성된
경우에도 위 법률 조항이 합헌이라고 한 결정 이유 중의 판단내용에 기속되지 아니하는 것이며, 합헌으
로 선고된 법률 조항의 의미·내용과 적용범위가 어떠한 것인지를 정하는 권한, 곧 법령의 해석·적용의
권한은 바로 사법권의 본질적 내용을 이루는 것으로서 전적으로 대법원을 최고법원으로 하는 법원에 전
속하는 것이며, 법원이 어떠한 법률 조항을 해석·적용함에 있어서 한 가지 해석방법에 의하면 헌법에
위배되는 결과가 되고, 다른 해석방법에 의하면 헌법에 합치하는 것으로 볼 수 있을 때에는 위헌적인 해
석을 피하고 헌법에 합치하는 해석방법을 택하여야 하는 것임은 또 하나의 헌법수호기관인 법원의 당연
한 책무이기도 한 만큼 헌법재판소의 합헌결정에 불구하고 위 법률 조항을 위와 같이 해석·적용함에 아
무런 장애가 없다.
[반대의견 2] 법원은 법률의 내용이 헌법에 위반되더라도 곧바로 그 적용을 거부할 수 있는 것이 아니
라 그 법률이 헌법에 위반되는 여부가 재판의 전제가 된 경우에 헌법 제107조 제 1 항에 의하여 헌법재판
소에 제청하여 그 심판에 의하여 재판하여야 하는바, 이 경우 헌법재판소의 결정 중 각종 위헌결정은 헌
법재판소법 제47조에 의하여 법원을 기속하게 되나 합헌결정은 그 법률을 재판에 적용할 수 있다는 효력
이 있을 뿐이므로, 그 법률을 적용함에 있어서 합헌적으로 해석할 책무는 여전히 법원에 남아 있는 것이
다. 그런데 헌법재판소의 위 결정은 5·18민주화운동등에관한특별법 제 2 조가 합헌이라는 것인 만큼 법
원에게는 그 법률 조항을 합헌적으로 해석할 의무가 여전히 있는 것이고, 공소시효에 관한 위 법률 조항
은 [반대의견 1]에서 밝힌 바와 같이 그 시행 당시 공소시효가 완성되지 아니한 자에 대하여만 적용된다
고 해석함이 합헌적이다(대법원 1997.4.17. 선고 96도3376 전원합의체 판결).
12) "1인회사의 주주 겸 대표이사가 회사의 돈을 개인사업에 전용하여 회사에 손해를 끼친 경우, 종전의 판
례를 변경하여 업무상 배임죄를 인정한 사례"(대법원 1983.5.10. 선고 83도693 판결).
13) ① 음란한 부호 등으로 링크를 해 놓는 행위자의 의사의 내용, 그 행위자가 운영하는 웹사이트의 성격
및 사용된 링크기술의 구체적인 방식, 음란한 부호 등이 담겨져 있는 다른 웹사이트의 성격 및 다른 웹사
이트 등이 음란한 부호 등을 실제로 전시한 방법 등 모든 사정을 종합하여 볼 때, 링크를 포함한 일련의
행위 및 범의가 다른 웹사이트 등을 단순히 소개·연결할 뿐이거나 또는 다른 웹사이트 운영자의 실행행
위를 방조하는 정도를 넘어 이미 음란한 부호 등이 불특정·다수인에 의하여 인식될 수 있는 상태에 놓
여 있는 다른 웹사이트를 링크의 수법으로 사실상 지배·이용함으로써 그 실질에 있어서 음란한 부호

법재판소도 "범죄의 구성요건에 관한 규정이 불명확한 경우에는 국가형벌권의 자의적인 행사가 가능하게 되어 개인의 자유와 권리를 보장할 수 없으므로 죄형법정주의에 위배된다"고 선언하고 있다.[14] 또한 법률명확성의 원칙에 의해 형사입법은 항상 성문의 제정법, 즉 형법전의 형식으로 입법화되어야 한다.

명확성의 원칙의 핵심은 구성요건에 금지된 행위를 명확하게 규정하는 데 있다. 즉 구성요건은 가능한 한 명백하고 확장할 수 없는 개념을 사용하여야 하며, 국민이 법률에 의하여 금지된 행위가 무엇인가를 알 수 있을 정도로 명확하여야 한다. 그러나 구성요건을 순수한 기술적 요소로만 기재하는 것은 입법기술상 불가능할 뿐만 아니라 다양한 생활과 개별적인 사건의 특수성을 올바로 파악하지 못하게 할 위험이 있으므로 가치개념을 포함하는 일반적·규범적 개념이 사용되는 것은 불가피하다.[15]

명확성의 판단 기준으로 헌법재판소는 "통상의 판단능력을 가진 사람이 그 의미를 이해할 수 있었는가"를,[16] 대법원은 "사물의 변별능력을 제대로 갖춘 일반인의 이해와 판단"[17] 등을 들고 있다.

명확성의 원칙은 범죄구성요건의 명확성과 더불어 범죄에 대한 제재의 명확성도 요구한다. 다만 형벌에 대한 명확성의 원칙은 구성요건에 대한 명확성의 요구와 같이 엄격한 것은 아니다. 형벌은 그 종류와 범위가 특정되어 있어야 한다. 형벌의 종류와 범위를 정하지 아니하고 이를 법관에게 위임하는 것은 허용될 수 없다.

등을 직접 전시하는 것과 다를 바 없다고 평가되고, 이에 따라 불특정·다수인이 이러한 링크를 이용하여 별다른 제한 없이 음란한 부호 등에 바로 접할 수 있는 상태가 실제로 조성되었다면, 그러한 행위는 전체로 보아 음란한 부호 등을 공연히 전시한다는 구성요건을 충족한다고 봄이 상당하며, 이러한 해석은 죄형법정주의에 반하는 것이 아니라, 오히려 링크기술의 활용과 효과를 극대화하는 초고속정보통신망 제도를 전제로 하여 신설된 구 전기통신기본법 제48조의 2(2001.1.16. 법률 제6360호 부칙 제 5 조 제 1 항에 의하여 삭제, 현행 정보통신망이용촉진및정보보호등에관한법률 제65조 제 1 항 제 2 호 참조) 규정의 입법취지에 부합하는 것이라고 보아야 한다(대법원 2003.7.8. 선고 2001도1335 판결).
  ② 처벌법규의 입법목적이나 그 전체적 내용·구조 등을 살펴보아 사물의 변별능력을 제대로 갖춘 일반인의 이해와 판단으로서 그의 구성요건요소에 해당하는 행위유형을 정형화하거나 한정할 합리적 해석 기준을 찾을 수 있다면 죄형법정주의가 요구하는 형벌법규의 명확성의 원칙에 반하는 것이 아닌바, 주택건설촉진법 제52조 제 1 항 제12호, 제39조의 3, 제39조의 4, 공동주택관리령 제25조의 규정은 그 금지의 대상인 '주택관리사 등의 자격이 없는 자가 수행한 관리업무'의 유형·범위 등을 한정할 합리적 해석 기준이 분명하여 처벌규정으로서의 명확성을 지니는 것이어서 헌법 제12조의 죄형법정주의에 위반되지 아니한다(대법원 2003.4.11. 선고 2003도451 판결).
14) 헌법재판소 1995.9.28. 선고 93헌바50 결정.
15) 일반적으로 법규는 그 규정의 문언에 표현력의 한계가 있을 뿐만 아니라 그 성질상 어느 정도의 추상성을 가지는 것은 불가피하고, 형법 제243조, 제244조에서 규정하는 "음란"은 평가적, 정서적 판단을 요하는 규범적 구성요건 요소이고, "음란"이란 개념이 일반 보통인의 성욕을 자극하여 성적 흥분을 유발하고 정상적인 성적 수치심을 해하여 성적 도의관념에 반하는 것이라고 풀이되고 있으므로 이를 불명확하다고 볼 수 없기 때문에, 형법 제243조와 제244조의 규정이 죄형법정주의에 반하는 것이라고 할 수 없다(대법원 1995.6.16. 선고 94도2413 판결).
16) 헌법재판소 1992.2.25. 선고 89헌가104 결정.
17) 대법원 2002.7.26. 선고 2002도1855 판결.

형벌이 명확하여야 한다는 요청과 관련한 문제가 부정기형이다. 부정기형이란 형의 선고시에 기간을 특정하지 않고 그 기간이 형의 집행단계에서 결정되는 것을 말한다. 부정기형은 형이 명확하지 아니한 경우에 해당하므로 죄형법정주의에 반한다. 따라서 형의 장·단기가 전혀 정하여지지 아니한 절대적 부정기형은 제재의 명확성에 반하기 때문에 허용할 수 없으나, 형의 장·단기가 특정된 상대적 부정기형은 형벌의 목적을 달성하기 위해 필요할 뿐만 아니라, 형벌의 종류와 범위에 대하여 예견가능한 범주 안에 있기에 허용된다. 우리나라 소년법은 소년범에 대한 상대적 부정기형을 인정한다(소년법 제60조).

(3) 유추해석금지의 원칙

명확성의 원칙은 법률해석의 측면에서 유추해석의 금지를 요구한다. 형벌법규의 내용이 명백하다 할지라도 그 해석과 적용에 관하여 자의가 허용된다면 형벌법규의 명확성은 무의미하게 되고, 자의에 의한 입법을 허용하는 것이 되기 때문이다.

법률을 해석하는 방법은 문리해석, 논리해석, 목적론적 해석의 세 가지 방법이 있다. 문리해석이란 법률의 의미를 용어의 의미에 따라 해석하는 것을 말한다. 문리해석은 형법해석의 출발점이며, 용어의 의미는 해석의 기초인 동시에 해석의 한계로서의 기능을 한다. 논리해석은 법률에 규정되어 있거나 특수한 의미로 사용되는 용어의 체계적 연관에 따라 논리적 의미를 밝히는 것을 말한다. 목적론적 해석은 법률의 의미내용에 상이한 해석의 여지가 있는 경우에 그 규정의 발생사를 고려하여 의미의 목적에 따라 해석하는 것을 말한다. 문리해석과 논리해석 및 목적론적 해석의 세 가지 방법을 모두 동원하여야 완전한 법률해석이 가능하다.

유추해석이란 목적론적 해석 방법의 하나로 법률에 규정이 없는 사항에 대하여 그것과 유사한 성질을 가지는 사항에 관한 법률을 적용하는 것을 말한다. 형법의 해석에 있어서 유추해석을 하는 경우에는 형법상 명시되지 않은 행위가 처벌되어 개인의 자유가 제한될 염려가 있다. 따라서 형법의 해석은 오로지 문언에 따라 엄격히 해석하여야 하며, 해석이 불명확한 경우에는 피고인에게 유리하도록 해석하여야 할 것이다.[18] 그러나 금지되는

---

18) ① 공직선거및선거부정방지법 제273조 제 2 항에 의하여 준용되는 형사소송법 제262조와 공직선거및선거부정방지법 제273조 제 3 항에 의하면 같은 조 제 1 항 소정의 각 죄에 대한 재정신청이 있는 경우 그 재정결정에 대하여는 항고할 수 없고, 그 재정신청서가 형사소송법 제260조 제 2 항에 규정한 그 검사소속의 지방검찰청 또는 지청에 접수된 때에는 그 때부터 형사소송법 제262조 제 1 항의 재정결정이 있을 때까지 공소시효의 진행이 정지된다고 규정되어 있으나, 헌법 제107조 제 2 항에 의하여 사법적 처분인 재판에 대하여도 그것이 헌법이나 법률에 위반되는 여부에 관하여는 최종적으로 대법원의 심사를 받을 수 있다고 해석하여야 할 것이므로, 1963.12.13. 형사소송법 제415조의 개정으로 같은 법 제262조 제 1 항의 결정에 대하여도 그것이 헌법이나 법률에 위반되는 것임을 이유로 하는 이상 재항고할 수 있다고 할 것이고, 그 한도에서 같은 법 제262조 제 2 항은 변경된 것으로 보아야 하고, 그 결과 공직선거및선거부정방지법 제273조 제 3 항에 의한 공소시효의 정지기간도 재정신청의 접수시로부터 재정결정의 확정시로 변경된 것으로 보아야 하며, 이러한 해석은 법률의 헌법합치적 해석을 위한 목적론적 해석으로 유추해석금지의 원칙에도 위반되지 아니한다(대법원 2002.4.10. 자 2001모193 결정).

것은 피고인에게 불이익한 유추해석이며, 유리한 유추해석까지 금지하는 것은 아니다. 따라서 형벌을 감경하거나 조각하는 사유에 대한 유추해석은 허용된다. 또 소송법의 규정에 대해서도 원칙적으로 유추해석이 허용된다.

판례가 유추해석이라고 판시한 경우로는 ① 공직선거법의 자수를 범행발각 전의 신고로 한정하는 것으로 해석하거나,[19] ② 법정형 중 무기징역형을 선택하고 작량감경한 때에 경합범 가중을 하여 15년을 초과하는 징역형을 선고하거나,[20] ③ 군용물을 편취당한 경우 군형법 제74조 소정의 군용물분실죄가 성립하는 것으로 해석하는 것[21] 등이 있다.

(4) 법률주의

법률주의란 범죄와 형벌은 국민의 대표인 국회가 제정한 법률에 규정해야 한다는 원칙을 말한다. 따라서 명령이나 규칙에 의하여 범죄와 형벌을 규정해서는 안된다. 다만 법률로써 자세히 정할 수 없는 부득이한 사정이 있는 경우에는 법률의 구체적 위임에 의해 명령나 규칙으로 구성요건과 형벌을 정할 수 있다.

법률주의는 관습법금지의 원칙을 그 핵심내용으로 한다. 관습법이란 형식적 의미의 법률이 아니라 장기간에 걸쳐 일반적으로 법으로 인정되어 온 법사회의 관습을 의미한다. 관습법은 성문으로 제정된 법이 아니므로 그 내용과 범위가 명백하지 아니하고, 범죄와 형벌의 관계가 명시되어야 한다는 죄형법정주의에 배치된다.

그러나 관습법의 금지는 가벌성을 인정하거나 형을 가중하는 관습법의 금지를 의미할

---

② 구 건설업법(1996.12.30. 법률 제5230호로 개정되기 전의 것) 제59조 제 1 호와 건설산업기본법 제 95조 제 1 호의 규정은 그 해석을 통하여 어떠한 행위가 범죄를 구성하는가 하는 것을 확정할 수 있는 정도의 명확성을 가지고 있다 할 것이어서 헌법상 죄형법정주의의 원리에 위배되는 것이라고 볼 수 없고, 또한 형벌법규의 유추해석이나 확대해석을 허용할 수 없다고 하는 죄형법정주의의 파생원칙은 형벌법규의 적용단계에서 문제되는 것이기 때문에 구 건설업법 제59조 제 1 호와 건설산업기본법 제95조 제 1 호의 규정 그 자체를 놓고 유추해석금지·확대해석금지의 원칙을 천명한 헌법상의 죄형법정주의의 원리에 위배된다고 할 수는 없다(대법원 1999.10.12. 선고 99도2309 판결).

19) 대법원 1997.3.20. 선고 96도1167 판결.

20) 대법원 1992.10.13. 선고 92도1428 전원합의체 판결.

21) 대법원 1999.7.9. 선고 98도1719 판결. 군형법 제74조 소정의 군용물분실죄라 함은 동조 소정의 군용에 공하는 물건을 보관할 책임이 있는 자가 선량한 보관자로서의 주의의무를 게을리 하여 그의 '의사에 의하지 아니하고 물건의 소지를 상실'하는 소위 과실범을 말한다고 할 것이므로, 군용물분실죄에서의 분실은 행위자의 의사에 의하지 아니하고 물건의 소지를 상실한 것을 의미한다고 할 것이며, 이 점에서 하자가 있기는 하지만 행위자의 의사에 기해 재산적 처분행위를 하여 재물의 점유를 상실함으로써 편취당한 것과는 구별된다고 할 것이고, 분실의 개념을 군용물의 소지 상실시 행위자의 의사가 개입되었는지의 여부에 관계없이 군용물의 보관책임이 있는 자가 결과적으로 군용물의 소지를 상실하는 모든 경우로 확장해석하거나 유추해석할 수는 없다. "군단에서 온 백소령이다."라고 하는 말을 만연히 믿고, 성명불상자의 소속이나 직책을 확인하지 아니한 채 성명불상자가 상황실 총기대에 거치되어 있던 총기를 어깨에 메면서 "해안순찰을 가야 하는데 여기는 간첩도 오고 위험하니 탄을 좀 달라."고 하자 피고인이 탄약고 열쇠를 이용하여 보관하고 있던 탄약을 건네주었다는 것이므로, 결국 군용물을 건네준 피고인의 행위는 하자 있는 의사에 기한 소지의 이전이라고 보아야 할 것이고 '의사에 의하지 않은 물건의 소지의 상실'이라고 볼 수는 없어 군용물분실죄에서 말하는 분실에 해당한다고 할 수 없다.

뿐, 성문의 형법규정을 관습법에 의해 폐지하거나 구성요건을 축소 또는 형을 감경하는 것
은 관습법금지원칙에 반하지 않는다. 따라서 피고인에게 불리하지 않은 관습법에 의해 새
로운 정당화사유를 인정하거나, 관습법으로 면책사유, 인적 처벌조각사유를 창설·확대하
는 것은 얼마든지 가능하다.

관습법이 직접 형법의 법원이 될 수는 없지만, 형법의 해석에 간접적으로 영향을 미칠
수 있다. 이를 보충적 관습법이라고 한다. 예컨대 부진정부작위범의 보증인지위, 원인에
있어서 자유로운 행위에 대한 책임의 근거, 위법성의 판단은 물론 각칙상 구성요건의 해석
에 있어서도 관습법은 해석의 자료가 된다. 그러나 어디까지나 성문의 법규정에 의하여 정
해진 범위에서 그 규정에 내재하는 의미를 해석하는 데 그쳐야 한다.

(5) 적정성의 원칙

범죄와 형벌을 법률에 규정하여 인권을 보장하려는 형식적 법치주의는 국가가 법률에
의해 국민의 자유를 침해하는 법률적 불법으로부터 국민의 자유를 보장하지 못한다. 죄형
법정주의를 통하여 형법이 보장적 기능을 다하기 위해서는 법률의 내용이 정당한 국가의
이상형에 일치하는 적정한 내용이어야 한다.[22]

적정성의 원칙은 형벌법규적용의 필요성과 죄형의 균형을 그 내용으로 한다.

형벌법규적용의 필요성은 국가는 형법을 중요하고도 본질적인 사회가치를 보호하기
위한 수단으로만 사용할 것을 요구한다. "필요 없으면 형벌 없다," "불법 없으면 형벌 없
다"라는 명제가 이것을 의미한다. 즉 형벌규범은 사회와 개인의 이익을 보장하기 위한 본
질적인 필요성이 있을 때에만 적용되어야 한다. 어떤 행위를 처벌할 필요성이 있는지 여부
는 정치적·개인적인 가치판단이나 감정에 의하여 감상적으로 결정될 수 있는 것이 아니
며, 사회보호의 불가결한 필요성에 대한 적정한 교량과 보편타당한 인식에 기초를 두지 않
으면 안 된다.

인간의 존엄과 가치의 존중을 요구하는 헌법질서는 형벌법규의 내용에 의하여 실질적
정의가 실현될 것을 요구한다. 따라서 형벌법규의 내용에 있어서 범죄와 형벌 사이에는 적
정한 균형이 유지되어야 하며, 잔학한 형벌은 금지되어야 한다. 책임 없는 형벌은 죄형법
정주의와 일치할 수 없는 가혹한 보복에 지나지 않는다.

헌법재판소가 죄형의 균형을 상실한 규정이라고 판단한 사안으로 ① 상관살해죄에 대
하여 법정형으로 사형만을 규정하고 있는 군형법 제53조 제 1 항이 군대 내 상관살해의 동
기와 행위태양을 묻지 아니하고 무조건 사형으로 다스리는 것은 형벌체계의 정당성을 잃

---

22) 이에 대해서는 적정성의 원칙은 실질적 죄형법정주의를 구현하기 위한 실질적 수단으로 주장되는데, 실
질적 죄형법정주의의 개념을 사용할 경우 죄형법정원칙의 고유한 의미와 기능을 왜곡시킬 우려가 있으므
로 죄형법정주의는 형식적 법치국가개념에 기초하는 것으로 하고, 실질적 법치국가개념에 기초한 형법의
다른 기본원칙과 혼합하지 않은 것이 좋다는 입장이 있다(김일수, 형법총론, 박영사, 2006, 81면 참조).

은 것으로서 범죄의 중대성 정도에 비하여 심각하게 불균형적인 과중한 형벌이라고 하였으며,[23] ② 특정범죄 가중처벌 등에 관한 법률 제 5 조의 3 제 2 항 제 1 호가 사고운전자가 피해자를 사고장소로부터 옮겨 유기하고 도주한 경우에 피해자를 치사하고 도주하거나 도주한 후에 피해자가 사망한 때에 사형, 무기 또는 10년 이상의 징역으로 살인죄의 경우보다 무겁게 처벌하는 것은 지나치게 과중한 형벌이라고 판시한 바 있다.[24]

4. 군형법과 죄형법정주의

특별형법으로서의 군형법에도 죄형법정주의가 적용됨은 부언할 필요가 없다. 따라서 군사범죄를 저지른 군인도 역시 국민의 한 사람으로서 그의 기본적 인권을 최대한 보장해 주어야 하는 것이며, 이를 위하여 군형법도 역시 죄형법정주의라는 대원칙 하에 서지 않을 수 없다. 다만, 군형법은 군사범죄라는 특별한 범죄유형을 대상으로 하고 있으므로 일반형법에 비해 죄형법정주의와 상충될 가능성이 클 것이다. 형법의 대원칙 중 하나인 죄형법정주의를 완전히 형해화시키는 상충은 금지된다.

여기서는 군형법상 규정 가운데 문제가 되는 몇 가지에 관하여 논의해 보기로 한다.

(1) 보충적 이적죄의 문제

군형법 제14조 제 8 호는 "그 밖에 대한민국의 군사상 이익을 해하거나 적에게 군사상 이익을 공여한 사람"을 일반이적죄의 하나로서 규정하고 있다. 이 조항의 문제점은 "대한민국의 군사상 이익을 해하거나 적에게 군사상 이익을 공여한 사람"이라는 것이 지나치게 추상적이어서 형법해석의 여러 방법에 의해서도 가벌범위에 대해 해석적용자를 제약할 수 없을 정도로 그 내용의 명료성과 형식의 명정성을 잃고 있지 않는가 하는 부분이다. "대한민국의 군사상의 이익을 해한 사람"이라고만 규정함으로써 규범적 구성요건표지의 내포와 외연이 어디까지 미칠 수 있는지가 법문 그 자체의 전체적인 구조나 취지로부터 도출될 수 없고, 전적으로 해석적용자의 판단에 내맡겨져 있다고 볼 수 있다.

(2) 백지형법의 문제

백지형법이란 형벌의 전제가 되는 구성요건의 전부 또는 일부의 규정을 다른 법이나 명령·고시 등으로 보충해야 할 공백을 가진 형벌법규를 말한다. 이에 관한 전형적인 예가 바로 군형법 제47조의 명령위반죄이다. 동조는 "정당한 명령 또는 규칙을 준수할 의무가 있는 사람이 이를 위반하거나 준수하지 아니한 때에는 2년 이하의 징역이나 금고에 처한다"고 규정하고 있으므로, 범죄의 내용을 명령이나 규칙에 위임한 백지형법이라고 할 수 있다.[25] 백지형법은 그 위임사항이 특정되고 일정한 제한이 있는 경우에는 죄형법정주의에

---

23) 헌법재판소 2007.11.29. 선고 2006헌가13 결정.
24) 헌법재판소 1992.4.28. 선고 90헌바24 결정.

반하지 아니한다는 것이 통설이다.

그러나 명령위반죄의 경우에는 구성요건의 내용이 '정당한 명령 또는 규칙'으로서 극히 포괄적이므로 명령계통이 주종을 이루는 군사회에서 군인의 행위 대부분이 형벌적 평가의 대상이 되어버릴 위험이 있고, 그 명령과 규칙이 누구의 권한에 의하여 어떠한 사항에 대하여 어떠한 범위 내에서 제정되어야 하는가에 대하여 전혀 제한이 없으므로, 위 백지형법이론에 의하더라도 죄형법정주의상 문제가 있다.

그런데 헌법재판소는 "군형법 제47조에서 말하는 '정당한 명령 또는 규칙'은 군의 특성상 그 내용을 일일이 법률로 정할 수 없어 법률의 위임에 따라 군통수기관이 불특정 다수인을 대상으로 하여 발하는 일반적 효력이 있는 명령이나 규칙 중 그 위반에 대하여 형사처벌의 필요가 있는 것, 즉 법령의 범위 내에서 발해지는 군통수작용상 필요한 중요하고도 구체성 있는 특정한 사항에 관한 것을 의미한다고 보아야 할 것이며, 대법원도 일찍부터 위 법률규정을 위와 같이 해석·적용해 옴으로써 정당한 명령이나 규칙의 범위에 관하여 자의적인 법집행을 방지하고 있으므로, 위 법률규정이 불명확하여 죄형법정주의 원칙에 위배된다고 할 수 없다"고 하여 그 합헌성을 인정하였다.[26]

이와 관련하여 군형법 제36조의 비행군기문란죄에 있어서도 '비행에 관한 법규 또는 명령'을 위반한 경우에 범죄가 성립하는데, 이 경우에도 역시 백지형법인가 하는 문제가 있다. 그런데 형법상으로도 중립명령위반죄가 규정되어 있어 '중립에 관한 명령'에 위반한 경우에 동죄가 성립하는 것으로 하고 있다.

이와 같은 중립에 관한 명령이나 비행에 관한 법규 또는 명령을 특정하게 제한된 위임으로 볼 수 있는가에 따라 죄형법정주의와 저촉 여부가 결정될 것인데, 입법론상으로는 그러한 명령에 위반한 경우에도 군무이탈 등의 다른 규정이나 내부적인 징계에 의해 처벌할 수도 있으므로, 구태여 별도의 명문의 규정을 두어 죄형법정주의와 접촉 여부의 문제가 되게 할 필요는 없지 않을까 생각한다.

II. 군형법의 법원(法源)

1. 법원의 개념

법원(fontes iuris, Rechtsquellen)이란 여러 가지 의미로 사용되고 있는데, 여기서는 법이 어떠한 형식으로 존재하는가 하는 법의 존재형식이라는 면에서 고찰하기로 한다.

군형법의 법원은 앞서 언급한 죄형법정주의의 원칙상 성문법이어야 하며, 그 중에서도 형식적 의미의 법률, 즉 국회의 의결을 거쳐 성립된 법률이어야 한다. 다만, 명령은 법

---

25) 이진우, 33면; 조두현·김성훈, 32면.
26) 헌법재판소 1995.5.25. 선고 91헌바20 결정.

률이 구체적인 범위를 정하여 처벌규정을 위임한 경우에 한하여 예외적으로 군형법의 법원이 될 수 있다. 그러면 군형법의 법원이 될 수 있는 성문의 법률로는 어떠한 것이 있는가 알아보기로 한다.

2. 군형법의 법원

(1) 군형법전

군형법에 대한 가장 기본적인 법원은 역시 군형법전(2021.9.24. 법률 제18465호)이다. 군형법전은 군사범죄에 관한 범죄유형을 거의 포괄하고 있을 뿐만 아니라, 군형법의 특색을 가장 분명히 나타내고 있으므로 본서의 중심적인 논의의 대상이 된다.

(2) 형 법 전

형법전(2020.12.8. 법률 제17571호)은 형법의 중심이 되는 법원으로서 형법총칙에 관한 규정은 타법령에 특별한 규정이 없는 한 타법령에 정한 죄에도 적용되므로 군형법에서도 역시 총칙적인 지위를 가지며, 군인이 군형법에 규정되지 않은 범죄를 범한 경우에는 형법상의 범죄로 처벌받게 된다.

(3) 기타의 법원

전술한 것 이외에 군형법의 법원이 될 수 있는 것으로는 ① 계엄법(2017.7.26. 법률 제14839호), ② 국가보안법(2017.7.7. 법률 제13722호), ③ 폭력행위 등 처벌에 관한 법률(2016.1.6. 법률 제13718호), ④ 특정범죄가중처벌 등에 관한 법률(2022.12.27. 법률 제19104호) 등의 특별형법과, ① 군사기지 및 군사시설보호법(2022.12.13. 법률 제19077호), ② 군사기밀보호법(2022.12.13. 법률 제19076호), ③ 군용물 등 범죄에 관한 특별조치법(2016.1.6. 법률 제13719호) 등 군형법에 대한 특별법이 있다.

제 5 절 군형법의 효력

I. 서   설

일반적으로 법의 효력이라고 하는 경우에는 첫째로 법이 효력을 가질 수 있는 근거, 즉 법의 실효성과 타당성에 관한 문제와 둘째로 법이 그러한 효력근거 하에서 어떠한 사람과 장소, 그리고 시간의 범위 내에서 효력을 가지는가 하는 법의 효력범위 혹은 적용범위에 관한 문제를 포함하는 것이다. 그러나 본절에서는 후자의 문제, 즉 군형법의 적용범위에 대하여 시간·장소·사람의 적용범위로 나누어 설명하고자 한다.

II. 군형법의 시간적 적용범위

1. 행위시법주의 원칙

군형법이 어느 때 행하여진 범죄에 적용되는가의 문제를 시간적 적용범위(Zeitliche Geltung des Strafrechts)라 한다. 군형법에는 이에 관한 명문규정이 없기에 형법총칙의 일반 규정이 적용된다.

원칙적으로 형벌법규는 시행시부터 폐지시까지 그 효력을 가진다. 형법 제 1 조 제 1 항 도 "범죄의 성립과 처벌은 행위시의 법률에 의한다"고 규정하여 행위시법주의를 천명하고 있다. 이는 행위자가 예측할 수 없는 법률로 처벌받지 않게 하려는 죄형법정주의의 당연한 원칙이다. 개인의 자유와 인권을 보장하기 위한 소급효금지의 원칙은 군형법의 시간적 효력에서 행위시법주의로 나타난다.

2. 행위시법주의의 예외

행위시법주의는 국가형벌권의 남용을 방지하여 행위자의 자유와 인권을 보장하는 데 그 목적이 있음은 전술하였다. 따라서 형벌을 배제하거나 완화함으로써 행위자에게 유리한 소급입법의 적용(재판시법의 변경된 법률적용)은 죄형법정주의에 위배되지 않는다. 형법 제 1 조 제 2 항도 "범죄 후 법률의 변경에 의하여 그 행위가 범죄를 구성하지 아니하거나 형이 구법보다 경한 때에는 신법에 의한다"고 규정하여 행위시법주의의 예외를 인정하고 있다. 여기서 범죄 후란 행위종료 후를 의미하고 결과발생은 포함하지 않는다. 실행행위의 도중에 법률의 변경이 있어 실행행위가 신·구법에 걸쳐 행하여진 때에는 실행행위는 신법 시행시에 행하여진 것이므로 행위시법인 신법이 적용된다.[27] 형의 경중은 형법 제50조에 의하여 결정되고, 여기서의 형은 법정형을 의미하며 가중·감경할 형이 있을 때에는 가중·감경한 형을 비교하여야 한다.

범죄 후 여러 차례 법률이 변경되어 행위시법과 재판시법 사이에 중간시법이 있는 경우에는 그 가운데 형이 가장 경한 법률이 적용된다.[28] 범죄 후 법령의 개폐로 형이 폐지된

---

27) 상습으로 사기의 범죄행위를 되풀이 한 경우에 특정경제범죄가중처벌등에 관한 법률시행 이후의 범행으로 인하여 취득한 재물의 가액이 위 법률 제 3 조 제 1 항 제 3 호의 구성요건을 충족하는 때에는 그중 법정형이 중한 위 특정경제범죄가중처벌등에 관한 법률위반의 죄에 나머지 행위를 포괄시켜 특정경제범죄가중처벌등에 관한 법률위반의 죄로 처단하여야 할 것이다. 형법 제 8 조는 "본법 총칙은 타법령에 정한 죄에 적용한다. 단 그 법령에 특별한 규정이 있는 때에는 예외로 한다"고 규정하고, 부칙 제 4 조 제 1 항은 "1개의 죄가 본법시행 전후에 걸쳐서 행하여진 때에는 본법시행전에 범한 것으로 간주한다"고 규정하고 있으나, 위 부칙은 신형법 시행에 즈음하여 구 형법과의 관계에서 그 적용범위를 규정한 이른바 경과법으로서 위 제 8 조에서 규정하는 "본법총칙"이 아닐 뿐 아니라 범죄의 성립과 처벌은 행위시의 법률에 의한다고 규정한 형법 제 1 조 제 1 항의 해석으로서도 행위종료시의 법률의 적용을 배제한 점에서 타당한 것이 아니므로 위 신구형법과의 관계가 아닌 다른 법과의 관계에서는 위 부칙을 적용 내지 유추적용할 것이 아니다(대법원 1986.7.22. 선고 86도1012 전원합의체 판결).

경우에는 면소판결을 하도록 되어 있다(형사소송법 제326조 제 4 호).

3. 관련문제

군형법의 시간적 적용범위와 관련하여 문제되는 것이 한시법의 추급효 인정문제와 백지형법의 보충규정의 변경문제이다.

(1) 한시법의 추급효

한시법의 개념에 대하여 광의의 한시법 및 협의의 한시법이 있으며, 협의의 한시법은 형벌법규에 유효기간이 명시되어 있는 것을 말한다. 이러한 한시법이 그 유효기간 중의 위반행위에 대하여 추급효를 인정한다는 명문의 규정을 두고 있을 때에는 문제가 없으나, 그런 명문의 규정이 없을 경우에 유효기간이 경과한 후에도 처벌할 수 있는가, 즉 추급효를 인정할 수 있는가에 대하여 이를 긍정하는 견해와 부정하는 견해가 있다. 추급효부정설은 한시법도 그 유효기간이 경가하면 당연히 실효되는 것이므로 한시법의 추급효를 인정할 수 없다는 견해로 우리나라의 다수설[29]이다. 부정설은 형법 제 1 조 제 2 항이 신법주의를 규정하고 있으므로 한시법의 추급효를 인정하기 위하여는 행위시법주의로 환원하는 예외규정이 있어야 하는데 이를 인정할 법적 근거가 없고, 법률이 실효된 이후에 특별한 규정이 없음에도 불구하고 추급효를 인정하는 것은 죄형법정주의의 실질적 의미에 반한다는 것을 근거로 들고 있다. 이에 반해 추급효인정설은 한시법의 유효기간이 경과된 후에도 그 기간 중의 행위에 대하여는 처벌할 수 있다는 견해이다.[30] 인정설은 한시법은 원래 일정한 기간 동안 국민에게 준수를 요구하는 법이므로 비록 유효기간이 경과되었다 할지라도 경과 전의 범행은 비난할 가치가 있고, 한시법의 추급효를 인정하지 않는 경우 유효기간의 종료가 가까워지면 위반행위가 속출하여도 이를 처벌할 수 없게 되어 법의 실효성을 유지할 수 없음은 물론 심히 불공평한 결과를 초래한다는 점을 이유로 하고 있다. 판례는 법률변경의 동기를 분석하여 그 동기가 법적 견해(Rechtsauffassung)의 변경에 기인한 경우에는 행위의 가벌성이 소멸되었으므로 처벌할 수 없지만, 단순한 사실관계의 변화에 기인한 경우에는 가벌성이 없어지지 아니하므로 한시법의 추급효를 인정하여야 한다고 한다.[31] 이

---

28) 행위시와 재판시 사이에 수차 법령의 변경이 있는 경우에는 이 점에 관한 당사자의 주장이 없더라도 본조 제 2 항에 의하여 직권으로 행위시법과 제 1, 2 심판시법의 세 가지 규정에 의한 형의 경중을 비교하여 그중 가장 형이 경한 법규정을 적용하여 심판하여야 한다(대법원 1962.5.17. 선고 61형상76 판결; 대법원 1968.9.17. 선고 68도914 판결; 대법원 1968.12.3. 선고 68도1108 판결; 대법원 1968.12.17. 선고 68도1324 판결).

29) 김일수/서보학 49면; 남흥우 58면; 박상기 46면; 배종대 129면; 손동권 51면; 손해목 81면; 신동운 54면; 안동준 26면; 오영근 80면; 이형국 86면; 임웅 55면; 정성근/박광민 51면; 조준현 77면; 진계호 80면; 차용석 134면.

30) 유기천 37면; 이정원 148면; 정영성 65면.

31) 계엄령의 해제는 사태의 호전에 따른 조치이고 계엄령이 부당하다는 반성적 고려에서 나온 조치는 아

견해는 한시법은 행위시에 이미 처벌규정이 있었던 경우이므로 그 추급효를 인정한다고 하여 죄형법정주의에 반한다고 할 수는 없다고 한다. 그러나 여기에 대하여는 사실관계의 변화와 법적 견해의 변경의 구별이 상대적인 것이므로 법적 안정성을 해한다는 비판이 제기되고 있다.[32]

　　판례가 사실관계의 변화 때문에 형이 폐지된 경우로 보아 폐지 전에 범하여진 행위에 대하여 가벌성을 인정한 경우로는 ① 도로운송차량법 시행규칙의 자동차점검정비기간을 길게 개정한 경우,[33] ② 에너지이용합리화법 시행규칙이 동력자원부장관의 지정을 받아야 할 열사용기자재 중 온수보일러에서 가스용을 제외한다고 규정한 경우,[34] ③ 공산품품질관리법에 의한 공업진흥청의 품질검사 지정상품에서 제외한 경우[35] ④ 외국환관리규정의 개정으로 거주자가 허가를 받지 아니하고 휴대하고 출국할 수 있는 해외여행 기본경비가 증액되거나,[36] 거주자가 수출대금의 영수를 위하여 외국통화표시수표를 휴대수입 이외의 방법으로 수입하는 경우에 한국은행총재의 허가를 받을 필요가 없게 된 경우,[37] ⑤ 유자차의 성분배합기준에 대한 고시가 제조업자의 자율에 맡기도록 변경된 경우,[38] ⑥ 수입식품의 유통기한의 표시를 자율화하도록 식품위생규칙이 변경된 경우,[39] ⑦ 식품공전의 개정으로 해조류의 혼합가공시 청색 1호 및 황색 4호의 색소사용이 허용된 경우,[40] ⑧ 일반음식점에 대하여 영업시간 제한규정이 폐지된 경우,[41] ⑨ 도로교통법상 지정차로제도가 폐지된 경우[42] 등이 있다.

　　이에 반하여 법률이념의 변경에 의하여 형이 폐지된 경우라고 인정한 경우로는 ① 축산물가공처리법 시행규칙이 식육점 경영자가 사전검사를 받아야 할 대상에서 견육을 판매목적으로 진열한 행위를 삭제한 경우,[43] ② 바닥면적 300㎡ 미만의 소규모 종교집회장의 용도변경에는 허가를 요하지 않게 하는 경우,[44] ③ 특정범죄 가중처벌 등에 관한 법률의 가

니므로, 계엄이 해제되었다고 하여 계엄 하에서 행하여진 위반행위의 가벌성이 소멸된다고는 볼 수 없는 것으로서 계엄기간중의 계엄포고위반의 죄는 계엄해제 후에도 행위시의 법령에 따라 처벌되어야 하고, 계엄의 해제를 범죄 후 법령의 개폐로 형이 폐지된 경우와 같이 볼 수 없다(대법원 1985.5.28. 선고 81도1045 전원합의체 판결).

32) 김일수/서보학 50면; 박상기 46면; 배종대 125면; 신동운 54면; 오영근 80면; 유기천 37면; 이형국 85면; 임웅 55면; 정성근/박광민 52면; 차용석 134면.
33) 대법원 1980.7.22. 선고 79도2953 판결.
34) 대법원 1984.12.11. 선고 84도413 판결.
35) 대법원 1989.4.25. 선고 88도1993 판결.
36) 대법원 1996.2.23. 선고 95도2858 판결
37) 대법원 2005.1.14. 선고 2004도5890 판결.
38) 대법원 1996.10.29. 선고 96도1324 판결.
39) 대법원 1997.2.28. 선고 96도2247 판결.
40) 대법원 1999.5.28. 선고 97도1764 판결.
41) 대법원 1999.10.12. 선고 99도3870 판결; 대법원 2000.6.9. 선고 2000도764 판결.
42) 대법원 1999.11.12. 선고 99도3567 판결.
43) 대법원 1979.2.27. 선고 78도1690 판결.
44) 대법원 1992.11.27. 선고 92도2106 판결.

중처벌대상인 세금포탈금액이나[45] 뇌물수수의 금액이 변경된 경우,[46] ④ 특정경제범죄 가중처벌 등에 관한 법률의 가중처벌대상인 사기죄[47]와 업무상배임죄의 재산상 이익의 가액이 변경된 경우,[48] ⑤ 청소년보호법의 개정으로 청소년의 숙박업소 출입행위가 처벌대상에서 제외된 경우[49] 등이 있다.

(2) 백지형법의 보충규정의 변경

백지형법이란 형벌의 전제가 되는 구성요건의 전부 또는 일부의 규정을 다른 법이나 명령 또는 고시 등으로 보충해야 할 공백을 가진 형벌법규를 의미하는데, 여기서 백지형법의 공백을 보충하는 규범의 변경이 형법 제 1 조 제 2 항에 규정된 '법률의 변경'으로 볼 수 있느냐의 문제가 있다. 또한 법률의 변경에 해당한다면 한시법으로서 추급효를 인정할 것인가의 문제가 있다.

이에 대하여 보충규범의 개폐는 법률 전체에 대한 변경이 아니라 범죄구성요건을 행정처분에 의하여 변경하는 것에 불과하기에 이를 형법 제 1 조 제 2 항의 법률의 변경으로 볼 수 없다는 견해가 있으나, 백지형법의 실체는 보충규범에 의해 좌우되는 것이고, 명령·규칙과 같은 하위입법에 의한 법률변경은 백지형법의 특수성에 기인하는 백지형법의 고유한 법률변경방법이라고 볼 수 있으므로 형법 제 1 조 제 2 항의 법률의 변경으로 보아야 한다는 견해가 타당하다. 이 견해에 의하면 보충규범의 변경이 경한 형으로의 변경일 때는 신법을 적용하여야 한다(행위시법주의의 예외).

III. 군형법의 장소적 적용범위

1. 입법주의

어떤 장소에서 발생한 범죄에 대하여 형법이 적용되는가의 문제를 형법의 장소적 적용범위(räumliche Geltung)라고 한다. 이에 관하여는 네 가지의 입법주의가 있는데, 우리 형법은 속지주의를 원칙으로 하면서(형법 제 2 조, 제 4 조), 속인주의(제 3 조)와 보호주의(제 5 조)를 가미하고 있다. 세계주의는 형법에는 아직 가미하지 않고 있다.

(1) 속지주의

속지주의란 자국의 영역 안에서 발생한 모든 범죄에 대하여 범죄인의 국적을 불문하

---

45) 대법원 1983.9.13. 선고 80도902 판결.
46) 대법원 1991.1.8. 선고 90도2485 판결.
47) 대법원 1991.1.25. 선고 90도2560 판결.
48) 대법원 1991.12.27. 선고 91도196 판결.
49) 대법원 2000.12.8. 선고 2000도2626 판결.

고 자국형법을 적용한다는 원칙을 말한다. 북한도 대한민국의 영역에 속한다.[50] 국외를 운항중인 자국의 선박 또는 항공기 내에서 행한 범죄에 대하여 자국형법을 적용한다는 기국주의도 속지주의의 특수한 원칙에 속한다.

(2) 속인주의

속인주의란 자국민의 범죄에 대하여는 범죄지의 여하를 불문하고 자국형법을 적용하는 원칙이다.[51] 속인주의를 일관할 때에는 여행가방에 자국형법도 들고 다니는 결과가 된다.

(3) 보호주의

보호주의란 자국 또는 자국민의 법익을 침해하는 범죄에 대하여는 누구에 의하여 어느 곳에서 발생하였는가에 관계 없이 자국형법을 적용하는 원칙이다. 우리 형법도 대한민국 영역 외에서 내란의 죄, 외환의 죄, 국기에 관한 죄, 통화에 관한 죄, 유가증권·우표와 인지에 관한 죄, 문서에 관한 일부의 죄, 인장에 관한 일부의 죄를 범한 외국인에게 적용된다(형법 제5조)고 규정한 것은 보호주의의 입장을 나타낸 것이다.

(4) 세계주의

세계주의란 누가 어디에서 누구에게 범한 범죄인가를 불문하고 문명국가에서 인정되는 공통된 법익을 침해하는 범죄에 대하여 자국형법을 적용하는 원칙을 말한다.[52] 반인도

---

50) 헌법 제3조는 대한민국의 영토는 한반도와 그 부속도서로 한다고 규정하고 있어 북한도 대한민국의 영토에 속하는 것이 분명하므로, 캐나다 국적을 가진 피고인이 북한의 지령을 받기 위하여 캐나다 토론토를 출발하여 일본과 중국을 순차 경유하여 북한 평양에 들어간 행위는 제3국과 대한민국 영역 내에 걸쳐서 이루어진 것이고, 피고인이 북한의 지령을 받고 국내에 잠입하여 활동하던 중 그 목적수행을 위하여 서울 김포공항에서 대한항공편으로 중국 북경으로 출국한 후 중국 북경에서 북한 평양으로 들어간 행위는 대한민국 영역 내와 대한민국 영역 외에 있는 대한민국의 항공기 내 및 대한민국의 통치권이 미치지 아니하는 제3국에 걸쳐서 이루어진 것이라고 할 것인바, 이와 같은 경우에는 비록 피고인이 캐나다 국적을 가진 외국인이라고 하더라도 형법 제2조, 제4조에 의하여 대한민국의 형벌법규가 적용되어야 할 것이고, 형법 제5조, 제6조에 정한 외국인의 국외범 문제로 다룰 것은 아니다(대법원 1997.11.20. 선고 97도2021 판결).

51) 판례는 미문화원 점거시위에 관하여 다음과 같이 판결하고 있다. "국제협정이나 관행에 의하여 대한민국 내에 있는 미국문화원이 치외법권지역이고 그 곳을 미국영토의 연장으로 본다 하더라도 그 곳에서 죄를 범한 대한민국 국민에 대하여 우리 법원에 먼저 공소가 제기되고, 미국이 자국의 재판권을 주장하지 않고 있는 이상 속인주의를 함께 채택하고 있는 우리나라의 재판권은 동인들에게도 당연히 미친다"(대법원 1986.6.24. 선고 86도403 판결). 그러나 국제법상으로 외교공관과 같은 치외법권지역은 그 외교공관국의 영토가 아니라 주재국의 영토이며, 단지 주재국의 법적 강제가 유보되어 있을 뿐이다. 따라서 대법원이 미문화원점거 시위자를 처벌하고 있으면서 속인주의를 그 근거로 하는 것은 명백히 잘못된 판단이다. 당연히 속지주의를 근거로 해야 한다. 위 대법원 판결은 이러한 점에서 많은 학자 및 법조인들로부터 비난을 면치 못하고 있다.

52) 항공기운항안전법 제3조, "항공기내에서 범한 범죄 및 기타 행위에 관한 협약"(토오쿄협약) 제1조, 제3조, 제4조 "항공기의 불법납치억제를 위한 협약"(헤이그협약) 제1조, 제3조, 제4조, 제7조의 각 규정들을 종합하여 보면 민간항공기납치사건에 대하여는 항공기등록지 국에 원칙적인 재판관할권이 있는 외에 항공기착륙국인 우리나라에도 경합적으로 재판관할권이 생기어 우리나라 항공기운항안전법은 외국인의 국외범까지도 적용대상이 된다고 할 것이다(대법원 1984.5.22. 선고 84도39 판결).

적 범죄에 대한 사회방위의 국제적 연대성을 강조하는 입장이다.

2. 군형법의 규정

(1) 속인주의의 원칙

군형법도 제1조 제1항에서 "이 법은 이 법에 규정된 죄를 범한 대한민국 군인에게 적용한다"라고 규정하고, 제3항에서 "다음 각 호의 어느 하나에 해당하는 사람에 대하여 는 군인에 준하여 이 법을 적용한다"라고 규정하여 속인주의의 원칙을 선언하고 있다. 또 한 군인 또는 준군인이 군형법 이외의 형벌법규를 위반한 경우에도 형법 제2조와 제3조 에 의하여 우리 형벌법규가 적용된다.

(2) 보호주의의 가미

전술한 바와 같이 군형법은 속인주의를 원칙으로 하고 있으나 보호주의를 가미하고 있다.

군형법 제1조 제4항은 "다음 각 호의 어느 하나에 해당하는 죄를 범한 내국인·외국 인에 대하여도 군인에 준하여 이 법을 적용한다"라고 규정하여 간첩죄, 유해음식물공급죄 등의 경우와 같이 일정한 군사법익을 침해하는 범죄에 대하여 누구에 의해 어느 곳에서 행 하여졌는가를 불문하고 군형법을 적용하게 함으로써 보호주의적 입장을 나타내고 있다.

Ⅳ. 군형법의 인적 적용범위

1. 원   칙

군형법은 군인 또는 준군인에게 적용되는 것이 원칙이므로 일종의 신분범이라고 할 수 있으나, 그러한 신분은 군형법의 적용범위가 군인이나 준군인에게 한정된다는 의미일 뿐 형법상의 신분범과 같이 구성요건이 성립하기 위한 요건으로서의 신분이 아니므로 진 정한 의미의 신분범이라고 할 수는 없다.

2. 군형법상의 규정

(1) 군   인

군인이라 함은 현역에 복무하는 장교, 준사관, 부사관 및 병(兵)을 말하는데, 전환복무 (轉換服務)중인 병[53]은 제외한다(군형법 제1조 제2항). 여기서 현역이라 함은 징집 또는 지원 에 의하여 실역에 복무함을 말한다.

---

53) 전환복무란 현역병으로 복무 중인 사람이 교정시설경비교도·전투경찰대원 또는 의무소방원의 임무에 종사하도록 군인으로서의 신분을 다른 신분으로 전환하는 것을 말한다(병역법 제2조 제1항 제7호).

현역군인으로서 신분을 갖게 되는 때는 언제부터인가. 학설을 보면 ① 현역병입영명령서에 기재된 일시, ② 입영부대에 도착한 때, ③ 군번을 부여받고 군적에 편입된 때 등의 세 가지가 있으나, 병역법 제18조에서 "현역은 입영한 날로부터 군부대에서 복무한다," 동법 제 2 조 제 3 호에서 "입영이란 병역의무자가 징집·소집 또는 지원에 의하여 군부대에 들어가는 것을 말한다"고 하고, 병역법 시행령 제27조 "현역병의 복무기간은 입영한 날로부터 기산하며" 및 현역병입영은 입영부대에 설치된 입영사무소에서 지방병무청 및 입영부대장이 파견한 소속공무원에 의한 인도·인접에 의하여 이루어진다[54]는 점에 비추어 볼 때, 또한 사실상으로도 군부대에 인수된 때로부터 군의 통제 하에 있게 되므로 현역군인이 되는 엄밀한 시기는 입영부대에 도착하여 그 인도·인접이 끝난 때라고 봄이 타당하다. 다만, 입영 후에 귀향조치를 받는 경우가 있으므로 보다 정확히 말하면 입영신체검사에 의한 귀향을 해제조건으로 하여 입영일에 군인이 된다고 할 수 있다.

(2) 준 군 인

군형법 제 1 조 제 3 항은 일정한 자에 대하여는 군인에 준하여 동법을 적용하도록 하고 있다.

1) 군 무 원   군무원이란 전투 이외의 군무에 종사하는 문관인 국가공무원을 말하며, 군무원에는 1급부터 9급까지의 일반군무원과 고용직과 임시직의 특수군무원이 있으며, 고용군무원은 각군 및 직할기관에서 단순한 노무에 종사하는 자이고, 임시군무원은 전시·사변 또는 이에 준하는 국가비상사태의 경우와 그 직무가 임시적인 경우에 임용하는 자를 말한다. 군형법의 적용을 받는 군무원은 군무원인사법에 의하여 임용된 위 모든 군무원이 해당된다.[55]

2) 군적을 가진 군의 학교의 학생·생도와 사관후보생·부사관후보생 및 병역법 제57조의 규정에 의한 군적을 가지는 재영중인 학생[56]   ① 군적을 가진 학생·생도는 군형법의 적용을 받는다. 학생이나 생도는 문리상 동일한 의미이나 법률이 각 학교에서 수학하는 자를 생도라고 하므로(사관학교설치법 시행령 제 2 조), 사관생도와 사관후보생 및 부사관후보생을 제외한 군의 학교의 모든 피교육자를 학생이라고 할 수 있다.[57]

---

54) 병역법 제22조 참조.

55) 이렇게 볼 때 문제가 되는 것은 미군 한국인노무단(KSC)과 같은 것인데, 동 단체 소속의 예비역장병은 군인도 군무원도 아닌 것이나, 그들의 업무가 군무와 밀접한 관련이 있는 것이므로 이들도 준군인으로서 군형법을 적용할 필요가 있다. 참고로 미 통일군사법전은 제 2 조 제10호에서 전시에 전지에서 군대에 근무 또는 종사하는 모든 자에게 군형법이 적용된다고 규정하고 있다.

56) 병역법과 군인사법의 법령상의 체계나 그 규정의 내용을 살펴보면, 병역법은 국민의 병역의무 전반에 관한 일반적인 법률로서 병(兵)의 병역의무이행만을 규율하는 법률이 아님이 분명하고, 군인사법은 원칙적으로 군인의 임용·복무 등에 관한 국가공무원법의 특례를 규정하는 한편 병역법의 특별법으로서의 기능도 하고 있는 것이므로, 장교 또는 사관후보생이 될 자라고 하여 병역법의 벌칙규정이 배제될 여지는 없는 것이다(대법원 1999.6.25. 선고 98도3138 판결).

57) 여기서 학생이란 보통 현역신분의 변동 없이 교육을 받는 군인으로서(국방대학원이라든가 종합행정학

한편 군적과 관련하여 생도는 당해 학교에 입학한 날로부터 군적에 편입된다(사관학교 설치법 시행령 제28조). ② 여기서 사관후보생·부사관후보생이란 현역의 병적에 편입되어 있는 교육을 받고 있는 군간부후보생을 말한다(병역법 제 2 조 제 1 항 제 4 호 전단 참조). ③ 병 역법 제57조의 규정에 의한 재영중인 학생이란 학생군사교육단 사관후보생 또는 부사관후 보생 등을 말하며, 재영중인 때에 한하여 군형법이 적용된다.[58]

3) 소집되어 실역에 복무중인 예비역·보충역 및 전시근로역인 군인   소집중이란 소집영장을 받고 지정된 장소에서 현실적으로 병역임무에 종사하는 자로서 소집이 해제될 때까지의 기간중에 있는 자를 말하며, 여기서 소집이란 예비역과 보충역 또는 전시근로역 에 대하여 발할 수 있는 소집, 예를 들면 예비역·보충역에 대한 병력동원소집(병역법 제 6 장 제 1 절)·병력동원훈련소집(병역법 제 6 장 제 2 절)·전시근로소집(병역법 제 6 장 제 3 절)·군 사교육소집(병역법 제 6 장 제 4 절) 등이 있다.

예비역이란 현역을 마친 자와 병역법에 의하여 실역을 마치지 아니한 자로서 예비역 에 편입된 자를 말하며, 보충역이란 병역판정검사를 받아 현역 복무를 할 수 있다고 판정 된 사람 중에서 현역병입영대상자로 결정되지 아니한 자와 병역법에 의하여 보충역에 편 입된 자를 말한다(병역법 제 5 조 제 1 항 제 2 호·제 3 호, 제14조 제 4 항).

병역판정검사통지서 등과 현역 입영 또는 소집통지서를 받았으나 그에 응하지 아니한 자는 군의 지배권 하에 있지 아니하므로 군형법이 적용되지 아니하고 병역법상의 입영기 피 등으로 처벌된다(병역법 제87조, 제88조).

(3) 내외국 민간인(비군인)

군형법은 원칙적으로 군인 또는 준군인에게만 적용되나 예외적으로 일정한 범죄는 내 외국 민간인에 대해서도 적용된다(군형법 제 1 조 제 4 항). 이것은 비군인에 의하여서도 군의 조직과 기능이 파괴 내지 침해될 수 있는 것이므로 일정한 범위에서 군형법을 적용하고자 한 것이다.[59] 내외국인에게 적용되는 군형법상의 범죄로는 ① 군사상 기밀누설과 요새지

교 등에서 교육을 받는 자를 말한다), 현역복무자가 아닌 군간부후보생과는 다른 것이므로 별도로 규정 하고 있는 것이다.

58) 처음에는 '군사훈련을 받는 재영중인 학생'이라고 하여 군적을 규정하지 않아 민간인으로 취급하였으 나, 이들을 군사법원의 관할로 하는 경우에 위헌의 의심이 있으므로 군적을 요건으로 하도록 개정하였던 것이다.

59) 미 통일군사법전은 동법의 피적용자의 범위를 확대하고, 기타 피적용자가 아닌 사람에게 적용되는 규 정은 제109조(이적죄)와 제106조(간첩죄)만을 두어 우리와는 다른 방식으로 규제하고 있다. 동법에 나타 난 비군인인 피적용자를 보면, ① 군법회의에 의하여 과한 판단에 따라 군대의 구금 하에 있는 모든 자, ② 해안 및 수로측지감시대·공중위생대 기타 기관의 자로서 미국군대의 전근 또는 종군자, ③ 군대의 간수 하에 있는 포로, ④ 전시에 전지에서 군대에 근무 또는 종군하는 모든 자, ⑤ 미국이 조약당사국이 거나 또는 당사국이 될 수 있는 조약·협정 또는 국제법의 규정에 의하여 미국의 본토나 자치령 이외의 지역에서 군에 근무, 고용 또는 종군하는 자, ⑥ 조차 또는 기타의 방법으로 보유·획득한 지역 내에 있 는 자 등 광범위하게 규정하고 있다.

등에서의 간첩, ② 유해음식물공급, ③ 초병에 대한 폭행 등, ④ 군용물에 관한 방화·손괴 및 선박, 항공기의 복몰·손괴 등, ⑤ 군용물 중 총포·탄약·폭발물에 대한 형법 제38장 내지 제41장의 죄, ⑥ 외국의 군용물 및 군용시설에 대한 행위, ⑦ 초소침범, ⑧ 포로에 관한 도주원조죄 등, ⑨ ①의 죄의 미수범, ⑩ 초병에 대한 상해의 미수범, ⑪ 초병에 대한 살인의 미수범, ⑫ ④의 죄의 미수범, ⑬ ⑧의 죄의 미수범 등이다.

3. 신분의 변동과 군형법의 적용

군형법은 군인이나 준군인에게 적용함이 원칙이므로, 그러한 신분에 변동이 생긴 경우에는 군형법이 적용되지 않는 것이 원칙이다.[60] 그러나 군형법은 비군인에게 일반적으로 적용되는 경우에 대해서 특별규정을 두고 있다. 즉 군인이나 준군인이 군복무중이나 재학 또는 재영중에 군형법이 정한 죄를 범한 때에는 전역 또는 소집해제, 퇴직 또는 퇴교나 퇴영 후에도 군형법을 적용하도록 하고 있다(군형법 제 1 조 제 5 항). 이것은 군인이나 준군인이 신분을 상실하게 되면 비군인으로 되어 군법의 적용대상에서 제외되어 이러한 신분변동에 기한 법률적용의 변동으로 면책될 수 있다는 모순이 생길 수 있으므로 이것을 제거하기 위하여 둔 규정이다. 다만, 여기서 유의할 점은 군형법이 이러한 비군인에게 적용되는 경우에도 소추절차는 군사법원법이 아닌 일반형사소송법에 따른다는 점이다. 왜냐하면 이들에 관한 재판은 이미 비군인에 대한 것이므로 군사법원에서 관할할 수 없기 때문이다. 군인이나 준군인이 그 신분취득 전에 범한 죄에 대하여는 군사법원에서 관할하고(군사법원법 제 2 조 제 2 항), 내외국 민간인이 군형법 제 1 조 제 4 항에 열거한 죄를 범하였을 경우에도 군사법원이 관할하며(군사법원법 제 2 조 제 1 항 제 1 호),[61] 내외국 민간인이 군형법 제 1 조 제 4 항에 열거한 죄와 경합하여 일반형사법상의 죄를 범한 경우에도 군사법원에 관할이 있다.[62] 또한 군인이나 준군인이 군복무중 군형법 제 1 조 제 4 항의 죄를 범한 후 민간인으로 신분이 변동되어 소추절차가 진행될 경우에도 군사법원에 관할이 있다고 보는 것이 위 규정이나 판례의 취지에 비추어 타당할 것이다.

---

60) 그러한 신분의 변동은 신분의 변동사유가 생긴 것만으로 곧바로 발생하는 것이 아니라 행정청에 의한 구체적인 제적명령 등이 있음으로써 그 효력이 생기는 것이다. 이러한 취지의 판례로서는 67.10.5. 해병 대 67 고군형항 16; 71.12.22. 해병대 71 고군형항 46이 있다.
61) 대법원 1986.3.25. 선고 86도283 판결.
62) 대법원 1980.8.12. 선고 80초28 전원합의체 판결; 대법원 1974.9.17. 선고 74초98 재정; 대법원 1986. 6.24. 선고 86도650 판결.

제 2 장

범 죄 론

제 1 절 범죄의 일반이론

전 장에서 군형법이란 무엇인가에 대하여 일반적으로 고찰해 보았으며, 군형법상의 범죄에 대한 일반원칙은 형법총칙에 규정된 바에 따른다는 사실을 알았다. 본 장과 다음 장에서는 형법상 범죄에 관한 일반이론에 관하여 언급하기로 한다.

I. 범죄의 개념

실질적 범죄개념은 범죄란 형벌을 과할 필요 있는 불법일 것을 요하며, 그것은 사회적 유해성 내지 법익을 침해하는 반사회적 행위를 의미한다고 해석하고 있다. 이러한 의미에서 볼 때 범죄는 일종의 사회현상으로서 그 방지대책을 강구하는 대상이 되기도 하므로 형사정책적 의미의 범죄라고도 한다.

그러나 이러한 의미의 범죄 모두가 형벌로써 제재되는 것은 아니다(예를 들면 심신상실자가 사람을 살해한 경우에는 책임능력이 없어 범죄가 성립되지 않는다). 즉 여기서 실정법인 형벌법규에 의하여 과형의 대상이 되는 범죄의 개념이 문제로 된다. 이러한 범죄의 개념을 형식적 범죄개념이라고 한다.

II. 범죄이론

범죄의 개념이 위에서 본 바와 같다면 이러한 범죄의 어느 면에 중점을 두어 고찰할 것인가, 즉 형벌의 기초가 되는 범죄의 본질은 무엇인가에 대한 이론을 범죄이론이라 하며, 형벌이론과 더불어 형법이론의 두 축을 형성한다. 범죄이론에는 주관주의와 객관주의의 대립이 있다.

1. 객관주의

객관주의란 형법적 평가의 중점을 범죄의 외부에 나타난 부분, 즉 외부적인 행위나 결과에 두고 형벌의 종류와 경중도 이에 상응하여야 한다는 이론을 말한다. 객관주의는 인간의 자유의사의 존재를 전제로 하는(비결정론) 개인주의적 계몽사상에서 출발한 이론이다.

이 이론에 의하면 자유의사는 각자에게 평등하므로 형벌은 범죄사실의 양에 따라 결정되어야 하고, 형사책임의 기초를 외부적 범죄사실에 둠으로써 국가의 형벌권을 제한하여 개인의 자유와 권리를 보장할 수 있다는 결론이 된다.

2. 주관주의

주관주의란 범죄인은 특수한 성격의 소유자이므로 형벌의 대상은 범죄의 외부적 사실이 아니라 범죄인이며, 형벌의 종류와 경중도 범죄결과에 따라 결정할 것이 아니라 범죄인의 악성 내지 사회적 위험성에 의하여 결정해야 한다는 이론이다.

3. 객관주의와 주관주의의 형법해석상의 차이

객관주의는 범죄의 외부적 사실, 즉 행위와 결과라는 객관적 요소에 중점을 두어 형벌을 과하여야 한다는 행위중심의 사상임에 반하여, 주관주의는 행위자의 인격을 형법적 가치판단의 대상으로 하는 행위자중심의 사상이다.

따라서 객관주의에 의하면 책임능력의 본질을 범죄능력으로 이해하고, 나아가 외부적 결과를 중시하기에 결과가 발생하지 아니한 미수를 기수와 구별하는 것은 당연하며, 미수의 형을 기수의 형보다 감경할 것을 요구한다. 반면에 주관주의에 의하면 책임능력의 본질을 형벌능력 또는 형벌적응성이라고 설명하며, 미수와 기수는 범죄의사라는 점에서는 동일하므로 이를 구별할 필요가 없고, 미수의 형도 기수보다 감경할 필요가 없다고 한다.

그러나 객관주의와 주관주의 가운데 어느 하나가 절대적으로 옳고 다른 하나는 부당하다고 하는 것은 타당하지 않다. 근본적으로 범죄는 객관적 요소와 주관적 요소의 결합이므로 범죄를 평가함에 있어서는 객관적 요소와 주관적 요소를 종합하여 판단하여야 할 것이다. 우리 형법도 이러한 절충주의적 태도를 취하여 단순한 범의만으로는 벌하지 않고 '행위를 한 자'를 처벌하고 있으며(객관주의), 예외적으로 일정한 범죄의 예비·음모를 처벌한다(주관주의).

Ⅲ. 범죄의 성립 · 처벌 · 소추요건

1. 범죄의 성립요건

형법상 범죄는 구성요건에 해당하는 위법 · 유책한 행위이다. 따라서 형법상 범죄가 성립하기 위해서는 다음과 같은 세 가지 요건을 구비하여야 한다.

(1) 구성요건해당성

형법상 금지 또는 요구되어 있는 행위가 무엇인가를 추상적 · 일반적으로 기술해 놓은 것을 구성요건이라고 한다. 반면 구성요건해당성이란 구체적인 한 행위가 하나의 형벌규범의 구성요건을 실현하여 그 가벌성의 전제조건을 충족시킨 경우를 말한다. 죄형법정주의의 원칙에 따라서 형법상 범죄로 규정되어 있지 않은 행위는 그것이 설사 반사회적 · 반도덕적 행위라 하더라도 범죄로 될 수 없다.

(2) 위 법 성

위법성이란 구성요건에 해당하는 행위가 법질서 전체의 입장과 객관적으로 모순 · 충돌하는 것을 말한다. 따라서 일정한 행위가 구성요건에 해당하더라도 위법하지 않은 경우에는 범죄가 성립하지 않는다. 예를 들면 위법성조각사유가 이에 해당한다. 그러나 일반적으로 구성요건 자체가 위법 · 유책한 행위의 정형이므로, 구성요건에 해당하는 행위는 일응 위법한 것으로 추정된다(구성요건의 위법성추정기능).

(3) 책 임 성

책임이란 당해 행위를 한 행위자에 대한 비난가능성을 말한다. 객관적으로 구성요건에 해당하고 위법한 행위라 할지라도 행위자에게 책임이 없을 때에는 범죄가 되지 않는다. 따라서 형사미성년자나 심신상실자의 행위 또는 강요된 행위는 책임이 없기 때문에 범죄가 성립하지 않는다.

2. 범죄의 처벌조건

처벌조건이란 범죄가 성립한 경우에 형벌권의 발생을 위하여 필요한 조건을 말한다. 처벌조건은 범죄성립요건과는 구별하여야 한다. 즉 처벌조건이 없어 벌할 수 없는 행위도 범죄임에는 틀림이 없으므로 이에 대한 정당방위가 가능하고, 범죄성립요건을 결한 경우에는 무죄판결을 선고함에 대하여 처벌조건을 결한 경우에는 형의 면제판결을 한다는 점에서 범죄의 성립요건과 차이를 나타낸다. 처벌조건에는 객관적 처벌조건과 인적 처벌조각사유가 있다.

(1) 객관적 처벌조건

범죄의 성부와 관계 없이 성립한 범죄에 대한 형벌권의 발생을 좌우하는 외부적·객관적 사유를 객관적 처벌조건이라고 한다. 이것이 구비되지 않으면 형벌권이 발생하지 않아 처벌할 수 없다. 예를 들면 파산죄에 있어서 파산선고의 확정, 사전수뢰죄에 있어서 공무원 또는 중재인이 된 사실 등을 들 수 있다.

(2) 인적 처벌조각사유

이미 성립한 범죄에 대하여 행위자의 특수한 신분관계로 인하여 형벌권이 발생하지 아니하는 경우를 인적 처벌조각사유라 한다. 예컨대 형을 면제하는 중지미수에 있어서 자의로 중지한 자(형법 제26조), 친족상도례(형법 제344조, 제354조, 제361조, 제365조, 제328조 참조)에 있어서 직계혈족·배우자·동거친족 등의 신분이 여기에 해당한다.[1]

3. 범죄의 소추조건

범죄가 성립하고 형벌권이 발생한 경우라도 그 범죄를 소추하기 위하여 필요한 조건을 소추조건 또는 소송요건이라고 한다. 소추조건은 범죄의 성립이나 형벌권의 발생과는 관계없는 공소제기의 유효요건으로 형법이 규정하고 있는 소추조건에는 친고죄와 반의사불벌죄가 있다.

친고죄란 공소제기를 위해서는 피해자 기타 고소권자의 고소가 있어야 하는 범죄를 말하며(사자명예훼손죄·모욕죄), 반의사불벌죄란 피해자의 명시한 의사에 반하여 논할 수 없는 범죄를 말한다(폭행죄·명예훼손죄).

Ⅳ. 범죄의 주체와 객체

1. 서   설

범죄의 주체는 사람이며, 사람인 이상 범죄의 주체가 되는 데 일정한 제한이 없다(물론 신분범의 경우에는 그러한 신분이 요구된다). 그런데 법률상 인에는 자연인과 법인이 있으며, 범죄의 주체는 보통 자연인에 국한된다. 이 점은 "인간의 행위만이 형법심사의 대상이 될 수 있다"는 명제로도 설명된다. 사람인 한 연령·정신상태와 같은 책임능력은 문제가 되지 않는다. 따라서 형사미성년자나 정신병자도 얼마든지 범죄의 주체가 될 수 있다. 다만, 범죄의 주체와 구별되어야 할 것이 형벌의 주체이다. 원칙상 범죄를 행한 자에게 그 행위에 대

---

[1] 군형법상 처벌조건은 객관적 처벌조건에 한정되며, 인적 처벌조각사유는 문제로 되지 아니한다. 왜냐하면 인적 처벌조각사유는 개인적 법익에 관한 경우에만 인정되므로, 국가적 법익을 내용으로 하는 군형법에는 적용되지 않기 때문이다.

하여 규정한 법률상의 효과로서 형벌을 귀속시킴으로써 형벌의 개별화(자기책임의 원칙)를 기할 수 있으므로, 범죄의 주체와 형벌의 주체는 일치함이 원칙이다. 그러나 행정적 처벌 법규 중에는 단속상의 편의를 위하여 양벌규정, 즉 행위자와 그 사용자를 함께 처벌하는 규정이 많아지고 있다.

범죄의 객체라 함은 행위의 대상으로서 구성요건에 각기 명시되어 있는 경우가 대부분이다. 예를 들면 형법 제250조의 살인죄의 객체는 '사람'이다. 그러면 이러한 형벌법규를 통하여 보호하고자 하는 법익은 무엇인가. 이것을 보호의 객체 혹은 보호법익이라고 하며, 범죄의 객체와 보호의 객체는 구별되어야 한다. 즉 앞에서 든 예에서 범죄의 객체는 '사람'이나 보호의 객체는 사람의 '생명'인 것이다. 이와 같이 법익은 범죄의 객체와 다른 것으로서, 각 범죄의 본질을 논하고 그 죄에 관한 규정의 합목적적 해석을 위해서 중요한 의의를 가진다. 형법상 법익을 대분해 보면 국가적 법익·사회적 법익·개인적 법익이 있다.

2. 법인의 범죄주체성

(1) 문제의 소재

오늘날 환경범죄에 대한 기업의 책임문제는 큰 관심의 대상이 되고 있다(예컨대 두산전자의 페놀방류사건). 이러한 여론을 반영하여 전문 제 6 조의 "환경범죄의 처벌에 관한 특별조치법"[2]이 제정되기도 했다.

이 법률에 보면 사업활동과 관련하여 유독물이나 기타 유해물질을 배출하여 사람의 생명·신체에 위험을 발생시킨 자는 무기 또는 1년 이상의 징역에 처하고, 2천만 원 이상 1억 원 이하의 벌금을 병과하도록 규정하고 있다(동법 제 2 조). 뿐만 아니라 이런 행위를 한 법인에 대하여서도 이른바 '양벌규정'이라고 하여 같은 벌금형을 부과할 수 있도록 하고 있다(동법 제 5 조). 즉 법률은 법인에 대한 '형벌'을 규정하고 있다.

이와 관련된 문제가 법인도 범죄주체가 될 수 있는가, 나아가 범죄능력이 있는가이다. 법인에 대한 범죄능력이 인정되면 법인에 대한 형벌부과는 논리적으로 아무 잘못이 없다. 하지만 그것이 부인되면, 현실적으로 법인을 처벌하고 있는 법률을 어떻게 이론구성할 것인가의 문제가 발생한다.

(2) 법인의 범죄능력에 대한 학설대립

법인의 범죄능력을 부정하는 견해가 있다.[3] 그 논거를 보면 다음과 같다. ① 법인은 사람과 같은 심신을 갖고 있지 않기 때문에 행위능력이 없다. ② 법인의 처벌은 그 효과가 범죄와 무관한 법인의 구성원까지 미치게 되어 자기책임의 원칙에 반한다. ③ 법인은 기관

---

2) 법률 제4390호. 1991.5.31. 공포.

3) 우리나라 통설과 판례가 취하고 있는 견해로서 독일과 일본의 통설이기도 하다(대법원 1984.10.10. 선고 82도2595 전원합의체 판결; 대법원 1985.10.8. 선고 83도1375 판결).

인 자연인을 통해서 행위하므로 자연인을 처벌하면 되고 법인까지 처벌할 필요가 없다.

이에 대하여 법인의 반사회적인 활동에 대하여는 법인도 범죄능력을 인정하여 처벌할 수 있어야 한다는 견해가 있다. 그 논거를 보면 다음과 같다. ① 법인도 기관을 통하여 의사를 형성하고 행위할 수 있다. ② 법인기관의 행위는 구성원인 개인의 행위가 동시에 법인의 행위라는 양면성을 가지고 있다. 따라서 법인에 대한 처벌은 이중처벌이 아니다. ③ 법인의 반사회적 활동으로부터 사회를 방위할 필요가 있고, 책임의 근거를 반사회적 위험성으로 이해하면 법인에게도 사회적 책임을 물을 수 있다.

반면에 형사범에 있어서는 법인의 범죄능력을 부정하면서 행정범에 대하여는 이를 인정하는 견해인 부분긍정설도 있다. 행정범에 있어서는 윤리적 요소가 약한 반면, 행정적 단속목적이라는 합목적적·기술적 요소가 강하다는 것을 그 논거로 한다.

형법에서 "인간의 행위만이 형법심사의 대상이 될 수 있다"는 대명제에 충실하면, 법인이 기관인 자연인을 통하여 행위를 한다고 하더라도 형법적 평가의 관점에서 볼 때 자연인의 행위만이 있을 뿐이고 법인의 행위란 법적 사유의 산물에 지나지 않으며, 책임을 인격에 대한 윤리적 비난가능성이라고 이해할 때에는 법인의 책임을 인정할 수 없으므로 범죄능력을 부정하는 것이 죄형법정주의 원칙상 타당하다. 그러나 "법인의 구성원인 자연인만이 형법소추의 대상이 될 수 있기에 현행 양벌규정의 법인에 대한 벌금형은 잘못된 입법으로서 행정벌인 과태료로 전환되어야 한다"는 주장은 문제가 있다. 입법자의 입법의도에 따른 충실한 해석과 정책으로서의 형법존중의 대전제에 바탕을 둘 때, 판례와 통설이 이론적 모순에 봉착하면서도 굳이 이렇게 양벌규정을 채택하고 있는 것(법인의 범죄능력은 부정하면서 양벌규정으로서 형벌능력을 인정하는 것)은 '절차로서의 형벌'의 기능과 함께 법정책상 목적과 기능을 지고 있기 때문이다. 즉 법인에게 벌금을 부과할 때 검사에 의한 수사와 기소가 이루어지기 때문에 이러한 과정상에서 법인의 대표자 등에게 절차적으로 형벌을 부과하게 되고, 벌금형이 판결로서 부과될 경우 일반인들에게 법인의 행위가 형법적으로 죄가 됨을 명시적으로 표명한다는 입법목적이 있는 것이다. 이를 통해 법인에 의해 발생하는 다양하고 엄청난 범죄에 대해서 효과적으로 대응할 수 있는 제재수단이 된다는 것이 우리 입법자의 의도이다. 따라서 우리와 다른 독일의 질서법이론(법인처벌의 성격을 행정벌로 규율[4])을 가져와 법인처벌이라는 형벌부과를 비판하는 것은 잘못이 아닐 수 없다.

---

4) 양벌규정의 이러한 질서법논란은 독일이론신봉자의 소산으로 추정되는데, 그 이유는 독일의 경우 우리의 양벌규정과는 달리 범죄능력 없는 법인의 처벌을 질서벌이라는 별개의 법범주에서 벌금으로 처벌하고 있기 때문이다. 이럴 경우 범죄능력을 부정하는 이론과 법인처벌의 현실 간의 괴리가 사라지게 되어서 문제되지 않는다. 즉 법인의 처벌은 사회의 질서유지차원에서 그 문제성을 처벌하지만, 그것이 형벌은 아니라는 점이다. 물론 그 외 법인의 대표자 등은 형벌로 처벌하고 있다.

V. 범죄의 분류

1. 결과범과 형식범

범죄는 그 성립상 일정한 결과의 발생을 구성요건의 내용으로 하는 것과 일정한 행위만을 필요로 하고 결과의 발생을 필요로 하지 않는 것을 구성요건의 내용으로 하는 것이 있다. 전자를 결과범이라고 하며, 후자를 형식범이라고 한다.

예를 들면 살인죄는 사람의 사망이라는 결과를 필요로 하는 결과범이나, 위증죄는 위증의 사실만 필요로 하고 위증에 의해 죄 없는 자가 유죄판결을 받았다든지 하는 결과를 필요로 하지 않는 형식범이라고 할 수 있다.

2. 침해범과 위험범

범죄가 성립하기 위하여 보호법익에 대한 현실적 침해가 발생할 것을 구성요건의 내용으로 하는 범죄를 침해범이라고 하고, 단지 법익침해의 위험발생을 내용으로 하는 범죄를 위험범이라고 한다. 예를 들면 절도죄나 상해죄는 침해범이며, 신용훼손죄(제313조)·업무방해죄(제314조) 등은 위험범이다.

위험범은 다시 구체적 위험범과 추상적 위험범으로 구별된다. 법익침해의 추상적 위험만 있으면 범죄의 성립을 인정하는 것이 후자이고, 법익침해의 구체적 위험(현실적 위험)의 발생을 요건으로 범죄의 성립을 인정하는 것이 전자이다.

예를 들면 형법 제164조의 현주건조물에 대한 방화는 그 행위로 인하여 구체적으로 공공의 위험이 발생하였는가와 관계 없이 바로 위험이 있는 것으로 인정되므로 소위 추상적 위험범이며, 형법 제167조 제 2 항의 사람이 현존하지 않는 자기소유의 공가에 대한 방화는 구체적 위험의 발생을 필요로 하므로 구체적 위험범이라고 할 수 있다.

3. 계속범과 상태범

계속범이란 구성요건적 행위가 위법상태의 야기뿐만 아니라 시간적 계속을 요하므로 행위의 계속과 위법상태의 계속이 일치하는 범죄를 말한다. 체포감금죄와 주거침입죄가 이에 해당한다.

이에 반하여 구성요건적 결과의 발생과 동시에 범죄도 완성되는 범죄를 상태범 또는 즉시범이라고 한다. 절도죄, 살인죄 등이 이에 속한다.

계속범과 상태범의 구별은 공소시효의 기산점과 공범의 성립시기에 차이가 있다. 즉 공소시효는 범죄가 종료된 때부터 진행되므로 계속범에 있어서는 위법상태가 종료된 때가 시효의 기산점이 되며, 또한 계속범의 경우 범죄가 기수가 된 이후에도 행위가 계속되는 동안 공범이 성립할 수 있으나, 상태범에 있어서는 범죄가 기수된 이후에는 공범의 성립이 불가능하다.

4. 일반범 · 신분범 · 자수범

정범이 될 수 있는 행위자의 범위에 따라 범죄는 일반범과 신분범 및 자수범으로 구분된다. 일반범이란 누구나 행위자가 될 수 있는 범죄를 말하며, 신분범이란 구성요건이 행위의 주체에 일정한 신분을 요하는 범죄를 말한다.

신분범에는 진정신분범 · 부진정신분범이 있다. 진정신분범이란 일정한 신분 있는 자에 의하여만 범죄가 성립하는 경우를 말하며, 위증죄 · 수뢰죄 · 횡령죄가 여기에 속한다. 이에 반하여 부진정신분범이란 신분이 없는 자에 의하여도 범죄가 성립할 수는 있지만, 신분 있는 자가 죄를 범한 때에는 형이 가중되거나 감경되는 범죄를 말한다. 존속살해죄 · 영아살해죄 · 업무상 횡령죄가 여기에 해당한다. 군형법은 군인 또는 준군인이게 적용되는 것이 원칙이므로 일종의 신분범이라고 할 수 있다.

자수범(自手犯)은 행위자 자신이 직접 실행해야 범할 수 있는 범죄를 말하며, 위증죄 · 허위공문서작성죄 · 준강간죄 등이 이에 포함된다.

제 2 절 행 위 론

Ⅰ. 행위의 개념

"범죄는 행위이다"라는 명제와 같이 형법상 범죄는 구성요건에 해당하는 위법 · 유책한 행위이므로 행위는 구성요건의 중심적 요소이고, 모든 구성요건에 불가결한 것이다.

행위라 함은 행위자의 의사에 기한 신체적 작동 내지 태도를 말하며, 의사의 객관화 또는 그 외부적 실현이라고도 할 수 있다. 다시 말하면 행위는 주관적 측면에서 의사에 기함을 필요로 하고, 객관적 측면에서는 의사의 외부적 실현, 즉 신체의 거동이 요구된다. 따라서 의사에 기한 행위가 아닌 생리적 반사운동 · 수면중의 동작 등은 형법상의 행위가 아니며, 의사에 기한 행위라도 외부적인 신체의 거동이 없는 이상 처벌되지 않는 것이 원칙이다(다만, 예외적으로 일정한 범죄에 대해서는 음모가 처벌되는 경우도 있다).

Ⅱ. 작위와 부작위

1. 양자의 구별

행위란 의사에 기한 신체적 거동이라고 하였는데, 여기서 신체적 거동이란 적극적으로 일정한 행동을 하는 것, 즉 작위로 하는 것이 보통이나, 규범적으로 기대되는 일정한 동작을 하지 않는 것, 즉 부작위로 할 수도 있다.

그러면 작위와 부작위는 어떻게 구별될 수 있는가. 작위란 금지규범에 위반하는 행위, 예를 들면 살인하지 말라든가 타인의 재물을 훔치지 말라든가 하는 규범에 반하는 경우이며, 부작위는 명령규범에 위반하는 경우, 예를 들면 유아에게 수유를 하라든가 전시에 군수계약을 이행하라든가 하는 규범에 반하여 그러한 행위를 하지 않는 경우이다.

여기서 주의할 것은 부작위라는 것이 단순히 아무것도 하지 않는 것이 아니라 일정한 규범상의 요구를 하지 않는 것이라는 점이다. 다시 말해서 물에 빠진 사람을 구하지 않고 옆에서 수영을 하고 있는 사람은 여기서 규범상 요구된 행위가 구조행위라는 점에서 볼 때 부작위범이 되는 것이다(수영을 한다는 것으로 작위범이 되지 않는다).

작위와 부작위의 구별은 다음과 같다. ① 과실범에 있어서 주의의무를 다하지 아니하여 적극적으로 행위를 한 경우는 작위범이고, ② 타인의 구조행위를 적극적으로 방해한 때에는 구조행위를 하지 않은 부작위 요소가 있다 하더라도 작위범이 되며, ③ 자신의 구조활동의 효과를 적극적으로 중단한 경우에도 작위범이고, ④ 원인에 있어서 자유로운 부작위의 경우, 적극적 행위에 의하여 행위무능력상태에 빠지게 한 후 행위무능력상태에서 부작위한 때에도 부작위범이 된다. ⑤ 자신의 구조활동을 적극적인 행위에 의하여 중단한 경우에는 견해의 대립이 있으나, 판례는 보호자의 강청에 따라 치료를 요하는 환자에 대하여 치료를 중단하고 퇴원을 허용한 전문의와 주치의에 대하여 작위에 의한 살인방조죄가 성립한다고 판시하였다.[5]

2. 부작위범의 구조

(1) 부작위범의 종류

부작위범에는 진정부작위범과 부진정부작위범이 있다.

전자는 앞서 언급한 바와 같이 일정한 명령규범에 위반하여 규범상 요구되는 행위를 하지 않는 경우로서, 구성요건이 이미 부작위에 의하여 범하도록 규정하고 있는 경우를 말한다(다중불해산죄(제116조), 퇴거불응죄(제319조), 전시공수계약불이행죄(제117조 제1항) 등).

이에 반하여 후자는 형법이 작위로써 범할 것을 규정함에도 불구하고 부작위로 범한 경

---

5) 어떠한 범죄가 적극적 작위에 의하여 이루어질 수 있음은 물론 결과의 발생을 방지하지 아니하는 소극적 부작위에 의하여도 실현될 수 있는 경우에, 행위자가 자신의 신체적 활동이나 물리적·화학적 작용을 통하여 적극적으로 타인의 법익 상황을 악화시킴으로써 결국 그 타인의 법익을 침해하기에 이르렀다면, 이는 작위에 의한 범죄로 봄이 원칙이고, 작위에 의하여 악화된 법익 상황을 다시 되돌이키지 아니한 점에 주목하여 이를 부작위범으로 볼 것은 아니며, 나아가 악화되기 이전의 법익 상황이, 그 행위자가 과거에 행한 또 다른 작위의 결과에 의하여 유지되고 있었다 하여 이와 달리 볼 이유가 없다(대법원 2004. 6.24. 선고 2002도995 판결).

우, 예를 들면 살인죄는 '타인을 살해한 자'라고 하여 작위범을 예정하고 있으나, 부모가 물에 빠진 아들을 그대로 방치하여 익사케 한 경우와 같이 부작위에 의하여 범할 수도 있는데, 바로 이러한 경우를 부진정부작위범이라고 한다. 규범적인 측면에서 말하자면, 부진정부작위범이란 명령규범에 위반함으로써 금지규범을 침해한 경우라고 할 수 있을 것이다.[6]

(2) 부작위범의 구성요건

진정부작위범과 부진정부작위범을 묻지 아니하고 부작위범이 성립하기 위한 요건을 보면 다음과 같다.

첫째, 일반적 행위가능성인데, 일반 인간에게 실현불가능한 일을 하도록 요구하는 작위의무는 성립할 수 없다. 그러므로 남해바다에 빠진 사람에 대하여 서울에 살고 있는 사람에게 부작위범의 문제가 발생할 여지가 없다.

둘째, 구성요건적 상황의 존재이다. 행위의무의 구체적인 내용을 인식할 수 있는 상황을 구성요건적 상황이라고 하는데, 진정부작위범의 구성요건적 상황은 형법각칙의 해당 구성요건 가운데 상세히 규정되어 있다. 예를 들면 전시군수계약불이행죄(제103조 제1항)의 경우 '전쟁 또는 사변'이 구성요건적 상황이다. 반면 부진정부작위범에서는 구성요건적 결과발생에 대한 위험이 구성요건적 상황이다.

셋째, 요구된 행위의 부작위가 있어야 한다. 행위의무를 다하였음에도 결과가 발생한 경우에는 구성요건에 해당되지 아니한다.

이상에서 언급한 요건은 진정부작위범과 부진정부작위범이 성립하기 위한 공통의 요건이며, 부진정부작위범은 작위범의 구성요건을 부작위로 실현하는 것이므로 부작위를 작위와 같이 평가할 수 있도록 하는 특수한 지위가 있어야 하는바, 이를 보증인적 지위라고 한다.[7] 보증인지위를 인정하기 위하여는 ① 법익의 담당자가 위협되는 침해에 대하여 스스로 보호할 능력이 없고, ② 부작위범에게 그 위험으로부터 법익을 보호해야 할 의무, 즉 작위의무(보증인의무)가 있고, ③ 부작위범이 이러한 보호기능에 의하여 법익침해를 야기할 사태를 지배하고 있을 것을 요한다.

형법 제18조는 "위험발생을 방지할 의무가 있거나 자기 행위로 위험발생원인을 야기한 자가 그 위험발생을 방지하지 않은 때"에는 부진정부작위범으로 처벌된다고 규정하고

---

6) 피고인이 미성년자를 포박·감금한 후 단지 그 상태를 유지하였을 뿐인 데도 피감금자가 사망에 이르게 된 것이라면 피고인의 죄책은 감금치사죄에 해당한다 하겠으나, 나아가서 그 감금상태가 계속된 어느 시점에서 피고인에게 살해의 범의가 생겨 피감금자에 대한 위험발생을 방지함이 없이 포박·감금상태에 있던 피감금자를 그대로 방치함으로써 사망케 하였다면, 피고인의 부작위는 살인죄의 구성요건적 행위를 충족하므로 부작위에 의한 살인죄를 구성한다(대법원 1982.11.23. 선고 82도2024 판결).

7) 보증인지위는 고의에 의한 부진정부작위범에서만 문제되며 과실범에 있어서는 특별한 의미를 가지지 못한다. 과실범에 있어서는 작위의무와 주의의무가 실질적으로 일치하기 때문에 그 구조에 있어서 진정부작위범과 일치한다고 보아야 하기 때문이다.

있다. 이와 같이 위험발생을 방지해야 할 법적 의무, 즉 작위의무를 보증인의무라고 한다.

　　이러한 보증인의무에 따른 작위의무는 법령(민법상의 친권자보호의무, 친족간의 부양의무, 경찰관직무집행법에 의한 경찰관의 보호조치의무, 의료법에 의한 의사의 진료와 응급조치의무, 도로교통법에 의한 운전자의 구호의무 등) · 계약(고용계약에 의한 보호의무, 간호사의 환자간호의무 등) · 조리(條理)[8](동거하는 고용자에 대한 고용주의 보호의무, 관리자의 위험발생 방지의무, 목적물의 하자에 대한 신의칙상의 고지의무) · 선행행위(자동차를 운전하여 타인에게 상해를 입힌 자는 피해자를 구조해야 할 보증인이 되고, 과실로 불을 낸 사람은 소화조치를 취할 보증인이 되고, 미성년자를 감금한 자는 탈진상태에 빠져 있는 피해자를 구조할 보증인이 되는 것 등)에 의하여 발생한다.

(3) 부진정부작위범의 처벌근거

　　부진정부작위범은 작위범이나 진정부작위범과는 달리 명문의 처벌규정이 없음에도 불구하고 모두 처벌할 수 있는 것인가. 그것은 아니다. 즉 부진정부작위범은 작위의무가 있는 자가 결과발생을 방지할 가능성이 있음에도 불구하고 그 의무를 이행하지 않은 경우에만 성립하는 것이며, 이러한 작위의무는 일정한 범위 내의 자만이 부담하고 있는데, 이를 앞서 언급한 '보증인적 지위'에 있는 자라고 한다.

　　따라서 이러한 보증인적 지위에 있는 자가 결과발생을 방지하여야 할 작위의무가 있음에도 부작위로 나아가 결과가 발생한 것에 대하여 처벌을 받아야 한다. 즉 부진정부작위범의 처벌근거는 '보증인적 지위에 있는 자의 부작위'라고 할 수 있다.

Ⅲ. 인과관계

1. 의   의

　　형법상 구성요건은 대부분 범죄가 성립하기 위해서 일정한 결과의 발생을 필요로 하고 있다(결과범). 예를 들면 갑이 권총을 발사하여 을을 살해한 경우, 갑이 쏜 탄환이 을의 심장을 관통하여 을이 죽었다는 사실이 입증됨으로써 비로소 갑은 형법 제250조 소정의 살인죄의 책임을 지게 되는 것이다. 이와 같이 일정한 행위와 일정한 결과 사이에 형법상 인정되는 연쇄를 인과관계라고 한다.

　　그러면 어떠한 경우에 인과관계가 있다고 할 수 있는가. 예를 들면 갑이 언쟁중 을을 구타하여 경미한 찰과상을 입혔으나 을이 주술적인 치료방법을 사용하여 상처의 악화로 사망하였을 경우, 과연 갑의 구타와 을의 사망 간에 인과관계를 인정할 수 있는가. 이 경우

---

[8] 그러나 작위의무가 윤리적 의무가 아니고 법적 의무인 점에 비추어 조리에 의한 작위의무를 인정하는 것은 작위의무의 근거를 불명확하게 할 뿐이라고 하여 조리에 의한 작위의무를 인정하지 아니하는 견해도 있다.

갑의 행위는 상해에 대하여는 인과관계가 있다고 할 것이나, 사망에 대해서는 인과관계가 없다고 해야 할 것이다.

그러면 이러한 인과관계의 유무 및 범위를 어떻게 결정할 것인가. 이에 대하여는 다음과 같은 학설이 대립되고 있다.

2. 인과관계에 관한 학설

(1) 조 건 설

인과관계를 순전히 논리적으로 이해하여 행위와 결과 사이에 논리적인 조건관계만 있으면 인과관계가 있다고 보는 견해이다. 즉 일정한 행위와 결과 사이에 '만약 그러한 행위가 없었더라면 그러한 결과가 발생하지 않았을 것'이라는 조건관계만 있으면 그 행위는 결과에 대한 원인이라는 설이다.

(2) 원 인 설

결과에 대한 제 조건 중에서 특히 원인으로 되는 것만이 조건과는 달리 결과에 대해서 인과관계가 인정된다는 설로서, 그 원인은 최유력조건, 최종조건, 필연적 조건, 결정조건 등이어야 한다고 한다.

(3) 상당인과관계설

이 설은 조건설이 너무 인과관계의 범위를 확장한다는 단점이 있고, 원인설은 그 원인이 불명확하다는 단점이 있다고 하면서 일정한 행위가 사회생활상 일반적 경험에 비추어 통상의 경과를 거쳐 그 행위로부터 그러한 결과가 발생한다는 것이 상당하다고 인정되는 경우에 인과관계가 있다고 하는 견해이다.

이 견해도 상당성을 판단하는 기준이 무엇인가에 따라 주관적 상당인과관계설·객관적 상당인과관계설·절충적 상당인과관계설로 나누어지는데, 행위 당시에 행위자의 입장에 서서 일반인이 예측할 수 있었던 사정과 행위자가 행위 당시에 특히 인식하였던 사정을 모두 고려하는 절충적 상당인과관계설이 가장 일반적인 견해이다.

그러나 상당인과관계설에 대하여는 ① 상당인과관계설이 제시하는 상당성 또는 생활경험이 명백한 기준이 되지 못한다는 점, ② 구성요건의 단계에서 형사책임의 무제한한 확대를 제한하려고 한 근본취지는 타당하다고 할 수 있지만, 이를 인과관계의 부정에 의하여 달성하려고 한 점에 체계상의 잘못이 있다는 점 등의 비판이 있다.

상당인과관계설은 종래 우리나라의 다수설이었으며 대법원도 상당인과관계설을 일관하고 있다. 대법원은 ① 고혈압증세가 있는 피해자를 전도시의 자극에 의하여 사망케 한 경우,[9] ② 피해자가 강간을 피하려다가 사망한 경우,[10] ③ 피해자의 과실이 경합하여 결과가 발생한 경우,[11] ④ 수술지연 등 의사의 과실이 경합하여 결과가 발생한 경우[12] 등에서 상당인과관계를 인정하였다.

(4) 합법칙적 조건설

조건설의 수정형태이다. 조건설은 범위가 지나치게 넓을 뿐만 아니라 경우에 따라서는 매우 불합리한 결과까지도 가져오기 때문에 순수한 형태의 조건설은 수정할 수밖에 없다. 합법칙적 조건설은 그러한 수정의 첫시도로서 조건설의 내용을 일상경험법칙에 의한 합법칙성으로 제한하려는 이론이다.

이 설에 의하면 '행위가 시간적으로 뒤따르는 외계의 변화에 연결되고 행위와 합법칙적으로 결합되어 구성요건적 결과로 실현되었을 때'에 조건설에 의한 인과관계는 인정된다고 한다. 즉 인과관계의 문제는 그 행위가 없었으면 그 결과가 발생하지 않았을 것이라는 관계(순수한 조건설)가 아니라, 행위가 우리의 경험칙에 따른 인과법칙으로 그 결과를 발생케 했느냐가 문제되며, 여기에 합법칙적 관련(Kausalgesetz)이 있어야 한다는 것이다. 현재 우리나라의 통설이다.[13]

(5) 객관적 귀속이론

앞서 언급한 합법칙적 조건설과 마찬가지로 순수한 조건설을 수정한 이론의 하나이다. 이 이론에 의하면 자연법칙적 인과관계의 확정과 법적·평가적 결과귀속을 분리하여 행위자의 행위결과에 대한 자연법칙적 인과관계가 인정되더라도 그 결과를 행위자에게 법적·평가적 귀속을 시킬 수 없을 때에는 그 행위자를 처벌할 수 없다는 것이다.

이와 같이 어떤 인과관계가 인정되는 결과를 행위자의 행위에 객관적으로 귀속시키기

---

9) 대법원 1967.2.28. 선고 67도45 판결.

10) 대법원 2001.6.1. 선고 99도5086 판결.

11) 피고인들의 이 사건 범행으로 입은 자상으로 인하여 급성신부전증이 발생되어 치료를 받다가 다시 폐염·패혈증·범발성혈액응고장애 등의 합병증이 발생하여 1993.3.17. 사망한 사실, 급성신부전증의 예후는 핍뇨형이나 원인질환이 중증인 경우에 더 나쁜데, 사망률은 30% 내지 60% 정도에 이르고 특히 수술이나 외상 후에 발생한 급성신부전증의 경우 사망률이 가장 높은 사실, 급성신부전증을 치료할 때에는 수분의 섭취량과 소변의 배설량을 정확하게 맞추어야 하는 사실, 위 피해자는 외상으로 인하여 급성신부전증이 발생하였고 또 소변량도 심하게 감소된 상태였으므로 음식과 수분의 섭취를 더욱 철저히 억제하여야 하는데, 이와 같은 사실을 모르고 콜라와 김밥 등을 함부로 먹은 탓으로 체내에 수분저류가 발생하여 위와 같은 합병증이 유발됨으로써 사망하게 된 사실 등을 인정할 수 있는바, 사실관계가 이와 같다면, 위 피고인들의 이 사건 범행이 위 피해자를 사망하게 한 직접적인 원인이 된 것은 아니지만, 그 범행으로 인하여 위 피해자에게 급성신부전증이 발생하였고 또 그 합병증으로 위 피해자의 직접사인이 된 패혈증 등이 유발된 이상, 비록 그 직접사인의 유발에 위 피해자 자신의 과실이 개재되었다고 하더라도 이와 같은 사실은 통상 예견할 수 있는 것으로 인정되므로, 위 피고인들의 이 사건 범행과 위 피해자의 사망과의 사이에는 인과관계가 있다고 보지 않을 수 없다(대법원 1994.3.22. 선고 93도3612 판결).

12) 대법원 1984.6.26. 선고 84도831 판결.

13) 김일수/서보학 170면; 박상기 97면; 손동권 109면; 손해목 280면; 신동운 154면; 안동준 91면; 이정원 104면; 이형국 132면; 임웅 129면; 정성근/박광민 155면.

위해서는 일정한 기준이 필요한데, 그러한 기준으로는 다음과 같은 것들이 있다.

첫째, 지배가능성 이론이다. 즉 행위자가 개시한 인과진행을 그의 작품으로 객관적으로 귀속시키기 위해서는 그에게 지배가능한 것이어야 한다. 지배가능성이란 결과에 대한 예견가능성(Voraussehbarkeit)과 회피가능성(Vermeidbarkeit)을 뜻한다. 따라서 행위자가 행위결과를 회피할 수 있었음에도 불구하고 회피하지 아니한 결과는 행위자에게 귀속시킬 수 있다.[14]

둘째, 위험창출과 위험증대의 이론이다. 즉 보호법익에 대하여 법적으로 허용될 수 없는 위험을 창출하거나 위험을 증가시킨 때에만 그 위험으로 인한 결과를 객관적으로 귀속시킬 수 있고, 이에 대하여 법익에 대한 위험을 야기하지 않거나 허용되는 위험만을 야기한 때에는 결과귀속을 인정할 수 없다.

그러나 객관적 귀속이론에 대해서는 다음과 같은 비판도 제기된다. 이미 우리의 판례가 취하고 있는 상당인과관계설의 입장에서 객관적 귀속이 포함되어 있다는 것이다. 따라서 인과관계를 확정한 후 다시 인과관계에 대한 객관적 귀속을 시도하려는 것은 중복행위에 해당하여 불필요하다는 것이다. 아울러 객관적 귀속론자들의 주장근거는 독일형법이론의 차용에서 비롯된 문제라는 지적도 있다. 독일의 경우 자연법칙적 인과관계이론을 취하고 있기 때문에 인과관계이론의 범위를 축소하기 위해서 객관적 귀속이론이라는 것을 사용하고 있는데, 우리 형법은 상당인과관계이론을 취하고 있기 때문에 독일의 객관적 귀속이론을 굳이 차용할 필요가 없다는 것이다.

현행 형법은 제17조에서 "어떤 행위라도 죄의 요소되는 위험발생에 연결되지 아니한 때에는 그 결과로 인하여 벌하지 아니한다"고 규정하여 인과관계가 인정되지 않는 경우만을 소극적으로 규정하고 있을 뿐이다. 그러나 해석론상으로는 상당인과관계설을 따름이 일반적이라는 것은 전술한 바와 같다.[15]

---

14) 지배가능성의 구체적 기준으로는 다음과 같은 것이 있다. 즉 시간적으로 멀리 떨어진 조건(예를 들면 나중에 살인자가 된 아이의 출산행위), 지나치게 비유형적 인과과정(예를 들면 사망의 결과가 행위자의 행위에 의하지 아니하고 '앰뷸런스' 사고나 '의사의 실수'에 의하여 발생한 경우), 제 3 자 고의행위의 자유로운 개입(예를 들면 경찰관이 방치한 총기를 제 3 자가 이용하여 살인을 한 경우) 등은 행위자의 지배가능성의 범위에서 제외되기 때문에 그 결과를 귀속시킬 수 없다. 위의 예에서 살인자를 출산한 어머니, 앰뷸런스에 실려 가게 하여 의사의 치료를 받도록 하게 한 자, 총을 방치한 경찰관 등에게 살인죄에 대한 자연법칙적 인과관계는 인정될지언정 살인이라는 결과를 귀속시킬 수는 없다.

15) 강간을 당한 피해자가 집에 돌아가 음독자살하기에 이른 원인이 강간을 당함으로 인하여 생긴 수치심과 장래에 대한 절망감 등에 있었다 하더라도 그 자살행위가 바로 강간행위로 인하여 생긴 당연한 결과라고 볼 수는 없으므로, 강간행위와 피해자의 자살행위 사이에 인과관계를 인정할 수는 없다(대법원 1982.11. 23. 선고 82도1446 판결).

제 3 절 구성요건

Ⅰ. 구성요건의 개념

범죄는 구성요건에 해당하는 위법·유책한 행위이다. 따라서 비록 반사회적 행위로서 행위자를 비난할 수 있는 행위라 할지라도 형법 각 본조 기타의 형벌법규에 과형의 근거로 규정된 범죄의 구성요건에 해당하지 아니하면 범죄로 되지 아니한다.

일반적인 견해에 따르면 구성요건이란 형벌법규에 과형의 근거로서 추상적으로 규정된 행위유형 — 예컨대 '사람을 살해한 자 …', 또는 '타인의 재물을 절취한 자 …'라는 관념형상— 이라고 하며, 그 실체는 위법행위의 유형이라는 점에 있다. 말하자면 구성요건은 위법인 행위 중에서 특히 범죄로서 처벌할 가치가 있다고 인정되는 것을 추출·유형화(형법의 각 본조)하여 개념적으로 규정한 것이다. 이와 같이 구성요건은 법률상의 추상적인 개념규정이고, 어떤 행위가 하나의 형벌규범의 구성요건을 실현하여 그 가벌성의 전제를 충족시킨 경우 —예컨대 'A가 B를 칼로 찔러죽인 경우'— 에 그 행위는 그 형벌규범의 구성요건에 해당하는 행위가 된다.

Ⅱ. 구성요건과 위법성·책임성과의 관계

1. 위법성과의 관계

구성요건과 위법성과의 관계에 대하여는 종래 학설이 날카롭게 대립하고 있었으나, 일반적인 견해로는 구성요건과 위법성을 밀접하게 관련시키고 있다. 그러나 그 가운데에서도 일부에서는 구성요건을 위법성의 인식근거라 하여 구성요건에 해당하는 행위는 일응 위법한 것으로 추정된다고 하고, 일부에서는 구성요건을 위법성의 존재근거라고 하여 위법성조각사유가 없는 한 구성요건에 해당하는 행위는 위법하다고 한다.

그러나 구성요건이 위법행위의 유형이라는 점에 대해서는 반론이 없으며, 다만 일정한 경우에 후술할 위법성조각사유가 존재하는 경우 그 행위는 처음부터 적법한 것으로 된다.

2. 책임과의 관계

종래에는 구성요건을 순전히 객관적·기술적인 것으로 보아 주관적인 책임과는 무관하다고 하였으나, 그 후 구성요건에도 규범적·주관적 요소가 인정되어 주관적 위법요소(후술)라는 것이 구성요건의 요소를 이루게 되었다.

그러나 일부의 학설을 제외하고는 구성요건을 위법유형으로만 고찰할 뿐 책임유형이라고까지는 하지 않는다.

Ⅲ. 규범적 구성요건요소

규범적 구성요건요소라 함은 구성요건의 내용으로 된 사실을 인식함에 있어서 규범적 평가 내지 가치판단에 의해서만 의미내용을 확정할 수 있는 요소를 말한다.

죄형법정주의가 요구하는 형법의 마그나 카르타적 기능면에서 볼 때 구성요건은 재판관의 자의를 배제하도록 사실적 · 기술적으로 규정되어야 하지만, 이러한 요구는 늘 충족될 수는 없고 또한 구성요건이 위법행위를 유형화하는 가치적인 면을 감안할 때 규범적인 요소를 포함하는 것은 불가피하다 할 것이다. 예컨대 유가증권위조죄(제214조)에서 유가증권의 의미는 상법이라는 형법 이외의 법률에 의해 평가될 수 있는 것이며, 명예훼손죄(제307조)에 있어서 명예의 의미는 사회상규에 입각하여 사회적 · 경제적 평가를 받아야 하는 것이다.[16]

Ⅳ. 주관적 구성요건요소

1. 개   념

행위자의 정신적 · 심리적 측면, 즉 관념세계(Vorstellungswelt)에 속하는 상황을 주관적 구성요건요소라고 한다. 형법이론에서 이러한 주관적 구성요건요소가 존재한다는 점에 대하여는 이론이 없다.

주관적 구성요건요소에는 고의 · 과실 · 목적 · 경향 · 표현[17] 등 주관적 불법요소와 재산죄의 불법영득의사가 이에 속한다. 주관적 구성요건요소에서 가장 문제가 되는 것은 고의이다.

2. 고   의

(1) 의   의

형법은 제13조에서 "죄의 성립요소인 사실을 인식하지 못한 행위는 벌하지 아니한다"

---

16) 군형법상으로도 이러한 규범적 구성요건요소를 찾을 수 있다. 예를 들면 제14장 포로에 관한 죄에서 포로의 의미는 국제법에 의하여 평가될 수 있는 것이다.

17) 이른바 목적범의 예로서는 형법 제87조(내란), 제88조(내란목적의 살인), 제90조, 제91조(국헌문란의 정의), 제109조(외국의 국기 · 국장의 모독), 제114조(범죄단체의 조직), 제156조(무고), 제198조(아편 등의 제조), 제207조(통화 등의 위조) 이하 등이 있고, 경향범의 예로서는 형법 제245조 공연음란죄에서 성욕을 자극시키는 행위자의 경향이 있으며, 표현범의 예로서는 형법 제152조 위증죄에서 선서한 증인이 알고 있는 것과 다르게 표현하는 행위 등이 있다.

고 규정하여 죄의 성립요소인 사실, 즉 구성요건에 해당하는 범죄사실의 인식을 고의라고 하고 있다. 여기서 죄의 성립요소인 사실이라 함은 구성요건에 해당하는 위법한 범죄사실을 말하며, 인식이란 단순한 외형적·물리적 인식이 아닌 사회적·규범적 인식을 말한다. 인식의 정도는 단순한 범죄사실의 인식만으로는 부족하고, 그 외에 결과발생을 적극적으로 인용하는 경우에 고의가 성립한다는 것이 일반적 견해이다(인용설).

(2) 고의의 체계적 지위

일반적으로 고의가 범죄체계의 어느 단계에 위치하는 것인가를 둘러싼 논쟁을 고의의 체계적 지위라고 한다. 고전적인 견해는 모든 주관적인 것을 책임에 귀속시키기 때문에 고의도 책임의 영역에 속한다고 한다. 반면에 목적적 범죄체계는 인간의 행위를 목적활동성의 결과로 보기 때문에 고의는 전적으로 구성요건요소가 된다고 한다.

그러나 오늘날의 다수견해인 사회적 범죄체계는 고의가 이중적 지위를 갖는다고 한다. 즉 고의란 불법구성요건요소인 동시에 책임조건으로서의 지위를 갖는다는 것이다. 불법구성요건으로서는 객관적 행위상황에 대한 지적·의지적 실현으로서의 구성요건적 고의가 되며, 책임조건으로서는 고의에 의하여 법질서에 반하여 잘못을 결정하였다는 이중의 의미를 가진다는 것이다.

(3) 고의의 종류

한편 이러한 고의의 종류를 살펴보면 두 가지로 대분된다.

1) **확정적 고의** 갑의 재물을 탈취할 의사로 갑의 재물을 탈취하는 경우와 같이 구체적으로 확정사실을 인식한 경우의 고의를 확정적 고의라고 한다.

2) **불확정적 고의** 범죄사실에 대한 인식이 불확정적인 경우를 불확정적 고의라고 하며, 이러한 고의는 다음 세 가지 유형이 있다.

(가) 개괄적 고의 행위자가 일정한 고의를 가지고 행한 제 1 의 행위에 의하여 그 결과가 발생한 것으로 믿고 다른 의도를 가지고 계속 제 2 의 행위를 했던바, 행위자의 의도와는 달리 연속된 제 2 의 행위에 의하여 제 1 행위시의 행위자의 의도가 실현된 경우를 말한다. 예를 들어 사람을 살해하기 위해서 돌로 머리를 강타하여 피해자가 실신하자 죄적을 인멸하기 위해 모래 속에 파묻음으로써 질식사한 경우가 그 예이다. 이에 대한 형법상의 취급에 대한 학설의 대립이 있다.

제 1 설(미수와 과실의 경합설 : 이용식, 남흥우, 오영근)은 제 1 행위와 제 2 행위는 별개의 행위이므로 각각 독자적으로 판단해야 하므로 제 1 행위의 미수가 성립하고, 때로는 제 2 행위의 과실과 경합범이 될 수 있다는 견해이다.

제 2 설(개괄적 고의에 의한 단일행위설 : Welzel)은 하나의 행위를 구성하는 수 개의 부분적 행위를 지배하는 고의라는 의미의 개괄적 고의를 인정하여 애초의 고의기수를 인정하는 견해이다.

제 3 설(계획야기설)은 제 1 행위시에 행위자에게 의도적 고의가 있는 경우는 결과가 제 2 의 행위에 의해 야기되었다고 하더라도 그 결과는 결국 행위자의 범행계획의 실현으로 평가할 수 있으므로 고의기수가 된다는 견해이다.

제 4 설(인과관계착오의 특수한 유형설 : 신동운, 하태훈, 배종대, 이재상)은 개괄적 고의를 인과관계의 특수한 형태로 보면서 행위와 결과 사이에 인과관계가 인정된다는 전제에서 인식한 인과과정과 발생한 인과과정의 차이가 일반적인 생활경험에 의하여 예견될 수 있는 범위 내에 있고 다른 행위로 평가할 수 없다면, 그 인과과정의 상이는 본질적인 것이 아니므로 고의는 조각되지 아니하고 고의기수범이 성립한다는 견해이다.

따라서 위의 예의 경우 제 1 설에 의할 경우 살인미수와 과실치사의 경합범이, 제 2 설에 의할 경우 살인죄가, 제 3 설에 의할 경우 역시 살인죄가, 제 4 설에 의할 경우에도 살인죄가 성립한다.

(나) **택일적 고의**　　결과발생은 확실하나 그 객체가 택일적으로 불확실한 경우로서, 예컨대 보행중인 갑·을을 향하여 발포하면서 둘 중의 하나가 맞으리라고 생각하는 경우를 들 수 있다.

(다) **미필적 고의**　　결과발생의 가능성은 인식하였으나 결과발생 그 자체가 불확정한 경우로서, 예컨대 옥상에서 아래로 지나가는 통행인에게 돌을 던지면서 통행인이 돌에 맞을지도 모른다고 생각하는 경우를 들 수 있다. 미필적 고의는 결과발생이 불확정적이지만 그 결과가 발생하더라도 행위자가 이를 인용하는 것이기에 일반적인 고의와 같이 처벌된다.

미필적 고의는 인식 있는 과실과 어떻게 구별할 것인가가 문제된다. 용인설은 행위자가 구성요건적 결과발생을 가능하다고 생각하고 이를 승인 또는 내적으로 용인하거나 양해한 때에 미필적 고의를 인정하고, 법익침해를 내적으로 거부하거나 결과의 불발생을 희망한 때에는 인식 있는 과실이라고 하는 견해이다.[18] 용인설에 대하여는 고의의 의지적 요소는 결과에 대한 실현의사라는 심리적 현상을 말하며, 용인이라는 정서적 요소 또는 감정적 요소와는 구별되어야 한다는 비판이 있다. 대법원도 용인설의 입장에 있다.[19]

---

18) 배종대 256면; 신동운 191면; 이건호 174면; 이형국 138면; 임웅 148면; 정성근/박광민 175면; 정영석 169면; 진계호 189면.

19) 살인죄에서 살인의 범의는 반드시 살해의 목적이나 계획적인 살해의 의도가 있어야 인정되는 것은 아니고, 자기의 행위로 인하여 타인의 사망이라는 결과를 발생시킬 만한 가능성 또는 위험이 있음을 인식하거나 예견하면 족한 것이며 그 인식이나 예견은 확정적인 것은 물론 불확정적인 것이라도 이른바 미필적 고의로 인정되는 것인바, 피고인이 범행 당시 살인의 범의는 없었고 단지 상해 또는 폭행의 범의만 있었을 뿐이라고 다투는 경우에 피고인에게 범행 당시 살인의 범의가 있었는지 여부는 피고인이 범행에 이르게 된 경위, 범행의 동기, 준비된 흉기의 유무·종류·용법, 공격의 부위와 반복성, 사망의 결과발생가능성 정도 등 범행 전후의 객관적인 사정을 종합하여 판단할 수밖에 없다(대법원 2006.4.14. 선고 2006도734 판결).

감수설 또는 묵인설은 결과발생의 가능성을 인식하면서 구성요건 실현의 위험을 감수한 때에는 미필적 고의를 인정할 수 있고, 결과가 발생하지 않는다고 신뢰한 때에는 인식 있는 과실이 된다고 하여 감수의사를 미필적 고의의 본질적 요소로 파악하는 견해이다.[20]

3. 과   실

(1) 과실의 의의

형법은 제14조에서 "정상의 주의를 태만함으로 인하여 죄의 성립요소인 사실을 인식하지 못한 행위는 법률에 특별한 규정이 있는 경우에 한하여 처벌한다"고 하여 정상의 주의를 태만히 하여 부주의로 범죄사실을 인식하지 못한 경우를 과실이라고 하였다. 이와 같이 과실범을 처벌하는 근거는 바로 부주의라는 의무위반성, 즉 규범적 요소에 있으므로 현실적인 범죄사실을 인식한 경우인 고의에 비하여 책임비난의 정도가 낮다.

이러한 과실범이 성립하기 위해서는 범죄사실을 인식하지 못한 점에 대한 '정상의 주의태만(부주의)'이 있어야 하는데, 여기서 어떠한 경우에 부주의가 있다고 할 수 있는가의 여부가 문제로 된다. 다시 말해서 주의의무의 표준을 추상적으로 통상 일반인의 능력을 표준으로 할 것인가(객관설), 행위자 자신의 능력을 표준으로 할 것인가(주관설), 아니면 양자 모두를 고려할 것인가(절충설)가 문제로 된다. 통설은 객관설이다. 즉 보통의 일반인이 인식·예견할 수 있는 사정을 기준으로 부주의가 있었는가를 판단하고, 보통사람을 초과하는 행위자 개인의 특별한 능력은 책임의 단계에 귀속시키면 된다고 하는 객관설이 일반적인 견해이다. 그리고 이러한 과실범이 성립되기 위해서는 법률에 규정이 있는 경우에만 예외적으로 인정된다. 현행 형법이 규정하고 있는 것으로는 실화죄(제170조), 과실폭발물파열죄, 과실일수죄(제181조), 과실교통방해죄(제189조), 과실치사·상해죄(제267조, 제266조)와 업무상 과실범 및 중과실범이 있다.

(2) 과실의 체계적 지위

앞서 고의에서 언급한 바와 마찬가지로 과실을 범죄체계에서 어디에 위치시킬 것인가에 대하여 구성요건요소설과 책임요소설이 있으나, 통설은 이중적 지위를 가진다는 것으로서 구성요건요소로서의 지위(주관적 불법요소)와 책임조건으로서의 지위를 동시에 가진다는 것이다.

(3) 객관적 주의의무의 제한원리

과실범은 '정상의 주의의무(객관적 주의의무)'를 태만히 한 경우에 성립하는데, 여기서 문제는 오늘날 산업화된 문명사회에서 일정한 생활범위에서는 예견하고 회피할 수 있는

---

20) 김성천/김형준 151면; 김일수/서보학 197면; 박상기 118면; 손해목 321면; 안동준 80면; 조준현 172면.

위험이라도 그것을 무제한하게 금지할 수는 없다는 것이다. 즉 오늘날 기술문명사회에서는 예견되고 회피가능한 위험이라도 일정한 경우에는 그것을 허용하여야 한다. 따라서 과실범의 성립요건 중의 하나인 객관적 주의의무의 범위도 이에 맞추어 무작정 확대하여야 하는 것이 아니라 일정한 범위에서 제한할 수밖에 없으며, 이러한 제한원리로서 나온 이론이 소위 '허용된 위험의 이론'과 '신뢰의 원칙'이라는 것이다.

허용된 위험이란 현대산업사회가 불가피하게 인정해야 하는 위험을 의미한다. 예컨대 현대의 자동차교통에 있어서 모든 교통규칙을 준수한 경우에도 타인에게 피해를 입힐 위험은 항상 내포하고 있다. 공장의 운영, 원자력발전소, 지하자원의 채굴, 건축 및 에너지자원의 이용 등 여러 분야에서도 사정은 같다. 가령 이러한 분야에서 과실범죄의 극소화를 위해서라면 위험을 내포한 문명의 이기와 그것의 개발작용을 모두 포기하여야 한다는 것이 되나, 그러한 위험요소를 배제한다면 이 사회가 돌아가지 않는다. 따라서 현대사회에서 이러한 시설과 결합된 사회적 효용성은 필요한 안전조치를 강구한 이상 그 시설과 전형적으로 결합된 위험은 법질서가 인용할 것을 요구하기에, 이러한 허용된 위험은 구성요건해당성을 조각시킨다고 한다. 이를 허용된 위험의 이론이라 한다.

나아가 객관적 주의의무를 제한하는 것으로 허용된 위험보다는 구체적 모습을 띠고 있는 것이 신뢰의 원칙이다. 주로 도로교통의 교통참여자 사이에서 문제가 된다. 신뢰의 원칙(Vertrauensgrundsatz)이란 과실범에서 주의의무규칙을 준수하는 사람은 다른 참여자들도 그렇게 하리라는 것을 신뢰해도 괜찮다는 것을 의미한다. 즉 그렇게 신뢰하고 한 행위 결과로 구성요건결과가 발생하더라도 과실행위가 되지 않는다는 것이다. 그러므로 다른 참여자에 대한 '신뢰'가 행위자의 객관적 주의의무를 제한하는 기능을 한다. 도로교통의 경우를 예로 들면 스스로 교통규칙을 준수하는 운전자는 다른 운전자들도 자기와 마찬가지로 교통규칙을 준수할 것을 신뢰할 수 있고, 규칙에 위반한 돌발사태까지 예상하여 주의할 필요는 없다는 것이다. 우리나라도 1957년[21]에 이러한 신뢰의 원칙이 처음 등장한 이래 지금까지 적용되고 있다.[22]

그러나 신뢰원칙은 도로교통과 기술분업적 공동작업에서 다른 참여자를 신뢰할 수 없

---

21) 대법원 1957.2.22. 선고 4289형상330 판결.
22) 신뢰의 원칙을 인정한 판례의 보기는 다음과 같다. "고속도로 양측에 휴게소가 있는 경우에도 고속도로를 무단횡단하는 보행자가 있을 것을 예상하여 감속 등의 조치를 취할 의무가 없다"(대법원 1977.6.28. 선고 77도403 판결); "신호등의 표시(녹색신호)에 따라서 직진한 차량의 운전자는 다른 차량이 신호를 위반하여 좌회전할 경우까지 예상하여 주의할 의무는 없다"(대법원 1985.1.22. 선고 84도1493 판결); "보행자의 횡단이 금지된 육교 밑을 운행하는 운전자는 보행자가 뛰어들 것을 예상하여 주의할 의무는 없다"(대법원 1985.11.12. 선고 85도1893 판결); "교통정리가 행하여지고 있지 않는 교차로의 넓은 도로로부터 진입하는, 통행의 우선순위를 가진 차량의 운전자는 이와 교차하는 좁은 도로에서 진입하는 차량이 교통법규에 따라 적절한 행동을 취하리라고 신뢰하고 운전할 것이므로, 그와 같은 기대신뢰 하에 상당한 주의를 한 이상 상대방차량의 부주의로 야기되는 충돌사고로 그 차에 탄 사람이 상해를 입은 경우에도 업무상 과실치상죄의 죄책을 물을 수 없다"(대법원 1977.3.8. 선고 77도409 판결 등).

는 특별한 사정이 있는 경우에는 적용할 수 없다는 한계가 있다. 여기서 신뢰원칙을 적용할 수 없는 특별한 사정이란 ① 스스로 규칙을 위반한 경우, ② 상대방의 규칙위반을 인식한 경우,[23] ③ 상대방의 규칙준수가능성이 없는 경우, 예컨대 노인·불구자·어린이 등과 같이 정신적·신체적 결함 또는 지적 능력의 흠결로 상대방이 의무규칙을 알지 못하거나 알 수 없는 경우에 신뢰원칙은 배제된다.[24]

(4) 과실의 종류

여러 기준에 따라 과실의 종류를 분류해 보면 다음과 같다.

1) 인식 있는 과실과 인식 없는 과실   인식 없는 과실이란 결과발생에 대한 인식이 없는 경우로서 형법상 일반적인 과실이 이에 속한다. 이에 반하여 인식 있는 과실이란 결과발생의 가능성은 인식하면서도 결과발생을 인용하지 않는 것이다.[25] 예컨대 자동차 운전사가 바퀴에 이상이 있다는 것을 알면서도 일이 끝난 후에 살펴보기로 하고 그대로 운행하다가 바퀴가 빠져 사고를 낸 경우에, 그는 바퀴 이상으로 사고가 날지도 모른다고 생각하면서 일이 끝날 때까지는 괜찮으리라고 결과발생을 부정한 경우로서 인식 있는 과실이 있는 경우이다.

2) 일반과실과 업무상 과실   업무상 과실이란 일정한 업무에 종사하는 자가 그 업무상 일반적으로 요구되는 주의를 태만히 하는 경우로서 일반과실에 비하여 형이 가중되는 것이 일반적이다(형법 제171조, 제189조, 제268조, 제364조 등).

3) 일반과실과 중과실   중과실이란 주의의무의 위반이 중한 경우로서 조금만 주의하였더라면 능히 결과발생을 인식할 수 있었던 경우이다. 인식 있는 과실은 대부분 중과실에 속하며, 일반과실에 비하여 형이 가중됨이 일반적이다(형법 제171조, 제189조, 제268조, 제364조 등).

(5) 결과적 가중범

결과적 가중범이란 일정한 고의에 기한 범죄행위가 그 고의를 초과하여 행위자가 예견하지 못하였던 중한 결과가 발생한 경우에 그 중한 결과에 대하여 형사책임이 가중되는

---

23) 고속도로를 무단횡단하는 피해자를 그 차의 제동거리 밖에서 발견하였다면 피해자가 반대차선의 교행 차량 때문에 도로를 완전히 횡단하지 못하고, 그 진행차선 쪽에서 멈추거나 다시 되돌아가는 경우를 예견해야 한다는 판례가 이를 의미한다(대법원 1981.3.24. 선고 80도3305 판결).

24) 경운기운전자는 비록 소음이 크게 나고 또 후사경이 없다 할지라도 특히 인가가 있는 길을 통과할 때는 어린아이들이 뒤에 매달리는 것을 쉽게 예상할 수 있으므로, 항상 주의하여 경운기의 후방에 있는 적재함을 살펴보는 등 만반의 경계를 함으로써 사고를 미연에 방지해야 할 의무가 있다(대법원 1970.11.3. 선고 70도1910 판결).

25) 여기서 문제되는 것으로 미필적 고의와 구별이 있다. 인식 있는 과실이나 미필적 고의가 모두 결과발생의 가능성을 인식하였다는 점에서는 동일하나, 인식 있는 과실은 자신의 구체적인 경우에 자신의 기능이나 행운 등으로 인하여 결과발생을 부정하는 것이고, 미필적 고의는 자신의 구체적인 경우에 결과발생이 일어나도 좋다고 하는 점에서 양자가 구별된다.

범죄를 말한다.

이러한 결과적 가중범이 성립하기 위해서는 일정한 고의에 기한 범죄행위와 행위자가 예견하지 못하였던 중한 결과 사이에 인과관계가 있어야 하며, 중한 결과를 인식하지 못한 데에 과실이 있어야 한다.[26] 예컨대 타인을 상해한 결과 사망하였을 경우 상해치사죄의 책임을 물으려면 상해와 사망 사이의 인과관계 이외에 사망에 대한 행위자의 과실이 있어야 하는 것이다.

제 4 절 위 법 성

I. 의 의

일정한 행위가 구성요건에 해당하면 일응 위법한 것으로 되어 책임성이 있는 경우에는 범죄가 성립한다. 그러므로 모든 범죄는 위법성을 갖추어야 하나, 다만 현행 형법은 위법성을 적극적으로 범죄의 성립요건으로 규정하고 있지 않고 소극적으로 위법성이 조각되는 경우만을 열거하고 있다(제20조 내지 제24조).[27]

이와 같이 위법이라 함은 행위가 법적인 견지에서 허용되지 아니한다는 성질(법적 무가치성), 즉 행위가 국가적 공동생활을 규율하는 법규의 목적에 위반하여 전체 법질서로부터 부정적 가치판단을 받는 것을 말한다.

위법성(Rechtswidrigkeit)과 구별하여야 하는 개념으로 불법(Unrecht)이라는 것이 있다. 일반적으로 위법성은 규범과 행위의 충돌을 의미하고, 불법이란 행위에 의하여 실현되고 법에 의하여 부정적으로 평가된 무가치(Unwert) 자체를 말한다. 즉 불법은 위법한 행위방법 그 자체이며, 위법성은 불법의 성질, 즉 법질서에 대한 위반을 의미한다. 따라서 불법은 양과 질을 가지며 양적·질적으로 다를 수 있지만, 위법성은 언제나 단일하며 동일하다. 예컨대 살인이 상해보다 더 위법하고 과실치사가 살인보다 덜 위법한 것은 아니다.

---

26) 중한 결과에 대한 과실은 간과하고 인과관계의 유무만을 중요시하고 있는 듯하다(대법원 1972.3.28. 선고 72도296 판결).

27) 형법상 일정한 범죄는 구성요건 자체에 '정당한 사유 없이'라는 문구를 사용하여(전시공수계약불이행죄, 직무유기죄 등) 위법성을 정면으로 요구하는 경우가 있으나, 이러한 범죄에 국한하여 위법성이 요구되는 것이 아니라 모든 범죄에 공통되는 것이다. 참고로 군형법상으로도 불법전투개시죄(제18조), 불법진퇴죄(제20조), 직무유기죄(제24조), 군무이탈죄(제30조 제 2 항) 등에 동일한 규정이 있으나, 오히려 해석론상으로 재판관의 자의가 개입될 여지를 제공하고 있다는 비판이 가해진다.

Ⅱ. 위법성과 책임

일반적인 견해로는 '위법성은 객관적으로, 책임은 주관적으로'라는 명제에 입각하여 행위자의 심리적 주관에 속하는 사실의 성질에 관해서는 위법성과 관계 없이 모두 책임의 요소라고 한다. 그러나 위법성이 행위자의 주관적 요소와 전혀 무관한 것은 아니다. 예를 들면 문서위조나 통화위조 등의 죄는 '행사의 목적'이라는 주관적 요소와 관련됨으로써 비로소 위법성이 인정되는 것이다(형법 제207조, 제214조, 제225조, 제238조 참조). 따라서 장난으로 공무원의 출입증을 만든 경우에는 공문서위조죄가 성립하지 않는다.

따라서 위법성도 주관적 요소를 포함하는 경우가 있는데 이것을 주관적 위법요소라고 하며, 주관적 위법요소가 정형적으로 구성요건에 들어 있는 경우를 주관적 구성요건이라고 한다.[28]

Ⅲ. 위법성조각사유

앞서 언급한 바와 같이 현행 형법은 위법성에 관하여 적극적으로 규정하지 아니하고, 다만 소극적으로 위법성이 조각되는 사유만을 열거하고 있다. 따라서 형법 각 본조의 구성요건에 해당하는 행위는 위법성을 조각하는 특단의 사유가 없는 한 원칙적으로 위법한 행위로 추정된다(구성요건의 위법성추정기능). 환언하면 구성요건에 해당하는 행위에 위법성조각사유가 존재하면 처음부터 적법으로 되는 것이다.

1. 정당행위

형법 제20조는 "법령에 의한 행위 또는 업무로 인한 행위 기타 사회상규에 위배되지 아니하는 행위는 벌하지 아니한다"고 하여 일정한 행위가 구성요건에 해당하더라도 그 행위가 사회상규에 반하지 않는 경우는 적법한 행위로 보고 있다.

여기서 법령에 의한 행위란 공무원의 직무집행행위,[29] 징계행위,[30] 사인의 현행범체

---

28) Mezger는 주관적 위법요소를 구비하고 있는 범죄들을 목적범·경향범·표현범으로 대분하였는데, 목적범이란 객관적 구성요건 이외에 일정한 목적(행사의 목적, 영업의 목적 등)을 필요로 하는 범죄이고, 경향범은 행위가 행위자의 일정한 주관적 경향의 표출이라고 인정될 때 위법으로 되는 범죄이며(예를 들면 형법 제245조의 공연음란죄), 표현범이란 행위가 행위자의 일정한 내심적 상태의 표현으로 나타났을 때에 범죄로 되는 것을 말한다(형법 제152조의 위증죄).

29) 형법의 사형집행도 공무원의 직무집행행위이나, 사형폐지의 입장에서는 사형의 '정당행위성'에 관한 의문이 제기될 수 있다. 공무원의 직무집행행위가 정당행위로서 위법성이 조각되기 위한 절차적 요건은 ① 사무·직무의 관할범위의 준수, ② 법령이 규정하고 있는 법치국가적 적정절차의 준수를 들 수 있다.

30) 친권자의 자녀에 대한 징계행위(민법 제915조), 학교장의 학생에 대한 징계행위(교육법 제76조), 소년원장이나 소년감별소장의 원생에 대한 징계행위(소년원법 제13조) 등이 있다. 여기서 교육법이 정하고 있는 학교장의 징계행위내용은 '정학이나 퇴학'이기에 학교장의 징계에 체벌이 포함되지 않는다고 해석할 수 있으나, 우리나라 판례와 다수의 학설은 일정한 범위 안에서 학교장과 교사의 체벌권행사를 정

포,[31] 정신병자의 감호행위(경범죄처벌법 제 1 조 제31호), 모자보건법에 의한 낙태행위(모자보건법 제14조) 등을 들 수 있으며, 업무로 인한 행위[32]는 변호사나 성직자의 업무행위, 의사의 치료행위와 같이 그 업무와 불가분하게 관련되어 사회상규에 위배되지 않는 행위를 말한다.

여기서 주목할 것은 "기타 사회상규에 위배되지 아니하는 행위"로서, 이것은 법 전체의 정신에 비추어 초법규적으로 보아 실질적으로 위법이 아닌 정당한 행위를 말하며, 위법성 조각사유를 일반적으로 결정하는 표준이 되는 것이다. 다시 말하면 법률에 명시된 위법성 조각사유가 없더라도 위법성의 실질인 사회상규에 위배되지 않는 행위는 모두 위법성이 조각되는 것이다.[33] 이러한 사회상규에 반하지 않는 행위로는 자손행위(예외적으로 자기물건방화, 자기낙태 등은 타법익에 대한 영향을 고려하여 처벌할 수 있다), 법령상 징계권 없는 자의 징계행위, 허용된 위험 등을 들 수 있다.

2. 정당방위[34]

형법 제21조 제 1 항은 "자기 또는 타인의 법익에 대한 현재의 부당한 침해를 방위하기 위한 행위는 상당한 이유가 있는 때에는 벌하지 아니한다"고 하여 정당방위를 위법성조각사유의 하나로 인정하고 있다.

정당방위가 성립하기 위한 요건을 보면, ① 타인의 침해가 현재의 부당한 침해이어야 하며, ② 자기 또는 타인의 법익을 방위하기 위한 것이어야 하고, ③ 상당한 이유[35]가 있어

당행위로 인정한다.

31) 형사소송법 제212조에 "현행범인은 누구든지 영장 없이 체포할 수 있다"고 규정되었다.

32) 업무로 인한 행위와 관련하여 안락사의 허용 여부가 문제가 된다. 안락사에는 다음 세 가지 유형이 있다. ① 간접적 안락사는 말기암환자에 대한 모르핀주사와 같이 고통을 완화시키기 위한 처치(약물투여)가 필수적으로 생명단축의 부수효과를 가져오는 경우를 말하고, ② 소극적 안락사는 수혈·인공호흡장치 등을 하지 않거나 또는 제거하는 것과 같이 생명연장의 적극적 수단을 사용하지 않는 경우를 말하고, ③ 적극적 안락사는 고통제거를 위하여 적극적으로 생명단축의 수단을 사용하는 것을 말한다. 예를 들면 고통을 못 이겨 하는 환자에 대하여 급성심장마비를 일으키게 하는 염화칼륨을 주사로 투여하는 것 등이다. 일반적으로 간접적 안락사와 소극적 안락사는 일정한 조건(환자의 사기임박, 극심한 고통, 고통제거의 목적, 의학적 시술 등) 하에서는 의사의 의료업무행위로 위법성이 조각된다. 그러나 적극적 안락사는 환자나 보호자의 동의 또는 요청과 상관없이 허용되지 아니한다. 왜냐하면 육체적 고통이 생명보호절대의 원칙을 상쇄할 수는 없기 때문이다.

33) 군형법상의 판례도 "물건이 금전적 가치가 적은 소모품으로서 지인들 사이에 일단 교환될 수 있는 의례적인 것으로 인정할 수 있을 때에는 사회상규에 위배되지 않는 행위로서 금품수수죄가 성립되지 않는다"고 하여 사회상규에 입각한 초법규적 위법성조각사유를 인정하고 있다(72.2.29. 육군 고군형항 576).

34) 싸움을 함에 있어서 격투를 하는 자 중의 한 사람의 공격이 그 격투에서 당연히 예상할 수 있는 정도를 초과하여 살인의 흉기 등을 사용하여 온 경우(싸움을 하는 상대방 초병이 실탄이 장전된 총을 겨누려고 하자)에는 이를 '부당한 침해'라고 아니할 수 없으므로, 이에 대하여는 정당방위(실탄이 장전된 자신의 총으로 먼저 사살한 경우)를 허용하여야 한다고 해석하여야 할 것이다(대법원 1968.5.7. 선고 68도370 판결).

35) 상당성의 내용으로 들고 있는 것으로는 다음과 같은 것이 있다. ① 적합성의 원칙으로 방위행위는 공격을 즉시, 확실하게 그리고 종국적으로 마감시키는 데 적합한 수단이어야 하고, ② 필요성의 원칙으로

야 한다. 여기서 주의할 것은 먼저 정당방위는 타인의 '부당한 침해'에 대한 것이므로 부정 대 정의 관계라는 것이다. 따라서 정당한 행위에 대한 정당방위라든가 싸움에서 정당방위라는 것은 있을 수 없으며,[36] 바로 이러한 점에서 정 대 정의 관계인 긴급피난과 구별되는 것이다. 다음으로 정당방위를 하는 경우에는 방위의사가 있어야 한다. 따라서 자기를 살해하려는 자를 그 정을 모르고 먼저 살해한 경우에는 방위의사가 결여되어 있으므로 정당방위는 인정되지 아니한다.

정당방위에서 위와 같은 요건 중 어느 하나라도 결여된 경우에는 오상방위로 되어 후술하는 사실의 착오에 따라 과실범으로 처벌되며, 특히 상당성의 요건을 결한 경우에는 과잉방위로 되어 위법한 범죄가 성립되나 그 정황에 따라 형이 감면될 수 있다(제21조 제 2 항).

3. 긴급피난

현행 형법은 제22조 제 1 항에서 "자기 또는 타인의 법익에 대한 현재의 위난을 피하기 위한 행위는 상당한 이유가 있는 때에는 벌하지 아니한다"고 하여 긴급피난을 위법성조각사유로서 인정하고 있다.

긴급피난이 성립하기 위한 요건은 전술한 정당방위와 유사하나, 다만 긴급피난은 현재의 위난을 피하기 위하여 그 위난발생과는 무관한 정당한 제 3 자의 법익을 침해하는 행위이므로 정 대 정의 관계에 있고, 따라서 부당한 침해자에 대해서 정당한 반격을 가하는 정당방위보다 그 요건을 엄격히 해석할 것이 요구된다.

위와 같은 이유로 상당성의 요구도 앞서 언급한 정당방위의 상당성보다도 더욱 더 엄한 정도의 상당성을 요구한다.

다만, 긴급피난에 관한 규정은 위난을 피하지 못할 책임이 있는 자, 예를 들면 군인, 선장, 경찰관리, 의사 등에 대해서는 적용되지 않으며(제22조 제 2 항), 동시에 두 개 이상의 의무가 충돌하여 어느 하나의 의무이행을 위하여 다른 의무를 방치하지 않을 수 없는 긴급상태 하에서는 그 중 하나의 의무만 이행하면 된다(예컨대 물에 빠진 두 아들 중 한 아들만 아버지가 구조하여 한 아들을 익사케 방치한 경우).

오상피난이나 과잉피난은 정당방위의 경우와 동일하다.

방위행위자는 방위에 적합한 수단 중에서 공격자에게 가장 경미한 손실을 입히는 수단을 선택하여야 한다. 따라서 이를 '최소침해의 원칙'이라고 한다. ③ 균형성의 원칙으로 침해법익과 보호법익 사이에 법익의 균형성을 의미한다.

36) 다만, 판례는 "격투중 일방이 당연히 예상할 수 있는 정도를 초과하여 살인의 흉기 등을 사용하여 온 경우에는 정당방위를 허용하여야 한다"고 하여 상대방의 수단 등이 과도한 경우에는 정당방위를 인정하고 있다(대법원 1968.5.7. 선고 68도370 판결).

4. 자구행위

현행 형법은 제23조 제1항에서 "법정절차에 의하여 청구권을 보전하기 불능한 경우에 그 청구권의 실행불능 또는 현저한 실행곤란을 피하기 위한 행위는 상당한 이유가 있는 때에는 벌하지 아니한다"고 하여 자구행위를 위법성조각사유의 하나로 규정하고 있다.

예를 들면 자신의 채무자가 빚을 갚지 않고 이민을 가기 위하여 비행기를 타려고 하는 경우에 자신의 채권을 보전하기 위하여 재판을 받는다든가, 경찰을 부른다든가 하는 것이 사실상 불가능하므로 자력에 의해 구제를 할 수밖에 없는 것이다.[37] 오상자구행위나 과잉자구행위에 관해서도 정당방위와 동일하게 해석할 수 있다.

5. 피해자의 승낙에 의한 행위

현행 형법 제24조는 "처분할 수 있는 자의 승낙에 의하여 그 법익을 훼손한 행위는 법률에 특별한 규정이 없는 한 벌하지 아니한다"고 하여 피해자의 승낙이 있으면 위법성이 조각되는 것으로 하고 있다("승낙이 있으면 불법행위로 되지 아니한다"-로마의 법격언).

그런데 여기서 법률에 특별한 규정이 있으면 피해자의 승낙에도 불구하고 위법한 것으로 보는데, 피해자의 승낙이 가능한 것은 개인적 법익에 관한 것이므로 군형법상의 범죄와 같은 경우에는 그 보호법익이 모두 국가적인 것이므로 인정될 여지가 없고, 개인적 법익이라도 특히 중대한 것은 피해자의 처분권을 인정하지 않고 있다. 즉 살인이나 낙태의 경우에는 촉탁이나 승낙에 의한 경우에도 처벌하고 있는 것이다(형법 제252조 제1항, 제269조 제2항 참조).

특히 이와 관련하여 문제되는 것은 피해자의 추정적 승낙을 승낙으로 볼 수 있는가 하는 것이다. 일반적으로 피해자승낙의 성립요건과 공통되는 요건, 즉 피해자가 처분능력이 있고, 그 대상되는 법익의 성격이 처분가능한 것이고, 행위시에 추정적 승낙이 있어야 하고, 나아가 추정적 승낙의 특별요건, 즉 현실적 승낙을 얻는 것이 불가능한 경우(추정적 승낙의 보충성), 승낙이 객관적으로 추정될 수 있는 경우로서 행위 당시의 객관적 정황에 비추어 피해자가 이 사실을 안다면 틀림없이 승낙할 것으로 기대되는 경우이어야 한다. 이 때 행위자는 행위상황에 대한 양심에 따른 심사를 한 결과 현실의 승낙과 동가치로 판단할 수 있는 추정적 승낙이 있다고 판단되는 경우와 같은 요건이 충족되면 위법성조각사유의 하나로 추정적 승낙을 인정할 수 있을 것이다.

---

37) 절도물의 탈환이 자구행위인가, 정당방위인가가 문제로 된다. 절도범인을 현장에서 추적하여 절도물을 탈환하면 위법상태가 계속되는 현재의 침해에 해당되기 때문에 정당방위가 성립하고, 나중에 길거리에서 우연히 만난 절도범인으로부터 절도물을 탈환하는 것은 자구행위에 해당한다.

제 5 절 책   임

I. 의   의

일정한 행위가 구성요건에 해당하고 위법성을 구비하는 경우에도 행위자를 비난할 수 없는 사유가 있는 경우에는 책임이 없으므로 범죄가 성립하지 않는다. 책임이라 함은 객관적으로 구성요건에 해당하는 위법한 행위를 한 자에 대하여 형벌이라는 법률적 효과로 비난할 수 있는 행위자의 정신상태로서 범죄성립의 주관적 요건이라고도 할 수 있다.

이것은 "책임 없으면 형벌 없다"(Keine Strafe ohne Schuld)는 근대형법의 기본원리에 입각한 것으로, 행위가 아무리 중대한 침해를 가져오더라도 행위자에게 비난가능성이 없으면 범죄가 성립하지 아니한다.

그런데 행위자에 대한 책임비난이란 다음 두 가지 면에서 이루어진다. 즉 행위자에게 행위 당시에 규범을 인식하고, 이에 좇아 행동할 수 있는 정신능력이 있어야 하며(책임능력), 행위자가 행위 당시에 구성요건에 해당하는 범죄사실을 인식하였다든가, 적어도 인식하지 못하였던 것에 대하여 과실이 있어야 한다(책임조건). 이 밖에도 구체적 사정 하에서 적법행위로 나올 것을 기대할 수 있는 기대가능성도 문제가 된다.

II. 책임능력

1. 책임능력의 의의

책임능력이란 구성요건에 해당하는 위법한 행위를 유책하게 할 수 있는 능력을 말한다. 다시 말하면 행위자가 법규범의 명령이나 금지를 이해하여 그 규범에 따라 행동할 수 있는 능력이 바로 책임능력이며, 행위자에게 형법상 책임을 돌릴 수 있는 주관적 요건이라고 할 수 있다.

그런데 현행 형법은 책임능력이 무엇인가에 대하여 적극적으로 규정하지 아니하고, 다만 소극적으로 특별한 사유로 인하여 책임능력이 저감되거나 조각되는 경우만을 규정하고 있을 뿐이다(제 9 조 내지 제12조 참조).

2. 책임무능력자

(1) 형사미성년자

"14세 되지 아니한 자의 행위는 벌하지 아니한다"(제 9 조). 현행 형법은 14세가 되지 아니한 형사미성년자에 대하여 개인적인 지적·도덕적 또는 성격적인 발육상태를 고려하지

않고 절대적 책임무능력자로 규정하고 있다. 따라서 형사미성년자에게 책임능력을 전제로
한 형벌을 가할 수는 없다. 그러나 소년법에 의한 보호처분까지 배제하는 것은 아니다.[38]

(2) 심신상실자

형법 제10조 제1항은 "심신장애로 인하여 사물을 변별할 능력이 없거나 의사를 결정
할 능력이 없는 자의 행위는 벌하지 아니한다"고 하여 심신상실자를 책임무능력자로 하고
있다. 인체의 생물학적 또는 정신병리학적 비정상으로 인하여 사물을 변별할 능력이 없는
자는 책임능력이 없는데(제10조 제1항 전단, 이른바 생물학적 판단방법), 예컨대 정신병, 백치와
같은 계속적 장애요인이 여기에 해당한다. 그리고 심신장애로 의사결정능력이 없는 자도
책임능력이 없다(제10조 제2항 후단, 이른바 심리학적 판단방법). 실신, 마취, 최면, 만취상태
등 대부분 일시적 장애요인이 여기에 해당한다. 심신상실의 판단은 전문가의 감정을 토대로
법관이 내리고, 감정은 법률적 심신상실의 판단자료일 뿐 법관을 구속하지 않는다.[39]

3. 한정책임능력자

(1) 심신미약자

"심신장애로 인하여 전항의 능력이 미약한 자의 행위는 형을 감경할 수 있다"(임의적
감경으로 변경)(제10조 제2항). 심신미약자는 자기행위에 대한 완전한 통찰조종능력을 갖고
있지는 않지만 그렇다고 완전한 심신상실상태에는 이르지 않은 자를 말하며, 정신박약자
나 간질병자 등이 이에 해당한다.[40]

(2) 농 아 자

"농아자의 행위는 형을 감경한다"(제11조). 필요적 감경이다. 농아자란 청각과 발음기
능에 장애가 있는 자, 즉 농자인 동시에 아자인 자를 말한다. 오늘날 농아교육의 발달로
농아 가운데 사물변별능력과 의사결정능력이 통상인과 다름없는 자가 있음에도 모두 일괄
하여 한정책임능력자로 규정하여 형을 감경하도록 한 것은 입법론상 문제가 있다.

---

38) 14세 이상의 소년은 책임능력이 있으나, 그렇더라도 20세가 되지 않은 자, 즉 소년은 특별한 취급을
받는다. 소년이 법정형 장기 2년 이상의 유기형에 해당하는 죄를 범한 때에는 법정형의 범위 내에서 장
기와 단기를 정한 부정기형(장기는 10년, 단기는 5년을 초과하지 못함)을 선고한다(소년법 제60조 제
1항). 또한 소년 가운데 죄를 범할 때에 18세 미만의 자에게는 사형 또는 무기징역을 선고할 수 없다.
이럴 경우에는 15년의 유기징역으로 한다(소년법 제59조). 기타 구속영장의 제한(소년법 제55조), 심리
분리(소년법 제57조) 등이 적용된다.

39) 경우에 따라서는 전문가의 감정 없이도 행위의 전후사정, 기록에 나타난 자료, 공판정에서의 피고인의
태도 등을 종합하여 판단할 수도 있다(같은 취지의 판례: 대법원 1985.8.20. 선고 85도1235 판결).

40) 실제 재판에 있어서 행위자가 당시에 심신미약의 상태에 있었음을 증명함은 상당히 어려운 문제로서
군사법원에서도 이러한 어려움을 안은 판례가 상당히 많다(77.6.29. 육군 77 고군형항 26; 78.4.18. 육
군 78 고군형항 123; 특히 대법원 1969.8.26. 선고 69도1121 판결 참조).

4. 원인에 있어서 자유로운 행위

행위책임의 원칙에 따라 전술한 책임능력은 행위시에 존재하여야 하며, 그렇지 않은 경우에는 형이 감면된다.

그러나 만약 타인을 살해할 의사를 가지고 음주한 후에 명정에 빠져 타인을 살해한 경우에, 위에서 언급한 원칙을 고집한다면 살인범은 행위 당시에 명정상태에 있었으므로 책임무능력자가 되어 벌할 수 없게 된다는 모순에 빠지게 된다.

이러한 모순을 구하기 위하여 나온 것이 바로 '원인에 있어서 자유로운 행위(Actio libera in Causa)'의 이론이다. 이 이론은 죄를 범할 결정적 단계에서는 책임능력을 결하였지만, 그 책임무능력상태에 이르는 단계에서 행위자가 책임능력을 가지고 있었던 경우에는 발생한 결과에 대하여 행위자에게 책임을 물을 수 있도록 하는 것이다. 다시 말해서 행위자가 자의에 의해 책임무능력의 상태를 야기하면서 범죄로 되는 결과가 발생한 때 그 사정을 자기의 형사책임을 부정하는 데 유리하게 원용하도록 허용하는 것은 공평의 견지에서 타당성을 결한다는 데 이론적 근거가 있다.

우리 형법도 제10조 제3항에서 "위험의 발생을 예견하고 자의로 심신장애를 야기한 자의 행위는 전2항의 규정(심신장애자의 책임능력에 관한 규정)을 적용하지 아니한다"고 하여 원인에 있어서 자유로운 행위를 가벌적인 것으로 하고 있다.

Ⅲ. 책임조건

위법행위에 대하여 행위자의 책임을 묻기 위해서는 행위자가 책임능력이 있어야 할 뿐만 아니라 행위자가 범죄사실을 인식하였거나 또는 범죄사실을 인식할 수 있었음에도 부주의로 인식하지 못했어야 한다. 이와 같이 고의와 과실이라는 행위자의 심리적 요소를 책임조건이라고 한다.

앞서 언급한 바와 같이 고의와 과실은 주관적 구성요건요소로서의 기능과 책임조건으로서의 기능을 동시에 가진다. 그런데 책임조건 중에서 고의는 범죄사실을 인식하면서도 감히 그러한 위법행위로 나아갔다는 점에서 반사회적 성격이 강한 반면에, 과실은 범죄사실을 부주의로 인식하지 못한 경우이므로 반사회적 성격이 고의에 비하여 약하며 비난의 정도가 낮을 것이다. 따라서 형법상 고의행위는 원칙적으로 모두 처벌되나, 과실행위는 법률에 특별한 규정이 있는 때에 한하여 예외적으로 처벌하도록 규정하고 있다(제14조).

Ⅳ. 책임조각사유 : 기대가능성의 문제

1. 서   설

앞서 언급한 바와 같이 형법상 행위자에게 책임을 돌리기 위해서는 행위자에게 책임능력이 있어야 하고, 고의 또는 과실에 의한 행위이어야 한다. 따라서 이러한 요건들이 충족되지 않으면 책임이 조각되어 범죄가 성립하지 않게 된다.

그러나 책임이 조각되는 경우는 이것에 한하지 않고, 행위자가 행위 당시에 그러한 행위 이외의 적법행위로 나올 수 없는 특별한 사정이 있었던 경우에도 역시 책임이 조각될 것이다. 따라서 여기서는 이러한 기대가능성을 중심으로 책임조각의 문제를 다루어 보기로 한다.

2. 기대가능성의 의의

앞서 언급한 바와 같이 책임의 본질이 행위자에 대한 비난가능성에 있다고 한다면, 행위자가 책임능력을 가지고 고의·과실에 기하여 행위를 한 경우에도 비난가능성이 없으면 책임이 조각될 수 있다. 즉 사회 일반인이 행위자가 처한 경우에 있었더라도 그러한 위법행위 이외에 다른 적법행위로 나올 가능성이 없는 경우에는 행위자에게 책임비난을 할 수 없을 것이다. 이것이 바로 기대가능성의 이론이다.

이 이론은 행위자의 심리적 요소 이외에 행위 당시의 '기대가능성'(적법행위에 대한)이라는 규범적 요소를 책임성에 도입한 규범적 책임론의 입장에서 전개된 것이다. 따라서 행위자가 행위 당시의 제 사정으로 인하여 다른 적법행위로 나올 것을 기대할 수 없는 기대불가능한 경우에는 행위자에게 책임능력과 책임조건이 구비되어 있더라도 책임비난을 할 수 없는 것이다.

그러면 이러한 적법행위에 대한 기대가능성 여부를 판단하는 기준은 무엇인가. 이에 대해서는 학설의 대립이 있다.

먼저 행위자표준설은 행위 당시 행위자의 구체적인 사정(특히 능력)을 표준으로 한다는 설이며, 평균인표준설은 사회의 보통인을 표준으로 하여 그러한 평균인이 행위 당시의 사정 하에 있었더라면 적법행위로 나올 수 있었는가를 판단하는 설이고, 국가표준설은 책임에 대한 판단을 내리는 자가 국가이므로 기대가능성도 역시 국가의 법률질서에서 구해야 한다는 설이다.

행위자표준설은 범죄인에게 항상 기대가능성이 없다는 쪽으로 기울어진다는 비판이 있고, 국가표준설은 그 판단기준이 모호하므로 평균인표준설의 입장이 타당하다.

3. 현행 형법상 기대불가능으로 인한 책임조각사유

현행 형법은 제12조에서 "저항할 수 없는 폭력이나 자기 또는 친족의 생명·신체에 대한 위해를 방어할 방법이 없는 협박에 의하여 강요된 행위는 벌하지 아니한다"고 하여 소위 '강요된 행위'를 책임조각사유의 하나로 인정하고 있다. 그런데 이러한 강요된 행위는 그러한 사정 하에서는 행위자에게 다른 적법한 행위로 나올 것을 기대할 수 없기 때문에 책임을 조각시키는 것이므로 기대가능성을 예시한 것에 불과하다고 할 것이다.

따라서 이러한 기대가능성의 이론은 강요된 행위에 그치지 않고 전 책임론의 근저에 가로놓여 있다고 할 수 있다. 예컨대 책임능력의 결여에 관한 규정이나 책임조건에 관한 규정도 그러한 경우에 기대가능성이 없거나 약하기 때문에 그러한 명문의 규정을 둔 것이라고 할 수 있다. 뿐만 아니라 과잉방어나 과잉피난의 행위가 야간, 기타 불안스러운 상태 하에서 공포·경악·당황으로 인한 경우에 처벌하지 않는 것(제21조 제3항, 제22조 제3항)도 역시 기대가능성의 결여를 이유로 한 책임조각사유로 해석될 수 있는 것이다.

형법 각칙의 대표적 책임조각사유는 친족간의 범인은닉·증거인멸이다. 즉 친족, 호주 또는 동거의 가족이 본인을 위하여 벌금 이상의 형에 해당하는 죄를 범한 자의 친족, 호주 또는 동거의 가족이 본인(범인)을 위하여 동인을 은닉 또는 도피하게 한 때에는 처벌하지 아니한다(제151조 제2항). 이것은 증거를 인멸한 경우도 마찬가지이다(제155조 제4항). 위 조문 모두 범인과 일정한 친족관계 등에 있는 자가 범인과의 관계로 인해 적법행위로 나올 기대가능성이 없다는 이유로 책임이 조각되는 것이다.

4. 초법규적 책임조각사유

형법에 규정이 없더라도 기대불가능성을 이유로 책임이 조각되는 초법규적 책임조각사유로는 다음과 같은 경우를 들 수 있다.

(1) 위법한 명령에 따른 행위

상관의 위법한 명령(예컨대 공무원의 직무상의 명령)을 집행하는 행위는 위법하다. 다만, 절대적 구속력을 가진 명령의 경우에 이에 따른 행위는 기대가능성이 없기에 초법규적 책임조각사유라고 해석함이 학설의 다수견해이다.

그러나 대법원의 판례는 위법한 명령에 따른 행위가 형법 제12조(강요된 행위)에 해당하지 않는 것으로 보고, 초법규적 책임조각사유로도, 면책적 긴급피난으로도 인정하지 아니한다. 위법명령에 따른 행위는 면책되지 않으며, 처벌해야 한다는 것이 판례의 일관된 입장이다.[41]

---

41) 휘발유 등 군용물의 불법매각이 상사인 부대장이나 인사계 상사의 지시에 의한 것이라 하여도 그 같은 지시가 저항할 수 없는 폭력이나 자기 또는 친족의 생명·신체에 대한 위해를 방어할 방법이 없는 협박

(2) 의무의 충돌

동시에 수행해야 할 가치가 서로 다른 의무가 충돌하였을 때 행위자가 만약 더 낮은 가치의 의무를 이행하기 위하여 높은 가치의 의무를 이행하지 아니한 때에는 위법성이 있다고 하겠으나, 이 때에도 적법행위에 대한 기대가능성이 없다면 초법규적 책임조각사유에 해당된다.

(3) 생명·신체 이외의 법익에 대한 강요된 행위

형법 제12조가 강요된 행위의 요건을 '자기 또는 친족의 생명·신체'로 제한하고 있기 때문에 그 밖의 법익, 예컨대 재산·명예·비밀·신용·정조 등에 대한 폭력·협박은 여기에 해당하지 아니한다. 그러나 이 경우에도 책임조각사유의 기본원리에 비추어 적법행위에 대한 기대가능성이 없는 때에는 초법규적으로 책임이 조각 또는 감경된다는 것이 통설이다.

5. 군형법과 기대가능성

군형법은 국가목적의 달성이 1차적인 목적이므로 기대가능성의 문제에서도 형법과는 다른 각도에서 검토해 보아야 한다. 구체적인 경우에 특히 문제될 수 있는 것을 살펴보면 다음과 같다.

(1) 위법한 상관의 명령에 의한 행위

위법한 상관의 명령에 의하여 강제된 행위에 대해서 행위자에게 책임을 물을 수 있는가. 상관의 위법한 명령이 절대적인 것이어서 적법행위의 기대가능성이 없는 경우에는 초법규적 책임조각사유로 해석할 수 있을 것이다. 그러나 절대적 구속력이 없는 위법한 명령의 집행행위가 위법하다는 것은 앞서 언급하였다.

(2) 자기의 생명을 보호하기 위한 행위

군형법상 지휘권남용의 죄(제18조 내지 제20조), 수소이탈의 죄(제27조, 제28조), 근무태만의 죄 중 일부(제35조 제2호·제3호·제4호·제5호)에는 '정당한 사유 없이', '부득이한 사유 없이'라는 규정이 있는데, 여기에 자기의 생명에 대한 위해를 방지하기 위한 행위가 정당한 사유나 부득이한 사유로 원용될 수 있는가가 문제로 된다.

이것은 국가적 의무와 인간생명의 존엄성의 조화에 관한 문제로서 일정한 범위 내에서 기대가능성의 이론이 원용되어야 하는데, 미국에 있어서 통설은 '절박한 필요와 최후의

에 상당한 것이라고 인정되지 않는 이상 강요된 행위로서 책임이 조각된다고 할 수 없다(대법원 1983.12.13. 선고 83도2543 판결; 대법원 1986. 5. 27. 선고 86도614 판결; 대법원 1986.9.23. 선고 86도1547 판결 참조).

수단'(utmost necessity and extremty)인 경우에는 면책의 대상이 된다고 한다. 우리나라에서도 형법 제12조를 해석하는 기준으로서 중요한 참고가 될 수 있으리라고 본다.

(3) 가족의 생명·생존을 위한 행위

이것은 특히 군무이탈의 경우에 재판상의 항변의 사유로 원용되는 경우가 많다. 즉 가족의 긴박한 질병, 생계의 위협 등이 군무이탈의 원인으로 된 경우에 기대가능성을 사유로 면책될 수 있는가 하는 점이다. 판례는 일반적으로 면책의 대상으로 보지 않고 양형의 문제로 취급하고 있는바,[42] 이는 국방의무의 신성성과 군의 존립목적 및 임무의 특수성으로 요구되는 군인의 복무의무의 엄격성에 바탕을 둔 견해로서 타당하다고 본다.

Ⅴ. 착 오 론

1. 착오의 의의 및 범위

착오란 행위자가 주관적으로 인식한 사실과 객관적인 현실로 발생한 사실이 일치되지 않는 것을 말한다.

형법상 고의의 성립에는 죄의 성립요소인 사실을 인식해야 하는데, 실제로 주관적인 인식과 객관적 발생사실이 완전히 일치하는 경우는 없다. 그러나 양자의 불합치를 늘 착오로 취급할 수는 없으므로 고의가 조각되는 착오, 거꾸로 말하면 주관적 인식과 객관적 발생사실이 어느 정도 부합하면 고의가 성립되는가를 검토해야 하는 것이다. 이러한 착오에는 '사실의 착오'와 '법률의 착오'가 있으며, 이하에서 상술하기로 한다.

2. 사실의 착오

(1) 의 의

사실의 착오란 행위자가 주관적으로 인식한 사실과 행위로 인하여 현실로 발생한 사실이 일치하지 않는 것을 말한다. 여기서 착오의 대상이 되는 사실은 고의의 여부를 결정하는 것이므로 구성요건에 해당하는 범죄사실만을 말한다.

(2) 태 양

첫째, 행위자가 인식한 사실은 범죄사실이 아니나 현실로 발생한 사실이 범죄사실인 경우에는 범죄사실에 대한 인식이 없으므로, 고의는 성립하지 아니하고 과실이 있는 경우에 과실범으로 처벌된다.

---

42) "처자가 생활고로 행방불명이 된 사정이 있더라도 그 사정만으로써 군에 귀대할 수 있는 기대가능성이 없어 군무이탈의 범의나 책임이 없다고 할 수 없다"는 판례가 있다(대법원 1969.12.23.선고 69도2084 판결).

둘째, 행위자가 인식한 사실은 범죄사실이나 현실로 발생한 사실은 범죄사실이 아닌 경우에는 범죄사실의 인식이 있으므로 고의가 성립하나, 결과발생이 없으므로 후술하는 미수범이나 불능범의 문제로 된다.

셋째, 행위자가 인식한 사실과 현실로 발생한 사실이 모두 범죄사실이나 그 내용이 일치하지 않는 경우는 양 범죄사실이 동일한 구성요건에 속하는 경우(구체적 사실의 착오)와 전혀 별개의 구성요건에 속하는 경우(추상적 사실의 착오)가 있다.

일반적 견해인 법정적 부합설에 따르면, 구체적 사실의 착오의 경우에는 범죄사실에 대한 인식도 있고 구성요건도 동일하므로 고의범이 성립하며, 추상적 사실에 대한 착오의 경우에는 범죄사실에 대한 인식은 있으나 구성요건이 각기 상이하므로 먼저 주관적으로 인식한 사실에 대해서는 미수범으로, 객관적으로 발생한 사실에 대해서는 과실범으로 보아 상상적 경합관계를 인정한다(예컨대 갑을 살해하려고 하였으나 그의 팔을 부러뜨린 것에 그친 경우에는 살인미수와 과실치상의 상상적 경합을 인정하여 결과적으로 중죄인 살인미수로 처벌하게 된다).

(3) 현행 형법상의 규정

현행 형법은 제15조 제1항에서 "특별히 중한 죄가 되는 사실을 인식하지 못한 행위는 중한 죄로 벌하지 아니한다"고 하여 단지 추상적 사실의 착오에 대하여 경한 범죄의 고의로서 중한 범죄의 결과를 발생시켰을 경우에 대하여 고의의 책임을 물을 수 없다고 소극적 규정을 둘 뿐이므로 해석론에 따라서 해결할 수밖에 없다.

3. 법률의 착오

법률의 착오란 행위자가 범죄의 사실적 측면은 인식하고 있으나, 자기의 행위가 법률상 허용되지 아니한다는 위법이란 점에 관한 착오를 말한다. 다시 말해서 위법성에 관한 착오를 말한다.

이 문제는 먼저 고의의 성립에 위법성에 대한 인식이 필요한가, 또 필요하다면 어느 정도임을 요구하는가와 직결되는 문제이다. 일반적인 견해에 의하면 고의의 성립에는 위법성의 인식가능성만 있으면 족하다고 한다. 따라서 위법성을 인식하지 못한 데 대하여 과실이 있는 경우, 다시 말해서 위법성의 인식이 가능함에도 불구하고 부주의로 인식하지 못한 경우에는 법률의 착오(Verbotsirrtum)로 되어 고의책임과 동일시해야 한다.

현행 형법은 제16조에서 "자기의 행위가 법령에 의하여 죄가 되지 아니하는 것으로 오인한 행위는 오인에 정당한 사유가 있는 때에 한하여 벌하지 아니한다"고 하여 극히 당연한 사실을 나열하고 있을 뿐이므로, 사실의 착오와 마찬가지로 해석론에 맡길 수밖에 없는 것이다.

제 6 절   미 수 론

I. 서   설

1. 범죄의 실현단계

모든 범죄는 시작에서 종결에 이르기까지 시간의 경과에 따라 여러 단계를 거치면서 점진적으로 전개된다. 그러므로 고의범에 있어서 특히 이러한 시간의 흐름에 따라 여러 가지 상이한 단계를 구분하는 것이 합목적적이다.

제 1 단계는 일정한 범죄행위를 하려는 내심의 결정단계로서, 그것을 마음 속으로 준비하는 것은 형법상 범죄가 되지 않는다. 즉 이것은 "생각은 자유이다"(Gedanken sind frei)라는 말로 표현된다.[43] 그러나 적어도 두 사람 이상이 모여 결심한 경우에는 범행약속(Verbrechensverabredung)이 되어 제31조 제 2 항(기도된 교사)에 따라 처벌의 대상이 될 수 있다.

제 2 단계는 예비·음모단계(Vorbereitungsstadium)이다. 이 단계는 결심을 효율적으로 수행하기 위해 사전에 인적·물적 준비를 하는 단계이다. 이 단계는 통상 불가벌이지만, 예외적으로 예비를 처벌하는 특별규정(제28조, 제101조)이 있을 경우에 한하여 처벌된다.

제 3 단계로 실행의 착수단계를 들 수 있다. 법익에 대하여 직접적 위해를 가하는 행동을 개시한 때에는 형법적으로 묵과할 수 없는 사태의 발전이라 할 수 있다. 실행에 일단 착수한 이상 그것을 무로 돌릴 수는 없다. 그러므로 사태의 진전에 따라 미수 또는 기수로 처벌된다.

제 4 단계로 미수의 단계(Versuchstadium)를 들 수 있다. 범죄의 실행에 착수하여 행위를 종료하지 못하거나 결과가 발생하지 않은 행위는 미수범으로 처벌된다. 따라서 실행의 착수는 예비와 미수를 구별하는 기준이고, 미수범은 결과가 발생하지 않은 점에서 기수와 구별되며, 특별한 처벌규정이 있는 경우에만 미수범을 처벌할 수 있다.

제 5 단계는 기수(Vollendung), 즉 종료단계이다. 법률이 정하는 구성요건의 모든 표지가 실현되었을 때를 말한다. 법문에서는 이를 행위의 종료라고 하며(제25조 제 1 항), 이 단계에서도 방조는 여전히 가능하고(사후방조), 범죄비호도 가능하다(군형법 제32조 : 이탈자비호 등). 그러나 기수 이후면 교사는 불가능하다.

마지막 단계로는 완료(Beendigung), 즉 완료단계를 들 수 있다. 이 단계에서는 범죄가 완료되어 종결을 보게 되며, 목적범의 경우 목적의 실현에 이른 단계이다. 법문은 이를 범죄행위의 종료라고 한다(형사소송법 제252조 제 1 항). 이 단계에서 공소시효는 비로소 시작된

---

43) 범죄적 생각까지도 형법의 처벌대상으로 삼는 형법을 심정형법이라 하고, 전체주의형법의 대명사로 사용된다.

다. 또한 방조는 더 이상 성립할 수 없지만, 범죄비호는 성립할 수 있다(범인은닉, 증거인멸 등).

2. 미수범의 처벌근거

미수범이란 범죄의 실행에 착수하여 행위를 종료하지 못하였거나 결과가 발생하지 아니한 때를 말한다. 그러면 이러한 미수범의 처벌근거는 어디에서 찾아야 할 것인가. 이것은 미수범의 본질론과 관련되어 논의되고 있다. 이에 대하여는 다음과 같은 학설이 있다.

객관설은 미수범의 처벌근거를 구성요건에 의하여 보호되는 법익에 대한 구체적·객관적 위험에 있다고 한다. 이 설은 행위자의 주관, 즉 의사를 완전히 무시하는 특징이 있다. 다시 말해서 미수범의 처벌근거는 행위자의 의사에 있는 것이 아니라 구성요건적 결과실현의 근접한 위험에 있고, 미수는 결과불법의 발생에 대한 높은 개연성(Wahrscheinlich-keit) 때문에 처벌된다고 한다. 객관설에 따르면 불능미수는 처벌할 수 없고, 미수의 형은 결과까지 발생한 기수의 형에 비하여 필요적으로 감경하여야 한다.

주관설은 객관설과는 달리 행위에 의하여 표현된 법적대적 의사[44](rechtsfeindlicher Wille)가 미수범의 처벌근거라고 한다. 즉 미수범의 처벌근거는 행위로 인하여 보호법익에 실제적인 위험이 발생하였기 때문이 아니라 확인된 범의에 의하여 나타난 행위무가치에 있으며, 따라서 미수와 기수는 법적대적 의사에 차이가 있는 것은 아니므로 양자를 동일하게 처벌해야 하고 불능미수도 처벌해야 한다.

뿐만 아니라 미수의 전 단계인 예비·음모까지도 가벌성이 인정된다. 왜냐하면 예비·음모, 미수·기수, 불능미수는 모두 법적대적 의사가 있다는 점에서는 동일하기 때문이다.

절충설은 객관설과 주관설의 결합형태이다. 먼저 주관설에서 출발하여 미수범의 처벌근거를 법적대적 의사에서 찾지만, 그 의사가 범행지향적 의사표시에 의해 법질서의 효력과 법적 안정성에 대한 일반인의 신뢰를 깨뜨리는 데 족할 정도에 이르렀다는 점도 고려한다. 절충설의 특징은 주관설에 의하여 확대된 미수범의 범위를 객관설에 의하여 제한한다는 점이다. 이 설에 의하면 미수는 법적대적 의사 이외에도 원칙적으로 실행의 착수라는 객관적 요건이 요구되고, 불능미수도 위험성이 있는가라는 객관적 기준에 의하여 그것이 없을 경우에만 불처벌이며, 결과가 발생하지 아니한 미수의 형은 기수의 형에 비하여 임의적으로 감경해야 한다고 한다.

현행 형법이 미수범의 형은 임의적 감경으로 하고, 결과발생이 불가능한 불능범이라도 위험성이 있는 경우 처벌하도록 규정하고 있는 것으로 보아 절충설의 입장을 취하고 있음이 명백하다.

---

44) 범죄의사 혹은 범죄적 의사라는 말도 같은 표현이다.

3. 현행 형법상의 미수범의 체계

현행 형법은 미수범의 체계를 실행에 착수한 이후 결과가 발생하지 않은 것이 행위자 자의에 의한 것이냐, 아니면 행위자의 의사에 반하여 다른 장애요소에 의한 것이냐에 따라 전자를 중지미수, 후자를 장애미수라고 하여 크게 두 가지로 나눈다.

장애미수는 다시 협의의 장애미수와 불능미수로 나누어 전자는 앞서 언급하였듯이 결과가 발생할 수 있으나 행위자의 의사에 반한 다른 장애요소가 개입하여 결과발생이 일어나지 않은 경우를 말하고, 후자는 실행에 착수하였으나 그러한 행위로는 애초에 결과발생이 불가능한 경우를 말한다.[45] 이하에서는 이러한 체계에 맞추어 미수범의 형태별 고찰을 해보기로 한다.

II. 장애미수

1. 의   의

장애미수란 행위자가 법적대적 의사를 가지고 실행에 착수하였으나, 행위자가 의도하지 않은 장애요소가 개입하여 행위를 종료하지 못하였거나 결과발생이 이루어지지 않은 것을 말한다.

현행 형법 제25조 제1항의 규정은 바로 이러한 장애미수를 의미하며, 형법상 일반적으로 미수범이라고 할 때 장애미수를 말한다. 미수범은 형법 각 본조에 특별한 규정이 있는 경우에 한하여 처벌되며, 기수범의 형보다 감경할 수 있다(제25조 제2항).

---

45)

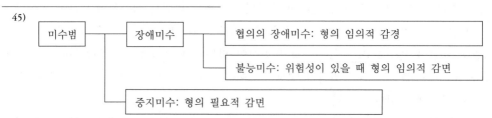

각 미수범의 형태를 예를 들어 설명하면 이해에 도움이 될 것이다. 예컨대 어떤 남자가 강간을 하기 위해 여자에게 폭행·협박을 가하여 반항을 억압하려고 하였으나 갑자기 경찰관이 나타나서 강간을 하지 못한 경우가 장애미수이고, 위의 예에서 강간의 실행에 착수하였고 또한 다른 장애요소가 없어서 충분히 강간할 수도 있었으나 여자가 애원하여 불쌍한 마음이 들어 행위를 중지한 경우를 중지미수라고 하며, 또한 위의 예에서 강간하려는 의사로 실행에 착수하였으나 그 대상이 여자인 줄 알았는데 여장의 남자이어서 강간이 불가능한 경우를 불능미수라고 한다. 불능미수의 다른 예를 보면 치사량미달의 독약이 든 술을 마시게 하는 것과 같이 결과발생이 애초에 불가능한 경우도 있다.

2. 성립요건

(1) 주관적 구성요건

미수범도 주관적 구성요건을 필요로 한다. 특정한 구성요건의 실현에 대한 결의, 즉 고의가 있어야 미수범이 성립하는 것이다. 이러한 고의는 무조건적인 확정적 행위의사(unbedingter handlungswille)이어야 하고, 또한 기수의 고의(Vollendungswille)가 아니면 안 된다. 행위자가 처음부터 미수에 그치겠다는 고의, 즉 미수의 고의(Versuchsvorsatz)만을 가질 때에는 벌할 수 없다. 함정수사의 경우가 여기에 해당한다. 과실범의 미수는 생각할 수 없다.

(2) 실행의 착수

미수범이 성립하기 위하여 일단은 실행의 착수가 있어야 한다. 실행의 착수는 예비·음모와 미수가 구별되는 기준으로서 중요한 의의를 가지며, 그 시기에 대하여 학설의 대립이 있다.

먼저 형식적 객관설은 순수하게 형식적으로 구성요건에 해당하는 행위 또는 그 행위의 일부가 시작되었을 때에 실행의 착수가 있다고 한다. 이렇게 되면 불가벌적 예비의 범위는 넓어지고 가벌적 미수의 범위는 좁아진다. 구성요건 전 단계의 행위는 모두 미수에서 제외되기 때문이다.

실질적 객관설은 형식적 객관설의 내용을 포함하면서 동시에 그 범위를 확대하여 엄격한 구성요건적 행위가 아니라도 구성요건적 행위와 필연적 결합관계에 있거나 직접 전 단계의 행위를 실행할 때에 이미 실행착수가 있다고 한다. 법익침해에 직접 위험한 행위 또는 밀접한 행위를 했을 때 실행착수가 있다는 견해도 이 설에 속한다. 그러나 이 설이 제시하고 있는 기준인 '필연적 결합관계', '직접위험', '밀접행위' 등의 개념이 모호하다는 단점이 있다.

주관설은 실행의 착수를 오로지 행위자의 의사에 따라 결정하려고 한다. 그러므로 행위자가 범죄실행의사로 한 모든 행위는 실행의 착수가 되기 때문에 가벌적 미수의 범위가 엄청나게 확대될 수 있는 학설이다.

절충설은 주관설과 객관설의 혼합으로 행위자의 범죄계획(주관적 기준)에 비추어 구성요건실현에 대한 직접적 행위(객관적 기준)가 있을 때 실행의 착수가 있다고 보는 학설이다. 이는 독일형법이 명문으로 규정(독일형법 제22조)하고 있고,[46] 우리나라의 다수설이기도 하다.

---

46) 독일형법 제22조는 "그의 의사에 의하여 직접 구성요건이 실현되는 행위를 개시한 자는 미수이다"(Eine Straftat versucht, wer nach seiner Vorstellung von der Tat zur Verwirklichung des Tatbestandes unmittelbar ansetzt)라고 규정하고 있다.

요컨대 형법상의 행위는 주관적인 의사와 객관적인 표현으로 구성되어 있음을 감안하면 어느 일방만을 고려한 주관설과 객관설은 취하기 곤란하고, 이들 두 학설을 혼합한 절충설이 타당한 견해라고 본다.

(3) 범죄의 미완성

범죄가 완성에 이르지 않을 것을 요한다. 범죄가 완성에 이르면 기수이지 미수는 아니다. 범죄의 완성이란 구성요건적 결과가 발생한 것을 의미하고, 그 목적을 달성하였느냐에 의하여 결정되는 것이 아니다.

형법은 범죄의 미완성을 행위자가 착수한 실행행위 자체를 종료하지 못한 경우와 실행행위는 종료하였으나 예기하였던 구성요건적 결과가 발생하지 아니한 경우로 구별하여 전자를 착수미수(unbeendeter Versuch), 후자를 실행미수(beendeter Versuch)라고 한다. 범죄의 미완성은 이들 모두를 포함하며, 미완성의 원인은 의외의 장애로 인한 것임을 요한다. 왜냐하면 자의로 범죄를 미완성시킨 경우에는 후술하는 중지범이 성립되기 때문이다.

3. 장애미수의 처벌

미수범의 처벌은 형법 각칙에 특별한 규정이 있을 때에 한한다(제29조). 미수범의 처벌은 원칙적으로 기수범과 동일하고, 경우에 따라 형을 감경할 수 있는 데 불과하다. 즉 임의적 감경사유이다.

Ⅲ. 중지미수

1. 의   의

중지미수란 구성요건실현의 결의를 가지고 범죄의 실행에 착수한 자가 그 범죄가 완성되기 전에 자의로(freiwillig) 범행을 중단하거나 결과발생을 방지한 경우를 말한다(제26조). 자의에 의하여 범행을 중단하거나 결과발생을 방지한 점에서 자의에 의하지 않은 다른 장애요소에 의하여 범행이 중단되거나 결과발생이 이루어지지 아니한 장애미수와 구별된다.

영미법에서는 범죄의사의 포기(abandonment of purpose)는 원칙적으로 책임을 면치 못한다고 하여 중지미수와 장애미수를 구별 없이 처벌하고 있다. 반면에 독일, 오스트리아, 그리스 등지의 형법은 중지미수를 처벌하지 않고 있으며, 우리 형법은 중지미수를 필요적 감면으로 하고 있을 뿐이다.

2. 필요적 형벌감면의 법적 근거

그렇다면 이렇게 중지미수의 형을 필요적으로 감면하는 법적 근거는 무엇인가에 관하여 학설이 분분하다.

형사정책설에 의하면 비록 이미 범죄실행에 나아간 사람이라도 그에게 '퇴각을 위한 황금의 다리'(eine goldene Brücke zum Rückzug)를 놓아 줌으로써 범죄완성을 방지하려는 형사정책적 고려를 법적 근거로 보는 견해이다.

은사설(보상설)에 의하면 결과발생을 방지하고 합법성의 세계로 돌아온 것은 미수의 반가치와 일반인의 법의식에 대한 행위자의 부정적 작용을 무너뜨려 미수 자체에 대한 가벌성이 탈락 또는 감소된다고 보아 법률이 행위자에 대하여 그의 칭찬할 만한 행위를 보상한 것이라고 한다.

형벌목적설에 의하면 중지미수는 자발적으로 범행을 중지하거나 결과발생을 방지한 경우이기 때문에 처벌해야 할 필요성, 즉 일반예방과 특별예방과 같은 형벌의 목적이 없어졌거나 줄어든 것이 그 법적 근거라고 한다. 그 밖에도 책임감소·소멸설, 위법성감소·소멸설 등이 있다.

3. 성립요건

(1) 범죄실행의 착수

중지범도 일종의 미수범이므로 범죄실행의 착수가 필요함은 물론이다.

(2) 자의에 의한 중지

이 점은 앞서 언급한 바와 같이 중지미수와 장애미수범이 구별되는 기준으로서, 여기서 자의성(Freiwilligkeit)을 어떻게 이해하느냐에 대하여 견해의 대립이 있다.

학설을 보면 ① 외부적인 사정 이외의 내부적 동기로 인한 경우를 자의라고 보는 견해(객관설), ② 범의의 포기, 회오, 연민 등 윤리적 동기로 인한 경우를 자의라고 보는 견해(주관설), ③ 할 수 있었음에도 불구하고 하기를 원하지 않아서(Ich will nicht zum Ziel kommen, selbst wenn ich es konnte) 중지한 때가 자의에 의한 경우이고, 하려고 하였지만 할 수 없어서(Ich kann nicht zum Ziel kommen, selbst wenn ich es wollte) 중지한 때를 장애미수라고 보는 견해(Frank 공식), ④ 일반사회관념상 범죄수행에 장애가 될 만한 사정이 있는 경우는 장애미수이지만, 그러한 사유가 없음에도 불구하고 자기의사에 의하여 중지한 경우에 자의성을 인정하는 견해(절충설)가 있으나 강제적 장애사유가 없음에도 불구하고 자율적 동기에 의하여 중지한 때에 자의성이 있다고 보며, 이를 판단하는 기준은 사회일반인의 통념에 따라야 할 것이다. 현재 이런 입장에서 절충설이 우리나라의 다수설이다.

(3) 실행행위의 중지 또는 그 행위로 인한 결과발생의 방지

이 점은 장애미수와 마찬가지로 역시 착수미수와 실행미수의 두 유형이 있다. 먼저 착수미수에서 문제되는 것은 언제 실행행위가 종료되었다고 볼 수 있는가 하는 것이다. 일반적인 견해로는 주관적으로 행위자의 의사를 기준으로 하여 설령 객관적으로 결과발생의 가능성이 있는 행위가 종료한 경우에도 행위자가 실행을 계속할 의사가 있는 한 실행행위가 종료되지 않고 중지범이 성립할 수 있다고 한다. 또 실행방지의 경우에는 그 방지행위가 자발적인 것에 한하므로 타인이 결과발생을 방지하거나 이에 협력하는 정도에 그친 경우에 중지범은 성립하지 않는다. 또한 자의에 의해 중지하였지만 결과가 발생한 경우에는 중지범으로 되지 않는다.

4. 중지미수의 처벌

중지미수의 형은 감경 또는 면제한다. 즉 중지미수는 형의 필요적 감면사유이다. 착수미수와 실행미수의 중지범의 형에는 아무런 차이가 없다. 형을 감경할 것인가, 면제할 것인가는 중지범의 구체적인 사정을 고려하여 법관이 재량으로 결정할 성질이다.

IV. 불능미수[47]

1. 의의 및 구별개념

불능범이란 행위자에게 범죄의사가 있고 외관상 실행의 착수라 볼 수 있는 행위가 있지만 행위의 성질상 결과의 발생이 불가능한 경우, 즉 위험성이 없어 처벌할 수 없는 행위이다. 반면에 불능미수란 결과발생은 불가능하지만 위험성이 있기에 미수범으로 처벌되는 경우를 의미한다. 현행 형법은 제27조에서 "실행의 수단 또는 대상의 착오로 인하여 결과의 발생이 불가능하더라도 위험성이 있는 때에는 처벌한다. 단, 형을 감경 또는 면제할 수 있다"고 하여 불능범도 위험성이 있는 경우 불능미수로 처벌할 수 있음을 규정하고 있다.

불능미수와 구별해야 하는 개념으로 환각범(Wahndelikt)이 있다. 환각범은 그 행위에 해당하는 구성요건 자체가 없는 경우이다. 즉 사실상 허용된 행위를 형법이 금지하는 것으로 잘못 생각한 경우이다. 결과발생이 불가능한 것은 불능미수와 같지만, 처벌하는 구성요건이 없다는 점에서 구별된다. 또 다른 구별개념으로 미신범(abergläubiger Versuch)이 있다. 미신범은 실현불가능한 비과학적인 미신수단으로 범죄하려는 행위를 말한다. 결과발생이 불가능한 점은 불능미수와 같으나 형법적 의미가 없는 행위이다.

---

47) 불능범과 불능미수를 위험성이 있느냐에 따라 구별하는 견해도 있으나, 두 개념을 동의어로 이해하는 견해도 있다. 본 교과서에서는 구별하여 사용하는 것으로 한다.

2. 성립요건

(1) 실행의 착수

불능미수도 미수의 일종이기에 실행에 착수해야 한다. 불능미수의 실행착수는 행위자가 자신의 범행계획에 따른 구성요건실현을 직접 개시하는 것을 의미한다.[48] 불능미수에서 실행착수의 시기는 미수범에 대한 일반이론이 그대로 적용된다.

(2) 결과발생의 불가능

불능미수는 실행의 수단 또는 대상의 착오로 인하여 결과의 발생이 불가능할 것을 요한다. 이 요건은 특히 불능미수와 장애미수를 구별하는 결정적 기준이 된다. 그리고 그 불가능을 판단하는 시점은 실행행위를 직접 개시한 때, 즉 실행의 착수단계를 기준으로 한다.

첫째, 수단의 착오란 행위자가 선택한 범죄수단으로는 처음부터 결과발생이 불가능한 '수단의 불가능'(Untauglichkeit des Mittels)을 말한다. 예컨대 소화제로 낙태를 기도하거나 설탕으로 사람을 살해하려고 한 경우가 여기에 해당한다.

둘째, 대상의 착오란 행위대상이 없거나 또는 범죄대상이 될 수 없는 데도 범죄가 가능한 것으로 착오한 '대상의 불가능'(Untauglichkeit des Objekts)을 의미한다. 예컨대 임신하지 아니한 부녀에 대한 낙태행위, 자기의 재물에 대한 절도행위, 사체에 대한 살인행위 등과 같은 것을 말한다. 객체의 불가능성은 법률상의 이유로 인한 것이든, 사실상 불가능한 경우이든 묻지 아니한다. 사체에 대한 살인행위는 사실상 불가능한 경우이며, 피해자가 승낙한 재물에 대한 절취행위는 법률상의 이유로 결과발생이 불가능한 경우이다.

(3) 위 험 성

형법 제27조는 결과발생이 불가능하더라도 위험성이 있으면 처벌한다고 규정함으로써 불능미수와 불능범을 구별하는 기준으로서 위험성을 제시하고 있다. 그렇다면 위험성이 있는가를 어떤 기준에 의하여 판단할 것인가. 이에 대하여 다음과 같은 학설의 대립이 있다.

첫째, 구 객관설(순객관적 위험설)은 불능을 절대적 불능과 상대적 불능으로 구별하여 전자는 벌할 수 없지만, 후자는 미수의 처벌을 받아야 한다고 한다. 여기서 절대적 불능은 결과의 발생이 개념적으로 불가능한 경우를 말하며, 상대적 불능이란 구체적으로 특수한 경우에만 불가능한 경우를 말한다. 예컨대 사체에 대한 살해행위, 독살의사로 설탕을 먹인 경우는 절대적 불능이고, 부재중인 사람에 대한 발포, 치사량미달의 독약으로 살해를 기도

---

48) 따라서 치사량미달의 독약으로 사람을 살해하고자 한 경우는 독약을 사는 것은 예비행위에 불과하지만, 이를 피해자에게 교부하는 때에는 실행의 착수가 된다.

한 행위는 상대적 불능이라 한다. 우리나라 대법원 판례[49]가 취하는 학설이다.

둘째, 신객관설(구체적 위험설·객관적 위험설)은 행위 당시의 사정, 즉 행위자가 인식한 주관적 사정과 일반인이 인식할 수 있었던 객관적인 사정을 기초로 통찰력 있는 사람의 일반경험칙에 비추어 구체적인 위험성이 있다고 판단되면 불능미수로 처벌하여야 한다는 견해이다. 이 학설의 특징은 행위사정에 대한 평가를 일반경험법칙이라는 객관적 입장에서 내리는 점에 있다.

셋째, 추상적 위험설(주관적 위험설·주관적 객관설)은 행위시에 행위자가 인식한 사실을 기초로 하여 행위자가 생각한 대로의 사정이 존재하였으면 일반인의 판단에서 결과발생의 위험성이 있는 경우를 추상적 위험이라 하여 이것이 있는 경우는 처벌하여야 한다는 견해이다. 우리나라의 다수설이다. 위험성판단의 기초를 행위자의 주관에 두는 점에서 주관적이지만, 위험성판단의 주체를 일반인에 두는 점에서 객관적이라는 것이 이 학설의 특징이다. 이에 의하면 독약으로 알고 설탕을 먹인 경우는 위험성이 있기에 불능미수이지만, 설탕에 살인력이 있는 줄 알고 설탕을 먹인 경우는 위험성이 없어 불능범이 된다.

넷째, 주관설은 행위자의 반사회적 범죄의사가 외부로 표출된 이상 결과발생이 객관적으로 불가능하더라도 위험성이 인정된다는 이론이다. 원칙적으로 불능범의 개념을 인정하지 않는 견해로서 불능미수의 범위가 확대된다는 특징이 있다.

행위자가 인식한 사정과 일반인이 인식할 수 있었던 사정을 종합하여 일반인의 관점에서 위험성이 있는가 여부를 판단하는 학설이(구체적 위험설) 불능미수의 확대를 막고, 나아가 법적대적 의사를 가진 자에 대한 지나친 불처벌을 막을 수 있다는 점에서 찬성할 만하다.

3. 불능미수의 처벌

형법 제27조는 결과발생이 불가능하더라도 위험성이 있으면 처벌하고, 다만 형은 감경 또는 면제할 수 있다고 규정한다. 즉 불능미수는 형의 임의적 감면사유이다. 따라서 장애미수의 임의적 감경보다 가볍고, 중지미수의 필요적 감면보다 무거운 중간형태이다.

---

49) 농약의 치사추정량이 쥐에 대한 것을 인체에 대하여 추정하는 극히 일반적 추상적인 것이어서 마시는 사람의 연령·체질·영양 기타의 신체의 상황 여하에 따라 상당한 차이가 있을 수 있는 것이라면, 피고인이 요구르트 한 병마다 섞은 농약 1.6씨씨가 그 치사량에 약간 미달한다 하더라도 이를 마시는 경우 사망의 결과발생가능성을 배제할 수는 없다(대법원 1984.2.28. 선고 83도3331 판결); 히로뽕제조를 공모하고 그 제조원료인 염산에페트린과 파라디움, 에테르 등 수종의 화공약품을 사용하여 히로뽕제조를 시도하였으나 그 제조기술의 부족으로 히로뽕완제품을 제조하지 못하였다면, 비록 미완성품에서 히로뽕성분이 검출되지 아니하였다고 하여도 향정신성의약품제조미수죄의 성립에 소장이 있다고 할 수 없다(대법원 1984.10.10. 선고 84도1793 판결).

제7절 정범 및 공범론

I. 총   설

범죄는 1인이 단독으로 수행할 수도 있고, 수인이 공동가공하여 수행할 수도 있으나, 형법 각 본조의 구성요건은 원칙적으로 1인이 단독으로 범죄를 실현할 것을 예상하고 규정되어 있다. 이 경우에 자신의 행위에 의해 구성요건을 실현한 경우를 정범(Täterschaft)이라고 하며, 다수인이 관여하여 구성요건이 실현된 경우를 공범(Teilnahme)이라고 한다.

현행 형법은 정범에 대해서는 명문의 규정을 두지 않고, 다만 공범에 대해서 다수인이 공동가공하여 구성요건을 실현할 것을 예정한 범죄유형을 규정하고 있으며(소위 필요적 공범), 일반적으로 단독으로 범할 것을 예상한 구성요건을 수인이 실현한 경우(소위 임의적 공범)에 대하여도 규정을 두고 있다.

II. 정범과 공범의 구별

1. 정범의 개념

공범은 정범을 전제로 한 개념이다. 정범과 공범의 구별을 확정하지 않고서는 공범성립의 정범에 대한 종속성·독립성의 문제, 나아가 공동정범·간접정범과 종범·교사범의 구별이 어려워진다.

먼저 정범개념은 다음과 같은 두 가지 각도에서 논의되어 왔다.

(1) 확장적 정범개념이론

결과에 대한 모든 조건의 동가치성을 인정하는 조건설의 이론을 기초로 하여 구성요건실현에 원인을 제공한 모든 사람을 정범이라고 하는 이론이다. 이에 의하면 교사범과 종범은 원래 정범으로 처벌되어야 하지만 공범규정에 의하여 특별취급을 받을 뿐이며, 따라서 공범규정은 정범의 처벌범위를 축소하는 처벌축소사유가 된다. 그리고 이 이론에 의하면 정범과 공범이 구별되지 않는 통일적 정범개념이 만들어지게 된다.

(2) 제한적 정범개념이론

형법 각칙에 규정된 구성요건에 해당하는 행위를 스스로 행한 자만이 정범이며, 구성요건 이외의 행위로 결과에 조건을 준 자는 정범이 될 수 없다는 이론이다. 그러므로 교사범과 종범이란 이에 대한 특별규정이 없으면 처벌받지 않는 행위를 형법의 특별규정(제31조, 제32조)에 의하여 처벌되는 것이며, 따라서 공범은 정범의 처벌확장사유가 된다.

(3) 형법의 입장

우리 형법은 기본적으로 제한적 정범개념을 전제로 하고 있다고 볼 수 있다. 이 점은 특히 교사범(제31조)에서 분명히 드러나는데, 법문은 교사자를 "죄를 실행한 자와 동일한 형으로 처벌한다"고 규정함으로써 정범과 교사범을 구별하고 있다. 따라서 형법 각칙의 구성요건은 원칙적으로 '스스로' 구성요건을 실현한 정범에 대해서만 타당하다. 형법 제31조 · 제32조의 교사범 · 종범규정에 의하여 타인의 범죄행위에 가담한 자에게도 형벌이 미치게 된다. 그러므로 총칙의 공범규정은 형벌의 범위를 확장하는 사유로 볼 수 있다.

2. 정범과 공범의 구별기준

(1) 객 관 설

객관설에는 두 가지 설이 있다.

첫째, 형식적 객관설에 의하면 구성요건을 '스스로' 실현한 자는 정범이고, 그렇지 않은 범행가담자는 공범이 된다고 한다. 정범개념을 지나치게 축소함으로써 간접정범과 공동정범을 제대로 설명할 수 없다는 비판이 있다.

둘째, 실질적 객관설은 행위가담의 위험성의 정도에 따라 정범과 공범을 구별하는 견해이다. 이 견해에는 결과발생에 대하여 필연적 행위를 한 자가 정범이고 그렇지 아니한 자가 공범이라는 설(필연설)과 법익침해에 대하여 가치상으로 우세한 영향을 미쳤느냐 아니냐에 따라 정범과 공범을 구별하는 설(우세설), 행위수행의 시간적 관련을 기준으로 하여 행위시에 가담한 자가 정범이고 그 전이나 그 후에 가담한 자는 공범이라고 하는 견해(동시설), 행위자에 의하여 유발된 인과적 원인이 직접적으로 결과를 야기했는가, 아니면 타인의 독자적인 행위를 통해 비로소 결과를 야기했는가에 따라 직접적 인과관계가 있을 때가 정범이고, 간접적 인과관계가 있을 때는 공범에 불과하다는 견해(직접설) 등이 포함된다.

(2) 주 관 설

주관설은 모든 인과요소의 동가치성을 인정하는 인과관계에 관한 조건설을 전제로 한다. 여기에는 정범과 공범을 행위자의 특별한 의사의 종류에 따라 구별하는 견해, 즉 정범의사를 가진 사람이 정범이고 공범의사를 가진 사람이 공범이라는 설(의사설 또는 고의설)과 자기의 목적 또는 이익을 위하여 행위를 하면 정범이고 타인의 이익 또는 목적을 위하여 행위하면 공범이 된다는 설(이익설 또는 목적설) 등이 포함된다.

(3) 행위지배설

주관적 요소와 객관적 요소를 결합한 행위지배의 개념을 공범과 정범을 구별하는 지도원리로 삼는 이론이다. 여기서 행위지배란 '고의에 의하여 포괄된 구성요건적 사건진행의 장악', 즉 '사태의 핵심형상(Zentralgestalt des Geschehens)을 지배하는 것'을 의미한다.

이에 의하면 사태의 핵심형상을 계획적으로 조종하거나 공동형성하는 행위지배를 통하여 그의 의사에 따라서 구성요건의 실현을 저지하거나 진행하게 할 수 있는 자가 정범이고, 자신의 행위지배에 의하지 않고 행위를 야기하거나 촉진한 자는 공범이라고 한다.

이러한 행위지배는 직접정범, 간접정범, 그리고 공동정범에서 각각 다른 형태로 나타난다.

첫째, 실행지배의 형태이다. 직접정범은 구성요건을 '스스로' 실현하는 사람이다. 따라서 직접정범의 행위지배는 구성요건에 해당하는 실행행위 그 자체에 대한 지배를 의미한다.

둘째, 의사지배의 형태이다. 간접정범은 타인을 이용해서 범행하는 자이다. 따라서 간접정범의 행위지배는 피이용자에 대한 의사지배의 형태로 나타난다. 즉 우월적 의사를 가지고 피이용자의 의사를 지배하여 그가 범죄를 하도록 하는 것이다.

셋째, 기능적 행위지배이다. 이는 공동정범의 행위지배형태이다. 즉 공동정범은 각자가 역할분담에 따라 전체계획의 수행에 필요불가결한 부분을 분업에 의하여 공동으로 수행하는 것이며, 이러한 기능적 행위지배에 의하여 공동정범은 각자가 공동의 행위지배(gemeinsame Täterschaft)를 가진 정범이 된다고 한다. 요컨대 정범과 공범의 구별은 객관적·주관적 표준을 종합한 행위지배이론에 의하여 해결하여야 한다고 본다.

Ⅲ. 간접정범

1. 개   념

간접정범이란 타인을 도구(Werkzeug)로 이용하여 범죄를 실행하는 것을 말한다. 예를 들면 정신이상자를 충동하여 타인을 살해하게 하거나, 내용을 모르는 간호사에게 독약을 주어 환자를 살해하는 경우가 여기에 해당한다.

간접정범은 스스로 범죄를 실행한 직접정범과 함께 정범의 한 태양으로 인정되고 있다.[50] 그러한 정범성의 표지는 행위지배에 있음은 전술하였다. 즉 이 행위지배는 도구인 피이용자를 지배함으로써 이루어지는데, 그 도구가 된 사람에 대한 지배는 의사지배를 전제로 한다는 것이다. 그러므로 이용자인 간접정범은 피이용자의 행위를 마치 자기가 행위하듯이 조종·지배할 수 있는 위치에 있는 사람이다. 이렇게 하여 이루어진 피이용자의 행위는 자신의 행위가 아닌 이용자의 조종의사의 결과물로 보아야 한다.

---

50) 독일형법 제25조 제1항은 "스스로 또는 타인을 이용하여 죄를 범한 자는 정범으로 처벌한다"고 규정하여 간접정범의 정범성을 명문으로 인정하고 있다.

현행 형법은 제34조 제1항에 "어느 행위로 인하여 처벌되지 않는 자 또는 과실범으로 처벌되는 자를 교사 또는 방조하여 범죄행위의 결과를 발생하게 한 자는 교사 또는 방조의 예에 따라서 처벌한다"고 규정하여 간접정범을 인정하고 있다. 다만, 여기서 간접정범을 정범으로 처벌하지 않고 교사·방조의 예에 따라 처벌하는 것은 간접정범이 타인의 실행행위에 대하여 책임을 진다는 점에서 공범과 유사한 면이 있기 때문이다.

2. 성립요건

(1) 피이용자의 범위

간접정범의 피이용자는 어느 행위로 인하여 처벌되지 아니하는 자 또는 과실범으로 처벌되는 자이어야 한다. 따라서 피이용자의 범위는 다음과 같은 것이 있다.

1) 구성요건에 해당하지 않는 행위를 이용하는 경우이다.

첫째, 피이용자의 행위가 객관적 구성요건에 해당하지 않는 경우가 이에 포함된다. 예컨대 이용자의 강요나 기망으로 피이용자가 자살이나 자상한 경우를 들 수 있다. 살인죄나 상해죄의 사람은 타인을 의미하므로 피이용자의 행위는 구성요건해당성이 없다. 그러나 이용자는 강요나 기망으로 피이용자를 살인 또는 상해의 도구로 삼았기 때문에 간접정범으로 처벌된다.

둘째, 고의 없는 도구를 이용하는 것도 포함된다. 즉 피이용자의 행위가 객관적 구성요건에는 해당하지만, 구성요건적 고의가 없는 경우를 이용하는 것으로서 간접정범의 가장 전형적인 예이다. 예컨대 의사가 고의 없는 간호사를 시켜 환자에게 독약이 든 주사를 하게 하여 독살하는 것이다.

셋째, 신분이나 목적 없는 고의의 도구를 이용하는 경우도 포함된다. 예컨대 진정신분범[51]과 목적범에서 신분과 목적이 없는 경우는 해당 범죄의 정범이 될 수가 없다. 이런 경우에 신분 없는 고의의 도구나 목적 없는 고의의 도구를 이용한 때에도 간접정범이 성립될 수 있다. 앞의 예로는 공무원이 처를 이용해서 뇌물을 받는 경우(공무원은 수뢰죄의 간접정범)가 있고, 뒤의 예로는 불법영득의사 없는 행위자를 시켜 절도하게 하는 경우(행위를 시킨 자는 절도죄의 간접정범)가 있다.

2) 구성요건에 해당하지만 위법하지 않는 행위를 이용하는 경우, 즉 적법하게 행위하는 도구를 이용한 때에도 간접정범은 성립한다. 여기에는 다음의 세 가지가 있다.

첫째, 정당행위를 이용하는 경우이다. 예컨대 판사나 경찰공무원에게 허위의 사실을 신고하여 사람을 체포·구금하게 하면, 이용자는 타인(앞의 예에서 판사나 경찰공무원)의 정당

---

51) 진정신분범이란 구성요건을 실현할 수 있는 정범이 되기 위해서는 일정한 신분을 요구하는 범죄를 말한다. 예를 들면 수뢰죄의 주체가 될 수 있는 사람은 공무원이라는 신분적 요소를 갖추어야 한다. 이 경우 수뢰죄를 진정신분범이라 한다.

행위를 이용한 체포·감금죄의 간접정범이 된다.

둘째, 정당방위를 이용하는 경우이다. 예컨대 갑을 살해할 목적으로 갑에게 을을 공격하도록 사주하고, 이에 을의 정당방위를 이용하여 그 목적인 갑을 살해하면 살인죄의 간접정범이 된다.

셋째, 긴급피난을 이용하는 경우이다. 예컨대 낙태에 착수한 임부가 생명의 위험이 발생하자 의사를 찾아가서 의사가 임부의 생명을 구하기 위하여 낙태수술을 한 때에는 그 임부는 낙태죄의 간접정범이 된다.

3) 구성요건에 해당하는 위법한 행위지만 책임이 없는 피이용자를 이용하는 경우로서 다음과 같은 것이 있다.

첫째, 책임능력 없는 도구를 이용하는 경우이다. 예컨대 피이용자가 유아 또는 심신상실자와 같은 책임무능력자임을 알고 이를 이용하여 범죄를 행하게 하는 자도 그 죄의 간접정범이 성립한다. 시비의 변별능력이 없는 심신상실자를 이용하여 타인의 물건을 훔치게 한 때가 이에 해당한다.

둘째, 자유 없는 도구를 이용하는 경우이다. 예컨대 피이용자의 강요된 행위(제12조) 또는 상관의 명령에 의한 행위를 이용한 때에도 피이용자가 자유 없이 행동하는 도구인 때에는 이용자는 그 죄의 간접정범이 된다.

4) 과실범으로 처벌되는 자를 이용하는 경우, 피이용자에게 일정한 과실이 있어 과실범구성요건을 충족하는 경우에도 이용자는 간접정범이 된다(제34조 제1항).

(2) 이용행위

이용자가 피이용자를 범행도구로 쓰는 방법은 '교사' 또는 '방조'이다. 그러나 여기의 교사나 방조는 교사범이나 방조범에 대한 그것과 같이 해석할 수는 없으며, 사주 또는 이용의 뜻으로 이해하여야 한다. 간접정범에서는 피이용자로 하여금 범죄를 결의하게 하는 것(교사)이나 이미 범죄의사를 가진 자를 원조한다는 것(방조)은 원칙적으로 생각할 수가 없기 때문이다.

(3) 범죄결과의 발생

범죄결과의 발생은 구성요건에 해당하는 사실의 실현을 의미한다. 그러나 결과가 발생하지 아니하더라도 실행의 착수가 있는 이상 미수범으로 처벌될 수 있다.

3. 간접정범의 처벌

형법은 간접정범을 교사 또는 방조의 예에 의하여 처벌한다고 규정하고 있다. 따라서 간접정범의 이용행위가 외형상 교사에 해당할 때에는 정범과 동일한 형으로 처벌하며, 종범에 해당할 때에는 정범의 형보다 감경한다.

Ⅳ. 공동정범

1. 의   의

공동정범이란 2인 이상이 공동으로 범행하는 것을 말한다. 공동정범은 2인 이상의 행위자가 동시적이고 상호적인 이용관계를 가지면서 공동으로 범죄를 실행한다는 점에 그 특색이 있다.

이러한 공동정범의 실행방법에는 두 가지가 있는데, 공동행위자 각자가 구성요건을 전부 실행하는 경우(이른바 부가적 공동정범)와 행위자 각자가 분업적으로 구성요건의 일부를 실행하는 경우(이른바 기능적 공동정범)이다. 전자의 경우는 정범성인정에 아무런 하자가 없으며, 나아가 후자의 경우에도 정범성이 인정된다. 그 이유는 참가한 모든 사람들이 공동의 범행계획에 따라서, 그리고 각자가 동등한 일원으로 범죄실행행위를 함께 하였다는 점 때문이다. 비록 전체범행의 일부밖에 수행하지 아니하였지만, 다른 공동행위자가 수행한 몫도 자기가 행위한 것과 동일하게 취급한다는 점에 공동정범의 존재의의가 있다.

2. 성립요건

(1) 주관적 요건

공동정범이 성립하기 위해서는 행위자 상호간에 범죄를 공동으로 실현한다는 의사의 연락(공동가공의 의사)이 있어야 하며, 이러한 의사의 연락이 없는 경우에는 동시범이 성립하고, 동시범은 누구의 행위에 의하여 결과가 발생하였는지가 불명인 경우에 각자를 미수범으로 처벌한다. 그리고 그러한 의사의 연락은 행위자 상호간에 있어야 하며, 의사의 상호이해가 없이 한 사람만이 이러한 의사를 가진 편면적 공동정범은 인정될 수 없다.

공동의 의사연락방법은 명시적이거나 묵시적이더라도 상관없다. 나아가 연쇄적으로 의사연락되거나 또는 간접의사연락에 의해서도 공동범행의사는 형성될 수 있다. 의사의 연락은 적어도 실행행위를 할 때까지 있어야 한다. 의사연락의 시기와 관련하여 다음과 같은 세 가지 개념이 구별된다. ① 예모적 공동정범이 있다. 이는 의사연락이 실행행위 이전에 있는 경우를 말한다. ② 우연적 공동정범이 있다. 이는 실행행위를 시작할 때 우연히 의기가 투합하여 공동의사가 생긴 경우이다. ③ 승계적 공동정범이 있다. 이는 실행행위 도중(실행행위의 일부 종료 후와 기수 성립 이전)에 다른 사람의 공동의사를 물려 받아서 그 의사를 갖게 된 경우를 말한다.

이 중에서 예모적 공동정범과 우연적 공동정범은 문제가 되지 않으나, 승계적 공동정범의 경우 그 성립범위에 대하여 학설의 대립이 있으며, 행위도중에 개입한 후행자는 그가 개입하기 전의 선행자의 행위를 포함한 전체행위에 대한 공동정범의 책임을 인정하는 적극설이 다수를 차지하고 있다. 그러나 우리나라 판례[52]는 포괄적 일죄의 일부분에 공동정범으로 가담한 자에 대하여 그 가담 이후에 대하여만 공동정범의 성립을 인정하였다.

(2) 객관적 요건

공동정범이 성립하기 위해서는 주관적으로 공동가공의 의사 이외에도 객관적으로 범죄를 실행한 공동가공의 사실이 있어야 한다. 공동가공의 사실이 있다고 하기 위해서는 공동의 범행계획에 기초하여 구성요건의 전부 또는 일부를 실현하는 객관적 행위기여(objektiver Tatbeitrag)가 있어야 한다. 따라서 실행의 분담이 있느냐는 구성요건에 해당하는 행위에 제한되는 것이 아니라, 전체계획에 의하여 결과를 실현하는 데 불가결한 요건이 되는 기능을 분담하였느냐가 기준이 되지 않을 수 없다. 예를 들면 다른 공모자를 현장에 데려다 주거나, 절도 또는 강도를 공모하고 다른 공모자가 절취 또는 강취해 온 재물을 운반하거나, 다른 공모자가 대피하도록 자동차를 대기하고 있는 경우 등도 모두 실행행위의 분담이 된다.[53]

공동가공의 사실과 관련하여 문제되는 것이 소위 공모공동정범을 인정할 것인가 여부이다. 2인 이상의 자가 공모하여 그 공모자 가운데 일부가 공모에 따라 범죄의 실행에 나아간 때에는 실행행위를 담당하지 아니한 공모자에게도 공동정범이 성립한다고 할 때, 이를 보통 공모공동정범이라고 한다. 이러한 공모공동정범[54]을 인정할 것인가에 관하여 학설이 대립되고 있으나, 우리나라 통설은 공모공동정범에 대하여 공동정범의 성립을 부정하고 있다. 즉 형법해석상으로는 실행행위를 분담한 때에만 공동정범이 성립하므로 공모공동정범의 개념은 인정할 수 없으며, 어떤 의미에서도 실행행위를 분담하였다고 볼 수 없는 공모자는 그 가공의 정도에 따라 교사나 방조의 책임을 질 따름이라고 한다. 그러나 대법원 판례[55]는 일관되게 "공동정범에 있어서 범죄행위를 공모한 후 그 실행행위에 직접 가담하지 아니하더라도 다른 공모자가 분담 실행한 행위에 대하여 공동정범의 죄책을 면할 수 없다"고

---

52) 특히 "연속된 (히로뽕) 제조행위 도중에 공동정범으로 범행에 가담한 자는 비록 그가 범행에 가담할 때에 이미 이루어진 종전의 범행을 알았다 하더라도 그 가담 이후의 범행에 대하여만 공동정범으로 책임을 지는 것이라고 할 것이니, 비록 이 사건에서 갑의 제조행위 전체가 포괄하여 하나의 죄가 된다고 할지라도 피고인에게 그 가담 이전의 제조행위에 대하여까지 유죄를 인정할 수는 없다고 할 것이다"(대법원 1982.6.8. 선고 82도884 판결).

53) 대법원이 망을 보는 자도 실행행위를 분담한 것이므로 공동정범이라고 판시한 것도 이런 의미에서 이해할 수 있다(대법원 1968.3.26. 선고 68도236 판결; 대법원 1968.4.30. 선고 68도407 판결; 대법원 1971.4.6. 선고 71도311 판결 참조).

54) 예컨대 절도를 공모한 이후 그 공모자 중 실제로 실행행위에는 가담하지 않은 자를 공모공동정범이라 하여 이를 공동정범의 일종으로 보아야 하는가에 대한 학설의 대립이 있다.

55) 대법원 1981.7.7. 선고 80도2544 판결; 대법원 1980.5.27. 선고 80도907 판결; 대법원 1985.8.20. 선고 83도2575 판결; 대법원 2006.8.24. 선고 2006도3070 판결 참조.

하여 이를 인정하고 있다. 다만 판례는 최근 "구성요건행위를 분담하지 아니한 공모자에게 공모공동정범으로서의 죄책을 인정하기 위해서는 단순한 공모에 그치는 것이 아니라 범죄에 대한 본질적 기여를 통한 기능적 행위지배가 존재해야 한다"라고 판시[56]하여 행위지배설에 따른 판결을 내리는 경향이 있다.

3. 공동정범의 처벌

공동정범은 각자를 그 죄의 정범으로 처벌한다(제30조). 즉 공동자 모두 그 범행으로 야기된 결과에 대해 단독으로 야기한 것과 같은 처벌을 받는다. 다만, 공동정범은 공동의사의 범위 안에서만 책임을 부담하기에 공동정범 가운데 어느 1인이 공동의사의 범위를 초과한 때에는 그 부분은 공동정범이 아니라 단독정범이 될 뿐이다. 그러나 판례[57]는 공동의사의 범위를 초과하는 부분에 대하여도 이를 다른 행위자가 예기치 못한 것으로 볼 수 없는 경우에는 그 초과부분에 대한 책임을 면치 못한다고 판시하고 있다.

V. 공범론의 이해

1. 공범의 종속성

(1) 공범종속성설과 공범독립성설

공범 특히 협의의 공범인 교사범과 종범은 정범을 교사 또는 방조하여 정범이 범죄를 실행하게 하는 것이므로, 공범은 정범에 종속하여 성립하는가 또는 독립하여 성립하는가가 문제된다.

공범종속성설은 공범은 정범을 예정한 개념이며, 범죄의 실행행위가 정범에 의하여 행하여지고 공범은 여기에 가담하는 데 불과하므로 공범은 정범의 행위에 종속되어 정범이 성립하는 때에 한하여 성립한다고 한다. 이에 반하여 공범독립성설은 주관주의 범죄론을 기초로 하여 범죄는 반사회적 성격의 징표라고 보아 이것만 있으면 범죄가 성립되어야 하므로, 교사범과 종범도 교사 또는 방조행위에 의하여 반사회성이 징표되면 정범의 성립과 관계 없이 성립한다고 한다.

우리 형법의 태도는 공범의 종속성을 인정한다고 봐야 한다. 즉 형법은 교사범에 관하여 "타인을 교사하여 죄를 범하게 한 자"라고 규정하고(제31조 제1항), 종범에 관하여도 "타인의 범죄를 방조한 자"라고 하고 있다(제32조 제1항). 이것은 곧 공범은 정범의 존재를 전

---

56) 대법원 2009.8.20. 선고 2008도11138 판결; 대법원 2009.6.23. 선고 2009도2994 판결.
57) "수인이 합동하여 강도를 한 경우 1인이 강취하는 과정에서 간수자를 강타 사망케 한 경우에는 나머지 범인도 이를 예기치 못한 것으로 볼 수 없는 경우에는 강도살인죄의 죄책을 면할 수 없다"(대법원 1984.2.28. 선고 83도3162 판결).

제로 하여 이에 종속하여 성립한다는 취지이다. 판례도 공범종속성설을 취하고 있다.[58]

(2) 종속성의 정도

공범이 정범에 종속한다고 하면 정범이 어느 정도 실행행위를 했을 때 공범이 성립할 수 있는가 하는 공범의 종속성의 정도에 관하여 다음과 같은 형식이 있다.

첫째, 최소한의 종속형식이다. 이는 정범이 구성요건에 해당하기만 하면 공범이 성립한다는 것이다. 정범의 행위가 위법하거나 유책할 필요는 없다. 그러나 공범종속성설을 취하더라도 이러한 종속형식을 인정할 수는 없다.

둘째, 제한적 종속형식이다. 정범의 행위가 구성요건에 해당하고 위법하면 공범은 성립하며, 반드시 유책할 것을 요하지 않는다고 한다. 따라서 책임무능력자를 교사한 경우에도 교사자는 공범으로서 책임을 진다.

셋째, 극단적 종속형식이다. 정범의 행위가 구성요건에 해당하고 위법·유책할 때에만 공범이 성립한다.

넷째, 확장적 종속형식이다. 정범의 행위가 구성요건에 해당하고 위법·유책할 뿐만 아니라 가벌성의 요건까지 모두 갖추어야 공범이 성립한다고 보며, 최극단적 종속형식이라고도 한다.

현행 형법의 해석에서는 제한적 종속형식이 타당하다. 왜냐하면 제31조 제 2 항과 제 3 항에서는 피교사자가 실행에 나아가지 않은 때에도 교사자는 예비·음모에 준하여 처벌하도록 규정하고 있다. 따라서 제31조 제 1 항과 제32조 제 1 항의 '범죄'는 책임과 무관한 불법행위(구성요건해당성과 위법성)의 의미로 이해하는 것이 옳다. 책임은 실행착수 후에 비로소 문제될 수 있는 것이기 때문이다.

2. 공범의 종류

현행 형법은 제 3 절 '공범'에서 그 내용으로 공동정범(제30조), 교사범(제31조), 종범(제32조), 간접정범(제34조)을 규정하고 있다. 이를 일반적으로 광의의 공범이라고 한다. 그러나 앞서 언급하였듯이 공동정범과 교사범은 공범이라기보다는 정범의 속성을 가진 것이다. 따라서 일반적으로 공범의 종류를 언급한다면 교사범과 종범을 의미하고, 이를 협의의 공범이라고 한다.

---

58) "종범의 범죄는 정범의 범죄에 종속하여 성립하는 것이므로 사기방조죄는 정범인 본범의 사기 또는 사기미수의 증명이 없으면 사기방조죄가 성립할 수 없다"(대법원 1970.3.10. 선고 69도2492 판결); "피고인으로부터 위증교사를 받은 자가 법정에서 선서 후 기억에 반하는 진술을 하였다가 검사의 반대신문에서 이를 번복 시정진술한 경우에는 위증죄가 성립하지 아니하므로 피고인의 교사죄도 성립하지 아니한다"(대법원 1974.6.25. 선고 74도1231 판결). 동지: 대법원 2000.2.25. 선고 99도1252 판결.

VI. 교 사 범

1. 의   의

교사범(敎唆犯)이란 타인으로 하여금 범죄를 결의하여 실행케 한 자를 말한다. 실행행위를 분담하지 않는 점에서 전술한 공동정범과 구별되고, 간접정범은 어느 행위로 인하여 처벌되지 않거나 과실범으로 처벌되는 도구를 이용하여 의사지배를 행하는 정범인 점에서 정범의 범죄를 전제로 하는 교사범과 구별된다. 나아가 교사범은 타인에게 범죄의 결의를 생기게 하였다는 점에서 타인의 결의를 전제로 하여 그 실행을 유형적 또는 무형적으로 돕는 데 지나지 않는 종범과 구별된다.

2. 성립요건

(1) 교사자의 교사행위

교사행위란 타인(정범)에게 범죄의 결의를 가지게 하는 것을 말한다. 따라서 이미 구체적인 범행결의를 하고 있는 사람에 대하여는 교사행위가 성립할 수 없고, 방조와 교사미수가 가능할 뿐이다. 교사의 수단에는 아무런 제한이 없다. 명령·지시·설득·애원·이익제공·기망·위협 등 어떤 수단이라도 상관없으며, 명시적·묵시적 방법을 가리지 않는다. 교사하는 범행의 내용은 특정되어야 하지만,[59] 범행의 세부적인 사항까지 지시할 필요는 없다.

교사의 고의는 이중적 고의(Doppelter Vorsatz)를 내용으로 한다. 피교사자의 범행결의와 실행행위에 대한 고의가 그것이다. 이러한 교사자의 고의는 특정되어야 하며, 특정대상은 교사하는 범죄와 교사를 받는 사람, 즉 피교사자이다. 피교사자가 특정되어 있는 이상 여러 사람에게 연쇄교사도 가능하다. 그리고 교사자의 고의는 기수의 고의이어야 한다. 즉 구성요건적 결과를 실현하겠다는 범죄기수에 대한 고의를 의미한다. 따라서 처음부터 미수에 그치게 할 의사로 행한 교사(미수의 교사)는 고의가 없다. 왜냐하면 미수의 교사인 경우에는 구성요건적 결과발생에 대한 인식·의욕이 없기 때문이다. 그러므로 교사의 미수[60]는 처벌되지만, 미수의 교사는 처벌할 수 없다.[61]

---

59) 예컨대 단순히 범죄를 저지르라는 교사, 단순히 물건을 훔치라는 교사 등은 범죄내용이 특정되지 않아서 교사로서 효력이 인정되지 않는다.

60) 교사의 미수란 교사를 하였으나 피교사자가 범죄결의를 승낙하지 아니한 경우(실패된 교사)와 교사자가 교사행위에는 성공하였으나 피교사자가 실행에 착수하지 않은 경우(효과 없는 교사)를 포함하며, 이들을 합하여 '기도된 교사'라고 한다.

61) 미수의 교사가 문제되는 것은 주로 함정교사 또는 함정수사(agent provocateur)가 가벌적인 행위인가 하는 점이다. 함정교사는 타인을 처벌할 목적으로 죄를 범하도록 사주하여 그 범죄가 기수에 이르기 전에 체포하는 것을 의미한다. 예컨대 경찰이 마약구입자인 것처럼 가장하여 마약을 판매하도록 사주하고, 마약을 꺼내 놓을 때 체포하는 방법을 말한다. 이런 경우 교사자(여기서 경찰)의 고의를 인정할 수 없기에 가벌성이 없다고 해야 한다.

(2) 피교사자의 실행행위

교사행위의 결과로 피교사자가 범행결의를 하고, 그 결의를 실행행위로 옮겨야 한다. 실행행위는 실행에 착수하는 것으로 충분하며, 꼭 기수에 도달할 필요는 없다. 앞서 언급한 바와 같은 기도된 교사의 경우에 교사자는 교사한 행위의 예비·음모로서 처벌되며, 피교사자의 행위가 미수에 그쳤을 경우 당연히 교사자는 교사한 행위의 미수범으로 처벌된다.

3. 교사범의 처벌

교사범은 범죄를 실행한 자인 피교사자, 즉 정범과 동일한 형으로 처벌된다(제31조 제1항). 여기서 형이란 법정형을 의미한다. 그리고 자기의 지휘·감독을 받는 자를 교사한 때에는 정범에 정한 형의 장기 또는 다액에 2분의 1까지 형이 가중된다(제34조 제2항).

Ⅷ. 종 범(방조범)

1. 의   의

타인의 범죄행위를 방조하는 경우를 종범(從犯)이라고 한다. 기본적 구성요건에 해당하는 실행행위를 하지 않은 점에서 공동정범과 구별되고, 교사범은 범행결의가 없는 사람에게 그것을 결의하게 하는 것이지만, 종범은 이미 범행결의를 갖고 있는 사람의 실행행위를 도와 주거나 그 결의를 강화시켜 준다는 점에서 차이가 있다.

2. 성립요건

(1) 종범의 방조행위

정범의 실행행위를 도와 주는 방조의 방법에는 제한이 없다. 정신적·물질적 방조 어느 것이라도 상관없다. 물질적 방조는 범행도구의 대여, 범행장소의 제공 또는 범죄에 필요한 자금을 제공하는 것과 같이 유형적·물질적 방법에 의한 방조를 말한다. 정신적 방조란 조언·격려와 같은 무형적·정신적 방조행위를 말한다. 이러한 정신적 방조에는 정범에게 두려움을 없애 주고 안전감을 일으켜서 정범의 결의를 강화하는 경우도 포함한다.[62]

방조행위의 시기는 정범의 실행착수 전후 어느 때라도 무방하다. 그리고 정범의 행위가 기수가 된 뒤에도 그 범죄가 종료되기 전까지는 방조범이 성립할 수 있다. 그러나 범죄가 종료하고 난 뒤에는 종범이 성립할 수 없다. 또한 방조행위는 반드시 작위에 한하지 아니하며, 부작위에 의한 방조도 가능하다. 다만, 부작위에 의한 방조가 가능하기 위해서는

---

62) 예컨대 절취하여 온 장물을 처분하여 주겠다고 약속하거나, 범행시의 알리바이를 증명해 주겠다고 한 경우가 여기에 해당한다.

종범이 보증인적 지위에 있어야 한다.

종범은 교사자와 마찬가지로 이중의 고의를 가져야 한다. 첫째 정범의 실행행위를 방
조하는 것에 대한 인식, 즉 방조의 고의가 있어야 하고, 둘째 정범의 실행행위가 구성요건
에 해당되는 결과를 발생하는 것에 대한 인식, 즉 정범의 고의를 가져야 한다. 이러한 고의
는 교사범과 마찬가지로 구성요건결과를 실현하는 범죄기수에 대한 고의이다. 따라서 처
음부터 미수에 그치게 할 의사로 방조하는 미수의 방조는 방조행위가 되지 않는다.[63]

(2) 정범의 실행행위

종범도 종속성으로 인하여 정범의 실행행위가 있어야 성립한다. 이러한 실행행위는
제한적 종속형식을 취하는 한 구성요건에 해당하는 위법한 행위임을 요한다. 나아가서 정
범의 행위는 기수에 도달하거나 적어도 가벌적 미수단계에 이르러야 한다. 그러므로 기도
된 방조(효과 없는 방조와 실패한 방조를 포함)는 처벌대상이 되지 않는다. 이것은 기도된 교사
를 특별규정(제31조 제2항·제3항)을 두어 처벌하는 것과 다른 점이기도 하다.

3. 종범의 처벌

종범의 형은 정범보다 감경한다. 왜냐하면 종범은 정범의 범죄를 용이하게 하는 것이고,
결과에 대하여 간접적인 영향을 미치는 것에 불과하므로 종범의 불법내용이 정범보다 경하
고, 따라서 종범의 책임도 정범보다 가볍기 때문에 필요적으로 형을 감경하도록 한 것이다.

Ⅷ. 공범과 신분

1. 신 분 범

구성요건에 따라서는 행위자가 일정한 신분을 가질 것을 요구하는 경우가 있는데, 이
러한 범죄를 신분범이라고 한다. 신분범에는 크게 그러한 신분이 없으면 범죄가 성립하지
아니하는 진정신분범(범죄구성적 신분범이라고도 하며, 형법 제129조의 수뢰죄가 그 예이다)과 신분
의 유무에 따라 형의 가중이나 감경만이 문제되는 부진정신분범(형벌가감적 신분범이라고도
하며, 형법 제250조 제2항의 존속살해죄가 그 예이다)이 있다.[64]

그런데 이러한 신분범에 신분 없는 자가 가공한 경우, 예컨대 공무원이나 중재인만이

---

63) 종범이 성립하기 위해서는 일방적인 방조만 있어도 가능하다. 소위 편면적 종범도 가능하다. 따라서 정
   범이 방조범의 방조행위를 인식하지 못하더라도 상관없다.
64) 군형법상의 범죄는 모두 신분범이라는 견해가 있으나, 이것은 신분범에서 신분이라는 것이 구성요건
   자체에 규정되어야 함을 간과한 견해로서, 다만 군형법상의 인적 적용범위의 특수성에서 기인한 것일 뿐
   이다. 따라서 군형법상의 신분범은 지휘관에 관한 죄(제18조 내지 26조), 초병의 수소이탈죄와 같은 일
   정한 경우에 한정되어야 하며, 그러한 경우에는 범죄구성적 신분범이 될 것이다.

범할 수 있는 수뢰죄를 그러한 신분이 없는 자가 수뢰하여 공무원이나 중재인에게 제공한 경우, 혹은 친구의 부탁을 받고 그 친구의 모친을 살해한 경우에 그러한 신분이 없는 자를 어떻게 처벌할 것인가가 문제로 된다.

2. 공범과 신분

형법은 제33조에서 "신분관계로 인하여 성립될 범죄에 가공한 행위는 신분관계가 없는 자에게도 전 3 조의 규정(공동정범·교사범·종범에 관한 규정)을 적용한다"고 함으로써 신분관계가 없는 자라도 신분범의 범죄행위에 가공한 경우에는 신분범의 공범으로서 처벌함을 명시하고 있다. 앞서 든 예에서 비공무원의 수뢰행위는 수뢰죄의 공범에 해당하게 되며, 일반인의 존속살해행위도 존속살해죄의 공범에 해당한다.

다만, 그 처벌에 관하여 형법은 특별규정을 두어 신분관계로 인하여 형의 경중이 있는 경우에는 중한 형으로 벌하지 아니한다고 하여(제33조 단서) 부진정신분범의 범죄에 가공한 비신분자는 과형상 일반의 법정형에 처하도록 하였다. 즉 존속살해죄에 가공한 비신분자는 존속살해죄의 공동정범(교사범 또는 종범)이 되나, 법정형은 일반살인죄에 따르게 되는 것이다. 이것은 과형상 형벌개별화원칙에 따른 규정이라고 할 수 있다.

제 8 절   죄수론(罪數論)

Ⅰ. 죄수의 의의

하나의 행위자가 범죄구성사실을 야기한 때, 그것이 형법상 1개의 죄를 범한 것인가, 수개의 죄를 범한 것인가 하는 것이 죄수의 문제이다. 또한 하나의 행위가 수개의 구성요건에 해당하는 경우에 수개의 죄로 볼 것인가, 과형상의 일죄로 볼 것인가 하는 것도 죄수에 관한 문제이다.

Ⅱ. 죄수의 결정표준

일정한 범죄행위가 하나의 범죄를 구성하는가, 수개의 범죄를 구성하는가에 대한 기준은 무엇인가.

학설로는 자연적 행위의 수를 기준으로 죄수를 결정하는 행위표준설, 침해된 법익을 표준으로 하는 법익표준설, 행위자의 의사의 수를 표준으로 하는 의사표준설, 범죄의 구성요건에 해당한 횟수를 표준으로 하는 구성요건표준설 등이 있다.

종래에는 어느 설이나 일면에 타당성을 가지고 있으므로 어느 하나에 해당하면 바로 일죄 또는 수죄로 인정하여 왔다. 그러나 범죄라는 것이 일정한 행위에 대한 구성요건적 평가에 의한 개념에 불과하므로 구성요건을 기준으로 죄수를 결정하는 것이 타당하며, 그렇게 함으로써 의사, 행위, 결과(피해법익) 등을 종합적으로 고려할 수 있는 것이다. 따라서 구성요건표준설이 타당하다.

그러나 대법원의 경우 원칙적으로 법익표준설에 입각하면서 강간과 추행의 죄, 간통죄 및 공갈죄에 대하여는 원칙적으로 행위표준설을 따르고, 연속범은 의사표준설, 조세포탈범의 죄수는 위반사실의 구성요건 충족횟수를 기준으로 하여 죄수를 결정한다.

III. 일   죄(一罪)

1. 단순일죄

일정한 범죄행위가 1개의 구성요건에 1회 해당된 경우이다. 예를 들면 타인을 폭행·협박하여 재물을 탈취한 경우에 결과나 행위는 수개이지만 강도죄의 구성요건을 1회 충족시킨 것이므로 강도죄라는 단순일죄가 된다. 단순일죄에서 특히 주의할 것들로 다음과 같은 경우가 있다.

(1) 법조경합

1개의 행위가 외형상 수개의 법조, 즉 형벌법규에 해당하는 것 같으나 실은 각 형벌법규에 정한 구성요건의 내용이 중복되어 그 중 어느 하나만의 형벌법규가 적용되는 경우를 법조경합이라고 한다.

법조경합은 수개의 형벌법규가 특별관계(예컨대 살인죄와 존속살해죄), 흡수관계(예컨대 강도죄와 폭행죄), 보충관계(예컨대 간첩죄와 일반이적죄), 택일관계(예컨대 횡령죄와 배임죄)에 있을 경우에 성립하는 것이다.

(2) 포괄적 일죄

1개의 구성요건에 속하면서 행위의 태양이 동일한 법익을 침해하는 수종으로 나누어져 있을 때, 이 수종의 태양에 해당하는 일련의 행위가 포괄하여 일죄로 되는 경우를 포괄적 일죄라고 한다. 동일한 장물을 운반 또는 보관하여 이를 취득하는 경우에는 장물취득죄만이 성립하며, 동일인을 불법으로 체포·감금하는 경우에는 감금죄만이 성립한다.

2. 처분상(과형상) 일죄

처분상 일죄라 함은 이론상 수개의 범죄이나 과형상 일죄로서 처벌하는 경우를 말한다. 현행 형법이 인정하고 있는 처분상의 일죄로는 상상적 경합범(제40조)이 있다.

상상적 경합이란 '1개의 행위가 수개의 죄에 해당하는 경우'로서, 예컨대 1발의 탄환으로 수인을 살해하는 경우(동종류의 상상적 경합)와 1발의 탄환으로 사람을 살해하고 재물을 손괴한 경우(이종류의 상상적 경합)가 있다.[65] 이러한 상상적 경합범은 과형상의 일죄로서 수개의 죄 중 가장 중한 형으로 처벌한다(제40조).

Ⅳ. 수   죄

1. 경 합 범

경합범이라 함은 '판결이 확정되지 아니한 수개의 범죄'를 말하나(제37조 전단), 수개의 죄 중에서 이미 확정판결이 있었던 죄가 있는 경우에는 '금고 이상의 형에 처한 판결이 확정된 죄와 그 판결확정 전에 범한 죄'도 경합범이 된다(제37조 후단).[66]

이러한 경합범에 대한 처벌은 가중주의(제38조 제1항 제2호 본문), 흡수주의(제38조 제1항 제1호), 병과주의(제38조 제1항 제3호)에 따르는데, 현행 형법은 이 원칙을 절충하여 규정하고 있다(제38조, 제39조).

2. 누   범

누범(累犯)이라 함은 수개의 범죄가 누차적인 관계에 있는 경우로서 광의로는 확정재판을 받은 범죄에 대하여 그 후의 범죄를 말하나, 협의로는 광의의 누범 중에서 일정한 조건 하에 형을 가중하는 누범을 말하며, 형법상의 누범이라고도 할 수 있다.

현행 형법은 누범에 관하여 제35조에서 "금고 이상의 형을 받아 그 형의 집행을 종료하거나, 면제를 받은 후 3년 내에 금고 이상에 해당하는 죄를 범한 자는 누범으로 처벌한다"(동조 제2항)고 규정하고 있다.[67] 판결선고 후 누범인 것이 발각된 때에는 그 선고한 형을 통산하여 다시 형을 정할 수 있다(제36조). 다만, 선고한 형의 집행을 종료하거나 그 집행이 면제된 후에 누범이라는 사실이 발각된 경우에는 다시 형을 가중하지 아니한다(제36조 단서).

---

65) 판매를 목적으로 휘발유에 솔벤트, 벤젠 등을 혼합하여 그 품질을 저하시켜 판매한 경우에 석유사업법 위반죄와 사기죄와는 상상적 경합관계에 있다(대법원 1980.12.9. 선고 80도384 전원합의체 판결).

66) 위조공문서를 사용하여 금전을 사취한 경우에 대하여 허위공문서행사죄와 사기죄의 실체적 경합관계를 인정한 판례가 있고(77.5.16. 육군 76 고군형항 1327), 하나의 행위로 업무상 과실치사상죄와 업무상 과실군용물손괴죄를 범한 경우에 실질적 경합범을 인정한 원심을 파기하고, 상상적 경합범으로 처단한 판례가 있다(76.12.10. 육군 76 고군형항 1017).

67) 금고 이상의 형을 받고 그 형의 집행유예 기간중에 금고 이상의 형에 해당하는 죄를 범하였다 하더라도 이는 누범가중의 요건을 충족시킨 것이라고 할 수 없다(대법원 1983.8.23. 선고 83도1600 판결).

제 3 장

형 벌 론

제 1 절 형벌의 의의와 종류

I. 형벌의 의의

형벌은 국가가 범죄에 대한 법률적 효과로서 범죄자에게 과하는 법익의 박탈이며, 형법 제41조에 규정된 것을 말한다. 실질적 의미의 형벌, 즉 형벌의 본질은 행위자로부터 일정한 법익을 박탈한다는 점에서 본다면 응보라고 할 수 있으나, 그러한 형벌로써 사회를 방위하고 범죄자를 개선·교육시킨다는 점에서 본다면 형벌의 본질은 교육에 있다고도 할 수 있다.

이와 같은 형벌은 국가만이 과할 수 있으며, 법률에 의하여 미리 정해져야 하고, 형벌의 종국적인 대상은 행위자라는 점에 특색이 있다.

II. 형벌의 종류

형벌은 그로 인하여 박탈되는 법익의 종류에 따라 크게 네 가지로 구분된다. 우리 형법이 인정하고 있는 형벌을 이러한 기준에 따라 분류하면 다음과 같다.

1. 생명형(사형)

사형은 수형자의 생명을 박탈하는 것을 내용으로 하는 형벌이며, 현행 형법이 절대적 법정형으로써 사형만을 규정하고 있는 범죄로서는 여적죄(與敵罪)가 있다(형법 제93조).[1]

---

[1] 군형법은 많은 범죄에 대하여 절대적 법정형으로서 사형을 규정하고 있는데, 특히 반란의 죄와 이적의 죄, 그리고 적전에서의 일정한 군사범죄에 대하여 그러한 규정이 많다. 그러나 사형이라는 것이 국가로부터 주어질 수 없는 생명에 대한 박탈이라는 점, 오판의 경우에 회복이 어렵다는 점, 형벌의 범죄교화적 기능이 무시된다는 점 등을 고려한다면 절대적 법정형으로서 사형만을 규정한 범죄를 많이 두고 있다는

사형은 교도소 내에서 교수에 의하도록 되어 있으나(형법 제66조), 군형법상으로는 사형의 집행은 소속군 참모총장 또는 군사법원의 관할관이 지정한 장소에서 총살로 하도록 하고 있다(군형법 제 3 조).

2. 자 유 형

수형자의 신분적 자유를 박탈하는 것을 내용으로 하는 형벌을 자유형이라고 하며, 여기에는 징역·금고(禁錮)·구류가 있다.

이는 근대적 형벌체계의 중심을 이루는 것으로 징역·금고·구류 등이 모두 수형자를 일정한 시설 내(교도소)에 구금하는 점에서 공통점을 가진다.

첫째, 징역은 무기와 유기로 구별되며, 유기징역은 1개월 이상 30년 이하이고, 형을 가중하는 경우에는 50년까지로 할 수 있다(제42조). 징역은 금고 및 구류와는 달리 정역에 복무하게 된다(제67조).

둘째, 금고는 형의 기간 및 가중 등에서 징역과 동일하나, 정역에 복무하지 않는다는 점에서 징역과 구별된다.[2]

셋째, 구류는 그 기간이 1일 이상 30일 미만이라는 점에서(제46조) 징역이나 금고와 구별된다.

3. 재 산 형

재산형이란 일정한 재산의 박탈을 내용으로 하는 형벌이며, 형법상 인정된 것으로는 벌금·과료·몰수 등이 있다.

벌금과 과료는 박탈되는 금액에서 차이가 있을 뿐이다.

몰수는 타형에 부과하여 과함을 원칙으로 하나(형법 제49조 본문), 예외적으로 행위자에게 유죄의 재판을 아니할 때에도 몰수의 요건이 있는 때에는 몰수만을 선고할 수 있다(제49조 단서).

몰수의 대상은 범인 이외의 자의 소유에 속하지 아니하거나 범죄 후 범인 이외의 자가 정을 알면서 취득한 물건으로서, ① 범죄행위에 제공하였거나 제공하려고 한 물건, ② 범죄행위로 인하여 생겼거나 이로 인하여 취득한 물건, ③ 위의 대가로 취득한 물건이 된다(제48조 제 1 항).[3] 다만, 이러한 물건 등을 몰수할 수 없을 때에는 그 가액을 추징한다(제48

것은 설사 국가를 수호해야 할 막대한 사명을 지닌 군인에 대한 것이라 하더라도 입법론상 재고를 요한다고 할 것이다. 이에 대하여 판례는 사형제도에 관하여 합헌이라고 본다(대법원 1991.2.26. 선고 90도2906 판결; 헌법재판소 1996.11.28. 선고 95헌바1 전원재판부 결정).

2) 원래 금고란 확신범·과실범 등 소위 파렴치범이 아닌 범죄에 대하여 다소 우대한다는 의미에서 정역을 복무하지 않게 한 것이었으나, 교육형의 입장에서 범인의 재사회화를 위해 작업을 과하고 있다는 점에서 본다면 자유형을 징역으로 통일하는 것이 바람직하다.

조 제 2 항).

4. 명예형(자격형)

명예형이란 수형자의 일정한 자격을 상실 또는 정지시키는 것을 내용으로 하는 형벌로서, 형법은 자격상실과 자격정지의 두 가지를 인정하고 있다.

자격상실이란 일정한 형의 선고가 있으면 그 형의 효력으로서 당연히 일정한 자격이 상실되는 경우이다. 즉 사형·무기징역·무기금고의 판결을 받은 자는 ① 공무원이 되는 자격, ② 공법상 선거권과 피선거권, ③ 법률로 정한 공법상의 업무에 관한 자격, ④ 법인의 이사·감사 또는 지배인 기타 법인의 업무에 관한 검사역이나 재산관리인이 되는 자격을 상실한다(제43조 제1항).

자격정지란 일정한 기간 동안 일정한 자격의 전부 또는 일부를 정지하는 것으로서, 유기징역·유기금고의 형을 선고받은 자는 그 형의 집행이 종료하거나 면제될 때까지 위에서 언급한 자격을 당연히 정지당하며(당연정지), 판결의 선고에 의한 경우에는 위 자격의 전부 또는 일부에 대하여 자격을 정지하며, 그 기간은 1년 이상 15년 이하이다(제44조 제1항).

제 2 절 형의 종류

형벌법규는 일정한 범죄에 대하여 일정한 형벌을 과할 것을 규정하고 있으나, 동일한 범죄에 대하여도 형의 종류 및 범위를 상대적으로 규정하여(예컨대 절도죄는 6년 이하의 징역 또는 500만 원 이하의 벌금형에 처한다) 그 범위 내에서 법원에게 자유재량의 여지를 주고 있으며, 형법 총칙에도 형의 가중·감면 및 작량감경에 대한 규정을 두고 있으므로 적용상의 여러 단계를 거치지 않으면 안 된다.

I. 법정형·처단형·선고형

법정형이라 함은 일정한 범죄에 대하여 법률상 추상적으로 정한 형벌 — 각 본조의 구성요건에 대응하는 것으로서 규정된 형벌 — 을 말하며, 형벌적용의 기본적 표준이 되는 형벌이다. 우리 형법은 상대적 법정형을 원칙으로 하고 있다.

처단형이라 함은 형법 각 본조에 규정된 법정형을 구체적 범죄사실을 적용하는 데에

---

3) 자기앞 수표를 뇌물로 받아 이를 생활비로 소비한 후 자기앞 수표 상당액을 증뢰자에게 반환하였다 하더라도 뇌물 그 자체를 반환한 것은 아니므로 이를 몰수할 수 없고, 그 가액을 추징하여야 한다(대법원 1983. 4. 12. 선고 82도2462 판결). 동지: 대법원 1999. 1. 29. 선고 98도3584 판결.

법정형이 형종의 선택을 인정하는 경우에는 먼저 적용할 형종을 선택하고, 이 선택한 형에 다시 필요한 가중감경을 하여 선고형의 최종적인 기본으로 될 형을 말한다. 예컨대 형법 제333조의 강도죄의 법정형은 장기 30년, 단기 3년의 유기징역인데, 심신미약자가 죄를 범한 경우에는 필요적 감경을 해야 하므로 그 형기의 2분의 1, 즉 장기 15년, 단기 1년 6월의 유기징역으로 처단하게 된다.

선고형이라 함은 법원이 전술한 처단형의 범위 내에서 구체적으로 형을 양정하여 당해 피고인에게 선고하는 형을 말한다(전기의 예에서 처단형의 범위 내에서 징역 3년을 선고할 수 있는 것이다).

그런데 자유형의 선고형식에는 정기형과 부정기형이 있고, 부정기형에는 다시 절대적 부정기형과 상대적 부정기형이 있다. 현행 형법은 정기형을 원칙으로 하고 있으며, 다만 특별법인 소년법에 의하여 소년범에 대하여서만 상대적 부정기형을 인정하고 있다(소년법 제60조).

II. 형의 가중 · 감경

1. 형의 가중

현행 형법상 형의 가중은 미리 법률에 의하여 규정되어 있는 경우, 즉 '법률상의 가중' 만을 인정하고 재판상의 작량가중을 인정하지 아니한다.

법률상의 가중에는 일반적으로 범죄에 공통적인 것(일반적 가중사유)과 일정한 범죄에 특수한 것(특수적 가중사유, 예컨대 제264조의 상습범에 대한 가중)이 있으며,[4] 형법이 인정하는 일반적 가중사유로는 ① 경합범 가중, ② 누범 가중, ③ 특수교사 · 방조의 가중이 있고, 가중은 필요적인 것이다.

2. 형의 감경

(1) 법률상의 감경

법률이 형의 감경을 규정한 경우로서 필요적 감경과 임의적 감경이 있다. 먼저 필요적 감경사유를 보면, ① 심신미약자, ② 농아자, ③ 중지범(면제도 가능), ④ 종범 등이 있으며, 임의적 감경사유로는 ① 외국에서 받은 형의 집행으로 인한 감경(면제도 가능), ② 과잉방위 · 과잉피난 · 과잉자구행위(면제도 가능), ③ 미수범, ④ 불능미수범(면제도 가능), ⑤ 자수 또는 자복(면제도 가능)[5] 등을 들 수 있다.

---

4) 군형법상 특수적 가중사유로는 제75조의 군용물 등에 대한 형법상의 재산범죄(제38장 내지 제41장의 죄)에 대한 형의 가중을 들 수 있다.

5) 자수와 자복의 구별은 형법 제52조에 명시되어 있다. 동조 제1항은 "죄를 범한 후에 수사책임이 있는

(2) 재판상 감경

재판상 감경(작량감경)이란 법률상 특정한 감경사유가 전혀 없더라도 법원이 범죄의 정상에 참작할 사유가 있는 경우에(예컨대 범인의 연령·성행·지능, 피해자와의 관계, 범행의 동기·수단·결과, 범행 후의 정황 등)(제51조 참조) 형을 감경하는 것이다.

작량감경은 법률상 형을 가중 또는 감경한 경우에도 가능하며, 1개에 정한 형이 수종인 때에는 먼저 적용할 형을 정한 후에 한다(제54조).

3. 가중·감경의 순서

형을 가중·감경할 사유가 경합된 경우에는 다음 순서에 의한다.

① 각칙 본조에 의한 가중
② 제34조 제 2 항(간접교사·특수교사·특수방조)의 가중
③ 누범가중
④ 법률상 감경
⑤ 경합범가중
⑥ 작량감경

제 3 절   형의 집행

I. 형의 집행일반

판결에 따라 피고인에게 선고된 형은 실제로 그 집행에 의하여 비로소 구체적·현실적인 형벌로 된다. 이와 같이 확정된 선고형을 현실적으로 실현하는 과정이 바로 형의 집행이다.

형집행의 내용은 선고형의 종류에 따라 다르므로, 형법은 형의 집행에 관하여 그 실질적인 방법에 대하여만 규정하고, 형의 집행절차 기타의 제점에 관하여는 형사소송법(제459조, 군사범죄에 대하여는 군사법원법 제502조 이하) 및 행형법(군사범죄에 관하여는 군행형법 및 동 시행령)에서 규정하고 있다.

형의 집행은 그 재판을 한 법원에 대응한 검찰청검사가 이를 지휘하고(형사소송법 제460

관서에 자수한 때에는 … "라고 규정되고 있고, 동조 제 2 항은 "피해자의 의사에 반하여 처벌할 수 없는 죄에 있어서 피해자에게 자복한 때에 … "라고 규정되어 있다. 즉 자기의 범죄사실을 신고하는 대상이 수사기관인 경우에는 자수, 피해자인 경우에는 자복이며, 자복은 반의사불벌죄에 한하여 인정된다. 또 자수는 꼭 범인이 할 필요는 없고 제 3 자를 동원하여 할 수도 있다(대법원 1964.8.31. 선고 64도252 판결).

조 제1항), 원칙적으로 판결확정 후에 집행한다(동법 제459조). 다만, 사형의 집행은 법무부
장관의 명령에 의한다(동법 제463조). 그리고 실제로 형의 집행에 종사하는 자는 교도관 및
집달관이다.

한편 군사법원법상의 형의 집행은 그 재판을 한 군사법원이 설치된 부대의 군검사가
지휘한다(군사법원법 제503조). 사형은 국방부장관의 명령에 따라 집행한다(동법 제506조).[6]

II. 형의 선고유예 · 집행유예

1. 서 설

범정이 경미한 우발적 초범자 등에 대하여는 형을 집행하지 아니하는 것이 오히려 행
형의 목적상 타당한 경우가 있다. 특히 단기자유형의 경우에는 그 기간 내에 범죄인을 개
선 · 교화시키기에는 너무 짧아서 오히려 동료 죄수의 악영향으로 인해 개악되거나, 석방
후 재사회화하는 데 곤란하며 재범을 저지를 우려마저 있다.

이러한 단기자유형의 폐해를 가능한 한 방지하려는 취지에서 형의 집행 없이 형정의
목적을 달성하기 위한 제도가 형의 선고유예와 집행유예이다. 즉 범죄인의 재사회화를 위
하여 일정한 기간 형의 선고나 집행을 유예하고, 그 기간 내에 특정한 사고 없이 범인의
행상이 좋으면 영원히 형을 집행하지 아니하고 유죄판결의 선고가 없었던 것으로 하는 제
도이다.

2. 형의 선고유예

(1) 의 의

형의 선고유예라 함은 범정이 경미한 범인에 대하여 일정한 기간 형의 선고를 유예하
고, 그 유예기간을 특정한 사고 없이 경과하면 형의 선고를 면하게 하는 제도이다.

(2) 요 건(제59조 제1항)

① 1년 이하의 징역이나 금고 · 자격정지 또는 벌금의 형을 선고할 경우
② 형법 제51조의 사항(양형의 조건)을 참작하여 개전의 정상이 현저한 때
③ 자격정지 이상의 형을 받은 전과가 없을 것

(3) 효 과

형의 선고유예를 받은 날로부터 2년을 경과한 때에는 면소된 것으로 간주한다(제60조).

---

6) 군사재판에 의한 사형의 집행방법으로서 총살형을 선택하고 있는데, 이것은 군의 이동성에 따른 편의와
군인과 병기가 불가분의 관계라는 면, 그리고 엄한 형의 집행방법을 따른다는 데 그 이념적 근거가 있다.

그런데 이러한 선고유예는 형의 전부 또는 일부에 대하여도 가능하다(제59조 제 2 항).

(4) 선고유예의 실효

형의 선고유예를 받은 자가 유예기간중 자격정지 이상의 형에 처한 판결이 확정되거나 자격정지 이상의 형에 처한 전과가 발견된 경우에는 다시 유예했던 형을 선고한다(제61조).

3. 형의 집행유예

(1) 의   의

형의 집행유예라 함은 유죄를 인정한 후 형의 선고에서 정상에 따라 일정한 기간 형의 집행을 유예하여 유예기간중에 특정한 사고 없이 그 기간을 경과하면 형의 선고의 효력을 상실케 하여 형의 선고가 없었던 것과 동일한 효과를 발생케 하는 제도이다.

(2) 요   건(제62조 제 1 항)

① 3년 이하의 징역이나 금고 또는 500만원 이하의 벌금의 형을 선고할 경우
② 형법 제51조의 사항을 참작하여 그 정상에 참작할 만한 사유가 있을 것
③ 금고 이상의 형의 선고를 받아 집행을 종료한 후 또는 집행이 면제된 후로부터 3년 이상
　을 경과한 자

(3) 집행유예와 사회봉사·수강명령

형법은 1995년 개정을 통해 북유럽에서 발전된 사회봉사명령 및 수강명령제도를 도입하여 집행유예기간중 이를 선고할 수 있도록 규정하고 있다. 즉 형의 집행을 유예하는 경우에 집행유예기간 내에서 보호관찰을 받을 것을 명하거나 사회봉사 또는 수강을 명할 수 있다. 형법상 보호관찰의 기간은 집행을 유예한 기간으로 한다. 다만, 법원은 유예기간의 범위 내에서 보호관찰기간을 정할 수 있다(형법 제62조의 2).

(4) 효   과

집행유예의 선고를 받은 후 그 선고의 실효 또는 취소됨이 없이 유예기간(1년 이상 5년 이하의 범위 내에서 법원이 재량으로 정할 수 있다)을 경과한 때에는 형의 선고는 효력을 잃는다(제65조).

(5) 집행유예의 실효와 취소

집행유예의 선고를 받은 자가 유예기간중 고의로 범한 죄로 금고 이상의 형을 받아 그 판결이 확정된 때에는 집행유예의 선고는 그 효력을 잃으며(제63조) 유예된 형을 집행하게 된다. 또 집행유예의 선고를 받은 후 전기 ③의 요건에 해당하지 않는 자임이 발각된 경우에는 집행유예의 선고를 취소한다(제64조).

Ⅲ. 가 석 방

1. 의   의

가석방이라 함은 자유형의 집행중에 있는 자가 그 행상이 양호하여 개전의 정이 현저한 때에는 형기만료 전이라도 일정한 시기에 임시로 석방하고, 그 후의 행상에 따라 임시석방이 실효 또는 실효되지 않는 한 형의 집행이 종료한 것과 동일한 효과를 인정하는 제도이다. 이러한 가석방은 앞서 언급한 선고유예를 받지 못하는 중범죄에 대하여도 형기 중 재사회화의 길을 터줌으로써 사회복귀를 용이하게 하려는 제도이며, 일종의 부정기형을 채택함으로써 정기형의 결함을 보충하기 위한 제도라 할 수 있다.[7]

2. 가석방의 요건(제72조 제1항)

① 징역 또는 금고의 형을 집행중인 자가 그 행상이 양호하여 개전의 정이 현저할 것
② 무기징역(금고)의 경우에는 20년, 유기징역(금고)의 경우에는 형기의 3분의 1을 경과한 후일 것
③ 벌금 또는 과료의 병과가 있을 경우에는 그 금액을 완납할 것

3. 가석방의 기간 및 보호관찰

가석방의 기간은 무기형에 있어서는 10년으로 하고, 유기형에 있어서는 남은 형기로 하되 그 기간은 10년을 초과할 수 없으며, 가석방된 자는 가석방을 허가한 행정관청이 필요가 없다고 인정한 경우를 제외하고는 위의 가석방기간중 보호관찰을 받게 된다(제73조의 2).

4. 가석방의 효과

위의 요건이 구비된 경우에는 법무부장관이 행정처분으로서 가석방을 허가하는데(제72조 이하), 가석방의 처분을 받은 후 처분의 취소 또는 실효됨이 없이 가석방의 기간을 경과한 때에는 형의 집행을 종료한 것으로 간주한다(제76조 제1항).

그런데 가석방의 경우에는 유죄판결의 효력 자체에 영향을 미치지 않으므로 형의 집행종료 후에도 전과사실이 남게 되어 후에 일정한 요건에 따라 형의 실효나 복권의 절차를 밟아야 전과가 말소되는 것이다(형의 실효 및 복권에 관해서는 형법 제81조, 제82조 참조).

---

7) 아직 가석방기간중일 경우에는 형의 집행종료라 볼 수 없기 때문에 가석방기간중의 재범에 대하여는 그 가석방된 전과사실 때문에 누범가중으로 처벌되지 않는다(대법원 1976.9.14. 선고 76도2071 판결).

5. 가석방의 실효 및 취소

가석방된 기간중 금고 이상의 형의 선고를 받아 그 판결이 확정된 때에는 가석방처분은 그 효력을 잃는다. 다만, 과실로 인하여 형의 선고를 받았을 때에는 예외로 한다(제74조).

또한 가석방의 처분을 받은 자가 감시에 관한 규칙을 위배하거나, 보호관찰의 준수사항을 위반하고, 그 정도가 무거운 때에는 가석방처분을 취소할 수 있다(제75조).

가석방이 취소되거나 실효되었을 경우에는 석방되어 있던 일수는 형기에 산입되지 아니하므로(제76조 제2항) 가석방 당시의 잔형기간의 형을 집행하게 된다.

제 4 장

용어의 정의

법률의 해석은 법원의 권한에 속하며, 법관의 양심과 지식에 따르는 것이 원칙이다(헌법 제103조 참조). 그러나 예외적으로 해석상의 개념혼동을 피하기 위하여 법률 자체가 일정한 용어에 대하여 해석규정을 두는 경우가 있는데, 이것을 입법해석이라고 한다. 특히 형벌법규는 국민의 개인적 인권과 직접적인 관련을 가지므로 죄형법정주의의 원칙에 입각한 해석을 하지 않으면 안 된다. 따라서 해석상의 혼동을 피하기 위하여 법률이 미리 용어의 해석규정을 두는 것도 하나의 방편이 될 수 있다(예컨대 형법 제91조는 반란의 죄에 있어서 국헌문란의 의미를 규정하였다[1]).

군형법도 이러한 취지에서 몇 가지 개념에 대하여 용어의 정의에 관한 규정을 두고 있다.

I. 상   관

"상관이라 함은 명령복종 관계에서 명령권을 가진 사람을 말한다. 명령복종 관계가 없는 경우의 상위 계급자와 상위 서열자는 상관에 준한다"(군형법 제2조 제1호).[2]

1. 순정상관

순정상관이란 명령복종 관계에서 명령권을 가진 사람을 말한다. 명령복종 관계란 법

---

1) 형법 제91조(국헌문란의 정의) 본 장에서 국헌을 문란할 목적이라 함은 다음 각 호의 1에 해당함을 말한다.
　1. 헌법 또는 법률에 정한 절차에 의하지 아니하고 헌법 또는 법률의 기능을 소멸시키는 것.
　2. 헌법에 의하여 설치된 국가기관을 강압에 의하여 전복(顚覆) 또는 그 권능행사를 불가능하게 하는 것.
2) 이하에서 별도의 법명표기가 없는 것은 군형법을 가리킨다.

령에 의거하여 설정된 상하지휘계통의 관계를 말하며, 명령권을 가진 사람이란 고유한 명
령권자 이외에도 대리나 위임에 의하여 명령권을 행사하는 사람도 포함된다.

　　명령권만 가지면 계급·서열에 상관없이 상관이며, 일반적 명령복종 관계상의 상관은
직무내외·영내외를 불문하고 상관이나, 특정직무에 관한 명령권만을 가진 경우에는 그 직
무가 현실적으로 집행되어 구체화한 경우에 한하여 상관이 된다(예컨대 군수사관을 지휘하는 군
검사). 반란불보고죄(제 9 조), 항명죄(제44조)에서 상관이란 순정상관만을 의미한다.

2. 준 상 관

　　준상관이란 명령복종 관계가 없는 경우의 상위 계급자와 상위 서열자를 말한다. 상위
계급자란 군인사법상(제 3 조) 계급의 순위가 앞서는 자를 말하는데, 군인사법에 따르면(제
4 조, 동 시행령 제 2 조 참조) 상위 서열자란 계급의 순위에 따르고, 동계급자간에는 시행령에
정한 바에 따르도록 규정되어 있으므로 상위 계급자는 상위 서열자의 개념에 포함된다. 따
라서 입법론으로는 상위 서열자만을 규정하는 것이 타당하다. 상위 서열자에 있어서 동계
급자간의 서열은 진급된 일자 순으로 정한다(군인사법 시행령 제 2 조 제 2 호).[3] 준상관의 범위
에 관하여 문제되는 것으로 육·해·공군 사이에 상하관의 관계가 인정되는가 하는 점과
사병 상호간에 상하관의 관계가 인정되는가 하는 점이다. 현행 군형법은 아무런 제한을 두
고 있지 않으므로 긍정할 수밖에 없으나 입법론상으로 재고를 요한다.[4]

　　학설에 따라서는 '명령복종 관계가 없는'이라는 규정을 제한적으로 해석하여 상하명령
복종 관계는 없더라도 이에 준할 실체적 관계에 있는 경우로 보아야 한다고 하나,[5] 준상관
의 개념은 개별 군사범죄에 관하여 탄력적으로 해석할 수 있으므로 그러한 제한적 해석은
부당하다고 생각된다. 다만, 입법론으로서는 준상관도 상관에 준한다는 점을 감안할 때,
준상관의 범위를 제한할 필요가 있음은 물론이다.[6]

---

　3) 대법원 1976.2.10. 선고 75도3608 판결: "군형법 제 2 조 제 1 호 후문 군인사법 제 4 조, 같은법 시행령
　　제 2 조 제 1 항 제 2 호의 규정에 비추어 상관특수폭행치상죄(군형법 제52조 제 2 항 제 2 호, 제50조, 제
　　48조)를 다스림에 있어서는 피차간에 명령복종 관계는 없을지언정 동일계급의 상서열자는 상관으로 보
　　아서 처리하는 것이 상당하다."
　4) 상관의 정의에 관하여 미통일군사법전 제 1 조 제 6 호는 "상관이란 계급과 통솔상의 선임인 장교이다"
　　라고 하여 장교에 한하여 상하관의 구별을 인정하고 있으며, 일본 육군형법도 제16조 단서에서 "사병은
　　하사, 근무상사를 제외하고는 모두 동등한" 것으로 보고 있다. 다만, 우리 군의 실정상 병졸 상호간에도
　　상하관의 개념을 인정하는 것이 군의 목적상 불가피한 경우가 많으므로 현행 군형법상의 규정을 반대할
　　수만은 없으며, 이 문제는 군의 민주화와 함께 검토되어야 할 과제라고 할 것이다. 한편 타군간의 상·하
　　관관계에 대해서도 미군법상으로는 지휘계통상 상위에 있는 경우만을 상관으로 하고 있으나(조윤, "군형
　　법개정론," 사법논집 제 2 집, 법원행정처, 1972, 438면 주4) 참조), 국군 전체에 대한 획일적인 지휘계
　　통을 고려한다면 타군간에는 순정상관과 준상관 중 상급자에 대해서만 상하관관계를 인정하는 것이 현
　　행 군형법의 해석상 타당할 것이라고 생각된다.
　5) 이진우, 군형법, 법문사, 1973, 69면. 반대견해로는 조윤, 앞의 논문, 438면 주5)가 있다.
　6) 군형법상 상관에 대한 특별규정이 필요 이상으로 과다하고, 그 법정형이 중하며, 그 직무내외 및 공
　　적·사적 관계를 불문하고 특별취급하는 것은 군사회의 민주화라는 원칙에 비추어 볼 때 부당하므로 입

그런데 군형법상 상관에 대한 폭행·협박·상해·살인·모욕죄(제 9 장 및 제10장)에 있어서의 상관이란 순정상관뿐 아니라 준상관도 포함하는 개념임을 유의하여야 한다.

3. 준상관의 개념 개정 검토[7]

군사법 체제에서의 현재의 '준상관' 개념은 다음과 같은 문제점을 제기할 수 있다. 첫째 규정 자체에서 상관 및 상서열자의 개념에 대해 체계적으로 명확히 규정하지 않고 있다. 둘째 군형법 적용에 있어서 실무상 문제가 있다. 셋째 군형법에서 대(對)상관 범죄의 보호법익에 벗어나 과잉처벌의 문제를 제기할 수 있다는 점이다.

(1) 상서열자의 체계상 문제점

앞서 살펴본 바와 같이 군형법에서 상관은 상계급자와 상서열자를 의미한다. 그런데 '상관'이라는 개념에 대한 정의(definition)는 군형법에만 존재하고 군인사법상에는 존재하지 않는다. 군인사법에서는 상서열자에 대해서만 규정하고 있을 뿐이다. 그렇다면 군형법에서 상관의 개념을 규정할 때 상서열자의 개념에 대해서도 명확히 규정해야 한다. 다시 말해, "상관이란 명령복종 관계에서 명령권을 가진 사람을 말한다. 명령복종 관계가 없는 경우의 상위 계급자와 상위 서열자는 상관에 준한다."라고 규정한 현재 조문은 "상관이란 명령복종 관계에서 명령권을 가진 사람을 말한다. 명령복종 관계가 없는 경우 군인사법 제 4 조의 상위 서열자는 상관에 준한다."라고 규정하는 것이 타당하다.[8] '상위 서열자'가 군인사법의 '상서열자'를 의미한다는 것에 대해서는 이론의 여지가 없다.[9] 그러나 적어도 용어의 정의가 적절한지 관해서는 차치하고서라도 그 용어가 어디에서 근거하는지 명확하게 하는 것이 법규를 제정할 때 적절한 용례일 것이다. 군형법에서만 유일하게 상관개념에 대한 정의를 규정하고 있음에도 상위 서열자가 무엇을 의미하는지 규정하지 않고 또한 어떤 법률에서 준용하고 있는 것인지 명확히 규정하지 않은 것은 입법론적으로 바람직한 것은 아니라고 할 것이다.

법론적으로 해결해야 한다는 견해가 있다(이충선, "군형법개정에 관한 소고," 군사법논집 제10211호, 국방부, 2005. 12, 20면).

7) 준상관 정의(defintion) 수정과 관련하여서는 다음을 참조. 김회동, "군사법에서의 상관개념 개정 검토", 「입법과 정책」 제14권 제 2 호, 국회입법조사처(2022.8.31.), 91~115면.

8) 이는 군형법에서 규정한 상관개념이 타당하다는 의미가 아니라 입법자가 지금의 상관개념 전제 하에서 형식상 위와 같이 수정하는 것이 적절하다는 의미이다.

9) 군형법 상의 상관에서 "상위 계급자, 상위 서열자는 상관에 준한다."라는 개념은 군인사법 제 4 조에 의하면 적절한 표현이 아닌 것으로 보인다. 이미 상위 서열자의 개념에 상위 계급자를 포함하고 있음에도 군형법은 상위 계급자와는 결을 달리하는 상위 서열자가 존재하는 것과 같이 규정하고 있기 때문이다.

(2) 군형법 적용과 관련한 실무상(입법정책상) 문제

한편, 군검찰업무처리지침에 의하면 계급이 다른 병들 사이에 범죄가 발생 시 대(對)상관 범죄로 처리하지 않고 일반범죄로 처벌하도록 규정하고 있다.[10] 그러나 군인사법에 의하면 계급에는 병의 계급이 이병부터 병장까지 명확히 규정되어 있고[11] 서열은 계급이 최우선 하도록 규정되어 있다. 따라서 병 상호 간에 상관개념이 존재하지 않는다는 전제를 바탕으로 병 상호 간의 범죄에는 대(對)상관 범죄를 적용하지 않는 것이 적용의 적절성 문제와는 별개로 올바른 법의 적용인지는 의문이다. 당해 조문의 공식영문번역본에 의하며 타국과 달리 "상관"을 "superior officer"[12]로 규정하는 외국의 입법례와는 달리 "superior"[13]로 규정하고 있는 것으로 보아, 이를 장교(commissioned officer)와 부사관(NCO)에만 국한된다고 해석하는 것은 부자연스럽다. 따라서 장교, 부사관과 달리 병 계급 상호 간에는 상관개념이 존재하지 않는다고 당해 법문을 해석하는 것은 명확한 근거가 없어 설득력이 약하다.

이에 대해 판례에서도 제시한 바와 같이 국방부 훈령에서 「"지휘자(병 분대장, 조장 등을 말한다.) 이외의 병의 상호관계는 명령복종 관계가 아니다."[14], "병의 계급은 상호 서열관계를 나타내는 것이며 지휘자를 제외한 병 상호 간에는 명령, 지시를 할 수 없다"[15], "지휘자를 제외한 병사 사이에서 명령, 지시를 한 경우나 이를 묵인한 자에 대하여는 엄중 문책한다."라고 규정하고 있는 점, "분대장을 제외한 병 상호 간 관등성명 복창은 금지한다."[16],

---

10) 군검찰업무처리지침 중 대(對)상관 범죄 처리지침(2005.11.29. 일부개정) 제 3 조에는 병 상호 간에는 특별 직책 임무 수행자(분대장, 내무반장 등)에 대한 범죄에 대해서만 상관범죄로 처리하도록 규정하고 있다.

11) 군인사법 제 3 조(계급)
④ 병은 병장, 상등병, 일등병 및 이등병으로 한다. [전문개정 2011. 5. 24.]

12) 문언의 일반적인 해석과 관련하여 officer의 개념에 commissioned officer과 non-commissioned officer를 포함하여 해석할 수 있으므로 officer는 장교와 부사관을 모두 포함한다고 해석해도 문제가 되지 않는다. 실제 영국 군형법에서는 이와 같은 의미로 쓰이고 있다. 그런데 군형법의 상관을 superior officer로 공식번역하지 않고 superior로 번역한 이유는 상관의 개념에 장교와 부사관을 제외한 병들도 포함한다고 해석하지 않는 이상 합리적인 공식번역 또는 해석으로 볼 수 없다.

13) 국가법령정보센터의 군형법 공식 영어본에는 다음과 같이 규정되어 있다.
Article 2 (Definitions)
The terms used in this Act shall be defined as follows:
1. The term "superior" means a person who has the authority of command in a command-obedience relationship. If a command-obedience relationship does not exist, a higher-ranking person or a person in a higher order of precedence shall be treated as a superior;
자세한 내용은 다음을 참조.
https://www.law.go.kr/LSW/eng/engLsSc.do?menuId=2&section=lawNm&query=%EA%B5%B0%ED%98%95%EB%B2%95&x=0&y=0#liBgcolor0 (검색일 2021년 7월 6일)

14) 부대관리훈령, [국방부훈령 제2468호, 2020. 10. 15., 일부개정], 제17조 제 1 호.

15) 부대관리훈령, 제17조 제 2 호.

16) 육군규정 120 병영생활규정, 제20조 제 2 항.

"분대장을 제외한 병 상호 간에는 명령이나 지시, 간섭을 금지한다."[17]라고 육군규정에서도 규정하고 있어 병 상호 간의 계급은 상관으로서 인정하는 계급이 아니라고 반론을 제기할 수 있을 것이다.[18] 그러한 논리가 타당하다면 지금과 같은 병의 계급구조는 폐기되고 단일화해야 하는 것이 타당하다.

　나아가 '병 상호 간 관계'는 상대방의 인격을 존중하고 직무를 수행함에 있어서 협동적 동반관계에 있으며, 군인사법상으로는 계급 순위에 의한 상하 서열관계에 있으면서도 군형법 적용에서는 대등한 관계에 있으나, 후임 병사는 선임 병사에게 경례, 호칭, 언행 등 규정과 교범에 명시된 군대 예절을 지켜야 한다."[19]는 점을 근거로 병 계급 상호 간에는 상하관계가 있을 수 없다는 명문의 규정이 존재한다고 주장할 수도 있다. 이 규정이 타당하다면 이는 한국의 법체계를 송두리째 무너뜨리는 결과가 되고 말 것이다. 상위법규인 법률에서 규정된 계급을[20] 육군규정과 같은 하위 행정규칙을 근거로 부정하는 것은 타당하지 않다. 그뿐만 아니라 이는 실상 병들 사이에 엄연히 계급이 존재하고 분대장이 아닌 상위 계급의 병에게도 경례와 존칭어를 쓰는 현실에도 부합하지 않는다.[21] 따라서 상관의 정의는 입법론적으로 명확하게 수정해야 할 것이다.

　아울러 대(對)상관 범죄와 관련하여 병사들 사이에서는 상관개념을 인정하지 않는다는 것은 현실과 괴리됨은 앞서 언급한 바와 같다. 이에 더불어 실제 병사들 간의 대(對)상관 범죄를 있어 주목할 점은 군인사법에 명확히 계급이 구분되어 있음에도 병 상호 간의 범죄 처리에 있어서 분대장 등의 직책을 수행하지 않을 때는 상관관계를 인정하지 않도록 하는 군검찰업무처리지침을 지적하지 않을 수 없다.[22] 비록 대(對)상관 범죄로 처벌될 경우 더 중한 형과 범죄로 처벌되므로 이를 방지하는 효과가 있어 문제가 되지 않는다고 볼 수도 있다.[23] 군검찰업무처리지침에는 장교 또는 부사관에 대해서 같은 계급에서는 대(對)상관

---

17) 육군규정 120 병영생활규정, 제43조 제1항.
18) 한편, 군인기본법에서도 위와 관련된 규정이 존재한다. 군인기본법 제35조 제3항은 "병 상호간에는 직무에 관한 권한이 부여된 경우 이외에는 명령, 지시 등을 하여서는 아니 된다."라고 규정되어 있다. 이를 근거로 병상호 간의 상하관계가 없다고 해석한다면, 장교와 부사관들은 직무에 관한 권한이 부여되지 않은 경우라도 명령, 지시를 할 수 있다는 의미가 되어 그러한 해석이 타당할 수 없다. 왜 장교와 부사관의 계급은 인정되면서도 법률상 규정된 병의 계급은 인정하지 않는 것인가?
19) 육군규정 120 병영생활규정, 제43조의2.
20) 군인사법 제4조.
21) 이는 병 상호 간의 가혹행위나 음성적인 폭행 등의 폐습을 막고자 한 이유에서 규정을 통해 방지하고자 하는 차원에서 명령권을 박탈하고 상하관계를 인정하지 않겠다는 정책적 판단에 기인한 것이다.
22) 헌법 제37조 제2항에 따라 법률의 구체적 위임 없이 하위법령에 국민의 자유와 권리를 제한하는 것은 헌법에 위배된다.
23) 유사한 의견으로, 육군종합행정학교, 「일반학(군형사법Ⅱ: 군형법)」(2021. 6.), 46면; "대(對)상관 범죄는 그 법정형이 매우 중한 점, 군형법상 상관에 대한 죄는 원칙적으로 명령복종 관계 또는 엄격한 상하·수직관계를 전제로 하나 병사들은 서로 그러한 관계에 있다고 볼 수 없으며 그러한 관계를 유지할 필요성도 적은 점, 병사들의 임무특성 역시 선후임에 따라 질적인 차이가 없는 점 등을 고려할 때 병사들 사이에서는 상관의 개념을 인정하지 않는 것이 타당하다."

범죄로 처리하지 않도록 규정하고 있는데,[24] 이는 실무상 부당하게 대(對)상관 범죄를 양산하는 결과를 방지하기 위한 판단에서 기인한 것이다. 그러나 굳이 법을 개정하지 않고서 적용만을 달리하는 것은 모순적이다. 군검찰의 실무가 그러하다면 상위 계급자 이외에 상서열자를 준상관으로 규정할 실익도 존재하지 않는 것이 명확하다.[25] 한편, 판례에 의하면 피고인은 하사이고 피해자의 경우 계급은 동일한 하사이지만 2년 정도 먼저 임용된 상황에서 피고인과 피해자 간의 상서열 관계를 적용 상관특수폭행치상죄로 처벌한 대법원판례[26]가 존재하고 있으므로 상위 계급자 이외의 상서열자를 준(準)상관으로 규정하고 있는 현행 군형법 규정은 입법을 통해 해결되는 것이 바람직하다.[27]

(3) 대(對)상관 범죄 보호법익의 문제

군형법에서 대(對)상관 범죄를 별도로 규정하고 같은 행위의 범죄보다 가중하여 처벌하는 것은 상관의 권위 자체와 하극상 풍조를 방지하여 군의 기율을 유지하기 위함이다.[28] 단순히 상관의 권위 그 자체 보호뿐만 아니라 상관이 수행하는 직무 보호가 수반되어 이를 통해 군기를 세워 군의 본연의 목적인 국가방위태세를 확립하는 것이다. 그런데도 상위 계급자 이외의 상서열자까지도 상관으로 규정하는 것은 과잉입법이라 볼 여지가 크며, 군형법이 불필요하게 권위적이라는 비판에 직면하게 되는 주요한 원인이라고 할 것이다.[29] 반면에, 명확하게 상위계급임에도 병 사이에는 상관의 개념을 인정하지 않는 것은 합리적 이유가 없어 자칫 차별로도 비칠 수 있다.

상위계급 이외의 상서열자는 정상적 지휘체계가 붕괴 시에 지휘권한을 승계하거나 의전행사의 편의를 위해 순서를 규정한 것이다. 대(對)상관 범죄 취지를 고려해도 상관의 범위는 명령권자와 상위 계급자이면 충분하다고 할 것이다. 같은 논리라면 군 통수권자인 대통령 유고 시 대통령의 직책을 인수하는 순위에 있는 모든 국무위원 중 국방부 장관보다 상위 승계 순위에 있는 자를 상관으로 보지 않을 이유가 없다.[30]

---

24) 군검찰업무처리지침 중 대(對)상관 범죄 처리지침(2005.11.29. 일부개정) 제 3 조에는 병 상호 간에는 특별 직책 임무 수행자(분대장, 내무반장 등)에 대한 범죄에 대해서만 상관범죄로 처리하도록 규정하고 있다.
25) 사건에서 재판부는 야간옥외집회를 원칙적으로 금지하면서 관할경찰서장이 이를 승인한 경우에는 예외적으로 허용되는 집시법 제10조가 행정권에 의한 사전허가의 방식임에 비해 집시법 제11조 내지 제14조의 경우에는 법률로써 제한하고 있어 집시법 제10조와 달리 헌법에 위배되지 않는다고 아래와 같이 판시한 바 있다. 따라서 법률의 위임 없이 법률이 아닌 군검찰업무처리지침 등으로 대(對)상관 범죄로 처벌한 것인지를 결정하는 것은 헌법에 위배될 소지가 있다고 할 것이다.
26) 대법원 1976.2.10. 선고 75도3608 판결.
27) 군형법의 상관개념을 개정할 경우 군인사법의 서열도 같이 개정해야 할 것이다. 상위 계급자가 아닌 상서열은 유사시 임시적인 지휘 관계 설정을 위한 목적으로만 규정하면 될 것이다.
28) 이상철 외, 군사법원론(제3판), 박영사, 2018, 211면; 국방부 편, 군형법해설, 272-273면. 대법원도 같은 취지로 "상관모욕죄는 상관의 명예 등의 개인적인 법익뿐만 아니라 군 조직의 위계질서 및 통수체계 유지도 보호법익으로 한다."라고 판시하였다.
29) 이상철 외, 상게주; 이충선, 전게주 6, 20면.
30) 정부조직법 제12조 제 2 항.

또한, 명령권자와 상위 계급자 이외에 상서열자를 상관으로 인정하는 것은 군의 권위주의적 분위기가 만연토록 하는 한 가지 원인일 수 있다. 같은 계급이라도 먼저 진급했다거나 임관 또는 입대일이 빠르다는 이유로 경시하는 풍조는 불필요한 관행임이 분명하다. 계급은 그 사람이 수행할 수 있는 직책에 대한 능력과 그에 대한 인정의 표시이지 왕조 시대의 신분이 아니다. 군인에게 있어서 명령과 직무의 수행은 권위를 바탕으로 하지 않을 수 없다. 그러나 그 권위는 정당성과 보편타당성을 기반으로 하는 '권위가 있는(prestigious)' 것을 의미하는 것이지 '권위주의적인(overbearing)' 것을 의미하는 것은 아니다.

Ⅱ. 지 휘 관

"지휘관이라 함은 중대 이상의 단위부대의 장과 함선(艦船) 부대의 장 또는 함정(艦艇) 및 항공기를 지휘하는 사람을 말한다"(제 2 조 제 2 호).

지휘관이란 부대에서 지휘를 하는 사람으로서 현행 군형법이 그 범위를 제한한 것은 지휘관에 대한 책임가중과 임무수행의 보호를 위한 것이다. 그러나 육상부대에서 지휘관을 중대장 이상으로 제한한 것은 군정상 최하위 군령권자가 중대장이라는 점에 근거를 두고 있는 것으로서 입법론상 문제가 있다. 즉 병기와 화력의 발달로 소부대전투가 중요한 현실에 비추어 분대장이나 소대장의 임무란 막중한 것이므로 지휘관의 개념은 좀더 확장되어야 한다. 특히 후단에서 함정이나 항공기에 대하여 전술상 중요성을 인정하여 아무런 제한을 가하지 않으면서 육상부대에 대하여는 그러한 제한을 가한 것은 후진적인 전술방식에 입각한 규정이라는 비난을 면할 수 없다.[31] 지휘관은 반드시 상기 각 부대·함정·항공기의 장으로 임명된 사람에 국한되지 않고, 지휘관이 전사 기타 사유로 궐위된 경우에 그를 대행하는 사람, 즉 사실상 부대를 지휘하는 사람을 포함한다.

지휘관은 부대의 장이어야 하므로 중대급 이상의 단위부대를 지휘하는 사람이라도 그 육상부대의 장의 자격으로서 지휘하지 않는 경우에는 지휘관이 아니다.

Ⅲ. 초 병(哨兵)

"초병이라 함은 경계를 그 고유의 임무로 하여 지상, 해상 또는 공중에 책임범위를 정하여 배치된 사람을 말한다"(제 2 조 제 3 호).

초병은 경계를 고유한 임무로 하여 일정한 공간의 경계임무에 배치된 자이므로 다른

---

31) 미통일군사법전은 지휘관에 대하여 따로 규정을 두지 않고 있는데, 이것은 미군의 법률과 책임은 지휘관이나 부하에게 평등하여야 하며, 임무에서도 동일한 가치를 갖는다는 미군법의 이념에 상응하는 태도이며, 군의 민주화를 위하여 우리 군형법이 나아갈 방향을 제시해 주는 것이기도 하다.

업무를 수행하는 과정에서 부수적으로 경계임무를 수행하는 자는 초병이 아니나, 일시 수소를 이탈하는 것만으로는 초병의 지위에 영향이 없다.[32] 그러나 경계를 고유의 임무로 하는 직책을 가진 자라도 실제로 수소에 배치되지 않는 한 초병이 아니다. 즉 초병이란 현실적으로 일정한 장소의 경계임무에 배치된 자이다.[33]

초병은 일정한 공간에 배치된 자로서 장교·준사관·사병을 불문한다. 여기서 일정한 공간은 위험발생을 관측할 수 있는 장소뿐만 아니라 지리적으로 수공·수해·수지와 관계없는 장소(예컨대 레이더 폐쇄회로를 통한 경계)도 포함됨은 물론이다.

IV. 부   대

"부대란 군대, 군의 기관 및 학교와 전시(戰時) 또는 사변 시에 이에 준하여 특별히 설치하는 기관을 말한다(제 2 조 제 4 호).

첫째, 군대란 일반적으로 국토방위의 임무를 가지고 특수조직과 편제 하에 무장된 군인의 집합체로서 실력적 국가기관이며, 육·해·공군의 대명사로 사용되기도 한다. 군대란 군의 기율 하에 있어야 하며, 군의 기율 하에 있는 이상 전투부대·지원부대·전후방부대를 불문하고, 외국군부대도 일정한 경우에는(예컨대 KATUSA와 같은 경우) 부대라고 할 수 있다.

둘째, 군의 기관이란 군에 관한 국가의 의사를 결정하고 표시하거나 그 실행에 참여하는 자이며, 국방부장관·병무청·군교도소·국군영화제작소 등 관청 외에 보조기관을 포함하여 국가의사결정과 관계없는 각종 기관을 포함한 일체의 인적·물적 요소로 구성된 군의 공적 시설을 의미한다.

셋째, 군의 학교란 군의 교육기관으로서 국방대학교, 각군사관학교, 종합행정학교 등과 각종 병과학교를 포함한다.

넷째, 군대는 이외에도 전시·사변에 있어서 위에 준하는 임시적인 특설기관, 예컨대 계엄사무소의 경우도 포함한다.

다섯째, 부대의 구성원은 반드시 군인이나 군무원에 한정될 필요는 없다. 특히 일반관청의 성격을 띠고 있는 부대(예컨대 국방부라든가, 병무청과 같은 경우)의 경우에는 민간인을 임

---

32) 육군고등군법회의 1974.3.12. 선고 74년 고군형항 제818호 판결.
33) 비무장지대에 배치된 매복근무자는 초병이지만(육군고등군법회의 1979.8.31. 선고 79년 고군형항 제291호 판결), 수소에 배치명령만 받은 자나 경계근무상태를 확인하는 경계순찰근무자는 초병이 아니다(국방부 1966.5.6. 선고 66년 고군형항 제22호 판결; 육군고등군법회의 1978.10.31. 선고 78년 고군형항 제641호 판결). 그러나 군형법 제28조 후단의 초병초소불임죄의 경우만은 초소에 임하지 않더라도 근무명령서상의 지정된 시간이 경과함으로써 초병신분을 취득한다(육군고등군법회의 1985.4.18. 선고 85년 고군형항 제59호 판결). 아울러 육군교도소의 계호병 또한 초병에 해당한다(고등군사법원 2002.2.5. 선고 2002노20 판결; 대법원 2002.4.26. 선고 2002도979 판결).

용하고 있는 경우가 많으므로 군사상의 임무를 수행하고, 조직법상 군에 속한 부대인 이상 군형법상의 부대로 보아야 할 것이다.[34]

V. 적　전(敵前)

"적전이란 적에 대하여 공격·방어의 전투행동을 개시하기 직전과 개시 후의 상태 또는 적과 직접 대치하여 적의 습격을 경계하는 상태를 말한다"(제2조 제5호).

현행 군형법은 많은 범죄에 대하여 그것이 적전에서 행해진 경우에는 중한 법정형을 과하고 있으므로 적전이라는 개념을 정의할 필요성이 있다. 다만, 후술하는 바와 같이 현행 군형법상 적전의 개념이 현재의 전술개념과 부합되지 않으며 상대적인 의미를 가진다고 본다면, 적전에서의 범죄에 대해 법정형을 가중하는 것은 입법론상 검토의 여지가 있다고 할 것이다.

군형법규정에 따르면 적전이란 시간적으로 '공격방어의 전투행위를 개시하기 직전과 개시 후'의 상태이며, 공간적으로 '적과 직접 대치하여 그 내습을 경계하는 상태'이다. 그러나 비정규전의 발달로 인한 전투지역의 확대, 해적수단의 발달 등을 감안한다면 적전의 개념을 시간적·공간적으로 규정한 것은 문제점이 있다.[35] 적전이란 전시를 전제로 하는 개념은 아니다. 왜냐하면 군형법상 규정된 전시의 개념은 제한적이며, 휴전중에도 적은 여전히 존재하기 때문이다.[36]

---

34) 군형법상 부대는 ① 부대에 관한 정의에 규정된 각 기관의 인적 구성원만을 의미하는 경우(제23조의 솔대도피죄, 제35조 제2항의 군무태만죄), ② 인적 구성원과 물적 시설을 의미하는 경우(제22조의 강복죄), ③ 물적 시설 및 부대의 공간적 지배범위를 의미하는 경우(제30조 제1항의 군무이탈죄), ④ 육상의 군대만을 의미하는 경우(제14조 제6호의 일반이적죄 및 제20조의 불법진퇴죄의 경우) 등으로 군형법 각 본조의 규정에 따라 달리 해석되고 있는 것이다. 따라서 부대에 관하여 고정적인 정의를 할 필요는 없다는 견해도 있다(조윤, 앞의 논문, 440면).

35) 참고로 미통일군사법전상 "in the presence of the enemy, before enemy"라는 용어는 전술적 개념으로 해석되고 있다. 또한 적의 장거리유도탄에 대처하고 있는 ICBM 사수를 적과 대치하고 있다고 본다면 군으로서 적과 대치하지 않는 경우는 거의 없어지고 말 것이므로, 적전이라는 개념을 시간과 공간적으로 규정하는 것은 그리 타당하다고 할 수 없다. 오히려 앞서 언급한 바와 같이 적전에서의 법정형가중을 없애고, 전시의 개념을 탄력적으로 해석함으로써 적전을 전술개념으로 환원하는 것이 합리적이라고 생각된다.

36) "북괴는 교전단체의 지위에 있으며, 휴전협정이 성립된 후는 전시라고 볼 수 없지만, 적전은 전시를 전제로 하는 것도 아니며, 휴전협정의 성립으로 우호단체로 전환된 것도 아니며, 휴전상태는 장기화되고 있으나, … 더욱 피고인 등의 근무지에서의 근무의 성격은 전술적으로 보아 적과 직접 대치하여 내습을 경계하는 임무이고, … 사실 등으로 보아 적전에 해당한다"고 한 판결이 있다(육군고등군법회의 1969. 8.21. 선고 69년 고군형항 제302호 판결). 이 판례는 적전이 전시를 전제로 하는 것이 아니라는 점, 적전의 개념이 전술적인 개념이라고 한 점에서는 매우 중요한 의미를 인정할 수 있다. 그러므로 GP는 적과 직접 대치하여 그 내습을 경계하는 적전이고(육군고등군법회의 1970.2.3. 선고 69년 고군형항 제1031호 판결), GOP에서도 철책근무에 임하는 지역이나 전후방을 불문하고 무장공비가 침투되어 직접 수색·체포작전에 임하고 있는 지역 및 경계근무중 적을 발견한 경우에는 적전이라고 볼 수 있다(육군법무감실 1985.8.6. 법령질의해석, 법무공보 제6호 참조).

또한 적과의 직접 대치라는 것은 구체적인 적의 존재를 필요로 하는 것이 아니며, 적이 없는 상황 하에서도 적과의 대치는 가능하다. 다시 말해서 전술적 대치관계에 있으면 적전이라고 할 수 있다.[37]

VI. 전 시(戰時)

"전시라 함은 상대국이나 교전단체에 대하여 선전포고를 하였거나 대적행위를 한 때로부터 그 상대국이나 교전단체에 대한 휴전협정이 성립된 때까지의 기간을 말한다"(제 2 조 제 6 호).

전시라는 개념은 그것을 규정하는 법률마다 의미하는 바가 상이한 것으로서 국제법상의 전쟁기간과는 다른 의미를 가진다. 즉 국내법상 전쟁의 개념은 각 국가가 자유로이 결정할 문제라는 것이 현대 국제법의 원칙이므로 전시의 개념, 즉 전쟁중이라는 개념과 국제법상 전쟁개념과 부합될 필요는 없는 것이다.[38]

전시는 먼저 상대국이나 교전단체에 대해서 선전포고를 하거나 적대행위를 취한 때부터이며, 국제법상 전쟁개시의 효과는 전의를 가진 적대행위에만 한정하고 있으므로 전의를 가진 적대행위가 있는 경우에 비로소 전시가 성립한다.

한편 전시의 시기는 상대방에 대하여 우리나라가 전쟁의사를 표시하는 경우이므로, 반대로 상대방이 선전포고나 적대행위를 하여 온 경우에는 우리나라가 이에 대한 대응조치가 없는 한 바로 전시가 된다고 할 수 없을 것이다. 전시는 상대국이나 교전단체에 대한 휴전협정이 성립된 때까지의 기간을 말한다. 현 국제정세로는 휴전협정이 체결되면 종전으로서 적의 존재를 부인하는 것이 원칙이나, 우리나라의 실정상 북한이라는 적의 존재를 인정하지 않을 수 없으므로 군형법의 규정상 모순이 있을 수 있는 것이다. 다만, 전시의 종료사유로는 휴전을 통한 강화・평화조약도 있고 직접강화나 항복도 있는데, 구태여 휴전협정이 성립된 경우만을 한정한 것은 전시의 성립에 대하여 적대행위의 개시를 그 요건으로 규정한 것과 모순되며 현실정과도 부합하지 않는다. 따라서 일반적으로 '적대행위의

---

37) 국방부 1965.11.29. 선고 65년 고군형항 제11호 판결.
38) 군형법이 전시를 구성요건으로 한 범죄가 많으므로 이에 대한 고정적인 정의를 규정하는 것이 법적 안정성의 견지에서 타당하다고 볼 것이나, 과연 그러한 정의가 필요하며 현실에 부합하는 것인가에 대하여는 부정하는 견해가 있다. 즉 국가가 전쟁과 같은 비상사태에 직면하였을 경우 객관적인 사태에 대하여 주관적으로 정치적 판단에서 각종의 조치를 취할 것이며, 어떠한 상대국이나 교전단체와 적대행위가 있다 하여 바로 국가의 의사가 전쟁을 의미한다고 볼 수 없다. 군형법상의 전시개념은 현재 국내정세와 UN의 집단안보체제 하에 비추어 전시라고 볼 수 없는 경우까지도 전시로 인정하게 될 가능성이 있다고 한다. 예컨대 주월한국군의 적대행위가 국내에 있는 군인에게까지도 미치어 전시에 관한 규정을 적용하지 않을 수 없다는 모순이 있는 것이다. 따라서 전시의 여부는 국가의 정치적 태도에서 결정될 문제라고 하나, 이것은 군형법규정을 너무 확대해석할 우려가 있으므로 오히려 전시의 개념에 관한 규정을 탄력적으로 해석하는 것이 바람직하다고 생각한다.

종료시'라고 하는 것이 타당할 것이다.

Ⅶ. 사   변(事變)

"사변이란 전시에 준하는 동란(動亂) 상태로서 전국 또는 지역별로 계엄이 선포된 기간을 말한다"(제 2 조 제 7 호).

사변이란 일반적으로 전시에 준하는 비상사태를 의미하지만, 군형법은 이를 제한적으로 보아 '전국 또는 지역별로 계엄을 선포한 기간'에 한하는 것으로 규정하고 있는데, 전시 개념과의 관계에서 본다면 전시에 해당되지 않는 일체의 무력행사에 의한 비상사태를 사변이라고 볼 수 있다.

다만, 사변이라는 개념과 함께 계엄지역이라는 용어가 각론에서 사용되고 있는데(제20조, 제28조 제 2 호), 앞서 언급한 바와 같이 사변이란 결국 전시 이외에 계엄이 선포된 기간을 의미하므로 전시에 계엄이 선포되는 지역을 제외한다면 사변과 계엄선포기간은 동일한 개념이 된다. 다시 말해서 사변과 계엄지역은 동일한 사실의 실질과 형식의 양면인 것이다. 따라서 군형법 각 본조에서 사변 이외에 계엄지역을 정한 것은 무의미한 것이라고 보는 견해가 있다.[39] 계엄은 경비계엄과 비상계엄이 있으나, 사변의 요건으로서는 어느 것이든 가능하다.

---

39) 이에 대하여 군형법상 사변의 실질은 준전시이고, 군형법상 사변과 계엄법상 사변(계엄법 제 1 조 제 2 항 참조)은 별개의 개념이므로 계엄법상 전시나 준전시가 아닌 사변이나 준사변시에 선포한 계엄은 군형법상 사변에 해당하지 않으므로 양자의 구별은 의의가 있다고 하는 견해도 있다(국방부 편, 군형법해설, 1965, 92면 참조).

제 2 편
각 론

제1장

서　설

　전 편에서는 군형법에 대한 총론적인 규정과 형법상 범죄와 형벌에 관한 일반이론에 대하여 언급하였다. 본편에서는 이것을 바탕으로 개별적인 군사범죄에 대하여 언급하기로 한다.

　형법은 개별적인 범죄유형에 대하여 그 보호법익을 기준으로 국가적 법익에 대한 죄, 사회적 법익에 대한 죄, 개인적 법익에 대한 죄로 대분하고 있다. 그러나 군형법 각칙은 군형법의 목적이 군기유지 및 전투력의 보존·발휘에 있는 관계로 본질적으로 국가적 법익에 대한 죄를 그 내용으로 하고 있다.

　다만, 직접적인 목적과 관련하여 볼 때 크게 국가의 존립을 보호하기 위한 범죄(반란의 죄와 이적의 죄 등), 군의 인적 구성이나 물적 기초를 보호하기 위한 범죄(군무이탈죄 혹은 군용물에 관한 죄 등), 군의 질서나 사무수행을 보호하기 위한 범죄(상관모욕죄나 초병에 대한 죄 등)로 구별할 수 있으나, 이러한 구별도 이론적으로 명확히 구별되는 것은 아니다.

　여기에서는 편의상 군형법상의 규정의 순서에 따라 언급하면서 군사범죄 중 비중이 큰 것과 발생빈도가 높은 것을 중심으로 고찰하며, 일반형법상의 범죄 중에서도 군인에 의한 경우가 많은 범죄에 대해서는 각 해당 분야에서 언급하기로 한다.

　군형법 각칙의 규정에도 많은 문제점이 있으나, 이에 관해서는 개별 범죄에서 논하기로 한다. 다만, 여기서 미리 언급해 둘 것은 형법은 각 본조에 대하여 보호법익을 논할 필요가 있으나, 군형법은 전술한 바와 같이 그 보호법익이 군기유지와 전투력의 보존·발휘로 일관되므로 개별적인 언급을 피하기로 한다.

제 2 장

반란의 죄

제 1 절 총 설

반란의 죄라 함은 군인이 작당하여 병기를 들고 관헌에 반항하여 집단적인 항거행위를 함을 내용으로 하는 범죄로 군권에 대한 반항(mutiny)과 민권에 대한 반항(sedition)을 모두 포함한다.

국가방위와 국민의 생명·재산 보호 및 국제평화유지에 공헌함을 사명으로 하는 군인이 그 기본적 의무에 위배하여 국가를 파괴하는 행위로서, 국가의 내부적 질서를 위태롭게 한다는 점에서 본죄에 대한 무거운 책임의 근거가 있는 것이다.

반란의 죄는 국가의 내부적 질서를 위태롭게 한다는 점에서 형법상 내란죄와 동일한 성질을 가지나, 다음과 같은 점에서 구별된다. ① 반란죄는 국토참절이나 국헌문란의 정치적 목적을 필요로 하지 않으며, ② 내란죄는 폭동이라면 수단·방법을 가리지 않으나, 반란죄는 병기를 휴대하고 난동할 것을 요한다.

그러면 양 범죄는 어떠한 관계를 가지는가. 반란죄는 입법목적과 구성요건 규정형식상 내란죄와는 별개의 범죄이지만, 민간인이 반란죄에 가담할 경우 반란죄가 내란죄의 요건(특히 정치적 목적)을 충족시킨 경우에는 내란죄의 공범으로 처벌되며, 그렇지 못한 경우, 즉 단순히 반란죄에 그치는 경우라 해도 형법 제33조에 따라 반란죄의 공범으로 처벌된다. 또한 군인이 민간인의 내란행위에 가담하여도 다수군인이 작당하여 병기를 휴대하고 가담하지 않은 이상 군인은 내란죄의 공범으로 처벌될 뿐 반란죄로는 처벌할 수 없다.

군형법상 반란의 죄에는 협의의 반란죄, 반란목적의 군용물탈취죄, 반란불보고죄의 세 유형이 있으며, 이에 대한 예비·음모, 선동·선전 및 동맹국에 대한 행위를 처벌하고 있다.

제 2 절 범죄유형

Ⅰ. 협의의 반란죄

> 제 5 조 작당(作黨)하여 병기를 휴대하고 반란을 일으킨 사람은 다음 각 호의 구분에 따라 처벌한다.
> 1. 수 괴(首魁) : 사형
> 2. 반란모의에 참여하거나 반란을 지휘하거나 그 밖에 반란에서 중요한 임무에 종사한 사람과 반란시 살상, 파괴 또는 약탈행위를 한 사람 : 사형, 무기 또는 7년 이상의 징역이나 금고
> 3. 반란에 부화뇌동하거나 단순히 폭동에만 관여한 사람 : 7년 이하의 징역이나 금고

1. 주   체

본죄는 순정군사범이므로 그 주체는 군인이나 준군인에 한정된다.

2. 행   위

작당하여 병기를 휴대하고 반란을 일으키는 것이다.

(1) 작 당(作黨)

범죄에 다수인이 가담하는 형식은 여러 가지로 표현되는데,[1] 여기서 작당이란 단순한 인간의 집단이 아니고 공통의 목적을 가진 다수인의 조직적 집합을 말하며, 다수인은 한 지방의 안전·평온을 해할 정도로 평가될 수 있으면 족하다.

(2) 병기휴대

병기는 사람을 살상하거나 물건을 파괴할 수 있는 기구로서 군용이나 전쟁에 공할 수 있는 것을 포함한 일체의 무기를 말하며, 사람을 살상하거나 재물을 손괴하는 데 쓰이는 '흉기'보다는 좀더 좁은 개념이다.

병기를 '휴대'한다는 것은 병기를 몸에 지니거나 또는 몸의 가까이에 두고 있는 것을 의미하며, 자신이 병기를 휴대하고 있다는 사실에 대한 인식을 요한다. 그러나 그 병기를 사용할 필요까지는 없다. 또한 반란참여자 전원이 병기를 휴대할 필요도 없다.

---

1) 군형법상으로는 ① 작당하여(제 5 조), ② 집단을 이루어(제45조, 제49조, 제55조 등) 등의 표현을 사용하고 있으며, 형법상으로는 ① 다중이 집합하여(제116조), ② 단체 또는 다중의 위력을 보이거나(제144조, 제261조, 제278조, 제284조, 제320조 등), ③ 2인 이상이 합동하여(제146조, 제331조, 제334조 등) 등의 표현을 사용하고 있는데, 이것은 각 범죄의 특성을 반영한 것으로 보인다.

(3) 반 란

반란이란 폭행·협박함으로써 국권에 반항하는 행위이며, 국권에 대한 폭행·협박 및
일체의 반항행위, 혼란이나 무질서 야기행위를 포괄하는 개념이다.[2] 여기서 말하는 국권에
는 군의 통수권 및 지휘권도 포함된다.[3]

반란행위는 군형법 등에 규정된 범죄행위에 국권에 대한 반항이라는 주관적 요건이
부가되어 반란죄로서 성립되는 것이다. 따라서 형법상 내란죄의 경우와 마찬가지로 반란
에 의해 다른 법익, 즉 타인의 생명이나 재산을 침해한 경우에는 따로 살상에 대한 죄나
재산에 대한 죄가 성립하지 않고 반란죄에 흡수된다고 할 것이다.

3. 주관적 요건

전술한 바와 같이 반란죄에 있어서는 국헌문란이나 국토참절과 같은 정치적 목적을
필요로 하지 않는다.

다만, 범죄의 성립요건으로서 고의를 요하는데, 반란죄의 고의는 정치적 목적이나 공
분·사분·개인적 욕구를 불문하고 국가권위에 대하여 반항한다는 의도를 가지면 족하
다.[4] 또한 병기를 휴대한다는 사실에 대한 인식을 필요로 한다.

이러한 집단적인 반란죄에 대하여 참여자는 각기 어느 정도의 책임을 지는가. 원래 반
란행위가 살인·파괴 등 일체의 불법행위를 포함한 결합범의 일종이므로, 개개의 불법행
위에 대하여 따질 필요 없이 반란죄에 대한 포괄적 고의가 있는 한 반란죄의 책임을 지게
된다(특히 현행 군형법은 살상·파괴·약탈행위를 한 자에 대해서 반란죄에 특히 형을 가중하고 있는 점
에 비추어 볼 때 당연한 것이다).

4. 처 벌

군형법은 반란죄의 성격상 참여자 각자의 지위에 따라 형의 경중을 두어 처벌하도록

---

2) 일부 견해로는 반란행위가 폭행행위와 동일한 것이라고 하나(이진우, 군형법, 법문사, 1973, 88면), 영
   미법상의 판례를 보면 단순한 항명("It may be committed by refusal to obey orders from a proper
   authority," U.S. V. Duggan, 4 USCMA 396,398, 1954)에 의한 경우도 군의 권위를 전복할 의도로써
   행해진 경우에는 반란행위로 보고 있음을 감안한다면, 우리 군형법에서도 적어도 반란과 폭행을 동일한
   개념이라고 하는 것은 부당하다. W. B. Aycock, *Military Law under the UCMJ*, The University of
   North Carolina Press, 1955, p.288 참조.
3) 따라서 반란가담자들이 대통령에게 육군참모총장의 체포에 대한 재가를 요청하였다고 하더라도 이에
   대한 대통령의 재가 없이 적법한 체포절차도 밟지 아니하고 육군참모총장을 체포한 행위는 육군참모총
   장 개인에 대한 불법체포행위라는 의미를 넘어 대통령의 군통수권 및 육군참모총장의 군지휘권에 반항
   한 행위라고 할 것이며, 반란가담자들이 작당하여 병기를 휴대하고 위와 같은 행위를 한 이상 이는 반란
   에 해당한다(대법원 1997.4.17. 선고 96도3376 전원합의체 판결 참조).
4) 판례도 "군형법 제 5 조에 명백히 되어 있는 바와 같이 반란죄는 군인 또는 준군인이 '작당하여 병기를
   휴대하고 반란'을 하면 성립하는 것이고, 국가를 배반하고 타국가를 이롭게 하기 위하여 역모하는 경우
   에 한하여 성립하는 것은 아니다"고 한다(대법원 1966.4.21. 선고 66도152 전원합의체 판결).

제 2 장 반란의 죄 **117**

규정하고 있다(동조 각 호).

'수괴(首魁)'라 함은 그 반란을 주창하고 또 집단적 행동을 조직·통솔하는 자를 말하며, 그 수를 불문하고, 반드시 있어야 하는 것도 아니다. 또한 수괴는 현장에 나타나 직접 반란을 지도할 필요도 없다. 수괴는 사형에 처한다.

모의에 참여한다는 것은 반란을 실행하기 위한 계획에 참가하여 수괴를 보좌하는 것을 말하며, 지휘한다는 것은 반란의 실행에 직접 참여하여 반란자 전부 또는 일부를 이끄는 것을 말하고, 기타 중요한 임무에 종사한다는 것은 위의 자 이외의 일정한 자로서 반란에 대한 확실한 의식을 가지고 반란행위에 참가하는 것을 말한다. 이러한 자들과 살상·파괴·약탈을 한 자는 사형, 무기 또는 7년 이상의 징역이나 금고에 처한다.

부화뇌동이란 반란에 대한 확실한 의식 없이 거기에 찬동하여 같이 행동하는 것을 말하며, 단순히 폭행에만 관여한 자도 부화뇌동한 자에 포함되는 것이라고 생각된다.[5] 이러한 자는 7년 이하의 징역 또는 금고에 처한다. 본죄의 미수범은 처벌한다(제 7 조).

II. 반란목적의 군용물탈취죄

> 제 6 조 반란을 목적으로 작당하여 병기, 탄약 또는 그 밖에 군용에 공(供)하는 물건을 탈취한 사람은 제 5 조의 예에 따라 처벌한다.

1. 주관적 위법요소

본죄는 반란의 목적을 요건으로 하는 목적범이다. 반란의 목적이 존재하여야 하므로 국가권위에 대해 반항한다는 목적 하에 행해진 행위일 것을 요한다. 이러한 목적이 없는 경우에는 단순히 제75조 군용물에 관한 죄가 성립한다.

2. 행 위

본죄는 작당(作黨)하여 군용에 공하는 물건을 탈취하는 것이다.

(1) 작 당

'작당'의 의미에 대해서는 협의의 반란죄에서 언급한 바와 같다. 다만, 작당하지 않고 개인적으로 반란의 목적으로써 군용물을 탈취한 경우에는 제 8 조의 반란예비죄에 해당된다. 물론 탈취행위의 실행이 작당에 의할 필요는 없으며, 각자가 분담형식으로 개별적인

---

5) 학설에 따라서는 이러한 이유로 '폭동에만 관여한 자'라는 규정을 삭제하거나 제 5 조 제3호를 '단순히 반란에만 관여한 자'로 개정하는 것이 타당하다고 한다. 조윤, "군형법개정론," 사법논집 제 2 집, 법원행정처, 1972, 443면.

실행을 하여도 본죄는 성립한다.

(2) 군용에 공하는 물건

'군용에 공하는 물건'이란 군용으로 제공되거나 사용되는 물건을 의미하는 것으로 탄약·병기와 그에 유사한 전투용 군용물 및 기타 군용에 공하는 차량·금전·피복 등을 포괄하는 개념이다. 또한 '군용에 공'하는지 여부는 현실적으로 군용에 공하고 있는가를 기준으로 판단되므로, 소유자 여하를 불문하고(군의 소유이건, 민간의 소유이건) 현실적으로 군용에 공하고 있으면 그 소유권이 누구에게 있는지는 무관하다.

(3) 탈 취

'탈취'란 재물에 대한 타인의 점유를 타인의 의사에 의하지 않고 침해·배제하여 이를 자기나 제 3 자의 점유로 옮기는 것으로서 강취·절취·편취를 모두 포함한다. 따라서 타인의 하자 있는 의사에 의하여 재물을 취득하는 사기와 공갈의 경우에는 탈취에 해당하지 않는다. 또한 탈취는 영득행위의 일종이므로 파괴·방화와 같은 손괴행위 역시 영득의 의사가 없으므로 탈취에 포함되지 않는다. 입법론적으로 볼 때 손괴행위에 의해서도 군용물탈취죄와 동일한 결과를 가져올 수 있으므로 군용물손괴에 대해서 규정을 둘 필요가 있다고 생각할 수도 있으나, 본죄가 반란의 목적을 요건으로 하는 목적범인 것을 고려할 때 탈취와 병기휴대를 연관시켜 생각한다면 손괴를 제외함이 오히려 타당하다고 판단된다.

3. 처 벌

본죄의 처벌은 반란죄와 마찬가지로 수괴, 모의참여자, 부화뇌동자의 구별에 따라 동일한 형으로 처벌하며, 본죄의 미수범도 처벌된다(제 7 조). 다만, 본죄를 범한 후 반란을 한 자는 본죄의 본질이 반란예비의 성격을 가지므로 반란죄에 흡수된다고 보는 것이 타당하다.

Ⅲ. 반란의 예비·음모 및 선동·선전

> 제 8 조 ① 제 5 조 또는 제 6 조의 죄를 범할 목적으로 예비 또는 음모한 사람은 5년 이상의 유기징역이나 유기금고에 처한다. 단, 그 목적한 죄의 실행에 이르기 전에 자수한 때에는 그 형을 감경하거나 면제한다.
> ② 제 5 조 또는 제 6 조의 죄를 범할 것을 선동하거나 선전한 사람도 제 1 항의 형에 처한다.

1. 행 위

'예비'라 함은 반란행위를 할 의사로써 범행에 필요한 방법을 강구하고 그 자료를 수집

조달하는 행위로서, 특히 군용물을 탈취하는 행위는 별개의 범죄로서 처벌하고 있으며, 군용물탈취죄의 예비도 처벌함으로써 일종의 예비의 예비를 처벌하도록 하고 있다.

'음모'라 함은 2인 이상의 자가 반란죄나 반란목적 군용물탈취죄를 실행할 목적으로 상호 공모하는 것으로서, 음모에 의하여 그러한 범죄의사가 구체화되고 특정될 정도에 이르러야 한다.

'선동'이란 불특정 또는 특정다수인에 대하여 정당한 판단을 그르치게 하여 행위의 실행을 결의하게 하거나, 기존의 결의를 조장케 할 자극을 주는 행위를 말한다. 선동은 교사·방조와 유사하나 불특정인에게도 가능하며, 피선동자가 선동당함에 대한 인식을 요하지 않는다는 점에서 그러한 개념과 구별된다.

'선전'이란 단순히 어떠한 사실을 공중에 전달하는 방법을 통하여 일정한 호응을 촉구하는 행위를 말한다. 그 방법은 매스컴·출판물·언론 등을 불문한다.

선동과 선전은 결국 동일하나 그 영향력에서 선동쪽이 강할 뿐이다. 양자는 모두 반란 실행의 착수 이후에도 가능하다.

2. 자수에 대한 형의 필요적 감면

군형법은 반란죄나 반란목적 군용물탈취죄의 예비·음모를 한 후 실행에 이르기 전에 자수한 경우에 형을 반드시 감면하도록 규정하고 있다(일반형법상 자수·자복이 임의적 감면사유인 점과 구별된다). 이것은 반란행위를 사전에 방지하기 위한 정책적 고려에 의한 규정으로서 형법상의 자수와는 달리 실행의 착수 이전에 한한다.

자수는 죄를 범한 후 수사책임이 있는 관서에 자기의 범죄사실을 신고하는 것이므로 상관에 대한 자수는 인정되지 않는다. 또 자수의 신고는 범인이 꼭 직접 할 필요는 없고 제3자를 통해서도 가능하다.[6]

한편 선동·선전의 경우에 본 규정이 적용되는가 하는 문제가 있다. 제8조 제2항이 규정하고자 하는 것은 작당하여 병기를 휴대하여 반란할 것을 선동·선전하거나 반란을 목적으로 작당하여 병기·탄약 기타 군용에 공하는 물건을 탈취할 것을 선동·선전한 자를 처벌하는 것인데, 선동·선전이 행해져야 본죄로 처벌할 수 있고, 선동·선전이 이루어진 경우에는 이미 목적한 범죄의 실행의 착수가 있었으므로 단서가 적용될 여지가 없다고 본다.

---

6) 대법원 1964.8.31. 선고 64도252 판결.

Ⅳ. 반란불고지죄

> 제9조 ① 반란을 알고도 이를 상관 또는 그 밖의 관계관에게 지체 없이 보고하지 아니한 사람은 2년 이하의 징역이나 금고에 처한다.
> ② 제1항의 경우에 적을 이롭게 할 목적으로 보고하지 아니한 사람은 7년 이하의 징역이나 금고에 처한다.

1. 의 의

본죄는 범죄행위에 대한 고발의무를 부여한 것으로서 국가보안법 제10조의 불고지죄와 동일한 입법취지를 가지고 있다. 군의 구성원으로서 국가와 군에 대한 내부적 침해를 방지할 윤리적 의무자인 군인이 그러한 범죄행위에 대하여 고발의무를 지는 것은 타당하다고 본다.

본죄는 고발이라는 작위의무를 이행하지 않음으로써 성립한다는 점에서 진정부작위범의 하나이며, 군형법에 특유한 순정군사범이기도 하다.

2. 주 체

본죄의 주체는 군인 또는 준군인으로서 반란을 알고 있는 사람이다.

'반란을 알고 있는 사람'이란 반란을 확정적으로 인식하는 경우뿐만 아니라 반란 혹은 반란의 예비·음모 등이 있다는 사실에 대한 인식이 있는 사람을 말한다. 미국 통일군사법전 제93조 제a항의 제3호는 '알거나 반란의 발생을 믿을 만한 사유가 있는'(which he knows or has reason to believe is taking place,…) 경우에 불보고를 처벌하고 있다.

3. 행 위

상관이나 관계관에게 지체 없이 보고하지 않는 것이다.

(1) 상관이나 관계관

먼저 여기서 '상관'이라 함은 자기의 명령계통상의 순정상관과 반란자의 순정상관을 말한다.

한편 '관계관'이란 반란진압에 관하여 일정한 조치를 취할 수 있는 권한 있는 사람을 의미하는데, 군수사기관에 한하지 않는다.

(2) 지체 없이

'지체 없이'란 시간적 여유를 두지 않고 즉시 보고해야 한다는 의미이므로 상당한 기간이 지나면 보고하더라도 본죄의 성립을 조각시키지 않는다. 보고의 방법에는 제한규정을 두고 있지 않으나, 고의로 장시간을 필요로 하는 보고방법을 택한 경우에는 본죄를 구성한다고 보아야 한다. 입법론으로는 미 통일군사법전의 규정과 같이 "모든 합리적 수단을 취하여"(take all reasonable means to inform)라고 규범적으로 규정하는 것이 타당하다고 생각된다.

4. 처   벌

본죄를 범한 자는 2년 이하의 징역이나 금고에 처하나, 이적의 목적을 가지고 행하는 경우에는 형이 가중된다.

V. 동맹국에 대한 행위

반란에 관한 제 규정은 동맹국에 대한 행위에도 적용된다(제10조). 반란죄로써 동맹국에 대한 행위까지 처벌하는 것은 공동전투에 참가한 동맹국의 군권을 침해하는 것을 방지하기 위함이다.

여기서 동맹국이라 함은 조약 등에 의한 국제법상의 동맹국에 한하지 않고, 상호원조·공동전투참가 등을 하고 있는 사실상의 동맹국도 포함시켜야 할 것이다. 이는 오늘날 조약에 의하지 않고 사실상 공동전투에 참가하게 되는 경우(예컨대 6·25 당시 유엔의 참가)가 많아 이들 참가국을 동맹국으로서 보호할 필요가 있기 때문이다.

제 3 장

이적(利敵)의 죄

제 1 절 총 설

이적의 죄라 함은 군대 및 군용시설 등을 적에게 제공하거나 적을 위하여 간첩을 하는 등 적국을 이롭게 하는 행위를 내용으로 하는 범죄로서, 형법상 외환죄와 함께 국가의 외부적 안전을 침해하는 범죄이다.

군의 궁극적인 목적이 전승에 있다면 전승의 여부는 전력의 상대적 차이에 따라 결정되므로 이적행위는 곧 국군의 상대적 약화를 초래하는 행위이며, 반란죄와는 달리 매국적·이기적 동기에서 행해지는 것이므로 엄벌주의에 입각하면서도 금고형을 배제하고 징역형과 사형만을 규정하여 반란죄보다 엄한 책임을 묻는 것이다.

이적의 죄는 적의 존재를 전제로 한다. 다만, 적의 존재란 행위의 동기가 적을 의식하고 이루어졌음을 의미한다. 여기서 '적'이라 함은 군형법상 적의 개념 중 가장 광의의 개념으로서, 전쟁의 교전국·적군대·적군인은 물론 교전단체나 반도단체 등 사실상 전쟁의 상대방을 모두 포함하는 것이다.

군형법은 이적의 목적('적을 위하여')을 모든 이적죄의 구성요건으로는 하고 있지는 않는데, 이것은 구성요건상의 행위가 이적의 목적을 포괄하고 있거나 그러한 목적이 죄질에 영향이 없는 경우에 구태여 구성요건의 내용으로 할 필요가 없기 때문이다.[1]

---

1) 이적죄를 이적의 목적 여부에 따라 분류하면 다음과 같다.
   ① 이적의 목적을 요하는 이적죄
      군용시설 등 파괴죄(제12조), 간첩죄(제13조 제 1 항 및 제 3 항), 적향도죄(제14조 제 1 호), 도로 등 파괴죄(제14조 제 4 호), 암호 등 사용죄(제14조 제 5 호), 부대 등 해산죄(제14조 제 6 호) 등.
   ② 이적의 목적을 요하지 않는 이적죄
      군대 및 군용시설제공죄(제11조), 군사상 기밀누설죄(제13조 제 2 항 및 제 3 항), 항복강요죄(제14조

이적의 죄도 반란죄와 마찬가지로 미수는 물론 예비·음모, 선동·선전을 처벌하고 있으며(제15조, 제16조), 동맹국에 대한 행위도 처벌하고 있다(제17조).

제 2 절 범죄유형

Ⅰ. 군대 및 군용시설 제공죄

> 제11조 ① 군대, 요새, 진영 또는 군용에 공하는 함선이나 항공기 기타 장소, 설비 또는 건조물을 적에게 제공한 사람은 사형에 처한다.

1. 주   체

본죄의 주체는 군인이나 준군인이며, 민간인이 본죄를 범한 경우에는 형법 제95조의 시설제공이적죄로 처벌된다.

2. 객   체

1) 군   대   군의 인적 시설로서 지휘자를 갖는 군인의 집단을 말하며, 일정한 조직을 갖출 것을 요하므로 전투원만을 제공한 경우에는 여기에 해당되지 않는다.

2) 요   새   국방상·전략상 중요 지점에 방비와 작전상의 근거지로 사용하기 위한 임시적인 시설로서 방비책이 아닌 영구적인 제반 방어시설로 구축된 전략적 요지이다.

3) 진   영   본래 전투부대에 의하여 공격·방어를 위하여 점령된 지역 및 영조물로서 일시적인 시설을 말한다.

4) 군용에 공하는 함선이나 항공기 기타 장소, 설비 또는 건조물   군용에 공한다 함은 현실적으로 군용으로 제공되거나 사용되고 있는 물건으로서, 그 근거가 법에 의하든 (군수품관리법·징발법 등) 위법으로 군의 점유 하에 있든지를 불문한다. 여기서 군용에 공하는 기타 장소, 설비, 건조물이란 군사기지, 군항, 군공장, 통신설비 등 일체의 군용부동산을 의미한다.

3. 행   위

적에게 제공하는 것이다. '제공'이란 현실적으로 적의 사실상의 지배나 점유가 가능한

제 2 호), 적은닉죄(제14조 제 3 호), 비군용 병기 등 제공죄(제14조 제 7 호) 등.
③ 보충적 이적죄
　위에서 언급한 것 이외에 대한민국의 군사상 이익을 해하거나 적에게 군사상 이익을 제공하는 범죄.

상태에 두는 것으로 제공의 의사표시만을 한 경우에는 미수에 불과하다. 제공의 원인은 증여·매매 어느 것이든 불문한다.

다만, 군대제공의 경우에는 병원(兵員)의 집단이 이적의 목적으로 적의 지배 하에 들어가더라도 군인의 행위는 제공이 아니므로 본죄는 성립하지 않고, 적진도주죄(제33조)나 여적죄(형법 제93조)만이 성립한다.

4. 처 벌

본죄를 범한 자는 사형에 처하며, 예비·음모 및 선동·선전을 한 자도 처벌되고(제16조), 미수범도 처벌한다(제15조). 또한 동맹국에 대해서 본죄를 범한 경우에도 본조가 적용됨은 전술한 바와 같다(제17조).

Ⅱ. 군용물제공죄

> 제11조 ② 병기, 탄약 또는 그 밖에 군용에 공하는 물건을 적에게 제공한 사람도 제 1 항의 형에 처한다.

본죄는 전술한 군대 및 군용시설 제공죄와 동일한 유형의 범죄이나 그 객체가 다르다. 즉 본죄의 객체는 병기, 탄약 또는 그 밖에 군용에 공하는 물건이며, 제11조 제 1 항과의 관련상 동산에 한한다.

다만, 여기서 문제되는 것은 군용에 공하지 않는 병기나 탄약도 포함되는가 하는 것인데, 군용에 공하지 않는 병기나 탄약의 제공은 별도로 제14조 제 7 호에 의하여 처벌되므로 군용에 공하는 병기나 탄약에 국한된다고 보아야 한다. 또한 군용에 공하지도 않고 전투용에도 공할 수 없는 병기·탄약 이외의 물건제공은 보충적 이적죄(제14조 제 8 호)에 해당할 것이다.

본죄를 범한 자는 사형에 처하며, 본죄를 위하여 예비·음모 및 선동·선전을 한 경우에도 처벌되고(제16조), 미수범도 처벌된다(제15조). 또한 동맹국에 대하여 본죄를 범한 경우에도 동일하게 처벌된다(제17조).

Ⅲ. 군용시설 등 파괴죄

> 제12조 적을 위하여 제11조에 규정된 군용시설 또는 그 밖의 물건을 파괴하거나 사용할 수 없게 한 사람은 사형에 처한다.

본죄는 형법 제96조의 시설파괴이적죄에 대한 특별법으로서 이적의 목적을 필요로 한다. 따라서 이적의 목적이 없는 경우에는 군용물에 관한 죄(제66조 내지 제71조)만이 성립한다. 이러한 의미에서 본죄를 상대적 이적행위라고도 한다.

본죄의 객체는 제11조에 규정된 군용시설 및 군용물이므로 요새·진영과 같은 부동산 및 병기·탄약과 같은 동산을 포함하는 것이다.

본죄의 행위는 파괴 및 사용할 수 없게 하는 것이다. 파괴는 유형적·물질적으로 물건의 효용의 전부 또는 일부를 상실케 하는 것으로 손괴를 포함하며, 소훼·파기·침수 등을 의미한다. 파괴의 정도는 물건의 기능·용도의 중요 부분에 이르러야 하며, 일시적이든 영속적이든 불문한다.

한편 사용할 수 없게 한다는 것은 물건의 외형상 변동 없이 물건의 기능·용도에 지장을 주는 행위로서, 파괴에 의하지 않는 한 그 방법을 불문한다.

다만, 행위의 대상은 물건 자체이어야 하므로 함선의 조종사를 살해하는 행위는 이적의 목적이 있더라도 보충적 이적죄(제14조 제 8 호)나 교통방해죄(제14조 제 4 호)가 성립할 뿐이다. 사용불능케 하는 전형적인 경우로는 병기에 이물질을 넣는 행위 등이 있다.

본죄의 처벌, 예비·음모, 선동·선전, 미수범, 동맹국에 대한 행위 등은 앞에서 언급한 두 범죄와 동일하다.

Ⅳ. 간 첩 죄

제13조 ① 적을 위하여 간첩행위를 한 사람은 사형에 처하고, 적의 간첩을 방조한 사람은 사형 또는 무기징역에 처한다.
② 군사상의 기밀을 적에게 누설한 사람도 제 1 항의 형에 처한다.
③ 다음 각 호의 어느 하나에 해당하는 지역 또는 기관에서 제 1 항 및 제 2 항의 죄를 범한 사람도 제 1 항의 형에 처한다.
  1. 부대·기지·군항지역 또는 그 밖에 군사시설 보호를 위한 법령에 의하여 고시 또는 공고된 지역
  2. 부대이동지역·부대훈련지역·대간첩작전지역 또는 그 밖에 군이 특수작전을 수행하는 지역
  3. 방위사업법에 따라 지정되거나 위촉된 방위산업체와 연구기관

---

1. 총   설

군형법은 간첩행위의 유형으로서 협의의 간첩죄(제13조 제 1 항 전단), 간첩방조죄(제13조 제 1 항 후단), 군사상 기밀누설죄(제13조 제 2 항), 군사간첩죄(제13조 제 3 항)를 규정하고 있다.

본죄는 제11조와 제12조의 이적죄가 유형적으로 대한민국의 군사상 이익을 해함으로

써 이적행위를 하는 것임에 반해, 무형적으로 적에게 군사상 이익을 제공함으로써 대한민국의 군사상 이익을 해하는 것이다.

　　형법도 간첩죄에 관하여 협의의 간첩죄와 간첩방조죄, 군사상 기밀누설죄를 처벌하고 있는데, 특히 민간인이 군사상 기밀을 누설한 경우에는 군형법 제 1 조 제 4 항 제 1 호에 따라 형법의 적용이 배제되고 군형법이 적용된다(형법 제98조 제 2 항 및 군형법 제13조 제 2 항 참조). 간첩에 관한 죄의 예비 · 음모, 선동 · 선전 및 미수범은 처벌되며(제15조, 제16조), 동맹국에 대한 행위에도 적용된다(제17조).

2. 협의의 간첩죄(제13조 제 1 항 전단)

　　적을 위하여 간첩행위를 하는 것이며, 민간인이 본죄의 행위를 한 경우에는 형법 제98조 제 1 항에 따라 처벌된다.

　　여기서 적을 위한다는 이적의 목적을 요건으로 하고 있으나, 간첩행위 자체가 적을 위하여 통보할 의사를 필요로 하고 있으므로 주의적 규정에 불과하다.

　　한편 간첩행위란 적국을 위하여 국가기밀을 몰래 탐지하거나 수집하는 행위를 말한다. 적국을 위한 것이어야 하므로 적국과의 의사의 연락이 있어야 하므로 편면적 간첩이란 있을 수 없으며, 적의 지령 · 사주 기타 의사연락 하에 행해져야 한다.[2] 또한 국가기밀이란 대한민국의 안전을 지키기 위해 적국에 대해 비밀로 해야 할 사항으로서 제한된 범위의 사람만이 취급할 수 있는 것을 의미한다. 비록 국가기밀이 되기 위해서 법적 또는 형식적으로 기밀로 분류되어 있을 필요는 없으며, 그 실질내용에 비추어 대한민국의 안전을 위하여 비밀로 지킬 필요성이 있는 것이 국가기밀이다. 문제는 공지의 사실이 국가기밀이 될 수 있느냐의 여부인데, 종래 판례는 북한 등 적국에서 공지의 사실이 아닌 한 비록 국내에서 공지의 사실인 경우에도 국가기밀에 해당한다고 하였다. 그러나 현재는 판례[3]와 학설 모두 국내에서 적법한 절차에 의하여 일반인에게 널리 알려진 공지의 사실은 국가기밀이 될 수 없다고 한다. 단, 국가기밀은 군사상 기밀에 한하지 않고, 적에게 알림으로써 국가에 해가 되는 모든 정치 · 경제 · 사회 · 문화 각 방면의 기밀을 포함하는 것이다.[4] 한편 여기서 수집

---

2) 판례도 "… 간첩이라 함은 동조 제 2 항의 규정과 대조 · 고찰할 때 적국을 위하여 적국의 지령 · 사주 기타 의사의 연로 하에 … 탐지 · 수집하는 것을 의미한다"고 하여 의사연락을 요건으로 하고 있으며(대법원 1959.5.18. 선고 4292형상34 판결), 국가보안법 제 4 조는 '반국가단체의 구성원 또는 그 지령을 받은 자'가 간첩행위를 한 경우에 한하여 간첩죄의 성립을 인정한다.

3) 대법원 1997. 7. 16. 선고 97도985 전원합의체 판결.

4) 판례도 "정치 · 경제 · 사회 및 문화 등 각 방면에 대하여 적에게 알려서는 우리나라에 불이익을 초래할 중요 국가기밀의 수집을 포함하여 해석하여야 하고 …"라 하여 군사상 기밀을 넓게 해석하고 있으며(대법원 1963.4.25. 선고 63도78 판결. 동지의 판례: 대법원 1968.12.24. 선고 68도1409; 대법원 1959.6. 30. 선고 4292형상100 판결 등이 있다), 나아가서는 우리나라의 정치 · 경제 · 사회 등 전반에 걸친 민심 동향을 파악 · 수집하는 것도 국가기밀의 수집에 해당된다고 한다(대법원 1969.2.25. 선고 68도825 판결).

의 방법은 불문하나, 본죄의 간첩이란 말의 의미상 은밀하게 또는 허위의 구실 하에 행해져야 한다.

간첩행위의 착수시기는 국가기밀을 탐지·수집하는 행위에 착수하는 때이다. 따라서 아군소속 군인의 간첩행위의 착수시기 역시 적에게 통보할 의사로써 국가기밀을 탐지 또는 수집하는 때부터이다.[5] 한편 판례는 일반형법상의 간첩죄는 간첩의 목적으로 국내에 잠입 또는 입국하였을 때 실행의 착수가 있었다고 판시하고 있다.[6] 이러한 실행의 착수에 이르지 못한 때에는 간첩예비죄를 구성하여 3년 이상의 유기징역에 처한다. 한편 간첩죄는 국가기밀을 탐지·수집함으로써 기수가 된다. 남파된 간첩이 거점을 구축하거나 포섭·접선 등을 하는 데 그친 경우에는 기수가 되지 않는다.[7] 한편 간첩으로서 군사기밀을 탐지·수집하면 그로써 간첩행위는 기수가 되고, 그 수집한 자료가 지령자에게 도달함으로써 기수가 되는 것은 아니다.[8]

3. 간첩방조죄(제13조 제 1 항 후단)

본죄는 적의 간첩행위를 방조하는 것으로서, 이는 간첩행위를 유형·무형으로 원조하는 행위에 대하여 형법상 종범과는 달리 특별히 취급하는 것이다. 적의 간첩행위를 방조하는 것이므로 적이 아닌 자의 간첩행위를 방조하는 것은 여기에 포함되지 않는다.

방조는 간첩, 즉 국가기밀의 탐지 또는 수집 행위를 물질적으로나 정신적으로 돕는 행위로서, 그 내용은 형법 총칙의 종범에 관한 것과 동일하다.[9]

그런데 간첩방조의 행위가 군사상의 기밀을 누설하거나 간첩을 은닉·비호하는 형태로서 행해지는 경우, 어떠한 범죄를 구성하는가 하는 문제가 있다. 사견으로는 양자를 법조경합 중 택일관계로 보아 군사상 기밀누설죄나 적은닉비호죄로 처단함이 타당하리라 생각한다.

---

5) 이와 상이한 판례로 "정보자료의 탐지·수집을 하라는 지령을 받고 또 보고용 무인포스트를 설정한 사실만 가지고는 간첩죄의 실행의 착수가 있었다고 볼 수 없다"고 한 판결이 있다(대법원 1974.2.3. 선고 74도2662 판결).

6) "간첩의 목적으로 북한에서 휴전선을 월경하는 경우에는 그 월경과 동시에 예비단계를 지나 이미 간첩행위에 착수한 것으로 보는 것이 본원의 판결이다"(대법원 1964.10.27. 선고 64도473 판결). 동지의 판례로는 대법원 1963.11.7. 선고 63도125 판결; 대법원 1958.9.26. 선고 4292형상351 판결 등 매우 많다.

7) 대법원 1961.3.31. 선고 61형상61 판결; 대법원 1961.5.12. 선고 61형상115 판결; 대법원 1968.7.30. 선고 68도754 판결.

8) 대법원 1963.12.12. 선고 63도312 판결.

9) 본죄가 민간인에게 적용되게 된 것은 1981년 4월 17일 5차 개정을 통해서인데, 사견으로는 적절하지 못한 개정이라고 생각한다. 왜냐하면 형법이 이미 범죄로 하고 있는 행위유형을 군법에 의해서 형벌만 가중하는 결과가 되기 때문이다. 특히 군형법 제13조 제 3 항은 형법의 적용이 없는 사항에 대하여 민간인을 규율하기 위한 것인 데 반하여, 본조는 형법이 명문으로 처벌규정을 두고 있는 범죄유형을 군형법의 규정을 통하여 형만 가중한 것이므로 넓게는 죄형법정주의의 이상에도 부합하지 않는 것이며, 현행 형법 제98조 제 2 항을 사문화시키는 결과를 가져오므로 개악의 의심이 있다.

4. 군사상 기밀누설죄(제13조 제 2 항)

전 항의 간첩죄가 이적의 목적으로써 군사기밀을 수집하는 행위인 데 반하여, 본죄는 자기가 알고 있는 군사상 기밀이나 간첩의 목적 없이 수집한 군사상 기밀을 적에게 누설하는 행위이다. 한편 본죄는 제80조의 군사기밀누설죄와는 달리 내부적으로 이적의 목적이 수반되며, 적에 대한 누설만을 대상으로 한다.

(1) 주 체

본죄의 주체는 직무에 관하여 군사상 기밀을 지득한 자이며,[10] 민간인의 경우에도 적용된다(제 1 조 제 4 항 제 1 호). 즉 본죄는 직무에 관하여 군사상의 기밀을 지득한 자가 그 기밀을 누설함으로써 성립하는 신분범이다. 따라서 직무와 관련 없이 지득한 군사상 기밀을 누설한 경우에는 비록 적에게 누설한 것이라도 민간인의 경우에는 형법 제99조의 일반이적죄가, 군인·준군인의 경우에는 군형법 제14조 제 8 호의 보충적 이적죄가 성립한다.

(2) 객 체

본죄의 객체는 직무와 관련하여 취득한 군사상 기밀이다. 여기서 군사상 기밀이란 군정과 군령에 관한 기밀을 포괄하는 것으로서 군사기밀보호법 등 법령에 의하여 기밀사항으로 규정되었거나 기밀로 분류·명시된 사항에 한하지 아니하고, 군사상의 필요에 따라 기밀로 된 사항은 물론 객관적·일반적 입장에서 외부에 알려지지 않는 것에 상당한 이익이 있는 것으로 판단되는 사항도 포함된다.[11] 이와 관련하여 헌법재판소는 "군사상의 기밀이 비공지의 사실로서 적법절차에 따라 군사기밀로서의 표지를 갖추고, 그 누설이 국가의 안전보장에 명백한 위험을 초래한다고 볼 만큼의 실질가치를 지닌 것으로 인정되는 경우에 한하여 군사기밀의 범위가 인정된다"고 판시하였다.[12]

군사상 기밀을 너무 광범위하게 보는 경우에는 형법의 기본목적인 보장적 기능이 무색해질 우려가 있으며, 또한 본조가 국내외 민간인에게 적용된다는 점을 감안한다면 그 범위를 한정함이 타당하다고 생각한다. 군사상 기밀의 내용은 전부 진실임을 요하지 않으며, 진실을 암시하거나 일부만이 진실이면 족하다.

(3) 행 위

본죄의 행위는 적에게 누설하는 것이다. 누설은 적에게 고지하는 것으로서 적이 요지할 것을 인식하고 고지하는 것이므로, 기밀문건을 적에게 방기한 경우에는 제35조 제 4 항의 군무태만죄가 성립함에 그칠 것이다. 사실상 적이 요지(了知)하였는가는 범죄의 성립에 영향을

---

10) 대법원 1959. 7. 10. 선고 4292형상197 판결.
11) 대법원 1990. 8. 28. 선고 90도230 판결.
12) 헌법재판소 1992. 2. 25. 선고 89헌가104 결정.

미치지 않으며 요지가능한 상태에 있음으로써 족하다. 다만, 간첩행위로 지득한 군사상 기밀을 적에게 통보한 경우에 본죄는 간첩죄에 흡수되어 소위 불가벌적 사후행위가 된다.[13]

고지는 적에 대하여 하여야 하며, 적 이외의 자에 대한 누설은 군사기밀누설죄(제80조)를 구성한다.

(4) 처 벌

본죄를 범한 경우에는 간첩죄와 마찬가지로 사형에 처한다. 다만 법문상으로는 "제1항의 형에 처한다"라고 함으로써 군사기밀누설죄만 간첩죄와 동일한 형으로 처벌하는지, 군사기밀누설죄의 방조까지 간첩방조죄와 동일한 형으로 처벌하는지 불분명하지만,[14] 방조행위에 대한 특별규정이 없는 한 군사기밀누설에 방조행위를 포함한다고 확장해석할 수 없으므로, 군사기밀누설에 대한 방조는 형법 총칙의 종범의 처벌례(형법 제32조)에 따라 정범보다 형을 감경해야 할 것이다. 따라서 제13조 제1항의 규정 중 간첩죄에 관한 형만이 군사기밀누설죄에 적용된다.

5. 군사간첩죄

본죄는 일정한 지역에서 간첩행위, 간첩방조, 군사상의 기밀누설을 한 자에 대하여 처벌하기 위한 규정이다. 군인·준군인의 경우 제13조 제1항 혹은 제2항의 행위를 한 경우, 지역을 불문하고 모두 제13조 제1항의 형이 적용되므로 이 규정은 특별한 의미를 지니지 못한다. 한편 민간인이 제13조 제2항의 행위를 한 경우에는 그 행위를 한 지역을 불문하고 제13조 제2항에 따라 처벌되며, 그 형은 제13조 제1항의 형에 따른다. 따라서 본 규정이 의미를 가지는 것은 민간인이 위 지역 내에서 간첩행위를 하거나 간첩을 방조하는 것을 처벌하기 위하여 둔 규정이다.[15]

입법론으로는 "민간인이 다음 각 호의 어느 하나에 해당하는 지역 또는 기관에서 적을 위하여 간첩행위를 하거나 적의 간첩을 방조한 경우 제1항의 형에 처한다"라고 규정함이 타당할 것이다.

---

13) "형법 제98조 제1항의 간첩죄를 범한 자가 그 탐지수집한 기밀을 누설한 경우 또는 국가보안법 제3조 제1항(현행법 제4조 제2호)의 국가기밀을 탐지수집한 자가 그 탐지수집한 기밀을 누설한 경우 등에는 포괄하여 일죄를 범한 것으로 보아야 하고, 간첩죄와 국가기밀누설죄 또는 국가기밀 탐지수집죄와 국가기밀누설죄 등 두 가지 죄를 범한 것으로 인정할 수 없다"고 하고 있으며(대법원 1974.7.26. 선고 74도1477 판결), 따라서 이 경우에 군사기밀누설죄는 절도범이 절취물건을 처분하는 행위와 마찬가지로 간첩죄의 불가벌적 사후행위라 할 것이다.

14) 이러한 문제는 본조가 형법 제98조 제2항의 규정형식을 그대로 답습한 데서 비롯한 것이다. 그러나 형법은 간첩행위와 그 방조를 단일한 형으로 처벌하고 있으므로 문제가 없다.

15) 군사간첩이란 용어도 법문상에는 나타나 있지 않고, 다만 구 헌법 제24조 제2항에서 민간인이 군사법원에서 판결을 받는 경우로서, 군사에 관한 간첩이라는 표현을 쓴 데서 비롯된 것이라고 생각된다. 이 점은 바로 군사간첩죄를 민간인에게 적용하기 위한 규정이라는 점을 반증하고 있다고 생각한다.

Ⅴ. 일반이적죄

> 제14조 제11조부터 제13조까지의 행위 외에 다음 각 호의 어느 하나에 해당하는 행위를
> 한 사람은 사형, 무기 또는 5년 이상의 징역에 처한다.

군형법은 위에서 설명한 간첩 및 간첩방조죄, 군사상 기밀누설죄, 군사간첩죄 이외에
도 몇 가지 유형의 이적행위와 보충적 이적죄에 대하여 규정하고 있다. 그 내용을 보면 적
향도죄·교통방해죄·암호 등 사용죄·부대 등 해산죄 등과 같은 상대적 이적행위와 지휘
관에 대한 항복강요죄·적은닉비호죄·비군용물제공죄 등과 같은 절대적 이적행위가 있
고, 이상의 어떠한 범죄유형에도 속하지 않으면서 아국의 군사적 이익을 해하거나 적에게
군사적 이익을 주는 보충적 이적죄도 있다.

일반이적죄의 미수, 예비·음모, 선동·선전한 자는 처벌되며(제15조, 제16조), 동맹국
에 대한 행위도 처벌된다(제17조).

이하 각 죄에 대하여 알아보기로 한다.

1. 적향도죄

> 제14조 1. 적을 위하여 진로를 인도하거나 지리를 알려 준 사람

본죄는 적의 행동을 용이하게 한 행위를 처벌하는 것이다. 진로를 인도한다 함은 적을 안
내하며 선도자로서 행동하는 것이며, 지리를 알려 준다 함은 해·육·공역의 지형, 수로, 수
심, 지세 등에 대한 정보를 제공하는 것을 말한다. 또한 본죄는 적을 위하여 하는 경우에 국한
되며, 여기서 적은 적의 군대, 개별 적군, 아군에 대항하는 적성민간인을 모두 포함한다.

다만, 처벌과 관련하여 민간인이 본죄의 행위를 한 경우에는 본조가 적용되지 않으므
로 형법 제99조의 일반이적죄(군형법상의 보충적 이적죄와 동일한 규정이다)에 의하여 처벌된다.

2. 지휘관에 대한 항복강요죄

> 제14조 2. 적에게 항복하게 하기 위하여 지휘관에게 이를 강요한 사람

본죄의 주체에는 제한이 없다. 일견하기에는 본죄의 대상이 지휘관이므로 본죄의 주
체도 그 부하에 한할 것 같으나, 경우에 따라서는 지휘관의 상관이나 상급지휘관도 본죄의
주체가 될 수 있다.

여기서 항복이라 함은 전투의사를 포기하고 부하와 함께 굴복하여 적의 지배권 하에

들어가는 것을 말하며, 그 방법은 부대·선박·항공기 등의 인도에 의하든지, 방임
(abandon)·도피(escape)에 의하든지 불문한다(이에 대해서는 제22조 지휘관의 항복죄에서 상술하
기로 한다).

강요라 함은 폭행·협박 기타의 위력으로 타인으로 하여금 외포심을 일으켜 자신의
의사를 추종케 하는 행위를 말하나, 본조에서는 좀더 좁은 의미로 해석되어야 한다.[16] 즉
여기서 강요라 함은 저항할 수 없는 폭력이나 자신의 생명·신체에 대한 위해를 방어할 방
법이 없는 협박을 의미한다(형법 제12조 '강요된 행위' 참조). 다만, 이러한 강요행위가 작당에
의하여 이루어진 경우에는 본죄는 반란죄에 흡수될 것이다.

본죄는 일종의 거동범으로서 강요행위에 의하여 지휘관이 사실상 항복을 했는가는 본
죄의 기수 여부와 무관하다. 다만, 항복한 지휘관에 대해서 제22조의 항복죄로 처벌할 것
인가 하는 문제가 있는데, 이것은 총론에서 언급한 기대가능성의 문제와 직결된다.[17]

3. 적은닉비호죄

> 제14조 3. 적을 은닉하거나 비호한 사람

본죄는 적을 은닉·비호함으로써 적의 전투력을 보존·발휘하는 것을 용이하게 하는
행위를 처벌하려는 것이다.

그런데 미 통일군사법전은 제104조 제2항에서 본죄의 성립요건으로 '정당한 사유 없
이'(without proper authority)라는 제한을 두고 있는데, 이것은 적의 상병자 등을 치료·간호
하는 것을 의미한다고 본다. 우리 군형법에서도 이러한 해석이 가능할 것이다. 전쟁희생자
의 보호에 관한 1949년 제네바 제I협약 제18조는 "여하한 자도 부상자 또는 병자를 간호
하였다는 이유로 박해 또는 유죄선고를 받을 수 없다"고 규정하였고, 대한민국은 1966년
이 협약에 가입하였기 때문이다.

본죄의 행위로서 은닉이라 함은 관헌으로부터 체포를 면하게 할 목적으로 숨겨 주는
것을 말하는데, 본죄의 경우에는 그러한 목적보다 적을 보호하여 적군에 이익이 되게 하는
목적일 것이다.[18] 또 비호는 적에 대한 보호행위로서 일체의 물리적·정신적 원조행위를

---

16) 왜냐하면 그러한 단순한 폭행이나 협박을 받은 지휘관이 업무수행을 포기한다는 것은 지휘관의 권한이
나 임무에 비추어 볼 때 도저히 용납될 수 없기 때문이다. 따라서 그러한 경우에 지휘관은 반란죄·항복
죄·직무유기죄 혹은 솔대도피죄 등으로 처벌되어야 한다.
17) 사견으로 이러한 경우에는 지휘관이 강요를 받은 상황과 그 직책에 따르는 권한이나 임무를 종합적으
로 고려한다면, 기대가능성이 저감되는 데 그친다고 할 것이다. 따라서 직무유기죄나 군무이탈죄 등이
성립할 수 있다고 본다.
18) 판례는 은닉이나 비호를 "적이 현존함에도 불구하고 그 사실을 부인하든가, 적의 존재를 알면서 그 통
보요구를 거부하는 등 구체적 사실로" 행해진 경우에 국한시키고 있다(대법원 1954.12.30. 선고 4287형
상130 판결).

말하며, 은닉도 비호의 일종이나 다만 간첩이라는 정을 알면서 은닉·비호하는 경우에는 본죄와 간첩방조죄가 상상적 경합관계에 서게 되어 간첩방조죄로 처벌될 것이다. 물론 그 경우에 방조의 의사가 없으면 본죄만이 성립할 것이다.[19]

4. 교통방해죄

> 제14조 4. 적을 위하여 통로, 교량, 등대, 표지 또는 그 밖의 교통시설을 손괴하거나 불통하게 하거나 그 밖의 방법으로 부대 또는 군용에 공하는 함선, 항공기 또는 차량의 왕래를 방해한 사람

본죄는 형법상 교통방해죄(형법 제185조 내지 제187조)의 특별죄이다. 이적의 목적을 가지고 교통시설을 손괴 또는 불통하게 하거나, 교통기관의 왕래를 방해하여 적에게 군사상 이익을 주는 경우에 처벌된다. 이적의 목적이 없는 경우에는 일반형법의 규정에 따라 교통방해죄로 처벌되나, 그 객체가 군용물인 경우에는 군용물에 대한 죄가 성립하게 된다.

본죄의 객체는 교통시설이나 군용교통기관이며, 본조에서 규정한 이외의 교통시설로는 궤도·활주로 등을 들 수 있다. 다만, 군용교통기관의 경우는 본조가 대상으로 하고 있는 것이 그 왕래에 대한 방해이므로, 왕래에 대한 방해 없이 차량·함선·항공기에 손괴를 가한 경우에는 제12조의 군용시설 등 손괴죄에 해당하게 된다.

본죄의 행위는 손괴·불통하게 하는 것, 왕래방해 등인데, 여기서 손괴는 파괴에 이르지 않는 범위 내에서 물체에 유형적 변화를 가져옴으로써 그 효용을 잃게 하거나 적게 하는 것을 말하며, 불통하게 한다는 것은 장애물을 사용하여 원래의 기능을 발휘하지 못하게 하는 것을 말한다.

그러나 손괴·불통뿐만 아니라 왕래를 방해하는 행위(예컨대 통행금지표시판을 설치해 놓은 것)면 그 방법을 불문한다. 또한 그러한 교통방해로 인하여 현실적으로 교통이 방해되었는가 여부는 본죄의 성립에 영향을 미치지 아니한다. 다만, 민간인이 이적의 목적으로 교통시설을 파괴한 경우에는 국가보안법 제4조 제1항 제4호에 의해 사형, 무기 또는 5년 이상의 징역에 처한다.

---

19) 대법원 1967.1.31. 선고 66도1661 판결: "북괴간첩에게 숙식을 제공하였다고 하여서 반드시 간첩방조죄가 성립된다고는 할 수 없고, 행위자에게 간첩의 활동을 방조할 의사와 숙식제공으로써 간첩활동을 용이하게 한 사실이 인정되어야 한다." 동지: 대법원 1986.2.25. 선고 85도2533 판결.

5. 암호 등 사용죄

제14조 5. 적을 위하여 암호 또는 신호를 사용하거나 명령, 통보 또는 보고의 내용을 고쳐
서 전달하거나 전달을 게을리하거나 거짓 명령, 통보나 보고를 한 사람

본죄는 군에서 사용되는 연락방식과 명령 등의 전달과정을 보호하기 위한 것으로서
제38조의 허위의 명령·통보·보고죄, 제39조의 명령 등의 허위전달죄, 제81조의 암호부
정사용죄 등에 대한 특별죄로서, 본죄의 행위가 그 주관적 구성요건인 이적의 목적이 없는
경우에는 개별적인 경우에 따라 그러한 일반죄만이 성립하게 된다.

본죄의 행위유형으로는 다음과 같은 세 가지가 있다.

(1) 적을 위하여 암호 또는 신호를 사용하는 경우

암호란 일정한 범위 내에서만 통하는 비밀 신호나 부호이며, 신호란 의식내용을 전달
하기 위한 일정한 부호나 거동을 말한다. 즉 암호와 신호는 본질적으로 동일하나 표현방법
의 차이가 있다.

본죄는 아군의 암호나 신호 자체를 보호의 객체로 하는 것이 아니고 암호나 신호를 사
용한 적과의 연락행위를 범죄의 내용으로 하고 있기 때문에 제81조에서 말하는 암호와는
구별하여야 한다. 따라서 본조의 암호나 신호는 군에서 사용하는 것뿐만 아니라, 널리 적
과 의사나 인식내용을 연락할 수 있는 일체의 표현수단을 의미한다고 보아야 한다.

본죄는 암호나 신호를 이적의 목적으로 부정사용하는 것 자체를 처벌하려는 것이므
로, 적에게 이를 사용함으로써 암호나 신호라는 군사기밀을 누설한 경우에는 전술한 군사
기밀누설죄만이 성립한다고 본다. 또한 암호나 신호를 사용하여 아군의 군사상 기밀을 누
설한 경우에도 암호 등의 사용은 누설의 한 형태에 불과하므로 군사상 기밀누설죄만이 성
립될 것이다.

(2) 적을 위하여 명령·통보·보고의 내용을 고쳐서 전달하거나 전달을 게을리한
경우

적을 위하여 명령·통보·보고의 내용을 고쳐서 전달하는 것에는 그 내용을 일부 변
경하여 전달하는 것도 포함되며, 게을리한다고 함은 정당한 사유 없이 전달을 지체하거나
방기하는 것 혹은 수령권자가 아닌 자에게 전달하는 것을 포함한다. 어느 경우에나 진실한
명령·통보·보고를 전제로 하며, 본죄의 주체도 전달의무를 가진 자에 국한된다.

여기서 명령·통보·보고는 일정한 사항의 전달이라는 점에서 동일하나, 그 전달대상
이 상관인가, 동급자인가, 아니면 하급자인가에 따라서 구별된다.

내용을 고쳐서 전달하는 경우에는 내용을 고치는 순간에 실행의 착수가 있으며, 전달

되는 경우, 즉 수령자에게 도달한 때 기수에 이른다.

(3) 적을 위하여 거짓 명령·통보·보고를 하는 경우

위의 유형의 주체가 명령·통보·보고의 전달자임에 비해, 본죄의 주체는 명령권자나 통보·보고의무자이다. 물론 명령권자라 할지라도 상급명령권자의 명령을 전달하는 경우에는 위 유형에 해당된다. 그러한 지위에 없는 자가 이적의 목적으로 본죄의 행위를 한 경우에는 제14조 제 8 호의 보충적 이적죄가 성립한다.

허위의 전달은 진실에 반한 것이라고 할 수 있는데, 그 진실은 주관적 진실이라고 할 수 있다. 왜냐하면 본죄의 고의로서 허위의 명령 등을 한다는 인식을 요하므로, 비록 그것이 객관적으로 진실이라 하더라도 주관적 진실에 반하는 경우에는 본죄의 고의가 인정되어 범죄는 성립하기 때문이다.

6. 부대 등 해산죄

> 제14조 6. 적을 위하여 부대, 함대, 편대 또는 대원을 해산시키거나 혼란을 일으키게 하거나 그 연락이나 집합을 방해한 사람

본죄는 아군의 조직적 활동을 저지·방해함으로써 적에게 군사적 이익을 주는 행위유형을 처벌하기 위한 규정으로서, 이적의 목적 없이 본죄의 행위를 한 경우에는 후술하는 보충적 이적죄에 해당된다.

본죄의 객체는 부대, 함대, 편대 및 그 대원이다. 그런데 여기서 함대와 편대가 각각 해군과 공군의 부대구성단위라는 점에 비추어 볼 때, 부대는 육상부대에 한정된다고 할 것이다. 한편 대원이란 부대·함대·편대의 인적 구성원 각자를 의미한다.

본죄의 행위태양으로서는 다음 세 가지가 있다.

(1) 부대·함대·편대 또는 대원을 해산시키는 경우

부대·함대·편대의 종합질서를 파괴하여 분산시키는 것이며, 현실적인 해산을 필요로 한다. 그런데 허위명령에 의해 부대 등을 해산시킨 경우에 전 호의 암호 등 사용죄가 별도로 성립하겠는가 하는 문제가 있는데, 허위명령은 이 경우에 해산시키기 위한 수단에 불과하므로 본죄만이 성립할 것이라고 본다.

(2) 부대 등을 혼란시키는 경우

부대의 질서를 파괴하여 부대의 종합상태에 위험성을 초래케 하는 것으로 그 방법은 물리적이건 정신적이건 불문한다. 다만, 명령·통보 등의 내용을 고쳐서 전달하여 본죄를 범한 경우에도 위와 마찬가지로 본죄만이 성립한다 할 것이다.

(3) 부대 등의 연락·집합을 방해하는 경우

이는 분산되어 있는 부대의 교신을 방해하거나 집결에 장애를 가져오는 것으로 그 방법은 불문한다. 해산·혼란야기행위는 집결을 전제로 한 것이다. 다만, 모두 부대의 임무수행을 방해한다는 점에서 동일하다. 따라서 부대를 해산시킨 후에 재집결하려는 부대를 방해하는 경우, 범의의 단일성이 있는 경우에는 포괄하여 일죄만이 성립한다고 봄이 타당하다.

7. 군용물건제공죄

> 제14조 7. 군용에 공하지 아니하는 병기, 탄약 또는 전투용에 공할 수 있는 물건을 적에게 제공한 사람

본죄는 현실적으로 군용에 공하고 있지 않지만, 군용에 공할 수 있는 전투용으로 가능한 물건을 그 객체로 하고 있다. 즉 본조에서 병기나 탄약을 규정하고 있는 것은 전투에 사용할 수 있는 물건을 구체적으로 예시한 데 불과하다.

특히 본조의 목적이 현실적으로 군용에 공하고 있지 않은 물건을 모두 보호대상으로 하려는 것이 아니라, 그 중에서 특히 이적의 가능성이 있는 전투용에 공할 수 있는 물건만을 대상으로 하고 있다는 점을 감안한다면, 본조의 객체는 전투용으로 공할 수 있는 물건에 한한다 할 것이다. 물론 그 물건이 직접 전투에 사용될 수 있는 것이어야 할 필요는 없으며, 간접적으로 사용할 수 있는 것이면 족하다.

본죄의 행위는 전투용으로 공할 수 있는 물건을 적에게 제공하는 것이며, 제공의 의미에 대해서 제11조 제2항의 군용물제공죄에서 기술한 바와 같다. 부언한다면 본죄와 군용물제공죄와의 구별은 제공행위에 의하지 않고, 다만 그 객체가 현실적으로 군용에 공하고 있는가에 의한다고 할 것이다.

8. 보충적 이적죄

> 제14조 8. 그 밖에 대한민국의 군사상 이익을 해하거나 적에게 군사상 이익을 제공한 사람

본죄는 앞서 언급한 7가지 유형의 일반이적죄의 적용이 없는 이적행위 일반을 처벌하기 위한 규정으로서 형법 제99조의 특별법이다.[20] 여기서 군사상 이익이란 전술·전략상의

---

20) 형법은 군형법 제14조 제8호와 동일한 범죄유형인 제99조를 일반이적죄라고 명명하고 있는데, 이것은 형법상 이적의 기본죄인 형법 제92조 내지 제98조의 이적행위 이외에 일반적으로 이적행위를 처벌하기 위한 규정이라는 의미를 가지는 것이다. 이에 반하여 군형법은 제14조를 일반이적죄라고 하여 8가지 유형을 정하고 있는데, 그 중에서 제8호를 특히 보충적 이적죄라고 하는 것은 이적행위에 관한 다른 규정

이익뿐만 아니라 정치·사회·경제 모든 분야에서 군사와 관련되는 이익을 포함하는 것이나,[21] 군형법 제11조 이하에서 구체적으로 규정된 이익은 본조가 적용되지 않고 개별범죄만 성립한다. 예컨대 군사상 이익인 군용물을 적에게 제공하는 행위는 제11조 제 2 항 군용물제공죄에 의하여 처벌되며, 본죄는 해당되지 않는 것이다.

본죄가 성립하기 위해서는 이적의 의사가 있어야 한다. 다만, 그 방법은 직접·간접, 작위·부작위를 불문하며, 현실적으로 위해의 결과가 발생했는가 여부도 본죄의 성립에 영향을 미치지 않는다. 또한 본죄에 있어서 대한민국의 군사상 이익을 해하는 것과 적에게 군사상 이익을 공여하는 것 상호간에 견련관계가 존재할 필요도 없다.[22] 즉 대한민국에 아무런 군사상 이익을 해하지 않고 적에게만 군사상 이익을 준 경우에도 본죄는 성립한다.

한편 본죄는 구성요건적 행위에 대한 정형이 없고, 유추해석의 여지가 너무 광범위하여 죄형법정주의에 반하는 것이 아닌가 하는 문제가 있다. 대한민국의 군사상 이익을 해하는 행위나 적에게 군사상 이익을 공여하는 행위의 내용과 범위가 법정되지 않음으로 인해 운용하는 사람의 자의가 개입될 여지가 많기 때문이다. 입법론으로는 구성요건을 좀더 명확하게 하거나 폐지함이 바람직하다.[23]

(제11조 내지 제14조 제 7 호)이 적용되는 경우에 본죄가 적용되지 않는다는 점에서 보충관계에 있다는 의미에서 보충적 이적죄라고 한 듯하다. 다만, 입법론적으로 볼 때, 제14조의 규정은 해체하여 각 해당 조문과 관련시키거나(예컨대 비군용물제공죄는 제11조 제 2 항에 삽입할 수 있다) 독립시키고, 보충적 이적죄도 따로 규정하는 것이 타당하다고 생각한다.

21) 판례도 표지관리소 소속의 선박을 중공(中共)에 제공하는 행위를 적에게 군사상 이익을 줌과 동시에 아국의 군사상 이익을 해하는 것이라고 보아 군사상 이익의 범위를 넓게 해석하고 있는 듯하다(대법원 1954.2.13. 선고 4286형상202 판결).

22) "이중간첩인 경우에도 대한민국의 군사상 이익을 해하는 소위를 행한 한에 있어서는 형법 제99조의 죄책을 면할 수 없다"(대법원 1959.8.17. 선고 4292형상197 판결).

23) 이에 대한 좀더 자세한 논의는 이승호, "군형법의 문제점과 개정방향에 관한 연구," 연세대학교 법학박사학위 논문, 111-113면.

제 4 장

지휘권남용의 죄

제 1 절 총 설

지휘권남용의 죄라 함은 지휘관이 군통수권의 일부로서 위임받은 부대통솔에 관한 권한을 남용하는 것을 내용으로 하는 범죄로서, 강력한 권한과 책임을 함께 지는 지휘관이 그 권한을 남용하는 경우 군의 정상적인 기능발휘에 막대한 지장을 가져온다는 점에서 엄한 책임을 묻기 위한 것이다. 따라서 본장의 죄는 지휘관이라는 일정한 신분을 필요로 하는 일종의 신분범이다.

군형법은 지휘권남용의 죄로서 불법전투개시죄, 불법전투계속죄, 불법진퇴죄의 세 가지 유형을 들고 있으며, 본장의 죄에 대한 미수범도 처벌할 것을 규정하고 있다(제21조).

제 2 절 범죄유형

I. 불법전투개시죄

> 제18조 지휘관이 정당한 사유 없이 외국에 대하여 전투를 개시한 경우에는 사형에 처한다.

1. 의 의

본죄는 지휘관이 정당한 사유 없이 지휘권을 발동하여 외국에 대하여 통수권자의 의사에 반하여 자의적인 전투행위를 하는 것으로서, 형법 제111조의 외국에 대한 사전(私戰)

죄의 특별죄이다.

지휘관의 행위는 곧 국가기관의 행위이며, 지휘관의 외국에 대한 자의적인 전투개시 행위는 대외적으로 국가의 행위로 평가되므로, 본죄는 군의 통수질서를 유지하고 국가의 권위를 확립하며, 나아가 국제법상 불법한 무력사용을 금지하기 위한 규정이다.

2. 행   위

지휘관이 정당한 사유 없이 외국에 대하여 전투를 개시하는 것이다.

(1) 지 휘 관

지휘관의 개념에 대해서는 용어의 정의에서 기술한 바와 같다. 즉 중대 이상의 단위부대의 장과 함선부대의 장 또는 함정 및 항공기를 지휘하는 사람이다(제 2 조 제 2 호). 다만, 개념상 문제점이 있으며, 이에 대해서는 전술한 바와 같다.

본죄는 지휘관이라는 지위 자체에 대한 것이므로, 지휘관이 단독으로 불법적 전투행위를 하거나 지휘관이 아닌 자가 그러한 행위를 한 경우에는 본죄가 성립하지 않고 형법 제111조의 사전죄(私戰罪)만 성립한다.

(2) 정당한 사유 없이

여기서 정당한 사유란 지휘관의 전투개시행위를 정당화할 수 있는 사유를 말하는 것으로 대통령의 선전포고에 의한 경우, 외국의 무력공격에 대한 자위권행사인 경우 등이 여기에 해당된다. 이러한 정당한 사유가 있는 경우에는 전투개시가 위법하지 않으므로 불법전투개시죄에 해당하지 않게 된다.

그런데 설사 "정당한 사유 없이"라는 부분이 없어도 그 결론은 동일하다. 즉 "지휘관이 외국에 대하여 전투를 개시한 경우"라고 규정하더라도 정당한 사유가 있는 경우에는 위법성이 조각되어 불법전투개시죄가 성립하지 아니한다. "정당한 사유 없이"를 추가함으로써 정당한 사유가 있는 경우에는 애초부터 객관적 구성요건 자체가 충족되지 아니한다. 따라서 입법론으로는 "정당한 사유 없이"란 규정은 불필요하다.

한편 지휘관의 전투개시가 강요된 경우(지휘관에 대한 항복강요죄 참조)에는 비록 강요된 행위일지라도 그 자체가 정당한 행위는 아니므로 본죄의 구성요건에는 해당하게 된다. 다만, 책임이 조각될 뿐이다.

(3) 외   국

여기서 외국은 국제법의 주체로서 승인된 국가에 한하지 않고 사실상의 국가나 교전단체·반도단체를 포함하며, 그 국가가 우방이거나 적국이거나를 불문한다. 다만, 외국에 대한 것이므로 외국의 민간인에 대한 행위는 본죄가 적용되지 아니한다.

(4) 전투개시

전투란 전쟁에 이르지 않는 무력적 투쟁행위를 말하며,[1] 외국과의 교전의사가 있는 경우에 한한다. 전투의 개시라 함은 무력적 투쟁행위의 원인을 야기한다는 뜻이므로 우호관계가 계속되고 있는 상태나 휴전으로 적대행위가 중지된 상태를 전제로 하는 것이다. 따라서 이미 다른 원인에 의하여 전쟁상태 하에 있는 국가에 대하여 작전명령에 의하지 않고 불법적으로 전투행위를 하는 경우에는 본죄가 성립하지 않고 제44조의 항명죄만이 문제될 것이다.

3. 처 벌

지휘관이 본죄를 범한 경우에는 사형에 처한다. 다만, 지휘관의 명령에 따라 실행에 가담한 자에 대한 처벌이 문제되는데, 이 경우 상관의 불법한 명령에 복종한 수명자에 대한 처벌방식[2]에 따르면 될 것이다. 불법전투개시에 대하여 인식을 가지고 공범관계에 들어간 자에 대해서는 형법의 공범처벌방식에 따라야 할 것이다.

본죄의 미수범은 처벌되나(제21조) 예비·음모에 대해서는 처벌규정이 없는데, 형법상 사전죄의 예비·음모처벌(제111조 제 3 항)과 비교하여 문제가 된다. 따라서 본죄가 형법 제111조에 해당하는 경우에는 사전죄의 예비·음모로 처벌하자는 주장이 있으나, 이는 죄형법정주의에 어긋나는 해석이므로 부당하다고 본다. 그렇다면 본죄의 예비·음모는 불가벌로 볼 수밖에 없을 것이다. 입법론상 재고를 요한다.

II. 불법전투계속죄

> 제19조 지휘관이 휴전 또는 강화의 고지를 받고도 정당한 사유 없이 전투를 계속한 경우에는 사형에 처한다.

1. 의 의

본죄는 국제법상 교전행위의 종료사유인 휴전이나 강화가 있었음에도 불구하고 지휘관이 국제법상의 전투행위 중지의무를 위반하는 것으로서, 평화관계회복을 위한 국가간의 합의를 전면적으로 부정한다는 의미에서 불법전투개시죄와 같은 취지에 서 있는 것이다.

---

[1] 학설에 따라서는 본죄의 행위로서 전투란 전쟁을 포함하는 개념이라고 하면서, 그 이유로서 전쟁 자체가 전투행위의 총화이므로 양자를 구별할 필요가 없다고 한다. 국방부 편, 군형법해설, 1965, 142–143면.
[2] 후술하는 항명죄 부분 설명 참조.

2. 행   위

휴전이나 강화의 고지를 받고도 정당한 사유 없이 전투를 계속하는 것이다.

(1) 휴전이나 강화의 고지

여기서 고지라 함은 단순한 도달에 그치는 것이 아니라 지휘관이 휴전·강화의 사실을 인식하여야 하며, 그러한 사실의 인식은 군의 지휘계통에 의한 정식방법뿐만 아니라 매스컴에 의한 방법으로 족하다. 다만, 휴전·강화의 고지가 아닌 단순한 전투중지의 명령을 받은 지휘관이 정당한 사유 없이 전투를 계속한 경우에는 본죄는 성립하지 않고 항명죄(제44조)의 성립 여부만이 문제된다.

(2) 정당한 사유 없이

정당한 사유가 없다 함은 형법 총론이 규정한 위법성조각사유가 존재하지 않는다는 의미로서, 예컨대 휴전이 성립되었음에도 불구하고 적의 전투행위가 계속되는 경우 이에 대응하는 경우에는 정당한 사유에 해당하게 될 것이다. 군형법이 "정당한 사유 없이"라는 문구를 삽입함으로써 정당한 사유가 존재하는 경우에는 구성요건 자체에 해당하지 않게 되었음은 불법전투개시죄에서 설명한 바와 같다.

(3) 전투의 계속

전투의 계속이란 휴전·강화 전의 전투와 고지된 후의 전투가 동일성 및 계속성을 갖는 것을 의미한다. 따라서 휴전·강화로 전투가 일단 중지되었다가 다시 전투를 계속한 경우에는 본죄가 성립하지 않고 전 조의 불법전투개시죄만이 성립한다.

다만, 여기서 전투의 계속이라는 것이 시간적 계속성을 요하는가 하는 문제가 있다. 다시 말하면 본죄가 범죄의 분류에서 계속범에 속하는가 하는 문제인데, 본죄의 실질은 전투행위의 부정지(不停止)에 있으므로 휴전·강화의 고지를 받고 단기간 전투행위를 한 경우에도 본죄는 성립하며, 전투행위의 규모나 시간적 계속성을 요하지 않는다.

3. 처   벌

지휘관이 본죄를 범한 경우에는 사형에 처한다. 다만, 본죄의 실질이 전투행위의 부정지라는 점에서 볼 때, 본죄는 부작위범의 일종이라고 할 수 있으므로 미수범의 성립이 불가능하나, 제21조는 본죄의 미수범을 처벌하도록 하고 있다. 이것은 이론상 휴전·강화 고지 후 사실상 중단되었던 전투행위를 계속하기 위하여 실행의 착수가 있는 경우를 예상한 것 같으나, 이 경우에도 불법전투개시죄의 미수가 될 것이므로 본죄의 미수범이라고 할 수 없다. 따라서 입법론적으로 미수범에 대한 처벌규정을 삭제함이 타당하다고 생각한다.

Ⅲ. 불법진퇴죄

> 제20조 전시, 사변 시 또는 계엄지역에서 지휘관이 권한을 남용하여 부득이한 사유 없이 부대, 함선 또는 항공기를 진퇴시킨 경우에는 사형, 무기 또는 7년 이상의 징역이나 금고에 처한다.

1. 의   의

본죄는 지휘관이 자신의 일반적인 권한인 부대의 진퇴에 관한 사항을 결정함에 있어서 권한을 남용하는 행위를 처벌하기 위한 규정이다.[3] 즉 지휘관이 위임받아 전권을 행사하고 있는 부대의 진퇴에 관한 사항은 지휘관의 판단이 가장 큰 영향을 가지므로, 그러한 권한에 대한 남용을 제한하기 위한 것이다.

2. 행   위

전시, 사변 시 또는 계엄지역에서 권한을 남용하여 부득이한 사유 없이 부대, 함선 또는 항공기를 진퇴시킨 경우이다.

(1) 전시, 사변 또는 계엄지역

본죄는 전시, 사변 또는 계엄지역(이러한 개념에 대해서는 용어의 정의에서 상술)에서 행해진 경우에 한한다. 따라서 그렇지 않은 경우에는 직무유기죄, 제35조 제 3 호의 군무태만죄 혹은 제47조의 명령위반죄 등이 성립될 뿐이다.

(2) 권한의 남용

권한의 남용이 있어야 하므로 상급지휘관에게 보고를 하여 허락을 득한 경우, 혹은 상급지휘관의 명령에 따라 행한 경우에는 본죄에 해당하지 않는다.

(3) 부득이한 사유

부득이한 사유란 지휘관이 권한을 남용하여 부대, 함선 또는 항공기를 진퇴시켜야 할 예외적인 사유가 존재하여 지휘관에게 타행위를 기대할 수 있는 가능성, 소위 적법행위에 대한 기대가능성이 없는 경우를 말한다. 일반적으로는 기대가능성이 없는 경우에는 책임이 조각될 것이지만, 군형법이 불법진퇴죄를 규정함에 있어 "부득이한 사유의 부존재"라는 특별구성요건을 추가함으로써 부득이한 사유가 존재하는 경우에는 불법진퇴죄의 구성

---

3) 전 2 조, 즉 불법전투개시·계속도 권한남용의 죄로서 그러한 죄는 당연히 권한남용을 행위유형에 포함하고 있으나, 본죄는 그렇지 않으므로 특히 '권한을 남용하여'라는 어구를 삽입하고 있는 것이다. 이 점은 이적죄에 있어서 이적의 목적을 요하는 범죄에만 '적을 위하여'라는 어구를 삽입한 것과 동일한 취지라고 할 수 있다.

요건에도 해당하지 않는 행위가 되는 것이다. 따라서 부득이한 사유가 존재하여 부대를 진퇴시키는 경우 이에 대해서는 원칙적으로 정당방위가 불가능하다.[4]

"부득이한 사유 없이"라는 부분이 없다면, 지휘관의 진퇴행위가 강요에 의한 경우 진퇴행위는 불법이지만 소위 '적법행위에 대한 기대가능성'이 없어서 책임이 조각된다. 그런데 군형법이 "부득이한 사유 없이"라는 구성요건을 추가함으로써 현행 군형법 하에서는 이제 강요에 의해 진퇴를 한 경우에는 그 자체가 적법한 행위가 되는 것이다. 이러한 경우까지 적법화하는 것은 문제가 있다. 해석론으로는 부득이한 사유에 해당하기 위해서는 진퇴행위가 극도로 필요하며, 최후의 수단(utmost necessity or extremity)으로 행해질 것을 요한다. 입법론으로는 "부득이한 사유 없이"라는 부분은 삭제함이 바람직하다.

(4) 진   퇴

진퇴라 함은 전시에 적과 대치하며 진격하거나 후퇴하는 것뿐만 아니라 부대 등을 활동·이동케 하는 일체의 행위를 말한다. 따라서 본죄가 타범죄의 행위유형으로 행해지는 경우, 예컨대 불법전투개시·계속 혹은 솔대도피의 죄를 범함에 있어서 부대를 진퇴시킨 경우에는 법조경합이 되어 본죄는 타죄에 흡수될 것이다.

진퇴행위의 기수시기는 부대의 이동이 본래의 수지나 소재지에서 어느 정도 장소적 이동이 있었다고 볼 수 있는 상태에 도달함으로써 족하며, 목적한 지점에 도달할 필요는 없다. 또한 본죄는 부대 등의 부당한 활동을 저지하기 위한 것이므로 부대를 진퇴시킨 후 다시 원래의 장소로 복귀한 경우에도 역시 성립한다.

---

4) 이 문제에 대해서는 국가적 법익에 대한 정당방위가 가능한지 여부와 관련하여 좀더 상세한 논의가 필요하다.

제 5 장

지휘관의 항복과 도피의 죄

제 1 절 총 설

본장의 죄는 지휘관이 자신에게 부여된 직책과 임무를 방기 또는 거부함으로써 군의 기능을 저해하는 행위를 처벌하기 위한 것이다. 즉 군인의 비겁과 태만은 군의 사기에 절대적인 영향을 미치며, 특히 중요한 직무를 수행하는 지휘관이 그런 행동을 하는 것은 용납될 수 없으므로 엄중한 책임을 지우고 있는 것이다. 군형법은 지휘관의 항복 및 도피의 죄로써 항복죄·솔대도피죄·직무유기죄의 세 가지 유형을 들고 있으며, 미수범은 모두 처벌된다(제25조). 또한 본장의 죄에 대한 예비·음모도 3년 이상의 유기징역에 처한다(제26조).[1]

제 2 절 범죄유형

I. 항 복 죄

제22조 지휘관이 그 할 바를 다하지 아니하고 적에게 항복하거나 부대, 진영, 요새, 함선 또는 항공기를 적에게 방임한 경우에는 사형에 처한다.

---

1) 다만, 입법론적으로 볼 때 본장의 죄에 대한 예비·음모에 있어서 자수에 대한 감면규정을 두어야 한다는 주장이 있다. 즉 반란의 죄나 이적의 죄와 같은 죄질이 중한 범죄유형에 대하여 자수에 대한 필요적 감면을 규정하면서 그보다 죄질이 가벼운 본장의 범죄유형에 대해서 규정을 두지 않을 수 없다는 것이다. 다만, 현행법 하에서도 그렇게 해석을 하자는 견해는 타당하지 않다. 즉 그러한 규정은 형사정책상의 문제이므로 이론상의 타당성 여부와 무관한 것이다. 따라서 본장의 죄에 관한 예비·음모를 한 후 실행에 이르기 전에 자수를 한 경우에는 형법 제52조의 규정에 따라 재판상 감면을 할 수 있을 뿐이다.

1. 주   체

본장의 주체는 지휘관이다. 다만, 지휘관이 단독으로 항복하는 경우에는 본죄가 성립하지 않고 적진도주죄(제33조)가 성립한다. 왜냐하면 본죄는 지휘관 개인을 처벌하는 것이 아니라 지휘관이 부하와 함께 항복함으로써 지휘권을 포기하는 행위를 벌하는 취지이기 때문이다. 한편 지휘관이 아닌 자가 본죄의 행위를 한 경우에는 제35조의 근무태만죄, 제31조의 특수군무이탈죄 혹은 적진도주죄만이 성립할 수 있다.

2. 행   위

지휘관이 할 바를 다하지 아니하고 적에게 항복하거나 부대 등을 적에게 방임하는 것이다. 즉 본죄는 항복죄와 부대 등 방임죄의 두 가지 유형을 내용으로 하고 있다.

(1) 할 바를 다하지 아니하고

"할 바를 다한다"라 함은 지휘관이 명령이나 규칙에 의하여 부여된 임무와 일정한 상황 하에서 요구되는 최선의 노력을 완수하는 것을 말하며, 그러한 경우에는 본죄의 행위를 하여도 위법성이나 책임이 조각될 것인데, "할 바를 다하지 아니하고"를 법문에서 명문으로 규정함으로써 구성요건 자체가 성립하지 않게 된다. 다시 말해서 "할 바를 다하지 아니하고"라는 표현이 없더라도 할 바를 다하였음에도 적에게 항복하거나 부대 등을 적에게 방임하게 되는 경우에는 위법성이나 책임이 조각될 것이다. 그런데 이를 명문으로 규정함으로써 지휘관이 할 바를 다하였으나 결국 적에게 항복하거나 부대 등을 적에게 방임하게 되는 경우에는 구성요건 자체가 성립하지 않게 된 것이다. 입법론으로는 "할 바를 다하지 아니하고"라는 표현을 삭제하는 것이 바람직하다고 생각한다.

여기서 지휘관은 형법 제22조 제 2 항에서 말하는 "위난을 피하지 못할 책임이 있는 자"에 해당하므로 할 바를 다하였는가에 대한 판단도 엄격하게 행해져야 한다. 따라서 지휘관은 그가 감수해야 할 위험을 초과하지 않는 한 자신의 생명을 구하기 위해 타인의 법익을 침해할 수 없다. 물론 그렇다고 해서 긴급피난을 금지하는 것은 아니므로 감수해야 할 의무의 범위를 넘는 자기의 위난에 대해서는 긴급피난이 가능하다.[2]

(2) 항   복

항복이란 전술한 지휘관에 대한 항복강요죄(제14조 제 2 호)와 마찬가지로 전투의사를 포기하고 부하와 함께 적에게 굴복하여 적의 지배 하에 들어가는 것을 말하며, 소극적으로

---

2) 영미에서 지휘관의 항복행위가 책임이 조각되는 경우로서 ① 상관의 명령, ② 무기 · 탄약 · 식용수의 결핍, ③ 구조가능성의 결여, ④ 적의 수중에 들어 갈 것이 명백하고 확실한 최후의 긴박한 상태 등을 들고 있는데, 이것도 개별 구체적인 행위상황에 따라 달리 평가될 수 있는 것이므로 절대적인 기준은 못된다고 생각한다.

자기를 상대방에게 맡겨 두는 것은 항복이 아니다.[3] 입법론으로는 "부대를 인솔하여"라는 문구를 추가하는 것이 바람직하다고 생각된다. 또한 본죄의 항복은 전쟁의사와 관련되므로 단순히 군무를 기피할 목적으로 도주한 경우에는 부대인솔도피죄(제23조), 지휘관의 수소이탈죄(제27조) 또는 특수군무이탈죄(제31조)만이 성립될 것이다. 또한 이적의 목적이 있는 경우에는 군대제공이적죄(제11조)가 성립할 수도 있다.

한편 지휘관과 함께 항복한 부하는 지휘관의 항복에 관한 모의에 가담한 경우가 아니라면(이 경우에는 형법 제30조에 따라 공동정범이 된다), 불가벌로 되거나 경우에 따라서는 군무이탈죄만이 성립할 것이다.

(3) 방　　임

부대·진영·요새·함선 또는 항공기의 지배권을 포기하여 적의 지배를 기다리는 행위이다. 일반적인 견해로는 방임을 '적의 수중에 유기하는 행위'라고 보는데, 이는 잘못된 표현으로 생각된다. 왜냐하면 유기란 법률적으로 적극적인 작위와 소극적인 부작위를 포함하는 것이므로 적극적으로 부대 등을 적에게 제공하는 것도 포함하게 된다. 그러나 그러한 행위는 제11조의 군대제공이적죄로서 처벌되므로, 여기서 방임은 소극적인 부작위만을 의미하는 것으로 보아야 할 것이다. 부대 등은 지휘관의 권한 내에 있는 것이어야 하며, 방임의 결과 적의 수중에 들어간다는 인식이 있어야 한다.

항복이나 방임행위는 반드시 적전임을 요하지 않는다. 다만, 미 통일군사법전은 적전 (before or in the presence)임을 요하고 있는데, 사실상 항복이나 방임은 적전이 아닌 곳에서 일어나기 곤란하므로 입법론상 참조할 만한 규정이라 할 것이다.

3. 처　　벌

본죄를 범한 지휘관은 사형에 처한다. 항복행위의 기수시기는 항복의 의사가 적에게 도달함으로써 족하며, 적의 현실적인 지배가 있을 필요는 없다. 또한 방임행위의 경우도 부대 등에 대한 사실상의 지배력을 포기함으로써 본죄의 기수로 된다. 한편 본죄의 미수범은 처벌된다(제25조).

---

3) 왜냐하면 본죄의 행위가 항복 이외에 별도로 방임을 규정하고 있기 때문에, 그러한 경우는 방임이라는 별개의 행위유형에 의해서 본죄가 성립하는 것이다. 다만, 해석상 부대 등을 방임한 경우에만 여기에 해당되고 자신을 방임하는 것은 항복이라고 볼 수도 있으나, 앞서 언급한 바와 같이 지휘관은 단독으로 본죄를 범할 수 없으므로 자신의 방임이라는 것은 있을 수 없고, 따라서 그러한 해석은 타당하지 않다. 이렇게 본다면 항복은 적극적으로 적의 지배 하에 들어가는 경우로 한정되어야 한다.

II. 부대인솔도피죄

> 제23조 지휘관이 적전에서 그 할 바를 다하지 아니하고 부대를 인솔하여 도피한 경우에는 사형에 처한다.

1. 의   의

본죄는 군형법상 이탈죄(수소이탈, 군무이탈)의 일종이나, 전형적인 비겁행위로서 적전에서 자기책임을 저버리고 도피하는 것은 적에게 항복하는 것과 동일한 것이므로 훨씬 중한 책임을 지우고 있는 것이다.

2. 행   위

적전에서 할 바를 다하지 아니하고 부대를 인솔하여 도피하는 것이다.

(1) 적   전

적전에 대하여는 용어의 정의에서 기술한 바와 같으며, 적전 이외에서 본죄의 행위를 한 경우에는 불법진퇴, 수소이탈, 군무이탈 등의 죄가 성립될 뿐이다.

(2) 할 바를 다하지 않는다는 것도 항복죄에서와 동일하다.

(3) 부대인솔·도피

부대를 인솔하지 않고 지휘관이 단독으로 혹은 약간의 대원을 인솔하여 도피한 경우에는 적전군무이탈의 죄(제30조 제1호)만이 성립한다.

여기서 도피란 도주하여 피하는 것을 의미하므로 장소적 이동이 필요하며, 이탈행위와 동일한 형식을 취하므로 지휘관이 부대를 인솔하여 적전에서 도피한 경우에는 지휘관의 부대인솔도피죄와 함께 적전수소이탈죄(제27조)가 동시에 성립할 가능성이 있으나, 이들두 범죄는 법조경합관계에 있다고 봄이 타당하다. 부대인솔도피죄는 지휘관이 도주의 의사로 부대를 인솔하여 도피하는 것을 처벌하는 데 반해, 지휘관의 수소이탈죄는 도주의사의 유무와 상관없이 부대를 인솔하여 수소를 이탈하거나 배치구역에 임하지 않는 행위를 처벌하기 때문이다.

비겁행위로 적에 대한 공격·방어 및 이에 직접 대비한 전투행위에 대한 의무를 고의로 기피하여 항복과 동일한 결과를 초래하는 것을 방지하기 위한 규정이라는 점에서 지휘관의 수소이탈과는 본질적으로 다르다. 따라서 부대인솔도피죄와 수소이탈죄는 별개의 범죄라고 보아야 할 것이다.

도피행위의 정도는 도주의 경우, 전투행위를 수행할 수 없는 상태에 이름으로써 족하다.

3. 처   벌

본죄를 범한 지휘관은 사형에 처하며, 그 미수범도 처벌된다(제25조). 본죄를 범할 목적으로 예비·음모한 자도 항명죄와 마찬가지로 처벌되는데(제26조), 그러한 자가 실행에 이르기 전에 자수한 경우에 반란죄 등과 같이 필요적 감면을 하여야 하는가 하는 문제가 있다. 이것은 형사정책상의 문제이므로 명문의 규정이 없는 한 부정함이 타당하다.

Ⅲ. 직무유기죄

> 제24조 지휘관이 정당한 사유 없이 직무수행을 거부하거나 또는 그 직무를 유기한 경우에는 다음의 구별에 의하여 처벌한다.
>   1. 적전의 경우 : 사형
>   2. 전시, 사변 또는 계엄지역인 경우 : 5년 이상의 유기징역 또는 유기금고
>   3. 그 밖의 경우 : 3년 이하의 징역 또는 금고

1. 의   의

본죄는 지휘관의 직무위배행위에 대한 포괄적인 규정으로 형법 제122조 공무원의 직무유기죄에 대한 특별죄이며 진정신분범이라고 할 수 있다. 군형법이 직무위배행위를 처벌하고 있는 경우로는 ① 제35조 제1호·제2호·제3호의 근무태만죄, ② 제43조의 출병거부죄, ③ 제44조의 항명죄 등이 있는데, 이러한 직무위반죄가 본죄와 어떠한 관계에 있는가 하는 문제가 있다. 일반적인 견해로는 양자를 별개의 규정으로 보아 상상적 경합관계에 있다고 한다.[4]

한편 본죄를 지휘관의 항복·도피죄에 관한 장에서 함께 규정한 것은 직무유기의 본질이 항복이나 도피와 동일하기 때문이 아니라, 단지 양자가 모두 지휘관이라는 신분을 요구하는 범죄이기 때문이다. 따라서 본죄가 지휘관이 항복·도피에 관한 장에 규정되었더라도 직무위반행위에 대한 일반적·포괄적 규정이라는 점에는 변함이 없다.

2. 주   체

본죄의 주체는 지휘관에 한한다. 지휘관이 아닌 자의 직무유기에 관하여는 일반적인 규정이 없으므로 특별한 직무위배행위(예컨대 부대 등을 유기한 경우에는 제35조 제2호의 근무태

---

4) 일부 견해로는 양자가 일반법과 특별법 관계에 있으므로 근무태만죄 등이 성립하는 경우에는 직무유기죄는 별도로 성립하지 않는다고 한다. 그러나 예컨대 출병거부의 경우에 특별죄인 출병거부죄만이 성립한다면 적전인 경우 제43조에 따라 7년 이하의 징역이나 금고에 처하는 데 그치게 되어 적전직무유기죄가 사형인 것과 모순이 생긴다. 따라서 그러한 견해는 타당하지 않고, 양자의 상상적 경합을 인정하여 중한 형을 규정하고 있는 적전직무유기죄로 처벌하여야 할 것이다.

만죄로 처벌된다)에 한하여 각 본조에 따라 처벌하며, 그 이외의 경우에는 형법 제122조의 직무유기죄로 처벌된다.[5]

3. 행 위

정당한 사유 없이 직무수행을 거부하거나 직무를 기피하는 것이다.

(1) 정당한 사유란 불법진퇴죄 부분에서 전술한 바와 같이 위법성이 조각되는 사유를 말하는데, 군형법이 "정당한 사유 없이"라는 문구를 추가함에 따라 정당한 사유가 있는 경우에는 직무유기죄의 구성요건에 해당하지 않게 된다.

(2) 직 무

법령이나 상관의 명령(특히 적법한 명령) 또는 행위상황에 있어서 일반적으로 요구되는 사항을 포함하는 것이며,[6] 반드시 죄질이 항복·도피죄와 동일한 정도의 것임을 요하지 않는다.

(3) 직무수행의 거부

직무를 능동적으로 수행할 의무 있는 자가 묵시적·명시적으로 이를 행하지 않는 것으로서 구체적인 직무를 필요로 하며, 직무를 저버린다는 인식이 있어야 한다.[7]

(4) 직무의 유기

직무수행의 의무가 있는 자가 직무를 포기하거나 기피하는 것을 말한다.[8] 다만, 단순한 직무의 태만은 이에 포함되지 않으며, 포기나 기피는 일시적인 것이라도 상관없다.

---

5) 다만, 병에 대하여도 군형법상 특별규정이 없는 경우에 형법의 직무유기죄에 문의할 수 있는가 하는 문제가 있다. 이 문제는 병이 공무원인가 하는 문제와 직결되는데, 병도 군이라는 특별권력관계 내에 있고 그 직무도 단순히 기계적·육체적인 것에 한하지 않으므로 공무원으로 보아야 할 것이다(동지 : 대법원 1969.9.23. 선고 69도1241 판결). 뿐만 아니라 국가배상법이 이중배상금지의 대상을 군인이라고 규정하여 병의 경우도 그 대상이 되는 점과 비교할 때, 병도 공무원으로 형법상 공무원에 관한 범죄의 적용이 있다고 보아야 할 것이다.
6) 판례는 "직무의 내용이 법령상 한계가 있거나 적어도 군대 내의 특단의 지시 또는 명령이 있어 그것이 고유의 직무내용을 이루고 있어야 한다"(육군고등군법회의 1977.2.16. 선고 76년 고군형항 제1230호 판결)고 하여 법령이나 상관의 명령에 의하여 이미 주어진 임무만을 그 내용으로 보고 있다.
7) 동지 : 대법원 1975.11.25. 선고 75도306 판결.
8) 참고로 형법상 직무유기에 관한 판례는 직무의 유기를 "공무원이 정당한 사유 없이 의식적으로 직무를 포기하거나 직무 또는 직장을 이탈하는 것을 말하며, 공무원이 직무수행을 함에 있어서 태만·착각 등으로 이를 성실하게 수행하지 아니한 경우까지 포함하는 것은 아니다"라고 하고(대법원 1984.3.27. 선고 83도3260 판결 등), 군형법 제24조 소정의 직무유기죄의 경우도 "지휘관으로서 직무를 버린다는 주관적인 인식과 직무 또는 직장을 유기하는 객관적인 행위가 있어야 하고, 직무집행의 내용이 적절하지 못하였기 때문에 부당한 결과가 초래되었다고 하여 그 사유만으로 직무유기가 성립된다고 할 수 없다"고 한다(대법원 1983.4.26. 선고 82도1060 판결).

제 6 장

수소이탈의 죄

제 1 절 총   설

　본죄는 지휘관이나 초병이 정당한 사유 없이 그 임무에 위반하여 수소를 이탈함으로써 성립한다. 전술적으로 수소라는 것은 군의 임무수행에 있어서 필수적인 것이므로 수소에서의 직무의 기능을 보호할 필요가 있는 것이다.

　다만, 본죄에 있어서 지휘관과 초병을 구별하여 각기 규정하고 있는데, 양자의 행위가 수소이탈과 지정장소에 임하지 않는 것이라는 점에서 동일하며, 다만 지휘관에 대해서 그 권한과 임무를 고려하여 중한 형을 과하고 있는 것에 불과하다.

　본장의 죄에 대한 미수범은 처벌한다(제29조).

제 2 절 범죄유형

I. 지휘관의 수소이탈죄

> 제27조 지휘관이 정당한 사유 없이 부대를 인솔하여 수소를 이탈하거나 배치구역에 임하지 아니한 경우에는 다음 각 호의 구분에 따라 처벌한다.
>　　1. 적전인 경우 : 사형
>　　2. 전시, 사변 시 또는 계엄지역인 경우 : 사형, 무기 또는 5년 이상의 징역 또는 금고
>　　3. 그 밖의 경우 : 3년 이하의 징역 또는 금고

1. 주　체

본죄의 주체는 수소를 방위할 책임을 가진 지휘관이나 배치구역을 지정받은 지휘관인데, 실제로 그러한 책임을 지지 않거나 배치구역을 지정받지 않은 지휘관은 있을 수 없으므로 지휘관이라면 모두 본죄의 주체가 될 수 있을 것이다.

2. 행　위

본죄는 수소이탈과 배치구역불임의 두 가지 행위유형이 있으며, 정당한 사유가 있는 경우에는 본죄의 구성요건에 해당하지 않게 된다. 또한 본죄도 지휘권에 관한 죄의 일종이므로 부대인솔을 필요로 한다. 따라서 지휘관이 독자적으로 본죄의 행위를 한 경우에는 군무기피의 목적 여부에 따라 군무이탈죄나 무단이탈죄가 성립될 것이며, 적진으로 이탈한 경우에는 적진도주죄가 성립될 수도 있다.

(1) 수소이탈

수소(守所)란 군이 실력으로 점거하여야 할 장소로서 수지(守地)·수공(守空)·수해(守海)를 말한다. 즉 '부대의 수소'는 부대가 점거하여 작전행위를 하여야 할 장소이므로 가상의 선뿐만 아니라 작전명령이나 주위환경에 의하여 형성된 일체의 지역으로서 전술적 개념인 것이다. 따라서 부대의 수소는 초병의 수소와는 달리 경계임무만을 수행하기 위한 장소에 그치지 않는다.

이탈은 수소로부터 적극적으로 이전하는 행위이며, 이탈의 정도는 이탈로 인하여 부대의 임무를 완수할 수 없을 것이라고 인정됨에 이르러야 한다. 왜냐하면 작전수행상 어느 정도의 수소이탈은 불가피한 경우도 있기 때문이다. 그런데 지휘관이 적전에서 부대를 인솔하고 도피함으로써 수소를 이탈한 경우에는 본죄와 솔대도피죄의 법조경합이 생기고, 양자는 개별의 범죄이므로 택일관계에 서게 되어 어느 일죄만이 성립하게 된다.

(2) 배치구역불임

배치구역은 수소일 경우도 있고, 수소 이외에 일정한 임무수행을 위하여 위치하여야 할 장소일 수도 있다(예컨대 집결지·주둔지 등). 배치구역에 임하지 않는 것은 지휘관이 배치의 지시를 받고 부대를 인솔하여 이에 임하지 않는 것이므로 지휘관이 단독으로 배치구역에 임하여도 본죄는 성립하며, 부대만 배치구역에 임하면 지휘관 개인이 배치지에 임하지 않아도 본죄는 성립하지 않는다. 임하지 않는 방법은 시간지체, 부적당한 배치 등에 의할 수도 있다.

(3) 이탈이나 불임의 동기는 불문한다

이탈이나 불임은 그 동기를 묻지 않으며, 적에 대한 두려움, 상급지휘관에 대한 반항의 의도, 적을 돕기 위함 등이 있을 수 있다. 반드시 이적의 목적일 것을 요하지 않는다. 다만, 이탈이나 배치구역의 불임에 정당한 사유가 있는 경우에는 본죄가 성립하지 않는다. 긴박한 전투상황 하에서 긴절한 군사적 필요에 의한 경우 등이 정당한 사유에 해당된다.

3. 처   벌

본죄의 처벌은 적전, 전시, 기타의 경우에 따라 각기 다른 법정형으로 처벌되며,[1] 미수범도 처벌된다(제29조). 다만, 본죄는 배치구역불임의 경우에 부작위범의 일종이므로 미수범이 성립하기 어려우며, 수소이탈의 경우에만 미수범이 성립될 수 있을 것이다.

Ⅱ. 초병의 수소이탈죄

> 제28조 초병이 정당한 사유 없이 수소를 이탈하거나 지정된 시간 내에 수소에 임하지 아니한 경우에는 다음 각 호의 구분에 따라 처벌한다.
> 1. 적전인 경우 : 사형, 무기 또는 10년 이상의 징역
> 2. 전시, 사변 또는 계엄지역인 경우 : 1년 이상의 유기징역
> 3. 그 밖의 경우 : 2년 이하의 징역

1. 주   체

본죄의 주체는 초병[2]이다. 초병은 경계를 고유임무로 하여 지상, 해상 또는 공중에 책임범위를 정하여 배치된 사람으로서(제2조 제3호) 동초(動哨)·입초(立哨)·복초(複哨)·단초(單哨) 등 그 기능 여하를 불문한다. 한편 판례에 따르면 본조의 초병에는 실제로 수소에 배치되어 근무하는 자는 물론이고, 초병근무명령을 받아 경계근무감독자에게 신고하고 근무시간에 임박하여 경계근무의 복장을 갖춘 자도 포함된다.[3] 지휘관의 수소이탈죄가 지휘관이라는 신분상의 특성과 일반적 지휘의무위반에 대한 것임에 반하여, 본죄는 초병직무

---

1) 일부 견해에 따르면 기타의 경우에 본죄가 군무이탈죄보다 법정형이 낮은 것(군무이탈죄의 기타의 경우, 법정형은 2년 이상 10년 이하의 징역이다)은 적전인 경우 본죄의 법정형이 그것보다 높다는 점과 비교할 때 균형을 잃고 있다고 한다. 그러나 적전이나 전시와는 달리 기타의 경우에는 이탈행위 자체보다 군무기피의 목적이 중요한 위치를 차지하므로 군무이탈죄의 법정형을 더 높게 잡은 것이다. 따라서 본조가 반드시 균형을 잃은 것이라고는 할 수 없다. 이 점은 본죄에 있어서 기타의 경우 법정형이 무단이탈의 그것(1년 이하의 징역)보다 높은 것을 보더라도 분명한 것이다.

2) 대법원 1999. 11. 12. 선고 99도3801 판결: "위병조장은 ① 위병장교 또는 위병하사관의 지시를 받아 위병소에서 근무하고, ② 초병의 교대를 지시·감독하며, 초병으로부터 보고받은 사항을 위병장교 또는 위병하사관에게 보고하고, ③ 초병선을 순찰하여 초병의 근무상태와 이상 유무를 확인하고, ④ 위병소의 청결을 유지하고, 비품관리 및 관계서류를 기록·유지하며, 근무교대시 근무사항 일체를 인계인수하는 것을 그 임무로 하는 자로서(국군병영생활규정 제61조 제2호), 위와 같은 직무내용에 비추어 위병조장을 경계를 그 고유임무로 하는 자, 즉 군형법상 초병이라고 할 수 없다."

3) 대법원 2006.6.30. 선고 2005도8933 판결 참조.

의 중요성에 따른 것이다.

2. 행 위

정당한 사유 없이 수소를 이탈하거나 지정된 시간 내에 수소에 임하지 않는 것이다. 수소이탈의 여부는 초병으로서의 업무수행에 지장이 있느냐에 따라 결정될 것이며, 이탈시간의 장단이나 현실적으로 부대에 해로운 결과가 발생하였는가를 불문한다.

특히 종래에는 초병이 수소를 이탈하는 경우만을 수소이탈죄의 대상으로 하고 있으므로 초병이 배치명령만 받고 지정된 장소에 지정된 시간에 임하지 않은 경우에는 항명죄나 무단이탈죄의 성부만이 문제가 되었으나,[4] 개정된 군형법은 지정된 시간 내에 수소에 임하지 않은 경우에도 본죄로 처벌하도록 하고 있으므로 수소이탈과 무단이탈죄의 경합 여부가 문제된다. 양자를 일반법과 특별법의 관계로 보아 특별법인 본죄만이 성립한다고 봄이 타당하다고 생각한다.

한편 본죄와 군무이탈죄의 관계에 대해서는 상상적 경합설과 법조경합설이 대립하고 있다.[5] 일반적인 견해로는 전 조에서 언급한 바와 같이 양자에 형의 균형이 없다는 이유로 현행법 하에서는 상상적 경합설을 취하지 않을 수 없다고 한다. 이 견해에 찬동한다. 다만, 그 근거로서 형의 불균형을 들고 있는 점은 다소 문제가 있다고 생각한다.[6] 그러나 수소이탈행위가 군무이탈행위와 분리되어 행해졌을 경우, 예컨대 부대 내의 수소이탈을 하고 다시 근무기피목적으로 영외로 탈출한 경우 등은 실체적 경합관계로 보아야 한다.[7] 본죄의 행위내용인 수소이탈, 불임 등에 대해서는 앞서 언급한 바와 같으며, 지정된 시간이란 초병규칙이나 상관의 명령에 의하여 지정된 것을 말한다.

---

4) 국방부 1966.5.6. 선고 국방부, 66년 고군형항 제22호 판결 참조.
5) 이진우, 군형법, 법문사, 1973, 121면; 국방부 편, 군형법개설, 1965, 159면 등 대부분의 학설은 상상적 경합설을 취하고 있으며, 판례는 법조경합을 인정하여 본죄의 성립만을 인정한다(육군고등군법회의 1964.10.18. 선고 64년 고군형항 제341호 판결).
6) 군무이탈죄에 있어서 기타의 경우에 법정형이 타죄에 비하여 높은 것은 타범죄에 비하여 발생빈도가 상당히 높기 때문에 형사정책상 특별한 고려를 한 것이라고 생각한다. 따라서 전체군사범죄의 1%에도 못 미치는 수소이탈죄는 단지 군무이탈죄와의 균형상 가중된 법정형을 규정함은 타당하지 못하다. 따라서 현행법 하에서는 양자를 상상적 경합관계로 보아 적전인 경우에만 형이 보다 무거운 본죄로 처벌해야 할 것이다.
7) 대법원 1981.10.13. 선고 81도2397 판결: "초병이 일단 그 수소를 이탈하면 그 이탈행위와 동시에 수소이탈죄는 완성되고, 그 후 다시 부대에 복귀하기 전이라도 별도로 군무를 기피할 목적을 일으켜 그 직무를 이탈하였다면 초병의 수소이탈죄와 군무이탈죄가 각각 독립하여 성립하고, 그 두 죄는 서로 실체적 경합범의 관계에 있다."

제 7 장

군무이탈의 죄

제 1 절 총   설

본장의 죄는 군사범죄의 가장 대표적인 것으로서, 군이라는 특수한 조직에서 그에 대한 제재는 불가피한 것이다. 즉 군의 조직과 질서는 군인 각자에게 일정한 임무를 부과하고 있으며, 그러한 임무를 이탈하는 행위는 군의 사기와 전투력에 중대한 손실을 가져오므로 본장의 범죄를 따로 명문화하고 있는 것이다.

군형법은 이러한 범죄유형으로 군무이탈죄, 특수군무이탈죄, 이탈자비호죄, 적진도주죄의 네 가지를 규정하고 있으며, 각 죄의 미수범에 대하여도 처벌하도록 규정하고 있다(제34조).

제 2 절 범죄유형

Ⅰ. 군무이탈죄

제30조 ① 군무를 기피할 목적으로 부대 또는 직무를 이탈한 사람은 다음 각 호의 구분에 따라 처벌한다.
  1. 적전인 경우 : 사형, 무기 또는 10년 이상의 징역
  2. 전시, 사변 또는 계엄지역인 경우 : 5년 이상의 유기징역
  3. 그 밖의 경우 : 1년 이상 10년 이하의 징역
② 부대 또는 직무에서 이탈된 사람으로서 정당한 사유 없이 상당한 기간 내에 복귀하지 아니한 사람도 제 1 항의 형에 처한다.

본죄는 진정한 의미의 군무이탈(제30조 제1항)과 부대직무에서 이탈되었다가 상당한 기간 내에 복귀하지 않는 경우(동조 제2항)의 두 가지가 있다. 양자의 구성요건이 상당히 다르므로 나누어 설명하기로 한다.

2009년 개정 군형법은 군무이탈죄는 그 형태와 동기가 다양하고, 개인의 범죄적 소질 보다는 주로 가정환경이나 외부적 요인에 의하여 발생되고 있음에도 불구하고 법정형이 과중한 문제점이 있다는 비판을 수용하여 군무이탈죄의 법정형을 2년 이상 10년 이하의 징역에서 1년 이상 10년 이하의 징역으로 하향조정하였다.

1. 제30조 제1항의 군무이탈죄

(1) 주 체

군형법 피적용자인 군인 또는 준군인만이 본죄의 주체가 됨은 물론이다.[1] 다만, 군수 형자나 징계처분을 받고 영창에 감금되어 있는 자에 대하여 본조가 적용되는가 하는 문제 가 있는데, 일반적인 견해는 이를 부정하고 있다.[2]

(2) 주관적 불법요소

본죄는 '군무기피의 목적'을 범죄의 구성요건으로 하는 목적범이다. 여기서 군무라 함 은 직무·용무·근무 등을 포함한 군에 대한 군무일반을 지칭하며, 특정한 군무이거나 불 특정한 것이거나를 불문하고 반드시 자기에게 부여된 의무만에 국한되는 것도 아니다. 따 라서 군무기피의 목적은 물론이고, 구체적인 직무를 기피하거나 특정임무를 기피하려는 의사도 포함된다. 즉 육군에서 이탈하여 타군에 입대하여 군무에 종사하고 있는 경우에도 추상적으로 군무이탈이 없으나, 특정한 구체적인 직무는 이탈하였으므로 본죄가 성립하는 것이다.

군무기피의 목적이란 군무기피를 적극적으로 의욕할 필요는 없으나, 군무기피에 대한 확정적 인식은 있어야 한다.[3] 또한 그러한 목적은 일시적으로 기피할 의사이든, 영구적으

---

1) 장정(군역에 소집된 남자)이 군형법 피적용자가 되는 시기는 집결지도착시설, 수용연대도착시설, 신고 식설 등이 있으나, 통설은 수용연대 또는 보충대에 현실적으로 도착한 때라고 본다. 또한 군형법 제1조 제2항 단서는 전임중인 병은 군형법 피적용자에서 제외하므로 전임시간중의 전투경찰대원, 교정시설경 비교도(병역법 제24조, 제25조)에게는 군형법이 적용되지 않는다. 대리입대의 경우 대리입대자는 입대 시 일응 군인신분을 취득하나(군사법령 질의응답집 제1집), 본인의 경우 입대의사도 없고 현실적인 입 대도 없으므로 민간인에 불과하다(육군고등군법회의 1965.2.11. 선고 64년 고군형항 제584호 판결).
2) 그 근거로는 군수형자는 군무의 일시적 정지상태에 있으므로 군무이탈의 목적이라는 것이 존재할 수 없 다고 한다. 따라서 군수형자가 영창 등을 빠져 나와 부대를 이탈하는 경우에는 단지 형법상 도주죄(형법 제145조 제1항, 제146조)만이 성립될 뿐이라고 한다. 다만, 반대설은 양자의 법정형이 큰 차이가 있으 므로 상상적 경합을 인정하려고 한다. 그러나 이것은 본죄의 보호법익이 군인에 대한 근무명령권이라는 점을 간과한 견해로서 타당하지 않다. 따라서 통설에 따르기로 한다.
3) 판례는 "피고인은 이탈기간중 소속대에 수차 연락한 사실은 인정되나, 군무기피의 목적이란 군무를 기 피하겠다는 의욕은 없어도 군무를 기피한다는 인식으로 충분한 것이므로 위와 같이 이탈기간중의 수차

로 기피할 의사든 불문한다.[4] 특정 또는 불특정기간 내에 귀대할 결심 하에 이탈한 경우에
도 본죄의 성립에는 영향이 없다.

　　이러한 군무기피의 목적은 이탈행위시에 존재함을 원칙으로 한다. 다만, 학설에 따라
서는 형법상 준강도의 법리를 원용하여 이탈기간중에 군무기피의 목적이 생긴 경우에도
범의가 행위시에 소급된다고 하는데, 타당치 않은 견해라고 생각한다.[5] 군무기피의 목적이
없는 본조의 행위는 단지 무단이탈죄가 성립함에 그친다. 그런데 이러한 주관적 구성요건
에 대한 입증은 개인의 내심의사를 그 대상으로 하고 있으므로 실제 곤란한 경우가 많을
것이다. 따라서 본죄에 관한 많은 판례는 직접증거 이외에 정황증거에 의하여 이러한 목적
을 인정하고 있는 경우가 많음을 알 수 있다.[6]

(3) 본죄의 성질

　　본죄는 작위범으로서 범죄분류상 상태범인가, 계속범인가 하는 문제가 있다. 즉 군무
이탈은 이탈의 상태가 일정기간 동안 계속되므로 즉시범이라고 볼 수는 없고,[7] 상태범 혹

　　의 연락이 있었다고 할지라도 피고인에게는 군무를 이탈한다는 인식이 있음을 인정할 수 있다"고 한다
　　(육군고등군법회의 1970.12.8. 선고 70년 고군형항 제1067호 판결; 해군고등군법회의 1972.3.12. 선고
　　72년 고군형항 5호 판결).

4) 대법원 1967.6.11. 선고 67도747 판결: "군형법 제30조에 군무를 기피할 목적이라 함은 영구히 기피할
　　것을 목적으로 하는 것이 아니며, 군형법 피적용자가 같은 목적으로 부대 또는 직무를 이탈하여 다시는
　　자의로 돌아가지 않을 생각이면 족하다." 동지의 판례로는 대법원 1976.3.23. 선고 76도42 판결; 대법
　　원 1969.8.26. 선고 69도1098 판결; 대법원 1969.8.26. 선고 69도1105 판결; 국방부 1966.6.22. 선고
　　66년 고군형항 제38호 판결; 육군고등군법회의 1972.10.9. 선고 72년 고군형항 제630호 판결; 육군고등
　　군법회의 1973.6.30. 선고 73년 고군형항 제298호 판결 등이 있다.

5) 준강도란 절도범이 체포를 일탈하기 위해서 폭행·협박을 가함으로써 강도의 구성요건을 사후에 충족
　　시키는 것으로서 강도죄와 같이 처벌된다(형법 제335조 참조). 그러나 군무이탈에 대해서는 준강도와 같
　　이 명문의 규정이 없으므로 무단이탈자가 사후에 근무기피의 목적을 가졌다고 하여 소급하여 최초 이탈
　　죄에 군무이탈죄의 성립을 인정하는 것은 죄형법정주의의 원칙에 반하는 것이라고 생각된다.

6) 판례는 "군인이 소속부대에서 무단이탈하였을 경우에는 별반의 사정이 없는 한 그에게 군무기피의 목적
　　이 있었던 것이라고 추정할 것이고, 또 군인이 상관의 명령이나 승낙 없이 일정한 기간 그가 소속하는 부
　　대로부터 이탈하였다는 사실 자체가 그 무단이탈에 대한 그의 자백에 관한 보강증거가 된다"고 하고(대법
　　원 1968.9.6. 선고 68도954 판결), "군인이 소속부대에서 무단이탈하였거나 정당한 이유 없이 공용외출
　　후 귀대하지 아니한 경우에는 다른 사정이 없는 한 그에게 군무기피의 목적이 있었던 것으로 추정된다"고
　　한다(대법원 1986.2.11. 선고 85도2674 판결). 판례는 이처럼 군무기피의 목적을 추정하고 있으나, 군무
　　이탈죄와 무단이탈죄의 근본적인 차이가 군무기피의 목적 유무인 점을 감안하면 이탈기간의 장단, 이탈방
　　향 및 방법, 체포시의 상황 등 제반정황증거를 종합하여 군무기피의 목적을 입증하여야 할 것이다.

7) 판례는 종래 즉시범설을 취하여 "군무이탈죄는 소위 즉시범으로서 군인이 군무를 기피할 목적으로 부
　　대나 직무를 이탈함과 동시에 성립되는 것이므로 그 이후의 사정에 속하는 이탈기간의 장단 등은 동죄의
　　성립에 영향이 없다"고 하고 있는데(대법원 1976.6.22. 선고 76도1324 판결; 대법원 1970.7.28. 선고
　　70도1092 판결; 대법원 1963.1.17. 선고 62도236 판결), 이것은 단지 본죄가 계속범이 아니라는 점에서
　　판단한 것으로서 상태범이라는 개념을 상정하지 않았다고 할 것이다. 그러나 사실상 즉시범과 상태범을
　　구별하여 논할 실익은 없으므로 양죄와 계속범과의 구별에만 착안한 견해도 실무상으로는 배정될 수 있
　　는 것이다. 그러나 판례도 위의 판결 직후에 내린 판결에서는 군무이탈죄가 부대나 직무로부터 이탈함으
　　로써 기수로 된다고 하면서, 이어 그 후에도 군무이탈의 위법상태는 계속된다고 함으로써 본죄가 상태범
　　이라는 견해를 취하고 있는 듯한 견해를 보이고 있다(대법원 1976.6.22. 선고 76도1342 판결: "군형법
　　제30조의 군무이탈죄는 군무를 이탈할 목적으로 부대 또는 직무를 이탈하면 곧 성립되는 것이므로 휴가 혹

은 계속범이 될 수 있는 것이다. 일반적인 견해로는 상태범설을 취하고 있다. 그 논거로는
① 본죄가 계속범이라면 위법상태가 제거되지 않는 한 공소시효가 진행될 수 없으므로 군
사법원법이 정한 공소시효(동법 제291조 제 3 호에 따르면 본죄의 경우에는 7년이 된다)가 무색해지
며, ② 계속범설을 취하게 되면 이탈자의 비호는 계속되는 이탈행위에 가담하는 행위이므
로 당연히 본죄의 공범이 될 것이므로 군형법과 같이 이탈자비호죄를 규정할 필요가 없는
것이고, ③ 군무이탈행위는 행위상황에 따라 그 처벌을 달리하고 있는데, 본죄를 계속범으
로 보는 경우 위법상태가 진행하는 도중에 행위상황이 변경되었을 경우, 예컨대 전시에 군
무를 이탈하였으나 이탈기간중 휴전이 성립된 경우에 평시 군무이탈죄로 처벌해야 하는
모순이 생긴다는 점 등을 들고 있다.

(4) 행 위

부대 또는 직무를 이탈하는 것이다. 부대의 개념에 대해서는 용어의 정의에서 언급한
바와 같으나(제 2 조 제 4 호),[8] 직무의 개념은 생각해 볼 필요가 있다. 즉 직무유기죄에서 직
무란 군인에게 부여된 특정 혹은 불특정의 임무임에 반하여, 본죄에 있어서는 직무장소를
의미한다고 할 것이다. 왜냐하면 본죄의 행위가 이탈을 내용으로 하고 있으므로 물리적 개
념이어야 하기 때문이다.[9] 따라서 단순히 직무집행을 하지 않거나 기피하는 것은 직무유기
죄 등이 성립될지언정 군무이탈이라고 할 수 없다.

이탈행위는 현실적으로 자신이 맡은 바 군무를 수행할 수 없는 상태에 도달함으로써
완성된다. 따라서 군무기피의 목적으로 영내에 은거하고 있는 경우에도 이탈로 볼 수 있
다. 또한 이탈행위는 작위에 의하든 부작위에 의하든 불문하며, 정당하게 이탈된 상태를
이용하는 경우도 있다.[10] 다만, 정당한 허가를 받은 경우에는 군무기피의 목적이 있다고 할
수 없는 경우가 많을 것이다.[11] 이탈의 동기는 가정사정·신병·직무염증 기타 이유를 불

허가기간 종료 후 군무를 기피할 목적으로 귀대하지 아니하면 곧 군무이탈죄는 성립되고, 그 후는 군무
이탈의 위법상태가 계속되는 데 불과하다").

8) 다만, 본죄에 있어서 직무 이외에 부대를 따로 이탈장소로 규정할 필요가 있는가 하는 의문이 있다. 즉
여기서 직무를 구체적인 것만을 의미하지 않는다고 본다면, 부대를 이탈하는 것은 곧 직무장소를 이탈하
는 것이 되기 때문에 부대를 따로 규정할 필요는 없는 것이다. 반대로 부대만을 규정하는 경우에는 부대
외에서 파견근무를 하는 자에게 본죄가 적용될 수 없다는 문제가 있다. 따라서 군무이탈은 직무로부터
이탈한 경우라고 규정하는 것이 타당할 것이다.

9) 서면화된 인사발령 없이 국군보안사령부 서빙고분실로 배치되어 이른바 '혁노맹' 사건 수사에 협력하게
된 사정만으로 군무이탈행위에 군무기피목적이 없었다고 할 수 없고, 국군보안사령부의 민간인에 대한
정치사찰을 폭로한다는 명목으로 군무를 이탈한 행위가 정당방위나 정당행위에 해당하지 아니한다(대법
원 1993.6.8. 선고 93도766 판결).

10) 예컨대 휴가나 외박·외출·출장 등의 경우 지정된 귀대시간에 복귀하지 않는 경우를 말한다. 학설에
따라서는 이러한 경우를 제30조 제 2 항의 군무이탈로 보고 있으나, 뒤에 설명하듯이 제30조 제 1 항의
군무이탈에 해당한다고 보는 것이 타당하다(육군고등군법회의 1970.10.27. 선고 70년 고군형항 제928
호 판결; 육군고등군법회의 1970.12.30. 선고 70년 고군형항 제1119호 판결; 육군고등군법회의 1985.
12.19. 선고 85년 고군형항 제328호 판결).

11) "적법허가는 아니더라도 중대장의 승인으로 부대를 나온 경우는 군무기피의 목적이 있다고 할 수 없

문한다.[12]

이탈행위의 착수시기는 구체적인 경우에 따라 다를 것이나 이탈의 의사가 구체적인 행동으로 표현되는 때라고 할 것이고, 기수시기는 이탈행위의 완료와 동시에 도래하며, 그 이후의 사정 여하는 본죄의 성립에 영향이 없다.[13] 휴가미귀의 경우에는 휴가완료로 귀대일시가 도래한 때로부터 기수로 된다.[14]

한편 이탈기간의 장단은 본죄의 기수 여부와는 상관이 없으나 양형상 중요한 고려의 대상이 되는데, 이탈 후 소속부대에 복귀하였다가 복무중 다시 이탈한 경우에는 통상 별개의 군무이탈이 성립한다. 그러나 시초부터 일관하여 군무를 기피할 목적으로 이탈 후 부대에 수차 들렀다 하더라도 이는 군무이탈행위를 실행하는 수단방법에 불과하므로 실질적으로 계속적인 1개의 군무이탈이 있다고 볼 것이다.[15]

(5) 타죄와의 관계

본죄와 무단이탈죄는 주관적 목적의 유무에 따라 군무기피의 목적이 없는 경우에는 무단이탈죄가 성립하는데,[16] 양자의 경합이 있는 경우에는 특별죄인 본죄만이 성립한다. 또한 본죄와 수소이탈죄도 수소이탈의 죄에서 언급한 바와 같이 통상 상상적 경합관계에 서게 된다. 다만, 부대 내의 초소를 벗어나 영외로 탈출한 경우에는 실체적 경합관계에 있다.[17]

다만, 본죄와 명령위반죄는 군무이탈자 복귀명령과 관련하여 문제가 있다. 즉 각군에서는 3년마다 정기적으로 군무이탈자에 대한 복귀명령을 발하여 군무이탈죄의 공소시효를 간접적으로 제한하고 있다. 다시 말하면 군무이탈죄의 공소시효가 완료되었음에도 불구하고, 이미 내려진 복귀명령을 위반했다는 이유로 제47조의 명령위반죄로 처벌하게 되는 것

다"(육군고등군법회의 1967.10.5. 선고 67년 고군형항 제553호 판결)는 판례가 있으며, 이와는 달리 "상관의 명령에 의하여 전속명령에 응하지 않았다고 하더라도 정당한 인사권이 없는 자의 명령에 의한 경우는 군무이탈죄가 성립하지 않는다"(해병대고등군법회의 1972.3.14. 선고 72년 고군형항 제5호 판결)는 판례도 있다. 따라서 허가권자 이외의 사실상의 허가나 허가권자의 허가라도 중대하고도 명백한 하자 있는 허가는 정당한 허가라고 할 수 없다(육군고등군법회의 1973.7.30. 선고 73년 고군형항 제309호 판결; 육군고등군법회의 1973.6.30. 선고 73년 고군형항 제298호 판결).

12) "처자가 생활고로 행방불명된 사정이 있다고 하더라도 그 사정만으로서 군에 귀대할 수 있는 기대가능성이 없어 군무이탈의 범죄나 책임이 없다고 할 수 없다"(대법원 1960.12.23. 선고 69도2084 판결. 동지의 판례로는 대법원 1967.6.20. 선고 67도594 판결; 대법원 1969.6.10. 선고 69도690 판결 참조).

13) 대법원 1976.6.22. 선고 76도1342 판결 : 예컨대 군무이탈 후 소속대대에 전보를 쳐서 지연이유를 알린 경우에도 본죄는 성립하며(육군고등군법회의 1970.6.2. 선고 70년 고군형항 제381호 판결), 이탈 후 부대에 수차 들렀던 사실이 있어도 그것이 군무이탈을 위한 수단으로서 행하여진 경우에는 역시 군무이탈죄의 성립에 영향이 없다(대법원 1973.9.25. 선고 73도2072 판결).

14) 육군고등군법회의 1974.4.16. 선고 74년 고군형항 제69호 판결.

15) 대법원 1973.9.25. 선고 73도2072 판결.

16) 군형법 제30조 제2항의 군무이탈의 경우에는 주로 이탈기간의 장단이 무단이탈과 구별기준이 된다.

17) 초병이 일단 그 수소를 이탈하면 그 이탈행위와 동시에 수소이탈죄는 완성되고, 그 후 다시 부대에 복귀하기 전이라도 별도로 군무를 기피할 목적을 일으켜 그 직무를 이탈하였다면 초병의 수소이탈죄와 군무이탈죄가 각각 독립하여 성립하고, 그 두 죄는 서로 실체적 경합범의 관계에 있다(대법원 1981.10.13. 선고 81도2397 판결).

이다.[18] 명령위반죄도 3년의 공소시효(군형법 제47조 및 군사법원법 제291조 제 5 호)에 걸리므로,[19] 그러한 시효진행을 막기 위하여 3년마다 명령을 발하는 것은 실질적으로 사후입법의 금지라는 죄형법정주의의 원칙에 반하는 것이라고 본다.[20] 따라서 그러한 복귀명령은 군무이탈죄의 공소시효가 진행되는 동안에 내려진 것에 한하여 유효하다고 보아 이탈자를 군무에 복귀시키는 데 주안점을 두어야 할 것이다.[21]

한편 복귀명령의 대상은 군무이탈자이다. 학설에 따라서는 현역군인의 신분을 유지한 자에 한정하고 있으나, 군형법 제 1 조 제 5 항에 따라 군인으로서 범죄를 범한 후 신분의 변동이 생긴 경우에도 군형법이 적용되므로 타당하지 않다.

2. 제30조 제 2 항의 군무이탈죄

(1) 주   체

부대 또는 직무에서 이탈된 사람이다. 여기서 '이탈된 사람'이라 함은 군무기피의 목적 없이 이탈상태에 있는 자로서, 적법한 이탈자 및 무단이탈자를 말한다. 여기서 말하는 '적법'이라는 개념은 불법한 이탈이 아니라는 의미로 사용한 것에 불과하고, 반드시 법적 근거를 갖추어야 하는 것은 아니다.

그리고 여기서의 '이탈'은 이탈기간이나 이탈상태가 이탈 당시 모두 불특정한 것이어야 한다. 적법하고 특정된 이탈기간이나 이탈상태의 경우(예컨대 외출, 외박, 휴가, 출장 등)는 여기서 말하는 '이탈'이 아니다. 다만, 이 경우는 제30조 제 1 항의 군무이탈죄의 대상이 될 수 있다.

예컨대 일정한 기간의 휴가를 받아 부대를 나간 자는 적법하고 특정된 이탈상태에 있

---

18) 군무이탈자복귀명령이 군형법 제47조가 말하는 정당한 명령에 속하는가 하는 점에 대하여 판례는 이를 긍정해 오고 있으며(대법원 1968.7.16. 선고 68도1834 판결; 대법원 1969.3.18. 선고 68도1836 판결 등), 본 명령이 매스컴을 통하여 전국에 알려졌다면 이탈자는 복귀명령의 존재 및 내용을 알았던 것으로 추정한다는 판례가 있다(육군고등군법회의 1974.12.13. 선고 74년 고군형항 제669호 판결). 또한 군무이탈자에 대하여 자수하라는 명령은 군무이탈죄에 대한 공소시효가 완성된 자에 대하여도 정당한 명령이 된다는 판례가 있다(대법원 1969.4.15. 선고 68도1833 판결). 한편 헌법재판소는 군무이탈자 복귀명령 위반행위를 명령위반죄로 처벌하는 것에 대해 그 합헌성을 인정하였다(헌법재판소 1995.5.25. 선고 91헌바20 결정).

19) 군형법 개정으로 명령위반죄의 공소시효가 5년으로 변경되었으므로 복귀명령의 발령주기도 변경될 것으로 예상된다.

20) 왜냐하면 그러한 편법을 통하여 공소시효의 완성으로 처벌되지 않는 군무이탈행위를 사후의 명령에 의하여 처벌하는 결과가 되기 때문이다. 따라서 사견으로는 빈발하고 있는 군무이탈범을 고려하여 군무이탈죄 자체에 공소시효를 연장하는 것이 군형사정책상 타당하리라고 본다. 다만, 군무이탈자의 자진복귀를 유도하기 위하여 복귀명령을 내는 것은 본문에서 말하는 제한을 두어 인정하는 것이 군형사정책상 타당하리라고 생각한다.

21) 따라서 공소시효기간 내에 체포기소된 경우 군무이탈죄와 명령위반죄가 동시에 성립하게 된다. 양자의 관계에 대하여 학설과 판례상 확립된 원칙은 없으나, 명령위반죄 부분에서 후술하는 바와 같이 명령위반죄를 보충규정으로 보아 본죄만이 성립한다고 할 것이다.

으므로 제30조 제 2 항의 이탈된 자에 해당하지 아니한다. 다만, 귀대일시가 도과하므로 인하여 위법한 이탈이 되고, 당시 군무기피의 목적이 있었다면 즉시 제30조 제 1 항의 군무이탈이 성립하는 것이다.[22]

그렇다면 제30조 제 2 항은 어떠한 경우에 적용된다고 할 것인가. 이에 관한 판례는 ① 군무이탈자는 물론 외출·외박·출장·전속 등을 위한 이탈자를 제외한 일체의 이탈로서 천재지변 기타 법령에 의하여 이탈이 허용된 경우 및 전투행위중 위난에 처하여 부대가 분산된 경우, 상관의 명령에 의한 이탈 등을 들고 있는 경우와[23] ② 군무이탈자의 소속대가 부대의 해산·통폐합 등의 부득이한 사유로 인하여 이탈자와 원소속부대 간에 신분적 규율관계가 소멸된 경우에 한정된다는 견해[24]가 있다. 양자가 합법하고 불특정한 이탈만을 그 적용대상으로 한다는 점에서 동일하며, 실제상으로도 큰 차이가 없다. 다만, 제30조 제 1 항의 군무이탈죄가 광범위하게 적용된다는 점과 별도로 무단이탈죄가 있다는 점을 고려한다면, 가능한 한 한정적으로 해석함이 타당하다고 본다.

무단이탈상태에 있는 자도 여기서의 이탈자가 될 수 있다. 무단이탈은 군무기피의 목적이 없는 일시이탈인바, 군무기피의 목적 없이 장시일 이탈중에 있다면 군무기피의 목적이 없으므로 제30조 제 2 항의 군무이탈에 해당할 것이다.[25]

(2) 행   위

정당한 사유 없이 상당한 기간 내에 복귀하지 아니한 것이다. 본죄의 성립에는 군무기피의 목적은 필요하지 아니하나 '정당한 사유'를 그 요건으로 하고 있다. 즉 상당한 기간 내에 복귀하지 아니한 사유가 정당한 것이라면 본죄가 성립하지 아니한다.

정당한 사유는 객관적으로 보아 타당한 것이어야 하며, 구체적인 경우에 따라 판단하여야 한다. 그러나 군조직의 특수성에 비추어 그 범위는 매우 한정적으로 인정된다고 할 것이므로 불의의 사고로 귀대불능을 타전한 경우, 교통기관의 불통, 범법행위로 인한 구속

---

22) 육군고등군법회의 1970.10.27. 선고 70년 고군형항 제928호 판결; 육군고등군법회의 1970.12.30. 선고 70년 고군형항 제1119호 판결; 특히 육군고등군법회의 1985.12.19. 선고 85년 고군형항 제328호 판결에서는 제30조 제 2 항의 표현이 '지정된 일시에 복귀하지 아니한 자'라고 되어 있지 아니하고, '상당한 기간 내에 복귀하지 아니한 자'라고 되어 있는 것에 비추어 보더라도 휴가 또는 출장 등의 미귀의 경우는 이에 해당하지 아니한다고 한다.
23) 육군고등군법회의 1969.7.15. 선고 69년 고군형항 제416호 판결.
24) 육군고등군법회의 1979.10.27. 선고 70년 고군형항 제928호 판결; 육군고등군법회의 1970.12.30. 선고 70년 고군형항 제1119호 판결; 육군고등군법회의 1985.12.19. 선고 85년 고군형항 제328호 판결.
25) 앞의 예인 휴가미귀의 경우에 미귀 당시 군무기피의 목적이 있었으면 즉시 제30조 제 1 항의 군무이탈이 성립됨은 물론이나, 미귀 당시 군무기피의 목적이 없었음이 인정된다면 미귀가 일시인 경우는 무단이탈이 성립되고, 이 무단이탈자가 일시이탈중에 군무기피의 목적을 야기시키면 그 때부터 즉시 제30조 제 1 항의 군무이탈이 성립한다. 그러나 위 일시무단이탈자가 계속 군무기피의 목적 없이 장시일 미귀하면 제30조 제 2 항의 군무이탈이 성립하게 된다. 이론상으로는 위와 같이 해석되나 실무상으로 무단이탈자가 장시일 미귀할 경우, 군무기피의 목적이 없었다고 인정하기는 곤란할 것이다. 심지어 판례는 일시미귀의 경우도 정당한 이유가 없으면 군무기피의 목적이 있었던 것으로 추정한다.

등의 경우에만 정당한 사유라고 할 수 있다.

상당한 기간이란 본죄와 무단이탈죄를 구별하는 결정적인 기준으로서, 이탈된 상태에서 제반 사정상 인정되는 복귀에 필요한 최단의 시간을 의미한다고 보아야 한다.[26] 물론 이탈 후에 통신·방송 기타 공고를 통하여 객관적으로 기간이 정하여지는 경우에는 그 기간에 따라야 한다. 복귀는 현실적인 복귀를 의미하므로 서신의 발송 등은 여기에서 말하는 복귀가 아니며, 원대의 지시가 없는 한 반드시 원대에 한하지 않는다. 예컨대 교통두절의 경우, 인근 부대나 군사경찰대 등에 지체 없이 출두하게 되면 이탈이 되지 않는다고 생각된다.

(3) 처   벌

본죄의 처벌은 제30조 제1항의 경우와 같다. 다만, 본죄는 '복귀하지 않는' 것이므로 부작위범의 일종이고, 따라서 현실적으로 미수범이 성립될 여지가 거의 없다. 따라서 본죄에 대한 미수범의 규정은 입법론상 의문이 있다.

II. 특수군무이탈죄

> 제31조 위험하거나 중요한 임무를 회피할 목적으로 배치지 또는 직무를 이탈한 사람도 제30조의 예에 따른다.

1. 의   의

본죄는 특수임무회피의 목적을 요하는 목적범의 일종으로서 군무이탈의 목적에 속하는 것이므로 군무이탈죄의 특별죄라고 할 수 있다. 다만, 양자가 그 규정형식이 유사하고 뿐만 아니라 동일한 법정형으로 처벌하고 있으므로 구태여 특수군무이탈죄라는 별도의 규정을 둘 필요가 있는가 하는 의문이 있다. 사견으로 본죄는 제30조의 적용에 의해서 해소될 수 있고, 그러한 신분을 가진 자에 대해서도 양형상으로 고려할 수 있으므로 무의미한 규정이라고 생각된다. 입법론상으로는 본조를 삭제하는 편이 타당하리라고 본다.

2. 주   체

군무이탈죄의 주체와 같으나 위험 또는 중요한 임무의 수임자에 한한다. 지휘관이나 초병은 별도의 규정(전술한 수소이탈의 죄)이 있으므로 본죄의 주체가 될 수 없을 것이다.

---

26) 외국의 입법례로서 독일 군형법 제15조 제3항은 1개월 이상 돌아오지 아니한 경우라고 규정하고, 대만 군형법 제93조에서는 3일을 경과하는 경우라고 규정하며, 이탈리아 군사법전 제148조에는 5일로 규정되어 있다.

3. 주관적 위법요소

위험 또는 중요한 임무를 회피할 목적(intend to avoid hazardous duty or to shrink important service)을 필요로 한다. 이러한 목적은 단순한 군무기피의 목적보다 구체적인 것이다.

먼저 위험한 임무란 신체나 생명에 대하여 위난을 야기할 가능성이 있는 임무로서 직무상의 위험을 의미한다. 일정한 임무가 위험성이 있는가의 여부는 객관적으로 판단될 문제이므로, 설령 이탈자 자신이 위험한 임무라고 착각한 경우에도 객관적 위험이 없는 한 그 이탈은 단순군무이탈에 그친다.

중요한 임무란 비대체적 행위의무라든가 군의 기능수행과 밀접한 관련이 있는 임무를 말하며, 일정한 임무가 위험하거나 중요한가의 여부는 행위상황을 기준으로 결정될 문제이다. 이는 전시·평시를 막론하고 일반적으로 전투중의 근무, 위험지역의 근무, 해상이나 공중에서의 근무 등이 있을 것이다.

본죄가 성립하기 위해서는 이러한 주관적 목적 이외에 자신이 위험하거나 중요한 임무에 참여하고 있다는 인식이 있어야 함은 일반 고의의 원칙상 당연하다.

4. 행   위

배치지나 직무를 이탈하는 것이다. 배치지도 역시 직무수행지의 일부이므로 군무이탈죄의 경우와 마찬가지로 직무의 개념에 포함하는 것이 타당할 것이다. 배치지는 개인적으로 배치되었든 부대가 전체적으로 배치되었든 불문하며, 배치지에서의 구체적인 임무내용도 불문한다.

이탈행위는 위의 목적을 가지고 적어도 시간상으로나 거리상으로 보아 용이하게 배치지나 직무에 복귀할 수 없을 정도에 이르러야 한다. 군무이탈죄와 마찬가지로 단순한 직무기피나 불이행은 본죄의 행위가 될 수 없음은 물론이다.

한편 위험하거나 중요한 임무를 가진 자가 그 임무를 기피할 목적 없이 무단히 직무를 이탈하여 상당한 기간 내에 복귀하지 않는 경우에 제30조 제2항의 군무이탈죄를 적용할 수 있겠는가 하는 문제가 있다. 본조가 그러한 행위를 규정하고 있지 않으므로 단순군무이탈로 봄이 타당하다.

5. 처   벌

본조의 처벌은 제30조 제1항의 예에 따르며, 미수범은 처벌된다(제34조).

Ⅲ. 이탈비호죄

> 제32조   제30조 또는 제31조의 죄를 범한 사람을 숨기거나 비호한 사람은 다음 각 호의
> 구분에 따라 처벌한다.
>   1. 전시, 사변 시 또는 계엄지역인 경우 : 5년 이하의 징역
>   2. 그 밖의 경우 : 3년 이하의 징역

1. 의   의

본죄는 군무이탈자를 은닉 · 비호하는 것을 내용으로 하고 있으며, 그 본질은 형법 제
151조의 범인은닉죄에 대한 특별죄임과 동시에 군무이탈죄의 사후종범이라고 할 수 있다.

즉 이탈자비호죄는 군인의 신분과 행위객체의 특수성(단순 혹은 특수군무이탈죄를 범한 자
만이 본죄의 은닉 · 비호행위의 객체가 된다)을 가진 점에서 범인은닉죄에 대한 특별죄이므로, 본
죄가 성립하는 경우에는 범인은닉죄가 성립하지 않는다. 한편 본죄는 이탈이라는 위법상
태에 가공하여 군의 조직에 대한 침해를 조장하는 이탈자비호행위를 처벌하기 위하여 규
정된 것이라는 점에서 범인은닉죄와는 보호법익을 달리하는 범죄로서 사후종범의 형식을
취하고 있는 것이다.[27]

2. 주   체

본죄의 주체는 군인 혹은 준군인이다. 따라서 민간인이 본죄의 행위를 한 경우에는 형
법 제151조 제1항의 범인은닉죄에 해당된다. 다만, 이탈자의 친족 또는 동거의 가족이 본
인을 위하여 은닉 · 비호한 경우에는 처벌되지 않는다(형법 제151조 제2항).

그러나 군인인 부가 군인인 아들의 이탈행위를 은닉 · 비호한 경우에는 위와 같은 친
족간의 특례를 부정해야 한다고 생각한다. 왜냐하면 ① 본죄는 범인은닉죄와는 별개의 범
죄로서 본조가 적용되는 경우 범인은닉죄와 친족에 대한 특례규정은 적용될 수 없으며, ②
범인은닉죄에 대하여 인적 처벌조각사유를 둔 것은 실질적으로 그러한 경우에 적법행위에
대한 기대가능성이 없기 때문인데, 군형법상의 기대가능성은 공익의 차원에서 판단되어야
할 문제이므로 군의 실체를 파괴하는 성질을 가지는 이탈자비호는 기대가능성이 제한되지
않으면 안 되므로 본죄에는 친족간의 특례가 인정될 수 없는 것이다.

3. 객   체

본죄의 객체는 군무이탈죄 또는 특수군무이탈죄를 범한 자이다. 범인은닉죄의 경우와

---

27) 사후종범이란 범죄가 완료된 이후에 범인은닉, 증거인멸 등을 행하는 것으로 사후방조가 아니라 독립
된 범죄비호유형이다.

같이 진실로 그러한 죄를 범한 자에 한하는가, 또는 피고인 및 피의자도 포함하는가 하는 의문이 있다. 본죄는 군무이탈에 대한 군의 사법작용을 저해하는 범죄이므로 피의자나 피고인은 물론 그런 소송법상의 지위를 갖지 않은 이탈자 일반이 본죄의 객체가 될 수 있으며, 오히려 그러한 사실상의 군무이탈자에 대한 경우가 대부분일 것이다. 따라서 사실상 군무이탈의 상태에 있는 자인 이상 수사개시나 공소제기 여부와 무관하며, 병적확인서 등에 군무이탈자로 기재되었는가의 여부와도 무관하다.

다만, 재판결과 무죄이거나 진범일 경우라도 시효완성 후에는 본죄의 객체가 되지 않는다. 물론 그러한 경우에도 행위자가 그러한 사정을 인식하고 있어야 할 것이다.

4. 행 위

본죄의 행위는 은닉과 비호이다. 은닉은 제14조 제 3 호의 적은닉비호죄에서 언급한 바와 같이 관헌의 발견 또는 체포를 면탈케 할 장소의 제공을 의미하며, 비호의 일종이라고 할 수 있다.

비호란 일체의 원조행위로서 본조에서는 이탈자로 하여금 처벌을 면하게 하는 일체의 행위, 즉 인적·물적 비호를 의미한다. 따라서 범인은닉죄와 같이 범인을 도피시키는 행위도 비호에 속하며, 숙식제공, 금전제공, 관헌에 허위신고, 당직근무자가 일일보고 병력현황란에 미기재하는 것 등도 모두 비호라고 할 수 있다.

한편 이탈자를 은닉·비호한 경우에는 비호의 일죄만 성립한다.

5. 처 벌

본죄는 전시·사변·계엄지역인 경우와 기타의 경우를 나누어 처벌한다. 다만, 본죄가 적전에서 행해진 경우에 대해서는 법정형을 별도로 두고 있지 않은데, 적전이라는 것이 반드시 전시를 전제로 하고 있지 않으므로(본문 '용어의 정의' 중 적전의 개념 참조) 해석상 기타의 경우로 처벌할 수밖에 없을 것이다. 입법론상 의문이 있다. 하나의 이탈자비호가 전시 이탈자비호인가 기타 이탈자비호인가의 판단은 비호행위 자체의 행위 시기나 장소를 기준으로 해야 함은 본죄가 독립된 범죄인 이상 당연한 것이다.

한편 본죄의 미수범을 처벌하도록 규정하고 있는데(제34조), 형법상 범인은닉죄 미수의 경우에 처벌하지 않는 점에 비추어 볼 때 입법론상 의문이 있으며, 사실상으로도 비호행위의 미수라는 것은 상정하기 곤란할 것이다.

IV. 적진도주죄

> 제33조 적진으로 도주한 사람은 사형에 처한다.

1. 의 의

본죄는 군인이나 준군인이 맡은 바 직책을 방기하고 적에게 도주함으로써 개인적으로 항복이라는 비겁행위를 한 것이며, 국가적으로는 국가나 군의 위신을 추락시킴과 동시에 군의 사기나 전투력을 저해하는 것이므로 극형에 처하고 있는 것이다.

국가보안법 제 6 조 제 1 항 후단에 의하면 "국가의 존립·안전이나 자유민주적 기본질서를 위태롭게 한다는 정을 알면서 반국가단체의 지배 하에 있는 지역으로 탈출한 자"에게는 탈출죄가 성립한다. 본죄는 국가보안법 제 6 조 제 1 항 후단의 탈출죄에 대한 특별죄이다.[28] 따라서 민간인이 본조의 행위를 한 경우에는 국가보안법의 탈출죄가 성립하지만, 군인이 본조의 행위를 한 경우에는 적진도주죄가 성립한다. 다만, 군인이 군무기피의 목적으로 적진이 아닌 반국가단체의 지배 하에 있는 지역으로 탈출한 경우에 탈출죄와 군무이탈죄의 관계가 문제로 된다.

판례는 양자를 실체적 경합으로 인정하고 있으나,[29] 우선 적진으로 도주하기 위하여 군무를 이탈한 경우에는 군무이탈은 적진으로 도주하기 위한 전형적 또는 불가벌적 수반행위이므로 법조경합이 되어 적진도주죄가 성립한다. 만약 군무를 이탈한 이후에 적진으로 도주한 경우에는 실체적 경합이 된다.

2. 행 위

적진으로 도주하는 것이다.

적진이란 적의 진영이나 진지를 말하며, 적이란 전시에 조직된 적의 부대나 교전단체 및 반도(叛徒) 단체를 말한다. 다만, 국가보안법이 규정한 반국가단체가 지배하는 지역은 본죄가 말하는 적보다 외연이 큰 개념으로서 보아야 하며, 반국가단체로 가는 것만으로는 본죄가 성립하지는 않는다.

도주는 대한민국의 실력적 지배를 벗어나 적의 지배 하에 들어가는 것을 말하며, 적과의 사전연락 여부는 본죄의 성립에 영향이 없다. 다만, 군무기피의 목적으로 적에게 도주하는 경우(일반적으로 적진도주는 적전군무이탈이 예상되므로 통상의 경우라고 할 수도 있다) 적전군

---

28) 판례도 양자의 행위태양이 유사하고 국가보안법(구 반공법 제 6 조 제 1 항의 규정)이 군형법에 비하여 적용대상에 제한이 없고, 탈출지역이 반국가단체가 지배하는 지역으로서 광범위하다는 점을 들어 '군형법 제33조의 적진에의 도주죄는 반공법 제 6 조 제 1 항(현행 국가보안법 제 6 조 제 1 항 후단)의 탈출죄에 대한 특별법'이라 하고 있다(육군고등군법회의 1972.4.25. 선고 72년 고군형항 제26호 판결).
29) 육군고등군법회의 1964.4.22. 선고 94년 고군형항 제35호 판결.

무이탈죄와 적진도주죄가 동시에 성립하게 되는데, 양자는 그 보호법익을 달리하는 범죄이다. 만일 그것이 한 개의 행위로 발생한 것이라면 상상적 경합이 되나, 별개의 행위인 경우에는 실체적 경합이 된다고 봄이 타당하다.[30]

---

30) 한편 판례는 "적진도주죄는 적전군무이탈죄와 법조경합관계에 있고, 적진도주죄가 우선 적용된다"고
한다(육군고등군법회의 1978.5.13. 선고 78년 고군형항 제23호 판결).

제 8 장

직무에 관한 죄

제 1 절 총 설

군형법은 제 2 편 제 7 장에서 군인이 직무상 의무를 위반하거나 직무를 태만히 함으로써 직무의 내용을 침해하는 행위를 규정하고 있다.

본장의 범죄는 행위태양에 따라 ① 군무를 수행함에 있어서 맡은 바 직무를 고의·과실로 충실히 수행하지 않음으로써 직무에 지장을 초래하는 소극적 행위유형(제35조의 근무태만)과 ② 적극적인 행위를 통하여 직무나 그에 따른 명령을 위반하는 행위유형(제36조 내지 제43조의 죄)이 있다. 따라서 군형법이 본장의 죄를 단순히 군무태만의 죄라고만 규정한 것은 의문이 있으며, 단순히 입법기술상의 편의에 따른 규정이라고 생각된다.

제 2 절 범죄유형

Ⅰ. 근무태만죄

> 제35조 근무를 게을리 하여 다음 각 호의 어느 하나에 해당하는 사람은 무기 또는 1년 이상의 징역에 처한다.

본죄는 군인이 맡은 바 직책을 다하지 않고 직무수행을 태만히 하는 행위 중에서 특히 비난가능성이 높은 것을 규율하고 있는 것이다.

원래 군인은 국가에 대하여 충성을 다하고, 복무기간중 성실히 그 직무를 수행하여야
하며, 직무상의 위험 또는 책임을 회피하거나 상관의 허가를 받지 않고 직무를 이탈해서는
안 된다. 따라서 이러한 직무수행상의 의무를 다하지 않는 경우에는 징계의 대상이 된다.
그러므로 본조의 행위도 본래 징계사유가 됨에 그칠 것이나, 특히 군의 전투력이나 조직에
중대한 영향을 미칠 수 있다는 점을 중시하여 범죄로서 규정하고 있는 것이다.

다만, 본조의 처벌을 무기 또는 1년 이상의 징역이라고 하여 법정형의 범위가 너무 광
범위한 감이 있다. 물론 각 행위가 다양하므로 그 형을 탄력적으로 적용하기 위한 의도라
고 생각되나 입법론상으로 의문이 있다. 이하에서는 근무태만의 행위유형을 각각 나누어
서 설명하기로 한다.

1. 전투준비태만죄

> 제35조 1. 지휘관 또는 이에 준하는 장교로서 그 임무를 수행하면서 적과의 교전이 예측되
> 는 경우에 전투준비를 게을리 한 사람

(1) 의   의

전투는 군의 본연의 사명이므로 전투준비를 담당할 자가 이를 태만히 하는 경우에는
중한 책임을 지는 것이다. 특히 적과의 교전이 예측되는 경우에 전투준비를 태만히 하는
것은 전투력의 발휘에 막대한 지장을 가져오므로 그 비난가능성이 큰 것이다. 따라서 본죄
는 근무태만죄의 가장 전형적인 예라고 할 수 있는 것이다.

(2) 주   체

지휘관이나 지휘관에 준하는 장교이다. 따라서 지휘관이 아닌 자나 병의 행위는 본죄
의 대상이 되지 않고 항명의 죄나 징계사유가 됨에 그친다. 또한 지휘관은 반드시 전투부
대의 지휘관일 필요는 없다.

지휘관에 준하는 장교라 함은 군형법 제2조 제2호에서 말하는 지휘관의 직무에 준
하는 직무를 수행하는 자로서 전투준비를 할 수 있는 지위에 있는 장교를 말한다. 다만,
사실상 지휘권을 행사하는 자는 앞서 지휘관에 대한 용어의 정의에서 언급한 바와 같이 지
휘관의 개념 속에 포함되므로 지휘관에 준하는 장교에 속하지 않을 것이다. 구체적인 행위
상황에 따라서는 소대장도 지휘관에 준하는 장교라고 할 것이다.[1]

(3) 행   위

임무를 수행함에 있어서 적과의 교전이 예측되는 경우에 전투준비를 태만히 하는 것

---

1) 소대장이 지휘관에 준하는 자라고 할 수 있는가 하는 문제가 있는데, 판례는 전투준비태만죄에 있어서
   소대장의 경우에도 전투준비태만죄를 인정하고 있다(대법원 1983.10.11. 선고 82도2108 판결).

이다.[2]

　　임무를 수행한다 함은 지휘관이나 그에 준하는 자의 임무수행을 의미하며, 임무수행 중이 아니면 전투준비를 태만히 하더라도 본죄가 성립하지 않는다.

　　적과의 교전이 예측되는 경우라 함은 객관적 상황으로 보아 교전가능성이 있는 경우로서, 일방적인 공격의 필요성이 있는 경우나 방어를 위한 교전이 요구되는 경우를 포함한다.[3],[4] 한편 전투준비를 태만히 한다 함은 전투준비에 관하여 할 바를 다하지 않고 이를 해태하는 것으로 고의·과실을 불문한다.[5] 다만, 전투준비를 아예 방기하는 경우에도 본죄가 적용될 것인가 하는 문제가 있는데, 일반적으로 이를 긍정하고 있다. 즉 그러한 경우를 제외한다면 지휘관에 준하는 자가 전투준비를 방기하는 경우에 불가벌로 될 우려가 있으며, 지휘관의 경우에는 직무유기죄로 처벌되는 불합리한 결과가 생기게 되고, 본조의 행위에서 고의적인 직무기피를 제외할 필요가 없으며, 근무태만죄가 다른 유기행위(동조 제2호·제3호 등)를 처벌하고 있는 점에 비추어 본다면 전투준비를 방기하는 경우에도 본조가 적용된다고 봐야 할 것이다.[6]

　　전투준비의 정도는 구체적인 상황에 따라 다를 것이나, 최대한의 전투기능발휘와 전승의 결과를 가져올 수 있는 전투준비만이 군이 요하는 것이므로, 별다른 사유가 없는 한 완전무결한 것임을 요한다.[7] 전투준비는 직접적인 것은 물론 간접적인 전투지원행위도 포

---

2) 대법원 1980.3.11. 선고 80도141 판결.

3) "군형법 제35조 제1호에서 말하는 적과의 교전이 예측되는 경우란 반드시 적과 대치하여 교전할 수 있는 상태만을 가리키는 것이 아니고, 무장공비의 침투를 막기 위하여 병력을 배치하고 공비가 나타나면 언제든지 교전할 수 있는 태세로서 경비를 하고 있는 경우도 포함된다 할 것이다"(대법원 1970.4.14. 선고 69도1788 판결)라는 판례가 있다. 우리나라의 경우 전지역의 모든 상황이 적과의 교전이 예상되는 상황이라고 할 수도 있으나, 사견으로는 적전 내지는 그에 준하는 구체적 상황으로 한정하여 이해하는 것이 타당하다고 본다.

4) 지휘관이 객관적으로 적과의 교전이 예상되는 경우임에도 불구하고 주관적으로 이를 인식하지 못한 경우에 본죄가 성립하는가 하는 의문이 있다. 일반적인 견해로는 이를 인식하지 못한 것이 근무태만으로 인한 것인 경우에 과실범으로서 본죄가 성립한다고 한다. 그러나 본죄의 과실범에 대한 처벌규정이 없고, 전투준비태만이라는 본죄의 과실범적 성격을 강조하여 그 이전단계인 인식에 대한 과실을 처벌하는 것은 논리의 비약이라고 생각한다. 따라서 그러한 경우에 본죄가 성립하지 않고, 다만 징계사유가 됨에 그친다고 본다.

5) 대법원 1983.10.11. 선고 82도2108 판결: "휴전선 남방한계선 방책선 경계근무를 임무로 하는 소대장이 방책선 경계근무시간중에 선임분대장에게 근무병력을 배치하도록 하고 소속선임하사실에서 술을 마신 소위는 전투준비태만죄에 해당하고, 평소 소속대원에 대한 정신교육을 실시한 사실만으로 위 죄의 성부에 영향이 없다."

6) 이렇게 본다면 지휘관이 전투준비를 방기한 경우 직무유기죄와 본죄가 동시에 성립하게 되고, 양죄는 상상적 경합관계에 있다고 보아야 할 것이다.

7) "초소간의 공간에 조명지뢰·부비트랩·경보기 등을 설치하지 않는 것이 그러한 장비가 지급되지 않았기 때문이며, 중대장의 재량사항인 크레모아는 민가가 근접하여 위험하다고 판단되어 이를 설치하지 않았다면 군형법 제35조 제1호에 해당되지 아니한다"(대법원 1979.6.26. 선고 79도1107 판결). 또한 "군형법 제35조 제1호의 전투준비태만죄는 작전에 실패하였다는 결과에 의하여 성립하는 것이 아니고, 통상적인 능력을 갖춘 지휘관으로서 마땅히 하여야 할 전투준비를 태만히 한 경우에 성립하는 것이므로 불가능한 전투준비 또는 부적당한 전투준비를 태만히 한 경우에는 본죄가 성립하지 않는다"(대법원 1980.

함하여 전투와 관계 있는 모든 전투행위를 의미한다 할 것이다.

2. 부대 등 유기죄

> 제35조 2. 장교로서 부대 또는 병원(兵員)을 인솔하여 그 임무를 수행하면서 적을 만나거나 그 밖의 위난(危難)에 처하여 정당한 사유 없이 부대 또는 병원을 유기한 사람

(1) 의   의

장교는 "직무수행에 있어서 어떠한 위험이나 어려움이 따르더라도 이를 회피함 없이 성실하게 그 직무를 수행하여야" 할 책임(군인복무기본법 제21조 참조)이 있다. 특히 위난에 처하여 부대나 병원(兵員)을 유기하는 행위는 군의 전투력에 막대한 지장을 초래할 뿐만 아니라, 부대나 병원의 신체적 안전을 위협하는 것이므로 형법상의 책임을 지우고 있는 것이다. 따라서 본죄는 순정군사범의 일종으로서 군의 병력유지보호를 보호법익으로 하는 군무위반죄라고 할 수 있다.[8]

(2) 주   체

부대 또는 병원(兵員)을 인솔하여 그 임무를 수행함에 있어서 적과 조우하거나 위난에 처한 장교이다. 여기서 병원이라 함은 부대에 이르지 않는 군인의 집합체나 개별 군인으로서 그 수에는 제한이 없다. 또한 임무수행도 장교로서 포괄적인 임무수행으로 족하다. 다만, 부대나 병원의 인솔을 요한다. 물론 부대나 병원의 인솔 자체가 장교의 임무인 경우에는 별도의 임무수행을 요하지 않을 것이다.

적과 조우하거나 위난에 처한다는 것은 현실적으로 그러한 사태가 발생하였을 때에 한정된다. 착오로 적과 조우하였다고 생각하거나 위난에 처하였다고 생각하고 부대 등을 유기한 경우에는 본죄가 성립되지 않는다. 또한 적과 조우는 우연히 만난 경우에 한정되며, 이미 적과 만날 것이 예견되는 경우에는 일반이적죄에 해당될 것이다.

(3) 행   위

정당한 사유 없이 부대 또는 병원을 유기하는 것이다. 정당한 사유란 위법성조각사유를 의미함은 앞에서 설명한 바와 같다.[9] 유기(遺棄)란 이기(移棄)와 치거(置去)를 포함하며,

---

3.11. 선고 80도141 판결).

8) 학설에 따라서는 본죄를 형법 제271조의 유기죄에 대한 특별죄로 보고 있으나(이진우, 군형법, 법문사, 1973, 133면), 유기죄는 개인적 법익을 보호하는 규정임에 반하여 본죄는 국가적 법익에 관한 죄이며, 부대나 병원이 형법상 유기죄의 객체인 요부조자에 해당된다고 할 수 없으므로 전혀 그 성격을 달리하는 것이라고 생각된다. 따라서 장교 아닌 자가 본조의 행위를 한 경우에는 형법상 유기죄가 성립하지 않고 일반이적죄 등의 성립만이 문제로 된다.

9) 판례는 "피고인과 같은 지위에서 근무하는 장교로서는 아무도 피고인이 취한 행동 이상의 행위를 기대할 수 없었다고는 볼 수 없다"고 하여 정당한 사유를 적법행위에 대한 기대가능성으로 보는 듯하다(대법

자기가 인솔하는 부대나 병원을 보호 없는 상태에 두는 것을 말한다. 이기(移棄)란 부조가 필요한 자를 적극적으로 다른 장소에 옮기는 장소적 이전을 말하며, 치거(置去)는 소극적으로 보호 없는 상태에 방치하고 떠나는 것을 말한다. 다만, 본죄에 있어서 유기라 함은 이미 적과 조우하거나 위난에 처한 경우를 상정하고 있으므로, 그러한 상태에 그대로 방치하는 경우인 치거만을 의미한다고 할 것이며, 이 점에서도 형법상 유기죄와 구별된다 할 수 있다. 한편 그러한 유기행위만 있으면 부대나 병원의 생명·신체에 대한 위험의 발생가능성이 있는가 여부는 불문한다.[10]

본죄는 장교가 부대 또는 병원을 방기하고 직무를 이탈하는 행위이므로 군무이탈행위를 수반하게 된다. 다만, 군무이탈죄는 군무기피의 목적을 필요로 하고, 본죄가 군무이탈죄보다 형이 가벼운 경우도 있으므로 본죄를 군무이탈죄에 대한 특별죄라고 볼 수 없으며, 양자를 상상적 경합관계로 보아야 할 것이다.

3. 공격불이행죄

> 제35조 3. 직무상 공격하여야 할 적을 정당한 사유 없이 공격하지 아니하거나 직무상 당연히 감당하여야 할 위난으로부터 이탈한 사람

(1) 의 의

본죄는 직무를 태만히 하여 직무상 공격하여야 할 적에 대하여 공격하지 않는 경우(부작위범)와 직무상의 위난으로부터 이탈하는 경우(작위범)의 두 가지 유형의 범죄이며, 일종의 직무유기죄가 상상적 경합관계에 선다.

(2) 주 체

직무상 적을 공격하여야 하거나 직무상 위난을 피하지 못할 책임이 있는 자이다. 직무상 적을 공격하여야 할 자라 함은 전투에 고유의 임무로 하는 자뿐만 아니라 구체적인 상황 하에서 적과 교전하여야 할 책임이 있는 자, 즉 비전투원도 포함하는 것이다. 따라서 본조에서 말하는 직무란 반드시 특정한 공격명령을 받은 자의 그것을 의미하는 것이 아니라 포괄적인 직무를 가리킨다고 할 것이다.[11] 한편 위난을 당면한다 함은 반드시 전투에 준하는 위난뿐만 아니라 천재지변이나 기타 인적·물적 원인에 의한 모든 위험을 포함하는 것이다. 따라서 직무상 적을 공격하여야 할 자가 적을 공격하지 않고 전투에서 이탈하는

원 1970.11.24. 선고 70도1984 판결).

10) 형법상 유기죄의 경우에는 추상적 위험범인 데 반하여, 본죄는 이미 적과 조우나 위난이라는 위험상태를 전제로 하고 있으므로 다시 부대나 병원에 대한 위험의 발생가능성은 필요로 하지 않는 것이다. 따라서 본죄는 위험범이 아니라 거동범의 일종이다.

11) 다만, 공격명령을 받은 자가 공격을 하지 않은 경우에는 본죄와 항명의 죄가 상상적 경합관계에 서게 될 것이다.

경우에 공격불이행죄만이 성립하게 될 것이다.

(3) 행 위

정당한 사유 없이 적을 공격하지 않거나 위난으로부터 이탈하는 것이다. 여기서 적은 공격하여야 할 대상이 확정된 경우만을 의미하며, 적인지 여부를 판단할 수 없을 경우에는 본죄가 성립되지 않는다.[12] 또한 적은 적국 및 그 군대와 적성민간인·적진도주자 등을 포함하는 것이다. 한편 공격이란 전투나 교전을 의미하는 것이므로 방어를 위한 공격도 물론 여기에 포함된다. 그리고 공격을 하지 않는다는 것은 불이행뿐만 아니라 지체, 불완전한 공격, 공격거부 등을 모두 포함하는 것이다.[13]

한편 직무상 당면하여야 할 위난으로부터 이탈하는 경우에는 필연적으로 특수군무이탈죄와 경합하게 되는데, 이러한 경우 양자는 상상적 경합관계에 있다고 보아야 할 것이다.

4. 기밀문건방임죄

> 제35조 4. 군사기밀인 문서 또는 물건을 보관하는 사람으로서 위급한 경우에 있어서 부득이한 사유 없이 적에게 이를 방임한 사람

(1) 주 체

군사기밀의 문서나 물건을 보관하는 자이다. 군사기밀이란 적에게 정보가치가 있으면서, 국방상 보호를 필요로 하는 협의의 군사기밀을 말한다. 왜냐하면 본조의 행위가 비밀 보관자의 행위이므로 보관자가 없는 군사기밀은 여기에서 그 객체로 하고 있지 않기 때문이다.

협의의 군사기밀이란 군사기밀보호법이 그 대상으로 하고 있는 군사기밀을 말하며, 비밀표시가 반드시 있을 필요도 없다(군사기밀보호법 제3조 제1항). 문서란 의사나 인식의 내용을 문자나 부호·암호에 의하여 기재·표시한 것이며, 물건은 사진·도화·필름·테이프·지도 등의 유체물을 말하고, 양자를 합하여 비밀문건이라고 통칭한다.

보관하는 자는 비밀문건을 점유·소지하는 자이며, 그 취득원인은 불문한다. 다만, 적법한 원인에 의하여야 하며,[14] 반드시 법령에 의한 보관 및 취급에 대한 책임을 지는 자일

---

12) 해병대고등군법회의 1971.3.12. 선고 70년 고군형항 제36호 판결.
13) 왜냐하면 공격태만을 본죄로 보지 않는다면 지휘관의 경우 전투준비의 태만은 죄가 되고(제35조 제1호), 전투의 태만은 죄가 되지 않는다는 불합리한 결과가 생긴다. 따라서 전투의 태만인 공격지체나 공격거부 등도 공격불이행으로 보아야 하는 것이다.
14) 왜냐하면 불법한 원인에 기한 경우에는 그 행위 자체가 중한 죄(예컨대 이적의 죄 등)가 성립하며, 그 이후의 방임은 불가벌적 사후행위로 보아야 할 것이므로 본조의 보관자라고 볼 수 없다. 예컨대 군사기밀문건을 절취한 자가 이를 적에게 방임하는 경우, 이미 이적의 목적이 나타나므로 절취행위 자체가 제14조 제8호의 일반이적죄에 해당될 것이고, 그 이후의 행위인 군사상 기밀누설죄나 방임행위는 전체로서 불가벌로 되어버릴 것이다.

필요는 없다. 따라서 책임자나 그 이외의 권리자로부터 보관·전달을 위임받는 자도 본죄의 주체가 될 수 있다. 왜냐하면 전투 등의 긴박한 상황 하에서 법령상의 보관책임자 이외의 자도 이를 보관할 경우가 많고, 그러한 행위를 법률이 방관할 수 없기 때문이다.

(2) 행   위

위급한 경우에 부득이한 사유 없이 적에게 방임하는 것이다. 위급한 경우라 함은 전투 등의 긴박한 상황으로 인해 비밀문서를 보관 혹은 처리할 시간적 여유가 없는 경우를 말하며, 위급하지 않았던 경우에는 부득이한 사유가 있더라도 위법성이나 책임이 조각되지 않는다.[15] 비밀문서를 보관 혹은 처리할 시간적 여유가 없음을 말한다고 할 것이다. 또한 부득이한 사유도 비밀문서를 방임하지 않을 수 없었던 사유, 즉 비밀문서방임을 정당화하거나 비난할 수 없게 하는 사유를 말한다. 그러한 사유가 있는 경우에는 본죄에 해당하지 않게 된다.

방임한다는 것은 비밀문건에 대한 사실적 지배력을 포기하고 떠나는 것이다. 적에게 방임하는 것이므로 적이 이에 대한 점유를 취득하게 된다는 것을 인식하고 방임하여야 하며, 그러한 인식이 전혀 없는 경우에는 본죄를 구성하지 않는다. 적이 이를 취득할 것을 의욕하고 방임하면 이미 방임이 아니라 누설이나 제공에 해당되게 되어 제13조 군사기밀누설죄나 그 물건의 성질에 따라 제11조 군용물제공죄, 제14조 제 7 호 전투용 병기 등 제공죄가 성립하게 될 것이다. 방임의 원인은 분실, 불완전한 파기 등 그 형태를 불문한다. 왜냐하면 본죄가 보관업무의 태만으로 인한 의무위반을 처벌하기 위한 것이기 때문이다.

5. 병기 등 결핍죄

> 제35조 5. 전시, 사변 시 또는 계엄지역에서 병기, 탄약, 식량, 피복 또는 그 밖에 군용에 공하는 물건을 운반 또는 공급하는 사람으로서 부득이한 사유 없이 이를 없애거나 모자라게 한 사람

(1) 주   체

전시, 사변 또는 계엄지역에서 병기, 탄약, 식량, 피복 기타 군용에 공하는 물건을 운반 또는 공급하는 자이다.

군용에 공하는 물건은 군용물제공죄의 경우와 같이 현실적으로 군용에 공하고 있는 물건만을 말하며, 군용에 공할 수 있는 물건은 그 운반·공급자를 한정할 수 없으므로 본

---

15) 학설에 따라서는 위급한 경우란 방임행위의 시기를 나타내는 것으로서, 위급하지 않은 경우에는 적에게 방임하여도 본죄가 성립하지 않는다는 견해(공군본부, 군법, 1974, 63면)와 위급한 경우가 아닐 때 적의 수중에 들어갈 것임을 알면서 그러한 문건을 방임하는 것은 미필적 고의가 있는 제공행위라고 하면서, 그러한 경우에도 역시 방임행위의 시기로 보고 있는 견해가 있다(이진우, 앞의 책, 137면).

조의 적용대상에서 제외된다고 할 것이다.

운반·공급하는 자는 반드시 그것을 고유의 임무로 하고 있는 자에 한하지 않고, 사실상 그러한 직무를 수행하는 자도 포함된다 할 것이다.

군형법 피적용자가 아닌 자가 본조의 행위를 한 경우에는 형법 제117조 전시공수계약 불이행죄가 성립될 수 있다.

(2) 행 위

전시, 사변 또는 계엄지역에서 병기 등 군용에 공하는 물건을 부득이한 사유 없이 이를 없애거나 모자라게(결핍) 하는 것이다.

전시, 사변, 계엄지역에 대해서는 용어의 정의에서 전술한 바와 같으며, 부득이한 사유란 극도의 필요성과 최후의 수단을 의미한다는 것도 불법진퇴죄에서 설명한 바와 같다.

결핍하도록 한다는 것은 군용에 공하는 물건을 운반·공급함에 있어 그 임무수행을 고의나 과실로 불이행 혹은 불완전하게 이행함으로써 군의 수요에 부족을 초래하는 행위이며, 결핍하도록 하는 방법은 묻지 않는다. 고의적으로 운반이나 공급을 불이행하거나,[16] 군용물을 부정처분하여 군의 수요에 지장을 가져오게 하거나, 과실로 군용물의 운반·공급을 불이행하거나, 군용물을 망실·파손하여 결핍하도록 하는 등 일체의 행위를 포함하며, 결핍의 결과가 발생함을 요한다.

결핍의 원인이 타범죄(예컨대 절도·강도·손괴·횡령 등의 재산범이 대부분일 것이다)를 구성하는 경우에는 본죄와 상상적 경합관계에 서게 된다.

Ⅱ. 비행군기문란죄

> 제36조 비행에 관한 법규 또는 명령을 위반하여 항공기를 조종함으로써 비행군기를 문란하게 한 사람은 다음 각 호의 구분에 따라 처벌한다.
> 1. 적전인 경우 : 1년 이상의 유기징역 또는 유기금고
> 2. 전시, 사변 시 또는 계엄지역인 경우 : 3년 이하의 징역 또는 금고
> 3. 기타의 경우 : 1년 이하의 징역 또는 금고

---

16) 학설에 따라서는 고의적으로 범죄행위를 함으로써 그러한 군용물을 없애거나 모자라게 하는 경우에는 본죄가 성립하지 않는다고 한다. "상기한 병기 등을 운반·공급하는 자가 이에 대하여 절도·강도·사기·공갈·횡령 등의 범죄행위를 함으로써 그러한 물건들을 결핍하게 한 때에는 본죄가 성립하지 않고, 군형법 제75조 군용물에 관한 죄 또는 형법 제366조 이하 손괴의 죄가 성립하는 것이다"고 하여(이진우, 앞의 책, 138면) 본죄의 본질을 과실범이라고 보고 있다. 그러나 군용물에 관한 재산죄와 본죄는 별개의 범죄로 상상적 경합이 될 것이다.

1. 의   의

본죄는 항공기 조종사의 업무의 중요성 및 위험성에 비추어 특별한 입법적 규제를 하고 있다. 그러나 실제로 본죄는 총론에서 죄형법정주의와 관련하여 언급한 바와 같이 별다른 의미를 가지지 못한다. 그 근거를 들어 보면,[17] ① 비행에 관한 법규위반의 경우 그것이 형벌법규이면 당해 형벌법규를 적용하면 족하고, 형벌법규가 아니라면 원칙적으로 처벌할 수 없으므로(왜냐하면 법률이 일정한 사항을 규정하고 그에 대한 제재만을 다른 법률에 위임하는 것은 허용될 수 없기 때문이다) 구태여 본조를 적용할 필요가 없으며, 비행에 관한 명령위반의 경우 명령 자체에 형벌권을 부여하는 것은 명령위반죄와 같은 문제점이 있고, 설사 그것을 인정한다고 해도 그러한 경우에는 명령위반죄를 적용하면 될 것이므로[18] 본조가 적용될 가능성은 거의 없으며, ② 본조가 비행군기를 문란하게 하는 행위를 처벌하는 것이라고 해도 항해나 상륙 등에 관한 군기문란도 따로 규정해야 한다는 문제점이 있다.

2. 주   체

항공기를 조종하는 자이다. 반드시 법률에 의한 유자격자임을 요하지 않으며, 일반군인이라도 사실상 항공기를 조종하고 있으면 그 주체가 비행법규위반이므로 본죄의 주체가 될 수 있다.

3. 행   위

비행에 관한 법규나 명령(항공법, 육군항공기비행규정 등)을 위반하여 항공기를 조종하여 비행군기를 문란하게 하는 것이다.

비행에 관한 명령은 군의 일반적 명령이며, 편대장 등 상관의 비행작전에 대한 개별적·구체적 명령위반은 본죄를 구성하지 않고 항명죄 등에 해당될 뿐이다. '비행에 관한' 법령이란 비행기의 행동·조종에 관한 법령을 말하며, 비행에 관련된 행정상의 법규나 명령은 포함되지 않는다.[19]

행위자는 비행에 관한 법규·명령의 존재를 인식하여야 할 조종사인 한 이에 대한 인식은 일응 추정된다고 할 것이다.

---

17) 자세한 내용은 이진우, 앞의 책, 139~140면.

18) 다만, 학설에 따라서는 본죄가 명령위반죄에 대한 특별죄 - 비행에 관한 명령위반죄라는 점에서 - 라고 하여 별도의 규정을 요한다고 하나, 군형법상 본죄의 기타의 경우 법정형(1년 이하의 징역이나 금고)이 명령위반죄의 법정형(2년 이하의 징역이나 금고)보다 낮으므로 특별죄라고 할 수는 없는 것이다. 따라서 본죄의 기타의 경우 법정형을 올리거나, 이러한 해석을 포기하는 것이 타당할 것이라고 생각한다.

19) 판례는 군용 1인승 비행기에 권한자의 지시 없이 2인의 여자를 태우고 비행기를 조종하면서 비행운항 등록부에 이착륙사실을 기재하지 않은 사안에 대하여 "단순히 행정상의 확인을 위한 편의적인 것에 불과하며, 이를 위반하였다고 하여 비행의 하등의 위험을 초래할 가능성이 없다"고 하였다(육군본부 보통 군법회의 1962.9.10. 선고 판결).

다만, 문제되는 것은 본죄가 비행군기의 문란이라는 결과발생을 필요로 하는가, 즉 거동범인가 결과범인가 하는 것이다. 일반적인 견해로는 결과범설을 취하여 법문이 결과발생을 명백히 요구하고 있고, 법령위반이 반드시 군기문란을 야기하지 않으므로 법령을 위반한 비행에 의하여 비행군기를 문란하게 할 가능성이 존재해야 한다고 한다.[20] 그러나 앞서 언급한 바와 같이 본죄에 있어서 비행에 관한 법규나 명령을 특히 항공기의 행동조종에 관한 것이라고 본다면, 그러한 법령위반은 바로 비행군기의 문란이 되므로 별도로 비행군기의 문란이라는 결과나 그 가능성을 필요로 하지 않을 것이다.[21]

한편 비행군기의 문란이란 구체적인 사정에 따라 다를 것이나, 비행 자체에 관한 위험성만 의미하는 것이 아니라 비행과 관련된 기타의 질서를 침해할 가능성이 있는 경우도 포함될 것이다.

Ⅲ. 위계로 인한 항행위험죄

> 제37조 거짓 신호를 하거나 그 밖의 방법으로 군용에 공하는 함선 또는 항공기의 항행(航行)에 위험을 발생시킨 사람은 다음 각 호의 구분에 따라 처벌한다.
> 1. 전시, 사변 시 또는 계엄지역인 경우 : 사형, 무기 또는 5년 이상의 징역
> 2. 그 밖의 경우 : 무기 또는 2년 이상의 징역

1. 의   의

함선이나 항공기는 현대전에서 큰 비중을 차지하고 있고, 이의 비행에 관한 복잡한 규칙과 기계조작을 요하므로 사소한 결함은 군의 작전수행과 안전에 큰 손실과 위험을 가져오는 것이다. 따라서 군형법은 제71조에서 이에 대한 복몰·손괴를 처벌하면서 본조에서 다시 비행에 대한 전반적인 위험야기행위를 처벌하고 있는 것이다. 따라서 본조는 형법 제186조 기차·선박 등에 대한 교통방해죄에 해당한다고 할 수 있다.

2. 주   체

군형법 피적용자는 모두 본죄의 주체가 된다. 다만, 민간인이 본조의 행위를 한 경우에는 일응 형법 제186조의 교통방해죄가 적용될 것 같으나, 실상 군형법 제71조 복몰손괴죄의 미수범으로 처벌될 것이다. 왜냐하면 함선 등의 항행에 대한 위험을 발생시킨 행위는 이미 복몰손괴죄의 고의와 실행의 착수가 있는 것이고, 제71조 제1항·제2항의 미수범은 민간인에게도 적용되기 때문이다(제1조 제4항 제12호 참조).

---

20) 국방부 편, 군형법해설, 196-197면; 공군본부, 앞의 책, 64면 등.
21) 이진우, 앞의 책, 140-141면.

3. 행   위

거짓 신호를 하거나 그 밖의 방법으로 군용에 공하는 함선이나 항공기에 위험을 발생하게 하는 것이다.

거짓 신호라 함은 소정규칙에 의하지 않는 신호뿐만 아니라 진실에 반한 모든 신호를 의미한다고 한다. 이러한 거짓 신호는 기타의 방법에 대한 예시적 규정에 불과하며, 기타의 방법이란 등대·항공표지 등의 손괴, 이물질의 투입 등 일체의 작위나 부작위를 포함한다고 할 것이다.

군용에 공하는 함선·항공기란 누차 언급한 바와 같이 현실적으로 군이 사용하고 있는 것을 의미하며, 반드시 군의 소유이거나 군의 전용일 필요는 없다.

위험의 발생이라 함은 충돌·좌초 등에 의하여 손괴손실이 발생하거나 항행에 부적당하고 위험한 곳으로 인도하는 추상적 위험의 발생으로 족하며, 다만 이적의 목적으로 행한 경우에는 제14조 제4호의 도로 등 파괴죄가 성립될 것이며, 행위의 결과 복몰·추락·파괴 등의 결과가 발생한 경우에는 본죄와 제71조의 상상적 경합이 될 것이다.

4. 처   벌

본죄는 각 행위상황에 따라 처벌을 달리하고 있는데, 적전에 관해서는 규정이 없다. 이것은 적전이 당연히 전시를 전제로 한다는 취지로 보이나 용어의 정의에서 언급한 바와 같이 전시를 전제로 하지 않은 적전의 경우도 있을 수 있으므로, 이러한 경우에는 기타의 경우로 처벌된다는 입법론상의 모순이 있다. 따라서 적전의 경우를 따로 규정할 필요가 있는 것이다.

Ⅳ. 거짓 명령·통보·보고죄

> 제38조 ① 군사(軍事)에 관하여 거짓 명령, 통보 또는 보고를 한 사람은 다음 각 호의 구분에 따라 처벌한다.
>   1. 적전인 경우 : 사형, 무기 또는 5년 이상의 징역
>   2. 전시, 사변 시 또는 계엄지역인 경우 : 7년 이하의 징역
>   3. 그 밖의 경우 : 1년 이하의 징역
> ② 군사에 관한 명령, 통보 또는 보고를 할 의무가 있는 사람이 제1항의 죄를 범한 경우에는 제1항 각 호에서 정한 형의 2분의 1까지 가중한다.

1. 주　체

본죄는 특별한 신분을 요하지 않으나 군사에 관하여 명령·통보·보고를 할 의무가 있는 자에 한해서는 형을 가중한다. 여기서 의무자란 법령이나 구체적 하명에 의하여 명령·통보 및 보고의무가 요구되는 자에 한한다.[22]

2. 행　위

군사에 관하여 거짓 명령·통보·보고를 하는 것이다. 군사에 관한 것이라 함은 군의 전투력의 유지·증강에 관계되는 모든 사항으로서[23] 군정·군령에 관한 사항 중 직접·간접으로 작전(전투 및 군사훈련)에 영향을 미칠 사항을 말한다.[24]

명령이란 상관이 부하에게 지시하는 의사표시, 즉 상관의 직무상 명령을 의미하는 개별적 명령이며, 통보는 관계관에게 필요한 사항을 적시에 알려 주는 의사내용의 전달이며, 반드시 대등한 자간에 있는 것은 아니고 상명하복관계에 있는 자간에도 단순한 의사전달로서 행해질 수 있다. 한편 보고란 부하가 상관에게 하는 의미내용의 전달로서 의욕의 표시도 가능하며, 신고·건의 등도 이에 속한다.

거짓 명령, 통보 또는 보고라 함은 진실에 반하는 것을 말하며, 내용에 관한 허위와 형식에 관한 허위가 있다. 그런데 내용에 관한 허위의 경우에 그것이 주관적 허위를 말하는가, 객관적 허위를 말하는가 하는 문제가 있는데, 이 점은 형법상 위증죄의 경우와 마찬가지로 주관적 허위라고 보아야 한다.[25] 즉 설사 명령 등이 객관적 사실과 부합하는 경우에도 주관적으로 허위라고 인식한 경우에는 본죄가 성립할 것이며, 주관적으로 진실이라고 믿고 한 경우에는 객관적으로 진실과 부합되지 않는 경우라도 본죄가 성립하지 않을 것이다.

또한 허위에 대한 인식은 확정적일 필요는 없고 미필적인 인식으로 족하며, 다만 허위의 내용은 명령·보고 등의 중요 부분에 관한 것이어야 할 것이다.

---

22) 일반적인 견해로는 의무자를 법령에 의한 경우뿐만 아니라 널리 관습이나 조리상의 의무까지 포함한다고 본다(이진우, 앞의 책, 142면; 공군본부 편, 앞의 책, 65면 등). 그러나 이렇게 본다면 모든 군인이 일정한 사항이나 인식내용에 대해 통보·보고의 의무를 가지는 결과가 되어 제38조 제1항의 규정은 무의미한 것으로 된다. 따라서 의무자를 한정적으로 해석하는 것이 타당하다.

23) 따라서 군인의 상해가 구타로 인하여 발생한 것임에도 불구하고 단순히 물건에 부딪혀 발생한 것으로 허위보고한 경우에도 본죄가 성립한다(대법원 2006.8.25. 선고 2006도620 판결).

24) 육군고등군법회의 1972.8.8. 선고 72년 고군형항 제391호 판결.
　　본죄와 제14조 5호의 일반이적죄가 다른 점은 후자가 이적의 목적을 필요로 한다는 것 외에 본죄가 군사에 관한 것임을 요한다는 것이다. 또한 본죄의 주체에 제한이 없음에 반하여, 제14조 제5호의 경우에는 명령권자나 보고의무자에 한하여 동죄의 주체가 될 수 있다.

25) 다만, 위증죄의 경우에 주관설을 취하는 입장에서는 자기의 기억에 반하는 진술을 하는 경우에는 그것이 객관적 진실에 합치하더라도 국가의 심판작용을 그릇되게 할 추상적 위험은 이미 존재하며, 따라서 이러한 위험이 존재하는 이상 위증죄의 성립을 인정해야 한다는 것이다. 그러나 본죄의 경우 그 보호법익이 명령지휘계통의 적정한 운영에 있는 것이므로 반드시 위증죄와 동일한 근거를 가진다고는 할 수 없다. 이렇게 본다면 본죄의 경우에는 객관설에 따라 객관적 진실에 반하는 것을 허위라고 보는 것도 일응 타당성이 있다고 생각한다. 근본적인 검토를 요하는 문제이다.

행위의 동기는 불문하나,[26] 이적의 목적으로 본죄를 범한 경우는 본죄의 특별죄라 할 수 있는 일반이적죄(제14조 제 5 호)가 성립할 것이다. 또한 본죄의 행위가 문서의 위조나 변조의 방법을 통하여 이루어진 경우에 문서위조의 죄가 성립될 수 있으나, 본죄와 법조경합으로서 흡수될 것이다.

V. 명령 등 거짓 전달죄

> 제39조 전시, 사변 시 또는 계엄지역에서 군사에 관한 명령, 통보 또는 보고를 전달하는 사람이 거짓으로 전달하거나 전달하지 아니한 경우에는 제38조의 예에 따른다.

1. 주 체

군사에 관한 명령, 통보 또는 보고를 전달하는 자이며, 전달의 의무가 있는 자 및 어떠한 사정에 의하여 사실상 전달을 하는 자를 말한다. 전달의무를 지는 자는 법령이나 상관의 명에 의하여 전달의무를 받은 자이며, 조리나 관습 기타의 이유로 전달을 하는 자도 사실상 전달을 수행하는 자로서 본죄의 주체가 될 수 있다.

본조는 전 조와는 달리 진정한 명령, 통보 또는 보고를 전제로 하여 이를 전달하는 자의 내용조작이나 전달불이행을 처벌하기 위한 규정이다.

2. 행 위

전시, 사변 또는 계엄지역에서 군사에 관한 명령, 통보, 보고를 거짓으로 전달하거나 전달하지 않는 것이다.

전시, 사변, 계엄지역에서 행해진 경우에 한한다. 그러나 입법론상 본조의 행위는 적전의 경우는 물론 평시에도 처벌할 필요가 있고, 더욱이 전 조에서 허위의 명령·통보·보고를 행위상황과 관계 없이 처벌하는 것에 비추어 볼 때, 명령지휘계통의 적정한 운영이라는 동일한 보호법익을 가진 본조의 행위를 구태여 전시, 사변, 계엄지역에 한정할 필요는 없다고 본다. 따라서 입법론적으로는 행위상황에 대한 제한을 없애는 것이 타당하다고 생각한다.

거짓 전달이란 진실한 명령 등을 내용을 바꾸어 진실에 반하는 명령 등으로 전달하거나 전달방식이 진실에 반하는 경우를 말하며, 반드시 전달내용의 전부에 대한 조작뿐만 아니라 일부변조도 본죄를 구성한다. 한편 전달하지 않는다고 함은 일종의 부작위범으로서

---

26) 육군고등군법회의 1969. 8. 21. 선고 69년 고군형항 제302호 판결 : "상관의 지시에 의한 허위보고도 그 지시가 정당한 것이 아닌 이상 본죄의 성립에 영향이 없다."

명령 등을 전달하는 자가 전달을 기피하거나 방기하는 것이며, 직무유기죄의 성질을 가지고 있다. 일부만 전달하고 일부는 전달하지 않은 경우에는 형식상의 거짓 전달에 속하며, 전달의 지체나 태만도 여기서 말하는 전달불이행의 일종이라고 할 수 있는 것이다.[27]

3. 처 벌

전 조(제38조 제1항)의 예에 의한다. 즉 문언대로 본다면 각 행위상황에 따라 처벌을 달리한다는 의미인데, 본조의 구성요건이 전시·사변·계엄지역에서의 행위만을 처벌하고 있으므로 제38조 제2항 제2호의 예에 의한다고 해석될 수밖에 없다.

한편 적전인 경우는 군형법의 내용상 전시에 포함되므로, 다만 적전에 대한 제38조 제1항 제1호도 적용된다는 견해도 있다.[28] 그러나 적전은 반드시 전시를 전제로 한 개념이 아니고 입법론상 본조의 행위상황을 제한할 필요도 없는 것이므로, 따로 법정형을 정하거나 행위상황에 대한 제한을 없애는 것이 타당하다고 생각한다.

또한 제38조 제2항의 의무자에 대한 형의 가중에 관한 규정이 전달의무자에게도 적용되는가 하는 구성요건이 의무자와 사실상의 전달자를 별도로 규정하고 있지 아니하므로, 전달의무자에 대해서 제38조 제2항에 의한 가중처벌은 할 수 없다고 본다.

Ⅵ. 초령위반죄

> 제40조 ① 정당한 사유 없이 정하여진 규칙에 따르지 아니하고 초병을 교체하게 하거나 교체한 사람은 다음 각 호의 구분에 따라 처벌한다.
> 1. 적전인 경우 : 사형, 무기 또는 2년 이상의 징역
> 2. 전시, 사변 시 또는 계엄지역인 경우 : 5년 이하의 징역
> 3. 그 밖의 경우 : 2년 이하의 징역
> ② 초병이 잠을 자거나 술을 마신 경우에도 제1항의 형에 처한다.

1. 의 의

초병은 그 직무의 중요성과 위험성에 비추어 근무장소나 근무시간에 엄격한 제한을 가하고 있다.

근무시간중 자신의 근무장소에서 발생한 사태에 대한 모든 책임을 지게 되므로, 소정

---

27) 반대설은 일반이적죄가 명령 등의 태만을 처벌하고 있으므로 본죄는 전달하지 않는 경우에만 성립한다고 하나(이진우, 앞의 책, 143-144면), 본죄가 전달행위 자체를 보호하기 위한 규정이라고 본다면 전달의 태만이나 지체도 이에 대한 침해가 있는 것이므로 구태여 일반이적죄와 관련시켜 태만이나 지체를 제외할 근거는 없다고 생각한다. 특히 본장의 죄가 군무태만을 주로 처벌하기 위한 것이라는 점을 보면, 그러한 결론은 당연한 것이라고 생각한다.
28) 공군본부 편, 앞의 책, 66면.

의 규칙에 의하지 않은 초병의 교체나 초병의 근무태만은 군기문란과 직결되는 것으로 중한 책임을 묻게 되는 것이다.

2. 주   체

초령위반죄의 주체는 군형법 제40조 제 1 항과 제 2 항의 두 경우로 구분하여 고찰할 수 있는데, 우선 제 1 항의 경우에는 ① 초병을 소정의 규칙에 의하지 아니하고 교체시킨 자 및 ② 소정의 규칙에 의하지 아니하고 초병을 교체한 자이다. 따라서 초병 자신도 본항의 주체가 될 수 있다. 그리고 제 2 항의 경우에는 초병 자신이 주체가 된다.

3. 행   위

초병을 교체시키는 것과 초병이 잠을 자거나 술을 마시는 두 가지 행위유형이 있다.[29]

(1) 정당한 사유 없이 소정의 규칙을 무시하고 초병을 교체시키는 경우

정당한 사유란 규칙에 의거하여 근무중인 초병이 갑작스런 발병으로 근무를 계속할 수 없어서 후번근무자로 대체시킨 경우 등과 같이 규칙을 무시하고 초병을 교체시키는 것을 정당화할 만한 사유를 말한다.

소정의 규칙은 초병의 직무에 관한 규칙으로서 근무나 교대시간에 관한 것뿐만 아니라 교체방식에 관한 것도 포함된다. 또한 초병을 교체하는 행위는 이러한 확정된 규칙을 전제로 이를 위반하여 사실상 교체를 하여야 한다.[30]

초병을 교체시키기 위하여 폭행·협박 등을 가한 경우에는 본죄와 초병에 대한 폭행·협박죄가 상상적 경합관계에 서게 된다.[31]

(2) 초병이 잠을 자거나 술을 마시는 경우

잠을 잔다는 것은 정신적·육체적 기능을 불가능하게 하기에 충분한 무지각상태를 말

---

29) 군형법 제10차 개정시(1994.7.1. 시행) 초령위반죄의 구성요건 중에서 '주취'라는 용어를 '음주'로 변경하여 구성요건을 구체화하였다. 개정 전 구성요건의 '주취'라는 용어의 해석에 있어서는 어느 정도 술에 취한 상태이어야 그 구성요건을 충족하느냐 하는 해석문제가 야기될 수 있었으나, 개정된 내용의 '음주' 용어는 그러한 '정도'의 문제가 야기되지 않는다. 따라서 초병이 취하지 아니하는 정도의 음주를 하였더라도 그로 인한 근무태만의 결과발생과 관계 없이 초령위반죄가 성립한다.

30) 판례는 지휘관이 근무편성시 기준시간인 1일 총 8시간을 무시하고 초병에게 16시간 계속 보초근무를 하게 한 경우, 초령을 위반했다는 원심판결에 대하여 근무편성행위가 규칙에 위반되었다고 하여 바로 교체행위위반이라고 할 수 없다고 판시하였다(육군고등군법회의 1978.4.12. 선고 78년 고군형항 제188호 판결). 따라서 교체행위는 확정되어 있는 규칙을 전제로 그에 대한 위반을 기준으로 판단해야 하는 것이다(대법원 1978.2.14. 선고 77도2978 판결).

31) 학설에 따라서는 폭행·협박죄가 본죄에 흡수된다고 하나(이진우, 앞의 책, 145면), 초병에 대한 폭행·협박죄의 법정형이 본죄의 법정형보다 중한 경우가 있으므로 양자의 상상적 경합을 인정하는 것이 타당하다. 이렇게 본다면 적전의 경우에는 본죄가, 기타의 경우에는 폭행협박죄가 각각 성립하게 될 것이다.

한다(수면).

수면이나 음주의 장단, 수면의 심천, 음주의 경중은 경계근무에 대한 추상적 위험성이 있는 한 구별하지 아니한다.

또한 근무개시 전에 음주하여 초병으로 근무하는 동안에 이르러서도 계속 취한 상태로 있는 경우도 경계근무에 대한 위험성예방이라는 입법취지상 본죄가 성립하는 것이 타당하다. 그러나 법문에서는 술을 마시는 경우에만 처벌할 수 있도록 하고 있어서 문제의 소지가 있다. 따라서 입법론으로는 "초병이 잠을 자거나 술을 마시거나 술에 취한 경우"로 규정하는 것이 타당할 것이다.[32]·[33]

본죄는 초병직무의 특수성을 고려하여 경계근무에 대한 추상적 위험을 방지하기 위한 입법취지상 결과발생을 요하지 아니하는 추상적 위험범이라고 보아야 한다.[34]

Ⅶ. 근무기피목적사술죄

> 제41조 ① 근무를 기피할 목적으로 신체를 상해한 사람은 다음 각 호의 구분에 따라 처벌한다.
> 1. 적전인 경우 : 사형, 무기 또는 5년 이상의 징역
> 2. 그 밖의 경우 : 3년 이하의 징역
> ② 근무를 기피할 목적으로 질병을 가장하거나 그 밖의 위계(僞計)를 한 사람은 다음 각 호의 구분에 따라 처벌한다.
> 1. 적전인 경우 : 10년 이하의 징역
> 2. 그 밖의 경우 : 1년 이하의 징역

1. 의   의

본죄는 근무를 기피할 목적으로 사술을 쓰는 것으로서 자상행위와 위계행위의 두 가지 행위유형이 있다.

본죄는 근무기피의 목적을 필요로 하는데, 여기서 근무란 특정한 노역이나 의무뿐만

---

32) 군형법 제40조 제 2 항에서 규정하는 초령위반죄는 초병의 신분에 있는 자가 수면 또는 음주한 경우에 성립하는 범죄라고 할 것이므로, 이 사건 공소사실과 같이 피고인이 초병의 신분을 갖기 전에 음주한 후 주취상태에서 초병으로 근무한 경우에는 위 조항에서 규정하는 초령위반죄에 해당하지 않는다(대법원 1998.11.27. 선고 98도2505 판결). 사견으로 입법론적으로 "음주 후 초병근무하거나, 초병으로서 근무 중 수면·음주한 경우 전 제1항의 형과 같다"로 개정해야 할 것이다.
33) 육군교도소의 계호병은 미결수용자에 대한 도주방지, 감시 및 증거인멸 방지 등 임무뿐만 아니라 외부로부터의 침입을 방지하는 임무도 아울러 갖고 있고 … 국군수도병원의 수용병실에서 계호임무를 수행 중이던 피고인이 초병으로서 신분을 갖는다고 판단하는바, 거기에 초령위반죄에 관한 병리의 오해의 위법이 있다고 할 수 없다(고등군사법원 2002.2.5. 선고 2002노20 판결; 대법원 2002.4.26 선고 2002도979 판결).
34) 동지: 대법원 1984.7.10. 선고 84도1161 판결; U.C.M.J 112조 참조.

아니라 추상적인 군의 직무를 의미하며, 기피의 목적은 군무를 적극적으로 기피할 의욕일 필요는 없고 기피에 대한 확정적 인식만으로 족하다.

2. 행 위

신체를 상해하거나 위계를 하는 것이다. 신체를 상해한다는 것은 자상행위를 말한다. 따라서 타인을 근무하지 못하게 할 목적으로 상해한 경우에는 단순히 상해죄가 됨에 그칠 뿐 본죄가 성립하지 않는다. 그런데 형법상 자상행위는 범죄로 되지 아니하는데, 군형법과 같이 특별법의 목적상 처벌되는 경우가 있는 것이다.[35]

일반 형법상으로는 상해의 의미에 대해서는 생리적 기능의 훼손이라는 견해와 신체의 완전성을 침해하는 견해 및 생리적 기능의 훼손과 신체외모에 대한 중대한 변화라고 하는 견해가 대립한다. 그런데 본죄에서는 근무를 할 수 없을 정도의 상해의 결과를 야기한 경우에만 본죄의 상해에 포함된다고 봄이 타당하다.

한편 상해의 수단·방법에는 아무런 제한도 없다. 그런데 자살은 처벌하지 아니하므로 근무기피의 목적으로 상해하여 자살을 한 경우나 자살을 기도한 후 미수에 그쳐 상해의 결과가 발생했더라도 본죄는 성립하지 않는다.

위계란 타인을 기망하거나 타인의 부지착오를 이용하여 올바른 판단을 그르치게 하는 것으로서 법문상의 질병을 가장하는 것도 위계의 일종이다. 즉 질병·신체불구·정신이상 등을 가장하여 타인을 위계하는 것을 말한다. 위계는 가병 기타 그 방법을 불문한다. 예컨대 집안의 사정을 조작하여 전보를 치게 하여 휴가를 얻는 경우도 본죄가 성립한다.

VIII. 유해음식물공급죄

> 제42조 ① 독성이 있는 음식물을 군에 공급한 사람은 10년 이하의 징역에 처한다.
> ② 제 1 항의 죄를 범하여 사람을 사망 또는 상해에 이르게 한 사람은 사형, 무기 또는 5년 이상의 징역에 처한다.
> ③ 과실로 인하여 제 1 항의 죄를 범한 사람은 5년 이하의 징역이나 금고에 처한다.
> ④ 적을 이롭게 하기 위하여 제 1 항의 죄를 범한 사람은 사형, 무기 또는 5년 이상의 징역에 처한다.

1. 의 의

군에 대하여 유독성이 있는 음식물을 공급하는 것은 군인의 건강을 해하여 군의 사기

---

35) 예컨대 병역법 제86조도 "병역의무를 기피하거나 감면받을 목적으로 … 신체를 손상하거나 속임수를 쓴 사람은 1년 이상 5년 이하의 징역에 처한다"고 하여 신체를 손상하거나 속임수를 쓰는 행위를 처벌하고 있는데, 군형법과 동일한 취지라 생각된다.

와 전투력에 중대한 손실을 초래할 우려가 있으므로 그 행위주체에 관계 없이 엄하게 처벌할 필요가 있는 것이다. 따라서 일반적 유해음식물의 공급은 상해죄나 그의 미수범 혹은 식품위생법상 과징금부과 등에 의해서 처벌될 뿐이나, 그 대상이 군인인 경우에는 본죄에 의한 중한 책임을 묻고 있는 것이다.

2. 주   체

군인이나 준군인뿐만 아니라 국내외 민간인도 본죄의 주체가 될 수 있다[36](헌법 제27조 제2항, 군형법 제1조 제4항 제2호). 또한 군에 음식물을 공급하는 것을 고유의 임무로 하는 자뿐만 아니라 사실상의 공급자나 그를 보조하는 경우도 본죄의 주체가 될 수 있다. 따라서 민간인의 경우도 군납업자에 한하는 것은 아니다.

3. 행   위

독성이 있는 음식물을 군에 공급하는 것이다. 독성이 있는 음식물이란 반드시 독을 함유한 것을 말한다. 그런데 식품위생법 제93조에 의할 경우 광우병, 탄저병, 가금 인플루엔자 등의 질병에 걸린 동물을 사용하여 판매할 목적으로 식품 또는 식품첨가물을 제조·가공 또는 조리한 자는 3년 이상의 징역에 처하며, 마황, 부자, 천오, 초오, 백부자, 섬수, 백선피, 사리풀 등의 원료 또는 성분 등을 사용하여 판매할 목적으로 식품 또는 식품첨가물을 제조·가공 또는 조리한 자는 1년 이상의 징역에 처해진다. 따라서 위 식품위생법에 언급된 유독물질을 군에 공급한 경우에는 식품위생법에 따라 처벌된다. 입법론으로는 유독하지는 않더라도 부패·변질·미숙한 것, 유해물질이 함유되어 있는 것, 병원미생물에 의하여 오염되어 있는 것 등과 같이 군의 전투력을 손상시킬 수 있는 유해음식물도 포함시키는 것이 바람직하다.

군에 공급하는 것이므로 군인·개인에 대한 공급의 경우에는 본죄의 보호법익을 해하지 않는 한 본조가 적용되지 않는다. 또한 공급의 원인은 계약에 의하든 강제적인 징수에 의하든 불문하며, 본죄의 기수시기는 공급자의 현실적 제공으로 그 음식물이 군의 지배 하에 들어가게 된 때라고 할 것이다. 다만, 군내부에서 공급되는 경우에는 공급자가 현실적으로 음식물을 제공함으로써 바로 기수로 될 것이다.

---

36) 대법원 1986.3.25. 선고 86도283 판결: "군형법상의 간첩죄 중 군사기밀누설죄 등, 유해음식물공급죄, 초병에 대한 폭행협박 등의 죄, 군용물에 관한 죄 중 군용시설에 대한 방화죄 등과 외국에 대한 군용시설 또는 군용물에 대한 죄, 초소침범죄, 포로에 관한 죄 중 간수자의 포로도주원조죄 등과 이들의 미수죄를 범한 내외국인은 군법피적용자로서 군법회의가 그 재판권을 가지므로 초병을 흉기로 협박하고 엠16소총을 절취하거나 또는 이를 강취하려다 미수에 그친 자에 대하여 군법회의가 그 재판권을 행사하였다 하여 아무 위법도 없다."

4. 처   벌

유해음식물을 공급한 경우에는 그로 인한 결과발생이 야기됨과 상관없이 유해음식물 공급죄로 처벌되나(본조 제1항), 그러한 공급행위로 인하여 사람을 사상에 이르게 한 경우에는 결과적 가중범으로서[37] 유해음식물공급치사상죄(본조 제2항)가 적용된다. 다만, 이 경우에 그 객체인 사람이 반드시 군인이나 준군인에 한하지 않으며, 국내외 민간인이 사상의 결과에 이른 경우에도 본죄가 적용된다. 또한 과실로 유해음식물을 공급하는 경우에도 처벌되는데(본조 제3항), 여기서 과실이란 중과실이나 업무상 과실만을 의미한다고 생각된다.

한편 이적의 목적으로 유해음식물을 군에 공급하는 경우에는 이적죄의 일종으로서 유해음식물공급치사상죄와 동일한 법정형으로 처벌된다(본조 제4항). 다만, 여기서 문제되는 것은 이적의 목적으로 유해음식물을 군에 공급하여 사람을 사상에 이르게 한 경우인데, 법문에 따르면 유해음식물공급치사상죄로 처벌할 수밖에 없어 결과적으로는 이적의 목적으로 유해음식물을 공급한 경우와 동일한 법정형으로 처벌되는 부당한 결과가 생긴다. 물론 그러한 경우는 양형의 과정에서 고려될 것이나, 입법론상 별도의 규정을 둠이 타당하다고 생각한다.

IX. 출병거부죄

> 제43조 지휘관이 출병을 요구할 수 있는 권한을 가진 사람으로부터 그 요구를 받고 상당한 이유 없이 이에 응하지 아니한 때에는 7년 이하의 징역이나 금고에 처한다.

1. 의   의

본죄는 법률상 출병요구를 할 수 있는 자와의 협조의무를 위반하는 것을 그 내용으로 하고 있다. 따라서 출병은 자기의 고유한 임무로서가 아니라 출병요구권자를 원조하는 직무로서 이행하는 것이므로, 작전명령에 의한 상관의 출동명령을 거부하거나 자기의 고유한 직무로서 출병의무를 이행하지 않는 항명죄나 직무유기죄와는 성질을 달리한다.

---

37) 결과적 가중범이란 총론에서 언급한 바와 같이 일정한 고의(본조의 경우에는 유해음식물을 공급한다는 인식)에 기한 범죄행위가 그 고의를 초과하여 행위자가 예견하지 못하였던 중한 결과(사람의 사상 등)를 발생케 한 경우에 중한 결과에 대하여 형사책임을 가중한다는 의미이다. 이 경우에 행위자는 그러한 중한 결과를 인식하지 못한 데 대한 과실이 있어야 한다. 중한 결과에 대한 고의가 있는 경우, 예컨대 유해음식물을 공급하면서 사람이 사상할 것을 인식한 경우에는 유해음식물공급죄와 살인죄 혹은 상해죄가 경합하게 된다.

2. 주체와 객체

본죄의 주체는 지휘관에 한하며, 객체는 권한 있는 자의 출병요구이다. 권한 있는 자란 지휘계통상 상하로 연결되어 있는 자로서의 명령권자가 아니라 지휘관과 횡적으로 연결되어 상호협조를 요구할 수 있는 자이다. 즉 요구는 명령이 아니므로 상관의 출동명령을 거부하는 것은 본죄가 성립하지 않고 항명죄나 직무유기죄가 성립할 뿐이다.

본조의 출병요구권자는 예컨대 위수령 제 7 조의 위수사령관과 같이 군인일 수도 있으나, 동령 제12조 제 1항의 서울특별시장·부산시장 또는 도지사와 같이 민간인이 될 수도 있다. 다만, 출병요구권자는 법률상의 근거가 있어야 하는가 하는 문제가 있는데, 법령상 근거가 있는 출병요구에 한한다고 봄이 타당하다.

3. 행　　위

상당한 이유 없이 출병요구에 응하지 않는 것이다. 상당한 이유란 출병거부를 정당화할 수 있는 사유를 의미하며, 출병요구가 부당하다는 이유로 이에 응하지 않는 것은 반드시 상당한 이유로 될 수는 없을 것이다.

지휘관은 출병요구권자의 출병요구의 절차와 방법이 합법하고 정당한 한 그 실질에 대해서는 일응 합법성을 인정하여 출병요구에 응하여야 하므로 요구에 대한 형식적 심사권을 가지는 데 불과하다고 생각한다.

출병에 응하지 않는다 함은 출병거부는 물론 출병요구의 내용과 일치하지 않는 불완전한 이행, 즉 지체나 태만 등도 여기에 포함되는 경우도 있을 수 있다.

4. 처　　벌

본죄는 직무유기죄(제24조)나 후술하는 항명죄(제44조)보다 법정형이 경한데, 이것은 본죄가 상관의 명령에 의한 것이 아니라 요구에 의한 것이라는 점, 또한 직무불이행이 아니라 협조의무불이행이라는 점에서 생긴 결과라고 생각된다.

제 9 장

항명의 죄

제 1 절 총 설

　　본장의 죄는 상관의 명령에 반항·불복종하거나 상관의 폭행제지에 따르지 않거나 또는 명령·규칙의 준수의무를 위반함으로써 군의 권위를 무시하고 군의 질서를 파괴하는 것을 내용으로 하고 있다. 따라서 본장의 보호법익은 상관의 명령 및 군의 질서이다. 본장의 죄는 행위의 유사성만이 있을 뿐 구체적으로 상이하므로 각기 분설할 필요가 있다.

제 2 절 범죄유형

Ⅰ. 항 명 죄

> 제44조　상관의 정당한 명령에 반항하거나 복종하지 아니한 사람은 다음 각 호의 구분에 따라 처벌한다.
> 　　1. 적전인 경우 : 사형, 무기 또는 10년 이상의 징역
> 　　2. 전시, 사변 시 또는 계엄지역인 경우 : 1년 이상 7년 이하의 징역
> 　　3. 그 밖의 경우 : 3년 이하의 징역

1. 의　　의

　　군의 조직은 명령복종 관계의 위계질서가 확립되어 있으며, 이를 통하여 군이 능률적이고 효과적으로 전투를 수행할 수 있고 부대를 운영할 수 있는 것이다. 따라서 상관의 명

령에 불복하는 행위는 군의 지휘통솔관계를 문란하게 하며, 나아가 군의 존립 자체에 중대한 위협이 되므로 형벌에 의한 제재를 가하고 있는 것이다. 이 점은 일반공무원의 명령불복종행위가 징계사유로 됨에 그치는 것과 대조를 이루고 있다.

2. 객　체(보호의 객체)

상관의 정당한 명령이다. 상관이란 군형법 제 2 조 제 1 호에 규정된 바와 같이 명령복종 관계가 있는 자 사이에서 명령권을 가진 자, 즉 순정상관과 명령복종 관계가 없는 자 사이에서 상서열자, 즉 준상관의 두 가지를 포함하고 있으나, 본조에서 상관은 정당한 명령을 할 수 있는 자라야 하므로 순정상관에 한한다고 할 것이다.[1] 다만, 여기서 명령복종 관계는 반드시 군의 편제상 지휘계통에 의한 경우뿐만 아니라 특별한 법령에 의한 경우도 포함한다. 예컨대 군사법원의 재판에 관련된 명령이나 군검사 등의 명령도 본죄의 적용대상이 된다.

정당한 명령이란 법문 그대로 정당한 명령을 의미하는지, 적법한 명령(lawful command, 미 통일군사법전 제90조 제 2 항)을 의미하는지 고찰할 필요가 있다. 통설은 상관의 명령이 위법한 경우에는 이에 따르지 않아도 본죄가 성립하지 않으니 "적법한 경우에는 그것이 정당하든지 부당하든지 이에 불복하는 경우에는 본죄가 성립한다"고 한다. 그 근거는 정당한 명령을 법문 그대로 해석하는 경우에는 상관의 부당한 명령에 대해서 불복하는 경우에도 본죄가 성립하지 않게 되므로 결과적으로 명령에 복종해야 할 수명자가 명령의 실질인 당·부당을 심사할 수 있게 되고, 따라서 군의 지휘계통은 사실상 혼란에 빠지게 되기 때문이라고 한다. 이렇게 본다면 역시 수명자는 상관의 명령이 법규에 합치되는가 여부에 대해서만 심사권을 가진다고 생각되며, 여기서 정당한 명령이란 바로 적법한 명령을 의미하는 것이라고 보아야 할 것이다.[2]

적법한 명령이란 법규에 위반되지 않는 명령으로서 내용상 적법하여야 하며, 내용이 특정되어 복종이 요구되는 것이어야 하고, 그 내용이 부하의 직무범위 내의 것으로서 수행가능한 것이어야 하는 것이다.[3] 또한 이러한 명령의 내용은 군사에 관한 의무를 부과하는 것이어야 한다. 군사에 관한 의무는 군사상 필요에 의하여 발하여지는 작전 또는 교육훈련 및 이와 직접적인 관련이 있는 병력통솔사항 등에 관한 것을 말하는데, 군사상의 임무에 관한 것인지 여부는 구체적인 명령의 목적·상황·취지 등을 고려하여 판단해야 한다.[4]·[5]

---

1) 동지: 이진우, 군형법, 법문사, 1973, 153면; 국방부 편, 군형법해설, 1965, 216면 등.

2) 대법원 1963.9.26. 선고 63도225 판결; 대법원 1967.3.21. 선고 63도4 판결.

3) 상관의 명령에 대하여 수명자는 그 명령이 명백히 위법이 아닌 한 그 적법성에 관하여 의문을 제기함이 없이 절대적으로 복종하여야 하며, 따라서 상관의 명령은 그것이 군의무의 수행을 요구하는 것이라면 명백히 위법이 아닌 한 일응 적법한 것으로 추정된다.

4) 따라서 군사상의 의무와 무관한 일상적 의무에 관한 명령(예컨대 세탁물을 특정의 세탁부에게 맡기라는 중대장의 명령, 결례하지 말라는 명령 등)이나 개인적 목적의 달성에만 유일한 취지가 있는 명령(예컨대

또한 명령은 복종을 요구하는 것이므로 단순한 충고나 희망·요구와 구별되어야 하고, 그 형식은 수명자에게 전달되어 수명자가 이행할 것을 인식한 이상 문서이건 구두이건 불문하나, 반드시 수명자에게 개별적으로 표시됨을 필요로 한다.[6] 개별적 명령이란 상관이 부하(개인 또는 특정할 수 있는 다수인)에게 직접 또는 제 3 자를 통하여 개별적으로 하달한 특정명령을 말하며, 또한 그 명령이 반드시 전달되어야 하고, 수명자에게 특정사항에 관한 구체적 의무를 부과하는 것이어야 한다. 명령의 개별성·일반성이 항명죄[7]와 명령위반죄의 중요한 구별기준이 된다고 보는 것이 일반적이다.

군사에 관한 적법한 명령인 이상 그 내용이 수명자의 종교적 양심에 반한다거나[8] 개인적인 위난을 초래한다는 이유로 이를 거부할 수 없다.

자기의 개인 집을 짓는 데 협조하라는 명령, 자기의 시중꾼이 되라는 명령 등)은 본죄의 대상이 아니다. 그러나 어떠한 명령이 군사상의 의무에 관한 것인가를 구별하기란 어려운 문제이며, 그 구별은 명령의 군사적 필요성, 명령의 목적·내용 및 당시의 상황 등을 종합적으로 고려하여 할 수밖에 없는 것이다. 판례는 "항명죄의 명령이라 함은 … 군사상의 필요에 의하여 발하여지는 작전 또는 교육훈련 및 이와 직접적인 관련이 있는 병력통솔사항이 이에 해당하므로, 그 명령이 발하여진 구체적인 상황, 그 명령의 군사적 필요성, 이를 거부하였을 경우에 군의 위계질서에 미치는 영향 및 개인의 기본적 인권보장과를 비교형량하여 해당 여부를 결정해야 한다"고 한다(육군고등군법회의 1985.2.26. 선고 85년 고군형항 제337호 판결).

5) 대법원 1996.10.25. 선고 96도2233 판결: "국군병원장이 그 병원에 입원한 사병인 피고인에게 한 골종을 제거하는 수술을 받으라는 명령은 피고인이 그 수술 없이도 군복무를 지장 없이 수행할 수 있다는 특단의 사정이 없는 한 소속대 지휘관인 병원장이 질병이 있거나 부상당한 군인을 치료하여 원대로 복귀시킴으로써 군의 전투력을 보호함을 임무로 하고 있는 자신의 권한범위 내에서 발한 것으로서, 군의 사기, 군기 및 피지휘자의 유용성을 보호 내지 증진하기 위해 적합하고 필요하며 군의 질서를 유지하는 데 직접적으로 연관된 행동, 즉 군사상의 의무를 부과하는 것을 내용으로 하고 있는 명령으로서 그 명령이 군사상의 필요성을 넘어 지나치게 개인의 기본권을 침해하는 것이라고 볼 수 없으므로, 이는 군형법 제44조 소정의 상관의 정당한 명령에 해당한다."

6) 판례는 주번사관이 그의 재량범위 내에서 직무수행으로서 한 행위가 중대장의 인원장악명령에 반한 경우에 대하여 항명죄의 성립을 부정하고 있는데(육군고등군법회의 1978.5.19. 선고 78년 고군형항 제280호 판결), 이것은 개별적인 명령이 있더라도 그것에 대한 불복종이 직무수행행위로서 행하여진 경우에는 항명죄에 해당되지 않는다는 점을 분명히 하고 있는 것이라고 생각한다.

7) 군형법 제10차 개정시(1994.7.1. 시행) 제44조 제 3 호의 '기타'의 경우 법정형을 2년 이하의 징역에서 3년 이하의 징역으로 상향조정하였다. 그 취지는 일반적으로 실무상 항명죄의 많은 부분을 차지하는 것이 종교나 양심상의 자유를 이유로 한 집총거부사례이다. 일종의 병역기피라고 볼 수 있는 것인데, 이러한 입영기피에 대해서는 병역법 제88조에 규정되어 있다. 동조에 의하면 현역입영 또는 소집통지서를 받은 자가 정당한 사유 없이 입영기일로부터 일정한 기간 내에 입영하지 아니하는 경우, 그 법정형을 3년 이하의 징역에 처한다고 규정하고 있다. 그러나 개정 전의 항명죄의 법정형이 2년 이하의 징역형이어서 입영기피죄에 비하여 상대적으로 법정형이 낮은 관계로 애초에 군복무의사가 없는 자가 일단은 입영 후 훈련을 거부함으로써 법정형이 높은 병역법상의 입영기피죄가 아닌 낮은 법정형의 항명죄로 처벌받는 것을 선택하여 온 경향이 많았다. 따라서 위와 같이 항명죄가 입영기피의 수단으로 악용되는 실정을 없애기 위하여 항명죄의 법정형도 입영기피죄와 균형상 3년 이하의 징역형으로 개정하였다. 나아가 군의 조직상 명령복종 관계라는 위계질서의 확립을 확고히 하자는 취지도 있다고 볼 것이다.

8) 종교의 교리를 내세워 법률이 규정한 병역의무를 거부하는 것과 같은 이른바 '양심상의 결정'은 헌법에서 보장한 양심의 자유에 속하는 것이 아니므로 항명죄가 성립하며, 상관으로부터 집총을 하고 군사교육을 받으라는 명령을 수회 받고도 그 때마다 이를 거부한 경우에는 그 명령횟수만큼의 항명죄가 즉시 성립한다(대법원 1992.9.14. 선고 92도1534 판결).

3. 행 위

상관의 정당한 명령에 반항하거나 복종하지 않는 것이다. 반항은 적극적이고 명시적으로 항거하는 것이고, 불복종은 소극적이고 묵시적으로 거부하는 것이다. 양자 모두 명령에 대한 불복종이라는 점에서 동일하나 그 태양에 차이가 있을 뿐이다. 본죄는 고의범이므로 수명자가 태만이나 분망·착각·불사려·부주의 등의 사유로 불복종한 경우에는 본죄가 성립하지 않는다.[9] 또한 명령에 대한 단순한 시정건의·애로사항건의는 비록 그 표현방법이 반항적이고 불량하다고 하더라도 항명죄에 해당된다고 할 수 없다.[10]

다만, 적극적으로 명령에 항거하는 경우에 그에 따른 명령의 불복을 필요로 하는가 하는 문제가 있다. 즉 명령에 항거한 후 다시 기타의 사정으로 명령을 이행한 경우에도 항명죄가 성립되는가 하는 것인데, 미 군법의 해석상 "불복종행위는 명령이 복종되어야 할 이행시기와 반드시 관련되어 있어야 한다. 만약 명령이 … 장래에 복종되어야 할 것인 경우에는 수명자가 장차 이행시기에 있어 불복하지 않는 한 명령이 하명된 때에 수명자가 이를 복종할 수 없다고 항거하여도 이는 항명이 아니다"고 보아 하명시 거부하였다가 이행시에 이행하면 항명죄가 성립하지 않는다고 한다. 다시 말하면 항명행위는 별개의 범죄가 아니라 명령의 불복종이라는 현실적인 결과가 발생함으로써 비로소 항명죄가 성립된다고 한다. 그러나 우리 군형법은 법문상 반항을 불복종과 동일한 행위유형으로 규정하고 있으므로, 이를 문리해석한다면 반항행위가 있으면 다시 불복종의 결과가 발생하지 않더라도 바로 항명죄가 성립된다고 보아야 할 것이다.[11]·[12]

4. 불법한 명령에 대한 복종과 수명자의 책임

앞서 언급한 바와 같이 상관의 정당한 명령이란 적법한 명령을 의미하므로, 상관이 헌법이나 법률, 국제법 및 군의 복무규정 등에 반하는 명령을 한 경우에 수명자는 이에 복종할 필요는 없다. 그러나 군의 특수한 조직하에서 상관의 명령이 불법한 것이라도 이에 복종하는 경우가 있으며, 이러한 경우에 과연 수명자에게 형사책임을 물을 수 있는가 하는 문제가 생긴다.

---

9) 육군고등군법회의 1978.6.8. 선고 78년 고군형항 제296호 판결.
10) 육군고등군법회의 1972.1.11. 선고 71년 고군형항 제634호 판결.
11) 이는 일본 구 육군형법의 해석상 통설이었으며, 독일 국방형법 제20조, 터키 군형법 제87조 등은 명령에 대한 복종을 거절하는 행위를 따로 처벌하고 있으며, 다만 독일 국방형법 제20조 제2항은 명령에 대한 복종을 거절한 후 적시에 자발적으로 그 명령에 복종하는 경우에 법원은 형을 감면할 수 있다고 규정하고 있다.
12) 판례는 즉각적인 복종을 요구하는 명령 등에는 반항 또는 불복종은 명령에 복종하지 않겠다는 의사표시 외에 결과적으로도 명령의 내용인 작위 또는 부작위를 실행하지 않을 것을 요하지 않지만, 즉각적인 복종을 요구하지 않는 명령에는 명령에 복종하지 않겠다는 의사표시 외에 결과적으로 명령의 내용인 작위 또는 부작위를 실행하지 않을 것, 즉 구체적인 항명행위가 필요하다고 한다(고등군사법원 1996.5.7. 선고 96노166 판결).

국제법의 원칙은 피고인이 자기의 정부나 상관의 명령에 따라 행동한 사실은 어느 것이나 피고인으로 하여금 문제된 죄책을 면하게 하지 않는다고 하고 있으나(극동군사재판소조례 제6조), 이것은 전쟁범죄자의 처벌이라는 대원칙에 입각한 견해로서 반드시 이에 따를 수는 없다고 생각한다. 다만, 우리 대법원 판례도 동일한 태도를 취하고 있으나,[13] 이것은 명령복종 관계로 이루어진 군사회의 특성을 간과하고, 불법행위라는 결과만을 중시한 것으로서 일의적인 해석을 할 수 없다고 생각한다. 따라서 위와 같은 경우에는 형법 제12조의 강요된 행위, 그리고 초법규적 책임조각사유로서의 기대가능성의 문제와 연관시켜 해결되어야 한다.[14] 즉 행위 당시의 사정이나 구체적 사실, 사회적 비난가능성의 정도와 개인적 능력과 지위 등을 종합적으로 고려·판단해야 할 것이다.

한편 위법명령을 발한 상관의 책임은 그 위법명령이 형벌법규위반인 경우에는 형법 제34조 제2항의 특수교사의 책임을 지게 될 것이며, 수명자의 행위가 책임조각사유로 인하여 면책되는 경우 형법 제34조 제1항의 간접정범의 죄책을 묻게 될 것이다.

5. 처   벌

본죄를 범한 경우에는 각 행위상황에 따라 그 처벌을 달리한다. 다만, 집단으로 항명을 한 경우에는 군의 존립에 보다 중대한 위협을 가져오므로 그 처벌을 엄하게 하고 있다(제45조). 여기서 집단이라 함은 다수인의 집합체로 그 수에는 제한이 없으나, 본죄의 성질상 다중의 위력을 보일 정도의 수와 항명에 대한 공동목적을 요한다고 생각한다. 다시 말하면 반란죄에 있어서 작당과 그 의미가 유사하다고 할 수 있다.

한편 집단을 이루어 병기를 휴대하고 적극적인 항거로서 항명을 하는 경우에는 군의 권위를 전복하기 위한 목적으로 행하여지면 제5조의 반란죄가 성립될 것이다.

집단항명죄에 대한 처벌은 ① 적전인 경우에는 수괴는 사형에 처하고, 기타의 자는 사형 또는 무기징역에 처하며, ② 전시·사변 또는 계엄지역인 경우에는 수괴는 무기 또는 7년 이상의 징역에 처하고, 기타의 자는 1년 이상의 징역에 처하며, ③ 기타의 경우에는 수괴는 3년 이상의 유기징역에 처하고, 기타의 자는 7년 이하의 징역에 처한다(제45조).[15]

---

13) 대법원 1963.9.26. 선고 63도225 판결.
14) 대법원 판례도 기대가능성이론을 원용하여 "피고인의 행위는 상명하복관계가 엄중한 군대생활에 있어서 직속상관인 장교와 사병 간이고, 상호간 상당한 이해관계가 있는 경우에 … 상관의 경미한 위법명령에 의한 것으로서 피고인뿐만 아니라 일반적으로 다른 사병도 이러한 경미한 위법의 상관지시는 응하지 않을 수 없는 것이 군대조직의 특수성에 비추어 명백하므로 피고인에게는 본건행위에 이르지 않을 기대가능성이 없었다는 취지의 주장을 하여 …"라고 한 것이 있다(대법원 1963.8.31. 선고 63도165 판결).
15) 상관으로부터 집총을 하고 군사교육을 받으라는 명령을 수회 받고도 그 때마다 이를 거부한 경우에는 그 명령횟수만큼의 항명죄가 즉시 성립하는 것이지, 집총거부의 의사가 단일하고 계속된 것이며 피해법익이 동일하다고 하여 수회의 명령거부행위에 대하여 하나의 항명죄만 성립한다고 할 수는 없다(대법원 1992.9.14. 선고 92도1534 판결).

Ⅱ. 상관의 제지불복종죄

> 제46조 폭행을 하는 사람이 상관의 제지에 복종하지 아니한 경우에는 3년 이하의 징역에
> 처한다.

1. 의 의(입법취지)

본죄는 군사회에서 발생할 수 있는 폭행행위를 상관의 제지에 의하여 실효성 있게 조치함으로써 군의 일상적인 질서를 유지하는 것을 목적으로 하고 있다. 그러나 그러한 목적은 폭력행위자를 처벌함으로써(제48조 내지 제52조 참조) 충분히 달성할 수 있을 뿐만 아니라 상관의 제지는 일반적으로 상관의 제지명령을 전제로 하며, 이에 복종하지 않는 것은 곧 항명죄를 구성하므로 구태여 상관의 제지불복종행위만을 별개의 범죄로 할 필요는 없는 것처럼 생각된다. 그럼에도 불구하고 이와 같은 규정을 둔 입법이유는 항명죄의 경우 정당한 명령을 내릴 수 있는 상관은 순정상관에 한하므로 준상관이 폭행제지의 명령을 한 경우 이에 복종하지 않더라도 항명죄가 성립하지 않게 되므로 이를 처벌하기 위함이다. 즉 순정상관의 폭행제지명령에 불복한 경우에는 항명죄가 성립하지만, 준상관의 폭행제지 명령에 불복하더라도 항명죄가 성립하지 않으므로 이를 처벌하기 위한 규정이다.[16]

2. 주 체

본죄의 주체는 폭행을 하는 자이다. 폭행을 하는 자는 폭행을 진행하는 자는 물론 폭행을 기도하거나 폭행에 착수하려는 자도 포함된다고 보는 것이 본조의 입법취지상 타당하다. 다만, 폭행이 이미 기수에 이른 경우에는 본죄와 폭행죄가 경합하게 된다. 폭행 이외의 범행중인 자는 본죄의 주체가 되지 않는다. 뿐만 아니라 범죄를 제지하는 것은 직무상의 명령이 아니므로 항명죄도 성립하지 않는다.

여기서 폭행이라 함은 형법상의 폭행죄에 있어서의 폭행에 한하지 않고 유형력의 행사가 범죄의 방법이나 요소로 나타날 수 있는 일체의 행위를 포함한다. 즉 형법상의 소요죄(제115조), 공무집행방해죄(제136조), 상해죄(제257조), 군형법상의 특수소요죄(제61조) 등에 있어서 폭행을 하는 경우에 상관의 제지에 불복종하면 본죄가 성립한다.

본죄의 객체는 상관의 제지인 것은 앞서 언급한 바와 같으며, 여기서 상관은 준상관을 의미한다. 순정상관의 경우에는 항명죄가 성립할 것이기 때문이다. 또한 상관의 제지는 반

---

16) 1994.1.1. 개정 이전에는 항명죄의 형량이 기타의 경우 2년 이하의 징역형이어서 본죄의 입법취지를 일반항명죄의 그것보다 중하여 동일한 유형의 범죄에 대하여 순정상관의 명령에 불복종하면 항명죄로 경하게 처벌되고, 준상관의 명령에 불복종하면 본죄로 좀더 중하게 처벌된다는 불합리한 결과가 생기게 되는 것이다. 따라서 본죄와 항명죄는 보호의 객체를 달리하는 범죄라고 보아야 할 것이다.

드시 행동에 의할 필요는 없고, 제지명령만으로써 족하다. 물론 그러한 제지는 적극적이고 구체적이어야 하며, 그 방법이 사회상규에 반하지 않아야 할 것이다.

3. 행   위

상관의 제지에 불복하는 것이다. 제지에도 불구하고 계속 폭행행위에 나아가거나 상관에게 반항하면 본죄의 기수가 되며, 폭행행위 자체의 기수·미수 여부와는 무관하다.

제지불복의 방법은 불문하나, 상관에 대한 폭행·모욕·공무집행방해 등의 죄를 구성하는 경우에는 본죄와 각 해당 죄가 경합한다. 다만, 상관에 대한 폭행시에 상대방인 상관이 자신에 대한 폭행제지를 명한 경우, 이를 거부하고 계속 폭행행위에 나아간 경우에 본죄가 성립하지 않고 상관폭행죄만이 성립하게 될 것이다. 왜냐하면 그러한 경우의 제지행위는 방어행위의 일종에 불과하기 때문에 본죄에 있어서의 제지와는 본질적으로 다르기 때문이다.

III. 명령위반죄

> 제47조 정당한 명령 또는 규칙을 준수할 의무가 있는 사람이 이를 위반하거나 준수하지 아니한 경우에는 2년 이하의 징역이나 금고에 처한다.

1. 의   의

본죄는 전술한 항명죄와 마찬가지로 군사회의 명령복종 관계를 통한 군의 질서확립을 그 보호법익으로 한다. 다만, 항명죄가 상관의 개별적 명령에 불복하는 경우에 성립하는 데 반하여, 본죄는 일반적 규범으로서의 명령(order)이나 규칙(regulation)에 위반한 경우에 성립하는 점에서 차이가 있다.

다만, 명령이나 규칙위반에 대하여 형벌을 귀속시킬 수 있는가 하는 점은 총론에서 언급한 바와 같이 의문이 있으나, 이에 대하여는 후술하기로 한다. 다만, 헌법재판소는 "군형법 제47조는 죄형법정주의 원칙이 요구하는 명확성의 원칙에 위배되지 아니한다"고 하여 본조의 합헌성을 인정하고 있다.[17]

2. 주   체

정당한 명령이나 규칙을 준수할 의무가 있는 사람이다.

---

17) 헌법재판소 1995.5.25. 선고 91헌바20 결정.

3. 객 체

명령위반죄에서 명령이라 함은 행정권에 의하여 정립된 법규의 성격을 띤 일반적·추상적 규범을 말하며, 규칙이란 국가나 공공단체가 정립하는 일반적인 규정으로서 법규(法規)의 성질을 가지지 않은 것, 즉 행정조직 하의 특별권력관계 내부의 조직과 활동을 규율하기 위한 것이다.[18]

이러한 명령이나 규칙은 그 범위에 대한 제한이 있을 수 없고, 모든 명령이나 규칙에 대한 위반이 본죄로 구성한다고 볼 것이다. 다만, 대법원 판례는 일괄하여 본조의 명령이나 규칙은 형사적 내용을 가진 것에 한한다고 하면서, '통수권을 담당하는 기관이 입법기관인 국회가 동조로써 위임한 통수작용상 필요한 중요하고도 구체성 있는 특정의 사항에 관하여 발하는 본질적으로는 입법사항인 형벌의 실질적 내용에 해당하는 사항에 관한 명령이나 규칙'만이 본조의 행위객체가 된다고 하고 있는데,[19] 이러한 견해는 본죄에 있어서 명령이나 규칙의 범위가 너무 광범위하고 추상적이어서 죄형법정주의와 조화시키고자 하는 의도에서 나온 것이다.

그러나 명령이나 규칙을 그 내용상 형사적인 것과 행정적인 것으로 구분한다는 것은 자기모순이다. 왜냐하면 명령이나 규칙은 형벌의 실질적 내용을 규율하는 사항에 대하여 제정할 수 없기 때문이다. 따라서 위와 같은 제한은 군형사정책상 일정한 명령위반을 군사법원의 심판에 의할 것인가, 징계에 회부할 것인가를 결정하는 단계에서 고려되어야 할 기준을 제시하는 의미만을 가질 뿐 명령이나 규칙은 그 범위에 대한 제한이 있을 수 없고, 모든 명령이나 규칙에 대한 위반이 본죄를 구성하는 것이다. 다만, 본죄의 성질상 군사적 필요에 의한 행위의무를 부과하는 명령·규칙에 한하여 본죄의 대상이 되며, 군인의 일상생활에 관한 준칙을 정하는 사항은 본죄의 대상이 된다고 볼 수 없다.[20]·[21]

---

18) 일반적으로 규칙에 위반한 경우에는 위법한 것이 아니라 부당한 것에 그치므로 형사책임을 물을 수 없고 징계사유가 됨에 그친다. 그러나 군형법은 이러한 규칙위반에 대해서도 형사책임을 묻고 있다.

19) 대법원 1971.2.9. 선고 70도2540 판결.
　　 판결들에 의하면 참모총장의 군무이탈자 자진복귀명령, 사단의 GP 및 GOP 근무내규, 통문개폐에 관한 GOP 근무지침, DMZ 및 GOP에 관한 규정 중 불온문서처리 규정, 사단장의 사격장출입통제에 관한 지시 등이 본조의 명령이나 규칙에 해당하고, 휴전선 20km 이내 부대에서 개인이동전화의 사용을 금지한 군사보안업무시행규칙, 사단 음주통제명령이나 육군참모총장의 구타금지에 관한 일반명령 37호, 군인복무규율상의 일정지역 출입금지·금전대차금지·유언비어 유포금지·도박행위금지·금품수수금지 등의 일상생활상의 준칙에 관한 규정, 참모총장의 보직 및 인사청탁을 금지한다는 명령 등은 군통수작용상 필요하고도 중요한 구체성 있는 명령·규칙이 아니므로 본조에 해당하지 않는다고 한다(동지: 대법원 2002.6.14. 선고 2002도1282 판결; 대법원 1976.3.9. 선고 75도3294 판결; 대법원 1973.12.11. 선고 73도2560 판결; 대법원 1971.2.11. 선고 69도113 판결; 대법원 1971.7.27. 선고 71도936 판결; 대법원 1965.7.6. 선고 65도347 판결; 대법원 1984.3.27. 선고 83도3260 판결; 대법원 1984.5.15. 선고 84도250 판결; 대법원 1984.7.24. 선고 84도265 판결 등).

20) 판례는 앞서 언급한 취지 하에서 군인의 일상생활에 관한 준칙은 본죄의 대상이 되지 않는다고 하고 있는데(대법원 1971.2.11. 선고 69도113 판결), 또 다른 판례는 "참모총장 및 군단장의 지휘각서로 된 음주통제명령이나 군인출입금지구역에 관한 군인복무규율 및 규정이 있음을 알면서 이에 위반하여 음주하

한편 정당한 명령이나 규칙이란 항명죄에 있어서와 같이 적법하지 않은 명령이나 규칙, 즉 형식상 하자가 있는 명령이나 규칙에 대해서는 복종할 필요가 없다는 의미이다.[22] 뿐만 아니라 부당한 명령이나 규칙도 그 하자가 중대하고 명백한 경우에는 당연무효이므로 이에 복종할 필요가 없음은 물론이고, 그 이외의 부당한 명령·규칙에 대한 불복도 법원이 타당하다고 판단한 경우에는 본죄가 성립하지 않을 것이며, 이 점에서도 본죄는 항명죄와 구별된다고 할 수 있다.

그런데 본죄는 '정당한 명령이나 규칙을 준수할 의무가 있는 자'라고 하여 마치 본죄의 주체가 의무 있는 자에 한하는 것처럼 보이나, 사실상 본조의 명령이나 규칙은 일반적 규범이므로 그 범위에 제한이 없는 것이 원칙이며, 특정한 범위의 사람에게만 적용할 경우에도 그 수범자를 한정하거나 성질상 당연히 규정되는 것이다. 따라서 본조가 그 주체를 의무자에 한정되는 것처럼 규정한 것은 타당한 입법이라고 할 수 없다. 즉 본조의 주체는 '정당한 명령이나 규칙을 준수하지 않는 사람'이라고 규정함이 타당할 것이다.

고 출입금지구역인 사창가에 가서 창녀와 성교한 행위는 군형법 제47조 명령위반죄를 구성하는 것이다"라고 하여(대법원 1970.12.22. 선고 70도2130 판결) 일상생활에 관한 준칙도 본죄의 대상으로 보고 있다. 그러나 본 판결 이후의 모든 판례가 이를 부정하고 있음을 볼 때, 판례는 군사에 관한 의무를 내용으로 하는 명령·규칙만을 본죄의 대상으로 하고 있다고 할 것이다(대법원 1971.3.23. 선고 70도2735 판결; 대법원 1972.4.25. 선고 71도3 판결; 대법원 1984.9.25. 선고 84도1329 판결; 대법원 1984.3.13. 선고 84도95 판결; 대법원 1984.2.28. 선고 83도3362 판결 등).

21) 원심은 피고인이 휴전선 이남 20km 이내에 위치해 있는 소속부대 내에서 개인 이동전화를 무단으로 소지·사용하여 동 행위를 금지하고 있는 군사보안업무 시행규칙(1999. 8. 23. 국방부훈령 제633호) 제102조 제6항 제3호에 위반함으로써 국방부장관의 정당한 명령을 위반한 것이라는 이 사건 공소사실에 대하여, 군형법상 명령위반죄 소정의 명령 또는 규칙은 특정지역에 있는 일정한 범위의 자에 대하여 특정상황 하에서 당해 군부대의 명령권자가 특정사항을 내용으로 하는 작위 또는 부작위 명령을 내린 것과 동일시할 수 있어야 이에 대한 위반행위를 형법법규인 명령위반죄에 포섭하여 처벌할 수 있다고 극히 한정하여 해석하여야 할 것이므로, 군인의 일상생활을 전반적으로 규율하는 명령이나 준칙은 이에 해당하지 않는다고 전제한 다음 위 군사보안업무 시행규칙은 국방부훈령의 형식을 띠고 있고, 그 적용대상은 군에 몸담고 있는 자 전체를 아우르고 있으며, 그 내용에 있어서도 총 214개에 이르는 방대한 조문에 걸쳐 사실상 보안에 관련되어 있다고 판단되는 모든 행위를 직접적으로 규율하고 있다는 점에서 위 보안업무 시행규칙을 명령위반죄의 적용대상이 되는 명령이나 규칙으로 볼 수 없다고 판단하여 무죄를 선고하였다. 죄형법정주의와 군통수권의 특수성에 비추어 볼 때 군형법 제47조 소정의 정당한 명령 또는 규칙이라 함은 통수권을 담당하는 기관이 입법기관인 국회가 군형법 제47조로 위임한 것으로 해석되는 군통수작용상 중요하고도 구체성 있는 특정의 사항에 관하여 발하는 본질적으로는 입법사항인 형벌의 실질적 내용에 해당하는 사항에 관한 명령을 뜻하고, 군인의 일상행동의 준칙을 정하는 사항 등은 이에 해당하지 아니한다고 할 것이다. 위 법리와 기록에 의하여 살펴보면 원심의 인정과 판단은 정당한 것으로 수긍되고, 거기에 채증법칙위배로 인한 사실오인이나 명령위반죄에서의 명령·규칙에 관한 법리오해 등의 위법이 없다(대법원 2002.6.14. 선고 2002도1282 판결).

22) 일설에 따르면 본죄에서의 명령이나 규칙은 일반적 규범이므로 일단 공포된 후에 그 명령이나 규칙의 위법성이나 부당성을 수범자로 하여금 판단케 하여 그 명령이나 규칙이 적법하거나 정당한 경우에만 준수의무가 있다고 하는 것은 있을 수 없으므로, 본조의 '정당한'이란 문구는 어감상 삽입에 불과하다고 한다(이진우, 앞의 책, 160-161면). 그러나 이러한 견해는 명령위반죄의 본질을 잘못 파악한 것으로서, 명령이나 규칙이 정당하지 않은 경우에는 이를 위반하거나 준수하지 않아도 형사책임을 지지 않는다는 점을 간과한 견해라는 비난을 면할 수 없다.

4. 행 위

명령이나 규칙을 위반하거나 준수하지 않는 것이다. 위반한다는 것은 적극적으로 명령·법칙에 위배된 행위를 하는 것이고, 준수하지 않는다는 것은 소극적으로 명령·규칙이 요구하는 규범내용을 그대로 실현하지 않는 것을 말한다. 양자 모두 명령·규칙에 따르지 않는다는 점에서 본질적으로 동일하므로 실제상 구별의 실익이 없다고 할 것이다.

다만, 수범자가 행위시에 명령이나 규칙의 존재와 내용을 알고 있어야 하는가 하는 문제가 있는데, 판례는 이를 긍정하고 있으나[23] 이렇게 본다면 행위자의 주관적 사실을 입증해야 하는 어려움이 남는다. 따라서 판례도 입증에 있어서 상황증거에 의하는 것을 허용하고 있다. 그러므로 이와 같은 우회적인 방법에 의하여 명령·규칙에 대한 인식을 요한다고 보는 견해는 타당하다고 할 수 없으며, 오히려 미 군법과 같이 추정적 인식만으로도 가능하다고 보아야 할 것이다. 즉 일반명령이나 이와 동등한 고급지휘관에 의하여 공포된 그 명령이나 규칙은 수범자에게 인식된 것으로 추정할 수 있는 것이다.[24] 이것은 고의의 성립에 있어서 위법성인식 여부에 대하여 인식가능성설을 취하는 것과 동일한 취지의 견해라고 할 수 있다.

5. 본죄와 죄형법정주의와의 관계

행정법상 명령이나 규칙에 대한 위반은 징계사유로 될 뿐이나, 군형법은 제47조에 의하여 명령위반에 대하여 형벌을 귀속시킴으로써 결과적으로 명령이나 규칙에 대하여 형벌권을 인정하고 있다.[25] 이것은 범죄와 형벌은 법률로 정해야 한다는 죄형법정주의의 원칙에 정면으로 저촉되는 것이라 할 것이다. 물론 형식적인 면에서 본다면 군형법 제47조라는 법률위반에 대하여 형벌을 과한 것이므로 죄형법정주의와 부합되는 것처럼 보이나, 이것은 실질적으로는 분명히 법률이 명령이나 규칙에 그 형벌권을 위임한 백지형법이라고 할 수 있다. 특히 백지형법도 명령·규칙의 종류나 범위가 특정되어 있는 경우에는 죄형법정주의와 양립될 수 있다고 하는 이론이 있으나, 본조의 경우에는 명령이나 규칙의 범위에 제한이 없음은 전술한 바와 같으므로 그러한 이론도 적용될 수 없다고 보지 않을 수 없다. 한편 군사회라는 특수한 특별권력관계에 있어서의 명령위반이 일반행정상의 명령위반보다

23) 대법원 1977.7.26. 선고 77도2058 판결; 대법원 1965.7.6. 선고 65도347 판결.
24) 우리 판례도 이러한 견해를 취한 것이 있다. 즉 "육군참모총장이 군무이탈 군인에 대하여 일정한 기간 내에 군사경찰대에 자수하라고 명하는 취지의 복귀명령은 군형법 제47조에서 말하는 정당한 명령에 해당하여 동 명령이 각종 통신수단에 의하여 전국 각 지역에 알려졌다면, 군무이탈중인 자는 동 명령사항을 알 수 있었던 것이라 할 것이다"(대법원 1972.11.28. 선고 72도2164 판결).
25) 본죄는 원래 미 군법의 영향에 의한 것으로서, 미 군사법원의 판결이 형사처분뿐만 아니라 징계처분의 성질을 가진다는 점을 간과한 입법이다. 뿐만 아니라 미 통일군사법전은 명령위반을 경범죄(misdemeanor)로서 처벌하고 있으므로 형사범죄로 하고 있는 우리 군형법과는 다른 것이다. 또한 국방경비법 후 군형법이 개정될 당시에도 국방부나 삼군의 법무감실이 모두 본조의 삭제를 강력히 주장하였다.

더 보호의 가치가 있어서 형사범죄로서 규정한 것이라는 견해도 있으나, 그러한 목적은 항명죄 기타 다른 범죄로서 어느 정도 달성될 수 있으며, 설사 타범죄로서 처벌할 수 없는 경우를 위한 규정이라고 하더라도 가벌범위가 무한정 확장될 우려가 있다.

위와 같은 점을 종합해 볼 때 명령위반죄는 죄형법정주의라는 헌법상의 대원칙에 반한다고 하지 않을 수 없으며, 따라서 본죄는 입법론적으로 삭제를 요하며, 존치시키는 경우에도 판례상의 확립된 원칙이 정립되어야 할 것이다. 판례가 명령이나 규칙의 범위를 한정하고 있는 것도 바로 죄형법정주의와의 조화점을 찾기 위한 것이라는 점은 전술한 바와 같다.

제10장

폭행·협박·상해와 살인의 죄

제1절 총 설

본장의 죄는 상관·초병 기타 직무수행중인 자에 대한 폭행·협박·상해·살인 등의 생명·신체에 대한 법익을 보호하는 한편, 특수소요라는 공공의 안전에 대한 침해행위와 가혹행위라는 군인의 직무에 관한 죄를 동시에 규정하고 있다. 그러나 이와 같이 죄질이 상이한 죄를 동일한 장에 규정한 것은 행위의 객체를 표준으로 한 것으로서 그 합리적인 근거를 찾기 어렵다.

군형법이 일반형법과 별도로 폭행·협박·상해·살인의 죄를 규정하여 무겁게 처벌함으로써 일종의 가중적 구성요건을 인정하는 것은 상관·초병·직무수행중인 자라는 신분의 특수성에 기한 것이며,[1] 이것은 형법이 외국원수나 외교사절에 대한 폭행·협박을 가중처벌하는 것과 동일한 취지라 할 수 있다(형법 제107조, 제108조 참조). 또한 특수소요죄나 가혹행위죄도 이와 유사한 취지 하에서 가중처벌을 규정하는 것이라 생각된다.

한편 군형법은 2009년 개정에서 폭행·협박·상해의 죄 중 집단 및 특수 폭행·협박죄 등에 대한 법정형이 낮아 법적용상 문제점이 있던 것을 "형법"상 공무집행방해죄 및 "폭력행위 등 처벌에 관한 법률"상 집단 및 특수 폭행·협박죄에 대한 법정형에 준하는 수

---

1) 초병이나 직무수행자에 대한 폭행 등은 행위대상의 특수성에 따른 불법의 가중이라는 점에 이론이 없으나, 상관에 대한 폭행 등이 불법이 가중된 경우인지 책임이 가중된 경우인지 의문이 있다. 예컨대 상관을 폭행함에 있어서 그보다 상관인 자가 부하를 사주한 경우, 만약 본죄가 불법의 가중이라면 교사범인 상관도 상관폭행죄의 공범으로 처벌되어야 할 것이다. 그러나 상관폭행죄는 행위자와 피해자 간의 상하신분관계에서 나온 것으로서, 위와 같은 경우에 교사범인 상관은 부하라는 신분관계에 있지 아니하므로 형법 제260조의 일반폭행죄의 교사범으로 됨에 그친다. 따라서 상관에 대한 폭행죄는 불법이 아니라 책임의 가중이라고 보는 것이 타당하다. 이러한 점에서 상관에 대한 폭행은 초병이나 직무수행에 대한 폭행과는 그 본질을 달리하는 것이다.

준으로 조정하였고, 폭행·협박·상해의 죄 관련 일부 구성요건을 조정하여 집단을 이루거나 흉기 등을 휴대하고 상관·초병·직무수행자의 신체를 상해한 경우에 대해 가중처벌하도록 상관·초병·직무수행자에 대한 집단 및 특수 상해의 구성요건을 신설하고, 집단을 이루지 않고 단순히 2명 이상이 폭행·협박한 경우 각 본조에 정한 형의 2분의 1까지 가중하여 처벌하였다. 또한 결과적 가중범에 대한 평시 사형의 폐지 등 법정형을 조정하여 상관·초병·직무수행자에 대한 폭행치사 및 상관에 대한 중상해 등에 대하여는 평시에도 사형까지 처벌이 가능하도록 하고 있어 법정형이 과도하던 것을 법정형 중 사형을 삭제하고, 폭행치상이나 중상해의 경우 적전(敵前) 또는 집단의 수괴인 때에는 오히려 각 본조의 법정형보다 경한 경우가 있어 불합리하던 것을 각 본조보다 가볍게 처벌받지 않도록 조정하였다. 또한 헌법재판소가 상관살해죄에 대하여 "무조건 사형으로 다스리는 것은 형법체계상의 정당성을 잃은 것으로서 범죄의 중대성에 비하여 심각하게 불균형적인 과중한 형벌"임을 이유로 위헌결정한 취지를 반영하여 상관살해죄의 법정형에 무기징역을 추가하였다.

　　여기서는 법문의 규정의 순서에 따라 각 범죄를 서술하는데, 후술하는 바와 같이 반드시 타당한 방법은 아니라고 생각된다.

제 2 절　범죄유형

Ⅰ. 폭행·협박의 죄

　　군형법 제48조 내지 제52조, 제54조 내지 제58조 및 제60조에서 상관, 초병 및 직무수행중인 자에 대한 폭행 및 협박을 범죄로서 규정하고 있다.[2] 여기서는 먼저 폭행과 협박의 개념에 대하여 알아보고, 그 행위태양에 따라 서술해 나가기로 한다.

1. 폭행·협박의 의의

(1) 폭행의 의의

　　형법은 몇 개의 범죄유형에서 폭행이라는 용어를 사용하고 있는데, 각기 그 의미하는 바가 다르다. 여기서 대략 네 가지 유형으로 폭행의 의미를 구분할 수 있는데, 그 내용은 다음과 같다.

---

2) 원래 폭행과 협박은 그 행위내용이나 성질에 있어서 서로 상이한 범죄이며, 뿐만 아니라 형법은 폭행죄와 협박죄의 법정형을 달리하고 있다. 따라서 양자를 동시에 규정한 군형법의 태도나 서술방식은 타당하다고 할 수 없다. 그러나 본장에서는 서술의 편의상 양자를 통합하여 설명하고 있는 것이다.

1) **최광의 폭행**　　사람에 대하건 물건에 대하건 불문하고 일체의 유형력행사를 의미하는데, 형법상의 소요죄(제115조)나 다중불해산죄(제116조)에 있어서 폭행이 여기에 속한다.

2) **광의의 폭행**　　일정한 사람에 대한 직접·간접의 유형력행사로, 그것이 사람에 대한 것인 한 신체에 대한 것이건 물건에 대한 것이건 불문한다. 형법상 공무집행방해죄(제136조)에 있어서 폭행이 여기에 속한다.

3) **협의의 폭행**　　사람의 신체에 대한 유형력행사를 의미한다. 형법상 폭행·가혹행위죄(제125조), 폭행·존속폭행죄(제260조)에 있어서의 폭행이 여기에 속한다.

4) **최협의 폭행**　　사람의 반항을 억압할 정도(저항불능이나 현저한 곤란)(제12조 참조)의 강한 유형력의 행사를 의미하며, 형법상 강도죄(제333조)나 강간죄(제297조)에 있어서 폭행이 여기에 속한다.

폭행을 이와 같이 구분해 볼 때, 군형법에서 말하는 폭행의 개념도 개별 범죄에 따라 그 의미하는 바를 달리할 것이다. 즉 제46조의 상관제지불복종죄에서 말하는 폭행이란 이미 언급한 바와 같이 최광의 폭행으로 보아야 할 것이며, 제61조의 특수소요죄의 경우에는 본조가 물건에 대한 유형력행사인 소요를 따로 규정한 점에 비추어 볼 때 광의의 폭행이라고 보아야 할 것이다.

그러면 여기서 논의의 대상인 폭행죄에 있어서의 폭행의 개념은 무엇인가. 공무집행방해죄에서 그 보호법익이 공무원이 아니라 공무원에 의하여 실행되는 국가기능인 것과 같이 초병이나 직무수행중인 자에 대한 폭행죄의 보호법익은 초병이나 직무수행중인 자에 의해 실행되는 군사사무라 할 것이므로, 초병이나 직무수행중인 자에 대한 폭행죄에 있어서의 폭행은 광의의 폭행이라고 볼 수 있다. 다만, 상관에 대한 폭행은 직무와 관련된 것이 아니므로 일반폭행죄와 같이 협의의 폭행으로 보아야 한다. 따라서 초병이나 직무수행중인 사람에 대해서는 초병이나 직무수행중인 사람의 신체에 대한 폭행임을 요하지 않고 물건에 대한 유형력의 행사라 할지라도 간접적으로 사람에 대한 것이면 족하다. 한편 상관에 대한 폭행이 되기 위해서는 상관의 신체에 대한 폭행이 있어야 하므로 단순히 물건에 대한 유형력의 행사는 폭행이라 할 수 없다. 따라서 상관의 집 마당에 인분을 던지거나 방문을 발로 차는 것만으로는 폭행이라 할 수 없다. 그러나 상관의 신체에 대한 유형력의 행사가 생리적 기능을 훼손하거나 건강을 해할 정도에 이를 것을 요하지 않으므로 침을 뱉거나 손이나 옷을 잡아당기거나 미는 경우에도 폭행에 해당한다. 또한 폭행으로 인한 신체적·정신적 고통의 여부는 본죄의 성립에 영향을 주지 않는다.

(2) 협박의 의의

형법상 협박의 개념에 관하여는 두 가지 의미가 있다. 먼저 광의의 협박은 사람을 외포하게 하기 위하여 해악을 가할 것을 통고하는 일체의 행위를 말한다. 예컨대 형법상의 소요죄나 공무집행방해죄에 있어서의 협박이 여기에 속하며, 협박의 일반적 의미라고 할 수 있다. 한편 협의의 협박이란 상대방의 반항을 억압할 정도의 해악의 통고를 말하며, 형법상의 강도죄나 강간죄에 있어서의 협박이 여기에 속한다.

군형법이 말하는 협박은 형법상의 협박죄의 경우와 같이 광의의 협박, 즉 사람을 외포케 할 목적으로 해악을 가할 것을 통고하는 것을 말한다.

협박은 사람의 의사결정의 자유를 보호법익으로 하며, 무형력이나 정신력에 의한 타격이라는 점에서 신체의 완전성을 보호법익으로 하는 유형력이나 물리력에 의한 공격인 폭행과 구별된다. 또한 협박은 경고와도 구별되는데, 경고란 행위자의 지배력을 초월하여 발생할 해악의 고지, 즉 자연적으로 발생될 길흉화복의 도래를 상대방에게 고지하는 것에 불과하나, 협박은 이러한 해악의 상대방에 대한 도래가 행위자의 의도 여하에 달려 있는 것이다.

협박에 있어서 해악의 내용은 그것이 일반인으로 하여금 외포심을 일으키게 할 수 있는 정도의 것이라면 어떠한 내용이라도 족하며, 다만 상대방으로 하여금 행위자가 해악의 발생을 직접·간접으로 좌우할 수 있다고 믿을 만한 것이어야 한다. 해악의 통지방법도 구두, 서면 등 어느 것이든 불문한다.

해악의 고지로 인하여 상대방이 현실적으로 외포심을 일으켜야 하는가에 대하여 형법상의 일반적인 견해는 현행법이 협박죄의 미수범을 처벌하고 있으므로(형법 제286조) 협박죄가 성립·기수로 되려면 의사의 자유에 대한 침해, 즉 해악의 고지로 인해 외포심이 현실적으로 발생할 것을 요한다고 하면서 이러한 점에서 본죄는 침해범이라고 한다.

그러나 군형법은 미수범에 대한 처벌규정을 두고 있지 않으므로 형법상의 협박죄와 같이 침해범으로 볼 수 있는가에 대하여 의문이 있다. 먼저, 초병이나 직무수행중인 자에 대한 협박은 형법상 공무집행방해죄에 있어서의 협박과 유사한 성격을 가지므로, 공무집행방해죄와 마찬가지로[3][4] 추상적 위험범으로 현실적인 외포심을 가질 것을 요하지 않는다고 할 수 있다. 따라서 폭행·협박을 하면 본죄는 기수에 이르며, 이로 인하여 직무집행의 장애가 발생하였는가 여부는 본죄의 성립에 영향이 없다.

[3] 판례도 공무집행방해죄의 경우 협박은 피해자에게 현실적으로 공포심이 생겼음을 요하지 않고 공포심을 일으키게 하는 데 족한 일절의 해악의 고지를 의미한다고 하고 있다(대법원 1970.6.30. 선고 70도487 판결).

[4] 공무집행방해죄에 있어서 협박이라 함은 상대방에게 공포심을 일으킬 목적으로 해악을 고지하는 행위를 의미하는 것으로서, 고지하는 해악의 내용이 그 경위, 행위 당시의 주위상황, 행위자의 성향, 행위자와 상대방과의 친숙의 정도, 지위 등의 상호관계 등 행위 당시의 여러 사정을 종합하여 객관적으로 상대방으로 하여금 공포심을 느끼게 하기에 족하면 되고, 상대방이 현실로 공포심을 품게 될 것까지 요구되는 것은 아니며, 다만 그 협박이 경미하여 상대방이 전혀 개의치 않을 정도인 경우에는 협박에 해당하지 않는다(대법원 2005.10.28. 선고 2004도4731 판결).

한편 상관에 대한 협박은 일반 형법상의 협박죄와 같이 침해죄로 봄이 타당하나, 군형법이 미수범의 처벌규정을 두지 않은 점은 입법상의 불비라고 생각한다.

(3) 반의사불벌죄의 적용문제

형법은 폭행죄, 존속폭행죄(제260조 제2항), 외국원수나 외국사절에 대한 폭행죄(제107조, 제108조), 협박죄(제283조)에 대하여는 구성요건에 해당하는 위법·유책한 행위가 있더라도 그 피해자가 범인의 처벌을 희망하지 않는다는 의사를 명시한 경우에는 공소를 제기할 수 없도록 규정하고 있는데(제110조, 제260조 제3항, 제283조 제3항), 이러한 범죄를 반의사불벌죄라고 한다.

그러면 군형법상의 폭행죄나 협박죄에 대하여도 형법상의 폭행죄나 협박죄와 같이 피해자의 명시한 의사표시가 있는 경우에는 처벌을 할 수 없는가. 이러한 문제에 대하여 학설은 초병이나 직무수행중인 자에 대한 폭행이나 협박은 일반 형법상의 폭행죄나 협박죄와는 달리 공무집행방해죄의 성격을 띠고 있으므로 반의사불벌죄의 규정이 적용되지 않고, 따라서 피해자의 의사와 상관없이 처벌할 수 있다고 한다.

그러나 상관에 대한 폭행이나 협박에 대하여는 의견이 대립하고 있다. 즉 일설에서는 상관의 경우에도 군형법이 반의사불벌죄 규정의 적용을 배제하는 명문의 규정이 없는 한 형법상의 폭행죄나 협박죄와 마찬가지로 피해자인 상관의 명시한 의사표시에 반하여 처벌할 수 없다고 하는 데 대하여,[5] 일설에서는 군형법은 형법에 대한 특별법이므로 군형법상의 폭행·협박죄에 대한 규정이 적용되는 한 형법상의 폭행·협박죄에 대한 규정의 적용은 배제되며, 형법상 반의사불벌죄에 대한 규정은 범죄의 성질에 따른 것이 아니라 형사정책적인 규정이므로 타법에 준용될 수 없다고 한다. 따라서 상관에 대한 폭행이나 협박도 초병이나 직무수행중인 자에 대한 경우와 마찬가지로 피해자의 의사와 상관없이 처벌할 수 있다고 한다.

생각건대 긍정설이 그 근거로 하고 있는 전시강간죄에 대한 친고죄배제규정(제84조 제2항)은 예시적 규정에 지나지 않으므로 폭행죄나 협박죄에 대하여도 반의사불벌죄에 대한 규정의 적용을 배제할 명문의 규정을 둘 필요는 없으며, 형법이 제110조에서 외국원수나 외국사절과 같은 특별한 신분을 가진 자에 대하여 반의사불벌죄의 규정을 둔 것은 창설적 규정으로서, 군형법상으로도 상관에 대한 폭행·협박을 처벌하기 위해서는 명문의 규정이 필요한 것이다. 따라서 상관에 대한 폭행이나 협박도 역시 피해자의 의사와 상관없이 처벌

---

5) 이에 대한 상세는 이진우, 군형법, 법문사, 1973, 168–169면 참조. 특히 그러한 긍정설을 취하는 근거를 보면 제84조 제2항의 전지강간죄에 있어서 일반강간죄가 고소를 요하는 친고죄인 데 반하여, 본죄는 친고죄가 아니라는 점을 명문으로 밝히고 있는데, 만약 상관에 대한 폭행죄와 협박죄가 일반 형법과는 달리 반의사불벌죄가 아니라면 전지강간죄와 같이 명문의 규정을 두어야 할 것이나, 그러한 규정이 없으므로 상관에 대한 폭행죄나 협박죄에 대해서도 반의사불벌죄의 규정이 적용되어야 한다고 한다.

할 수 있다고 할 것이다.

결론적으로 말하면 군형법상의 폭행죄나 협박죄에 대해서는 군조직의 특수성과 행위객체의 특수성에 비추어 명문의 규정이 없는 현행법 하에서 반의사불벌죄의 규정이 적용될 수 없다고 보아야 할 것이다.

한편 종래 군형법은 상관, 초병(哨兵) 또는 직무수행 중인 군인 등을 폭행하거나 협박한 경우에 대해서는 처벌규정을 두고 있으나 그 밖에 군인 등을 폭행하거나 협박한 경우에 대해서는 별도의 규정을 두고 있지 아니하여 「형법」에 따라 피해자가 처벌을 원하지 아니하면 처벌이 불가능하였다. 이에 2016년 5월 29일 군형법은 제60조의 6(군인등에 대한 폭행죄, 협박죄의 특례)를 신설하였다. 이 개정에 의해 군인 등이 「군사기지 및 군사시설 보호법」 제2조 제1호의 군사기지, 「군사기지 및 군사시설 보호법」 제2조 제2호의 군사시설, 「군사기지 및 군사시설 보호법」 제2조 제5호의 군용항공기, 또는 군용에 공하는 함선의 어느 하나에 해당하는 장소에서 군인 등을 폭행 또는 협박한 경우에는 반의사불벌죄가 적용되지 않게 되었다.

2. 상관에 대한 폭행·협박죄

(1) 단순폭행·협박죄

> 제48조 상관을 폭행하거나 협박한 사람은 다음 각 호의 구분에 따라 처벌한다.
> 1. 적전인 경우 : 1년 이상 10년 이하의 징역
> 2. 그 밖의 경우 : 5년 이하의 징역

여기서 상관이라 함은 순정상관 및 준상관6)을 불문하며, 직무수행중인 상관일 필요도 없다. 왜냐하면 본죄는 상관의 직무와 상관없이 그의 권위 자체를 보호하기 위한 것이기 때문이다.7)

폭행·협박의 동기와 장소는 불문하며, 다만 행위자가 행위의 대상이 상관임을 인식하여야 한다.8) 여기서 인식은 확정적인 것을 요하지 않으며, 행위 당시에 인식이 가능하였다는 사실을 입증하는 정도로 족하다. 이러한 인식이 없었을 경우에는 형법상의 폭행죄나 협박죄가 성립됨에 그친다.

---

6) 원심이 확정한 바에 의하면 피고인은 1975.2.22.에 하사에 진급되고 피해자인 공소외인은 이보다 앞선 1973.9.15에 하사로 진급되었으니, 위에서 설시한 바에 의하면 피해자는 피고인의 상관에 준하는 것으로 되는 것이요, 상관특수폭행치상죄(군형법 제52조 제2항 제2호, 제50조, 제48조)를 다스림에 있어서는 피차간에 명령복종 관계는 없을지언정 동일계급의 상서열자는 상관으로 보아서 처리하는 것이 상당하다 (대법원 1976.2.10. 선고 75도3608 판결).

7) 다만, 입법론적으로 볼 때, 상관에 대한 폭행을 특별히 취급하는 것은 상관의 인적 우월성에 있는 것이 아니라 상관으로서의 직무에 본질적인 보호가치가 있는 것이기 때문이다. 따라서 직무를 떠난 사적 관계에 대하여도 상하관계를 인정한 본조의 규정은 타당하지 못하다고 생각되며, 일반 폭행·강간죄로 규율함이 타당하다고 할 것이다.

8) 대법원 1970.11.30. 선고 70도2034 판결.

폭행의 결과 상관을 살해하거나 상해한 경우에는 소위 결과적 가중범의 일종으로서 무겁게 처벌된다(제52조 참조).[9] 즉 치사의 경우에는 ① 적전인 경우에는 사형, 무기 또는 10년 이상의 징역, ② 전시, 사변 시 또는 계엄지역인 경우에는 사형, 무기 또는 5년 이상의 징역, ③ 그 밖의 경우에는 사형, 무기 또는 5년 이상의 징역에 처하며, 치상의 경우에는 ① 적전인 경우에는 무기 또는 3년 이상의 징역, ② 그 밖의 경우에는 1년 이상의 유기징역에 각각 처한다.

이러한 결과적 가중범에 대한 규정은 후술하는 집단폭행, 특수폭행에 대하여도 동일하게 적용된다.

(2) 집단폭행·협박죄

> 제49조 ① 집단을 이루어 제48조의 죄를 범한 사람은 다음 각 호의 구분에 따라 처벌한다.
> 1. 적전인 경우 : 수괴는 무기 또는 10년 이상의 징역, 그 밖의 사람은 3년 이상의 유기징역
> 2. 그 밖의 경우 : 수괴는 무기 또는 5년 이상의 징역, 그 밖의 사람은 1년 이상의 유기징역
> ② 집단을 이루지 아니하고 2명 이상이 공동하여 제48조의 죄를 범한 경우에는 제48조에서 정한 형의 2분의 1까지 가중한다.

본죄는 전 조의 단순 폭행·협박죄에 비해 집단을 이루어 폭행함으로써 폭행·협박의 행위방법의 위험성이 증대함으로 인해 (행위)불법이 가중되는 가중적 구성요건이다. 즉 가중의 근거는 그 결과 때문이 아니라 행위의 수단과 방법이 피해자에게 중대한 침해를 야기할 위험이 있고, 피해자의 방어기회를 없게 한다는 점에 있다.

집단이라 함은 공동목적으로 결합되어 있는 다수인의 집합체로서 상하관계의 조직이 있어야 한다.[10] 여기서 공동목적은 적법한 것이건 불법한 목적이건 불문하며, 집단의 구성원의 수에 대해서도 제한이 없고, 다만 다중의 위력을 보일 수 있는 정도임을 요한다.[11]

집단폭행이 사상의 결과를 발생시킨 경우에는 결과적 가중범으로서 처벌됨은 앞서 언급한 바와 같다(제52조 참조).

형법은 특수폭행죄(제261조)에서 집단이라는 용어 대신에 단체 또는 다중의 위력을 보인다고 규정하고 있는데, 집단과 유사한 것이라고 생각된다.

집단을 이루지 않은 경우에도 2명 이상이 공동하여 상관을 폭행하거나 협박한 경우에는 제48조에서 정한 형의 2분의 1까지 가중한다. '공동'이란 공동의 범행결의와 공동의 실

---

9) 군형법은 제52조에서 '제48조 내지 제51조의 죄를 범하여 상관을 치사한 자'라고만 규정하여 마치 협박죄에 대하여도 결과적 가중범을 인정하고 있는 듯하나, 형법이론상 협박에 의한 치사상죄는 불가능하므로 폭행죄에 대해서만 결과적 가중범을 인정한 것으로 보아야 할 것이다(국방부 70 고군형항 7). 이러한 입법론상의 모순은 폭행죄와 협박죄를 동일한 조항 내에 규정한 결과로 생기는 것이므로, 양자를 분리해서 규정해야 한다는 견해가 있다(국방부 편, 군형법해설, 1965, 245면; 이진우, 앞의 책, 173면 등).

10) 국방부 1973.1.16. 선고 72년 고군형항 제53호 내지 제123호 판결.

11) 대법원 1961.1.18. 선고 4293형상896 판결.

행행위가 있는 것을 말하며, 총론의 공동정범 이론에 따른다.

(3) 특수폭행 · 협박죄

> 제50조 흉기나 그 밖의 위험한 물건을 휴대하고 제48조의 죄를 범한 사람은 다음 각 호의
> 구분에 따라 처벌한다.
>   1. 적전인 경우 : 사형, 무기 또는 5년 이상의 징역
>   2. 그 밖의 경우 : 무기 또는 2년 이상의 징역

본죄는 제48조의 단순 폭행 · 협박죄에 비해 흉기 그 밖의 위험한 물건을 휴대하고 폭행함으로써 폭행 · 협박의 행위방법의 위험성이 증대함으로 인해 (행위)불법이 가중되는 가중적 구성요건이다. 즉 가중의 근거는 그 결과 때문이 아니라 행위의 수단과 방법이 피해자에게 중대한 침해를 야기할 위험이 있고, 피해자의 방어기회를 없게 한다는 점에 있다.

흉기 그 밖의 위험한 물건이란 그 성질상 생명 · 신체에 중대한 침해를 가할 수 있는 기구로서, 총검과 같은 병기는 물론 망치나 곤봉 등도 그 용도에 따라서는 사람을 살상할 수 있는 기구가 될 수 있다. 다시 말하면 위험성 여부의 판단은 일반사회통념에 따라 사용방법에 의하여 결정될 문제인 것이다.

원래 형법은 특수폭행죄에서 단체 또는 다중의 위력을 보이는 경우와 위험한 물건을 휴대한 경우를 동일하게 처벌하고 있는 데 반하여, 군형법은 집단폭행과 특수폭행을 각기 다른 법정형으로 처벌하고 있다.

이것은 군이라는 조직사회에서 다수인의 결합에 의한 폭행보다 위험성 있는 물건을 휴대한 폭행이 한층 위험성을 초래한다는 점과 군인은 위험한 물건인 병기를 항상 휴대하므로 일반사회에서 위험한 물건을 휴대한 경우에 비하여 비난가능성이 크다는 점에서 나온 것이다.

본죄도 집단폭행죄의 경우와 마찬가지로 폭행의 결과로 인하여 치사상의 결과를 발생시킨 경우에는 결과적 가중범으로서 무겁게 처벌된다(제52조 참조).

(4) 폭행치사상죄

> 제52조 ① 제48조부터 제50조까지의 죄를 범하여 상관을 사망에 이르게 한 사람은 다음
> 각 호의 구분에 따라 처벌한다.
>   1. 적전인 경우 : 사형, 무기 또는 10년 이상의 징역
>   2. 전시, 사변 시 또는 계엄지역인 경우 : 사형, 무기 또는 5년 이상의 징역
>   3. 그 밖의 경우 : 무기 또는 5년 이상의 징역
> ② 제48조 또는 제49조의 죄를 범하여 상관을 상해에 이르게 한 사람(제49조 제 1 항 각
> 호의 죄를 범한 사람 중 수괴는 제외한다)은 다음 각 호의 구분에 따라 처벌한다.
>   1. 적전인 경우 : 무기 또는 3년 이상의 징역
>   2. 그 밖의 경우 : 1년 이상의 유기징역

본 조항은 2009년 형법의 개정시 가중적 폭행인 집단폭행에 의한 치사상과 단순폭행에 의한 치사상의 법정형을 동일하게 규정함으로써 폭행치사상이 치사상이라는 중한 결과를 초래하지 않은 가중적 폭행죄보다 가볍게 처벌되는 모순을 해결하기 위해 제2항의 적용대상에서 수괴를 제외하였다. 즉 상관에 대하여 집단폭행을 한 경우에 수괴는 무기 또는 5년 이상의 징역에 처하게 되나, 개정 전 군형법에 의할 경우 집단폭행으로 인하여 상해의 결과가 발생된 경우에는 제52조 제2항이 적용되어 1년 이상의 징역에 처하는 데 그치게 되어 결과적으로는 중한 결과발생에 경한 형을 과한다는 모순이 있었다. 또한 제1항에서 개정 전 형법이 행위상황을 적전과 그 밖의 경우로 2분하여 규정하던 것을 전시, 사변 시 또는 계엄지역의 경우를 추가하여 행위상황을 보다 세분화하였다.

3. 초병에 대한 폭행·협박죄

(1) 단순폭행·협박죄

> 제54조 초병에게 폭행 또는 협박을 한 사람은 다음 각 호의 구분에 따라 처벌한다.
> 1. 적전인 경우 : 7년 이하의 징역
> 2. 그 밖의 경우 : 5년 이하의 징역

본죄는 초병이라는 직무의 특수성에 기한 것으로서, 군인이나 준군인뿐만 아니라 국내외 민간인도 본죄의 주체가 될 수 있다(제1조 제4항 제3호). 초병에 대하여도 상관의 경우와 마찬가지로 폭행으로 인하여 사상의 결과가 발생한 경우에는 결과적 가중범으로서 가중처벌된다(제58조). 즉 치사의 경우에는 ① 적전인 경우에는 사형, 무기 또는 5년 이상의 징역, ② 기타의 경우에는 사형, 무기 또는 3년 이상의 징역에 처하며, 치상의 경우에는 ① 적전인 경우에는 무기 또는 3년 이상의 징역, ② 기타의 경우에는 1년 이상의 유기징역에 처한다.

(2) 집단폭행·협박죄

> 제55조 ① 집단을 이루어 제54조의 죄를 범한 사람은 다음 각 호의 구분에 따라 처벌한다.
> 1. 적전인 경우 : 수괴는 5년 이상의 유기징역, 그 밖의 사람은 3년 이상의 유기징역
> 2. 그 밖의 경우 : 수괴는 2년 이상의 유기징역, 그 밖의 사람은 1년 이상의 유기징역
> ② 집단을 이루지 아니하고 2명 이상이 공동하여 제54조의 죄를 범한 경우에는 제54조에서 정한 형의 2분의 1까지 가중한다.

본죄의 주체도 역시 군인·준군인뿐만 아니라 국내외 민간인을 포함한다(제1조 제4항 제3호). 집단의 개념에 대해서는 상관에 대한 집단폭행죄에서 언급한 바와 같으며, 결과적 가중범에 대한 가중도 동일하다(제58조).

(3) 특수폭행·협박죄

> 제56조 흉기나 그 밖의 위험한 물건을 휴대하고 제54조의 죄를 범한 사람은 다음 각 호의
> 구분에 따라 처벌한다.
>   1. 적전인 경우 : 사형, 무기 또는 3년 이상의 징역
>   2. 그 밖의 경우 : 1년 이상의 유기징역

역시 군인·준군인뿐만 아니라 국내외 민간인이 본죄의 주체가 될 수 있다(제1조 제4항 제3호).

흉기 기타 위험한 물건의 의미도 상관에 대한 특수폭행·협박죄에서 언급한 바와 같으며, 특수폭행·협박에 의하여 사상의 결과가 발생한 경우에 결과적 가중범으로서 가중처벌되는 점도 동일하다(제58조).

다만, 법정형에 있어서 상관에 대한 경우(제50조)보다 초병에 대한 경우가 기타의 경우에 훨씬 낮은데, 이것은 초병이라는 중대한 직무의 중요성을 상관이라는 권위에 비하여 간과한 것으로서 입법론상 조정을 요한다고 생각한다.

(4) 폭행치사상죄

> 제58조(초병에 대한 폭행치사상) ① 제54조부터 제56조까지의 죄를 범하여 초병을 사망
> 에 이르게 한 사람은 다음 각 호의 구분에 따라 처벌한다.
>   1. 적전인 경우 : 사형, 무기 또는 5년 이상의 징역
>   2. 전시, 사변 시 또는 계엄지역인 경우 : 제54조의 죄를 범한 사람은 사형, 무기 또는
>   3년 이상의 징역, 제55조 또는 제56조의 죄를 범한 사람은 사형, 무기 또는 5년 이
>   상의 징역
>   3. 그 밖의 경우 : 제54조의 죄를 범한 사람은 무기 또는 3년 이상의 징역, 제55조 또는
>   제56조의 죄를 범한 사람은 무기 또는 5년 이상의 징역
> ② 제54조 또는 제55조의 죄를 범하여 초병을 상해에 이르게 한 사람은 다음 각 호의
> 구분에 따라 처벌한다.
>   1. 적전인 경우 : 무기 또는 3년 이상의 징역. 다만, 제55조 제1항의 죄를 범한 사람
>   중 수괴는 무기 또는 5년 이상의 징역에 처한다.
>   2. 그 밖의 경우(제55조 제1항 제2호의 죄를 범한 사람 중 수괴는 제외한다) : 1년
>   이상의 유기징역

본 조항은 2009년 군형법의 개정시 가중적 폭행인 집단폭행에 의한 치사상과 단순폭행에 의한 치사상의 법정형을 동일하게 규정함으로써 폭행치사상이 치사상이라는 중한 결과를 초래하지 않은 집단폭행죄보다 가볍게 처벌되는 모순을 해결하기 위해 제2항의 제1호에 단서를 추가하여 수괴의 법정형을 조정하고, 제2호에서는 수괴를 적용대상에서 제외하였다. 즉 초병에 대하여 적전이 아닌 상황에서 집단폭행을 한 경우에 수괴는 2년 이상

의 유기징역에 처하게 되나, 개정 전 군형법에 의할 경우 집단폭행으로 인하여 상해의 결과가 발생된 경우에는 제52조 제2항이 적용되어 1년 이상의 유기징역에 처하는 데 그치게 되어 결과적으로는 중한 결과발생에 경한 형을 과한다는 모순이 있었다. 또한 적전의 경우에 집단폭행을 한 경우 동일한 일이 발생한 경우에도 수괴의 경우 단기형이 5년인 데 비해, 집단폭행치사상의 경우에는 그 단기형이 3년이 되는 모순이 있었다.

또한 제1항에서 개정 전 형법이 행위상황을 적전과 그 밖의 경우로 2분하여 규정하던 것을 전시, 사변 시 또는 계엄지역의 경우를 추가하여 행위상황을 보다 세분화하였다.

4. 직무수행중인 사람에 대한 폭행·협박죄

(1) 단순폭행·협박죄

> 제60조 ① 상관 또는 초병 외의 직무수행중인 사람(군인 또는 제1조 제3항 각 호의 어느 하나에 해당하는 사람에 한한다. 이하 "군인등"이라 한다)에게 폭행 또는 협박을 한 사람은 다음 각 호의 구분에 따라 처벌한다.
> 1. 적전인 경우 : 7년 이하의 징역
> 2. 그 밖의 경우 : 5년 이하의 징역 또는 1천만원 이하의 벌금

직무수행중인 사람이라 함은 법령이나 상관의 명령, 군의 관습 등에 의하여 요구되거나 권한이 부여된 일정한 행위에 종사하고 있는 사람을 말한다. 여기서 직무란 고유의 직무에 한하지 않고 군인이나 준군인의 지위에 주어진 직접·간접의 모든 임무를 말한다. 다만, 그 직무는 군의 직무이므로 일반 공무원의 직무수행시 폭행·협박을 가한 경우에는 본죄가 성립하지 않고, 일반 형법에 따라 공무집행방해죄만이 성립될 수 있다(형법 제136조 참조).[12]

한편 본죄에 있어서 직무가 반드시 적법한 직무에 한하여야 하는가 하는 문제가 있다. 이것은 본죄가 직무수행중인 자의 신체의 완전성을 보호하여 궁극적으로 군의 직무수행을 보호객체로 하고 있으므로, 부적법한 직무수행까지 보호할 필요는 없다는 점에서 본다면 역시 적법한 직무에 한한다고 보아야 할 것이다.

직무행위가 적법하기 위해서는 다음과 같은 요건을 구비하여야 한다. 첫째 집행행위가 당해 군인의 추상적·일반적 권한에 속하여야 하며, 둘째 당해 군인에게 그 행위를 할 수 있는 구체적인 권한이 존재해야 하고,[13] 셋째 당해 직무행위의 유효요건으로서 정하여

---

12) 그런데 본조의 행위도 구성요건상 공무집행방해죄에 해당되므로 본죄와 형법상 공무집행방해죄와의 관계가 문제된다. 원래 본죄는 직무 자체를 침해대상으로 하고 있지 않고, 직무집행중인 자의 신체의 완전성을 침해대상으로 하고 있으므로 직무 자체를 침해대상으로 하고 있는 공무집행방해죄와는 그 성질을 달리하며, 따라서 공무집행방해죄보다 법정형을 낮게 하고 있는 것이다. 그러므로 직무수행중인 자에 대한 폭행·협박이 직무수행을 방해할 정도에 이르고, 그러한 목적이 있는 경우에는 본죄와 공무집행방해죄가 상상적 경합관계에 서게 될 것이다.

진 법적 형식을 구비하여야 한다. 이러한 요건들의 구비 여부에 대한 판단은 법원이 당해 직무행위의 시점에서 구체적 상황을 전제로 하여 객관적으로 판단해야 하는 것이다.

본죄의 주체에는 제한이 없으며, 직무수행행위의 객체일 필요도 없고, 상관도 직무수행중인 부하에 대한 폭행·협박을 하면 본죄가 성립한다.

폭행·협박의 의미에 대해서는 앞서 언급한 바와 같으며, 다만 폭행·협박시에 피해자가 직무수행중인 자임을 인식(미필적 인식을 포함)하여야 한다. 그러나 폭행이나 협박 자체는 직무수행을 방해할 정도의 것임을 요하지 않으며, 그러한 목적도 필요로 하지 않는다. 집단을 이루어 직무수행중인 자를 폭행·협박한 경우에는 본항의 법정형의 2분의 1까지 가중하여 처벌된다(제60조 제3항).

(2) 특수폭행·협박죄

> 제60조 ② 집단을 이루거나 흉기나 그 밖의 위험한 물건을 휴대하고 제1항의 죄를 범한 사람은 다음 각 호의 구분에 따라 처벌한다.
> 　1. 적전인 경우 : 3년 이상의 유기징역
> 　2. 그 밖의 경우 : 1년 이상의 유기징역
> ③ 집단을 이루지 아니하고 2명 이상이 공동하여 제1항의 죄를 범한 경우에는 제1항에서 정한 형의 2분의 1까지 가중한다.

본죄는 전 항의 단순 폭행·협박죄에 비해 집단을 이루거나 흉기나 그 밖의 위험한 물건을 휴대함으로써 폭행·협박의 행위방법의 위험성이 증대함으로 인해 (행위)불법이 가중되는 가중적 구성요건이다. 즉 가중의 근거는 그 결과 때문이 아니라 행위의 수단과 방법이 피해자에게 중대한 침해를 야기할 위험이 있고, 피해자의 방어기회를 없게 한다는 점에 있다.

집단이라 함은 공동목적으로 결합되어 있는 다수인의 집합체로서 상하관계의 조직이 있어야 한다. 여기서 공동목적은 적법한 것이건 불법한 것이건 불문하며, 집단의 구성원의 수에 대해서도 제한이 없고, 다만 다중의 위력을 보일 수 있는 정도임을 요한다.

흉기 그 밖의 위험한 물건이란 그 성질상 생명·신체에 중대한 침해를 가할 수 있는 기구로서 총검과 같은 병기는 물론 망치나 곤봉 등도 그 용도에 따라서는 사람을 살상할 수 있는 기구가 될 수 있다. 다시 말하면 위험성 여부의 판단은 일반 사회통념에 따라 사용방법에 의하여 결정될 문제인 것이다.

2009년 개정 이전의 군형법이 일반 형법과 달리 집단폭행과 특수폭행을 각기 다른 법정형으로 처벌하고 있던 것을 일반 형법처럼 양자를 동일하게 규정하였다. 특수폭행·협

---

13) 학설에 따라서는 군형법이 직무수행자로서 보호해야 할 것은 적법한 직무이므로 구체적인 사항에 대한 권한의 존재까지는 필요 없다고 한다(국방부 편, 군형법해설, 253면).

박이 사상의 결과를 발생시킨 경우에는 결과적 가중범인 폭행치사상죄로 처벌된다(동조 제
4항, 제5항).

한편 집단을 이루지 않은 경우에도 2명 이상이 공동하여 직무수행중인 사람을 폭행하
거나 협박한 경우에는 본조 제1항에서 정한 형의 2분의 1까지 가중한다. '공동'이란 공동
의 범행결의와 공동의 실행행위가 있는 것을 말하며, 총론의 공동정범이론에 따른다.

(3) 폭행치사상죄

> 제60조 ④ 제1항부터 제3항까지의 죄를 범하여 상관 또는 초병 외의 직무수행중인 군인
> 등을 사망에 이르게 한 사람은 다음 각 호의 구분에 따라 처벌한다.
> 1. 적전인 경우 : 사형, 무기 또는 5년 이상의 징역
> 2. 전시, 사변 시 또는 계엄지역인 경우 : 제1항의 죄를 범한 사람은 사형, 무기 또는
>   3년 이상의 징역, 제2항 또는 제3항의 죄를 범한 사람은 사형, 무기 또는 5년 이
>   상의 징역
> 3. 그 밖의 경우 : 제1항의 죄를 범한 사람은 무기 또는 3년 이상의 징역, 제2항 또는
>   제3항의 죄를 범한 사람은 무기 또는 5년 이상의 징역
> ⑤ 제1항부터 제3항까지의 죄를 범하여 상관 또는 초병 외의 직무수행중인 군인 등을
> 상해에 이르게 한 사람은 다음 각 호의 구분에 따라 처벌한다.
> 1. 적전인 경우 : 무기 또는 3년 이상의 징역
> 2. 그 밖의 경우 : 1년 이상의 유기징역

본죄는 결과적 가중범으로 원인행위인 폭행은 단순폭행, 집단폭행 및 특수폭행을 모
두 포함한다. 결과적 가중범인 폭행치상죄의 원인행위로서 행위불법의 정도가 다름에도
불구하고 단순폭행, 집단폭행, 특수폭행을 구분하지 않고 동일한 법정형을 규정하는 것은
입법론상 재고를 요한다.

II. 상 해 죄

1. 총 설

(1) 의 의

본죄는 고의로 타인의 신체를 상해하는 범죄로서 신체의 안전성을 그 보호법익으로
하고 있다.

신체에 대한 안전은 개인적 법익 중 생명 다음 가는 중요한 것으로서 형법은 상해의
결과의 경중에 따라 형의 차이를 두고 있으며(제258조 제1항·제2항의 중상해죄, 제259조 상해
치사 등), 피해자가 범인이나 배우자의 직계존속일 경우에도 형을 가중하고 있다(제258조 제
3항).

군형법은 상관, 초병 및 직무수행중인 자에 대한 상해만을 규정하여 형법상 상해죄의

형보다 가중처벌하고 있으며, 중상해 및 상해치사에 대하여는 형을 가중하고 있다.

(2) 행   위

본죄의 행위는 '상해'이다. 상해의 개념에 관하여는 두 가지 견해가 대립된다. 즉 신체의 완전성을 해하는 것이라는 견해(신체의 완전성설)와 사람의 생리적 기능에 장애를 일으키게 하거나 건강상태를 불량하게 하는 것이라는 견해(생리적 기능훼손설)가 있다. 양설을 극단적으로 주장한다면 전설의 경우 소량의 모발을 절단하는 경우에도 본죄가 성립하게 될 것이며, 후자의 경우 사람의 외모를 현저하게 변경시킬 수 있는 정도로 모발을 자르더라도 상해죄가 성립하지 않을 것이다. 요컨대 상해의 개념을 명확히 정하는 것은 폭행과 상해의 한계를 어디에 두는가에 달려 있으며, 이것은 생리적 기능이나 신체의 안전성을 양적인 면이 아니라 질적인 측면에서 판단하여 객관적으로 결정할 문제인 것이다. 상해죄의 보호법익이 신체의 완전성에 있으므로 상해는 신체의 생리적 기능에 장애를 주는 경우뿐만 아니라, 사람의 외모에 현저한 장애를 주는 경우(예컨대 부인의 모발을 전부 삭발하는 경우)도 포함한다고 봄이 타당하다(절충설).

상해에는 반드시 외상이 존재할 필요는 없다. 예컨대 인사불성, 복통, 내과적 병환 등을 야기케 하는 것은 물론, 병상의 환자를 악화시키는 것도 포함된다. 판례도 보행불능, 식욕감퇴, 수면감퇴 등 기능의 장애를 일으킨 때에는 외관상 상처가 없더라도 상해에 해당된다고 한다.[14] 상해의 수단이나 방법에는 제한이 없으며, 유형적인 폭행에 의하는 것이 통상이나 무형적인 방법에 의해서도 가능하다. 예컨대 의사표시로 사람을 공포·경악케 하여 정신장애를 일으키게 하는 것도 상해이다.[15] 또한 상해는 부작위에 의해서도 가능하며(예컨대 피부양자에게 필요한 영양을 공급치 않아 영양실조에 빠지게 한 경우), 범인이 직접 하건 간접으로 자연력, 기계 등을 이용하건 피해자의 행위를 이용하건 불문한다.

(3) 고   의

본죄의 고의는 상해에 대한 인식이다. 다만, 군형법은 그 주체를 상관, 초병 및 직무수행중인 자에 한정하고 있으므로 그 주체에 대한 인식, 다시 말하면 행위의 대상이 상관, 초병, 직무수행중인 자라는 인식이 있어야 한다.

상해에 대한 인식이란 타인의 신체에 대하여 상해의 결과가 발생할 것을 인식하면서 그 인식이 행위를 억제할 동기로 되지 않는 경우를 말하며, 폭행의 고의로써 상해의 결과를 발생시킨 경우에는 본죄가 성립하지 않고 폭행치상죄가 성립된다.[16]

---

14) 대법원 1966.3.11. 선고 69도161 판결.
15) 판례도 "피해자를 협박하여 그로 하여금 자상케 한 경우에 피고인에게 상해의 결과에 대한 인식이 있고, 또 그 협박의 정도가 피해자의 의사결정의 자유를 상실케 함에 족한 것인 이상 피고인에 대하여 상해죄를 구성한다"고 하고 있다(대법원 1970.9.22. 선고 70도1638 판결).
16) 원래 구 형법 하에서는 폭행치사상죄를 규정하지 않았으므로, 폭행의 의사로써 폭행을 가하여 상해의

2. 범죄유형

(1) 상관에 대한 상해죄

> 제52조의 2 상관의 신체를 상해한 사람은 다음 각 호의 구분에 따라 처벌한다.
> 1. 적전인 경우 : 무기 또는 3년 이상의 징역
> 2. 그 밖의 경우 : 1년 이상의 유기징역

상관의 신체에 대하여 상해를 하는 것으로 본죄의 미수범은 처벌한다(제63조).

군형법은 2009년 개정에서 상관에 대한 집단상해죄와 특수상해죄를 신설하였는데, 그 내용은 다음과 같다. 집단상해죄는 집단을 이루어 상관을 상해하는 것인데, 적전인 경우 수괴는 무기 또는 10년 이상의 징역, 그 밖의 사람은 무기 또는 5년 이상의 징역에 처하며, 그 밖의 경우 수괴는 무기 또는 7년 이상의 징역, 그 밖의 사람은 3년 이상의 유기징역에 처한다. 또한 집단을 이루지 아니하고 2명 이상이 공동하여 상관을 상해한 사람은 제52조의 2에서 정한 형의 2분의 1까지 가중한다(제52조의 3). 집단 및 공동의 의미는 제49조의 집단 폭행·협박죄에서 설명한 것과 같다. 특수상해죄는 흉기나 그 밖의 위험한 물건을 휴대하고 상관을 상해하는 것이며, 적전인 경우 사형, 무기 또는 10년 이상의 징역에 처하고, 그 밖의 경우 무기 또는 3년 이상의 징역에 처한다(제52조의 4).

본죄나 상관에 대한 폭행치상죄(제52조 제2항), 상관에 대한 집단상해죄(제52조의 3), 상관에 대한 특수상해(제52조의 4)를 범하여 상관의 생명에 대한 위험을 발생하게 하거나 불구 또는 불치나 난치의 질병에 이르게 한 자는 그 형을 가중하여 ① 적전인 경우에는 사형·무기 또는 10년 이상의 징역, ② 기타의 경우에는 사형, 무기 또는 3년 이상의 징역에 각각 처한다(제52조의 5). 이러한 중상해죄는 그 규정형식과 미수범 처벌규정이 없는 것으로 보아 결과적 가중범의 일종으로서 형법 제15조 제2항이 적용되므로 인과관계와 결과발생에 대한 과실이 있어야 한다. 다만, 결과발생에 대한 고의가 있는 경우에도 일반 결과적 가중범과는 달리 중상해의 성립을 인정하여야 한다. 이러한 의미에서 부진정결과적 가중범이라고도 한다.

본죄나 전술한 중상해죄를 범하여 상관을 치사한 자도 그 형을 가중하여 ① 적전인 경우에는 사형, 무기 또는 10년 이상의 징역, ② 기타의 경우에는 사형, 무기 또는 5년 이상의 징역에 각각 처한다(제52조의 6). 이러한 상해치사죄는 상해죄의 결과적 가중범으로서

결과를 발생시킨 경우에도 폭행죄와 과실치사죄의 상상적 경합이 되어 형이 중한 폭행죄가 성립되는 모순이 있었다. 따라서 이러한 모순을 제거하기 위해서 상해죄의 성립을 위해서는 상해의 고의를 요하지 않고, 폭행의 고의만 있으면 족하다는 것이 통설과 판례의 태도였다. 그러나 현행 형법은 그러한 입법상 불비를 보충하여 폭행치사상죄라는 결과적 가중범을 규정하고 있고(제262조), 더욱이 상해의 미수를 처벌하고 있으므로(제257조 제3항) 상해죄의 성립을 위해서는 상해의 의사가 존재하여야 한다고 볼 것이다.

단순히 폭행의 의사만으로 사망의 결과가 발생한 경우에는 폭행치사죄가 성립된다(제52조
제1항).[17]

(2) 초병에 대한 상해죄

> 제58조의 2 초병의 신체를 상해한 사람은 다음 각 호의 구분에 따라 처벌한다.
> 1. 적전인 경우 : 무기 또는 3년 이상의 징역
> 2. 그 밖의 경우 : 1년 이상의 유기징역

군인·준군인뿐만 아니라 국내외 민간인도 본죄의 주체가 될 수 있으며(제1조 제4항
제3호), 본죄의 미수범은 처벌한다(제63조).

군형법은 2009년 개정에서 초병에 대한 집단상해죄와 특수상해죄를 신설하였는데, 그
내용은 다음과 같다. 집단상해죄는 집단을 이루어 초병을 상해하는 것인데, 적전인 경우
수괴는 무기 또는 7년 이상의 징역, 그 밖의 사람은 무기 또는 5년 이상의 징역에 처하며,
그 밖의 경우 수괴는 5년 이상의 유기징역, 그 밖의 사람은 3년 이상의 유기징역에 처한
다. 또한 집단을 이루지 아니하고 2명 이상이 공동하여 초병을 상해한 사람은 제58조의 2
에서 정한 형의 2분의 1까지 가중한다(제58조의 3). 집단 및 공동의 의미는 제49조의 집단
폭행·협박죄에서 설명한 것과 같다. 특수상해죄는 흉기나 그 밖의 위험한 물건을 휴대하
고 초병을 상해하는 것이며, 적전인 경우 사형, 무기 또는 10년 이상의 징역에 처하고, 그
밖의 경우 무기 또는 3년 이상의 징역에 처한다(제52조의 4).

초병에 대한 중상해죄의 법정형은 ① 적전인 경우에는 무기 또는 5년 이상의 징역, ②
기타의 경우에는 2년 이상의 유기징역이며(제58조의 5), 초병에 대한 상해치사죄의 법정형
은 ① 적전인 경우에는 사형, 무기 또는 5년 이상의 징역, ② 기타의 경우에는 사형, 무기
또는 3년 이상의 징역이다(제58조의 6).

---

17) 다만, 군형법은 형법과는 달리 중상해에 의한 상해치사죄의 성립을 인정하고 있으므로 결과적 가중범
인 중상해에 대한 결과적 가중범을 인정하는 듯한 결과로 된다. 또한 중상해는 폭행치상죄의 결과적 가
중범이 되기도 하므로 폭행의 결과적 가중범으로 상해치사죄를 적용해야 한다는 이론상 모순이 생기게
되고, 결과적으로는 폭행치사죄와 상해치사죄의 명확한 구별이 곤란하게 된다. 예컨대 폭행을 하여 상관
의 생명에 위험을 발생하게 한 결과 치사한 경우, 행위자의 고의 여하에 따라 폭행치사죄 혹은 상해치사
죄가 성립하게 되는 것이다. 뿐만 아니라 폭행치사죄와 상해치사죄의 법정형이 동일하므로, 구태여 폭행
의 의사에 기하여 중상해의 결과를 가져온 폭행치사죄를 사망의 결과에 연결시켜 상해치사죄의 성립을
인정할 필요는 없는 것이다. 또한 상해의 고의만 있으면 치사의 결과가 발생함으로써 곧 상해치사죄로
처벌되므로, 중상해에 의한 치사의 결과에 대하여 동일한 법정형으로서 상해치사죄로 처벌한다는 명문
의 규정은 불필요한 것이다. 따라서 상해치사죄의 원인행위로서 중상해죄를 규정한 것은 불필요한 것이
며, 입법론상 삭제하는 것이 타당하다고 생각된다.

(3) 직무수행중인 군인 등에 대한 상해죄

제60조의 2 상관 또는 초병 외의 직무수행중인 군인 등의 신체를 상해한 사람은 다음 각
호의 구분에 따라 처벌한다.
　　1. 적전인 경우 : 무기 또는 3년 이상의 징역
　　2. 그 밖의 경우 : 1년 이상의 유기징역

직무수행중인 자의 의미와 상해의 개념에 대해서는 전술한 바와 같고, 본죄의 미수범
은 처벌한다.

직무수행중인 자에 대한 중상해죄의 법정형은 ① 적전인 경우 무기 또는 5년 이상의
징역, ② 기타의 경우 2년 이상의 유기징역이며(제60조의 4), 직무수행중인 자에 대한 상해
치사죄의 법정형은 ① 적전인 경우 사형, 무기 또는 3년 이상의 징역, ② 기타의 경우 사
형, 무기 또는 1년 이상의 징역이다(제60조의 5).

Ⅲ. 살 인 죄

1. 총　　설

(1) 살인죄란 사람의 가장 기본적인 요소인 생명을 그의 자연적 사기에 앞서 단절하는
것, 즉 살해행위이다. 외국의 입법례는 살해를 위한 예비 · 음모나 사전숙려의 단계에서 행
위자가 악의가 있었는가를 기준으로 모살(謀殺, murder)과 고살(故殺, manslaughter)을 구
별하고 있는데, 우리 형법은 이를 구별하고 있지 않으며, 군형법도 이를 그대로 따르면서
다만 상관이나 초병에 대한 살인죄만을 규정함으로써 군조직내부의 특수한 신분과 직위에
의한 형의 가중만을 인정하고 있다.

살인죄에 있어서 사망의 결과에 대한 인식은 미필적인 것으로 족하며, 인식과 결과 사
이에 구체적 사실에 대한 일치도 필요로 하지 않는다. 따라서 객체의 착오(예컨대 을인 줄 알
고 발포하였으나 갑이 맞고 사망한 경우)나 방법의 착오(을을 향해 발사하였으나 옆에 있던 갑이 맞아
사망한 경우)와 같은 구체적 사실에 대한 착오는 살인죄의 성립에 영향이 없으며, 추상적 사
실에 대한 착오는 착오의 방법에 따라 결정될 문제인 것이다.

살해의 방법에는 제한이 없고 유형적 방법에 의하는 것이 통례이나 무형적 방법(예컨대
고혈압환자를 극도로 흥분시키는 말을 하는 경우)에 의할 수도 있으며, 피해자의 행위를 이용할
수(예컨대 맹인에게 차도로 뛰어들게 한 경우)도 있다.

뿐만 아니라 살해행위는 작위에 의하든 부작위에 의하든 불문한다. 예컨대 수영교사
가 물에 빠진 학생을 방치하여 익사케 하는 경우로서, 이른바 부진정부작위범이 성립된다.

살해행위는 사망의 결과발생에 의하여 기수로 되며, 살해행위와 사망 사이에는 인과

관계가 존재하여야 한다. 따라서 인과관계가 없는 경우에는 사망의 결과가 발생하더라도 살인죄는 기수로 되지 않고 미수에 그칠 뿐이다. 예컨대 갑을 살해하기 위하여 총을 발사하였으나 경미한 찰과상을 입힌 데 그치고, 그 후 갑의 원시적 치료방법으로 병세가 악화되어 사망의 결과가 발생한 경우에는 살해행위와 사망 사이에 인과관계를 인정할 수 없으므로 살인미수죄가 성립함에 그친다.

  (2) 형법은 제252조에서 촉탁·승낙에 의한 살인죄에 대하여는 일반살인죄에 비하여 형을 감경하고 있는데, 군형법상의 살인죄에도 적용될 수 있는가 하는 의문이 있다. 즉 상관이나 초병이 자신을 죽여 줄 것을 의뢰하거나 자신을 죽이는 데 동의한 경우에, 그를 살해한 사람에 대하여 일반살인죄보다 형을 감경해야 하는가의 문제이다.

  생각건대 원래 피해자의 승낙에 의한 행위는 형법이론상 위법성조각사유의 일종으로서 범죄가 되지 아니하나(제24조), 그 근저에는 자신의 개인적 법익을 스스로 처분하는 행위는 자유주의사회에서 늘 허용된다는 견해가 기조를 이루고 있는 것이므로 살해행위와 같이 반드시 개인적 법익에만 관련되어 있지 않은 행위에 대해서는 촉탁이나 승낙이 위법성조각사유로 된다고 할 수 없다.

  이렇게 본다면 형법 제252조는 위법성조각에 대한 예외규정이 아니라 형법 제250조의 일반살인죄에 대한 감경적 구성요건이라고 할 것이며, 따라서 군형법이 이러한 구성요건을 별도로 규정하지 않는 한 촉탁·승낙에 의한 상관이나 초병의 살해도 일반살인죄와 같이 상관살해죄나 초병살해죄로 처벌되어야 한다. 뿐만 아니라 상관이나 초병의 생명에 대한 침해라고 보아야 할 것이라는 점에서 본다면 더욱 그렇다고 할 것이다.

  한편 형법 제253조의 위계·위력에 의한 살인죄, 즉 위계 또는 위력으로써 촉탁·승낙케 하거나 자살을 결의하게 한 경우는 군형법에 명문의 규정이 없으나, 일반살인죄의 한 태양으로서 상관살해죄나 초병살해죄에 해당한다고 보아야 할 것이다.

  상관이나 초병을 교사·방조하여 자살하게 한 경우 군형법은 형법 제252조 제 2 항과는 달리 명문의 규정을 두고 있지 않으나, 자살을 범죄로 하고 있지 않은 현행법 하에서 그에 대한 교사·방조도 불가벌로 되어 일반 형법과 균형을 잃게 되므로 형법 제252조 제 2 항의 규정을 그대로 준용해야 할 것이다. 이러한 자살관여죄(제252조 제 2 항)와 관련하여 전장(戰場)에서의 안락사(Euthanasie)의 위법성이 문제로 된다.

  일반 형법에서는 안락사의 경우 위법성이 조각되지 않는다고 하는 것이 통설이며, 학설에 따라 위법성의 실질적 의미인 사회상규에 반하지 않는 한 위법성이 조각된다고도 한다.

  그러나 군형법은 형법과는 다른 측면을 가진다. 즉 전투라는 긴박한 상황 하에서 중태라는 극심한 육체적 고통에 빠진 자를 도저히 치료할 방법도 없고, 적의 수중에서 죽음의 결과를 피할 수 없는 상황에서 아군이 전술 등의 필요상 안락사시키는 것은 반드시 이론적 타당성을 검토할 필요도 없이 이를 인정하여 위법성이 조각된다고 보는 것이 타당할 것이다.

2. 범죄유형

(1) 상관살해죄

> 제53조　① 상관을 살해한 사람은 사형 또는 무기징역에 처한다.
> ② 제1항의 죄를 범할 목적으로 예비 또는 음모를 한 사람은 1년 이상의 유기징역에 처한다.

상관은 순정상관 및 준상관을 모두 포함한다. 살해행위는 상관에 대한 것이라는 인식이 있어야 한다. 상관인 줄 모르고 상관을 살해한 경우나 상관인 줄 알고 살해하였으나 상관이 아닌 경우는 신분의 착오에 관한 문제로서 부진정신분범의 경우에 신분은 형벌가감사유에 불과하므로, 위의 경우 고의는 조각되지 않고 형의 가감만이 문제가 된다. 따라서 형법상 일반살인죄에 의하여 처벌된다고 할 것이다.

입법론적으로 볼 때, 준상관과 상관을 구별하지 않고 상관에 대한 살해를 특별히 규정하여 그 법정형을 지극히 높게 설정하고 있는 것은 타당하지 못하다.[18] 본조의 입법취지는 상관이라는 군의 권위, 하극상풍조의 예방을 위한 것이라고 생각되나, 민주적 군대발전과 모순되기 쉬운 것으로서 특히 직무를 떠난 상관에 대한 특별한 보호는 군의 권위주의화만 심화할 뿐이므로 본조가 삭제됨이 타당하다고 보며, 오히려 직무수행중인 자에 대한 보호가 타당하리라 생각된다.[19]

상관을 살해할 목적으로 예비·음모한 경우(제53조 제2항)와 실행의 착수에 나아가 결

---

18) 법정형으로 사형의 단일형을 규정하고 있던 구 군형법은 아래의 헌재결정 이후 무기징역이 추가되었으나 여전히 법정형이 지나치게 높다. 입법론으로는 적전, 전시, 평시로 구분하여 규정함이 타당하다
　"법정형의 종류와 범위를 정하는 것이 기본적으로 입법자의 권한에 속하는 것이라고 하더라도, 형벌은 죄질과 책임에 상응하도록 적절한 비례성이 지켜져야 하는바, 군대 내 명령체계유지 및 국가방위라는 이유만으로 가해자와 상관 사이에 명령복종 관계가 있는지 여부를 불문하고 전시와 평시를 구분하지 아니한 채 다양한 동기와 행위태양의 범죄를 동일하게 평가하여 사형만을 유일한 법정형으로 규정하고 있는 이 사건 법률조항은 범죄의 중대성 정도에 비하여 심각하게 불균형적인 과중한 형벌을 규정함으로써 죄질과 그에 따른 행위자의 책임 사이에 비례관계가 준수되지 않아 인간의 존엄과 가치를 존중하고 보호하려는 실질적 법치국가의 이념에 어긋나고, 형벌체계상 정당성을 상실한 것이다"(헌법재판소 2007.11. 29. 선고 2006헌가13 전원재판부 결정).
19) 일반적으로 본조가 입법론상 부당하다는 근거로 드는 것을 보면, 첫째 현행군형법상 상관의 범위가 너무 광범위하여(총론 중 용어의 정의 '상관' 참조) 특별취급할 가치가 없으며, 둘째 상관의 직무 자체에 대한 보호가 아니라 그의 신분과 인격에 대한 보호이므로 헌법 제11조의 평등권에 반할 우려가 있고, 셋째 상관살해의 동기는 대부분 상관의 비행에 의한 경우가 많으므로 상당한 정신적 불안정의 상태에서 행하여지는 경우가 많으며, 넷째 법정형을 사형·무기징역만으로 규정한 다른 범죄유형에 비하여 상관살해죄의 과형근거가 너무 빈약하며, 끝으로 우리 군형법의 규정은 외국의 입법례에서 찾아보기 힘들다는 점 등을 들고 있다. 본조의 합리적인 개폐가 요청된다(이에 대한 상세는 국방부 편, 군형법해설, 272-273면 참조).

과가 발생하지 않은 미수범(제63조)은 처벌된다.

예비·음모 후 실행에 이르기 전에 자수한 경우에 전술한 항복죄 및 솔대도피죄와 같이 명문의 규정이 없으므로 필요적 감면이 되는가 하는 문제가 있으나, 그러한 규정을 두는가 여부는 형사정책적으로 결정될 문제이므로 명문의 규정이 없는 한 이를 부정함이 타당하다고 생각한다.

또한 상관을 살해할 목적으로 예비한 후 중지한 경우 미수범의 중지와 마찬가지로 중지의 감면을 준용함을 원칙으로 하며, 예외적으로 중지범의 형이 예비의 형보다 중할 경우에는 예비의 형을 표준으로 하여야 한다.

(2) 초병살해죄

> 제59조 ① 초병을 살해한 사람은 사형 또는 무기징역에 처한다.
> ② 제1항의 죄를 범할 목적으로 예비 또는 음모를 한 사람은 1년 이상 10년 이하의 징역에 처한다.

본죄의 주체는 군인·준군인뿐만 아니라 국내외 민간인도 적용되며(제1조 제4항 제3호), 본죄의 미수범도 처벌한다(제63조).

초병을 살해한 후 초병이 소지한 병기를 탈취한 경우, 초병살해시 병기탈취의 의사를 가졌다면 강도살인죄가 성립할 수 있어서 강도살인죄와 초병살해죄의 관계가 문제되는데, 양자의 상상적 경합관계를 인정하여 강도살인죄로 처벌된다고 보아야 할 것이다(형법 제338조).

Ⅳ. 특수소요죄

> 제61조 집단을 이루어 흉기나 그 밖의 위험한 물건을 휴대하고 폭행, 협박 또는 손괴의 행위를 한 사람은 다음 각 호의 구분에 따라 처벌한다.
> 1. 수 괴 : 3년 이상의 유기징역
> 2. 다른 사람을 지휘하거나 세력을 확장 또는 유지하는 데 솔선한 사람 : 1년 이상 10년 이하의 징역
> 3. 부화뇌동한 사람 : 2년 이하의 징역

1. 의   의

본죄는 사회공공의 안전과 평온을 침해하거나 위태롭게 하는 범죄로서 형법 제115조의 소요죄에 대한 특별죄이며, 행위의 방법이 흉기 기타 위험한 물건을 휴대한 소요라는 점에서 형법상의 소요죄와 구별된다.

본죄는 사회공공의 안전과 평온을 침해하는 범죄이므로 국가나 군의 권위에 대한 반항을 내용으로 하는 형법상의 내란죄나 군형법상의 반란죄와 구별된다. 여기서 말하는 사회란 일반사회뿐만 아니라 군사회도 포함하는 것이다.

또한 전술한 집단특수폭행죄와도 유사한 행위유형을 가지고 있으나, 본죄는 사회공공의 안전이나 평온을 위태롭게 할 정도의 폭행·협박 등의 행위를 필요로 하며, 폭행의 개념도 넓게 해석하여야 한다는 점에서 양자는 구별된다.

2. 행   위

집단을 이루어 흉기나 그 밖의 위험한 물건을 휴대하고, 폭행·협박 또는 손괴를 하는 것이다.

집단을 이룬다고 함은 형법상의 소요죄에서 '다중이 집합'한다는 것과 동일한 의미로서 필요적 공범이라고 할 수 있다. 집단의 구성원수는 한정할 수 없으나 본죄의 성질상 그 집단에 내재하는 공공의 안전에 대한 침해의 위험성이나 개연성을 구체적으로 고려하여 판단할 문제인 것이다. 즉 폭행·협박 또는 손괴의 행위에 의하여 한 지방의 안전·평온을 해할 수 있는 정도의 다수임을 필요로 한다.[20] 한편 집단의 구성이 반란죄의 경우와 같이 조직적임을 요하지 아니하며, 다수인 사이에 공동의 목적이 존재할 필요도 없고, 집단의 목적 여하도 불문한다. 따라서 집단을 이룬 때부터 공동으로 폭행·협박 또는 손괴의 행위를 할 의사가 있음을 요하지 않으며, 다른 목적으로 집합한 평온한 군인들이 중도에서 공동하여 폭행·협박 또는 손괴의 행위로 나온다는 의사는 있어야 할 것이다.

흉기나 위험한 물건의 휴대, 즉 몸 가까이에 소지하는 것을 말한다. 장소적으로 항상 몸에 지니고 있을 것을 요하지 않으며, 그 옆에서 쉽게 잡을 수 있는 상태에 있으면 족하다. 흉기나 그 밖의 위험한 물건의 휴대를 요하는 점에서 형법상의 소요죄와는 구별되며, 이러한 요건을 구비하지 못하면 본죄가 성립되지 않고 형법상의 소요죄만이 성립하게 된다.

폭행·협박은 가장 넓은 의미의 것을 말하고, 그 상대방은 군인이건 민간인이건 불문하며, 불특정인에 대하여 가할 수도 있다. 폭행은 본죄가 손괴행위를 별도로 규정하고 있으므로 사람에 대한 일체의 유형력행사라 할 것이며, 협박은 사람을 외포케 할 수 있는 일체의 해악의 고지를 말하고, 손괴는 타인의 재물을 파괴하는 일체의 행위를 말한다. 다만, 본죄에서 말하는 폭행·협박 또는 손괴는 집단의 공동의사에 기한 합동행위로서 행하여져야 한다. 즉 집단 그 자체의 폭행·협박 또는 손괴로서 인정되어야 하며, 집단의 개개인이

---

20) 다만, 군형법은 형법과는 달리 본죄의 성립요건으로서 흉기 기타 위험한 물건의 휴대를 필요로 하고 있으므로, 집단의 수라는 것이 상대적으로 작게 평가될 수 있다. 따라서 형법상 소요죄의 경우보다 적은 집단이라고 하더라도 본죄가 성립될 경우가 있을 수 있다고 생각한다.

폭행·협박 또는 손괴를 한 경우에는 각자의 행위에 대해서 책임을 질 뿐이다. 그러나 폭행·협박 또는 손괴의 행위를 반드시 처음부터 행할 필요는 없고, 집단의 구성원 전부가 그러한 행위를 할 필요도 없다.

본죄의 구성요건은 이상과 같은 요건만 있으면 본죄가 성립하는 것처럼 규정하고 있으나, 본죄의 본질상 사회공공의 안전과 평온을 위태롭게 할 정도의 폭행·협박 또는 손괴행위가 있어야 한다고 보아야 할 것이다. 형법상으로는 그 정도를 한 지방의 안전과 평온을 해할 정도라고 하고 있으나, 군대사회의 경우에는 그 지역적 범위가 일반사회에 비하여 협소하여 소규모의 제한된 지역 내에서의 폭행·협박 등이라도 군조직의 안온을 침해할 가능성이 크므로 형법상의 소요죄보다 좁게 해석하여 진영이나 군기관, 초소, 함선, 항공기, 부대 등을 의미한다고 보아야 할 것이다.

요컨대 본죄는 다수인이 집단의 의사로써 합동의 위력을 이용한다는 점에 특수한 위험성이 있는 것이므로 집단의 전부 혹은 일부가 그 합동력을 이용하여 흉기 기타 위험한 물건을 휴대하고, 한 지방이나 군사회의 공안을 해할 정도나 지역의 안전이나 평온을 해할 정도의 폭행·협박 또는 손괴행위를 함으로써 성립하며, 반드시 현실적으로 공공의 안전이나 평온이 침해됨을 요하지 않는다고 생각한다(추상적 위험범).[21]

한편 폭행·협박·손괴행위는 본죄에 흡수된다고 보아야 할 것이나, 군형법상 폭행죄나 협박죄의 법정형이 본죄의 법정형보다 중한 경우가 있으므로 양자의 상상적 경합관계를 인정하지 않을 수 없다. 형법상으로도 소요죄에 있어서 폭행·협박이 그 죄가 요구하는 정도의 것을 초과하는 경우에는 별개의 범죄로서 소요죄와 상상적 경합관계에 선다고 하는 것이 일반적인 견해이다.

3. 처   벌

군형법은 본죄를 범한 자를 범죄에 가공한 정도에 따라 달리 처벌하고 있다. 이것은 현행 형법이 소요죄의 법정형을 획일적으로 1년 이상 10년 이하 징역이나 금고, 1,500만 원 이하의 벌금으로 하고 있는 것과 구별된다(형법 제115조 참조).[22]

---

21) 판례도 '소요죄의 성립요건인 폭행·협박의 행위는 공중의 치안을 방해할 우려 있는 행위일 것이나, 반드시 치안을 방해한 결과의 발생을 요치 않는 것'이라고 하여 본죄를 추상적 위험범으로 보고 있는 듯하다(대법원 1947.3.25. 선고 4280형상678 판결).

22) 이와 같은 형법과 군형법의 규정형식의 차이에 의하여 과형상의 모순이 생기게 된다. 즉 부화뇌동자의 경우, 형법상의 일반소요죄를 범하는 것이 흉기 기타 위험한 물건을 휴대하고 군형법상의 특수소요죄를 범하는 것보다 더 무겁게 처벌된다는 모순이 있는 것이다. 물론 형법은 선택형으로서 벌금형을 규정하고 있으므로 실제상 운영의 묘를 기할 수 있으나, 입법론적으로 해결하는 것이 타당하다. 즉 먼저 형법은 형의 개별화에 따른 장점을 시인하여 일반소요죄의 법정형을 구 형법과 같이 범죄에 대한 가공의 정도에 따라 분화하는 것이 타당하며, 군형법도 특별소요죄의 법정형을 폭행죄나 협박죄의 법정형과 조화를 이룰 수 있도록 가중하는 것이 타당하다고 생각된다(동지: 이진우, 앞의 책, 184-185면; 국방부 편, 군형법해설, 282면 등).

수괴는 본죄의 전반에 걸쳐서 다중에 대하여 직접·간접, 육체적·정신적으로 주모하는 최고지휘자로서 그 수에는 제한이 없으며, 반드시 폭행 등의 현장에서 지휘·통솔할 필요도 없다.

지휘하는 사람은 집단의 전부나 일부를 이끄는 사람으로서 그 방법은 불문하며, 현장에서 행동의 구체적 방법을 지시할 필요도 없고, 반드시 상급자일 필요도 없다. 세력을 확장 또는 유지하는 데 솔선한 사람이라 함은 집단과 함께 현장에서 소요의 세력을 자진하여 조장하는 자로서 세력을 확장 또는 유지하는 방법에 제한이 없고, 반드시 폭행·협박 등에 가담할 필요도 없다.

부화뇌동한 사람이란 자신의 줏대 없이 소요에 가담하여 그 세력을 증대시킨 사람을 말하며, 반드시 폭행·협박 등을 할 필요는 없다.

V. 가혹행위죄

> 제62조 ① 직권을 남용하여 학대 또는 가혹한 행위를 한 사람은 5년 이하의 징역에 처한다.
> ② 위력을 행사하여 학대 또는 가혹한 행위를 한 사람은 3년 이하의 징역 또는 700만 원 이하의 벌금에 처한다.

1. 직권남용에 의한 가혹행위

(1) 의   의

본죄는 형법 제125조의 폭행·가혹행위죄 및 동법 제273조 제1항의 학대죄에 대한 특별죄이다.

군사회는 그 구성원 상호간에 직무상 밀접한 유대관계가 있으며, 자신에게 부여된 권한을 그 권한 내에 있는 자에게 절대적으로 행사할 수 있으므로 직권행사과정에서 직권이 남용될 우려가 많기 때문에 직권의 적정한 행사를 보장함으로써 인권을 보장하고, 나아가 군기유지 및 군단결의 효과를 거둘 수 있는 것이다. 따라서 본조는 이러한 것을 소극적인 측면에서 규제하기 위하여 직권남용에 의한 가혹행위를 금지하고 있는 것이다.

(2) 주   체

일정한 권한을 가진 자이다. 그 권한은 법령이나 명령에 의하여 부여된 것은 물론 관습이나 조리상의 권한도 포함하며, 권한의 내용이나 성질도 불문한다. 또한 권한을 가진 자가 반드시 상관일 필요도 없다. 따라서 본조는 형법 제125조의 폭행·가혹행위죄의 주체가 재판·검찰·경찰 기타 인신구속에 관한 직무를 행하는 자나 이를 보호하는 자에 국한된다는 점과 차이가 있다.

(3) 객   체

행위주체의 일정한 권한 하에 있는 자이다. 권한 하에 있다는 것은 직접적인 명령복종 관계에 있는 자뿐만 아니라 행위주체의 적법한 명령을 준수하여야 할 사정에 있는 모든 자를 포함한다. 또한 행위주체의 지휘계통상에 있는 자이건 아니건 불문하므로, 직접 지휘·감독을 받는 자뿐만 아니라 행위주체에게 복종할 의무를 부담하는 자를 포함한다.

본죄의 객체는 군인·준군인뿐만 아니라 민간인도 해당된다고 보는 것이 법문의 취지상 타당할 것이다.

(4) 행   위

직권을 남용하여 학대 또는 가혹행위를 하는 것이다. 즉 직권을 남용하여 사람으로서는 견디기 어려운 정신적·육체적 고통을 가하는 경우를 말하며, 가혹행위에 해당하는지 여부는 행위자 및 그 피해자의 지위, 처한 상황, 그 행위의 목적, 그 행위에 이르게 된 경위와 결과 등 구체적 사정을 검토하여 판단한다.

직권의 남용이라 함은 일반적으로 인정된 직무권한의 정당한 한도를 넘어 부당하게 직권을 행사하는 것과 직권을 적정하게 행사하지 않는 것을 말하는데, 직권의 불행사는 직무유기의 정도에 이르는 것 이외에는 징계의 사유가 됨에 그치므로 본조에서 말하는 직권의 남용이란 부당한 직권행사를 의미한다고 볼 것이다. 부당한 직권행사는 직권행사의 목적이 부당한 경우와 행사방법이 부당한 경우가 있을 수 있다. 직권남용은 일반적 권한을 가진 자가 구체적 권한의 한계를 일탈한 경우이므로, 애당초 일반적 권한마저 없는 경우에는 사실상 가혹행위가 있다고 하더라도 본죄를 구성하지 않고 협박·감금죄 등이 성립될 뿐이다.[23] 예컨대 군사경찰의 직무를 담당하지 않는 자가 군인을 부당하게 체포·감금하는 경우를 들 수 있다.

학대라 함은 정신적으로나 육체적으로 고통을 주는 가혹하고 불량한 처우를 말하며, 가혹한 행위란 정신적·육체적으로 고통을 주는 일체의 행위로서 양자는 본질적으로 동일한 것이다. 학대나 가혹행위의 정도는 피해자의 지위 등 구체적 사정에 따라 판단될 문제이나,[24] 상당한 음식물이나 의복을 주지 않는다든가, 필요한 수면을 방해한다든가, 전라(全裸)로 하여 수치·모욕을 느끼게 한다든가, 사적 제재(군인복무기본법 제26조)로서 부당한 기

---

23) 판례는 "직권남용이란 일반적 직무권한에 속하는 사항에 관하여 그 정당한 한도를 넘어 그 권한을 위법하게 행사하는 것을 말하는 것이므로, 아무런 직권을 가지지 않는 자의 행위 또는 자기의 직권과 관계없는 행위는 이에 해당하지 않는다고 할 것인바, 당직대의 조장이 당직근무를 마치고 내무반에 들어와 하급자에게 다른 이유로 기합을 준 행위는 당직조장으로서의 어떤 직권을 남용한 것이 아니라 사적 제재에 불과하다"고 판시하였다(대법원 1985.5.14. 선고 84도1045 판결).

24) 육군 중대장이 사격통제에 따르지 않는 중대원에게 약 30분간 '엎드려 뻗쳐'를 시킨 사안에서, 상대적으로 긴 시간 고통을 가한 점에서 다소 지나친 점이 있지만, 육군 얼차려 규정 시행지침에서 이보다 심한 '팔굽혀 펴기'를 규정하고 있는 점, 안전사고예방이 필요한 사격장의 특성 등에 비추어 볼 때 군형법 제62조에서 말하는 '가혹행위'에 해당하지 않는다(대법원 2008.5.29. 선고 2008도2222 판결).

합을 주는 것 등은 본죄를 구성할 것이다. 한편 학대나 가혹행위는 반드시 직무수행의 수단으로 행해질 필요는 없으며, 사원(私怨)이나 개인적 욕구에 의하여 행해져도 무관한 것이다.

처벌과 관련하여 형법 제135조의 공무원의 직무상 범죄에 대한 가중규정이 본조의 경우에도 적용되는가 하는 문제가 있으나, 동조 단서에서 신분에 의하여 특별히 형이 정해진 경우에는 그 적용이 배제되므로 부정함이 타당하다고 생각한다.

2. 위력행사에 의한 가혹행위

본 범죄는 군대 내 사고의 원인으로 작용하는 병(兵) 상호간의 가혹행위를 근절함으로써 건전한 병영분위기를 조성하기 위하여 2009년 개정 군형법이 가혹행위죄의 구성요건에 위력을 행사하여 학대 또는 가혹한 행위를 한 경우를 신설하고, 그 법정형을 3년 이하의 징역 또는 700만 원 이하의 벌금으로 하였다.

'위력'이란 사람의 의사를 제압할 수 있는 유형적·무형적인 힘을 말한다. 따라서 폭행·협박은 물론 계급이나 직위 등과 같은 사회·경제적 지위를 이용하는 경우도 여기에 해당한다. '위력의 행사'란 위력을 사용하는 것을 의미하며, '위력으로써'의 의미이다.

제11장

명예에 관한 죄

제1절 총   설

I. 의   의

본장의 죄는 상관 또는 초병을 모욕하거나 공연히 상관의 명예를 훼손하는 것이며, 형법 제33장 명예에 관한 죄의 특별죄이다.[1]

군사회는 특수한 계급적 구조와 직책이 그 특징을 이루고 있고, 군인은 명예를 생명 이상으로 존중하고 있는바, 상관이나 초병의 명예를 손상시키는 것은 군기를 문란하게 하고 군의 위신을 추락시킬 우려가 있다. 따라서 군형법은 형법과는 별도의 규정을 두어 그러한 행위를 벌하고 있는 것이다.

II. 보호법익 : 명예의 개념

상관이나 초병의 명예이다. 명예라 함은 사람의 인격적 가치에 대한 사회적 평가로서, 평가의 대상이 되는 것은 반드시 이론적인 것에 한하지 않고, 개인의 신분·성격·지식·능력·직업·외모 등 사람의 일상생활에 있어서의 일반적인 인격에 대한 평가인 것이다. 따라서 이러한 명예를 외부적 명예라고도 하며, 형법상의 보호대상이 되는 명예란 이것을 말한다.

---

1) 제1차 개정 전의 군형법은 본장에 모욕행위만을 규정하였으나, 제1차 개정시(1963.12.16. 법률 제1620호) 상관에 대한 명예훼손죄를 신설하였으므로 법문과 같이 본장의 명칭을 모욕의 죄라고 하는 것은 타당하지 못하다. 뿐만 아니라 강학상으로도 명예에 관한 죄의 장에서 협의의 명예훼손죄와 모욕죄를 명예훼손죄로서 다루고 있으므로 본장도 명예에 관한 죄라고 규정함이 타당하다.

이와는 달리 사람이 내부적으로 가지는 내적 가치가 있는데, 이것을 내부적 가치라고 한다. 이러한 사람에 대한 진가는 사회의 평가에 의하여 좌우되는 것이 아니고, 외부적으로 침해될 성질의 것도 아니므로 형법상 평가의 대상으로 될 수 없는 것이다. 사회의 실제에 있어서는 진가 이상으로 평가되는 사람도 있고 그 이하로 평가되는 사람도 있으므로, 진가 이상으로 평가되는 '허명'도 형법은 명예로서 보호하지 않을 수 없다. 예컨대 부정한 처라도 객관적으로는 일단 정숙한 처라는 외부적 명예를 가지고 있는 것이다.

한편 이와 같은 명예는 사회적 평가이며 객관적 가치판단이므로, 이와는 별도로 사람은 누구든지 자신의 인격적 가치에 대한 주관적 가치판단을 가질 수 있고, 이것을 명예감정 또는 명예의식이라고 한다. 그것은 어디까지나 주관적인 평가이므로 사회적으로 볼 때 과대평가되거나 과소평가된 것일 가능성이 크므로 형법이 어느 정도까지 보호해야 하는지 그 기준을 정하기 곤란하다는 견해가 일반적이다. 따라서 형법은 명예감정을 보호법익으로 하지 않는다고 한다. 그러나 후술하는 바와 같이 모욕죄의 경우 군형법은 형법과 그 근본목적을 달리하고 있으므로 문제가 있다.

Ⅲ. 명예훼손죄와 모욕죄의 구별

양자의 구별은 전술한 보호법익의 문제와 직결된다. 즉 통설은 명예훼손죄와 모욕죄의 보호법익을 모두 외부적 명예라고 하여 양자는 다만 행위의 태양에 의해서 구별된다고 한다. 즉 사실의 적시가 있는 경우는 명예훼손죄이고, 사실의 적시가 없는 경우는 모욕죄라고 한다.[2] 그러나 일부의 견해에 따르면 양자는 보호법익을 달리한다고 보아 외부적 명예를 훼손하는 경우가 명예훼손죄이며, 명예감정을 해하는 경우가 모욕죄라고 한다.

먼저, 형법에 있어서는 양죄가 모두 공연성을 요구하고 있으며, 타인의 주관적 감정에는 공연성이 필요 없기 때문에 모욕죄의 경우도 역시 외부적 명예를 보호하고 있는 것이라고 보아야 한다는 통설에 대하여, 소수설은 양자가 본질적으로 침해방향을 달리한다고 하여 모욕죄의 경우는 명예훼손죄와는 달리 사실의 적시가 없으므로 외부적 명예에 대한 침해라는 것은 불가능하며, 따라서 개인의 형식적·감정적 요소에 침해를 가하는 것이라고 한다. 또한 형법이 공연성을 요구하고 있는 것도 모욕죄가 면전에서 행해지는 것보다 공연히 다중의 앞에서 행해지는 경우에 그 효과가 크므로 그러한 정도의 모욕만을 처벌할 가치가 있다고 인정한 것에 불과한 것이라고 한다.

한편 군형법에 있어서는 모욕죄의 경우에 공연성을 요구하고 있지 않으며, 상관이나 초병의 면전에서 모욕하는 것만으로도 본죄가 성립하고, 공연한 방법에 의한 모욕행위는

---

2) 대법원 1961.2.24. 선고 4294형상864 판결.

가중적 구성요건에 의하여 무겁게 처벌될 뿐이다. 따라서 형법상의 통설을 그대로 인정할 수는 없는 것이다. 군형법의 존재목적이 군의 조직과 질서 및 기율을 유지하고 전투력을 보존·발휘하는 데 있으며, 상관 및 초병에 대한 면전모욕죄에서 공연성을 요구하고 있는 점을 고려할 때 군형법상 모욕죄의 보호법익은 외부적 명예와 군의 조직과 질서 및 기율의 유지·확보라 봄이 타당하다.

제 2 절　범죄유형

Ⅰ. 상관에 대한 모욕죄

> 제64조　① 상관을 그 면전에서 모욕한 사람은 2년 이하의 징역이나 금고에 처한다.
> ② 문서, 도화(圖畵) 또는 우상(偶像)을 공시(公示)하거나 연설 또는 그 밖의 공연(公然)한 방법으로 상관을 모욕한 사람은 3년 이하의 징역이나 금고에 처한다.

1. 면전모욕죄(제64조 제1항)

본죄는 상관을 면전에서 모욕하는 것으로서, 전술한 바와 같이 모욕죄의 보호법익을 외부적 명예 및 상명하복의 위계질서의 유지·확보라고 본다면 공연성을 필요로 하지 않는다. 공연성이 없는 경우 비록 외부적 명예에 대한 훼손은 없어도 군의 상명하복의 위계질서에 대한 침해는 있을 수 있기 때문이다.

면전이라 함은 상관의 인식범위 내에 있는 상태를 말하며, 상관 앞에서 하는 것이나 상관이 보거나 들을 수 있는 상태에서 하는 것을 말한다.[3] 다만, 전화를 통하여 통화하는 것은 면전에 해당한다고 보기 어렵다.[4] 이 경우에 상관이라는 인식이 있어야 함은 상관폭행죄 등에서 언급한 바와 같다.

모욕이라 함은 사람에 대한 경멸의 의사표시를 말하며, 가해의 의사가 분명히 존재하여야 한다. 모욕은 구체적인 사실의 적시를 필요로 하지 아니하며, 추상적 관념을 표시하여 사람의 인격을 해하는 가치판단을 표시하면 모욕이 된다.[5] 예컨대 '도둑놈' 또는 '죽일

---

3) 판례는 "상관모욕죄는 공석상에서의 직무상 발언에 의한 모욕뿐 아니라 사석에서의 발언일지라도 그 상관의 면전에서 한 경우에는 역시 상관모욕죄가 성립한다"고 하여 면전모욕인 이상 그것이 반드시 공석에서의 직무상 발언에 한정될 필요는 없다고 하였다(대법원 1967.9.26. 선고 76도1019 판결). 한편 대법원 2002.12.27. 선고 2002도2359 판결도 참조.

4) 군형법 제64조 제1항의 상관면전모욕죄의 구성요건은 '상관의 면전에서 모욕'하는 것인데 … 전화를 통하여 통화하는 것을 면전에서의 대화라고는 할 수 없는 것이다(대법원 2002.12.17. 선고 2002도2539 판결).

5) 판례도 "육군중사인 피고인이 같은 중대소속 육군소위에게 '야, 소대장, 너 그렇게밖에 말 못하겠나, 술좌석에서 군기 잡으려 하나'라고 말한 사실은 상관모욕죄에 해당한다"고 하여 상관에 대한 경멸의 의사표시로서 상관의 지위나 평가에 침해를 가했으므로 모욕죄가 성립한다고 하고 있다(대법원 1972.5.23.

놈'이라고 욕하는 것이 그 대표적인 예이다.[6]

모욕의 방법은 제한이 없으나, 문서·도서·우상·공시·연설 기타 공연한 방법으로 모욕한 경우에는 제64조 제 2 항에 의해서 가중처벌된다. 기타의 방법으로는 공연성은 없더라도 상관의 명예감정을 해하는 내용의 언어를 사용하는 경우를 들 수 있다. 또한 모욕은 작위로 하는 것이 통례이나 부작위에 의한 모욕도 가능하다. 예컨대 법률상의 의무로서 당연히 해야 할 경의의 표시를 하지 않는 것도 모욕행위가 될 수 있다. 다만, 본죄는 일종의 경향범(Tendenzdelikt)이므로 일정한 주관적 경향, 즉 상관에 대하여 모욕을 주겠다는 의사를 필요로 한다. 따라서 단순한 무례행위는 모욕이라고 할 수 없다.[7]

형법상 모욕죄는 피고인의 고소가 있어야 논하는 친고죄임에 반하여(제312조), 군형법상의 모욕죄는 친고죄라고 할 수 없다. 왜냐하면 폭행·협박죄에서 언급한 바와 같이 군형법상 친고죄가 성립되기 위하여는 특별한 법령상의 근거가 있어야 하며, 군형법 제 4 조도 타법적용은 군형법에 특별한 규정이 없는 경우에 한하므로 군형법이 형법상 모욕죄에 관한 규정을 두고 있는 것은 모욕죄를 친고죄로 본다는 규정의 적용을 배제하려는 의도로 보아야 하기 때문이다.[8]

2. 공연모욕죄(제64조 제 2 항)

본죄는 전술한 면전모욕죄와 동일한 것이나 모욕의 방법이 공연성을 가진다는 점에서 가중처벌하고 있는 것이며, 형법은 이러한 공연모욕죄(제311조)만을 처벌하고 있다.

'공연히'라 함은 불특정 또는 다수인이 인지할 수 있는 상태를 말한다.[9] 따라서 불특정인 경우에는 다수이건 아니건 불문하며, 다수인인 경우에는 불특정이건 특정이건 불문한다. 물론 그 대상이 군인일 필요도 없다. 또한 그러한 상태에 있으면 족하고, 현실적으로 불특정 또는 다수인이 인지할 필요는 없다(추상적 위험범).

대법원 판례는 공연성의 개념에 대하여 "불특정 또는 다수인이 인식할 수 있는 상태라고 풀이함이 상당하며, 비밀이 잘 보장되어 외부에 전파될 염려가 없는 경우가 아니면 비

선고 72도568 판결).

6) 대법원 1961.2.24. 선고 4293형상894 판결.

7) 대법원 2021.4.29. 선고 2018도4449 판결: 상관모욕죄에서 말하는 모욕이란 사실을 적시하지 아니하고 상관의 사회적 평가를 저하시킬 만한 추상적 판단이나 경멸적 감정을 표현하는 것을 의미한다(대법원 2003.11.28. 선고 2003도3972 판결, 대법원 2017.10.26. 선고 2015도613 판결 등 참조). 따라서 어떠한 표현이 상대방의 인격적 가치에 대한 사회적 평가를 저하시킬 만한 것이 아니라면 설령 그 표현이 다소 무례한 방법으로 표시되었다 하더라도 이를 두고 상관모욕죄의 구성요건에 해당한다고 볼 수 없다.

8) 특히 형법에 있어서도 특수한 모욕죄를 친고죄로 하기 위해서는 법령상의 근거를 두고 있다. 예컨대 외국사절에 대한 모욕죄는 형법 제312조에 의하여 친고죄로 되는 것이 아니라, 제110조에 의하여 반의사불벌죄로 되는 것이다. 따라서 군형법과 같은 별개 특별법의 모욕죄도 명문의 규정이 없는 한 친고죄라고 할 수는 없을 것이다(대법원 2015.9.10. 선고 2015도2229 판결, 대법원 2018.11.29. 선고 2017도2661 판결 등 참조).

9) 대법원 1956.2.27. 선고 4289형상280 판결.

록 개별적으로 한 사람에 대하여 사실을 유포하였더라도 본건과 같이 연속하여 수인에게 사실을 유포하여 그 유포한 사실이 외부에 전파될 가능성이 있는 이상 공연성이 있다고 할 것이다"라고 하여[10] 불특정 또는 다수인이 인지할 수 있는 상황 하에서 모욕한 이상 설사 행위시에 견문한 자가 전혀 없더라도 공연성을 잃지 않는다고 하였다.

본조에서 문서·도서·우상을 공시하는 것을 통하여 모욕한 경우에 본죄의 성립을 인정하고 있는데, 공시라는 것이 불특정 또는 다수인이 볼 수 있는 상태에 두는 것을 말하므로, 이러한 것들은 공연성에 대한 예시적 규정에 불과한 것으로서 기타의 방법에 의한 모욕이 가능함은 물론이다. 명예훼손행위와 모욕행위가 동시에 행하여진 경우에는 모욕행위는 명예훼손죄에 흡수됨은 양죄의 본질상 당연하다.

한편, 본조의 상관에 대통령이 포함될 것인가와 관련하여 대법원은 대통령도 본조의 객체인 상관에 포함된다고 판시하였다.[11] 한편, 대법원의 견해와 달리 대통령은 국가원수이자 행정부의 수반이며 동시에 정치인의 지위를 가지고 있어서 대통령의 경우 자신의 정책에 대한 비판을 수용할 의무가 있으므로 정치인에 대한 대통령에 대한 사이버(SNS)상의 비판에 대해서는 군인에게 과도하게 헌법상 기본권인 표현의 자유를 침해하는 결과를 초래하므로 상관모욕죄 성립을 부정해야 한다는 의견도 존재한다.[12]

II. 초병모욕죄

제65조 초병을 그 면전에서 모욕한 사람은 1년 이하의 징역이나 금고에 처한다.

본죄는 초병을 면전에서 모욕함으로써 군의 질서 및 기율을 훼손하여 전투력의 손실을 초래하는 것이다.

본죄도 상관의 경우와 마찬가지로 면전에서의 행위이므로 공연성을 필요로 하지 않으며, 공연성이 있는 경우에도 형이 가중되지 않으나 사실상 초병은 직무수행중인 것을 전제로 하므로 공연한 모욕이란 상정하기 곤란할 것이다. 다만, 처벌과 관련하여 공연히 사실을 적시하여 면전에서 초병의 명예를 훼손한 경우에 초병에 대한 명예훼손죄의 규정이 없

---

10) 대법원 1968.12.4. 선고 68도1592 판결.

11) 대법원 2013.12.12. 선고 2013도4555 판결: 군형법상 상관모욕죄는 상관에 대한 사회적 평가, 즉 외부적 명예 외에 군 조직의 질서 및 통수체계 유지 역시 보호법익으로 하는 점, 상관모욕죄의 입법 취지, 군형법 제 2 조 제 1 호, 제64조 제 2 항 및 헌법 제74조, 국군조직법 제 6 조, 제 8 조, 제 9 조, 제10조, 군인사법 제47조의2, 군인복무규율 제 2 조 제 4 호의 체계적 구조 등을 종합하면, 상관모욕죄의 '상관'에 대통령이 포함된다고 보아야 한다.

12) 류지영, "군 형법상 상관모욕의 객체로서의 대통령과 표현의 자유", 「법학논문집」 제38집 제 3 호, 중앙대학교 법학연구권, 2014, 73-83면.

으므로 형법상의 명예훼손죄로 처벌될 것인바, 그 법정형에 있어서 벌금형을 선택형으로 하고 있으므로 모욕죄의 경우보다 경하게 처벌될 가능성이 있다. 따라서 초병에 대하여도 명예훼손죄를 규정하는 것이 입법론상 타당하다고 생각한다. 기타 모욕의 개념이라든가, 본죄가 친고죄가 아님은 상관모욕죄에서 기술한 바와 같다.

Ⅲ. 상관명예훼손죄

> 제64조 ③ 공연히 사실을 적시하여 상관의 명예를 훼손한 사람은 3년 이하의 징역이나 금고에 처한다.
> ④ 공연히 거짓 사실을 적시하여 상관의 명예를 훼손한 사람은 5년 이하의 징역이나 금고에 처한다.

1. 의 의

본죄는 공연히 사실이나 허위의 사실을 적시하여 상관의 명예를 훼손하는 것으로서 외부적 명예, 즉 상관의 인격에 대한 사회적 평가를 보호법익으로 한다.

본죄의 행위객체인 상관은 순정상관이든 준상관이든 불문하나 특정되어야 한다. 따라서 막연히 장교들에 대한 명예훼손이나 '모부대 모상관' 하는 식은 본죄를 구성하지 아니한다. 그러나 구체적으로 특정될 필요는 없으며, 그 대상이 확정되는 정도라면 집단의 상관에 대한 명예훼손도 본죄를 구성한다.

2. 행 위

공연히 사실 또는 허위의 사실을 적시하여 상관의 명예를 훼손하는 것이다. '공연히'라함은 불특정 또는 다수인이 인지할 수 있는 상태를 말함은 모욕죄에서 언급한 바와 같다.

'사실의 적시'라 함은 상관의 인격에 대한 사회적 가치 내지 평가를 저하시키는 데 충분한 구체적 사실을 지적하는 것으로서, 단순한 가치판단의 의사를 표시하는 것은 모욕죄의 대상은 될 수 있으나 본죄를 구성하지 않는다. 그러나 그러한 의사표시가 아니고 사실인 한 공지·비공지의 사실이건 불문하며, 그로 인하여 외부적 명예가 저하될 우려가 있으면 족하다. 사실의 적시방법에는 제한이 없고, 문서·구두 기타 연극·만화·풍자·소문 등도 사실의 적시일 수 있으나, 그로 인하여 견문하는 사람이 그 대상을 추지할 수 있을 정도라야 한다. 왜냐하면 본죄는 특정인의 외부적 명예를 보호하기 위한 것이기 때문이다.

한편 행위자는 그러한 사실의 적시가 상관의 외부적 명예를 훼손케 할 우려가 있다는 사실을 인식하여야 하며, 그러한 인식에 착오가 있는 경우, 예컨대 허위의 사실을 진실로 알았다든가 진실을 허위의 사실로 알고 적시한 경우에는 착오론의 일반원칙에 따라 경한 고의인 본조 제 3 항의 죄를 적용하게 될 것이다.

명예를 훼손한다는 것은 사람이 사회로부터 받는 평가를 저하시키는 것을 말하며, 반드시 현실적으로 사회적 평가를 저하시켰음을 요하지 아니한다. 즉 본죄는 추상적 위험범의 일종으로서 명예를 저하케 하는 위험상태가 발생함으로써 바로 기수로 된다. 사실의 적시에 있어서 그 사실이 진실에 반하는 허위인 경우에는 형이 가중된다(본조 제 2 항).

3. 위법성조각의 문제

본죄에 있어서 위법성이 조각되는가 하는 문제는 첫째 상관의 승낙에 의한 명예훼손과, 둘째 형법 제310조의 적용 여부의 두 가지로 나눌 수 있다.

먼저, 상관의 승낙에 의한 명예훼손이 위법성이 조각되는가 하는 문제인데, 다음과 같은 이유에서 위법성이 조각되지 않는다.[13] 첫째 본죄는 반의사불벌죄가 아니며, 둘째 본죄의 보호법익은 단순한 개인적 법익이 아니며 군의 상하관계 질서유지라는 국가적 법익으로서의 성격도 가지기 때문이다. 즉 형법상의 명예훼손죄의 보호법익이 개인의 명예이므로 명예의 법익주체가 포기할 수 있지만, 군형법상 상관의 명예는 상관 개인의 것이 아니라 상관의 지휘권 및 위계질서와 관련된 것이므로 상관이 포기할 수 없다.

한편 형법 제310조는 "제307조 제 1 항의 행위(사실의 적시에 의한 명예훼손)가 진실한 사실로서 오로지 공공의 이익에 관한 때에는 처벌하지 아니한다"고 하여 사회인으로서의 공적인 행위는 언론의 자유, 즉 비판의 자유와의 관계상 일정한 범위 내에서 허용하고 있는데, 이러한 규정이 군형법상의 상관명예훼손죄에도 적용되는가 하는 문제가 있다. 그러나 그 규정은 형법 제307조 제 1 항에만 적용되고 다른 명예훼손죄에는 적용되지 않으므로, 실질적으로 볼 때 경미한 명예훼손죄만을 헌법상의 언론의 자유와 공공의 이익이라는 목적을 위하여 보호하고 있는 것이므로 군사회의 특수성을 반영한 본죄에는 적용되지 않는다고 보아야 한다.

이 외에도 형법 제20조의 정당행위라고 볼 수 있는 명예훼손은 물론 위법성이 조각된다.[14] 예컨대 예술가의 작품에 대한 공정한 논평이나 공판정에서의 피고인의 범죄사실의

---

13) 다만, 일본의 판례는 "명예권은 인격과 일체로 하고 분리할 수 없는 권리로서 성질상 포기하는 것은 불가능하다"고 하여(1934.6.29.자 대심원 판결) 통설과 그 견해를 달리하고 있다.

14) 최근 판례는 상관공연모욕죄와 관련 1회성이고 피고인이 SNS상에서 일상적으로 욕설과 비속어를 사용하고 있는 점 나아가 그런 행위로 군의 기율과 체계가 무너질 않았다는 등을 토대로 사회상규에 반하지 않아 상관공연모욕죄가 성립하지 않는다고 판단하고 있다.
  「군형법상 상관모욕죄를 적용할 때에도 충돌하는 기본권이 적절히 조화되고 상관모욕죄에 의한 처벌이 필요최소한의 범위 내에서 표현의 자유를 제한하도록 하여야 한다. 다만 군형법상 상관모욕죄는 상관에 대한 사회적 평가의 보호에 더하여 군 조직의 질서 및 통수체계 유지를 보호법익으로 하므로(대법원 2013.12.12. 선고 2013도4555 판결 등 참조), 해당 표현이 형법 제20조에 의하여 위법성이 조각될 수 있는지 여부는 피해자 및 피고인의 지위와 역할, 해당 표현으로 인한 군의 조직질서와 정당한 지휘체계의 침해 여부와 그 정도 등을 함께 고려하여 구체적·개별적으로 판단하여야 한다.

적시, 국회에서의 정치적 논의, 피고인이나 변호인의 법정에서의 방어권의 행사 등은 비록 타인의 명예를 훼손하더라도 위법성이 조각된다.

2. 이 사건 공소사실의 요지는 '피고인이 해군 교육사령부 (기수 생략) 여군 75명이 함께 사용하는 카카오톡 단체채팅방에서 피해자가 목욕탕 청소 담당 교육생들에게 과실 지적을 많이 한다는 이유로 "도라이 ㅋㅋㅋ 습기가 그렇게 많은데"라는 글을 게시하여 공연히 상관인 피해자를 모욕하였다.'는 것이다. 원심은, 피고인이 피해자를 지칭하며 사용한 '도라이'라는 표현(이하 '이 사건 표현'이라고 한다)은 피해자에 대한 사회적 평가를 훼손하는 모욕적 언사에 해당하고, 형법 제20조의 정당행위에 해당하지 않는다는 이유로 이를 무죄로 판단한 제1심을 파기하고 유죄를 인정하였다.(생략)

위와 같은 사실관계를 앞서 본 법리에 비추어 살펴본다. 이 사건 표현은 목욕탕 청소상태 점검방식 등과 관련된 피해자의 행동이 상식에 어긋나고 이해할 수 없다는 취지에서 상관인 피해자를 경멸적으로 비난한 것으로 모욕적인 언사라고 볼 수 있다. 그러나 다른 한편으로 ① 이 사건 표현은 장마철에 습기가 많은 목욕탕을 청소하여야 하는 피고인의 입장에서 피해자의 청소상태 점검방식과 그에 따른 과실 지적에 대한 불만을 토로하는 과정에서 즉흥적이고 우발적으로 이루어진 것으로 보이는 점, ② 이 사건 단체채팅방은 소셜네트워크서비스(SNS)상에서 피고인을 포함한 (기수 생략) 동기생들만 참여대상으로 하는 비공개채팅방으로, 교육생들 사이의 의사소통을 위한 목적으로 개설되어 교육생 신분에서 가질 수 있는 불평불만을 토로하는 공간으로서의 역할도 하고 있었고, 교육생 상당수가 별다른 거리낌 없이 욕설을 포함한 비속어를 사용하여 대화하고 있었던 점, ③ 당시 목욕탕 청소를 담당했던 다른 교육생들도 이 사건 단체채팅방에서 피고인과 비슷한 불만을 토로하고 있었는데, 피고인의 이 사건 표현은 단 1회에 그쳤고, 그 부분이 전체 대화 내용에서 차지하는 비중도 크지 않은 점, ④ 이 사건 표현은 근래 비공개적인 상황에서는 일상생활에서 드물지 않게 사용되고 그 표현이 내포하는 모욕의 정도도 경미한 수준인 점 등의 사정에 비추어 볼 때, 피고인의 이 사건 표현은 동기 교육생들끼리 고충을 토로하고 의견을 교환하는 사이버공간에서 상관인 피해자에 대하여 일부 부적절한 표현을 사용하게 된 것에 불과하고 이로 인하여 군의 조직질서와 정당한 지휘체계가 문란하게 되었다고 보이지 않으므로, 이러한 행위는 사회상규에 위배되지 않는다고 보는 것이 타당하다」(대법원 2021.8.19. 선고 2020도14576 판결).

제12장

군용물에 관한 죄[1]

제1절 총   설

　　군의 존립을 위한 구성요소에는 인적 요소와 물적 요소가 있다. 물적 요소는 인적 요소를 뒷받침하는 것으로서, 물량전·과학전의 양상을 띠고 있는 오늘날의 전쟁에서 이를 확보하고 보존하는 것은 전쟁의 승패와 직결된다. 따라서 군형법은 이러한 물적 요소로서의 군용시설이나 군용물에 대한 범죄를 형법규정과는 별도로 규정하여 가중처벌하고 있다. 또한 형법상 일반재산범죄와 죄질이나 보호법익이 상이한 방화죄라든가, 순정군사범인 노획물에 관한 죄, 군용물분실죄 등을 본장에 규정하고 있는 것도 그 대상이 군용물이라는 점에 착안하여 군의 물적 요소의 완전성을 침해하는 행위를 처벌하기 위한 것이다.

　　군형법에서 말하는 군용물이란 군용에 공하는 물건을 의미하는데, 그 구체적인 범위는 해당 법조문에 따라 상이하다. 다만, 군용물이 군의 소유이어야 하는지 여부가 문제되는데, 입법자가 군형법이라는 특별법을 제정하여 군용물을 보호하고자 하는 이유는 군용물에 대한 여러 형태의 침해로부터 군용물을 보호함으로써 군형법의 목적인 군의 전투력을 보존·발휘하는 데 있다고 볼 것이며, 군의 전투력 보존·발휘에 대한 침해였는지 여부는 군용물의 소유권이 누구에게 있는가 여부보다는 그것이 군용에 공하고 있는 물건인지의 여부에 달려 있다고 볼 것이므로, 설사 군의 소유가 아닌 경우에도 그것이 군용에 공하는 경우에는 군형법에서 말하는 군용물에 해당한다고 봄이 타당하다. 또한 이것은 현행 군

---

1) 군형법 제10차 개정시(1994.7.1. 시행) 과실로 인하여 제66조 내지 제71조의 죄(군용물에 관한 죄)를 범한 자에 대하여 징역형 이외에 벌금형을 선택할 수 있도록 하였다. 이는 과실로 인한 경미한 사건인 경우, 벌금형을 선택적으로 부과할 수 있도록 하여 형의 탄력적 적용을 도모하고자 한 것이다. 나아가 형이 중한 것으로 인식된 군형법에 처음으로 벌금형을 신설하였다는 데 그 의미가 자못 크다고 할 수 있다.

형법이 "군의 소유에 속하는 물건"이라고 규정하지 않고 "군용물," 즉 군용에 공하는 물건이라고 규정한 것과도 일치하는 해석이라고 본다.

한편 본장의 죄는 군용물에 대한 특별한 보호의 필요성에서 나온 것이라는 점에서 그 주체를 군인이나 준군인에 한정하고 있지 않고, 국내외 민간인의 경우에도 본죄의 성립을 인정하고 있다(헌법 제27조 제2항, 군형법 제1조 제4항·제5호). 그러나 군용물분실의 경우(제74조)와 군용물에 대한 재산범 중의 일부(제75조 제1항 제1호)에 있어서는 그 주체가 군인이나 준군인에 한정된다.

또한 국군과 공동작전에 종사하고 있는 외국군의 군용시설이나 군용물에 대해서도 본장의 죄가 적용된다(제77조). 이것은 집단안전보장체제 하에서 외국군의 전투력확보가 아군의 존립과 직결될 수 있기 때문이다.

제 2 절 범죄유형

Ⅰ. 방 화 죄

1. 일반적 개념

군형법상 방화죄라 함은 불을 놓아 군용시설이나 군용에 공하는 물건을 소훼하는 것으로서 형법상 방화죄(제164조 내지 제167조)에 대한 특별죄이다.

원래 방화죄는 공중의 생명·신체 또는 재산 등에 방화로 위험을 주는 공공위험범으로서 사회공공의 안전을 보호법익으로 하고 있으며, 부차적으로는 개인의 재산을 침해하는 손괴죄로서의 성격도 가지고 있다. 그러나 군형법에서는 군용물 자체의 재산적 가치와 효용에 대한 침해에 중점을 두어 본죄가 공공위험범으로서의 성질보다 손괴의 죄로서의 성질을 강조하고 있음을 알 수 있다. 이 점에서 형법상 방화죄와 구별된다.

본죄의 행위는 불을 놓아(방화) 군용물을 소훼하는 것이다.

방화라 함은 일정한 목적물의 소훼를 야기하는 일체의 행위. 즉 소훼(화력에 의한 물건의 손괴)에 원인력을 주는 행위로서 적극적으로 물건에 발화시키는 것이 통례이나, 소극적으로 기존의 화력을 이용할 수도 있다.[2] 또한 불을 놓는 수단·방법에도 제한이 없으며, 직접적으로 목적물에 점화하건 매개물을 이용하건 불문한다.

방화죄에 있어서 중요한 문제의 하나가 방화죄의 기수시기에 관한 것이다. 학설로는

---

2) 다만, 기발의 화력을 이용하는 경우는 일종의 부진정부작위범이므로 행위자가 작위의무, 즉 화력을 소화시킬 의무가 있어야 하며, 작위에 의한 방화와 동일한 정도의 강도가 있는 부작위이어야 한다. 따라서 그렇지 못한 경우에는 경범죄처벌법 제1조 제36호에 의하여 공무원조불응죄가 성립될 뿐이다.

① 불이 방화의 매개물을 떠나서 객체인 목적물에 옮겨져 독립하여 연소를 계속할 수 있는 상태를 소훼라고 하는 독립연소설, ② 목적물이 화력으로 인하여 원형의 중요한 부분이 손괴되어 그 물건의 본래의 효용을 상실하게 된 상태를 소훼라고 하는 효용상실설, ③ 방화죄의 본질이 공공위험범이라는 점에 입각하여 목적물의 중요한 부분에 연소가 개시된 때를 소훼라고 보는 절충설 등이 있다. 생각건대 공공의 위험이 현실적으로 존재하기 위해서는 물건의 중요한 부분이 연소되어 그 효용을 상실케 하여야 하며, 본죄가 손괴죄의 본질을 가지므로 손괴죄의 기수시기와 마찬가지로 효용성을 파괴함으로써 기수로 된다고 보는 효용상실설이 타당하다고 생각한다. 뿐만 아니라 군형법 제69조도 군용시설 등 손괴죄에서 손괴와 손괴상실을 동일하게 취급하고 있는 점으로 본다면, 소훼의 개념도 효용상실을 기준으로 판단함이 타당할 것이다.[3]

본죄가 성립하기 위해서는 방화하여 목적물을 소훼한다는 인식이 있어야 하며, 추상적 위험범의 일종이므로 공공위험의 발생에 대한 인식을 필요로 하지 아니한다.

단일한 방화행위에 의하여 수개의 객체를 소훼하는 경우에는 포괄일죄로 되며, 단일한 방화행위에 의하여 처벌규정을 달리하는 수개의 객체를 소훼한 경우에는 가장 중한 죄에 해당하는 규정에 따라 처벌한다. 예컨대 방화하여 군의 공장과 군용에 공하는 물건이 현존하는 창고를 소훼한 경우에는 제66조 제 2 항의 군용창고방화죄만이 성립하게 된다.

군형법은 객체의 성질에 따라 방화죄의 태양을 달리하고 있으며, 이하에서 각기 분설하기로 한다.

2. 군용시설 등 방화죄

> 제66조 ① 불을 놓아 군의 공장, 함선, 항공기 또는 전투용으로 공하는 시설, 기차, 전차, 자동차, 교량을 소훼(燒燬)한 사람은 사형, 무기 또는 10년 이상의 징역에 처한다.

본죄의 주체는 군인·준군인에 한하지 않고, 국내외 민간인도 포함됨은 전술한 바와 같다.

군의 공장·선박·항공기라 함은 군의 소유에 속하는 공장·선박·항공기를 말한다.[4]

---

3) 그러나 판례는 독립연소설을 취하고 있다. "매개물을 통한 점화에 의하여 건조물을 소훼함을 내용으로 하는 형태의 방화죄의 경우에 범인이 그 매개물에 불을 켜서 붙였거나 또는 범인의 행위로 인하여 매개물에 불이 붙게 됨으로써 연소작용이 계속될 수 있는 상태에 이르렀다면, 그것이 곧바로 진화되는 등의 사정으로 인하여 목적물인 건조물 자체에는 불이 옮겨 붙지 못하였다고 하더라도 방화죄의 실행의 착수가 있었다고 보아야 할 것이고 …"(대법원 2002.3.26. 선고 2001도6641 판결). "방화죄는 화력이 매개물을 떠나 스스로 연소할 수 있는 상태에 이르렀을 때에 기수가 된다"(대법원 1970.3.24. 선고 70도330 판결).

4) "무선중계소 막사 내에 설치되어 있는 통신장비는 군용시설 등에 해당하지 않는다"(육군고등군법회의 1967.8.4. 선고 67년 고군형항 제347호 판결).

군의 소유에 속한 이상 군용이나 전투용에 공하는가 여부는 불문하며, 민간인에게 임대하여 준 것도 그 소유권이 군에 속하는 이상 본죄의 객체가 된다.

전투용에 공하는 시설·기차·전차·자동차·교량이라 함은 현재 전투에 쓰이고 있는 시설 등을 말한다. 따라서 군용에 공함에 그치는 시설 등은 본죄의 객체로 되지 아니한다. 다만, 전투용이라고 하여 반드시 전투행위에 직접적으로 사용될 필요는 없으며, 그와 관련 있는 용도에 사용되는 것이나 전투준비에 사용되는 것도 포함된다. 한편 전투용에 공하는 이상 반드시 군의 소유임을 요하지 않는다.

소훼의 개념은 전술한 바와 같으며, 과실로 시설 등을 소훼한 자도 처벌한다. 그 법정형은 일반과실의 경우에 5년 이하의 징역 또는 300만원 이하의 벌금, 업무상 과실의 경우나 중과실의 경우에는 7년 이하의 징역 또는 700만원 이하의 벌금에 각각 처한다(제73조). 다만, 과실범의 경우에 본죄의 주체는 군인과 준군인에 한하며, 국내외민간인의 경우에는 실화죄로 처벌된다(형법 제170조, 제171조).

본죄의 미수범은 처벌되며(제72조), 본죄를 범할 목적으로 예비·음모를 한 때에는 7년 이하의 징역이나 금고에 처하고, 그 실행에 이르기 전에 자수한 때에는 필요적 감면사유로 된다(제76조). 이러한 미수범이나 예비·음모에 대한 처벌규정은 군인이나 준군인에 한정되므로 국내외 민간인에 대해서는 일반 방화죄에 대한 형법규정(제174조, 제175조)이 적용된다.

3. 군용창고방화죄

> 제66조 ② 불을 놓아 군용에 공하는 물건을 저장하는 창고를 소훼한 사람은 다음 각 호의 구분에 따라 처벌한다.
> 1. 군용에 공하는 물건이 현존하는 경우 : 사형, 무기 또는 7년 이상의 징역
> 2. 군용에 공하는 물건이 현존하지 아니하는 경우 : 무기 또는 5년 이상의 징역

본죄의 객체는 창고이며, 군의 소유 여부를 불문한다. 다만, 그 창고가 군용에 공하는 물건을 보관하는 창고라는 점에서 그에 대한 방화는 곧 군용에 공하는 물건에 위험을 발생하게 할 우려가 있기 때문에 특별한 보호를 하는 것이다.[5]

여기서 군용에 공하는 물건이란 군용으로 제공되거나 사용되는 물건을 의미하는 것으로 탄약·병기와 그에 유사한 전투용 군용물 및 기타 군용에 공하는 차량·금전·피복 등

---

5) 군에서 사용하는 역사기록관이 건물로서 물건을 보관하고 있다고 하더라도 군용창고방화죄의 군용창고에 해당하지 않는다(고등군사법원 2013.10.18. 선고 2013노129 판결): "역사기록관이 군용에 공하는 물건을 저장하는 창고에 해당하는지에 관하여 살피건대, … 중략 … 군용물현존창고방화죄에서의 '창고'는 창고의 본래적 기능에 주목하여 '물건이나 자재의 저장·보관을 주된 목적으로 하는 건물'로 제한하여 해석하여야 헌법상 과잉금지원칙 및 죄형법정주의의 원칙에 부합한다고 할 것이다."

을 포괄하는 개념이다. 또한 '군용에 공'하는지 여부는 현실적으로 군용에 공하고 있는가를 기준으로 판단되므로 소유자 여하를 불문하고(군의 소유이건, 민간의 소유이건), 현실적으로 군용에 공하고 있으면 그 소유권이 누구에게 있는지는 무관하다.

본죄가 성립하기 위해서는 불을 놓아 군용에 공하는 물건을 저장하는 창고를 소훼한다는 사실에 대한 고의가 있어야 한다. 그런데 본죄는 창고 내에 군용물이 현존하고 있는가 여부에 따라 그 법정형을 달리하고 있다. 즉 군용에 공하는 물건을 저장하는 창고인 경우에도 군용에 공하는 물건이 현존하는 경우를 현존하지 아니하는 경우보다 무겁게 처벌하고 있다. 이 때 창고의 일부에 군용에 공하는 물건이 있으면 창고 전체에 물건이 현존한다고 할 수 있다. 한편 제 1 호의 범죄, 즉 군용에 공하는 물건이 현존하는 군용창고방화죄의 경우에도 불을 놓아 군용에 공하는 물건을 저장하는 창고를 소훼한다는 고의만 있으면 족하며, 군용에 공하는 물건이 현존하는지 여부에 대한 인식은 불요하다. 즉 본죄의 제 1 호와 제 2 호의 구별은 주관적 구성요건에 있어서가 아니라 행위상황에 있다.

본죄의 미수범, 예비·음모 및 과실범은 처벌되며(제72조, 제73조, 제76조 참조), 그 내용 및 법정형은 군용시설에 대한 방화죄의 경우와 동일하다.

4. 노적군용물방화죄

> 제67조 불을 놓아 노적(露積)한 병기, 탄약, 차량, 장구(裝具), 기재(器材), 식량, 피복 또는 그 밖에 군용에 공하는 물건을 소훼한 사람은 다음 각 호의 구분에 따라 처벌한다.
> 1. 전시, 사변 시 또는 계엄지역인 경우 : 사형, 무기 또는 7년 이상의 징역
> 2. 그 밖의 경우 : 무기 또는 3년 이상의 징역

노적이라 함은 창고 등의 시설물 이외의 장소에 집적하는 것을 말하며, 천막 등 임시로 설치된 시설 내에 집적하는 것도 노적에 해당한다.

본죄의 객체는 노적이 가능한 군용에 공하는 물건이라야 하므로 기차나 교량과 같은 노적이 불가능한 물건은 본조의 객체로 되지 아니한다.

차량의 경우에는 노적 여부에 따라 제66조 제 1 항이나 본조에 의하여 처벌된다.

본죄의 미수범, 예비·음모 및 과실범은 처벌되며, 그 내용 및 법정형은 군용시설 등 방화죄의 경우와 동일하다.

Ⅱ. 폭발물파열죄

> 제68조 화약, 기관(汽罐) 또는 그 밖의 폭발성 있는 물건을 파열하게 하여 제66조와 제67조에 규정된 물건을 손괴한 사람도 제66조 및 제67조의 예에 따른다.

본죄의 주체는 군인·준군인에 한하지 않고 국내외 민간인에게도 적용된다.

본죄는 형법 제172조의 폭발성물건파열죄에 대한 특별죄로서, 폭발물은 파열시의 폭풍·고열 등으로 방화와 유사한 공공위험범의 일종이므로 방화죄와 동일한 장에서 규정하고, 그 법정형을 동일하게 하고 있는 것이다.

폭발성 있는 물건이란 급격히 파열하여 물건을 파괴하는 성질을 가지는 물질을 말하며, 화약이나 기관은 그 예시에 불과하고 기타 오일·탱크·다이나마이트 등이 여기에 포함될 수 있다.

본죄의 처벌은 행위의 객체가 무엇인가에 따라 그 법정형을 달리하는데, 예컨대 폭발물을 파열하여 노적한 병기를 손괴한 경우에는 제67조에 의하여 처벌된다. 한편 본죄를 범하여 사회공공의 평화·안전과 사회다수인의 생명·신체 및 재산 등에 위험을 야기한 경우에는 본죄와 형법 제119조 폭발물사용죄가 상상적 경합관계에 서게 된다.[6]

본죄의 미수범, 예비·음모 및 과실범도 군용시설 등 방화죄와 같이 처벌된다.

Ⅲ. 군용시설 등 손괴죄

> 제69조 제66조에 규정된 물건 또는 군용에 공하는 철도, 전선 또는 그 밖의 시설이나 물건을 손괴하거나 그 밖의 방법으로 그 효용을 해한 사람은 무기 또는 2년 이상의 징역에 처한다.

1. 의 의

본죄는 군의 공장·선박·항공기 또는 전투용에 공하는 시설·기차·전차·자동차·교량·군용에 공하는 물건을 저장하는 창고 또는 군용에 공하는 철도·전선 기타의 시설이나 물건을 파괴하거나 효용을 해하게 하는 것으로서 형법 제366조의 손괴죄에 대한 특별죄이다. 한편 이적의 목적으로 군대 요새, 진영 또는 군용에 공하는 함선이나 항공기 또는 그 밖의 장소, 설비 또는 건조물을 제공한 경우에는 본죄의 특별규정인 제12조의 군용시설 등 파괴죄에 해당한다.

본죄는 행위의 대상이 광범위함에 특색이 있으며, 군용물에 대한 범죄라는 점에서 방화죄와 동일한 장에서 논하고 있는 것이다. 본죄에서 물건이라 함은 그 종류나 성질을 불문하며, 경제상의 교환가치가 있을 필요도 없고, 널리 군이 사용하는 일체의 것을 가리킨

---

6) 고등군사법원 2012.7.10. 선고 2012노25 판결: "피고인 김○○이 창고 안에서 수류탄을 위로 던져 떠뜨리는 방식으로 자살을 기도하였다면 차고 및 세탁 건조장의 물적 피해가 발생하는 결과에 이르더라도 이를 용인할 수밖에 없다는 내심의 의사, 즉 군용물이 현존하는 창고 및 군용시설 손괴의 점에 대한 미필적 고의를 인정할 수 있다고 할 것이다."

다고 할 것이다.

2. 행   위

손괴하거나 효용을 해하는 것이다.

손괴(損壞)란 본조의 객체에 대하여 직접 유형력을 행사하여 그 이용가능성을 침해하는 것을 말하는 것으로 파손·소각 등이 가장 대표적인 예이다. 한편 손괴가 화력이나 폭발물에 의한 경우는 그 목적물이 제66조에 규정된 것이라면 제66조에 의하여 처벌되고, 그렇지 않은 것에는 본죄가 적용될 것이다.

효용을 해한다는 것은 물질적인 훼손에 의하지 않고 물건의 이용을 불가능하게 하는 것인데, 이 때 불가능은 영구적 불가능일 필요는 없고 일시적 불가능이어도 된다. 예컨대 군용차량의 타이어에서 바람을 뺀다든가, 탄약을 침수시키는 것, 총구에 오물을 집어넣는 것 등을 들 수 있다.[7] 또한 한편 물건의 소재를 불명하게 하여 그 발견을 곤란 또는 불능케 한 경우인 은닉도 효용을 해하는 것에 해당한다.[8]

손괴는 효용을 해하는 한 가지 예이므로 입법론으로는 "손괴 또는 은닉 그 밖의 방법으로 그 효용을 해한 사람"으로 규정함이 보다 바람직하다.

3. 처   벌

본죄의 미수범, 예비·음모, 과실범도 군용시설 등 방화죄와 마찬가지로 처벌되는데, 형법이 손괴죄의 과실범을 처벌하지 않는 것과 비교할 때 군용물에 대한 손괴의 과실범을 처벌하는 군형법상의 규정은 타당하다고 할 수 없다.

Ⅳ. 노획물훼손죄

> 제70조 적과 싸워서 얻은 물건을 횡령하거나 소훼 또는 손괴한 사람은 1년 이상 10년 이하의 징역에 처한다.

1. 주   체

노획물을 보관하는 자, 즉 노획자에 한하며, 국내외 민간인도 본죄의 주체가 될 수 있다(제1조 제4항 제4호).

---

7) 해고노동자 등이 복직을 요구하는 집회를 개최하던 중 래커 스프레이를 이용하여 회사건물 외벽과 1층 벽면 등에 낙서한 행위는 건물의 효용을 해한 것으로 볼 수 있다(대법원 2007.6.28. 선고 2007도2590 판결).

8) 고등군사법원 2001.11.13. 선고 2001노350 판결.

법문은 본죄의 주체를 명확히 한정하고 있지 않으나, 적과 싸워서 얻은 물건을 보관하는 자이다. 적과 싸워서 얻은 물건은 그것이 군용에 공하는 경우도 있을 수 있으나 그렇지 않은 경우도 있을 수 있다. 이 때 군용에 공하는 물건을 횡령한 경우에는 군용물횡령죄(제75조)가 성립하고, 소훼 또는 손괴한 경우에는 군용물손괴죄(제69조)가 성립하지만, 군용에 공하지 않는 물건을 횡령한 경우에는 일반 형법상의 횡령죄(제355조)와 손괴죄(제366조)가 성립한다. 노획물에 대한 횡령 등을 통하여 노획물이 개인의 전리품화되는 것을 방지하고, 군의 질서를 유지하기 위해 본조는 이러한 행위를 일반 형법보다 더 중하게 처벌하고 있다.

2. 객　　체

적과 싸워서 얻을 물건, 즉 노획물이다.

노획이라 함은 전쟁을 통하여 적의 재물을 취득하는 것으로서 무력에 의하여 탈취된 것뿐만 아니라 적이 방임하여 취득한 것도 포함한다. 또한 반드시 적의 소유일 필요도 없으므로 적에게 노획당했다가 다시 탈환한 것도 포함된다.

노획물의 귀속관계에 대해서는 즉시 국가의 소유로 되므로 노획한 자 혹은 노획물의 보관자는 타인의 재물을 보관하는 자에 불과하다. 노획물은 일정한 절차를 거쳐 아군의 군용에 공하게 되는 경우가 있는데, 군용물에 공하는 순간부터는 본죄는 성립하지 않고 군용물에 관한 범죄가 성립한다.

3. 행　　위

횡령 · 소훼 · 손괴이다.

소훼와 손괴의 개념에 대해서는 방화죄와 손괴죄에서 이미 언급한 바와 같다.

횡령이란 노획자가 노획한 물건을 군에 제공하지 않고 영득의 의사로써 소유권의 내용인 권리를 행사하거나, 자신의 소유물과 같은 지배상태에 두는 것을 말한다.

4. 처　　벌

본죄의 미수범 및 과실범은 처벌된다(제72조, 제73조). 그러나 횡령행위에 대한 과실범은 인정하기 곤란하며(형법상 횡령죄에 대한 과실범은 처벌규정이 없다), 본죄보다 중한 군용물횡령죄에 대하여 과실범을 인정하지 않는 점에 비추어 볼 때 과실범에 대한 처벌규정은 입법론상 재고를 요한다.

V. 함선·항공기의 복몰·손괴죄

> 제71조 ① 취역(就役) 중에 있는 함선을 충돌 또는 좌초시키거나 위험한 곳을 항행하게
> 하여 함선을 복몰(覆沒) 또는 손괴한 사람은 사형, 무기 또는 5년 이상의 징역에 처한다.
> ② 취역 중에 있는 항공기를 추락시키거나 손괴한 사람도 제 1 항의 형에 처한다.
> ③ 제 1 항 또는 제 2 항의 죄를 범하여 사람을 사망 또는 상해에 이르게 한 사람은 사형,
> 무기 또는 10년 이상의 징역에 처한다.

1. 의 의

본죄는 제69조의 군용시설 등 손괴죄에 대한 특별죄로서 함선이나 항공기의 물적 안
전을 보호하기 위한 것이다. 즉 함선이나 항공기는 육상의 교통기관보다 위험한 상태에 놓
여 있을 뿐만 아니라, 그 취역의 중요성은 육상의 교통기관에 비할 바 아니므로 이에 대한
손괴 등을 가중처벌하고 있는 것이다.

본죄의 주체는 군인·준군인뿐만 아니라 국내외 민간인도 포함한다(제1조 제4항 제
4호).

2. 객 체

취역 중에 있는 함선이나 항공기이다.

취역이라 함은 새로 건조된 함선이나 항공기가 임무에 종사하는 것을 말하므로 취역
중이란 취역시점부터 퇴역시점까지의 기간, 즉 현역의 기간을 말한다. 이 기간에 속하는
이상 함선이나 항공기가 현실적으로 항행중일 필요는 없다.

법문은 함선이나 항공기에 대하여 제한을 두고 있지 않으므로 모든 종류의 것을 포괄
하고 있는 듯하나, 군형법상의 객체로 되어 있는 함선이나 항공기가 군의 소유나 군용에
공하는 것에 한정되어 있으므로(제66조, 제69조), 본조의 경우도 역시 군용에 공하는 함선이
나 항공기에 국한된다고 보아야 할 것이다. 뿐만 아니라 본장의 죄가 군용물에 관한 것이
고, 본죄의 주체가 국내외 민간인에게 확대되어 있는 점을 고려한다면 그러한 제한을 두는
것이 타당할 것이다.

취역 중에 있지 않은 함선이나 항공기에 대하여 본조의 행위를 한 경우에는 군용물손
괴죄 등이 성립할 뿐이다.

3. 행 위

객체가 함선인 경우에는 충돌·좌초시키거나 위험한 곳을 항행하게 하여 함선을 복

몰·손괴하는 것이고, 항공기의 경우는 추락시키거나 복몰·손괴하는 것이다. 본죄는 위계에 의한 항행위험죄(제37조)와는 달리 구체적 위기발생을 요구하는 침해범의 일종이다.

충돌·좌초·위험장소에의 항행 등은 함선을 복몰·손괴시키는 방법에 대한 예시적인 규정에 불과하며, 그 이외의 다른 방법에 의하더라도 취역중인 함선을 복몰·손괴시킨 이상 본죄가 성립한다. 항공기를 추락·복몰·손괴하는 경우에 그 방법에 제한이 없음은 물론이다.

4. 처　　벌

본죄의 미수범, 예비·음모 및 과실범은 처벌하며(제72조, 제73조, 제76조 참조), 본죄를 범하여 사람을 사상케 한 자는 결과적 가중범으로서 가중처벌한다(제71조 제3항).

본죄의 미수범과 제37조의 위계에 의한 항행위험죄는 함선·항공기를 위험에 빠지게 한다는 점에서는 동일하나 복몰이나 손괴에 대한 고의가 있었는가에 따라 구별하여야 하는데, 사실상 그러한 위험에 빠지게 하는 경우에는 손괴 등에 대한 고의를 추정할 수 있으므로 제37조가 적용될 여지가 거의 없을 것이라고 생각한다.

한편 군용물에 대한 과실범의 규정은 제71조의 죄에 대하여 모두 적용되는 것으로 되어 있으므로 동조 제3항의 결과적 가중범에 대하여도 적용되지 않을까 하는 의문이 있다. 그러나 과실로 인한 행위에 대하여 결과적 가중범을 인정한다는 것은 일정한 고의를 기초로 그에 따른 과실의 결과발생을 가중처벌하려는 결과적 가중범의 취지에 부합하지 않는 것이다.[9] 따라서 과실로 본조 제1항·제2항의 죄를 범하여 사람을 치사상케 한 경우에는 제73조 제1항의 과실범과 형법 제266조 내지 제268조의 과실치사상죄가 상상적 경합관계에 선다고 할 것이다. 입법론적으로는 과실범에 대한 규정을 제71조 제1항과 제2항에 국한시키는 것이 타당하다.

Ⅵ. 군용물분실죄

> 제74조 총포, 탄약, 폭발물, 차량, 장구, 기재, 식량, 피복 또는 그 밖에 군용에 공하는 물건을 보관할 책임이 있는 사람으로서 이를 분실한 사람은 5년 이하의 징역 또는 300만원 이하의 벌금에 처한다.

---

9) 다만, 실정형법에서는 형사정책적인 입장에서 과실에 의한 결과적 가중범을 인정할 수 있다. 예컨대 독일 형법 제309조의 실화치사죄를 들 수 있다. 그러나 군형법은 다른 결과적 가중범(예컨대 폭행치사상죄 등)에 대하여 과실범을 인정하고 있지 않으므로 본조에 대하여도 동일하게 해석하여야 할 것이다.

1. 의   의

본죄는 순정군사범으로서 군용물에 대한 보관의무위반을 처벌하기 위한 것이며, 군용물의 물적 특수성과 보관책임의 중요성에 그 근거를 두고 있다.

원래 물건의 보관책임이 있는 자가 선량한 보관자로서의 주의의무를 게을리하여 그의 의사에 의하지 아니하고 물건의 소지를 상실하는 소위 과실범을 말한다. 일반적으로는 물건을 분실한 경우에는 순수한 과실범으로서 형사처벌의 대상이 되지 않고 민사상의 손해배상책임을 질 뿐이나, 군이라는 특수한 조직 하에서 군용물의 보관책임자가 이를 분실한 것은 보관의무의 중요성에 비추어 형사처벌을 할 필요가 있는데 본조는 바로 그러한 행위를 처벌하고자 하는 규정이다.

2. 주   체

군용에 공하는 물건을 보관할 책임이 있는 자로서 군인·준군인에 한한다. 보관책임은 반드시 법령에 의한 근거를 요하지 않으며, 자기책임 하에서 군용물을 사실상 보관하는 경우를 말한다. 또한 보관의무는 보관책임자의 선량한 보관자로서의 주의의무를 말하며, 이러한 의무를 다하지 못한 과실이 있는 경우에 본죄가 성립한다.[10]

3. 객   체

총포, 탄약, 폭발물, 차량, 장구, 기재, 식량, 피복 또는 그 밖에 군용에 공하는 물건이다.

총기, 탄약, 폭발물, 차량, 장구, 식량, 피복 등은 군용에 공하는 물건의 예시적 규정으로서 군용물인 이상 제한이 없으며, 노적된 군용물에 한하는 것도 아니다.[11] 다만, 본죄의 성질상 시설이나 부동산은 제외된다. 군용물은 반드시 군의 소유임을 요하지 않으며, 현실적으로 군의 지배 하에 있음으로써 족하다.

4. 행   위(분실)

분실이라 함은 물건을 소지·보관하는 자가 선량한 보관자로서의 주의의무를 게을리

---

10) 이와 동지의 판례로는 육군고등군법회의 1977.12.14. 선고 77년 고군형항 제717호 판결; 육군고등군법회의 1978.11.9. 선고 77년 고군형항 제60호 판결 등이 있다. 한편 개인지급품으로 보관하는 자 이외의 보관책임자의 경우에는 군용물분실의 원인행위에 직접적으로 영향을 준 경우에만 본죄가 성립한다는 판례가 있다(육군고등군법회의 1978.5.19. 선고 78년 고군형항 제115호 판결).

11) 제 5 차 개정 전의 법규정은 본죄의 행위객체를 "제67조에 규정한 물건"이라고 하여 군용물의 범위를 제한하고 있었으며, 제67조가 노적한 군용물에 한하므로 본조의 객체도 동일하게 해석하여야 한다는 견해가 있을 수 있었다(국방부고등군법회의 1965.8.9. 65년 고군형항 제 4 호 판결). 그러나 일반적인 견해로는 노적의 의미는 방화죄와 관련됨으로써 그 의미를 가질 수 있는 것이므로 본죄와 같은 과실범에 있어서는 그 의미를 찾을 수 없다고 하여 반드시 노적된 군용물에 한하지 않는다고 하였고, 현재에는 입법으로서 해결하게 된 것이다(대법원 1965.11.23. 선고 65도881 판결 참조).

하여 그의 '의사에 의하지 아니하고 물건의 소지를 상실'하는 소위 과실범을 말한다. 따라서 군용물을 편취당한 경우에는 비록 피고인의 처분행위가 하자 있는 의사에 기한 것이라 할지라도 군용물분실죄에서의 의사에 의하지 않은 소지의 상실이라고 볼 수 없다.[12) 또한 불가항력에 의한 분실은 기대가능성이 없으므로 처벌할 수 없으며,[13) 고의적으로 방기한 경우에는 군용물에 대한 손괴죄에 해당하게 된다.

본죄는 보관의무위반의 원인으로서 분실만을 처벌하고 있으므로 감량·부패·변질의 결과가 발생하더라도 군용물에 관한 본죄는 성립되지 않는다. 입법론상 재고를 요하는 문제이다. 다만, 전시·사변시에는 군용물결핍죄가 성립한다(제35조 제5호). 또한 분실인 이상 그 원인은 자기의 행위에 의하건 타인의 위법한 행위(절취 등)에 의하건 불문한다.[14)

12) "군형법 제74조 소정의 군용물분실죄라 함은 같은 조 소정의 군용에 공하는 물건을 보관할 책임이 있는 자가 선량한 보관자로서의 주의의무를 게을리하여 그의 '의사에 의하지 아니하고 물건의 소지를 상실'하는 소위 과실범을 말한다 할 것이므로, 군용물분실죄에서의 분실은 행위자의 의사에 의하지 아니하고 물건의 소지를 상실한 것을 의미한다고 할 것이며, 이 점에서 하자가 있기는 하지만 행위자의 의사에 기해 재산적 처분행위를 하여 재물의 점유를 상실함으로써 편취당한 것과는 구별된다고 할 것이고, 분실의 개념을 군용물의 소지상실시 행위자의 의사가 개입되었는지의 여부에 관계 없이 군용물의 보관책임이 있는 자가 결과적으로 군용물의 소지를 상실하는 모든 경우로 확장해석하거나 유추해석할 수는 없다"(대법원 1999.7.9. 선고 98도1719 판결).
13) 육군고등군법회의 1973.1.31. 선고 72년 고군형항 제744호 판결.
14) "군용물분실죄는 군용에 공하는 물건을 보관할 책임이 있는 자가 선량한 보관자로서의 주의의무를 게을리하여 그의 의사에 의하지 아니하고 물건의 소지를 상실함으로써 성립되는 과실범이라 할 것이므로, 경비소대장이 근무 후 권총과 실탄을 소대무기고에 보관함에 있어서 총기 및 탄약관리규정에 따라 권총과 실탄을 분리하여 권총은 이중관건한 후 봉인하여야 함에도 불구하고 권총과 실탄을 탄띠에 함께 말아 그냥 무기고 선반 위에만 얹어 두어 소대 초병이 무기고에 들어가 위 권총과 실탄을 절취함으로써 이를 분실하였다면 군용물분실죄가 성립한다"(대법원 1985.4.9. 선고 85도92 판결).
이른바 ○군단 백소령 사건에서 대법원은 다음과 같이 판시하였다. "원심은 군용물분실죄는 군용물의 보관책임이 있는 자가 과실로 군용물의 소지를 상실하면 족하고 군용물의 소지상실시 행위자의 의사가 개입되었는지 여부가 반드시 필요한 것은 아니라고 전제하고, 가사 군용물분실죄에서의 분실의 개념을 행위자의 의사에 기하지 않은 소지의 상실로 본다고 하더라도 피고인이 성명불상자로부터 기망당하여 총기와 탄약을 건네 줄 당시에는 대여의 의사만 있고 소지를 종료시키려는 의사가 없었다고 하더라도 그 후 성명불상자가 군용물을 돌려 주지 않고 그대로 가지고 가버림으로써 피고인이 소지를 상실하게 되었고, 이 때 피고인에게는 소지의 상실에 관한 의사가 없었다고 봄이 상당하다고 하면서 피고인의 이 사건 공소사실에 대한 군용물분실죄를 인정한 제1심 판결을 유지하고 피고인의 항소를 기각하였다. 그러나 군형법 제74조 소정의 군용물분실죄라 함은 같은 조 소정의 군용에 공하는 물건을 보관할 책임이 있는 자가 선량한 보관자로서의 주의의무를 게을리 하여 그의 '의사에 의하지 아니하고 물건의 소지를 상실'하는 소위 과실범을 말한다 할 것이므로, 군용물분실죄에서의 분실은 행위자의 의사에 의하지 아니하고 물건의 소지를 상실한 것을 의미한다고 할 것이며, 이 점에서 하자가 있기는 하지만 행위자의 의사에 기해 재산적 처분행위를 하여 재물의 점유를 상실함으로써 편취당한 것과는 구별된다고 할 것이고, 분실의 개념을 군용물의 소지상실시 행위자의 의사가 개입되었는지의 여부에 관계 없이 군용물의 보관책임이 있는 자가 결과적으로 군용물의 소지를 상실하는 모든 경우로 확장해석하거나 유추해석할 수는 없다. 피고인의 의사에 의한 재산적 처분행위에 의하여 상대방이 재물의 점유를 취득함으로써 피고인이 군용물의 소지를 상실한 이상 그 후 편취자가 군용물을 돌려 주지 않고 가버린 결과가 피고인의 의사에 반한다고 하더라도 처분행위 자체는 피고인의 하자 있는 의사에 기한 것이므로 편취당한 것이 군용물분실죄에서의 의사에 의하지 않은 소지의 상실이라고 볼 수 없다"(대법원 1999.7.9. 선고 98도1719 판결).
이에 따라 파기환송심에서는 군용물손괴죄를 인정하였다(고등군사법원 2000.3.21. 선고 99노557

Ⅶ. 군용물에 관한 재산죄

제75조 ① 총포, 탄약, 폭발물, 차량, 장구, 기재, 식량, 피복 또는 그 밖에 군용에 공하는 물건 또는 군의 재산상 이익에 관하여 「형법」 제 2 편 제38장부터 제41장까지의 죄를 범한 경우에는 다음 각 호의 구분에 따라 처벌한다.
  1. 총포, 탄약 또는 폭발물의 경우 : 사형, 무기 또는 5년 이상의 징역
  2. 그 밖의 경우 : 사형, 무기 또는 1년 이상의 징역
② 제 1 항의 경우에는 「형법」에 정한 형과 비교하여 중한 형으로 처벌한다.
③ 제 1 항의 죄에 대하여는 3천만 원 이하의 벌금을 병과(倂科)할 수 있다.

1. 의   의

본조는 군용물에 관한 재산범죄 일반을 형법보다 가중처벌하기 위한 규정으로서 독자적인 의미는 없고, 형법에 대한 보충적·종속적 의미를 갖는 불순정군사범의 일종이다.

2009년 개정 군형법은 개정 이전의 군형법이 군용물범죄에 대하여 "형법" 제 2 편 제38장부터 제41장까지의 죄 중 범죄의 목적물이 총포·탄약 또는 폭발물이 아닌 경우에만 "형법"에 정한 형과 비교하여 중한 형으로 처벌하도록 하고 있어서 총포·탄약 또는 폭발물에 대한 강도살인죄 등에 대한 법정형이 "형법"보다 낮아지는 문제점이 있던 것을 범죄의 목적물이 총포·탄약 또는 폭발물인 경우에도 "형법"에 정한 형과 비교하여 중한 형으로 처벌하도록 개정하였다.

형법 제38장 내지 제41장이 규정하고 있는 재산범죄로는 절도죄·강도죄·사기죄·공갈죄·횡령죄·배임죄·장물죄 등이 있다.

본죄의 주체는 군인이나 준군인에 한하나, 그 객체가 총포·탄약·폭발물인 경우에는 본죄로 인하여 개인의 생명이나 신체에 대한 법익침해가 예상되므로 그 주체를 국내외 민간인에게 확대적용하고 있다(제 1 조 제 4 항 제 5 호).

2. 객   체

총포·탄약·폭발물·차량·장구·기재·식량·피복 기타 군용에 공하는 물건이나 군의 재산상의 이익이다.

군용에 공하는 물건이라 함은 군에서 관리하는 물건으로서 군수품 혹은 병참물품을 말한다. 특히 본조는 군용물 등 범죄에 관하여 병기·탄약·피복 등 동산인 병참물품에 한하여 성립하며, 이 점은 군용물 등 범죄에 관한 특별조치법(2009.12.29. 법률 제9842호)이 군

─────────────

판결).

용물의 범위를 동산에 한정하고 있는 것에 비추어 볼 때 명백하다. 한편 군용물은 현실적으로 군에서 관리하고 있는 한 그 원인이 반드시 법령이나 규정에 의하여 적법하게 제공된 것일 필요는 없다. 따라서 군이 소유권을 가질 필요도 없으며, 군용으로 사용될 가능성이 있는 한 본죄의 객체로 된다 할 것이다.[15]

군용물인가의 여부는 그 물건의 성질에서 나오는 것이 아니라 물건에 대한 용도에 의하여 결정될 문제이다. 따라서 군용에 공하기 위하여 만들어진 것이라도 현실적으로 민간이나 일반 행정관청에서 사용하고 있는 것은 군용물이라고 할 수 없다. 다만, 여기서 군용이라 함은 군의 전투와 관련된 기능 및 군의 행정기능의 수행에 사용된다는 의미이다.[16]

군의 재산상의 이익이란 군용물 이외의 재산적 가치가 있는 것으로서, 예컨대 노무의 제공을 받는다든가, 군에 진 채무를 면제받는 것 등을 말한다. 특히 강도죄·사기죄·공갈죄·배임죄 등에 있어서는 군용물 이외에 군의 재산적 이익도 그 객체가 될 수 있으므로 양자를 동시에 보호하기 위한 것이다. 재산상의 이득은 사실상 취득함으로써 족하며,[17] 피해자의 처분행위가 법률상 유효·무효·취소할 수 있는가 여부를 불문한다.[18]

3. 개별 범죄유형

(1) 군용물절도죄

타인이 소지·보관하고 있는 군용물을 절취하는 것이다. 절취라 함은 폭행·협박 등의 방법에 의하지 않고 타인의 점유에 속하는 군용물을 그 의사에 반하여 자기 또는 제3자의 점유에로 옮기는 것을 말한다. 따라서 자기가 소지·보관하는 군용물에 관한 죄인 횡령죄[19]나 자기가 소지·보관하는 군용물을 주의의무위반으로 절취당한 경우인 군용물분실

---

15) 육군고등군법회의 1974.1.22. 73년 고군형항 제698호 판결.

16) 군용물에 금전을 포함할 것인가 하는 문제가 있다. 원래 군용물에 대한 범죄는 그 군사적 교환가치에 차이가 있기 때문에 일반물건에 비하여 특별취급하고 있는 것이다. 따라서 금전과 같은 교환의 수단이며 고도의 대체성을 가진 물건에 대해서 군용물로 취급하여 특별히 보호할 필요가 있는지 의심스럽다. 따라서 금전 중에서 군의 공금만이 본죄의 대상이 된다고 함이 타당할 것이다(육군고등군법회의 1963.7.19. 선고 63년 고군형항 제140호 판결).

17) 군용에 공하는 기관단총의 실탄 및 공포탄을 사적인 울분의 발산책으로 기관단총에 장전발사한 사건에 데서 대법원은 "군용물의 효용을 해한 경우에 해당하고 가격이 금 384원이라 하여도 동 조의 성립에 지장이 없다."라고 판시하였다. 대법원 1983.5.10. 선고 83도402 판결.

18) 대법원 1975.5.27. 선고 75도790 판결.

19) 절도와 횡령은 점유가 누구에게 있었는가에 따라 구별되는데, 이것은 점유를 어떻게 이해하느냐 하는 문제와 직결된다. 점유란 재물에 대한 사실상의 지배를 말하며, 물건을 현실적으로 지배하려는 의사를 구비하여야 한다. 따라서 군용물을 보관하는 창고를 관리하는 사병이 군용물을 빼낸 경우에는 타인의 점유 하에 있는 물건에 대한 것이므로 절도죄가 성립한다고 할 것이다. 그러나 이러한 점유의 개념은 반드시 명백하지 않아 실제상 절도와 횡령의 구별은 용이하지 않다. 예컨대 운전병이 자신이 운전하는 자동차의 휘발유를 빼내어 판 경우, 판례는 횡령죄라고도 하고(육군고등군법회의 1963.7.9. 선고 63년 고군형항 제163호 판결) 절도죄라고도 한다(육군고등군법회의 1963.12.30. 선고 63년 고군형항 제341호 판결). 이론상으로 처분권한 없이 물건을 보관하는 자의 처분행위는 절도죄라고 보는 것이 타당하지 않을까 생각한다.

죄와 구별된다.

절도죄의 착수시기에 대해서는 타인의 점유를 침해하는 행위가 개시된 때라고 하는데, 어느 때에 점유를 침해한 것으로 볼 것인가에 대하여 의견이 대립된다. 통설은 '사실상의 지배를 함에 밀접한 행위를 한 때'라고 하나 구체적인 사정에 따라 달리 판단할 수밖에 없다. 예컨대 창고에 있는 군용물을 절취하는 경우에는 창고의 문을 열기 위하여 접근할 때 실행의 착수가 있다고 할 수 있다. 절취행위의 기수시기에 관하여도 여러 가지 학설이 있으나, 절도죄는 탈취죄의 일종이므로 재물에 대한 현실적인 지배를 설정한 때 — 객체를 취득한 때 — 에 기수가 된다는 취득설이 타당하다.

절도죄는 영득죄의 일종이므로 주관적 요건으로서 불법영득의 의사를 필요로 한다.[20] 여기서 영득의 의사라 함은 권리자를 배제하여 타인의 물건을 자기의 소유물처럼 이용·처분하려는 의사를 말하며,[21] 사용 후 반환할 의사로써 타인의 물건을 점유하는 경우에도 피해자에게 중대한 이익의 해함을 가져오는 때에는 사용절도가 아니라 절도가 된다. 절도죄는 이른바 상태범으로서 범죄가 기수로 된 후에도 위법상태가 계속되므로 절취한 물건을 이용하거나 처분하는 행위는 불가벌적 사후행위로서 처벌의 대상이 되지 않는다.

형법이 규정하고 있는 절도죄의 범죄유형으로는 단순절도죄(제329조), 야간주거침입절도죄(제330조), 특수절도죄(제331조) 및 상습절도죄(제332조) 등이 있다.

(2) 군용물강도죄

폭행·협박으로 군용물을 강취하거나 군의 재산상의 이득을 취득하거나 제3자로 하여금 취득하게 하는 것이다. 폭행·협박은 상대방의 반항을 억압할 정도의 강한 것임을 요하며, 그 대상은 반드시 현실적으로 군용물을 소지·보관하는 사람일 필요도 없다. 예컨대 창고담당 장교에게 폭행·협박을 가하여 창고를 지키는 사병으로부터 군용물을 탈취한 경우에도 본죄가 성립한다.

강취라 함은 폭행·협박으로써 사람의 반항을 억압하고 그 의사에 반하여 재물을 탈취하는 것을 말하며, 폭행·협박과 재물의 탈취 사이에는 인과관계가 존재하여야 한다. 따

---

20) 판례는 "소속중대에서 총기를 분실하고 이를 보충하기 위하여 다른 부대의 총기를 취거하였다면, 그 행위는 자기 또는 타인을 위한 영득의사에 의한 행위라고 할 수 없으므로 절도죄로 처단할 수 없다"고 하여 불법영득의사를 요구하고 있다(육군고등군법회의 1977.8.24. 77년 고군형항 제469호 판결). 아울러 "피고인 1이 '사격도중 탄환을 분실하였으니 구해달라'는 같은 사단 53연대 병기담당관인 피고인 2의 부탁을 사실로 믿고서 … 피고인 2에게 교부하였다는 것인바, 위에서 본 법리에 비추어 보면, 피고인 2가 탄환을 분실한 것으로 알고 이를 채워주기 위하여 이 사건 탄환을 교부한 피고인 1에게 불법영득의사가 있었다고 보기 어렵다고 할 것이다."고 판시하여 불법영득의사를 부정하였다(대법원 2004.9.3. 선고 2004도3026 판결). 또한 "중대장에게 항의하고 만약 관철되지 않는 경우에 동인을 살해하고 자기도 자살을 하는 데 사용할 의도로 수류탄을 가져갔다면 이에 대한 불법영득의사가 있다고 할 수 있다"(대법원 1984.2.28. 선고 83도3271 판결)고 판시하였으며, 청해부대장이 부대 급량비를 초과 정산하여 양주를 구입한 사건에서 불법영득의사를 인정하였다(고등군사법원 2016.10.17. 선고 2016노162 판결).
21) 대법원 1973.2.26. 선고 73도51 판결.

라서 객관적으로 상대방의 반항을 억압할 정도의 폭행·협박을 가하였더라도 상대방이 이에 외포되지 않고, 다만 동정으로 군용물을 제공한 경우에는 강도미수로 됨에 불과하다. 한편 재산상의 이익을 취득한다고 함은 예컨대 의무 없는 운전병에게 폭행·협박을 가하여 자신의 목적지까지 차를 운행하게 한 경우와 같이 군용물 이외의 경제적 이익이나 권리를 얻는 것을 말한다.

강도죄의 착수시기는 군용물의 강취를 위하여 폭행·협박을 가한 때이며, 기수시기는 절도죄와 마찬가지로 취득설에 의한다.

형법은 강도죄의 범죄유형으로서 단순강도죄(제333조), 특수강도죄(제334조), 준강도죄(제335조), 인질강도죄(제336조), 강도상해·치상죄(제337조), 강도살인·치사죄(제338조), 강도강간죄(제339조), 해상강도죄(제340조), 상습강도죄(제341조) 등을 들고 있다.

(3) 군용물사기죄

타인을 기망하여 상대방의 하자 있는 의사표시에 기하여 군용물을 교부받거나 군의 재산상의 이익을 취득하거나 제3자에게 취득하게 하는 것이다. 본죄는 강도죄와 같이 군용물이나 군의 재산상의 이익을 객체로 하는 영득죄이나, 그 수단이 기망에 의한다는 점과 상대방의 하자 있는 의사표시에 기한 영득이라는 점에서 구별된다. 또한 후술하는 공갈죄와는 상대방의 하자 있는 의사표시에 기한 영득죄라는 점에서는 동일하나, 그 수단이 기망이라는 점에서 구별된다.

기망이라 함은 사람을 착오에 빠지게 하는 일체의 행위를 말한다. 착오는 반드시 법률행위내용의 중요 부분에 관한 것일 필요는 없으며, 사실에 관한 착오도 포함한다. 또한 기망의 수단이나 방법에는 제한이 없으며, 문서·구두·동작에 의하건 불문한다. 기망행위는 작위·부작위를 불문하며, 부작위의 경우에는 행위자가 상대방에게 진실을 고지할 의무가 있는 경우임을 요한다.[22] 예컨대 병참관리병이 착각하여 지급품을 과다하게 지급한 경우에 이를 알면서 그대로 영득한 경우에도 본죄가 성립한다.

기망행위와 상대방의 착오 및 군용물의 교부나 군의 재산상 이익의 제공 사이에는 순차적인 인과관계가 있어야 한다. 즉 행위자의 기망행위로 인하여 상대방이 착오에 빠지고, 그 착오에 기하여 군용물을 교부한 경우에만 비로소 본죄가 성립한다.

형법상 사기죄의 범죄유형으로는 단순사기죄(제347조), 준사기죄(제348조), 부당이득죄(제349조), 상습사기죄(제351조) 등이 있다.

(4) 군용물공갈죄

타인을 공갈하여 상대방의 하자 있는 의사표시에 기하여 군용물의 교부를 받거나 군

---

22) 대법원 1974.3.12. 선고 74도164 판결.

의 재산상의 이익을 취득하는 영득죄이다.

공갈이라 함은 군용물 또는 군의 재산상의 이익을 취득할 목적으로 사람의 외포심을 발생하게 할 의사로써 일정한 해악을 통고하는 것을 말한다. 따라서 상대방을 외포케 하는 데 족한 행위라면 그 형식 여하를 불문하며, 폭행에 의한 공갈도 가능하다. 그러나 사람을 외포케 하는 수단은 대개 협박이며, 그러한 협박은 상대방의 반항을 억압할 정도에 이르지 않아야 한다. 왜냐하면 그러한 경우에는 강도죄가 성립할 것이기 때문이다. 이 경우 협박이 상대방의 반항을 억압할 정도인가 여부는 객관적으로 협박의 성질이나 내용에 따라 판단한다. 한편 공갈의 내용인 해악은 생명·신체·재산·명예 등에 대한 것 이외에도 부대의 질서문란·업무방해 등을 내용으로 할 수도 있고, 그 통고방법도 언어·문서·거동 등 제한이 없다. 또한 가해행위는 반드시 공갈을 한 본인이 행할 필요는 없으며, 제 3 자에 의하여도 가능하다. 다만, 제 3 자가 하는 경우에는 본인이 제 3 자의 가해행위를 지배할 수 있는 지위에 있음을 상대방에게 알리든지, 그로 하여금 추측할 수 있게 된 상태이어야 한다.

공갈과 군용물 또는 군의 재산상의 이익의 제공 사이에는 인과관계의 존재를 필요로 한다. 따라서 공갈행위가 있더라도 상대방이 외포심을 일으키지 않았다든가, 상대방이 외포심을 일으켰더라도 동정 등의 다른 사유로 군용물이나 군의 재산적 이익을 제공한 경우에는 본죄의 미수범이 됨에 그친다.

형법상 공갈죄의 범죄유형으로는 단순공갈죄(제350조), 상습공갈죄(제351조)가 있다.

(5) 군용물횡령죄

본죄는 군용물을 보관하는 자가 그 군용물을 횡령하거나 반환을 거부하는 것을 내용으로 하는 범죄이다. 본죄는 자기가 보관하는 군용물에 대한 죄라는 점에서 타인이 보관하는 군용물에 대한 죄인 절도죄·강도죄·사기죄·공갈죄 등의 탈취죄와 구별되며, 타인의 위탁에 기한 임무에 위배하는 배신적 행위로 인하여 타인에게 재산적 손해를 가하는 배임죄와 본죄는 침해의 객체가 개별의 특정한 재물인가, 재물 이외의 일반재산적 이익인가에 따라 구별된다.

본죄는 신분범의 일종으로서 타인의 재물을 보관하는 자가 주체로 된다. 여기서 보관이라 함은 점유나 소지와 유사한 것으로서 법률상 자기가 용이하게 처분할 수 있는 상태에 있음으로써 족하며, 보관의 원인은 법령에 의한 경우든 사무관리에 의한 경우든 불문하나 쌍방간에 위탁관계가 존재함을 요한다. 비관리자가 업무상 보관자와 공모하여 횡령한 경우에 비보관자도 형법 제33조 본문에 의하여 공범관계가 성립되며, 다만 그 처벌에 있어서는 동조 단서의 적용을 받는다. 그러나 군용물횡령죄에 있어서는 업무상 횡령이든 단순횡령이든 간에 군형법 제75조에 의하여 그 법정형이 동일하게 되었으므로 법률적용시 형법 제33조 단서의 적용을 받지 않는다.[23]

횡령이라 함은 자신이 보관하고 있는 군용물에 대하여 권한 없는 처분행위(소비·착복·은닉·억류 등)를 하는 것으로서 법률적 처분행위(매매·저당권설정·증여·전대)뿐만 아니라 사실적 처분행위를 포함하며, 반환의 거부에 있어서 보관물에 대하여 소유자의 권리를 배제하는 의사표시를 하는 것으로서 횡령의 태양이라고 할 수 있다. 다만, 이러한 횡령이나 반환의 거부에 있어서 보관자는 불법영득의 의사를 필요로 한다.[24] 본죄의 기수시기는 보관자가 권한을 초과하여 처분행위의 의사를 객관적으로 명백히 표시한 때이며, 반드시 처분행위로서 완성할 필요는 없다. 한편 본죄는 실행의 착수시기와 완료시기가 거의 일치하므로 미수범의 성립을 인정하기 곤란하다.

형법상 횡령죄의 범죄유형으로는 단순횡령죄(제355조 제1항), 업무상 횡령죄(제356조), 점유이탈물횡령죄(제360조) 등이 있다.

(6) 군용물배임죄

본죄는 타인의 사무를 처리하는 자가 그 임무에 위배함으로써 재산상의 이익을 취득하거나 제3자에게 취득하게 하여 본인에게 재산적 손해를 가하는 것으로써 신임관계의 침해를 본질로 하고 있다. 신임관계의 설립원인은 법령이나 법률행위에 한정되지 않고, 신임관계는 반드시 당사자간에 있어서 주관적인 것에 한하지 않으며, 일반적인 신의성실의 원칙을 기초로 하여 객관적 신임관계가 존재하면 본죄의 주체가 될 수 있다.

군용물에 관한 횡령죄와 배임죄의 차이가 침해의 객체의 성질에 있음은 전술한 바와 같다. 즉 군용물횡령죄의 객체는 총기·탄약·차량·식량·피복·금전 기타 군용에 공하는 물건이며, 본죄의 객체는 군의 재산상 이익인 것이다.

배임은 위탁의 취지에 반하는 행위로서 사무의 성질상 신의성실의 원칙에 따라 요구되는 신임관계에 위배되는 행위를 말하며, 권한의 남용이건 법률상의 의무위반이건 불문한다. 한편 배임행위로 인한 재산상의 손해는 금전적 평가를 의미하는 것이나, 손해는 반드시 재산적 손해를 발생하게 하는 확정적 손해에 한하지 않고 손해발생의 위험을 야기케하여 손해액이 불확정적인 경우도 포함한다. 또한 손해는 적극적 손해·소극적 손해를 불문한다. 본죄의 기수시기는 배임행위가 종료되어 재산상의 손해나 손해발생의 위험을 야기한 때이다.

형법상 배임죄의 범죄유형으로는 단순배임죄(제355조 제2항), 업무상배임죄(제356조), 배임수증죄(제357조) 등이 있다.

---

23) 대법원 1965.8.24. 선고 65도493 판결.
24) 육군고등군법회의 1978.4.25. 선고 78년 고군형항 제56호 판결. 한편 불법영득의사의 내용에 관하여 판례는 "직무상 보관하고 있던 군용물을 임의로 매도처분한 이상 그 대금의 일부를 부대의 경비로 사용하였다 하여 불법영득의 의사가 없었다 할 수 없다"고 하여(대법원 1970.2.10. 선고 69도2356 판결) 처분행위 당시에 그러한 의사가 존재하면 그 후에 정당한 사유가 존재하더라도 본죄가 성립하는 것으로 보고 있는 듯하다.

(7) 군용물장물죄

본죄는 장물을 취득·양도·운반·보관하거나 이러한 행위를 알선하는 것으로서 군용물만을 객체로 하는 재물죄이다.[25] 장물이란 군용물에 관한 재산죄를 범한 자가 영득한 재물로서 피해자가 법률상 그 반환회복을 청구할 수 있는 군용물을 말하는데, 본죄의 본질은 재산침해행위에 의하여 취득된 위법한 재산상태를 회복하는 데 있다.[26]

장물취득의 원인이 된 범죄를 본범이라고 하는데, 본범의 범죄행위는 객관적으로 구성요건에 해당하는 위법한 행위이면 족하고 책임성이나 가벌성을 필요로 하지 않는다. 따라서 형사미성년자가 절취한 군용물이라든가, 군형법의 적용을 받지 않는 자가 강취한 군용물 등도 장물이 된다. 다만, 본범의 범죄행위는 기수에 달하여야 한다. 따라서 본범의 행위가 미수상태에 있을 때에는 장물죄의 행위가 있었더라도 본범의 공범이 될 것이다.

본죄가 성립하기 위해서는 행위자가 객체의 장물성에 대한 인식이 있어야 한다. 이러한 인식은 확정적일 필요는 없고 군용물인 장물일지도 모른다는 정도의 미필적인 인식으로 족하며, 그 시기는 군용물을 수수할 때 존재함을 요하고, 그 정을 모르고 장물을 인수한 후 비로소 장물인 정을 알더라도 본죄는 성립하지 않는다. 그러나 운반이나 보관하는 경우에는 후에 장물인 정을 알았더라도 계속 운반·보관하는 경우에는 본죄가 성립한다.

취득·양도(제 3 자에게 수여)·운반·보관·알선하는 행위는 본죄의 처벌대상이 된다.

형법상 장물죄의 범죄유형은 단순장물죄(제362조), 상습장물죄(제363조), 업무상 과실 혹은 중과실장물죄(제364조) 등이 있다.

4. 처   벌

형법은 재산범죄의 각 행위유형에 따라 그 처벌을 달리하고 있으나, 군용물의 경우에는 다만 군용물의 내용이 무엇인가에 따라 법정형의 차이를 두고 있다(제75조 제 1 항).[27] 따라서 일정한 범죄에 있어서는 형법상의 재산죄에 대한 법정형이 군형법보다 중한 경우가 있다. 예컨대 강도살인죄의 법정형은 사형 또는 무기징역으로 본조의 법정형(사형, 무기 또는 10년 이상의 징역)보다 중하므로 군형법상 군용물에 관한 범죄를 가중처벌한다는 본조의

---

25) 시중에서 거래되는 군복 등이 모두 장물인가와 관련하여 대법원은 "군복 및 군용장구의 단속에 관한 법률 제 4 조에 의하면 일반시민도 국방부장관의 허가를 얻어 군복 등을 제조 판매할 수 있으므로 … 중략 … 국군 또는 주한 국제연합군의 군용에 공하기 위하여 제조된 군복 또는 군복지가 시중에서 거래되고 있다고 하더라도 이를 모두 장물이라 단정할 수 없다."라고 판시하여 이를 인정하지 않고 있다.

26) 판례도 이러한 견해에 입각하여 "군용장물취득이라도 원래 나라의 적법한 소지상태로 회복시켜 줄 의도로써 취득한 경우에는 죄가 되지 아니한다"고 판시하고 있다(육군고등군법회의 1975.2.28. 선고 74년 고군형항 제878호 판결).

27) 판례도 "군형법 제75조가 인용한 '형법 제 2 편 제38장 내지 제41장의 죄를 범한 때'라 함은 그 형법 해당 부분의 각 범죄의 기수범뿐만 아니라 그 미수범 처벌규정까지도 포함하여 가중처벌하는 것이다"라고 하여 동일한 입장을 취하고 있다(해병대고등군법회의 1965.3.10. 65년 고군형항 제 8 호 판결).

입법취지와 상반되는 것이다.

법문은 이러한 모순을 제거하기 위하여 본조 제 2 항에서 그러한 경우에는 형법과 비교하여 중한 형으로 처벌하도록 하고 있으나, 이 규정도 총기·탄약·폭발물에 대한 재산범죄에는 적용되지 않으므로 여전히 문제점이 남게 된다. 뿐만 아니라 그러한 군용물의 경우에는 형법규정과 본조의 상상적 경합을 인정하여 형법의 중한 법정형으로 처벌한다고 해도 본조의 입법취지에 그대로 부합되지는 않는다.

따라서 입법론으로는 군용물에 관한 재산범의 법정형을 형법의 그것의 법정형의 2분의 1 혹은 3분의 1까지 가중한다는 형식으로 규정함이 타당하다고 생각한다.

한편 형법은 재산죄 중 대부분의 범죄에 대하여 미수범처벌규정을 두고 있는데, 군형법상 군용물에 관한 죄에 대해서는 특별한 규정이 없으므로 형법상의 미수범에 대한 규정을 적용할 수 있는가 하는 문제가 있다.

생각건대 군용물에 관한 재산죄에 대하여 미수범을 처벌하는 규정이 없다고 하여 본죄의 미수범을 형법상의 각종 재산죄의 미수범으로 처벌한다면 군용물에 관한 범죄의 기수범과 미수범 사이에는 법정형에 있어서 현저한 차이가 생기게 되고, 뿐만 아니라 군용물에 관한 재산범죄는 그 행위유형이나 범죄유형과 상관없이 일률적으로 처벌하는 데 반해, 그 미수범은 형법 각 본조에 따라 처벌을 달리하게 되므로 법정형의 균형이 이루어지지 않는다.

따라서 군형법상의 재산죄에 대한 미수범에 대하여 본조가 적용되지 않는다는 견해는 취할 수 없으며, 군형법이 본조에서 '제38장 내지 제41장의 죄를 범한 때'라고 하고 있으므로 형법상 재산죄에 대한 미수범처벌규정도 포함되는 것이라고 볼 수 있다.[28]

---

28) 이와는 달리 군용물 등 범죄에 관한 특별조치법은 군용물에 대한 재산죄에 대하여 일률적으로 무기 또는 1년 이상의 징역에 처하도록 하고 10년 이하의 자격정지 또는 3천만원 이하의 벌금형을 병과할 수 있도록 하고 있는데(동법 제 3 조), 동법 제 5 조는 다른 법이 그것보다 중한 형을 규정할 경우에는 이에 따르도록 하고 있으므로 군용물에 대한 재산범죄에 관하여는 동법의 적용이 배제되고 법정형이 중한 군형법 제75조가 적용되는 것이다.

제13장

위령의 죄

제1절 총 설

위령이라 함은 법령·규칙·명령에 직접·간접으로 위배되는 행위를 말하며, 그 보호 객체는 법령·규칙·명령 자체이다.

그러나 본장에 규정한 범죄유형을 살펴보면 그 죄질이나 행위유형에 있어서 동일성을 찾기 어려우며, 단지 군령이나 군기에 대한 침해를 보호의 객체로 하고 있다는 점이 공통될 뿐이다. 그렇지만 군형법의 범죄로서 그 보호의 객체가 직접·간접으로 군령이나 군기에 대한 침해에 있지 않은 것은 없으며, 특히 항명죄, 명령위반죄, 비행군기문란죄, 출병거부죄, 정치관여죄 등과 본장의 죄의 구별은 무척 곤란하다.

따라서 본장의 죄는 군형법상 군령이나 군기의 침해에 있어서 상호공통성이 있는 범죄유형은 별도의 장을 두어 규정하고, 기타의 군령·군기 위반행위 중 군기문란행위나 군의 평온을 해하는 중요한 행위를 한 데 모아 놓은 것에 불과한 편의적 규정이라고 할 수 있다.[1]

군형법은 위령의 죄에 대한 범죄유형으로 초소침범죄(제78조), 무단이탈죄(제79조), 군사기밀누설죄(제80조) 등을 들고 있다.

---

[1] 입법론적으로는 본장의 죄를 각기 관련성이 있는 다른 장으로 나누어 포함시키는 것이 타당하다고 생각한다. 즉 무단이탈죄는 그 죄질이 동일한 군무이탈의 죄에 규정하고, 초소침범죄·군사기밀누설죄는 군무태만의 죄에 규정하고, 암호부정사용죄는 군무태만의 죄나 기타의 죄에 규정함이 타당할 것이다.

제 2 절 범죄유형

I. 초소침범죄

> 제78조 초병을 속여서 초소를 통과하거나 초병의 제지에 불응한 사람은 다음 각 호의 구분에 따라 처벌한다.
> 1. 적전인 경우 : 1년 이상 5년 이하의 징역 또는 금고
> 2. 전시, 사변 시 또는 계엄지역인 경우 : 3년 이하의 징역 또는 금고
> 3. 그 밖의 경우 : 1년 이하의 징역 또는 금고

1. 의   의

본죄는 초병의 직무집행상의 안전을 보호법익으로 하는 순정군사범이다. 군형법 제40조의 초령위반죄에 있어서 수면·음주행위가 초병 자신의 능동적인 경계의무위반임에 반하여, 본죄는 초병 이외의 자에 의한 수동적·외부적 직무침해이다. 양자의 궁극적인 보호법익이 초병의 직무라는 점에서는 동일하다. 또한 초병에 대한 협박 내지 모욕의 죄가 초병의 심신 자체의 불가침성을 직접적인 목표로 함에 대하여, 본죄는 초병의 활동성과를 파괴함을 직접침해의 목표로 하는 것으로서 초병의 활동지위를 보호하기 위한 것이다.

군인·준군인뿐만 아니라 국내외 민간인도 본죄의 주체가 될 수 있다(헌법 제27조 제2항, 군형법 제1조 제4항 제7호).

2. 행   위

초병을 속여서 초소를 통과하거나 초병의 제지에 불응하는 것이다.

'초병을 속여서'라 함은 초병으로 하여금 착오를 일으키게 하는 일체의 행위로서 작위·부작위를 불문한다.[2] 예컨대 위조통행증을 제시하거나 통행자격을 사칭하는 것,[3] 제복을 착용하는 것 등이 여기에 속한다. 또한 초병의 직무와 관련 있는 제3자, 예컨대 위병조장이나 위병장교를 기망하여 그들이 초병에게 통과를 허용하게 하거나, 초병이 모르는 사이에 그러한 상태를 이용하여 통과하는 것 등도 기망이라고 할 수 있다.

---

[2] '초병을 속여서'의 의미를 적극적 기망행위를 사용한 경우에 한정할 것인가에 관해 판례는 "피고인의 기망행위에 의하여 착오에 빠진 것을 초병의 부주의 내지 과실이 일부 개입했다고 하더라도 위 조의 성립에는 지장이 없다고 할 것이다."라고 판시한 바, 적극적 기망행위가 아니라도 본죄가 성립한다(고등군사법원 2019노35 판결).

[3] 기자가 취재의 목적으로 허위의 출입증으로 초병을 기망하여 초소를 침범한 경우 정당행위에 의해 초소침범죄가 성립하지 않는다는 피고인의 주장에 대해 대법원은 정당행위에 해당하지 않아 초소침범죄가 성립한다고 판시하였다(대법원 2009.1.30. 선고 2008도11009 판결).

초소는 초병의 직무장소로서 경계를 필요로 하는 장소인 수소와 구별된다. 초소를 통과한다는 것은 초병이 사람의 통과를 규제할 수 있는 사실적인 지배범위를 벗어나는 것을 말하며, 초병의 직무내용과 구체적 상황에 따라 결정될 문제이다.

초병을 속이는 것과 초소의 통과 사이에는 인과관계가 있어야 하므로 초병이 기망당한 결과로서 초소를 통과하여야 한다. 따라서 초병의 수면·근무지이탈·부재 등을 이용하여 초소를 통과하여도 본죄는 성립하지 않는다.

초병의 제지는 경계목적을 위한 초병의 고유임무에 관련 있는 제지를 말하며, 제지란 일정한 행위의 금지를 요구하는 것으로서 구두에 의하든 거동에 의하든 불문한다. 불응한다는 것은 초병의 제지를 인식하면서 이에 복종하지 않는 것을 말하며, 제지의 대상이 되는 행위를 달성하였는가 여부는 불문한다. 그러나 단순히 출입증(패스)확인을 부탁한다고 말한 초병의 행위는 '초병의 제지'라고 할 수 없다.[4] 제지와 불응 사이에는 시간적 간격이 있을 수 있으므로, 제지가 있은 후에 일단 제지에 순응하였다가 다시 후에 제지에 반하는 행위를 계속하거나 새로이 행위에 착수하여도 제지불응행위가 된다.

II. 무단이탈죄

> 제79조 허가 없이 근무장소 또는 지정장소를 일시적으로 이탈하거나 지정한 시간까지 지정한 장소에 도달하지 못한 사람은 1년 이하의 징역이나 금고 또는 300만원 이하의 벌금에 처한다.

1. 의   의

본죄는 군형법상 이탈행위 일반을 규율하기 위한 것으로서 제30조의 군무이탈죄와 마찬가지로 전투력의 기초가 되는 병력확보를 보호법익으로 하고 있다. 본죄의 행위를 하는 경우에도 군무기피의 목적이 있으면 본죄가 성립하지 않고 제30조 제1항의 군무이탈죄가 성립하며, 그러한 목적이 없더라도 무단이탈 후 상당한 기간 내에 복귀하지 않는 경우에는 제30조 제2항의 군무이탈죄가 성립한다. 따라서 이탈기간의 상당성 여부는 본죄와 군무이탈죄를 구별하는 중요한 기준이 된다.

---

4) 대법원 2016.6.23. 선고 2016도1473 판결: 초병의 제지에 불응함으로써 초소침범죄가 성립하려면 초병의 제지행위가 선행되어야 한다. 피고인에 대한 이 부분 공소사실은 피고인이 부대 정문 앞에서 초병인 공소외 1로부터 출입증 제시를 요구받았음에도 불구하고 이에 응하지 아니하고 정문을 그대로 통과하여 초병의 제지에 불응하였다는 것이므로, 초병인 공소외 1이 피고인에게 출입증의 제시를 요구한 행위가 제지행위에 해당하고, 제지의 대상이 된 행위는 정문을 통과하여 부대 안으로 들어가는 행위임을 전제로 하고 있다. 그런데 초병인 공소외 1이 피고인에게 "패스 확인 부탁드리겠습니다."라고 말을 하였지만 그 어구에 비추어 이는 출입증(패스)의 확인을 부탁한다는 의미로 보이고, 그 자체만으로 어떠한 행위의 금지를 요구하는 말이라고 보기에는 부족하다.

2. 행   위

허가 없이 근무장소 또는 지정장소를 일시적으로 이탈하거나, 지정한 시간까지 지정한 장소에 도달하지 않는 것이다.

(1) 허가 없이 근무장소 또는 지정장소를 일시적으로 이탈하는 경우

허가라 함은 허가권자의 정당한 허가를 말하며,[5] 무단이탈죄의 본질상 당연한 요건이다. 허가가 행정적 처분일 경우에는 군사행정상 권한자가 허가권자이며, 군의 임무나 작전수행과 관련된 허가의 경우에는 그에 대한 명령권자가 허가권을 가진다고 할 수 있다. 수사기관의 조사를 받기 위하여 소속부대를 떠난 경우에도 정당한 허가가 없는 경우에는 본죄가 성립하며,[6] 허가권자의 허가를 받고 부대를 나온 이상 정당한 절차를 밟지 않고 부대를 나왔다 하더라도 본죄가 성립하지 않는다(72.8.31, 육군 72 고군형항 435). 한편, 영내대기명령이 절차와 규정에 따라 적법하게 내려진 것이 아닌 경우, 이를 위반하고 이탈한 경우에는 무단이탈죄가 성립하지 않는다.[7]

근무장소나 지정장소를 이탈한다는 것은 군무이탈죄에 있어서 부대나 직무의 이탈과 동일한 의미로서 특정한 장소를 의미하는 것은 아니다. 이탈시에 군무기피의 목적을 요하지 않음은 전술한 바와 같다.

이탈은 일시적임을 요한다. 장기간의 이탈은 군무기피의 목적과 상관없이 제30조 제2항의 군무이탈죄가 성립한다. 일시이탈이란 어느 정도의 이탈을 요하는가에 대해서는 군사회의 통념에 따라 구체적인 상황을 고려하여 판단될 문제이다.[8] 판례는 일시이탈을 시간적·장소적 개념으로 보지 않고 직무수행의 가능성 여부를 기준으로 판단해야 할 것이라는 견해로 일관하고 있는데,[9] 본죄의 보호법익이 상대적 병원(兵員) 유지에 있다고 본다

---

[5] "허가권자가 아닌 위병조장의 허가를 얻어 외출한 경우 무단이탈죄가 성립한다"(육군고등군법회의 1973.8.7. 선고 73년 고군형항 제314호 판결). "피고인의 군경력 및 지위에 비추어 사적 목적으로(아들면회 명목-저자 주) 근무지를 이탈하는 것이 휴가명령권자의 외출허가 범위를 넘어선다는 사정을 잘 알 수 있으므로 무단이탈의 범의가 추단된다는 점 등을 종합하여 고려하면, 피고인의 휴가명령권자에게 보고 후 허락을 받았다는 사정만으로 무단이탈의 죄책을 면한다고 볼 수 없다"(고등군사법원 2017조357 판결).
[6] 대법원 1969.9.30. 선고 69도1373 판결.
[7] 고등군사법원 2018.7.25 선고 2017노330 판결.
[8] 다만, 병역법상의 군복무이탈자란 부대 또는 직무를 이탈한 자 및 귀영하여야 할 일시로부터 2일이 경과하지 아니한 자로서 군무기피의 목적을 가진 자라고 규정하고 있는데, 이것은 군복무이탈자에 대한 행정처리를 위한 규정이므로 군형법에 그대로 원용될 수는 없다고 생각한다.
[9] "무단이탈죄의 일시이탈이라 함은 이탈거리의 원근에 관계 없이 이탈로 인하여 그에 부과된 임무수행에 지장이 예상될 정도의 이탈을 말한다"(육군고등군법회의 1977.3.15. 선고 76년 고군형항 제1187호 판결. 동지: 육군고등군법회의 1975.11.11. 선고 75년 고군형항 제1024호 판결; 육군고등군법회의 1974.11.1. 선고 74년 고군형항 제461호 판결; 육군고등군법회의 1985.2.26. 선고 육군 85 고군형항 제337호 판결; 대법원 1967.7.25. 선고 67도734 판결 등이 있다). "이 사건 당시 피고인은 B소로를 떠나 PC방에 있었는데 … 중략 … 피고인이 PC방에서 게임을 한 점에 비추어 유사시 소초에서 피고인에게 연락을 하였을 때 피고인이 이에 지체 없이 응답하여 소초로 이동하는 등 필요한 조치를 취할 수 있었다고 볼 만한 자료도 없다. 따라서 피고인의 이 사건 각 이탈행위는 직무를 수행할 수 없을 정도로 이탈한 것에 해당한

면 일응 타당성을 인정할 수 있는 것이다.

(2) 지정한 시간 내에 지정한 장소에 도달하지 못한 경우

이 행위유형은 정당하게 이탈된 상태를 전제로 한다. 허가권자의 정당한 허가를 얻어 외출한 자가 귀대시간에 지정장소에 도달하지 않는 경우에는 본죄가 성립하나, 지정시간을 초과하여 상당한 기간이 경과한 후에도 귀대치 않는 경우에는 제30조 제 2 항의 군무이탈죄가 성립하고, 미귀시 군무기피의 목적이 있으면 기간의 상당성 여부를 불문하고 제30조 제 1 항의 군무이탈죄가 성립한다.

지정시간 내에 지정한 장소에 도달하지 못한 것이 행위자에게 귀책할 수 없는 사유, 예컨대 불가항력이나 정당한 사유가 있는 경우에는 본죄가 성립하지 않는다. 그런데 본죄에 있어서 고의의 불도달은 일응 군무기피의 목적이 추정되어 바로 군무이탈죄가 성립될 것이므로, 본죄의 불도달은 과실에 의한 경우에만 성립된다고 할 수 있다. 즉 행위자가 귀대일시를 잊어버린 경우나 신병, 교통기관의 차질, 민간사법기관에의 구속 등은 행위자의 과실을 전제로 하고 있는 한 당연히 본죄가 성립하게 되는 것이다. 따라서 불가항력이나 정당한 사유가 있는 경우란 상당히 좁게 해석되지 않을 수 없는 것이며, 단순히 미귀의 뜻을 보고한 것만으로는 본죄의 성립에 영향이 없다.[10]

3. 죄   수

무단이탈죄도 군무이탈죄처럼 상태범이므로 무단이탈중에 새로운 무단이탈은 성립될 수 없다.[11] 그러나 산발적으로 무단결근한 경우, 이것이 1개의 의사에 기하여 계획적으로 음모되어 실행에 옮겨졌다는 등의 특단의 사정이 없는 한 각각의 무단결근에 대하여 그 범의를 면밀히 심리하여 각 무단결근마다 하나의 범죄로서 처벌해야 한다.[12]

Ⅲ. 군사기밀누설죄

> 제80조 ① 군사상 기밀을 누설한 사람은 10년 이하의 징역이나 금고에 처한다.
> ② 업무상 과실 또는 중대한 과실로 인하여 제 1 항의 죄를 범한 경우에는 3년 이하의 징역이나 금고 또는 700만원 이하의 벌금에 처한다.

다."(고등군사법원 2019.3.21. 선고 2018노232 판결).
10) 육군고등군법회의 1977.8.24. 선고 77년 고군형항 제363호 판결.
11) 육군고등군법회의 1977.3.3. 선고 77년 고군형항 제37호 판결.
    한편 판례는 "무단이탈죄는 즉시범이라고 판시하고 있다. 무단이탈죄는 즉시범으로서 허가 없이 근무장소 또는 지정장소를 일시 이탈함과 동시에 완성되고, 그 후의 사정인 이탈기간의 장단 등은 무단이탈죄의 성립에 아무런 영향이 없다"(대법원 1983.11.8. 선고 83도2450 판결).
12) 육군고등군법회의 1976.6.29. 선고 79년 고군형항 제217호 판결.

1. 의   의

본죄는 군사기밀의 누설을 방지하여 군사상의 이익을 도모하기 위한 것으로서 군사상의 기밀보호라는 일반직무상의 의무를 위반하는 범죄이며, 군사상 기밀을 그 보호법익으로 한다.

군형법상 군사기밀을 보호법익으로 하는 범죄로는 본죄 이외에도 제13조 제 2 항의 이적죄, 제35조 제 4 호의 근무태만죄 등이 있으나, 제13조 제 2 항은 이적죄로서 적에게 군사상 기밀을 누설하는 경우이고, 제35조 제 4 호는 일정한 기밀문건 보관의무자의 의무위반을 처벌하기 위한 규정인 데 반하여, 본조는 기밀누설에 관한 일반적 규정이라고 할 수 있다.[13]

본죄의 주체는 군인 및 준군인이며, 반드시 군사기밀취급자에 한하지 않는다.

2. 행   위

군사상 기밀을 누설하는 것이다.

군사상 기밀이란 간첩죄의 경우와 마찬가지로 협의의 군사기밀뿐만 아니라 모든 군사상의 기밀을 말한다.[14] 판례는 "군사상의 기밀이란 반드시 법령에 의하여 기밀사항으로 규정되었거나 기밀로 분류 명시된 사항에 한하지 아니하고 군사상의 필요에 따라 기밀로 된 사항은 물론 객관적, 일반적인 입장에서 외부에 알려지지 않는 것에 상당한 이익이 있는 사항도 포함한다고 할 것이나, 외부로 알려지지 않는 것에 상당한 이익이 있는지 여부는 자료의 작성 경위 및 과정, 누설된 자료의 구체적인 내용, 자료가 외부에 알려질 경우 군사목적상 위해한 결과를 초래할 가능성, 자료가 실무적으로 활용되고 있는 현황, 자료가 외부에 공개된 정도, 국민의 알권리와의 관계 등을 종합적으로 고려하여 판단하여야 한다."라고 설명하고 있다.[15]

---

13) 이에 관한 특별법으로 군사기밀보호법(2005.07.22. 법률 제7613호)이 있는데, 동법은 군사기밀을 탐지하거나 수집하는 행위(제11조), 탐지·수집한 군사기밀을 누설하는 행위(제12조), 업무상 누설(제13조), 업무상 과실누설(제14조) 등을 처벌하고 있다.

14) 판례도 군형법 제80조는 군사상의 기밀을 누설한 자를 처벌대상으로 하고 있는바, 여기에서 말하는 군사상의 기밀이란 반드시 법령에 의하여 기밀사항으로 규정되었거나 기밀로 분류명시된 사항에 한하지 아니하고 군사상의 필요에 따라 기밀로 된 사항은 물론 객관적·일반적인 입장에서 외부에 알려지지 않는 것에 상당한 이익이 있는 사항도 포함한다고 해석하여야 하므로 그 기밀은 군사기밀보호법 제 2 조 소정의 범위에 국한되지 않는 것이라고 보아야 하므로, 일반적으로 군사상의 필요에 따라 특별히 보호를 요한다고 하여 설정한 대외비는 군사기밀보호법상의 군사기밀은 아니 하더라도 군형법상의 군사상의 기밀로 취급하여야 한다고 하여 같은 입장이다(대법원 2000.1.28. 선고 99도4022 판결). 이런 입장에서 판례는 군사시설보호구역 해제계획은 군사시설보호구역의 설정목적과 절차, 그 해제절차 및 해제기밀이 공표 전에 누설됨으로 인하여 초래될 군사목적상 위해한 결과 등에 비추어 볼 때, 군형법 제80조 소정의 군사상의 기밀에 해당한다고 판시하였다(대법원 1990.8.28. 선고 90도230 판결).

15) 대법원 2007.12.13. 선고 2007도3450 판결. "위 'IPT별 사업분류 현황'은 군사기밀로 지정되거나 대외

군사상의 기밀은 자기 직무상 지득한 것이든, 공사생활상 우연히 지득한 것이든 또는 군내부에 널리 알려져 있는 것이든 불문한다.[16]

누설한다 함은 기밀사항을 타인이 요지할 수 있는 상태에 두는 것을 말하며, 누설의 상대방은 적에 한하지 않으며, 민간인에 대한 누설도 본죄가 성립한다.[17] 또한 상대방이 이미 알고 있는 군사상 기밀을 누설한 경우에도 본죄 성립에 영향이 없으며, 누설로 인하여 국가나 군에 불이익이 초래될 필요도 없다. 왜냐하면 본죄는 기밀에 대한 누설금지의무위반 자체를 처벌하기 위한 것이기 때문이다.

3. 처   벌

본죄의 처벌과 관련하여 군형법은 업무상 과실이나 중대한 과실로 본죄를 범한 경우를 처벌하고 있다. 여기서 업무라 함은 업무상 기밀을 취급하는 직무에 종사하는 경우를 말하며, 반드시 군사상 기밀취급이 주된 업무일 필요도 없다.

한편 입법론적으로 볼 때 본조가 과실범의 처벌규정을 둔 것은 업무상 과실이나 중대한 과실에 의한 군사기밀의 누설은 그 자체가 직무위반이라는 점에서 그 근거를 찾을 수 있으나, 이보다 중한 제13조 제 2 항의 군사상 기밀누설죄에 대하여 과실범을 인정하고 있

비로 설정되지 않은 점, 위 'IPT별 사업분류 현황'이 군사Ⅲ급 비밀인 「'06~'10 국방중기계획」 및 「국방연구개발정책서('06~'20)」 내용의 극히 일부를 포함하고 있기는 하나 그 내용의 대부분은 일반에 공개된 것일 뿐만 아니라 실무상 비밀이 아닌 평문으로 관리되고 있는 점, 작성과정에서 충분히 보안성 검토를 거쳤다고 판단되는 점, 국방투자사업 공개 관련 규정에 의할 때 위 'IPT별 사업분류 현황'에 포함된 내용들은 일반에 공개할 수 있는 자료들인 점, 위 'IPT별 사업분류 현황'이 방위사업청이 추진할 모든 방위사업을 망라하고 있다고 볼 수 없는 점, 국방획득전문가들의 다수가 위 'IPT별 사업분류 현황'을 비밀이 아니라 평문수준의 문서로 보고 있는 점 등을 종합하여, 위 'IPT별 사업분류 현황'은 외부로 알려진다고 하더라도 군사목적상 위해한 결과가 발생할 가능성이 전혀 없어서 군형법 제80조 소정의 군사상의 기밀로 보기 어려우므로 범죄로 되지 아니한다는 이유로 무죄로 판단하였는바, 이러한 원심의 사실인정 및 판단은 위 법리와 기록에 비추어 수긍이 가고, 거기에 상고이유의 주장과 같은 채증법칙 위반, 판단유탈, 업무상과실군기누설죄에 관한 법리오해 등의 위법이 없다.

16) 판례는 국군기무사 소속 해군장교가 해군함정과 관련된 3급 군사비밀과 군사자료 26건을 수차례 중국인 남성에게 전달한 사건과 관련하여 26건의 군사자료가 군형법 제80조의 군사상 기밀에 해당한다고 판시하고 있다(대법원 2016.10.27. 선고 2016도11677 판결). "원심은, 피고인이 누설한 제1심판결 별지 1, 2 기재 각 자료(이하 '이 사건 자료'라 한다)에 관하여, (가) ① ○○○○본부 △△△△부 각 과에서 무관첩보 등을 근거로 작성한 문건들로서 기무사령부 내부 전산망에 올라온 정보이고, 일정한 접근 권한을 부여받은 자만 접근할 수 있으며, ② 대부분의 자료인 무관첩보는 '무관첩보 취급·관리 지침'에 의하여 업무와 무관한 사람의 열람이 제한되고 대외비에 준하여 취급되고 있으며, 누설될 경우 무관의 안전을 해하거나 활동에 제약이 될 수 있고, ③ 이 사건 자료의 내용도 국제정세와 관련한 한국, 한국군의 정책방향 수립, 상대방 국가를 대하는 한국군의 시각 등을 추론할 수 있는 것이므로 외부에 누설될 경우 국가안전보장에 위험을 초래할 것이 명백하다는 등의 이유를 들어, 객관적·일반적으로 보아 외부에 알려지지 아니하는 것에 상당한 이익이 있는 사항이라고 인정하고 … 생략 … 원심의 판단에 상고이유 주장과 같이 군형법 제80조의 군사상 기밀, 자백 및 보강증거, 형벌규정의 명확성의 원칙, 유죄인정에 필요한 증명의 정도 등에 관한 법리를 오해하고 필요한 심리를 다하지 아니하며 자유심증주의의 한계를 벗어난 위법이 없다.

17) 본죄와 제13조 제 2 항의 군사상 기밀누설죄에 있어서는 후자가 적에 대한 누설을 처벌하기 위한 규정이라는 점에서 양자가 경합할 때는 특별규정인 후자의 범죄가 성립한다고 봄이 타당하다.

지 않은 것과 비교하여 볼 때 일관성이 없는 규정이다. 아울러 본죄와 같은 형식범에 대하여 과실범을 처벌하는 것은 이론상 타당하지 않다.

Ⅳ. 암호부정사용죄

> 제81조 다음 각 호의 어느 하나에 해당하는 사람은 2년 이상의 유기징역이나 유기금고에 처한다.
>   1. 암호를 허가 없이 발신한 사람
>   2. 암호를 수신(受信)할 자격이 없는 사람에게 수신하게 한 사람
>   3. 자기가 수신한 암호를 전달하지 아니하거나 거짓으로 전달한 사람

본죄는 암호의 비밀성과 진실성을 보호하기 위한 것으로 이적의 목적이 있는 경우에는 제14조 제 5 호의 일반이적죄가 성립한다. 여기서 암호라 함은 전선이나 보초선을 통과시키기 위하여 또는 아군간의 상호확인을 위하여 문답되는 비밀부호나 신호를 말한다.

본죄의 행위유형에는 네 가지가 있다.

첫째, 암호를 허가 없이 발신하는 것이다. 암호의 발신은 허가권자의 개별적·포괄적 허가를 얻어 일정한 상황 하에서만 이루어져야 하는바, 이에 반하여 암호를 발신하는 것이다. 또한 정당하게 제작된 암호를 허가 없이 발신하는 경우뿐만 아니라 임의로 암호를 조작하여 발신하는 경우도 포함한다. 허가가 적법하고 정당한 것이어야 함은 물론이다. 발신의 방법이나 대상은 불문하며, 발신의 동기도 이적의 목적이 아닌 한 불문한다.

둘째, 수신할 자격이 없는 사람에게 수신하게 하는 것이다. 수신자격의 유무는 구체적 상황에 따라 결정될 문제이나, 군의 명령이나 관습, 법령에 의해 결정될 것이다. 암호의 발신자는 불문하므로 자기 이외의 자로부터 발신된 암호를 수신자격 없는 자로 하여금 수신케 하거나 자신이 허가를 얻어서 수신자격 없는 자에게 발신하는 경우를 포함한다. 행위자가 암호를 허가 없이 발신하여 수신자격이 없는 자에게 수신하도록 하는 경우에는 단순일죄가 성립함에 그친다.

셋째, 암호를 전달하지 않는 것이다. 암호를 전달하지 아니한 경우에는 자기가 수신한 암호를 전달하지 않는 때에 한한다. 따라서 자기 이외의 자가 수신한 암호에 대하여는 설사 그것을 전달할 의무가 있는 경우라도 본죄는 성립하지 않고, 명령위반죄나 명령 등 허위전달죄가 성립할 뿐이다. 다만, 보고인 한 본죄가 성립하지 않는다는 견해가 있다.[18] 그

---

18) 이진우, 군형법, 법문사, 1973, 221-222면. 그에 따르면 암호의 실질이 명령·통보·보고인 경우에는 다음과 같이 처벌된다. 즉 이적의 목적이 있는 경우에는 제14조 제 5 호의 일반이적죄로 처벌되며, 그러한 목적이 없다면 전시·사변·계엄지역인 경우에는 제39조가, 기타의 경우에는 본죄가 성립한다. 그러나 이러한 견해를 취하는 경우에는 본죄의 법정형이 제39조의 법정형보다 중하므로 전시·사변·계엄지

러나 그 실질과 상관없이 형식이 암호로 되어 있는 것이라면 본죄가 성립한다고 생각한다.

넷째, 거짓으로 전달하는 것이다. 거짓 전달은 자기가 수신한 암호를 사실 그대로 전달하지 않고 왜곡·조작하여 전달하는 것으로서 암호 자체의 진실성 여부를 불문한다. 다만, 암호 자체가 진실에 반하는 경우에 수신자가 그 내용을 진실한 것으로 변경하여 보고하는 것은 사실상 본죄의 대상에서 제외되는 것이 일반적일 것이다.

역인 경우가 기타의 경우보다 경하게 처벌된다는 모순이 생긴다. 따라서 현행법 하에서는 이러한 견해에 찬동할 수 없다.

제14장

약탈의 죄

제 1 절 총 설

　　전시에 주민이나 전상자의 생명·신체를 보호하고, 이들의 재산을 존중하여야 함은 국제법상 교전당사국에 부과된 의무라고 할 수 있다. 따라서 전쟁지역이나 점령지역에서 주민의 재물 및 전사상자의 재물을 약탈하거나 부녀자를 강간하는 행위는 국제법에 위반된 행위로서 교전당사국은 소속군인의 이러한 행위를 처벌할 의무를 지고 있으며, 국제법상 의무 여부를 불문하고 이는 정의와 인도에 반하는 죄인 동시에 군의 권위를 손상시키는 행위로서 엄하게 처벌되어야 하는 것이다. 따라서 군형법은 본장에서 이러한 행위를 범죄로 규정하여 처벌하고 있는 것이다(헤이그 육전법규 제47조). 약탈이란 원래 재물에 관한 범죄이나 본장에서는 강간죄를 포함하고 있는데, 이것은 강간죄가 비록 정조에 관한 범죄로서 본장에 포함시키기 곤란하나 행위자의 입장에서 본다면 전쟁에 있어서 군인의 물욕을 억제하기 위한 약탈의 죄와 성욕을 억제하기 위한 강간죄는 동일성을 가지는 것이라고 볼 수 있으며, 따라서 본장에서 강간죄를 포함하여 규정한 것이라고 생각한다.

제 2 절 범죄유형

Ⅰ. 약 탈 죄

> 제82조 ① 전투지역 또는 점령지역에서 군의 위력 또는 전투의 공포를 이용하여 주민의
> 재물을 약취(掠取)한 사람은 무기 또는 3년 이상의 징역에 처한다.
> ② 전투지역에서 전사자 또는 전상병자의 의류나 그 밖의 재물을 약취한 사람은 1년 이
> 상의 유기징역에 처한다.

1. 주민에 대한 약탈죄(본조 제1항)

전투지역이나 점령지역에서 군의 위력 또는 전투의 공포와 불안에 쌓여 있는 주민으
로부터 그들의 심리적 불안상태를 이용하여 재물을 약취하는 것을 내용으로 한다(전시에서
민간인의 보호에 관하여는 1949년 8월 12일 제네바협약에 상세히 규정되어 있다).

먼저 행위지와 관련하여 전투지역이라 함은 원래는 교전 양국군의 작전행동을 하는
지역 전체를 의미하는 것이나, 이와 같이 광의로 해석하면 현대전에 있어서는 전쟁개시와
더불어 전국영역이 모두 전투지역이 될 가능성이 있으므로 협의로 해석하여 적과 직접 대
치하여 전투행위를 하는 지역을 말한다고 보는 것이 통설의 견해이나,[1] 이와 같이 전투지
역을 장소적 개념으로 보는 것보다는 전술적 개념으로 보는 것이 적전의 개념을 전술적으
로 파악하는 것과 상응한다고 생각한다. 따라서 전투지역이란 추상적인 적의 존재를 전제
로 하여 적을 목표로 하는 공격·방어를 수행하는 군의 작전행위지로서 군의 제반 전술적
행동이나 주위상황에 의하여 결정되어질 문제인 것이다.

한편 점령지역이라 함은 상대국의 영토 내에 침입하여 적의 지배를 배제하고 영토의
일부 또는 전부를 사실상 군대의 지배 하에 둔 지역을 말하며, 군의 권력이 현실적으로 확
립·행사되는 지역에 한한다(육전규칙 제42조 제2항).[2]

---

1) 이진우, 군형법, 법문사, 1973, 223면; 판례는 전투지역을 전술적 개념으로 보고 있는 듯하다. "전투지
역이라 함은 군대가 적과 교전중인 지역, 교전 직전 및 직후의 지역 또는 전투의 목적을 가지고 병력으로
장악함으로써 전투의 공포 및 군의 위력에 의하여 물리적으로나 심리적으로 지배되고 있는 지역을 말
한다"(국방부 1966.5.6. 선고 66년 고군형항 제17호 판결)는 판결이 있고, "전투지역을 인정함에 있어
서는 당해 지역에 있어 군대의 현실적인 작전수행 여부 및 병력에 의하여 전투를 목적으로 장악되고
있는가에 대한 사실의 입증이 있어야 한다"는 판결이 있다(국방부 1966.5.6. 선고 66년 고군형항 제18
호 판결).

2) 국제법상 점령에는 몇 가지 형태가 있는데, 전시중 적의 영토를 점령하는 전시점령(belligerent occu-
pation), 평시에 조약의 이행을 보장하기 위하여 또는 복구·간섭의 수단으로 행하는 평시점령(pacific
occupation), 휴전 후 국제법상의 전쟁이 종료하기 이전의 단계에서 당사국간의 합의에 의하여 행하는
혼합점령(Mischbesetzung) 등이 있으며, 다른 측면에서 볼 때 전쟁수행중이나 항복 후의 적국을 군사적
으로 점령하는 적대적 점령(hostile occupation)과 중립국이나 동조국의 동의나 조약에 의하여 이루어지

따라서 적의 세력을 완전히 배제하지 못하고 주민의 반항이 아직 남아 있는 상태로서 일시적인 군대의 통과를 의미하는 침입(invasion)의 경우는 전투지역에 해당될 것이며, 아국의 영토를 탈환한 경우는 수복지구로서 그 지역은 점령지역이 될 수 없고, 정복의 경우도 동일하다.

다음으로 군의 위력이나 전투의 공포를 이용한 행위라야 한다. 원래 전투지역이나 점령지역 내에 있는 주민은 유형·무형의 공포에 빠져 있으므로 군인이 요구하는 것에 대하여 거절하지 못하는 상태에 있으며, 이러한 심리상태를 이용한 약탈이라는 점에 본죄의 특색이 있다. 다시 말하면 강도죄나 공갈죄와는 달리 행위자의 적극적인 행동(폭행, 협박, 공갈 등)이 없이도 전시라는 특수한 상황이 부여한 공포심을 이용할 수 있는 데 본죄의 특색이 있다. 따라서 행위자가 그러한 상태를 이용한다는 인식 없이 개인적으로 폭행·협박을 하는 경우에는 본죄가 성립하지 않고, 강도죄 등의 구성요건을 충족하더라도 본죄만이 성립하며, 강도죄 등은 흡수되거나 상상적 경합관계에 서게 된다.

주민의 재물을 약취하는 것이다. 주민의 국적은 불문하며, 재물에 한하므로 재산상의 이익은 제외가 된다. 입법론상 의문이 있다. 또한 주민의 재물을 탈취하는 경우에 한하므로 적의 국유재산이나 적군의 개인소지품 등에 대한 약취는 본죄가 성립하지 않고 강도나 공갈죄가 성립함에 그친다. 약취라 함은 공연히 탈취하는 것이며 강취이건 편취이건 불문하나, 절취는 공연한 것이 아니므로 약취에 해당하지 않는다.

2. 전사상·병자에 대한 약탈죄(본조 제2항)

전투지역에서 전사자 또는 전사상·병자의 의류 기타 재물을 약취하는 것으로서 절도죄 및 점유이탈물횡령죄의 성격을 띠고 있다.[3]

전투지역에서 행해짐을 요하므로 전투지역 이외의 지역, 특히 점령지역에서 전사자 또는 전상병자의 의류 기타 재물을 약취하더라도 전투지역이 아닌 한 본죄가 성립하지 않는다.

전사상·병자라 함은 아군·적군 등 군대의 구성원은 물론 민간인도 그 국적을 불문하며, 전투를 직접·간접의 원인으로 하여 사망·부상·발병한 자를 말한다(상병자에 관한

는 우호적 점령(friendly occupation)이 있다. 군형법에서 대상으로 하는 점령이란 죄질이나 행위유형을 고려할 때 전시점령과 적대적 점령에 한한다고 생각된다.

3) 전사상·병자의 경우는 소지가 불가능하므로 그의 재물을 약취하는 것은 점유이탈물횡령과 동일한 것이며, 전상병자의 재물에 대한 탈취도 절취만이 가능하다. 왜냐하면 후술하는 바와 같이 전상병자는 항거불능하고 재물을 보관·처분할 능력이 없는 자에 한하므로 그러한 자의 재물에 대한 강취나 갈취, 편취는 불가능하며, 그러한 경우에는 법정형이 중한 제82조 제1항의 약탈죄나 형법상 강도죄가 성립할 것이기 때문이다. 본죄의 법정형이 제1항의 경우나 형법상 강도죄보다 낮은 것은 이러한 취지이며, 다만 그 행위가 군인으로서의 본분에 어긋나는 비열한 행동이라는 점에서 형법상의 절도죄(제329조)나 점유이탈물횡령죄(제360조)보다 중하게 처벌하고 있는 것이다.

제네바협약 제13조 참조). 전투를 직접·간접의 원인으로 한다고 함은 사상병의 원인이 전투행위 자체뿐만 아니라 전투지역 내의 우연한 유행병이나 천재지변에 의한 것도 포함한다는 의미이다. 한편 전상병의 정도에 관하여는 본죄의 입법취지상 항거불능하고, 재무에 대한 처분·관리능력을 상실한 정도를 말한다고 생각한다. 즉 본죄는 제82조 제 1 항의 약탈죄나 형법상의 강도죄나 공갈죄가 성립되지 못하는 행위를 처벌하기 위한 것이며, 따라서 항거가능한 정도의 상병자라면 제82조 제 1 항의 약탈죄나 형법상 강도죄와 같이 법정형이 중한 죄를 적용함으로써 족할 것이다.

의류 기타 재물은 반드시 전사상·병자의 소유일 필요는 없으며, 사실상 점유하고 있으면 족하다. 다만, 적군인 전사상·병자의 경우 병기·탄약 등과 같이 아군의 노획대상이 될 수 있는 물건은 본죄의 객체로 될 수 없다. 왜냐하면 그러한 물건에 대한 강취 등은 정당한 교전자격자에게 인정되는 권리의 행사라고 보아야 하기 때문이다. 법문도 이러한 취지에서 재물의 예로서 의류와 같은 개인용구를 들고 있는 것이라 생각된다. 약취는 전 항의 경우와는 달리 전사자의 경우는 점유이탈물횡령, 전상병자의 경우는 절취이다. 이것은 본죄의 성질상 당연한 귀결이다. 본죄의 미수범도 처벌한다(제85조).

3. 약탈치사상죄(제83조)

주민에 대한 약탈죄, 전사상·병자에 대한 약탈죄를 범하여 사람을 살해하거나 치사한 자는 사형 또는 무기징역에, 상해하거나 치상한 자는 무기 또는 7년 이상의 징역에 각각 처한다.

본죄는 약탈죄와 살상죄의 결합범인 고의범과 결과적 가중범을 동시에 규정하고 있는데, 두 가지 문제점이 있다.

첫째, 약탈죄의 미수범에 대하여도 본조가 성립할 것인가 하는 문제인데, 이것은 형법상의 강도살인이나 강도치사의 경우와 마찬가지로 해석하여 약탈이 미수에 그치더라도 살상의 결과가 발생한 경우에는 본죄가 성립된다고 보아야 할 것이다.

둘째, 본조는 '전 조의 죄를 범하여' 사상의 결과를 발생시킨 경우를 처벌하고 있으므로 만약 사람을 사상한 후 재물을 약취한 경우에 본조가 적용될 것인가 하는 문제가 있는데, 이것도 형법상 강도살인죄의 경우와 마찬가지로 긍정적으로 해석하여야 할 것이다.

II. 전지강간죄

> 제84조 ① 전투지역 또는 점령지역에서 사람을 강간한 사람은 사형에 처한다.

1. 의   의

형법은 제32장에서 강간과 추행의 죄를 규정하여 사람의 일반적인 정조를 보호하고 있다. 그러나 전투지역이나 점령지역에서는 정조가 침해될 가능성이 매우 크므로 이를 특별히 보호해야 한다는 것이 국제법상의 원칙이다.

예를 들면 전시에 있어서 민간인의 보호에 관한 제네바협약에 따르면 인간의 존엄성에 대한 침해, 특히 모욕적이고 치욕적인 대우를 금지하고 있는데(동 협약 제3조 제1호 다항), 강간은 그 대표적인 예가 될 수 있다. 뿐만 아니라 본조의 죄는 일반적으로 정의와 인도에 반하는 죄이며, 나아가서는 군기와 군의 위신을 저하시키는 행위이기도 하다. 바로 이러한 점에서 군형법이 형법상의 강간죄에 대한 특별규정을 두어 엄하게 처벌하고 있는 것이다.

2. 행   위

전투지역이나 점령지역에서 사람을 강간하는 것이다.

전투지역이나 점령지역에 대하여는 전술한 바와 같다. 학설에 따라서는 그 이외의 지역, 즉 작전명령을 수행중인 선박·항공기 등에서의 행위에 대해서도 처벌할 규정을 두어야 한다고 하나, 이러한 곳은 전투지역을 전술적 개념으로 보는 한 전투지역에 포함된다고 할 수 있을 것이다.

본죄의 객체인 사람은 그 국적·신분·연령·성별을 불문하며, 신분이 군인인 경우도 물론 포함한다.

강간이라 함은 폭행·협박으로 사람을 항거불능케 하여 간음하는 것이다. 다만, 형법상 강간죄에는 협의의 강간(제297조), 사람의 심신상실·항거불능의 상태를 이용한 준강간(제299조), 미성년자 또는 심신미약자에 대하여 위계 또는 위력으로써 행하는 의제강간(제302조), 업무·고용 기타 관계로 인하여 자기의 보호 또는 감독을 받는 사람에 대하여 위계 또는 위력으로써 행하는 업무상 위력 등에 의한 간음(제303조) 등이 있는데, 군형법상 강간이라고 할 때 어느 것을 의미하는가가 문제로 된다. 그러나 대법원 판례는 "전지강간에는 … 심신상실, 항거불능의 상태를 이용하는 행위도 포함한다"고 하여[4] 모든 경우를 다 포함하는 의미로 해석하고 있다.

---

4) 대법원 1970.4.28. 선고 70도449 판결.

본죄의 기수시기는 성기가 삽입된 때라고 하는 것이 통설의 입장이다.

3. 처 벌

본죄의 법정형은 형법상 강간죄의 최고가중형식인 강도강간의 법정형(무기 또는 10년 이상의 징역)보다 훨씬 높은 사형이다. 입법론상 의문이 있다. 또한 본죄의 미수범은 처벌한다 (제85조). 본죄는 고소를 요하는 친고죄가 아니다.

제15장

포로에 관한 죄

제1절 총 설

본장의 죄는 적에게 억류된 아군포로가 귀환의 의무를 불이행함으로써 아군의 전투력 증강을 저해시키는 행위와 아군에 억류된 적의 포로를 도주케 하거나 이를 비호함으로써 아군의 억류질서를 교란케 하고, 나아가서 적의 전투력을 증강시키는 행위를 처벌하기 위한 것이다.

포로라 함은 전쟁을 이유로 교전당사국의 세력 내에 들어와 자유를 박탈당했으나, 국제법이나 특별협정에 의하여 대우가 보장된 적성국민이다.[1]

국제법상 포로의 신분을 가지는 자로는 ① 교전자격이 있는 자(정규군·비정규군, 전투원·비전투원을 불문한다), ② 정규군의 구성원으로서 억류국이 승인하고 있지 않은 정부 또는 당국에 충성을 서약한 자, ③ 종군기자, 용달상인 등 군의 일부를 구성하지 않는 종군자, ④ 적상선의 승무원 및 적민간항공기의 승무원, ⑤ 원수, 국무대신, 외교사절과 같이 정치상 국가의 현직에 있는 자 중에서 적국에 억류된 자로서 교전당사국이나 중립국, 비교전국이 자기의 영역 내에 수용하고 있으며, 그 국가가 국제법상 억류를 요하는 자이다(포로에 관한 제네바협약 제5조 참조).

군형법상 포로의 죄에 대한 범죄유형으로는 포로불귀환죄(제87조), 간수자의 포로도주원조죄(제88조), 포로탈취죄(제89조), 도주포로비호죄(제90조) 등이 있으며, 포로불귀환죄를 제외하고는 그 미수범도 모두 처벌된다(제91조).

---

1) 국제법상 포로의 대우에 관해서는 1949년 8월 12일의 제네바협약이 있다. 동 협약에서는 포로의 일반적 대우, 신분, 신분의 종료, 그리고 포로의 범위에 대하여 상술하고 있다. 한편 국제법상 포로와 구별되는 자로서 스스로 적의 세력 내에 들어간 자인 귀순자와 적의 세력 내외를 불문하고 전쟁범죄를 위반한 자인 전쟁범죄자가 있으며, 이들에 대하여는 군형법의 적용이 없다.

제 2 절 범죄유형

I. 포로불귀환죄

> 제86조 적에게 포로가 된 사람이 우군(友軍) 부대 또는 진지로 귀환할 수 있는데도 귀환
> 할 적절한 행동을 하지 아니하거나, 다른 우군포로가 귀환하지 못하게 한 사람은 2년 이
> 하의 징역에 처한다.

1. 의   의

본죄는 아군의 전투력감소를 방지하는 데 입법취지가 있으며, 군인의 귀환의무위반을
처벌하는 성질을 가지고 있다.

본죄의 주체는 적의 수중에 있는 우군포로이다. 원래 포로는 전술한 바와 같이 반드시
군인에 한하지 않으나, 본죄의 경우에는 군인·준군인인 포로에 한한다. 따라서 전투에 참
가한 민병·의용병 등이 포로로서 억류되더라도 군인이나 준군인의 신분을 취득하지 않는
한 본죄의 주체가 될 수 없다.

2. 행   위

(1) 우군부대 또는 진지로 귀환할 수 있음에도 불구하고 귀환의 적절한 행동을 하
지 않는 경우(진정부작위범)

우군부대 또는 우군진지라 함은 반드시 포로의 원래 소속부대나 진지에 한하지 않고,
아군의 부대나 진지 혹은 아군과 공동작전을 수행하고 있는 외국군의 부대나 진지도 포함
한다. 또한 반드시 부대나 진지에 귀환할 필요도 없으며, 아군의 실력적 지배 하에 들어
있는 지역(예컨대 적 점령지역 하의 우군 게릴라 점령지 등)으로 탈출함으로써 족하다.[2]

귀환의 적절한 행위란 반드시 적법한 행위에 한하지 않으며, 도주와 같은 불법행위도
어느 정도 용인된다. 특히 포로의 도주는 국제법상 금지되어 있지 않으며, 도주에 따른 불
법행위는 적으로부터 형사적 제재가 예상되므로 여기서 말하는 적절한 행동에 포함되지
않는다. 다시 말하면 적군의 감시자를 살상해야 도주할 수 있는 경우에 그를 살상치 않고
불귀환한 경우에는 본죄가 성립하지 않는다고 할 것이다.

한편 본죄는 귀환의 적절한 조치를 취하지 않는 것이므로 실제로 귀환에 성공할 필요

---

[2] 한편 적에게 포로로 된 자가 중립국으로 탈출할 사정이 있었던 경우에도 본죄가 적용될 것인가 하는
문제가 있다. 생각건대, 국제법상 포로가 중립국으로 도주한 경우에는 포로의 신분이 종료되며, 행동의
자유가 주어지므로 적극적으로 해석함이 타당하다.

는 없고, 사회통념상 적절하다고 판단되는 귀환조치를 취하기만 하면 본죄는 성립하지 않는다.

(2) 우군포로를 귀환하지 못하게 하는 경우(작위범)

귀환하지 못하게 하는 방법은 불문한다.

예로는 우군포로의 귀환을 방해하거나 포기를 설득하는 행위, 적에게 탈주사실을 밀고하는 행위 등을 들 수 있을 것이다.

II. 간수자의 포로도주원조죄

> 제87조 포로를 간수 또는 호송하는 사람이 그 포로를 도주하게 한 경우에는 3년 이상의 유기징역에 처한다.

1. 의   의

본죄는 포로의 도주행위에 대한 방지책임을 맡은 자가 그에 위반한 행위를 함으로써 적의 전투력을 증강케 하는 행위를 처벌하기 위한 것이다. 형법도 법률에 의하여 구금된 자를 간수 또는 호송하는 자가 이를 도주하게 하는 경우를 처벌하고 있다(제148조).

이러한 도주원조죄에 있어서는 피원조자가 범한 범죄행위(즉 도주죄)에 종속하는 것인데 반하여, 본죄에 있어서는 포로의 도주행위가 범죄가 아니므로 독립적인 범죄이며, 방조범의 성격을 가진 것이라고 할 수 없다.

2. 주   체

포로를 간수 또는 호송하는 자이다.

간수 또는 호송하는 자라 함은 반드시 법령상 의무 있는 자에 한하지 않고, 군의 관습이나 법령에 의한 경우나 사실상 그러한 임무를 수행하고 있는 자를 모두 포함한다. 간수하는 자는 일정한 장소에 수용된 포로를 직접·간접으로 감시하는 자를 말하며, 호송하는 자는 포로를 이동시키는 경우, 이와 동행하여 이송중의 감시·감독에 임하는 자를 말한다. 호송이나 감시의 임무는 반드시 고유의 임무일 필요는 없으며, 현실적으로 그러한 임무에 종사함으로써 족하고, 반드시 책임자일 필요도 없다.

이러한 임무수행자는 군인이나 준군인에 한하지 않고, 민간공무원 기타 국내외 민간인일 수도 있다(제1조 제4항 제8호).

한편 본조의 객체인 포로도 전 조와는 달리 적국의 군인·준군인 이외에 포로로 취급될 수 있는 자 전부를 말하며, 아국에 의해 간수, 호송되고 있는 자이어야 함은 물론이다.

3. 행   위

도주하게 하는 것이다. 본죄는 작위·부작위에 의하든 불문한다.

행위에 의한 경우로는 포로에게 도주를 권고하거나 식량·금전·기구를 제공하거나 도주로를 알려 주는 행위, 다른 간수자나 호송자를 폭행·기망하여 도주케 하는 행위를 들 수 있다. 또한 부작위에 의한 경우는 탈출을 알면서 방지에 필요한 조치를 취하지 아니하거나 탈출을 묵인하는 행위 등을 들 수 있다. 그 동기는 불문하며, 다만 이적의 목적으로 행하여진 경우에는 일반이적죄(제14조 제8호)가 성립할 것이다.

본죄의 기수시기는 포로가 간수자나 호송자의 실력적 지배를 벗어난 때이며, 일종의 상태범으로서 포로가 탈출에 완전히 성공했는가 여부는 불문한다.

Ⅲ. 포로도주원조죄

> 제88조 ① 포로를 도주하게 한 사람은 10년 이하의 징역에 처한다.
> ② 포로를 도주시킬 목적으로 포로에게 기구를 제공하거나 그 밖에 그 도주를 용이하게 하는 행위를 한 사람은 7년 이하의 징역에 처한다.

1. 의   의

본죄는 포로를 도주하게 하거나 도주시킬 목적으로 포로의 도주를 용이하게 하는 행위를 하는 것이다. 입법론적으로 볼 때, 간수자나 호송자의 경우에는 도주원조행위의 태양을 구별하지 않으면서 본조의 경우에만 구별하여 처벌을 달리하는 것은 타당하지 않다고 생각한다. 도주하게 하는 행위와 도주시킬 목적으로 기구 등을 공여하는 행위는 모두 도주원조행위라는 점에서 동일하나, 전자는 도주의 실행행위를 말하므로 피원조자의 도주실행의 착수가 필요한 데 반하여, 후자는 도주의 예비행위로서 피원조자가 도주실행에 착수함을 요하지 않는다는 점에서 양자가 구별된다.

본죄의 주체는 특별한 신분을 요하지 않으며, 군인·준군인 이외에 국내외 민간인도 주체가 된다(제1조 제4항 제8호). 다만, 적의 포로로서 같이 있는 포로의 탈출을 원조하는 행위는 국제법상 포로의 지위에서 행하는 것이므로 처벌의 대상이 될 수 없으며, 이에 대한 처벌은 국제법 위반뿐만 아니라 헌법 제6조 제1항에 따라 국내법을 위반한 것이 될 것이다.

2. 행　　위

포로를 도주시키는 경우와 그러한 목적으로 기구를 공여하는 등 기타의 도주를 용이하게 하는 것이다. '포로를 도주시킨다' 함은 전 조에서 설명한 바와 같다. 기구란 포로가 도주하는 데 효과적으로 사용할 수 있는 물건으로서, 기구의 제공은 도주를 용이하게 하는 한 방법에 불과하다.

도주를 '용이하게 한다' 함은 식량·금전·지도 등의 제공, 탈주방법의 지시, 탈주로의 구축 등 도주에 편리한 상황을 제공해 주는 일체의 행위를 말한다. 다만, 이러한 행위는 포로가 탈주에 성공하기 전에 제공되어야 하고, 그 이후의 행위는 후술하는 도주포로비호가 성립함에 그친다.

본죄의 행위를 함에 있어서는 도주시킬 목적을 필요로 하며(목적범), 탈주하는 것의 준비행위이어야 한다. 따라서 그러한 목적이 있는 이상 포로의 도주행위 착수나 기수 여부는 불문한다. 다만, 간수자가 포로를 도주시킬 목적으로 기구공여 등의 원조행위를 한 경우에는 도주하게 하는 행위가 아니므로 본조 제 2 항에 의하여 처벌된다는 점에 주의하여야 한다.

IV. 포로탈취죄

> 제89조　포로를 탈취한 사람은 2년 이상의 유기징역에 처한다.

1. 의　　의

형법은 도주원조죄에서 도주시키는 행위와 탈취하는 행위를 동일한 것으로 보고 있으나, 군형법은 그 객체가 포로라는 점에 근거하여 탈취행위를 독립된 죄로서 가중처벌하고 있다.

본죄의 주체에는 제한이 없으며, 군인·준군인뿐만 아니라 국내외 민간인도 본죄의 주체가 될 수 있다(제1조 제4항 제8호). 다만, 외국인 중 교전상대국의 군인은 본죄의 주체가 될 수 없다. 교전권자가 포로를 구출하려는 행위는 정당한 교전권의 내용을 이루고 있으므로 이를 처벌할 수 없는 것이다. 따라서 교전권이 인정되지 않는 외국인만이 본죄의 주체가 될 수 있다고 할 것이다.

본죄의 객체는 포로이며, 제87조의 경우와 마찬가지로 그 제한이 없다.

2. 행　　위(탈취)

탈취라 함은 스스로 도주하지 않는 포로를 간수자나 호송자의 실력적 지배로부터 벗어나게 하는 것이며, 그 목적은 불문한다. 즉 포로를 도주시키기 위하여 탈취하거나, 새로운 억류상태에 두기 위하여 탈취하거나를 불문한다. 다만, 후자의 경우에는 제14조 제 8 항의 일반이적죄가 성립한다.

탈취의 방법도 불문한다. 폭행・협박 기타 위계나 위력에 의한 경우 등을 불문하며, 포로와의 의사연락이나 승낙 유무도 본죄의 성립에 영향이 없다. 다만, 본죄를 범하기 위하여 포로의 간수자나 호송자에게 폭행・협박・상해・살인 등을 한 경우에는 직무집행자에 대한 폭행・협박죄(제60조), 상해죄(제60조의 2), 형법상의 공무집행방해죄, 살인죄 등이 상상적 경합관계에 서게 될 것이다. 또한 포로를 탈취하기 위하여 수용시설 등을 파괴한 경우에는 군용시설 등 손괴죄(제69조)나 형법상의 공무소, 건조물파괴죄(형법 제141조)가 성립하게 될 것이다.

V. 도주포로비호죄

제90조   도주한 포로를 은닉하거나 비호한 사람은 5년 이하의 징역에 처한다.

본죄는 포로의 억류질서를 면탈하여 도주하고 있는 포로를 은닉・비호함으로써 군사적 이유에 기한 국가의 구속권을 침해하는 것이다.

본죄의 주체는 군인・준군인에 한하지 않으며, 국내외 민간인도 포함된다(제 1 조 제 4 항 제 8 호). 또한 본조의 객체인 포로는 이탈상태에 있는 자에 한하며, 도주가 성공하여 국제법상 포로의 신분이 종료된 자는 본죄의 객체가 될 수 없다.

은닉이나 비호의 개념에 대해서는 전술한 군무이탈자비호죄(제33조)에서 설명한 바와 같다. 즉 은닉이란 군사경찰 등으로부터 발견, 체포되는 것을 면할 수 있도록 은신처를 제공하는 것으로서 포로를 보호하는 일체의 방법인 비호의 개념 속에 포함되는 것이다. 한편 본죄가 성립하기 위해서는 행위자가 그 대상이 도주중인 포로라는 사실에 대한 인식이 있어야 함은 물론이다.

형법상의 범인은닉죄와는 달리 본죄에 대하여는 인적 처벌조각사유에 관한 규정이 적용되지 않음은 앞서 여러 곳에서 지적한 바와 같다(군무이탈자비호죄 참조).

제16장

강간과 추행의 죄

제1절 총 설

강간 및 추행의 죄는 성행위로부터의 소극적 자유를 보장하는 강간죄 및 강제추행죄와 개인의 성행위에 대한 적극적 자유를 제한하는 추행죄가 있다. 강간죄 및 강제추행죄는 개인의 성적 자유 내지 애정의 자유를 침해하는 것을 내용으로 하며, 추행죄는 부대가 대개 성인남자들만으로 구성되어 집단생활을 영위하고 있는 점, 군인 특히 영내 생활을 하는 군인의 경우에는 성적 욕구의 해소에 있어서 일반사회에 비하여는 많은 제약을 받고 있어 그 욕구분출이 군인들 간의 성적인 접촉행위로 나타날 가능성이 상존하고 있다는 점, 그리고 그로 인하여 군의 위계질서가 와해되어 군의 전투력이 저하되는 것을 방지하기 위해 성행위를 할 자유를 제한하고 있다. 2009년 개정 군형법에서는 여군 등을 강간하거나 강제추행한 자를 처벌하는 규정을 신설하였다(제92조, 제92조의 2부터 제92조의 8까지). 이후, 2012년 개정 시에는 강간죄의 객체를 남성에게까지 확대하고, 강간죄 등 성폭력범죄에 있어서 친고죄를 전면적으로 폐지하였으며, 강제추행죄보다 중한 행위 유형으로 유사강간죄를 신설하여, 2013년 6월 19일부터 시행되게 되었다.

제 2 절 범죄유형

Ⅰ. 강 간 죄

> 제92조 폭행이나 협박으로 제1조 제1항부터 제3항까지에 규정된 사람을 강간한 사람
> 은 5년 이상의 유기징역에 처한다.

1. 의   의

폭행이나 협박으로 군인 또는 준군인을 강간함으로써 성립하는 범죄이다.

2. 구성요건

본죄의 주체는 군인 또는 준군인이며, 남녀를 불문한다.

본죄의 객체는 군인 또는 준군인이다. 기혼·미혼을 불문한다. 2013년 개정 전에는 강
간죄의 대상이 부녀에 한정되어, 행위의 주체가 여성이고 객체가 남성인 강간은 성립하지
아니하고 강제추행죄가 성립할 뿐이어서 남성의 성적 자기결정권 보호가 약화되었다는 비
판이 제기되었다.

본죄의 행위는 폭행이나 협박으로 강간하는 것이다. 여기서 폭행이란 사람에 대한 유
형력의 행사를 말하며, 협박이란 해악을 통고하는 것을 말한다. 해악의 통고는 제3자에
대한 해악의 통고 등도 포함된다. 폭행이나 협박의 정도에 대해서는 상대방의 반항을 현저
하게 곤란하게 하는 것을 포함한다고 봄이 일반적이다. 한편 강간이란 폭행 또는 협박에
의해 상대방의 반항을 곤란하게 하여 간음하는 것을 말한다. 이 때 폭행 또는 협박과 간음
사이에는 인과관계가 있어야 한다.

본죄가 성립하기 위해서는 폭행이나 협박으로 군인 또는 준군인을 강간한다는 것에
대한 고의가 있어야 한다. 이 때 강간에 대한 고의가 있어야 하므로 피해자의 동의가 있다
고 착각한 경우에는 고의가 조각된다.

3. 처   벌

본죄는 2013년 개정이전에는 친고죄였으나, 성폭력범죄의 폭증 및 친고죄에 대한 미
신고범죄 발생비율 증가 등의 억제를 위해 친고죄 규정이 삭제되었다.

한편 본죄는 형법상 강간죄의 법정형이 3년 이상의 유기징역인 데 비해, 그 법정형을
5년 이상의 유기징역으로 하고 있다. 즉 군형법상의 강간죄는 형법상의 강간죄에 비해 단

기형이 2년 더 높으며, 장기형은 동일하다. 사실 일반 형법상의 강간죄에 의할 경우에도 그 장기형이 30년의 징역형이므로 충분히 중한 형으로 처벌할 수 있음에도 불구하고 본죄를 2009년에 신설할 필요가 있었는가 하는 의문이 든다.

Ⅱ. 유사강간죄

> 제92조의 2 폭행이나 협박으로 제1조 제1항부터 제3항까지에 규정된 사람에 대하여 구강, 항문 등 신체(성기는 제외한다)의 내부에 성기를 넣거나 성기, 항문에 손가락 등 신체(성기는 제외한다)의 일부 또는 도구를 넣는 행위를 한 사람은 3년 이상의 유기징역에 처한다

1. 의 의

폭행이나 협박으로 군인 또는 준군인에 대하여 구강, 항문 등 신체(성기는 제외한다)의 내부에 성기를 넣거나 성기, 항문에 손가락 등 신체(성기는 제외한다)의 일부 또는 도구를 넣는 행위를 함으로써 성립하는 범죄이다. 유사성교행위는 항문 또는 구강에 성기 등을 삽입함으로써 행위반가치에 있어서 강제추행보다 더 크다는 것을 반영하여 강제추행죄에서 별도로 구분하여 동 범죄를 신설하였다.

2. 구성요건

본죄의 주체는 군인 또는 준군인이며, 본죄의 객체 역시 군인 또는 준군인이다.

본죄의 행위는 폭행이나 협박으로 군인 또는 준군인에 대하여 구강, 항문 등 신체(성기는 제외한다)의 내부에 성기를 넣는 행위와 성기, 항문에 손가락 등 신체(성기는 제외한다)의 일부 또는 도구를 넣는 행위이다. 즉, 폭행·협박으로 이성 또는 동성 간 성기삽입행위를 제외한 그 밖의 삽입행위를 유사강간행위라 한다. 종래 이성간의 구강성교 및 항문성교는 물론 동성 간의 구강성교 및 항문성교 등 강제추행죄로 처벌할 수 밖에 없었던 행위들을 유사강간죄로 처벌할 수 있게 되었다. 또한 이성 간 또는 동성 간 성기나 항문에 손가락 등 성기를 제외한 신체의 일부로서 손가락이나 발가락 등은 물론이고 도구의 성기삽입행위 및 항문삽입행위도 본죄로 처벌된다.

3. 처 벌

일반 형법의 유사강간죄의 법정형이 2년 이상의 유기징역인데 비해(형법 제297조의 2) 본죄의 법정형은 3년 이상의 유기징역이다.

Ⅲ. 강제추행죄

> 제92조의 3 폭행이나 협박으로 제1조 제1항부터 제3항까지에 규정된 사람에 대하여 추행을 한 사람은 1년 이상의 유기징역에 처한다.

1. 의 의

폭행이나 협박으로 군인 또는 준군인을 강제추행함으로써 성립하는 범죄이다.

2. 구성요건

본죄의 주체는 군인 또는 준군인이며, 본죄의 객체 역시 군인 또는 준군인이다.

본죄의 행위는 폭행이나 협박으로 추행하는 것이다.[1] 여기서 폭행이란 사람에 대한 유형력의 행사를 말하며, 협박이란 해악을 통고하는 것을 말한다. 해악의 통고는 제3자에 대한 해악의 통고 등도 포함된다. 폭행이나 협박의 정도에 대해서는 상대방의 반항을 현저하게 곤란하게 하는 것을 포함한다고 봄이 일반적이다. 한편 추행이란 성욕의 흥분, 자극 또는 만족을 목적으로 하는 행위로서 건전한 상식 있는 일반인의 성적 수치·혐오의 감정을 느끼게 하는 일체의 행위를 말한다. 따라서 성적 수치감 내지 성적 도덕감정을 현저히 침해하는 것이어야 한다. 이 때 폭행 또는 협박과 강제추행 사이에는 인과관계가 있어야

---

1) 대법원 2020.12.10. 선고 2019도12282 판결: 피고인이 ○○중대 간부연구실에 있는 소파에서, 군인인 피해자 공소외 1(가명, 여, 23세)을 강제추행하기로 마음먹고 다리로 피해자의 양다리를 겹쳐서 잡고, 피해자의 손목을 잡아 피고인 쪽으로 끌어당기고, 오른팔로 피해자의 목과 어깨를 감싸 안아 피해자를 강제로 추행 … 생략 … '추행'이란 일반인을 기준으로 객관적으로 성적 수치심이나 혐오감을 일으키게 하고 선량한 성적 도덕관념에 반하는 행위로서 피해자의 성적 자기결정권을 침해하는 것을 말한다. 이에 해당하는지는 피해자의 성별, 연령, 행위자와 피해자의 관계, 그 행위에 이르게 된 경위, 구체적 행위 모습, 주위의 객관적 상황과 그 시대의 성적 도덕관념 등을 종합적으로 고려하여 신중히 결정해야 한다(대법원 2019.6.13. 선고 2019도3341 판결, 대법원 2020.6.25. 선고 2015도7102 판결 등 참조). 성적 자기결정 능력은 피해자의 나이, 성장과정, 환경 등 개인별로 차이가 있으므로 성적 자기결정권이 침해되었는지 여부를 판단함에 있어서도 구체적인 범행 상황에 놓인 피해자의 입장과 관점이 충분히 고려되어야 한다(대법원 2020.8.27. 선고 2015도9436 전원합의체 판결의 취지 참조). 여성에 대한 추행에 있어 신체 부분에 따라 본질적인 차이가 있다고 볼 수는 없다(대법원 2004.4.16. 선고 2004도52 판결 참조).
원심판결 이유 및 적법하게 채택한 증거에 의하면, 상급자인 피고인이 피해자를 호출하여 둘만 있는 간부연구실에서 보급품 관련 업무 대화를 하던 중 갑자기 피해자의 손목을 잡고 끌어당기고, 피고인의 다리로 피해자의 다리에 접촉하고, 피고인의 팔로 피해자의 어깨에 접촉하는 행위를 연속적으로 하였고, 피해자가 자신의 몸을 빼내면서 피고인을 밀쳐 떨어뜨린 다음 업무를 마무리하고 간부연구실에서 나온 사실, 피해자가 일관하여 피고인의 행위로 성적 수치심을 느꼈다고 진술한 사실을 알 수 있다.
앞서 본 추행의 의미, 성적 자기결정권의 침해를 판단하는 기준 등에 관한 법리에 위와 같은 사실을 비추어 보면, 앞서 본 피고인의 행위는 피해자의 의사에 반하여 이루어진 것일 뿐만 아니라 피해자의 성적 자유를 침해하는 유형력의 행사에 해당하고, 일반인에게도 성적 수치심을 일으키게 할 수 있는 추행으로 볼 수 있다. 그리고 피해자가 군대조직에서 일하는 여군으로서 공개된 장소에서 상관과 동료들에게 활달하고 적극적인 모습을 보여주는 과정에서 피고인과 손을 잡는 등의 신체접촉을 하였다는 사정은, 피고인이 피해자와 두 사람만 있는 폐쇄된 장소에서 피해자의 손목을 잡고 피해자의 다리와 어깨에 접촉한 행위를 추행으로 판단함에 지장이 되지 않는다.

한다. 다만, 폭행 자체가 추행행위에 해당하는 경우에도 본죄가 성립한다.[2] 미수범도 처벌한다(제92조의 4).

한편 본죄가 성립하기 위해서는 폭행이나 협박으로 군인 또는 준군인을 강제추행한다는 것에 대한 고의가 있어야 한다. 고의만 있으면 족하므로 추행의 목적이나 동기는 불문한다.

3. 처 벌

본죄는 친고죄이었으나, 2013년 6월 19일 개정법률에서는 친고죄 규정을 폐지하였다. 형법상 강제추행죄의 법정형이 10년 이하의 유기징역인 데 비해(형법 제298조), 그 법정형을 1년 이상의 유기징역으로 하고 있다.

IV. 준강간죄와 준강제추행죄

> 제92조의 4 제1조 제1항부터 제3항까지에 규정된 사람의 심신상실 또는 항거불능 상태를 이용하여 간음 또는 추행을 한 사람은 제92조 및 제92조의 2의 예에 따른다.

1. 의 의

사람의 심신상실 또는 항거불능 상태를 이용하여 간음 또는 추행함으로써 성립하는 범죄이다. 강간죄와 강제추행죄가 폭행·협박의 방법으로 간음 또는 추행하는 경우 성립함에 비해, 본죄는 심신상실 또는 항거불능 상태를 이용하여 같은 결과를 초래한 경우이므로 양자를 동일하게 처벌하는 것이다.

2. 구성요건

본죄의 주체는 군인 또는 준군인이다.

본죄의 객체로서 준강간죄의 객체는 강간죄의 객체와 동일하고, 준강제추행죄의 객체는 강제추행죄의 객체와 동일하다. 다만, 위 객체들이 심신상실 또는 항거불능의 상태에 있는 자이어야 한다. 여기서 심신상실이란 수면중이거나 일시 의식을 잃고 있거나 하는 등의 경우를 의미하며, 항거불능이란 심신상실 이외의 사유로 인하여 심리적 또는 육체적으로 반항이 불가능한 경우를 말한다. 다만, 행위자가 간음 또는 추행을 행하기 위해 심신상실 또는 항거불능 상태를 야기한 경우에는 본죄가 아니라 강간죄 또는 강제추행죄가 성립

---

[2] 강제추행죄는 상대방에 대하여 폭행 또는 협박을 가하여 항거를 곤란하게 한 뒤에 추행행위를 하는 경우뿐만 아니라 폭행행위 자체가 추행행위라고 인정되는 경우도 포함되는 것이며, 이 경우에 폭행은 반드시 상대방의 의사를 억압할 정도의 것일 필요는 없고 상대방의 의사에 반하는 유형력의 행사가 있는 이상 폭행에 해당한다(대법원 2014.12.24. 선고 2014도731 판결).

한다.

본죄의 행위는 심신상실 또는 항거불능의 상태를 이용하여 간음 또는 추행하는 것이다. 간음과 추행의 의미는 강간죄 및 강제추행죄의 그것과 동일하다. 한편 이용한다는 것은 행위자가 심신상실 또는 항거불능 상태를 인식하였을 것을 요한다.

3. 처   벌

본죄 역시 친고죄이었으나, 2013년 6월 19일 개정법률에서는 친고죄 규정을 폐지하였다. 본죄의 미수범도 처벌된다(제92조의 5).

준강간죄의 경우에는 강간죄와 동일하게, 준강제추행죄의 경우에는 강제추행죄와 동일하게 처벌한다. 즉 그 법정형이 같다.

V. 추 행 죄

> 제92조의 6 제1조 제1항부터 제3항까지에 규정된 사람에 대하여 항문성교나 그 밖의 추행을 한 사람은 2년 이하의 징역에 처한다.

1. 의   의

형법은 공연성을 띤 음란행위와 강제적인 추행만을 범죄로 하고 있음에 반하여, 군형법은 그러한 요건이 없는 경우에도 일반적인 추행행위를 범죄로서 처벌하고 있다.

원래 우리 형법은 반자연적 외설행위에 대하여 그것이 공연성이나 강제성을 띠지 않는 한 개인의 사생활의 자유에 일임하고 있는데, 이것은 형법이 그러한 행위에 대하여 보호할 가치를 두지 않고 또한 보호능력이 없기 때문이다. 그러나 군사회라는 집단적 공동생활 하에서는 그러한 행위가 군의 일상생활과 위신 및 군기에 미치는 영향이 크므로 일반적인 처벌규정을 두고 있는 것이다. 즉 군형법이 추행죄를 통하여 보호하고자 하는 것은 '개인의 성적 자유'가 아니라 '군이라는 공동사회의 건전한 생활과 군기'이다.[3]

---

3) 판례는 군인인 피고인 甲은 자신의 독신자 숙소에서 군인 乙과 서로 키스, 구강성교나 항문성교를 하는 방법으로 6회에 걸쳐 추행하고, 군인인 피고인 丙은 자신의 독신자 숙소에서 동일한 방법으로 피고인 甲과 2회에 걸쳐 추행하였다고 하여 군형법 위반으로 기소된 사안에서, 피고인들과 乙은 모두 남성 군인으로 동성애 채팅 애플리케이션을 통해 만났고 같은 부대 소속이 아니었는데, 당시 피고인들의 독신자 숙소에서 휴일 또는 근무시간 이후에 자유로운 의사를 기초로 한 합의에 따라 항문성교나 그 밖의 성행위를 하였고, 그 과정에 폭행·협박, 위계·위력은 없었으며 의사에 반하는 행위인지 여부가 문제된 사정도 전혀 없는 점, 피고인들의 행위가 군이라는 공동체 내의 공적, 업무적 영역 또는 이에 준하는 상황에서 이루어져 군이라는 공동체의 건전한 생활과 군기를 직접적이고 구체적으로 침해한 경우에 해당한다는 사정은 증명되지 않은 점에 비추어, 피고인들의 행위는 군형법 제92조의 6에서 처벌대상으로 규정한 '항문성교나 그 밖의 추행'에 해당하지 않는다는 이유로, 이와 달리 보아 피고인들에게 유죄를 인정한 원심판단에 법리오해의 잘못이 있다고 판시하였다(대법원 2022.4.21. 선고 2019도3047 전원합의체 판결).

아래에서는 판결의 판시 이유를 소개한다.

[1] [다수의견] 군형법 제92조의 6의 문언, 개정 연혁, 보호법익과 헌법 규정을 비롯한 전체 법질서의 변화를 종합적으로 고려하면, 위 규정은 동성인 군인 사이의 항문성교나 그 밖에 이와 유사한 행위가 사적 공간에서 자발적 의사 합치에 따라 이루어지는 등 군이라는 공동사회의 건전한 생활과 군기를 직접적, 구체적으로 침해한 것으로 보기 어려운 경우에는 적용되지 않는다고 봄이 타당하다. 구체적인 이유는 다음과 같다.

(가) 현행 군형법 제92조의 6은 2013.4.5. 법률 제11734호로 개정된 것으로서 "제1조 제1항부터 제3항까지에 규정된 사람(이하 '군인 등'이라 한다)에 대하여 항문성교나 그 밖의 추행을 한 사람은 2년 이하의 징역에 처한다."라고 정하고 있다(이하 '현행 규정'이라 한다). 현행 규정은 구 군형법(2013.4.5. 법률 제11734호로 개정되기 전의 것, 이하 '구 군형법'이라 한다) 제92조의 5 규정과는 달리 '계간(鷄姦)' 대신 '항문성교'라는 표현을 사용하고 행위의 객체를 군형법이 적용되는 군인 등으로 한정하였다.

제정 당시 군형법(2009.11.2. 법률 제9820호로 개정되기 전의 것, 이하 '제정 군형법'이라 한다) 제92조와 구 군형법 제92조의 5의 대표적 구성요건인 '계간(鷄姦)'은 사전적(辭典的)으로 '사내끼리 성교하듯이 하는 짓'으로서 남성 간의 성행위라는 개념요소를 내포하고 있다. 반면, 현행 규정의 대표적 구성요건인 '항문성교'는 '발기한 성기를 항문으로 삽입하는 성행위'라는 성교행위의 한 형태를 가리키는 것으로서, 이성 간에도 가능한 행위이고 남성 간의 행위에 한정하여 사용되는 것이 아니다. 따라서 현행 규정의 문언만으로는 동성 군인 간의 성행위 그 자체를 처벌하는 규정이라는 해석이 당연히 도출될 수 없고, 별도의 규범적인 고려 또는 법적 평가를 더해야만 그러한 해석이 가능하다.

(나) 어떤 행위가 추행에 해당하는지에 대한 일반적인 관념이나 동성 간의 성행위에 대한 규범적 평가는 시대와 사회의 변화에 따라 바뀌어 왔고, 동성 간의 성행위가 객관적으로 일반인에게 성적 수치심이나 혐오감을 일으키게 하고 선량한 성적 도덕관념에 반하는 행위라는 평가는 이 시대 보편타당한 규범으로 받아들이기 어렵게 되었다.

(다) 현행 규정의 체계와 문언, 개정 경위와 함께, 동성 간 성행위에 대한 법규범적 평가의 변화에 따라 동성 군인 간 합의에 따른 성행위를 아무런 제한 없이 군기를 침해하는 행위라고 보기 어려운 점 등을 종합하면, 현행 규정의 보호법익에는 '군이라는 공동사회의 건전한 생활과 군기'라는 전통적인 보호법익과 함께 '군인의 성적 자기결정권'도 포함된다고 보아야 한다.

(라) 성적 자기결정권은 군형법의 적용 대상인 군인에게도 당연히 인정되는 보편적 권리로서, 군인의 신분에 수반되는 국가안전보장·질서유지 또는 공공복리를 위하여 필요한 범위 내에서 법률로 이를 제한하는 경우에도 그 본질적인 내용은 침해될 수 없다.

위에서 본 동성 간 성행위에 대한 법규범적 평가에 비추어 보면, 동성 군인 간 합의에 의한 성행위로서 그것이 군이라는 공동사회의 건전한 생활과 군기를 직접적, 구체적으로 침해하지 않는 경우에까지 형사처벌을 하는 것은 헌법을 비롯한 전체 법질서에 비추어 허용되지 않는다고 보아야 한다. 이를 처벌하는 것은 합리적인 이유 없이 군인이라는 이유만으로 성적 자기결정권을 과도하게 제한하는 것으로서 헌법상 보장된 평등권, 인간으로서의 존엄과 가치, 그리고 행복추구권을 침해할 우려가 있다.

특히 현행 규정은 장교나 부사관 등 직업군인에게도 적용되는데, 직업군인의 경우 장기간 동안 군형법의 적용을 받게 되므로 기본권 제한의 정도가 매우 크다. 그리고 군인 간의 합의에 의한 항문성교 그 밖의 성행위가 사적 공간에서 은밀히 이루어진 경우 이를 처벌하기 위해서는 지극히 사생활 영역에 있는 행위에 대한 수사가 필수적인데, 이러한 수사는 군인의 사생활의 비밀과 자유를 과도하게 제한하는 것으로 허용되기 어렵다.

[대법관 안철상, 대법관 이흥구의 별개의견] 별개의견의 요지는 다음과 같다.

첫째, 현행 규정은 기본권 보장, 권력분립 원칙 등 헌법 질서의 테두리 안에서 전승을 위한 전투력 확보라는 군형법의 특수한 목적과 군의 건전한 생활과 군기라는 현행 규정의 보호법익을 충분히 고려하여 합리적으로 해석되어야 한다.

둘째, 다수의견은 '군이라는 공동사회의 건전한 생활과 군기'를 현행 규정의 적용 여부를 판단하는 기준으로 삼으면서도, 동성 군인 사이의 항문성교나 그 밖의 추행행위가 사적 공간에서 '자발적 의사 합치'에 따라 이루어진 경우에는 현행 규정이 적용되지 않는다고 한다. 그러나 합의 여부를 현행 규정 적용의 소극적 요소 중 하나로 파악하는 것은 법률해석을 넘어서는 실질적 입법행위에 해당하여 찬성하기 어렵다.

셋째, 다수의견은 성적 자기결정권을 현행 규정의 보호법익에 포함시키고 있다. 이에 따르면, 군인 등의 위와 같은 성적 행위가 자발적 합의에 의한 것이 아닌 경우 사적 공간에서의 행위라 하더라도 현행 규정의 적용 대상이 될 수 있게 된다. 그러나 이것은 군형법에서 비동의추행죄를 신설하는 의미가 되고,

이에 관한 충분한 논의와 사회적 공감대가 형성되지 않은 상태에서 이를 도입하는 것은 형사법체계에 큰 논란을 초래하는 것이어서 선뜻 받아들이기 어렵다.

넷째, 현행 규정의 적용 범위는 합헌적 해석을 바탕으로 군형법 체계와 보호법익을 고려하면, 행위 시 상황을 기준으로 판단함이 합리적인 해석이다. 이에 따르면, 현행 규정은 적전, 전시·사변과 같은 상황에서 기본적으로 적용되고, 평시의 경우에는 군사훈련, 경계근무 그 밖에 이에 준하는 군기를 직접적, 구체적으로 침해할 우려가 있는 상황에서만 적용된다고 봄이 타당하다.

[대법관 김선수의 별개의견] 다수의견은 두 사람이 상호 합의하여 성적 행위를 한 경우에도 현행 규정을 적용하여 형사처벌을 할 수 있는 여지를 남겨둔 것으로 보이므로, 그와 같은 해석은 가능한 문언해석의 범위를 벗어난 것으로 허용될 수 없다는 의견을 밝힌다.

(가) 현행 규정과 같이 조사 상당어 '에 대하여'를 사용한 경우 그 상대방은 주어가 행하는 술어 행위의 영향력이 미치는 대상이 될 뿐으로, 행위의 일방향성이 부각되므로, 주어와 대상의 상호 작용성, 상호 합의라는 의미와 연관 지어 해석할 수는 없다. 즉, 조사 상당어 '에 대하여'의 의미로부터 두 사람이 상호 합의하여 행위를 한 경우에도 적용할 수 있다는 해석을 이끌어 낼 수는 없다. 결국 '에 대하여'로 개정된 현행 규정에 따르면, 행위를 한 행위자만을 처벌할 수 있을 뿐 그 상대방을 처벌할 수 없다고 보아야 한다. 이러한 해석은 객관적으로 나타난 현행 규정의 문장구조와 규정 형식, 문언의 의미와 내용에 따른 것으로서, 설령 입법자가 이를 의도하지 않았다고 하더라도 입법자의 의도가 법 문언에 객관적으로 표현되지 않은 이상 당연한 것이다.

또한 '상호 합의하다.'라는 어구의 의미해석상 '상호 합의한 성적 행위'에서 행위자와 그 상대방을 설정하기 어려우므로, 결국 현행 규정은 두 사람이 상호 합의하여 성적 행위를 한 경우에는 적용할 수 없다고 보아야 한다. 두 사람이 상호 합의하여 이 사건 행위를 한 경우 두 사람 중에 누가 행위자이고 상대방인지 구별할 수 없다면, 죄형법정주의 원칙에 따라 두 사람 모두 처벌대상에 해당하지 않는 것으로 해석하는 것이 타당하다. 그럼에도 현행 규정을 적용하여 두 사람을 모두 행위자로 의제하고 처벌하는 것은 죄형법정주의 원칙에 명백히 반한다.

(나) 군형법이라는 법률 명칭과 제1조의 규정에 비추어 보면 '군기 보호'라는 법익은 군형법상의 모든 장 및 모든 조항의 공통된 기본적인 보호법익이므로, 각 장 및 각 조항의 범죄는 '군기 보호'라는 공통된 보호법익을 기본으로 하여 각각의 독자적인 법익을 추가로 보호하는 것이라고 해석하는 것이 타당하다. '강간과 추행의 죄'에 관하여 규정한 제15장과 그중에서 추행의 죄에 관해 규정한 현행 규정은 군형법상의 모든 범죄의 보호법익인 '군기 보호'에 위 장 고유의 보호법익인 '성적 자유' 또는 '성적 자기결정권'을 함께 보호법익으로 한다고 해석하는 것이 군형법의 전체적인 체계와 현행 규정의 위치와 제목 등을 고려할 때 지극히 타당하다.

(다) '추행'에 해당하는지 여부를 판단할 때 중요한 고려요소 중 하나는 '그 시대의 성적 도덕관념'이므로, 현행 규정의 '추행'에 해당하는지 여부를 판단할 때에도 '이 시대의 성적 도덕관념'을 고려하여야 한다. 법원이 법률을 해석할 때 지금 이 시대의 법의식을 고려하는 것은 구체적 사건에서 타당성 있는 법률의 해석·적용을 위하여 반드시 요청되는 사항이다.

다수의견과 그 보충의견에서 설명한 동성애에 대한 우리 사회 인식의 변화에 비추어 볼 때, 성인 사이의 상호 합의에 의한 동성 간의 성적 행위를 지금 이 시대의 성적 도덕관념에 비추어 '더럽고 지저분한 행동'으로 평가할 수는 없다. 아무리 군의 특수성을 감안한다고 하더라도 형법상 추행과 같이 현행 규정상 추행도 일방의 의사에 반하여 구체적인 피해를 야기하는 행위만이 '더럽고 지저분한 행동'으로 평가하여야 한다. 이는 규범적 개념인 '추행'의 의미를 확정하는 법률해석의 과정에서 충분히 가능하고 반드시 필요한 것으로서, 문언해석의 범위를 벗어난다거나 법원의 해석 권한을 벗어나는 것이 아니다.

한편 현행 규정이 일방의 의사에 반하는 경우에만 적용되어야 한다는 해석이 군대 내에만 비동의추행죄를 도입하게 되는 것이어서 형사법체계에 큰 논란을 초래한다는 지적은 타당하지 않다. 위와 같은 해석은 현행 규정의 문장구조와 체계, 추행의 의미에 대한 합리적 해석을 통해 그 적용 범위를 설정하려는 것으로, 어떤 새로운 범죄를 도입하는 것이 아니다. 또한 위 해석은 현행 규정의 적용 범위를 명확히 함으로써 현행 규정이 그 문언과 문장구조에 반하여 부당하게 적용되는 것을 방지하려는 것뿐이어서 형사법체계에 논란을 초래한다고 볼 수도 없다.

(라) 두 사람이 상호 합의한 성행위가 군기를 구체적, 직접적으로 침해하는 경우 현행 규정을 적용하여 처벌할 수 없다고 해석하더라도 처벌의 공백이 발생하지 않는다. 오히려 현행 규정을 두 사람이 상호 합의하여 행한 경우에도 일률적으로 적용한다면 군인에 대한 형벌권 남용의 위험이 상존할 수 있다. 따라서 군형법의 모든 조항에 공통된 보호법익인 '군기 보호'라는 명분으로 두 사람이 상호 합의하여 성적

2. 행　위

항문성교 그 밖의 추행이다. 항문성교는 남자끼리의 성행위를 의미하며 추행의 한 예이다. 2013년 법 개정시 종래 사용하던 "계간"이라는 용어가 동성간의 성행위를 비하하는 용어라는 문제점이 제기되어 "항문성교"라는 용어로 변경되었다.

추행(醜行)이라 함은 성욕의 흥분 또는 자극을 목적으로 하는 일체의 행위로서 건전한

행위를 한 경우까지 현행 규정을 적용하여 두 사람 모두를 형사처벌하는 것은 형벌의 최후수단성 원칙에 반한다고 하지 않을 수 없다.

[대법관 조재연, 대법관 이동원의 반대의견] 다수의견은 현행 규정이 동성 군인 사이의 항문성교나 그 밖에 이와 유사한 행위가 사적 공간에서 자발적 의사 합치에 따라 이루어지는 등 군이라는 공동사회의 건전한 생활과 군기를 직접적, 구체적으로 침해한 것으로 보기 어려운 경우에는 적용되지 않는다고 한다. 그러나 이러한 다수의견은 현행 규정이 가지는 문언의 가능한 의미를 넘어 법원에 주어진 법률해석 권한의 한계를 벗어난 것으로서 이에 동의할 수 없다. 구체적인 이유는 다음과 같다.

(가) 현행 규정은 '군인 등'에 대하여 항문성교나 그 밖의 추행을 한 사람을 2년 이하의 징역에 처하도록 정하고 있고, 군형법 제1조는 군형법의 적용대상자를 '군인 등'으로 정하고 있다. 따라서 현행 규정은 '군인 등'이 '군인 등'에 대하여 '항문성교나 그 밖의 추행'을 하는 행위를 구성요건으로 하는 형벌법규로서, 결국 현행 규정의 구성요건요소 중 해석이 필요한 부분은 주체, 객체(상대방), 행위 중 '항문성교나 그 밖의 추행'이라는 '행위' 요소에 관한 것이다.

(나) 다수의견과 같이 목적론적 축소해석 또는 합헌적 해석방법을 이용하여 문언의 가능한 의미를 벗어나 현행 규정의 구성요건을 변경하는 해석은 허용되지 않는다고 보아야 한다. 즉, 현행 규정에서 정하고 있는 '항문성교나 그 밖의 추행'에 해당하면 그로써 위 규정의 적용 대상이 되는 것이고, 여기에 더하여 다수의견과 같이 '사적 공간인지 여부', '자발적 합의에 의한 것인지 여부' 등의 사정을 고려하여 '군기를 직접적이고 구체적으로 침해하였는지'에 따라 그 적용 여부를 달리해야 할 근거는 없다. 다수의견과 같이 해석하는 것은 법원이 법률 문언에 없는 단서 조항을 신설하는 것과 같다. 이는 명문의 규정에 반하는 법형성 내지 법률 수정을 도모함으로써 법원이 가지는 법률해석 권한의 한계를 명백하게 벗어나는 것이다. 다수의견은 입법론으로 고려할 수 있을 뿐 현행 규정의 해석론으로는 받아들이기 어렵고, 입법정책의 문제를 법률해석의 문제로 다루는 것이라 할 수 있다.

(다) 법원은 국회가 제정한 법률에 대하여 그것이 헌법재판소에 의하여 위헌결정을 받기 전까지는 이를 적용하여야 하고, 군형법상 추행죄와 같이 이미 수차례 합헌결정을 받은 경우에는 더욱 그러하다. 비록 법률을 적용한 결과가 못마땅하다 하더라도 이는 헌법재판소의 결정과 입법기관의 법개정을 통하여 해결하여야지, 법원이 법해석이라는 이름으로 이들 기관을 대신하는 것은 권한 분장의 헌법 정신에 어긋난다. 법률의 노후화 또는 해석결과의 불합리라는 이유만으로 법률 그 자체의 적용을 거부한 채 형벌법규 문언의 명백한 의미를 제한하거나 수정하는 해석을 하는 것은 국민이 법원에 부여한 권한에 속한다고 할 수 없다. 피고인에게 유리한 방향 또는 결과적으로 옳은 방향이라고 하더라도 마찬가지이다. 이는 민주주의의 기반인 삼권분립 원칙의 본질적 요청이고, 헌법 제40조(입법권), 제103조(법관의 독립), 제111조(헌법재판소의 권한 등)에 따른 한계이다.

(라) 현행 규정은 자발적 합의 아래 사적 공간에서 이루어진 행위에도 적용된다고 보아야 한다. 어떤 행위를 범죄로 규정하고 이를 어떻게 처벌할 것인가 하는 문제는 그 범죄의 죄질과 보호법익뿐만 아니라 우리의 역사와 문화, 입법 당시의 시대적 상황, 국민 일반의 가치관과 법감정 그리고 범죄 예방을 위한 형사정책적 측면 등 여러 가지 요소를 종합적으로 고려하여 입법자가 결정할 사항이다. 어떤 행위를 징계로 해결할 것인지 아니면 형사처벌 대상으로 삼을 것인지를 법관이 판단하는 것은 바람직하지 않다. 현행 규정을 입법론적으로 그대로 존치하여야 한다는 것이 아니다. 다수의견과 같은 결론은 몇 명의 법관이 아니라, 실제적인 이해관계를 가진 사회 전반의 시민들이 전문가의 연구 등을 바탕으로 충분한 논의를 거쳐 헌법과 법률이 마련한 정당한 입법절차를 통하여 사회적 합의의 형태로 결정되어야 한다. 다수의견은 시민사회, 학계, 법률가 및 정치권 등의 소통을 통한 논의와 입법절차를 통하여 얻어야 할 결론을 법률 문언을 넘어서는 사법판단을 통하여 이루고자 하는 것이어서 받아들이기 어렵다.

상식 있는 일반인의 수치·혐오심을 느끼게 하는 반자연적 외설행위(sodomy)[4]를 말하나,
그렇지 않은 경우도 행위 당시의 구체적 상황에 따라서 추행이 될 수도 있다.[5]·[6] 판례는
'추행'을 "계간(항문성교)에 이르지 아니한 동성애 성행위 등 객관적으로 일반인에게 혐오감
을 일으키게 하고 선량한 성적 도덕관념에 반하는 성적 만족행위로서 군이라는 공동사회
의 건전한 생활과 군기를 침해하는 것"으로 보고, 이에 해당하는지 여부는 "행위자의 의
사, 구체적 행위태양, 행위자들 사이의 관계, 그 행위가 공동생활이나 군기에 미치는 영향
과 그 시대의 성적 도덕관념 등을 종합적으로 고려하여 신중히 결정하여야 한다"고 한다.[7]

　　추행을 공공연하게 하면 형법상의 공연음란죄(제245조)와 본죄가 상상적 경합관계에
서게 되며, 폭행·협박의 방법을 사용하거나 심신상실 또는 항거불능의 상태를 이용하는
경우, 일정한 범위 내의 객체에 대하여 위계나 위력을 사용하는 경우, 13세 미만의 자에게
행하는 경우에는 형법상의 강제추행죄가 성립되어 본죄는 여기에 흡수된다.

3. 추행죄의 위헌성논의[8]

　　본죄에 대해서는 동성애자 군인의 성적 자기결정권과 평등권, 사생활의 비밀과 자유
를 침해하며, 입법목적과 보호법익의 정당성을 인정받기 어렵고, 죄형법정주의의 명확성의
원칙과 기본권제한의 과잉금지원칙에 위배되어 위헌이라는 견해가 있다.[9] 이에 대하여 헌
법재판소는 "① 군형법상 추행죄는 군내부의 건전한 공적 생활을 영위하고, 소위 군대가정
의 성적 건강을 유지하기 위하여 제정된 것으로 주된 보호법익은 '개인의 성적 자유'가 아
니라 '군이라는 공동사회의 건전한 생활과 군기'라는 사회적 법익이며, ② 추행죄의 규정이
명확성의 원칙에 위배되는지 여부를 판단하기 위해서는 그 입법목적과 다른 법률조항과의
연관성 등을 고려하여 '추행'이라는 일반조항에 대한 합리적인 해석이 가능한지 여부를 판

---

4) 추행의 개념에 관하여는 "주관적으로는 성욕을 흥분 또는 자극케 하거나 사적 만족을 얻을 목적으로 행해지고, 객관적으로는 일반인의 성적 수치심을 해하며, 선량한 도덕관념에 반하는 행위"라고 보는 주관설과 "객관적으로 일반인의 성적 수치심이나 혐오감을 일으키게 하는 일체의 행위"라고 보는 객관설이 있다.
5) 미국의 군사통일법전(UCMJ) 제125조는 "동성, 이성 또는 동물과 변태적인 성행위를 한 자는 추행죄로 처벌된다"라고 규정하고 있다.
6) 군인들 간의 "계간"은 추행행위의 대표로 예시한 것에 불과하며, 계간에 준하는 추행행위뿐만 아니라 이에 미치지 못하는 단순추행행위라고 하더라도 군사회의 기강을 해치고 각 개인의 성적인 자유를 침해할 만한 것이라면 군형법 소정의 추행죄의 구성요건에 해당한다(1999. 3.30. 고등군사법원 99노31). 또한 옷을 입고 있는 피해자의 성기를 손으로 만지고, 이불을 덮고 있는 피해자의 위에 올라타 성교하는 시늉을 한 행위는 추행죄에 해당한다(2000.12.26. 고등군사법원 2000노524).
7) 대법원 2008.5.29. 선고 2008도2222 판결.
8) 이와 관련하여 군형법 제92조의 6의 개정필요성에 대한 논의는 다음의 논문을 참조. 김회동·김기범, "군형법 제92조의 6의 개정검토", 「법학연구」 제31권 제 3 호, 충남대학교 법학연구소, 2020.8, 185-228면.
9) 노기호, "군형법 제92조 '추행죄'의 위헌성 고찰," 「헌법학연구」 제15권 제 2 호, 한국헌법학회, 2009.6, 293-294면.

단하여야 하는데, 건전한 상식과 통상적인 법감정을 가진 군형법 피적용자는 어떠한 행위가 이 사건 법률조항의 구성요건에 해당하는지 여부를 어느 정도 쉽게 파악할 수 있으며, 법률적용자가 이 사건 법률조항 중 '기타 추행' 부분을 자의적으로 확대하여 해석할 염려가 없기 때문에 형벌법규의 명확성의 원칙에 위배되지 않으며, ③ 입법자가 사회적 법익을 주된 보호법익으로 하는 이 사건 법률조항을 제정하면서 군형법 피적용자가 행한 추행의 유형이나 그 상대방의 피해상황 등을 구체적으로 구분하지 아니하고 위와 같은 사회적 법익을 침해한 모든 추행행위에 대하여 일괄적으로 1년 이하의 징역형으로 처벌하도록 규정하였다는 사유만으로 입법재량권을 자의적으로 행사하였다고도 볼 수는 없으므로, 추행죄 조항 중 '기타 추행' 부분이 헌법상 과잉금지의 원칙 등에 위배된다고 보기도 어렵다"고 하여 합헌결정을 내렸다.[10] 헌법재판소의 위와 같은 결정에도 불구하고 본 조항에 대한 위헌성 논의는 여전히 계속되고 있다.

위에서 언급한 바와 같이 군형법이 '추행죄'를 규정하여 처벌하고자 하는 것은 개인의 성적 자기결정권을 침해하는 행위가 아니라 군이라는 공동사회의 건전한 생활과 군기이다. 따라서 비록 상호간의 합의 하에 이루어진 행위일지라도 그것이 '군이라는 공동사회의 건전한 생활과 군기'를 침해할 수 있는 행위인 경우에는 처벌가능하며, 어느 행위가 여기에 해당하는가는 행위 당시의 구체적 상황을 고려하여 판단하면 된다.[11] 한편 그 적용범위와 관련하여 추행죄는 군인(준군인 포함) 상호간의 행위에만 적용된다고 보는 견해도 있다.[12] 이 견해에 의하면 군인과 민간인 간의 추행행위를 처벌한다면 군인에 대한 처벌로 인하여 상대방인 민간인의 명예를 침해하게 되어 형법상 정조에 관한 죄에 대하여 피해자의 명예보호를 위하여 친고죄로 하고 있는 것과 부합하지 않는 것이며, 또한 군인과 민간인의 추행행위는 군의 공적 생활상 건전성과 반드시 연결되지는 않기 때문이라고 한다. 그런데 이러한 견해에 의할 경우에는 군인과 민간인이 합의한 경우에는 설사 부대 내에서 다른 사람들이 볼 수 있는 공간에서 계간을 한 경우, 이러한 행위가 군대라는 공동사회의 건전한 생활과 군기를 심각하게 훼손할 수 있음에도 처벌할 수 없게 되는 결과에 이를 수 있으므

---

10) 헌법재판소 2002.6.27. 선고 2001헌바70 결정.

11) 이와 관련하여 미국 군사법원인 CAAF(the Court of Appeals for the Armed Forces)는 문제되는 행위가 ① 성인들 사이의 합의에 의한 것인지 및 그 장소가 사생활의 비밀을 보호할 만한 곳이었는지 여부, ② 상대방이 사회적 약자이거나 다친 사람이었는지, 성매매행위였는지, 행위자 중 일방이 사실상 동의를 거절하기 어려운 상황에 있었는지 여부, ③ 그러한 행위를 금지할 군사적 이유가 있는지 여부 등을 고려하여 추행죄로 처벌하는 것이 타당한지를 결정해야 한다고 한다(U.S. v. Marcum, U.S. Armed Forces 2004, 60 M.J. 198).

12) 판례도 "군형법 제92조 소정의 추행은 건전한 공적 생활을 영위하기 위한 이른바 군대가정의 성적 건강을 유지하기 위한 것이므로 민간인과의 사적 생활관계에서의 변태성 성적 만족행위에는 적용할 수 없는 것으로 해석함이 상당하다"고 하여(대법원 1973.9.25. 선고 73도1915 판결. 동지: 육군고등군법회의 1973.5.25. 선고 72년 고군형항 제511호 판결) 본죄가 군형법 적용대상자 상호간에만 적용되는 것으로 보고 있다.

로 이러한 견해는 바람직하지 않다. 따라서 추행행위는 군인(준군인) 상호간의 행위는 물론 군인과 민간인 혹은 군인과 동물 간의 관계에도 적용된다. 다만, 추행행위의 범위가 지나치게 확대할 수 있으므로 상호간의 합의에 의해 부대 밖에서 둘만의 공간에서 행해진 경우에는 이의 적용을 배제함이 바람직하다.[13]

본죄는 군의 질서라는 추상적인 존재가 그 피해자라고 할 것이므로 피해자의 고소를 요하는 친고죄가 아니다.

Ⅵ. 강간 등 상해·치상죄, 강간 등 살인·치사죄

> 제92조의 7 제92조 및 제92조의 2부터 제92조의 4까지의 죄를 범한 사람이 제1조 제1항부터 제3항까지에 규정된 사람을 상해하거나 상해에 이르게 한 때에는 무기 또는 7년 이상의 징역에 처한다.
> 제92조의 8 제92조 및 제92조의 2부터 제92조의 4까지의 죄를 범한 사람이 제1조 제1항부터 제3항까지에 규정된 사람을 살해한 때에는 사형 또는 무기징역에 처하고, 사망에 이르게 한 때에는 사형, 무기 또는 10년 이상의 징역에 처한다.

1. 강간 등 상해·치상죄

(1) 의   의

강간죄, 강제추행죄, 준강간, 준강제추행죄를 범한 자가 사람을 상해하거나 상해에 이르게 함으로써 성립하는 범죄이다.

(2) 행   위

본죄의 주체는 강간죄, 강제추행죄, 준강간, 준강제추행죄를 범한 자이다. 이 때 해당 범죄는 기수에 이를 것을 요하지 아니하며, 미수범도 포함한다.

본죄의 행위는 사람을 상해하거나 상해에 이르게 하는 것이다. 여기서 상해란 상해에 대하여 고의가 있는 경우이며, 상해에 이르게 하는 것은 고의 없이 과실로 상해의 결과를 발생케 한 경우를 말한다. 여기서 상해의 결과를 위해 외관상의 상처가 있어야 하는 것은 아니다. 또한 상해의 결과는 반드시 강간 등의 행위 자체에서 일어날 필요는 없으며, 널리 강간의 기회에 이루어진 것이면 족하므로 피해자가 강간의 수단인 폭행을 피하려다가 상해의 결과가 발생한 경우에도 본죄는 성립한다.

---

13) 미국 군사법원인 CAAF는 영내 BOQ에서 남녀간의 오럴섹스를 한 혐의로 체포된 피고인에 대해 유죄를 선고한 원심을 그 행위가 둘만의 공간인 BOQ 룸 내에서 행하여졌고, 둘 다 성인이었으며, 어떠한 강압도 없는 자유로운 합의 하에 행하여진 점 등을 이유로 파기환송하였다(U.S. v. Bullock, U.S. Armed Forces 2004).

(3) 처 벌

일반 형법상의 강간 등 상해·치상죄의 법정형이 무기 또는 5년 이상의 유기징역인데 비해(형법 제301조), 본조의 법정형은 무기 또는 7년 이상의 유기징역이다.

2. 강간 등 살인·치사죄

(1) 의 의

강간죄, 강제추행죄, 준강간, 준강제추행죄를 범한 자가 사람을 살해하거나 사망에 이르게 함으로써 성립하는 범죄이다.

(2) 행 위

본죄의 주체는 강간죄, 강제추행죄, 준강간, 준강제추행죄를 범한 자이다. 이 때 해당 범죄는 기수에 이를 것을 요하지 아니하며, 미수범도 포함한다.

본죄의 행위는 사람을 살인하거나 사망에 이르게 하는 것이다. 강간 등 치사죄는 결과적 가중범이므로 사망의 결과는 강간행위로 인한 것이어야 한다. 즉 사망과 강간행위 사이에 인과관계가 있어야 한다. 이 때 사망의 결과는 강간 등의 행위 자체에서 일어날 필요는 없으며, 널리 강간의 기회에 이루어진 것이면 족하므로 피해자가 강간의 수단인 폭행을 피하려다가 사망의 결과가 발생한 경우에도 본죄는 성립한다.

(3) 처 벌

강간 등 살인죄는 사형 또는 무기징역으로 일반 형법상의 강간 등 살인죄와 법정형이 같으나, 강간 등 치상죄는 사형, 무기 또는 10년 이상의 유기징역으로 일반 형법의 무기 또는 10년 이상의 유기징역보다 더 중하다(형법 제301조의 2).

제17장

그 밖의 죄

제 1 절 총   설

군형법은 군의 군기유지 및 군사회의 일상생활상 필요한 비교적 경미한 몇 가지 범죄 유형을 모아 기타의 죄라는 장에 규정하고 있다. 따라서 본장의 죄는 상호 죄질의 공통성이 있기 때문이 아니라 순전히 편의에 따라 함께 규정된 것이다. 입법론적으로 볼 때, 제13장 위령의 죄에 포함시키는 것이 타당하리라고 생각한다.

이들 범죄유형으로는 부하범죄부진정죄(제93조), 정치관여죄(제94조) 등이 있다.

제 2 절 범죄유형

I. 부하범죄부진정죄

> 제93조 부하가 다수 공동하여 죄를 범함을 알고도 그 진정(鎭定)을 위하여 필요한 방법을 다하지 아니한 사람은 3년 이하의 징역이나 금고에 처한다.

1. 의   의

본죄는 부하를 가진 상관으로서 지휘통솔의 의무를 태만히 하는 것을 본질로 하는 순정부작위범의 일종이다.[1]

---

1) 따라서 부작위의 상태에서 한 걸음 더 나아가 부하들의 범죄에 대한 공범관계가 성립되는 경우에는 본죄가 성립하지 않고 부하범죄에 대한 공범으로 처단해야 한다는 판례가 있다(육군고등군법회의 1976.12.

본죄의 주체는 본죄의 구성요건에 비추어 볼 때 상관에 한한다. 여기서 상관이라 함은 순정상관을 의미한다. 즉 본조에서 말하는 부하란 자기의 명령권 하에 있는 자를 말하며, 단순한 하급자나 하서열자는 제외되므로 상관도 역시 그러한 명령권을 가지는 자, 즉 명령복종 관계 내에 있는 상관인 순정상관을 의미한다고 볼 것이다.

2. 행 위

부하가 다수 공동하여 죄를 범함을 알고 그 진정을 위하여 필요한 방법을 다하지 않는 것이다.

본죄는 부하가 다수 공동하여 죄를 범하는 경우에 한하므로 부하의 개별적인 범죄에 대한 부진정의 경우는 본죄가 성립하지 아니한다. 여기서 다수 공동한다 함은 반드시 행위자의 명령권 하에 있는 부하만이 공동한다는 것을 의미하는 것은 아니며, 그 범죄가 다수인의 행위를 요하는 필요적 공범(반란죄나 소요죄)일 필요도 없고, 다수인이 공동정범일 필요도 없다. 즉 동일한 시간에 동일한 장소에서 각자의 범죄를 수명이 실현하고 있는 경우에도 본죄는 성립한다.

범죄의 진정을 위하여 필요한 방법을 다함으로써 족하므로 부하들의 범죄가 현실적으로 저지되든 범죄가 기수로 되든 불문하며, 필요한 방법이란 범죄진정을 위한 합리적 방법을 의미한다.

본죄가 성립하기 위해서는 행위자가 부하들의 범죄사실을 미필적으로나마 알고 있음을 요한다는 것은 본죄의 구성요건상 명백하다.

Ⅱ. 정치관여죄

> 제94조 ① 정당이나 정치단체에 가입하거나 다음 각 호의 어느 하나에 해당하는 행위를 한 사람은 5년 이하의 징역과 5년 이하의 자격정지에 처한다.
> 1. 정당이나 정치단체의 결성 또는 가입을 지원하거나 방해하는 행위
> 2. 그 직위를 이용하여 특정 정당이나 특정 정치인에 대하여 지지 또는 반대 의견을 유포하거나, 그러한 여론을 조성할 목적으로 특정 정당이나 특정 정치인에 대하여 찬양하거나 비방하는 내용의 의견 또는 사실을 유포하는 행위
> 3. 특정 정당이나 특정 정치인을 위하여 기부금 모집을 지원하거나 방해하는 행위 또는 국가·지방자치단체 및 「공공기관의 운영에 관한 법률」에 따른 공공기관의 자금을 이용하거나 이용하게 하는 행위
> 4. 특정 정당이나 특정인의 선거운동을 하거나 선거 관련 대책회의에 관여하는 행위
> 5. 「정보통신망 이용촉진 및 정보보호 등에 관한 법률」에 따른 정보통신망을 이용한 제1호부터 제4호에 해당하는 행위

---

3. 선고 76년 고군형항 제789호 판결).

6. 제1조 제1항부터 제3항까지에 규정된 사람이나 다른 공무원에 대하여 제1호부
   터 제5호까지의 행위를 하도록 요구하거나 그 행위와 관련한 보상 또는 보복으로
   서 이익 또는 불이익을 주거나 이를 약속 또는 고지(告知)하는 행위
② 제1항에 규정된 죄에 대한 공소시효의 기간은 「군사법원법」 제291조 제1항에도 불구
   하고 10년으로 한다.

1. 의   의

공무원의 정치적 중립은 헌법이 요구하고 있는 바이며(헌법 제7조), 더욱이 군이라는 특수한 공적 지위에 있는 자에 대한 정치적 중립의 요청은 절실한 것이다(헌법 제5조 제2항 후단, 군인복무기본법 제33조). 국가의 안전보장과 국토방위의 신성한 의무를 수행하여야 할 실력적 국가기관인 군이 정치에 관여한다는 것은 군본연의 사명을 망각한 행위이며, 민주국가의 정치질서에 미치는 영향이 지대한 것이다.

그러나 국방과 정치라는 것은 서로 밀접한 관련을 맺고 있는 것으로서 군인도 어느 정도 정치의 동향에 대하여 관심을 갖지 않을 수 없는 것이다. 따라서 군인이 관심의 대상으로서 정치를 연구하고 관심을 가진다는 것은 필요한 일이며, 다만 정치에 직접적인 참여를 금지해야 하는 것이다. 이러한 취지에서 군형법은 군인의 정치운동에 관하여 규율하고 있는 것이다.

한편 종래 정치관여죄는 정치적 의견을 공표하는 것 등의 군인의 모든 정치운동을 금지하고 있어서 군인의 표현의 자유를 지나치게 제한하고 있을 뿐만 아니라 구성요건도 불명확한 부분이 있어서 2014년 군형법 개정을 통해 군인의 정치관여에 대한 처벌 요건을 구체화하고 그 형량을 현행 2년 이하의 금고에서 5년 이하의 징역과 5년 이하의 자격정지로 강화하며, 그 죄의 공소시효의 기간을 10년으로 연장하였다.

2. 행   위

정당이나 정치단체에 가입하거나 정당이나 정치단체의 결성 또는 가입을 지원하거나 방해하는 행위, 직위를 이용하여 특정 정당이나 특정 정치인에 대하여 지지 또는 반대 의견을 유포하거나, 그러한 여론을 조성할 목적으로 특정 정당이나 특정 정치인에 대하여 찬양하거나 비방하는 내용의 의견 또는 사실을 유포하는 행위, 특정 정당이나 특정 정치인을 위하여 기부금 모집을 지원하거나 방해하는 행위 또는 국가 · 지방자치단체 및 「공공기관의 운영에 관한 법률」에 따른 공공기관의 자금을 이용하거나 이용하게 하는 행위, 특정 정당이나 특정인의 선거운동을 하거나 선거 관련 대책회의에 관여하는 행위, 군인 또는 준군인을 포함한 다른 공무원에 대하여 정치관여행위를 하도록 요구하거나 정치관여행위와 관련한 보상 또는 보복으로서 이익 또는 불이익을 주거나 이를 약속 또는 고지(告知)하는 행

위를 하는 것이다.[2]

정당이란 국민의 이익을 위하여 책임 있는 정치적 주장이나 정책을 추진하고 공직선거의 후보자를 추천 또는 지지함으로써 국민의 정치적 의사형성에 참여함을 목적으로 하는 국민의 자발적 조직 중 정당법에서 규정하고 있는 요건을 갖추어 중앙선거관리위원회에 등록을 한 것을 말한다. 정치단체란 그 명칭과 무관하게 정치활동을 목적으로 하는 모든 정치적 사회단체를 말한다. 정당은 정치단체의 가장 대표적인 것이지만 그 중요성을 감안하여 별도로 규정하였다. 가입이란 정당의 당원이 되거나 정치단체라는 정을 알면서 그 구성원이 되는 것을 말한다. 가입 이외에 새로운 정치단체를 만들어 그 발기인이 되는 경우도 여기에 포함된다. 결성이란 정당이나 정치단체를 만드는 것을 말하는데 본인이 결성하는 것은 정치단체 가입에 해당하므로 1호의 행위는 결성을 지원하거나 가입을 지원하는 행위를 의미한다. 2호는 자신의 직위를 이용하여 특정정당이나 정치인에 대해지지 또는 반대의견을 유포하는 행위와 지지 또는 반대여론을 조성할 목적으로 특정 정당이나 정치인에 대하여 찬양하거나 비방하는 내용의 의견 또는 사실을 유포하는 행위이다. 개정 이전에는 정치적 의견을 공포하는 모두가 금지되어 있었으나 개정 후의 법률에 의할 경우 직위를 이용하여 특정 정당이나 정치인에 대한 정치적 의견의 유포하는 행위로 보다 구체화되었다. 또한 특정 정당이나 정치인에 대한 찬양이나 비방의 경우에는 반대여론을 조성할 목적을 요구하여 그 성립의 범위가 축소되었다. 또한 기부금 모집 지원과 방해 행위와 특정 정당이나 특정인의 선거운동을 하거나 선거 관련 대책회의에 관여하는 행위도 금지된다. 제5호는 1호에서 4호에 해당하는 행위를 정보통신망을 이용해서 범하는 것인데, 1호에서 4호의 행위에 이미 해당하는 것이므로 입법론으로는 불필요한 규정이다. 6호는 군인 또는 준군인에 대해 1호에서 5호까지의 행위를 하도록 요구하거나 관련된 보상 또는 보복을 행하거나 약속 또는 고지하는 행위이다.

---

2) 원심은, 피고인 1이 공소외인 등과 공모하여 국군기무사령부의 직무인 군 첩보 수집·작성 및 처리 등 명목으로 자신의 지휘·감독 아래 있는 국군기무사령부 소속 부대원들로 하여금 인터넷 공간에서 특정 정당과 정치인을 지지·찬양 또는 반대·비방하거나 대통령과 국가정책을 홍보하는 의견을 유포하도록 하였고, 이는 피고인 1이 그 직권을 남용하여 위 부대원들로 하여금 의무 없는 일을 하게 한 것이라고 판단하였다. 원심판결 이유를 관련 법리와 적법하게 채택한 증거들에 비추어 살펴보면, 위와 같은 원심의 판단에 상고이유 주장과 같이 논리와 경험의 법칙에 반하여 자유심증주의의 한계를 벗어나거나 직권 남용권리행사방해죄에서의 직권남용, 고의, 공모관계, 기대가능성 및 직권남용권리행사방해죄와 정치관여죄의 양립 가능 여부 등에 관한 법리를 오해하여 판결에 영향을 미친 잘못이 없다. 대법원 2021.9.9. 선고 2019도5371 판결.

제 II 부

군사법원법

제1편
총 론

제1장

서   론

제1절   군사법원법의 의의

I. 군 형사소송법으로서의 군사법원법

1. 형사소송법의 의의

국가가 형법을 구체적 사건에 적용·실현시키기 위한 일련의 과정을 형사소송이라고 하며, 이러한 형사소송에 관한 절차를 규정하는 법률체계가 바로 형사소송법이다.

실체법인 형법의 적용·실현은 반드시 형사소송법이 규정하는 절차에 따라야 한다. 민법상의 권리는 민사소송이라는 절차를 떠나서도 사인(私人)간에 실현될 수 있으나 형사처벌은 어떠한 경우에도 형사소송절차에 의하여야 하며, 이러한 점에서 형법과 형사소송법은 두 개의 법률체계이면서 또한 일체불가분의 관계에 있다고 할 수 있다.

2. 군사법원법의 의의

군인이라는 특수한 신분관계에 있는 자가 군형법이나 일반형법 등의 형벌법규에 정한 범죄를 범한 경우에는 일반국민과는 달리 특별한 소송절차에 의할 필요성이 있는바, 이는 군조직의 목적이나 임무의 특수성 등에서 기인하는 것이다.

이와 같이 군인이나 군무원 등(경우에 따라 민간인도 해당)에 대하여 국가가 형벌법규를 구체적으로 적용·실현하는 과정을 군 형사소송이라고 하며, 이와 같은 군형사소송에 관한 절차를 규정하는 법률체계를 군 형사소송법이라고 할 수 있을 것이다(이를 다루는 법원—군사법원—의 특수성에 따라 군사법원법이라고 통칭하기도 한다. 이하에서는 "군사법원법"으로 칭하기로 한다).

일반적으로 군사법원법이라고 하는 경우에는 두 가지 의미로 사용된다.

(1) 형식적 의미의 군사법원법

형식적 의미의 군사법원법이라 함은 특히 군사법원법[1]이라는 명칭으로 제정·공포된 실정법 자체를 말한다.

(2) 실질적 의미의 군사법원법

실질적 의미의 군사법원법이란 군 형사소송절차를 규율하는 모든 법률체계를 말하며, 그 주요한 것은 군사법원법에 규정되어 있으나 그 외의 각종 법률이나 규칙에 의하여 정해진 것도 있다.

Ⅱ. 군 형사절차 법정주의

형사소송법이나 군사법원법에 의하여 국가형벌권을 실현함에 있어서는 불가피하게 개인의 기본권을 침해하게 되는 경우가 있다. 헌법 제12조 제 1 항은 "누구든지 법률에 의하지 아니하고는 체포·구속·압수·수색 또는 심문을 받지 아니하며, 법률과 적법한 절차에 의하지 아니하고는 처벌·보안처분 또는 강제노역을 받지 아니한다"고 규정하고 있다. 이로부터 형벌권을 실현하는 절차에서 개인의 자유침해를 억제하기 위해서는 형사절차를 법률에 의하여 규정할 것이 요구된다. 이를 형사절차 법정주의라고 하며, 그러한 원칙은 군 형사절차에서도 당연히 적용된다.

Ⅲ. 군사법원법의 법원(法源)

군 형사절차 법정주의로 인하여 군사법원법의 법원(法源)('실질적 의미'의 군사법원법을 의미한다)은 법률에 제한된다. 군사법원법의 법원으로서 가장 기본적인 것은 군사법원법이다. 그러나 이외에도 형사절차에 관한 많은 규정이 헌법에 포함되어 있을 뿐만 아니라 소송절차 등에 관한 대법원규칙 등이 제정되어 있다.[2]

주요한 군사법원법의 법원(法源)으로서는 법원조직법·검찰청법·변호사법·군인사

---

1) 1987.12.4. 종래의 군법회의법이 군사법원법으로 명칭이 변경되면서 전면개정되었고, 그 동안 수차례의 개정을 거쳐 현재 시행되고 있는 것은 2021. 9. 24. 개정(시행일은 2022. 7. 1.)된 법률이다.

2) 대법원은 헌법 제108조 및 군사법원법 제 4 조에 의하여 법률에 저촉되지 아니하는 범위 안에서 소송에 관한 절차, 법원의 내부규율과 사무처리에 관한 규칙을 제정할 수 있는바, 현재 군사법원법과 관련된 규칙으로는 "군사법원의 소송절차에 관한 규칙"(대법원규칙 제3054호, 2022. 6. 30. 일부개정, 이하 "군사법원규칙"이라 한다)이 있다. 그 외에도 "군사법원사무규칙", "군사법원 법정 등의 질서유지를 위한 재판에 관한 규칙" 등이 있다.

법·군법무관임용등에관한법률(이하 "군법무관임용법"이라 한다)·형사보상법·형사소송법·군에서의 형의 집행 및 군수용자의 처우에 관한 법률 등이 있다.

특히 헌법에 포함된 군사법원법의 법원으로는 형사절차 법정주의 또는 적법절차의 원칙(제12조 제1항), 고문금지와 불리한 진술거부권(동조 제2항), 영장주의(동조 제3항), 변호인의 조력을 받을 권리(동조 제4항), 구속적부심사권(동조 제6항), 자백배제법칙과 자백의 보강법칙(동조 제7항), 일사부재리의 원칙(제13조 제1항), 신속한 공개재판을 받을 권리(제27조 제3항), 피고인의 무죄추정(동조 제4항), 형사보상청구권(제8조), 법원의 조직과 권한(제101조 내지 제108조), 재판공개의 원칙(제109조), 군사법원에 관한 규정(제110조) 등이 있다.

Ⅳ. 군사법원법의 연혁

1. 우리나라 고유의 군 형사소송제도

고래로 군의 형법을 군법 또는 군령이라고 하였을 뿐 재판기관에 대하여는 따로 설치된 것은 없었으며, 단지 지휘관의 독점적인 권한행사로 군형벌권이 행사되었다. 우리나라에서의 최초의 군 형사소송절차로서의 군사법원은 1904년 군무대신 직속의 육군법원의 설치에서 비롯된 것이라고 할 수 있으나, 이 또한 경술합방 후에 국체와 함께 없어지고 말았으며, 현행 군사법원법과 같은 법적 체계를 갖추게 된 것은 해방 후의 일이다.

2. 미 육군 전시법의 계수

1945년 해방과 더불어 우리나라는 미군정 하에 들어가게 되었으며, 1945년 11월 13일 재조선 미국 육군사령부 군정청 법령 제28호에 의하여 조선군정청 국방사령부가 설치되고, 이어서 다음 해인 1946년 1월 15일 미군정법령 제86호에 의하여 조선경비대와 조선해양경비대가 각각 창설되었으며, 이의 조직과 운영을 위하여 조선경비법이 제정·공포되었으나 많은 문제점이 발견되어 이를 시정하기 위하여 1948년 7월 5일 국방경비법이 제정·공포되었다. 국방경비법은 군사범죄에 관하여 실체적 규정과 절차적 규정을 함께 규정하는 등 미 육군전시법과 동일한 내용과 체제를 가지고 있었으며, 군 형사소송절차에 관하여는 제3편 군법회의법에서 규정하였다. 그러나 국방경비법은 미 육군전시법을 그대로 모방한 것이었으므로 법체계상 많은 미비점을 가지고 있었을 뿐 아니라 우리 군의 실정과도 조화되지 못하여 실제 운영상의 모순과 곤란이 많이 노정되었지만, 어쨌든 이로서 우리의 군사법은 미국의 군사법제도를 계수하는 것으로 그 시작을 하게 되었던 것이다.

3. 군법회의법의 제정

국방경비법은 그 연혁상에서 보면 헌법보다 일찍 존재하였던 것인데, 1948년 7월 17일 제정·공포된 헌법에도 군법회의의 존재 근거가 없다가 1954년 11월 29일자 제 2 차 개정헌법 제83조의 2에 의하여 비로소 헌법적 근거를 부여받게 되었다.

한편 제정시부터 우리나라의 법체계에 비추어 많은 결함을 내포하고 있던 국방경비법은 6·25 사변을 거치면서 그 해석 등에 있어서 많은 문제점이 있음이 발견되어 1952년 국방부 주관 하에 새로운 군법회의법 제정작업이 시작되었다. 이후 1961년 5·16 이후 국가재건최고회의에서 법령정비사업의 일환으로 1962년 1월 20일 법률 제1004호로서 군법회의법이 제정·공포되었다. 이로서 종래 실체법과 절차법이 함께 규정되었던 국방경비법과는 그 체계를 달리하여 실체법과 절차법을 분리하여 그 절차를 군법회의법에서 규율하게 함으로써 일반형사법의 체계와 보조를 같이 하게 되었다.

군법회의법은 그 형식이나 내용면에서 1921년의 일본의 육군 군법회의법과 해군 군법회의법을 차용하여 1950년의 미국의 통일군사법전을 계수한 국방경비법상의 군법회의제도가 참작되어 이루어진 것이다

4. 군사법원법으로의 전면개정

1987년 형사소송법이 인권보장적 제도와 적정절차를 위한 제도를 대폭 도입한 것에 보조를 같이하여 같은 해 12월 4일 법률 제3993호로서 현행 군사법원법의 탄생을 보게 되었다. 즉 군법회의법을 군사법원법으로 명칭을 바꾸는 한편, 전문을 대폭 개정·시행하여 오다가 사회변화 및 군의 발전추세에 따라 군사법원제도의 불합리한 요소를 개선함으로써 군사법원의 독립 및 군사법제도의 효율적인 운영으로 국민의 신속하고 공정한 재판을 받을 권리를 보장함과 동시에 군의 발전적 변화에 기여하려는 의미에서 수차례에 걸쳐 대폭 개정되어 시행되고 있다.

현행 군사법원법은 전문 536조, 부칙 9조로 구성되어 있으며, 제 1 편(제 1 조 내지 제47조)에서는 군사법원과 군검찰의 조직 및 권한에 관한 사항을, 제 2 편(제48조 내지 제468조)에서는 소송절차 일반에 관한 총칙적 규정과 제 1 심 소송절차 및 상소절차에 관한 사항을, 제 3 편(제469조 내지 제501조의 34)에서는 특별소송절차로서 재심과 비상상고, 약식절차 및 즉결심판절차에 관한 사항을, 제 4 편(제502조 내지 제533조)에서는 재판의 집행과 관련된 방식과 절차에 관한 사항을, 제 5 편(제534조 내지 제535조의 2)에서는 비상계엄 하의 단심제채택에 관한 사항을, 마지막으로 제 6 편(제536조)에서는 형사소송비용법의 준용에 관한 사항을 각각 규정하고 있다.

5. 2022. 7. 1. 시행된 개정 군사법원법 주요내용[3]

2022년 군사법원법 개정으로 종래 군사법원의 심판관을 임명하고 재판관을 지정하던 '관할관제도'가 폐지되었고, 군판사와 함께 재판관의 기능을 담당하였던 '심판관제도'가 폐지되었으며, 국방부에 설치되었던 '고등군사법원'도 폐지되었다. 한편, 관할관제도와 심판관제도 및 고등군사법원은 '평시'에 한하여 폐지되었고, '전시'가 되면 다시 부활하여 기능한다(군사법원법 제534조의 2 이하).

또한 개정 군사법원법에 따라 명칭에도 변화가 있었다. 종래에는 '군사법원'이라는 개념 하에 2심을 담당하는 고등군사법원과 1심을 담당하는 보통군사법원이 있었는데, 평시 고등군사법원이 폐지되고 평시 군사법원은 1심만 담당을 하게 되다 보니 기존에 1심을 담당하던 군사법원을 별도로 '보통군사법원'이라고 지칭할 필요가 없어진 것으로 보인다. 이에 평시 1심을 담당하는 군사법원을 보통군사법원이 아닌 '군사법원'으로 지칭하게 되었다. 평시 검찰부는 '검찰단'으로 명칭이 변경되었다. 그러나 전시에는 전시 군사법원이라는 개념 하에 2심을 담당하는 고등군사법원과 1심을 담당하는 보통군사법원이라는 명칭이 사용되고, 전시 검찰부라는 명칭이 사용된다(제534조의 2, 제534조의 16).[4]

개정 군사법원법에 의하면, 군사법원은 국방부장관 소속으로 하며, 중앙지역군사법원 및 4개의 지역군사법원으로 구성된다(법 제 6 조). 법원조직법상의 고등법원이 군사법원의 재판에 대한 항소사건, 항고사건 등에 대하여 심판하고(법 제10조), 대법원은 고등법원 판결의 상고사건 및 결정·명령에 대한 재항고사건에 대하여 심판한다(헌법 제110조 제 2 항, 법 제 9 조). 이로써 군사법원은 1심만 담당하고 나아가 군사법원의 1심 관할 중 일부 범죄[5]는 일반법원에서 담당하게 됨으로써, 군사법원의 재판권이 대폭 축소되었다. 아울러 종래의 심판관제도가 폐지되어 군판사 3명을 재판관으로 하며(법 제22조), 군판사는 군판사인사위원회의 심의를 거치고 군사법원운영위원회의 동의를 받아 국방부장관이 임명한다(법 제23조). 군사법원장은 군판사로 하며(법 제 7 조), 군법무관으로서 15년 이상 복무한 영관급 이상의 장교 중에서 임명한다. 군판사는 군법무관으로서 10년 이상 복무한 영관급 이상의 장교 중에서 임명한다(법 제24조). 군사법원장의 임기는 2년으로 하며, 연임할 수 있다. 군사법원장이 아닌 군판사의 임기는 5년으로 하며, 연임할 수 있다(법 제26조).

---

3) 해당 내용은 한수웅, 헌법학, 법문사, 2022, 1390면의 내용을 그대로 인용한다.
4) 개정 군사법원법의 문제점에 대해서는 다음의 논문을 참조. 김백진·김회동, "2021년 군사법원법 개정에 대한 소고", 「군사과학논집」 제73집 제 1 권, 공군사관학교(2022.6), 1-24면.
5) 2022년 군사법원법 개정으로 군인·군무원 등이 범한 죄 중 성폭력범죄, 사망의 원인이 된 범죄, 신분취득 전의 범죄 및 그 경합범 관계에 있는 죄에 대하여는 군사법원이 아니라 법원조직법상의 법원이 재판권을 가지게 되었다(법 제 2 조 제 2 항).

제 2 절 군사법원법의 기본구조와 특질

Ⅰ. 군사법제도의 이념

형사절차의 본연의 역할은 실체법에서 발생하는 국가형벌권을 구체적으로 실현하는 것으로 객관적 진실을 발견하여 범죄 혐의의 유무를 명백히 하는 것이다. 이러한 의미에서 형사소송은 실체진실을 발견하는 것을 최고이념으로 한다. 군형사절차 역시 적용대상자만 달리할 뿐 일반 형사소송절차와 그 목적은 같다. 따라서 형사소송의 기본이념에 관한 논의는 군형사절차에서도 동일하게 적용된다.

군형사절차를 일반 형사절차와 별도로 마련한 것에 대하여 헌법재판소는 "군사법원을 특별법원으로 설치할 때에는 군대조직 및 군사재판의 특수성을 고려하고 군사재판을 신속, 적정하게 하여 군기를 유지하고 군 지휘권을 확립하기 위한 것"이라고 판시하였다.[6] 헌법재판소의 결정 이후 일부학자와 실무자는 군기강 확립 또는 지휘권 보장을 군사법제도의 이념으로 논하고 있다.

Ⅱ. 군사법원법의 기본구조

현행 군사법원법은 일반형사소송법과 마찬가지로 당사자주의와 직권주의를 절충한 체계를 가지고 있다고 할 수 있다.[7] 즉 영미법체계의 당사자주의에 입각하여 인권옹호에 관한 여러 규정, 즉 증거법칙의 엄격화, 공판중심주의 등을 채택하는 한편, 대륙법체계에 입각하여 증거조사에 관한 법원의 직권행사, 당사자의 증거신청에 대한 법원의 재결권, 자유심증주의 등을 인정하고 있다.

따라서 군사법원법을 이해하는 데 있어서 직권주의와 당사자주의를 어떻게 조화시키는가 하는 근본문제를 선행시키는 것이 필요하다. 다시 말하면 인권옹호와 공익의 유지라는 두 가지 상충가능한 명제를 어떻게 조화시키는가 하는 것이 군형사소송의 운용상 최대의 관건이라 할 수 있다.

---

6) 헌법재판소 1996.10.31. 선고 93헌바25 결정 참조.
7) 직권주의란 법원에 주도적 지위를 인정하여 당사자 기타 소송관계인의 의사 여하를 불문하고 그 직권에 기하여 소송을 진행시키고 심판하는 것을 말하며, 당사자주의란 당사자에게 주도적 지위를 인정하여 당사자에 의하여 소송이 진행되는 것을 말한다.

Ⅲ. 군사법원법의 특질

군사법원법의 규정내용을 보면, 제 1 편의 군사법원 및 군검찰, 제 5 편 전시·사변시의 특례를 제외하고는 일반형사소송법의 체제와 형식을 그대로 따르고 있다. 그러나 군사법원법은 군대라는 특수한 조직체가 군기의 유지와 전투력의 보존발휘를 위하여 필요로 하는 군형벌권을 구체적으로 실현하기 위한 절차적 규정이므로 일반형사소송법과는 다른 몇 가지 특성을 가지고 있다. 그 중에서도 특히 군조직의 특수성과 존립목적을 잘 반영하고 있는 몇 가지를 논술하여 보기로 한다.

1. 관할관 제도(전시운용)

2022년 군사법원법 개정으로 평시 관할관 제도는 폐지되었다. 아래의 내용은 전시 관할관제도에 관한 내용임을 유의해야 한다.

관할관이란 군사법원이 설치된 부대의 장을 말한다.[8] 관할관은 군사법원제도의 필수적인 구성부분이므로 군사법원을 설치·운영하고 있는 국가는 군사법에 대한 관여의 폭과 정도는 차이가 있을지 몰라도 대부분 관할관 제도를 두고 있다.[9]

군대의 존립목적인 전승을 확보하기 위해서는 평시부터 지휘관의 명령이 조직 속에 철저히 침투·이행되어야 하며, 엄정한 군기확립이 되어 있어야 한다. 이를 우리 법체계는 지휘관에게 징계권과 함께 형벌권행사수단을 부여하고 있다. 즉 군사법원을 군내부에 설치하여 지휘관이 군사법원의 관할관이 되어 형사벌 부과과정에 어느 정도 영향력을 미치게 함으로써 사실상 형벌권까지를 행사할 수 있는 제도적 효과를 거두게 하고 있다.

군사법원법은 위와 같은 군사상 필요에 부응하기 위하여 관할관에게 첫째 군사법원의 재판관을 지정하고(제534조의 11), 심판관을 임명하며(제534조의 10), 둘째 군검찰사무를 관장하고 소속 군검사를 지휘·감독하며(제534조의 17), 셋째 재판에 있어 판결을 확인할 수 있는 권한을 가지고 일정한 경우에 판결의 내용에 대하여 실질적 변경(감경)까지 가할 수 있는 등 광범한 권한을 부여하고 있다(제534조의 7).

그러나 한편 군사법원도 일반형사절차와 마찬가지로 국법질서 내의 형사절차로서 범죄에 대한 유무죄의 판단과 이에 따른 적정한 형의 양정을 통하여 법의 구체적 정의를 실현하는 것이므로, 실체적 진실주의, 신속한 재판, 절차진행과정에서의 피의자·피고인의

---

8) 전시의 고등군사법원과 국방부 보통군사법원의 관할관은 국방부장관이 되고, 보통군사법원의 관할관은 그 설치되는 부대와 지역의 사령관 또는 그 책임지휘관으로 하고 있다. 현재 보통군사법원 설치로 명시된 곳은 모두 장성급 장교가 지휘하는 부대로 되어 있어 관할관은 사실상 장성급 장교 이상으로 규정되어 있다(국방부 장관 제외).

9) 미국의 소집권자(Convening authority), 프랑스의 군기관(Autorités militaires), 대만의 군사장관 등.

인권보장을 위한 적정절차의 보장이라는 형사사법적 정의를 중시하지 않을 수 없다. 따라서 군사법원제도에 있어서 관할관의 권한행사는 자의적이거나 무제한적인 것이 될 수 없고, 지휘권 보장이라는 목적과 형사사법적 정의실현이라는 목적은 서로 긴장관계에 위치하면서 상호 보완되고 조절되어야 할 상대적 가치라 할 것이다. 아무튼 이러한 관할관 제도는 일반형사소송법에서는 찾아볼 수 없는 군 특유의 강력한 권한집중적 현상이라고 할 수 있다.

2. 심판관 제도(전시운용)

2022년 군사법원법 개정으로 심판관 제도는 역시 전시에만 운용된다. 관할관 제도와 같이 아래의 심판과 제도에 관한 내용도 전시에만 적용됨을 유의하여야 한다.

전시 규정에 따르면, 군사법원의 재판관은 군판사와 심판관으로 구성되고(제534조의 12), 여기에서 심판관은 일반법원의 법관과는 달리 법률전문가로서의 특수한 자격이 필요하지 아니하고 법에 관한 소양이 있는 자로서 재판관으로서의 인격과 학식이 충분한 장교 중에서 관할관이 임명하는데(제534조의 10), 이는 독일의 참심제와 유사한 성격을 가진 것이라고 볼 수 있다. 이러한 입법 근거는 법률이라는 전문적 지식에 치우치지 아니하고 일반 장교의 정의관을 재판에 관여시킴으로써 군의 실정이나 군사작전체제에 부합하는 재판을 도모하고자 하는 데 있는 것이라고 보는 것이 일반적이다.[10]

3. 비상계엄 하의 단심제

헌법 제110조 제 4 항은 "비상계엄 하의 군사재판은 군인·군무원의 범죄나 군사에 관한 간첩죄의 경우와 초병·초소·유독음식물 공급·포로에 관한 죄 중 법률이 정한 경우에 한하여 단심으로 할 수 있다. 다만, 사형을 선고한 경우에는 그러하지 아니하다"라고 규정하고 있고, 이에 따라 군사법원법 제534조는 군사법원법상의 상소규정의 적용이 배제되는 경우를 제한적으로 열거해 놓고 있다. 이러한 규정을 둔 이유는 비상계엄시와 같은 긴급한 상황에서는 군 형사소송절차도 군사작전체제와 마찬가지로 신속·기민하게 처리될 필요가 있기 때문이다. 그러나 이 경우 비록 헌법에 그 근거가 있긴 하지만 대법원에의 상소를 제한한다는 측면에서 본다면, 국민의 기본권의 하나인 재판청구권에 대한 중대한 제한이라는 비판이 지속적으로 제기되고 있으며, 이에 최근 군사법제도 개선의 주요 내용으로 포함되어 개정여부를 논의 중에 있다.

---

10) 실무상으로도 심판관들은 보직에 따른 본래의 임무를 수행하다가 일시적으로 심판관을 맡게 되어 전문성이 부족하고, 특히 이를 기피하는 현상이 발생하고 있어 그 개선필요성이 제기되었으며, 이에 심판관을 하나의 보직처럼 운용하는 '상설 심판관 제도' 가 검토된 적이 있다.

제3절 군사법원법의 적용범위

Ⅰ. 물적(物的) 적용범위

군사법원법은 군사법원에 재판권이 있는 모든 형사사건에 적용된다. 그러나 군사법원은 일반형사소송과는 몇 가지 다른 특질을 가지므로 헌법 제27조 제2항에서 군인 또는 군무원이 아닌 국민은 군사법원의 재판을 받을 경우를 제한적으로 규정하고 있다(일반인의 군사재판을 받지 아니할 권리). 또한 군사법원은 형사재판권만을 가지고 있으므로 군인간의 민사적 분쟁이나 행정소송, 헌법재판권 등이 없음은 물론이고, 징계사건에 대하여도 재판권을 행사할 수 없다.

Ⅱ. 인적 적용범위

1. 군사법원의 재판권

군사법원은 다음과 같은 자가 범한 죄에 대하여 재판권을 가진다.

(1) 군인·준군인

군사법원은 대한민국 군인, 군무원, 군적을 가진 군의 학교의 학생·생도와 사관후보생·부사관후보생 및 병역법 제57조에 따른 군적을 가지는 재영중인 학생(R.O.T.C.), 소집되어 실역에 복무하고 있는 예비역·보충역 및 전시근로역인 군인이 범한 죄에 대하여 재판권을 가진다(제2조 제1항, 군형법 제1조 제1항 내지 제3항). 2022년 군사법원법 개정으로 군인·군무원 등이 범한 죄 중 성폭력범죄, 사망의 원인이 된 범죄, 신분 취득 전의 범죄 및 그 경합범 관계에 있는 죄에 대하여는 군사법원이 아니라 법원조직법상의 법원이 재판권을 가지게 되었다(제2조 제2항).[11]

(2) 일정한 경우의 민간인

헌법 제27조 제2항은 군인 또는 군무원이 아닌 국민은 중대한 군사상 기밀·초병·초소·유독음식물공급·포로·군용물에 관한 죄 중 법률이 정한 경우 군사법원의 재판을 받을 수 있다고 규정하고, 위 헌법규정에 따라 군형법 제1조 제4항은 구체적인 각 조항을 열거하면서 그 죄를 범한 내외국인에 대하여 군형법을 적용한다고 규정하고 있으며, 군사법원법 제2조 제1항 제1호는 군형법 제1조 제4항에 규정된 자에 대하여 군사법원이

---

11) 민간법원으로 관할이 이양된 과정에 대해서는 김백진·김회동, 앞의 논문, 8-11면 참조.

재판권을 가진다고 명시하고 있다. 다만, 최근 헌법재판소는 舊 군사법원법(1987.12.4. 법률 제3993호로 개정되고, 2009.12.29. 법률 제9841호로 개정되기 전의 것) 제 2 조 제 1 항 제 1 호 중 '舊 군형법(1981.4.17. 법률 제344호로 개정되고, 2009.11.2. 법률 제9820호로 개정되기 전의 것) 제 1 조 제 4 항 제 4 호' 가운데 '舊 군형법 제69조 중 전투용에 공하는 시설의 손괴죄를 범한 내국인에 대하여 적용되는 부분'은 헌법에 위반된다고 결정하였다.[12]

(3) 비상계엄이 선포된 경우

헌법 제27조 제 2 항은 비상계엄이 선포된 경우 군인 또는 군무원이 아닌 국민도 군사재판을 받을 수 있음을 명시하고 있으며, 계엄법은 군사법원이 재판권을 가지는 죄를 열거하고 있다. 다만, 이 때에도 계엄사령관은 필요한 경우에는 관할법원으로 하여금 이를 재판하게 할 수 있다(동법 제10조 제 1 항). 또 비상계엄지역 안에 법원이 없거나 당해 관할법원과의 교통이 차단된 경우에는 모든 형사사건에 대한 재판권을 군사법원이 가진다(동법 제10조 제 2 항).

(4) 국군부대가 관리하고 있는 포로(군사법원법 제 2 조 제 1 항 제 2 호)

2. 재심과 군사법원의 재판권

군인 또는 준군인이 군사법원에서 확정판결을 받은 후 그 신분을 상실하였을 경우, 재심청구에 대한 재판권은 같은 심급의 일반법원이 가진다.[13]

3. 재판권의 경합

일반국민이 군사법원에 재판권이 있는 범죄 이외에 일반법원에 재판권이 있는 다른 범죄를 범한 경우에 관할을 병합할 수 있는가에 관한 논의가 있다. 형사소송법과 군사법원법에는 관할을 병합하는 경우는 규정하고 있으나 재판권이 상이한 경우에는 이송만을 규정하고 있고, 군사법원과 일반법원 사이의 병합에 관한 규정은 없다.[14]

이에 대하여 군사법원이 일반사건도 병합하여 심리할 수 있다는 견해와 일반법원과 군사법원이 각 재판권이 있는 범죄에 대하여 별도로 재판을 하여야 한다는 견해가 대립되어 왔으며,[15] 종래 대법원 판례는 군사법원은 초소침범죄를 범하여 군사법원의 재판권이

---

12) 헌법재판소 2013.11.28. 선고 2012헌가10 결정 참조.
13) 군사법원법상 재심의 관할은 원판결을 한 대법원 또는 군사법원이 가진다고 규정하고 있으나(제472조), 대법원은 군인신분을 상실한 민간인의 재심청구에 대한 관할은 민간법원이 갖는다고 판시하고 있다(대법원 1991.3.27. 선고 90오1 판결 참조). 그러나 이 판결은 군사법원법의 명문의 규정에 반하고, 재심제도 본래의 취지와도 맞지 않는 등 몇 가지 문제가 있다.
14) 형사소송법 제16조의 2, 군사법원법 제 2 조 제 3 항 참조.
15) 이상석, 군법회의 신분적 재판권과 사건의 이송, 군사법논집 제 4 집, 육군본부, 1986, 99면.

있는 자의 다른 공소사실에 대하여도 재판권을 가진다고 판시하여 군사법원의 재판권을
인정하는 취지로 판시한 적이 있었다.[16]

그러나 최근 대법원은 전원합의체 결정을 통하여 "일반 국민이 특정 군사범죄의 일반
범죄를 동시에 범하고 하나의 사건으로 기소된 경우, 특정 군사범죄에 대해서는 군사법원
이, 일반범죄에 대해서는 일반법원이 각각 재판권을 행사해야 된다."는 취지로 판시하여
기존의 견해를 변경하였다.[17]

Ⅲ. 시간적 적용범위

군사법원법도 다른 일반법률과 마찬가지로 그 시행시부터 폐지시까지 효력을 가진다.
구법(국방경비법이나 해안경비법 등) 하에서 소송절차가 개시된 후 법률의 변경으로 신법이 시
행된 경우의 경과조치에 관하여는 동법 부칙(제 2 조)에 규정되어 있다.

Ⅳ. 장소적 적용범위

군사법원법은 대한민국의 영토 내에서 발생하는 사건으로 군사법원의 재판권이 있는
경우에 적용된다. 대한민국 영토 내에서도 국제법상 군사법원법이 적용되지 않는 경우도
있다.

군사법원법은 대한민국 내에서 적용되는 것이 원칙이나 국군이 파병된 주둔국에서 국
군에 대한 형사재판권을 행사하기 위하여 군사법원법의 적용이 필요한 경우도 있다. 국제
법 원칙에 의하면 어느 나라에 주둔하는 외국군대의 구성원은 국가면제를 누리지 못하고
영토국인 접수국의 관할권에 속하게 된다. 다만, 파견국과 접수국의 공동방위를 위하여 외
국군대가 주둔한다는 점과 군대 내의 지휘조직과 규율을 고려하여 파견국과 접수국간의
협정에서 형사재판권의 일정한 배분과 협력을 규정할 수 있다.[18]

---

16) 대법원 1980.8.12. 선고 80초28 전원합의체 판결.
17) 대법원 2016.6.16. 자 2016초기318 전원합의체 결정
  피고인은 예비역 육군대령으로서, 육군사관학교 교수로 재직 중이던 2009.12.7.경 외부 업체의 부탁을
  받고 다른 업체에 대한 실험데이터를 도용하여 실험결과를 허위로 기재한 육군사관학교장 명의의 시험
  평가서 등을 작성하여 전역 후에 공사 입찰 담당자에게 제출하여 행사한 혐의(허위공문서 작성 및 허위
  작성공문서 행사)와 육군사관학교에서 사용하고 있는 탄환을 외부업체에 불출하여 사용한 혐의(군용물
  절도)로 방위사업비리 합동수사단에 의해 서울중앙지방법원에 구속기소되었는데, 국방부 보통군사법원
  에서 재판권 쟁의에 대한 이의신청을 하였고, 그 결과 대법원은 위와 같이 결정하였다.
18) 유병화 외, 국제법 Ⅰ, 법문사, 1999, 382면; 육군군사법원, 군사법원법, 육군본부, 2013, 70면 참조.

제 2 장

소송의 주체

소송은 절차이며, 절차는 일정한 주체 사이에서 발전해 나간다. 소송의 주체란 일면에 있어서 소송의 인적 구성요소이므로 그 구성원의 행위에 의하여 소송이 개시, 발전, 종료되어 나가며, 타면에 있어서 절차의 기초가 되는 기본적 소송법률관계를 구성하는 주체라고 할 수 있다. 군 형사소송절차에 있어서는 군검사가 국가의 형벌권의 존재를 주장하고, 피고인은 이를 방어하며, 재판기관인 군사법원이 그 당부에 대한 판단을 내리는데, 이와 같이 소송의 주체로서 소송절차에 관여하는 군검사·피고인(이들을 소송당사자라고도 한다), 그리고 재판기관인 군사법원을 소송의 3주체라고 한다.

한편 피고인에게는 특히 변호인·보조인의 보조가 인정되며, 이러한 소송보조자와 소송당사자를 합하여 소송관계인이라고 한다. 기타 소송절차에 관여하는 자로서 법원의 서기·증인·감정인·고소인·집행관·정병(廷兵)·사법경찰관리 등이 있는데, 이들을 소송관여자라고 하며, 소송의 주체라고는 할 수 없다.

여기서 부언해 둘 것은 현행 군사법원법도 형사소송법과 마찬가지로 탄핵주의를 채택하고 있으므로 재판기관인 군사법원 이외의 자의 소추에 의하여 재판절차를 개시하는데, 이 때 소추기관은 국가기관인 군검사만이 될 수 있고 사인(私人)에 의한 소추는 인정되지 아니한다. 이러한 원칙을 국가소추주의라고 한다. 따라서 군사법원은 군검사가 공소를 제기하지 아니하면 재판을 개시할 수 없고, 군검사가 공소장에 적시한 범죄사실에 한하여서만 심판할 수 있는데, 이를 불고불리(不告不理)의 원칙이라고 한다.

제 1 절 군사법원

I. 군사법원의 의의와 종류

1. 군사법원의 의의

군사법원이라는 말에는 크게 두 가지 의미가 있는데, 첫째는 국법상 의미의 군사법원이고, 둘째는 소송법상 의미의 군사법원이다.

(1) 국법상 의미의 군사법원

국법상 의미의 군사법원은 사법행정상의 관청으로서의 군사법원과 사법행정상의 관서로서의 군사법원을 말한다. 전자는 사법행정권의 주체가 되는 군사법원을 말하는데, 군사법원의 사법행정은 군법무관회의의 의결을 거쳐 대법원이 정하는 바에 따르며, 대법원을 정점으로 하여 각 군사법원은 상하의 감독관계에 있으나 재판에 직접 제한을 가하거나 영향을 주는 것은 아니다. 한편 후자는 재판관을 중심으로 하여 직접 · 간접으로 재판관을 보조하는 전직원, 예컨대 군사법원서기나 통역인 · 정병 등을 포함한 사법행정상의 단위를 의미하는데, 그 자체로서는 아무런 권한을 가지지 아니하므로 관서이다. 경우에 따라서는 관서의 청사 자체를 군사법원이라고 하기도 한다.

(2) 소송법상 의미(재판기관)로서의 군사법원

소송법상 의미에서의 군사법원이라 함은 상술한 국법상 의미의 군사법원이 구체적으로 재판권을 행사할 때의 일정한 수의 재판관으로 구성된 재판기관을 의미한다. 재판기관의 구성은 합의제와 단독제가 있으며, 군사법원의 경우는 특수한 소송행위의 경우를 제외하고는 합의제에 의하고 있다.

2. 군사법원의 성격

역사적으로 볼 때 군인에 대한 형벌권은 당해 군지휘관에게 위임, 행사되어 왔고, 현재의 많은 나라들도 이러한 제도를 채택하고 있다. 그러나 지휘관은 자신의 권한과 직책이 방대하기 때문에 모든 형벌권 행사과정을 직접적으로 행하는 것이 불가능하므로 소송절차 일반에 관하여는 특정한 기관에 일임하고, 최종적인 형벌에 대하여 확인하거나 변경시키는 사항에만 관여하는 것이 통례이다. 여기서 재판작용을 행사하는 기관을 군사법원이라고 하며, 이러한 점에서 일반법원과는 다른 성격을 가지는데, 이것과 관련하여 특히 군사법원의 재판기관적 성격, 다시 말하면 군사법원도 일반법원과 같은 재판기관으로서의 성격을 가지는가 아니면 단지 군지휘관의 자문기관에 불과한가 하는 문제가 제기된다.

　　원래 재판기관은 재판작용을 행사하는 기관을 말하며, 재판이라 함은 추상적인 법을 구체적인 사실에 적용하여 그 결론을 끌어 내는 작용인데, 이 작용은 본질상 그 때 그 때의 합목적성에 구애되지 않고 획일적으로 엄정하게 행해질 것이 요구된다. 따라서 법은 이러한 재판권행사의 공정성을 담보하기 위하여 사법권의 독립이라는 일정한 보장을 두고 있는 것이다. 그런데 군사법원을 개관하여 볼 때, 기관의 독립성이나 재판관의 신분 및 지위에 대한 독립성이 충분히 보장되어 있지 아니하므로 재판기관으로서의 성격을 완전히 구비했다고 볼 수 없고, 따라서 준재판기관(Quasi-Court)에 불과하다는 견해가 있다. 그러나 재판의 본질과 사법권의 본질은 별개문제이며, 군사법원도 군작전통제의 범위 내에 있다는 점을 감안한다면 군법 피적용자에 대한 범죄사실을 판단하고 법률을 적용하는 군사법원 역시 재판작용을 행하는 재판기관이라고 하여야 할 것이다. 헌법도 이러한 성격을 인정하는 취지로서 제110조 제 1 항에서 "군사재판을 관할하기 위하여 특별법원으로서 군사법원을 둘 수 있다"고 하고, 동조 제 2 항에서 군사법원의 상고심을 대법원의 관할로 하고 있는데, 이것은 군사법원을 대법원의 하급법원으로서 완전한 사법재판소임을 전제로 하고 있는 것이다. 이러한 점에서 보더라도 군사법원의 재판기관적 성격은 부인할 수 없는 것이다.

3. 군사법원의 종류

　　군사법원법상 군사법원은 평시의 군사법원과 전시의 군사법원으로 나누어 접근할 수 있다. 평시의 군사법원은 국방부장관 소속으로 하며, 중앙지역군사법원·제 1 지역군사법원·제 2 지역군사법원·제 3 지역군사법원 및 제 4 지역군사법원으로 구성된다(제 6 조). 반면 전시 군사법원은 전시·사변 또는 이에 준하는 국가비상사태 시의 군사법원으로 정의하며(제534조의 2), 종전과 마찬가지로 고등군사법원 및 보통군사법원으로 구성된다. 이것은 일반 형사소송법이 3심제를 채택하여 대법원의 하급심으로서 고등법원과 지방법원을 두고 있는 것과 대비된다. 또한 비상계엄 하에서 군인, 군무원 및 특정한 범죄를 범한 민간인에 대하여 상소에 관한 규정을 적용하지 않고 단심제로서 보통군사법원의 절차로 종결시키는바(헌법 제110조 제 4 항, 군사법원법 제534조), 이 점에서 일반 형사소송법과 구별된다.

　　대법원은 군사법원의 일종은 아니나 헌법상 군사법원의 상고심으로 규정되어 있고(헌법 제110조 제 2 항), 이를 근거로 군사법원법도 제 9 조에서 "대법원은 군사법원판결의 상고사건에 대하여 심판한다"고 규정하였으며, 동법 제442조 내지 제453조에서 상고절차에 관하여 규정하고 있는 점을 감안한다면, 실질적으로는 대법원도 군사법원과 함께 설명되어야 할 것이다.

Ⅱ. 군사법원의 구성

1. 군사법원의 설치

(1) 대 법 원

대법원은 최고법원으로서 서울특별시에 둔다(법원조직법 제11조, 제12조). 대법원에는 대법원장을 두는데(동법 제13조 제1항), 대법원장은 대법원의 일반사무를 관장하며, 대법원의 직원과 각급 법원 및 그 소속 기관의 사법행정사무에 관하여 직원을 지휘·감독한다(동조 제2항). 대법원에는 대법관을 두며, 대법관의 수는 대법원장을 포함하여 14인으로 한다(동법 제4조). 또한 사법행정사무를 관장하기 위하여 법원행정처를 둔다(동법 제19조).

(2) 고등군사법원

군사법원법 개정으로 평시 고등군사법원은 폐지되었다. 이로써 평시 2심은 법원조직법상의 서울고등법원이 관할한다(제10조 제2항). 서울고등법원은 군사법원의 재판에 대한 항소사건, 항고사건 및 그 밖에 다른 법률에 따라 고등법원의 권한에 속하는 사건에 대하여 심판한다(제10조 제1항).

그러나 전시에는 고등군사법원이 부활한다(제534조의 2). 전시 고등군사법원은 국방부에 설치하고(제534조의 3 제1항). 전시 고등군사법원의 관할관은 국방부장관으로 한다(제534조의 4 제2항). 전시 고등군사법원의 관할관은 고등군사법원 및 국방부직할 통합부대와 각군 본부 보통군사법원의 행정사무를 지휘·감독한다(제534조의 4 제4항).

(3) 군사법원과 전시 보통군사법원

군사법원법 개정으로 종래의 평시 보통군사법원은 '군사법원'으로 지칭하게 되었다(제6조). 보통군사법원이라는 명칭은 전시 1심법원을 지칭할 때만 사용된다(제534조의 2). 군사법원은 국방부장관 소속으로 하며, 중앙지역군사법원·제1지역군사법원·제2지역군사법원·제3지역군사법원 및 제4지역군사법원으로 구분하여 설치한다(제6조 제1항). 국방부장관은 편제상 장성급 장교가 지휘하는 부대 또는 기관에 보통군사법원을 설치할 수 있다(제534조의 3). 보통군사법원의 관할관은 그 설치되는 부대와 지역의 사령관, 장 또는 그 책임지휘관으로 한다(제534조의 4 제3항). 보통군사법원의 관할관은 그 군사법원의 행정사무를 관장한다(제534조의 4 제4항).

2. 군사법원의 심판기관 및 직원

군사법원에는 군판사 3명을 재판관으로 한다(제22조 제1항). 법원의 법관은 사법권의 독립이라는 취지에서 일반 공무원과 비교하면 엄격한 자격요건이 요구되고(법원조직법 제42조 내지 제43조), 헌법상 강력한 신분보장이 인정되고 있다(헌법 제106조 제2항, 법원조직법 제

46조 참조). 한편, 군사법원법 제21조에서는 재판관의 독립과 신분보장에 대하여 규정하고 있다.

군사법원에는 직원으로 서기와 법정경위를 두고(제31조 제1항), 필요한 경우 통역인과 기사를 둘 수 있다(동조 제2항).

(1) 군 판 사

군판사는 군판사인사위원회의 심의를 거치고 군사법원운영위원회의 동의를 받아 국방부장관이 임명하고 군판사의 소속은 국방부로 한다(제23조). 군사법원장은 군법무관으로서 15년 이상 복무한 영관급 장교 중에서 임명하고, 군판사는 군법무관으로서 10년 이상 복무한 영관급 이상의 장교 중에서 임명한다(제24조).

군사법원장의 임기는 2년으로 하며, 연임할 수 있다. 군사법원장이 아닌 군판사의 임기는 5년으로 하며 연임할 수 있다(제26조 제1항 및 제2항). 군사법원장의 정년은 58세까지이며, 군사법원장이 아닌 군판사의 정년은 56세까지이다(제26조 제3항).

군법무관의 임용자격은 ① 군법무관임용시험에 합격하여 사법연수원의 소정과정을 마친 자, ② 판사·검사 또는 변호사의 자격이 있는 자, ③ 사법시험에 합격하여 사법연수원의 소정과정을 마친 자 중의 하나라야 하며(군법무관 임용 등에 관한 법률 제3조),[1] 군법무관도 각군의 법무과 장교이므로 군인사법상의 임용자격과 결격사유에 관한 규정이 적용된다(동법 제4조).

(2) 심 판 관

2022년 군사법원법 개정으로 평시 심판관 제도는 폐지되었지만, 전시에는 심판관제도가 기능한다. 심판관은 다음의 자격을 갖춘 장교 중에서 관할관이 임명한다. ① 법에 관한 소양이 있는 사람, ② 재판관으로서의 인격과 학식이 충분한 사람이다(제534조의 10 제1항). 다만, 관할관의 부하가 아닌 장교를 심판관으로 할 때에는 해당 군 참모총장이 임명한다(동조 제2항).

심판관도 장교이므로 군인사법이 정한 장교 소정의 자격요건과 결격요건이 적용됨은 물론이며(군인사법 제10조, 제11조), 심판관은 상설적 기관이 아니므로 재판이 있을 때마다 관할관의 지명에 따라 임용되고 재판이 끝나면 그 자격을 상실하게 된다.[2]

(3) 재판관 이외의 직원

서기는 국방부장관이 장교, 준사관, 부사관 및 군무원 중에서 임명하며, 재판에 참여

---

1) 다만, 2006년 이후로 군법무관임용시험은 폐지되었다.
2) 심판관은 풍부한 군경험을 가진 중견장교로서 재판과정에서 군사조직과 군의 현실을 반영하게 되는데, 그 결과 군사재판의 합리적 운용을 도모할 수 있고 부수적으로는 일반장교가 군사법절차에 참여함으로써 장병들의 준법의식 고취 및 군내 범죄예방에도 기여할 수 있다.

하여 재판기록과 그 밖의 서류를 작성·보관하고, 법령에 따른 직무를 집행하며, 상관의 명령을 받아 군사법원의 서무에 종사한다(제32조 제 2 항). 법정경위는 군무원, 부사관 또는 병(兵) 중에서 국방부장관이 임명하며, 재판장의 명령을 받아 소송관계자의 인도, 법정의 정돈 및 그 밖에 소송진행에 필요한 사무를 집행한다(제33조). 통역인은 장교 또는 군무원 중에서 군사법원장이 임명하나, 특히 필요하다고 인정하면 장교 또는 군무원 외의 사람 중에서 임명할 수 있으며, 재판장의 명령을 받아 통역과 번역에 관한 사무에 종사한다(제 34조).

기사는 장교 또는 군무원 중에서 국방부장관이 임명하며, 재판장의 명령을 받아 기술에 관한 사무에 종사한다(제35조).

3. 군사법원의 구성

군사법원에서는 군판사 3명을 재판관으로 하며(제22조 제 1 항), 군판사는 군판사인사위원회의 심의를 거치고 군사법원운영위원회의 동의를 받아 국방부장관이 임명한다(제23조 제 1 항). 군판사의 소속은 국방부로 한다(제23조 제 2 항).

군사법원에 부(部)를 두며, 부에 부장(部長)군판사를 둔다. 이 경우 군사법원장은 부장군판사를 겸할 수 있다. 부장군판사는 그 부의 재판에서 재판장이 되며, 군사법원장의 지휘에 따라 그 부의 사무를 감독한다(제 8 조).

4. 전시 군사법원의 구성

(1) 관할관의 재판관 지정

군사법원의 재판관은 관할관이 지정한다(제534조의 11). 군사법원의 재판관은 군판사와 심판관으로 하고, 재판장은 선임군판사가 된다(제534조의 8 제 3 항). 보통군사법원의 관할관은 일정한 자격을 갖춘 장교 중에서 심판관을 임명하며(제534조의 10), 군판사인 재판관 중에서 1명을 주심군판사로 지정한다(제534조의 12 제 4 항). 고등군사법원에서는 군판사 3명을 재판관으로 한다. 다만 관할관이 지정한 사건의 경우 군판사 3명과 심판관 2명을 재판관으로 한다(제534조의 12 제 3 항). 관할관은 군판사인 재판관 중 1명을 주심군판사로 지정한다(제534조의 12 제 4 항).

(2) 재판관의 계급

재판관의 계급은 피고인보다 동급 이상인 사람을 원칙으로 하나, 군판사인 재판관은 예외이다(제28조 제 1 항).[3] 피고인이 군무원이거나 포로인 때에는 그 등급에 따라 동급 이상

---

3) '동급'의 의미와 관련하여 동등한 계급인 경우 서열도 우선하여야 한다는 견해가 있으나, 서열과 상관없이 동등한 계급이면 되는 것으로 해석하는 것이 타당하며 실무에서도 동등한 계급이면 서열을 따지지 않

의 자임을 요하며, 등급 또는 계급을 달리하는 공동피고인에 대하여는 그 등급 또는 계급
이 최상급인 자에 따라 정한다(동조 제 2 항, 제 3 항, 제 4 항).

(3) 군사법원의 구성

전시 보통군사법원은 3명(군판사 2인 및 심판관 1인)의 재판관으로 구성한다(제534조의 12
제 1 항). 다만, 약식절차의 경우에는 1명(군판사)의 재판관으로 구성한다(동조 제 2 항), 전시
고등군사법원은 통상 3명(전원 군판사)의 재판관으로 구성하지만, 관할관은 5명(군판사 3명
및 심판관 2명)의 재판관으로 구성하도록 지정할 수 있다(제534조의 12 제 3 항). 재판장은 선임
재판관이 한다(제534조의 8 제 3 항).

(4) 재판장 · 수명군판사 · 수탁군판사 · 수임군판사

군사법원은 3인 또는 5인의 재판관으로 구성하는 합의체이므로 재판도 군사법원 자체
가 행하나, 일정한 경우에는 그 구성원인 재판관이 독자적으로 행하는 권한도 있다. 이하에
서는 각 재판관의 의의 및 권한에 대하여 살펴보기로 한다.

1) 재 판 장   평시 군사법원은 부장군판사가 그 부의 재판에서 재판장이 되며(제 8
조 제 3 항) 전시 군사법원은 선임 군판사가 재판장이 된다(제534조의 8 제 3 항). 재판장은 합
의체의 기관이라는 지위에서 공판기일의 지정 및 변경(제310조 제 1 항, 제313조 제 1 항)을 할
수 있고, 소송지휘권(제324조) · 법정경찰권(제328조 제 2 항) 등을 가지며, 독립한 자격으로서
긴급한 경우에 피고인을 소환 · 구속 및 구속의 촉탁 등을 할 수 있다(제118조).

2) 수명군판사   합의체인 군사법원이 그 구성원인 군판사에게 특정한 소송행위를
하도록 명하였을 때, 그 군판사를 수명군판사라고 한다. 예컨대 군사법원이 군판사에게 결
정이나 명령에 필요한 사실의 조사를 명하거나(제71조 제 4 항), 압수 · 수색을 명하는 경우
(제177조 제 1 항)를 들 수 있다.

3) 수탁군판사   어떤 군사법원이 다른 군사법원의 군판사에게 특정한 소송행위
를 하도록 촉탁한 경우에 그 촉탁을 받은 군판사(당해 군사법원 이외의 군판사)를 수탁군판사
라고 하며, 수탁을 받은 군판사는 일정한 경우에 다시 다른 군사법원의 군판사에게 전촉할
수 있고(제115조 제 2 항), 이 군판사도 역시 수탁군판사이다. 예컨대 군사법원이 군판사(이 경
우 수명군판사가 될 것이다)에게 법정 외의 증인신문을 명하였으나 증인이 관할구역 내에 없는
경우에 다시 다른 군사법원의 군판사에게 그 신문을 촉탁할 수 있고(수탁군판사), 수탁군판
사도 그 관할구역 내에 증인이 현존하지 아니한 경우에는 현재지의 군사법원의 군판사에
게 전촉할 수 있는 것이다(제208조 참조). 한편 소송행위를 촉탁받은 대상이 일반법원의 법
관인 경우에도 물론 수탁군판사가 될 것이다. 군사법원법상 인정되고 있는 촉탁에 의한 소

고 재판관으로 임명하고 있다.

송행위는 증인신문(제208조 제1항), 결정·명령에 필요한 사실조사(제71조 제4항), 구속(제115조), 압수·수색(제177조) 등이 있다.

4) 수임군판사   전술한 수명군판사 또는 수탁군판사로서가 아니고 수소군사법원과는 독립하여 군사법원법상의 권한을 행사할 수 있는 개개의 군판사를 수임군판사라고 한다. 예컨대 제1회 공판기일 전에 증거보전의 절차를 행하는 군판사(제226조)를 말한다.

Ⅲ. 제척·기피·회피

1. 의   의

사법권 독립의 핵심적 요소는 재판관의 독립이다. 군사법원법도 이러한 점을 강조하여 군사법원 재판관은 헌법과 법률에 의하여 그 양심에 따라 독립하여 심판한다고 규정하고 있고, 재판관의 신분보장을 위하여 "재판관은 재판에 관한 직무상의 행위로 인하여 징계나 그 밖의 어떠한 불리한 처분도 받지 아니한다"고 규정하고 있다(제21조 제2항).

재판관 독립의 실질적 내용을 이루는 것은 공평한 재판이며, 특히 형사사건에 있어서는 피고인이 공평하고 신속한 재판을 받을 권리를 가져야 한다는 것은 헌법상 보장된 것이다. 군사법원법도 공정한 재판을 보장하기 위하여 군사법원의 독립 및 이를 실질적으로 보장하는 여러 가지 규정을 두고 있으나, 구체적 사건에 있어서도 이를 보장하는 제도가 필요하다. 즉 특정한 사유가 존재하여 불공평한 재판을 할 우려가 있는 재판관을 직무집행으로부터 배제하는 방법을 들 수 있는데, 이것이 제척·기피 및 회피제도이다.

2. 제   척(Ausschließung)

(1) 의   의

제척이라 함은 법률에 규정된 불공평한 재판을 할 염려가 있는 현저한 사유가 특정한 재판관에게 존재하는 경우에 당해 재판관은 당연히 그 사건의 심판으로부터 제외되는 제도이다. 제척의 원인은 군사법원법 제48조에 규정되어 있는데 이는 열거적 규정이므로 이에 해당하지 않는다면 아무리 불공정한 재판을 받을 우려가 있는 경우라도 기피·회피는 별론으로 하고 제척원인이 되지 않는다고 보아야 한다. 물론 제척의 적용대상은 군판사뿐만 아니라 심판관도 포함된다.

(2) 제척의 원인(제48조)

① 재판관이 피해자인 경우 : 피해자라 함은 직접피해자에 한하며, 직접피해자란 그 범죄구성요건의 보호법익을 침해당한 자(예컨대 군용물절도죄에 있어서 군용물을 보관하고 있었

던 자) 이외에 공격의 객체로 되었던 자(예컨대 상관폭행죄에 있어서 그 객체인 상관)도
포함한다.

② 재판관이 피고인이나 피해자의 친족이거나 친족이었던 경우
③ 재판관이 피고인이나 피해자의 법정대리인이거나 후견인인 경우
④ 재판관이 당해 사건에 관하여 증인, 감정인, 피해자의 대리인이 된 경우
⑤ 재판관이 당해 사건에 관하여 피고인의 대리인, 변호인, 보조인이 된 경우
⑥ 재판관이 당해 사건에 관하여 관할관, 군검사 또는 군사법경찰관의 직무를 수행한 경우
⑦ 재판관이 당해 사건에 관하여 전심(前審)재판 또는 그 기초가 되는 조사심리에 관여한
경우[4]

(3) 제척의 효과

제척의 원인이 있는 재판관은 당연히 당해 사건의 모든 직무집행으로부터 제척된다.
직무집행이란 당해 사건에 관한 일절의 소송행위를 말하며, 제척의 원인이 있는 재판관이
사건에 관여할 경우에 당사자는 기피신청을 할 수 있다(제49조 제 1 항 제 1 호). 또한 제척원
인이 있는 재판관이 판결에 관여하는 경우에는 절대적 항소이유가 된다(제414조 제 6 호).

3. 기 피(Ablehnung)

(1) 의   의

기피라 함은 재판관에게 불공정한 재판을 할 사정이 있는 경우에 당사자의 신청에 의
하여 당해 재판관을 그 직무집행으로부터 탈퇴하게 하는 제도이다. 전술한 제척과는 달리
그 원인이 비유형적이고 일정한 원인이 있더라도 당연히 기피의 효과가 발생하는 것이 아
니라, 당사자의 신청과 이에 대한 재판관의 이유 있다는 결정에 의하여 비로소 효과가 발
생한다.

(2) 기피의 원인

① 재판관이 제척의 원인의 사유에 해당하는 때(제49조 제 1 항 제 1 호)
② 재판관이 불공평한 재판을 할 우려가 있는 때(제49조 제 1 항 제 2 호)

(3) 기피의 신청

기피신청권자는 소송담당자인 군검사나 피고인이며(제49조 제 1 항), 변호인도 피고인의
명시한 의사에 반하지 않는 한 기피를 신청할 수 있다(제49조 제 2 항).

재판관에 대한 기피는 그 재판관의 소속군사법원에 신청하고, 수명재판관이나 수탁재

---

4) "환송판결 전의 원심에 관여한 재판관이 환송 후의 원심재판관으로 관여하였다 하여 군사법원법 제48
조나 형사소송법 제17조에 위배된다고 볼 수 없다"(대법원 1979.2.27. 선고 78도3204 판결)는 판례가
있으며, "형사소송법 제17조에서 말하는 전심재판관여법관은 재심청구사건에는 적용되지 않는다"(대법
원 1964.6.22. 선고 64모16 결정)는 판례도 있다.

판관에 대한 기피는 해당 재판관에게 신청한다(제51조 제1항). 다만, 사건에 관한 청구 또는 진술이 있은 후에는 불공평한 재판을 할 염려가 있음을 이유로 재판관을 기피할 수 없으나, 기피의 사유가 있음을 알지 못하였을 때 또는 기피의 사유가 그 후에 발생한 때에는 사건의 청구나 진술 후에도 기피를 신청할 수 있다(제50조).

기피사유 또는 전술한 기피사유 부지에 대한 사유, 사건에 대한 청구나 진술의 기피 사유발생 등에 대한 소명은 신청한 날로부터 3일 이내에 서면으로 하여야 한다(제51조 제2항).

(4) 기피신청에 대한 결정

기피신청이 소송의 지연을 목적으로 함이 명백하거나 시기나 관할에 관한 규정(제50조, 제51조)에 위배된 때에는 신청을 받은 군사법원 또는 재판관은 결정으로 이를 기각한다(제52조 제1항). 기피당한 재판관은 위의 경우를 제외하고는 지체 없이 기피신청에 대한 의견서를 제출하여야 하며, 이 경우에 기피당한 재판관이 기피의 신청이 이유 있다고 인정하는 때에는 기피신청에 대한 결정이 있는 것으로 본다(동조 제2항·제3항).

기피신청에 대한 재판은 기피당한 재판관의 소속군사법원에서 결정으로 하여야 한다(제53조 제1항). 기피당한 재판관은 이 결정에 관여하지 못한다(동조 제2항). 기피당한 재판관의 소속군사법원이 군사법원의 구성을 하지 못하는 때에는 직근상급부대의 군사법원에서 결정하여야 한다(동조 제3항).

기피신청이 있는 경우에는 기피신청이 법률의 규정에 위배되었다고 기각하는 경우를 제외하고는 소송진행을 정지하여야 하나, 긴급히 진행하여야 하는 경우는 예외로 한다(제54조).

기피신청이 이유 있다는 결정이 있을 때 관할관은 재판관을 바꾸어야 한다(제56조). 기피신청을 기각한 결정에 대하여는 즉시항고를 할 수 있다(제55조). 이 때 이러한 즉시항고는 재판의 집행을 정지하는 효력이 없다(제55조 제2항).

4. 회 피(Selbstablehnung)

회피라 함은 재판관이 스스로 기피될 원인이 있다고 생각될 때, 그 신청에 의하여 그 재판관을 직무집행으로부터 탈퇴하게 하는 제도이다. 즉 재판관이 기피의 원인이 있다고 생각할 때에는 회피할 의사를 관할관에게 보고하여야 하며(제57조 제1항), 관할관은 그 보고가 이유 있다고 인정하면 재판관을 바꾸어야 한다(동조 제2항).

5. 서기 등에 대한 제척·기피·회피

재판관의 제척·기피·회피에 관한 규정은 제48조 제7호(재판관의 전심 등 관여로 인한 제척)의 규정을 제외하고는 서기와 통역인에게 준용된다(제58조 제1항).

서기와 통역인에 대한 기피의 재판은 그 소속 군사법원이 결정으로 하여야 한다(동조 제2항).

Ⅳ. 군사법원의 관할

1. 관할의 의의 및 종류

군사법원의 관할이라 함은 재판권의 행사에 관하여 각 군사법원에 분배될 직무의 분담을 말한다. 재판권이 일반적·추상적인 권한임에 반하여, 관할권은 이러한 재판권이 구체적으로 각 군사법원에 분배되어 현실적으로 특정한 군사법원(예컨대 ○○군단 보통군사법원)이 재판권을 행사할 수 있는 한계를 말하는 것이다.

군사법원의 관할에 대하여도 일반 형사소송법과 마찬가지로 법원항정의 원칙이 적용된다. 즉 관할에 관한 규정에 따라 일단 특정한 군사법원에 계속된 사건에 관여하는 사건의 시종을 통하여 동일한 군사법원에 의한 재판이 행해질 것이 요청되는 것이다.

이것은 관할이라는 제도를 통하여 심리의 편의라는 기술적인 면과 피고인의 방어상의 이익을 도모하는 한편, 군지휘권의 실효적인 행사를 확보하기 위한 것이다. 그러나 이러한 원칙을 고수하는 경우 구체적인 사건에 있어서 오히려 심리상의 불편과 피고인의 불이익을 초래할 우려가 있으므로, 그러한 모순을 제거하기 위하여 군사법원법은 재판관할에 관한 규정을 두고 있는 것이다.

현행 형사소송법상 관할의 종류로는 크게 법정관할과 재정관할이 있다. 법정관할은 법원항정의 원칙상 요구되는 것으로서 사물관할·토지관할·심급관할 등이 있고, 동 원칙에 대한 예외적인 규정으로서 관련사건의 관할과 관할의 지정·이전과 같은 재정관할이 있다.

이하에서는 상기한 관할제도가 군사법원법상 어떻게 인정되고 있는가에 대하여 각 관할을 중심으로 살펴보기로 한다.

(1) 사물관할(事物管轄)

사물관할이란 사건의 경중 또는 성질에 의한 제1심 관할의 분배를 말한다. 현행법 하에서 제1심은 군사법원에서 모두 관할하고 있는데(제11조 제1항), 실질적으로는 합의부에서 재판을 할 것인지 단독 군판사가 사건을 처리할 것인지에 대한 문제로 볼 수 있는데, 현행 군사법원법은 제1심의 모든 사건은 보통군사법원에서 처리하도록 되어 있으며 이에 대한 예외는 약식명령 사건 밖에 없다고 볼 수 있다. 결국 군사법원법상 사물관할에 관한 논쟁은 불필요하다고 볼 것이다.

(2) 군사법원의 심판사항

1) 군사법원의 심판사항은 다음과 같다(제11조).

① 제 2 조 또는 제 3 조에 따라 군사법원이 재판권을 가지는 사건
② 그 밖에 다른 법률에 따라 군사법원의 권한에 속하는 사건

2) 계엄지역에서는 국방부장관이 지정하는 군사법원이 계엄법에 의한 재판권을 가진다 (제12조).

(3) 심급관할

심급관할이란 상소절차에 있어서 소송사건의 분배를 말한다.

고등법원은 군사법원의 재판에 대한 항소사건, 항고사건 및 그 밖에 다른 법률에 따라 고등법원의 권한에 속하는 사건에 대하여 심판한다. 그리고 이때의 고등법원은 서울고등법원에 둔다(제10조).

대법원은 고등법원(제11조에 따라 군사법원에 재판권이 있는 사건을 심판하는 고등법원으로 한정한다) 판결의 상고사건 및 결정·명령에 대한 재항고사건에 대하여 심판한다(헌법 제110조 제 2 항, 군사법원법 제 9 조).

2. 관할의 변경

위에서 언급한 법정관할은 기술적인 면이나 피고인의 이익보호의 면에서 한계를 가지고 있으므로 관할을 탄력성 있게 구체적 요청에 부합하도록 완화할 필요가 있으며, 이러한 취지에서 나온 것이 관할의 변경과 재정관할이라고 할 수 있다.

(1) 관련사건의 관할

1) 관련사건의 정의   관련사건이란 수개의 사건이 상호 관련하는 것을 말하는데 (제16조), ① 1명이 범한 여러 건의 죄(경합범이 그 예), ② 여러 사람이 공동으로 범한 죄(형법 총칙상의 공범, 필요적 공범 등이 그 예), ③ 여러 사람이 동시에 동일장소에서 범한 죄(동시범이 그 예), ④ 범인은닉죄, 증거인멸죄, 위증죄, 허위의 감정이나 통역 및 번역죄, 장물에 관한 죄, 반란불보고죄 또는 이탈자비호죄와 그 본범의 죄 등을 말한다.

이와 같은 관련사건에 대하여는 심판의 편의상 병합관할, 심리의 병합분리가 인정되고 있다.

2) 병합관할   관할을 달리하는 여러 개의 사건이 관련된 경우 1개의 사건에 관하여 관할권이 있는 군사법원은 다른 사건까지 관할할 수 있다(제13조). 다만, 계엄지역에서 국방부장관이 지정한 군사법원이 관할하는 피고사건은 서로 관련되었다는 이유로 병합관

할할 수 없다(동조 단서).

3) 심리의 병합 관련사건이 각각 다른 군사법원에 계속(係屬)된 경우, 중앙지역 군사법원은 군검사 또는 피고인의 신청에 의하여 결정으로 해당 사건을 1개 군사법원이 병 합심리하게 할 수 있다(제15조).

4) 심리의 분리 관련사건이 같은 군사법원에 계속된 경우에 병합심리할 필요가 없는 때에는 그 군사법원은 군검사의 신청에 따라 결정으로 이를 분리하여 관할권이 있는 다른 군사법원에 이송할 수 있다(제14조).

(2) 관할의 지정 · 이전(재정관할)

1) 관할의 지정 형사소송법에는 법원의 관할이 명확하지 않은 경우(예컨대 관할구 역을 정한 행정구역이 불명확한 경우) 검사가 제 1 심 법원에 공통되는 직근상급법원에 관할지정 을 신청하도록 하고 있고(형사소송법 제14조), 마찬가지 군사법원법에서도 군검사가 중앙지 역군사법원에 관할지정을 신청하도록 하고 있다(제19조의 2).

2) 관할의 이전 군검사는 다음과 같은 경우에 그 상급부대의 군사법원에 관할이 전을 신청할 수 있다(제19조). 즉 ① 관할군사법원이 법률상의 이유 또는 특별한 사정으로 재판권을 행사할 수 없을 때, ② 범죄의 성질, 피고인의 지위, 부대의 실정, 소송의 상황 그 밖의 사정으로 인하여 재판의 공정을 유지하기 어렵거나 공공의 안녕과 질서를 해칠 우 려가 있을 때(이 경우에는 피고인도 이전신청을 할 수 있다)(동조 제 2 항)에는 관할이전을 신청할 수 있고, 이러한 신청을 받은 중앙지역군사법원은 지체 없이 이에 대한 결정을 하여야 한 다(동조 제 3 항).

관할이전의 신청은 서면으로 하여야 하고, 신청서에는 사건명, 관할을 이전 또는 지정 하고자 하는 군사법원, 피고인 또는 피의자의 인적사항 및 신청사유를 기재한다. 그 신청은 중앙지역군사법원에 한다(군사법원의 소송절차에 관한 규칙 제 5 조).

3) 관할의 창설 재판상의 준기소절차에 의하여 사건이 군사법원의 심판에 부하 여진 때에는(제304조) 당해 군사법원은 관할위반의 선고(제374조)를 할 수 없으므로 본래 관 할권이 없는 경우라도 관할권이 창설된다고 할 것이다.

3. 관할의 경합

군사법원의 관할은 전술한 바와 같이 여러 가지 표준에 의하여 결정되는 결과로 동일 한 사건에 관하여 두 개 이상의 군사법원이 동시에 관할권을 가지게 될 수 있으므로 이른 바 관할의 경합문제가 생기게 된다.

예컨대 토지관할에 있어서 피고인의 소속부대 · 주소 · 현재지 등을 관할하는 군사법원 이 각기 다른 경우, 이들 군사법원 사이에는 아무런 우열이 없으므로 군검사는 어느 군사법원에나 공소를 제기할 수 있고, 또 그 중 어느 하나에 공소가 제기되었더라도 다른 군사법원의 관할권은 소멸하지 않고 그대로 존속하게 된다. 따라서 이러한 모순을 제거하기 위하여 군사법원법은 다음과 같은 규정을 두고 있다.

같은 사건이 수개의 군사법원에 계속된 경우에는 먼저 공소를 받은 군사법원(공소장접수일시를 기준)이 심판한다(제17조). 다만, 중앙지역군사법원은 군검사 또는 피고인의 신청에 의하여 결정으로 나중에 공소를 받은 군사법원으로 하여금 심판하게 할 수 있다(동조 단서).

4. 관할권 부존재의 효과

관할권의 존재는 소송조건이다. 따라서 군사법원은 그 군사법원에 계속된 사건에 관하여 관할권의 존부를 항상 직권으로 조사하여야 하며(형사소송법 제 1 조), 만일 관할권이 없음이 명백한 경우에는 판결로 관할위반의 선고를 하여야 한다(제373조).

다만, 예외로써 다음과 같은 경우를 인정하고 있다.

첫째, 재정신청에 의하여 사건이 군사법원의 심판에 부하여진 사건(제304조)

둘째, 다른 군사법원 관할에 속하는 사건으로서 피고인의 신청이 없는 경우(제374조 제 1 항). 다만, 이러한 경우 관할위반의 신청은 피고사건에 대한 진술 전에 하여야 한다(동조 제 2 항).

이러한 경우들을 제외하고는 관할위반인 경우에 군사법원은 관할위반의 선고를 하여야 한다. 따라서 관할위반임에도 군사법원이 소송절차를 진행시킨다면, 그 절차는 위법한 것이 된다.[5]

그러나 소송행위는 관할위반인 경우에도 그 효력에 영향을 미치지 아니하므로(제20조), 다시 관할군사법원에 공소가 제기되더라도 전에 행하여진(예컨대 증인신문조서) 소송행위는 유효하게 증거로 할 수 있다.[6]

---

5) 대법원 1963.1.24. 선고 64도6 판결.
6) 현행 형사소송법에 따르면 법원은 공소가 제기된 사건에 대하여 군사법원이 재판권을 가지게 되었거나 재판권을 가졌음이 판명된 때에는 결정으로 사건을 재판권이 있는 동일한 심급의 군사법원으로 이송하도록 규정하고 있는데(동법 제16조의 2), 이 경우에도 역시 이송 전의 소송행위는 이송 후에도 그 효력에 영향이 없다(동조 단서).

제 2 절 군 검 찰

Ⅰ. 군 검 사

1. 군검사의 지위

군검사는 군내부에서 해당 검찰단이 설치되어 있는 부대장에 소속되어 군검찰사무를 담당하는 국가기관이며, 사법행정상으로는 군검찰부에 소속되어 있다.

검찰사무는 행정작용의 일종이지만 실질적으로는 사법작용과 밀접한 관련을 맺고 있으므로, 군형사사법의 적정한 운용을 위해서는 사법권의 독립이라는 취지에서 그 지위의 독립성이 보장되고 법에 의한 권한행사가 요구되는 것이다.

군검사의 지위는 크게 다음과 같은 세 가지로 대분된다.

(1) 공익의 대표자로서의 지위

군검사는 국가소추주의의 원칙 하에 공소권을 독점하고 있어 피해자나 군사법경찰관에 의한 기소는 인정되지 않고 있는데, 이것은 군검사가 공익의 대표자로서의 지위를 갖는데서 기인하는 것이라고 할 수 있다.[7]

(2) 소송담당자로서의 지위

군사법원법은 당사자주의의 소송구조에 입각하여 소송절차상의 각종 진술·신청권·상소권·강제처분에의 참여권 등을 원고로서의 군검사와 피고인에게 동등하게 인정하고 있다(무기평등의 원칙).[8]

그러나 군검사는 국가기관으로서 피고인보다 실질적으로(사회적 지위 혹은 소송진행능력 등) 우월하므로 피고인에 대한 변호인제도에도 불구하고 역시 본질적으로 우월한 소송담당자라고 할 수 있다.

---

7) 대법원 2002.2.22. 선고, 2001도23447 판결.
8) 검사(군검사)의 소송법상의 지위도 국가에 따라 차이가 있다. 프랑스와 독일을 비롯한 대륙법계국가에 있어서 검사는 소추권뿐만 아니라 수사권과 재판의 집행권도 가지고 있으나, 영미법계국가의 검사는 대배심에 의한 제한을 받는 범위 내에서 소추권을 행사하거나 대배심의 보조기관으로서의 기능을 가지며, 소추 및 공소유지만을 주된 임무로 할 뿐 재판의 집행권도 인정되지 않는다. 또한 수사의 주체도 원칙으로 경찰이며, 실무상 경찰과의 긴밀한 관계에 의하여 수사를 지휘하고 있을 뿐이다. 일본에서는 검사에게 소추권과 재판의 집행권을 인정하고 있지만 수사에 있어서는 사법경찰관이 제1차적 수사의 주체이고, 검사는 제2차적·보충적인 수사의 주체에 지나지 않는다.

(3) 수사기관으로서의 지위

군검사는 군사법경찰관과 함께 수사기관으로서 범죄를 수사할 수 있으나, 일반 형사소송법상 검사와는 달리 군사법경찰관에 대한 지휘·감독권이 명문으로 보장되어 있지 않으므로 반드시 수사에 대한 주도적 지위를 갖는다고는 할 수 없다.[9]

2. 군검사의 임명과 신분보장

군검사는 각 군 참모총장이 소속 군법무관 중에서 임명한다(제41조). 다만, 국방부검찰단의 군검사는 국방부장관이 소속 군법무관 중에서 임명하도록 하고 있으나, 국방부장관은 각 군참모총장의 의견을 들어 각 군 소속 군법무관 중에서 국방부 및 각 군의 군검사를 임명할 수 있다. 각 군 참모총장은 군법무관시보로 하여금 군검사의 직무를 대행하게 할 수 있다(제42조).

종래 군사법원법 제21조 제 2 항에서는 검찰사무의 공정을 확보하기 위하여 군검사 및 변호인도 재판관과 같은 신분보장을 할 필요를 인정하여 "재판관, 군검사 및 변호인은 재판에 관한 직무상의 행위로 인하여 징계나 그 밖의 어떠한 불리한 처분도 받지 아니한다."라고 규정하였으나, 2022년 군사법원법 개정으로 '군검사 및 변호인' 부분이 삭제되었다.

3. 군검사의 직무

군검사는 범죄수사 및 공소제기와 그 유지에 필요한 행위, 군사법원 재판집행의 지휘·감독, 다른 법령에 따라 그 권한에 속하는 사항 등을 그 직무로 한다(제37조).

군검사가 위의 직무를 수행하는 데 관할의 제한을 받는가 하는 문제가 있는데, 일반 형사소송법상의 검사의 직무와 마찬가지로 해석하여야 할 것이다. 즉 법령에 특별한 규정이 없는 경우를 제외하고는 소속 검찰부의 관할지역 내에서 그 직무를 행하며, 수사상 필요가 있는 경우에는 관할지역 외에서 직무를 행할 수 있다고 생각한다(검찰청법 제 5 조 참조).

검찰사무는 검찰행정사무와는 구별하여야 한다. 검찰행정사무란 군검찰부의 인사·경리 등에 관한 순수한 행정사무를 말하는데, 검사의 사건분담결정과 같은 검찰사무와 밀접한 관련을 갖는 것도 있다.

---

9) 군검사가 검사와는 달리 수사의 지휘·감독권이 없다고 하는 근거로는 군사법원법 제228조 제 1 항이 군사법경찰관의 독립된 범죄수사 권한을 인정하고 있는 점과, 군검사의 업무를 규정한 군사법원법 제37조가 단순히 범죄 수사의 권한을 인정하고 있을 뿐 검찰청법 제 4 조 제 1 항 제 2 호(범죄수사에 관한 사법경찰관리 지휘·감독)와 같은 규정을 두지 않고 있다는 점을 들고 있다. 그러나 입법론적으로는 수사의 일원화와 원활화를 위하여 군검사에게도 군사법경찰관리에 대한 수사상의 지휘·감독권을 인정하는 것이 타당하다는 견해가 있으며, 현재 군사법제도 개선의 한 부분으로 이러한 논의가 진행중에 있다.

4. 군검찰동일체의 원칙

우리 군사법원법은 기소독점주의와 기소편의주의를 규정하고 있어 군검사의 기소·불기소 기준의 통일성을 부여함으로써 공소권 행사의 공정성을 보장하고 있다. 군검사는 그 개개인이 군검찰권을 행사하는 권한을 가지고 있는 독립된 관청이다.[10] 특히 군검사의 개개업무는 범죄수사는 물론 법원에 대한 정당한 법 적용의 청구, 군사법경찰관리에 대한 사법적 통제, 공소의 제기 및 유지, 형의 집행 등과 같이 사법권과 밀접한 관계를 맺고 있어서 검찰권의 행사는 언제나 외부로부터 독립하여 공정하게 행사되어야 한다. 그러나 군검사는 재판관과는 달리 검찰권을 행사함에 있어서 상관의 지휘·감독에 복종하여야 한다. 그 지휘·감독의 계통은 군사법운영상의 특수성으로 인하여 국방부장관을 정점으로 하여 각급 부대장과 계층적으로 조직되어 상하복종의 관계에서 일체불가분의 피라미드형의 구조를 가지고 있다. 이것을 군검찰동일체의 원칙이라고 한다.[11]

그 내용을 보면 다음과 같다.

첫째, 군검사는 군검찰사무에 관하여 소속 상급자의 지휘·감독에 따르며, 군검사는 구체적인 사건과 관련하여 지휘·감독의 적법성 또는 정당성 여부에 대하여 이견이 있는 때에는 이의를 제기할 수 있다. 검찰단장은 소속 군검사로 하여금 그 권한에 속하는 직무의 일부를 처리하게 할 수 있으며, 소속 군검사의 직무를 자신이 처리하거나 다른 군검사로 하여금 처리하게 할 수 있다(제40조).

둘째, 각 군 참모총장은 각 군 검찰사무의 지휘·감독자로서 일반적으로 소속 군검사를 지휘·감독한다. 다만, 구체적 사건에 관하여는 소속 검찰단장만을 지휘·감독한다(제39조).

셋째, 국방부장관은 군검찰사무의 최고감독자로서 일반적으로 군검사를 지휘·감독한다. 다만, 구체적 사건에 관하여는 각 군 참모총장과 국방부검찰단장만을 지휘·감독한다(제38조).

이러한 단서의 규정은 정치적 공무원인 국방부장관이 구체적인 사건에 관하여 직접 검찰사무에 관여하는 것을 방지하기 위한 취지에서 나온 것이다.

---

10) 헌법재판소 1989.10.7. 선고 89헌마56 결정 등 참조.
11) 동 원칙의 귀결로써 다음과 같은 점을 유의하여야 한다.
　　① 검찰단장은 소속 군검사의 직무를 자신이 처리하거나 다른 군검사로 하여금 처리하게 할 수 있다(군사법원법 제40조 제 4 항). 전자를 직무승계권, 후자를 직무이전권이라고 한다.
　　② 검찰사무의 취급 중 군검사의 교체가 있더라도 동일한 군검사가 행한 것과 그 효력에 변함이 없다. 즉 재판관과는 달리 교체되더라도 공판절차의 갱신 등이 문제되지 않는다.
　　③ 군검사에 대한 제척·기피는 인정되지 아니한다. 군검사도 소송의 일당사자이며, 특정한 군검사에 대한 직무집행으로부터의 배제는 군검찰동일체의 원칙상 아무런 의미가 없기 때문이다.

Ⅱ. 군검찰부

군검찰단은 군검찰사무를 통할하는 기관이다. 이것은 일반 형사소송법상의 검찰청에 대응하는 것이나, 그 자체로서는 아무런 권한도 가지지 아니하므로 관청이 아닌 관서의 일종이라고 할 수 있다.

군검찰단은 종전에는 군사법원에 부치되어 있었으나 대치개념으로 변경되었으며, 고등검찰부와 보통검찰부로 나눌 수 있다. 보통검찰부는 제 6 조에 따른 군사법원에 대응하여 둔다. 다만, 필요한 경우 보통검찰부를 통합하여 둘 수 있다(제36조 제 2 항). 고등검찰부의 관할은 보통검찰부의 관할사건에 대한 항소사건 · 항고사건 및 그 밖에 법률에 따라 고등검찰부의 권한에 속하는 사건으로 한다. 다만, 각 군 검찰단 고등검찰부는 필요한 경우 그 권한의 일부를 국방부검찰단 고등검찰부에 위탁할 수 있다(제36조 제 4 항).

군검찰단에 검찰수사관과 검찰서기를 둔다(제47조 제 1 항). 검찰수사관 및 검찰서기는 각 군 참모총장이 소속 장교, 준사관, 부사관 및 군무원 중에서 임명한다. 다만, 국방부검찰단의 검찰수사관 및 검찰서기는 국방부장관이 임명한다(동조 제 2 항). 검찰수사관은 군검사를 보좌하며, 군검사의 지휘를 받아 범죄를 수사한다(동조 제 3 항). 검찰서기는 군검사의 명령을 받아 수사에 관한 사무, 형사기록의 작성과 보존, 재판집행에 관한 사무, 그 밖의 검찰행정에 관한 사무에 종사한다(동조 제 4 항).

제 3 절   피고인과 그 보조인

Ⅰ. 피 고 인

1. 피고인의 의의

피고인이라 함은 군검사에 의하여 공소가 제기된 사람을 말한다. 공소가 제기되기 전에 수사기관으로부터 범죄의 혐의를 받아 군검사나 군사법경찰관리에 의하여 조사를 받고 있더라도 공소가 제기될 때까지는 피고인이 아니라 피의자이며, 이는 소송의 당사자가 아니다.

누가 피고인인가를 정함에 있어서는 표시설과 행위설의 대립이 있는데, 공소장에 피고인의 기재에도 불구하고 피고인으로서 실제로 행동하고 있거나 취급된 자를 피고인이라고 보는 것이 타당하다.[12] 예를 들면 갑이 공소장에 피고인으로서 기재되어 있음에도 불

---

12) 보통의 경우에는 표시자와 행위자가 동일하기 때문에 이와 같은 견해의 대립은 공소장에 기재된 피고인(표시자)과 실제 피고인으로서 소송행위를 하거나 취급된 자(행위자)가 상이한 경우 누가 그 소송행위

구하고 착각 등의 원인으로 을이 사실상 피고인으로 취급되어 절차가 진행된 경우에, 을에 대한 관계에서 사실상 소송이 계속되었으므로 착각이라는 것이 도중에 판명되면 이를 방치하지 않고 을에 대하여 공소기각의 판결을 함으로써 소송절차를 종결하여야 한다(제382조 제2호). 그러나 만약 잘못하여 실체판결이 선고된 경우에는 그 효력은 그에 대하여서만 발생하고, 그 확정 후에는 재심에 의한 구제만이 남게 된다. 갑에게는 그 판결의 효력이 미치지 않는다. 갑에 대해서는 처음의 공소제기에 기하여 별도로 절차가 진행되어야 한다.

사건의 심리가 병합된 결과 수인이 동일한 소송절차로 동시에 피고인으로 되는 경우가 있다. 이것을 공동피고인이라고 한다. 공동피고인에 대해서도 그 소송관계는 개별적으로 존재한다. 따라서 그 중 1인에 대하여 발생한 법률관계는 원칙적으로 다른 공동피고인에게 영향을 미치지 아니한다(예외: 제432조, 제450조 참조).

2. 피고인의 지위

피고인은 당사자이다.[13] 물론 피고인의 임의의 진술은 일정한 제한 내에서 증거로 될 수 있고, 그의 자체는 검증의 대상으로 될 수도 있으며, 일정한 경우에는 각종 강제처분의 객체가 되고, 법정질서에 복종할 의무도 진다. 그러나 역시 피고인의 기본적인 지위는 당사자로서의 지위이며, 다른 것은 부수적인 것에 불과하다.

(1) 당사자로서의 지위

피고인은 수동적 당사자로서 능동적 당사자인 군검사의 공격에 대하여 방어할 권리를 가지는데, 이것을 피고인의 당사자로서의 지위라고 한다. 이는 피고인의 기본적 지위이다.

이것은 당사자소송주의의 원칙 하에서 인권보장이라는 면에서 특히 강조되는 것이다. 따라서 피고인은 후술하는 바와 같이 변호인 선임 및 의뢰권을 가지면서 스스로도 증거조사의 청구, 변론, 상소의 신청을 비롯하여 각종 소송행위를 할 권리가 있는 것이다. 또한 진술에 대한 의무는 지지 않으며, 공판기일에 있어서도 시종 침묵하거나 개별 질문에 대하여 진술을 거부할 권리까지 가지고 있는 것이다.[14] 한편 피고인은 유죄의 판결이 확정될 때

의 효력을 받는지에 관한 것이다.

13) 과거 규문주의 하에서는 '소송' 절차라는 것이 없었으므로 원고·피고라는 개념은 없고, 다만 피의자만 있었을 따름이다. 따라서 피의자는 재판절차 중에서도 규문판사의 조사의 객체로 됨에 그치고 법률상 아무런 자기의 정당한 이익을 방어할 권리가 인정되지 않았다. 이것은 당사자소송주의 하에서도 국가의 권위를 배경으로 하는 군검사의 공격에 대한 피고인의 방어가 유효하지 못하였으므로 역시 피고인은 조사의 객체로서의 성격은 여전히 잔존하였으며, 이러한 불균형을 가능한 한 제한하고 당사자로서의 성격을 강화하기 위하여 현행 군사법원법은 피고인에게 여러 가지 권리를 인정하고 있다.

14) 군사법원상 피고인에게 당사자로서 인정되어 있는 권리로서 중요한 것을 들면 다음과 같다. 변호인선임 및 선임의뢰권(제59조, 제130조), 접견·교통 및 수진권(제63조, 제129조), 보석청구권(제134조), 기

까지는 무죄로 추정된다(제323조).

(2) 증거방법으로서의 지위

한편 피고인의 임의의 진술은 피고인의 이익이 되는 증거로도 될 수 있고, 불이익이 되는 증거로도 될 수 있는데(제362조, 제370조), 이러한 의미에서 피고인은 일종의 인적 증거방법이라고 할 수 있다. 또한 피고인의 신체는 경우에 따라서 그 신체검사(검증)의 대상이 되므로(제180조 이하), 이러한 의미에서 피고인은 일종의 물적 증거방법이라고도 할 수 있는데, 양자를 합하여 피고인의 증거방법으로서의 지위라고 한다. 이는 피고인의 보충적 지위라고 할 수 있다.

현행 군사법원법상 피고인은 소송당사자로서 소송의 주체이므로 동시에 증인으로서의 지위(증인적격)를 인정할 수는 없으나, 당해 공소사실에 관하여 가장 직접적인 체험자(무죄인 경우에는 피고인이 관여하지 아니하였다는 사실의 체험자)이므로 그의 임의의 진술에는 일정한 범위에서 증거능력을 인정하여야 할 것이다.

(3) 절차의 대상으로서의 지위

피고인은 소환·구속·압수 및 수색 등의 강제처분의 객체로 된다. 이것을 피고인의 절차의 대상으로서의 지위라고 한다. 즉 피고인은 적법한 강제처분에 응하여야 할 의무가 있고, 이를 거부할 수 없다. 이것은 피고인의 도망방지, 출석확보, 증거인멸의 방지를 위하여 불가결한 것이다. 한편 피고인은 법정질서에 복종할 의무를 진다. 예컨대 피고인의 재정(在廷) 의무(제328조 제1항), 재판관의 소송지휘권·법정경찰권에 대한 복종의무 등이 그것이다. 다만, 이러한 피고인의 법정질서 복종의무는 절차의 대상으로서의 지위가 아니라 소송당사자로서의 지위에서 인정되는 것이라는 견해가 있다.[15]

3. 당사자능력

당사자능력이라 함은 형사소송에 있어서 일반적으로 피고인으로 될 수 있는 능력을 말하며,[16] 법률상 인격을 갖는 자는 자연인·법인을 불문하고 당사자능력을 가진다.

피신청권(제49조), 증거보전신청권(제226조), 구속취소신청권(제133조), 압수 및 수색영장집행에의 참여권(제162조), 검증에의 참여권(제186조, 제162조), 감정에의 참여권(제218조), 무죄추정권(제323조), 증거조사신청권(제339조), 증인신문에의 참여권 및 증인신문청구권(제204조, 제205조), 증거로 함에 대한 동의권(제343조), 증거조사에 대한 이의신청권(제350조), 변론의 분리·병합 및 재개의 신청권(제356조), 최후진술권(제354조 제2항), 재판장 또는 군판사의 처분에 대한 이의신청권(제350조 제2항), 상소권(제395조), 상소권회복청구권(제402조), 상소의 포기 및 취하권(제406조), 재심청구권(제473조) 등이 그것이다.

15) 백형구, 형사소송법 강의, 59면.

16) 이와 구별되는 개념으로서 당사자적격이라는 것이 있는데, 이것은 구체적인 특정사건의 소송에 있어서 피고인으로 될 수 있는 자격을 말한다. 군사법원법상으로는 군인과 준군인, 그리고 특정한 범죄를 범한 민간인만이 당사자적격을 갖는다고 할 수 있는데, 예컨대 부대인솔도피(군형법 제23조)라는 범죄사실에

당사자능력은 군사법원법상 개념이므로 군형법상의 책임능력과는 별개의 것이다. 따라서 14세 미만의 자라도 공소가 제기되면 소송의 당사자로서 피고인이 될 수 있다. 한편 일반 형사소송법에 따르면 법인은 특별법에 규정이 있는 경우에 한하여 당사자능력이 인정된다고 하는데, 군사법원법상으로 법인의 당사자능력이 문제되는 경우는 없다고 할 것이다.

피고인이 당사자능력을 가지는 것은 실체적 재판을 하기 위한 소송조건의 하나이다(이에 관해서는 공판절차에서 후술함). 따라서 군사법원은 언제든지 직권으로써 이를 조사하여 그 결여를 인정하는 때에는 공소기각의 재판을 하여 군사재판절차를 종결시켜야 한다. 군사법원법상 피고인이 당사자능력을 상실하게 되는 경우로는 '피고인이 사망하였을 때'가 있으며, 이 경우에는 결정으로 공소를 기각하여야 한다(제383조 제1항 제2호).

4. 소송능력

소송(행위) 능력이라 함은 피고인이 당사자로서 유효하게 각종의 소송행위를 할 수 있는 능력을 말한다. 피고인의 소송행위가 군사법원법상 유효하기 위해서는 피고인에게 자신을 방어할 수 있는 상당한 능력이 있음을 요한다. 이 점에 관하여 법률은 명문의 규정을 두고 있지 않으나, 피고인의 소송행위의 유효요건으로 보아야 할 것이다(형사소송법 제26조 참조). 따라서 소송능력은 피고인의 주된 권리인 변호권을 독립·행사할 수 있는 능력, 즉 소송행위능력이다.

소송능력의 정도는 피고인으로서 자기의 지위와 중요한 이해를 변별하며, 이에 따라 상당한 방어행위를 할 수 있는 의사능력이 있음으로써 족하다.

따라서 소송능력은 전술한 당사자능력과 다르며 변론능력과도 다르다. 변론능력은 법정에서 변론할 수 있는 능력을 말하고, 소송능력이 있는 피고인이라도 항소심이나 상고심에 있어서는 변론능력을 가지지 아니한다(제423조, 제450조)(당사자능력 〉 소송능력 〉 변론능력).

군사법원절차의 진행과정에서 피고인이 소송능력을 가지는 것을 필요조건으로 하고 있고, 피고인이 소송능력을 가지지 않을 때에는 원칙적으로 공판절차를 정지하여야 한다(제357조). 즉 피고인이 사물식별능력 또는 의사결정능력이 없는 상태에 있을 때에는 군사법원은 군검사와 변호인의 의견을 들어 결정으로 그 상태가 계속되는 동안 공판절차를 정지하여야 하는데, 이 경우 의사의 의견을 들어야 한다. 다만, 피고사건에 관하여 무죄, 면소, 형의 면제 또는 공소기각의 재판을 할 것이 명백한 때에는 피고인의 출석 없이 재판할 수 있고, 공판준비절차에 있어서는 대리인이 출석할 수 있는 경우 공판절차는 정지하지 않고 진행한다(제357조 제4항 및 제5항).

대한 소송절차에 있어서 지휘관만이 당해 군사법원의 당사자적격이 있다고 할 수 있다. 이와 같은 당사자적격을 결여한 경우에는 당사자능력의 결여와는 달리 무죄의 재판을 선고하여야 한다.

Ⅱ. 변호인 및 보조인

1. 변 호 인

(1) 변호인의 의의

변호인이란 피고인(또는 피의자)의 방어력을 보충하기 위하여 특히 선임된 보조인을 말한다.

군사법원법은 당사자소송주의에 입각하여 피고인에게 소송주체로서 원고인 군검사와 대립하여 공격·방어할 당사자로서의 지위를 보장하면서 군검사의 공격에 대하여 자기의 정당한 이익을 보호하기 위하여 자기를 보호하는 권리를 인정하고 있다. 이와 같은 당사자소송의 구조가 실효성을 거두기 위하여 당사자가 대등한 지위에 있음을 요한다(무기대등의 원칙). 군사법원법은 이러한 원칙을 실질적으로 실현하기 위하여 "피고인은 유죄의 판결이 확정될 때까지는 무죄로 추정된다"(제323조)고 하여 피고인에 대한 '무죄추정의 원칙'을 확실하게 밝히고 있다.

그러나 "많은 경우에 방어할 수 있는 권리는 변호인에 의한 방어를 할 수 있는 권리를 포함하지 않는 한 의미가 없다. 상당히 사리에 밝고 교육을 받은 사람도 법률가가 아닌 때에는 법률에 대하여 지식이 부족하거나 전무한 상태이며, 그가 범죄의 혐의를 받거나 소추를 받은 때에는 대개의 경우에 그 혐의나 기소내용이 법적으로 유지될 수 있는 것인지를 판단할 능력이 없다. 그는 증거법에 소원하다. 변호사의 도움 없이는 그는 충분한 법적 근거 없이 구속 또는 기소될 수 있고, 불충분한 증거, 증거능력이 없는 증거를 기초로 유죄판결을 받는 것이 가능하다. 또 방어할 수 있는 사건을 가지고도 적절한 방어준비를 할 기술과 지식을 갖지 못하고 있는 것이 보통이다. 여기에 사건의 각 단계의 진전에 있어서 길잡이가 필요하며, 그것이 없이는 그가 실제는 유죄가 아닌 경우에도 다만 자신의 무죄를 내세우는 방법을 모르기 때문에 유죄판결의 위험에 직면하는 경우가 많기 때문이다."[17] 라는 말과 같이 변호인의 충분한 조력 없는 피고인은 상대적으로 약한 존재일 수밖에 없다.

이러한 사실은 거대한 예산과 조직을 가지고 법률적인 전문지식을 겸비하고 있는 국가기관인 군검사가 피고인의 반대당사자라는 사실에 기인하는 것이며, 이러한 점에서 변호인의 필요성이 등장하는 것이다. 따라서 변호인제도는 변론주의와 당사자대등주의가 구현된 것이라고 할 수 있다.

---

17) 이것은 Sutherland 판사가 Powell vs. Alabama 사건(287 U.S. 45, 1932)에서 판결한 내용의 일부로서 피고인의 사실상의 지위를 적절히 지적하고 있다. 자세한 내용은 신현주, 형사소송법, 박영사, 1980, 32-33면 참조.

(2) 형식적 변호와 실질적 변호

군사재판에 있어서 변호라는 개념은 널리 피고인의 보호를 위한 일체의 소송활동을 말한다. 이러한 피고인에 대한 보호적 기능은 피고인과 피고인의 이익보호를 주된 임무로 하는 변호인에 의하여 행해지는 경우(형식적 변호)와 공평한 재판을 하는 재판관이나 법령의 정당한 적용을 청구하는 군검사에 의하여 행해지는 경우(실질적 변호)가 있다. 그러나 재판관은 소송의 지휘·심판을 주된 임무로 하고, 군검사는 공소의 유지 및 수행을 주된 임무로 하고 있으므로 피고인에 대한 충분한 변호를 기대할 수 없다. 따라서 근대형사소송법은 오로지 피고인의 정당한 이익만을 옹호하는 변호인의 형식적 변호를 확장시키고 있는 것이다.[18]

(3) 변호인의 지위

군사법원법상 변호인은 단순한 피고인이나 피의자의 대리인이 아니고, 피고인의 정당한 이익을 옹호함으로써 국가형사사법의 공정·타당한 운용에 협력하는 임무를 가진다. 즉 변호인은 군검사와 대립하는 당사자인 피고인을 보호함으로써 군사법의 정당한 실현을 도모하는 소극적·수동적 방어권자라고 할 수 있다.

변호인은 피고인의 보호를 임무로 하므로 피고인에게 불리한 증거를 수집·제출하거나 피고인에게 불이익한 주장을 할 의무는 없으나, 정당한 이익의 보호를 목적으로 하므로 법령에 위반되는 행위(예컨대 허위의 사실을 적시한다든가 하게 한다든가, 증거를 인멸하게 한다든가 하게 하는 등의 행위)는 할 수 없으며, 피고인에게 이익이 되는 것이면 피고인의 의사에 구속되지 아니한다. 또한 공판정에 제출된 증거만으로는 유죄로 될 수 없는 경우에는 피고인의 유죄를 확신하더라도 무죄의 변론을 할 수 있고, 또 하여야 한다.

한편 변호인은 피고인과의 관계에 있어서는 민사소송에 있어서의 소송대리인과는 달리 피고인에 대한 보호자의 지위에 있다. 따라서 변호인은 본인에 대하여 포괄적 대리권을 가지고 있고, 그 행사에는 원칙적으로 본인의 의사에 관계 없이 독립하여 행사할 수 있다. 또한 대리권 이외에도 소송법상 일정한 고유권이 인정되어 있다.

(4) 변호인의 선임

변호인이 군사법원의 재판절차에 관여함에는 그 선임을 필요로 한다. 변호인은 원칙적으로 피고인 또는 피의자 기타 관계인이 자기의 비용으로써 임의로 선임하나(사선변호), 형사피고인에게 변호인이 없을 때에는 국가가 직권으로 선정하여야 한다(국선변호)(헌법 제

---

18) 헌법도 이러한 점을 강조하기 위하여 "누구든지 체포·구금을 당한 때에는 즉시 변호인의 조력을 받을 권리를 가진다. 다만, 법률이 정하는 경우에 형사피고인이 스스로 변호인을 구할 수 없을 때에는 국가가 변호인을 붙인다"고 규정하여(제12조 제4항) 형식적 변호를 보장하고 있다.

12조 제 4 호 단서, 군사법원법 제62조).

1) **사선변호**   피고인 또는 피의자는 변호인을 선임할 수 있다(제59조 제 1 항). 특히 구속된 피고인이나 피의자에 대하여는 변호인을 선임할 수 있음을 고지하여야 하며(제112조), 변호인선임의뢰권이 보장되어 있다(제130조).

이외에도 피고인 또는 피의자의 법정대리인, 배우자, 직계친족 및 형제자매는 독립하여 변호인을 선임할 수 있다(제59조 제 2 항).

변호인은 원래 법률적 지식에 의하여 피고인이나 피의자의 방어권을 보충하는 자이므로 원칙적으로 변호사 중에서 선임하여야 한다. 다만, 제 1 심 군사법원은 특별한 사정이 있을 때에는 변호사가 아닌 자를 변호인으로 선임함을 허가할 수 있다(제60조). 그러나 법률심인 상소심에 있어서는 변호사 또는 변호사 자격이 있는 장교가 아니면 변호인으로 선임하지 못한다(제423조, 제450조). 변호인의 선임방법은 변호인과 연명날인한 서면(변호인선임서)을 공소제기 전에 당해 군사법원에 제출하여야 한다(제61조 제 1 항).

변호인의 선임은 선임권자의 법원에 대한 소송행위이므로, 그 기초로 되는 의뢰자와 변호사 등과의 사이의 민법상 계약과는 구별되어야 한다. 한편 공소제기 전의 변호인선임은 제 1 심에도 그 효력이 있으나(제61조 제 2 항), 공소제기 후에는 심급마다 선임행위를 하여야 한다(동조 제 1 항). 다시 말하면 공소제기 후의 변호인선임은 당해 심급에 한하여 유효하며, 그 시기는 상소에 의하여 제 2 심의 효력이 발생할 때까지이다.[19]

변호인의 수에 관하여는 아무런 제한이 없으므로 그 수를 불문한다. 이 경우 1인의 피고인에게 수인의 변호인이 있는 때에는 재판장은 피고인·피의자 또는 변호인의 신청에 의하여 대표변호인을 지정할 수 있고, 그 지정을 철회·변경할 수 있으며(제61조의 2 제 1 항), 신청이 없는 경우에는 직권으로도 할 수 있다(동조 제 2 항). 대표변호인에 대한 통지 또는 서류의 송달은 변호인 전원에 대하여 효력이 있다(동조 제 4 항). 다만, 대표변호인은 3명을 초과할 수 없다(동조 제 3 항).

2) **국선변호**   국선변호는 군사법원이 직권으로 변호인을 선정하는 경우이다. 전술한 사선변호만으로는 피고인의 이익을 충분히 보장할 수 없으므로 일정한 사유가 있는 경우에 군사법원이 직권으로 변호인을 선정할 필요가 있다(형사소송법 제33조). 따라서 국선변호제도는 사선변호를 보충하는 의미를 가지며, 피고인과 구속되어 적부심사를 청구한 피의자에 대하여 인정된다.

일반 형사소송법과는 달리 군사법원법상으로는 피고인에게 변호인이 없는 때에는 반드시 군사법원의 직권으로 변호인을 선정하도록 되어 있으며(제62조 제 1 항),[20] 변호인은 변

---

19) 학설에 따라서는 당해 심급에 있어서 종국재판이 선고될 때까지라는 견해도 있으나, 군사법원법상 종국재판의 선고 후에도 관할관이 판결에 실질적 변경을 가할 수 있으므로(제379조 참조), 선고 후에 이심의 효력이 발생하기 전에 변호인이 없게 되어 중요한 시기에 변호권을 행사할 수 없게 되고, 나아가서는

호사, 변호사의 자격이 있는 장교 또는 군법무관시보로서 해당 사건에 관여하지 않은 자 중에서 선정하여야 한다(동조 제2항).[21] 다만, 제1심 군사법원은 변호사 또는 변호사의 자격이 있는 장교를 변호인으로 선정하기 어려운 때에는 법에 관한 소양이 있는 장교를 변호인으로 선정할 수 있다.

국선변호인에 대하여도 사선변호와 균형 있는 처우를 하여야만 피고인에 대한 실질적 변호를 기할 수 있다는 점을 유의하여야 한다.[22]

(5) 변호인의 권한

1) 대 리 권   변호인은 피고인 또는 피의자가 할 수 있는 모든 소송행위에 관하여 그 성질이 허용하는 한 포괄적 대리권을 가진다. 그리고 대리권의 행사에는 법률에 특별한 규정이 없는 한 본인의 의사에 구애됨이 없이 독립하여 소송행위를 할 수 있다(제65조).

대리권에는 ① 본인의 명시한 의사에 반하여도 행사할 수 있는 독립대리권(구속취소청구권, 보석청구권, 증거보전청구권, 증거조사이의신청권), ② 본인의 명시한 의사에 반할 수 없으나 묵시의 의사에 반할 수 있는 권한(기피신청권, 상소제기권 등) 등이 있다.

2) 고 유 권   변호인은 본인의 대리권과는 상관없이 그 지위 자체에서 나오는 고유한 권한을 가진다.

변호인의 고유권에는 ① 본인과 중복하여 가지는 권한(압수·수색영장집행의 참여권, 검증에의 참여권, 소송의 감정에의 참여권, 증인신문에의 참여권, 증거의 제출 및 신청권), ② 변호인만이 가지는 권한(피고인·피의자와의 접견·교통권, 피고인에 대한 직접신문권, 소송에 관한 서류·증거물의 열람·복사권, 상고심의 변론권)이 있는데, 피고인의 의사와는 무관하게 그 효력을 가진다는 점에서 대리권과 구별된다.

2. 보 조 인

군사법원법은 피고인이나 피의자의 방어능력을 보충하는 자로서 변호인 이외에 보조인을 인정하고 있다. 즉 피고인 또는 피의자의 법정대리인, 배우자, 직계친족 및 형제자매

변호인의 상소권을 박탈하는 결과가 생기게 된다(제398조 참조). 따라서 변호인의 선임효과는 이심의 효력이 발생할 때까지라고 보아야 한다. 한편 판례는 사건이 항소심에서 환송된 경우에도 환송 전에 원심에서 선임된 변호인에게 여전히 변호권을 가진다고 하여 환송 후 군사법원이 새로이 국선변호인을 선정하여 피고인과 그 국선변호인에 대해서만 소송기록접수통지서를 발급·절차를 밟은 사례를 위법이라고 판시하였다(대법원 1968.2.27. 선고 68도64 판결).

20) 따라서 군사법원은 변호인이 없으면 개정하지 못한다. 즉 공판정은 재판관과 군사법원 서기가 열석하고 군검사와 변호인이 출석하여 개정하여야 하는 것이다(제322조 제2항). 판례도 공판기일에 변호인이 불출석인 채 변론 없이 한 판결을 위법이라고 하고 있다(대법원 1963.7.25. 선고 63도185 판결).

21) 실무상으로는 군단급에 보직된 국선변호장교에 의한 국선변호가 이루어지거나, 예산범위 내에서 당사자가 선택한 일반 변호사에 의한 국선변호가 이루어지고 있다.

22) 현재 실무상 국선변호료는 한 건당 30만 원 정도가 지급되고 있는바, 국선변호제도의 실질화를 위하여 이를 대폭 상향조정할 필요가 있다.

는 보조인이 될 수 있으며(제66조 제1항), 보조인이 될 수 있는 사람이 없거나 장애 등의 사유로 보조인으로서 역할을 할 수 없는 경우에는 피고인 또는 피의자와 신뢰관계가 있는 사람도 보조인이 될 수 있다(동조 제2항).

이와 같이 보조인은 일정한 신분관계에 기한 정의로써 피고인 또는 피의자의 이익을 보호하는 제도로서, 법률적인 면에서 피고인이나 피의자를 법률전문가로서 보호하는 변호인과는 구별되는 것이다. 따라서 보조인은 변호인과는 달리 선임되는 것이 아니고 스스로 서면으로 신고하여야 한다(동조 제3항).

보조인에게는 변호인과 같은 광범위한 권한이 부여되지 않는다. 즉 보조인은 독립하여 피고인 또는 피의자의 명시한 의사에 반하지 아니하는 소송행위를 할 수 있을 뿐이다(동조 제4항). 뿐만 아니라 이러한 권한도 법률에 다른 규정이 있는 경우에는 예외로 한다(동조 제4항 단서).

제 3 장

군사재판의 절차

제1절 서 설

Ⅰ. 군사재판절차의 의의

소송의 대상을 정하고 증거를 제출하며, 군사법원이 판결을 내리기 위해서는 여러 가지 행위를 필요로 한다. 이러한 행위들 중에 개별 소송의 목적을 달성하기 위하여 법이 일정한 요건과 효과를 정한 행위를 소송행위라고 한다. 이러한 소송행위는 군사법원 및 당사자인 군검사와 피고인이라는 소송의 3주체 간에 행하여지는 것인데, 소송행위는 이러한 주체의 행위의 단순한 집합이 아니며, 소송제기행위와 이에 대한 군사법원의 판단이라는 기본적인 행위 하에 기타의 행위가 연쇄를 이루어 파생하는 구조를 가지고 있다. 이러한 소송행위를 전체로서 볼 때, 이것을 소송절차라고 한다. 다시 말하면 군사재판절차(일반적으로는 소송절차)란 확정판결을 향하여 군사법원 및 양 당사자의 각종 소송행위에 의하여 일보발전해 나가는 과정이라고 할 수 있다.

Ⅱ. 소송절차의 본질

소송은 크게 실체형성과정·소송추행과정·절차형성과정으로 나눌 수 있다. 실체형성은 소송의 종국적 목적인 유죄·무죄의 판정에 기여하는 실체적인 법률관계의 실현을 말하며, 소송추행은 이러한 실체형성을 목적으로 하는 양 당사자의 이익수행활동을 말하고, 절차형성은 이러한 이익추행을 현실적으로 행하기 위한 법적 형식을 말한다. 그러나 소추과정은 절차형성과정 중에 해소되는 것이므로 소송은 크게 실체면과 절차면으로 구성되어 있다고 할 수 있다.

소송의 실체면은 소송의 실질이며 유동적인 이해의 변화과정인 점에서 소송상태로서의 색채가 강하고, 소송의 절차면은 소송절차의 형식을 확인하는 것으로써 권리·의무의 법률관계인 면이 강하다. 그러나 소송절차의 실체면과 절차면은 동일한 소송절차의 양면인 그 실질과 형식을 고찰하는 것이다. 따라서 소송절차의 어느 부분도 그 양면을 가지는 것이며, 어느 측면이 더 현저한가는 결국 정도의 차이에 불과하다. 또한 실체적인 측면이 강한 소송절차의 부분도 형식의 면이 두드러진 부분에 영향을 미치며, 그 반대현상도 상존하는 것이다. 따라서 양자의 구별은 결국 상대적인 관계일 뿐이다. 소송당사자간의 협상적 성격[1]도 실체면이 강한 부분에 더 현저히 나타나지만, 이것 역시 양적 차이에 불과하다.

제 2 절 소송행위

I. 의   의

소송행위는 소송절차를 구성하는 행위로서 일정한 소송법적 효과를 발생하게 하는 것을 말한다.

소송절차는 협의로는 공판절차(공판제기로부터 재판의 확정에 이르는 절차)만을 의미하나, 광의로는 기소 전의 절차(예컨대 수사절차·기소절차·준기소절차 등)와 재판확정 후의 절차(재판의 집행절차 등)를 포함한다. 따라서 소송행위는 이러한 모든 소송절차의 구성부분이 되는 행위를 말하며, 소송 이외의 사법행정상의 행위(군판사나 심판관의 임명 등)는 여기에 포함되지 않는다.

이와 같이 소송행위는 소송절차를 구성하는 행위이므로 소송법적 효과가 부여된 행위, 즉 법률적 행위라야 한다. 따라서 정병이 법정을 정리하거나 개정을 준비하는 행위 등은 소송행위가 아니나, 공판정출두와 같은 사실행위는 그것에 소송법적 효과가 부여되는 한 소송행위라고 할 수 있다.

또한 소송행위는 일정한 행위주체를 전제로 하므로 행정주체와 무관한 사건은 그것에 소송법적 효과가 부여되더라도 소송행위라고 할 수 없다(예컨대 피고인의 심신상실, 기한의 도래 등).

---

1) 형사소송을 실제로 당사자간의 여러 가지 방법을 통한 협상에 의하여 실행된다는 점을 강조하여 소송을 협상으로 보는 견해가 있는데, 이것을 강조할 수는 없고, 다만 이러한 협상적 성격을 전혀 무시할 수 없을 것이다. 특히 그러한 성격은 피고인의 유죄·무죄라는 실체면에 강하게 나타나는 것이다. 이에 대한 상세는 신현주, 형사소송법, 박영사, 1980, 116-121면 참조.

Ⅱ. 종 류

1. 주체에 의한 분류

(1) 군사법원의 소송행위

군사법원의 소송행위는 다시 군사법원 자체의 소송행위(예: 심리·재판 및 이를 위한 강제처분), 재판장·수명군판사·수탁군판사·수임군판사의 소송행위, 재판관 이외의 군사법원 서기의 소송행위(예: 공판조사의 작성 및 송환)로 나눌 수 있다.

(2) 당사자의 소송행위

당사자의 소송행위는 군검사의 소송행위와 피고인(또는 변호인이나 보조인)의 소송행위를 말하며, 그 성질상 ① 군사법원에 일정한 행위를 요구하는 신청 또는 청구(예: 공소제기·구속적부심사청구), ② 법률상의 의견이나 사실을 군사법원에 전달하는 진술, ③ 범죄사실의 증명이나 부정을 내용으로 하는 입증(예: 증거제출·증인의 신문 등) 등으로 나누어진다.

(3) 제3자의 소송행위

군사법원이나 당사자 이외의 자의 소송행위로서, 예컨대 고소, 고발, 증인의 진술, 감정인의 감정 등을 들 수 있다.

2. 의사표시 유무에 의한 분류

(1) 법률행위적 소송행위

일정한 소송법상의 효과를 지향한 의사표시를 내용으로 하는 소송행위로서, 고소·고발·공소제기·재판 등이 여기에 속한다. 특히 재판이란 군사법원의 법률행위적 소송행위를 의미한다. 다만, 법률행위적 소송행위는 사법상의 법률행위와는 달리 의사표시에 대한 효과가 군사법원법이 정한 효과로서 나타난다는 점에 특색이 있다.

(2) 사실행위적 소송행위

소송주체의 의사표시를 포함하지 않은 소송행위로서 증인의 진술, 군검사의 논고, 피고인의 최후진술(이상의 것을 특히 표시행위라고 하며, 재판관의 심증형성을 목적으로 한다) 및 영장집행, 서류의 송달 등이 여기에 속한다.

(3) 복합적 소송행위

법률행위와 사실행위가 포함된 소송행위를 말한다. 예컨대 구속이라는 소송행위는 결정하는 법원의 재판(영장의 발부라는 형식으로 나타남)과 그 재판의 집행(영장의 집행이라는 사실행위)이 결합된 복합적 소송행위이다.

3. 직접적 목적에 의한 분류

(1) 실체형성행위

사건의 실체에 관한 재판관의 심증형성(사실의 인정, 법령의 적용, 형의 양정 등)에 영향을 주는 것을 직접적인 목적으로 하는 소송행위로서 증인신문·변론 등이 이에 속한다.

(2) 절차형성행위

절차상의 법률관계의 형성에 직접적인 영향을 주지만 실체형성에 주는 영향이 간접적인 것에 불과한 소송행위로서 공소제기, 소송관계인의 소환, 증거조사의 신청 등이 이에 속한다.

원래 모든 소송행위는 소송절차의 구성요소이고, 모든 소송절차는 궁극적으로 사건의 심판에 영향을 준다는 점을 감안한다면 양자의 구별은 상대적인 것에 불과하다고 할 것이다.[2] 여기서 주의할 것은 재판은 심증형성 후, 즉 실체형성행위가 종료된 시점에서 내려지는 실체에 관한 군사법원의 판단이며, 실체형성행위 자체는 아니라는 점이다.

Ⅲ. 소송행위의 일반적 요소

1. 소송행위의 주체

(1) 소송행위능력

소송행위의 주체는 소송행위능력을 가짐을 요한다. 소송행위능력의 정도는 그 주체에 따라 다르며, 개별 소송행위에 따라서도 다르다. 예컨대 피고인의 소송능력은 전술한 바와 같이 당사자능력이 있는 자로서 의사능력이 있음으로써 족하나, 다른 소송의 주체에 대하여도 이와 같이 볼 수는 없을 것이다. 한편 소송행위의 경우, 특히 선서의 경우는 특별한 선서능력(제199조)을 요하며, 실체형성행위와 절차형성행위 사이에도 소송행위능력은 그 의미를 달리한다.

(2) 행위적격

소송주체가 적법하고 유효한 소송행위를 할 수 있는 자격을 행위적격이라고 한다. 당사자가 아니라도 소송행위를 할 수 있고, 또한 당사자라도 일정한 소송행위만 허용되므로 당사자가 될 수 있는 일반적인 자격을 의미하는 당사자능력과 구별되며, 구체적 소송행위를 위한 의사능력인 소송행위능력과도 구별된다.

---

2) 예컨대 절차형성행위인 증거조사의 신청도 그로 인하여 행하는 증거조사 자체는 바로 실체형성행위인 것이다.

1) 일반적 행위적격   소송행위 일반에 대하여 누가 소송행위를 할 수 있고, 또 하는가에 관한 것을 일반적 행위적격이라고 한다. 그러나 모든 소송행위에 공통되는 행위적격이라는 것은 예상할 수 없으므로, 후술하는 바와 같이 개별 소송행위에 관한 특별행위적격만이 문제가 된다.

2) 특별행위적격   개별 소송행위에 대한 행위적격을 말하는데, 여기에는 두 가지 경우가 있다. 즉 행위적격이 당해 소송행위의 성립요소(개념요소)인 경우와 유효요건인 경우가 있다.

전자는 일정한 행위주체가 그 소송행위를 해야만 하는 경우이며(예컨대 재판은 법원과 군사법원의 소송행위이다), 후자는 일정한 소송행위가 일정한 소송행위주체의 권한이나 권리로 되어 있는 경우이다.

(3) 소송행위의 대리

군사법원법은 개별 소송행위에 대하여 이를 할 자를 명시하고 있는데, 이러한 소송행위를 타인이 대리할 수 있는가 하는 것이 소송행위의 대리에 관한 문제이다.

그런데 군검사의 경우에는 군검찰동일체의 원칙상 군검사의 자유로운 교체가 인정되고, 재판관의 경우에는 그 교체가 공판절차의 갱신과 연결되므로 대리라는 것을 규정하기 어렵다. 따라서 소송행위의 대리는 피고인(또는 피의자)과 제 3 자에 관해서만 문제가 된다 할 것이다.

군사법원법이 명문으로 대리를 인정한 경우에는 물론 이것을 긍정하여야 할 것이나, 그 이외의 경우에는 부정하는 것이 타당하리라고 생각한다. 즉 군사법원은 사회적으로 의의가 있는 일정한 법적 의식이라는 면을 가지므로 대리를 허용할 수 없고, 소송절차는 법률이 지정하는 자가 직접 참여함으로써 절차의 형식적 확실성을 기할 수 있고, 실체적 진실발견에도 도움이 되는 것이다.

뿐만 아니라 피고인의 소송행위는 극히 제한적으로 인정되고 있으므로 대리를 인정할 실익은 거의 없다 할 것이다.

군사법원법상 소송행위의 대리가 인정되는 경우는 다음과 같다.

① 다액 500만 원 이하의 벌금 또는 과료에 해당하거나 공소기각 또는 면소의 재판을 할 것이 명백한 사건(제325조)
② 변호인의 포괄적 대리권(제65조)
③ 피고인의 법정대리인의 상소권(제397조)
④ 고소 및 그 취소(제278조)와 재정신청 및 그 취소(제302조)

2. 소송행위의 내용과 방식

(1) 소송행위의 내용

소송절차는 그 법적 안정성과 신속성의 요구로 인하여 형식적 확실성을 필요로 한다. 따라서 소송절차를 구성하는 소송행위의 내용도 단순·명확·독립적이어야 한다. 단순성으로 인하여 부관 있는 소송행위, 즉 조건부 혹은 기한부 소송행위는 원칙적으로 허용되지 않고, 명확성을 보장하기 위하여 정형적 방식을 요구하고 있다. 또한 독립성의 요구로 인하여 소송 이외의 문서의 내용을 소송행위의 내용으로 하는 것이 허용되지 않는다.

그러나 이러한 요구를 완화하는 것이 오히려 법적 안정성과 신속성의 이념에 부합하는 경우가 있을 수 있고, 이러한 경우에는 형식적 확실성에 실질적인 영향이 없는 범위 내에서 제한적으로 예외를 인정하는 것이 타당하다. 법이 명문으로 인정하고 있는 예외로는 '공소사실의 예비적·택일적 기재'(제296조 제5항)를 들 수 있으며, 그 이외에도 조건부 혹은 택일적 증거신청은 허용될 수 있다고 할 것이다.

(2) 소송행위의 방식

전술한 바와 같이 소송절차의 형식적 확실성을 보장하고 군사법원이나 군수사기관의 자의로부터 피고인 또는 피의자를 보호하기 위해서는 정형화된 방식을 따르는 것이 원칙이다. 따라서 이러한 법정의 방식에 위반하는 소송행위의 효력은 그 위반의 정도와 구체적 방식의 취지를 고려하여 결정되어야 한다.

소송행위의 방식에 관하여는 개별 소송행위에 각기 규정되어 있으나, 그 중에서 중요한 것으로서 구두방식·서면방식·군사법원의 용어 등이 있다.

1) **구두방식**(구두주의)　　　표시의 내용을 신속히 그리고 원형 그대로 전달하며, 표시자를 직접적으로 식별할 수 있다. 따라서 실체형성행위는 원칙적으로 이 방법에 따르며, 공판정에서의 소송행위가 구술방식을 취하는 이유도 여기에 있다.

2) **서면방식**(서면주의)　　　소송행위의 내용과 존부를 명확히 하고 그 내용을 기록에 남겨 둠으로써 형식적 확실성을 기할 수 있다. 따라서 절차형성행위는 원칙적으로 이에 따른다. 예컨대 공소제기(제296조), 상소제기(제416조, 제450조), 변호인의 선임(제61조 제1항) 등을 들 수 있으며, 이러한 경우에는 그 기재내용 및 기재방식을 규정하는 것이 일반적이다(제74조, 제114조 등).

한편 고소나 고발과 같이 구두방식과 서면방식을 모두 허용하고 있는 소송행위도 있다(제279조 제1항 참조).

3) **군사법원의 용어**　　　재판정에서는 원칙적으로 국어를 사용하여야 하며, 소송관계인이 국어가 통하지 아니하는 경우에는 통역을 사용하고(제222조), 서면이 국어 아닌 문자나 부호인 경우에는 번역하여야 한다(제224조).

3. 소송행위의 일시와 장소

소송행위는 원칙적으로 일시의 제한을 받지 않는다.[3] 그러나 특정한 소송행위에 관하여는 그것이 유효하게 성립하기 위하여 원칙적으로 일정한 기일에 하여야 하고, 또 일정한 기한 내에 하여야 한다.

(1) 기   일

기일은 군사법원 및 소송관계인이 일정한 장소에 모여 소송행위를 하도록 지정된 일정한 시일을 말한다(예: 공판기일·증인신문기일).

기일은 일시로서 지정되며 그 지정된 시각에 개시되지만, 종료의 시에는 제한이 없다. 기일의 지정은 재판장이 하는 것이 원칙이나(제310조 제1항), 수명군판사나 수탁군판사가 하는 경우도 있다.

기일의 지정은 당사자에게 통지하여야 하는데, 이러한 통지의 흠결이 당해 기일의 소송행위를 무효로 하는 경우가 있다(예: 피고인에 대한 공판기일의 통지).

한편 기일의 통지를 받은 자가 기일을 해태하면 권리를 상실하거나, 과태료·비용배상 등의 제재를 받는 경우도 있다.

(2) 기   간

기간은 일정한 소송행위를 함에 있어서 준수하여야 할 시간적 범위이다. 예컨대 48시간(제232조의 4 제1항 : 긴급체포와 영장청구기간), 10일(제239조 : 군사법경찰관의 피의자구속기간), 7일(제415조 : 항소제기기간) 등이다.

기간의 종류에는 다음과 같은 것들이 있다.

1) 법정기간·재정기간   전자는 법률에 의하여 정해지는 기간(대부분의 기간이 여기에 속한다)이며, 후자는 군사법원이 일정한 범위 내에서 정하는 기간(예: 구속기간의 연장)(제242조)이다.

2) 행위기간·불행위기간·제한기간   행위기간은 그 기간 내에 일정한 소송행위를 하여야 하는 기간(예: 상소기간·재정신청기간)이고, 불행위기간은 그 기간 내에 일정한 소송행위가 금지되는 기간(예: 공소장부본 송달 후 제1심 공판기일 전의 유예기간)이며, 제한기간은 그 기간을 넘어서는 소송행위가 계속될 수 없는 기간(예: 구속기간)(제239조)이다.

3) 효력기간·훈시기간   전자는 기간이 지나면 그 후의 소송행위에 법적 효력을 발생케 하는 기간이며, 후자는 그 기간의 지정이 내부적으로 훈시적 의미밖에 없는 기간(예: 고등법원의 재정기간)(제304조)인데, 대부분의 기간은 전자에 속한다. 기간의 계산은 시

---

[3] 따라서 야간이나 휴일에도 소송행위를 할 수 있다. 그러나 피고인 또는 제3자의 보호라는 견지에서 휴일이나 야간의 소송행위가 제약되는 경우가 있다. 예컨대 야간의 압수·수색영장의 집행제한(제166조), 검증의 제한(제184조), 휴일 또는 야간의 송달제한(제102조, 민사소송법 제190조) 등이 그것이다.

(時)로 계산하는 것은 즉시로부터 계산하고, 일·월 또는 연(年)으로 계산하는 것은 초일을 산입하지 아니한다. 다만, 시효와 구속기간의 초일은 시간을 계산하지 아니하고 1일로 계산한다(제103조 제1항).

연 또는 월로써 정한 기간은 역(曆)에 따라 계산한다(동조 제2항). 기간이 끝나는 날이 공휴일 또는 토요일에 해당할 때에는 그 날은 기간에 산입하지 아니한다. 다만, 시효와 구속기간에 관하여는 예외로 한다(동조 제3항).

법정기간은 소송행위를 할 사람의 주거 또는 사무소의 소재지와 군사법원 소재지와의 거리 및 교통통신이 불편한 정도에 따라 대법원규칙으로 이를 연장할 수 있다(제104조).

(3) 소송행위의 장소

소송행위의 장소에 관하여 일반적인 제한은 없으나, 다만 공판절차를 이루는 소송행위에 대해서는 이를 규정하고 있다.

공판은 공판기일에 하며, 공판기일의 소송행위는 군사법원건물 내에 있는 공판정에서 행한다(제322조).

그러나 군사법원은 필요한 경우에 피고인이나 증인을 지정장소에 동행할 것을 명령할 수 있고(제117조, 제207조), 증인에 대하여는 일정한 경우에 법정이 아닌 곳에서의 신문도 가능하다(제206조). 또한 검증은 법정 외에서 행해지는 경우가 오히려 더 많을 것이다(제181조).

공판준비절차를 이루는 소송행위의 장소도 공판절차의 장소에 준하는 것으로 보아야 할 것이다.

Ⅳ. 소송행위에 대한 가치판단 : 소송행위의 하자

1. 의 의

소송행위의 하자를 논함에 있어서는 우선 군사법원 소송절차 전체를 지배하는 제 원리들을 고찰함으로써 구체적인 논리보다는 전체적인 원리의 조화를 추구하지 않을 수 없다.

이러한 원리들은 소송의 절차면과 실체면에 있어서 각기 특이한 양상으로 전개되며, 소송행위의 하자의 정도와 실질도 다양함에 비추어 소송행위에 대한 가치판단도 여러 가지 기준을 복합적으로 검토하게 되는 것이다.

즉 ① 법적 안정성과 소송경제의 원칙, 구체적 타당성, 실체적 진실발견이라는 군사법원법의 제 원리, ② 실체면인가 절차면인가 하는 소송절차의 성격, ③ 하자의 정도와 실질 등을 복합적으로 고려·판단함으로써 소송행위에 대한 가치판단을 내릴 수 있는 것이다.

2. 소송행위의 성립·불성립

소송행위가 소송행위로서의 정형 내지 외관의 본질적 부분에 흠결이 있는 때에는 소송행위는 존재하지 않는 것으로 되며, 이것이 소송행위의 불성립이다. 예컨대 원심판결에 불만이 있는 고소인이 상소장을 제출한 경우나 군사법원 서기가 판결을 선고한 경우에 그 상소와 판결은 성립하지 아니한다. 또한 이와 같이 소송행위가 성립하지 않으면 이를 무시할 수 있고, 그로 인한 소송법상의 효과도 발생하지 아니한다. 따라서 소송행위가 성립한 경우에만 비로소 소송행위의 효력, 즉 유효·무효가 문제로 되는 것이다.

소송행위의 성립·불성립을 논하는 실익은 다음 두 가지로 들 수 있다.

첫째, 소송행위가 일단 성립한 경우에는 소송행위로서의 외형이 존재하게 되며, 그것이 무효로 판명된 경우에도 이를 방치하는 경우에는 절차의 형식적 확실성을 해할 염려가 있다. 특히 당사자의 신청·청구가 그의 권리인 경우에는 그 기각에 대하여 이의를 제기할 기회를 주기 위하여 신청·청구에 대한 일정한 판단을 내려 줄 필요가 있다(예: 원심군사법원의 항소기각의 결정)(제417조).

둘째, 소송행위가 일단 성립하면 그것이 유효요건을 구비하지 못하여 본래적 효력을 발생하지 못하는 경우에도 그의 부수적 효과는 발생하는 경우가 있다. 무효인 공소제기도 그 자체만으로는 그것이 기각되기까지 공소시효를 정지시키는 효력이 있으며(제295조 제1항), 판결이 무효인 경우에도 그 성립이 있는 한 소송계속을 종결시키는 효력이 있고, 형식적 확정력을 발생하는 결과 검찰총장의 비상상고(제492조)에 의하여 파기되지 않는 한 효력을 가진다.

3. 소송행위의 유효·무효

(1) 의 의

소송행위가 유효요건을 구비하지 못하면 그 본래적 효력을 발생하지 못하는데, 이를 소송행위의 무효라고 한다. 다만, 소송행위가 무효인 경우에도 그 부수적 효력이 발생하는 경우가 있음은 전술한 바와 같다.

소송행위의 무효에는 협의로는 당연무효(공소장의 필요적 기재사항의 불비)만을 말하나, 광의로는 무효선언을 필요로 하는 경우나 당사자의 신청을 기다려 비로소 무효로 되는 경우도 포함한다.

(2) 무효의 원인

1) 소송행위의 주체에 관한 무효원인　　소송행위적격·소송행위무능력 및 의사의 하자 등이 여기에 속한다.

일정한 행위주체가 행하는 것이 그 소송행위의 성립요소인 경우에 그 하자는 소송행위의 불성립을 초래하지만, 그것이 유효요건인 경우, 즉 일정한 소송행위가 일정한 자의 권한으로 규정되어 있는 경우에 그 하자는 소송행위의 무효원인으로 된다.

소송행위능력의 결여는 그 소송행위가 절차형성행위인 경우에 무효원인이 되는 데 반하여, 그것이 실체형성행위인 경우에는 원칙적으로 무효가 아니다. 예컨대 선서무능력자를 선서시키고 증언을 시킨 경우, 선서 자체는 무효이지만 그 발언 자체의 효력에는 영향이 없다.

소송행위가 사기·강박 또는 착오로 인하여 행하여진 경우, 그것이 실체형성행위(변론·증언·진술 등)인 경우에는 그 표시된 바가 합치 여부만이 문제로 될 뿐이므로 그 효력에 영향이 없다. 다만, 실체형성행위인 경우에는 본인에게 귀책사유가 없는 경우에 한하여 무효로 하는 것이 피고인의 이익과 정의에 부합된다고 생각한다.

2) 소송행위 자체에 관한 무효원인   먼저 소송행위의 내용이 합리적인 해석에 의한 특정이 불가능하거나 기한이나 조건이 붙은 것은 원칙적으로 무효이다.

소송행위가 법적 방식에 위반하는 경우인데, 그 방식이 효력요건인 경우에는 무효원인으로 된다. 예컨대 피고인이나 피의자와 변호인의 연명날인이 없는 변호인선임계의 제출은 무효이다.

소송조건의 흠결로 인하여 그 이후에 행하여진 소송행위가 무효로 되는 경우도 있다. 예컨대 친고죄에 대하여 고소 없이 공소제기를 한 경우에는 이를 기초로 한 공판절차상의 소송행위는 무효가 된다.

(3) 소송행위하자의 치유

소송행위하자의 치유에는 협의의 무효의 치유와 소송행위의 추완의 두 가지 경우가 있다. 하자 있는 소송행위가 있은 후 소송절차가 일정한 단계에 이르면 그 무효를 주장할 수 없게 되는 것을 협의의 무효의 치유라고 한다. 이것은 법적 안정성과 소송경제의 원칙(절차유지의 원칙)에 기인하는 것으로서, 현행법이 당사자주의적 성격을 강화함에 따라 당사자가 상당한 기간 내에 소송행위의 하자를 다투어 이의를 신청하지 않은 때에는 책문권을 포기한 것으로 보아 그 하자가 치유되는 것으로 보는 것이다. 군사법원법상 무효가 치유되는 경우로는 ① 공소장부본송달의 하자, ② 공판기일지정의 하자, ③ 증인신문순서의 하자 등이 있다.

다음으로 소송행위의 추완에는 행위기간을 경과하였을 경우에 그 기간의 경과 후에 행하여진 소송행위에 소송법상의 효과를 인정해 주는 단순추완과 소송행위의 유효요건 일부를 결하여 그 소송행위가 무효인 경우에 그 흠결이 추후의 행위에 의하여 보정되어 그 소송행위가 유효한 것으로 되는 보정적 추완이 있다.

전자의 예로는 상소기간만료 후의 상소권회복청구(제402조)를 들 수 있으며, 이와 같은 명문의 규정이 없는 경우에도 군사법원법의 이념에 따라 구체적인 경우에 따라 긍정될 수 있을 것이다. 한편 후자의 예로는 변호인의 선임행위가 없이 변호인에 의한 각종 신청이 행하여진 후의 변호인선임계가 제출되는 경우를 들 수 있다.

(4) 소송행위의 취소와 철회

소송행위의 유효·무효와 관련된 경우로서 취소와 철회가 있다.

소송행위의 취소란 일단 유효하게 성립한 소송행위에 하자가 있는 경우에 그 행위의 효력을 소급하여 소멸시키는 것을 말한다. 군사법원법은 법적 안정성과 소송경제의 원칙상 일정한 소송행위의 유효·무효를 획일적으로 결정하도록 하고 있으므로 본래적 의미의 취소는 인정되지 아니한다.

한편 소송행위의 철회란 유효하게 성립된 소송행위를 장래에 향하여 그 효력을 상실하게 하는 의사표시이다. 이러한 철회는 실체형성행위에 대하여는 소송관계인의 의사에 좌우되게 할 수 없으므로 논리상 허용될 수 없고, 다만 절차형성행위에 대해서만 법적 안정성의 원리에 부합하는 범위 내에서 인정할 수 있다.

군사법원법상 인정되고 있는 예로서는 공소의 취소(제297조), 상소의 취하(제406조) 등이 있으며, 여기서 취소·취하는 철회의 의미로 사용되고 있다. 한편 해석상으로도 변호인선임·기피신청·증거신청 등에 대한 철회가 가능하다고 생각한다.

4. 소송행위의 적법·부적법

소송행위가 일단 성립한 경우에 그것이 법률의 규정에 위반한 것인가의 여부에 따른 구별이다.

소송행위가 단순한 훈시규정에 위반한 경우에 그것은 무효가 아니라 부적법한 소송행위이며, 효력규정에 위반한 경우 당해 소송행위는 무효이며 부적법하다. 즉 소송행위의 적법 여부는 소송행위에 대한 사전적 판단임에 반하여, 소송행위의 유효·무효는 사후적으로 소송법적 효과를 인정할 것인가 하는 문제라고 할 수 있다.

5. 소송행위의 이유의 유무

법률행위적 소송행위에 관하여 그 의사표시의 내용이 법률의 규정에 합치하는가에 대한 판단을 말한다. 그 흠결은 당해 소송행위를 무효로 하지 않으나, 소송관계인의 이의에 의하여 그의 철회·변경이 인정되는 경우가 있다. 예컨대 이유에 모순이 있거나 이유가 제시되지 않은 판결과 같은 것이다.

이유의 유무는 소송행위의 적법을 전제로 하는 것이며, 적법 여부가 절차면에 관한 것임에 반하여, 이유 유무는 실체면에 관한 것이 대부분이다. 따라서 절차의 진전에 따라 그 흠결이 치유될 수 없고, 다만 사후의 자료제출로 인하여 보정적인 치유가 가능할 뿐이다.

V. 소송책임

1. 의의 및 종류

소송에 관한 모든 서류는 군사법원에 제출되고, 군사법원에서 작성된다. 특정한 소송에 관하여 작성된 일절의 서류를 소송서류라고 하고, 이 소송서류를 하나의 장부에 편철한 것을 소송기록이라 한다.

소송서류는 그 성질에 따라서 의사표시적 문서와 보고적 문서로 나누어진다. 의사표시적 문서는 공소장·상소장·변호인선임서 등과 같이 의사표시를 내용으로 하고, 성질상 당해 사건에 관하여 증거능력이 인정되지 않는 데 특색이 있다. 보고적 문서에는 공판조서·검증조서·신문조서 등과 같이 일정한 사실의 보고를 그 내용으로 하는 것이며, 일정한 조건 하에 당해 사건에 관하여 증거능력을 가지고 있다.

소송서류는 형식상의 구별에 따라서 공무원의 서류(공무원이 작성하는 서류)와 비공무원의 서류(공무원 이외의 자가 작성하는 서류) 등 두 가지로 나눌 수 있다. 공무원의 서류는 법률에 다른 규정이 없으면 작성 연월일과 소속공무소를 기재하고 서명·날인하여야 하며(다만, 서명날인은 대법원규칙이 정하는 바에 따라 기명날인으로 갈음이 가능하다), 서류에는 간인하거나 이에 준하는 조치를 하여야 한다(제91조). 또 공무원이 서류를 작성함에는 글자를 고치지 못하며, 삽입·삭제 또는 난외기재를 할 때는 기재한 곳에 날인하고 그 자수를 기재하여야 하며, 삭제한 부분은 해득할 수 있도록 자체를 존치하여야 한다(제92조). 비공무원의 서류에는 작성 연월일을 기재하고 기명·날인하며, 도장이 없으면 손도장으로 한다(제93조).

소송에 관한 서류는 공판의 개정(開廷) 전에는 공익상 필요하거나 그 밖의 상당한 이유가 없으면 군사법원은 이를 공개하지 못한다(제81조). 이는 피고인 등의 명예를 보호하고(피고인도 유죄확정판결이 있을 때까지는 무죄의 추정을 받는다는 의미에서), 재판에 대한 외부로부터의 부당한 압력을 사전에 방지하는 효과가 있다.

2. 조 서

(1) 의   의

조서(調書)란 일정한 절차 또는 사실을 인증하기 위하여 공무원에 의하여 작성된 보고적 문서라 함은 전술한 바와 같다. 조서에는 ① 공판기일에 있어서 절차의 경과, 진술을 기록한 공판조서, ② 공판기일 외에 있어서 피고인 기타의 자의 진술을 기재한 진술조서, 검증·압수·수색의 결과를 기재한 각종의 조서가 있다.

(2) 작성방법과 기재요건

피고인·피의자·증인·감정인·통역인 또는 번역인을 신문하는 때에는 참여한 서기가 조서를 작성하며(제82조 제1항), 조서에는 상기자의 진술 및 증인·감정인 등이 선서를 하지 아니할 때에는 그 사유를 기재하여야 한다(동조 제2항). 조서는 진술자에게 읽어 주거나 열람케 하여 기재내용의 정확 여부를 묻고 진술자가 증감변경의 청구를 한 때에는 그 진술을 조서에 기재하여야 한다(동조 제3항·제4항). 이 경우 증감의 점을 고치지 않고 추가로 기재함에 주의를 요한다. 신문에 참여한 군검사·피고인·피의자 또는 변호인이 조서의 기재의 정확성에 대하여 이의를 진술한 때에는 그 진술의 요지를 조서에 기재하여야 하며, 이 경우에 재판장 또는 군판사는 그 진술에 대한 의견을 기재하게 할 수 있다(동조 제5항·제6항). 조서에는 진술자로 하여금 간인하게 한 후 기명·날인하게 하여야 하며, 기명·날인을 거부한 때에는 그 사유를 조서에 기재하여야 한다(동조 제7항).

검증·압수 또는 수색에 관하여는 조서를 작성하여야 하며, 검증조서에는 검증목적물의 현상을 명확하게 하기 위하여 도서나 사진을 첨부할 수 있고, 압수조서에는 품종, 외형상의 특징 및 수량을 기재하여야 한다(제83조).

전기한 각종 조서에는 조사 또는 처분의 연월일시와 장소를 기재하고, 조사 또는 처분을 행한 자와 참여한 서기가 서명·날인하여야 한다. 단, 공판기일 외에 군사법원이 조사 또는 처분을 행한 때에는 재판장 또는 군판사와 참여한 서기가 서명·날인하여야 한다(제84조).

3. 공판조서

(1) 의 의

공판기일의 소송절차에 관하여 공판에 참여한 서기가 군사법원법의 규정에 따라 작성한 보고적 문서, 즉 조서를 공판조서라고 한다.

현행법상 공판기일의 절차는 원칙적으로 구술주의에 입각하고 있으므로 증인신문의 결과 등을 보전하는 기록이 필요할 뿐만 아니라, 상소심의 사후심적 성격의 강화로 인하여 제1심 소송절차에 대한 기록의 중요성은 더욱 절실하게 되었다. 또한 중요한 소송절차는 공판기일에 행함을 원칙으로 하는 공판중심주의의 결과 그 내용면에 있어서 다른 조서보다 훨씬 중요한 의미를 가지게 되었다.

(2) 기재요건과 작성방법

군사법원법은 공판조서의 정확성을 보장하기 위하여 엄격한 기재요건을 정하고 있고 (제85조 제 2 항), 그 작성방법・정리・열람에 관한 상세한 규정을 두고 있다.

공판조서의 작성에는 작성조서의 독문・열람・증감변경진술의 기재, 참여자 등의 이의진술 및 그에 대한 의견기재, 진술자의 서명・날인 등이 인정되지 아니하고 진술자의 청구가 있는 때에 한하여 진술에 대한 부분을 읽어 주고, 증감변경의 청구가 있는 때에는 그 진술을 적어야 한다(제86조).

공판조서에는 재판장・군판사와 참여한 서기가 기명날인하거나 서명하여야 한다(제87조 제 1 항).[4]

변호인은 공소제기 후에는 관계서류 또는 증거물을 열람 또는 등사할 수 있다(제64조).

(3) 공판조서의 증명력

위와 같이 공판조서가 중요한 기능을 가지고 그 정확성이 보장되고 있는 점을 고려하여 공판조서에는 특수한 효력이 부여되어 있다. 즉 "공판기일의 소송절차로서 공판조서에 적힌 것은 그 조서만으로 증명한다"(제89조)고 하여 후술하는 자유심증주의에 대한 예외를 인정하고 있는 것이다.

즉 일정한 증거의 증명력을 재판관의 합리적・재량적 판단에 맡기는 것이 군사법원법상의 일반원칙이나, 공판조서에 한해서는 당해 소송절차에서 절대적 증명력을 인정하여 당해 심급이나 상소심의 재판관이 다른 증거를 고려하지 못하도록 하고 있는 것이다.

판례도 "피고인에게 증거조사결과에 대한 의견을 묻고 증거조사를 신청할 수 있음을 고지하였을 뿐만 아니라 최종의견 진술의 기회를 주었는지 여부와 같은 소송절차에 관한 사실은 공판조서에 기재된 대로 공판절차가 진행된 것으로 증명되고 다른 자료에 의한 반증은 허용되지 않는다."거나,[5] "공판조서에 재판장이 판결서에 의하여 판결을 선고하였음이 기재되어 있다면 동 판결선고 절차는 적법하게 이루어졌음이 증명되었다고 할 것이며 여기에는 다른 자료에 의한 반증을 허용하지 못하는 바이니 검찰서기의 판결서 없이 판결 선고되었다는 내용의 보고서로써 공판조서의 기재내용이 허위라고 판정할 수 없다."고 하여,[6] 공판조서의 절대적 증명력을 인정하고 있다.

---

4) 군사법원의 공판조서에는 공판에 관여한 재판장과 주심군판사, 그리고 참여한 서기가 서명・날인하면 그 공판조서는 유효하고, 군판사나 심판관 전원이 반드시 서명・날인함을 요하지 않는다(대법원 1978. 12. 13. 선고 78도2691 판결). 또한 공판조서에 재판장이 서명・날인할 수 없을 때에도 참여한 서기가 그 사유를 기재하고 서명・날인하였다면, 그 공판조서는 유효하다(대법원 1963. 6. 13. 선고 63도113 판결).

5) 대법원 1987. 4. 8. 자 87모19 결정

6) 대법원 1983. 10. 25. 선고 82도571 판결.

이것은 소송관계인이 이미 행하여진 소송절차의 존부 자체를 대상으로 이의를 계속 제기하게 된다면 절차의 진전과 그 안정성이 위협받게 되는 것을 고려한 것으로서, 상소심이 원심의 소송절차의 법령위반 유무를 심사하는 데 있어서 편의를 도모하기 위한 것이다.

이와 같은 절대적 증명력이 인정되는 것은 공판기일의 소송절차에 한하고, 그 중에서도 일정한 절차가 행하여졌다는 사실 자체에 한하며, 그 절차에서 행하여진 진술 등의 진부 등의 여부는 제외된다. 또한 공판조서에 기재된 것에 한하여 그 효력도 당해 사건의 절차 내에서만 인정되는 것이다.

(4) 피고인의 공판조서

피고인은 공판조서의 열람 또는 복사를 청구할 수 있으며(제88조의 2 제1항), 피고인이 공판조서를 읽지 못하는 때에는 공판조서의 낭독을 청구할 수 있다(동조 제2항). 한편 위와 같은 청구에 따르지 아니한 때에는 그 공판조서를 유죄의 증거로 할 수 없다(동조 제3항).

4. 송   달

(1) 의   의

송달이란 당사자 기타의 소송관계인에 대하여 소송서류의 내용을 알리게 하는 군사법원 또는 재판관의 직권행위이다. 송달은 중요한 서류내용을 일정한 법률에 정한 방식에 의하여 알리게 하는 명령적·공증적 행위이고, 또 송달에 의하여 의사표시적 소송행위의 효과를 발생하는 경우가 많으므로 요식행위이다. 송달은 이와 같이 법정방식에 의하지 않으면 안 된다는 점에서 방식을 요하지 않는 통지와 구별되며, 특정인에 대한 것인 점에서 불특정인을 대상으로 하는 공시 또는 공고와 구별된다.

(2) 방   법

송달에 관한 사무는 서기가 처리하며, 군사법경찰리에게 촉탁할 수 있다. 다만, 군사법경찰관이 발송하는 서류의 송달은 그 서류를 작성한 사람이 송달하게 한다(제94조). 또 송달은 우편으로 할 수 있으며, 이 경우에는 서류가 도달된 때 송달된 것으로 본다(제95조).[7]

송달은 이를 시행할 지역을 관할하는 군사법원의 서기, 법원의 법원사무관 등에게 촉탁하여 할 수 있으며(제96조), 병영 기타 군사용의 청사나 함선 내에 있는 사람에 대한 송달은 병영이나 함선의 장 또는 그를 대리하는 사람에게 촉탁하여야 하며(제97조), 군사법원에 신분적 재판권이 있는 자로서 병영 등이나 함선 외의 장소에 있는 자에 대한 송달은 그 소속의 장이나 감독자 또는 이에 준하는 사람에게 촉탁하여 할 수 있으며(동조 제2항), 이 같

---

7) 민사소송법에서는 우편송달에 있어 발신주의를 채택하고 있음에 반하여(민사소송법 제189조), 군 형사소송에 있어서는 본 조항에 따라 도달주의를 채택하고 있는데 이는 형사소송절차에서의 송달은 피고인에게 중대한 이해관계가 있으므로 가급적 피고인의 이익을 보호하기 위한 규정으로 해석된다.

은 송달은 서류를 본인에게 전달하였음을 표시한 증서로 증명한다(동조 제 3 항). 군검사에게 송달하는 서류는 소속 검찰기관에 보내야 한다(제99조).

군사법원법 제 2 조(신분적 재판권)에 규정된 이외의 사람이 피고인·대리인·변호인 또는 보조인인 경우에 군사법원 소재지에 서류의 송달을 받을 수 있는 주거나 사무소가 없을 때에는 군사법원 소재지에 주거나 사무소가 있는 사람을 송달영수인으로 선임하여 연명한 서면으로 신고하여야 하며(제98조 제 1 항), 송달영수인은 송달에 관하여 본인으로 보고, 그 주거 또는 사무소는 본인의 주거나 사무소로 보나, 송달을 받을 사람이 신체구속을 당한 경우에는 적용되지 아니한다(동조 제 2 항·제 3 항).

피고인의 주거, 사무소 및 현재지를 알 수 없을 때나, 피고인이 재판권이 미치지 아니하는 장소에 있는 경우에 다른 방법으로 송달할 수 없을 때에는 공시송달을 할 수 있다(제100조). 공시송달은 군사법원이 명령한 때에 한하여 할 수 있으며, 군사법원의 서기가 송달할 서류를 보관하고, 그 사유를 군사법원 게시장에 공시하거나 일간신문 또는 관보에 공고하여 행한다(제101조 제 1 항 내지 제 3 항). 최초의 공시송달은 공시를 한 날로부터 2주일을 지나면 그 효력이 생기고, 제 2 회 이후의 공시송달은 5일이 지나면 그 효력이 생긴다(동조 제 4 항).

서류의 송달에 관하여 법률에 다른 규정이 없을 때에는 민사소송법을 준용한다(제102조, 민사소송법 제174조 이하).

제 3 절 강제처분

I. 총   설

1. 강제처분의 의의

군사법원에 있어서는 피고인에 대한 형의 집행을 확보하거나 증거의 수집·보전을 위하여 각종 강제력의 행사를 필요로 하는데, 이와 같은 강제력의 행사를 요소로 하는 처분을 일반적으로 강제처분이라고 한다.

강제처분이라는 말은 보통 강제력의 행사를 결정하는 의사표시(재판)와 이를 집행하는 행위를 포함하는 의미로 사용되고 있으나(복합적 소송행위), 군사법원법상으로는 그러한 의사결정만을 의미하는 경우도 있다.

강제처분에는 그것이 어느 절차단계에서 행해지는가에 따라 기소 전의 강제처분과 기소 후의 강제처분으로 나누어진다. 여기에서는 공소제기로 사건이 군사법원의 수중에 옮겨진 후 군사법원이 행하는 것, 즉 기소 후의 강제처분에 관해서만 언급하기로 한다(기소

전의 강제처분은 수사에서 논하기로 한다).

2. 강제처분과 인권보장

군사재판은 형벌권의 존부 및 그 범위의 확정을 목적으로 하는 절차이므로, 소송절차의 진행과정에 있어서 피고인의 도망을 방지하고 증거의 수집보전을 위하여 강제력의 행사가 어느 정도 불가피하다. 그러나 이러한 강제력의 행사는 불가피하게 헌법상으로 보장된 기본적 인권의 침해를 수반하게 된다. 따라서 이러한 폐단을 가능한 한 줄이고 강제력행사의 남용을 억제하기 위하여 헌법과 군사법원법은 엄격한 통제를 가하고 있다.[8]

그러나 사법절차상의 인권옹호의 이념은 그러한 법적 규제에 의하여서만 실현될 수 있는 것이 아니고 다른 사회적 요인, 예컨대 국민의 인권의식, 독립적이고 강력한 사법부의 존재, 안정된 사회 등이 선행됨으로써 비로소 실현될 수 있는 것이다. 특히 이러한 점은 법률의 도구적 기능으로서의 한계성과 연관되는 것으로서, 현행 군사법원법의 실제에 대하여 중요한 의미를 갖는다고 한다.

II. 대인적 강제처분

강제처분의 대상이 사람인 경우를 대인적 강제처분이라고 한다. 여기에는 소환·구속이 있으며, 수색이나 검증도 여기에 속하는 경우가 있다. 대인적 강제처분은 피고인에 대한 것임이 원칙이나, 소환의 경우에는 증인이나 감정인에게도 준용되며(제192조, 제219조), 구속의 일종인 구인에 관한 규정도 증인에게 준용된다(제195조).

여기에서는 피고인에 대한 소환과 구속만을 설명하기로 한다.

1. 소   환

(1) 의   의

소환이란 피고인에게 일정한 일시에 군사법원 기타의 지정장소에 출석할 것을 명하는 강제처분을 말한다.

소환은 군사법원의 권한이나(제105조), 긴급한 경우에는 재판장이나 군판사가 피고인을 소환할 수 있다(제118조). 피고인의 소환의 필요 여부를 결정하는 것은 군사법원의 권한이나, 공판기일에 관한 한 반드시 피고인이나 대리인을 소환하여야 한다(제310조 제2항).

---

8) 현행 헌법상 강제처분과 관련된 인권보장의 규정으로는 ① 영장주의(제12조 제3항), ② 변호인의 조력을 받을 권리(동조 제4항), ③ 구속적부심사청구권(동조 제6항), ④ 고문 등 강요된 자백의 금지(동조 제7항), ⑤ 신속한 재판을 받을 권리(제27조 제3항), ⑥ 형사피고인의 무죄추정권(제27조 제4항), ⑦ 형사보상청구권(제28조) 등이 있으며, 군사법원법도 강제처분의 절차에 관한 상세한 규정을 두고 있다(제105조 내지 제179조 참조).

(2) 소환의 절차

피고인을 소환함에는 소환장을 발부하여야 하고(제106조), 이를 피고인에게 송달하여야 한다(제108조 제1항). 다만, 피고인이 기일에 출석한다는 서면을 제출하거나 출석한 피고인에 대하여 다음 번 기일을 정하여 출석을 명령한 경우에는 소환장의 송달과 동일한 효력이 있다(동조 제2항). 한편 병영 기타 군사용의 청사나 함선 내에 있는 피고인 또는 구속된 피고인에 대하여는 청사나 함선의 장 또는 그를 대리하는 사람, 교도관 등에게 통지하여야 하며, 피고인이 그러한 자로부터 소환통지를 받은 때에는 소환장의 송달과 동일한 효력이 있다(동조 제4항, 제5항, 제6항).

소환장에는 피고인의 성격·소속·계급·군번·주민등록번호·주거·죄명·출석일시·장소와 정당한 사유 없이 출석하지 아니할 때에는 도주할 우려가 있다고 인정하여 구속영장을 발부할 수 있음을 적고 재판장·군판사·수탁군판사 또는 수탁판사가 기명날인하여야 한다(제107조).

(3) 소환의 효과

유효한 소환을 받은 피고인은 원칙적으로 출석의 의무를 진다. 한편 정당한 사유 없이 출석하지 아니하는 때에는 구속할 수 있다(제107조).

(4) 출석명령·동행명령

군사법원은 필요한 때에는 지정한 장소에 피고인의 출석 또는 동행을 명령할 수 있다(제117조). 이것은 소환의 일종이나 소환장과 같은 영장을 필요로 하지 않는다는 점에 특색이 있다(따라서 실제상 압수·수색영장의 집행에의 참여, 검증에의 참여에 많이 활용되고 있다). 이러한 명령도 긴급한 경우에는 재판장이나 군판사가 이를 행할 수 있다(제118조). 그러나 이러한 명령에 대한 의무위반을 이유로 소환의 경우와 같이 구속을 할 수는 없다고 본다.

2. 구　속

(1) 의　　의

구속이라 함은 구인(拘引)과 구금(拘禁)을 포함한다(제109조).

구인이란 피고인을 군사법원 기타 일정한 장소에 인치하는 강제처분을 말하며, 구인한 피고인을 군사법원에 인치한 경우에 구금할 필요가 없다고 인정하면 인치한 때로부터 24시간 이내에 석방하여야 한다(제111조). 구인은 증인에 대하여도 가능하다(제194조).

구금이란 피고인을 교도소 또는 구치소에 감금하는 강제처분을 말한다. 이것이 이른바 미결구금으로서 피고인의 도망·증거인멸을 방지하고 공판출석과 형의 집행을 확보하기 위한 것이다. 따라서 형벌의 일종인 구류(형법 제41조 제7호)와는 별개의 것이다.

(2) 구속의 주체

구속은 원칙적으로 군사법원 자체의 권한이나, 긴급한 경우에는 재판장이나 군판사가 이를 행할 수 있다(제110조 제1항, 제118조).

또한 군사법원은 피고인의 현재지의 군사법원 군판사 또는 지방법원 판사에게 피고인의 구속을 촉탁할 수 있고, 이 경우 수탁군판사나 수탁판사는 구속영장을 발부하여야 한다(제115조 제1항, 제3항, 제4항). 다만, 수탁군판사나 수탁판사는 피고인이 관할구역에 현재하지 아니할 때에는 그 현재지의 군사법원 군판사 또는 지방법원 판사에게 다시 촉탁할 수 있다(동조 제2항).

피고인의 구속에 관한 처분은 원칙적으로 수소군사법원이 행한다. 그러나 상소기간 중 또는 상소중의 사건에 관하여 구속기간의 갱신, 구속의 취소, 보석, 구속의 집행정지와 그 정지의 취소에 대한 결정은 소송기록이 원심군사법원에 있을 때에는 원심군사법원이 한다(제145조).

한편 군사법원에 의한 피고인의 구속은 수사과정에서의 피의자 구속과는 달리 군사법원이 직권에 따라 처분하는 것이므로 군검사의 청구냐 신청을 필요로 하지 않는다. 만약 군검사가 군사법원에 대해 구속영장을 청구한 경우에는 이를 기각하여야 한다. 다만 군검사는 피고인의 구속에 대한 직권 발동을 촉구하는 의미의 의사표시는 가능하다고 해석된다.

(3) 구속의 요건

1) 실질적 요건   군사법원은 피고인이 죄를 범하였다고 의심할 만한 상당한 이유(객관적 · 합리적 이유)가 있고, ① 피고인에게 일정한 주거가 없거나, ② 피고인이 증거를 없앨 우려가 있거나,[9] ③ 피고인이 도주하거나 도주할 우려가 있는 경우에는 구속할 수 있다(제110조 제1항).[10] 다만, 다액 50만 원 이하의 벌금 · 구류 또는 과료에 해당하는 사건에 관하여는 피고인에게 일정한 주거가 없는 경우에 한하여 구속할 수 있다(동조 제3항). 또한 국회의원은 회기중 현행범이 아닌 한 국회의 동의 없이 구금할 수 없다(헌법 제44조 제1항).

또한 명문의 규정은 없지만 '비례성의 원칙'을 구속의 실질적 요건 중 하나로 보는 것이 일반적인 견해이다. 그 이유는 구속에 의한 개인의 자유권의 침해와 형사소송의 확보라는 구속의 기능은 비례성의 원칙에 의하여 상호 조화를 이룰 수 있기 때문이다. 따라서 구

---

9) 일반적인 견해는 이와 관련하여 '부정한 방법'으로 증거를 인멸할 현저한 혐의가 있어야 한다고 해석한다. 따라서 피고인이 자백을 거부한다거나 공소사실을 다툰다는 이유만으로는 증거인멸의 우려가 있다고 볼 수 없으며, 피고인이 방어를 위하여 유리한 증거를 수집하거나 진술거부권을 행사하는 것도 증거인멸의 우려에 해당되지 않는다고 할 것이다.

10) '도주할 우려가 있는 경우'라 함은, 피고인의 소재가 불분명하여 소환도 구인도 할 수 없는 상태 또는 할 수 없게 될 염려가 있는 상태를 의미한다. 이는 구체적 사정을 기초로 하여 판단해야 하며 단순히 법정형의 경중만을 기준으로 판단해서는 안 될 것이다.

제 3 장 군사재판의 절차 349

속은 사건의 의미와 그것에 대하여 기대되는 형벌에 비추어 상당한 때에만 허용된다고 해야 한다. 헌법재판소도 "구속제도 자체가 국가 형벌권의 실현이라는 정당한 목적을 가지고 있다고 하더라도 그에 관한 구체적인 입법권 행사는 헌법상 보장된 국민의 기본권 중에 가장 중요한 신체의 자유를 제한하는 내용에 관한 것이므로, 신체의 자유의 본질적인 내용을 침해하거나 침해의 정도가 과잉입법금지의 원칙 내지 비례의 원칙에 위반되는 것이어서는 아니 된다는 합헌적인 범위 내에서만 그 정당성을 인정받을 수 있다 할 것이다"라고 판시한 적이 있다.[11]

2) 형식적 요건   구속을 함에 있어서 군사법원은 피고인에게 범죄사실의 요지, 구속이유 및 변호인을 선임할 수 있음을 말하고 변명할 기회를 주기 전에는 구속할 수 없다(제112조). 따라서 만약 군사법원이 피고인에 대하여 구속영장을 발부함에 있어서 사전에 위 규정에 따른 절차를 거치지 아니한 채 구속영장을 발부하였다면 그 발부결정은 위법하다고 할 수 있다. 다만 위 규정은 피고인의 절차적 권리를 보장하기 위한 규정이므로 이미 변호인을 선정하여 공판절차에서 변명과 증거의 제출을 다하고 그의 변호 아래 판결을 선고받은 경우 등과 같이 위 규정에 정한 절차적 권리가 실질적으로 보장되었다고 볼 수 있는 경우에는 이에 해당하는 절차의 전부 또는 일부를 거치지 아니한 채 구속영장을 발부하였다 하더라도 위법하다고 볼 것은 아니다.[12]

(4) 구속의 절차

피고인을 구속함에는 구속영장을 발부하여야 한다(제113조). 구속영장에는 피고인의 성명·소속·계급·직업·군번·주민등록번호·주거·죄명, 공소사실의 요지, 인치 또는 구금할 장소, 발부 연월일, 그 유효기간과 그 기간을 지나면 집행을 시작하지 못하며, 영장을 반환하여야 한다는 취지를 적고, 재판장 또는 군판사가 서명날인하여야 한다(제114조). 구속영장은 여러 통을 작성하여 군사법경찰관리 또는 사법경찰관리 여러 명에게 줄 수 있으며, 그 경우에는 그 사유를 구속영장에 기재하여야 한다(제120조).

구속영장은 군검사의 지휘에 따라 군사법경찰관리가 집행한다(제119조 제1항). 다만, 긴급한 경우에는 재판장·군판사·수탁군판사 또는 수탁판사가 그 집행을 지휘할 수 있고(동조 단서), 군사법원의 서기나 법원의 서기관에게 이의 집행을 명령할 수 있다(동조 제2항). 교도소에 있는 피고인에 대하여 발부된 구속영장은 군검사의 지휘에 의하여 교도관리가 집행하며, 필요한 경우에는 사법경찰관리로 하여금 집행하게 할 수 있다(동조 제3항, 제4항).

군검사의 필요에 의하여 관할구역 밖에서 구속영장의 집행을 지휘할 수 있고, 그 구역을 관할하는 군검사 또는 지방검찰청 검사에게 집행을 촉탁할 수 있다. 또한 군사법경찰관

---

11) 헌법재판소 1992.12.24. 자 92헌가8 결정.
12) 대법원 2000.11.10. 자 2000모134 결정.

리나 사법경찰관리도 필요에 의하여 관할구역 밖에서 구속영장을 집행할 수 있고, 그 구역을 관할하는 군사법경찰관리 또는 사법경찰관리에게 집행을 촉탁할 수 있다(제121조).

구속영장을 집행함에 있어서는 피고인에게 반드시 이를 제시하여야 하며, 신속히 지정된 군사법원이나 그 밖의 장소에 인치하여야 한다(제123조 제 1 항). 다만, 촉탁에 의한 구속의 경우에는 구속영장을 발부한 군판사나 지방법원 판사에게 인치하여야 한다(동조 제 2 항). 위와 같은 영장의 사전제시의 원칙에 대한 예외로서 구속영장을 지니지 아니한 경우에 긴급할 때에는 피고인에 대하여 공소사실의 요지와 영장이 발부되었음을 말하고 집행할 수 있으며(구속영장의 요급집행), 이 경우에도 집행을 마친 후 신속히 구속영장을 제시하여야 한다(동조 제 3 항, 제 4 항).

병영이나 그 밖의 군사용의 청사나 함선 내에 있는 사람에 대하여 구속영장을 집행하는 경우에는 그 병영·청사 또는 함선의 장이나 그를 대리하는 사람에게 구속영장을 제시하고 인도를 요구하여야 하며, 그 외의 사람이라도 현재 근무중인 자에 대하여 구속영장을 집행할 때에는 그 소속의 장 또는 그를 대리하는 사람에게 구속영장을 제시하고 인도를 요구하여야 한다. 위의 경우 인도요구를 받은 자는 지체 없이 이에 협조하여야 한다(제124조).

또한 구속영장의 집행을 받은 피고인을 호송할 경우에 필요하면 가장 가까운 교도소에 임시로 유치할 수 있고, 군검사는 군사법원의 허가를 받아 구속된 피고인을 다른 교도소에 이감할 수도 있다(제125조, 제126조).

구속영장을 집행할 경우 필요한 때에는 다른 사람의 주거, 관리자가 있는 가옥·건조물·항공기 또는 차량에 들어가 피고인을 수색할 수 있고(제178조), 압수·수색영장 없이 체포현장에서 압수·수색 또는 검증할 수 있다(제255조 제 2 항).

(5) 구속 후의 절차

피고인을 구속한 때에는 즉시 공소사실의 요지와 변호인을 선임할 수 있음을 알려야 하며(제128조), 소속부대장과 변호인 또는 피고인 이외의 변호인선임권자 중 피고인이 지정하는 자에게 피고사건명, 구속일시, 장소, 범죄사실의 요지와 변호인을 선임할 수 있는 취지를 알려야 하며, 그 통지는 지체 없이 서면으로 하여야 한다(제127조).[13]

구속된 피고인은 군판사·교도소장 또는 대리인에게 변호사를 지정하여 변호인의 선임을 의뢰하여야 하며, 의뢰를 받은 자 또는 그 대리인은 지체 없이 피고인이 지정한 변호사에게 그 요지를 통지하여야 한다(제130조).

구속된 피고인은 법률이 정한 범위 내에서 다른 사람과 접견하고, 서류 또는 물건을

---

13) 법원이 피고인을 구속한 때에는 24시간 이내에 서면으로 변호인이나 가족 등에게 알려야 한다고 규정하고 있는 반면(형사소송법 제87조, 형사소송규칙 제51조), 군사법원이 피고인을 구속한 때에는 구체적인 기한의 제한이 없이 다만 지체 없이 통지를 하도록 되어 있다. 입법론적으로는 피고인의 접견교통의 신속을 도모하기 위하여 명확한 시간적 제한이 필요하다고 본다.

주고받으며, 의사의 진료를 받을 수 있다(제129조). 다만, 군사법원은 도주하거나 범죄증거를 없애거나 군사상의 기밀을 누설할 우려가 있다고 인정할 만한 상당한 이유가 있는 때에는 직권 또는 군검사의 청구에 따라 결정으로 구속된 피고인과 변호인 또는 변호인이 되려는 자 이외의 자와의 접견을 금하거나, 주고받을 서류 기타 물건의 검열, 주고받는 행위의 금지 또는 압수를 할 수 있다(제131조). 다만, 의류·양식 또는 의료품의 주고받는 행위는 금지 또는 압수할 수 없다(동조 단서).

(6) 구속기간

군사법원법은 장기구속의 폐해를 해소·경감함으로써 인권을 보장하기 위하여 대륙법계의 전통에 따라 구속기간을 제한하고 있다.

구속기간은 2개월로 한다. 다만, 계속할 필요가 있는 경우에는 심급마다 2차에 한하여 결정으로 갱신할 수 있다(제132조 제1항). 그리고 갱신한 기간도 2월로 한다(동조 제2항). 다만 상소심은 피고인이나 변호인이 신청한 증거의 조사, 상소이유를 보충하는 서면의 제출 등으로 추가 심리가 필요한 부득이한 경우에는 세 차례까지 갱신할 수 있다(동조 제2항 단서). 한편, 피고인의 일정한 사유로 공판절차가 정지된 경우(제54조, 제355조 제4항, 제357조 제1항·제2항)에 그 정지된 기간은 피고인이 구속되어 있더라도 구속기간의 계산에서 제외된다(제132조 제3항).

구속기간의 기산점은 공소제기 전부터 구속된 경우에는 사실상 구속이 된 날로부터이며, 불구속으로 기소되어 그 후에 구속된 경우에는 교도소 등에 구금된 날이라는 것이 일반적인 견해였다. 그러나 개정 군사법원법은 공소제기 전에 체포·구인·구금된 기간은 군사법원의 구속기간에 산입하지 않는다고 하였고, 이에 따르며 현행 군사법원법상 수사기관에서 이미 구속된 경우라 하더라도 법원의 구속기간 기산점은 공소제기 시점으로 볼 것이다. 구속기간의 계산에는 기간의 초일이 공휴일에 해당하는 경우에도 이를 기간에 산입한다(제103조 제3항 단서).

구속기간의 위반, 즉 구속기간이 만료된 후에 계속 구속을 하거나 구속기간의 갱신이 재량권을 현저히 일탈한 경우, 또는 각 심급에서 2회 이상 구속기간의 갱신을 한 경우에, 그 효과가 문제로 된다. 먼저 구속기간을 경과한 경우에는 당연히 실효가 되며, 따라서 그 후의 구속은 불법한 것이 된다(판례는 반대의 견해를 취하고 있다).[14] 또한 법정제한을 넘은 구속기간의 갱신이나 재량권의 현저한 일탈에 대하여도 동일하게 해석하여야 할 것이다(이 점에 대하여도 판례는 소극설을 취하고 있다).[15]

---

14) 대법원 1963.6.5. 선고 63도102 판결; 대법원 1968.8.23. 선고 68도832 판결.
15) 대법원 1963.9.24. 선고 63도256 판결 등 참조.
　따라서 판례의 태도에 의하면, 피고인에 대한 법원의 구속기간이 만료되더라도 구속영장이 실효되지 않고 이에 따라 법원이 법에 규정된 갱신결정의 법정회수를 초과하여 구속기간을 갱신한 경우에도 구속

(7) 구속의 잠정적 집행정지

군사법원법상으로 사건의 계속중 구속된 피고인의 신체의 자유를 잠정적으로 회복시키기 위한 제도로서 보석(Bail)과 구속의 집행정지가 있다. 양자는 보석이 일정한 금전적 보증을 전제로 하고 있다는 점에서 구별되나, 구속에 대한 일시적 집행정지라는 점에서는 동일하다.

1) 보 석

(가) 의 의 보석이라 함은 일정한 보증금의 납부를 조건으로 하여 구속의 집행을 정지하고 구속된 자를 일시적으로 석방하는 제도를 말한다. 보석은 구속된 피고인과 피의자에게 모두 인정되며, 군사법원법상 보석에는 필요적 보석(권리보석)과 임의적 보석(재량보석)의 두 종류가 있다.

(나) 요 건 보석을 청구하기 위해서는 다음과 같은 요건을 필요로 한다.

먼저 구속중인 피고인, 변호인, 피고인의 법정대리인, 배우자, 직계친족, 형제자매, 가족, 동거인 또는 고용주는 군사법원에 구속된 피고인의 보석을 청구할 수 있으며(제134조), 이러한 청구가 있는 때에는 군사법원은 다음과 같은 사유가 없는 한 보석을 허가하여야 한다(필요적 보석)(제135조). 즉 ① 피고인이 사형, 무기 또는 장기 10년 이상의 징역이나 금고에 해당하는 죄를 범한 때, ② 피고인이 누범에 해당하거나 상습범인 죄를 범한 때, ③ 피고인이 범죄증거를 없애거나 없앨 염려가 있다고 믿을 만한 충분한 이유가 있는 때, ④ 피고인이 도주하거나 도주할 염려가 있다고 믿을 만한 충분한 이유가 있는 때, ⑤ 피고인의 주거가 분명하지 아니한 때, ⑥ 피고인이 피해자, 당해 사건의 재판에 필요한 사실을 알고 있다고 인정되는 자, 또는 그 친족의 생명·신체나 재산에 해를 끼치거나 그럴 염려가 있다고 믿을 만한 충분한 이유가 있는 때에는 보석을 허가하지 아니한다.

다만, 군사법원은 위와 같은 사유가 있더라도 상당한 이유가 있는 때에는 직권 또는 위의 청구권자의 청구에 의하여 결정으로 보석을 허가할 수 있다(임의적 보석)(제136조). 이러한 재량보석에 있어서 상당한 이유란 피고인의 건강상의 이유(소위 병보석) 등을 말한다.

보석에 관한 결정을 함에는 군검사의 의견을 물어야 하며,[16] 이 요청에 대해 군검사는 지체 없이 의견을 표명하여야 한다(제137조 제 3 항).

(다) 절 차 보석을 허가하는 경우에는 범죄의 성질·죄상, 증거의 증명력, 피

영장은 실효되지 아니한다. 나아가 법원이 법정회수를 초과하여 구속기간을 갱신한 위법은 항소이유에 해당하지 아니한다고 하는데 그 이유는 그 위법이 판결의 내용에 영향을 미친 것은 아니기 때문이라고 한다.

16) 그러나 군검사의 의견에 법원이 기속되는 것은 아니다. 또한 군검사의 의견을 청취하지 않은 절차상 하자가 있는 경우라도 대법원은 "검사의 의견청취의 절차는 보석에 관한 결정의 본질적 부분이 되는 것은 아니므로, 설사 법원이 검사의 의견을 듣지 아니한 채 보석에 관한 결정을 하였다고 하더라도 그 결정이 적정한 이상, 절차상의 하자만을 들어 그 결정을 취소할 수는 없다."라고 판시하였다(대법원 1997.11. 27. 자 97모88 결정)

고인의 전과·성격·환경과 자산 등을 고려하여 피고인의 출석을 보증할 만한 보증금액을 정하여야 한다(제138조 제1항). 다만, 군사법원은 피고인의 자금능력 또는 자산 정도로는 납입하기 불가능한 보증금액을 정할 수 없다(동조 제2항). 즉 보증금액의 다액은 피고인의 출석을 확보하는 관건이나 그것이 과다한 경우에는 자산이 빈약한 피고인이 보석을 청구하지 못하게 되어 보석제도의 실효성을 확보할 수 없게 되는 것이므로, 이러한 제한규정을 둔 것이다.

보석을 허가하는 경우에는 피고인의 주거를 제한하고 기타 적당한 조건을 붙일 수 있다(제139조).

보석의 허가결정은 보석금을 납입한 후가 아니면 집행하지 못한다. 다만, 군사법원은 보석청구자 이외의 자의 보석금납입을 허가할 수 있고, 유가증권 또는 피고인 이외의 자가 제출한 보증서로써 보석금에 갈음함을 허가할 수 있다.[17] 이 보증서에는 언제든지 보증금액을 납입할 것을 기재하여야 한다(제140조).

(라) 보석의 취소   군사법원은 피고인이 도주한 때, 도주 또는 범죄증거를 없앨 염려가 있다고 믿을 만한 충분한 이유가 있는 때, 소환을 받고 정당한 이유 없이 출석하지 아니한 때, 피해자, 당해 사건의 재판에 필요한 사실을 알고 있다고 인정되는 자 또는 그 친족의 생명·신체나 재산에 해를 가하거나 가할 염려가 있다고 믿을 만한 충분한 이유가 있을 때, 또는 주거의 제한 기타 군사법원이 정한 조건을 위반한 때에는 직권 또는 군검사의 청구에 의하여 결정으로 보석을 취소할 수 있다(제142조 제1항). 이 경우에 결정으로 보증금의 전부 또는 일부를 몰취할 수 있다(제143조 제1항). 한편 보석된 자가 형의 선고를 받고 그 판결이 확정된 후 집행하기 위한 소환을 받고 정당한 이유 없이 출석하지 아니하거나 도망한 때에는 직권 또는 군검사의 청구에 의하여 결정으로 보증금의 전부 또는 일부를 몰취하여야 한다(필요적 몰취)(동조 제2항).

구속 또는 보석을 취소하거나 구속영장의 효력이 소멸된 때에는 몰취하지 아니한 보증금은 청구한 날로부터 7일 이내에 이를 환부하여야 한다(제144조).

(마) 피의자보석   구속적부심사의 청구를 받은 군사법원은 보증금의 납입을 조건으로 피의자의 석방을 명하는 결정을 할 수 있다(제252조 제5항). 이러한 피의자보석은 구속영장에 의하여 구속된 피의자가 구속적부심사를 청구한 경우에 한하여 허용되며, 체포영장에 의하여 체포된 피의자가 체포적부심사를 청구한 경우에는 허용되지 아니한다. 이 제도는 구속 자체는 적법하였고 적부심사 이전에도 구속사유가 인정되나 구속의 필요성의 관점에서 보증금에 의한 심리적 강제로서 구속을 대체할 수 있는 경우에 보증금을 납부하는 조건으로 석방하는 것으로 그 실질은 피의자단계에 보석제도를 도입한 것이다. 구

---

17) 실무상 특별한 사정이 없는 한 보증서를 제출하게 하는 것이 일반적이다.

속적부심사를 청구한 피의자가 범죄증거를 없앨 염려가 있다고 믿을 만한 충분한 이유가 있거나, 피해자나 당해 사건의 재판에 필요한 사실을 알고 있다고 인정되는 자 또는 그 친족의 생명·신체나 재산에 해를 가하거나 가할 염려가 있다고 믿을 만한 충분한 이유가 있는 때에는 보증금의 납입을 조건으로 하는 석방결정을 하여서는 아니 된다(동항 단서).

2) **구속의 집행정지**   군사법원이 상당한 이유가 있는 때에는 결정으로 구속된 피고인에 대하여 구속의 집행을 정지할 수 있다(제141조 제 1 항). 이 경우에 피고인이 영내거주자인 때에는 그 소속부대장에게 부탁하고, 영 내 거주자가 아닌 때에는 친족·보호단체 기타 적당한 자에게 부탁하거나 피고인의 주거를 제한하여야 한다(동조 제 2 항). 이 경우 급속을 요하지 않는 한 군검사의 의견을 물어야 한다(동조 제 3 항).

한편 헌법 제44조에 의하여 구속된 국회의원에 대한 석방요구가 있으면 당연히 구속영장의 집행이 정지된다. 이 석방요구를 받은 고등검찰부 군검사는 즉시 석방을 지휘하고 그 이유를 수소군사법원에 통지하여야 한다(제141조 제 5 항, 제 6 항).

구속의 집행정지는 보석의 경우와 동일한 사유(제142조 제 1 항)에 의하여 취소할 수 있으나, 헌법 제44조에 의하여 석방된 국회의원의 구속의 집행정지는 그 회기중 취소하지 못한다(동조 제 2 항 단서).

(8) **구속의 실효**(失效)

1) **구속의 당연실효**   다음과 같은 경우에는 구속취소의 재판이 없더라도 구속영장이 효력을 상실하게 되는 결과 당연히 구속이 실효가 된다.

① 구속기간이 만료된 때[18]
② 무죄, 면소, 형의 면소, 형의 선고유예, 형의 집행유예, 공소기각 또는 벌금이나 과료를 과하는 판결이 선고된 때(제388조).
③ 사형 또는 자유형의 판결이 확정된 때(이로부터는 형의 집행이 개시되기 때문이다)

2) **구속의 취소**   구속의 사유가 없거나 소멸된 때에는 군사법원은 직권 또는 군검사·피고인·변호인 기타 변호인선임권자의 청구에 의하여 결정으로 구속을 취소하여야 한다(제133조). 이 경우 군검사가 청구한 경우를 제외하고는 군검사의 의견을 물어야 한다(제137조 제 2 항). 다만, 군검사는 위 의견요청에 대하여 지체 없이 의견을 표명하여야 한다(동조 제 3 항). 구속취소의 결정에 대하여 군검사는 즉시항고할 수 있다(동조 제 4 항).

(9) **구속기일의 본형산입**

구속은 피고인의 입장에서 볼 때 자유형의 복역과 다름없는 고통을 주는 것이므로, 군

---

18) 그러나 대법원 판례는 "구속기간이 만료되더라도 구속영장이 당연히 실효되는 것은 아니다."라는 입장을 취하고 있다(대법원 1964.11.17. 선고 64도423 판결).

사법원법은 공평의 견지에서 일정한 경우에 그 기간을 본형에 통산함을 인정하고 있다.

그런데 과거에는 판결 전 구금일수의 본형통산을 법원의 재량으로 규정하고 있어 문제가 되었다. 형법에 의한 형기의 증감이 가능한 이상 판결로써 일정한 형기를 결정한 후에 구금일수의 본형통산과정에서 실질적으로 군사법원절차에 복종하는 기간이 연장되는 것은 불합리하기 때문이다. 이와 관련하여 헌법재판소는 판결선고전 구금일수의 일부산입에 대하여 위헌결정을 하였고,[19] 현재는 판결선고에 소요된 미결구금일수는 전부가 형기에 산입되고 있다.

1) 판결통산   판결선고 전의 구금일수는 그 전부를 유기징역·유기금고·벌금이나 과료에 관한 유치 또는 구류에 산입한다(형법 제57조 제1항). 이 경우에 구금일수의 1일은 징역·금고·벌금이나 과료에 관한 유치 또는 구류의 1일로 계산한다(동조 제2항)

2) 법정통산   상소제기 후의 판결선고 전 구금일수는 ① 군검사가 상소를 제기한 때, ② 군검사 아닌 자가 상소를 제기하여 원심판결이 파기된 때에는 전부를 본형으로 산입한다(제524조). 이 경우에 판결선고 전 구금의 1일은 형기의 1일 또는 벌금이나 과료에 관한 유치기간의 1일로 계산하며, 고등법원 또는 대법원이 원심판결을 파기한 후의 판결선고 전 구금일수는 상소중의 재판선고 전 구금일수에 준하여 통산한다(동조 제3항, 제4항).

Ⅲ. 대물적 강제처분

대인적 강제처분이 피고인을 직접적 대상으로 하여 피고인의 신병확보와 피고인에 의한 증거인멸방지를 주된 목적으로 하는 데 반하여, 대물적 강제처분은 피고인이 아닌 물건을 직접적인 대상으로 하여 증거물과 몰수할 물건의 수집 또는 보전에 주된 목적이 있다. 군사법원법상 대물적 강제처분에는 제출명령·압수 및 수색이 있다.

1. 압   수

(1) 의   의

압수라 함은 증거물 또는 몰수할 것으로 사료되는 물건의 점유를 강제로 취득하는 처분과 이를 집행하는 사실행위로 이루어진 복합적 소송행위를 말한다. 압수는 처음부터 강제적으로 점유를 취득함이 일반적이나, 소유자·소지자 또는 보관자가 임의로 제출한 물건 또는 유류(遺留)한 물건을 계속 점유하는 것(영치)도 가능하다(제148조).

---

19) 종래 실무에서는 종래 구금일수를 5일 단위로 끊어 본형에 통산하던 것을 개선하여 인권보장차원에서 구금일수 전부를 본형에 산입하였다. 헌법재판소는 형법 제57조 제1항 중 판결선고전 구금일수의 일부 산입에 대하여 단순 위헌결정을 하였으며, 현재는 판결선고전 구금일수 전부를 본형에 산입하고 있다(2009.6.25. 선고 2007헌바25 결정 참조).

압수는 군사법원 자체의 권한에 속하나, 경우에 따라서는 수명군판사나 수탁군판사 또는 수탁판사도 이를 행할 수 있다(제177조).

(2) 압수의 목적물

1) 일반원칙   증거물 또는 몰수할 것으로 사료되는 물건 중에서 점유가 가능한 것에 한하여 압수의 목적물이 된다. 따라서 부동산도 점유가 가능한 한 압수의 목적물이 될 수 있으며, 자연인의 신체가 압수의 대상인지 여부에 관해, 통설은 검증의 대상은 될 수 있으나 압수의 대상은 될 수 없다고 한다. 다만 두발, 체모, 손톱, 발톱, 혈액, 정액, 침, 오줌과 같은 신체의 일부, 입으로 삼켜버린 물건, 신체로부터 분리된 신체의 일부 또는 사람의 사체 등은 압수할 수 있다고 본다. 한편 여기서 말하는 몰수란 형법상의 임의적 몰수(제48조)와 필요적 몰수(제134조)를 모두 포함하는 것이다.

2) 압수의 제한   군사법원법은 군사상의 기밀 기타 법질서 전체의 다른 목적을 위하여 일정한 경우에는 전술한 목적물에 대하여도 압수를 제한하고 있다. 즉 제146조 단서에서 "다만, 법률에 다른 규정이 있을 때에는 그러하지 아니하다"고 하여 일반원칙에 대한 예외를 인정하면서 제147조, 제150조 내지 제152조에서 일정한 물건에 대한 압수에 관하여 특칙을 두고 있다.

⑦ 우편물의 압수   군사법원은 피고인이 발송한 것이나 피고인에 대하여 발송된 우편물 또는 전신에 관한 것으로서 체신관서 그 밖의 자가 소지 또는 보관하는 물건의 제출을 명령하거나 압수할 수 있으며(제147조 제1항), 이들 이외의 우편물 또는 전신에 관한 것으로서 체신관서 그 밖의 자가 소지·보관하는 물건은 피고사건과 관계될 수 있다고 인정할 수 있는 경우에 한하여 제출을 명령하거나 압수할 수 있다(동조 제2항).

위의 처분을 할 때에는 발신인이나 수신인에게 그 취지를 통지하여야 하나 심리에 방해가 될 염려가 있는 때에는 예외로 한다(동조 제3항). 이는 헌법상 국민에게 인정된 통신의 자유(제18조)를 보장하기 위한 취지에서 우편물압수의 범위와 절차를 제약하고 있는 것이다.

㈏ 군사상 기밀과 압수   군사상 기밀이 요구되는 장소에는 그 장 또는 그를 대리하는 사람의 승낙 없이는 압수하거나 수색할 수 없다(제150조 제1항). 다만, 위의 책임자는 국가의 중대한 이익을 해치는 경우를 제외하고는 승낙을 거부하지 못한다(동조 제2항).

㈐ 공무상 비밀과 압수   공무원 또는 공무원이었던 사람이 지니거나 보관하는 물건에 관하여는 본인 또는 해당 관공서의 장이 직무상 비밀에 관한 것임을 신고한 때에는 그 소속 관공서 또는 그 감독 관공서의 승낙 없이는 압수하지 못한다(제151조 제1항). 다만, 이 경우에도 소속 관공서 또는 감독 관공서는 국가의 중대한 이익을 해치는 경우를 제외하고는 승낙을 거부하지 못한다(동조 제2항).

㈃ 업무상 비밀과 압수　　변호사·변리사, 공증인, 공인회계사, 세무사·관세사, 감정평가사, 법무사·행정사, 의사·약종상·한의사·치과의사, 약사·한약업사, 조산사·간호사, 종교의 직에 있는 사람 또는 이러한 직에 있었던 사람이 그 업무상 위탁을 받아 지니거나 보관하는 물건으로서 타인의 비밀에 관한 것은 압수를 거부할 수 있다. 단, 그 타인의 승낙이 있거나 중대한 공익상 필요가 있는 때에는 예외로 한다(제152조).

(3) 압수의 절차

1) 영장주의　　군사법원이 행하는 압수도 공판정에서 행하는 것을 제외하고는 법정의 방식을 구비한 영장을 발부하여 집행하여야 한다. 구속영장의 경우와 같은 긴급집행은 인정되지 않으며, 항상 처분을 받는 자에 대한 사전제시가 요구된다(제159조).

압수·수색영장에는 피고인의 성명·죄명, 압수할 물건, 수색할 장소·신체·물건, 발부 연월일, 유효기간과 그 기간이 지나면 집행을 시작하지 못하며, 영장을 반환하여야 한다는 취지를 적고 재판장 또는 군판사가 서명날인하여야 한다(제154조).

2) 영장의 집행

㈎ 집행권자의 집행　　압수·수색영장은 군검사의 지휘에 의하여 군사법경찰관리가 집행하나, 필요한 경우에는 재판장 또는 군판사가 군사법원 서기에게 그 집행을 명할 수 있고(제156조 제1항), 일반 사법경찰관리로 하여금 집행하게 할 수도 있다(동조 제3항).

군사법원 서기는 그 집행에 관하여 필요한 때에는 군사법경찰관리에게 보조를 요구할 수 있다(제157조). 또한 구속영장의 집행과 마찬가지로 관할구역 외에서의 촉탁이 가능하다(동조 제2항, 제121조 참조).

압수·수색영장은 처분을 받는 사람에게 반드시 제시하여야 하며(제159조)[20], 집행에 있어서는 타인의 비밀을 지켜야 하고, 처분받는 사람의 명예를 해치지 아니하도록 주의하여야 한다(제158조).

물건을 압수한 경우에는 목록을 작성하여 소유자·소지자·보관자 또는 그 밖에 이에 준하는 자에게 이를 교부하여야 한다(제170조).

㈏ 참여권자　　군검사·피고인 또는 변호인은 압수·수색영장의 집행에 참여할 수 있다(제162조). 따라서 압수·수색영장을 집행함에는 미리 집행일시와 장소를 전기한 참여권자에게 통지하여야 한다(제163조). 다만, 그러한 자가 참여하지 아니한다는 의사를 명시하거나 긴급한 경우에는 예외로 한다(동조 단서).

---

20) 대법원은 이와 관련하여 "이는 영장제시가 현실적으로 가능한 상황을 전제로 한 규정으로 보아야 하고, 피처분자가 현장에 없거나 현장에서 그를 발견할 수 없는 경우 등 영장제시가 현실적으로 불가능한 경우에는 영장을 제시하지 아니한 채 압수·수색을 하더라도 위법하다고 볼 수 없다."라고 판시하였다(대법원 2015.1.22. 선고 2014도10978 판결).

한편 관공서나 병영 기타 군사용의 청사·항공기 또는 함선 내에서 압수·수색영장을 집행함에는 그 장 또는 그를 대리하는 자에게 참여할 것을 통지하여야 한다. 또한 위의 장소 이외에 타인의 주거, 간수자 있는 가옥·건조물, 항공기 또는 선박 또는 차량 안에서 압수·수색영장을 집행함에는 주거주(住居主), 관리자 또는 이에 준하는 사람을 참여하게 하여야 한다. 이러한 사람이 참여하지 못할 때에는 이웃사람 또는 지방공공단체의 직원을 참여하게 하여야 한다(제164조).

(다) **집행과 필요한 처분**   압수·수색영장의 집행에 있어서는 자물쇠를 열거나 개봉 그 밖에 필요한 처분을 할 수 있으며, 압수물에 대하여도 가능하다(제161조).

집행을 중지한 경우에도 필요한 경우에는 집행이 종료될 때까지 그 장소를 폐쇄하거나 감시인을 둘 수 있다(제168조).

(라) **집행시각의 제한**   일출 전·일몰 후에는 압수·수색영장에 야간에 집행할 수 있는 기재가 없으면 그 영장을 집행하기 위하여 타인의 주거, 간수자 있는 가옥·건조물, 항공기, 선박 또는 차량 안에 들어가지 못한다(제166조). 이것은 야간에 있어서의 사생활의 평온을 보호하기 위한 것이다. 따라서 공무소 내에 들어가서 하는 집행에 관하여는 시각의 제한이 없다고 본다. 또한 사생활의 평온을 보호해 줄 필요가 없는 경우, ① 도박 기타 풍속을 해하는 행위에 상시 이용된다고 인정되는 장소, ② 여관·음식점 기타 야간에 일반인이 출입할 수 있는 장소(단, 공개된 시간에 한한다)에 대한 집행은 시각의 제한을 받지 아니한다(제167조).[21]

3) 압수물의 처리

(가) **압수물의 보관·폐지**   운반 또는 보관에 불편한 압수물에 관하여는 관리자를 두거나 소유자 또는 적당한 자의 승낙을 받아 보관하게 할 수 있고(제171조 제1항), 압수물에 대하여는 그 상실 또는 파손 등을 방지하기 위하여 상당한 조치를 하여야 한다(제172조). 또한 몰취하여야 할 압수물로서 멸실·파손 또는 부패의 우려가 있거나 보관하기 어려운 경우에는 이를 매각하여 대가를 보관할 수 있다(제173조).

위험발생의 염려가 있는 압수물은 폐기 기타 필요한 처분을 할 수 있다(제171조 제2항).

(나) **압수물의 환부·가환부**   압수를 계속할 필요가 없다고 인정되는 압수물, 예컨대 몰수할 물건이 아니라고 판명되거나 증거로서 이용가치가 없다고 인정된 압수물 등은 피고사건종결 전이라도 결정으로 환부하여야 하며, 증거에 공할 목적물은 소유자·소지자·보관자 또는 제출인의 청구에 의하여 결정으로 가환부할 수 있다(제174조 제1항). 또

---

21) 실무상으로는 위에 해당하지 않는 경우의 야간 압수·수색의 허용여부가 자주 문제된다. 특히 이는 수사기관에 의한 압수·수색영장 청구시 심각한데, 통상은 야간에 압수·수색을 할 수밖에 없는 특별한 사유(예컨대 매일 밤늦게 퇴근하고 주거에 다른 사람이 없는 경우)가 소명되면 허용하고 있다.

한 증거에만 공할 목적으로 압수한 물건으로서 그 소유자 또는 소지자가 계속 사용하여
야 할 물건은 사진촬영 기타 원형보존의 조치를 취하고 신속히 결정으로 가환부하여야
한다(동조 제 2 항).

　　　한편 압수한 장물은 피해자에게 환부할 이유가 명백한 때에는 피고사건의 종결 전이
라도 결정으로 피해자에게 환부할 수 있다(제175조).

　　　또한 피고인 등이 수사기관에 소유권을 포기한 경우 추후 압수물의 환부를 요구할
수 있는지와 관련하여 판례는 "수사도중에 피의자가 수사관에게 소유권 포기 각서를 제출
한 경우라도 수사기관의 압수물 환부의무가 면제되는 것은 아니며, 피의자의 압수물 환부
청구권도 소멸하지 않는다."는 입장이다.[22]

　　　㈐ 압수물처분에 대한 통지　　　압수물의 대가보관(제173조), 압수물의 환부·가
환부(제174조), 압수장물의 가환부(제175조)에 대한 결정을 함에는 군검사·피해자·피고인
또는 변호인에게 미리 통지하고 의견을 물어야 한다(제176조).

2. 제출명령

(1) 의　　의

　　군사법원은 압수할 물건을 지정하여 소유자·소지자 또는 보관자에게 제출을 명령할
수 있다(제146조 제 2 항). 이러한 명령을 제출명령이라고 한다(영장이 필요 없다는 점에서 압수와
크게 구별된다).

　　이러한 제출명령은 압수의 일종으로서 제출명령에 의하여 지정된 물건이 제출되었을
때에는 당연히 압수의 효력이 발생한다. 따라서 이러한 물건의 압수에 대하여는 별도로 압
수의 절차를 요하지 않는다.

(2) 절　　차

　　제출명령은 그 상대방에게 지정한 물건의 제출명령을 부과하는 간접적 강제처분으로
서 군사법원의 재판, 즉 결정의 일종이다. 따라서 제출명령은 재판서를 작성하거나 조서에
이를 기재하여야 한다.

　　제출명령의 목적물에 대해서는 압수의 경우와 마찬가지로 일정한 제약이 있으며, 명
령의 상대방은 물건의 소유·소지 또는 보관하는 자인 한 피고인이든 수사기관이든 불문
한다.

(3) 효　　력

　　제출명령은 상대방에게 이에 응할 의무를 발생시키나 이 의무에 대한 위반을 이유로

---

22) 대법원 1996.8.16. 자 94모51 전원합의체 결정.

특별한 제재를 과할 수는 없고, 그러한 경우에는 압수절차를 통하여 다시 목적물취득을 요구하는 수밖에 없다. 영미에서는 법원에 대한 모든 명령위반은 법원모독죄(Contempt of Court)의 제재가 가능하며, 또 당사자도 법원에 제출명령의 발부를 신청할 수 있기 때문에 가장 강력하고 널리 이용되는 방법이기도 하다(예컨대 워터게이트 사건에서도 법원은 비밀녹음 Tape의 제출을 명령하였었다).

3. 수   색

(1) 의   의

수색이라 함은 압수할 물건 또는 체포할 사람을 발견할 목적으로 주거, 물건, 사람의 신체 또는 기타의 장소에 대하여 행하는 강제처분과 이를 집행하는 사실행위로 이루어진 복합적 소송행위를 말한다. 압수와 수색은 실제로 함께 행하여지는 것이 통상적이고, 양자는 밀접한 관계를 가지므로 군사법원법도 압수와 수색을 동일한 절(제 2 편 제 1 장 제 8 절)에 규정하고 있고, 영장도 압수·수색영장을 작성하는 것으로 하고 있다.

수색의 권한을 가지는 자, 수색절차 등은 압수의 경우와 거의 동일하다. 다만, 성질상 그 대상을 달리하고 있으며, 구속영장의 집행에 있어서는 영장 없이 수색을 할 수 있도록 하고 있다.

(2) 수색의 대상

군사법원은 필요한 때에는 피고인의 신체·물건 또는 주거 그 밖의 장소를 수색할 수 있다(제149조 제 1 항). 이와 같이 피고인에 대하여는 필요가 있는 한 무조건 수색이 허용된다. 이것은 이러한 장소에는 수색의 목적물의 존재가 일반적으로 추측되기 때문이다. 따라서 피고인 아닌 자의 신체·물건·주거 또는 그 밖의 장소에 대하여 압수할 물건이 있음을 인정할 수 있는 경우에 한하여 수색할 수 있다(동조 제 2 항).

(3) 절   차

수색에 있어서 여자의 신체에 대한 수색의 경우에는 성년의 여자를 참여하게 하여야 하며(제165조), 수색한 경우 증거물 또는 몰수할 물건이 없는 때에는 그 취지의 증명서를 교부하여야 한다(제169조). 이러한 점을 제외하고는 영장발부에 의한 집행, 그 집행방법 등에 있어서 압수의 경우와 동일하다(전술한 압수의 절차 참조).

(4) 구속영장의 집행과 수색

군검사, 지방검찰청검사, 군사법경찰관리, 사법경찰관리 또는 제119조 제 2 항의 규정에 의한 군사법원 서기, 법원의 서기관 또는 서기가 구속영장을 집행할 경우에 필요한 때에는 타인의 주거, 관리자가 있는 가옥·건조물, 항공기, 선박 또는 차량 안에 들어가 ― 수색영장 없이 ─ 수색할 수 있다(제178조). 이 경우에는 압수·수색영장의 집행에 관한 여러 규정(제166조, 제167조, 제168조, 제169조 등)이 그대로 적용된다.

제 4 절 증 거

I. 총 설

1. 증거의 의의

군사법원은 공소가 제기된 범죄에 관하여 심리를 하여 범죄가 성립하는가, 범죄가 성립한다면 어떠한 형벌을 과할 것인가를 판단함을 궁극적인 목적으로 한다. 따라서 이러한 형벌법규를 적용하는 전제로서 사실관계를 확정하여야 하는 것이다. 이러한 사실인정을 위하여 이용되는 것이 바로 '증거'라고 할 수 있다. 우리 군사법원법도 이 점을 명시하여 "사실의 인정은 증거에 따라야 한다"고 규정하고 있다(제359조).

그런데 군사법원법상 증거라는 용어는 여러 가지 다른 의미로 사용되고 있다.

1) 증거방법   증거조사의 대상이 되는 유형물 자체, 즉 증인·증거물·증거서류 등이 그것이다.

2) 증거자료   증거방법을 조사하여 획득한 내용, 즉 증인의 증언·감정, 피고인의 진술, 서류의 내용 등이 그것이다.

3) 증거능력   법률상 증거로서 그 조사가 허용되고 또 판결에서 이를 사실인정의 자료로 할 수 있음을 인정하는 자격의 의미로 사용되기도 한다.

4) 증명력   증거의 자료가 사실의 인정에 미치는 효력을 의미하기도 한다.

2. 증거의 종류

(1) 증거사실과의 관계에 의한 분류(직접증거와 간접증거)

직접증거란 증명의 대상인 사실(요증사실)을 직접 증명하는 증거를 말하는데, 예컨대 살인현장의 목격자의 증언, 통화위조죄에서의 위조사실에 대한 범인의 자백 등이 있다.

한편 간접증거란 요증사실을 간접적으로 추단케 하는 근거가 되는 사실(간접사실·증빙)을 증명하는 증거를 말하며, 예컨대 범인의 지문, 살인현장부근에서 수일간 배회한 사실 등을 들 수 있다. 간접증거는 요증사실을 추측·인정케 하는 여러 정황에 관한 사실을 증명하는 것이므로 정황증거라고도 한다.

양자는 증거 자체의 성질에 관한 구별이 아니라 요증사실과의 관계에 따른 구별이므로 요증사실이 무엇인가에 따라 그 구별은 상대적인 것이 된다. 즉 전술한 예에서 범인의 지문은 살인죄의 증명에 대한 간접증거이나 주거침입죄에 대해서는 직접증거가 될 수 있는 것이다.

한편 일정한 증거를 사실인정의 자료로 채택할 것인가는 재판관의 합리적 판단에 맡겨져 있는 현행법 하에서 양자의 증명력에는 우열이 없으나, 후술하는 여러 가지 요인으로 인하여 직접증거의 발견이 매우 곤란하므로 과학적인 채증방법에 의한 간접증거의 활용이 점차 그 비중을 많이 차지하고 있음은 주지의 사실이라고 할 것이다.

(2) 증거방법의 물리적 성질에 따른 분류(인적 증거ㆍ물적 증거ㆍ증거서류)

첫째, 인적 증거(인증)란 구술 또는 이에 준하는 방법(수화ㆍ신호 등)에 의한 진술을 말하며, 증언ㆍ감정ㆍ통역ㆍ번역 등이 여기에 속한다. 인적 증거는 다시 본래증거(원시적 증거)와 전문증거로 나눠지는데, 본래증거란 진술자가 스스로 체험한 사실을 진술하는 것이고, 전문증거란 진술자 이외의 자가 체험한 사실을 얻어 듣고 하는 진술을 말한다. 후자는 진실성이 희박하고 반대신문권이 박탈되기 때문에 증거능력에 있어서 제약을 받는다.

이와 같은 인적 증거에 있어서 가장 중요한 것은 증인의 증언이나 피고인의 임의진술도 증거가 될 수 있으므로 중요한 인적 증거의 하나라고 할 수 있다.

둘째, 물적 증거(물증)란 증거물이라고도 하며, 물건의 존재 또는 상태가 증거로 되는 경우를 말한다. 여기서 물건은 생물일 수도 있으며, 서류도 그 기재내용이 아닌 존재 자체가 증거로 되는 경우(예컨대 문서위조죄에 있어서 위조된 문서를 들 수 있다)에는 물적 증거가 될 수 있다. 특수폭행에 사용된 흉기, 절도죄의 장물, 범인의 지문 등이 물적 증거의 대표적인 예이다.

물적 증거는 검증절차를 통하여 공판정에 현출된다(제180조 이하 참조).

셋째, 증거서류란 당해 사건에 있어서 기소 전후를 불문하고 그 소송절차에 관하여 군사법원 또는 재판관의 면전에서 법령에 의하여 작성된 소송서류로서 증거로 되는 경우를 말한다. 증인신문조서ㆍ검증조서ㆍ감정조서ㆍ공판조서 등이 그 예이다.

증거서류는 다시 협의의 증거서류와 증거물인 서면으로 나눌 수 있다. 즉 그 성립의 진정이 당연히 인정되어 그 외의 심사를 거치지 않고 직접 그 기재내용을 낭독(혹은 요지의 고지)하여 증거로 현출시킬 수 있는 것을 협의의 증거서류라고 하며, 그 문서의 물리적 존재의 진정, 즉 성립의 진정이 심사된 후에 그 기재내용이 증거로 될 수 있는 것을 증거물(물적 증거)인 서면이라고 한다.

현행법상 당해 사건에 관하여 법규에 따라서 군사법원 또는 군판사의 면전에서 작성된 문서만을 오직 제시 없이 그 낭독이나 요지의 고지에 의하여 법정에 현출하는 것을 허용하고, 그 이외의 증거서류는 모든 그 제시에 의하여 성립의 진정을 검토한 후에 그 내용을 낭독하도록 하고 있다.

(3) 증거의 용법에 의한 분류(본증 · 반증 · 보강증거)

첫째, 본증이란 증명의 대상인 사실이 증명되지 않으면 불이익을 부담할 당사자, 즉 실질적 거증책임을 지는 당사자가 제출하는 증거를 말하며, 죄증이라고도 한다. 군사법원법상 거증책임은 원칙적으로 군검사에게 있으므로, 범죄사실의 존재를 증명하기 위하여 군검사가 제출하는 증거가 본증이 된다(예외: 형법 제263조상의 상해죄의 동시범 특례).

둘째, 반증이란 본증에 의하여 증명하려고 하는 범죄사실의 존재를 부정하기 위하여 제출되는 증거를 말한다. 따라서 피고인측이 제출하는 증거를 반증이라고 할 수 있다. 예컨대 피고인이 범행 당시 범죄장소 이외의 다른 장소에 있었다는 사실을 증명하는 것, 즉 현장부재증명(Alibi)은 반증에 속한다. 그러나 절차적 사실에 관하여는 피고인이 거증책임을 지는 경우가 빈번하여 이러한 경우에는 피고인의 증명이 본증이 된다(예: 공소제기방식에 대하여 이의를 제기하는 경우).

반증과 유사한 것으로서 탄핵증거가 있는데, 이것은 본증이나 반증으로서 제출된 증거 자체의 증명력을 다투기 위하여 제출되는 증거이며, 요증사실의 존부를 직접 · 간접으로 증명하기 위하여 사용되는 것이 아니라는 점에서 본증과 구별된다.

셋째, 보강증거란 본증(실질적 증거)의 증명력이 불충분한 경우에 유죄판결을 선고하지 못하므로(제362조 참조) 이를 보강하는 다른 증거(예컨대 증인이라든가, 증거물의 발견 등)를 필요로 한다. 보강증거는 반드시 독립하여 요증사실의 존부를 증명할 수 있을 필요는 없고, 본증과 함께 본증의 진실성을 확인할 수 있을 정도면 족하다. 이러한 보강증거를 필요로 하지 않는 증거를 독립증거라고 한다.

II. 증거재판주의

1. 의   의

재판관이 사실의 존부에 관한 심증을 얻는 방법은 그 정도에 따라 혐의 · 소명 · 증명 등이 있다. 혐의란 사실의 존부에 관한 주관적인 추측을 말하며, 소명이란 일정한 증거를 기초로 객관적인 추측이 발생하도록 하는 것이고, 증명은 사실의 존부에 관하여 객관적인 확신을 가지는 것을 말한다. 혐의는 범죄수사의 단서가 될 수는 있으나 재판의 기초인 사실의 인정에 이용될 수는 없고, 다만 소송지휘에 관한 재판을 하는 경우 등에 있어서 그 판단의 기초인 사실의 인정과정에서 혐의와 가까운 심증이 사용되는 경우가 있을 뿐이다. 또한 소명에 의하여 재판의 기초인 사실이 인정되는 경우는 기피사유(제51조 제 2 항), 증언거부사유(제191조), 증거보전청구사유(제226조 제 3 항), 상소권회복청구사유(제403조 제 2 항) 등 법문에 규정된 특수한 것에 한한다.

따라서 전술한 것 이외의 모든 경우에는 그것이 실체법상의 사실이든, 소송법상의 사실이든 모두 그 인정을 위해서는 증명에 의하여야 한다. 그런데 이러한 증명은 그 기초자료에 엄격한 법적 제한이 있는가에 따라 '엄격한 증명'과 '자유로운 증명'으로 나누어진다.

엄격한 증명이란 법률상 증거능력이 있는 증거에 의한 것으로서, 공판정에서 적법한 증거조사를 거친 증거에 의하여 행하는 증명을 말하며, 자유로운 증명이란 그 이외의 증거, 즉 증거능력이나 적법한 증거조사를 요하지 않는 증거에 의한 증명을 말한다. 그러나 모든 증거는 법정의 증거조사절차에 의하지 아니하고는 공판정에 제출될 수 없고, 따라서 재판의 기초인 사실인정의 자료가 될 수 없으므로, 결국 양자의 구별은 증거능력 여부를 기준으로 하게 되는 것이다.

따라서 군사법원법 제359조가 "사실의 인정은 증거에 따라야 한다"고 규정한 것은 소송법상 사실인정은 증거에 의하여 합리적으로 인정되어야 한다는 자명한 원리를 선언하는데 그치는 것이 아니라 공소범죄사실이나 이와 관련된 중요한 사실에 관하여는 엄격한 증명에 의하여야 한다는 특수한 규범적 의미를 가지는 것이라고 이해하여야 할 것이다.

2. 증거재판주의의 내용(엄격한 증명의 대상)

증거재판주의가 형벌권존재의 기초인 사실의 인정을 엄격한 증명에 의할 것을 요구하는 주의라 함은 앞서 언급한 바와 같다. 따라서 증거재판주의의 내용은 바로 어떠한 사실을 엄격한 증명의 대상으로 할 것인가 하는 문제와 직결된다고 할 수 있다.

엄격한 증명의 대상에 관하여는 학설과 판례가 많은 논의를 하고 있는데, 근본적으로 군사법원에서의 요체는 형벌권의 존부 및 그 범위를 정하는 것이므로, 그러한 것을 정하는 기초가 되는 중요한 사실에 대하여는 원칙적으로 엄격한 증명에 의한다고 할 수 있다.

엄격한 증명의 대상이 될 수 있는 것을 분설하면 다음과 같다.

(1) 공소범죄사실(주요사실)

범죄구성요건을 충족시키는 사실, 위법성·책임성의 기초가 되는 사실 등이 여기에 속한다.

이 외에도 구성요건의 일부가 되는 것인 이상 형의 가중사유에 불과한 것(예컨대 결과적 가중범)이라도 엄격한 증명의 대상이 되며, 공범을 구성하는 사실, 처벌조건인 사실(예컨대 파산죄에서 파산선고의 확정사실) 등도 마찬가지이다.

(2) 범죄조각사유(위법성조각사유 · 책임조각사유 등)

범죄조각사유는 구성요건해당사실이 증명되는 한 사실상 추정을 받지만, 당사자간에 다툼이 생긴 경우에는 엄격한 증명의 대상이 된다.

(3) 법률상 형의 가중 · 감경사유(누범 · 자수 · 자복 · 특수교사 · 친족상도 등)

범죄조각사유와 마찬가지로 특별구성요건해당사실의 증명이 있는 한 특별히 그 부존재를 증명할 필요는 없으나, 당사자간의 다툼이 있는 경우에는 엄격한 증명을 요한다. 다만, 형법 제51조에 열거된 양형의 기초로 되는 정상에 관한 사실에 관하여는 증거수집의 편의상 자유로운 증명으로 족하다고 생각한다.

(4) 범죄사실의 간접사실

범죄사실을 논리적으로 추단하는 기초가 되는 사실(간접사실)도 범죄사실을 증명하는 하나의 수단이므로 역시 엄격한 증명의 대상이 된다고 할 것이다.

이상에서 언급한 사실 이외에는 모두 자유로운 증명으로서 족하다고 할 것이다. 따라서 소송법적 사실, 자백의 임의성의 기초로 되는 사실, 증거의 증명력을 보강 · 탄핵하는 데 불과한 보조사실 및 전술한 양형의 조건인 사실 등은 자유로운 증명이 허용된다고 할 것이다.

3. 증거재판주의의 배제(불요증사실)

실체적 진실주의에 입각하고 있는 군사법원법에서는 당사자의 의사와 상관없이 재판의 기초로 되는 사실은 증거에 의한 증명을 요한다. 이러한 증명의 대상이 되는 사실(요증사실)은 실체법적 사실일 수도 있고, 소송법적 사실일 수도 있으며, 엄격한 증명에 의하거나 혹은 자유로운 증명에 의할 수도 있음은 전술한 바와 같다.

그러나 이러한 증거재판주의와는 달리 증명의 대상으로 되는 사실 자체의 성질상 증명 없이 이를 인정하여 재판의 기초가 될 수 있는 경우가 있다. 이것을 불요증사실이라고 하는데, 이 범위 내에서는 증거재판주의는 배제되는 것이며, 다음과 같은 것을 들 수 있다.

(1) 공지의 사실

그 사회에서 통상의 지식과 경험을 가진 사람이라면 누구든지 의심할 여지가 없는 사실을 공지의 사실이라고 한다. 예컨대 역사상 명백한 사실, 자연계의 법칙, 사회적으로 명백한 사실(예컨대 서울에는 부산보다 사람이 많이 산다는 사실) 등을 들 수 있다. 통설은 공지의 사실은 반드시 모든 사람에게 알려져 있어야 하는 것은 아니고 일정한 시점에서 일정한 범위의 사람에게 일반적으로 알려져 있는 것이면 족하다고 한다. 따라서 공지인가는 구체적인 사회생활에서 그 사실에 대하여 가지고 있는 의식에 따라 결정되는 상대적 개념이라고 할 수 있다. 이러한 공지의 사실은 증명을 요하지 않는다(민사소송법 제288조 참조). 다만, 사회의 일부에만 알려져 있는 사실, 예컨대 상인들이나 기업간에서만 알려진 사실이나 재판상 현저한 사실(군사법원이 일정한 사건에 대하여 판결을 선고한 사실) 등은 증명을 필요로 한다.

(2) 법률상 추정된 사실

일정한 사실의 존재가 증명되었다면 법률상의 규정에 의하여 반대사실의 증명이 없는 한 다른 일정한 사실의 존재가 추정되는 경우에 이것을 법률상 추정된 사실이라고 한다. 법률상의 추정을 깨뜨리기 위해서는 적극적으로 반대사실을 증명할 필요가 있다. 다만 통설에 의하면 법률상 추정은 형사소송에서 법원의 진실발견의무를 지나치게 편의적으로 축소시키며 자유심증주의를 왜곡하고, 특히 무죄추정원칙에 반한다는 점에서 허용될 수 없다고 한다. 한편 군사법원법에서는 실체적 진실주의의 이념에 따라 법률상의 추정은 원칙상 인정되지 않는다고 볼 것이다.

(3) 사실상 추정된 사실

일정한 전제사실의 입증이 있으면 특별한 의심이 없는 한 그 증명을 필요로 하지 않고, 존재가 추정되는 것이 합리적이고 확실한 경우 이것을 사실상 추정된 사실이라고 한다. 예컨대 범죄구성사실이 증명되면 그 행위의 위법성과 책임성은 당연히 있는 것으로 추정된다. 다만, 사실상의 추정은 법률상의 추정과 달리 추정되는 사실의 존부를 소송관계인이 다투기만 하면 그 즉시 추정이 깨지게 된다. 예컨대 구성요건해당성이 인정되더라도 피고인이 위법성(책임) 조각사유를 입증하면 이러한 사실상의 추정은 깨지게 되고, 군검사는 새로이 위법성에 관하여 거증책임을 지게 된다.

(4) 증거금지사실

증거에 의하여 어떤 사실의 증명을 필요로 하는 경우에도 입증을 함으로써 얻은 소송법상의 이익이 더 큰 초소송법적 이익을 해한다고 인정되는 경우에 증명이 금지되는 경우가 있는데, 이를 거증금지사실이라고 한다. 예컨대 공무원 또는 공무원이었던 자가 그 직무에 관하여 알게 된 사실에 관하여 본인 또는 당해 공무소가 직무상 비밀에 관한 사항임을 신고한 때에는 일정한 자의 승낙 없이는 이러한 사실에 관하여 증명이 금지된다(제188조 참조).

4. 증거재판주의의 보충(거증책임)

(1) 거증책임의 의의

증명할 대상에 대하여 증명을 하기 위하여 당사자가 제출하는 증거와 군사법원이 직권으로 조사한 증거를 종합하여 입증사실의 존부에 관하여 재판에 필요한 심증을 얻게 된다. 그러나 그러한 증거를 통하여도 필요한 심증을 얻지 못하는 경우가 허다하며, 그것을 이유로 재판을 거부할 수는 없으므로 결국 일방 당사자에게 불리하게 그 사실의 존부를 의제하고, 이것을 기초로 재판을 하게 된다. 즉 소송에서 일정한 사실에 관하여 증명이 불가능한 경우에 당사자 일방이 불이익한 사실의 인정(위험의 부담)을 받는 법률상의 지위를 거증책임이라고 한다. 다시 말하면 실체적 진실발견을 위하여 증거재판주의의 흠결을 보충하기 위해서 거증책임의 원리를 통하여 사실확정을 이원적으로 해결하고 있는 것이다.

거증책임은 형식적 거증책임과 실질적 거증책임으로 나눌 수 있다. 전자는 증거를 제출하지 않는 경우에 불이익을 받는 지위를 말하며(입증의 부담), 후자는 어떤 사항에 대하여 재판관이 확신을 가지게 할 정도로 입증을 하지 아니하면 불이익의 확정을 받아야 하는 지위를 말한다.

(2) 거증책임의 분배(실질적 거증책임)

군사법원법상 요증사실에 대한 거증책임은 원칙적으로 원고측인 군검사에게 있다고 이해된다. 즉 요증사실의 존부에 대하여 재판관이 심증을 얻지 못하는 경우에는 군검사에게 불이익한 것으로 판단된다. 이것은 "의심스러울 때에는 피고인의 이익으로"(In dubio pro reo)라는 법격언이나 피고인에 대한 무죄추정의 법리(헌법 제27조 제4항, 군사법원법 제323조)와 부합되는 것이라고 할 수 있다. 군사법원법도 제380조에서 "피고사건이 범죄가 되지 아니하거나 범죄사실이 증명되지 아니할 때에는 판결로 무죄를 선고하여야 한다"고 하여 형벌권발생의 전제인 사실의 증명이 없는 때에는 피고인에게 유리하게 해석한다는 실정법상의 근거를 두고 있다.

따라서 군검사는 공소범죄사실, 처벌조건, 형의 가중사유뿐만 아니라 범죄성립조각사유·형벌감면사유의 부존재에 관해서도 입증책임을 지게 된다. 다시 말하면 실체법상의 요증사실은 어느 측에 유리한 사실이든 군검사에게 거증책임이 있다고 할 수 있다.

(3) 거증책임의 전환

형벌권발생의 조건인 사실에 관하여 예외적으로 피고인이 거증책임을 지는 경우가 있으며, 이를 거증책임의 전환이라고 한다.

형법 제263조는 상해죄에 관하여 독립행위의 경합에 관한 예외를 인정하여 독립행위가 경합하여 상해결과를 발생하게 한 경우에 원인된 행위가 판명되지 아니하면 공동정범의 예에 의한다고 규정하고 있다. 즉 폭행·상해죄의 동시범의 경우, 스스로 그 침해를 발생시키지 아니하였다는 사실에 대하여는 피고인이 거증책임을 부담하고, 그러한 증명이 없는 한 공동정범으로 인정되는 것이다.

(4) 입증의 부담(형식적 거증책임)

일정한 사실 또는 그 부존재에 대하여 입증하지 않으면 불이익한 판단을 받을 우려가 있는 당사자가 부담하여야 할 사실상의 부담을 입증의 부담이라고 한다.

소송의 발전과정에서 각 당사자는 타방 당사자의 입증에 의하여 반대사실에 대한 입증의 부담을 항상 질 수 있다는 유동적인 지위에 있는 것이다. 예컨대 군검사가 범죄구성사실을 입증한 경우에 그 위법성이나 책임성은 사실상 추정되므로 피고인은 이에 대하여 위법성조각사유나 책임조각사유인 사실의 존재에 대한 입증을 부담하여야 불이익을 면하게 되고, 이러한 사실이 입증되면 군검사는 이를 번복하기 위하여 다른 입증의 부담을 지게 되는 것이다.

즉 전술한 실질적 거증책임이 고정적이고 획일적인 데 반하여, 형식적 거증책임은 소송의 동적 발전과정에 따른 유동적 개념으로서, 사실상 추정·거증책임·상대방의 입증 등 다양한 사유를 기초로 발생하는 것이다. 한편 이러한 입증의 부담은 그로 인하여 군사법원이 그 사유의 입증에 대하여 합리적 의심을 가질 정도면 족하다고 생각한다.

Ⅲ. 증거능력

1. 의의와 그 제한

증거능력이란 증거가 엄격한 증명의 자료로서 사용될 수 있는 법률상의 자격을 말한다. 즉 일정한 증거는 사실인정의 자료로서 공판정에 제출되는 것이 법률상 당연히 금지되며, 설사 제출된 경우에도 이를 무시할 수 있고 범죄사실인정의 자료로서 사용하면 그 판결은 무효로 되는데, 이것을 증거능력의 제한이라고 하며, 증거능력은 이를 기초로 한 소극적 개념인 것이다.

증거의 증거능력은 증명력과 구별하여야 한다. 증거능력은 범죄사실인정의 증거가 될 수 있는 형식적 자격으로서 법률에 형식적으로 정해져 있음에 반하여, 증명력은 증거의 실질적 가치를 의미하며, 이에 대한 판단은 재판관의 자유로운 판단에 맡겨진다. 다시 말하면 증거능력은 증명력의 선행개념으로서 증거능력의 제한이 없는 증거에 대해서만 비로소 증명력의 문제가 고려되는 것이다(예컨대 피고인이나 피고인 아닌 자의 진술은 그것이 아무리 증명력이 있더라도 임의성이 없는 한 증거능력이 없다)(제370조 제 1 항).

당사자주의적 소송구조 하에서 피고인(혹은 피의자)의 인권보장, 적법절차의 보장, 불완전한 증거의 공판정제출로 인한 오판가능성의 배제라는 기본명제에 입각하여 일정한 경우에는 증거의 실질적 가치(증명력)의 유무를 불문하고 그 증거능력을 제한하고 있다.[23]

---

23) 현행법상으로는 자백의 경우와 전문증거에 대한 증거능력의 제한을 규정하고 있으나, 그 밖에도 다음

2. 자백의 증거능력

(1) 자백의 의의

자백(Confession)이란 자기의 범죄사실의 전부 또는 일부(넓게는 범죄사실 이외에 형벌권확정의 기초가 되는 간접사실·보조사실도 포함)를 자기에게 불이익하게 인정하는 것을 말한다.

자백은 어떠한 법률상의 지위(예컨대 피고인·피의자·증인·참고인 등)에서 행한 것이든 불문하며, 진술에 의하는 것이 통상이나 서면에 기재된 것도 포함한다. 또한 그 대상이 군사법원에 대하여 행하여진 것(재판상의 자백)이든 그 이외의 자(수사기관뿐만 아니라 사인 등도 포함)에 대하여 행하여진 것(재판 외의 자백)이든 모두 자백이 될 수 있고, 상대방이 없는 경우(예컨대 자신의 일기장에의 기재 등)도 자백에 해당된다.

이와 같이 자백의 의의를 확정하는 것은 후술하는 바와 같이 자백의 보강증거를 자백에 의할 수 없기 때문에 보강증거의 선택에 있어서 그 대상을 확정하는 데 실익이 있기 때문이다.

(2) 자백의 증거능력의 제한

군사법원법은 자백의 증거능력에 관하여 "피고인의 자백이 고문, 폭행, 협박, 구속의 부당한 장기화 또는 속임수, 그 밖의 방법에 따라 임의로 진술한 것이 아니라고 의심할 만한 이유가 있을 때에는 유죄의 증거로 하지 못한다"고 하여(제361조) 자백의 증거능력을 제한하면서 임의성 있는 경우에 한하여 증거능력을 인정하고 있다.

자백을 증거로서 허용하기 위하여 임의성을 필요로 하는 근거에 대해서는 종래 ① 임의성이 없는 자백은 진실성이 희박하여 증명력이 약하므로 이를 증거로 할 수 없고, 따라서 허위의 자백을 배제하기 위해서라는 입장(허위배제설), ② 자백강요를 위한 고문·협박 등을 억지함으로써 피의자와 피고인의 인권보장을 도모하기 위해서 고문 등에 의한 자백의 증거능력을 부정하는 것이라는 입장(인권옹호설), ③ 고문 등에 의한 자백은 허위일 위험성이 많고 고문 등에 의한 자백강요는 인권침해를 의미하므로 허위배제와 인권보장을 위해서 증거능력이 부정되어야 한다는 입장(종합설 또는 절충설), ④ 자백획득의 수단이 위법하기 때문에 그 위법의 억지를 위해서 고문 등에 의한 자백의 증거능력을 부정해야 한다는 입장(위법배제설) 등이 제기되어 왔는데, 종합설(절충설)이 다수의 견해이며 우리 대법원 판례도 같은 입장으로 보인다.[24] 따라서 자백의 임의성이라는 의미도 두 가지 측면을 고려하

과 같은 경우에는 증거능력이 제한된다.
① 당해 사건에 관한 의사표시적 문서(공소장·고소장·세평·재판서 등).
② 실체형성행위가 무효인 경우의 증언이나 증인신문조서(절차위반의 하자가 큰 경우)
③ 위법으로 수집된 증거(대법원 2007.11.15. 선고 2007도3061 전원합의체 판결 → 위증배제법칙 전면 수용 참조).

24) 임의성 없는 자백의 증거능력을 부정하는 취지는 허위진술을 유발 또는 강요할 위험이 있는 상태하에서 행하여진 자백은 그 자체가 실체적 진실에 부합하지 아니하여 오판의 소지가 있을 뿐 아니라 그 진위

여 파악해야 할 것이며, 이렇게 본다면 임의성 없는 자백이란 일반적으로 허위의 진술을 할 염려가 있는 상황 하에서 혹은 위법·부당한 압박 하에서 행하여진 자백을 의미한다고 할 것이다.

임의성 없는 자백이 이루어진 원인(예컨대 고문·협박·폭행·기망 등)과 같은 자백 사이에는 인과관계가 존재하여야 하며, 임의성 유무에 대한 거증책임은 그로 인한 자백을 증거로서 주장하고 있는 군검사가 부담한다.

(3) 임의성 없는 자백의 유형

군사법원법이 규정하고 있는 임의성 없는 자백의 유형을 보면 다음과 같다. 주의할 점은 군사법원법 제361조에서 제시하고 있는 내용은 제한적 열거가 아닌 예시적 열거 규정으로 보아야 한다는 것이다. 대법원 판례도 "형사소송법 제309조에서 규정된 피고인의 진술의 자유를 침해하는 위법사유는 원칙적으로 예시사유로 보아야 한다"고 하여 동일한 입장이다.[25]

1) 고문·폭행·협박에 의한 자백   고문이란 자백을 강요하면서 피의자나 피고인의 신체에 대하여 위해를 가하는 것을 말하며, 폭행이란 피의자나 피고인의 신체에 유형력을 행사하는 것을 말하고, 협박이란 해악을 고지하는 것을 의미한다. 이러한 자백은 인권옹호의 견지에서 그 증거능력이 부정된다.

2) 구속의 부당한 장기화에 의한 자백   이 경우도 역시 인권옹호의 견지에서 그 증거능력이 부정된다. 다만, 여기서 어떠한 정도가 신체구속의 부당한 장기화에 해당하는가 하는 문제가 있는데, 피고인이나 피의자의 주관적 상태·조건 및 객관적 상황(예컨대 구속의 필요성) 등 구체적인 모든 사정을 고려하여 결정해야 할 것이다. 다만 헌법과 군사법원법에 의해 수사기관이 피의자를 구속할 수 있는 기간은 제한이 존재하므로(군사법경찰은 최장 10일, 군검찰은 최장 20일), 피의자에 대한 구속기간이 부당하게 장기화되었다는 사유로 자백의 임의성이 부정되는 경우는 실무상 거의 존재하지 아니한다.

3) 속임수 그 밖의 방법에 의한 자백   이것은 주로 기망 기타의 방법에 의한 허위자백을 배제하기 위한 것으로서, 강제에 의한 자백의 증거능력을 부정하는 것이다. 여기서 기타의 방법이란 유도에 의한 자백 등을 말하는데, 실제로 문제가 되는 것은 여죄불추궁의 약속, 기소유예의 약속, 경한 구형의 약속 등에 의하여 자백을 받아 내는 것이다(유죄인부제도, plea bargaining, 미국에서는 이를 합법적인 것으로 인정한다).

이러한 기망이나 유도에 의한 자백의 임의성 여부는 허위자백을 이끌어 내는 것을 방지하는 방향에서 그 방법의 위법성이나 피고인의 주관적 심리 등을 고려하여 판단해야 할

여부를 떠나서 자백을 얻기 위하여 피의자의 기본적 인권을 침해하는 위법부당한 압박이 가하여지는 것을 사전에 막기 위한 것이다(대법원 2001.1.21. 선고 99도4940 판결).

25) 대법원 1985.2.26. 선고 82도2413 판결 등.

문제라고 생각한다.

(4) 임의성 없는 자백에 의하여 수집된 증거의 증거능력

임의성이 없거나 그러한 의심이 있는 증거는 증거능력이 제한된다는 점은 전술한 바와 같다. 그런데 주의할 점은 임의성이 없거나 의심되는 자백에 대해서는 피고인이 증거로 함에 동의하였더라도 증거능력이 인정되지 않는다는 점이다.

한편, 이러한 임의성 없는 자백을 기초로 수집한 증거에 대하여 증거능력을 인정할 것인가 하는 문제가 있다. 예컨대 피고인을 고문하여 범행에 사용한 흉기를 찾아 낸 경우에 이를 증거로 할 수 있는가 하는 문제이다.

이에 대해서는 ① 고문·폭행·협박에 의한 경우에는 인권침해라는 면에서 그 증거능력을 부정하는 것이므로 당연히 그것을 기초로 하여 수집한 증거도 역시 증거능력이 부정지만[(영미법상 독수의 과실의 원칙(Fruit of poisonous Tree Doctrine))] 기망 기타 방법에 의한 경우에는 허위배제라는 면에서 그 증거능력을 부정하는 것이므로, 이것을 기초로 하여 수집한 증거는 그 방법이 명백히 위법·부당하지 않는 한 제한적인 범위 내에서 그 증거능력을 인정해야 한다는 견해와 ② 임의성이 없거나 의심되는 자백에 기해서 수집된 증거는 모두 증거능력을 부정해야 한다는 견해가 대립하고 있다. 통설은 모든 경우에 증거능력을 부정해야 한다는 입장이다.

3. 전문증거의 증거능력

(1) 전문증거의 의의

전문증거(hearsay evidence, 傳聞證據)라 함은 요증사실에 대하여 이것을 직접 경험한 자가 공판정에서 직접 증언하는 이외의 방법으로 공판정에 제출된 증거를 말하는데, 영미법 하에서는 이러한 전문증거는 증거능력이 없다는 것이 일반원칙이며(hearsay is no evidence), 이를 전문법칙 혹은 전문증거배제의 법칙(excluding rule of hearsay)이라고 한다.

이러한 전문법칙이 인정되는 근거는 첫째 전문증거는 그것이 진술자에게 전달되는 과정을 거치므로 허위일 가능성이 커지게 된다는 점, 둘째 증인의 신빙성을 심사하기 위한 당사자의 반대신문권이 전문증거의 경우에는 박탈된다는 점, 셋째 증인의 태도나 인상이 재판관의 심증형성에 중대한 역할을 하는데, 전문증거의 경우에는 그러한 점에 대한 관찰이 불가능하다는 점 등을 들 수 있다.

전문증거의 증거능력을 배제하는 근거가 주로 당사자에 대한 반대신문권의 박탈에 있다면, 진술 외에도 전문증거로서 그 증거능력을 인정해야 할 것이 있는데, 바로 진술을 기재한 서류이다.

군사법원법도 제363조에서 "제364조부터 제369조까지에 규정된 것 외에는 공판준비기일 또는 공판기일의 진술을 갈음하여 진술을 기록한 서류나 공판준비기일 또는 공판기일 외에서의 다른 사람의 진술을 내용으로 하는 진술은 증거로 할 수 없다"고 하여 타인의 진술을 증거로 하기 위하여는 그 사람을 공판정에 출석케 하여 직접 진술케 하여야 한다는 직접심리주의·구두주의의 원칙을 명백히 하는 동시에 진술을 기재한 서류나 기타 타인의 진술을 내용으로 하는 진술은 원칙적으로 이를 증거로 할 수 없음을 선언하여 전문증거배제의 법칙을 따르고 있다.

(2) 전문법칙의 적용범위

전문법칙이 어떠한 범위까지 적용되는가 하는 것은 전문증거의 내용을 어떻게 파악하는가에 따라 자연히 결정된다.

이론상 전문법칙이 적용되는 경우는 전문증거를 원진술자의 진술내용의 진실성을 증명하는 데 사용하는 경우, 다시 말하면 원진술자의 체험사실이 요증사실인 경우에 이것을 증명하기 위하여 전문증거를 사용하는 것이 금지되는 것이다. 영미법 하에서도 전문증거는 '그 진술내용인 사실의 진실성을 증명하기 위하여', 그 사실을 체험한 증인 자신이 공판정에서 하는 진술 이외의 증거를 말한다고 하여 소위 '증거제출목적의 법칙'(Purpose Rule)을 따르고 있다. 예컨대 증인 갑이 공판정에서 "을이 저에게 병이 절도하는 현장을 목격하였다고 말하였습니다"라고 말한 경우, 갑의 증언은 병의 절도사건에 대하여는 전문증거라고 할 수 있으나, 을에 대한 명예훼손사건에 있어서는 을의 명예훼손적 언사(병이 절도를 하였다는 말)가 요증사실, 즉 증거제출의 목적이므로 증인 갑의 진술은 원진술(원시증거)이 될 것이다(이것은 서증의 경우에도 동일하다).

한편 전문증거는 증인의 진술이 타인의 '진술'을 내용으로 하는 경우에 한하지 않고, 타인의 행위나 동작을 보고하는 경우도 포함한다. 또한 전문진술이나 진술기재서면 이외에 사진·녹음테이프 등도 전문증거가 된다.

(3) 전문법칙의 소송법적 효과

전문증거는 당사자의 주장을 기다릴 필요 없이 당연히 증거능력이 없으므로 사실인정의 자료로 사용될 수 없을 뿐만 아니라 증거조사도 허용되지 아니한다. 왜냐하면 증거조사 자체가 재판관의 심증형성에 영향을 줄 수 있기 때문이다. 이 점은 영미법상 전문증거가 당사자의 주장을 기다려서 문제가 되는 증거계쟁의 문제이며, 당사자의 반대가 없는 한 재판에서 고려할 수 있는 점과 구별되는 것이다.

(4) 전문법칙의 예외

1) 예외의 규준   증거능력은 증거가치의 선행개념으로서 증거가치 없는 증거를 미리 배제하기 위한 것이다. 또한 전문법칙의 경우에도 당사자의 반대신문권의 박탈을 근

거로 하고 있는 것도 실질적으로는 당사자의 반대신문권이 증거의 증거가치나 신빙성을 심사하는 데 중요한 역할을 한다는 점에서 비롯된 것이라고 할 수 있다. 따라서 증거 자체가 특히 신빙성이 높은 경우라든가, 원진술자가 공판정에의 출석이 곤란·불능한 경우에는 전문증거에 대해서도 그 증거능력을 인정하는 것이 실체적 진실발견이라는 이념에 부합하는 것이라고 할 수 있다.

위와 같은 전문법칙에 대한 예외는 크게 두 가지 요건을 그 기준으로 하여 결정될 수 있다. 즉 '신용성의 정황적 보장'(circumstantial guarantee of trustworthiness)과 '필요성'(necessity)이 그것이다.

신용성의 정황적 보장이란 반대신문의 기회를 주지 아니하더라도 당사자의 이익을 해하지 아니할 정도로 고도의 진실성이 제반 정황에 의하여 보장되어 있는 경우로서, 자연적인 진술, 임종시의 진술, 이익에 반하는 진술 등이 여기에 속한다. 한편 필요성이란 원진술자의 특별한 사정(예컨대 사망·행방불명·국외체류·질병 등)으로 인하여 원진술자를 공판정에 출석케 하여 다시 진술케 하는 것이 불가능 또는 현저하게 곤란하거나 원진술의 성질상 다른 동가치의 증거를 얻는 것이 곤란하여 전문증거의 사용이 필요한 경우를 말한다(제367조 참조).

2) 예외의 범위

(가) 서면의 경우

a) 신용성의 정황적 보장을 기초로 당연히 증거능력이 인정되는 경우

aa) **당해 사건에 관하여 작성된 군사법원 또는 군판사의 조서**(제364조)   공판준비 또는 공판기일에 피고인 또는 피고인 이외의 자의 진술을 기재한 조서, 군사법원 또는 군판사의 검증·감정조서, 증거보전절차 또는 공판기일 전 증인신문절차에서 작성한 조서 등이 여기에 속한다.

bb) **공무원 또는 외국공무원의 직무상 증명할 수 있는 사항에 관하여 작성한 문서**(제368조 제1호)   소위 증명적 문서를 말하며, 공정증서등본 등이 여기에 속한다.

cc) **업무상 작성한 문서**(동조 제2호)   상업장부·항해일지, 창고업자의 출고장, 회사출근부, 버스회사의 배차기록부 등이 여기에 속하며, 다만 피고인이 작성한 경우에는 증명력이 문제가 될 것이다.

dd) **그 밖에 특히 신빙할 만한 정황에 따라 작성된 문서**(동조 제3호)   이에 대한 판단은 작성당시의 상황에 관한 외부적 증거와 그 기재내용인 사실을 종합적으로 고려하여 법관의 자유심증에 따라 결정된다. 증명적 문서 이외의 공문서, 유언장, 당해 사건 이외에서 작성된 군사법원이나 군판사의 조서 및 판결문 등이 여기에 속할 것이다.

b) 원진술자의 진술에 의하여 성립이나 내용의 진정이 인정되는 것을 전제로 증거능력이 인정되는 경우

aa) **군검사작성의 진술조서와 검증조서**(제365조 제1항, 제2항)   적법한 절차와

방식에 따라 작성된 것으로서 피고인이 진술한 내용과 같게 적혀 있음이 공판준비기일 또
는 공판기일에 피고인이 한 진술에 따라 인정되고, 그 조서에 적힌 진술이 특히 신빙할 수
있는 상태에서 이루어졌음이 증명되었을 경우에 한하여 증거능력이 있다. 만약 피고인이
그 조서의 성립의 진정을 부인하는 경우에는 그 조서에 적힌 진술이 피고인이 진술한 내용
과 같게 적혀 있음이 영상녹화물이나 그 밖의 객관적인 방법으로 증명되고, 그 조서에 적
힌 진술이 특히 신빙할 수 있는 상태에서 이루어졌음이 증명되어야 한다.[26]

　　　　bb) **군검사 이외의 수사기관**(군사법경찰관)**이 작성한 피의자신문조서**(동조 제3
항)　　　적법한 절차에 방식에 따라 작성된 것으로서 공판준비기일 또는 공판기일에 피의
자였던 피고인이나 변호인이 그 내용을 인정한 때에 한하여 증거능력이 있다. 따라서 실무
상 피고인이 범죄사실을 부인하는 경우에는 통상 군사법경찰관이 작성한 피의자신문조서
에 대해서는 성립진정을 인정하지 않는 취지에서 증거부동의를 하게 되고 그런 경우 바로
증거능력이 인정되지 않게 된다.

　　　　cc) **수사기관 이외의 자가 작성한 진술서 또는 진술기재서면 및 감정의 경과를
기재한 서면**(제366조)　　　그 작성자 또는 진술자의 자필이거나 그 서명 또는 날인이 있
고, 공판준비 또는 공판기일에 작성자나 진술자의 진술에 의하여 그 성립의 진정이 인정된
경우에 한하여 증거능력이 인정된다. 다만, 이러한 서면이 피고인의 진술을 기재한 것인
때에는 피고인의 공판준비 또는 공판기일에서의 반대진술에도 불구하고 그 작성자의 진술
에 의하여 그 성립의 진정이 인정되고, 그 진술이 특히 신빙할 수 있는 상태 하에서 행하여
진 경우에는 증거능력이 인정된다(동조 제1항 단서). 한편, 제1항 본문에도 불구하고 진술
서 작성자가 공판준비기일 또는 공판기일에 그 성립의 진정을 부인하는 경우 과학적 분석
결과에 기초한 디지털포렌식 자료, 감정 등 객관적 방법으로 성립의 진정함이 증명되는 때
에는 증거능력이 인정된다. 다만, 피고인이 아닌 자가 작성한 진술서는 피고인 또는 변호
인이 공판준비기일 또는 공판기일에 작성자를 신문할 수 있었을 때에만 증거능력이 인정
된다(동조 제2항).

　　　(내) **전문진술의 경우**

　　　a) **신용성의 정황적 보장을 기초로 하여 증거능력이 인정되는 경우**　　　피고인
아닌 자의 공판준비 또는 공판기일에서의 진술이 피고인의 진술을 내용으로 하는 것인 때
에는 그 진술이 특히 신빙할 수 있는 상태 하에서 행하여진 때에 한하여 이를 증거로 할
수 있다(제366조 제1항).

　　　b) **신용성의 정황적 보장과 필요성을 기초로 하여 증거능력이 인정되는 경우**
　　　피고인 아닌 자의 공판준비 또는 공판기일에서의 진술이 피고인 아닌 타인의 진술을

─────────────
26) 실무에서 종종 군검사 작성의 피의자 신문조서를 피고인이 공판정에서 인정하지 않는 경우가 있는데,
　　 이 경우에는 주로 군검사의 청구에 따라 조사당시의 영상녹화 장면을 법정에서 현출하기도 한다.

그 내용으로 하는 것인 때에는 원진술자가 사망·질병·국외거주 기타 사유로 인하여 진술할 수 없고, 그 진술이 특히 신빙할 수 있는 상태 하에서 행하여진 때에 한하여 이를 증거로 할 수 있다(제367조).

3) 임의성의 조사   전문법칙의 예외로서 증거능력이 인정되는 피고인 또는 피고인 아닌 자의 진술(진술기재서면의 경우에는 그 내용인 진술, 검증조서의 경우에는 진술이 기재된 부분)은 임의성이 있는 경우에 한하여 그 증거능력이 인정된다(제370조). 임의성의 요건에 대하여는 자백의 임의성에서 언급한 바와 같다.

본 규정은 미국의 '예비적 증거조사절차'(Preliminary Hearing)와는 달리 임의성의 조사의무를 규정한 것이 아니라, 모든 진술은 임의성이 없으면 증거능력이 없다는 점을 명시한 규정이라고 할 것이다.

(5) 탄핵증거

1) 의   의   일정한 진술의 증명력을 다투기 위한 증거를 탄핵증거라고 한다. 따라서 이것은 이전의 진술내용이 아닌 그 진술 자체가 있었다는 사실을 증명하기 위한 증거로서 사용되는 것이므로 전술한 '증거제출목적의 법칙'에 따라 원래부터 전문법칙이 적용될 여지가 없는 것이다. 따라서 군사법원법 제372조가 "제365조부터 제369조까지의 규정에 따라 증거로 할 수 없는 서류나 진술이라도 공판준비기일 또는 공판기일에 피고인 또는 피고인이 아닌 사람이 한 진술의 증명력을 다투기 위한 증거로는 할 수 있다"고 규정한 것은 단순한 주의적 규정에 불과한 것이라고 생각된다.

탄핵증거 이외에 증거의 증명력을 다투는 방법으로서 반증을 제출하는 경우가 있다. 그러나 반증은 모든 점에서 본래증거와 동일하므로 증거능력에 관하여도 전문법칙이 적용되고 엄격한 증거조사절차를 거쳐야 하는 데 반하여, 탄핵증거는 공판정에서의 조사만이 요구되고 엄격한 증거조사절차는 필요로 하지 않는다.[27]

2) 적용범위   탄핵증거로 허용되는 증거의 범위에 대하여는 여러 가지 견해가 대립되고 있으나, 통설은 자기모순의 진술임을 이유로 그 진술의 증명력을 탄핵하는 경우에 한하여 증거능력이 없는 전문증거의 제출이 허용된다고 본다(한정설). 즉 이는 전문법칙의 취지에 비추어 증거능력이 없는 전문증거가 법정에 현출되는 것을 되도록 억제하여야 한다는 것이다. 그러므로 탄핵증거는 자기모순의 진술에 국한된다.

예컨대 피고인 갑이 피해자 을을 권총으로 살해한 사건에서 증인 A가 공판정에서 "갑이 을을 향하여 총을 쏘는 것을 보았다"고 증언한 경우, "'총소리를 듣고 달려가 보니 을은 쓰러져 있었으며 범인은 보지 못하였다'는 말을 그 사건 직후 A로부터 들었다"라는 증인 B의 전문증언은 A에 대한 탄핵증거로 사용될 수 있는 것이다.

---

27) 대법원 1978.10.31. 선고 78도2292 판결 참조.

3) 탄핵의 범위   탄핵증거는 증언의 신빙성, 즉 진술의 증명력을 다투기 위하여서 사용될 수 있으며, 적극적으로 범죄사실이나 그 간접사실의 인정을 위하여 사용한다든 가,[28] 보강증거로서 사용하는 것은 허용되지 않는다. 왜냐하면 이를 허용하는 경우에는 사 실상 진술의 내용인 사실의 진실성을 전문증거에 의하여 증명하는 결과가 되어 법관의 심 증에 영향을 줄 우려가 있기 때문이다.

4. 증거능력제한의 한계(당사자의 동의)

(1) 의   의

영미법 하에서는 증거능력에 관한 문제가 절차상의 요건에 불과하므로, 반대당사자가 증거능력에 대하여 이의를 제기하지 않는 한 증거로서 사용할 수 있다. 그러나 군사법원법 상으로는 증거능력이 없는 증거는 처음부터 공판정에 제출할 수도 없으므로 당사자주의에 입각한 절차의 신속성이라는 점에서 많은 제약을 받고 있는 것이다. 따라서 이러한 점을 보완하기 위하여 전문증거로서 그 예외적 규정이 없는 경우라도 당사자인 군검사와 피고 인이 이를 증거로 함에 동의한 경우에는 증거능력을 인정하고 있는 것이다.

동의의 본질에 관하여 일반적인 견해는 반대신문권의 포기라고 보아 당사자의 반대 신문권과 관계없는 임의성 없는 자백에 대하여는 비록 당사자의 동의가 있더라도 증거능 력이 인정되지 않는다고 한다. 그러나 이와 달리 일단 피고인이 피의자 당시의 신문조서를 증거로 함에 동의한 후 다시 그 임의성 여부를 다투는 것은 후술하는 동의의 철회에 의하 는 경우를 제외하고는 실기한 항변으로서 실무상 허용되지 않는 점을 감안한다면, 임의성 없는 자백의 경우에도 역시 동의가 있는 경우에는 그 증거능력이 인정될 수 있다고 주장하 는 견해도 있다. 다만 이러한 견해에 의하더라도 증거능력의 제한이 제3자의 이익보호, 예컨대 제3자와 변호사의 접견내용이나 공공의 이익보호를 위한 것이라면, 그 성질상 동 의에 의한 증거능력의 인정이 허용되지 않는 것으로 본다.

(2) 동의의 방식

1) 동의의 주체와 상대방   동의를 할 수 있는 자는 군검사와 피고인이다. 다만, 양 자의 동의를 항상 필요로 하는 것은 아니고, 군사법원이 직권으로 증거조사를 하는 경우에 만 양 당사자의 동의를 요한다. 왜냐하면 일방 당사자의 청구에 의하는 경우에는 이미 자 신은 동의할 의도 하에서 타방 당사자의 동의만을 요하기 때문이다. 한편 변호인도 피고인 의 명시적 의사에 반하지 않는 한 피고인을 대리하여 동의할 수 있으나, 피고인이 즉시 이 의를 제기하거나 이를 취소한 경우에는 효력이 상실된다고 생각한다.

동의는 군사법원에 대해서 하여야 하며, 상대방 당사자나 당해 사건이 계속된 군사법

---

28) 대법원 1996.9.6. 선고 95도2945 판결 참조.

원 이외의 군사법원에 한 경우에는 동의로서의 효력이 발생하지 아니한다.

2) 동의의 시기 및 방식   증거능력이 없는 증거는 그 증거조사 자체가 허용되지 않으므로, 동의는 증거조사 전에 행하여지는 것이 원칙이다. 다만, 증거능력 유무가 증거조사에 의해서만 밝혀질 수 있는 경우에는 증거조사가 동의로 인하여 무효가 아닌 것으로 되어 사후에 치유되므로 예외를 인정할 필요가 있다.

동의는 증거능력을 인정하는 중요한 소송행위이므로 명시적인 의사표시에 의하여야 하나, 반드시 동의한다는 표현을 사용할 필요는 없으며, 일부에 대한 동의는 인정되지 않는다.

(3) 동의의 효력

당사자의 동의가 있으면 증거능력이 없는 증거라도 군사법원이 그 진정성을 인정하는 것을 조건으로 증거능력을 취득하게 된다. 동의는 당사자를 구속하는 효력이 있으므로 증거로 함에 일단 동의한 이상 그 성립의 진정을 다투기 위하여 반증을 제출하는 것도 허용되지 않는다.

한편 동의의 효력은 동의의 대상인 서류나 진술 전체에 대하여 불가분적으로 미치므로 그 내용이 불가분인 한 일부에 대한 동의는 허용되지 않는다는 견해와 일부에 대한 동의도 허용된다는 견해가 있다. 실무상으로는 피고인측에서 서류의 특정 부분에만 동의하고 나머지 부분에 대해 부동의한 경우라도, 동의한 부분에 한해서는 증거능력이 인정하는 경우가 있다. 또한 공동피고사건의 경우에는 동의를 한 피고인에 대해서만 그 효력이 미침은 물론이다.

동의가 있더라도 군사법원이 그 진정성을 인정한 경우에 한하여 증거능력이 인정되는데, 이것은 현행법이 당사자주의를 도입하면서 한편으로는 피고인을 보호하고 실체적 진실 발견을 도모하고 있음을 반영하고 있는 직권주의적 요소라고 할 수 있다.

(4) 동의의 철회

동의는 증거능력이라는 절차적 요건을 해제하는 절차형성행위이므로 절차적 안정성을 해하지 않는 범위 내에서 철회할 수 있다. 다만, 철회는 증거조사완료 전에 행하여야 한다고 보는 것이 절차의 확실성과 소송경제의 원칙상 타당할 것이라고 생각한다.

Ⅳ. 증거의 증명력

1. 의   의

증거가 증명의 대상으로 되어 있는 요증사실을 증명할 수 있는 실질적 가치를 증거의 증명력이라고 한다. 자유로운 증명의 경우에는 전술한 증거능력이 없더라도 그 증명력이 문제로 되나, 엄격한 증명의 경우에는 그 대상인 요증사실이 증거능력이 있어야 비로소 증명력이 문제로 되므로, 이러한 의미에서 증거능력과 증명력이 상호 관련되는 것이다.

증명력은 요증사실을 증명하는 증거의 실질적 가치이므로 증거 자체의 신빙성의 정도와 요증사실과의 논리적인 관련성 등 요증사실의 증명적합성 및 다른 증거나 공지사실과의 합치 여부 등의 외부적 요소를 종합적으로 고려하여 구체적이고 포괄적으로 판단되어져야 하는 것이다. 법률은 증거의 증명력에 대한 판단을 재판관에게 일임하고 있는데, 이를 자유심증주의라고 한다(제360조). 따라서 증거능력의 유무에 대한 판단에 잘못이 있는 경우에는 법률의 규정에 반하는 것이므로 법령위반임에 반하여, 증명력에 대한 판단에 잘못이 있는 경우에는 원칙적으로 사실오인이 되는 것이다.

2. 증명력판단의 기준(자유심증주의)

(1) 의 의

증거의 증명력을 판단함에 있어서 적극적 혹은 소극적으로 법의 규정에 의하지 아니하고 재판관의 합리적·재량적 판단에 맡기는 주의를 자유심증주의라고 한다. 이와 같은 자유심증주의 하에서는 재판관이 구체적인 사안에 따라 증거의 실질적 가치를 판단할 수 있으므로 사건의 진상을 보다 정확하게 파악할 수 있게 되어 실체적 진실발견이라는 이념과 잘 부합될 수 있는 것이다. 따라서 군사법원법도 제360조에서 "증거의 증명력은 재판관의 자유판단에 따른다"고 규정하여 동 원칙을 따르고 있는 것이다.

그러나 현대적인 형사소송절차는 자유심증주의의 원칙만을 고집하는 데 그치지 않고, 형사절차의 합리화 및 적정절차의 원리, 피고인의 인권보장이라는 이념 하에 증거의 증명력을 제약하는 소극적인 명문규정을 두어 개별적인 제한을 두고 있음을 주목하여야 한다.

(2) 자유심증주의의 내용

재판관의 자유판단에 의하는 것은 증거의 증명력이다. 이에 반하여 증거능력은 법의 일반원칙에 의하여 결정되며, 증거능력에 관한 재판관의 판단은 구체적 증거에 대하여 하는 증거능력에 관한 법적용상의 판단에 불과하다.

자유판단이라 함은 증거의 전부 또는 일부를 사실인정의 자료에서 배척하거나, 반대로 이들 증거의 전부 또는 일부로부터 일정한 사실을 추단하는 것이 재판관에게 일임된다는 것을 의미한다. 사실의 추단은 간접적·보조적 사실에 관한 것일 수도 있고, 이들에 관한 판단을 기초로 한 주요 사실(공소사실) 자체일 수도 있는 것이다. 그러나 여기서 자유란 법적 제약으로부터 자유에 그치는 것이고, 실체적 진실발견의 이념으로부터의 자유를 의미하는 것은 아니다. 그리고 실체적 진실의 발견은 인간의 이성에 의한 합리적인 증거의 평가에 의하여 가능한 것이므로, 그 증거의 평가는 성질상 직감적 요소를 포함하면서도 그에 대한 심증형성은 전체로서 경험법칙 및 논리법칙에 따라 합리적으로 행하여져야 하는 것

이다.[29)]

또한 자유심증주의를 규정한 군사법원법 제360조가 증거의 증명력을 군판사의 자유
판단에 의하도록 한 것은 그것이 실체적 진실발견에 적합하기 때문이지 군판사의 자의적
판단을 인용함의 의미하지 않음에 주의해야 한다. 따라서 증거의 증명력은 군판사의 자유
판단에 맡겨져 있으나 그 판단은 논리와 경험법칙에 합치해야 하고, 형사재판에 있어서 유
죄로 인정하기 위한 심증형성의 정도는 합리적인 의심을 할 여지가 없을 정도여야 하나,
이는 모든 가능한 의심을 배제할 정도에 이를 것까지 요구하는 것은 아니며, 증명력이 있
는 것으로 인정되는 증거를 합리적인 근거가 없는 의심을 일으켜 배척하는 것은 자유심증
주의의 한계를 벗어나는 것으로 허용될 수 없을 것이다.

군사법원이 합의제의 형태를 취하고 있는 것도 사실의 인정을 합리적으로 행한다는
자유심증주의의 표현의 하나이며, 이 밖에도 개별적인 법률규정에 의하여 합리성이 요구
되고 있는 것이다. 예컨대 유죄판결의 판결이유에 증거의 요지를 명시하여야 한다든가(제
377조 제1항), 판결에 이유를 붙이지 아니하거나 이유에 모순이 있는 때에는 절대적 항소이
유가 되는 것(제414조 제9호)은 이러한 점을 반영한 것이라고 할 수 있다.

(3) 자유심증주의의 예외

군사법원법은 자유심증주의에 대한 예외적 규정을 두어 인권보장과 실체적 진실발견
의 이념에 부합하도록 하고 있다.

1) **자백의 증명력의 제한** 군사법원법은 형사사법절차의 합리화와 인권보장을 위
하여 소극적으로 증거증명력을 법적으로 정하고 있으며, 자백의 증명력제한이 그 대표적
인 예이다. 즉 제362조는 "피고인의 자백이 피고인에게 불리한 유일한 증거일 때에는 유죄
의 증거로 하지 못한다"고 하여 자백에 증명력을 인정하기 위하여는 보강증거를 요하도록
하였다(이에 관하여는 후술함).

2) **소송법적 사실에 관한 공판조서의 증명력** 군사법원법은 실체적 사항이 아닌
절차적인 사항에 관하여 특히 신빙성이 있는 증거에 한하여 절대적 증명력을 인정하여 "공
판기일의 소송절차로서 공판조서에 적힌 것은 그 조서만으로 증명한다"고 규정하고 있다
(제89조). 따라서 공판조서에 기재된 이상 소송법적 사실은 법관의 심증 여하를 불문하고
그 기재된 대로 인정되는 것이다.

3) **법률상 추정** 법률상 추정된 사실은 특별한 반증이 없는 한 재판관은 그 심증
여하를 불문하고 사실 그대로 인정되므로 자유심증주의의 예외가 될 수 있다. 그러나 군사
법원법은 실체적 진실발견의 이념 하에서 원칙적으로 법률상 추정을 인정하지 아니한다.
또한 유사한 사실상의 추정은 자유심증주의의 적용을 받는 하나의 예에 불과하다.

---

29) 대법원 1981.4.28. 선고 81도858 판결.

3. 자백의 증명력제한(자백의 보강증거)

(1) 의   의

자백이 임의성이 없는 경우에는 증거로서의 형식적 자격을 구비하지 못한 것으로서 증거능력이 부정되나, 비록 임의성이 있는 자백으로서 일단 증거능력이 인정되더라도 다른 증거와 같은 완전한 증명력을 갖지 못하며, 특히 자백이 피고인에게 불이익한 유일의 증거인 경우에는 재판관의 자유로운 판단으로 증명력을 부여할 수 없다(제362조). 이것은 자백이 과거 증거로서 절대적인 것으로 인정되어 자백을 얻기 위하여 수사기관의 인권침해가 빈번하였음을 고려하여 자백의 증명력을 다른 증거에 비하여 멸소시키기 위한 것이다. 다시 말하면 자백편중으로 인한 오판의 위험과 인권침해를 가능한 한 방지하기 위하여 자백의 증명력을 제한하고 보강증거를 필요로 하도록 하고 있는 것이다.[30]

(2) 보강증거를 요하는 자백

군사법원법은 모든 피고인의 자백에 대하여 보강증거를 필요로 하고 있는데, 피고인의 자백의 범위에 관하여 문제되는 점을 살펴보도록 한다.

1) 공범자의 자백   피고인의 자백은 당해 피고인 본인의 자백만을 의미하는가, 공범자의 자백도 포함하는가. 즉 당해 피고인 이외의 공범자(또는 공동피고인)의 자백이 유일한 증거인 경우에도 그 공범자의 자백만으로 피고인의 공소사실을 인정할 수 있는지 문제된다. 이에 대해서는 공범자의 자백에 보강증거가 없는 경우에도 공범자의 자백을 유일한 증거로 하여 피고인의 공소사실을 유죄로 인정할 수 있다는 견해(보강증거불요설), 공범자의 자백에 보강증거가 있어야 한다는 견해(보강증거필요설), 사안에 따라 공범자의 자백이 공판정에서의 자백이거나 공동피고인인 공범자의 자백에 대해서는 보강증거가 필요 없으나 그 외의 경우에는 보강증거가 필요하다는 견해(절충설)가 대립하고 있다.

생각건대 공범자의 자백은 피고인의 입장에서 볼 때 이미 자백이 아니라 하나의 증언으로서 피고사건과 특수관계에 따라 별개의 취급을 요하는 것이라고 생각한다. 다만, 공범자는 일반적으로 자기의 죄책을 감면케 하기 위하여 다른 공범자에게 죄책을 전가하려고 허위의 진술을 하는 경향이 많으므로 일반 증언과 동일한 가치를 인정할 수 없을 것이고, 이러한 점을 감안한다면 공범자의 자백만으로도 피고인의 유죄판단의 증거가 될 수 있으며, 당연히 공범자의 자백은 피고인의 자백에 대한 보강증거가 될 수 있을 것이다.[31]

---

30) 자백에 대한 보강증거는 범죄사실의 전부 또는 중요 부분을 인정할 수 있는 정도가 되지 아니하더라도 피고인의 자백이 가공적인 것이 아닌 진실한 것임을 인정할 수 있는 정도면 충분할 뿐만 아니라 직접증거가 아닌 간접증거나 정황증거도 보강증거가 될 수 있으며, 또한 자백과 보강증거가 서로 어울려서 전체로서 범죄사실을 인정할 수 있으면 유죄의 증거로 충분하다(대법원 2000.12.8. 선고 99도214 판결 등 참조).

31) 대법원 1984.2.28. 선고 83도3343 판결 참조.

2) 공판정에서의 자백   공판정에서의 자백은 그 임의성이나 신빙성에 있어서 공판정 외의 자백에 비하여 정황적 보장이 강하다는 근거 하에서 보강증거를 필요로 하지 않는다고 하는 견해가 있다. 그러나 자백에 보강증거를 요하는 것은 자백의 임의성문제와는 직접적인 관계가 없고, 공판정의 자백도 오판의 가능성을 배제할 수 없다고 할 것이므로 법문과 같이 공판정 내외를 불문하고 자백에 대하여는 보강증거를 필요로 한다고 생각한다.

(3) 보강증거의 성질

보강증거가 자체로서 어떠한 성질의 것이어야 하는가에 대하여 먼저 피고인의 다른 자백을 사용할 수 없음은 법문의 취지상 당연하며, 공판정에서의 자백을 다른 증거에 의하여 보강된 공판정 외의 자백에 의해서는 보강할 수 없다.

피고인의 자백 이외의 증거는 그것이 물증이든 인증이든, 직접증거이든 간접증거이든 증거능력이 있는 한 모두 보강증거가 될 수 있다. 또한 공범자의 자백진술도 보강증거가 될 수 있음은 전술한 바와 같다.

(4) 보강증거의 범위

보강증거의 범위는 보강증거가 어느 정도로 자백을 보강할 정도여야 하는가의 문제이다. 일반적인 견해로서 보강증거는 피고인의 유죄인정을 할 수 있을 필요는 없다고 하는 상한선과 진실성을 입증할 정도이면 족하다는 하한선의 범위에서 보강증거를 필요로 한다. 다만, 자백에 보강증거를 요하는 근거가 피고인의 인권보장에 있다면 구체적인 사건에서의 재판관의 판단이 이러한 형식적인 한계보다 더 중요한 역할을 하게 될 것이다.

V. 증거의 제출방법

재판관은 증거를 통하여 심증의 형성을 하며, 증거는 증거검증・증인신문・감정・통역・번역 및 피고인신문 등의 방법을 통하여 군사법원에 제출된다. 다만, 군사법원법은 당사자주의적 성격을 고려하여 피고인신문에 관하여는 공판절차 중에서 설명하고 있으나, 이것도 역시 증거가 될 수 있음에는 변함이 없다(다만, 여기서도 피고인신문에 대하여는 공판절차에서 논하기로 한다).

1. 검   증

(1) 의   의

'검증'이라 함은 감각기관의 작용에 의하여 물건이나 신체 또는 장소의 존재 및 상태를 재판관이 직접 체험・인식하는 증거조사를 말한다. 다만, 군사법원법은 공판정에서의 개개의 물건에 대한 검증을 증거물의 조사라고 하고(제348조), 공판정 외에서 하는 협의의 검증과는 별도로 규정하여 구별하고 있다. 그리고 범죄의 현장 기타 군사법원 이외의 일정한 장소에 임하여 행하는 검증을 임검이라고 한다.

(2) 검증의 절차

군사법원은 사실을 발견함에 필요한 때에는 검증을 할 수 있다(제180조). 경우에 따라서는 수명군판사 · 수탁군판사 · 수탁판사도 검증할 수 있다(제186조, 제177조).

검증을 함에는 신체검사, 사체해부, 무덤 발굴, 물건파괴 또는 그 밖에 필요한 처분을 할 수 있다(제181조). 필요한 처분에 대해서는 아무런 제한이 없으나 당해 검증의 목적상 최소한도에 그치고, 또 그 방법도 사회통념상 타당한 것이어야 할 것이다.

검증에는 시각의 제한이 있고(제184조), 당사자 및 책임자의 참여권(제186조, 제162조 내지 제164조) 등은 압수 · 수색의 경우와 같다. 신체검사는 더욱 인권과 밀접한 관련을 갖고 있기 때문에 상세한 주의규정을 두고 있다(제182조).

검증에 관하여는 검증의 결과를 기재한 검증조서를 작성하여야 한다(제83조 제 1 항). 군사법원 또는 군판사가 검증의 결과를 기재한 검증조서는 증거능력이 있다(제364조).

2. 증인신문

(1) 의   의

증인이라 함은 군사법원 또는 수명군판사(수탁군판사 · 수탁판사)에 대하여 자신이 과거에 실험한 사실을 진술하는 당사자 아닌 제 3 자를 말한다. 그의 진술을 증언이라고 한다. 따라서 군사법원 또는 군판사나 판사 이외의 자에 대하여 진술하는 자는 증인이라고 하지 아니한다(수사기관에 대하여 진술하는 자는 참고인이라고 한다). 또 자기의 경험한 사실에 기하지 아니하는 단순한 의견의 진술은 증언이 아니다.

(2) 증인적격

군사법원법은 "군사법원은 법률에 다른 규정이 없으면 누구든지 증인으로 신문할 수 있다"고 규정함으로써(제187조) 증인적격을 광범위하게 인정하고 있다. 그러나 증인은 당해 소송에 있어서 제 3 자라야 하는 것이므로 이론상 다음 경우에는 증인적격이 배제될 것이다.

첫째, 현재 당해 사건에 관여하고 있는 재판관 · 군검사 · 서기 등은 그 지위에 관한 한 증인이 될 수 없다. 물론 그 직무로부터 물러났을 때에는 증인이 될 수 있으나, 그 후에는 당해 사건에 대한 직무집행으로부터 제척된다. 군검사에 대하여는 제척제도가 없으므로 증인으로 되었던 후에 당해 사건의 직무집행을 할 수 없다는 법적 근거는 없으나, 성질상 재집무는 허용할 수 없다고 본다.

둘째. 피고인을 증인으로 신문할 수 있느냐에 관하여 영미법에 있어서는 피고인의 증인적격을 인정하고 있지만, 피고인에게 진술거부권을 인정하고 있는 우리 군사법원법에 있어서는(제328조의 2) 피고인에게 증인적격을 인정할 아무런 실질적 의의가 없다고 본다.

셋째, 공동피고인의 1인은 군사법원의 심리가 함께 진행되는 경우에는 서로 다른 이해관계가 상충될 경우에는 각자의 피고인 신문에서 다른 공동피고인에게 반대신문 등의 기회를 주고 있으므로 다른 공동피고인에 대한 증인이 되지 않으나, 특별한 경우에는 증인이 될 수 있는데 이 경우에는 실무상 공동피고인 각자의 사건을 분리한 이후에 증인신문 종료 후에 다시 병합하는 절차를 거쳐야 하는 절차의 번거로움이 발생한다.

넷째, 당해 사건의 변호인·보조인 또는 대리인은 그 사건의 증인이 될 수 없으나, 그 지위로부터 물러난 후에는 증인이 될 수 있다.

군사법원법은 국가적 이익보호와 사생활의 자유 보장의 견지 등에서 누구든지 증인으로 신문할 수 있다는 법칙에 대한 예외를 규정하고 있다. 즉 공무원 또는 공무원이었던 자가 그 직무에 관하여 알게 된 사실에 관하여 본인 또는 당해 공무소가 직무상 비밀에 속한 사항을 신고한 경우에는 그 소속 관공서 또는 감독 관공서의 장의 승낙이 없으면 증인으로 신문하지 못한다(제188조 제1항). 다만, 그 소속 관공서 또는 당해 감독 관공서의 장은 국가의 중대한 이익을 해치는 경우를 제외하고는 승낙을 거부하지 못한다(동조 제2항). 또한 피고인과 친족관계에 있거나 법정대리인인 경우에는 증언을 거부할 수 있으며(제189조), 변호사, 변리사, 공증인, 공인회계사, 법무사, 의사, 간호사 등 법 제152조에 규정된 사람이 그 업무상 위탁을 받은 관계로 알게 된 사실로서 타인의 비밀에 관한 것은 증언을 거부할 수 있다(제190조).

(3) 증인신문절차

1) 증인의 출석·선서·증언의 의무

(개) 출석의 의무   증인을 출석하게 하는 데는 소환의 방법에 의한다. 증인의 소환절차에 관하여는 피고인의 소환에 관한 규정이 준용된다. 소환을 받은 증인이 정당한 이유 없이 출석하지 아니할 때에는 결정으로 500만 원 이하의 과태료에 처하고, 출석하지 아니함으로써 생긴 비용의 배상을 명할 수 있다(제193조).[32] 또 정당한 사유 없이 소환에 응하지 아니하는 증인은 구인할 수 있다(제194조).

---

32) 헌법은 일정한 경우를 제외하고는 민간인의 군사재판을 받지 아니할 권리(헌법 제27조 제2항)를 규정하고 있으므로, 이와 관련하여 군사법원이 민간인인 증인에 대하여 과태료에 처하는 결정을 할 수 있는지에 의문을 제기하는 견해가 있으나, 이는 헌법상 재판을 받을 권리를 침해할 우려와 직접적 관련이 없으며 군사법원법의 이념과 실체적 진실발견의 관점에서 당연히 가능하다고 해석되며, 실무상으로도 민간인인 증인에 대해 불출석 등에 따른 과태료 처분을 함에 아무런 제한이 없다고 본다.

(나) 선서의 의무　　증인에게는 법률에 다른 규정이 있는 경우를 제외하고는 신문 전에 선서하게 하여야 한다(제196조). 법률의 다른 규정으로서는 제199조의 선서무능력에 관한 것이다. 즉 만 16세 미만인 사람과 선서의 취지를 이해하지 못하는 사람은 선서하지 아니하고 신문하여야 한다.

재판장 또는 군판사는 증인에 대하여 선서 전에 위증의 벌에 대하여 경고하여야 한다 (제198조). 증인이 정당한 이유 없이 선서를 거부한 때에는 결정으로 과태료에 처할 수 있 다(제201조).

(다) 증언의 의무　　증인이 정당한 이유 없이 증언을 거부한 때에는 결정으로 50 만 원 이하의 과태료에 처할 수 있다(제201조). 그러나 자기나 근친자가 형사소추를 받을 염려가 있거나, 업무상의 비밀을 보호하기 위하여 증언을 거부할 수 있다(제189조, 제190조). 이와 같은 경우에는 재판장 또는 군판사는 신문 전에 증언을 거부할 수 있음을 설명하여야 하고(제200조), 증언을 거부하는 자는 거부사유를 소명하여야 한다(제191조).

(라) 당사자의 참관　　군검사, 피고인 또는 변호인은 증인신문에 참여할 수 있으 며(제204조), 참여하지 아니한 경우에는 군사법원에 대하여 필요한 사항의 신문을 청구할 수 있다(제205조).

(마) 증인신문의 방식　　증인에 대하여는 개별로 신문하여야 한다. 신문하지 아니 한 증인이 재정한 때에는 퇴정을 명하여야 하고, 또 필요한 때에는 증인과 다른 증인 또는 피고인과 대질하게 할 수 있다(제203조).

군사법원법은 증인신문의 방식으로서 교호신문제도(상호신문제도)를 채택한다. 상호신 문제도는 영미법에 있어서의 전통적인 증인신문의 방식이다.

영미법에 있어서는 당사자주의를 채택하고 있으므로 법원에서 직접 증인을 소환한다 든가 신문하는 일은 거의 없으며, 증인신문은 오로지 당사자에 의하여 행하여진다. 개개의 증인에 대한 당사자의 신문은 최초에 그 증인을 신청한 당사자가 하며(직접신문 또는 주신 문), 다음에 반대당사자가 이른바 반대신문을 한다. 그리고 필요에 의하여 다시 재직접신문 을 하고 또 재반대신문을 한다. 이와 같은 신문의 방식을 교호신문의 방식이라 한다.

군사법원법은 영미법에 따라 교호신문제도를 채택하기는 하였지만, 철저한 변론주의 를 전제로 하는 영미법의 제도를 그대로 받아들이지 못하고 수정한 형식으로 이를 받아들 였다. 즉 증인을 당사자가 신청한 증인과 법원이 직권으로 신문할 증인으로 구별하여 전자 는 교호신문에 의하도록 하고, 후자는 재판장의 정하는 바에 의하도록 하였다(제202조 제1 항, 제4항). 그리고 교호신문의 경우라 하더라도 재판장은 필요하다고 인정할 때에는 어느 때나 신문할 수 있고, 또 신문의 순서를 변경할 수 있게 하였다(동조 제3항).

이것은 군사법원이 당사자주의를 강화하였다고는 하지만 아직도 직권주의적 색채가 농후하며, 또한 증거법칙이 정비되지 아니한 까닭에 교호신문방식을 그대로 이해해서는 오히려 피고인의 불이익을 초래할 염려가 있음을 감안한 것이라고 할 수 있다.

3. 감   정

(1) 의   의

'감정'이라 함은 제 3 자가 특별한 지식·경험에 의하여서만 알 수 있는 법칙 또는 그 법칙을 구체적 사실에 적용하여 얻은 판단을 보고하는 것을 말한다. 군사법원 또는 군판사로부터 감정의 명을 받은 자를 감정인이라 한다(제210조). 수사기관으로부터 감정을 위촉받은 자(제260조 제 2 항)는 고유의 의미에서 감정인이 아니다.

감정인은 형식적으로는 증거방법이나, 실질적으로는 군사법원 또는 군판사의 지식을 보충하는 군사법원의 보조자인 성질을 가지고 있다. 다만, 군사법원은 감정인의 감정에 구속될 필요는 없고, 그 감정의 결과는 단지 요증사실의 인정의 자료로 되는 데 불과하다. 그러므로 감정인도 넓은 의미에서는 증인이라 하겠으며, 감정인의 신문은 증거조사의 성질을 지니고 있다. 따라서 증인신문에 관한 규정은 구인에 관한 규정을 제외하고는 감정에 준용한다(제219조).

감정에는 특수한 지식·경험을 필요로 하므로 감정인은 증인과는 달리 여비·일당·숙박료 외에 감정료와 체당금의 지급을 청구할 수 있다(제221조).

(2) 감정의 절차

군사법원은 학식과 경험 있는 사람에게 감정을 명할 수 있고(제210조), 수명군판사로 하여금 감정에 관한 필요한 처분을 하게 할 수 있다(제217조). 감정인에게는 감정 전에 선서하게 하여야 한다(제211조). 감정인은 감정에 필요한 때에는 군사법원의 허가를 얻어 타인의 주거에 들어가거나 신체의 검사 등 필요한 처분을 할 수 있고(제215조), 서류와 증거물을 열람·등사하고 피고인 또는 증인의 신문에 참여하거나 피고인과 증인의 신문을 요구하거나 또는 직접 신문할 수 있다(제216조).

(3) 감정의 촉탁

군사법원은 필요하다고 인정하는 때에는 관공서·학교·병원 기타 상당한 설비가 있는 단체 또는 기관에 대하여 감정을 촉탁할 수 있고, 이 경우에 당해 관공서 등이 정한 자로 하여금 감정서를 설명하게 할 수 있다(제221조의 2).

4. 통역과 번역

법정에서는 국어를 사용한다(법원조직법 제62조). 국어에 통하지 아니하는 사람의 진술은 통역인으로 하여금 통역하게 하여야 한다(제222조). 국어에 통하지 않는 자라 함은 외국인을 말함이 아니며, 외국인이라 하더라도 국어에 통한다고 인정되는 경우에는 국어를 사용하게 한다.

들지 못하거나 말하지 못하는 사람의 진술에는 통역인으로 하여금 통역하게 할 수 있다(제223조). 국어 아닌 문자 또는 부호는 번역하게 하여야 한다(제224조). 군사법원으로부터 통역 또는 번역의 명령을 받은 자를 통역인 또는 번역인이라 한다. 통역과 번역은 실질적으로 감정에 유사한 성질을 가지고 있으므로 감정에 관한 규정이 전적으로 준용된다(제225조).

제 5 절 재   판

I. 재판의 의의

재판이라 함은 협의로는 피고사건에 대하여 법률을 적용하고 그 실증에 관하여 군사법원이 공권적인 판단을 하는 것을 말하나, 소송법상으로는 널리 군사법원이나 재판관의 의사표시적 소송행위를 말한다.

이와 같이 재판은 군사법원이나 재판관의 소송행위이므로 군사법원 서기 등 다른 기관의 소송행위나 의사표시적 소송행위(예컨대 증거의 조사, 재판의 선고 등)는 여기에서 제외된다.[33]

II. 재판의 종류

1. 재판의 기능에 의한 분류(종국재판·종국 전의 재판)

종국재판은 당해 사건을 당해 심급에서 종결시키는 재판을 말한다. 종국재판은 원칙적으로 후술하는 판결의 형식을 취하나(예컨대 유·무죄의 판결, 면소의 판결, 공소기각·관할위반의 판결), 예외적으로 결정의 형식을 취하는 경우도 있다(예컨대 제383조의 공소기각의 결정). 또한 실체적 판결은 유죄에 대한 판단이므로 모두 종국재판이나 형식적 재판은 종국 전의 재판인 경우가 오히려 더 많다.

종국 전의 재판은 종국재판에 이르는 과정에서 행하여지는 재판으로서 절차상의 문제를 해결하기 위한 재판이며, 중간재판이라고도 한다(예컨대 사건의 이송·환송의 판결). 명령·결정의 대부분이 종국 전의 재판에 속한다.

---

33) 그러나 재판의 의미를 넓게 해석하면 '법원 또는 법관이 행하는 법률행위적 소송행위 일체'를 의미하므로, 그러한 광의의 개념에서는 재판의 선고와 증거조사 등도 재판에 포함될 수 있다.

종국재판은 법적 안정성의 견지에서 변경을 허용하지 않음이 원칙이나, 종국 전의 재판은 합목적성의 견지에서 당해 재판에 관여한 군사법원이 취소·변경할 수 있다. 다만, 절차의 신속성과 당사자의 권익보호라는 두 가지 측면을 고려하여 현행법은 종국재판에 대하여 상소 등에 의한 불복을 인정하고 있으며, 종국 전의 재판에 대해서는 특별한 법률의 규정이 없는 한 상소를 인정하지 않고 있다.

2. 재판의 내용에 의한 분류(실체적 재판·형식적 재판)

실체적 재판이라 함은 피고사건의 실체적 법률관계, 즉 소송의 용체인 구체적 형벌권의 존부를 확정하는 재판으로서 공소제기의 본래의 목적을 실현한다는 점에서 본안재판이라고도 한다.

형식적 재판(본안 이외의 재판)이라 함은 실체적 재판 이외의 재판, 즉 절차적 법률관계를 판단하는 재판을 말하며, 종국 전의 재판은 모두 여기에 속하고 종국재판 중 관할위반·공소기각·면소의 재판은 형식적 재판에 속한다.

3. 재판의 형식에 의한 분류(판결·결정·명령)

판결은 군사법원이 하는 종국재판의 원칙적 형식이고 가장 중요한 재판이며, 법률에 다른 규정이 없는 한 원칙적으로 구두변론에 의하여야 한다(제71조 제1항). 판결은 군사법원의 구성상(합의제) 재판관 전원의 평의를 필요로 하며, 반드시 판결이유를 명시하여야 한다(제73조).

결정은 군사법원이 하는 종국 전의 재판의 원칙적 형식이나 공소기각의 결정과 같이 결정으로써 종국재판을 할 수도 있다. 결정은 구두변론에 의하지 아니할 수 있다는 점에서 판결과 구별되며(제71조 제2항), 결정함에 필요한 경우에는 사실조사를 할 수 있고(동조 제3항), 또한 그 조사는 군판사 또는 다른 지방법원판사에게 명하거나 촉탁할 수도 있다(동조 제4항). 결정도 판결과 마찬가지로 재판관 전원의 평의를 필요로 한다.

명령은 군사법원 자체가 아닌 재판장·군판사·수탁판사가 하는 재판의 형식으로서 군사법원법에서 1인의 재판관이 하는 재판은 명령이라고 할 수 있다. 예컨대 재판관의 공판기일의 지정(제310조)은 명령의 일종이다. 명령도 결정과 마찬가지로 구두변론에 의하지 않을 수도 있고, 필요한 경우에는 사실조사를 할 수 있다.

위와 같은 재판의 여러 형식은 특히 상소방법상의 차이가 있다. 즉 판결에 대한 상소는 항소(혹은 재심이나 비상상고)에 의하며, 결정에 대한 상소는 항고에 의하고, 명령에 대해서는 원칙적으로 상소할 수 없으나 법률에 특별한 규정이 있는 경우에 한하여 준항고를 할 수 있다(제465조).

Ⅲ. 재판의 성립

재판도 법률행위적 소송행위의 일종이므로 법률행위의 일반원칙에 따라 먼저 내부적으로 결정된 의사(평의)가 외부적으로 표현됨으로써 군사법원법상의 일정한 효과가 나타나게 된다. 여기서는 재판이 언제 내부적으로 성립되며, 그것이 다시 외부적으로 성립하는 것은 언제인가를 나누어서 살펴보기로 한다.

이와 같이 양자를 구별하는 것은 공판절차의 진행 도중에 군사법원의 관여재판관의 변동이 있는 경우 내부적 성립이 있기 전, 즉 사건의 심리 중에는 공판절차를 갱신하여야 하지만, 일단 내부적으로 성립되어 판결의 선고만 남은 경우에는 갱신을 할 필요가 없기 때문이다(제358조 참조).

1. 내부적 성립

재판의 내부적 성립이란 재판의 의사표시적 내용이 재판기관의 내부에서 성립되는 것을 말한다. 여기서 재판기관이란 당해 사건의 심리에 관여한 재판관들을 말하며, 심리에 관여하지 않은 재판관이 내부적 성립에 관여할 경우에는 공판절차를 갱신하여야 한다(제358조).

따라서 그러한 재판관이 공판절차의 갱신 없이 재판의 내부적 성립에 관여한 경우에는 절대적 항소사유로 된다(제414조 제 6 호).

판결과 결정의 경우에는 군사법원의 구성상 재판관 전원의 평의로써 결정하는데, 그 결정은 재판관 과반수의 의견에 따르며, 의견이 세 가지 이상 분립하여 각각 과반수에 달하지 못한 때에는 과반수에 달하기까지 피고인에게 가장 불리한 의견의 수에 순차 유리한 의견을 가하여 그 중 가장 유리한 의견에 의한다(제69조 제 2 항, 제 3 항). 평의의 전말과 재판관의 의견(제69조 참조)은 비밀로 한다.

위와 같이 판결이나 결정은 재판관의 평의에 의하여 표결을 거침으로써 재판이 내부적으로 성립되는 데 반하여, 명령의 경우는 재판관 일인의 소송행위이므로 그러한 절차를 필요로 하지 않고 재판서의 작성도 필요로 하지 않으므로 조서에의 기재에 의하여 내부적으로 성립된다고 생각한다.

2. 외부적 성립

재판의 외부적 성립이란 재판의 의사표시적 내용이 대외적으로 제 3 자에게 표시되는 것을 말하는데, 선고나 고지에 의한다.

재판의 선고 또는 고지는 공판정에서는 재판관인 군판사가 작성한 재판서에 의하며, 기타의 경우에는 재판서의 등본송달 또는 다른 적당한 방법으로 하여야 한다. 다만, 법률에 다른 규정이 있는 경우에는 예외로 한다(제76조). 예를 들면 구금된 피고인에 대한 소환은 교도관리에게 통지함으로써 외부적으로 성립한다(제108조 제5항).

재판의 선고·고지는 재판장이 하며, 판결을 선고함에는 주문을 낭독하고 이유의 요지를 설명하여야 한다(제77조 제2항).[34]

재판이 외부적으로 성립한 후에는 종국재판에 관하여 당해 군사법원이 그 재판 자체를 변경·철회하는 것이 허용되지 않음이 원칙이며, 이것을 재판의 구속력이라고 한다.

Ⅳ. 재판의 내용과 방식

1. 재판의 내용

재판의 내용은 주문과 이유로써 구성된다.

주문은 재판의 결론적 부분으로서 주문상의 오기는 이유를 통하여 능히 이해할 수 있는 경우에는 파기사유가 되지 않는다.[35] 이유는 사건관계인의 주문에 대한 이해를 돕고, 그 재판에 대한 상소의 기초를 부여하기 위한 것으로서 명시하여야 한다(제73조 본문). 다만, 상소가 허용되지 않는 결정이나 명령은 예외로 한다(동조 단서). 판결에 이유를 붙이지 아니하거나 이유에 모순이 있는 때에는 항소이유가 된다(제414조 제9호). 특히 유죄판결에 명시될 이유에 대하여는 법률이 상세히 규정하고 있다(제377조 참조).

2. 재판의 방식

재판은 재판관인 군판사가 작성한 재판서에 의하여야 하나, 결정이나 명령을 고지하는 경우에는 재판서를 작성하지 아니하고 조서에만 기재하여 할 수 있다(제72조).

재판서에는 법률에 다른 규정이 없으면 재판을 받는 자의 성명·연령과 계급·군번·주민등록번호·소속 또는 직업 및 주거를 기재해야 하며, 공판에 관여한 군검사의 관직·계급·성명과 변호인의 성명을 기재하여야 한다(제74조). 재판서에는 재판한 재판관이 서명날인하여야 하고, 재판장이 서명날인할 수 없는 경우에는 다른 재판관이, 재판장 이외의 재판관이 서명날인할 수 없는 경우에는 재판장이 각각 그 사유를 부기하고 서명날인하여야 한다(제75조).

군검사의 집행지휘를 요하는 재판은 재판서 또는 재판을 기재한 조서의 등본 또는 초

---

34) 실무에서는 재판부의 판단에 대한 충분한 설명과 재판의 집중도를 높이기 위한 목적 등에 의해 이유를 먼저 설명하고 주문을 낭독하는 것이 일반적이다.

35) 대법원 1975.10.25. 선고 75도2580 판결.

본을 재판의 선고 또는 고지를 한 때로부터 10일 이내에 군검사에게 송부하여야 한다. 다만 법률에 다른 규정이 있는 때에는 예외로 한다(제78조). 한편 피고인 기타 소송관계인도 비용을 납입하고 위의 서류의 등본이나 초본의 발급을 청구할 수 있다(제79조).

Ⅴ. 재판의 확정

1. 의   의

소송관계인이 재판에 대하여 통상의 불복방법(상소나 이에 준하는 불복신청)으로써 다툴 수 없게 되어 재판의 내용을 변경할 수 없게 된 상태에 이르렀을 때, 이 상태를 '재판의 확정'이라고 한다. 이러한 상태에 있는 재판을 확정재판이라고 하며, 재판은 확정됨으로써 비로소 본래의 효력을 발생하게 된다.

일반 형사소송법과는 달리 군사법원법은 항소심(고등법원)과 상고심(대법원)의 경우를 제외하고는 1심 판결 중 일부(벌금형, 징역형 등)는 '관할관의 확인조치'를 거쳐야 판결로써 확정되는 것으로 규정하고 있으며, 결정이나 명령의 경우는 일반 형사소송법과 동일한 절차를 통하여 확정된다. 따라서 여기서는 관할관의 확인조치에 대하여 먼저 살펴보고, 각 재판유형에 따른 확정시기를 알아본 다음에 확정된 재판의 효력에 대하여 언급하기로 한다.

2. 관할관의 확인조치(전시운용)

(1) 확 인 권

2022년 군사법원법 개정으로 평시 관할관의 확인조치 제도는 폐지되었음은 전술한 바와 같다. 이에 다음의 내용은 모두 전시 운용규정임을 유념해야 하겠다.

군사법원법은 "관할관은 무죄, 면소, 공소기각, 형의 면제, 형의 선고유예 또는 형의 집행유예, 사형, 무기징역 또는 무기금고의 판결을 제외한 판결을 확인하여야 하며 … "라고 하여 일정한 판결은 관할관의 확인조치를 받도록 하고 있는데(제534조의 7 제 1 항 전단), 이것을 관할관의 확인권이라고 한다.

관할관의 확인은 실체적 판결 중에서 벌금형과 자유형에 대해 실형을 선고하는 유죄판결만을 대상으로 한다. 이러한 확인조치는 판결이 선고된 날로부터 10일 이내에 해야 하며, 확인조치 후 5일 이내에 피고인과 군검사에게 송달하여야 한다(동조 제 2 항 전단). 확인조치기간을 넘기면 선고한 판결대로 확인한 것으로 본다(동항 후단).

(2) 감 경 권(전시운용)

2022년 군사법원법 개정으로 평시 관할관의 감경제도는 폐지되었으며, 전시에만 관할관의 감경권이 기능한다. 아래 서술은 전시 군사법원을 전제로 한 서술이다.

관할관은 판결을 확인할 때 형법 제51조(양형의 조건)의 사항을 참작하여 그 형이 부당하다고 인정할 만한 사유가 있는 때에는 그 형을 감경할 수 있는데(제534조의 7 제1항 후단), 이것을 감경권이라고 한다.

형법상 양형의 조건(범인의 연령·성행·지능과 환경, 피해자에 대한 관계, 범행의 동기·수단·결과, 범행 후의 정황 등)은 판결에 있어 고려의 대상이 되는바, 관할관이 이를 다시 참작하는 것은 의문이 있을 수 있으나 판결에 있어 양형의 조건을 사법적인 관점에서 참작하는 것이라고 본다면 큰 무리가 없을 것이다.

감경권은 양형의 조건을 참작하여 형이 부당하다고 인정할 만한 사유가 있는 경우에 한하여 행사할 수 있으나, 이에 관한 판단은 관할관 자신에게 맡겨져 있으므로 실제 제한요건으로서의 의미가 크다고 할 수 없다. 감경권은 양형에 국한하여 발동될 수 있으므로 판결에 위법성이 있는 경우에는 이를 행사할 수 없고, 다만 군검사의 지휘자로서 군검사로 하여금 상소하게 하여 상소심절차에서 다투는 수밖에 없을 것이다. 또한, 이 권한은 형의 감경에 그치므로 징역형을 벌금형으로 하거나, 실형을 무죄 혹은 선고유예로 하는 등의 조치를 할 수는 없다(형법 제55조 참조).[36)]

(3) 확인조치의 성질

관할관은 확인조치를 통해 판결에 대한 실질적인 변경을 가할 수 있다는 점에서 관할관의 확인조치를 재판의 일종으로 볼 수도 있으나, 다음과 같은 이유로 행정처분의 일종으로 보는 것이 타당하다.[37)]

즉 헌법상 법관의 자격은 법률로써 정해져 관할관은 재판관이라고 할 수 없으며, 관할관의 확인조치는 피고인에게 유리한 방향으로만 가능하고 형의 감경에만 제약되므로 재판관에 의한 군사법권의 행사라고 할 수 없을 것이다. 다만, 관할관의 확인조치에 따라 형이 감경된 경우에 그 판결은 관할관의 조치에 따라 변경된 것으로 보아야 하며, 항소심이나 상고심의 심판의 대상이 되는 판결도 이렇게 변경된 판결이 그 대상이 된다고 보아야 하므로, 관할관의 확인조치는 재판으로서의 성격도 가지고 있음을 부정할 수는 없다.[38)]

---

36) 다만, 판례는 "군사법원 관할관이 군사법원법 제369조 제1항에 의하여 형을 감경함에 있어서는 반드시 형법 제55조의 법률상 감경에 따라야 하는 것은 아니다"라고 하여 형을 감경함에 있어서 형법상의 감경례 이외에도 여러 가지 제반사정을 참작할 수 있음을 인정하고 있다(대법원 1974.9.24. 선고 74도1955 판결).

37) 판례도 "군사법원 관할관의 판결확인은 … 피고인에게 오로지 이익만이 돌아가는 하나의 행정조치"라고 하면서, 이것이 헌법 제54조의 대통령의 사면권에 대한 규정에 위반되거나 군사법원법 제404조 제8호(절대적 항소사유로서 재판에 관여하지 못할 재판관이 사건의 판결에 관여한 경우)의 규정에 해당되는 것은 아니라고 하고 있다(대법원 1964.4.21. 선고 63도128 판결).

38) 대법원 1963.2.14. 선고 62도248 판결 참조.

3. 재판의 확정시기

(1) 판결의 경우

군사법원의 상고법원인 대법원의 판결은 선고와 동시에 확정된다. 그러나 그 판결이 내용에 오류가 있을 때에는 직권 또는 검사·상고인이나 변호인의 신청에 의하여 판결로써 이를 정정할 수 있으므로, 이러한 경우에는 정정판결이나 신청기각의 결정이 있음으로써 확정될 것이다(제451조, 제452조).

군사법원의 판결은 선고일로부터 7일 이내에(관할관의 확인조치가 필요한 판결은 확인조치 내용이 피고인에게 송달된 날로부터 7일 이내), 고등법원의 판결은 선고일로부터 7일 이내에, 각각 상소의 제기가 없는 경우에는 상소기간의 경과로 판결이 확정되며, 상소의 제기와 관련하여 군검사와 피고인은 언제든지 상소를 포기하거나 취하할 수 있는데 이와 동시에 판결은 확정된다. 다만, 사형, 무기징역 또는 무기금고가 선고된 판결에 대하여는 피고인이 상소를 포기할 수 없다(제406조 단서).

(2) 결정·명령의 경우

결정 중에서 항고를 허용하지 않는 것은 재판의 고지에 의하여 즉시 확정된다. 다만, 항고가 허용되는 결정(기피신청에 대한 결정, 구속취소의 결정, 공소기각의 결정 등)에 대하여는 항고제기기간인 3일의 경과(제455조), 항고의 포기·취하, 항고기각결정(제457조, 제462조), 항고에 대한 재판 등이 있는 경우에 확정된다.

4. 재판의 확정력

(1) 형식적 확정력

재판이 확정되면 당해 군사법원이 이를 철회·변경할 수 없는 구속을 받게 될 뿐만 아니라 소송당사자도 이를 상소 등의 불복신청의 방법에 의하여 다툴 수 없게 된다. 즉 재판 내용의 불가변적 상태를 일으키는 효력을 재판의 형식적 효력이라고 한다.

이것은 종국 전의 재판이거나 종국재판이거나 혹은 실체적 재판이거나 형식적 재판이거나를 불문하고 발생한다. 특히 종국재판에 있어서는 그 형식적 확정력이 발생함과 동시에 당해 소송절차는 확정적으로 종결된다.

(2) 내용적 확정력

재판의 의사표시의 내용인 법률관계를 확정시키는 효력을 재판의 내용적 확정력이라고 한다. 이와 같이 확정된 법률관계는 실체적인 것과 절차적인 것을 포함하므로 내용적 확정력도 실체적 재판과 형식적 재판을 불문하고 발생한다. 따라서 공소기각이나 관할위반의 재판과 같이 순절차적인 형식적 재판이 확정되더라도 그 후에 사실의 변경이 없는 한 동일한 사항에 대하여는 군사법원이 이를 변경할 수 없고, 소송관계인도 이에 불복할 수 없게 된다.

재판의 집행력은 형식적 확정에 의하여 발생되는 것이 원칙이므로(제502조), 그러한 범위에서 재판의 집행력은 재판의 내용적 확정력의 한 내용이 될 수 있다. 다만, 재판의 확정 이전에 집행력이 발생하는 경우(예컨대 명령이나 결정의 경우에는 원칙적으로 집행정지를 할 수 없으므로 제502조 재판의 고지와 동시에 즉시 재판의 집행력이 발생한다)에는 재판의 내용적 확정력의 내용이 될 수 없음은 물론이다.

5. 재판의 실체적 확정력(기판력)

(1) 의   의

실체적 재판, 즉 유죄·무죄의 판결이 확정된 경우에 그 실체적 내용대로 확정되는 효력, 다시 말하면 당해 사건의 대상인 실체적 법률관계에 관한 의사표시의 내용을 확정시키는 효력을 재판의 실체적 확정력 혹은 기판력이라 한다.

실체적 확정력은 실체적 '판결'에 대해서만 인정되는 내용적 확정력의 일부라고 할 수 있다. 따라서 사건의 절차에 대한 판단을 내용으로 하는 순절차적인 형식적 재판에 대하여는 불가변적 효력인 외부적 확정력만 발생할 뿐 실체적 확정력은 발생하지 않는다. 다만, 면소의 판결에 대하여는 그것이 실체관계적 형식재판이라는 성격상 실체적 확정력 중 외부적 효력인 일사부재리의 효력이 발생한다.

(2) 실체적 확정력의 내용

1) 내부적 효력   실체적 판결이 확정되면 판결의 대상이 된 구체적 사건에 대한 유죄·무죄의 판단, 즉 구체적인 형벌권의 존부가 확정되고 특히 유죄판결의 경우에는 형의 집행권이 발생한다. 이와 같은 효력은 당해 판결 자체에만 관련된 것이라는 점에서 실체적 확정력의 내부적 효력이라고 한다.

2) 외부적 효력   실체적 판결이 확정되면 법적 안정성의 요구에 따라 동일한 사건에 대하여 다시 기소를 할 수 없고, 재차 기소가 된 때에는 면소의 판결이 선고되는데, 이것을 일사부재리의 효력이라고 한다. 이와 같은 효력은 당해 판결 자체에 영향을 주는 것이 아니라 동일한 사건에 대한 이후의 소송행위에 대한 것이므로 실체적 확정력의 외부적 효력이라고도 하며, 일반적으로 기판력이라 함은 이것만을 의미한다.

일사부재리의 효력과 구별되는 것으로 '이중위험금지'(Double Jeopardy)의 원칙이 있다. 전자는 확정된 실체적 판결의 내용으로서 이중기소를 금지하는 데 그치나, 후자는 개인의 인권보장이라는 측면에서 이중기소금지의 범위를 확장하는 것이라고 할 수 있다.

(3) 실체적 확정력의 범위

1) 인적 범위   실체적 확정력(기판력)은 판결이 내려진 사건의 피고인에 대해서만 미치며, 그 이외의 자, 즉 공범자나 공동피고인 등의 소송절차에는 아무런 효력을 미치지 아니한다.

2) 물적 범위   실체적 확정력(기판력)은 심판의 대상인 당해 공소사실(제296조 제 3 항 제3호) 및 그것과 단일성·동일성 있는 사실 전부에 미친다.

공소사실의 일부에 대해서만 판결이 있었던 경우에도 실체적 확정력은 공소사실의 전부에 대하여 미치며, 공소사실로서 현실적 심판의 대상으로 되어 있는 사실뿐만 아니라 그 사실과 단일성 및 동일성이 유지되는 모든 사실, 즉 잠재적 심판의 대상으로 되어 있는 사실에 대하여 실체적 확정력이 미친다. 또한 공소장에 예비적·택일적 방법에 의하여 기재된 공소사실 및 이와 단일성 및 동일성이 있는 사실 전부에 대하여도 실체적 확정력이 미친다. 이와 같이 실체적 확정력의 물적 범위를 넓게 해석하는 것은 공평의 원칙과 피고인의 지위에 대한 법적 안정성의 보장이라는 기판력의 본질에 부합하는 것이라고 할 수 있다.

3) 시간적 범위   계속범·결합범·상습범 등으로 기소되어 판결이 확정되면 각 범죄를 구성하는 개별 범죄사실에 대하여도 기판력이 미치게 되는데, 이 경우 어느 시점까지의 범죄사실이 확정판결에 포함되고, 따라서 기판력의 적용을 받게 되겠는가 하는 문제이다.

이 문제는 사실심리의 가능성이 있는 최후의 시점인 구두변론종결시를 표준으로 함이 합리적이나, 군사법원법상 군사법원은 직권이나 당사자의 신청에 의하여 언제든지 종결된 변론을 재개할 수 있으므로(제356조) 기판력의 시간적 한계도 판결선고시까지로 보아야 할 것이다. 따라서 판결선고 이후의 부분에 대하여는 기판력이 미치지 아니하고 실체법상 전혀 별개의 범죄로서 새로운 기소가 가능하다.

(4) 실체적 확정력의 배제

실체적 확정력(기판력)이 인정되는 근거가 피고인에 대한 공평의 보장과 법적 안정성의 요구에 있음은 전술한 바와 같다.

그러나 기판력을 고집하는 경우에는 오히려 피고인에게 불이익을 초래하거나 실체적 진실발견과 같은 다른 중요한 공익적 요구와 상충할 위험이 있을 수 있다. 따라서 군사법원법은 확정판결에 대하여 예외적으로 기판력을 배제하는 규정을 두고 있다.

1) 상소권회복(제402조 내지 제405조)   피고인에 대한 공평과 법적 안정성에 대한 구체적이고 실질적인 보장을 위한 것이다.

2) 재심제도(제469조 내지 제491조)   피고인의 이익과 실체적 진실발견의 요구에 따

라 구체적인 법적 안정성을 유보하는 것이다.

  3) 비상상고제도(제492조 내지 제501조)   법령의 해석·적용에 있어서 통일을 기하기 위한 규정으로서 피고인이 간접적으로 이익을 받을 수 있다.

VI. 사건의 단일성·동일성

1. 총　　설

  사건의 단일성·동일성은 소송행위의 효력이 미치는 범위, 특히 공소의 효력 및 판결의 실체적 확정력(기판력)의 범위를 결정하는 기초가 된다. 뿐만 아니라 공소제기 전에도 구속영장이나 압수·수색영장의 효력이나 변호인선임의 효력은 사건의 단일성·동일성이 있는 범위 내에서만 미치게 된다.

  사건의 단일성·동일성은 실체면에 기초를 둔 관념으로서 형법상으로는 1개의 범죄구성사실에 관한 것이므로, 예컨대 2개의 사건이 1개의 소송절차에서 병합심리되는 경우에도 그것은 하나의 사건으로 되지 않고, 공소사실과 동일성이 없는 사실을 인정하는 판결이 확정되더라도 공소사실과 판결에 열시된 사실이 동일성을 갖게 되는 것은 아니다.

  이와 같이 사건의 단일성·동일성은 실체법상 죄형법정주의를 채택하고 절차법상 탄핵주의적 소송구조를 가진 군사법절차운영의 기초가 되는 개념이라고 할 수 있다.

2. 사건의 단일성

(1) 의　　의

  소송절차가 진행되고 있는 특정한 시점에서 소송사건을 횡단면에서 정적으로 관찰한 경우, 그 사건의 갯수를 결정하는 단위가 되는 것을 사건의 단일성이라고 한다.

(2) 단일성의 요건

  1) 피고인의 단일성   피고인이 1인임을 요한다. 피고인이 수인일 경우에는 사건도 수개이다. 따라서 공범의 경우에도 관련사건(제16조 제 2 호, 제 3 호)으로서 취급될 뿐 1개의 사건이 아니며, 공동피고인 1인에 대한 재판이 다른 공동피고인에게 영향을 미치는 경우가 있으나(제432조), 이 경우에도 사건이 1개로 되는 것은 아니다.

  2) 범죄사실의 단일성   범죄사실이 1개임을 요한다. 범죄사실이 수개인 경우에는 비록 피고인이 1인이더라도 역시 수개의 사건이 된다. 범죄사실이 단일인가 수개인가는 형법상의 죄수론에서 결정될 문제로서 상상적 경합범·계속범·결합범 등은 일죄이며, 경합범은 수개의 범죄라고 할 수 있다.

3. 사건의 동일성

(1) 의   의

사건의 동일성이란 소송의 발전과정에 착안하여 공소가 제기된 범죄사실과 그 이후 절차 진행과정중에서 문제로 된 사실이 동일성을 가져야 한다는 것으로서, 소송의 객체로 된 사실이 발전과정에서 유동적으로 변화된다는 사실을 기초로 하고 있는 것이다.

이와 같은 동일성의 문제를 어떻게 파악하는가에 따라 너무 엄격히 보는 경우에는 사건에 대한 심판이 곤란하게 되고, 너무 넓게 보는 경우에는 불고불리의 원칙이나 일사부재리의 효력을 무용화시킬 우려가 있으므로 소송절차상 중요한 문제로 등장하게 되는 것이다.

(2) 동일성의 요건

1) 피고인의 동일성   피고인이 동일하여야 한다. 공소제기시에 군검사는 공소장에 피고인을 특정할 수 있는 사항을 기재하여야 하며(제296조 제3항 제1호), 공소는 군검사가 피고인으로 지정한 이외의 다른 사람에게는 효력이 미치지 아니한다는 것(제290조 제1항)은 이러한 피고인의 동일성을 인정하고 있는 것이다.

2) 범죄사실의 동일성   범죄사실(공소사실)이 동일하여야 한다. 이것은 사건의 동일성을 결정하는 주요한 요소로서 군사법원은 공소장의 변경을 허가함에 있어서 '공소사실의 동일성을 해하지 않는 한도' 내에서 하여야 하는 제한을 받고 있다(제355조 제1항 단서).

어떠한 경우에 범죄사실이 동일성이 있다고 볼 것인가에 대하여는 기본적 사실관계 동일설, 죄질동일설, 구성요건공통설, 소인의 주요부분공통설, 범죄행위동일설 등이 대립하고 있으며, 대법원 판례는 종래 기본적 사실관계동일설에 입각하여 범죄사실의 동일성 여부를 판단해왔으나 1994년의 대법원 전원합의체 판결 이후에는 규범적 요소를 기본적 사실관계동일설의 일부로 포함하여 해석하고 있다.[39]

3) 동일성의 효과   사건의 동일성이 유지되는 한 공소제기의 효력이 미치며, 그 범위 내에서는 공소장변경이 가능하다. 또한 이미 확정판결이 있었던 소송범죄사실과 동일성이 있는 사실에 관하여 공소가 제기되면 판결로 면소를 선고하여야 한다(제381조 제1호).

---

39) 대법원 1994.3.22. 선고 93도2080 전원합의체 판결

"공소사실이나 범죄사실의 동일성은 형사소송법상의 개념이므로 이것이 형사소송절차에서 가지는 의의나 소송법적 기능을 고려하여야 할 것이고, 따라서 두 죄의 기본적 사실관계가 동일한가의 여부는 그 규범적 요소를 전적으로 배제한 채 순수하게 사회적, 전법률적인 관점에서만 파악할 수는 없고, 그 자연적, 사회적 사실관계나 피고인의 행위가 동일한 것인가 외에 그 규범적 요소도 기본적 사실관계 동일성의 실질적 내용의 일부를 이루는 것이라고 보는 것이 상당하다."

제 6 절 소송비용

1. 의   의

소송비용이란 소송절차상 발생된 일정한 비용 중 형사소송비용법등에관한법률(법률 제11306호, 2012년 2월 10일 일부개정)에 규정된 것을 말한다.

동법 제 2 조에 따르면 형사소송법에 의한 소송비용은 ① 증인·감정인·통역인 또는 번역인의 일당·여비 및 숙박료, ② 감정인·통역인 또는 번역인의 감정료·통역료·번역료 기타 비용, ③ 국선변호인의 일당·여비·숙박료 및 보수 등의 비용이다.

따라서 이외의 범위에 속하는 비용이 지출되었다 하더라도 그것은 소송비용이라고 할 수 없다.

2. 소송비용의 부담

형사소송법은 소송비용의 부담에 관하여 법원 이외의 자가 소송비용을 부담하는 경우를 규정하고 있으나(동법 제186조 내지 제194조), 군사법원법은 이러한 규정을 두고 있지 아니하므로 군사법원법상 소송비용은 모두 국가가 부담한다고 보아야 할 것이다. 다만, 소환장을 송달받은 증인이 정당한 사유 없이 출석하지 아니하면 결정으로 그 불출석으로 인한 소송비용을 증인이 부담하도록 명령할 수 있는바(제193조 제 1 항), 이것은 엄격한 의미에서 소송비용의 부담이라고 할 수는 없을 것이다.

제 2 편
각 론

제1장

수사와 공소

제1절 수 사

I. 총 설

1. 수사의 의의

수사라 함은 혐의 유무를 명백히 하여 공소의 제기와 유지 여부를 결정하기 위하여 범인을 발견·확보하고 증거를 수집·보전하는 수사기관의 활동 또는 그것을 법적으로 규제하는 절차를 말한다.

수사의 목적은 피의자의 일정한 피의사실에 대하여 공소권을 행사할 것인가의 여부를 결정하기 위하여 이에 필요한 증거 등의 자료를 수집하는 것과 아울러 피의자의 신체를 보전하여 두는 것이다. 특히 피의자의 신체의 보전은 공소제기 후에 있어서 피고인의 공판에의 출석과 유죄로 된 경우에 형의 집행을 확보하기 위한 것이다.

수사의 절차는 대부분 군사법원법에 규정되어 있으나, 원칙적으로 공소제기 전의 수사기관의 행위이므로 이는 엄격한 의미에서 소송절차가 아니다. 그러나 수사는 공소의 제기·수행을 준비하기 위하여 행하는 절차이고, 실제로 형사소송의 전 단계를 이루고 있다. 이런 의미에서 수사를 공소의 전 절차(광의에 있어서의 소송절차)라고 할 수 있다.

수사는 군수사기관인 군검사 및 군사법경찰관에 의하여 행하여지는바, 수사단계에 있어서 당사자라는 관념은 없다. 즉 피의자는 군검사와 대등한 지위에 있지 아니하고 수사기관의 조사의 객체인 지위에 있다. 그렇지만 수사단계에 있어서도 장차 피고인으로 될 피의자와 군검사의 대립이 존재하고, 그 사이에는 법률관계가 생긴다. 또한 강제처분의 경우에는 원칙적으로 군검사의 청구를 거쳐 군판사가 발부하는 영장을 요하게 하여 수사기관의 독단을 억제하고 있어 수사절차에 있어서도 준당사자주의적인 성격이 나타나고 있다.

2. 수사와 인권보장

수사절차에 있어서는 범인의 도망이나 증거인멸 등의 방지를 위하여 신속한 절차를 요하므로 공판절차에 비하여 법률적인 요소가 약하고, 합목적성의 요청이 강력하게 요구되기 때문에 일응 범죄에 대한 혐의를 받고 있는 피의자에 대하여 그 법률적인 규제나 사법적인 억제로부터 보호할 필요가 있다. 수사기관은 피의자와는 달리 공공의 복지유지나 군기유지 등의 목적 하에서 강한 권력적 색채를 띠고 있다. 따라서 피의자에 대한 기본적 인권보장의 견지에서 그 이익이 부당하게 침해되지 아니하도록 법률적 규제를 가하여 피의자에 대한 수사는 불구속상태에서 함을 원칙으로 하고(제229조) 피의자의 구속에 관하여는 원칙적으로 군판사가 발부하는 영장을 필요로 한다든가(제238조), 기타 강제처분에 군판사의 영장을 필요로 한다든가(제254조), 피의자에 대하여도 변호인의 선임을 인정하고 있는 것이다(제59조). 이 같은 취지는 헌법에서도 명백히 규정하고 있는바, 강제처분에는 원칙적으로 법관의 영장을 필요로 한다든가(헌법 제12조 제 3 항), 변호인의 선임을 할 수 있다든지(동조 제 4 항) 하는 것이 그것이다. 특히 현행 헌법은 피의자의 인권보장을 위하여 피의자에게 구속적부심사청구권을 보장하고 있다(동조 제 6 항).

공소제기 전에 있어서는 아직 소송관계는 성립하지 아니하므로 피의자는 소송당사자라고는 할 수 없으나 장차 피고인으로서 소송당사자로 될 자이며, 특히 수사에 있어서 피의자의 인권보장을 기하려면 피의자의 지위를 충분히 고려할 필요가 있다.

군사법원법상 피의자는 준당사자적인 지위로서 ① 변호인선임 및 선임의뢰권(제59조, 제130조), ② 증거보전청구권(제226조), ③ 구속적부심사청구권(제252조), ④ 구속의 취소청구권(제246조, 제133조), ⑤ 변호인 등과의 접견교통권(제63조), ⑥ 진술거부권(제328조의 2) 등이 인정되기도 하지만, 피의자는 수사기관의 조사의 객체로서 ① 수사기관의 필요한 조사를 받아야 하며(제231조), ② 구속의 객체로도 되고(제238조), ③ 압수·수색·검증을 받아야 하는 등(제254조) 수사기관의 조사의 객체로서의 지위도 가지고 있다.

Ⅱ. 군수사기관

1. 의   의

수사기관이라 함은 법률상 범죄에 대하여 수사를 할 수 있는 권한이 인정되어 있는 자를 말한다. 일반 형사소송법상 인정되어 있는 수사기관으로는 검사와 사법경찰관리가 있으며, 군사법원법상 이러한 수사의 권한이 인정되어 있는 자인 군수사기관에는 군검사와 군사법경찰관리가 있다.

2. 종 류

(1) 군 검 사

군검사는 일반 형사소송법상의 검사에 대응하는 군수사기관으로서 각 군 참모총장에 의해 그 소속 군법무관 중에서 임명되고, 해당 군검찰부가 설치된 부대의 장에 소속하여 ① 범죄수사 및 공소제기와 그 유지에 필요한 행위, ② 군사법원 재판집행에 대한 지휘·감독, ③ 다른 법령에 의하여 군검사의 권한에 속하는 사항에 대하여 직권을 행사할 수 있다. 여기서 '다른 법령에 의하여 그 권한에 속하는 사항'이란, 예컨대 보안관찰법(제26조)이나 공직자윤리법(제8조) 등에 의한 군법 피적용자에 대한 공직자 윤리위반행위의 조사, 군에서의 형의 집행 및 군수용자의 처우에 관한 법률에 따른 군교정시설의 시찰 및 참관(제8조) 등을 들 수 있다.

다만, 군사법원법은 형사소송법과는 달리 명문으로 군검사의 수사에 관한 주도적 지위를 인정하고 있지 않으므로(형사소송법 제196조 제1항, 검찰청법 제5조 제2호) 군검사와 군사법경찰관리와의 관계가 특히 문제되는데, 이에 관하여는 항을 바꾸어 설명하기로 한다.

(2) 군사법경찰관리

군사법경찰관리에는 군사법경찰관과 군사법경찰리가 있다.

군사법경찰관은 ① 「군인사법」 제5조 제2항에 따른 기본병과 중 수사 및 교정업무 등을 주로 담당하는 병과(이하 "군사경찰과"라 한다)의 장교, 준사관 및 부사관과 법령에 따라 범죄수사업무를 관장하는 부대에 소속된 군무원 중 국방부장관 또는 각 군 참모총장이 군사법경찰관으로 임명하는 사람 ② 「국군조직법」 제2조 제3항에 따라 설치된 부대중 군사보안 업무 등을 수행하는 부대로서 국군조직 관련 법령으로 정하는 부대(이하 "군사안보지원부대"라 한다)에 소속된 장교, 준사관 및 부사관과 군무원 중 국방부장관이 군사법경찰관으로 임명하는 사람 ③ 국가정보원 직원으로서 국가정보원장이 군사법경찰관으로 지명하는 사람 ④ 검찰수사관을 말한다(제43조). 이 중 ②에 해당하는 자는 「형법」 제2편 제1장 및 제2장의 죄, 「군형법」 제2편 제1장 및 제2장의 죄, 「군형법」 제80조 및 제81조의 죄와 「국가보안법」, 「군사기밀보호법」, 「남북교류협력에 관한 법률」 및 「집회 및 시위에 관한 법률」(「국가보안법」에 규정된 죄를 범한 사람이 「집회 및 시위에 관한 법률」에 규정된 죄를 범한 경우만 해당된다)에 규정된 죄에 대하여 수사권을 가지며, ①은 위 죄 이외의 죄에 대하여 수사권을 가진다(제44조).

군사법경찰리는 ① 군사경찰과의 부사관과 법령에 따라 범죄수사업무를 관장하는 부대에 소속된 군무원 중 국방부장관 또는 각 군 참모총장이 군사법경찰리로 임명하는 사람 ② 군사안보지원부대에 소속된 부사관과 군무원 중 국방부장관이 군사법경찰리로 임명하는 사람 ③ 국가정보원장이 군사법경찰리로 지명하는 국가정보원 직원을 말하며, 군검사나 군사법경찰관의 명을 받아 수사를 보조한다(제46조).

3. 군검사와 군사법경찰관의 관계

(1) 일반 형사소송법상의 관계

범죄수사에 있어서 사법경찰관의 관계는 각국의 입법례에 따라 상이하다. 즉 일본을 포함한 영미법계에서는 사법경찰관이 범죄수사에 관한 주도적 지위를 가지며, 검사는 보충적·2차적 수사기관으로서 공소권행사를 그 주된 임무로 하고 있는 데 반하여, 대륙법계에서는 검사가 공소권을 가지면서 동시에 범죄수사에 있어서도 사법경찰관에 대한 지휘·감독권을 가지고 수사의 주도적 지위에 서 있다고 할 수 있다.

2020년 형사소송법 개정 이전에는 수사절차의 주재자는 검사였고, 사법경찰관은 모든 수사에 관하여 검사의 지휘를 받으며, 검사의 지휘에 따라야 했다. 그러나 2020년 형사소송법이 개정되면서 검사와 사법경찰관은 수사, 공소제기 및 공소유지에 관하여 서로 협력하여야 하고(법 제195조 제 1 항), 이러한 협력관계는 대통령령인 「검사와 사법경찰관의 상호협력과 일반적 수사준칙에 관한 규정」에 규정되어 있다.

2020년 형사소송법 개정에 따라 경찰은 일차적 수사권(법 제197조)과 일차적 수사종결권(법 제245조의 5)을 가지게 되었다. 한편, 검찰은 기소권(법 제246조)과 특정사건에 관한 직접 수사권(검찰청법 제 4 조 제 1 항 제 1 호), 경찰 수사사건에 대한 시정조치 요구권(법 제197조의 3), 경찰 송치사건에 대한 보완수사 요구권(법 제197조의 2) 및 경찰 불송치사건에 대한 재수사 요청권(법 제245조의 8) 등의 권한을 보유하고 있다.

(2) 군사법원법상 양자의 관계

군사법원법은 형사소송법과는 달리 명문으로 군검사와 군사법경찰관의 관계에 대하여 규정하고 있지 않으므로 군검사가 수사에 관하여 주도적 지위에 있다고 단언하기 어려운 점이 있다.

그러나 다음과 같은 논거로서 군검사에게 수사의 주도적 권한이 인정되어 있음을 추론할 수 있을 것이다.

첫째, 군사법원법상으로도 각종 영장의 발부에 있어서 군사법경찰관은 군검사에게 이를 신청하여야 하며, 그 집행에 있어서도 군검사의 지휘에 의하여야 한다(제238조, 제254조, 제119조, 제156조).

둘째, 군검사 이외의 수사기관이 작성한 피의자신문조서는 군검사가 작성한 그것에 비하여 증거능력이 제한된다(제365조).

셋째, 군사법원법 제228조는 "군검사와 군사법경찰관은 범죄의 혐의가 있다고 생각될 때에는 범인, 범죄사실과 증거를 수사하여야 한다", "군사법경찰관이 수사를 시작하여 입건하였거나 입건된 사건을 이첩받은 경우에는 관할 검찰부에 통보하여야 한다"고 하여 군 검사에게 범죄수사에 대한 독자적인 권한을 인정하고 있다(제37조 제 1 호 참조).

넷째, 군사법원법은 1981.4.17. 법개정 시 군검사의 수사권한에 대한 한계규정(개정 전 군법회의법 제37조 제 2 항 참조)을 삭제함으로써 군검사가 군사범죄 전반에 걸쳐 수사권한을 가지도록 하였다.

다섯째, 군검사도 일반 형사소송법상의 검사와 마찬가지로 군사법경찰관에 비하여 법 률적 소양이 높고, 그 지위의 독립성이 어느 정도 보장되어 있으므로(제38조 참조) 수사의 일원화라는 견지에서 군검사에게 군사법경찰관에 대한 지휘·감독의 권한을 인정하는 것 이 타당하다.

Ⅲ. 수사의 개시

수사는 수사기관이 범죄의 혐의가 있다고 생각하는 때에 개시된다. 즉 수사는 수사기 관의 주관적 혐의에서 시작되어 범인·범죄사실과 증거를 수사하여 이를 법률적으로 구성 함으로써 점차로 객관적 혐의로 되는 것이다. 수사개시의 당초부터 객관적 혐의의 존재를 필요로 하지는 않으며, 또 주관적 혐의를 가지게 된 원인의 여하도 불문한다. 이 원인을 수 사개시의 단서라고 한다. 또 주관적 혐의가 불충분한 경우에는 수사기관은 정식의 수사 외 에 내사도 할 수 있다(사법경찰관리 직무규칙 제20조).

군사법원법은 수사개시의 단서로서 현행범·고소·고발·변사자의 검시·자수를 규 정하고 있으나, 반드시 이에 한하지 않고 그 밖에 진정, 수사기관의 불심검문, 세간의 소문 등도 수사의 유력한 단서가 된다.

1. 현행범인

현행범인은 범인과 범죄사실이 명백하며, 현장에서 체포·압수 등의 수사를 개시할 수 있으므로 현행범의 발견이 수사개시의 단서로 되는 것은 물론이다. 후술하는 수사기관의 대인적 강제처분에서 설명하기로 한다.

2. 변사자의 검시

변사자란 자연사·병사·천재 등에 의한 사망이 아니고 어떠한 범죄에 기인한 것이라 고 추측할 수 있는 사망에 의한 자를 말한다. 변사자 또는 변사의 의심 있는 사체가 군사법 원법 피적용자의 사체인 때 또는 군사법원법 피적용자가 아니라고 하더라도 병영 기타 군사 용의 청사와 차량·선박·항공기 안에서 발견된 때에는 군검사가 검시하여야 한다(제264조

제1항·제2항). 검시의 결과 범죄의 혐의가 있다고 생각되는 때에 비로소 수사가 개시된다.

3. 고   소

(1) 고소의 의의

고소란 피해자나 기타의 고소권자가 수사기관에 대하여 범죄사실을 신고하여 범인의 소추를 요구하는 의사표시를 말한다. 고소는 소추를 요구하는 적극적 의사표시를 필요로 하는 것이므로 단순한 피해신고나 전말서의 제출 등은 고소가 아니다. 또한 고소는 범죄로 인한 피해사실의 신고로써 수사의 단서가 되는 것이므로 반드시 범인이 누구인가를 적시할 필요는 없다.

(2) 고소권자

범죄로 인한 피해자, 피해자의 법정대리인, 피해자가 사망하였을 때에는 그 배우자·직계친족·형제자매는 고소할 수 있다(제265조, 제267조). 그러나 자기 자신이나 배우자의 직계존속을 고소하지 못한다(제266조).

피해자의 법정대리인이 피의자인 때에는 피해자의 친족이 고소할 수 있고(제268조), 죽은 사람의 명예를 훼손한 범죄에 대하여는 그 친족 또는 자손이 고소할 수 있다(제269조). 피의자의 법률상 부모가 생존해 있는 경우에는 생모는 고소권자가 될 수 없다. 친고죄에 대하여 고소권자가 없는 경우에는 이해관계인의 신청이 있으면 군검사가 10일 이내에 고소권자를 지정하여야 한다(제270조).

(3) 고소의 절차

고소는 서면 또는 구술로써 군검사 또는 군사법경찰관에게 하여야 한다. 군검사 또는 군사법경찰관이 말로 한 고소를 받은 때에는 조서를 작성하여야 한다(제279조). 고소는 대리인으로 하여금 하게 할 수 있다(제278조).

(4) 친고죄의 고소기간과 배우자의 고소 등

첫째, 친고죄에 대하여는 범인을 알게 된 날로부터 6월을 경과하면 고소하지 못한다. 그러나 고소할 수 없는 불가항력의 사유가 있는 때에는 그 사유가 없어진 날로부터 일수를 기산한다(제272조 제1항). 형법 제291조(결혼을 위한 약취·유인)의 죄로 약취·유인된 자가 혼인을 할 경우의 고소는 혼인의 무효 또는 취소의 재판이 확정된 날로부터 6월이라는 기간이 진행된다(동조 제2항).

친고죄에 대하여 고소기간에 대한 제한을 두고 있는 이유는 친고죄에 있어서의 고소는 수사개시의 단서일 뿐만 아니라 소송조건이 되므로, 고소권자가 고소권을 행사하지 않는 한 군검사로서 공소를 제기할 것인가의 여부는 전혀 불확정한 상태에 두어지게 되어 국가형벌권의 행사가 고소권자 개인의 의사에 의하여 좌우되는 상태가 장기간 존속되어 피의자에게 부단한 압박감을 주어 인권침해의 결과까지 초래할 우려가 있기 때문인 것이다. '범인을 알게 된 날'이라 함은 범인을 특정할 수 있을 정도로 알게 된 일자를 말하고 반드시 피의자의 성명까지도 알 필요까지는 없겠으나, 범죄사실을 알게 된 것만으로써는 고소기간은 진행되지 아니한다.

그렇다면 범인을 안다는 것은 고소권발생의 요건인 것이 아니므로 범인을 알기 전에도 고소를 할 수는 있고, 수인의 공범이 있을 때에 그 중에 알고 있는 범인만 가지고도 또한 고소를 할 수는 있다.

둘째, 고소할 수 있는 자가 수인인 경우에는 1명이 고소기간을 지키지 못하더라도 타인의 고소에 영향이 없다(제273조). 즉 고소할 수 있는 고소권자가 수인인 경우에는 각 고소권자에 대하여 개별적으로 범인을 알게 된 날을 결정하여 기산하게 된다.

(5) 고소불가분의 원칙

1) 의 의 고소의 효력은 불가분이다. 이를 고소불가분의 원칙이라고 하는데, 이는 친고죄의 고소에 관하여서만 문제로 된다. 왜냐하면 비친고죄의 경우에 있어서는 고소는 수사개시의 단서일 뿐이므로, 소송조건과는 관계가 없기 때문에 공소제기 등은 군검사에게 일임되어 고소의 유무는 소송에 영향을 미치지 않기 때문이다. 고소불가분의 원칙의 내용은 다음과 같다.

2) 내 용

(가) 고소의 객관적 불가분의 원칙 고소는 범죄사실을 신고하여 범인의 소추를 요구하는 의사표시로서 특정의 범인을 대상으로 하지 아니한다. 그러므로 1개 범죄의 일부에 대한 고소나 취소가 있을 때에는 그 효력은 그 범죄사실의 전부에 대하여 발생하게 된다. 1개의 범죄사실이 불가분인 것은 형사소송의 기본원칙인 것이다. 이를 고소의 객관적 불가분의 원칙이라고 하는바, 형사소송의 기본원칙으로서 이론상 당연하므로 이에 대하여는 군사법원법에 명문규정을 두고 있지 아니하다.

그런데 이 원칙은 본래적 일죄에 관하여는 타당하겠지만, 과형상의 일죄에 관하여는 예외의 경우가 있을 수 있다. 즉 과형상의 일죄의 각 부분의 피해자가 서로 다른 경우에 1인이 한 소송의 효력은 다른 피해자에 관한 범죄사실에는 미치지 아니할 것이기 때문이다.

(나) 고소의 주관적 불가분의 원칙 친고죄의 공범 중 그 1인 또는 수인에 대한 고소나 취소는 다른 공범자에 대하여도 그 효력이 있다(제275조). 이를 고소의 주관적 불가분의 원칙이라고 한다. 이를 인정하는 근거도 고소가 특정의 범인에 대한 것이 아니고 범죄사실에 대한 것이기 때문인 것이다. 이 원칙도 본래적 일죄에 대하여는 타당하지만 상대

적 친고죄의 경우에는 예외를 인정할 수밖에 없다. 즉 친족상도의 경우, 신분관계 없는 자
에 대하여만 범인으로 적시하여 고소하더라도 신분관계 있는 공범자에는 그 고소의 효력
은 미치지 아니한다. 다만, 친족 2인 이상이 공범관계에 있는 사건에 대하여 1인의 친족만
을 고소하더라도 고소는 범죄사실에 대한 신고인 것이므로 타의 친족에게도 고소의 효력
은 미친다고 해석된다.

(6) 고소의 취소 및 포기

1) 고소의 취소   고소는 제1심 판결선고 전까지 취소할 수 있다(제274조 제1항).
여기서 말하는 고소라 함은 친고죄에 있어서의 고소만으로 해석된다. 비친고죄의 고소는
소송조건이 아니므로 문제되지 않고, 단지 범죄사실에 대한 소추의 의사표시를 고소권자
로서 취소하는 의의밖에 없고 소송에는 영향이 없을 것이기 때문이다. 이같이 고소의 취소
기간을 제한하는 것은 국가의 형벌권의 행사문제를 사인에게만 좌우시키지 않게 하기 위
한 배려라고 할 것이다. 고소의 취소는 고소시의 경우와 같이 서면 또는 구술로써 하여야
하고, 구술시 조서를 받는 것 등 모두 고소의 방식과 동일하다(제281조, 제279조, 제280조).

고소를 취소한 자는 다시 고소하지 못하는 효력이 있다(제274조 제2항). 이 또한 국가
형벌권의 행사를 사인의 의사대로 좌우할 수 없는 한계를 규정한 것이라고 할 것이며, 고
소의 취소에 관하여도 전술한 고소불가분의 원칙이 원용되는 것이므로 공범자의 일인 또
는 수인에 대하여 행한 고소의 취소는 다른 공범자에 대하여도 그 효력을 발생할 것이고(고
소취소의 주관적 불가분), 또 범죄사실의 일부에 관하여 고소를 취소하면 그 범죄사실의 전체
에 관하여 그 취소의 효력이 발생한다(고소취소의 객관적 불가분). 따라서 이러한 경우에는 다
른 공범자 또는 범죄사실의 다른 부분에 관하여도 고소를 할 수 없게 된다. 그러나 미성년
자간음죄의 경우 피해자 본인이 고소를 취하한 후 다시 피해자의 법정대리인이 독립하여
고소하였다면 이는 유효하다.[1]

또 피해자의 명시한 의사에 반하여 죄를 논할 수 없는 사건에 있어서 처벌을 희망하는
의사표시의 철회에 관하여도 고소의 취소에 관한 전술의 규정이 준용된다(제274조 제3항).

2) 고소권의 포기   고소권의 포기라 함은 친고죄의 고소기간 내, 즉 범인을 알게
된 날로부터 6개월 이내에 있어서 장차 고소권을 행사하지 않겠다고 하는 의사표시를 말하
는바, 판례[2]는 고소권의 포기를 인정하지 않는다.

그 이유로서 ① 친고죄의 고소는 소송조건이고 고소권은 국가와 피해자 등과의 사이
에 존재하는 공법상의 권리인 것이므로, 범인과 민사상의 화해를 통하여 포기하는 등의 폐
해가 예상되므로 사적인 처분은 허용되지 아니한다고 보아야 한다는 것과, ② 고소의 취소

---

1) 73.7.6. 육군 73 고군형항 128.
2) 대법원 1967.5.23. 선고 67도471 판결.

에는 명문이 존재하는데도 불구하고 고소의 포기에 관하여는 명문규정이 존재하지 아니하므로 고소의 포기는 인정할 수 없다는 것이다.

(7) 고소의 추완

고소의 추완의 문제는 친고죄에 있어서 고소가 없는데도 공소를 제기하고, 그 후에 고소가 있는 경우에 이로 인하여 공소제기가 유효로 될 것인가의 문제이다. 판례는 이를 부정하나, 고소의 결여를 공소제기의 부적법인 것으로 보느냐, 실체적 심판의 요건을 결여하는 것으로 보느냐에 따라서 고소의 추완을 인정할 것인가 여부가 결정될 것이라 함은 소송조건의 추완의 항에서 검토한 바와 같다. 전자의 입장에서는 고소의 추완은 인정되지 아니하나, 후자의 입장에서는 인정할 수 있을 것이다.

4. 고　발

고발이란 범인 및 고소권자 이외의 자가 수사기관에 대하여 범죄사실을 신고하여 범인의 소추를 요구하는 의사표시이다. 누구든지 범죄의 혐의가 있다고 생각되는 때에는 고발할 수 있다. 공무원은 그 직무를 행함에 있어 범죄의 혐의가 있다고 생각하는 때에는 고발하여야 한다(제276조). 직무를 행함에 있어서란 범죄의 발견이 직무내용에 포함되는 경우를 말하고 직무집행과 관계없이 우연히 범죄를 발견한 경우는 여기에 해당하지 않는다.

고발의 제한, 고발의 절차 및 취소 등은 고소의 경우와 같다(제277조, 제266조, 제281조). 단, 대리인에 의한 고발은 허용되지 않으며, 기간의 제한이 없다는 점이 고소와 다르다.

5. 자　수

자수(自首)라 함은 범인이 스스로 수사기관에 대하여 자기의 범죄사실을 신고하여 그 수사 및 소추를 요구하는 의사표시이다.

자수와 구별하여야 할 개념이 두 가지 있다. ① 자수와 자백과는 자수가 범인이 스스로 자기의 범죄를 수사기관에 신고하는 것임에 반하여, 자백은 수사기관의 조사를 받아 비로소 자기의 범죄사실을 인정하는 점에서 구별되며, ② 자복은 피해자에게 범죄사실을 신고하여 그 용서를 구하는 것인 점에서 자수와 구별된다.

자수의 절차는 고소·고발의 경우와 같다(제282조).

Ⅳ. 수사의 방법과 실행

1. 총　설

수사는 일반적으로 군사법경찰관리에 의하여 개시·실행되어 군검사에게 송치되는 경로를 밟는 경우가 대부분이다. 이와 같은 전과정을 통하여 수사기관은 그 목적을 달성하기 위하여 필요한 조사를 할 수 있으나, 강제처분은 본법에 특별한 규정이 없으면 하지 못한다(제231조 제1항). 여기서 강제처분이라 함은 통상 직접 물리적인 강제력을 행사하는 처분뿐만 아니라 의무를 부담시키는 모든 처분을 포함한다고 해석할 수 있다.

수사의 방법에는 임의적인 조사에 의하는 임의수사와 강제처분에 의한 강제수사가 있다. 군사법원법 하에서는 임의수사를 원칙으로 하고, 강제수사는 군사법원법에 특별한 규정이 있는 경우에 한하여 행할 수 있다.

수사는 비록 임의수사라 하더라도 그 성질상 개인의 기본적인 권리를 침해할 염려가 많은 것이므로, 군사법원법은 "군검사・군사법경찰관리 기타 직무상 수사에 관계있는 자는 비밀을 엄수하며, 피의자 또는 다른 사람의 인권을 존중하고 수사에 방해하는 일이 없도록 주의하여야 한다"(제229조)는 주의규정을 두었다. 또 군검사로 하여금 불법구속의 유무를 조사하기 위하여 매월 1회 이상 관하 수사기관의 피의자의 구속장소를 감찰하도록 하고 있다(제230조 제1항).

2. 임의수사

(1) 피의자에 대한 임의수사

군검사 또는 군사법경찰관은 수사에 필요한 때에는 피의자의 출석을 요구하여 진술을 들을 수 있다(제232조). 이 진술을 들을 때에는 미리 피의자에 대하여 진술을 거부할 수 있음을 알려야 한다(제236조의 3). 이러한 진술거부권(묵비권)의 고지를 요구하고 있음은 자기부죄의 강요를 금지하는 당사자주의적 정신의 구현이라 할 것이다.

군검사 또는 군사법경찰관이 피의자를 신문함에는 먼저 피의자임에 틀림없음을 확인하여야 하며(제233조), 범죄사실과 정상에 관한 필요한 사항을 신문하고 피의자에게 이익되는 사실을 진술할 기회를 주어야 한다(제234조).

피의자의 진술은 조서에 기재하여야 하며, 이를 피의자에 열람하게 하거나 읽어 들려주어야 한다(제236조).

(2) 피의자 이외의 자에 대한 임의수사

군검사 또는 군사법경찰관은 수사에 필요한 때에는 피의자 아닌 자(참고인)의 출석을 요구하여 진술을 들을 수 있고, 감정・통역 또는 번역을 위촉할 수 있으며(제262조), 또한 사실을 발견함에 필요한 때에는 피의자와 다른 피의자 또는 피의자 아닌 자와 대질하게 할 수 있다(제237조).

(3) 관공서에의 조회

수사에 관하여 필요할 때에는 수사기관은 관공서 기타 공사단체에 조회하여 필요한 사항의 보고를 요구할 수 있다(제231조 제 2 항). 보고의 요구를 받은 관공서 기타 공사단체는 보고의 의무가 있으나, 그 이행을 강제할 근거는 군사법원법상 없으므로 그 이행을 강제할 수는 없다고 할 것이다. 다만, 관공서 등이 보고를 하지 않는 경우에 영장에 의한 압수·수색·검증은 가능하다.

3. 강제수사

강제수사, 즉 수사를 위한 강제처분은 군사법원법에 특별한 규정이 있는 경우에 한하며, 필요한 최소한도의 범위 안에서만 하여야 한다(제231조 제 1 항 단서). 범죄수사는 인권침해의 위험성이 많으므로 수사단계에 있어서는 원칙적으로 강제력을 행사하지 못하게 하고, 불가피한 경우에 한하여 강제처분을 허용하되 그것은 법률로써 정한다는 근거정신을 명시한 것이다.

강제수사는 수사기관이 영장 없이 할 수 있는 것, 영장을 얻어서 할 수 있는 것 및 수사기관의 청구에 의하여 재판관이 할 수 있는 경우로 구분할 수 있다.

(1) 영장에 의하지 않는 강제수사

헌법은 엄격한 영장주의를 원칙으로 하고 있으므로(헌법 제12조 제 3 항) 영장에 의하지 않는 강제수사는 극히 예외적으로만 허용된다.

1) 현행범의 체포   현행범이란 범죄의 실행중이거나 실행 직후인 사람을 말한다(제247조 제 1 항). 현행범은 아니나 다음에 해당하는 자는 현행범인으로 간주하는데, 이를 준현행범이라 한다(동조 제 2 항). 즉 ① 범인으로 불리어 추적되고 있는 사람, ② 장물이나 범죄에 사용되었다고 인정하기에 충분한 흉기 그 밖의 물건을 지니고 있는 사람, ③ 신체 또는 의복류에 뚜렷한 증거 흔적이 있는 사람, ④ 누구인지 물었더니 도주하려는 사람을 말한다.

현행범인 또는 준현행범인은 누구든지 영장 없이 체포할 수 있다(제248조). 그러나 다액 50만 원 이하의 벌금, 구류 또는 과료에 해당한 경미사건에 있어서는 범인의 주거가 분명하지 아니한 때에 한하여 체포할 수 있다(제251조).

군검사 또는 군사법경찰관리가 아닌 자가 현행범인을 체포한 때에는 즉시 군검사 또는 군사법경찰관리에게 인도하여야 한다(제249조).

2) 긴급체포   긴급체포란 수사기관이 현행범인이 아닌 피의자를 체포영장 없이 체포하는 것을 말한다. 군검사 또는 군사법경찰관은 피의자가 사형, 무기 또는 장기 3년

이상의 징역이나 금고에 해당하는 죄를 범하였다고 의심할 만한 상당한 이유가 있고, 피의자가 증거를 없앨 염려가 있거나 도망하거나 도망할 염려가 있는 경우에 긴급을 요하여 체포영장을 발부받을 수 없을 때에는 그 사유를 알리고 영장 없이 피의자를 체포할 수 있다. 이 경우 긴급을 요한다 함은 피의자를 우연히 발견한 경우 등과 같이 체포영장을 받을 시간적 여유가 없을 때를 말한다(제232조의 3 제1항). 군사법경찰관이 피의자를 긴급체포하는 경우에는 즉시 군검사의 승인을 얻어야 한다(동조 제2항).

군검사 또는 군사법경찰관이 피의자를 긴급체포한 경우에는 범죄사실의 요지, 긴급체포의 사유 등을 기재한 긴급체포서를 작성하여야 한다(동조 제3항, 제4항). 한편 군검사 또는 군사법경찰관이 피의자를 긴급체포한 경우, 피의자를 구속하고자 하는 때에는 체포한 때로부터 48시간 이내에 군검사가 관할 보통군사법원 군판사에게 구속영장을 청구하여야 하고, 군사법경찰관은 군검사에게 신청하여 군검사의 청구로 관할 보통군사법원 군판사에게 구속영장을 청구하여야 한다. 이 때 긴급체포서를 첨부하여야 한다(제232조의 4 제1항). 위와 같이 구속영장을 청구하지 아니하거나 또는 구속영장을 발부받지 못한 경우에는 피의자를 즉시 석방하여야 하고, 석방된 피의자는 영장 없이는 동일한 범죄사실에 관하여 체포하지 못한다(동조 제2항, 제3항).

3) 압수·수색·검증   군검사 또는 군사법경찰관은 영장에 의한 체포·구속·긴급체포 또는 현행범을 체포하는 경우에 필요한 때에는 영장 없이 타인의 주거나 간수하는 가옥 등에서 피의자를 수사할 수 있고, 체포현장에서 압수·수색·검증 등을 할 수 있다(제255조 제1항). 피고인에 대한 체포 또는 구속영장을 집행하는 경우에도 이러한 처분을 할 수 있다(동조 제2항). 범행 중 또는 범행 직후의 범죄장소에서 긴급을 요하여 군판사의 영장을 받을 수 없는 때에는 영장 없이 압수·수색 또는 검증을 할 수 있다. 그러나 이 경우에는 사후에 지체 없이 영장을 받아야 한다(동조 제3항).

군검사 또는 군사법경찰관은 긴급체포할 수 있는 자의 소유·소지 또는 보관하는 물건에 대하여는 체포한 때로부터 24시간 이내에만 영장 없이 압수·수색 또는 검증을 할 수 있다(제256조 제1항).

군검사나 군사법경찰관은 피의자 또는 그 밖의 사람의 유류품이나 소유자, 소지자 또는 보관자가 임의로 제출한 물건을 영장 없이 압수할 수 있다(제257조).

(2) 영장에 의한 강제수사
1) 피의자의 체포
(가) 통상체포   통상체포란 수사기관이 사전에 법관의 체포영장을 발부받아 피의자를 체포하는 것으로서 영장에 의한 체포라는 점에서 긴급체포와 구별되며, 체포영장에 의한다는 점에서 구속영장에 의한 피의자구속과 구별되는 것이다. 피의자가 죄를 범하였다

고 의심할 만한 상당한 이유가 있고, 정당한 이유 없이 제232조의 규정에 의한 수사기관의 출석요구에 불응하거나 응하지 않을 우려가 있는 때에는 군검사는 관할 보통군사법원 군판사의 체포영장을 발부받아 피의자를 체포할 수 있다(제232조의 2 제1항). 다만, 다액 50만 원 이하의 벌금·구류 또는 과료에 해당하는 사건에 관하여는 피의자가 일정한 주거가 없는 경우 또는 정당한 이유 없이 수사기관의 출석요구에 응하지 않을 경우에 한하여 체포할 수 있다(동항 단서).

체포영장의 청구를 받은 군판사는 상당하다고 인정하는 때에는 체포영장을 발부하여야 하고, 체포영장을 발부하지 않을 때에는 청구서에 그 취지 및 이유를 기재하고 서명·날인하여 청구한 군검사에게 교부한다(동조 제2항, 제3항). 군검사가 체포영장을 청구함에 있어서 동일한 범죄사실에 관하여 그 피의자에 대하여 전에 체포영장을 청구하였거나 발부받은 사실이 있을 때에는 다시 체포영장을 청구하는 취지 및 이유를 기재하여야 한다(동조 제4항). 체포한 피의자를 구속하고자 할 때에는 체포한 때로부터 48시간 이내에 구속영장을 청구하여야 하고, 그 기간 내에 구속영장을 청구하지 않을 때에는 피의자를 즉시 석방하여야 한다(동조 제5항).

2) 피의자의 구속(보통구속)　　피의자가 죄를 범하였다고 인정할 만한 상당한 이유가 있고, ① 피의자가 일정한 주거가 없는 때, ② 피의자가 증거를 인멸할 염려가 있는 때, ③ 피의자가 도망 및 도망할 염려가 있을 때에는 군검사는 관할 보통군사법원 군판사에게 청구하여 구속영장을 받아 피의자를 구속할 수 있고, 군사법경찰관은 군검사에게 신청하여 군검사의 청구로 관할 보통군사법원의 군판사의 구속영장을 받아 피의자를 구속할 수 있다. 다만, 다액 50만 원 이하의 벌금이나 구류 또는 과료에 해당하는 범죄에 관하여는 피의자가 일정한 주거가 없는 경우에 한하여 구속할 수 있다(제238조 제1항). 군검사가 구속영장을 청구할 때에는 당해 군검찰부가 설치되어 있는 부대의 장의 승인을 얻어야 한다(제238조 제3항).

군검사로부터 구속영장의 청구를 받은 관할 보통군사법원 군판사는 신속히 구속영장의 발부 여부를 결정하여야 하며(동조 제4항), 구속영장을 발부함이 상당하다고 인정할 때에는 구속영장을 발부하고, 이를 발부하지 아니할 때에는 청구서에 그 취지 및 이유를 기재하고 서명·날인하여 군검사에게 교부한다. 군검사는 구속영장을 청구함에 있어서 동일한 범죄사실에 관하여 그 피의자에 대하여 전에 구속영장을 청구하거나 발부받은 사실이 있을 때에는 다시 구속영장을 청구하는 취지 및 이유를 기재하여야 한다(제238조 제5항).

구속영장의 방식, 구속의 절차 등에 관하여는 군사법원이 피고인을 구속하는 경우의 제 규정을 준용한다(제246조).

군검사 또는 군사법경찰관이 체포영장 또는 구속영장의 발부를 받은 후 피의자를 체포 또는 구속하지 아니하거나 체포 또는 구속된 피의자를 석방한 때에는 지체 없이 군검사는 영장을 발부한 군사법원에 그 사유를 서면으로 통지하여야 한다(제241조).

군사법경찰관 및 군검사가 피의자를 구속할 수 있는 기간은 각 10일이다. 피의자가 체포된 경우에는 실제 체포된 날로부터 구속기간을 가산한다(제240조의 2). 군사법경찰관이 피의자를 구속한 때에는 10일 이내에 피의자를 군검사에게 인치하지 아니하면 석방하여야 하고(제239조), 군검사가 피의자를 구속한 때 또는 군사법경찰관으로부터 피의자의 인치를 받은 때에는 10일 이내에 공소를 제기하지 아니하면 석방하여야 한다(제240조). 그러나 군사법경찰관 및 군검사는 수사를 계속함에 상당한 이유가 있는 때에는 보통군사법원 군판사의 허가를 받아 각각 10일을 초과하지 않는 한도 안에서 1차에 한해 구속기간을 연장할 수 있다(제242조).

　　3) 영장실질심사　　체포(체포영장에 의한 체포와 긴급체포로 현행범체포를 모두 포함한다)된 피의자에 대하여 구속영장을 청구 받은 군판사는 피의자 또는 그 변호인, 법정대리인, 배우자, 직계친족, 형제자매, 호주, 가족이나 동거인 또는 고용주의 신청이 있는 경우에 피의자를 심문할 수 있으며(제238조의 2 제1항), 그 이외의 피의자에 대하여 구속영장을 청구받은 군판사는 피의자가 죄를 범하였다고 의심할 만한 이유가 있는 경우에 구속의 사유를 판단하기 위하여 필요하다고 인정하는 때에는 구인을 위한 구속영장을 발부하여 피의자를 구인한 후 심문할 수 있다(동조 제3항). 군검사 또는 군사법경찰관은 피의자에 대하여 이러한 영장실질검사를 위한 심문을 할 수 있음을 알려 주고 피의자신문조서에 군판사의 심문을 신청하는지 여부를 기재하여야 하고, 그렇지 못한 경우에는 피의자작성의 확인서 기타 피의자의 의사를 표시한 서면으로 이에 갈음할 수 있다(동조 제2항). 군판사는 심문기일과 장소를 군검사, 피의자 및 변호인에게 통지하여야 하고, 군검사와 변호인은 위 심문기일에 출석하여 의견을 진술할 수 있다(동조 제4항·제5항). 이 때 군판사는 공범의 분리심문 기타 수사상의 비밀보호를 위하여 필요한 조치를 하여야 한다(동조 제6항). 군판사는 피의자를 심문한 결과 구속할 사유가 있다고 인정될 때에는 구금을 위한 구속영장을 발부하여야 한다(동조 제7항).

　　4) 압수·수색·검증　　군검사는 범죄수사에 필요한 때에는 군검사의 청구에 의하여 관할 보통군사법원 군판사가 발부한 영장에 의하여, 군사법경찰관이 범죄수사에 필요한 때에는 군검사에게 신청하여 군검사의 청구로 관할 보통군사법원 군판사가 발부한 영장에 의하여 각각 압수·수색 또는 검증을 할 수 있다(제254조 제1항·제2항).

　(3) 체포와 구속의 적부심사

현행 헌법은 국민의 기본적 인권보장의 일환으로서 구속적부심사제도를 규정하고 있다(제12조 제6항). 제5공화국 헌법에 규정하였던 심사대상의 제한을 삭제함으로써 모든 범죄에 대한 구속적부심사가 가능하게 되었다.

구속적부심사제도라 함은 피구속자 또는 관계인의 청구가 있으면 법관이 즉시 본인과 변호인이 출석한 공개법정에서 구속의 이유(주거부정 · 도피의 염려 · 증거인멸 등)를 밝히도록 하고, 구속의 이유가 부당하거나 적법한 것이 아닐 때에는 법관이 직권으로 피구속자를 석방하게 하는 제도로서, 수사기관의 수사권남용으로 인한 불법체포 · 구속으로부터 인신의 자유를 확보하기 위한 사후구제 중 그 지주가 되는 제도이다.[3] 최근 군사법원법 개정에서는 이외에 체포적부심사제도가 추가되었다. 그 구체적 내용과 절차를 살펴보면 다음과 같다.

1) **청구권자**   체포와 구속적부심사의 청구권자의 범위는 체포영장 또는 구속영장에 의하여 체포 또는 구속된 피의자 또는 그 변호인 · 법정대리인 · 배우자 · 직계친족 · 형제자매 · 호주 · 가족은 물론 동거인 또는 고용주까지도 해당된다(제252조 제1항).

2) **청구사유**   체포와 구속적부심사의 청구사유로서는 체포영장 또는 구속영장의 발부가 법률에 위반한 때 또는 체포 또는 구속 후에 중대한 사정변경이 있어 체포 또는 구속을 계속할 필요가 없는 때 등이 주로 해당되었으나, 현행 군사법원법에서는 청구사유의 특별한 제한은 없으므로 체포 또는 구속의 이유가 부당하거나 적법하지 아니한 모든 경우도 이에 해당될 것이다. 또한 현행 군사법원법에서는 舊 군법회의법상의 국가안보에 관한 범죄, 중죄, 군검사의 인지사건을 청구대상에서 제외한다는 규정을 삭제함으로써 모든 범죄에 대한 체포와 구속적부심사가 가능하게 되었다.[4]

3) **청구의 포기**   체포 또는 구속적부심사청구를 받은 군사법원은 적부심사의 신속을 꾀하고 청구권남용으로 인한 군사법원의 의무과중을 덜기 위하여 다음과 같은 경우에는 피의자를 심문함이 없이 결정으로 청구를 기각하도록 하고 있다(동조 제3항).

① 청구권자 아닌 자가 청구하거나 동일한 체포영장 또는 구속영장의 발부에 대하여 재청구한 때
② 공범 또는 공동피의자의 순차청구가 수사방해의 목적임이 명백한 때

---

3) 헤비어스 코퍼스(habeas corpus)란 "본인의 인신을 제출하라"(to have the body)는 뜻이고, 이것은 적법절차(due process of Law)에 의하지 아니하거나 권한 없는 자에 의하여 불법으로 구속된 자를 구제하기 위하여 법원에 인신보호영장(writ of habeas corpus)을 신청하는 제도이다. 법원은 구금한 자(사인도 포함)에 대하여 피구금자의 인신의 제출과 지정된 일자와 장소에서 구금의 이유의 개시를 명령한다(조사장, writ of Inquiry). 이 조사에서는 피구금자의 유죄 · 무죄를 심사하지 아니하고, 구금이 적법절차에 의하여 이루어졌는가만을 심사하여 만약 적법절차에 의하지 않았다면 석방명령을 한다. 결국 이 제도는 구속이 법관의 영장에 의하지 아니하였다는 점에서 사법적 심사의 필요성을 인정한 것이다.

4) 舊 군법회의법(법률 제3492호, 1981.12.31.) 제250조(구속의 적부심사) ① 구속영장에 의하여 구속된 피의자 또는 그 변호인 · 법정대리인 · 배우자 · 직계친족 · 형제자매 · 호주 · 가족이나 동거인 또는 고용주는 구속영장의 발부가 법률에 위반하거나 구속 후 중대한 사정변경이 있어 구속을 계속할 필요가 없는 때에는 보통군법회의 관할관에 대하여 구속의 적부심사를 청구할 수 있다. 다만, 다음 각 호의 1에 해당하는 죄나 군검사의 범죄인지사건으로 구속영장이 발부된 자의 경우에는 그러하지 아니하다.
　1. 형법 제2편 제1장 및 제2장의 죄, 군형법 제2편 제1장 및 제2장의 죄와 국가보안법에 규정된 죄
　2. 사형 · 무기 또는 단기 5년 이상의 징역이나 금고에 해당하는 죄

4) 군사법원의 조치　　체포 또는 구속적부심청구를 받은 군사법원은 지체 없이 체포 또는 구속된 피의자를 심문하고, 수사기관서류와 증거물을 조사하여 그 청구가 이유 없다고 인정한 때에는 결정으로 이를 기각하고, 이유 있다고 인정한 때에는 결정으로 체포 또는 구속된 피의자의 석방을 명하여야 한다(동조 제 4 항).

체포 또는 구속적부심사 자체가 체포영장 또는 구속영장발부에 대한 항고심적 성격을 지니고 있으므로 항고는 인정하지 아니한다(동조 제 8 항).

군검사・변호인・청구인은 피의자의 심문기일에 출석하여 의견을 진술할 수 있고(동조 제 9 항), 피의자를 심문함에 있어 법원은 공범의 분리심문 기타 수사상의 비밀보호를 위한 적절한 조치를 취하여야 한다. 체포영장 또는 구속영장을 발부한 군판사는 체포 또는 구속적부심의 심문・조사・결정에 관여하지 못한다(동조 제12항). 다만, 체포영장 또는 구속영장을 발부한 군판사 외에는 심문・조사 또는 결정을 할 군판사가 없는 경우에는 그러하지 아니하다(동조 제12항 단서).

5) 변호인제 확대　　종래 원칙적으로 피고인에 한하여 인정되었던 변호인선임권이 피의자의 경우에까지도 다음과 같은 두 경우에 확대되어 인정되고 있다.

첫째, 체포 또는 구속의 적부심사를 청구한 피의자의 가족・동거인 또는 고용주는 독립하여 변호인을 선임할 수 있다.

둘째, 종전의 구속적부심사제도는 부유층이나 유력자들이 주로 이용되었던 폐단을 시정하고, 서민들에게도 이 제도의 혜택을 주기 위하여 체포 또는 구속된 피의자에게 변호인이 없는 때에는 제62조의 규정을 준용하도록 하여 국선변호인제도를 피의자의 경우에도 확대하여 운용하고 있다(제252조 제10항). 즉 체포하거나 구속된 피의자에게 변호인이 없을 때에는 군사법원은 직권으로 변호인을 선정하여야 한다.

6) 구속기간중 심사기간 제외　　피의자의 체포 또는 구속적부심사청구권의 남용을 방지하고 사실상의 구속기간의 감축으로 인한 수사상의 지장을 해소하기 위하여 법원이 수사관계서류와 증거물을 접수한 날로부터 결정을 한 날까지의 기간은 제232조의 2 제 5 항(체포기한), 제232조의 4 제 1 항(긴급체포와 영장청구기간)의 제한기간에 산입하지 아니하고, 제239조(군사법경찰관의 구속기간), 제240조(군검사의 구속기간) 및 제242조(구속기간의 연장)의 적용에 있어서 그 구속기간에 산입하지 아니한다(제252조 제13항).

7) 재체포(再逮捕) 및 재구속(再拘束)의 제한　　군판사의 석방명령에 의하여(제252조 제 4 항) 석방된 피의자가 도망하거나 범죄증거를 없애는 경우를 제외하고는 동일한 범죄사실에 관하여 다시 체포하거나 구속하지 못한다(제253조 제 1 항).

(4) 증거보전청구권

1) 의　　의　　증거보전이라 함은 공판기일에서의 정상적인 증거조사가 있을 때까

지 기다리게 될 경우, 벌써 증거방법의 사용이 불능 또는 현저하게 곤란한 염려가 있는 경우에 공판기일에서의 절차에 앞서서 별도로 당사자 등의 청구에 의하여 군판사가 증거조사를 하여 두는 제도를 말한다.

피의자는 공판절차에서는 피고인으로서 군검사와 대립하는 당사자가 되는 것이지만, 수사단계에 있어서는 군검사에 대하여는 범죄에 대한 혐의를 받는 자로서 조사의 객체인 것이고, 군검사는 강력한 권한을 가지고 공판준비를 위하여 필요한 증거를 수집·보전하는 것이 허용되고 있다. 그렇다면 장차 피고인이 될 피의자에게도 자기에게 유리한 증거를 수집·보전하는 길이 열려져야 할 것이다. 이러한 견지에서 군사법원법은 피의자(피고인)측에게도 강제처분으로서의 증거보전의 청구를 할 수 있음을 명문으로 규정하고 있다. 따라서 증거보전의 제도는 군검사측에서보다도 피고인측에 유리한 증거의 수집·보전을 가능케 하는 점에 있어서 또 하나의 중요한 의의가 있다고 할 것이다.

2) 증거보전의 절차   군검사·피고인·피의자 또는 변호인은 미리 증거를 보전하지 아니하면 그 증거를 사용하기 곤란한 사정이 있는 때에는 제1회 공판기일 전이라도 군판사에게 압수·수색·검증·증인신문 또는 감정을 청구할 수 있다(제226조 제1항). 이 청구를 함에는 서면으로 그 사유를 소명하여야 한다(동조 제3항). 한편 이와 같은 청구를 받은 군판사는 그 처분에 관하여 군사법원이나 재판장과 동일한 권한이 있다(동조 제2항).

제226조 제1항 중 "증거를 보전하지 아니하면 그 증거를 사용하기 곤란한 사정에 있는 때"라고 함은 증거조사가 어려운 경우뿐만 아니라 증명력의 변화가 우려되는 경우도 포함한다. 예를 들어 증인으로 될 자가 중병으로 사기에 임박하고 있다든가, 국외로 여행예정이 있어 공판기일까지 기다릴 수 없다든가, 또는 즉시 검증하여 두지 아니한다면 현장의 변경이 있다든지, 곧 압수하지 아니하면 증거가 흐려져 버린다든가 등의 사정이 있는 경우로서, 이러한 사정은 소명함을 요한다.

군판사는 위와 같은 사정이 인정되면 증거보전을 하여야 하나, 그렇지 않으면 동 청구를 기각한다. 그런데 증거보전을 청구할 수 있는 시기를 제1회 공판기일 전으로 한정한 것은 공판기일에는 증거조사절차에 들어간 이상 수소군사법원에 증거조사의 신청을 할 수 있기 때문이다.

3) 증거보전처분 후의 관계   증거보전의 청구가 이유 있다고 인정되어 보전하게 된 증거물이나 작성한 조서 등은 그 군판사가 소속하는 군사법원에 보관하여 두게 된다. 특히 이 경우에 조서는 군사법원 또는 군판사의 조서로서 무조건 증거능력을 가지게 된다고 함은 전술한 바와 같다.

군검사, 피고인, 피의자 또는 변호인은 군판사의 허가를 받아 제226조에 따른 처분에 관한 서류와 증거물을 열람 또는 복사할 수 있다(제227조).

Ⅴ. 수사의 종결

1. 의 의

수사는 범인을 발견하고 증거를 수집하여 공소제기 및 유지를 위한 준비절차인 것이므로, 수사의 종결은 군검사에 의한 공소의 제기 여부와 직결되는 것이라 할 수 있다. 군사법경찰관이 수사를 하였을 때에는 서류와 증거물을 첨부하여 군검사에게 사건을 송치하여야 하고(제283조), 또 군사법경찰관이 피의자를 구속한 때에는 10일 이내에(연장허가를 받은 경우에는 20일 이내) 군검사에게 인치하지 아니하면 석방하여야 한다(제239조). 왜냐하면 군사법원법상 피의자에 대한 수사종결의 주체는 군검사이고, 군사법경찰관은 수사는 할 수 있으나 수사의 종결은 할 수 없기 때문이다. 군검사가 수사를 하였거나 군사법경찰관으로부터 사건의 송치를 받은 때에는 의견을 붙여 당해 군검찰부가 설치되어 있는 부대의 장에게 사건내용을 보고하여야 한다. 이 경우 군사법원이 설치되어 있지 아니한 부대의 군검사는 관할 군사법원이 설치되어 있는 부대의 군검찰부에도 이를 보고하여야 한다(제284조).

2. 군검사의 수사종결

군검사는 다음과 같은 처분으로 수사를 종결한다.

(1) 공소의 제기

수사의 결과 피의사건에 관하여 범죄의 객관적 혐의가 충분하고, 소송조건과 처분조건을 구비하여 유죄의 판결을 얻을 수 있는 경우에는 공소를 제기한다(제285조 제 1 호). 공소제기는 수사종결의 가장 전형적인 것이다. 그러나 공소제기 후에도 군검사는 공소의 유지를 위하여 수사를 계속할 수 있다.

(2) 타관송치

사건이 그 군사법원의 관할에 속하지 아니하거나 그 군사법원의 관할에 속한다 하더라도 다른 관할 군사법원에서 심리함이 상당하다고 인정하는 때, 또는 군사법원의 재판권이 속하지 아니하는 때에는 관할 군사법원 군검사 또는 당해 관서에 사건을 이송하여야 한다(동조 제 3 호).

(3) 불기소처분

군사법원법은 공소의 제기에 있어서 기소편의주의를 채택하고 있으므로 불기소처분에는 다음 두 가지로 구분할 수 있다.

1) 협의의 불기소   피의사건이 범죄가 되지 아니하거나 공소를 제기함에 충분한

혐의가 없거나 또는 소송 조건이 결여되었거나 형이 면제되는 등의 경우에는 기소할 수 없는데, 이를 협의의 불기소라 한다.

　2) 기소유예　　　공소를 제기할 수 있는 제 조건이 구비되어 있을지라도 범인의 연령·성행·지능과 환경, 피해자에 대한 관계, 범행의 동기·수단과 결과, 범행 후의 정황 등(형법 제51조) 정상을 참작하여 공소를 제기하지 아니할 수 있는데, 이를 기소유예라 한다.

　불기소처분을 하였다 하더라도 처분으로 말미암아 어떤 확정력이 발생하는 것이 아니므로 언제나 수사를 재개할 수 있고, 또 공소를 제기할 수도 있다.

3. 수사종결의 통지

(1) 군사법경찰관에 대한 통지

　군검사는 군사법경찰관으로부터 송치받은 사건에 대하여 그 처리결과를 당해 군사법경찰관에게 통지하여야 한다(제287조).

(2) 피고인 등에 대한 통지 및 설명

　군검사가 고소 또는 고발에 의하여 범죄를 수사할 때에는 고소 또는 고발을 수리한 날로부터 3월 이내에 수사를 완료하여 공소제기 여부를 결정하여야 하는바(제298조), 이 경우에 군검사는 그 사건에 관하여 공소를 제기하거나 제기하지 않는 처분, 공소의 취소 또는 타관송치를 한 때에는 그 처분을 한 날로부터 7일 이내에 서면으로 고소인 또는 고발인에게 그 취지를 통지하여야 한다(제299조 제1항).

　군검사는 고소 또는 고발 있는 사건에 관하여 공소를 제기하지 아니하는 처분을 한 경우에 고소인 또는 고발인의 청구가 있는 때에는 7일 이내에 고소인 또는 고발인에게 그 이유를 서면으로 설명하여야 한다(제300조).

(3) 피의자에 대한 처분통지

　군검사는 불기소 또는 타관송치를 한 때에는 피의자에게 즉시 그 취지를 통지하여야 한다(제299조 제2항).

제 2 절　공소의 제기

I. 총　설

　공소의 제기(기소)라 함은 군검사가 특정한 범죄사건에 대하여 국가의 형벌권의 존부 및 그 범위를 확정하는 것을 목적으로 하여 군사법원에 대하여 그 심판을 요구하는 법률행위적 소송행위를 말한다.

공소의 제기는 수사의 종결을 의미하는 동시에 공판절차의 개시이기도 하다. 범죄의 혐의자인 피의자는 공소의 제기 시까지 수사기관에 의하여 일방적으로 불평등한 입장에서 절차가 진행되어 가지만, 공소의 제기가 있으면 피의자는 군검사의 상대방인 피고인으로 등장하고 군사법원은 제 3 자적인 입장에서 재판기관으로서의 기능을 발휘하게 된다. 이 경우에는 공소의 제기에 의하여 특정된 피고인 및 공소사실이 심판의 대상으로 된다. 이러한 점에서 공소는 군검사의 의사표시에 불과한 것이지만, 중요한 소송행위로서의 성질을 갖는 것이다.

Ⅱ. 공소제기에 관한 기본원칙

1. 국가소추주의 · 기소독점주의

(1) 군사법원법 제289조에는 "공소는 군검사가 제기하여 수행한다"라고 규정하여 국가소추주의 · 기소독점주의를 명문화하고 있다. 즉 군형사사건에 관하여 사인소추를 인정하지 않고 오로지 국가기관만이 소추를 행하는 점에서 본다면 이는 국가소추주의인 것이고, 여러 국가기관 중에서도 특히 군검사가 공소제기의 권한을 갖고 있는 점에서 기소독점주의이다.

(2) 국가소추주의(Amtanklage)는 형벌권의 실현수단으로서 가장 적당한 방식일 것이다. 형벌이 피해자나 기타 일반인의 감정이나 이해관계에 의하여 좌우된다는 것은 형벌권 행사의 본질에 반하기 때문이다. 또 기소독점주의(Anklagemonopol)는 전군적으로 통일된 군검사가 군검사동일체의 원칙의 정신 하에 소추의 적정을 보장하고 기소 · 불기소 및 구형 등의 기준이 지역적으로 달라질 수 있게 되는 것을 방지한다는 장점을 갖는 동시에, 군검사는 공익의 대표자인 것이므로 피해자소추주의에 있어서와 같이 복수관념에 지배되지 않고 범죄가 군기에 미치는 영향이나 피해자의 감정, 범인의 입장 등의 제 사정을 종합적으로 고려하여 공소권의 실행의 공정을 기하는 것이 가능하다는 데에 장점이 있다. 그러나 기소독점주의는 군검사동일체의 원칙 및 기소편의주의와 결합하는 때에는 군검사의 권한이 강대하여 군검사의 독선의 위험이 있고, 군검사가 부대장의 지휘 · 감독을 받고 있는 이유로 해서 공소권의 운용이 외부세력에 의하여 좌우된다면 그 폐단도 적지 않을 것이므로 군사법원법은 기소독점주의를 규제하고자 고소 · 고발인에 대한 불기소처분의 취지와 이유고지(제299조, 제300조), 재정신청(제301조)제도를 규정하고 있다.

(3) 군사법원법상의 기소독점주의는 다음과 같은 예외를 인정하고 있다.

1) 고소인 등은 군검사의 불기소처분에 불복이 있을 때에는 일정한 절차를 거쳐 군

검사의 공소의 제기와 동일한 결과에 이를 수 있다. 이것이 바로 후술할 재판상의 준기소절차제도(제301조 이하)이다. 이는 형식적으로도 기소독점주의의 예외로 되는 것이다.

　　2) 기소독점주의에 대한 예외는 아니지만 간접적으로 공소의 제기나 불기소처분에 있어서 군검사의 자의를 방지하는 데 중요한 의의를 가지는 고소인·고발인에 대한 불기소처분의 통지제도(제299조, 제300조)이다. 또 고소·고발이 소송조건으로 되어 있는 경우(친고죄에 있어서의 고소나 관세범 등에 있어서의 세관장의 고발 등)에는 이를 결여하면 적법인 공소의 제기를 할 수 없다는 의미에서 기소독점주의에 대한 일종의 제한이라고 하겠다.

　　3) 한편 현행 군사법원법은 즉결심판절차를 규정하고 있는바(제501조의 14 내지 34), 이러한 즉결심판청구는 군검사가 아니라 군사경찰부대의 장이 한다는 점에서 기소독점주의의 중대한 예외라고 할 것이다.

2. 기소편의주의 · 기소법정주의

(1) 군검사가 수사의 결과 공소를 제기함에 충분한 범죄의 혐의가 있고, 소송조건을 구비하고 있는 경우에는 반드시 공소를 제기하여야 한다는 주의를 기소법정주의(Legalitäts-prinzip)라고 한다.

이에 반하여 기소를 할 수 있는 모든 조건을 구비하고 있다고 할지라도 군검사에게 기소하거나 불기소처분을 하는 데 재량의 여지를 인정하고 있는 주의를 기소편의주의(Opportunitätsprinzip)라고 하는데, 군사법원법은 이 중 기소편의주의를 채택하고 있고, 이는 일반 형사소송법도 마찬가지이다. 즉 "군검사는 형법 제51조의 사항을 참작하여 공소를 제기하지 아니할 수 있다"고(제289조의 2) 규정함으로써 기소편의주의를 채용하고 있는 것이다(형법 제51조는 양형의 조건에 관한 규정으로서 범인의 연령·성행·지능과 환경, 피해자에 대한 관계, 범행의 동기·수단과 결과, 범행 후의 정황을 참작하여 불기소처분할 수 있다는 것이다).

기소법정주의는 그 당연한 결론으로서 공소제기 후의 공소의 취소를 인정할 수 없다. 이를 공소불변경주의라고 한다. 이에 반하여 기소편의주의는 그 취소를 인정하여 공소변경주의를 인정한다.

(2) 기소법정주의는 역사적으로 프랑스혁명 이후의 법치주의의 국가에서 군검사의 전단, 특히 군검사가 정치세력에 좌우되어 부당한 불기소처분을 함으로 인한 편파적인 취급을 방지하기 위해서 설정한 제도였다. 그 유래에서 보는 바와 같이 기소법정주의는 군검사의 자의적인 처분을 배제함으로써 기소·불기소처분이 정치세력 등에 의하여 좌우되는 것을 방지하여 공소의 제기를 공평하게 하며, 법적인 안정성을 유지하는 데에는 장점이 있을지 모르지만, 범죄의 성립이 인정되는 한에 있어서는 그 정황의 여하를 불문하고 반드시 기소하여야 하므로 실제상 무익한 공소제기가 강행되는 결과로 되어 구체적 정의에 반하

는 결과도 생기고 군형사정책적인 견지에서도 부당한 결과로 될 것이다. 즉 범행은 인정된다고 하더라도 사안이 경미하고 개전하고 있는 자를 구태여 기소하게 되면 불필요한 전과자를 양산하게 되고, 군사작전에 지대한 곤란을 초래함은 물론 재판기관인 군사법원도 사건의 폭주로 인하여 공정하고 합리적인 재판을 기대할 수 없기 때문이다. 여기에 구체적으로 타당성 있는 군형사법의 합목적적인 운영과 군형사정책적인 견지에서 군검사에게 기소·불기소에 관한 재량권을 인정하는 기소편의주의를 채용하게 되는 이유가 있는 것이다. 물론 이와 같은 이유로 해서 판결 시 형의 집행유예나 선고유예, 판결에 대한 관할관의 감형제도와 가석방제도가 있으나, 범죄자에게 전과의 오명을 남기지 않고 기소 전의 단계에서 그 처벌을 면하게 하는 것이 훨씬 합목적적이라고 할 것이다. 특히 군의 특수성을 고려한다면 기소편의주의는 적정하게 운용되기만 한다면, 군사작전의 일환으로 시행되는 군사법의 운용에 있어서 기소법정주의보다는 훨씬 합리적인 제도라고 할 수 있다.

(3) 기소편의주의에 의한 불기소처분은 기소유예이다. 기소유예는 범인이 도주하여 불기소처분을 하는 기소중지나 범죄의 성립요건의 결여로 기소하지 않는 협의의 불기소처분(범죄에 대한 혐의가 없거나 피의자의 행위가 범죄가 되지 않는 경우)과는 달리 공소를 제기하는 데 충분한 범죄의 혐의가 있고, 소송조건이 구비되어 있는 경우에도 군검사의 재량에 의하여 기소하지 않는 처분이다. 군사법원법은 기소유예의 판단의 기준으로서 범인의 연령·성별·지능과 환경 등 범인의 위험성의 고려와 범행의 동기·수단과 결과 등 범인의 형사책임에 영향을 미칠 사정 및 범죄 후의 정황과 피해자의 유서나 피해보상 등 피해자와의 관계를 고려하여 정하도록 하고 있다. 이 점은 형사소송법과 전혀 다를 바가 없다. 그러나 군검사는 관할관의 지휘·감독을 받아야 하므로 구조적으로 일반 형사소송법에서와는 다른 일면이 있다고 할 것이다.

3. 공소의 취소

(1) 공소제기 후에는 공소를 취소할 수 없는 주의를 공소불변경주의라고 하고, 공소제기 후에 그 취소를 인정하는 주의를 공소변경주의라고 함은 전술한 바와 같다. 군사법원법은 기소편의주의를 채용하고 있음으로 인한 논리적인 귀결로서 또 명문규정으로서 공소변경주의를 채택하고 있다. 즉 공소는 제 1 심 판결의 선고 전까지 이를 취소할 수 있다(제297조 제 1 항). 공소의 취소의 시기를 제 1 심 판결의 선고 전까지로 제한하고 있는 것은 군검사의 일방적인 처분에 의하여 재판의 효력이 좌우되는 일이 없도록 그 안정성을 어느 정도 보장하자는 데 그 의의가 있다.

또 공소의 취소는 그 이유를 기재한 서면으로 하여야 하나, 공판정에서는 구술로써 할 수 있다(제297조 제 2 항). 서면으로 하도록 한 것은 군검사에 의한 의견표시를 서면으로 명시하기 위한 것이다. 구술로서 공판정에서 할 수 있게 함은 공개된 법정에서는 직접 군사법원에 간단히 그 의사를 표시할 수 있고, 그 의사표시는 공판조서에 기록되므로 결과적으로 서면에 녹취된다고 할 것이다.

(2) 공소가 취소된 때에는 결정으로 공소를 기각한다(제383조 제1항 제1호). 이 공소기각의 결정이 확정된 때에는 공소취소 후 그 범죄사실에 대하여 다른 중요한 증거를 발견한 경우에 한하여 다시 공소를 제기할 수 있다(제384조). 이에 위반하여 다시 공소가 제기되었을 때에는 판결로써 공소를 기각한다(제382조 제4호). 여기에 '다른 중요한 증거'라 함은 당해 동일사건에 대하여 공소제기 전에 소지하거나 수집한 증거 이외의 증거로서 기존의 증거에 추가함으로써 유죄의 인정을 가능하게 할 정도의 증거를 말한다. 이는 기판력에 의한 일사부재리의 원칙의 적용이 아니고, 단지 인권옹호를 위한 조치규정이라 하겠다. 왜냐하면 공소기각의 재판은 확정되더라도 기판력이 발생하지 아니함은 전술한 바와 같다.

준기소절차에 의하여 고등법원의 결정이 있는 사건은 군검사는 물론 당해 사건에서 제외되었으므로 관여하지 못하고, 지정법무관도 공소를 취소하지 못한다고 해석된다. 왜냐하면 준기소절차에 있어서 공소의 제기에 해당하는 재정결정은 고등법원에서 행하고, 지정법무관은 단지 공소의 유지자에 불과하기 때문이다(제306조 참조).

Ⅲ. 공소제기의 절차

1. 공소장의 제출

공소를 제기함에는 공소장을 관할 군사법원에 제출하여야 한다(제296조 제1항). 공소는 군검사가 제기하여야 하므로 군검사 이외의 자가 제기한 공소는 불성립이거나 무효이다. 공소를 제기함에는 반드시 공소장에 의함을 요하며, 구두나 전보에 의한 공소제기는 허용되지 아니한다. 공소장에는 피고인의 수에 상응하는 부본을 첨부하여야 하고(동조 제2항), 이러한 공소장부본은 지체 없이 늦어도 제1회 공판기일 5일 전까지는 피고인에게 송달되어야 한다(제308조).

2. 공소장의 필요적 기재사항

공소장에는 피고인을 특정할 수 있는 사항·죄명·공소사실 및 적용법조를 기재하여야 하며(제296조 제3항), 공소사실의 기재는 특정할 수 있도록 하여야 한다(동조 제4항).[5] 이와 같이 공소장에 엄격한 기재요건을 요구하고 있는 것은 심판의 대상을 명확히 함으로써

---

5) 공소장에 "피고인이 성명불상자와 합동하여 성명불상자로부터 품명불상의 재물을 절취하였다"라고 기재한 것은 공소사실이 특정된 것이라 볼 수 없다(대법원 1982.12.14. 선고 82도1362 판결 참조).

심리의 능률과 신속을 도모함과 동시에 피고인의 방어준비를 용이하게 하려는 취지이다.

3. 공소사실과 적용법조의 예비적·택일적 기재

공소장에는 수개의 범죄사실과 적용법조를 예비적 또는 택일적으로 기재할 수 있다(제 296조 제 5 항). 이는 공소사실의 사실적·법률적 구성에 관하여 군검사에게 어느 정도의 융통성을 인정함으로써 공소장기재의 과도한 엄격성을 요구함으로 인한 여러 가지 불합리한 결과를 방지하려는 데 그 의의가 있다.

4. 공소장일본주의

공소장에는 재판관에게 예단을 하게 할 우려가 있는 서류나 그 밖의 물건을 첨부하거나 그 내용을 인용하지 못한다(제296조 제 6 항). 이를 공소장일본주의라 하는데, 이는 사건에 대한 재판관의 예단과 편견을 배척함으로써 재판의 공정을 기하려는 데 그 의의가 있는 것이며, 아울러 당사자의 적극적인 공소활동을 중심으로 하여 소송을 진행하고 군사법원은 제 3 자적인 공평한 판단자의 지위에 머무르게 하는 당사자주의적 소송구조에 있어서 필연적으로 요청되는 제도라 할 것이다.

Ⅳ. 공소제기의 효과

1. 소송의 계류(소송의 계속, pending)

공소제기에 의하여 당해 피고사건이 군사법원에 계속(係屬)한다. 이는 지금까지 군검사의 지배 하에 있던 사건이 군사법원의 지배 하에 속하게 됨을 의미한다.

소송이 계속되면 군사법원은 당해 사건을 심리할 권리와 의무가 발생하고, 양 당사자는 당해 사건에 관하여 소송을 진행하고 군사법원의 심리를 받아야 할 권리와 의무가 발생한다.

2. 공소시효진행의 정지

소송의 제기에 의하여 소송시효의 진행이 정지되고, 관할위반 또는 공소기각의 재판이 확정된 때로부터 다시 진행한다(제295조 제 1 항). 공범의 1인에 대한 시효정지는 다른 공범자에 대하여 효력이 미친다(동조 제 2 항).

3. 이중기소의 금지(중복제소금지)

하나의 사건에 대하여 공소가 제기되면 동일사건에 관하여 이중으로 공소를 제기할 수 없다. 만일 동일군사법원에 대하여 이중으로 공소가 제기되었을 때에는 후에 제기된 공소에 대하여 공소기각의 판결을 하여야 한다(제382조 제3호).

동일사건이 수개의 군사법원에 계속된 때에는 먼저 공소를 받은 군사법원이 심판한다(제17조). 다만 중앙지역군사법원은 군검사 또는 피고인의 신청에 의하여 결정으로 후에 공소를 받은 군사법원으로 하여금 심판하게 할 수 있다(동조 단서). 이 경우에 심판할 수 없게 된 군사법원은 공소기각의 결정을 하여야 한다(제383조 제1항 제3호).

4. 사건범위의 한정

공소의 제기에 의하여 사건의 범위는 한정된다. 즉 공소제기의 효력은 공소장에서 지정된 피고인과 공소사실에 대하여 사건이 단일한 한 그 전부에 대하여 불가분적으로 미친다. 이를 공소불가분의 원칙이라고 한다.

첫째, 객관적인 측면에서 공소제기의 효력은 단일사건 전체에 미치고, 사건의 동일성이 인정되는 한 그 효력이 계속 유지된다. 따라서 1개의 범죄에 대하여 그 일부만의 공소는 인정되지 않고, 만일 그 일부만의 기소가 있으면 공소의 효력은 당연히 그 사건의 전부에 미친다(제290조 제2항).

둘째, 주관적인 측면에서 공소는 군검사가 피고인으로 지정한 이외의 다른 사람에게는 그 효력이 미치지 아니한다(제290조 제1항). 이 점이 고소의 효력이 공범의 전부에 미치는 고소불가분의 원칙과 다르다.

이와 같이 객관적인 면에 있어서나 주관적인 면에 있어서 공소제기의 효력이 미치지 아니하는 사건에 대하여는 군사법원은 심판할 수 없다고 하는 원칙을 불고불리의 원칙이라 한다.

V. 재판상의 준기소절차

1. 총 설

이미 설명한 바와 같이 공소제기에 있어서의 군검사에 의한 기소독점주의는 구체적 타당성과 형사정책적 견지에서 소추의 적정을 보장한다는 장점도 있으나, 반면에 기소독점주의는 기소편의주의와 결합하여 군검사의 독선·전단을 초래할 위험성을 다분히 내포하고 있다. 그러므로 군사법원법은 이와 같은 군검사의 기소독점주의 및 기소편의주의로 인하여 생길 수 있는 폐해를 방지하기 위한 방법의 하나로서 재판상의 준기소절차제도를 인정하고 있다.

군사법원법은 제301조 이하에서 군검사의 불기소처분에 대하여 불복하는 고소인이나 고발인은 군사법원에 불기소처분의 당부에 관한 재정신청을 하여 군사법원이 그 신청이 이유 있다고 인정함으로써 심판에 부(附)하는 결정을 하였을 때에는 군검사에 의한 공소의 제기에서와 같은 성질의 공소의 제기가 있는 것으로 간주하는 공소제기의 의제제도를 명문으로 규정하고 있다. 이와 같은 제도를 재판상의 준기소절차 또는 재정신청이라 한다.

2. 심판에 부하는 절차

(1) 신청권자 및 신청방식

고소인과 고발인은 군검사의 불기소처분에 대하여 고등법원에 그 당부에 관한 재정을 신청할 수 있다(제301조 제 1 항). 군검사의 불기소처분에 대한 재정신청은 범죄에 제한이 없고, 고소인과 고발인 모두 신청 가능하다. 이와 달리 검사의 불기소처분에 대한 재정신청은 고소권자로서 고소를 한 자와 형법 제123조부터 제125조까지의 죄에 대하여 고발을 한 자만 할 수 있게 하여 신청권자가 제한된다(형사소송법 제260조 제 1 항).

고소인 또는 고발인은 고소·고발사건에 대한 군검사의 처분결과를 통지 받은 날로부터 30일 이내에 그 군검사가 소속된 보통검찰부의 장에게 장에게 범죄사실 및 증거 등 재정신청을 이유 있게 하는 사유를 기재한 재정신청서를 제출하여야 한다(제301조 제 2 항, 제 3 항).

(2) 군검사 소속 부대장의 처리

1) 검찰항고전치주의   검사의 불기소처분에 대하여 재정신청을 한 경우 고소인, 고발인의 신속한 권리구제에 기여하고 검사에게 자체 시정의 기회를 갖도록 검찰청법 제10조의 검찰항고를 거치도록 하고 있다(검찰항고전치주의). 그러나 군검찰은 검찰청법과 같은 별개의 조직법이 없고 군사법원법에서 군검찰에 관한 사항을 정하고 있다. 이에 군검사에게 검찰청법의 검찰항고와 같이 경정의 기회를 갖도록 소속부대장 등의 처리절차를 군사법원법에 규정하고 있다(제303조). 그런데 재정신청에 대한 검찰항고전치주의의 적용에 있어서 군사법원법과 검찰청법에 차이가 있다. 검사의 불기소처분에 재정신청을 할 수 있는 자는 필요적으로 항고를 거쳐야 하나 재항고에는 예외가 인정된다(검찰청법 제10조 제 3 항). 반면, 군검사의 불기소처분에 대한 재정신청에는 항고전치주의에 대한 예외가 없다. 이에 재정신청인은 고등법원에 재정신청을 하기 위하여 소속부대장의 처리와 국방부장관 또는 각 군 참모총장의 처리를 모두 거쳐야 한다.

2) 소속부대장의 처리 등   재정신청을 접수한 군검사 보통검찰부의 장은 군검사의 의견을 듣고 신청이 이유 있을 때에는 군검사에게 즉시 공소제기를 명령하고 그 취지를 고등법원과 재정신청인에게 통지한다. 그러나 재정신청이 이유 없을 때에는 기록에 의견서를 첨부하여 7일 이내에 고등검찰부의 장에게 송치한다(제303조 제 1 항). 이를 송치받은 고

등검찰부의 장은 신청이 이유 있을 때에는 공소제기 명령서를 첨부하여 공소를 제기하지
아니한 군검사 소속 보통검찰부의 장에게 송치하고 그 취지를 고등법원과 재정신청인에게
통지한다. 그러나 재정신청이 이유 없을 때에는 30일 이내에 그 기록을 고등법원에 송치한
다(제303조 제2항).

(3) 고등법원의 심리와 결정

1) 심   리   소속 보통검찰부의 장 등의 처리를 거쳐 고등법원에 재정신청이 송부
되면 고등법원은 받은 날로부터 10일 이내에 피의자에게 통지하고, 항고의 절차에 준하여
심리한다(제304조 제1항, 제2항). 재정신청의 심리에는 항고절차를 적용하므로 구두변론이
필요하지 않다(제71조 제2항).

사건의 심리는 심리의 보안을 유지하여 적정한 재정결정이 이루어지게 하고 무죄추정
을 받는 관련자의 사생활 침해를 방지할 수 있도록 특별한 사정이 없는 한 비공개로 한다
(제304조 제3항). 재정신청사건 심리 중에는 관련 서류 및 증거물을 열람하거나 복사할 수
없는바, 이는 재정신청이 민사소송 제출용 증거서류를 확보하려는 목적으로 남용되는 것
을 방지하기 위한 조치이다. 그러나 이해관계 있는 자를 고려하여 고등법원은 증거조사 과
정에서 작성된 서류에 대하여는 열람 또는 복사를 허가할 수 있다(제306조의 2).

재정신청이 있으면 고등법원의 재정결정이 있을 때까지 사건에 대한 공소시효의 진행
이 정지된다(제305조). 고등법원은 3개월 이내에 재정결정에 대한 심리를 하여야 하나 이는
훈시기간이므로 그 기간이 경과된 후의 재정결정도 유효하다.[6]

2) 결   정   고등법원은 재정신청 사건에 대한 심리결과 그 신청이 법률상의 방식
에 위배되거나 이유 없을 때에는 신청을 기각한다(제304조 제2항 제1호). 재정신청인은 고
등법원의 기각결정에 대하여 불복할 수 없고,[7] 군검사는 다른 중요한 증거를 발견하지 않
는 이상 재정신청된 피의사건에 대하여 소추할 수 없다(제304조 제4항). 고등법원은 재정신
청인에게 결정으로 재정신청 절차에 따른 비용의 전부 또는 일부를 부담하게 할 수 있고(제
306조의 3 제2항), 직권 또는 피의자의 신청에 따라 피의자가 재정신청절차에서 부담하였거
나 부담할 변호인 선임료 등 비용의 전부 또는 일부를 지급할 것을 명할 수 있다(법 제306조
의 3 제2항).

---

6) 대법원 1971.3.30. 선고 71모6 판결.
7) 일반법원의 재정신청 결정에 불복한 사례에 대한 대법원과 헌법재판소 판례가 있다. 헌법재판소는 대
   법원에 명령·규칙 또는 처분의 위헌·위법 심사권한을 부여한 헌법 제107조 제2항의 취지와 재정신청
   인은 헌법소원을 청구할 수 있는 점을 고려하여 재정신청 기각결정에 대하여는 재항고가 가능하다고 결
   정하였다(헌법재판소 2011.11.24.선고 2008헌마579 결정). 대법원도 재정신청 기각결정에 대하여 대
   법원에 재항고할 수 있으나, 심판회부 결정은 그 자체로 대법원의 심사를 받을 권리가 침해되지 않으므
   로 심판회부 결정에 대하여는 재항고를 허용하지 않았다(대법원 1997.11.20.선고 96모119 전원합의체
   판결).

고등법원은 공소제기 결정을 하였을 때에는 즉시 그 정본을 재정신청인, 피의자 및 관할 군검사 소속 보통검찰부의 장에게 보내고, 군검사 소속 보통검찰부의 장에게 그 사건기록을 함께 보낸다(제304조 제 5 항). 소속 보통검찰부의 장은 담당 군검사를 지정하고, 지정된 군검사는 공소를 제기하여야 한다. 군검사는 공소제기 후 공소를 취소할 수 없다(제306조).

재정신청이 있는 경우 공소시효는 재정신청에 대한 결정이 있을 때까지 그 진행이 정지된다(제305조 제 1 항). 이후 고등법원의 공소제기 결정이 있는 경우에는 군검사는 실제로 공소를 제기한 날이 아니라 고등법원이 공소제기 결정이 있는 날 공소가 제기된 것으로 간주되어 공소시효 정지의 효력이 계속 유지된다(제305조 제 2 항).

Ⅵ. 공소시효

1. 공소시효의 의의

공소권은 일정한 기간에 행사를 하지 않으면 시효로 인하여 소멸한다.

형사시효에는 두 가지 종류가 있다. 하나는 판결이 확정되지 아니한 사건에 관한 것이고, 다른 하나는 판결이 확정된 사건에 관한 것이다. 전자를 공소시효, 후자를 형의 시효라 한다. 양자 다같이 형벌권의 행사 없이 일정한 기간을 경과한 사실상의 상태를 존중하여 그 처벌을 불가능하게 하는 것으로 전자는 공소를 소멸시키는 것인 데 반하여, 후자는 판결에 의하여 선고된 형의 집행권을 소멸시키는 것이다.

공소시효제도는 일반시효제도와 같이 일정한 기간을 경과한 사실상태를 존중함으로써 사회의 안전과 개인생활의 안전을 유지하려는 실체법적인 이유와 형벌부과의 적정을 도모하려는 소송법적인 이유에서 그 존재근거를 발견할 수 있다.

2. 공소시효의 기간

시효기간은 ① 사형에 해당하는 범죄에는 25년, ② 무기징역 또는 무기금고에 해당하는 범죄에는 15년, ③ 장기 10년 이상의 징역 또는 금고에 해당하는 범죄에는 10년, ④ 장기 10년 미만의 징역 또는 금고에 해당하는 범죄에는 7년, ⑤ 장기 5년 미만의 징역 또는 금고, 장기 10년 이상의 자격정지 또는 다액 1만 원 이상의 벌금에 해당하는 범죄에는 5년, ⑥ 장기 5년 이상의 자격정지에 해당하는 범죄에는 3년, ⑦ 장기 5년 미만의 자격정지, 다액 1만 원 미만의 벌금, 구류, 과료 또는 몰수에 해당하는 범죄에는 1년의 기간의 경과로 공소시효는 완성한다(제291조 제 1 항). 공소가 제기된 범죄는 판결의 확정이 없이 공소를 제기한 때로부터 25년을 경과하면 공소시효는 완성된 것으로 간주한다(동조 제 2 항).

2개 이상의 형을 병과하거나 2개 이상의 형에서 1개를 과할 범죄에는 무거운 형에 의하여 공소시효기간을 정하고(제292조), 형법에 의하여 형을 가중 또는 감경할 경우에는 가중 또는 감경하지 아니한 형에 의하여 공소시효기간이 결정된다(제293조).

공소시효의 기산점에 관하여 군사법원법은 범죄행위가 종료한 때부터 시효기간이 진행한다고 규정하고 있고, 공범의 경우에는 최종행위가 종료한 때부터 전공범에 대한 시효기간을 기산한다(제294조).

3. 공소시효의 정지

군사법원법상 공소의 시효에는 시효의 중단을 인정하지 아니하고 정지만을 인정하고 있다. 정지는 중단과 달라서 정지의 사유가 소멸된 때로부터 나머지 시효기간이 진행하게 되는 것이다.

시효는 공소의 제기로 진행이 정지되고, 관할위반 또는 공소기각의 재판이 확정된 때로부터 진행한다. 또한 범인이 형사처분을 면할 목적으로 국외에 있을 경우, 그 기간 동안 공소시효는 정지된다(제295조 제3항).

재판상의 준기소절차(제301조)에 의한 재정신청이 있을 때에는 고등법원의 재정결정이 있을 때까지 공소시효의 진행을 정지한다(제305조 제1항).

제 2 장

제 1 심 공판

제 1 절   공판의 개념

I. 공판의 의의

공판 또는 공판절차라 함은 광의로는 공소가 제기되어 사건이 군사법원에 계속된 이후부터 그 소송절차가 종료될 때까지의 모든 절차로서 군사법원이 피고사건에 관하여 심리·재판을 행하고, 또 당사자가 사건에 관하여 변론을 행하는 절차단계를 말한다. 그러나 협의로 사용할 때에는 이러한 절차단계 중에서 공판기일에 있어서의 절차만을 말한다.

사건에 관한 군사법원의 심리는 모두 공판절차에서 행하여지는 것이므로 공판은 군형사소송의 중심을 이루고 있다. 공판절차는 주로 공판기일에 있어서 당사자 쌍방의 공격과 방어를 통해서 전개되는 것이다. 즉 군형사소송에 있어서의 공판은 당사자소송의 구조를 갖는 것으로서, 그 절차의 세부에 이르기까지 엄격한 법률적 규제를 받는다.

II. 공판절차의 기본원칙

1. 구두변론주의

군사법원법의 변론구조가 당사자주의를 채용하고 있으므로 군사법원이 당사자의 구두에 의한 공격·방어를 근거로 하여 심리를 수행하고 재판을 하는 주의를 구두변론주의라 한다. "판결은 법률에 다른 규정이 없으면 구두변론을 거쳐 하여야 한다"(제71조 제1항)는 군사법원법의 규정은 구두변론주의를 채용하는 것임을 명시한 것이다.

구두변론주의는 구두주의와 변론주의가 결합하여 이루어진 것인데, 이를 각각 설명하면 다음과 같다.

(1) 구두주의

구두주의란 서면주의에 대한 관념으로서 구두에 의하여 제공된 소송자료를 근거로 하여 재판을 진행하는 주의를 말한다. 구두주의는 실체형성에 있어서 재판관에게 신선한 인상을 주는 것을 목적으로 한다. 따라서 구두주의의 원칙은 실체형성행위에 관하여서만 행하여지고 공소제기와 같은 확실성을 요구하는 절차형성행위에 관하여는 서면주의를 채택하고 있는바, 그렇다고 하여 이것이 구두주의와 모순되는 것은 아니다. 서면주의는 진술내용의 외형적 정확성을 확보하고 사후의 분쟁을 방지할 수 있다는 장점이 있는 반면에, 문자에 의한 표현은 사실의 구체적 진실로부터 멀어지고 또한 실정에 맞지 않는 자의적 판단을 가져올 염려가 있다. 이에 대하여 구두주의는 재판관에게 신선한 인상을 주는 점과 진술의 진의를 태도로부터 추지할 수 있는 장점이 있다. 그러나 구두의 진술은 오해되기 쉽고 부정확하게 기억될 염려가 있다.

(2) 변론주의

변론주의란 당사자 쌍방의 주장과 입증에 의하여 재판하는 주의로서, 이는 소송구조상 직권주의와 대립되는 당사자주의의 중요한 내용 중의 하나이다.

엄격한 의미의 변론주의란 재판자료는 당사자가 제출하는 바에 일임하고 재판관은 그것만을 기초로 하여 재판하는 것을 말하는데, 군사법원법에 있어서는 이러한 의미의 변론주의는 인정하지 않는다. 군사법원의 재판절차는 국가형벌권의 실현을 목적으로 하여 실체적 진실주의를 근본이념으로 하는 까닭에 그 절차는 본질적으로 직권주의적 성격을 가진다. 다만, 군사법원법은 영미법계의 당사자주의적 형사소송절차를 따라 종래의 대륙법계의 직권주의적 형사소송절차에 비하여 현저히 당사자변론주의를 강화하였다.

군사법원법상 변론주의의 내용을 규정한 것을 개관하면, "판결은 법률에 다른 규정이 없으면 구두변론을 거쳐 하여야 한다"(제71조 제1항)는 규정을 비롯하여 당사자의 증거조사신청권(제337조), 교호신문제도(제202조), 사실과 법률의 적용에 대한 의견진술권(제354조) 등이다.

이와 같은 변론을 충분히 행하게 하기 위하여 공판정에는 원칙적으로 당사자의 출석을 필요로 하고(제322조 제2항, 제326조), 피고인이 심신상실상태에 있는 때에는 그 상태가 계속하는 기간 공판절차를 정지하는 것으로 되어 있다(제357조). 또 피고인에게 국선변호인제도를 인정하고 있는 것도 변론주의의 취지의 구현이라 할 것이다.

2. 직접심리주의

직접심리주의 또는 직접주의라 함은 공판정에서 직접 조사한 증거에 한하여 재판의 기초로 할 수 있다는 주의를 말한다. 직접심리주의는 일면으로는 구두주의와 같이 재판관에게 정확한 심증을 형성케 하려는 취지에서 요구되는 것이지만, 타면으로 볼 때에 피고인에게 증거에 관하여 직접 변명할 기회를 주기 위하여도 요구된다.

직접주의는 광의로는 모든 증거방법은 피고사건에 대하여 재판을 하는 재판관에 의하여 직접 조사될 것을 요구하는 주의(주관적 직접주의)와 증거방법은 될 수 있는 한 범죄사실에 직접적인 것을 조사할 것을 요하는 주의(객관적 직접주의)를 포함하는 의미로 사용되지만, 공판의 원칙으로서 직접주의라 할 때에는 보통 주관적 직접주의의 의미만으로 사용되고, 객관적 직접주의는 공판의 원칙이라기보다는 오히려 증거법상의 원칙이라고 보는 것이 타당하다.

군사법원법은 실체적 진실주의를 근본원리로 하는 까닭에 직접주의를 원칙으로 하지만, 편의상 약간의 예외를 인정한다.

첫째, 주관적인 면에서 판결을 하는 군사법원은 자신이 직접 판단의 자료에 접촉하여 심리를 하여야 한다. 그러므로 공판개정 후 재판관의 경질이 있는 때에는 원칙적으로 절차를 갱신하여야 한다(제358조). 그러나 예외로 인정한 경우에 수명군판사·수탁군판사·수탁판사에게 검증·증인신문을 명하거나 촉탁할 수 있다(제186조, 제177조, 제208조).

둘째, 객관적인 면에서 사실인정의 자료는 그 사실에 직접적인 것에 의하여야 한다. 그러므로 전문증거는 증거로 할 수 없다(제363조). 그러나 예외로서 필요성에 의하여 전문금지의 원칙이 배제되는 경우가 있다(제369조 참조).

3. 공개주의

공개주의란 밀행주의와 대립되는 주의로서 일반국민에게 심판의 방청을 허용하는 주의를 말한다.

재판의 공개주의는 형사절차의 기본원칙으로서 헌법도 "재판의 심리와 판결은 공개한다"(헌법 제109조)고 규정하고, "형사피고인은 상당한 이유가 없는 한 지체 없이 공개재판을 받을 권리를 가진다"(헌법 제27조 제3항)라고 하여 공개재판을 받을 권리를 국민의 기본적 권리의 하나로 보장하고 있다. 그렇지만 공개주의는 절대적인 것이 아니고, "심리는 안전보장 또는 안녕질서를 방해하거나 선량한 풍속을 해할 염려가 있을 때에는 법원의 결정으로 공개하지 아니할 수 있다"(헌법 제109조 단서)고 하여 예외적인 경우를 인정하고 있다.

군사법원법도 물론 공개주의를 원칙으로 한다. 즉 "재판의 심리와 판결은 공개한다. 다만, 안녕질서를 해칠 우려가 있을 때 또는 군사기밀을 보호할 필요가 있을 때에는 군사법원의 결정으로 재판의 심리만은 공개하지 아니할 수 있다"(제67조)고 규정하고 있다. 만일 재판의 공개에 관한 규정에 위반한 때에는 절대적 항소이유가 된다(제414조 제 8 호). 그러나 재판장은 직권이나 군검사 또는 변호인의 신청에 의하여 피고인·증인·감정인·통역인 또는 번역인이 어떤 방청인의 면전에서 충분한 진술을 할 수 없다고 인정한 때에는 그를 퇴정케 하고 진술하게 할 수 있다(제352조 제 1 항). 이것도 일종의 공개주의에 대한 예외라고 할 수 있을 것이다.

제 2 절 공판의 절차

I. 공판심리의 범위

1. 심판의 대상 및 범위

심판의 대상 및 범위는 공소제기의 효과에서 언급한 바와 같이 공소제기에 의하여 한정된다. 즉 심판의 범위는 공소제기의 범위와 일치한다. 군검사가 공소제기에 있어서 공소장에 기재한 피고인 및 공소사실에 관하여 사건의 단일성과 동일성이 있는 한 그 전부에 미치고, 그 외에는 미치지 않는다. 그러나 심판의 대상이 정하여진 이상 절대로 변경할 수 없다고 하면 불편한 점이 많다. 공소사실이 동일한 한 같은 사실에 대하여 두 번 소추할 수 없으므로, 가령 적용법조만을 변경한다 하더라도 재차의 공소제기가 불가능하기 때문이다. 따라서 군사법원법은 일정한 한도 내에서 공소장의 변경을 규정하고 있다.

2. 공소장의 변경

(1) 공소장변경의 의의

공소장에 공소사실을 특정하여 기재하도록 요구하는 것은 심판의 범위를 한정할 뿐만 아니라, 피고인에 대하여 방어의 준비를 하는 데 도움을 주는 작용을 한다고 함은 전술한 바 있다. 만일 공소사실의 범위 내에 있다고 하여 아무런 제한도 없이 공소사실과 다른 사실을 인정한다면, 피고인은 매우 불이익한 입장에 서게 된다. 그러나 공소의 효력이나 판결의 기판력은 사건의 동일성이 있는 한 공소사실의 전부에 미치는 것이므로, 그 범위 내에서는 군사법원이 심판할 가능성이 있어야 할 것이다. 심리의 결과 공소사실과 일치하지 않는다고 하여 공소사실의 동일성을 해하지 않는 범위에서 범죄사실이 인정되었음에도 불구하고 무죄로 된다는 것은 정의의 이념에 반하는 것이기 때문이다.

이와 같은 불합리한 결과를 피하기 위하여 공소장에 수개의 범죄사실과 적용법조의 예비적 또는 택일적 기재를 인정하고 있으나(제296조 제 5 항), 소송의 발전적인 성질상 소송의 진행과정에 따라 새로운 사실이 발견되어 공소사실을 그대로 유지할 수가 없는 경우가 생길 수도 있으므로, 군검사는 소송의 진행상황에 따라 공소사실의 동일성을 해하지 않는 한도에서 공소사실 또는 적용법조의 추가 · 철회 · 변경을 할 수 있음을 인정할 필요가 있다. 물론 이 경우에는 피고인에게 그 추가 · 철회 · 변경의 내용을 명확히 고지하여 피고인이 방어를 함에 있어서 이에 대비하도록 하여야 할 것이다. 이러한 이유로서 군사법원법은 군검사의 공소장변경을 인정하고 있다(제355조).[1]

(2) 공소장변경의 절차

군검사는 군사법원의 허가를 받아 공소장에 적은 공소사실 또는 적용법조의 추가 · 철회 또는 변경을 할 수 있다(제355조 제1항). 이 경우에 군사법원은 공소사실의 동일성을 해하지 아니하는 한도에서 허가하여야 하며,[2] 그 사유를 신속히 피고인 또는 변호인에게 고지하여야 한다(동조 제3항). 공소사실 또는 적용법조의 추가라고 함은 종전의 공소사실에 새로운 공소사실이나 적용법조를 추가하는 것을 말하고, 철회라고 함은 종전의 공소사실 또는 적용법조의 일부의 철회를 의미하는 것으로써 전부의 철회는 공소의 취소가 되고 공소장변경의 문제가 아니다. 그리고 변경이라고 함은 종전의 공소사실 또는 적용법조의 전부 또는 일부를 철회하고, 이에 대신하여 새로운 공소사실 또는 적용법조를 기재하는 것을 말한다.

이상과 같은 공소사실이나 적용법조의 추가 · 철회 또는 변경은 공소사실의 동일성을 해하지 않는 범위 내에서만 인정되기 때문에 종전의 공소사실과 대체되는 공소사실과 예비적 · 택일적 관계에 있거나 또는 과형상 일죄의 관계에 있는 경우에 한하여 허용된다고 하겠다. 그리고 군사법원은 공소사실의 동일성을 해하지 아니하는 한도 내에서 공소장의 변경을 허가하여야 하므로, 공소장의 변경이 어떠한 범위 내에서 허용되겠는가는 결국 공소사실의 동일성의 문제에 있어서와 같이 사건의 동일성의 문제나 단일성의 문제와 함께 검토되어야 할 것이며, 군사법원 항소심에서도 공소사실의 동일성을 해하지 않는 한도에서 공소장변경이 허용된다.

문제는 법원이 어떠한 범위 내에서 공소장변경 없이 공소사실과 다른 사실을 심판할 수 있겠는가 이다. 이에 관해서는 동일벌조설[3] · 사실기재설[4] 및 절충설[5]이 있으나, 공소

---

1) 군사재판의 현실적 심판대상은 공소장에 기재되거나 공소장변경절차에 의하여 변경된 공소사실만이라고 보아야 하며(70.12.1. 육군 70 고군형항 1029), 심판을 청구하지 않은 사실을 심판의 대상으로 판결하였다면 이는 위법이다(67.6.30. 육군 67 고군형항 290).
2) 업무상 군용물횡령죄로 기소한 후 공문서위조, 동 행사죄를 추가하는 공소장변경은 동일성의 범위를 벗어난 것이다(72.1.25. 육군 71 고군형항 578).
3) 동일벌조설은 공소장의 기능이 그 법률적 구성에 있으므로 법률적 구성을 변경하는 데는 공소장변경을 요하나, 구체적 사실을 달리하더라도 그 법률적 구성에 있어서 변동이 없는 한 공소장변경을 요하지 아니한다고 한다. 이 설을 취하는 자는 현재 없다.
4) 사실기재설은 공소장의 권능은 공소사실로서 기재된 사실의 면에 있으므로, 사실에 변경이 있는 때에

장변경제도의 취지로 보아 절충설이 타당하다고 본다. 그러나 대법원 판례가 사실기재설을 취하고 있어서 처벌의 흠결을 메우기 위해 공소장변경요구제도를 신설한바(제355조 제 2 항), 이 요구에 군검사가 응하지 않을 경우에는 상소이유에 해당한다고 본다.[6]

한편 군사법원은 군검사의 공소장변경을 허가한 후에 공소장이 변경되어 피고인의 불이익이 증가할 염려가 있다고 인정한 때에는 직권 또는 피고인이나 변호인의 청구에 의하여 피고인으로 하여금 필요한 방어의 준비를 하게 하기 위하여 결정으로 필요한 기간 공판절차를 정지할 수 있다(제355조 제 4 항).

II. 공판준비

1. 공판준비의 의의

공판준비라 함은 제 1 회 공판기일이든 제 2 회 이후의 공판기일이든 불문하고, 공판기일에 있어서의 심리의 원활·신속을 기하기 위하여 그 준비로서 수소군사법원 또는 재판장·수명군판사·수탁군판사에 의하여 행하여지는 공판기일 밖의 절차를 말한다. 따라서 증거보전의 절차, 수사기관의 신청에 의하여 군사법원이 행하는 강제처분은 수소군사법원과 관계없이 행하여지므로 공판준비에 포함되지 않는다.

2. 공판기일 전의 절차

(1) 공소장 부본의 송달

군사법원은 공소의 제기가 있는 때에는 제 1 회 공판기일 전 5일까지 공소장의 부본을 피고인과 변호인에게 송달하여야 한다(제308조). 이는 피고인으로 하여금 충분한 방어의 준비를 하게 하기 위한 것이다. 따라서 제 1 회 공판기일 전 5일까지 송달되지 아니하면 불송달의 이유 여하를 불문하고 심리개시에 대하여 이의신청을 할 수 있다.[7]

(2) 공판기일의 지정·변경

재판장은 공판기일을 정해야 한다(제310조 제 1 항). 공판기일은 군검사, 변호인과 보조인에게 통지하여야 하며, 공판기일에는 피고인 또는 대리인을 소환하여야 한다(제310조 제 2 항·제 3 항). 이 경우 군사법원의 구내에 있는 피고인에 대하여 공판기일을 통지한 때에는

는 공소장변경을 필요로 한다는 견해이다.
5) 절충설은 공소장변경이 피고인의 방어권행사에 어떤 영향을 주느냐에 따라 피고인의 방어권에 실질적인 불이익을 초래할 우려가 있는 경우에는 공소장변경이 요구된다고 하는데 이것이 통설이다.
6) "공소장변경요구에 관한 규정은 법원의 변경의무를 의무화한 것이 아니고 재량에 속하는 것이다"(대법원 1974.2.29. 선고 73도3007 판결)라고 하여 반대견해를 보이는 판례가 있다.
7) "군사법원법 제301조는 피고인의 방어권을 보장하기 위한 강행규정이다"(70.11.24. 육군 70 고군형항 826).

소환장송달의 효력이 있다. 제 1 회 공판기일은 소환장의 송달 후 5일 이상의 유예기간을 두어야 한다. 그러나 피고인의 이의가 없는 때에는 유예기간을 두지 아니할 수 있다(제312조).

통지서를 받은 자가 질병 기타의 이유로 공판기일에 출석하지 못할 때에는 의사의 진단서 기타의 자료를 제출하여야 한다(제314조). 재판장은 직권 또는 군검사, 피고인의 신청에 의하여 공판기일을 변경할 수 있다(제313조 제 1 항). 공판기일변경신청을 기각하는 명령은 송달하지 아니한다(제313조 제 3 항).

(3) 변호인선임에 관한 고지

공소제기가 있는 때에는 군판사는 지체 없이 피고인에 대하여 변호인을 선임할 수 있다는 취지와 변호인을 선임하지 아니하는 때에는 군사법원이 변호인을 선임한다는 취지를 고지하여야 한다. 그러나 피고인에게 변호인이 있는 때에는 고지를 요하지 아니한다(제309조).

(4) 증거의 수집 · 증거조사

군사법원은 직권 또는 군검사, 피고인이나 변호인의 신청에 의하여 공판준비로서 관공서 또는 공사단체에 조회하여 필요한 사항의 보고 또는 그 보관서류의 송부를 요구할 수 있다(제315조 제 1 항). 이와 같은 신청을 기각함에는 결정으로 하여야 한다(동조 제 2 항).

군사법원은 군검사, 피고인 또는 변호인의 신청에 의하여 공판준비에 필요하다고 인정한 때에는 공판기일 전에 피고인 또는 증인의 신문이나 검증을 할 수 있고, 감정 또는 번역을 명할 수 있다(제316조 제 1 항). 군사법원은 군판사로 하여금 위와 같은 행위를 하게 할 수 있다(동조 제 2 항).

Ⅲ. 공판기일의 절차

1. 공판정의 심리

공판기일에 있어서의 심리는 공판정에서 한다. 공판정은 재판관, 군검사, 변호인 및 서기가 출석하여 개정한다(제322조 제 2 항).[8]

피고인은 소송당사자로서 공판기일에 출석하여 공소사실에 대하여 진술할 권리가 있으므로, 피고인이 출석하지 아니한 때에는 특별한 규정이 없으면 개정하지 못한다(제326조). 그러나 이 원칙에는 다음과 같은 예외가 있다.

---

8) 필요적 변호사건에 해당하는 사건에서 제 1 심의 공판절차가 변호인 없이 이루어진 경우 그와 같은 위법한 공판절차에서 이루어진 소송행위는 무효이므로, 이러한 경우 항소심으로서는 변호인이 있는 상태에서 소송행위를 새로이 한 후 위법한 제 1 심 판결을 파기하고, 항소심에서의 진술 및 증거조사 등 심리결과에 기하여 다시 판결하여야 한다(대법원 2008.6.12. 선고 2008도2621 판결).

첫째, 경미사건의 경우, 즉 다액 500만 원 이하의 벌금 또는 과료에 해당하거나 공소기각 또는 면소의 재판을 할 것이 명백한 사건과 장기 3년 이하의 징역 또는 금고, 다액 500만 원을 초과하는 벌금 또는 구류에 해당하는 사건에서 피고인이 불출석허가신청을 하였고, 군사법원이 피고인이 출석하지 아니하여도 그의 권리보호에 지장이 없다고 인정하여 불출석을 허가한 사건, 피고인만이 정식재판을 청구하여 판결을 선고하는 사건에 관하여는 피고인의 출석을 요하지 아니한다. 그러나 피고인은 대리인을 출석하게 할 수 있다(제325조).

둘째, 피고인이 사물의 식별 또는 의사의 결정을 할 능력이 없는 상태에 있거나 질병으로 인하여 출정할 수 없는 때에는 군검사, 변호인과 의사의 의견을 들어 결정으로써 그 상태가 계속하는 동안 공판절차를 정지하여야 하지만(제357조 제1항 내지 제2항), 이러한 사유가 있는 경우라도 피고사건에 대하여 무죄, 면소, 형의 면제 또는 공소기각의 재판을 할 것이 명백한 때에는 피고인의 출석 없이 재판할 수 있다(동조 제4항). 이는 피고인에게 유리한 재판을 하는 경우이므로 피고인의 권리를 침해함이 없기 때문이다.

셋째, 피고인이 진술하지 아니하거나, 재판장의 허가 없이 퇴정하거나, 재판장의 질서유지를 위한 퇴정명령을 받은 때에는 그 공판기일에 한하여 피고인의 출석 없이 판결할 수 있다.

넷째, 재판장은 직권이나 군검사·피고인 또는 변호인의 신청에 의하여 피고인의 면전에서 증인 또는 다른 피고인이 충분한 진술을 할 수 없다고 인정한 때에는 그 피고인을 퇴정하게 하고 진술을 들을 수 있다(제352조 제2항).

다섯째, 항소심에서도 피고인이 출석하여야 하나, 정당한 사유 없이 다시 정한 기일에도 출석하지 않으면 피고인의 진술 없이 판결할 수 있으며(제426조), 상고심에서는 피고인의 출석을 요하지 않는다(제450조 제2항, 형사소송법 제389조의 2).

여섯째, 피고인이 출석하지 아니하면 개정하지 못하는 경우에 구속된 피고인이 정당한 사유 없이 출석을 거부하고, 교도관에 의한 인치가 불가능하거나 현저히 곤란하다고 인정되는 때에는 피고인의 출석 없이 공판절차를 진행할 수 있다. 이 경우에는 출석한 군검사 및 변호인의 의견을 들어야 한다(제325조의 2).

2. 법정경찰권

법정의 질서를 유지하고 심판의 방해를 제지하기 위하여 군사법원이 행하는 권력작용을 법정경찰이라 한다. 법정경찰은 사건의 내용 그 자체와는 관계가 없고, 다만 법정의 존엄과 질서를 유지하기 위한 작용이다.

법정경찰권은 본래 군사법원의 권한에 속하는 것이지만, 적시에 신속한 발동을 위하여 재판장에게 포괄적으로 위임되고 있다. 즉 군사법원법 제68조 제1항은 "법정의 질서유지는 재판장이 한다"고 규정하고 동조 제 2 항에서는 "재판장은 법정의 존엄과 질서를 해칠 우려가 있는 사람의 입정(入廷)을 금지하거나 퇴정(退廷)을 명령하며, 그 밖에 법정의 질서유지에 필요한 명령을 할 수 있다"고 규정하고 있다. 재판장의 법정경찰권에 의한 명령을 위반하거나 폭언, 소란 등의 행위로 법원의 심리를 방해하거나 재판의 위신을 현저하게 훼손한 사람에 대하여 군사법원은 결정으로 20일 이내의 감치에 처하거나 100만원 이하의 과태료를 부과하거나 이를 병과할 수 있다(제68조의 4). 또한 재판장은 법정에 있어서 질서유지를 위하여 필요하다고 인정할 때에는 개정 전후를 불문하고 관할 군사경찰부대의 장에게 군사경찰의 파견을 요구할 수 있다(제68조의 3).[9]

법정경찰권에 관한 재판장의 처분에 대하여 군검사 · 변호인 · 증인 등도 복종하여야 한다.

3. 소송지휘권

소송의 진행을 질서 있게 행하고 심리의 신속 · 원활을 기하기 위한 군사법원의 합목적적인 활동을 소송지휘라 한다.

공판기일에 있어서의 소송의 지휘는 재판장이 한다(제324조). 소송지휘권은 본래 군사법원에 속하는 것이지만, 공판기일의 소송지휘권의 행사에 있어서는 신속 · 정확성이 요청되는 까닭에 이를 포괄적으로 재판장에게 위임한다는 취지이다.

재판장 또는 군판사는 소송관계인의 신문 또는 진술이 중복된 사항이거나 그 사건에 관계없는 사항인 때 기타 상당하지 아니한 경우에는 소송관계인의 본질적 권리를 해하지 않는 한도에서 이를 제한할 수 있다(제353조).

소송지휘의 중요한 부분은 군사법원의 권한으로 유보되어 있다. 즉 재판장의 처분에 대한 이의신청에 대한 결정(제350조 제 3 항), 공소장의 변경에 대한 허가(제355조 제 1 항), 공판절차의 정지(제357조 제 1 항), 변론의 분리 · 병합 · 재개(제356조) 등은 군사법원의 권한이다.

4. 공판절차의 일반적 순서

(1) 인정신문

재판장은 피고인의 성명, 연령, 등록기준지, 주거, 직업, 소속 및 계급 등을 물어 피고인이 틀림없는지를 확인하여야 한다(제329조).

---

9) 한편 미 통일군사법은 다음과 같이 규정하고 있다. Uniform Code of Military Justice(U.S.A.), Art. 48 Contempts listed in Article 43 as follows; "A Court-Martial provost, court, or military commission may punish for contempt any person who uses any Menaacing words, sings, or gestures in its prsence, or who disturbs its proceeding by any riot or disorder. Such punishment shall not exceed confinement for thirty days or fine of $100, or both."

(2) 군검사의 모두진술(冒頭陳述)

군검사는 공소장에 따라 공소사실, 죄명 및 적용법조를 낭독하여야 한다. 다만, 재판장은 필요하다고 인정하면 군검사에게 공소의 요지를 진술하게 할 수 있다(제330조). 이는 개개의 증거조사에 들어가기 전에 사건의 개요 및 입증의 방침을 명백히 함으로써 군사법원의 소송지휘를 적절히 할 수 있게 하는 동시에 피고인으로 하여금 방어의 태세를 갖출 수 있도록 함을 목적으로 한다.

(3) 피고인의 모두진술

피고인은 군검사의 모두진술이 끝난 뒤에 공소사실을 인정하는지를 진술하여야 한다. 다만, 피고인이 진술거부권을 행사하는 경우에는 그러하지 아니하다(제331조 제1항). 피고인과 변호인은 유리한 사실 등을 진술할 수 있다(동조 제2항).

(4) 재판장의 쟁점정리 및 군검사·변호인의 증거관계 등에 대한 진술

재판장은 피고인의 모두진술이 끝난 다음에 피고인이나 변호인에게 쟁점정리를 위하여 필요한 질문을 할 수 있다(제332조 제1항). 재판장은 증거조사를 하기에 앞서 군검사와 변호인으로 하여금 공소사실 등의 증명과 관련된 주장 및 입증계획 등을 진술하게 할 수 있다(동조 제2항). 다만, 증거로 할 수 없거나 증거로 신청할 의사가 없는 자료를 바탕으로 군사법원에 대한 예단 또는 편견을 발생하게 할 우려가 있는 사항은 진술할 수 없다(동항 단서).

(5) 증거조사

증거조사는 원칙적으로 재판장의 쟁점정리 및 군검사·변호인의 증거관계 등에 대한 진술절차가 끝난 후에 한다(제334조).

1) 군검사의 입증사항 제시   증거조사에 즈음하여 군검사는 증거에 따라 증명할 사실을 밝혀야 한다(제335조). 다만, 증거조사를 신청할 수 없거나 증거조사를 신청할 의사가 없는 자료로서 재판관에게 사건에 대한 편견이나 예단을 가지게 할 우려가 있는 사항은 진술하지 못한다(동조 단서).

2) 피고인 측의 입증사항제시   피고인이나 변호인은 군검사의 모두진술이 끝난 후 증거에 따라 증명할 사실을 밝힐 수 있다(제336조 제1항). 이 역시 증거조사를 신청할 수 없거나 증거조사를 신청할 의사가 없는 자료로서 재판관에게 사건에 대한 편견이나 예단을 가지게 할 우려가 있는 사항은 진술하지 못한다(동조 제2항).

3) 당사자의 증거신청   군검사, 피고인 또는 변호인은 서류나 물건을 증거로 제출할 수 있고, 증인, 감정인, 통역인 또는 번역인의 신문을 신청할 수 있다(제337조). 군검사는 먼저 사건의 심판에 필요하다고 인정하는 모든 증거의 조사를 신청하여야 하며, 피고

인 또는 변호인은 그 이후에야 사건의 심판에 필요하다고 인정하는 증거의 조사를 신청할 수 있다(제339조). 그러나 피고인의 자백을 내용으로 하는 서류는 범죄사실에 관한 다른 증거를 조사한 후가 아니면 그 조사를 신청할 수 없다.

증거조사의 신청은 증거와 증명할 사실과의 관계를 명시하여야 하고, 증거물이 서류인 경우에는 특히 그 부분을 명확하게 하여야 한다(제340조). 그리고 군검사, 피고인 또는 변호인이 증거물 또는 증거될 서류의 조사를 신청함에는 미리 상대방에게 이를 열람할 기회를 주어야 한다. 그러나 상대방의 이의가 없는 때에는 예외로 한다(제341조).

증거조사결정 또는 증거조사신청의 기각은 상대방 또는 변호인의 의견을 묻고 군판사가 이를 정한다(제343조). 이와 같은 당사자의 증거신청에 대한 군판사의 결정권을 인정한 것은 군사법원법이 직권주의적인 요소를 가미하고 있는 것이라고 볼 수 있다.

4) 직권에 의한 증거조사　　직권에 의한 증거조사는 임의적인 경우와 필요적인 경우가 있다. 군사법원은 필요하다고 인정하는 때에는 직권으로 증거조사를 할 수 있다(제344조 제 1 항). 이것이 임의적인 경우이다. 이 때에는 군검사·피고인 또는 변호인의 의견을 물어야 한다(동조 제 2 항).

군사법원은 공판준비에서 행한 피고인 또는 피고인 아닌 자에 대한 신문·검증·감정·번역·압수 또는 수색의 결과를 기재한 서류와 관공서 등에 대한 조회의 결과 송부된 서류나 압수물에 대하여는 공판정에서 증거된 서류나 증거물로서 이를 조사하여야 한다. 이것은 필요적인 경우로서 이는 공판중심주의의 요청으로서 증거능력이 있는 이상 그것이 실질적으로 불필요하더라도 조사를 하여야 한다.

5) 증거조사의 방식　　증거조사는 군검사가 신청한 증거를 조사한 후에 피고인 또는 변호인이 신청한 증거를 조사하여야 하고, 이러한 증거조사가 끝난 후에 군사법원은 필요하다고 인정하는 증거조사를 할 수 있다(제345조 제 1 항, 제 2 항). 그러나 군판사는 필요하다고 인정하는 때에는 군검사·피고인 또는 변호인의 의견을 묻고 그 순서를 변경할 수 있다(동조 제 3 항).

증거가 된 서류를 조사함에 있어서는 군검사·피고인 또는 변호인의 신청에 의할 때에는 신청한 자가 그 요지를 고지하여야 하고, 군사법원이 직권으로 할 때에는 군판사가 그 요지를 고지하여야 한다. 그러나 군검사, 피고인 또는 변호인의 청구가 있는 때에는 군사법원 서기로 하여금 낭독하게 하여야 한다. 또한 피고인의 청구가 있을 때에는 재판장은 증거 된 서류를 열람 또는 복사하게 하거나, 서기로 하여금 낭독하게 할 수 있다(제347조).

증거물을 조사함에 있어서는 군검사, 피고인 또는 변호인의 신청에 의한 경우에는 신청한 자로 하여금 이를 제시하게 하여야 하고, 군사법원이 직권으로 조사하는 경우에 있어서는 군판사와 군사법원 서기로 하여금 소송관계인에게 제시하도록 하여야 한다(제348조 제 1 항, 제 2 항). 만일 증거물 중 서류의 의의가 증거로 되는 것을 조사함에는 그 서류의 제시와 요지의 고지 또는 낭독을 필요로 한다(동조 제3항).

  6) 증거조사시 피고인 등의 퇴정   재판장은 직권이나 군검사, 피고인 또는 변호인의 신청에 의하여 피고인, 증인, 감정인, 통역인 또는 번역인이 어떤 방청인의 면전에서 충분한 진술을 할 수 없다고 인정한 때에는 그를 퇴정하게 하고 진술하게 할 수 있고(제352조 제1항), 재판장은 직권이나 군검사, 피고인 또는 변호인의 신청에 의하여 피고인이 다른 피고인의 면전에서나 증인이 피고인의 면전에서 충분한 진술을 할 수 없다고 인정한 때에는 그 피고인을 퇴정하게 하고 진술하게 할 수 있다(동조 제2항).

  피고인을 퇴정하게 한 경우에 증인 또는 피고인의 진술이 종료한 때에는 퇴정한 피고인을 입정하게 한 후 군사법원 서기로 하여금 진술의 요지를 고지하여야 한다. 이 경우에 피고인은 재판장에게 고하고, 그 증인 또는 다른 피고인을 고지하여야 한다. 이 경우에 피고인은 재판장에게 고하고, 그 증인 또는 다른 피고인을 신문할 수 있다(동조 제3항).

  7) 증거조사에 관한 이의신청   군검사, 피고인 또는 변호인은 증거조사에 관하여 법령위반 또는 부당함을 이유로 이의를 신청할 수 있다. 그러나 증거조사에 관한 결정에 대하여는 부당을 이유로 이의를 신청할 수 없다(제350조 제1항). 이외에도 군검사, 피고인 또는 변호인은 재판장 또는 군판사의 처분에 대하여 법령위반을 이유로 이의를 신청할 수 있다. 이와 같은 이의신청에 대하여 군사법원은 결정을 하여야 한다(동조 제2항ㆍ제3항).

(6) 변   론

  증거조사가 끝나면 당사자는 서로 의견을 진술한다. 이를 보통 변론이라 하는데, 넓은 의미의 변론이란 공판절차에 있어서 당사자의 공격ㆍ방어를 위한 활동 전체를 말하는 것이므로, 이를 구별하기 위하여 이 단계에 있어서의 변론을 최종변론이라 한다.

  피고인신문과 증거조사가 끝난 후 군검사는 사실과 법률적용에 관하여 의견을 진술하여야 하며(제354조 제1항), 이를 실무상 논고라 한다. 피고인과 변호인은 의견을 진술할 수 있고, 최종으로 진술할 기회를 가진다(동조 제2항). 이를 최종진술권이라 한다.[10]

  이와 같은 군검사와 피고인의 변론은 재판관의 심증형성을 군검사측이나 피고인측이 서로 자기에게 유리하게 하자는 데 그 목적이 있다.

(7) 판   결

  공판절차의 최종단계로서 판결이 선고된다. 판결의 선고는 공판정에서 재판서에 의하여야 하며(제76조), 재판장이 이를 행한다(제77조 제1항). 판결을 선고함에는 주문을 낭독하고, 이유의 요지를 설명하여야 한다(동조 제2항). 판결을 선고하는 공판기일에는 원칙적으

---

10) "피고인에게 최후진술할 기회를 부여하여야 하며, 부여한 사실의 기재는 공판조서의 필요적 기재사항이다"(66.5.6. 국방부 16 고군형항 13; 대법원 1963.1.10. 선고 62도225 판결; 대법원 1967.9.26. 선고 67도1020 판결).

로 피고인이 출석하여야 하나, 피고인이 재판장의 허가 없이 퇴정하거나 재판 등의 질서를
위한 퇴정명령을 받은 때에는 피고인의 출석 없이 판결을 선고할 수 있다. 판결을 선고함
에는 재판장은 피고인에게 상소할 기간과 상소할 군사법원을 고지하여야 한다(제378조).

(8) 공판조서

공판기일의 소송절차에 관하여는 참여한 서기가 공판조서를 작성하여야 한다(제85조
제1항). 공판조서에는 제85조 제2항에 열거된 사항 기타 모든 소송절차를 기재하여야 한
다(동조 제2항). 군사법원이나 피고인, 변호인 또는 군검사는 공판조서를 녹취할 수 있다(제
90조). 공판조서는 진술자의 청구가 있는 때에는 그 진술에 관한 부분을 읽어 주고, 증감ㆍ
변경의 청구가 있는 때에는 그 진술을 기재하여야 한다(제86조).

공판조서는 공판기일에 있어서의 절차에 관한 구두주의ㆍ직접주의의 결함을 보충함으
로써 한편으로는 법관의 기억의 소멸을 방지하고, 다른 한편으로는 장래 절차에 관한 분쟁
이 있는 경우에 이를 해결하는 기초자료를 제공하려는 것이다. 그리하여 공판기일의 소송
절차로서 공판조서에 기재된 것은 그 조서만으로 증명한다(제89조).

5. 공판심리의 특칙
(1) 변론의 분리ㆍ병합ㆍ재개

군사법원은 필요하다고 인정하는 때에는 직권 또는 군검사, 피고인이나 변호인의 신청
에 의하여 결정으로 변론을 분리 또는 병합하거나 종결한 변론을 재개할 수 있다(제356조).

(2) 공판절차의 정지

공판절차가 법률상 진행할 수 없는 상태를 공판절차의 정지라 한다.

첫째, 피고인이 사물의 식별 또는 의사의 결정을 할 능력이 없는 상태에 있는 때에는
군사법원은 군검사와 변호인의 의견을 듣고, 또 의사의 의견을 들어 결정으로 그 상태가
계속하는 동안 공판절차를 정지하여야 하며(제357조 제1항), 피고인이 질병으로 인하여 출
정할 수 없을 때에도 같다(동조 제2항). 그러나 대리인이 참석할 수 있는 경미사건 등에 있
어서는 절차를 정지하지 않아도 된다(동조 제5항, 제325조 단서).

둘째. 군검사가 군사법원의 허가를 얻어 공소사실 또는 적용법조의 추가ㆍ철회ㆍ변경
을 할 때에 군사법원은 그렇게 함으로써 피고인이나 변호인의 불이익이 증가될 염려가 있다
고 인정하는 때에는 직권 또는 피고인의 청구에 의하여 피고인으로 하여금 필요한 방어의
준비를 하게 하기 위하여 결정으로 필요한 기간 공판절차를 정지할 수 있다(제355조 제4항).

(3) 공판절차의 갱신

지금까지의 공판절차를 무시하고 새로이 하는 것을 공판절차의 갱신이라 한다. 공판절

차의 갱신은 구두주의와 직접주의의 요청에 응하기 위한 것이다.

공판개정 후 재판관의 경질이 있는 때에는 공판절차를 갱신하여야 한다. 그러나 판결의 선고만을 하는 경우에는 예외로 한다(제358조). 따라서 변론종결 당시의 재판관과 선고 당시의 재판관이 다르다고 하더라도 공판절차(변론)를 갱신할 필요는 없다.[11]

제 3 절 종국재판

I. 총   설

공판기일에 있어서의 심리 및 변론의 결과 소송이 재판을 하기에 성숙한 때에는 군사법원은 피고사건에 대하여 종국재판을 하게 된다.

종국재판은 실체재판과 형식재판으로 나누어진다. 실체재판은 소송조건이 구비된 경우에 행하는 재판이고, 사건의 실체 그 자체를 판단하는 것으로 유죄·무죄의 판결이 있다. 이에 반하여 소송조건이 결여된 경우에 사건의 실체 그 자체를 판단하지 않고 소송절차를 종결시키는 재판이 형식재판이다. 관할위반의 판결, 공소기각의 판결·결정, 면소의 판결이 여기에 속한다.

II. 형성재판

1. 관할위반의 판결

피고사건이 그 군사법원의 관할에 속하지 아니한 때에는 판결로서 관할위반의 선고를 하여야 한다.

또한 군사법원은 피고인의 신청이 없으면 그 군(軍)의 다른 보통군사법원의 관할에 속하는 사건에 대하여 관할위반의 선고를 하지 못한다(제374조 제1항). 피고인은 이러한 관할위반의 신청을 피고인사건에 대한 진술 전에 하여야 한다(동조 제2항).

2. 공소기각의 재판

(1) 공소기각의 결정

다음과 같은 경우에는 결정으로 공소를 기각하여야 한다(제383조 제1항). 공소기각의 결정에 대하여는 즉시항고를 할 수 있다(동조 제2항).

---

11) 대법원 1972.5.31. 선고 72도829 판결.

① 공소가 취소되었을 때, ② 피고인이 사망하였을 때, ③ 제17조(관할의 경합)에 따라 재판을 할 수 없는 때, ④ 공소장에 기재된 사실이 진실하다 하더라도 범죄가 될 만한 사실이 포함되지 아니한 때.

(2) 공소기각의 판결

다음과 같은 경우에는 판결로서 공소기각의 선고를 하여야 한다(제382조).

① 피고인에 대하여 재판권이 없을 때,[12] ② 공소제기의 절차가 법률의 규정을 위반하여 무효인 때, ③ 공소가 제기된 사건에 대하여 다시 공소가 제기되었을 때, ④ 제384조(공소취소와 재기소)를 위반하여 공소가 제기되었을 때, ⑤ 고소가 있어야 공소를 제기할 수 있는 사건에 대하여 고소가 취소되었을 때, ⑥ 피해자의 명시한 의사에 반하여 공소를 제기할 수 없는 사건에 대하여 처벌을 희망하지 아니하는 의사 표시가 있거나 처벌을 희망하는 의사 표시가 철회되었을 때.[13]

3. 면소의 판결[14]

다음과 같은 경우에는 판결로서 면소의 선고를 하여야 한다(제381조).

① 확정판결이 있는 때, ② 사면이 있은 때, ③ 공소시효가 완성되었을 때, ④ 범죄 후에 법령의 개정 · 폐지로 형이 폐지되었을 때.

피고인에게는 실체판결의 청구권이 없으므로 면소판결에 대하여 실체판결을 구하는 상소를 할 수 없다는 것이 대법원의 태도이다.[15]

Ⅲ. 실체재판

1. 유죄의 판결

피고사건에 대하여 범죄가 증명되었을 때에는 형의 면제 또는 선고유예의 경우를 제외하고는 판결로 형을 선고하여야 한다(제375조 제 1 항).

형의 집행유예, 판결 전 구금의 산입일수, 노역장의 유치기간은 형의 선고와 동시에 판결로 선고하여야 한다(동조 제 2 항).[16] 또 재산형의 가납판결도 형의 선고와 동시에 판결

---

12) 구법에는 현역군인에 대하여 일반법원은 재판권이 없어서 공소기각을 하였으나, 현행 형사소송법 제 16조의 2에 의하여 재판권 있는 같은 심급의 군사법원에 이송하게 되어 있다.
13) 판례는 이 경우 명시한 의사를 법원이 적극적으로 확인하지 않아도 심리미진이 아니라고 한다(1965. 12.15. 육군 65 고군형항 741).
14) 면소판결의 본질에 관하여는 실체적 재판설, 형식적 재판설, 실체적 재판 · 형식적 재판의 구별설 및 실체관계적 형식재판설이 있으나, 네 번째 설이 통설이다.
15) 대법원 1964.4.7. 선고 64도57 판결.
16) "무기징역형을 선고한 제 1 심 판결을 파기하여 유기징역형을 선고한 때에는 제 1 심 판결 전의 구금일

로 선고하여야 한다(제391조 제2항).

형의 선고를 하는 때에는 판결이유에 범죄된 사실, 증거의 요지와 법령의 적용을 명시하여야 하고, 법률상 범죄의 성립을 조각하는 이유 또는 형의 가중·감면의 이유가 되는 사실의 진술이 있을 때에는 이에 대한 판단을 명시하여야 한다(제377조).[17]

형의 면제의 판결 또는 형의 선고유예도 유죄판결의 일종이며, 판결로 선고하여야 한다(제376조).

2. 무죄의 판결

피고사건이 범죄로 되지 아니하거나 범죄사실이 증명되지 아니할 때에는 판결로 무죄를 선고하여야 한다(제380조).

'피고사건이 범죄로 되지 아니한 때'라 함은 공소사실이 범죄를 구성하지 않는 것을 의미하고, '범죄사실이 증명되지 아니할 때'라 함은 공소사실의 부존재가 적극적으로 증명된 경우와 사실의 존부에 대한 충분한 심증, 즉 확신을 얻지 못한 이른바 증거불충분의 경우가 이에 포함된다.[18]

Ⅳ. 종국재판의 부수적 효력과 처분

1. 구속에 대한 효과

무죄, 면소, 형의 선고유예, 형의 집행유예, 공소기각 또는 벌금이나 과료를 과하는 판결이 선고되거나 형의 집행이 면제된 때에는 구속영장은 효력을 잃는다.

2. 압수물에 대한 효과

압수한 서류 또는 물품에 대하여 판결에서 몰수의 선고가 없는 때에는 압수를 해제한 것으로 간주한다(제389조). 그러므로 압수를 당한 소유자나 소지자에게 반환하여야 한다.

압수한 장물로서 피해자에게 환부할 이유가 명백한 것은 판결로써 피해자에게 환부하

수 중 전부 또는 일부를 본형에 산입한다는 판결을 하여야 한다"(대법원 1971.9.28. 선고 71도1289 판결).

17) "형의 감면이유라 함은 필요적 감면이유만을 의미하며, 자수처럼 그 감면이 임의적으로 되어 있는 경우는 여기에 포함되지 않는다"(대법원 1968.12.6. 선고 67도1112 판결)는 판례가 있으며, 법률상 범죄의 성립을 조각하는 사유는 "군대조직의 특수성에 비추어 위법한 상관의 지시에 응하지 않을 기대가능성이 없다"(대법원 1963.8.31. 선고 63도165 판결)는 판례가 그 예이다.

18) 이 경우 피고인은 무죄의 추정을 받기 때문에 무죄의 선고를 하여야 한다. 무죄의 추정은 두 가지 의미를 갖는다. 즉 ① 단순한 범죄의 혐의나 기소의 사유 때문에 피고인이 부당한 처우를 받거나 인권이 침해되지 않도록 최대한의 배려를 하여야 한다는 원칙과, ② 입증책임이 검사에게 있기 때문에 공소범죄사실에 관하여 판사가 확실한 심증을 얻지 못하면, 무죄판결을 하여야 한다는 증거법상의 원칙이 있다(신현주, 앞의 책, 407면).

는 선고를 하여야 한다(제390조 제 1 항). 이 경우에 장물을 처분하였을 때에는 판결로써 그 대가로 취득한 것을 피해자에게 교부하는 선고를 하여야 한다(동조 제 2 항). 가환부한 장물에 대하여 별단의 선고가 없는 때에는 환부의 선고가 있는 것으로 간주한다(동조 제 3 항).[19]

이상의 경우에 있어서 이해관계인이 민사소송절차에 의하여 그 권리를 주장함에 영향을 미치지 아니한다(동조 제 4 항).

3. 가납의 판결

군사법원은 벌금, 과료 또는 추징의 선고를 하는 경우에 판결의 확정 후에는 집행할 수 없거나 집행하기 곤란할 염려가 있다고 인정한 때에는 직권 또는 군검사의 청구에 의하여 피고인에게 벌금, 과료 또는 추징에 상당한 금액의 가납을 명령할 수 있다(제391조 제 1 항).[20]

이 재판은 형의 선고와 동시에 판결로써 선고하여야 하며, 이 판결은 즉시 집행할 수 있다(동조 제 2 항 · 제 3 항).

제 4 절   판결에 대한 관할관의 확인조치(전시운용)

앞서 살펴본 바와 같이, 2022년 군사법원법의 개정으로 관할관의 확인조치는 전시에만 기능하게 되었다. 이하의 서술은 전시 군사법원법에만 적용되는 내용이다.

관할관은 무죄, 면소, 공소기각, 형의 면제, 형의 선고유예, 형의 집행유예, 사형, 무기징역 또는 무기금고의 판결을 제외한 판결을 확인하여야 하며, 형법 제51조(양형의 조건) 각 호의 사항을 참작하여 그 형이 과중하다고 인정할 만한 사유가 있는 때에는 피고인이 작전, 교육 및 훈련 등 업무를 성실하고 적극적으로 수행하는 과정에서 발생한 범죄에 한정하여 선고된 형의 3분의 1 미만의 범위에서 그 형을 감경할 수 있다(제379조 제 1 항). 이와 같은 확인조치는 판결이 선고된 날로부터 10일 이내에 하여야 하며, 확인조치 후 5일 이내에 피고인과 군검사에게 송달하여야 한다. 확인조치기간이 도과하면 선고한 판결대로 확인한 것으로 본다(동조 제 2 항). 이와 같은 관할관의 확인조치와 그 송달에 소요된 기간은 구속피고인의 형집행기간에 산입한다(동조 제 3 항).

관할관의 확인조치의 성격 및 그 권한의 한계 등에 대하여는 이미 설명한 바와 같다(제 1 편 제 3 장 제 6 절 Ⅴ. 참조).

---

19) 재산범죄에 있어 압수물에 대하여 환부선고를 하지 않는 것은 위법이다(66.9.8. 육군 66 고군형항 75).

20) 그러나 실무상 이를 행하는 예는 거의 없다.

제 3 장

상   소

제 1 절 총   설

I. 일반적 고찰

1. 상소의 의의와 종류

(1) 상소(Rechtsmittel)라 함은 미확정의 재판에 대하여 상급군사법원(또는 법원)의 심판에 의하여 구제를 구하는 불복신청의 제도라고 말할 수 있다.

상소는 미확정의 재판에 대한 불복신청이다. 그러므로 확정재판에 대한 불복신청제도, 즉 특별구제절차인 재심(제469조 내지 제491조), 비상상고(제492조 내지 제501조)와 상소제도는 구별을 요한다. 또 수사기관의 처분은 재판이 아니므로 이에 대한 불복신청(제468조, 제446조)은 군사법원법상 항고의 절에 규정하고 있지만, 엄격한 의미에 있어서 이는 상소가 아닌 것이다.

상소는 상급군사법원(또는 법원)의 심판에 의한 구제를 구하는 것이다. 따라서 그 재판을 한 군사법원에 대하여 불복을 신청하는 이의신청(제350조, 제530조 등)은 상소라고 할 수가 없다.

(2) 군사법원법상 인정되는 상소는 항소, 상고 및 항고가 있다. 항소와 상고는 판결에 대한 것이고, 항고는 결정에 대한 것인 점에서 차이가 있다. 이외에 재판장 또는 수명재판관의 재판이나 수사기관의 처분에 대한 불복신청은 이를 준항고라고 한다(제465조 내지 제467조).

그리고 항소와 상고와의 차이로서는 항소는 항상 군사법원의 판결, 즉 제 1 심 판결에 대한 상소방법(제414조)인 데 대하여, 상고는 원칙적으로 고등법원의 판결, 즉 제 2 심 판결에 대한 상소방법(제442조)인 점에 차이가 있다.

그러나 보통군사법원의 판결에 대하여 직접 상고심인 대법원에 상고를 할 수 있는바(제443조), 이는 제2심의 판결에 대한 상고가 아닌 점에서 비약적 상고라고 한다.

2. 상소제도의 필요성

전술한 바와 같이 상소는 미확정인 재판에 대하여 상급군사법원(또는 법원)에 불복신청을 하여 구제를 구하는 절차인바, 불복신청은 피고인만이 할 수 있는 것이 아니고 군검사도 할 수 있는 것이다.

원래 재판이 한 번 행하여지면 이로 인하여 일정한 법률관계가 공권적으로 정하여지므로, 이를 함부로 변경한다는 것은 재판의 권위와 당사자의 이익을 해하는 것으로 된다. 그러므로 재판을 한 당해 군사법원은 이미 이를 변경할 수 없고, 당사자도 그 군사법원에 재판의 변경을 구하는 것은 허용되지 아니한다. 이런 의미에서 한 번 행하여진 재판은 일종의 법적 안정성을 요구한다. 설사 군사법원 관할관이 확인조치 시 감경권을 발동하여 판결에서 선고한 형을 감경한다고 하여도 이는 군사법원과는 직접 관련이 없고, 단지 행정권의 작용인 것이고, 작용에는 일정한 한계가 있는 것이다.

그러나 재판도 인간이 하는 것이므로 사실의 인정에 있어서나, 법률의 적용에 있어서나, 또 재판을 하는 데까지의 절차 등에 있어서 과오를 범하지 않는다고 단언할 수는 없는 것이다. 따라서 이러한 과오가 있다고 생각하는 당사자의 신청에 의하여 상급군사법원(또는 법원)의 재판으로써 그 과오를 시정하여 불복신청한 당사자의 주장을 검토하여 이유가 있으면 이를 구제하여야 하는 것이며, 바로 이 점에 상소제도의 존재의의가 있다고 할 것이다.

그렇지만 재판에 대한 상소제도를 인정함으로써 소송절차가 지연되는 것은 부정할 수가 없을 것이다. 특히 유죄의 선고를 받은 피고인이 단지 판결의 확정을 지연시키는 수단으로서 상소제도를 남용할 가능성은 크다고 아니할 수 없다. 따라서 상소를 너무 광범하게 인정하지 아니하고 일정한 정도의 제한을 가하여 항소이유 중에는 법률심으로서의 성격을 강화한 것이 많다.

군사법원법에서는 일반 형사소송법에서는 찾아볼 수 없는 것으로 전시나 사변시의 특례로서 단심제 군사법원제도의 채택이 있는데(제534조, 제535조), 이것은 바로 군의 특수성을 살려 상소제도의 피해를 줄이려는 조치규정이라 할 것이다. 이에 대하여는 뒤에서 다시 설명하기로 한다.

3. 상소의 목적 및 기능

(1) 원심판결에서 불이익을 받은 당사자의 구제

상소의 제1차적인 목적은 당사자의 구제라 할 것이다. 원심판결의 과오가 사실의 인정에 있으면 부당한 사실인정을 받은 당사자의 상소에 의하여 그 사실인정을 정정하는 것은 그 당사자를 구제하는 것으로 되고, 사실인정에는 과오가 없다고 할지라도 그 사실에 대한 법령의 적용에 오류가 있는 때나 재판을 하는 데까지의 소송절차에 의하여 그 법령의 적용 또는 소송절차의 과오를 시정하는 것도 또한 그 당사자를 구제하는 것으로 된다.

피고인에게 불이익으로 된다는 것은 일응 수긍이 가지만 당사자 중 군검사가 불이익을 받는다는 표현은 이상하게 생각될지 모르나, 군사법원법이 당사자주의의 소송구조를 채용하는 관계로 양 당사자를 구별하지 않고 논하기 때문에 이와 같은 표현을 사용할 수 있다. 그러므로 원심판결에서 불이익을 받은 당사자를 구제하게 되는 것은 상소의 제1차적인 기능이기도 한 것이다.

(2) 법령해석의 통일

상소의 제2차적인 목적은 법령해석의 통일에 있다. 군 내에는 수개의 군사법원이 있어 각각 그 소신에 의하여 법령을 해석하고 적용하기 때문에 동일한 군형벌법규라고 할지라도 그 해석을 달리하는 데 따라 군사법원간에 그 적용을 달리하게 될 것이다.

그러나 동일한 법령이 군사법원간에 해석의 차이가 있다는 것은 군사법원법 피적용자로 하여금 어느 해석에 좇아서 법률생활을 할 것인가를 혼돈하게 하여 법적인 안정성을 얻을 수 없는 결과를 초래할 수도 있다. 따라서 법령해석에 관하여 각 군사법원 간에 해석상 차이가 발생한 때에는 상급군사법원 또는 법원의 심판을 구하여 그 재판에 의하여 법령의 해석을 통일하여야 할 필요성이 있는 것이다.

이와 같은 목적을 효과적으로 달성하기 위한 것과 군의 지휘계통을 존중하기 위한 배려로서 고등법원을 일반 형사소송법상 고등법원과는 달리 법률심으로서의 성격을 강화하고 있지만, 그래도 법령해석의 통일은 유일한 최상급법원인 대법원에 의하여 그 기능을 가장 효과적으로 발휘할 수 있을 것이다.

이와 같이 법령해석이 통일되면 상고법원인 대법원이 다시 그 해석을 변경하지 않는 한 이 해석에 위반한 하급군사법원의 판결은 상소에 의하여 파기되어 상고법원의 해석에 따라 정정하는 결과로 되므로 상고법원의 법령해석은 확립된 것으로 되어 군사법원법 피적용자는 상고법원의 법령해석에 좇아서 법률생활을 규율할 수 있게 되고, 여기에 법적인 안정성을 얻을 수 있게 된다. 따라서 상고법원은 법령해석을 결정하는 데 있어서는 신중히 하여야 하고, 함부로 그 판례를 변경하는 것은 도리어 법적 안정성을 해하는 결과로 된다.

이러한 취지에서 법원조직법은 "상급법원의 재판에 있어서의 판단은 당해 사건에 관하여 하급심을 기속한다"(동법 제 8 조)고 하여 상급법원의 법령해석과 그 효력에 관하여 규정하고 있지만, 고등법원의 판결에 대한 상고이유를 극히 제한함으로써 군의 특수성과 법적 안정성과의 조화를 기도하고 있다.

Ⅱ. 상소제기

1. 상 소 권

(1) 상소권자

상소할 수 있는 권리가 바로 상소권이고, 이러한 권리를 가진 자가 상소권자인바, 상소권은 일정한 범위의 자에 한해서만 인정된다.

1) 고유의 상소권자   고유의 상소권자는 군사법원의 재판을 받은 자이다. 그러므로 군검사와 피고인은 상소권자인 것이다(제395조).

2) 상소권의 대리행사자   피고인의 법정대리인은 고유의 상소권자는 아니지만 피고인을 위하여 상소할 수 있는(제397조) 상소권의 대리행사자이며, 피고인의 배우자·직계친족·형제자매 또는 원심의 대리인이나 변호인은 피고인의 명시의 의사에 반하지 아니하는 한 상소할 수 있다(제398조).

상소권의 대리행사자는 피고인의 이익을 위하여 상소할 수 있으나, 피고인이 상소를 포기한다든지 취하함으로써 상소권을 상실한 후에는 상소를 할 수 없다.

(2) 상소의 이익

상소는 재판에 대한 불복을 내용으로 하기 때문에 그 재판에 의하여 자기의 이익이 침해당하였음을 전제로 한다. 따라서 군검사 이외의 상소권자는 피고인에게 불이익한 상소를 할 수 없다. 여기서 이익·불이익이라고 함은 법률적으로나 객관적으로 결정할 성질의 것이므로 무죄의 판결에 대하여 유죄를 주장한다든가, 경한 죄에 대하여 중한 죄를 주장하는 것은 비록 피고인에게 주관적으로 이익이 있을지라도 이는 허용되지 않는 것이다.

면소·공소기각의 재판에 대하여 대법원은 면소판결에 대해서는 피고인에게 실체청구권이 없다는 이유로, 공소기각판결에 대하여는 상소이익이 없다는 이유로 각각 무죄를 구하는 상소를 인정하지 않는다. 이에 관하여는 학설상 다툼이 있으나, 무죄판결을 받는 것이 피고인에게 객관적으로 이익이라고 보아야 할 것이고, 또 무죄의 선고를 받은 때에는 형사보상을 청구할 수 있다는 법률적 이익을 고려할 때 이를 허용하는 것이 타당할 것이다.[1]

군검사는 공익의 대표자로서 공익을 위하여 상소할 수 있는 권한이 있으나, 피고인이

---

1) 그러나 판례는 이러한 경우 상소가 허용되지 않는다고 한다(대법원 1986.12.9. 선고 86도1976 판결; 대법원 1988.11.8. 선고 85도1675 판결 참조).

부당한 재판을 받지 않는다는 것도 공익의 일부분인 것이므로 피고인의 이익을 위하여도 상소할 수 있을 것이다. 다만, 이 경우에 피고인을 위한 불이익변경금지의 원칙(제437조)이 적용되지 않을 수도 있다.

(3) 상소권의 발생 · 소멸 · 회복

1) 상소의 제기기간　　　상소권은 재판의 선고 또는 고지에 의하여 발생하고, 상소의 포기 및 취하에 의하여 소멸한다.

상소의 제기에는 각각 일정한 기간이 있다. 항소 및 상고는 7일(제415조, 제444조), 즉시항고는 3일(제455조)이며, 이와 같은 상소의 제기기간은 관할관의 확인조치가 송달된 날로부터 진행한다(제400조 제2항). 다만, 관할관의 확인조치가 적용되지 아니하는 항소나 즉시항고는 결정이 있는 날로부터 진행하는 것으로 해석된다.

2) 상소권의 회복　　　상소권은 상소제기기간의 경과로 인하여 당연히 소멸된다. 다만, 상소권자나 상소권의 대리행사자는 자기 또는 대리인이 책임질 수 없는 사유로 인하여 상소의 제기기간 안에 상소하지 못한 때에는 상소권회복의 청구를 할 수 있다(제402조). 여기서 말하는 '책임질 수 없는 사유'라 함은 상소불능의 사유가 상소권자 또는 그의 대리인의 고의 또는 과실에 의하지 아니한 것을 뜻한다.

상소권회복의 청구는 사유가 끝난 날로부터 상소의 제기기간에 상당한 기간 안에 서면으로 원심 군사법원에 제출하여야 한다. 이와 같은 상소권회복의 청구를 할 때에는 원인된 사유를 소명하여야 하며, 그 청구와 동시에 상소를 제기하여야 한다(제403조).

상소권회복의 청구가 있는 때에는 군사법원은 청구의 허부에 관한 결정을 하여야 하며, 이 결정에 대하여는 즉시항고를 할 수 있다(제404조). 상소권회복의 청구가 있는 때에는 군사법원은 그 결정을 할 때까지 재판의 집행을 정지하는 결정을 하여야 한다(제405조 제1항). 재판의 집행정지 결정을 한 경우에 피고인을 구금할 필요가 있을 때에는 구속영장을 발부하여야 한다(동조 제2항).

3) 상소의 포기 및 취하　　　상소의 포기란 구체적으로 발생한 상소권의 불행사를 명시함으로써 이를 소멸시키는 것이고, 상소의 취하란 이미 행한 상소의 의사표시를 철회하는 것을 말한다.

군검사, 피고인은 상소의 포기 또는 취하를 할 수 있다. 그러나 피고인은 사형 또는 무기징역이나 무기금고가 선고된 판결에 대하여 상소의 포기를 할 수 없다(제406조).

법정대리인이 있는 피고인이 상소의 포기 또는 취하를 함에는 법정대리인의 동의를 얻어야 한다(제407조). 피고인의 법정대리인이나 또는 피고인을 위하여 상소할 수 있는 자는 피고인의 동의를 얻어 상소를 취하할 수 있다(제408조).

상소의 포기 또는 취하는 서면으로 하여야 한다. 그러나 공판정에 있어서는 구술로써 할 수 있으며, 이 경우에는 그 사유를 조서에 기재하여야 한다. 상소의 포기는 원심 군사법원에 하고, 상소의 취하는 고등법원 또는 대법원에 하여야 한다. 다만, 소송기록을 고등군사법원 또는 대법원에 보내지 아니하였을 때에는 상소의 취하를 원심법원에 할 수 있다(제410조). 상소를 포기하거나 취하한 자 또는 상소의 포기나 취하에 동의한 자는 그 사건에 대하여 다시 상소를 하지 못한다(제411조).

상소의 포기 또는 취하가 있는 때에는 군사법원 또는 대법원은 지체 없이 상대방에게 그 사유를 통지하여야 한다(제413조).

2. 상소의 제기

(1) 상소제기의 방식

상소는 일정한 상소제기기간 내에 상소장을 원심군사법원에 제출함으로써 행한다(제400조, 제416조, 제450조, 제456조). 재소자에 대해서는 특칙이 있다(제401조).[2] 상소의 제기가 있는 때에는 군사법원 또는 대법원은 지체 없이 상대방에게 그 사유를 통지하여야 한다(제413조).

(2) 상소제기의 효과

1) 정지의 효력   상소의 제기에 의하여 원심 군사법원의 판결이나 결정 및 관할관에 의한 확인조치의 효력은 정지한다. 군사법원법상 보통항고는 인정되지 아니하므로 항고도 정지의 효력이 전부 인정되는 결과가 된다. 그러나 재산형의 가납판결은 즉시로 집행할 수 있으므로(제391조 제 3 항), 이 경우에는 정지의 효력이 없다.

2) 이심의 효력   이심의 효력이란 상소의 제기에 의하여 소송계속이 원심을 떠나서 상소심에 옮겨지는 것을 말한다. 그러나 이 효력은 상소제기와 동시에 즉시 발생하는 것은 아니다.

즉 상소에 있어서는 원심 군사법원에서 일단 심사가 행하여지는 것이며, 항고와 상고에 있어서는 법률상의 방식에 위반하거나 상소권의 소멸 후인 것이 명백한 때에는 원심 군사법원에서 결정으로 상소를 기각하고(제417조, 제450조, 제457조), 항고가 이유 있다고 인정한 때에 비로소 원심 군사법원에서 결정으로 경정한다(제458조).

(3) 상소의 범위

상소는 재판의 일부에 대하여 할 수 있다. 부분을 한정하지 아니하고 상소한 때에는 재판의 전부에 대하여 한 것으로 간주한다(제399조 제 1 항·제 3 항). 여기서 말하는 재판의

---

2) "수감중인 피고인의 상고이유서가 교도소장에게는 소정기간 내에 제출되었다 하여도 그 상고이유서가 소정기간이 경과한 후에 대법원에 접수되면 특단의 사유가 없는 한 이러한 상고이유서는 부적법한 것이다"(대법원 1970.6.30. 선고 70도861 판결).

일부라 함은 1개의 사건의 일부가 아니고 수개의 사건이 병합심리되었던 경우의 일부를 말하는 것이다.

　일부상소는 공소불가분의 원칙상 1개 사건의 일부분에 대해서는 인정되지 않는다. 따라서 일부에 대한 상소는 그 일부와 불가분의 관계에 있는 부분에 대하여도 효력이 미친다(동조 제2항). 일부상소가 허용되는 것이므로 상소의 일부포기 또는 일부취하도 허용된다고 볼 수 있을 것이다.

제2절 항 소

I. 총 설

1. 항소의 의의

　항소라 함은 제1심 군사법원의 판결에 대하여 제2심인 고등법원에 불복신청을 하는 것이다. 판결에 대한 상소방법이라는 점에서 상고와 같지만, 상고는 원칙으로 제2심에 대한 상소방법이다. 항소는 판결에 대한 상소방법이므로 기타의 재판형식, 즉 결정이나 명령에 대하여는 항소할 수 없다.

2. 항소심의 구조

　군사법원법상 항소심의 구조에 관하여 일부 견해는 항소를 제기함에 있어 항소이유서를 제출하여야 하고(제420조), 그 항소이유는 법으로 제한하고 있음(제414조) 등을 근거로 군사법원법은 사후심의 구조를 채택하고 있다고 설명하고 있으나, 고등법원은 항소이유서에 포함되지 아니한 사항도 조사할 수 있으며(제428조), 항소심에서 공소장변경이 허용되고(제441조, 제355조), 원판결 후 발생한 사실이 항소심판결자료가 되며, 항소심판결에 있어 법령적용의 기준 시는 원판결 당시가 아닌 항소심판결시라는 점 등을 고려할 때, 속심제를 원칙으로 하고 있다고 봄이 타당하다. 판례는 "… 항소심은 기본적으로 실체적 진실을 추구하는 면에서 속심적 기능이 강조되고 있고, 다만 사후심적 요소를 도입한 … 조문들은 남상소의 폐단을 억제하고 항소법원의 부담을 감소시킨다는 소송경제상의 필요에서 항소심의 속심적 성격에 제한을 가하고 있음에 불과하다"고 판시하고 있다.[3]

---

3) 대법원 1983.4.26. 선고 82도2829, 82감도612 판결.

Ⅱ. 항소의 제기

1. 항소이유

항소이유라 함은 항소권자가 적법하게 항소를 제기할 수 있는 법률상의 이유를 말한다. 항소이유는 법률에 유형적으로 규정되어 있으며(제414조), 법률에 따라 규정된 항소이유 이외의 이유는 적법한 항소이유가 될 수 없다. 이는 남상소의 억제와 소송경제를 위한 제한임은 전술한 바와 같다.

군사법원법은 항소이유로 다음의 사항을 열거하고 있다(제414조).

① 헌법·법률·명령 또는 규칙의 위반이 판결에 영향을 미쳤을 때
② 판결 후 형의 폐지나 변경 또는 사면이 있을 때
③ 관할 또는 관할위반의 인정이 법률을 위반하였을 때
④ 판결을 한 군사법원의 구성이 법률을 위반하였을 때
⑤ 법률상 그 재판에 관여하지 못할 재판관이 그 사건의 심판에 관여하였을 때
⑥ 사건의 심리에 관여하지 아니한 재판관이 그 사건의 판결에 관여하였을 때
⑦ 공판의 공개에 관한 규정에 위반하였을 때
⑧ 판결에 이유를 붙이지 아니하거나 이유에 모순이 있을 때
⑨ 재심청구의 사유가 있을 때
⑩ 사실의 오인(誤認)이 있어 판결에 영향을 미쳤을 때
⑪ 형의 양정(量定)이 부당하다고 인정할 사유가 있을 때

2. 항소제기의 절차

항소를 제기함에는 항소제기기간에 항소장을 원심 군사법원에 제출하여야 하며(제416조), 항소의 제기기간은 7일이다(제415조).

항소의 제기가 법률상 방식에 위반하거나 항소권소멸 후인 것이 명백한 때에는 원심 군사법원은 결정으로 항소를 기각하고(제417조 제1항), 그 이외의 경우는 원심 군사법원은 항소장을 받은 날부터 14일 이내에 소송기록과 증거물을 고등법원에 송부하여야 한다(제418조).

고등법원이 소송기록과 증거물의 송부를 받은 때에는 즉시 항소인과 그 상대방에 대하여 그 사유를 통지하여야 하며, 이 통지를 받은 항소인과 변호인은 20일 이내에 항소이유서를 고등법원에 제출하여야 한다(제419조 제1항, 제420조 제1항).[4]

항소이유서의 제출을 받은 고등법원은 지체 없이 그 부본 또는 등본을 상대방에게 송달하여야 하며, 이 송달을 받은 상대방은 10일 이내에 답변서를 고등법원에 제출할 수 있

---

4) "고등군사법원에서 항소인인 피고인에게 소송기록 수리통지를 하지 아니하여 항소이유서제출의 기회도 주지 않고 그대로 항소기각의 판결을 했음은 피고인의 방어권을 무시한 처사로서 위법하다"(대법원 1963.7.11. 선고 63도137 판결).

다(제421조 제1항·제2항).

Ⅲ. 항소심의 심판

1. 항소심의 절차

항소심의 절차는 법률에 특별한 규정이 없는 한 제1심 공판절차에 관한 규정을 준용한다(제441조). 항소심에 대한 특칙은 다음과 같다.

항소심에서는 변호사 또는 변호사의 자격이 있는 장교가 아니면 변호인으로 될 수 없고, 변호인이 아니면 피고인을 위하여 변론을 할 수 없다(제423조). 피고인은 공판기일에 출석하여야 하며, 피고인이 공판기일에 출석하지 아니한 경우에는 다시 기일을 정하여야 한다. 다만, 피고인이 정당한 사유 없이 다시 정한 기일에 출석하지 아니한 때에는 피고인의 진술 없이 판결할 수 있다(제426조).

항소심에 있어서는 군검사와 변호인은 항소이유서에 의하여 변론하여야 한다(제425조). 변론방식이 서면에 의하도록 한 것이 특히 제1심의 경우와 다르다. 또 사실의 조사를 할 필요가 있을 때에는 군사법원이 직접 하지 않고 군판사로 하여금 하게 하거나 다른 군사법원의 군판사에게 촉탁할 수도 있다(제429조 제2항 참조). 이 경우에 수명군판사 또는 수탁군판사는 군사법원 또는 재판장이나 군판사와 동일한 권한을 가진다. 이와 같은 몇 가지 상이한 점을 제외하고는 항소심의 절차는 제1심 공판절차를 준용하게 된다.

2. 항소심의 재판

항소심의 재판에는 항소기각, 공소기각, 원심판결의 파기가 있다. 항소심의 재판서에는 항소의 이유에 관한 판단을 기재하여야 하며, 원심판결에 기재된 사실과 증거를 이용할 수 있다(제439조). 군사법원의 항소심판결서에는 항소의 이유에 관한 판단을 기재하면 족하고, 증거의 요지 등을 표시할 필요가 없다.[5]

(1) 항소기각의 재판

1) 항소기각의 결정   항소의 제기가 법률상 방식에 위반하거나 항소권소멸 후인 것이 명백하여 원심 군사법원이 항소를 기각하여야 할 경우에 항소기각의 결정을 하지 아니한 때, 또는 기간 내 항소이유서를 제출하지 아니한 때에는 결정으로 항소를 기각한다. 다만, 항소장에 이유가 적혀있거나 직권조사의 사유가 있을 때에는 그러하지 아니한다. 이 결정에 대하여는 즉시항고를 할 수 있다(제422조).

2) 항소기각의 판결   제414조(항소이유)에 해당되는 사유가 없는 때에는 판결로써

---

5) 대법원 1966.7.22. 선고 65도1277 판결.

항소를 기각하여야 한다. 항소이유가 없음이 명백한 때에는 항소장, 항소이유서 기타의 소송기록에 의하여 변론 없이 판결로써 항소를 기각할 수 있다(제430조). 항소이유 없음이 명백한 경우라 함은 항소이유로 주장한 사유가 제414조 각 호에 해당하는 사유가 없는 것이 명백한 경우를 뜻하는 것이 아니고, 항소가 이유 없는 경우, 즉 원판결이 정당하여 항소가 정당하지 아니한 경우를 뜻한다.[6]

(2) 공소기각의 결정

원심 군사법원이 공소기각의 결정을 하지 아니한 것이 법률에 위반한 때에는 결정으로 공소를 기각하여야 한다. 이 결정에 대하여는 즉시항고를 할 수 있다(제438조).

(3) 파기의 판결

항소이유가 있으면 판결로써 원심판결을 파기하여야 한다(제431조). 원판결주문에 제1심 판결을 파기한다는 표시가 나타나 있지 않더라도 그 판결이유에 제1심 판결을 파기한다는 취지가 기재되어 있는 경우에는 주문에 그러한 표현을 나타낸 취지라고 보아야 할 것이다.[7] 피고인의 이익을 위하여 원심판결을 파기하는 경우에 파기의 사유가 항소한 공동피고인에 공통되는 때에는 그 공동피고인에 대하여도 원심판결을 파기하여야 하는데(제432조), 이를 공동파기라 한다.

원심판결이 파기되면 사건은 원심판결 전의 상태에서 항소심에 계속되는 것으로 된다. 파기 후의 조치로서는 환송, 이송 및 자판의 세 가지 방법이 있다.

1) 파기환송   적법한 공소를 기각하였거나 관할위반의 인정이 법률에 위반됨을 이유로 원심판결을 파기하는 때에는 판결로써 사건을 원심 군사법원에 환송하여야 한다(제433조).

2) 파기이송   관할인정이 법률에 위반됨을 이유로 원심판결을 파기하는 때에는 판결로써 사건을 관할 군사법원에 이송하여야 한다(제434조).

3) 파기자판   고등법원은 원심판결을 파기하는 경우에 그 소송기록과 원심 군사법원 또는 고등법원에서 조사한 증거에 의하여 판결하기 충분하다고 인정한 때에는 피고사건에 대하여 직접 판결을 할 수 있다(제435조).

4) 환송 또는 이송   파기환송, 파기이송 및 파기자판의 경우 이외에 원심판결을 파기한 때에는 판결로써 사건을 원심 군사법원에 환송하거나 관할권이 있는 다른 군사법원에 이송하여야 한다(제436조).

6) 대법원 1975.5.11. 선고 76도892 판결.
7) 대법원 1963.2.11. 선고 62도268 판결.

3. 불이익변경금지의 원칙

(1) 불이익변경금지의 원칙의 의의

피고인이 항소한 사건과 피고인을 위하여 항소한 사건에 대하여는 원심판결의 형보다 무거운 형을 선고하지 못하는바(제437조), 이러한 원칙을 일반적으로 불이익변경금지의 원칙이라고 한다.

이는 또한 원심판결보다 불이익으로 될 일체의 변경을 금지하는 것이 아니라 단지 원심판결의 형보다 중한 형으로의 변경을 금지하는 데 불과한 점에서 착안하여 중형변경금지의 원칙이라고 말하기도 한다. 원심판결이라 함은 관할관의 확인으로 변경된 판결을 뜻한다.[8]

(2) 불이익변경금지의 원칙의 존재이유

이에 대하여는 다음과 같은 견해가 대립되어 있다. 즉 상소심에 있어서는 상소제기자가 변경을 구하는 범위 내에서만 심판할 것이라는 당사자주의 내지 변론주의에 입각한 주장을 하는 견해와 피고인의 능동적인 상소권행사를 보장하기 위한 정책적 이유에서라는 견해, 그리고 군검사의 상소가 없는 한 피고인의 이익의 한도 내에서는 원심판결은 확정된다는 견해가 바로 그것이다.

그런데 상소심 군사법원(또는 법원)은 피고사건에 관하여 원심판결의 판단에 아무런 구애도 받음이 없이 원심판결보다 불이익한 처분을 할 수 있는 경우도 있고, 또 피고인이 원심 군사법원의 판결에 불복종한다는 태도에 의하여 도리어 불이익한 처분을 받을 염려가 있기 때문에 어떻게 본다면 피고인의 정당한 상소의 제기까지도 이를 단념하게 하는 것을 방지하고, 정당한 상소의 제기를 적극적으로 뒷받침하여 주기 위한 정책적인 이유에서 이 원칙을 인정하는 것이라고 해석함이 타당하다.

그러나 이 원칙의 존재로 말미암아 상소권의 행사가 남용됨으로써 소송경제 및 간접적으로 피고인의 인권옹호에까지도 영향을 미칠 수 있음은 부인할 수 없을 것이며, 그러한 이유에서 이 원칙을 폐지하자는 주장도 있다.

(3) 불이익변경금지의 원칙의 적용범위

불이익변경금지의 원칙은 피고인이 항소 또는 상고한 사건과 피고인을 위하여 항소 또는 상고한 사건에 대하여서만 적용된다. 따라서 군검사만이 상소를 한 경우나 군검사와 피고인측의 쌍방이 상소를 한 경우에는 이 원칙은 적용되지 아니한다. '피고인을 위하여 항소한 사건'이라 함은 제397조 및 제398조에 정한 상소권의 대리행사자가 항소한 사건이다.

---

8) 대법원 1965.7.20. 선고 65도362 판결.

피고인을 위하여 군검사가 항소한 경우에도 불이익변경금지의 원칙을 적용할 것인가가 문제로 되나, 이 경우에는 소극적으로 해석하여야 할 것이다. 왜냐하면 이 원칙이 인정되는 이유는 전술한 바와 같이 피고인의 상소권행사의 보장이라는 정책적인 목적에 있는 것이고, 군검사는 이 원칙의 존재 여부를 불문하고 상소권행사에 아무런 지장을 받지 않기 때문이다.

상고심이 원심판결을 파기환송한 경우에 항소심은 그 파기된 원판결과의 관계에 있어서 불이익변경금지 원칙의 적용을 받아야 한다. 이 원칙이 적용되기 위하여 항소이유서에 반드시 양형부당의 하자를 이유로 적시할 필요는 없다고 본다.

(4) 불이익변경금지의 원칙의 내용

이 원칙의 내용은 형에 관하여만 적용되고 사실에 대하여는 문제가 되지 아니하므로, 경한 형만 과한다면 중한 사실의 인정은 문제가 되지 아니한다고 보아야 한다.

불이익변경금지는 원판결 주문의 형과 대조하여 실질상 보다 중한 형을 선고하였는가에 의하여 결정할 것이므로, 피고인에게 유리한 사실을 인정하면서 동일한 형을 선고하였다 하더라도 불이익변경금지 원칙에 위반한다 할 수 없다.[9]

형의 경중에 관한 기준은 형법 제50조에 일반적으로 규정하고 있으므로 불이익변경금지의 원칙의 내용에도 이는 적용된다. 그러나 이는 법정형의 상호간에 있어서의 형의 경중에 관한 것이므로, 불이익변경금지의 경우에 문제로 되는 선고형의 경중을 판정함에는 피고인에 대한 법익박탈의 대소를 비교하여 결정되어야 하는 것이다.[10]

집행유예의 문제에 있어서 주형이 동일한 한 집행유예를 없앤다든가 집행유예기간을 연장하는 것은 불이익변경으로 되고, 징역 6월을 징역 1년에 3년간 집행유예함도 불이익변경으로 된다. 집행유예가 실효되거나 취소되는 경우의 불이익도 고려해야 하기 때문이다.

자유형이 벌금형으로 변경되어 있으면 벌금형에 대한 노역장유치 환형일수가 원심의 자유형의 형기보다 길더라도 불이익변경이 아니다. 또 벌금액이 원심판결보다 작아지면 노역장유치 환형일수가 원심의 경우보다 많아져도 불이익변경이 아니다. 또한 원심판결의 미결구금일수의 산입을 박탈 또는 감소하면 불이익변경이 되겠지만, 본형을 감경한다든지 집행유예를 부가하여 실질상 원심보다 경하게 되었으면 이러한 경우는 불이익변경이 되지 아니한다.

몰수는 부가형이므로 주형을 동일하게 하고 새로운 몰수를 부가하면 불이익변경이 되지만, 주형을 경하게 하면 추징을 새로이 추가하였더라도 불이익변경으로 볼 수 없다.

---

9) 대법원 1964.6.2. 선고 64도160 판결; 대법원 2003.2.11. 선고 2002도5679 판결 참조.
10) 대법원 1977.3.22. 선고 77도67 판결; 대법원 1999.11.26. 선고 99도3776 판결 참조.

제 3 절 상 고

Ⅰ. 총 설

1. 상고의 의의와 상고권

상고는 제 2 심인 고등법원의 판결에 대하여 대법원에 하는 불복신청이다. 다만, 일정한 사유가 있는 경우에 한하여 보통군사법원의 판결에 대하여도 비약상고가 허용된다(제443조 제1항). 상고도 상소의 일종인 이상 당사자의 구체적 구제를 목적으로 하는 것은 물론이나, 그와 동시에 판례의 통일을 도모하고 헌법의 정당한 해석을 확보하는 한편 하급군사법원의 재판상의 현저한 불공정을 시정함을 임무로 하고 있다.

항소심에 있어서는 법령위반 외에 사실의 오인이나 양형의 부당도 심리할 수 있게 되어 사후심과 속심의 이중적 구조를 가지는 데 대하여, 상고심은 당사자에 의하여 상고이유로 된 헌법위반·판례위반 등 주로 법률문제를 심사하는 사후심의 구조를 가진다.

2. 상고이유

다음의 사유가 있는 경우에 상고할 수 있다(제442조).

① 헌법·법률·명령 또는 규칙의 위반이 판결에 영향을 미쳤을 때
② 대법원의 판례에 상반되는 판단을 하여 판결에 영향을 미쳤음이 명백할 때
③ 대법원의 판례가 없는 경우에 고등법원이 종전의 판례에 상반되는 판단을 하여 판결에 영향을 미쳤음이 명백할 때
④ 판결 후 형의 폐지나 변경 또는 사면이 있을 때
⑤ 재심청구의 사유가 있을 때
⑥ 고등법원에 대한 재판권의 인정이 법률을 위반하였을 때
⑦ 사형, 무기 또는 10년 이상의 징역이나 금고가 선고된 사건에서 중대한 사실의 오인이 있어 판결에 영향을 미쳤을 때 또는 형의 양정이 매우 부당하다고 인정할 현저한 사유가 있을 때[11]

Ⅱ. 상고의 제기

상고를 제기함에는 상고제기기간 내에 상고장을 원심 군사법원에 제출하여야 한다.

---

11) "사실오인의 사유나 양형부당의 사유는 적법한 상고이유가 되지 못한다"(대법원 1968.11.5. 선고 68도 1208 판결).

상고의 제기기간은 7일로 한다(제444조).

상고장을 접수한 고등법원과 대법원의 조치는 항소심절차에 관한 규정이 준용될 것이 므로 그에 따를 것이고, 이외에도 상고심의 절차에 관하여 특별한 규정이 없으면 일반 형 사소송법 중 상고심에 관한 규정에 의한다(제450조 제 1 항).

Ⅲ. 상고심의 심판

1. 상고심의 심리

상고심의 절차에 관하여는 특별한 규정이 없으면 항소심에 관한 규정을 준용한다(제 445조 제 1 항). 상고심에 있어서는 검사와 변호인은 상고이유서와 답변서에 의하여 변론하 여야 한다(제445조 제 1 항). 대법원은 필요하다고 인정하는 때에는 직권 또는 검사, 피고인 이나 변호인의 신청에 의하여 고등검찰부 군검사 또는 원심변호인에게 의견을 진술하게 할 수 있다(동조 제 2 항).

대법원은 상고장, 상고이유서 기타의 소송기록에 의하여 변론 없이 판결할 수 있다(제 446조).

2. 상고심의 재판

(1) 상고기각의 판결

상고이유가 없는 것이 명백한 때에는 변론 없이 판결로써 상고를 기각할 수 있다(제 447조).

(2) 원심판결의 파기

대법원은 상고이유가 있는 때에는 판결로써 원심판결을 파기하여야 한다. 그러나 제 442조 제 2 호 · 제 3 호에 규정하는 사유만이 있는 경우에 대법원이 그 판례를 변경하고 그 원심판결을 유지함이 상당하다고 인정하면 원심판결을 파기하지 아니한다(제448조).

첫째, 제443조 제 1 항 각 호에 위반되었음을 이유로 보통군사법원 또는 고등법원의 판결을 파기하는 경우에는 판결로써 사건을 재판권이 있는 관할법원에 이송하여야 한다(제 449조 제 1 항).

둘째, 제443조 제 1 항 각 호 이외의 이유로 원심판결을 파기하는 경우에는 판결로써 사건을 원심법원에 환송하여야 한다(동조 제 2 항). 그러므로 군사법원법상 대법원에 파기자 판권은 인정되지 아니한다.

셋째, 공소시효가 완성된 범죄에 관하여는 군사법원법 제381조의 규정에 의하여 면소 판결을 선고함이 마땅하다.[12]

Ⅳ. 판결정정의 신청과 정정판결

대법원은 그 판결의 내용에 오류가 있음을 발견한 때에는 직권 또는 검사, 상고인이나 변호인의 신청에 의하여 판결로써 이를 정정할 수 있다. 이와 같은 신청은 판결의 선고가 있는 날로부터 10일 이내에 이유를 기재한 서면으로 하여야 한다(제451조).

정정의 판결은 변론 없이 할 수 있다. 정정할 필요가 없다고 인정한 때에는 지체 없이 결정으로 신청을 기각하여야 한다(제452조).

제 4 절 항   고

Ⅰ. 항고의 의의와 종류

항고라 함은 판결 이외의 재판, 즉 결정 또는 명령(명령에 대해서는 특별항고만이 인정된다)에 대한 상소방법이다.

일반 형사소송법이 인정하는 항고에는 특별항고와 일반항고가 있다. 특별항고란 형사소송법에 의하여 대법원에 대하여 항고할 수 있음이 특히 허용된 항고를 말하며, 그 이외의 항고를 일반항고라 한다. 일반항고는 제기기간 및 집행정지의 효력의 유무에 의하여 보통항고와 즉시항고로 나누어진다. 이외에 일정한 경우에 재판장이나 수명법관이 한 재판 또는 수사기관의 처분에 대한 불복신청의 방법으로 준항고라는 것이 있다. 종래 군사법원법에서는 즉시항고와 준항고만 예외적으로 인정하였으나, 법 개정으로 항고는 원칙적 허용(제454조)과 예외적 금지(동조 단서)의 기조로 변경되었다.

Ⅱ. 즉시항고

군사법원의 결정에 대하여 불복이 있으면 군사법원법에 특별한 규정이 있어 금지되는 경우를 제외하고는 모두 항고할 수 있다(제454조). 즉시항고의 제기기간은 7일이며(제455조), 이 기간 내에 항고장을 원심 군사법원에 제출하여야 한다(제456조).

항고의 제기가 법률상의 방식에 위반하거나 항고권소멸 후인 것이 명백한 때에는 원심 군사법원은 결정으로 항고를 기각하여야 한다. 이 결정에 대하여는 즉시항고를 할 수 있다(제457조).

원심 군사법원은 항고가 이유 있다고 인정한 때에는 결정을 경정하여야 하며, 항고의

---

12) 대법원 1963.3.21. 선고 63도22 판결; 대법원 1963.5.9. 선고 63도24 판결.

전부 또는 일부가 이유 없다고 인정한 때에는 항고장을 받은 날로부터 3일 이내에 의견서를 첨부하여 항고법원에 송부하여야 한다(제458조).

그리고 원심 군사법원이 필요하다고 인정한 때에는 소송기록과 증거물을 항고법원에 송부하여야 하고, 또 항고법원은 이들의 송부를 요구할 수 있다(제460조).

즉시항고의 제기기간 내에 그 제기가 있는 때에는 재판의 집행은 정지되고(제459조), 군검사는 항고사건에 대하여 의견을 진술할 수 있다(제461조).

항고의 제기가 법률상의 방식에 위반하거나 항고권소멸 후인 것이 명백함에도 원심 군사법원이 기각결정을 하지 아니할 때에는 항고법원은 결정으로 항고를 기각하여야 한다(제462조). 항고를 이유 없다고 인정한 때에는 결정으로 항고를 기각하여야 하고(제463조 제1항), 항고를 이유 있다고 인정한 때에는 결정으로 원심결정을 취소하고, 필요한 경우에는 항고사건에 대하여 직접 재판을 하여야 한다(동조 제2항).

항고법원 또는 고등법원의 결정에 대하여는 재판에 영향을 미친 헌법·법률·명령 또는 규칙의 위반이 있음을 이유로 하는 때에 한하여 대법원에 즉시항고를 할 수 있다(제464조).

Ⅲ. 준 항 고

재판장 또는 수명재판관·수명법관이 다음의 사유에 해당하는 재판을 고지한 경우에 불복이 있으면 그 재판관소속의 군사법원 또는 법원에 재판의 취소 또는 변경을 청구할 수 있다(제465조 제1항).

① 기피신청을 기각한 재판, ② 구류, 보석, 압수 또는 압수물환부에 관한 재판, ③ 감정하기 위하여 피고인의 유치를 명령한 재판, ④ 증인, 감정인 또는 통역인에게 과태료 또는 비용의 배상을 명령한 재판이 그 대상이 된다.

이와 같은 청구는 재판의 고지가 있는 날로부터 7일 이내에 서면으로 관할 군사법원 또는 법원에 제출하여야 한다(제465조 제3항, 제467조). 군사법원 또는 법원이 이 청구를 받은 때에는 결정을 하여야 한다(제465조 제2항).

군검사 또는 군사법경찰관의 구금, 압수 또는 압수물의 환부에 관한 처분에 대하여 불복이 있으면 그 직무집행지의 관할군사법원 또는 군검사 소속 보통검찰부에 대응하는 군사법원에 그 처분의 취소 또는 변경을 청구할 수 있다(제466조).

준항고의 절차에 있어서는 항고의 절차에 관한 제462조 내지 제464조의 규정이 준용된다(제468조).

제 4 장

특별소송절차

제 1 절 재 심

Ⅰ. 재심의 의의

재심이라 함은 확정판결에 대하여 사실인정의 부당함을 시정하기 위하여 인정된 비상
구제절차로서, 법이 정하는 사실인정의 결함이 추정되는 일정한 사유가 있는 경우에 원심
군사법원에 청구하여 다시 심판을 반복하는 제도이다. 그 절차는 다시 심판할 것인가의 여
부를 결정하는 절차와 그에 의하여 새로이 심판하는 절차의 두 단계로 구분된다.

재심은 판결이 확정된 이상 판결의 집행 전은 물론이고, 판결의 집행중이거나 집행 후
에도 할 수 있다. 또 사형이 집행된 후에도 이를 할 수 있다. 이는 유죄판결을 받은 자의
명예회복이라는 점과 형사보상을 받기 위한 점에서도 그 실익이 있다.

Ⅱ. 재심의 청구

1. 재심청구의 이유

재심은 유죄의 확정판결에 대하여 다음과 같은 사유가 있는 경우에 청구할 수 있다(제
469조).

① 원판결의 증거된 서류 또는 증거물이 확정판결에 의하여 위조 또는 변조된 것이 증명되었
   을 때
② 원판결의 증거된 증언, 감정, 통역 또는 번역이 확정판결에 따라 허위인 것이 증명되었을 때

③ 무고(誣告)로 인하여 유죄의 선고를 받은 경우에 그 무고의 죄가 확정판결에 따라 증명되었을 때

④ 원판결의 증거된 재판이 확정재판에 의하여 변경되었을 때

⑤ 유죄의 선고를 받은 사람에 대하여 무죄 또는 면소를, 형의 선고를 받은 사람에 대하여 형의 면제 또는 원판결이 인정한 죄보다 가벼운 죄를 인정할 명백한 증거가 새로 발견되었을 때[1]

⑥ 저작권, 특허권, 실용신안권, 디자인권 또는 상표권을 침해한 죄로 유죄를 선고받은 사건에 관하여 그 권리에 대한 무효의 심결 또는 무효의 판결이 확정되었을 때

⑦ 원판결, 전심판결 또는 그 판결의 기초가 된 조사에 관여한 재판관이나 법관, 공소의 제기 또는 그 공소의 기초가 된 수사에 관여한 군검사, 검사, 군사법경찰관 또는 사법경찰관이 그 직무에 관한 죄를 범한 것이 확정판결에 따라 증명되었을 때. 다만, 원판결의 선고 전에 재판관, 법관, 군검사, 검사, 군사법경찰관 또는 사법경찰관에 대하여 공소가 제기된 경우에는 원판결을 한 대법원이나 군사법원이 그 사유를 알지 못하였을 때에만 재심을 청구할 수 있다.

항소 또는 상고를 기각한 확정판결에 대하여는 전기의 ① · ② · ⑦의 사유가 있는 경우에 한하여 그 선고를 받은 자의 이익을 위하여 재심을 청구할 수 있다(제470조 제1항). 그러나 제1심 확정판결에 대한 재심청구사건의 판결이 있은 후에는 항소기각의 판결에 대하여 다시 재심을 청구하지 못한다(동조 제2항). 또 제1심 또는 제2심의 확정판결에 대한 재심청구사건의 판결이 있은 후에는 상고기각의 판결에 대하여 다시 재심을 청구하지 못한다(동조 제3항).

확정판결로서 범죄가 증명됨을 재심청구이유로 할 경우에 그 확정판결을 얻을 수 없는 때에는 그 사실, 즉 재심사유가 된 범죄사실의 존재를 증명하여 재심의 청구를 할 수 있다. 그러나 증거가 없다는 이유로 확정판결을 얻을 수 없는 때에는 예외로 한다(제471조).

2. 재심청구의 절차

재심의 청구는 판결을 선고받은 자의 이익을 위하여서만 허용된다(제469조, 제470조). 재심의 청구는 원판결을 한 군사법원이나 상소법원이 관할한다(제472조).

재심을 청구할 수 있는 자는 ① 대검찰청 검사 · 군검사(특히 전술한 ⑦의 재심사유에 의한 재심의 청구는 유죄의 선고를 받은 자가 그 죄를 범하게 한 경우에는 대검찰청 검사 또는 군검사만이 청구권자가 된다), ② 유죄의 선고를 받은 자, ③ 유죄의 선고를 받은 자의 법정대리인, ④ 유죄의 선고를 받은 자가 사망하거나 심신장애가 있는 경우에는 그 배우자, 직계친족 또는

---

1) "원판결이 인정한 사실을 뒤집을 만한 증명력이 있는 증거를 피고인이 무과실로 확정판결 전에 제출할 수 없었을 때에 한한다"(대법원 1963.10.31. 선고 63로6 판결).

형제자매이다(제473조).

대검찰청 검사 또는 군검사 이외의 자가 재심의 청구를 하는 경우에는 변호인을 선임할 수 있고, 이 경우 변호인의 선임은 재심의 판결이 있을 때까지 그 효력이 있다(제475조).

재심의 청구를 할 수 있는 시기에 대하여는 기한의 제한이 없다. 즉 형의 집행이 종료하거나 형의 집행을 받지 아니하게 된 때[(형의 집행면제, 사면, 본인의 사망 등)에도 재심의 청구를 할 수 있다(제476조)], 재심의 청구는 형의 집행을 정지하는 효력이 없다. 그러나 관할 군사법원에 대응하는 보통검찰부의 군검사는 재심의 청구에 대한 재판이 있을 때까지 형의 집행을 정지할 수 있다(제477조). 재심의 청구는 이를 취하할 수 있으며, 이를 취하한 자는 동일한 이유로써 다시 재심을 청구하지 못한다(제478조).

Ⅲ. 재심청구에 대한 심판

재심의 청구를 받은 군사법원이나 상소법원이 필요하다고 인정한 때에는 합의부원 또는 수명군판사에게 재심청구의 이유에 대한 사실조사를 명하거나 다른 법원판사 또는 다른 군사법원 군판사에게 이를 촉탁할 수 있다(제480조).

재심의 청구에 대하여 결정을 함에는 청구한 자와 그 상대방의 의견을 들어야 한다. 단, 유죄의 선고를 받은 자의 법정대리인이 청구한 경우에는 유죄의 선고를 받은 자의 의견을 들어야 한다(제481조).

재심의 청구가 법률상의 방식에 위반하거나 청구권이 소멸한 후인 것이 명백한 때, 또는 재심의 청구가 이유 없다고 인정한 때에는 결정으로 이를 기각한다(제482조, 제483조 제1항). 재심의 청구가 이유 있다고 인정한 때에는 재심개시의 결정을 하여야 한다. 이 결정을 한 때에는 결정으로 형의 집행을 정지할 수 있다(제484조). 재심청구의 기각결정 또는 재심개시의 결정에 대하여는 즉시항고를 할 수 있다(제486조).

Ⅳ. 재심의 심판

재심개시의 결정이 확정된 사건에 대하여는 제485조의 경우(청구의 경합과 청구기각의 결정)를 제외하고는 군사법원이나 상소법원은 그 심급에 따라 다시 심판하여야 한다(제488조 제1항).[2]

재심의 심판에 대하여는 그 심급에 대한 규정이 적용된다. 그러나 ① 사망자 또는 회복할 수 없는 심신장애자를 위하여 재심의 청구가 있는 때, ② 유죄의 선고를 받은 자가

---

2) 여기에 '그 심급에 따라'라고 함은 예컨대 제1심의 확정판결에 대한 재심의 경우에는 제1심으로서 및 그 절차에 의한다는 취지이다.

재심의 판결 전에 사망하거나 회복할 수 없는 심신장애자로 된 때에는 심신장애로 인한 공판절차의 정지(제357조 제1항)의 규정과 피고인의 사망으로 인한 공소기각의 결정(제383조 제1항 제2호)의 규정은 적용되지 않는다(제488조 제2항). 이 경우에는 피고인의 출석 없이 심판할 수 있으나, 변호인의 출석 없이는 개정하지 못한다(동조 제3항).

재심에는 불이익변경금지의 원칙이 적용된다(제489조). 다만, 재심청구 전의 확정판결로 선고된 형이 감형된 경우, 재심소송절차에 있어서 확정판결에서 선고된 형과 동일한 형을 다시 선고하였다 하더라도 불이익변경금지의 원칙에 위반하는 것은 아니다.

재심에서 무죄의 선고를 한 때에는 그 판결을 관보와 일간신문지에 게재하여 공시하여야 하나(제490조), 제473조에 따라 재심청구를 한 사람 내지 재심에서 무죄의 선고를 받은 사람이 이를 원하지 아니하는 의사를 표시한 경우에는 그러하지 아니한다(동조 단서).

제 2 절   비상상고

I. 비상상고의 의의

비상상고는 확정판결에 대한 그 심판의 법령위반을 이유로 하여 인정되는 비상구제절차이다. 이는 재심과 같이 확정판결에 대한 비상구제이나, 주로 사실오인의 사유를 그 이유로 하는 재심에 있어서와는 달리 오로지 법령해석의 통일을 목적으로 하고, 피고인의 구제는 부차적인 것으로 됨에 불과하다.

비상상고는 사건의 심판이 법령에 위반한 때에 할 수 있다. 심판이란 심리 및 재판을 의미하므로 판결의 법령위반뿐만 아니라 판결 전의 소송절차의 법령위반도 비상상고의 이유가 된다. 비상상고는 프랑스법에 있어서의 '법률의 이익을 위한 상고' 및 '공익을 위한 상고'에서 유래하는 제도이다. 그러한 까닭으로 비상상고의 신청권은 검찰총장만이 가지고 있다.

II. 비상상고의 절차

검찰총장은 군사법원의 판결 또는 군사법원법에 의한 상소법원의 판결이 확정된 후 그 사건의 심판이 법률에 위반한 것을 발견한 때에는 대법원에 비상상고를 할 수 있다(제492조).[3] 고등검찰부 군검사는 위와 같은 이유를 서면으로 제출하여 검찰총장에게 비상상

---

3) 판례가 인정하는 비상상고의 이유로는 재판권에 관한 재정신청이 있었음에도 불구하고 당해 사건에 대한 소송절차를 정지하지 않은 경우(대법원 1963.1.24. 선고 62오6 판결), 적법한 증거조사의 절차를 거

고제기를 청구할 수 있다(제493조).

비상상고를 제기함에는 그 이유를 기재한 신청서를 대법원에 제출하여야 한다(제494조). 제출기한에는 제한규정이 없으므로 판결확정 후 언제든지 할 수 있다. 공판기일에는 검사 또는 고등검찰부 군검사는 신청서에 의하여 진술하여야 한다. 대법원은 신청서에 포함된 사항에 한하여 조사하여야 한다. 그러나 재판권, 공소의 수리와 소송절차에 관하여는 사실을 조사할 수 있다(동조 제2항).

Ⅲ. 비상상고에 대한 판결

비상상고가 이유 없다고 인정한 때에는 판결로써 이를 기각하여야 한다(제497조). 비상상고가 이유 있다고 인정한 때에는 다음과 같은 구별에 의하여 판결하여야 한다(제498조).

첫째, 판결이 법령에 위반한 때에는 그 위반된 부분을 파기한다. 그러나 원판결이 피고인에게 불이익한 때에는 원판결을 파기하고, 피고사건을 다시 판결하기 위하여 고등군사법원에 환송 또는 이송한다(동조 제1호).

둘째, 원심소송절차가 법령에 위반한 때에는 그 위반된 절차를 파기한다(동조 제2호).

제 3 절 약식절차

Ⅰ. 약식절차의 의의

1. 의   의

약식절차라 함은 군사법원의 관할사건에 대하여 군검사의 청구가 있는 경우, 공판절차를 거치지 아니하고 군검사가 제출한 자료만을 조사하여 약식명령으로 피고인에게 벌금·과료 또는 몰수의 형을 과하는 간이한 재판절차를 말한다.

약식절차는 공판절차가 아니라는 점에서 간이공판절차와 본질적인 차이가 있으며, 원칙적으로는 구두변론을 거치지 아니한다는 점에서 즉결심판절차와도 다르다.

2. 제도의 존재의의

약식절차는 형사재판의 신속을 기하여 공개재판에 따르는 피고인의 심리적·시간적·경제적 부담을 덜어 준다는 점에 제도의 존재이유가 있다.

치지 않고 증거능력이 없는 증거를 판결이유에 거시한 경우(대법원 1964.6.16. 선고 64오2 판결) 등이 있다.

벌금이나 과료에 처할 경미한 사건이고 범증이 명백한 경우에도 피고인을 공개법원에 출석시켜 복잡한 심리절차를 거쳐 벌금 또는 과료를 선고한다는 것은 무익한 절차지연을 의미하며, 오히려 피고인에게 정신적 고통과 사회적·경제적·시간적 불이익을 초래하게 된다. 이러한 문제점을 해결하는 데 봉사하는 것이 약식절차제도의 존재이유라 할 수 있다. 뿐만 아니라 약식명령을 청구하는 경우 구속된 피의자가 석방된다는 점에서도 약식절차의 소송법적 의의를 찾을 수 있다.

3. 약식절차의 합헌성

약식절차는 군검사가 제출한 자료를 기초로 서면심리에 의하여 형을 선고하는 재판절차이므로, 헌법이 보장하고 있는 공정한 재판과 피고인의 신속한 공개재판을 받을 권리를 침해하는 것이 아닌가 하는 것이 문제로 된다. 그러나 약식명령에 대하여는 피고인의 정식재판권청구를 보장하고 있으므로(법 제501조의 7), 약식명령제도가 공개재판을 받을 권리를 보장하고 있는 헌법 제27조 제3항에 위반된다고 할 수 없다고 하는 것이 일치된 견해이다.

Ⅱ. 제도의 연혁

약식절차는 그 내용상으로 보아 현행 형사소송법의 약식절차를 근간으로 하는데, 형사소송법상 약식절차는 종래 독일의 과형명령(Strafbefehl) 제도에서 유래하였다는 것이 일반적 견해이며, 독일의 현행 형사소송법도 검사의 신청에 의한 약식명령(Strafbefehl)에 의하여 형을 과하는 약식절차를 규정하고 있다(동법 제407조-제412조).

일본은 대정 2년의 형사약식수속법에 의해서 약식절차제도가 창설되었으며, 1922년의 대정 형사소송법, 즉 우리나라의 구 형사소송법은 벌금 또는 과료를 과하는 경우에 한해서 약식절차를 허용하였다(구법 제523조 내지 제533조). 특히 군사법원법상 약식절차는 일반 형사소송법의 규정과 같으므로 그 운용에 있어서도 형사소송법 및 세부 시행규칙의 정신에 따르면 될 것이다.

Ⅲ. 약식명령의 청구

1. 청구의 대상

약식명령을 청구할 수 있는 사건은 보통군사법원의 관할에 속하는 사건으로 벌금·과료 또는 몰수에 처할 수 있는 사건에 한한다(법 제501조의 2 제1항). 벌금·과료 또는 몰수의 형이 법정형에 선택적으로 규정되어 있으면 족하다.

2. 청구의 방식

약식명령은 군검사의 청구가 있을 것을 요건으로 한다. 약식명령의 청구는 공소제기
와 동시에 서면으로 하여야만 한다(법 제501조의 3).

약식명령을 청구하는 경우의 공소제기에 관해서는 군사법원법 제296조가 적용되므로,
그 공소장에는 피고인의 성명 기타 피고인을 특정할 수 있는 사항·죄명·공소사실을 기
재하여야 하며, 그 공소사실이 특정될 수 있도록 범죄의 시일·장소·방식 등을 명시하여
야 한다(법 제296조 제 3 항, 제 4 항). 그 공소장을 관할 군사법원에 제출하여야 함은 물론이
다. 공소의 취소에 관한 규정(법 제297조)도 약식절차에 적용되므로 군검사가 약식명령을
청구하면서 제기한 소송을 취소할 수 있다.

3. 서류·증거물의 제출

일반 형사소송법상 검사는 약식명령의 청구와 동시에 약식명령을 하는 데 필요한 증
거서류 및 증거물을 법원에 제출하여야 한다고 규정하고 있는데, 이 규정은 종래의 형사소
송 실무상 관행을 명문화한 것으로 서면심리에 의한 재판이라는 약식명령제도의 성질상
당연한 규정이다. 검사가 약식명령을 청구하면 증거로 되는 서류와 물건을 법원에 제출하
지 아니하면 약식명령의 청구를 받은 법원은 서면심리 자체가 불가능하기 때문이다.

군사법원의 약식절차에도 이러한 규정을 준용하여야 할 것이다. 그런데 이 경우를 공
소장일본주의의 예외라고 보는 견해,[4] 약식절차에 관해서는 예단배제의 원칙이 적용되지
아니하므로 공소장일본주의의 예외가 아니라고 보는 견해[5]가 있다.

Ⅳ. 약식절차의 심판

1. 군사법원의 사건심사

(1) 약식명령의 성질

약식명령의 법적 성질에 관해서는 결정의 성질을 갖는 재판이라는 견해와 결정·명령
과는 다른 특별한 형식의 재판이라는 견해[6]가 있으나, 약식명령은 심리절차의 면에서는 원
칙적으로 구두변론을 요하지 아니한다는 점에서 결정에 준하는 성질을 가지나, 그 효력면
에서는 판결과 동일한 효력을 갖는 재판이므로(법 제501조의 11) 후설이 타당하다고 본다. 결

---

4) 강구진, 형사소송법, 283면.
5) 백형구, 형사소송법 강의, 41, 851면.
6) 강구진, 앞의 책, 504면; 백형구, 위의 책, 584면.

정은 확정되더라도 기판력과 같은 효력이 발생하지 아니함에 대해서 약식명령이 확정되면 그러한 효력이 발생한다.

(2) 서면심리의 원칙

약식명령은 공판절차 없이 하는 판결이므로(제501조의 2 제1항), 약식절차는 서면심리에 의함을 원칙으로 한다. 따라서 피고인신문, 검증·감정과 같은 증거조사 또는 압수·수색과 같은 강제처분은 약식절차에서 원칙적으로 허용되지 아니한다. 약식절차에서 증거조사 또는 강제처분을 실시할 필요가 있어 약식명령으로 하는 것이 적당하지 아니하다고 인정되면 공판절차에 의해서 심판하여야 한다(법 제501조의 4).

(3) 사실조사의 한계

약식절차는 서면심리를 원칙으로 하므로 약식절차에서의 사실조사는 일정한 한계가 있다. 즉 약식명령을 함에 필요하고 약식절차의 성질에 반하지 아니한 한도 내에서 사실조사가 허용된다고 해석하여야 한다. 예컨대 수사기록에 첨부된 합의서의 진위를 확인하기 위한 실황조사서의 기재내용을 확인하기 위한 간단한 현장조사, 감정서에 기재된 전문적 학술용어의 의미를 명확하게 하기 위한 감정인신문과 같은 간단한 사실조사는 약식절차에서도 허용된다고 본다(법 제71조 제3항).

(4) 피고인의 증거제출권

이는 약식절차에서 피고인의 증거제출권이 인정되느냐의 문제이다. 소극적 진실주의 내지 적정절차의 관점에서뿐만 아니라 신속한 재판의 보장이라는 견지에서 약식절차에서도 피고인의 증거제출권을 인정하여야 한다.

(5) 총칙적 규정의 적용

약식절차는 군사법원의 심판절차이며 약식명령은 군사법원의 판결이므로, 판결 또는 심리절차에 관한 일반적 규정은 약식절차의 성질에 반하지 않는 한 약식절차에도 적용된다. 다만, 공판심리를 전제로 하는 규정, 예컨대 증거능력에 관한 규정(법 제363조 내지 제372조), 공소장변경에 관한 규정(법 제355조)은 약식절차에 적용되지 아니한다.

2. 공판절차의 이행

(1) 이행의 사유

약식명령을 할 수 없는 경우와 약식명령으로 적당하지 아니하는 경우에는 약식명령이 청구된 경우에도 공판절차에 의하여 심판하게 된다. 약식명령을 할 수 없는 경우는 벌금·과료가 규정되어 있지 않거나 자유형과 병과형으로 규정되어 있는 경우, 소송조건이 결여되어 면소·공소기각·관할위반의 재판을 하여야 할 경우, 범죄불성립 또는 증거불충분으로 인하여 무죄의 판결을 하여야 할 경우 등을 말한다. 형의 면제를 하여야 할 경우도 마찬가지이다. 약식명령으로는 형의 면제를 할 수 없기 때문이다.

약식명령으로 하는 것이 적당하지 않은 경우는 법률상으로는 약식명령이 가능하나 사건의 성질·내용에 비추어 공판절차에 의한 신중한 심리가 상당하다고 인정되는 경우를 말한다. 예컨대 피고인신문·증인신문, 검증·감정 등의 증거조사가 널리 필요하다고 인정되는 경우, 공소장의 변경이 필요한 경우가 이에 해당한다.

(2) 정식재판이행 후의 절차

군사법원은 공판절차에 의하여 심판한다는 취지를 즉시 군검사에게 통지하여야 하며, 이 통지를 받은 군검사는 즉시 피고인의 수에 상응하는 공소장부본을 군사법원에 제출하여야 할 것이다(형사소송규칙 제172조 제2항).

약식명령의 청구 시에 공소장부본을 군사법원에 제출하지 아니하므로, 이 단계에서 군검사에게 공소장부본의 제출을 요구하는 것이 필요한 것이다. 이 경우의 공소장부본은 약식명령을 청구한 공소장부본을 의미한다. 군검사가 공소장의 부본을 제출한 때에는 군사법원은 지체 없이 피고인 또는 변호인에게 공소장부본을 송달하여야 하며, 늦어도 제1회 공판기일 전 5일까지는 송달하여야 한다(법 제308조).

(3) 증거서류의 반환

약식명령이 청구된 사건을 공판절차에 의하여 심리하는 경우에 군검사가 제출한 증거서류와 증거물을 군검사에게 반환하여야 하는가에 관해서는 소극설[7]이 있으나, 공소장일본주의의 취지에 비추어 적극설이 타당하다고 본다.

V. 약식명령

조사법원은 심사의 결과 공판절차에 이행할 경우가 아니면 약식명령을 하여야 한다. 약식명령은 청구가 있는 날로부터 14일 이내에 하여야 한다(형사소송규칙 제171조).

1. 약식명령의 방식

약식명령은 효력면에서 유죄판결과 같은 재판이므로, 재판의 방식에 과하여 유죄판결의 방식(법 제375조, 제377조)에 준하는 내용을 포함하고 있어야 한다.

약식절차에서도 공소장에 기재된 범죄사실만이 심판의 대상으로 되므로 공소장에 기

---

7) 백형구, 앞의 책, 786면.

재된 범죄사실을 약식명령의 재판서에 기재하여야 함은 당연하다. 범죄사실에 적용될 법령 뿐만 아니라 주형 또는 부수처분의 근거로 되는 법령도 기재하여야 한다. 다만, 적용법령을 나열하면 족하며, 적용되는 논리적 근거를 명시함을 요하지 아니한다. 본조의 주형은 벌금 또는 과료를 의미한다(법 제501조의 2). 노역장유치, 미결구금일수의 산입도 주형과 함께 재 판서에 명시하여야 한다(법 제357조 제 2 항 참조).

약식절차에서는 증거조사가 행하여지지 아니하며, 증거능력에 관한 규정(법 제366조 이하)도 적용되지 아니하므로 재판서에 증거의 요지를 명시함을 요하지 아니한다. 법률상 의 범죄의 성립을 조각하는 이유 또는 형의 가중·감면의 이유되는 사실의 주장에 대한 판단을 약식명령의 재판서에 명시함을 요하느냐에 관해서는 적극설과 소극설이 대립되고 있다.

2. 약식명령의 효력

(1) 명령의 효력

약식명령은 정식재판의 청구기간이 경과하거나 그 청구의 취하 또는 청구기각의 결정 이 확정한 때에는 확정판결과 동일한 효력이 있다(법 제501조의 11). 유죄의 확정판결과 동일 한 효력이 있으므로 기판력과 집행력을 발생하며, 재심 또는 비상상고의 대상이 될 수 있 다. 약식명령에 대한 기판력의 시적 범위는 이설이 없지 않으나, 약식명령의 발령시를 기 준일로 한다.

(2) 확인조치규정의 적용

지금까지는 약식절차가 비교적 경미한 사건에 대한 재판이라는 면에서 정식재판에 대 한 판결확인조치권은 약식명령에 대하여는 그 적용을 배제한다는 규정을 두고 있었으나, 최근 군사법원법 개정에서는 군지휘권의 보장차원에서 위 조항을 삭제했으므로 약식명령 이 발령된 경우 관할관은 이에 대하여 확인하여야 하며, 형법 제51조(양형의 조건)의 사항을 참작하여 그 형이 과중하다고 인정할 만한 사유가 있을 때에는 그 형을 감경할 수 있다.

3. 정식재판의 청구

(1) 청구의 기간·시기

정식재판의 청구기간은 약식명령의 고지를 받은 날로부터 7일 이내이다(제501조의 7). 청구기간의 기산일은 고지를 받은 날의 익일이며, 그 기간의 말일이 공휴일인 경우에도 기 간에 산입하지 아니한다(제103조). 정식재판의 청구기간에 관해서는 법정기간의 연장에 관 한 규정(제104조)이 적용된다.

정식재판 청구기간은 실권기간이므로 그 기간이 경과하면 청구권은 소멸하여 약식명령이 확정된다. 다만, 일정한 조건 하에 정식재판청구권의 회복이 인정된다(제402조).

(2) 청구의 방식

정식재판의 청구는 서면으로 하여야 하며 그 서면, 즉 정식재판청구서를 약식명령을 한 군사법원에 제출하여야 한다(제501조의 7 제 2 항).

약식명령에 대한 정식재판청구에 관해서는 재소자의 특칙에 관한 규정(제401조)이 준용되지 아니하므로(제501조의 13), 구속중인 피고인이 정식재판을 청구하는 경우에도 그 청구기간 내에 정식재판청구서가 약식명령을 한 법원에 도달되어야 정식재판청구서로서 유효하다. 정식재판청구서에는 약식명령에 대해서 불복한다는 취지의 기재가 있으면 족하고, 그 이유를 기재할 필요가 없다.

(3) 청구의 범위(일부청구)

약식명령의 일부에 대한 정식재판청구가 허용된다(제501조의 13, 제399조). 약식명령의 일부라 함은 약식명령의 주형이 2개 이상인 경우에 있어 그 주형의 일부를 말한다. 예컨대 경합범의 일부에 대해서는 벌금, 다른 일부에 대해서는 과료가 고지된 경우에 벌금 또는 과료 중 일부에 대해서만 정식재판을 청구할 수 있다.

이에 대해서 경합범의 전부에 대해서 1개의 형이 고지된 경우에는 정식재판청구의 관계에서는 불가분으로 되며, 효력은 그 전부에 대해서 미친다. 주형과 불가분적 관계에 있는 처분, 예컨대 몰수·추징에 대해서만 청구하는 것도 허용되지 아니한다.

(4) 청구의 통지

정식재판의 청구가 있는 때에는 군사법원은 지체 없이 군검사 또는 피고인에게 그 사유를 통지하여야 한다(제501조의 7 제 3 항). 군검사와 피고인 쌍방이 정식재판을 청구한 때에는 쌍방에게 통지하여야 하나, 어느 일방만이 정식재판을 청구한 경우에는 그 상대방에게만 통지하면 된다.

Ⅵ. 정식재판청구의 취하

1. 취하의 시기

제 1 심 판결선고 전까지는 취하할 수 있다. 이와 같이 취하의 시기를 제한한 것은 판결의 법적 안정성을 보호하려는 데 있다. 여기서 제 1 심 판결이라 함은 정식재판의 청구에 의해서 선고된 최초의 제 1 심 판결을 의미한다.

2. 취하의 방식

상소취하의 방식에 관한 규정(제406조 내지 제408조)이 준용된다(제501조의 13). 따라서 정식재판청구의 취하는 원칙적으로 서면으로 하여야 하나 공판정에서는 구술로써 할 수 있으며(제408조), 법정대리인이 있는 피고인이 정식재판청구를 취하하는 경우에는 법정대리인의 동의서를 법원에 제출하여야 하고(제406조), 피고인의 법정대리인·배우자·직계친족·변호인 등이 정식재판청구를 취하하는 경우에는 피고인의 동의서를 법원에 제출하여야 한다(제408조). 정식재판의 청구가 가분적인 경우에는 그 일부에 대한 취하가 허용된다. 다만, 일부취하의 취지를 명시하지 아니한 경우에는 전부에 대해서 취하한 것으로 취급하여야 한다.

3. 취하권자

군검사 또는 피고인은 정식재판의 청구를 취하할 수 있으며, 피고인의 법정대리인·배우자·직계친족·형제자매·변호인은 피고인의 동의를 얻어 정식재판청구를 취하할 수 있다.

4. 취하의 효력

정식재판의 청구를 취하한 자 또는 그 취하에 동의한 자는 그 사건에 대하여 다시 정식재판을 청구할 수 없다. 즉 정식재판의 청구를 취하한 경우에는 정식재판청구권이 소멸되므로 재청구가 허용되지 아니한다.

5. 취하의 통지

정식재판의 청구가 취하된 경우에는 군사법원이 그 취지를 상대방에게 통지하여야 한다는 규정은 없으나, 법 제413조의 취지에 비추어 전 조 제3항을 유추적용하여 군사법원은 취하의 취지를 지체 없이 상대방에게 통지하여야 한다고 해석함이 타당하다.

Ⅶ. 정식재판청구에 대한 재판

1. 기각결정

(1) 기각의 사유

청구기각의 사유는 정식재판의 청구가 법령상의 방식에 위반한 경우, 예컨대 구두로 청구하는 경우, 청구권이 없는 자가 청구한 경우 또는 청구권의 소멸 후인 것이 명백한 경우, 예컨대 청구기간경과 후에 청구한 경우, 청구를 취하한 후에 다시 청구한 경우이다(제501조의 9 제 1 항).

약식재판을 발한 법원에 정식재판을 청구한 경우에는 위 규정에 의해서 그 청구를 기
각하여야 한다는 견해가 있으나, 이 경우에는 정식재판청구서를 약식명령을 발한 법원으로
송부하여야 한다고 해석함이 타당하다고 본다. 다만, 이 경우 청구기간경과 여부는 정식재
판청구서가 약식명령을 발한 법원에 도달된 때를 기준으로 판단하여야 한다.

약식명령의 고지 전에 정식재판이 청구된 경우에 관해서는 그 청구가 부적법하므로
그 청구를 기각하여야 한다는 견해와 후에 약식명령이 고지되면 그 하자가 치유된다는 견
해가 대립되고 있다. 정식재판 청구기간의 경과 또는 정식재판청구의 취하로 인하여 정식
재판청구권이 소멸된 후에 정식재판이 청구되었음에도 불구하고 법원이 이를 도과하고 유
죄·무죄의 실체판결을 한 경우에는 항소심은 원판결을 파기하고 결정으로 정식재판의 청
구를 기각하여야 한다.

(2) 기각의 결정

청구기각의 방식은 법원의 결정으로 하여야 한다. 그 결정의 고지는 재판서등본을 송
달하는 방법으로 하여야 하며(제76조), 재판서등본이 송달된 때에 기각결정은 외부적으로
성립된다.

(3) 즉시항고

청구기간의 결정에 대해서는 즉시항고가 허용된다(제501조의 9 제 2 항). 정식재판청구의
기각은 당사자, 특히 피고인에게 중대한 이해관계가 있으므로 부당한 기각결정을 제어하
려는 취지에서 즉시항고를 허용한 것이다.

2. 공판절차에 의한 심판

정식재판의 청구가 적법한 때에는 공판절차에 의하여 심판하여야 한다(제501조의 9 제
3항). 이 경우 공판절차에 의한 심판은 의무적이며, 공판절차에 의하여 심판한다는 결정을
할 필요가 없다.

(1) 공소장부본송달의 불요

공판절차의 경우에는 공소장심리에 앞서 공소장의 부본을 피고인에게 송달하여야 한
다(308조). 그러나 약식명령에 대한 정식재판청구에 의해서 공판심리를 하는 경우에는 공
소장의 부본을 피고인에게 송달할 필요가 없다.

(2) 심판의 대상

구 약식공소장에 기재된 공소사실에 한해서 현실적으로 심판의 대상으로 되고, 그 공

소사실과 동일성이 인정되는 범위 내의 사실 전부가 잠재적 심판의 대상으로 된다. 따라서 공소사실의 동일성이 인정되는 범위 내에서는 공소사실 또는 적용법조의 추가·철회·변경이 허용된다(법 제355조). 다만, 이에 대하여는 구 약식공소장에 기재된 공소사실만이 심판의 대상으로 된다고 하는 견해가 있다.

(3) 성명모용의 경우

이는 피의자 A가 수사단계에서 그 피의사건과 아무런 관련이 없는 B의 성명·주소·연령을 사칭한 결과 구 약식공소장에 피고인이 B로 표시되어 약식명령이 B에게 송달되자 B가 약식명령에 대해서 정식재판을 청구한 경우에 군사법원 또는 군검사는 어떠한 조치를 취하여야 하느냐의 문제이다.

이에 관해서는 B에 대해서 무죄판결을 선고하여야 한다는 무죄설과 공소기각의 판결을 하여야 한다는 공소기각설이 대립되고 있다. 대법원입장은 공소기각설을 지지하고 있다. 피모용자에 대한 공소제기가 무효라는 점을 그 근거로 한다.

(4) 제척 여부

약식명령을 발한 군판사가 정식재판절차에서 제척되는가에 관해서는 소극설이 있으나 적극설이 다수설이며, 대법원 판례도 적극설의 태도를 취하고 있다.

(5) 불이익변경금지의 원칙

약식명령에 대한 정식재판청구에 있어서도 불이익변경금지의 원칙이 적용됨은 당연하다(제501조의 12). 따라서 피고인이 정식재판을 청구한 사건에 대하여는 약식명령의 형보다 중한 형을 선고하지 못한다.

(6) 약식명령의 구속력

정식재판의 청구에 의해서 약식명령은 당연히 실효되지 아니한다. 그러나 약식명령에 대한 정식재판청구는 약식명령의 당부에 관한 심판을 구하는 상소가 아니므로 정식재판절차에 의한 공판절차에서는 약식명령의 사실인정·법령적용·형의 양정에 전혀 구속되지 아니한다.

제 4 절 즉결심판절차

I. 즉결심판의 의의

1. 의   의

즉결심판이라 함은 즉결심판절차에 의한 재판을 말하며, 즉결심판절차라 함은 군사법원 군판사가 군사경찰부대의 장의 청구에 의하여 경미한 범죄사건에 관하여 공판절차에 의하지 아니하고 20만 원 이하의 벌금, 과료에 처하는 간이한 심판절차를 말한다. 즉결심판절차는 공판절차에 의하지 아니하는 과형절차라는 점에서 약식절차와 같으나, 심판의 청구권자, 심판절차 등에 있어 현저한 차이가 있다. 즉결심판절차는 즉결심판의 청구가 있는 즉시 심리와 재판이 행하여진다는 점에 특색이 있다.

2. 제도의 존재이유

즉결심판제도는 죄질이 경미하고 범죄의 증거가 명백한 범죄사건을 간단한 절차로 심판함으로써 형사재판의 신속 내지 소송경제를 도모하려는 데 주된 목적이 있다. 사건이 경미하고 유죄가 명백함에도 불구하고 검사에 대한 사건송치, 법원에 대한 공소제기를 거쳐 정식의 공판절차에 의해서 심판한다는 것은 형사재판의 신속을 저해할 뿐 아니라 소송경제에 반한다고 할 것이다. 또한 즉결심판제도는 경미한 형사사건의 피의자·피고인의 이익보호라는 점에서도 그 존재이유를 찾을 수 있다. 즉결심판절차에 의해서 형사절차의 장기화로 인한 시간적 부담·정신적 고통이 조속히 해소될 수 있기 때문이다.

II. 즉결심판의 청구

1. 청구권자

즉결심판은 관할 군사경찰부대의 장이 국방부장관 또는 소속 군 참모총장의 승인을 얻어 관할 군사법원에 이를 청구한다(제501조의 15 제1항). 이는 군검사의 기소독점주의에 대한 예외이다. 다만, 원래 기소독점주의의 취지가 국민의 인권보장을 위해 일정한 법률적 자격을 갖춘 군검사에게만 기소의 권한을 부여한다는 것이고, 일반 즉결심판절차법상 청구권자를 경찰서장으로 규정하는 것은 검사의 업무과중을 경감시키려는 데 그 입법취지가 있음에 비추어 볼 때, 현재 우리 군의 실정에서 즉결심판 청구권자를 관할 군사경찰부대장으로 규정한 것은 의문이다. 입법론적으로는 군검사에게 즉결심판청구권을 부여하는 것이 타당하다고 본다.

2. 청구의 방식

즉결심판을 청구함에는 즉결심판청구서를 제출하여야 하며, 즉결심판청구서에는 피고인의 성명 기타 피고인을 특정할 수 있는 사항, 죄명, 범죄사실과 적용법조를 기재하여야한다(동조 제 2 항). 아울러 즉결심판을 청구할 때에는 사전에 피고인에게 즉결심판의 절차를이해하는 데 필요한 사항을 서면 또는 구두로 알려주어야 한다(동조 제 3 항).

군사경찰부대의 장은 즉결심판의 청구와 동시에 즉결심판을 함에 필요한 서류 또는증거물을 군판사에게 제출하여야 한다(제501조의 16).

Ⅲ. 즉결심판청구사건의 심리

즉결심판절차에 관하여는 심리의 신속·간이화를 위하여 공판심리절차에 대한 몇 가지 특칙이 규정되어 있다. 즉 즉결심판의 청구가 있을 때에 군판사는 즉시 심판을 하여야하고(제501조의 18), 즉결심판의 심리는 공개된 법정에서 행하되 군사경찰부대 이외의 장소에 설치되어야 한다(제501조의 19 제 1 항). 즉결심판의 경우에도 피고인이 출석하지 아니하면개정할 수 없으나(제501조의 20), 다만 피고인 등은 군사법원에 불출석심판을 청구할 수 있고, 군사법원이 이를 허가한 때에는 피고인이 출석하지 않더라도 심판할 수 있다(제501조의 21 제 1 항). 또한 군판사는 상당한 이유가 있는 경우에는 개정 없이 피고인의 진술서와 군사경찰대장이 송부한 서류 또는 증거물에 의하여 심판할 수 있다(제501조의 19 제 3 항). 군판사는 필요하다고 인정할 때에는 적당한 방법에 의하여 법정에 있는 증거에 한하여 조사할 수있다(제501조의 22 제 2 항).

한편 즉결심판절차에 있어서는 제362조, 제365조 제 2 항 및 제366조의 규정이 적용되지 아니하므로(제501조의 23) 피고인의 군사경찰부대에서의 자백을 유일한 증거로 하여유죄를 선고할 수 있으며, 피고인이 법정에서 군사법경찰관이 작성한 자백조서의 내용을부인하더라도 그 자백의 임의성이 인정되면 이를 유죄의 증거로 할 수 있다. 또한 피해자·참고인이 작성한 진술서는 원진술자의 공판정진술에 의하여 그 성립의 진정이 인정되지 아니한 경우에도 증거능력이 인정된다. 이와 같이 증거법상의 특칙은 소송경제를 위한것이라고는 하나, 피고인의 인권보장 측면에서 본다면 입법론상 의문이다.

Ⅳ. 즉결심판청구사건의 재판

1. 청구기각

군판사는 사건이 즉결심판을 할 수 없거나 즉결심판절차에 의하여 심판함이 적당하지 아니하다고 인정할 때에는 결정으로 즉결심판의 청구를 기각하여야 한다(제501조의 17 제1 항). 이러한 결정이 있을 때에는 군사경찰부대의 장은 지체 없이 사건을 관할 보통검찰부 에 송치하여야 한다(동조 제2항).

2. 무죄 · 면소 · 공소기각의 재판

군판사는 사건이 무죄, 면소 또는 공소기각을 함이 명백하다고 인정할 때에는 이를 선 고 · 고지할 수 있다(제501조의 24 제5항).

3. 유죄의 선고

즉결심판으로 선고 · 고지할 수 있는 형은 20만 원 이하의 벌금 또는 과료에 한한다(제 501조의 14). 유죄의 즉결심판서에는 피고인의 성명 기타 피고인을 특정할 수 있는 사항, 주 문, 범죄사실과 적용법조를 명시하고, 군판사가 서명 · 날인하여야 한다(제501조의 25). 이러 한 즉결심판은 정식재판의 청구기간의 경과, 정식재판청구권의 포기 또는 그 청구의 취하, 정식재판청구를 기각하는 재판이 확정되는 때에 확정된다(제501조의 29). 즉결심판의 형의 집행은 관할 군사경찰부대의 장이 하고, 그 집행결과를 군검사에게 통보하여야 한다.

Ⅴ. 정식재판의 청구 등

1. 정식재판의 청구

즉결심판에 대한 정식재판의 청구권자는 피고인과 군사경찰부대의 장이다. 피고인은 즉결심판의 선고 · 고지를 받은 날로부터 7일 이내에 정식재판청구서를 군사경찰부대의 장 에게 제출하여야 하고, 이를 받은 군사경찰부대의 장은 지체 없이 군판사에게 이를 송부하 여야 한다(제501조의 27 제1항). 즉결심판에서 무죄 · 면소 · 공소기각의 재판이 선고된 경우 에는 군사경찰부대의 장은 역시 7일 이내에 관할 검찰부 군검사의 의견을 얻어 정식재판을 청구할 수 있다(동조 제2항).

2. 청구 후 처리

군판사는 정식재판청구서를 받은 날로부터 7일 이내에 군사경찰부대의 장에게 정식재판청구서를 첨부한 사건기록과 증거물을 송부하고, 군사경찰부대의 장은 지체 없이 관할 검찰부에 이를 송부하여야 하며, 그 검찰부는 지체 없이 관할 군사법원에 이를 송부하여야 한다. 다만, 정식재판으로 이행하였음에도 공판개시 전에 사건기록과 증거물을 군사법원에 송부토록 한 규정은 공소장일본주의(제296조)에 위반되므로, 정식재판청구서만을 군사법원에 송부토록 하는 것이 타당하다고 본다.

3. 법원의 처리

정식재판의 청구가 법령상의 방식에 위반되거나 청구권소멸 후인 것이 명백한 때에는 결정으로 그 청구를 기각하여야 하며, 정식재판의 청구가 적법한 때에는 공판절차에 의해 심판하여야 한다(제501조의 27, 제501조의 9). 그 밖에 정식재판청구의 취하 등은 약식명령에서 설명한 바와 같다. 정식재판의 청구에 의한 판결이 있을 때에는 즉결심판은 그 효력을 잃는다(제501조의 28).

4. 즉결심판처리결과 통보

군사경찰부대의 장은 즉결심판을 청구한 사건의 처리결과를 군검사에게 통보하여야 한다(제501조의 32).

5. 불이익변경금지의 원칙

즉결심판절차에 있어서 불이익변경금지의 원칙이 적용된다는 명문의 규정은 없으나, 특별한 규정이 없는 한 그 성질에 반하지 않는 것은 준용된다는 규정(제501조의 34)에 비추어 즉결심판에 대한 정식재판의 청구에 있어서도 불이익변경금지의 원칙은 당연히 적용된다고 본다.

6. 확인조치규정

종래 즉결심판절차에는 즉결심판사건이 아주 경미한 사건이라는 점에서 정식재판에 대한 판결확인조치 규정은 그 적용을 배제하고 있었으나, 2022년 군사법원법 개정으로 해당 조항이 삭제되었다(제501조의 33).

제5절 전시·사변시의 특례

군사법원법은 제5편에 전시·사변시의 특례라고 하여 제534조 및 제535조를 두고 있는바, 이는 비상사태 하에서의 군작전수행상 신속성의 요청에 따르기 위한 조치규정인 것으로 해석된다. 군사법원법상 전시·사변시의 특례규정은 독립한 제 1 편으로 규정하고 있으나, 설명의 편의상 재심·비상상고와 같이 특별소송절차의 장에서 설명한다.

비상계엄이 선포된 지역에 있어서는 ① 군형법 제 1 조 제 1 항 내지 제 3 항에 규정된 자, ② 군형법 제13조 제 3 항의 죄를 범한 자와 그 미수범, ③ 군형법 제42조의 죄를 범한 자, ④ 군형법 제54조 내지 제56조, 제58조 제58조의 2부터 제58조의 6까지, 제59조 및 제78조의 죄를 범한 자와 동법 제58조의 2 및 동법 제59조 제 1 항의 미수범, ⑤ 군형법 제87조 내지 제90조의 죄를 범한 자와 그 미수범에 대하여는 제 2 편 제 3 장의 규정(상소에 관한 규정)을 적용하지 아니하고(제255조), 제 1 심 보통군사법원의 소송절차에 따른 단심제를 실시할 수 있다(헌법 제110조 제 4 항 참조).

그러나 상소에 관한 규정만을 제거함으로써 효율적인 단심제가 될 수 있을 것인지는 의문이다. 왜냐하면 제 1 심 절차는 상소절차까지를 고려하여 일반 형사소송법상 제 1 심 절차규정을 대부분 계수한 것으로써 신속성의 요구에 따르지 못하는 경우가 허다할 것이기 때문이다.[8]

제534조에 의한 재판을 집행함에는 당해 군사법원 관할관의 확인을 받아야 하고(제535조 제 1 항), 이 확인은 당해 소송기록을 심사하여 행하되 그 양형이 부당하다고 인정할 만한 사유가 있는 경우에는 그 형을 감경할 수 있다(동조 제 2 항). 단심제 군사법원에서 재판을 받은 자가 불복이 있으면 재심은 청구할 수 있는 것으로 해석된다(제534조의 반대해석). 즉 상소에 관한 규정만이 적용되지 아니하기 때문이다. 이 경우에 군사법원법상 재심절차가 적용될 것이다.

---

8) 국방부 편, 군사법원법해설, 1964, 293면; 강영훈·정옥태, 군사법개론, 연경문화사, 1980, 431면.

제 5 장

재판의 집행

I. 총 설

1. 재판집행의 의의

재판의 집행이라 함은 재판(판결·결정·명령)의 내용인 의사표시를 국가권력에 의하여 실현하는 것을 말한다. 따라서 재판 중에서도 무죄의 판결과 같이 그 의사표시만으로써 족하고, 그 내용을 국가권력으로써 실현할 필요가 없는 재판에는 집행이라는 관념은 있을 수 없다.

재판의 집행도 하나의 법률관계임에는 틀림없으나, 재판의 집행은 군검사를 지휘자로 하는 집행기관과 집행을 받는 자와의 법률관계이고, 원칙적으로 군사법원은 여기에 개입하지 않는 것이므로 협의의 소송단계에 있어서의 소송관계와는 다르다.

2. 재판집행의 시기

재판은 원칙적으로 확정된 후에 집행한다(제502조). 즉 재판은 그 형식적 확정으로 인하여 실체적으로도 그 내용이 확정되고 집행력이 발생한다. 확정 전의 재판은 상소에 의하여 그 효력을 상실할 수도 있는 것이므로 그 집행을 허용하지 않는 것이다. 재판은 확정된 후에 집행된다는 원칙에 대하여 군사법원법상 특별한 규정이 있는 경우에는 예외이다. 예컨대 재산형의 가납처분의 판결 같은 것은 확정 전에 집행할 수 있다(제391조 제3항).

3. 재판집행의 지휘

재판의 집행은 그 재판을 한 군사법원에 대응하는 보통검찰부의 군검사가 지휘한다. 다만, 재판의 성질상 군사법원 또는 재판관이 지휘할 경우에는 예외로 한다(제503조 제1항). 이러한 경우로는 재판장이나 군판사 등에 의한 구속영장의 집행지휘를 들 수 있다(제119조 제 1 항 단서).

상소의 재판 또는 상소의 취하로 인하여 원심 군사법원의 재판을 집행할 경우에는 관할 고등검찰부 군검사가 지휘한다. 그러나 소송기록이 군사법원에 있는 때에는 그 군사법원에 대응하는 보통검찰부의 군검사가 지휘한다(제503조 제 2 항).

재판의 집행지휘는 재판서 또는 재판을 기재한 조서의 등본 또는 초본을 첨부한 서면으로 하여야 한다. 그러나 형의 집행을 지휘하는 경우 이외에는 재판서의 원본, 등본이나 초본 또는 조서의 등본이나 초본에 이를 인정하는 날인으로 할 수 있다(제504조).

Ⅱ. 형의 집행

1. 형집행의 순서

재판의 집행 중 가장 중요한 것은 판결에 의하여 선고된 형의 집행이다. 2개 이상의 형의 집행은 자격상실·자격정지·벌금·과료와 몰수 외에는 그 중한 형을 집행한다. 그러나 군검사는 국방부장관 또는 소속 군 참모총장의 허가를 받아 중한 형의 집행을 정지하고, 다른 형의 집행을 할 수 있다(제505조). 형의 경중은 형법 제50조에 의한다.

2. 사형의 집행

사형은 국방부장관의 명령에 따라 집행한다(제506조). 사형집행의 명령은 판결이 확정한 날로부터 6개월 이내에 하여야 하며(제508조 제 1 항), 국방부장관이 사형의 집행을 명령한 때에는 5일 이내에 집행하여야 한다(제509조). 사형의 집행에는 군검사, 군의관 및 교도소장이나 그 대리자가 참여하여야 하며, 검찰서기는 사형조서를 작성한다(제510조, 제511조).

사형의 선고를 받은 자가 심신의 장애로 인하여 의사능력이 없는 상태에 있거나 임신 중에 있는 여자인 때에는 국방부장관의 명령으로 집행을 정지한다(제512조 제 1 항). 이와 같이 형의 집행을 정지한 경우에는 심신장애의 회복 또는 출산 후 국방부장관의 명령에 의하여 형을 집행한다(동조 제 2 항).

3. 자유형의 집행

징역·금고·구류 등 자유형의 집행은 군교도소에서 한다. 그 상세한 것은 "군에서의 형의 집행 및 군수용자의 처우에 관한 법률"이 규정한다. 자유형의 선고를 받은 자가 심신의 장애로 인하여 의사능력이 없는 상태에 있는 때에는 형을 선고한 군사법원이 설치된 부대의 군검사 또는 선고를 받은 자의 현재지를 관할하는 군검찰부의 군검사의 지휘에 의하여 심신장애가 회복될 때까지 형의 집행을 정지한다(제513조 제 1 항).

또한 자유형의 선고를 받은 자가 다음의 사유가 있는 경우에 전기 군검사의 지휘로 형의 집행을 정지할 수 있다(제514조 제 2 항). 즉

① 형의 집행으로 인하여 건강을 현저히 해치거나 생명을 보전할 수 없고 우려가 있을 때
② 70세 이상일 때
③ 임신 후 6개월 이상일 때
④ 출산 후 60일이 지나지 아니하였을 때
⑤ 직계존속이 70세 이상이거나 중병에 걸렸거나 신체장애인으로서 보호할 다른 친족이 없을 때
⑥ 직계비속이 어린 아이로서 보호할 다른 친족이 없을 때
⑦ 그 밖에 중대한 사유가 있을 때이다.

4. 자격형의 집행

자격상실 또는 자격정지의 선고를 받은 자에 대하여는 이를 수형인명부에 기재하고, 지체 없이 그 등본을 형의 선고를 받은 자의 등록기준지와 주거지의 시 · 구 · 읍 · 면장에게 보내야 한다(제519조).

5. 재산형의 집행

벌금 · 과료 · 몰수 · 추징 · 과태료 또는 가납의 재판은 군검사의 명령에 의하여 집행한다(제520조 제 1 항). 이 경우의 군검사의 명령은 집행력 있는 채무명의와 동일한 효력이 있으며, 재판의 집행에는 민사소송법의 집행에 관한 규정을 준용한다(동조 제 3 항, 제 4 항).

재산형도 형인 이상 수형자의 재산에 대하여서만 집행할 수 있다. 그러나 몰수 또는 조세, 전매 기타 공과에 관한 법령에 의하여 재판한 벌금 또는 추징은 그 재판을 받은 자가 재판확정 후 사망한 경우에도 그 상속재산에 대하여 집행할 수 있다(제521조).

6. 형집행의 부수적 처분

판결선고 후 판결확정 전 구금일수(판결선고 당일의 구금일수 포함)는 그 전부를 본형에 산입한다(제524조 제 1 항). 통산은 판결선고 전 구금의 1일을 형기의 1일 또는 벌금이나 과료에 관한 유치기간의 1일로 계산한다(동조 제 4 항). 상소기각 결정 시에 송달기간이나 즉시항고기간 중의 미결구금일수는 전부를 본형에 산입한다(동조 제 3 항). 항소심이 무기징역을 선고한 제 1 심 판결을 파기하고 유기징역을 선고한 경우에는 제 1 심 판결선고 전의 구금일수 중 전부 또는 일부를 본형에 산입한다는 판결을 하여야 하고,[1] 법정통산일수보다 적은 일수를 산입한다는 판단을 판결주문에서 선고하였다 하더라도 그로 말미암아 법정통산이 배

---

1) 대법원 1971.9.28. 선고 71도1289 판결.

제되는 것은 아니며,[2] 파기환송사건을 다시 심리하는 경우 환송 전의 제1심 판결에 대한 항소일 이후의 미결구금일수는 법정통산된다.[3]

몰수물은 군검사가 처분하여야 하며(제525조), 위조 또는 변조물을 환부하는 경우에는 그 물건의 전부 또는 일부에 위조나 변조인 것을 표시하여야 한다(제527조 제1항).

벌금 또는 과료를 완납하지 못한 자에 대한 노역장유치의 집행에는 형의 집행에 관한 규정을 준용한다(제533조).

Ⅲ. 재판의 집행에 관한 신청

형의 선고를 받은 자는 집행에 관하여 재판의 해석에 관한 의의(疑義)가 있을 때에는 재판을 선고한 군사법원에 의의신청을 할 수 있다(제529조). 이와 같은 의의신청은 군사법원의 결정이 있을 때까지 취하할 수 있으며(제531조 제1항), 재소자에 대하여는 이 신청을 함에 특별한 편의를 부여하고 있다(제531조 제2항, 제401조 참조).

재판의 집행을 받은 자 또는 그 법정대리인이나 배우자는 집행에 관한 군검사의 처분이 부당함을 이유로 재판을 선고한 군사법원에 이의신청을 할 수 있다(제530조). 여기서 재판을 선고한 군사법원이라 함은 형을 선고한 군사법원을 말한다. 이 이의신청도 의의신청과 같이 취하할 수 있다. 의의신청이나 이의신청을 받은 군사법원은 그 신청에 대하여 결정을 하여야 한다(제532조).

---

2) 대법원 1968.9.5. 선고 68도1010 판결.
3) 74.1.15. 육군 73 고군형항 631.

제 Ⅲ 부

군사행정법

제 1 장

군사행정법 총론

　국방행정이란 국방에 관한 행정법 전반을 의미한다. 국방과 군사의 개념상 차이는 크지 않다고 본다. 국방이란 국가방위를 줄인 말로 군사관련 제반 업무를 종합적으로 말할 때 국방이라고 하는 용어를 사용하지만, 군사라고 하는 개념은 국가방위를 위한 개별 구체적인 업무 중심, 일 중심의 개념이라 하겠다. 또한 국방이라고 하는 개념은 군사를 포괄하는 광의의 개념이며 그 범위와 외연에 관련된 개념이라고 할 수 있다.

　국방행정과 군사행정의 개념상 차이를 논함에 있어 경찰행정에 대하여 고찰하여 보았다. 경찰행정에 있어서 넓은 의미의 국방행정에 대비되는 경찰행정은 아마도 경무행정이 아닐까 생각한다. 그러나 경찰행정에 있어서는 광의와 협의의 의미를 구별하는 것은 실익이 크지 않은 것으로 판단한다.

　그러나 국방행정과 군사행정의 의미를 구별하는 것은 실제 업무에서 뿐만 아니라 그 두 용어가 주는 이미지가 확연하게 다르기 때문에 구분하여 쓰는 것이 좋겠다는 판단을 하게 되었다. 군사라고 하는 용어의 이미지 속에는 과거의 비법치주의적 의미가 내재되어 있어 국방이라고 하는 용어를 사용하는 것이 좋겠다는 판단을 하게 되었다. 하지만 전체를 나타내는 의미로서가 아니라 개별 구체적인 업무중심의 국방관련 내용을 설명함에 있어서는 군사라는 개념을 사용하고자 한다. 따라서 이하에서는 특별한 경우가 아니면 국방행정과 군사행정을 혼용해서 사용하기로 한다.

　본장에서는 군사행정법에 관하여 논하기 전에 헌법상 군사제도에 관한 제 규정과 국군통수권, 국방의 의무 등에 관하여 먼저 고찰하고자 한다. 군사행정법 또한 행정법의 특별법으로서 성격을 가지고 있으며 행정법이 헌법의 집행법으로서 성격을 가지고 있음에 따라 헌법상 군사제도와 관련된 제 규정 및 군사에 관련된 헌법원칙을 고찰하는 것이 군사행

490 제 Ⅲ 부 군사행정법

정법 논의의 선행조건이 될 것이기 때문이다.

제 1 절 헌법상 군사제도

I. 군사제도 관련 헌법규정

1. 총칙규정

헌법 제 5 조 제 2 항은 "국군은 국가의 안전보장과 국토방위의 신성한 의무를 수행함을 사명으로 하며, 그 정치적 중립성은 준수된다"라고 규정하여 국군의 사명과 정치적 중립성에 관하여 규정하고 있다. 또한 헌법 제74조 제 1 항은 "대통령은 헌법과 법률이 정하는 바에 의하여 국군을 통수한다. 국군의 조직과 편성은 법률로 정한다"라고 규정하여 국군통수권과 국군조직 및 편성의 법정주의를 천명하고 있다.

2. 각칙규정

헌법상 총칙적 규정 이외에 군관련 조항으로서는 군인의 국가배상청구권 제한(제29조 제 2 항), 상이・전몰군인유가족의 우선적 근로권(제32조 제 6 항), 국가안전보장을 위한 국민의 기본권 제한(제37조 제 2 항), 국방의 의무(제39조), 선전포고, 국군의 외국에의 파견 또는 외국군대의 대한민국영역 안에서의 주류에 대한 국회동의권(제60조 제 2 항), 긴급처분・명령권(제76조), 계엄선포권(제77조), 국무총리 및 관계국무위원의 군사에 관한 부서제(제82조), 국무총리와 국무위원의 문민원칙(제86조 제 3 항, 제87조 제 4 항), 군사에 관한 중요 사항의 국무회의 심의(제89조 제 6 호), 국가안전보장에 관련되는 군사정책 수립에 관한 국가안전보장회의 자문(제91조), 군사재판을 관할하기 위하여 특별법원으로서의 군사법원 설치(제110조), 국방상 필요한 경우 사영기업의 국・공유화(제126조) 등이 규정되어 있다.

II. 군과 군사제도

헌법상 국군이라 함은 문리해석상 대한민국의 군을 말한다. 그러나 군은 다의적 개념으로서 그 내용과 범위가 헌법조항이나 법률조항에 따라 동일하지 않다. 가장 좁은 의미의 군은 사회적 세력으로 정착한 고급 장교단으로서의 엘리트집단을 의미하며, 협의의 군은 직업군인집단을 말한다. 넓은 의미의 군은 무력집단으로서의 육・해・공군 3군, 즉 군대를 말한다. 그리고 가장 넓은 의미의 군은 3군은 물론이고, 군사력과 관련이 있는 예비군과 민방위대까지 포함하게 된다.

군인이라 함은 군의 구성원으로서 '전시와 평시를 막론하고 군에 복무하는 자'를 말한다. 국군의 범주에는 군인뿐만 아니라 군무원도 포함된다. 따라서 군공무원이라 할 때에는 군인과 군무원 모두가 포함된다.

국가는 대외적으로 독립적 지위를 유지하고, 대내적으로 국민의 자유와 평화, 재산권 등을 수호함을 목적으로 한다. 이와 같은 국가의 목적을 효율적으로 달성하기 위해서는 국가 그 자체의 존립과 안전보장이 선행되어야 한다. 군의 존립목적과 존재이유도 바로 국가목적을 달성하는 데 있다.

따라서 헌법에서는 국가의 존립과 안전을 보장하기 위한 국가방위체제로서 군사제도를 규정하고 있다. 군사제도는 국방을 위한 물리적 장치인 동시에 국가안전보장을 위한 수단이라 할 수 있다. 군사제도는 국가안전보장 및 국방체제의 하위체제로서 구조 및 기능 면에서 수단과 목적 관계를 유지하며 국가 존속과 발전을 위해 작용한다.

Ⅲ. 국군의 사명

헌법 제 5 조 제 2 항에서 "국군은 국가의 안전보장과 국토방위의 신성한 의무를 수행함을 사명으로 하며 …"라고 규정하여 국군의 사명을 명시하고 있다. 국군은 국가의 안전보장과 국토방위를 사명으로 하여 임무를 수행하여야 한다. 여기서 국가안전보장이라 함은 국가의 독립, 헌법기관의 기능, 헌법과 법률의 규범력, 국가기밀 등을 유지하는 것을 의미하고, 국토방위라 함은 외부적 위협이나 침략으로부터 영토를 보전하는 것을 말한다.

현대민주국가는 국민에 의한 국민의 국가를 의미하기 때문에 국가안전보장과 국토방위의 의무주체는 전체로서의 국민이 된다. 헌법이 모든 국민에게 국방의 의무를 부과하는 것도 바로 그 때문이다. 그러나 현대전은 과학전의 성격을 띠고 있고, 군사전문가를 요구하기 때문에 군사문제 전문집단인 군대를 주축으로 임무를 수행하여야 한다. 그런 이유에서 군대는 군 본연의 임무를 효과적으로 수행할 수 있는 체제를 갖추어야 한다. 즉 군정과 군령을 효과적으로 운용할 수 있는 군사제도와 지휘체제를 갖추는 것이 국가안전보장과 국토방위를 위하여 필요하다.

Ⅳ. 군사에 관한 헌법원칙

군사에 관한 헌법원칙으로는 학자에 따라 달리 설명되고 있다. 일반적으로 열거되고 있는 원칙으로는 평화지향의 원칙, 군의 정치적 중립성 원칙, 민주군정의 원칙, 병정통합주의 원칙을 들 수 있다. 그 외에 문민우위의 원칙, 국가수호의 원칙, 국민군의 원칙, 각군 분리주의 원칙, 조직의 법정주의 원칙을 드는 경우도 있다.

군사에 관한 헌법원칙에 대하여서는 군사행정의 기본원칙 부분에서 상론하기로 한다.

V. 국군통수권

국군통수권이라 함은 대통령이 국군의 최고사령관으로서 국가와 헌법을 수호하기 위한 책무를 다하기 위하여 군령과 군정에 관한 권한을 행사하는 것을 말한다. 통수권의 객체로서의 국군은 대한민국의 군을 말하고, 통수권의 대상이 되는 국군은 광의의 군으로서 대한민국의 군대를 의미한다.

군통수권의 구체적 내용으로는 군정권과 군령권을 들 수 있다. 군령(military command)이라 함은 국방목적을 위하여 군을 현실적으로 지휘·명령하고 통솔하는 용병작용을 말하고, 군정(military administration)이란 국군을 편성하고 조직하고 병력을 취득·유지·관리하는 양병작용을 말한다.

국군통수권의 구체적 내용은 헌법과 법률에서 정하고 있다. 즉 헌법 제74조에서는 "대통령은 헌법과 법률이 정하는 바에 의하여 국군을 통수한다. 국군의 조직과 편성은 법률로 한다"라고 하여 대통령의 국군통수권과 국군의 조직·편성의 법정주의를 규정하고 있다. 이 밖에도 국군통수권제도와 관련이 있는 조항으로는 제 5 조(국군의 사명), 제39조(국민의 국방의무), 제60조 제 2 항(일정한 군사행동에 대한 국회의 동의), 제77조(대통령의 계엄선포권), 제82조(군사에 관한 대통령의 국무행위에 대한 부서제도), 제89조(군사문제 내지 군 수뇌부인사의 국무회의 심의제), 제91조(국가안전보장회의) 등이 있다.

그리고 대통령의 국군통수권과 관련된 법률로서는 국군조직법, 예비군법, 통합방위법, 군인사법, 계엄법 등이 있다.

Ⅵ. 국방의 의무

헌법 제39조에서는 "모든 국민은 법률이 정하는 바에 의하여 국방의 의무를 진다. 누구든지 병역의무의 이행으로 인하여 불이익한 처우를 받지 아니한다"고 규정하여 국방의무와 병역의무의 이행으로 인한 불이익한 처우금지를 정하고 있다.

국방의 의무란 외국 또는 외적의 침략으로부터 국가의 독립과 영토의 보전을 위하여 부담하는 국가방위의무를 말한다. 헌법이 정하는 국방의 의무는 외부 적대세력의 직·간접적인 침략행위로부터 국가의 독립을 유지하고 영토를 보전하기 위한 의무이기 때문에, 병역법에 따라 군복무를 하는 것은 국민이 마땅히 하여야 할 이른바 신성한 의무를 다하는 것일 뿐 국가나 공익목적을 위하여 개인이 특별한 희생을 하는 것이라 할 수 없다.[1]

VII. 군사제도와 기본적 인권

헌법 제37조 제2항은 "국민의 모든 자유와 권리는 국가안전보장, 질서유지, 공공복리를 위하여 필요한 경우에 한하여 법률로써 제한할 수 있다"라고 규정하여 군사상 목적을 위하여 개인의 기본권을 제한할 수 있는 근거를 제공하고 있다. 이에 따라 국민은 군사부담과 근로3권의 제한, 알 권리의 제한을 받을 수 있으며, 군인은 재판청구권의 제한, 국가배상청구권의 제한, 병역의무자의 국외여행 허가제도, 정당가입과 정치활동 금지, 군무 이외의 집단행위 제한 등의 기본적 인권에 제한을 받을 수 있다. 그러나 이러한 기본권의 제한에 있어서도 그 기본권의 본질적 내용에 대해서는 제한을 할 수 없으며, 제한은 반드시 법률로써 하여야 한다.

제2절 군사행정

I. 군사행정의 개념

군사행정은 국가가 국방목적을 위하여 통치권에 의거하여 국민 개인에게 명령·강제하고 군대를 관리하는 작용이다.

1. 협의의 군사행정개념

협의의 군사행정이란 국가가 국방의 목적을 위하여 병력을 취득하고 유지하는 작용으로 국가가 일반통치권에 의거하여 국민에게 명령하고, 강제하며, 부담을 과하는 작용 및 군대를 관리하는 모든 작용을 말한다.

이 협의의 군사행정개념에는 군령이 포함되지 않는다. 군사행정의 개념을 명확히 하기 위하여 나누어 설명하면 다음과 같다.

(1) 군사행정의 주체

군사행정은 국가가 통치권에 따라 병력을 취득·관리하는 작용이다. 그러므로 군사행정의 주체는 국가만이 될 수 있고, 그 이외의 어떠한 인격체도 군사행정작용을 할 수 없다. 이는 그 목적이 외국의 공격으로부터 국가 전체의 안전을 보위하려는 데에 있다는 점에서 오히려 당연한 것이라 하겠다.

---

1) 헌법재판소 1999.12.23. 선고 98헌마363 결정.

(2) 군사행정의 목적

군사행정은 국방을 직접목적으로 하여 병력을 취득·관리하는 작용이다. 군사행정은 소극적으로 외국의 공격으로부터 국가의 안전을 방위하기 위한 작용이고, 적극적으로 국민의 복리증진을 도모하기 위한 것이 아니라는 점에서 경찰목적과 비슷한 질서행정의 테두리에 속한다. 다만, 경찰은 국가의 내부에서 사회공존의 안녕·질서를 유지하려는 사회목적적 작용이지만, 군사행정은 외국의 침략으로부터 국가 자체의 안전을 도모하려는 국가목적적 작용인 점에서 차이가 있다.[2]

군사행정은 그 목적이 국가목적을 위한 것이라는 점에서는 재정과 같다. 그러나 재정은 국가의 존립·활동에 필요한 재력의 취득·관리를 위한 것인 데 반하여, 군사행정은 국방을 위한 병력의 취득·관리를 위한 것이라는 점에서 서로 그 내용을 달리한다.

요컨대 군사행정은 국방을 위하여 병력을 취득·유지함을 직접목적으로 하는 작용을 말하므로, 병력이 다른 목적으로 사용되는 경우는 성질상 군사행정작용이라 할 수 없다. 따라서 그러한 작용은 당해 행정작용의 성질에 따라 경찰행정(질서행정) 또는 재정행정 등에서 취급되어야 하겠지만, 필요한 범위 내에서 이에 대해서도 설명하기로 한다(후술하는 형식적 의미의 군사행정작용 참조).

(3) 군사행정의 수단

군사행정이 국방목적을 위하여 통치권에 의하여 개인에게 명령·강제하며, 군대를 관리한다는 측면에서 볼 때 군사행정의 수단은 권력작용과 관리작용의 두 가지 측면을 아울러 가지고 있음을 알 수 있다.

군사권력작용은 국방목적을 위하여 개인에게 명령·강제하며, 부담을 과하는 작용이다. 즉 개인에게 병역의무를 과하고, 군비를 위하여 인적·물적 부담을 과하는 것이 바로 그것이다. 이 점에서 군사권력작용은 수단에 있어서는 경찰작용·공용부담작용에 의하여 군대의 내부에서 조직을 유지·관리하는 작용이다.

군사관리작용은 군대조직 내부에 있어서 '군의 조직·편성'과 '군의 유지·관리' 등을 하는 비권력작용을 말하며, 이는 군사권력작용이 통치권에 의한 작용인 것과는 달리 군사조직 내부에 있어서의 작용 또는 사인(개인)과 같은 지위에서의 사경제적 작용(군의 부식품, 피복의 구입 등)으로 행해진다.

2. 광의의 군사행정개념

광의의 군사행정이란 국가가 국가의 방위를 위하여 일반통치권에 의거해서 병력을 취득·유지·관리하며, 이를 사용(즉 用兵作戰)하는 모든 작용을 의미한다.[3] 군사행정을 넓은

---

2) 강영동·이규찬, 군사법개설, 연경문화사, 1992, 123면.

의미로 볼 때는 군사행정과 군령을 모두 포함하지만, 협의의 군사행정에는 군령을 포함하지 않는 것이 보통이다. 협의의 군사행정과 군령을 포괄하여 광의의 군사행정이라 한다.[4]

3. 군사행정과 군령(軍令)

군사행정은 위에서 설명한 바와 같이 국방목적을 위한 병력의 취득·유지·관리작용을 뜻하는 것이나, 군령은 이와는 달리 국방목적을 위하여 병력을 현실적으로 사용하는 작용이다. 그러므로 군령은 병력을 현실적인 실력수단으로서 동원하고, 그 행위를 지휘·통솔하는 작용, 다시 말하면 용병작전작용을 말한다. 군사행정작용을 할 수 있는 국가의 권한을 군정권이라 하는 데 대하여, 군령작용을 할 수 있는 권한을 군령권이라고 한다.

4. 형식적 의미의 군사행정

위에서 알아본 군사행정의 개념은 개개의 행정작용의 성질을 실질적으로 고찰한 것이다. 그러나 이와는 달리 개개작용의 성질과 관계 없이 군사행정기관의 모든 작용을 일응 형식적 의미의 군사행정이라 부르기도 한다. 국방목적 이외의 다른 목적으로 병력이 동원되는 것이 그 대표적인 예라 하겠다. 이러한 형식적 의미의 군사행정은 본래 군사행정법의 연구대상이라 할 수 없으나, 군사행정기관의 작용으로서 현실적으로 중요한 의미를 갖고 있다.

II. 군사행정의 기본원칙

우리 헌법상의 군사행정에 관한 기본원칙으로는 민주군정주의, 평화주의, 병·정통합주의, 군의 정치적 중립성을 들 수 있다.

1. 민주군정주의

군사행정작용은 국민의 일상생활에 관계되며, 국가재정과도 관계를 가지기 때문에 민주적으로 운영되고 관리되어야 한다. 헌법상 대통령의 국군통수권 행사에 민주적 통제가 가해지는 것도 그 때문이다.

현행 헌법 전문과 제1조 제1항에서는 "자유민주적 기본질서를 더욱 확고히" 할 것을 기본원칙으로 하는 '민주공화국'과 정치적 원리로서 민주주의 원리를 선언하고 있다. 이를 근거로 군사행정 또한 민주주의 원리를 지도원리로 채택하고 있으며, 군사행정작용도 다른 행정작용과 마찬가지로 의회와 사법부의 통제를 받는다.

---

3) 김도창, 일반행정법론(하), 청운사, 1987, 540면.
4) 육군본부, 군사관계법, 육군인쇄공창, 1990, 89면.

헌법은 주권자인 국민의 의사에 따라 군사행정이 민주적으로 조직·운영될 수 있도록 하기 위하여 국군의 조직과 편성은 법률로써 정하고(헌법 제74조 제 2 항), 상호원조·안전보장에 대한 조약, 강화조약, 주류외국군대의 지위에 관한 조약의 체결·비준과 선전포고, 국군의 해외파견, 외국군대의 국내주류 등은 국회의 동의를 얻어서 행하게 하며(동법 제60조), 군사행정작용을 국민대표기관인 국회의 의사에 의존케 하고 있다.

이에 따라 군사행정권이 위헌·위법하게 행사되었을 경우에는 사법심사를 통하여 취소되는 등 사법부에 의한 통제를 받는다.

군인의 지위 및 복무에 관한 기본법에서도 국군의 이념으로서 "국군은 국민의 군대로서 국가를 방위하고, 자유민주주의를 수호하며, 조국의 통일에 이바지함을 그 이념으로 한다"라고 명시하고 있으며(군인의 지위 및 복무에 관한 기본법 제 5 조 제 1 항), 국군의 사명으로서 "국군은 …국민의 생명과 재산을 보호하고, 나아가 국제평화의 유지에 이바지함을 그 사명으로 한다"고 하여 민주군정주의를 규정하고 있다(동조 제 2 항).

2. 평화주의

우리 헌법은 전문에서 "항구적인 세계평화에 이바지할 것을 기본정신으로 삼고"라고 규정하고, 제 5 조 제 1 항에서 "대한민국은 국제평화의 유지에 노력하고 침략적 전쟁을 부인한다"는 규정을 두어 국군이 평화유지 및 방위군대임을 뚜렷이 하고 있다. 이에 따라 군인의 지위 및 복무에 관한 기본법도 국군의 사명으로서 "국군은 대한민국의 자유와 독립을 보전하고, 국토를 방위하며, 국민의 생명과 재산을 보호하고, 나아가 국제평화의 유지에 이바지함을 그 사명으로 한다"고 규정하고 있다. 또한 헌법은 조국통일도 평화적 방법에 의할 것을 명백히 하고 있다.[5] 이와 같이 헌법은 반민주적 군국주의·침략주의를 배격하고 평화주의를 건군의 기본으로 삼고 있지만, 국토방위를 위한 군사조치를 부인하지 않음은 물론이고, 집단안전보장조치와도 양립될 수 있다. 위의 평화주의를 선언한 헌법규정이 집단안전보장조치의 근거가 됨은 물론이고, 모든 국민은 '국방의 의무'를 진다는 규정과[6](제39조 제 1 항) 국군의 해외파견을 예상하고 있는 규정(제60조 제 2 항)에서도 그 근거를 찾을 수 있다.

3. 병정통합주의

군사행정과 군령의 통합 여부에 따라 병정통합주의와 병정분리주의로 나눌 수 있다. 병정통합주의란 군령(출동·작전연습·교련·검열 등의 용병작전작용)(헌법 제74조 제 1 항) 기관과 협의의 군사행정기관을 모두 행정부에 소속시킴으로써 군령도 군사행정과 같이 국가행정

---

5) 헌법 전문, 제 4 조, 제66조 제 3 항, 제69조.
6) 제 1 · 2 공화국에서는 '국토방위'라고 규정, 제 2 공화국 헌법 제30조.

작용의 일부로서 정부의 책임과 의회의 통제 아래 수행하도록 하는 주의이다. 이에 대하여 병정분리주의는 군령과 협의의 군사행정을 분리하고, 군령은 이를 일반행정부의 소관에서 제외하여 국가원수직속 아래 별도로 독립한 군령기관(직업적 군인으로 조직된 참모본부)에 관장시킴으로써 군령을 국가행정의 범위 밖에 두는 주의로서, 제정(帝政) 독일이나 제정러시아 또는 패전 전 일본과 같은 군국주의국가에서 그 예를 찾아 볼 수 있었다.[7]

병정분리주의는 군령작용의 특수성, 즉 신속성과 과단성을 요구하고 기밀의 유지를 절대적으로 요구하는 것과 그 기술성 및 회복불가능성 등을 이유로 하지만, 오늘날은 총력전이 중요시되고 민주주의 원리가 강조됨에 따라 영미를 비롯한 대부분의 국가에서는 병정통합주의가 채택되고 있다. 다만, 평시통수권은 별도로 논하더라도 전시통수권의 문제는 그 성질상 독립성이 어느 정도 인정되지 않을 수 없다.

우리 헌법도 병정통합주의를 채택하였다. 즉 ① 행정수반인 대통령이 국군통수권(헌법 제74조 제1항, 국군조직법 제6조), 선전포고·강화권(제73조), 계엄선포권(제77조)을 가지며, ② 선전강화, 계엄 및 계엄해제 기타 군사에 관한 주요 사항, 그리고 합동참모의장 및 각군 참모총장 등의 임명은 국무회의의 의결을 거쳐야 하고(제89조), 국가안전보장에 관련되는 군사정책의 수립에 관하여는 국무회의심의에 앞서 국가안전보장회의의 자문을 거치며(제91조), ③ 국무총리의 통할 아래 국방부장관은 군사행정뿐만 아니라 군령에 대하여도 집행의 책임을 지고(제86조, 정부조직법 제28조, 국군조직법 제8조, 군인사법 제19조 등), 대통령의 군사에 관한 문서에 국무총리와 함께 부서한다(제82조). 다만, 국방부장관 이하에서는 군령권은 합참의장에 의하여, 군정권은 각군 참모총장에 의하여 나뉘어 행사된다. ④ 또한 국회도 그의 입법권·예산심의권·선전포고 등에 대한 동의권, 국무총리·국무위원에 대한 해임건의권, 탄핵소추권 등을 통하여 직접·간접으로 군사행정에 참여하고 있다(헌법 제49조, 제54조, 제60조, 제63조, 제65조). 이와 같이 현행헌법 하에서는 병정통합주의를 채택하고 있으므로 군령작용은 군사행정작용과 같이 일반행정작용의 일환으로 행하여지고 있다.

4. 군의 정치적 중립성

우리 헌법은 "군의 정치적 중립성은 준수된다"고 하여 국군의 정치적 중립성을 명문으로 규정하고 있다(헌법 제5조 제2항). 이와 같은 원칙을 관철하기 위하여 헌법상 군인은 현역을 면한 후가 아니면 국무총리 또는 국무위원으로 임명될 수 없고(제86조 제3항, 제87조 제4항), 각종의 법률에서도 군인이 현역을 면한 후가 아니면 입후보할 수 없도록 규정하고 있다(공직선거법 제53조).

국군조직법상 합동참모회의의장과 각군 참모총장이 국방부장관의 지휘·감독 아래 있다

---

7) 강영동·이규찬, 앞의 책, 126면.

고 함으로써(동법 제 8 조, 제 9 조, 제10조) 군이 정치적 직책의 범위 밖에 있음을 명백히 하였다.

군인은 정치적 중립을 지켜야 하고, 정치운동에 참가하거나 군무 이외의 일을 위한 집단적 행동을 하지 못하며, 정치단체에 가입하거나 연설·문서 기타의 방법으로 정치적 의견을 공표하거나 기타 정치운동을 하면 처벌받게 되어 있다(군형법 제94조). 다만, 선거관리위원의 취임은 금지되어 있지 않다. 또한 향토예비군은 편성된 조직체로서 정치운동에 참여하는 것이 금지되어 있다(예비군법 제12조).

제 3 절 군사행정법

Ⅰ. 의   의

협의의 군사행정과 군령을 포함하는 광의의 군사행정을 규율하는 법규 전체를 군사행정법이라 하고, 이에는 군사행정조직법과 군사행정작용법, 군사행정구제법이 포함된다.

군사행정조직법은 국군의 조직과 편성에 관한 법으로서 군사행정기관조직법과 군공무원법을 포함한다(형식적 의미의 법률로 정하도록 되어 있다)(헌법 제74조 제 2 항).

군사행정작용법은 병력의 취득·유지와 통수에 관한 법으로서 국방을 위하여 국민에게 명령·강제하고, 인적·물적 부담을 과하며, 군대를 관리하고, 이를 통수하는 작용에 관한 법규의 전체를 말한다. 이에는 군사권력작용(병역의무부과·군사부담)과 군사비권력작용(군사관리작용·사경제적 작용)이 포함되어 있다.

군사행정구제법은 위법·부당한 군사행정작용으로 인하여 침해된 국민의 권리구제와 관련된 법으로서, 국민의 기본권 보장과 법치행정의 원칙을 담보하는 수단이 된다. 여기에는 행정상 손해배상과 손실보상을 내용으로 하는 국가보상제도와 행정심판 및 행정소송을 내용으로 하는 행정쟁송제도가 포함된다.

Ⅱ. 군사행정법과 법치주의

법치주의는 행정법의 산모인 동시에 그 기본원리가 되고 있다. 제도적 의미에 있어서의 법치주의는 근대입헌국가에 이르러 자유주의적 정치원리로서의 권력분립원리를 바탕으로 대의기관에 의한 법률의 제정, 법률에 의한 행정의 기속, 법률의 적용을 보장하는 재판제도 등을 가짐으로써 인권보장의 목적을 달성하려는 제도이며, 경찰국가체제에 대립되는 개념이다.

이러한 법치주의원리는 법률의 우위, 법률의 유보, 법률의 법규창조력을 내용으로 하는 형식적 법치주의가 행정권의 발동이 법률에 의한다고 하는 형식절차만을 문제로 하고, 행정과 법률의 실질적 내용을 불문하게 되어 독재국가이론을 뒷받침한 역사적 교훈을 되살려 법규의 이념과 실질적 내용이 국민의 기본적 인권을 최대한 보장하도록 하고(헌법 제10조 이하), 헌법의 직접적 기속과 법률 및 법의 기속의 원칙이 확립되어야 한다는 실질적 법치주의로 전환되게 되었다.[8]

우리 헌법도 이러한 이념 아래 법과 행정과의 관계에 관하여 행정권의 발동은 법률의 수권이 있어야 한다는 원칙(국유재산법, 국가재정법, 정부조직법, 국군조직법 등), 집행과 행정상 입법을 포함한 행정권의 발동은 그 내용·절차·형식·범위 등에 관하여 법규가 구체적인 규정을 두어 행정을 기속해야 한다는 법률기속의 원칙, 그리고 이러한 법치주의를 위한 제도적 보장으로서 위헌법률심판제도와 행정구제제도를 확립하고 있다. 군정에 관하여도 이러한 원리는 최대한으로 유지되어야 할 것이다.

Ⅲ. 군사행정법의 특질

민법을 비롯한 기타 다른 법분야와 비교하여 일반행정법이 가지는 특질로서 자유재량성·획일평등성·강행성·기술성·명령성을 들고 있다. 이러한 특성은 군사행정법의 분야에서도 동일하게 열거·설명된다. 그러나 군사행정분야에서는 통치행위적·특별권력관계적 특질이 국방이라는 국방목적적 성격과 함께 작용하여 일반행정법의 특성과 다른 특성을 보여 주고 있다. 또한 강제·배상 등에 관해서도 여러 가지 다른 특성을 보여 주고 있다.

1. 자유재량성(自由裁量性)

장래에 향하여 구체적인 국가목적을 실현함을 직접목적으로 하는 행정은 사법(司法)에 비하여 그 법규적 기속의 정도가 완화되어 왔음을 부인할 수 없지만, 행정의 사법화라는 경향을 보여 오고 있음도 사실이다. 그러나 국민의 기본권은 국방목적이 달성되지 않으면 전적으로 유린·무시될 위험이 있는 현실에서 직접 용병·작전작용은 물론, 이와 밀접한 관련을 갖는 군사행정의 분야에서도 자유재량성이 비교적 광범하게 인정되고 있다.

2. 획일평등성(劃一平等性)

사법(私法)이 사적 자치를 원칙으로 하여 당사자의 의사를 존중함을 특징으로 하는 데 대하여, 행정법은 획일·평등하게 규율한다. 이러한 현상은 성문법주의와 행정주체의 일방적 처분원칙 하에서 나타난다. 특히 군사행정에 있어서는 일사불란한 행동이 절대로 필

---

8) 김남진·김연태, 행정법Ⅰ, 법문사, 2007, 30면 이하 참조.

요하기 때문에 그 요구정도는 더 높다. 그것은 중간의 지휘계통을 밟는 사이에 군사행정의 성격이 변질되어 버린다면 신속·정확을 요구하는 군의 요구는 달성될 수 없기 때문이며, 또한 개별적 사정을 모두 고려할 수도 없기 때문이다.

3. 엄격한 강행성

군사행정법은 군사행정목적의 달성을 위하여 개개의 의사 여하를 불문하고 법규의 객관적 목적달성을 요구하는바, 이를 위해서 강력한 시행, 즉 엄격한 강행성이 요구된다. 또한 그 강행성은 자력집행력뿐만 아니라 엄격한 군징계, 나아가 군형법에 의한 제재 등 강력한 강제방법에 의하여 뒷받침되고 있다.

4. 기 술 성

법을 윤리법과 기술법으로 나눌 수 있다면 행정법은 후자에 속한다. 따라서 군사행정법도 국방목적을 달성하려는 기술적·수단적 성질, 즉 편의·능률·확실성 등 합목적성의 고려에 의하여 지배되는 동시에, 공익과 사익의 공정한 조정을 추구한다고 할 수 있다. 다만, 군사행정법에서는 특별히 공익을 우선하는 경향이 강하다고 할 수 있다.

5. 명 령 성

사법(私法)은 법률상의 능력의 형성에 관한 것이 원칙임에 비하여, 행정법은 명령규정을 원칙으로 한다. 따라서 그 규정위반의 효과는 무효가 아니라 처벌이며, 특히 일반행정법의 분야에서는 징계사유에 불과한 것이 군사행정법과 관련하여서는 군형법상의 범죄로 처벌되는 경우가 있다. 이것은 국방목적이라는 군정작용의 성질, 엄격한 조직체계를 요하는 군대조직상의 특질, 그리고 무기라는 합법적 폭력수단을 취급한다는 군사작용상의 특질에서 기인되는 것이다.

6. 통치행위성

법원은 모든 행정처분의 위헌·위법 여부를 심사할 권한을 가지고 있다(헌법 제107조 제 2 항, 법원조직법 제 2 조 제 1 항 및 제 7 조 제 1 항). 또한 헌법이 국민에게 재판청구권을 보장하고 있으므로(제27조 제 1 항), 사법적 심사에서 제외되어야 할 국가적 행위(이른바 통치행위의 관념)는 헌법 자체가 명문으로 규정하고 있는 경우(제64조 제 4 항)를 제외하고는 인정할 수 없다고 하겠다. 그러나 일정한 행위가 가지는 고도의 정치적 성격을 고려하여 그 행위를 사법적 심사의 대상으로 하지 아니하고, 정치적 비판의 대상으로 남겨 두는 것이 권력분립의 정신이라든가 사법권의 본질에 비추어 볼 때 타당하고[9] 합목적적인 경우가 있다. 통설과 판례는 이러한 관점에서 통치행위의 관념을 인정하고 있다. 다만, 법치주의의 원칙상 통치행위라 하더라도 헌법과 법률에 위반되어서는 아니되고,[10] 국민의 기본권 침해와 직접 관련되는 경우에는 사법심사의 대상이 될 수 있다.[11]

IV. 군사행정법의 법원(法源)

1. 개   설

법원(法源)이란 법의 존재형식을 말하는 것으로서 특정 법질서 속에서 '법으로 인식되어야 하는 것', 즉 행정권이 준수하여야 할 법의 인식근거를 의미한다. 따라서 군사행정법에 있어서의 법원은 군사행정 작용에 있어서 '행위규범'이자 '재판규범'으로서 모든 군사행정 작용의 '위법성'의 판단기준이 된다. 군사행정법의 법원은 예외적으로 불문법의 형식을 취하는 경우도 있으나, 특히 군사행정 분야에 있어서는 빈번한 군사집행관의 교체 때문에 법적 안정성·명확화 등을 통한 정책의 일관성 유지가 강력히 요청된다는 점에서 성문법(제정법)의 형식을 취하는 것이 원칙이다.

이처럼 군사행정법의 일반적 존재형식이 성문법주의이기는 하지만, 그 성문법이란 무수한 법령의 집합체에 지나지 않고 통일적 법전이 없다. 뿐만 아니라 그 법규들의 기준이 될 단일한 통치법도 제정되지 못하고 있다.

2. 성문법원

성문법의 형식으로는 헌법, 법률, 조약, 명령, 자치법규 등이 있다. 이들 각종 형식의 법은 상호간에 단계적으로 상하관계를 형성하고, 전체로서 통일적인 법질서를 구성하고 있는데, 상위법은 하위법에 우선한다는 것과 신법은 구법에 우선한다는 것, 보통법에 대하여 특별법이 우선한다는 원칙이 작용된다. 그러나 이들의 구별이 명확하지 못한 경우도 많다.

(1) 헌   법

군사행정이라는 국가권력을 규율대상으로 하는 군사행정법의 영역에 있어서 국가권력에 대한 기본적 법규범인 헌법은 최고의, 최후의 법원으로 기능한다. 이와 같이 헌법은 대한민국의 통치권 전반에 걸친 근본조직과 근본작용을 규율하는 기본법인 까닭에 그 중에서 군사행정조직에 관한 규정(헌법 제74조 제 2 항, 제89조 제16호, 제91조, 제110조 등), 군사행정 작용에 관한 규정(제27조 제 2 항, 제74조 제 1 항, 제76조 제 1 항, 제77조, 제89조 제 5 호·제 6 호, 제

---

9) 이상철, "계엄의 통치행위 여부와 사법심사가능성," 육사논문집 제45집, 1993.12, 311면; 대법원 1979. 12.7. 선고 79초70 판결.
10) 대법원 2010.12.16. 선고 2010도5986 판결.
11) 헌법재판소 1996.2.29. 선고 93헌마186 결정; 2004.10.21. 선고 2004헌마554등 결정.

126조 등) 등은 군사행정법의 법원 중 최고법원으로서의 지위를 갖는다. 따라서 헌법은 여타 규범의 해석규범이 되고, 이에 위반되는 법규범은 위헌통제의 대상이 된다. 헌법상 군사행정에 관한 기본원칙들은 입법자에 의해 법률의 형식으로 구체화된다.

(2) 법   률

법률이란 형식적 의미의 법률, 즉 국회가 헌법상의 입법절차에 따라 제정한 법규범을 말한다. 이러한 법률은 국회입법의 원칙(헌법 제40조)과 법률에 의한 행정의 원칙에 따라 군사행정법의 가장 중요한 법원이 된다. 특히 국군의 조직과 편성은 법률로 정하도록(헌법 제74조 제2항) 규정하고 있어(제96조와 비교) 군사행정조직의 경우에 상당한 범위까지 형식적 법률로 정하도록 명시되어 있는바, 이는 군사행정작용, 특히 군령작용은 그 신속·가변성의 요구로 말미암아 법적 통제가 사실상 용이하지 않기 때문에 특히 조직의 면에서 의회의 결정을 따르기로 한 것으로 보인다(국군조직법, 국가안전보장회의법, 군사법원법).

이와 같은 법률은 행정입법(법규명령, 행정규칙)이나 자치법규(조례, 규칙)보다 상위의 효력을 지나나, 긴급명령, 긴급재정·경제명령 등은 예외적으로 법률과 동일한 효력을 갖는다(헌법 제76조 제1항, 제2항).

국민의 권리·의무와 관련하여 기본적이거나 중요한 사항은 법률로 정하여야 하고(중요사항유보설, 의회유보설), 국민의 기본권 제한은 법률에 근거하여야 한다(헌법 제37조 제2항). 또한 행정권에 포괄적인 위임을 해서도 아니된다(헌법 제75조).

(3) 국제조약·국제법규

국제조약은 그 명칭을 불문하고 널리 국가와 국가 사이 또는 국가와 국제기관 사이의 법적 효력이 있는 합의를 말하며, 국제법규는 우리나라가 당사국이 아닌 국제조약으로서 국제사회에서 일반적으로 구속력을 가지는 법규범을 의미한다. 따라서 국내법과의 효력관계에 관하여는 견해가 일치하지 아니하나, 헌법 제6조 제1항은 "헌법에 의하여 체결·공포된 조약과 일반적으로 승인된 국제법규는 국내법과 같은 효력을 가진다"고 하여 국제법규가 별도의 입법조치 없이 일반적으로 국내법으로 수용되는 것으로 규정하고 있으며, 이러한 국제법규 등이 군사행정에 관한 것일 때에는 군사행정법의 법원이 된다.

헌법은 국제법규가 국내법과 동일한 효력이 있다고 규정하고 있을 뿐이나, 통설은 국제법규는 헌법보다는 하위에 속하고 경우에 따라 법률 또는 명령과 동일한 효력이 있다고 본다. 즉, 헌법 제60조에 의해 국회의 동의를 받은 조약은 법률과 동일한 효력이 있으며, 이와 달리 국회의 동의를 받지 않은 조약은 명령과 같은 효력이 있다고 본다.

(4) 행정입법(법규명령과 행정규칙)

오늘날 군사행정의 영역에 있어서도 고도의 전문성과 기술적인 판단이 필요하거나 사정변경에 따라 능동적·신축적으로 대처할 필요가 있는 사항들이 증가함에 따라, 법률에는 대강만을 정하고 세부적인 사항은 명령에 위임하는 경우가 늘어나고 있다. 이에 따라 행정입법(특히 법규명령)은 행정법의 법원으로서의 그 중요성이 부각되고 있다.[12]

행정권에 의하여 정립되는 법규범으로서의 명령(법규명령)은 제정권자에 따라 대통령령과 총리령·부령으로, 법률의 위임여부에 따라 위임명령과 집행명령으로 구분된다. 이외에도 대통령의 긴급명령과 긴급재정·경제명령(이는 법률적 효력을 갖는다), 중앙선거관리위원회규칙, 국회규칙, 대법원규칙, 헌법재판소규칙 등이 있다. 법규명령은 행정주체와 국민간의 관계를 규율하는 법규범이라는 점에서 행정조직 내부에서만 적용되는 행정규칙과 구별된다.

행정규칙은 일반·추상적 규범이라는 점에서 법규명령과 동일하나, 행정조직 내부에서의 사무처리기준에 불과하여 대외적 구속력을 갖지는 못한다. 실무상 고시·훈령·지시·예규·규정 등이 여기에 해당한다. 그러나 행정공무원은 내부적으로 행정규칙을 따를 의무가 있어 이러한 행정규칙에 따라 행정사무를 처리할 수밖에 없으므로, 적어도 사실상으로는 행정규칙이 외부적으로 효력을 미치고 있음을 부인할 수는 없다. 특히 행정청이 행정규칙을 위반하여 행정작용을 한 경우에는 행정규칙에 직접 대외적 구속력이 인정되지 않더라도 평등원칙을 매개로 한 자기구속의 법리에 위반된 것이 되어 당해 행정작용은 위법한 처분이 된다.[13]

이와 관련하여 중요한 의미를 갖는 것으로 SOP(Standard Operation Procedure)를 들 수 있는데, 이것은 한 조직 내에서 일상적으로 요청되는 작전에 관한 모든 양상을 시행하는데 준거가 되어야 할 절차를 규정한 일련의 지시서를 말하며, 한 군사조직 내에서는 시행되는 단 하나의 SOP만을 가지고 있는 것이 바람직하다. 그러므로 각 부대는 상급사령부에서 설정한 SOP와 일치하는 자체의 SOP를 만들어야 하는 것이다. 이는 법률에 의한 개별적 수권규정 없이 제정하고 규율대상이 특별권력관계 내부의 군인이라는 점에서 행정규칙으로 보는 것이 타당하다.

3. 불문법원

군사행정법분야에서는 아주 예외적이지만 관습법·판례법·조리법이 적용된다고 볼 수 있는 경우가 있다.

(1) 관 습 법
국민간에 상당기간 관행으로 반복되고, 이 관행을 준수하는 것이 옳은 것이라고 국민

12) 헌법재판소 2007.7.26. 선고 2005헌바100 결정.
13) 대법원 2009.12.24. 선고 2009두7967 판결.

일반에게 법적 확신으로 받아들여진 경우, 그러한 관행을 관습법이라고 한다. 행정법의 분야에서도 관습법이 행정법의 법원이 된다는 설이 통설이다. 하지만 법치행정의 원칙상 성문법우위가 강조되어 그 실제 예는 극히 제한된 범위 내에서만 발견된다.[14] 군사행정법의 분야에서도 예외적이지만 관습법이 행정선례법의 형식으로 성립할 수 있을 것이다. 행정선례법은 행정사무처리상의 관행이 상당히 오랫동안 반복됨으로써 성립되는 관습법으로서 신뢰보호의 관념에 기초하고 있으며, 행정절차법 제 4 조 및 국세기본법 제18조 제 3 항이 행정선례법의 존재를 명문으로 인정하고 있다.

(2) 판 례 법

행정사건에 관한 법원의 판결례가 추상적 법규의 내용을 구체적으로 명확히 하거나, 혹은 관습법의 존재와 내용을 명확히 하며, 혹은 조리를 적용하는 등 성문법규의 결함을 보충한다. 이러한 판례가 장래의 같은 종류의 사건에 관한 재판의 준거가 된다면 판례법으로서 행정법의 법원이 된다고 할 수 있는데, 영미법에서와 달리 대륙법계인 우리나라에서는 법률상의 판례구속성은 인정되지 않고 있다(법원조직법 제 8 조).

그러나 실질적인 관점에서 판례는 사실상의 구속력을 갖는다고 할 수 있다. 대법원은 특히 법적안정성을 위하여 판례를 잘 변경하지 않는 경향이 있고, 더욱이 법원조직법 제 7 조 제 1 항 제 3 호는 대법원이 종전의 판례를 변경하는 경우 대법관 전원의 3분의 2 이상으로 구성되는 전원합의체에서 심판하도록 하고 있어 판례 변경이 더욱 어려운 경향이 있다. 따라서 하급심이 상급심의 판결을 따르지 않는 경우 하급심 판결은 상급심에서 파기될 우려가 높으므로 하급심은 상급심의 판결을 존중하는 경향이 있고, 이러한 이유로 오늘날 판례법의 법원성을 부인하는 견해는 거의 없다.

(3) 조리법(條理法)

사물의 본질적 이치, 즉 사회의 정의감에 비추어 반드시 그러하여야 할 것이라고 인정되는 조리는 법해석의 기본원리로서, 또 성문법·관습법·판례법이 모두 존재하지 아니하는 경우에 최후의 보충적 법원으로서 중요한 의미를 가지고 있다(민법 제 1 조). 뿐만 아니라 행정법에는 일반총칙적 규정이 없고, 행정 자체가 복잡다기하여 법규가 예상하지 못한 사태가 일어나는 일이 적지 아니하며, 법규 상호간에 횡적 통일이 안 되어 있는 까닭에 조리의 중요성이 강조되고 있다. 이러한 사정은 군사행정법 분야에서도 동일하다고 하겠다.

특히 행정법 영역에서 조리가 중요했던 이유는 성문법규로써 근거부여할 수 없는 행정통제 및 권리구제에 관한 근본적 법명제들을 궁극적으로 법의 근본이념으로서의 조리로 근거부여하기 위함이었다. 이러한 '법의 근본원리'의 대표적인 것은 비례원칙, 신뢰보호의

---

14) 공유수면이용 및 인수·배수권(구 공유수면매립법 제12조 제 5 호), 관습상의 하천 용수권 및 유지·사용권 등이 관습법의 예가 될 수 있다.

원칙, 행정의 자기구속의 법리, 부당결부금지의 원칙 등인데, 이들이 행정법 영역에서 일
반적인 효력을 갖는다는 의미에서 '행정법의 일반원칙'이라고 부르기도 한다.[15]

제 4 절 군사행정법관계

I. 군사행정법관계의 의의와 특질

1. 의   의

군사행정법관계란 군사행정상의 법률관계 중 공법의 적용대상이 될 법률관계를 가리
키는바, 행정법관계의 일부라고 할 수 있다. 군사행정상 법률관계에는 공법적 규율을 받는
공법관계와 사인(私人)과 동일하게 사법적 규율을 받는 사법관계가 있는데, 군사행정법관
계는 이 중에서 공법관계를 의미하는 것이다.

군사행정상 사법관계는 같은 성질의 관계는 같은 법규로 규율되어야 한다는 의미에
서, 특수한 예외적인 제한 등을 제외하고는 일반사인 상호간의 관계에 준하여 해결하면 되
는 것이기 때문이다. 그러나 종래 사법관계로 파악되던 곳에 있어서도 소위 행정사법(行政
私法)이라 일컬어지는 영역에 있어서는 일정한 공법적 규율을 받게 될 것이다.

공법관계로서의 군사행정법관계는 그 군사행정의 주체가 공권력주체의 지위에서 국민
에게 명령·강제하는 권력행정과 재산권 등의 관리주체의 지위에서 행하는 비권력행정의
분류에 대응하는 권력관계 및 관리관계를 포함한다. 그에 따라 아래에서 말하는 특수성의
정도에 차이가 있게 된다.

2. 분   류

군사행정상 법률관계를 그림으로 표시하면 다음과 같다.

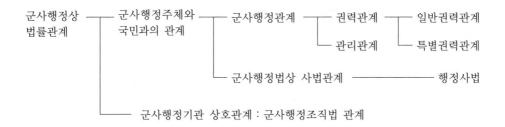

---

15) 박정훈, 행정법의 체계와 방법론, 박영사, 2010, 131-160면 참조.

3. 특   질

군사행정법관계는 일반행정법관계와 마찬가지로 다음과 같은 특질을 가지고 있다.

(1) 공정력(예선적 효력)

공정력 혹은 예선적 효력이라고 하는 것은 행정주체의 행위가 그 성립 및 발효요건을 완전히 갖추지 못하여 하자가 있다고 인정될 때에도 절대 무효인 경우를 제외하고는 권한 있는 기관(처분청, 감독청, 법원)에 의하여 쟁송 또는 직권으로 취소될 때까지는 그 행위는 일응 적법한 것으로 사실상 통용되는 힘을 말한다. 이러한 효력을 실체적 관점에서 볼 때 공정력이라 하고, 절차적 집행의 특권이라는 관점에서 볼 때에는 예선적 효력이라고 한다.[16]

최근에는 공정력과 구성요건적 효력을 구분하여 공정력은 행정행위의 상대방 또는 이해관계인에 대한 구속력이고, 구성요건적 효력은 제3의 국가기관에 대한 구속력이라고 보는 견해도 있으나,[17] 공정력의 관념은 이미 학설과 판례에 의하여 채택된 개념이고 구성요건적 효력과 공정력은 구속력의 상대방이 다른 것을 제외하면 이들을 구별할 논리적 필연성도 없다는 점에서 구별부인론이 타당하다고 본다.

(2) 확 정 력

행정주체에 의하여 행정행위가 행해진 경우에는 불가쟁력과 불가변력이라고 하는 확정력이 발생된다.

1) 불가쟁력   쟁송절차상의 심급제도와 관련하여 불복기간이 경과되거나 쟁송절차가 모두 종료된 경우 행정행위의 상대방, 그 밖의 관계인측에서 그 이상 행정행위의 효력을 다툴 수 없게 하는 효력을 말한다.

다만, 이러한 불가쟁력이 발생한 경우에도 불가쟁력이 발생한 행정행위로 손해를 입은 국민은 국가배상을 청구할 수 있으며, 처분청은 직권으로 당해 행정행위를 취소할 수 있다.

2) 불가변력   행정행위에 하자가 있으면 원칙적으로 처분청 자체가 직권으로 또는 상급감독청의 감독권의 발동으로 이를 취소할 수 있지만, 그것이 준사법적 절차를 거친 결과로서 혹은 수익적 행정행위 등과 같이 그 성질상 또는 법규의 규정에 의하여 행정청도 자유로이 취소·변경·철회할 수 없는 효력을 말한다.

불가변력이 인정되는 행위에 대해서도 그 상대방 또는 이해관계자는 불복기간 내에 행정쟁송수단을 통해 당해 행정행위의 효력을 다툴 수 있다.

---

16) 김도창, 일반행정법론(상), 청운사, 1990, 435면.
17) 김남진, 행정법Ⅰ, 법문사, 2001, 299면 이하.

(3) 강 제 력

군사행정상 권력관계에서는 행정주체의 의사의 실효성을 확보하기 위하여 그 의사에 복종하지 아니하는 자에 대하여 군사행정주체가 군사행정법상의 강제집행을 하거나 혹은 행정법상의 제재를 과할 수 있다. 특히 전술한 바와 같이 군형법은 일반적으로는 징계책임에 불과한 사유에 대하여 형벌을 과하도록 한 경우가 많다.

(4) 권리 · 의무의 특수성

군사행정상의 권리·의무가 개인에게 귀속되는 경우에도 그것은 순전히 사익을 위해서만 존재하는 것이 아니기 때문에 권리가 동시에 의무라는 성격을 가지고 있어 그 이전·폐기가 제한되고, 특별한 보호와 강제가 가하여지는 등의 특색을 가지고 있다.

II. 공법상의 특별권력관계(특별행정법관계)

특별행정법관계는 종래 이른바 특별권력관계로 검토되었으나, 오늘날에는 특별권력관계라는 개념 자체가 법치주의를 배제하는 인상을 주어 법치주의가 확립된 오늘날에 있어서 적절하지 않다는 점에서 새롭게 형성된 관념이라 할 수 있다.

종래의 통설에 의하면, 행정법관계는 권력관계와 관리관계로, 권력관계는 다시 일반권력관계와 특별권력관계로 구별된다. 일반권력관계는 국민이 국가의 일반적 지배권(통치권)에 복종하는 지위에서 당연히 성립되는 법률관계이며, 특별권력관계는 특별한 법률원인에 의하여 성립되어 특별권력관계 주체의 포괄적인 지배권에 복종함을 내용으로 하는 법률관계이다.

1. 특별권력관계의 의의

특별권력관계란 공법상의 특별한 원인에 의하여 특정한 목적에 필요한 한도에서 일방이 타방을 포괄적으로 지배할 수 있고, 타방이 이에 복종할 것을 내용으로 하는 관계이다. 일반권력관계는 일반통치권에 복종하는 모든 자에 대하여 당연히 성립하는 관계이며, 이 관계에 있어서는 법치주의의 원리가 적용된다. 즉 지배권으로서의 행정권은 법률에 근거하며, 법률의 규정에 따라서만 행사할 수 있다.

이에 대하여 특별권력관계는 공법상의 특별한 법률원인에 의하여 성립하는 관계로서 특정한 목적을 위하여 필요한 한도 내에서 특정인에게 포괄적인 지배권이 부여되며, 특정인이 그 지배권에 복종한다. 그리고 이 관계에 있어서는 법치주의원리의 적용이 제한된다. 즉 특별권력관계는 법치주의원칙을 배제하거나 완화시키는 권력관계라는 데에 그 제도적 의의가 있었던 것이다.

그러나 오늘날에 있어서는 특별권력관계를 부정하는 견해가 유력하며, 이러한 부정설을 따르는 여부와 관계 없이 판례・통설은 특별권력관계 내에서도 법률의 유보 및 사법심사를 인정하고 있다.

2. 특별권력관계이론의 성립배경

특별권력관계이론은 19세기 후반의 독일의 입헌군주정을 배경으로 하여 생성되었다고 보는 것이 일반적이다. 시민혁명이라는 과정을 거치지 않았던 당시의 외견적 입헌군주정 하에서 절대적 권한을 가진 군주와 고위관료집단은 그들의 특권적・관료주의적 행정권의 우월성을 확보하고 행사할 방안을 모색하였다.

다시 말해서 당시 구주세계의 추세가 입헌주의의 발달에 따라 군주가 의회 및 의회에서 제정된 법률에 의하여 통제와 기속을 받게 됨으로써 그들은 법률로부터도 해방되고, 기본권으로부터도 해방되고, 재판의 통제에서도 해방된 자유행정영역을 설정하여 행정권의 특권적 지위를 확보하려고 하였던 것이다. 바로 이러한 필요에 부응하여 만들어진 이론이 특별권력관계론이고, 그 대표적인 학자로서는 Paul Laband[18]와 Otto Mayer[19]를 들 수 있다.

게르만의 중세 교회법관계에 착안되고 세속의 법률관계로 탈바꿈되어진 독일의 특별권력관계이론은 관리(공무원) 관계 및 군복무관계에 처음 적용되었지만, 그 후 제 2 차 대전 전까지 공기업 및 특수행정영역 전반에 걸쳐 확대되었다. 충성의무나 가부장적 지배권으로서의 성격을 다분히 갖고 있던 독일의 특별권력관계이론이 나치시대에 들어와 히틀러에 대해 무정량적・인격적 충성관계를 강요하는 수단으로 작용했던 사실은 역사적으로 우연이 아니었다.

이러한 특별권력관계이론은 당시 국정이 비슷했던 일본이 그대로 계수하여 명치정부를 지탱하였던 군인과 관리의 특권적 신분관계를 명치헌법에 명시함으로써 법치주의의 완전배제를 제도화하였다. 이와 같은 독일과 일본의 특별권력관계이론이 아무런 비판과 수정 없이 제 2 차 대전 이후에 우리나라에 학설적으로 이입되어 오늘에 이르고 있는 것이다.

3. 특별권력관계의 성립원인과 종류

(1) 특별권력관계의 성립원인

특별권력관계는 특별한 행정목적을 위하여 인정된다고 하는 것이기 때문에 그 성립원인도 일반권력관계의 경우와는 달리 특별한 근거를 요한다. 즉 특별권력관계는 특별한 법

---

18) Paul Laband, *Das Staatsrecht des deutchen Reiches*, Bd.2, 5. Aufl., 1911, S. 1f.
19) Otto Mayer, *Deutsches Verwaltungsrecht*, Bd. 1, 3. Aufl., 1924, S.101.

률원인이 있음으로써 비로소 성립되는 것이다.

특별권력관계의 성립원인은 크게 직접 법률의 규정에 의하는 경우와 상대방의 동의에 의하는 경우로 나누는 것이 보통이다.

1) **법률의 규정에 의하여 성립하는 경우**　　특별권력관계의 성립원인이 법률에 규정되어 있고, 그 원인에 해당되는 사실이 발생하면 직접 그 법률의 규정에 의하여 특별권력관계가 성립한다.[20]

이 경우 당사자의 구체적 의사표시 여부와는 전혀 관계가 없다. 그러므로 이 경우에는 그 권력관계의 내용이라든가, 권력의 한계 등은 모두 당해 법률에 의하여 정해진다. 따라서 구체적인 명령권이나 강제권의 행사는 모두 당해 법률에 근거를 둔 것으로 볼 수 있다.

2) **상대방의 동의에 의하여 성립하는 경우**　　특별권력관계를 성립시킬 법률규정이 존재하지 아니하는 경우를 포함하여 직접 법률의 규정에 의하여 성립되는 경우를 제외하고는 일반적으로 상대방의 동의에 의하여 특별권력관계가 성립된다. 이처럼 특별권력관계 성립의 근거를 상대방의 동의에서 찾는 것은 개인의 권리를 침해함에 있어서 구체적으로 법률의 규정이 없는 경우에 그 법적 흠결은 당사자의 동의에 의하여 치유된다고 하는 법률사상에 바탕을 두고 있다.[21]

그러나 헌법상의 기본권행사의 포기는 동의에 의한 포기의 대상이 될 수 없는 점에서 그 동의는 헌법 또는 법률이 허용하는 한도 내의 것이어야 한다. 상대방의 동의에 의하는 경우에도 상대방의 자유로운 의사표시에 의한 임의적 동의인 경우[22]와 그 동의가 법률에 의하여 강제되는 의무적 동의인 경우[23]로 나누어진다.

(2) 특별권력관계의 종류

특별권력관계는 그 내용에 따라 다음 네 가지로, 즉 공법상의 근무관계, 공법상의 공공시설물(영조물) 이용관계, 공법상의 특별감독관계, 공법상의 사단관계로 나누는 것이 보통이다.

공법상의 근무관계란 특정인이 특별한 법률원인에 의거하여 국가 또는 공공단체를 위

---

20) 형의 집행 및 수용자의 처우에 관한 법률에 의한 수형자의 교도소 수감, 감염병의 예방 및 관리에 관한 법률 제42조에 의한 감염병환자의 강제수용, 병역법 제 2 장 이하의 규정에 의한 징집대상자의 군입대, 산림조합법 제 3 장 이하 규정에 의한 산림조합에의 가입 등이 특별권력관계를 성립시키는 직접적 규정이다.

21) 이상규, 신행정법론(상), 법문사, 1991, 183면; 석종현, 일반행정법(상), 박영사, 1991, 216면.

22) 공무원관계설정, 국공립학교의 입학(초등학교 제외), 국공립도서관의 이용 등이 임의적 동의의 경우에 해당된다.

23) 학령아동의 초등학교의 취학이 그 예가 된다. 이 경우는 의무지워진 동의이기는 하지만, 상대방의 의사표시가 특별권력관계의 성립원인이 된다는 점에서 당사자의 의사표시와는 관계 없이 직접 법률에 의하여 특별권력관계가 성립되는 경우와 구별하여야 한다(같은 견해 : 이상규, 앞의 책, 184면. 다른 견해 : 석종현, 앞의 책, 216면).

하여 포괄적 근무의무를 지게 되는 법률관계를 말한다.[24]

그리고 공법상의 공공시설물 이용관계란 특정인이 공공시설물을 이용하는 경우에 그 공공시설물 이용자와 관리자 사이의 법률관계를 말한다.[25] 공공시설물의 이용관계가 모두 이에 해당되는 것은 아니고, 특히 공법관계에 속하는 경우만을 말한다.[26]

공법상의 특별감독관계란 개인 또는 단체가 국가 또는 공공단체와 특별한 법률관계에 있음으로써 국가나 공공단체의 특별한 감독을 받는 관계를 말한다. 공공단체, 특허기업자(한국은행, 대한석탄공사 등) 또는 행정사무의 위임을 받은 자가 국가나 공공단체로부터 특별한 감독을 받게 되는 관계가 이에 해당한다.

공법상의 사단관계는 공공조합(산림조합, 농지개량조합)과 그 구성원(조합원)과의 관계를 말하는 것으로서, 공공조합은 공법상의 조합권에 의하여 그 구성원을 규율하게 된다.

4. 특별권력관계에 있어서의 권력과 그 한계

특별권력관계에 있어서 인정되는 권력으로는 명령권과 징계권이 있다.

(1) 명 령 권

특별권력관계의 주체가 상대방에 대하여 특별권력의 목적수행에 필요한 명령이나 강제를 할 수 있는 권력을 말한다. 명령권은 일반적·추상적 명령이나 개별적·구체적 명령의 형식으로 발동된다. 전자를 행정명령 또는 행정규칙이라 하며, 이는 법규명령과 구별된다. 후자는 특정한 복무지시나 감독명령 등과 같이 구체적인 처분의 형식으로 발하여지며, 직무명령이 가장 대표적인 형태이다.

(2) 징 계 권

특별권력관계에 있어서는 그 질서를 유지하기 위하여 특별권력관계에 있어서의 의무위반자에 대하여 제재를 과하는 권능이 인정된다. 따라서 이는 권력행사에 따르는 의무를 강제적으로 실현하는 수단이라 하겠다.

특별권력관계는 특정한 목적을 위하여 특정인에게 특별한 권력을 부여하고 상대방으로 하여금 이에 복종시키는 관계인 까닭에 특별권력은 목적에 의하여 한계지워진다. 따라서 권한의 행사는 특별권력관계를 설정한 목적에 비추어 객관적으로 필요한 경우에 그치지 않으면 안 되며,[27] 구체적으로는 그 근거가 되는 법률 또는 상대방의 동의로부터 추정하여 사회통념상 합리적이라고 판단될 수 있는 범위 내에 한정되는 것이라고 보아야 할 것이다.[28]

---

24) 공무원의 국가 또는 공공단체와의 근무관계나 병역법에 의한 군인의 국가에 대한 군복무관계가 이에 해당한다.

25) 국공립학교 학생의 재학관계, 전염병환자의 국공립병원 재원관계, 수형자의 교도소 재소관계 등.

26) 국유철도 이용관계는 사법적 성질을 가지는 것으로서 공공시설물 이용관계에 포함되지 않는다.

27) 헌법재판소 2004.12.16. 선고 2002헌마478 결정.

5. 특별권력관계에 있어서의 기본권제한과 권리구제

(1) 기본권제한

종래의 전통적 특별권력관계이론에 의하면 특별권력복종자의 권리제한은 법률의 근거가 없어도 가능하다고 보았지만, 특별권력관계에 관한 새로운 이론이 제기되면서 특별권력관계에 있어서도 일반권력관계와 마찬가지로 법적 근거가 있어야 한다는 원칙, 즉 법치주의의 원칙이 적용되어야 한다는 것이 통설이다.

그런데 입헌민주주의 헌법이 한결같이 보장하고 있는 기본권은 특별권력과의 관계에서 어떠한 의미를 가지는지가 문제이다. 특별권력의 행사에 의하여 개인의 기본권이 제한될 수 있는지, 제한되는 경우에도 어느 정도까지 가능한 것인지가 또한 문제이다.

특별권력관계를 완전히 부정하는 일반적·형식적 구별부정설을 제외하고는 일반적으로 특별권력관계의 특수성을 긍정함과 함께 그 특별권력관계에서의 특수한 설정목적을 달성하기 위하여 필요한 때에는 헌법 또는 법률의 근거 하에서 기본권을 제한할 수 있는 것으로 보고 있다.

헌법을 근거로 한 기본권제한의 예는 일반권력관계에서와 마찬가지로 헌법 제37조 제2항에 의한 제한을 그 예로 들 수 있다. 즉 개인의 기본권은 국가안전보장·질서유지·공공복리를 위하여 필요한 경우에 법률로써 제한할 수 있는 것이다.

그러나 이 경우의 기본권제한에 있어서도 권리의 본질적 내용은 침해될 수 없음은 명백하다. 그 외에도 헌법규정에는 일반권력관계에 있는 일반국민과는 달리 국가와 밀접한 관계에 있는 신분들에게 특수한 목적달성을 위하여 특별히 규정된 내용들이 있다.

헌법 제29조 제2항의 군인 등에 대한 국가배상청구권 배제조항,[29] 헌법 제33조 제2항, 제3항의 공무원의 근로3권의 제한조항, 헌법 제7조 제2항의 공무원의 정치적 중립성(정치활동금지) 조항, 헌법 제31조 제6항의 학교교육운영 및 교원의 지위에 관한 조항, 헌법 제39조의 국방의무(군인복무관계 근거) 조항, 헌법 제12조 제1항 신체의 자유제한(수형자복역관계 근거) 조항 등이 바로 헌법에 규정되어 있는 기본권제한규정들이다.

그리고 개인의 기본권을 제한할 수 있는 근거법률로서는 공무원의 영리행위금지, 정치운동의 금지, 집단행위금지 및 징계를 규정하고 있는 국가공무원법(제64조, 제65조, 제66조, 제78조), 지방공무원법(제56조, 제57조, 제58조, 제69조), 교육공무원법(제50조), 경찰공무원법(제26조, 제27조), 군인사법(제56조), 군무원인사법(제37조) 등이 있다.

---

28) 이상철, "특별권력관계와 기본권제한," 육사논문집 제44집, 1993.6, 13면.

29) 일반적으로 이 규정을 군인 등의 기본권제한규정으로 보고 있으나, 이 군인 등에 대한 국가배상청구권 배제조항은 군인 등이 특별권력관계에 있기 때문에 기본권을 제한할 수 있도록 근거를 마련하기 위하여 제정된 규정이 아니고, 국가배상액의 과다로 인한 국가발전의 저해를 방지하기 위한 측면에서 제정된 규정임을 확인할 필요가 있다(이상철, "국가배상법 제2조 제1항 단서의 위헌성," 육사논문집 제43집, 1992 참조).

(2) 권리구제

특별권력관계에 있어서 특별권력의 발동(주로 징계권의 발동)으로 권리침해를 받은 자가 사법절차에 의하여 권리구제를 받을 수 있는지가 문제이다. 이 문제는 특별권력관계의 성질을 어떻게 보느냐에 따라서 달라진다.

특별권력관계를 일반권력관계와 절대적으로 구별된다고 보는 입장에서는 사법심사를 통한 권리를 전면적으로 부정한다. 그러나 특별권력관계수정설에 의하면 사법심사를 제한적으로 긍정하게 된다. 그리고 제한적 구별긍정설의 입장에서는 특별권력관계를 제한적으로 인정하기 때문에 특별권력관계에서 특별신분을 가지고 있는 자가 권리침해를 받은 경우에 일반적으로 사법심사를 인정하되, 그 특별권력관계의 설정목적달성과 그 기능이 원활히 수행될 수 있는 범위에서 사법심사의 통제정도를 완화 혹은 감소하여 사법심사의 제한을 인정하고 있다.

실로 특별권력관계가 헌법이나 법률에 규정되어 있고, 일반권력관계와 다른 특수한 목적과 기능이 특별권력관계에 인정되고 있는 상황에서는 특별권력관계의 성질에 따른 사법심사 인정 여부의 논쟁보다 권리침해를 받은 자가 실제적으로 권리구제를 받을 수 있는 방안을 모색하는 것이 더 중요하다고 본다.

제 2 장

군사행정조직법

제1절 총 설

I. 군사행정조직법의 의의

국가 또는 공공단체는 행정을 행함에 있어서 각종 행정기관을 설치하여 각 행정기관에게 일정 범위의 행정사무를 분장시키고, 그 상호관계를 체계적으로 편성하여야 한다. 이와 같은 각종 행정기관의 체계적 기구를 행정조직이라 하며, 행정조직에 관한 법, 즉 행정기관의 설치·폐지·명칭·구성·소관사무와 행정기관 상호관계를 정한 법을 행정조직법이라 한다.

군사행정조직이란 군사행정에 관한 조직, 즉 다수의 군사행정조직의 체계적인 기구를 말한다. 여기서 군사행정기관이란 군사행정사무를 담당하기 위하여 설치된 개개의 법적 단위 내지 지위를 의미한다. 군사행정조직법은 이러한 군사행정조직을 규율하는 법으로서 각종의 군사행정기관의 설치·폐지·명칭·구성·권한 및 그 상호관계에 관한 법을 말하고, 넓게는 군사행정기관을 구성하는 인적 요소, 물적 요소, 인적·물적 종합요소에 관한 법을 포함한다.

II. 군사행정조직법의 과제

오늘날 민주헌정체제를 갖추고 있는 국가들은 대체로 두 가지 민군간의 갈등문제를 가지고 있다. 첫째 사회적 요청으로서 그 사회의 지배적 관념인 민주주의가치의 실현이고, 둘째 기능적 요청으로서 국가안전보장을 위한 강력한 군사력건설의 요구가 그것이다. 이

두 가지 요청은 이율배반적 관계를 갖게 된다. 사회적 요청에 너무 집착하면 군사적 기능의 약화를 가져올 수 있고, 반대로 기능적 요청을 위한 강력한 군대만을 강조한다면 무의미·무가치한 군사력이 될 수 있기 때문이다. 더욱이 지나친 군사력은 경제적인 부담은 물론이고, 민주주의가 뿌리를 내리지 못한 국가일수록 자칫하면 본래의 군사목적과 다르게 무력이 행사될 수 있다.

따라서 상반된 이 두 가지 요청의 갈등을 해소하고 상호조화를 이루기 위해서는 건전하고 효과적인 국방체계가 필요하다. 즉 오늘날 민주헌정체제 하의 국방체제는 민주성(民主性)과 합법성(合法性)의 테두리 안에서 능률성(能率性)과 효과성(效果性)을 추구해야 한다는 기본적인 가치를 지향한다. 현대국방체제는 과도집권화(過渡執權化)란 비판 속에서 관료구조로 정형화되는 경향과 더불어 능률성과 효과성이라는 이념을 지나치게 추구한 나머지 민주성과 합법성이라는 이념과 조화를 잃게 될 수도 있다.[1]

이와 함께 선진국가들의 경우는 증대되어 가는 군사적 요구를 완전히 충족할 수 있을 만큼 국가자원을 배분할 수 없는 자원의 유한성에 따른 국방경제와 민간경제의 조화를 위한 민·군 융합의 문제가 당면과제로 대두되고 있다. 그러나 후진국에 있어서는 국가와 문민당국이 강력해진 군부를 어떻게 정치목적에 봉사할 수 있게 하는가 하는 군사력의 정치적 통제가 당면과제로 되었다.

따라서 군사조직의 사회적 요청과 기능적 요청 간의 갈등을 해소하기 위하여 군사력의 조성·유지 및 운용에 있어서 양적인 측면에서는 효과성과 능률성을 제고하고, 질적인 측면에서는 민주성과 합법성이 침해되지 않도록 조화시켜야 할 뿐만 아니라, 국가이익과 목표를 달성하기 위한 수단으로서의 군사력이 목적·수단 연계의 측면에서는 효과성과 민주성이란 목적가치(目的價値)가 능률성과 합법성이란 수단가치(手段價値)와 상충되지 않도록 화합시키는 제도적 장치를 마련하는 것이 필요하다.[2]

제 2 절   군사행정조직 체계

Ⅰ. 군사행정조직관계 법령체계

군사행정조직과 관련한 법령체계를 보면 최상위법규로서 헌법이 있으며, 국군의 조직과 관련한 법령으로서는 헌법 제74조 제 2 항에 따라 규정된 국군조직법과 국군조직법의 위임에 의하여 제정된 다수의 대통령령 및 개별 법률이 있다.

---

1) 육군사관학교, 군사행정법, 육군인쇄공창, 1990, 33면; 이상철, 군사행정법, 경세원, 1997, 72면.
2) S.P. 헌팅튼 저, 강영구·송태균 역, 군인과 국가, 병학사, 1982, 3면.

국군조직법의 위임에 의하여 제정된 대통령령으로는 "전투를 주임무로 하는 각군의 작전부대 등에 관한 규정," "국방조직 및 정원에 관한 통칙," "국방부와 그 소속기관직제," "합동참모본부직제," "계엄사령부직제," "국방정보본부령," "국방부조사본부령," "국군기무사령부령," "육·해·공군 본부직제" 등이 있으며, 개별 법률로서는 "국방대학교설치법," "사관학교설치법," "한국국방연구원법," "국방과학연구소법" 등이 있다.

국방부령으로는 국방부 위임전결규정, 합동참모부 위임전결규정 등이 있다.

1. 헌   법

국가의 공식조직에 관한 기본을 정하고 있는 헌법은 국방조직의 근원으로서 혹은 근거로서의 지위를 갖는다. 제 5 조 제 2 항에서는 국군의 사명에 관하여 규정하고 있다. 즉 "국군은 국가의 안전보장과 국토방위의 신성한 의무를 수행함을 사명으로 하며, 그 정치적 중립성은 준수된다"고 규정하고 있다. 또한 제39조 제 1 항에서는 모든 국민의 국방의 의무에 관하여 규정하고 있다. 제74조 제 1 항에서는 대통령의 국군통수권에 관하여 규정하고, 제 2 항에서는 국군의 조직과 편성을 법률로 정하도록 위임근거규정을 두고 있다.

2. 법   률

(1) 정부조직법

정부조직법은 국가 행정사무의 통일적·능률적 수행을 위하여 국가행정기관의 설치, 조직, 직무범위의 대강을 정해 주는 법률로서 조직관련 법률 중에는 가장 우선적 지위를 갖는다.

정부조직법 제28조에서는 행정각부의 일개 부서로서 국방부에 관하여 규정하고 있다. 국방부장관은 국방에 관련된 군정 및 군령과 그 밖에 군사에 관한 사무를 관장하고, 국방부에는 차관보를 1인 둘 수 있도록 하고 있다. 그 밖에 징집, 소집 기타 병무행정에 관한 사무를 관장하기 위하여 국방부소속 하에 병무청을 두고, 병무청장은 정무직으로 보하고, 병무청차장은 별정직으로 보하도록 하고 있다.

(2) 국군조직법

국군조직법은 국군의 조직과 편성의 대강을 정하는 법률로서 대통령의 군통수권, 국방부장관의 권한, 합동참모의장 및 각군 참모총장의 권한, 합동참모본부, 합동참모회의, 각군 본부 설치 등에 관하여 규정하고 있다. 국군조직법은 군조직에 관한 기본법률로서 하위법령의 근거로서 작용한다.

(3) 교육기관설치법

교육기관 설립에 관한 근거법규로서는 국방대학교설치법, 사관학교설치법, 육군 3 사관학교설치법, 국군간호사관학교설치법 등이 있다. 각 학교설치법에서는 설치목적, 수업연한, 입학자격, 교과, 교장임명 및 교수 등의 자격과 임명, 학위수여 등에 관하여 규정하고 있다.

3. 대통령령

군사행정조직에 관한 대통령령으로서는 "국군조직법 제 9 조 제 3 항의 규정에 의한 전투를 주임무로 하는 각군의 작전부대 등에 관한 규정"과 "국방부와 그 소속기관직제"가 있다. 이 각군의 작전부대 등에 관한 규정에서는 작전부대의 범위, 합동부대의 범위, 작전지휘·감독권의 범위 등의 내용이 규정되어 있으며, 국방부와 그 소속기관 직제령에서는 국방부가 국방에 관련된 군정 및 군령과 기타 군사에 관한 사무를 관장한다는 내용과 국방부의 하부조직과 직무, 국방부에 근무하는 공무원의 정원, 국방부의 소속기관 등에 관한 내용이 규정되어 있다.

그 밖에 합동참모본부직제령, 육·해·공군 직제령 및 해·공군사령부직제령 역시 대통령령으로서, 이들 직제령에서는 합동참모본부의 임무와 참모부서, 각군의 임무와 참모부서, 각군 작전사령부의 임무와 관할구역, 군사상의 긴급조치 및 부서설치 등의 내용이 규정되어 있다. 또한 각 사관학교설치법시행령은 대통령령에 속한다.

4. 국방부령

국방부령으로는 국방부와 그 소속기관직제시행규칙, 국방부 위임전결규정, 합동참모부 위임전결규정, 국방부 사무분장, 합동참모부 사무분장 등이 있다. 국방부와 그 소속기관직제시행규칙 규정에서는 국방부 내의 보조기관과 보좌기관의 직급 및 직급별 정원, 그 기관의 설치 및 사무분장에 대하여 자세하게 규정하고 있다. 그 밖에도 훈령의 형식으로 발해진 국방부령이 다수 존재하며 실무에 적용되고 있다.

Ⅱ. 군사행정조직과 관련한 헌법상의 기본원리

1. 군사행정조직의 대전제

군사행정조직의 대전제로서 헌법은 다음을 명시하고 있다. 즉 군사행정조직은 민주공화국으로서의 대한민국의 형성과 존속을 보장하고, 국민의 영원한 안전을 확보하며, 국군의 사명에 부합되어야 함을 규정하고 있다.

2. 문민통제의 원리

헌법상 문민통제와 관련하여 제 5 조, 제67조, 제74조, 제86조, 제87조, 제89조 등에서 국군의 사명과 정치적 중립성, 대통령의 국군통수권, 대통령의 피선거권 및 국무총리와 국무위원의 임명자격, 국무회의에서의 군사에 관한 중요 사항의 심의 등을 규정하고 있다.

문민통제의 내용은 군의 정치적 중립이 중점이다. 대통령이 국군통수권을 행사하지만 국방부장관에게 위임하여 행사하고 있고, 장관은 군령권을 합참의장에게 이양(위임)됨이 없이 통할하여 관리하며, 모든 군령조직을 통제·관리할 수 있어야 문민통제는 확보되는 것이다.

3. 군정·군령 일원주의(병·정통합주의)

헌법 제74조, 제82조, 제89조, 제91조에서는 대통령의 국군통수권, 군사에 관한 대통령의 국법상 행위에 국무총리와 국방부장관의 부서(附書), 군사에 관한 중요 사항의 국무회의 심의 및 국가안전보장회의에 관한 사항을 규정하여 군정·군령 일원주의를 나타내고 있다.

정부조직법 제28조 제 1 항과 국군조직법 제 8 조에서는 국방부장관으로 하여금 대통령의 명을 받아 국방에 관련된 군정·군령 및 기타 군사에 관한 사무를 관장토록 하고 있다.

국방임무수행을 실무수준까지 고려하는 것은 현실적으로 곤란하고, 군정권과 군령권의 행사는 국방부장관이 관장하는 것으로 함이 타당하다. 군정·군령 일원주의를 모든 지휘계통에 요구한다면 합참의장도 군정·군령권을 행사함이 논리상 타당하나, 군정권은 각군 참모총장이, 군령권은 합참의장이 행사하도록 국군조직법이 규정하고 있다.

4. 권력분립의 원리

국가권력과 국가조직의 창설원리이며, 국가조직권능의 한계설정원리인 권력분립주의는 권한행사의 남용방지와 국민의 자유와 권리의 보장을 위한 군의 정치적 중립성 확보원리와 관계가 있다.

헌법 제60조 제 2 항에서는 국회의 권한으로서 대통령의 선전포고와 국군의 해외파견 및 외국군대의 대한민국 내의 주류에 관한 동의권을 규정하고 있으며, 헌법 제77조에서는 대통령이 계엄선포시 국회에 통고할 것과 국회의 계엄해제요구시 해제할 것을 규정하고 있다. 또한 헌법 제89조에서는 합참의장, 각군 참모총장 임명시 국무회의의 심의를 거치도록 규정하여 권력의 견제와 균형이 실현될 수 있도록 규정하고 있다.

5. 군사행정 법정주의

헌법 제74조 제 2 항에서 국군의 조직과 편성은 법률로 정하도록 하고 있으며, 제 1 항에서 헌법과 법률이 정하는 바에 의하여 대통령이 국군을 통수하도록 규정함으로써 법률적합성의 원칙이 군사행정조직의 기본원리임을 명백히 하고 있다.

군조직의 새로운 창설 및 개선을 위해서는 관련 법체계와의 연계성 및 법적 타당성을 유지해야 한다. 특히 군조직개선 및 국방관련 법령체계의 제정 및 개정에 있어서 헌법적 타당성에의 부합은 국민적 공감대형성에 큰 도움을 준다.

국군조직관계법 개정시 고려해야 할 헌법적 타당성의 규준으로서는 첫째 통합전력 발휘 극대화 및 국방자원관리의 효율성증대를 위한 군구조개선은 국가안전보장과 국토방위라는 헌법목적에 부합해야 하며, 둘째 국방조직체계상의 권력담당자의 권력남용을 방지할수 있는 개정이 이루어져야 하고, 셋째 문민통제의 원리, 권력분립의 원리, 군정ㆍ군령 일원주의 및 군사행정 법정주의 원칙에 일치되어야 한다.

Ⅲ. 국군조직법

1. 의   의

국군조직법은 국방의 의무를 수행하기 위한 국군의 조직과 편성의 대강을 규정한 국군조직의 기본법으로서, 1948년 11월 30일 법률 제 9 호로 제정된 이후 2011년 10월 15일 법률 제10821호로 개정되기까지 제10차의 개정이 있었다. 이러한 개정과정을 통해 합동군제로의 개편이 되었다는 점에서 의의가 있다.

2. 국군조직법의 내용과 권한범위

국군은 육군ㆍ해군 및 공군으로 조직하며, 별도로 해군에 해병대를 두고 있다. 국군의 조직형태는 3군의 병립체제이다.

그리고 국군은 각군의 전투를 주임무로 하는 작전부대에 대한 작전지휘ㆍ감독과 합동 및 연합작전의 수행을 위하여 국방부에 합동참모본부를 둔다. 합동참모본부에는 합동참모의장 외에 군을 달리하는 3인 이내의 합동참모차장과 필요한 참모부서를 둔다.

또한 합동참모본부에는 군령에 관하여 국방부장관을 보좌하며 주요 군사사항 기타 법령이 정하는 사항을 심의하게 하기 위하여 합동참모회의를 두고, 합동참모회의는 월 1회 이상 정례화하도록 하고 있다. 합동참모회의의 구성은 합동참모의장과 각군 참모총장으로 이루어지는데, 해병대와 관련된 사항을 심의하는 때에는 해병대사령관도 구성원이 된다 (제13조 제 2 항).

육·해·공군 각군에 본부를 두며, 각군 본부에 참모총장 외에 참모차장 1인과 필요한 참모부서를 둔다(제14조 제1항, 제2항). 그 밖에도 군사상 필요한 때에는 대통령이 정하는 바에 의하여 국방부장관의 지휘·감독 하에 합동부대와 기타 필요한 부대를 둘 수 있고(제2조), 각군의 예속 하에 필요한 부대와 기관을 설치할 수 있다(제15조).

국군조직법상 군사에 관한 권한행사자로는 대통령, 국방부장관, 합동참모의장, 각군 참모총장 및 예하부서의 장을 규정하고 있는데, 대통령은 국군의 통수권자로서, 국방부장관은 대통령의 명을 받아 군사에 관한 사항을 관장하고 합동참모의장과 각군 참모총장을 지휘·감독할 수 있는 권한을 행사할 수 있도록 규정하고 있다.

합동참모의장은 군령에 관하여 국방부장관을 보좌하며, 국방부장관의 명을 받아 전투를 주임무로 하는 각군의 작전부대를 지휘·감독하고, 합동작전의 수행을 위하여 설치된 합동부대를 지휘·감독한다. 다만, 평시 독립전투여단급 이상의 부대활동 등 주요 군사사항에 대해서는 국방부장관의 사전승인을 득해야 한다.

각군 참모총장은 국방부장관의 명을 받아 각각 당해 군을 지휘·감독하되 전투를 주임무로 하는 작전부대에 대한 작전 지휘·감독은 제외한다(제10조 제2항).

제3절   군구조 및 군사지휘체계

I. 군구조

1. 군구조의 개념

군구조의 개념을 설명함에 있어서 구조는 조직이라는 개념과 관련된다는 것을 전제로 한다. 조직은 분담된 목표를 달성하기 위하여 설계된 제 역할의 체계이다. 즉 목표달성을 위하여 제반 기능을 식별하고, 이 기능수행을 위한 책임과 권한을 배분하여 수직적·수평적 분화를 시키는 것이 조직이라고 할 수 있다.

따라서 일반적으로 구조라는 것은 조직의 모든 직무가 분화되고 부문화되어 하나의 조직도표로 확정된 것이라 말할 수 있는데, 군구조의 개념도 그러한 측면에서 개념을 정의할 수 있을 것이다. 그러나 군구조는 일반사회의 구조와 달리 국가의 정치·경제·사회·과학기술의 발달, 국제환경 및 잠재적 위협과 같은 일반적 환경요인에 의하여 영향을 받으며, 적의 위협, 방위예산, 충원제도, 인간자원, 신무기체계에 의한 새로운 전략 및 교리발전, 군사동맹관계 등 직접적 영향요인으로 인하여 지속적으로 변화된다.

지금까지 군구조는 군의 기능발전 측면에서 볼 때, 전투행위를 담당하는 구조로부터 총력전을 담당하는 대규모의 구조로 변화되면서 조직의 수평적·수직적 분화가 이루어졌다. 즉 수직적으로는 군사작전을 수행하는 군령(작전) 분야와 수평적으로는 군사력을 건설하고 유지하는 군정(지원) 분야로 분화되었다.

이러한 제반 사항을 고려하여 군구조의 개념을 정의하면 "군구조는 국가의 안전보장을 주임무로 하는 조직으로서 군정권·군령권을 가지며, 대통령·행정부(국방부)·합참·각군 본부 및 작전부대 등의 수준으로 분류되는 형태"라고 할 수 있다.

군구조는 다시 지휘구조·상부구조·하부구조로 세분된다. 지휘구조는 국가통수권자의 군령·군정기능이 국방부장관을 거쳐 전력요소인 육군·해군·공군의 각급 부대에 이르는 수직·수평적 지휘관계를 의미하고, 상부구조는 정책을 결정하고, 전략을 수립하며, 군사력을 건설하는 각군 본부 이상의 편성과 그 기능체계를 의미한다. 또한 하부구조라 함은 각군을 구성하는 전력과 인력의 합리적 편성을 통한 군 하부조직의 연결체계를 의미한다고 할 수 있다.

2. 군구조와 군정·군령 개념

앞에서는 군사행정개념을 정의하면서 군사행정과 군령의 차이를 설명하였지만, 여기에서는 군구조의 유형과 군사지휘체계의 종류에 있어서 구분기준으로서 영향을 미치고 있는 군정과 군령에 관한 개념을 살펴볼 필요가 있다.

군정(military administration)이란 협의의 의미로는 국방상 국민의 권리와 의무에 관계되는 모든 군사업무를 말하며, 용병작전과 관련된 사항을 제외한 업무로써 군대의 창설, 해산, 병역, 동원제도의 기획과 지도, 군사법규의 제정과 징집, 국방예산과 장비의 획득을 포함한다. 군정의 광의의 의미는 군사업무 전부를 포함하며, 여기에는 협의의 군정뿐만 아니라 협의의 군령(용병작전)도 포함된다. 따라서 모든 통수권의 지휘계통과 기관을 군정계통 및 군정기관으로 규정한다.

군령(military command)이란 협의의 의미로는 앞의 협의의 군정에 대응되는 개념으로써 군대의 통솔과 작전의 지휘를 뜻한다. 광의의 의미로는 용병작전에 관계되면서 국민의 권리·의무와 직접적인 관계사항이 아닌 군사력의 건설 및 유지, 관리 및 운용을 뜻하고, 부대행정과 교육·훈련사항을 포함한다. 따라서 광의의 군령개념은 군정의 내용과 중복된다. 이와 같은 군정과 군령의 개념중복현상은 통수권의 개념에도 같다. 통수계통은 군정과 군령을 모두 포함하고 있기 때문이다.

3. 군구조의 유형과 특성

각국은 정치, 안보상황, 국력 및 지정학적·사회문화적 전통에 따라서 서로 다른 구조(군제)를 취하고 있다. 군구조의 유형은 통상 군정과 군령의 배분과 지휘구조의 유형을 기준으로 분류된다. 군제란 3군의 구분 여부, 각군 본부 및 참모총장의 존재 여부 등을 다루는 일체의 제도를 말한다.

군제의 유형분류는 일반적으로 군종체제에 의한 분류와 군사지휘체계에 의한 분류로 크게 이분화되어 있다. 군종이란 군사력유형을 작전공간별로 분류한 육군·해군·공군의 조직적 유형을 말한다. 군사지휘체계란 군령과 군정 간의 기능배분체계, 각군 또는 기능부 대간의 결속방법 및 정도에 관심을 두는 개념을 말한다.

군종체제에 의한 군구조의 유형은 3군 병립제·합동군제·통합군제·단일군제 등 4 가지의 형태가 있다.[3]

(1) 3군 병립제

3군 병립제는 3군이 실제적으로 존재하고 국방부장관이 3군에 대한 군정·군령권을 행사하며, 합참의장은 군사자문역할만 수행하고, 각군 참모총장이 장관의 군정·군령사항 을 위임받아 수행하는 형태로서 각군의 전문성 제고와 3군의 균형발전이 가능한 군구조 이다.

3군 병립제에서는 군 자체 내의 단독작전의 효율성과 신속성이 보장되며, 훈련과 전술 연구, 사기유지 등에 있어서 유리하나 각군 간에 지나친 경쟁과 교리 및 훈련수준의 차이, 군간 협조시간 소요 등으로 합동작전시 작전지휘의 일원화 및 작전의 효율성이 저하되며, 3군간 조정·통제의 어려움이 존재한다. 또한 중복된 임무와 편성은 군의 경제성이라는 측 면에서 문제이다. 오늘날 인도, 브라질 등 아시아 지역의 일부 국가들이 3군 병립제를 채 택하고 있다.

〈그림 1〉

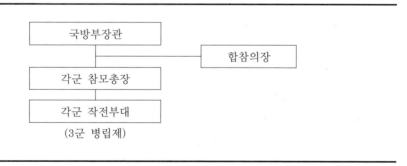

(3군 병립제)

---

3) 세계 각국은 자국의 역사적 배경, 정치제도, 안보상황, 방위체제 등에 적합하게 지휘구조와 운용체제를 유지하고 있으며, 어느 나라도 자국의 군제에 명칭을 부여하지는 않고 있다. 다만, 우리나라의 군제 발전 과정에서 편의상 이를 합동군제, 통합군제, 3군병립제 등으로 구분하는 것이 일반적이다.

(2) 합동군제

합동군제는 3군 병립제의 기반 위에 3군의 노력을 통합하기 위한 합동참모본부를 설치하여 군령권은 국방부장관이 합동참모본부를 통해서 행사하는 구조이다.

합동군제는 합참의장이 용병에 관한 권한을 행사하고, 각군 참모총장은 양병에 관한 권한을 행사하는 형태의 군구조이다. 합동군제는 군간의 합동작전이 가능하도록 설계된 군구조로서 각군의 자율성과 독자적 임무수행을 보장하는 장점이 있다.

합동군제 하에서도 3군 병립제와 마찬가지로 각군의 전문성유지와 3군의 균형발전, 각군의 전통과 특성의 유지가 가능하며, 권한이 집중되는 것을 방지할 수 있다. 합동군제는 유연성 있는 정책을 산출할 수 있는 장점을 가지고 있다. 주변국인 미국, 일본을 포함하여 영국, 프랑스, 독일, 스페인, 이탈리아, 스웨덴 등의 유럽지역과 인도네시아, 파키스탄, 싱가포르, 호주, 캐나다 등의 아시아 지역 국가들이 합동군제를 채택하고 있다. 우리나라도 여기에 속한다.

〈그림 2〉

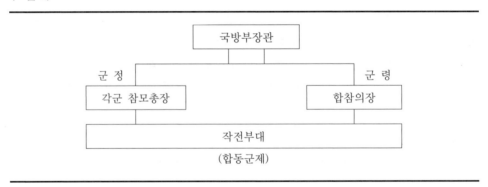

(합동군제)

(3) 통합군제

통합군제의 특징은 국방부장관이 군정·군령을 통할하며, 통합군사령관은 장관의 권한을 위임받아 전부대에 대한 지휘권을 행사한다. 따라서 모든 교육·지원기능도 통폐합하여 운영되며, 3군은 존재하나 각군 본부 및 총장이 없다. 각군 사령관은 통합군사령관의 직접 지휘계선상에 위치하며, 각군에 대한 지휘권을 행사한다.

통합군제는 외견상으로는 군사력의 통합운용 및 각종 지원의 통폐합으로 효율적이고 완전할 것으로 보이나, 육·해·공군 고유의 전문성이 훼손되고, 특정군의 구조적 편중가능성으로 인한 3군 균형발전의 저해와 과도한 권한의 집중으로 인한 문제점이 나타날 수 있다. 통합군제는 통합전력을 지휘하는 지휘관의 권한과 책임이 비대해지는 단점을 가지고 있다. 민주국가에서 통합군제를 채택하고 있는 국가는 각군의 전문성과 특성을 유지하기 위하여 각군 사령관의 권한을 강화하여 운영하고 있으며, 북한, 중국, 러시아 등의 주변국들과 폴란드, 터키, 스위스 등의 유럽지역, 이집트, 이라크, 이스라엘, 사우디아라비아, 대만 등에서 통합군제를 채택하고 있다.

〈그림 3〉

(통합군제)

(4) 단일군제

단일군제는 육·해·공군의 구분이 없는 1개군 개념으로 임무만 다르게 운영되는 군제이다. 단일군제에서는 단일참모총장이 모든 작전부대를 지휘하는 형태를 취한다.

통합군제와 마찬가지로 전·평시 지휘권일원화를 기할 수 있고, 작전의 신속성·효율성·경제성을 추구하며, 군사력의 통합운용을 강화시킬 수 있는 장점이 있는 반면에 군사권한이 참모총장 한 사람에게 집중되며, 각군별 전문성보장 및 대부대의 경우 지휘상의 혼란이 우려된다. 또한 국가간의 연합전력 내지는 다국적전력 구성 및 훈련에 문제가 있다.

〈그림 4〉

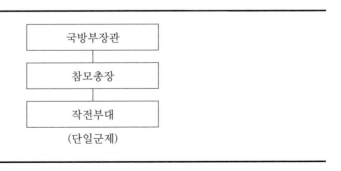

(단일군제)

Ⅱ. 군사지휘체계

1. 군사지휘체계의 개념

넓은 의미에서 군사지휘체계란 대통령이 군을 통수함에 있어서 헌법 및 기타 법률이 정하는 바에 따라 책임을 위임받은 모든 조직·제도 및 절차를 말하며, 좁은 의미로는 군정과 군령 기능을 수행하는 모든 조직을 포함하는 것으로 작전적 측면, 즉 군통수권자의 군사력운용을 위한 군령체계를 지칭하는 것이다.

군사지휘체계는 국방정책 결정과 군사작전의 수행과정에서 편협한 개별의 조직이익이 라는 관점을 벗어나 각군의 견해를 통합하는 국가적 차원에서의 군사견해를 제공할 수 있 어야 한다. 현대전은 효율적인 군사지휘체계 하에서 지상과 해상, 그리고 공군력이 효과적 으로 융합되는 합동작전으로 전투를 수행할 수 있는 군사지휘체계를 유지하여야 한다.

2. 군사지휘체계의 유형과 특징

군사지휘체계는 각 국가마다 고유한 안보상황, 국력의 크기, 지리적 환경, 전통과 관 습, 정치적 고려 등에 따라서 독특한 유형으로 발전되어 오고 있다. 군사지휘체계는 앞서 기술한 군정과 군령기능 간의 균형을 어떻게 유지하느냐 하는 기준에 따라 4개의 유형으로 구분할 수 있다.[4]

(1) 비통제형 합참의장제

비통제형 합참의장제(〈그림 5〉)는 전통적 3군 병립제도를 기조로 국방부장관이 각군 본 부를 통하여 군정권과 군령권을 행사하고, 합참의장은 군령계선에서 제외시켜 장관에 대한 순수한 군령보좌역할만을 수행하도록 하는 제도로 문민통제에 가장 역점을 둔 체계이다.

〈그림 5〉

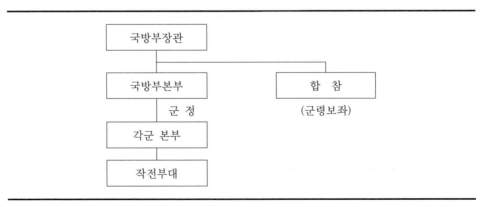

---

4) 양완식, "선진국의 군제발전추세와 '미래군제' 발전방향," 합참 제 3 호, 1993. 12, 20면 참조.

　그러나 현실적으로 합참의장이 필요한 권한을 갖지 못함으로써 합동작전 및 통합전력의 발휘가 곤란하고, 평시 군사력건설과 전시지원에 따른 국방자원의 낭비가 많은 단점을 가지고 있다. 현재 독일, 아르헨티나 등이 이 제도를 운용하고 있다.

(2) 통제형 합참의장제

　통제형 합참의장제(〈그림 6〉)는 전통적 3군 병립제도를 기조로 하고 있으나, 군정권은 장관이 국방부 본부 및 각군 본부를 통하여 행사하고, 합참의장에게 군령·작전지휘권을 부여하여 각군 작전부대에 직접 작전명령을 발할 수 있도록 합참의 기능을 강화한 제도로서, 문민통제를 존중하면서도 통합작전수행이 가능한 체계이다.

　그러나 이 체계는 장관으로부터 군정과 군령이 분리되어 전술작전부대에 연결되기 때문에 군정·군령간의 유기적인 협조가 곤란하고, 군사력건설 및 작전지원에 따른 각군 간의 마찰, 자원의 중복요소 등의 단점이 있다. 또한 합참의 작전지휘권의 효율성을 증대시키기 위하여 합참의 기구증대가 요구되는 등의 문제점이 있다. 현재 미국·일본을 비롯한 영국, 프랑스, 이탈리아 등 서방선진국들이 채택하고 있다.

〈그림 6〉

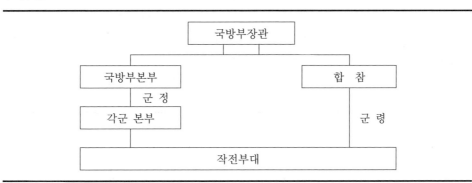

(3) 합동참모총장제

　합동참모총장제(〈그림 7〉)는 전통적 3군 제도를 기조로 국방부장관예하에 합동참모총장을 두고, 그 예하에 각군 본부를 존속시켜 작전부대에 대한 군정 및 군령권을 행사하는 제도로서, 3군의 특수성을 보장하면서도 통합작전지휘에 보다 역점을 둔 체계이다. 이 체계 하에서는 군정과 군령 간의 유기적 조화가 가능하고, 군간의 마찰 및 자원의 중복요소를 배제할 수 있으며, 현재 이스라엘에서 채택하고 있다.〈그림 7〉

〈그림 7〉

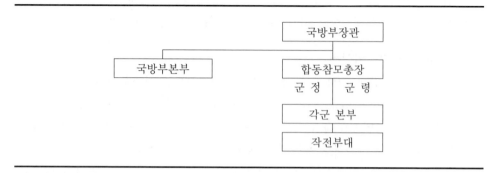

(4) 단일참모총장제

단일참모총장제(〈그림 8〉)는 국방부장관예하에 단일참모총장인 총참모총장을 두고, 예하 작전 및 기능사령부에 직접 군정권 및 군령권을 행사하는 제도이다. 이 제도는 문민통제나 3군 체제의 보장보다는 신속하고도 통합된 지휘와 경제적 효과에 역점을 둔 체계이다.

이 체계 하에서는 군정과 군령 간의 유기적 조화가 가능하고 지휘계층이 용이한 반면, 총참모총장의 책임과 권한이 과중하고 3군의 전통성과 전문성이 상실될 우려가 있다.

이 제도는 당이 정부와 군부를 완전히 지배하는 공산국가와 대만·터키·이스라엘 등 군사우위의 국가체제에서 시행중인 체계이다.

〈그림 8〉

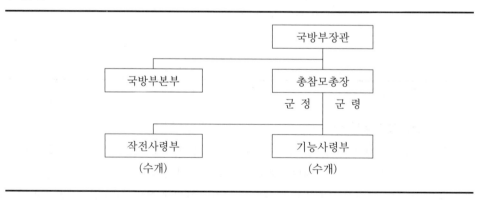

Ⅲ. 우리나라의 군사지휘체계

1. 군사제도의 변천사

1945년 해방 후 미군에 의하여 국방사령부가 설치되었고, 1946년 국방부와 조선경비대를 설치하였으며, 1948년 정부수립 후 지휘권을 한국 국방부가 이양받은 후 최초로 국군 조직법을 공포하여 1948년도에 육군 및 해군 본부를 창설하였고, 다음 해 해병대와 공군본부를 창설하였다. 6·25 한국전쟁이 끝나고 1953년도에 국방부장관소속 하에 임시합동참모본부를 설치하였다가 다음 해에 다시 폐지하고, 대통령직속으로 연합참모본부를 설치하여 운영하였다. 1961년에 연합참모본부를 국방부장관직속으로 전환한 이후 1963년에 합동참모본부를 창설하였다. 그 후 전략기획, 주한미군과 협조, 대간첩작전수행 등 합참의 기능을 보강하면서 1970년부터 1985년까지 4회에 걸쳐 통합군제를 연구하였으나 실현하지 못하고, 818 군사제도연구결과 1990년 현재의 합동군제로 개편되었다.

2. 종래 군사지휘체계

종래 한국의 군사지휘체계(〈그림 5〉)는 한국 대통령과 미국 대통령 간에 체결된 한·미 상호방위조약에 의거하여 장관선에서 한·미 안보협의회를 통한 협조체제를 구축하고, 합참의장선에서 한·미 군사위원회를 구성하여 합의된 사항에 대하여 연합사에 대한 전략지침과 지시를 제공하며, 연합사령관이 육·해·공군의 정규작전통제권을 보유하고 있었다. 한국의 합참의장은 군령계선에서 제외되어 장관에 대한 군령보좌역할만을 수행하여 왔으며, 한·미 야전사령부를 제외한 육·해·공군의 작전부대에 대한 대간첩작전을 지휘하였다.

요컨대 우리의 종래 군사지휘체계는 전술한 바와 같이 〈그림 1〉의 비통제형의 합참의장제를 취하고 있었다.

3. 개정된 국군조직법상의 군사지휘체계

정부는 1989년 10월 24일 종래의 군구조를 대폭 개편하여 한국형 군제인 국방참모총장제를 채택·신설하고, 국방참모총장이 국방부장관의 명을 받아 군령권을 행사할 수 있도록 하는 군구조개편안을 발표하였다.

이에 따르면 국방부장관은 현재와 같이 군정·군령권을 통합행사하되 군령권은 국방총장에게 위임하고, 군정권은 각군 총장을 통해 행사하며, 각군 총장은 작전정보 등 군령권을 제외한 인사·군수 등 협의의 군정권만을 행사하게 하였다.

국방총장은 장관의 군령보좌역할을 수행하는 참모진의 장이므로 각군 총장을 직접 지휘하는 상급지휘관이 아니며, 더욱이 육·해·공군 총사령관이 될 수는 없었다.

각군 본부는 그대로 유지하되 지금까지 육·해·공군 참모총장이 갖고 있던 인사권 중 일부인 용병권 및 군수지원기능의 일부를 신설될 국방총장에게 이양하고, 진급·보직 등 인사권, 예산권, 감사권, 양병·정병권 등의 행정·군수지원 사항만을 담당하게 하였다.

국방부본부는 국방정책수립 및 자원 획득·배분과 집행·통제업무를 수행하게 되며, 국방참모본부는 국방부본부에 소요를 제기하고 군사력운용업무 전반을 장악하게 하였다.

이상과 같은 군조직개편안에 대하여 위헌성 여부가 논의된 바 있다. 위헌론에 의하면 헌법 제89조 제16호에서 합동참모의장과 각군 참모총장을 명문으로 규정한 것은 군조직으로서 합참의장제를 전제로 한 것이므로 위의 개정안은 형식적인 측면에서 헌법규정에 위

〈그림 9〉

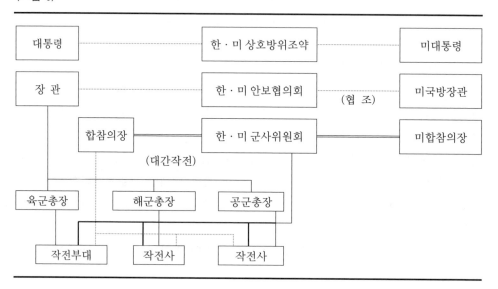

〈그림 10〉

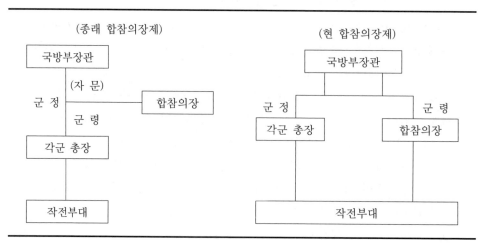

배되며, 실질적인 측면에서도 병정통합주의와 문민통제원칙에 위배된다고 주장하였다.[5]

이에 대하여 합헌론은 헌법 제89조 제16호는 고위공직자임명에 관한 국무회의의 심의사항을 규정한 것으로 합동참모의장이나 각군 참모총장이라는 명칭은 예시에 불과하므로 반드시 이에 구속될 필요는 없으며, 국방부장관이 군정과 군령을 모두 보유하므로 병정분리주의가 아니고 문민통제도 준수하고 있다고 하였다.[6]

이러한 논의과정을 거치는 동안 제기된 문제점을 보완하기 위하여 개정법률은 개정안에서 채택하였던 국방총장이라는 명칭은 종전대로 합동참모의장으로 하고,(〈그림 6〉), 문민통제원칙의 준수를 위해 평시 독립전투여단급 이상의 부대이동 등 주요 군사사항은 국방부장관의 사전승인을 얻도록 하는 등 일부 수정을 가하여 1990년 7월 14일 국회를 통과하였다.

1990년 10월 1일부터 시행된 개정 국군조직법에는 ① 해군에 해병대사령부를 두어 해군의 상륙작전에 관한 사항을 관장하도록 하며, ② 각군의 작전부대에 대한 작전지휘와 합동 및 연합작전수행을 보장하기 위하여 국방부에 합동참모본부를 두도록 하며, ③ 합동참모본부에 합동참모의장을 두어 군령에 관하여 국방부장관을 보좌하게 하며, 그 명을 받아 전투를 주임무로 하는 각군의 작전부대와 합동작전의 수행을 위하여 설치된 합동부대를 지휘·감독하도록 하되 평시 독립전투여단급 이상의 부대이동 등 주요 군사사항은 사전승인을 얻도록 하고, ④ 전투를 주임무로 하는 각군의 작전부대 및 작전지휘권의 범위와 합동참모의장이 지휘·감독할 합동부대의 범위는 대통령령으로 정하도록 하고, ⑤ 합동참모본부에 합동참모의장 외에 군을 달리하는 3인 이내의 합동참모차장을 두도록 하며, ⑥ 군령에 관하여 국방부장관을 보좌하고, 주요 군사사항을 심의하게 하기 위하여 합동참모본부에 합동참모회의를 두고, 합동참모회의는 합동참모의장과 각군 참모총장으로 구성하며, 월 1회 이상 정례화하도록 하는 등의 내용이 규정되었다.

그 밖에도 합동참모본부에 근무하게 되는 장성급장교의 보직과 국군조직법 제 9 조 제3 항에서 규정하는 전투를 주임무로 하는 각군의 작전부대 및 합동부대의 장의 보직을 국방부장관에게 추천하고자 할 때는 참모총장은 합참의장과 협의하도록 하고, 장성급장교를 국방부장관이 대통령에게 제청할 때는 제청심의위원회를 거치도록 개정하였다.

2011년 10월 15일 시행된 제10차 개정 국군조직법에서는 현행 3군 체제를 유지하는 가운데 해병대 및 해병대사령관의 독자적인 권한을 보다 강화하기 위해 해병대의 주임무,

---

5) 이승우, "군사조직법 수정안의 헌법적 조명," 민족지성 제53호, 1990. 7, 209면 이하; 동인, "국군조직법의 개편과 법적 문제점," 공법학의 현대적 지평, 심천 계희열 박사 화갑기념논문집, 1995, 896면; 권노갑, "국군조직법 중 개정법률안은 폐기되어야 한다," 국회보 제283호, 1990.5, 8면 이하.
6) 이석복, "군구조개선의 필요성과 내용," 민족지성 제53호, 1990.7, 177면 이하 ; 강경근, "국군조직법 개정과 합헌론," 민족지성 제53호, 1990.7, 20면 이하; 유재갑, "국군 조직과 문민통치," 민족지성 제53호, 1990. 7, 188면 이하; 김명기, "국군조직법개정안의 합헌성과 작전지휘권," 국제문제 제238호, 1990.6, 12면 이하.

해병대사령관의 권한 및 해병대사령부의 설치 근거 등을 법률에 명문화하게 되었다. 이는 해병대가 우리 군 전력에서 차지하는 비중 및 중요성을 고려할 때 해병대의 전력강화가 반드시 필요하나 해병대가 해군 소속으로 설치됨에 따라 해병대사령관의 권한행사가 제약되어 해병대의 군사력 건설 등에 어려움을 겪는 현실을 반영한 것이다. 이에 따라 개정 국군조직법은 해군의 주임무를 상륙작전을 포함한 해상작전으로, 해병대의 주임무를 상륙작전으로 규정하고(제 3 조 제 2 항), 해병대에 해병대사령관을 두며, 해병대사령관은 해군참모총장의 명을 받아 해병대를 지휘·감독하도록 하는 명문규정을 두었다(제10조 제 3 항). 또한 합동참모회의에서 해병대와 관련된 사항을 심의할 때에는 해병대사령관도 합동참모회의의 구성원이 되도록 하였다(제13조 제 2 항 단서).

이외에도 2011년 3월 8일 발표된 「국방개혁 기본계획 11-30」에 따라 그동안 합참, 육·해·공군본부를 중심으로 이원화되어 온 군정·군령기능을 일원화시킨다는 군 상부구조 개편안이 마련되었으나, 관련 내용을 담은 국방개혁 관련 법안 처리는 의결정족수 부족으로 무산된 바 있다.

제 4 절 군사행정기관

I. 군사행정기관

현행 헌법과 법률을 근거로 하는 군사행정기관으로 대통령, 국무회의, 국무총리, 국방부장관, 합동참모의장, 각군 참모총장, 국가안전보장회의가 있다.

1. 대 통 령

헌법상 대통령은 국가원수로서의 지위, 정부수반으로서의 지위를 가지는 군정의 최고기관으로서 헌법과 법률이 정하는 바에 의하여 국군통수권, 선전포고권, 강화권, 계엄선포해제권, 긴급명령권, 군공무원을 포함한 공무원임명권 등을 가진다. 또한 대통령은 국가의 독립과 영토의 보전, 국가의 계속성, 헌법의 수호라는 책무를 가지고 있으며, 평화적 통일의 의무를 가지고 있다.

2. 국무회의

국무회의는 정부의 중요한 군사정책을 심의하는 기관으로서(헌법 제88조 제 1 항, 제89조) 대통령, 국무총리, 국무위원으로 구성되고(제88조 제 2 항), 대통령이 의장이 된다(동조 제 3 항, 정부조직법 제12조).

3. 국무총리

국무총리는 상급 중앙행정관청으로서의 지위를 가지며, 대통령을 보좌하고 국무회의의 부의장이 된다(헌법 제88조 제3항). 또한 국무총리는 국무위원·국방부장관 등의 임명제청·해임건의 등 인사참여권을 가지며(헌법 제87조, 제94조), 행정에 관하여 대통령의 명을 받아 국방부 등 행정각부를 통할하고(헌법 제88조 제2항, 정부조직법 제16조), 소관사무에 관하여 총리령을 발할 수 있으며(헌법 제95조), 국회에 출석·발언할 수 있고, 대통령의 군사상 문서에 국방부장관과 함께 부서한다(헌법 제88조).

4. 국방부장관·합동참모의장·각군 참모총장

행정각부는 정부수반인 대통령과 그의 명을 받는 국무총리의 통할 아래 정부의 권한에 속하는 행정사무를 부문별로 집행하는 중앙행정기관이다.

중앙행정기관의 하나인 국방부장관은 대통령과 국무총리의 지휘·감독 아래 국방에 관련된 군정·군령 기타 군사에 관한 사무를 처리하며, 합동참모의장과 각군 참모총장을 지휘·감독한다(국군조직법 제8조, 정부조직법 제28조 제1항). 국방부에 합동참모본부를 두며, 합동참모본부에 합동참모의장을 두고, 그 밑에 3인 이내의 합동참모차장과 필요한 참모부서를 둔다(국군조직법 제12조 제1항).

합동참모회의는 합동참모의장과 각군 참모총장으로 구성한다. 합동참모의장은 군령(軍令)에 관하여 국방부장관을 보좌하며, 국방부장관의 명을 받아 전투를 주임무로 하는 각군의 작전부대를 작전지휘·감독하고, 합동작전수행을 위하여 설치된 합동부대를 지휘·감독한다(국군조직법 제9조). 합동참모의장이 사고가 있을 때에는 합동참모차장이 서열 순으로 직무를 대행한다(국군조직법 제12조 제2항). 합동참모회의 운영절차에 관하여 필요한 사항은 국방부장관이 정한다(동법 제13조 제3항).

각군에는 당해 군 장성급장교 중에서 국방부장관의 추천에 의하여 국무회의의 심의를 거쳐 대통령이 임명하는 참모총장을 둔다. 각군 참모총장은 국방부장관의 명을 받아 각각 당해 군을 지휘·감독하나, 전투를 주임무로 하는 작전부대에 대한 작전·지휘·감독은 제외된다(동법 제10조 제2항 단서).

5. 국가안전보장회의

현행 헌법 제91조 제1항은 "국가안전보장에 관련되는 대외정책 및 군사정책과 국내정책의 수립에 관하여 국무회의의 심의에 앞서 대통령의 자문에 응하기 위하여 국가안전보장회의를 둔다"라고 규정하여 국가안전보장회의를 헌법상 필수기관으로 규정하고 있다.

국가안전보장회의는 국가안전보장에 관한 대외정책 및 군사정책과 국내정책의 수립에 관하여 대통령의 자문에 응함(법 제 3 조)을 기본적인 기능으로 한다. 헌법상 필요적 기관이 므로 국가원로자문회의나 민주평화통일자문회의 등과 같은 임의적 기관과는 달리 반드시 설치되어야 하나, 대통령은 그 자문을 거치지 아니할 수 있고, 자문결과에 반대되는 결정 을 할 수도 있다.

국가안전보장회의 의장은 대통령(법 제 2 조 제 2 항)이 되고, 위원은 대통령을 포함하여 국무총리, 외교통상부장관, 통일부장관, 국방부장관, 국가정보원장과 대통령령으로 정하는 약간의 위원으로 구성된다(동조 제 1 항). 의장은 필요하다고 인정하는 경우에는 관계부처의 장, 합동참모회의의장 기타의 관계자를 회의에 출석하여 발언하게 할 수 있다(법 제 6 조).

제3장

군사행정작용법

제1절 군공무원법(군인사법)

Ⅰ. 군공무원

1. 의   의

군공무원이란 군사행정기관의 구성원으로서 군인, 즉 현역에 복무하는 장교, 준사관, 부사관, 병(전환복무중인 병은 제외)(군형법 제1조 제2항) 및 군무원(전투 이외의 군무에 복무하는 국방부소속의 특정직공무원)을 의미한다. 다만, 사관생도, 사관후보생, 부사관후보생, 예비역으로부터 소집된 자 등을 군인에 포함시키기도 하고(군인사법 제2조, 군인연금법 제2조), 준군인으로서 취급하기도 한다. 이는 각 법의 목적에 의하여 발생하는 차이라 할 수 있다.

군공무원의 인사·병역복무 및 신분에 관한 사항은 별도로 법률로 정한다(군인사법, 군무원인사법). 군인은 국가공무원법상의 경력직공무원 중 특정직공무원에 해당된다(국가공무원법 제2조). 따라서 군인사법과 국가공무원법과의 관계가 문제되는바, 군인사법은 국가공무원법에 대한 특례를 규정함을 목적으로 제정된 것으로서 군인에 대하여 국가공무원법보다 우선적으로 적용되는 것이다. 다만, 군인에 대하여 국가공무원법의 적용이 전면 배제되는 것은 아니고 군인사법이 미처 규율하고 있지 못한 부분에 관하여는 여전히 국가공무원법이 군인사법을 보완하여 군인에게 적용된다.[1]

헌법 제33조 제2항에서는 일반적으로 공무원을 근로자로 보고 있지만, 공무원은 비록 근로자라고 할지라도 국민 전체의 봉사자이며, 그 근로의 태양(態樣)이 특수하여 근로조

---

[1] 서울행정법원 2008.8.22. 선고 2008구합12054 판결.

534 제 Ⅲ 부 군사행정법

건에 관한 특수한 규정이 많다. 그리고 근로에 관한 규정에 있어서 근로기준법은 일반법이고, 군인사법을 포함한 공무원관계의 제 법규는 특별법이라고 할 수 있다. 헌법 제33조 제 2 항에서는 "법률이 정하는 자"에 한하여 근로 3 권을 인정하고 있으며, 국가공무원법 제 66조에서도 "공무원은 노동운동이나 그 밖에 공무 외의 일을 위한 집단 행위를 하여서는 아니 된다. 다만, 사실상 노무에 종사하는 공무원은 예외로 한다"라고 규정하고 있다. 또한 군인의 지위 및 복무에 관한 기본법 제13조 제 1 항에서는 "군인은 군무 외의 일을 위한 집단행위를 하여서는 아니 된다"라고 규정하고 있다. 이러한 규정들은 공무원의 특수성에 비추어 일반근로자에게 인정되는 집단적 행위를 금지하고 있는 것이다. 따라서 근로기준법과 이에 의하여 발하여지는 명령은 국가공무원법 제 2 조의 공무원 중 단순한 노무에 종사하는 공무원인 고용직공무원에게만 적용되고, 그 이외의 공무원의 경우에는 국가공무원법, 지방공무원법, 공무원복무규정, 군인사법, 군인의 지위 및 복무에 관한 기본법 등이 적용되므로, 단지 이들 법령이 규율하고 있지 않은 부분에 대해서만 근로기준법이 적용된다. 퇴직금지급과 관련한 사건에서 판례도 "국가 및 지방 공무원의 퇴직금지급에 관하여는 특별한 사정이 없는 한 위 법(공무원연금법)의 규정에 따라야 하고, 근로기준법의 적용은 배제된다"라고 판시하고 있다.[2]

병역법은 병역의무자에 대한 병역의무에 관한 기본적인 사항을 규정하고 있으며 군인사법은 병역의무자 중에서도 현역으로 복무하는 장교·준사관·부사관 및 병에 대한 구체적인 내용을 규율하는 것이므로, 군인사법은 병역법과의 관계에 있어서도 특별법으로 기능한다고 할 수 있다.[3]

한편, 사관생도의 경우 사관학교설치법 시행령에 의하여 입학한 날로부터 각군의 군적에 편입되어 준사관의 대우를 받으며(제 2 조, 28조), 군인사법 제 2 조에 따라 군인사법 및 동법 시행령의 적용을 받는다. 다만, 사관생도의 경우에는 사관학교설치법, 동법시행령, 학칙, 생도생활예규, 기타 관계 규정이 제정되어 있으므로 관계 규정이 존재하는 경우에는 동 규정들이 군인사법에 앞서 적용된다.[4]

2. 군공무원(군인)의 법적 지위

군인의 법적 지위는 크게 일반국민으로서의 지위, 공무원으로서의 지위, 국방의무수행자로서의 지위, 전쟁수행자로서의 지위, 교전자로서의 지위로 분류할 수 있다.[5] 군인은 일반국민으로서의 지위를 가지면서 일반국민과 같이 헌법에서 보장하는 기본권을 향유하

---

2) 그러나 국가와 사법상 고용계약에 의하여 채용되어 단순한 노무에 종사하는 자는 국가공무원법·군인사법의 적용이 없으므로 근로기준법이 적용된다.
3) 대법원 1996.6.25. 선고 98도3138 판결.
4) 대전고등법원 1994.7.15. 선고 94구86 판결.
5) 이광원, "군인의 법적 지위," 전남대학교 대학원 법학과 박사학위논문, 2010, 37면 이하.

거나 헌법이 요구하는 국민의 기본적 의무를 이행하여야 한다. 그리고 일정한 연령과 자격을 가지고 있는 국민은 지원에 의하여 직업군인으로서 군공무원이 되거나 국방의무의 일환으로서 병적에 편입되어 병사로서 병역의무를 이행하게 된다. 이는 평시의 경우이다. 전시에는 같은 신분이지만 전쟁이라고 하는 특수한 상황에서 전쟁수행자로서 임무를 수행하여야 하고, 전쟁법 또는 국제법의 적용대상자가 되며, 교전자로서의 지위를 갖게 되어 그에 따른 권리·의무의 주체가 된다.

군인의 법적 지위 또는 신분에 따라 권리·의무에 관한 내용이 달라질 수 있을 것이지만, 여기에서는 공무원으로서의 군인이라고 하는 점에 한정하여 설명하고자 한다. 병사의 경우에는 군공무원으로서의 성격이 미약하기 때문에 제외하고(병역법에서는 예외), 지원에 의하여 군인신분을 취득한 군인, 즉 현역장교, 준사관, 부사관, 군무원에 관한 사항을 중심으로 설명한다.

3. 신분의 변동

(1) 임용과 임명

1) 의의 및 성질   군인의 신분발생이란 군인이 어떻게 군인으로서의 지위 내지 신분을 취득하는가의 문제이다. 신분발생은 임명 또는 임용에 의하여 이루어진다. 행정법상 일반적으로 임명은 특정인에게 군공무원으로서의 신분을 부여하며, 공법상의 근무관계를 설정하는 행위이다. 임용이라 함은 공무원법관계를 발생·변경·소멸시키는 일체의 행위를 의미하므로, 특정인에게 공무원의 신분을 설정할 목적으로 이루어지는 임명권자의 형성적 행위인 임명보다는 넓은 개념이다.

장교, 준사관 및 부사관은 사상이 건전하고 소행이 단정하며, 체력이 강건한 자 중에서 임용한다. 군인사법 제10조 제 2 항은 대한민국의 국적을 가지지 아니한 자 등 임용의 결격사유를 열거하고 있다. 병으로 입대하는 자는 신체검사에 의한 귀가를 해제조건으로 하여 입영일에 군인으로서의 신분을 취득한다. 병의 경우는 일반적으로 임용 또는 임명이라고 보지 않는다.

장교, 준사관 및 부사관의 임용은 상대방의 동의에 의하여 형성된다. 임용행위의 성질은 공법상 계약이라는 설도 있지만 상대방의 동의를 요하는 쌍방적 행정처분(동의를 요하는 행정행위)이라 하겠고, 따라서 상대방의 동의를 결여한 임명행위는 무효이다.

다만, 예비역의 장교·준사관·부사관의 소집은 법률규정에 의해 강제적으로 설정된다. 병역의무자인 병의 징집은 법률규정에 의해 직접적으로 형성된 특별권력관계의 예이다.

2) 요 건

(가) **능력요건**(결격사유)   장교, 준사관 및 부사관은 사상이 건전하고, 소행이 단정하며, 체력이 강건한 자 중에서 임용한다(군인사법 제10조). 그 결격사유로는 아래와 같다.

1. 대한민국의 국적을 가지지 아니한 사람

1의2. 대한민국 국적과 외국 국적을 함께 가지고 있는 사람

2. 피성년후견인 또는 피한정후견인

3. 파산선고를 받은 사람으로서 복권되지 아니한 사람

4. 금고 이상의 형을 선고받고 그 집행이 종료되거나 집행을 받지 아니하기로 확정된 후 5년
   이 지나지 아니한 사람

5. 금고 이상의 형의 집행유예를 선고받고 그 유예기간 중에 있거나 그 유예기간이 종료된
   날부터 2년이 지나지 아니한 사람

6. 자격정지 이상의 형의 선고유예를 받고 그 유예기간 중에 있는 사람

6의2. 「성폭력범죄의 처벌 등에 관한 특례법」 제 2 조에 따른 성폭력범죄로 300만원 이상의
   벌금형을 선고받고 그 형이 확정된 후 2년이 지나지 아니한 사람

7. 탄핵이나 징계에 의하여 파면되거나 해임처분을 받은 날부터 5년이 지나지 아니한 사람

8. 법원의 판결 또는 다른 법률에 따라 자격이 정지되거나 상실된 사람

위의 결격사유에 해당하는 자를 군공무원으로 임용하는 행위는 무효이며, 재직중에
이 결격사유에 해당하는 사유가 발생한 때에는 당연히 제적된다(군인사법 제40조 제 1 항)[6].

특히 복수국적제도의 실시로 외국국적을 유지하면서 대한민국국적을 보유할 수 있
게 됨에 따라 외국국적을 함께 가지고 있는 상태에서 국가안보 및 군사기밀 업무를 수행하
는 것은 부적절하다는 점에서, 장교 등의 임용결격사유에 '대한민국국적과 외국국적을 함
께 가지고 있는 사람'을 추가하였다(군인사법 제10조 제 2 항 1의2).

(나) 자격요건   군공무원이 되기 위해서는 위의 결격사유가 없을 뿐만 아니라 일
정한 자격을 갖추어야 한다. 장교, 준사관 및 부사관의 임용은 학력 및 자격에 기초를 두고
고시 또는 전형에 의하여야 한다.

3) 임용권자   장교는 각군 참모총장 추천과 국방부장관의 제청으로 대통령이 임
용한다. 그러나 대령 이하의 장교는 국방부장관에게 위임할 수 있다. 전시에 한하여 참모
총장으로 하여금 임용하게 할 수 있다.

준사관은 참모총장의 추천에 의하여 국방부장관이 행하고, 참모총장에게 위임할 수
있다. 부사관은 참모총장이 행하고, 장성급지휘관에게 임용권을 위임할 수 있다(군인사법
제13조).

(2) 계급 및 서열

공무원조직에서는 공무원과 공무원의 할 일을 체계적으로 분류·배열할 필요가 있으
며, 이러한 공직의 분류는 일정한 원리 또는 기준에 따라 분류된다. 공직을 분류하는 모형

---

6) 다만, 임용결격 사유 중 법 제10조 제 2 항 제 6 호의 경우는 는 「형법」 제129조부터 제132조까지 및 직
   무와 관련하여 같은 법 제355조 또는 제356조에 규정된 죄를 범한 사람으로서 자격정지 이상의 형의 선
   고유예를 받은 경우만 해당한다(동법 제40조 제 1 항)

은 여러 가지가 있을 수 있으나, 가장 많이 논의되고 있는 분류모형은 계급제와 직위분류제이다.

계급제라 함은 공직의 분류를 학력·경력·능력을 주된 기준으로 하여 공무원을 계급으로 분류하는 제도이며, 공무원 개인의 신분상의 자격·지위에 중점을 두는 제도이다.

직위분류제는 수많은 직위를 각 직위가 내포하는 직무의 종류·곤란도 및 책임도를 기준으로 하여 직류별과 등급별로 분류·관리하는 제도이며, 임용·보수 및 기타 인사행정의 합리화를 위한 수단으로 활용되고 있다.

1) 계 급   계급이란 공무원이 감당할 수 있는 업무의 곤란성과 책임도 등의 차이에 따른 계층별 구분을 말한다. 계급에 따라 지휘권 또는 권한을 행사할 수 있는 자격이 다르게 부여되기 때문에 군대에서 계급은 중요한 의미를 가진다. 계급에 의하여 지휘권의 한계가 명확하게 구분되어진다.

군인사법 제 3 조에서는 군인의 계급과 명칭을 규정하고 있다. 즉 장교는 장관(원수·대장·중장·소장·준장), 영관(대령·중령·소령) 및 위관(대위·중위·소위)으로, 준사관은 준위로, 부사관은 원사·상사·중사 및 하사로, 병은 병장·상등병·일등병·이등병으로 구분된다(군인사법 제 3 조).

장교는 대체로 지휘권을 가지며 부대와 부하에 대해서 책임을 지는 군의 간부이며, 장교는 다시 최고위간부인 장성급과 중견간부인 영관급, 그리고 초급간부인 위관급으로 대별된다.

준사관은 장교와 부사관의 중간에 위치하는 계급으로서 주로 행정 및 기술부문의 직을 맡아 세분된 전문분야에서 장교를 돕고 부사관 및 병을 지도한다. 현행법은 과거와 달리 준사관의 계급을 준위로 단일화하였다.

부사관은 전투행정 및 기술에 있어서의 실질 동작이 고도로 숙달된 군인이며, 병은 명령에 따라 직접 전투행위를 수행하는 군인을 말한다. 부사관의 책무는 부대의 전통을 유지하고 명예를 지키는 데 있다. 그러므로 부사관은 맡은 바 직무에 정통하고 모든 일에 솔선수범하며, 병의 법규준수와 명령이행을 감독하고 교육훈련과 내무생활을 지도하여야 하는 임무를 수행하여야 한다. 또한 병의 신상을 파악하고 선도하며, 안전사고 예방 및 각종 장비와 보급품관리에 힘써야 한다.

군인사법은 장교·준사관·부사관 및 병의 계급과 호칭을 통일함으로써 각군 간의 계급의 인식을 용이하게 하고 상호 이해를 촉진시키며, 연합작전시 또는 연합근무시 능률의 향상에 도움을 주고 있다.

2) 서 열[7]   서열이란 군인으로서 가장 상급인 자로부터 가장 하급인 자에 이르는

---

7) 군인사법 제 4 조, 동법 시행령 제 2 조 참조.

순위를 말한다. 군인의 서열은 계급의 순위(임시계급 포함)로 함을 원칙으로 하고, 사관생도 및 사관후보생의 서열은 준사관 다음으로, 부사관후보자는 부사관 다음 순위로 하며, 동일 계급자는 당해 계급에 진급된 일자순으로 하고(임시계급 포함하지 않음. 이하 같다), 그것도 같으면 차하위계급에 진급된 일자순으로, 또 그것도 같은 때에는 하위계급에 진급된 일자순에 따르고, 그 순위에 의하기 어려울 때에는 임용된 일자순에 따른다. 이 경우에 임용일자가 동일한 때에는 참모총장이 정한다.

임용일자가 같은 경우에는 군번순에 의하고, 임용된 군번의 단위가 상이하여 서열을 구분하지 못할 때에는 연장자순으로 한다(육규 110 장교인사관리규정 제 5 조 제 4 항). 다만, 임시계급인 경우에는 군인사법 제 4 조에 규정된 계급의 순위에는 포함되나 법시행령 제 2 조 제 2 호 및 제 3 호의 규정에 의한 서열순위에는 임시계급을 포함하지 아니한다(군인사법 시행령 제 2 조 제 2 항).

임시계급에서 원계급으로 복귀한 자의 서열은 복귀된 계급의 현역복무일수에 의하며, 임시계급 복무기간은 복귀 전 그 계급의 복무연장으로 한다(육규 110 장교인사관리규정 제 5 조 제 8 항). 강등된 자의 서열은 강등된 그 계급의 현역복무일수에 의한다(위 규정 제 5 조 제 9 항).

새로이 장교 등으로 임용된 때에는 '진급'이 아니므로 '임용일자'로 규정한다. 예컨대 부사관에서 장교로 신분전환이 된 경우에는 진급으로 볼 것이 아니라, 체계상 전혀 별개의 계급이라고 볼 수 있으므로 장교의 서열 자체로 판별해야 할 것이다.

합참의장은 재임기간 동안 군에서 복무하는 현역장교 중에서 최고의 서열을 가지며, 참모총장은 당해 군에서 최고의 서열을 가진다. 군인사법 제21조에 의하여 임명된 병과장은 당해 군, 당해 병과 내에서 복무하는 장교 중 최고의 서열을 가진다. 부사관 및 병의 서열은 참모총장이 정한다.

군인과 군무원 간에는 서열 혹은 상하관계를 정하는 규정이 존재하지 않아 원칙적으로 인정할 수 없다. 그러나 군인의 지위 및 복무에 관한 기본법 제 2 조 제 3 호 '상관'이란 명령복종관계에 있는 자 사이에서 명령권을 가진 자를 의미한다는 규정과 동법 제 3 조에서 군무원은 군인에 준하여 동법을 적용한다는 규정의 해석을 통하여 군무원과 군인 사이에 상하관계를 인정할 수 있다.[8] 즉, 군인과 군무원 간에 보직에 의하여 명령권을 가진 자와 명령을 수행하여야 하는 관계가 형성되었다면, 그 두 신분 사이에는 상하관계가 성립될 수 있다고 본다.

(3) 진   급

1) 의   의   진급이란 진급을 위한 최저근속기간 및 계급별 최저복무기간을 마치고, 상위의 직책을 감당할 능력이 인정된 자가 상위의 계급에 임용되는 것을 의미한다.[9]

---

8) 임천영, 군인사법, 법률문화원, 2012, 449면.
9) 군인사법 제24조 이하, 동법 시행령 제19조 이하 및 군인근무성적평정규정 및 군인진급규정 참조.

진급을 위해서는 1계급에서 일정기간(최저복무기간)의 복무를 마쳐야 하고, 상위의 직책을 감당할 능력이 있어야 하며, 1계급씩 진급시킨다. 진급도 임용행위의 일종이므로 군인사법 제 9 조에 규정된 성적주의 임용원칙규정이 적용되어야 하며, 상위직책을 감당할 수 있는 능력이 검증된 자를 진급시켜야 한다.

군인사법상 진급은 정상진급(법 제24조), 임기제진급(법 제24조의 2), 근속진급(법 제24조의 3), 명예진급(법 제24조의 4), 특정직위의 계급부여(법 제28조), 전사자 · 순직자 및 전투유공자의 진급(법 제30조), 장교의 임시계급부여(법 제33조)로 구분할 수 있다.

2) **진급권자**[10]   진급권자라 함은 법규에 따라 진급의 실질적 권한을 행사하는 자를 말한다. 장교 및 부사관의 진급은 장교 및 부사관 진급선발위원회의 심의를 거쳐 임명권자가 행한다.

장교의 진급은 장교진급선발위원회의 심의를 거쳐 참모총장의 추천에 의하여 국방부장관의 제청으로 대통령이 행한다. 다만, 대령 이하의 장교에 대하여는 국방부장관이 행할 수 있다. 전시 · 사변 등 국가비상시에 있어서는 전사자 및 순직자의 진급을 참모총장으로 하여금 행하게 할 수 있다. 국방부장관이 제청하는 경우에는 제청심의위원회의 심의를 거쳐 대통령에게 제청한다. 대장의 진급은 국방부장관의 추천에 의하여 국무회의의 심의를 거쳐 대통령이 행한다.

부사관의 진급은 부사관진급선발위원회의 심의를 거쳐 참모총장 또는 참모총장으로부터 위임을 받은 장성급지휘관이 명한다.

3) **진급선발위원회**   장교진급선발위원회란 국방부장관이 승인한 진급예정인원의 범위 안에서 상위계급으로 진급될 자를 위하여 각군 본부에 설치된 기관을 말한다. 장교의 진급은 반드시 장교진급선발위원회에 의하여 선발된 자이어야 한다.

다만, 대장의 경우는 국방부장관의 추천에 의하여 국무회의의 심의를 거쳐 대통령이 행할 수 있으므로, 장교진급선발위원회의 선발심의절차 없이도 대장으로 진급이 가능하다.

군인사법에 예외규정이 없는 한 준장에서 소장으로, 소장에서 중장으로 진급하는 경우에는 장교진급선발위원회의 선발절차를 거쳐야 한다. 참모총장 이상의 인사권자는 진급에 관해서는 취소권 밖에 행사할 수 없다. 따라서 장교진급선발위원회는 의결기관으로서의 성격을 가지고 있다고 할 수 있다.

그러나 군인사법 제28조의 특정직위(합참의장, 참모총장)의 계급부여, 동법 제30조의 전사자 및 순직자에 대한 진급 및 제33조의 장교임시계급 부여에 있어서는 장교진급선발위원회를 거치지 않아도 된다.

---

10) 군인사법 제25조 참조.

장교진급선발위원회는 각 계급별로 각군 본부(해병대는 해병대사령부)에 설치하되 특수
병과의 대령급 이하의 장교를 심사할 때에는 당해 병과장교인 선발위원을 포함시킬 수 있
다. 장교진급선발위원회는 위원 3인 이상 21인 이내로서 구성되며, 위원은 진급선발 대상
자보다 상급자인 장교 또는 선임인 장교 중에서 참모총장이 임명한다. 선발위원회위원은
부득이한 경우를 제외하고는 동일계급의 위원으로 2회 이상 계속 임명되지 못한다. 선발위
원회 위원장은 위원 중 가장 선임인 자로 한다.

부사관진급선발위원회는 진급권자가 임명하는 5인 이상 21인 이하의 영관급 이상의
장교로서 구성한다. 다만, 진급권자가 필요하다고 인정하는 경우에는 위원 중 일부를 진급
대상자보다 선임인 부사관으로 임명할 수 있으며, 부사관진급선발위원회의 운영에 관하여
필요한 사항은 참모총장이 정한다(군인사법시행규칙 제30조 제1항, 제2항).

병의 진급은 참모총장 또는 참모총장으로부터 위임받은 지휘관이 행한다(동 규칙 제37조).

4) 진급최저복무기간   상위계급에 진급하려면 먼저 하위계급에서 최저로 필요한
경험을 쌓아야 한다. 각 계급별로 규정된 복무기간은 그 계급에서의 경력관리상 필요한 최
저한의 기한이다. 여기서 최저한의 기간이라고 하는 최저복무기간은 진급선발대상권에 들
어갈 수 있는 최저의 기간이며, 진급경쟁률이 너무 높을 때에는 이를 조절하기 위하여 참
모총장이 진급선발대상권의 범위를 축소시킬 수 있다. 따라서 최저복무기간을 군인사법
제26조에서 정하는 연한 이상으로 연장할 수 있다. 그러므로 어떠한 경우에도 최저복무기
간에 달하지 않은 자는 진급선발대상이 되지 못하며, 최저복무기간에 달했다고 하여 반드
시 진급선발대상에 포함되는 것도 아니다.

즉 진급권자는 장성급장교와 영관급장교의 진급최저복무기간을 1년의 기간 내에서 단
축할 수 있으며, 2년의 기간 내에서 연장할 수 있다. 또한 사관학교 등 교육기관에서 교육
을 받다가 외국군장교 양성기관에 위탁교육을 받고 임용한 장교의 진급최저복무기간을 국

〈표 1〉

진급될 계급	최저근속기간	계급별 최저복무기간
소 장	28년	준장으로서 1년
준 장	26년	대령으로서 3년
대 령	22년	중령으로서 4년
중 령	17년	소령으로서 5년
소 령	11년	대위로서 6년
대 위	3년	중위로서 2년
중 위	1년	소위로서 1년
원 사		상사로서 7년
상 사		중사로서 5년
중 사		하사로서 2년

내장교 양성기관에서 교육을 받았던 동기생과 같이 최저복무기간을 적용할 수 있다. 예비역장교, 준사관, 부사관 및 사관학교 제 4 학년 생도로 재학중이던 자가 하사로 임용된 경우, 중사로 진급시 그 최저복무기간을 2분의 1로 단축할 수 있다.

진급에 필요한 최저복무기간은 다음과 같다. 다만, 군의과·치의과·법무장교의 경우에는 계급별 최저복무기간만을 적용한다(군인사법 제26조 제1항). 부사관의 진급최저복무기간은 원사는 상사로서 7년, 상사는 중사로서 5년, 중사는 하사로서 2년이다.

병의 진급최저복무기간으로서 병장은 상등병으로서 7월, 상등병은 일등병으로서 6월, 일등병은 이등병으로서 5월이다. 단, 병으로서 능력이 탁월하거나 근무성적이 우수한 경우, 최저복무기간을 2개월씩 단축할 수 있다. 그 인원은 당해 계급 전체인원의 10분의 1을 초과할 수 없다.

5) 임기제진급   임기제진급이란 진급최저복무기간의 복무를 마친 영관급장교 이상의 자에 대하여 인력운영상 필요하거나 전문인력을 필요로 하는 분야로서, 대통령령이 정하는 직위에 보하기 위하여 필요한 경우에는 임기를 정하여 1계급을 진급시키는 것을 말한다(군인사법 제24조의 2 제1항). 임기제 진급 대상시기는 3차진급이 종료된 이후로 하며, 임기제 진급자로 선발된 자는 진급자 명단이 공포된 이후 2주 이내에 전역지원서를 제출하여야 한다.

임기제진급제도는 1995.12.29. 군인사법 개정시 신설된 제도로서 전문인력의 육성 및 활용이 가능하도록 하고, 군인력의 효율화에 제도의 목적이 있다. 임기제진급자는 2년의 범위 내에서 국방부장관이 정하는 기간이 경과한 때에 전역되며, 임기가 만료된 후 진급예정인원의 범위 내에서 재보직 및 전직이 가능하다. 임기제진급자의 전직 및 재보직은 1회에 한한다. 임기제로 진급한 이후 또 다시 임기제로 진급하는 것도 이를 배제하는 규정이 없으므로 불가능한 것은 아니나, 임기제 진급제도의 취지에 부합하지 않는다는 점에서 바람직하지 않다고 본다.

6) 명예진급   명예진급제도는 진급적기 경과자의 복무의욕 증진과 성실하게 복무후 명예롭게 전역하는 장교의 자긍심을 고취시키기 위하여 시행하는 제도이다.

이 제도는 1999.5.10. 군인사법 개정에 의하여 시행되고 있으며, 적용계급은 중령에서 대령으로 또는 소령에서 중령으로, 상사에서 원사로 진급시키는 경우에 한한다. 명예진급 대상자는 복무중 공적이 특히 현저한 자이어야 하는데, 다음의 경우에는 대상자에서 제외된다. 즉 군사법원에 기소되었을 경우, 현 계급에서 중징계의 처분을 받거나 경징계 2회 이상 받은 자, 전역심사위원회에 회부된 경우, 군복무기간중 각종 파렴치행위·금전수수 등 비리사건으로 징계처분 또는 보직해임된 자, 필수 및 선발과정에서 낙제 또는 불명예스러운 사유로 교육이 중단된 자, 동일계급에서 각각 다른 평정자로부터 근무평정이 2회 이상 열등으로 평가된 자는 명예진급대상자에서 제외된다.

542   제 Ⅲ 부   군사행정법

명예진급은 복무기간이 20년 이상이며 정년의 잔여기간이 1년 이상인 자로서 현 계급 복무중 근무평정·경력·교육·상훈 등 정상진급 평가요소에 준하여 각군에서 정하는 선발기준에 적합한 자 중에서 선발하는데, 종합점수가 동점일 경우 장기근속자를 우선하며, 인력적체가 심한 병과순으로 선발한다. 명예진급선발인원은 희망자의 50%의 범위 내로 한다.

명예진급자는 희망하는 명예전역일을 진급일자로 하여 1계급 진급된다. 명예진급된 자의 연금, 명예전역수당 등 각종 급여의 지급은 명예진급 전의 계급으로 하고, 기타 예우는 명예진급된 계급으로 한다(법 제24조의 4 제2항).

7) 임시계급부여   장교의 임시계급부여란 전시·사변·국가비상시 또는 군의 증편으로 인하여 제26조에 따른 진급으로는 상위 계급의 궐원을 보충할 수 없을 때 그 상위 직위에 보직된 사람에게 1계급만 올려서 임시계급을 부여하는 제도를 의미하며(법 제33조), 통상 법무, 의무 등의 특수병과 장교에 대하여 임시계급 임명이 이루어지고 있다.

임시계급부여는 하위직위에 보직되거나 또는 휴직·중징계처분·무단이탈·전역·제적시에는 원계급으로 복귀하도록 되어 있으며(법 제34조), 임시계급으로 복무한 기간은 복무기간으로 인정되지 아니하고 임시계급부여 전인 원계급으로 복무기간을 인정한다. 또한 임시계급부여자의 보수는 임시계급을 기준으로 지급된다.

8) 근속진급   근속진급이란 당해 계급에서 일정기간 계속 복무한 경우 계급별 정원에 상관없이 상위 계급으로 진급시키는 것을 말한다. 이는 장기간 복무한 부사관의 사기를 진작시키고 조직의 활성화를 도모하기 위하여 2007.8.3. 새롭게 신설된 것이다. 근속진급대상자는 부사관 중에서도 하사 및 중사를 대상으로 하며, 계급별 진급최저복무기간을 경과한 자 중 당해 계급에서 법에서 정한 근속진급기간을 경과하여야 한다. 다만 국방부장관은 계급별 인력운용의 여건을 고려하여 1년의 범위 안에서 단축 또는 연장할 수 있다(법 제24조의 3 제1항 단서).

9) 기타의 진급   이외에도 진급예정자를 상위직위에 보직시 정상진급 발령 이전에 진급될 계급장을 부착하는 직책계급장 부여제도(국방인사관리훈령 103조), 합참의장이나 참모총장의 직위에 보직되는 사람에게 그 승인된 계급을 부여하는 특정직위의 계급부여(법 제28조), 전사자·순직자 및 전투유공자의 추서진급(법 제30조) 등이 있다.

(4) 파   견

파견이란 군인의 본래의 소속을 유지하면서 상급부대의 인사명령 또는 지시에 의거하여 타부대 또는 다른 국가기관에서 복무하는 것을 말하며, 파견은 상급부대 인사명령 또는 지시에 의거 자대 인사명령으로 한다. 군외 부대 및 기관에 파견되는 장교에 대하여는 국방인사관리훈령(국방부훈령 제1263호, 2010.7.30.)에 의한다.

(5) 휴   직

휴직이란 일정기간 동안 직무에 종사할 수 없는 사유가 발생한 경우, 군인신분은 보유하면서도 본인의 신청 또는 행정기관의 직권으로서 직무수행의무만 해제하는 것을 말한다. 휴직은 장교, 준사관 및 부사관에 대하여 적용하며, 병에게는 적용하지 아니한다.

휴직의 종류는 직권휴직과 청원휴직이 있다. 직권휴직사유로는 전공상을 제외한 심신장애로 인하여 6월 이상 근무하지 못할 때, 형사사건으로 기소되었을 때, 행방불명되었을 때이며, 청원휴직사유로는 국제기구 또는 외국기관에 임시로 채용된 때, 자비로 해외유학을 하게 된 때, 참모총장이 지정하는 연구기관이나 교육기관 등에서 자비로 연수하게 된 때, 만 8세 이하 또는 초등학교 2학년 이하의 자녀를 양육하거나 여성군인이 임신 또는 출산하게 되어 필요한 때, 사고 또는 질병 등으로 장기간의 요양을 필요로 하는 부모 · 배우자 · 자녀 또는 배우자의 부모의 간호를 위하여 필요한 때 등이다.

군인사법 제49조에서는 휴직기간을 구분하여 규정하고 있다. 전 · 공상 이외의 심신장애로 인한 휴직은 1년, 형사사건기소로 인한 휴직시에는 당해 사건의 계속기간, 국제기구채용으로 인한 휴직시에는 그 채용기간으로 하고, 자비해외유학 및 자비연수시에는 각각 2년 이내, 부모 등 요양 및 간호시에는 1년 이내, 자녀양육이나 임신 및 출산의 경우에는 3년 이내로 한다.

휴직중인 군인은 직무에 종사하지 않으나 군인신분은 계속된다. 따라서 군인의 의무 중 그 신분상 당연히 지는 의무는 부담한다. 그러나 직무상 의무는 부담하지 않는다. 휴직 중 신분상 의무를 위반한 경우에는 징계처분의 대상이 되고, 직무수행을 전제로 한 자격요건 산정기간에는 포함되지 않는다. 휴직과 징계는 동시에 가할 수 있으며, 일사부재리의 원칙에 위배되는 것이 아니다. 청원휴직기간은 의무복무기간과 진급최저복무기간에 산입하지 않는다. 다만, 국제기구 또는 외국기관에 임시로 채용된 때와 만 8세 이하 또는 초등학교 2학년 이하 자녀를 양육하거나 여성군인이 임신 또는 출산하게 되어 필요한 때의 경우(자녀 1인에 대한 휴직기간이 1년을 넘는 경우에는 최초의 1년에 한하고 셋째 자녀부터는 총 휴직기간이 1년을 넘는 경우에도 그 휴직기간 전부로 한다)의 휴직기간은 진급최저복무기간에 산입한다(군인사법 제49조). 형사사건으로 기소된 경우에는 관계규정이 없으나, 이 경우도 진급최저복무기간에 산입시키지 않는 것이 옳다고 본다.

전 · 공상에 의하지 않은 심신장애로 인한 휴직과 형사사건기소에 의한 휴직기간에는 기간이 1년 이하의 경우에는 봉급의 100분의 70을, 1년 초과 2년 이하의 경우에는 봉급의 반액을 지급하고, 청원에 의한 휴직인 경우에는 봉급을 지급하지 아니한다. 형사사건으로 인한 휴직의 경우에는 그 기간 동안 퇴직수당의 2분의 1을 복무기간에서 감한다.

다만, 형사사건으로 기소되어 휴직된 자가 무죄의 선고를 받은 때에는 그 봉급의 차액을 소급하여 지급하고(군인사법 제48조 제 4 항), 그 휴직기간을 의무복무기간·근속정년·계급정년 계산시 산입하여야 한다(군인사법시행령 제 6 조 제 4 항). 또한 진급 및 보직 등에서 불리한 처우를 받지 아니하며, 당연히 복직된다(공소기각된 경우 포함).

(6) 전속 및 보직해임

1) 의의 및 법적성질   전속이란 동일계급 내에서의 보직변경 또는 한 단위부대에서 다른 단위부대로 소속을 변경하는 것을 말한다. 장교는 상위의 직위에 보직되는 경우, 심신장애로 인하여 직무를 수행하지 못하게 되었을 경우, 당해 직무를 수행할 능력이 없다고 인정되었을 경우, 전투작전상 필요한 경우 이외에는 임기 이전에 보직변경되거나 또는 보직해임되지 아니한다(군인사법 제17조). 보직이란 편제표에 의거 인가된 직위에 그 직무를 수행할 수 있도록 책임과 권한을 부여하는 것을 말한다. 장교는 계급, 병과 및 경력 등에 의하여 적법한 보직을 받게 된다. 장교의 보직은 편제표직위소요를 충족시킴에 있어서 유형별 인사관리에 기준을 두고 직무수행상 요구되는 지식·적성·잠재능력·경력관리·본인의 희망 등을 고려하고 있으며, 통합전투 관리능력과 전문 및 특수분야별 전문기능을 개발할 수 있도록 보직하고 있다. 또한 장교의 보직은 일반형 장교·전문형 장교·특수형 장교로 구분하여 관리한다.

보직해임이란 그러한 보직의 임기가 만료되기 전에 보직을 박탈하는 것으로서, 군인으로서의 신분은 보유하면서 보직만을 해임하는 행정처분을 말한다. 관련 법규로는 군인사법(제17조), 군인사법 시행령(제17조의 2), 부대관리 훈령, 육군규정 110 장교인사관리규정 등이 있다. 현행법상 징계처분과 관련하여서는 징계벌목이 법정화되어 있으므로 징계벌목에 해당되지 않는 보직해임은 징계처분의 일종은 아니다. 즉, 보직해임은 징계처분의 일종이 아니라 인사권자의 인사조치의 일종이라 할 수 있다. 보직해임은 특별한 사전절차를 거침 없이 일시적으로 보직을 해임하여 직무에 종사하지 못하도록 하는 처분인 반면에, 징계는 군인의 비위행위에 대하여 행정질서유지를 목적으로 소정의 절차를 거쳐 과하여지는 징벌이라는 점에서 구별된다.[11] 또한 보직해임은 휴직과 비교하여 법적 기초·절차·복직보장 등에 있어서 차이가 있다. 보직해임은 보직권자의 재량행위이며, 진급과 보직에 있어서 불이익을 주는 대표적인 침익적 행정행위이다.[12]

2) 보직해임의 사유   장교의 보직해임사유는 심신장애로 인하여 직무를 수행하지 못하게 되었을 경우, 당해 직무를 수행할 능력이 없다고 인정되었을 경우이다(군인사법 제17

---

11) 대법원 2003.10.10. 선고 2003두5945 판결; 따라서 보직해임 후 징계처분을 하여도 일사부재리의 원칙이나 이중처벌금지의 원칙에 저촉되지 아니한다(대법원 1992.7.28. 선고 91다30729 판결 참조). 이러한 이유로 보직해임은 통상 징계나 형사처벌, 현역복무부적합조사위원회 회부전의 사전 단계에서 행해지는 것이 일반적이다.
12) 임천영, "군인사법상 보직해임," 군사법논집 제 9 집, 국방부, 2004, 5면.

조 제 2 항). 여기서 직무수행능력이 있는지 없는지에 대한 판단은 지휘관의 재량행위에 속하지만, 재량행위가 남용되거나 일탈된 경우에는 위법한 것으로서 무효 또는 취소사유가 된다(행정소송법 제27조).

보직해임에 관한 구체적 예로는 현역복무부적합자 처리기준에 해당될 경우, 군인사법 제48조의 휴직사유 중 행방불명된 자와 형사사건으로 기소된 자, 국방부훈령 사고처리신상필벌기준에 의하여 사고대책위원회로부터 보고 및 통보를 받은 관할부대장이 사고자 또는 사고관련자에 대하여 보직해임을 할 필요가 있다고 판단하는 경우, 징계혐의자, 형사사건으로 군사법경찰관 및 군검찰의 수사대상자, 감사원감사로 인하여 비리혐의가 인정되어 지휘관이 보직해임의 필요성을 인정하는 경우 등이 있다.

육군에서는 보직해임의 사유를 사고관련 보직해임과 개인책임으로 인한 보직해임으로 구분하고 있다. 첫째로, 사고관련 보직해임은 육규 180 징계규정에 명시된 '사건처리 관련 지휘·감독자 등 문책대상 범위 및 기준' 중 중한 사고 이상으로 차후 지휘통솔 및 부대관리에 악영향이 우려될 경우로 제한한다. 구체적 예로 강력범죄 사고, 3명 이상 집단 군무이탈, 인명사고를 수반한 전차 및 장갑차 사고, 인명피해가 없는 대민사고(무기휴대 군탈, 절도, 폭행치상 등), 부대관계 원인에 의한 사망사고(폭행치사, 자살), 영내 성폭행 사고, 주요 화재·보안사고, 일반 군 부정비리사고 등이 있다(육규 941 사고예방 및 처리규정 제113조). 둘째로, 개인책임으로 인한 보직해임은 ① 군인사법 시행규칙 제56조 현역복무 부적합자 기준에 해당하는 사유로 인해 현 직위에서 계속 직무수행을 할 수 없다고 판단한 경우, ② 육규 180 징계규정 '징계사유 및 양정기준'에 해당하는 사유로 인해 현 직위에서 계속 직무수행을 할 수 없다고 판단한 경우, ③ 기타 현 보직에서 계속 직무수행이 곤란하다고 인사권자가 판단한 경우가 있다(육규 110 장교인사관리규정 제58조의 2). 이와 같은 보직해임사유에는 징계사유가 있어도 일정기간이 경과하면 징계를 할 수 없다는 시효제도가 적용되지 아니한다.[13]

3) 보직해임의 절차   보직해임을 하기 위해서는 보직해임 심의위원회의 의결을 거쳐야 한다. 다만, 예외적으로 ① 직무와 관련된 부정행위로 인하여 구속되어 직무를 수행할 수 없는 경우, ② 감사 결과 중대한 직무유기 또는 부정행위가 발견되어 즉시 보직해임이 필요한 경우, ③ 중대한 군 기강 문란, 도덕적 결함 등으로 즉시 보직에서 해임할 필요가 있는 경우 등과 같은 불가피한 사유가 인정되는 경우에는 보직해임이 된 날부터 7일 이내에 보직해임 심의위원회의 의결을 거치도록 하고 있다(군인사법 제17조 제 3 항, 동법 시행령 제17조의 4).

보직해임 심의위원회는 보직해임 심의대상자보다 2단계 이상의 상급지휘관인 대령급

---

13) 서울고등법원 1968.1.11. 선고 67구174 판결.

이상의 장교가 지휘하는 부대에 설치된 합의체 기구로서(군인사법 제17조 제 3 항),[14] 위원장 1명을 포함하여 3명 이상 7명 이하의 위원으로 구성되며 법무장교가 보직된 부대에서는 위원 중 1명이 법무장교로 구성된다(동법 시행령 제17조의 3 제 2 항). 심의위원회는 회의개최 전에 회의 일시, 장소 및 심의사유 등을 심의 대상자에게 통보하여야 하고, 심의대상자는 보직해임 심의위원회에 출석하여 소명하거나 소명에 관한 의견서를 제출할 수 있다. 심의위원회는 재적위원의 3분의 2 이상의 출석과 무기명투표에 의한 출석위원 과반수의 찬성으로 의결한다(시행령 제17조의 3 제 4 항). 또한 의결을 한 경우에는 그 내용을 심의대상자에게 서면으로 통보하여야 한다(시행령 제17조의 5 제 3 항).

    4) 보직해임의 효과   보직해임으로 인하여 받을 수 있는 불이익은 첫째, 일정한 경우 현역복무 부적합 조사위원회 회부사유가 된다. 즉, 임기 전에 보직해임된 장교로서 3개월이 지나도 보직되지 못하거나 같은 계급에서 2회 이상 보직해임된 사람에 대해서는 현역복무 적합여부를 조사하고, 조사결과 이에 해당하지 않는 경우 지체없이 보직하여야 한다(시행령 제17조의 2).

    둘째, 진급 심사시 감점사유가 된다. 보직해임자에 대해서는 진급 심사시 3점이 감점되며, 이러한 보직해임 인사처리기록 말소기간은 2년이다(육규 110 장교인사관리규정 제58조의 6 제 3 항).

    셋째, 인사관리상의 불이익을 받게 된다. 즉, 보직해임일로부터 신보직 명령시까지는 '무보직'으로 자력표에 기록 · 유지된다. 특히 '지휘책임'으로 보직해임된 자는 그 책임이 중한 경우 지휘관 직위 재보직을 불허하며, '개인비위'로 보직해임된 자는 반드시 현역복무부적합 심사위원회에 회부된다(동조 제 2 항). 지휘관 직위에서 보직해임된 경우 보직해임 후 참모 보직기간을 고려하여 보직해임일로부터 1년 이상 경과 후 해 계급의 직위에 재보직된다.

    5) 보직해임에 대한 사후구제   위법 · 부당한 보직해임으로 인하여 권리침해를 받은 자는 군인고충처리위원회에 고충심사청구를 하거나(군인의 지위 및 복무에 관한 기본법 제40조) 군인사법 제51조에 규정된 인사소청심사위원회에 인사소청을 제기할 수 있다. 심사청구는 보직해임이 있음을 안 날로부터 30일 이내에 하여야 하며, 심사결과 "혐의 없음"이 판명되면 인사관리상 불이익을 받지 않게 된다.

    인사소청을 통해서도 권리구제가 이루어지지 않는 경우에는 행정소송을 제기할 수 있다. 다만, 위법한 보직해임에 대하여 행정소송을 제기하기 위해서는 반드시 인사소청위원

---

14) "'보직해임 심의대상자보다 2단계 이상의 상급지휘관'이라 함은 군의 전체적인 지휘체계상 보직해임 심의대상자보다 '2단계 이상 상급의 지휘계통'에 있는 지휘관을 의미하는 것이지, 보직해임 심의대상자보다 '2계급' 이상 높은 직위에 있는 지휘관을 의미한다고 볼 것은 아니다"(서울행정법원 2011.11.3. 선고 2011구합6134 판결).

회의 심사를 거쳐야 한다(군인사법 제51조의 2).[15]

(7) 전역(轉役) 및 제적(除籍)

1) 전　　역　　　전역(Transfer)이란 병역의 종류가 바뀌는 것을 의미하는 것으로, 군인사법에서는 주로 현역 군인의 신분에서 예비역으로 편입되면서 현역 군인의 신분을 상실하는 것을 말한다. 전역은 모든 역종에서 완전히 물러나 면제되는 퇴역과 다르고, 예비역에의 편입을 의미하는 예편보다 넓은 개념이다.

병역법은 병역의무자의 역종을 현역, 예비역, 보충역, 병역준비역, 전시근로역으로 구분하고 있으며, 모든 병역의무자는 그 병역의 종류에 따라 각각 해당 병역의 병적에 편입된다. 따라서 현역을 마쳤다고 모든 병역의 의무를 면하는 것은 아니다. 현역에서 전역되는 자로서 퇴역되지 아니하는 자는 예비역에 편입된다. 퇴역이란 20년 이상 복무한 자로서 퇴역을 원하는 자 및 연령정년으로 인한 전역자와 전·공상으로 인해 현역에서 복무할 수 없을 경우, 여자군인으로서 현역을 마친 자가 그 대상이 되며, 이들은 유사시에 재소집되지 아니한다.

전역은 완전한 군인신분의 소멸사유는 아니지만, 현역군인으로서의 신분은 상실한다는 의미에서 군인신분의 소멸사유에 해당한다.

이에는 원에 의한 전역(지원전역, 5년차 전역, 명예전역), 정년전역, 원에 의하지 않은 전역(심신장애자 전역, 현역복무부적합 전역, 병과장전역, 임기제진급자의 전역, 병력조정에 따른 전역, 진급낙천자전역)이 있다.

(가) 원(願)에 의한 전역

a) 지원전역　　　의무복무기간을 마친 자는 전시·사변 등의 국가비상시를 제외하고는 원에 의하여 현역으로부터 전역할 수 있고, 30년 이상 현역에 복무한 자는 전시 등에도 전역할 수 있다.[16] 이를 지원전역이라 한다.

장기복무장교는 의무복무기간이 10년으로서 10년의 의무복무기간을 마치고 본인의 원에 의해 전역하면서 예비역에 편입할 수 있다. 20년 이상 현역에서 복무한 자는 본인의 희망에 의해 퇴역할 수 있으며, 이 때 전역지원서를 제출하여야 하고, 전역구분란에 퇴역을 선택하여야 한다. 또한 장기복무장교로서 임용된 날로부터 5년차되는 자는 전역지원을 할 수 있다.

전역은 전역지원자의 전역지원서 제출과 전역권자의 전역허가에 의하여 군복무관계를 종료시키는 것이다. 전역지원서 제출에 의한 전역의사표시는 임용의 경우와 마찬가지로 신청에 의한 행정행위로 보아야 하고,[17] 전역권자의 전역허가는 전역권자의 자유재량행

15) 서울행정법원 2001.12.11. 선고 2001구25227 판결.
16) 군인사법 제35조 제1항, 제2항.
17) 김남진, 행정법 Ⅱ, 법문사, 2007, 208면; 김동희, 행정법 Ⅱ, 박영사, 2008, 136면.

위에 해당한다.

전역권자의 전역허가와 관련한 법적 성격과 관련하여 대법원에서도 "장교 등 군인의 전역허가 여부는 전역심사위원회 등 관계기관에서 원칙적으로 자유재량에 의하여 판단한 사항으로서, 군의 특수성에 비추어 명백한 법규위반이 없는 이상 군당국의 판단을 존중하여야 할 것"이라고 판시하고 있다.[18]

전역지원서 제출은 자유로운 상태에서 행해져야 한다. 그렇지 않은 경우에는 취소 또는 무효의 원인이 된다. 강요에 의한 전역지원서 제출은 무효이다. 조건부 전역의사표시에 대하여 대법원은 유효하다고 판단하였다. 즉 여군 단기복무부사관이 복무연장지원서와 함께 전역지원서를 동시에 제출한 경우, 전역지원의 의사는 조건부 의사표시로서 유효하다고 하였다.[19]

여자군인으로서 현역복무를 마친 자는 퇴역한다. 다만, 본인의 희망에 의하여 예비역으로 편입할 수 있다. 또한 현역병으로서 본인이 아니면 가족의 생계를 유지할 수 없는 자에 대하여는 원에 의하여 전시근로역으로 편입하게 할 수 있다(병역법 제62조).

예비역의 장교, 준사관 또는 부사관으로서 소집에 의하여 실역에 복무중인 자는 지원에 의하여 국방부령이 정하는 바에 의하여 현역에 편입할 수 있다.[20]

전역지원서를 제출한 후 사정변경이 된 경우에는 전역지원서를 취하할 수 있다. 육군의 경우는 전역일 90일 전에, 해군의 경우는 2개월 전에 지휘계통을 거쳐 전역지원절차에 의거하여 취하신청한다. 부사관의 경우에는 전역희망일 2개월 전까지 1회에 한하여 전역권 부대장에게 취하신청할 수 있다. 전역지원신청자가 지원신청을 취하하는 의사표시를 하는 경우에는 직근상급자는 그 취하서를 수리하여 지휘계통을 통하여 전역권부대장에게 제출하여야 한다.

전역심사위원회는 3인 이상 7인 이내의 위원으로써 구성하며, 위원은 당해 전역심사위원회가 설치된 부대의 장이 임명한다. 위원은 심사대상자보다 선임인 장교로 하되 본부전역심사위원회의 위원은 대령급 이상의 장교로 한다. 위원장은 위원 중 최선임장교가 되고, 사무를 처리하기 위하여 간사 1인을 둘 수 있다.

장교, 준사관 및 부사관의 전역은 임용권자가 행하며, 대령 이하의 장교에 대하여는 임용권자인 대통령의 위임에 의하여 국방부장관이 행할 수 있다.[21] 준사관의 임용은 국방부장관이 행하되, 국방부장관은 참모총장에게 임용권을 위임할 수 있다. 부사관의 임용은

18) 대법원 1997.5.9. 선고 97누2948 판결; 대법원 1998.10.13. 선고 98두12253 판결[전역거부처분취소].
19) 대법원 1994.1.11. 선고 93누10057 판결.
20) 군인사법 제35조 제3항.
21) 장교에 대한 전역권자는 국방부장관이나 전역권이 국방부장관에 의하여 내부적으로 각군 참모총장에게 위임되어 있다. 그러나 참모총장은 국방부장관 명의가 아닌 자신의 명의로 대령 이하의 장교에 대한 전역거부처분을 할 수 없다(서울고등법원 1992.12.23. 선고 92구12478 판결; 서울고등법원 1993.1.26. 선고 92구14955 판결; 서울고등법원 1993.2.19. 선고 92구23485 판결).

참모총장이 행한다. 다만, 참모총장은 장성급지휘관에게 임용권을 위임할 수 있다.

b) **5년차 전역**   5년차 전역제도는 장기복무를 지원하여 임명된 자 중 의무복무연한인 10년이 도래하기 이전에 장기복무임명일로부터 5년차되는 해에 한하여 원에 의한 전역을 할 수 있도록 기회를 부여한다는 취지를 가지고 있다.

장기복무장교가 장기복무로 임명된 날로부터 5년차가 되는 해에 전역을 희망하는 경우의 전역으로서, 군인력운영을 고려하여 육군본부 전역심사위원회의 심의를 통하여 전역 조치한다. 다만, 공군사관학교를 졸업한 공군의 조종병과장교로서 비행훈련과정을 수료하여 비행자격이 부여된 자는 의무복무연한을 15년으로 하되, 10년차에 1회의 전역지원을 할 수 있다. 국군간호사관학교출신 장교와 단기복무장교로 임관된 후 장기복무장교로 선발된 자는 장기복무로 임용된 날로부터 5년차에 전역지원을 할 수 있다.[22]

전역시기는 5년 복무를 마치기 전까지 지휘계통을 통하여 해당 군 참모총장에게 제출하여야 하는 것이 원칙이나, 군인력판단을 위하여 5년이 되기 1년 전년도 말까지 제출하여야 한다.[23] 군위탁교육으로 인하여 복무기간이 가산된 경우 5년차 전역지원이 가능한가 여부에 대하여 논란이 될 수 있으나, 현행법상 예외규정을 두고 있지 않고 있는 점과 제도의 취지에 비추어 전역지원은 가능하다고 본다. 다만, 전역을 허가할 것인가 여부는 군에서 판단할 문제이다.

5년차 전역과 관련하여 참모총장은 군인력운영현황 등을 고려하여 전역심사를 하여야 한다. 허가여부를 결정할 때에는 계급별 전체 인력수준, 병과별·출신별 인력운영전망, 전역지원서 접수순 및 희망월, 개인인사자력 기타 전역지원동기 등을 고려하여 결정한다.

c) **명예전역**   명예전역이란 군인으로서 20년 이상 근속한 자가 정년 전에 자진하여 명예롭게 전역하는 것을 말한다. 이 경우 예산의 범위 내에서 명예전역수당을 지급할 수 있으며, 인사적체를 해소하기 위하여 장기근속자에게 전역수당을 지급함으로써 조기전역을 유도하자는 데 그 입법취지가 있다. 명예전역은 재직기간과 신청기간이 제한되어 있어 본인의 신청이 있어도 임용권자의 엄격한 심사가 수반된다는 점에서 원에 의한 전역 및 정년전역과 다른 특성을 가지고 있다.

타 공무원에게 적용해 오던 명예퇴직제도를 군인에게도 적용하여 군복무에 대한 보상과 사기양양을 도모하기 위하여 군인사법에 제53조의 2를 신설하여 "20년 이상 근속한 군인으로서 현역정년의 잔여기간이 1년 이상 10년 미만인 자가 자진하여 전역하는 경우에

---

22) 의무장교로 임관한 자로서 장기복무를 조건으로 전문의학과정 교육요원으로 선발되어 수습하던 중 과정을 중단하고 5년차에 전역을 하려고 하는 경우에 국방부에서는 5년차 전역이 허용되지 않는다는 유권해석을 내리고 있다(국방관계법령해석질의응답집 제23집, 34~35면 참조).

23) 5년차 전역지원은 1회에 한하여 허용되는 것이기 때문에 임용된 날로부터 5년이 지나면 언제나 전역지원을 할 수 있는 것은 아니다. 따라서 임용된 날로부터 5년차에 전역지원을 하지 아니한 장기복무장교는 10년의 의무복무기간이 만료되기 전에는 전역지원을 할 수 없다.

는 예산의 범위 안에서 명예전역수당을 지급할 수 있다"고 규정하였다.

명예전역은 각군 본부 전역심사위원회의 심의를 통하여 결정된다. 군인사법 제 8 조 제 4 항 또는 제 5 항의 규정에 의해 복무가 단축된 경우와 병과장전역, 임기제진급자의 전역시에도 명예전역에 준하여 처리된다.

명예전역수당 수혜대상자에서 제외되는 경우로는 군인사법 제39조에 의거 정년전역이 보류된 자, 군사법원에 형사사건이 계류중이거나 유죄판결을 받은 자와 징계계류중이거나 징계처분된 자(기록말소자 제외), 현역복무 부적합사유 조사중이거나 부적합자로 의결된 자, 명예전역 수혜기간 내에 국방부산하기관에 채용예정인 자 등이다.

(나) 정년전역   군인사법 제 8 조의 규정에 의한 현역정년에 달한 자(장교의 경우)는 정년이 되는 달의 다음 달의 말일에 당연히 전역된다. 현역정년에는 연령정년·근속정년·계급정년의 3종류가 있다. 이 중에서 먼저 도달한 정년에 해당하면 그 정년의 적용을 받아 전역하게 된다. 의무복무기간을 마친 단기복무장교의 경우 장기복무 및 복무기간연장의 전형에 합격되지 아니한 때에는 복무기간의 만료일에 전역되고, 복무기간이 연장된 때에는 연장된 복무기간의 만료일에 전역된다. 다만, 전시·사변 등의 국가비상시에는 예외로 한다.

장성급장교의 계급정년은 국방상 필요한 때에는 국방부장관의 제청에 의하여 1년 이내의 기간에 한하여 각군별로 단축 또는 연장할 수 있다. 영관급장교의 정년은 군구조개편, 직제개편, 인력조정 및 적체인력의 해소 등 각군의 인력관리상 필요한 때에는 2년 이내의 기간에 한하여 각군별로 단축할 수 있으므로 단축되거나 연장된 정년에 따라 전역된다.

다음의 〈표 2〉에 해당하는 현역정년에 달하는 자는 당연히 전역된다. 단, 전시·사변 등의 경우에는 예외로 한다.

현역병인 경우에는 본인이 아니면 가족의 생계를 유지할 수 없는 때에는 원에 의하여 전시근로역에 편입할 수 있다. 이에 해당하는 자는 복무기간에 관계 없이 전역한다. 또한

〈표 2〉

정 년	계 급	위 관	소 령	중 령	대 령	준 장	소 장	중 장	대 장
연 령 (세)	개 선	43	45	53	56	58	59	61	63
	종 래	43	43	47	50	54	56	60	
근 속 (년)	개 선	15	24	32	35	폐 지			
	종 래	14	20	24	27	31	33		
계 급 (년)	개 선	-	폐 지			6	6	4	
	종 래	-	8	8	9	5	5	4	

* "준사관 : 경과조치기간을 두지 않고 연령 53세, 근속 30년을 적용."

가족의 일부가 전사 또는 전공상 등에 해당하는 경우에는 1인에 한하여 원에 의하여 복무기간을 6월로 단축할 수 있으며, 그 복무기간을 마친 자는 보충역에 편입하거나 그 소집을 해제한다(병역법 제62조, 제63조). 독자의 경우 구 병역법 제54조 제1항 제3호에서는 부가 사망한 경우, 부모가 60세 이상인 경우, 2대 이상의 독자인 경우에는 보충역이나 방위소집을 면제할 수 있었으나 병역법개정으로 이 제도를 폐지하였다.

(대) 원(願)에 의하지 아니하는 전역

a) 심신장애전역 심신장애전역이란 군병원의 의무조사위원회의 심신장애 정도 조사결과 군인사법시행규칙 제53조에 규정된 "장애등급별 전역기준"에 해당되어 전역 또는 퇴역하는 경우를 말하며, 각군 본부 전역심사위원회의 심의를 거쳐 조치된다. 전투 또는 작전관련 훈련 중 다른 군인에게 본보기가 될 만한 행위로 인하여 신체장애인이 된 자는 전역심사위원회의 심의를 거쳐 현역으로 계속 복무하게 할 수 있다(군인사법 제37조 제3항).

심신장애로 인한 현역복무 부적합사유로 전역시킬 수 있는 자의 범위는 현역의 장교·준사관·부사관·병 및 군간부후보생으로 한다. 심신장애는 전상·공상 및 비전공상으로 구분한다. 전상이라 함은 적과의 교전이나 무장폭동 또는 반란을 진압하기 위한 행위로 인하여 생긴 심신장애를 말하며, 공상이라 함은 교육·훈련 기타 공무로 인하여 생긴 심신장애를 말한다. 또한 비전공상이라 함은 전상 및 공상에 해당되지 아니한 행위로 인하여 생긴 장애를 말한다. 심신장애에 대한 전상·공상 또는 비전공상의 해당 여부를 심사하기 위해서 각군 본부와 참모총장이 지정하는 부대 및 기관에 전·공상심사위원회를 두며, 전·공상심사위원회의 조직 및 운영에 관하여 필요한 사항은 참모총장이 정한다.

장교, 준사관 및 부사관의 심신장애로 인한 전역·퇴역 또는 제적의 기준은 군인사법시행규칙 제53조에서 다음과 같이 규정하고 있다. 즉 심신장애의 정도가 1급 내지 9급에 해당되고 그 심신장애가 전상 또는 공상으로 인하여 생긴 때에는 퇴역의 대상이 되고, 심신의 장애 정도가 1급 내지 9급에 해당되고 그 심신장애가 비전공상으로 인하여 생긴 때에는 전역심사위원회의 심사를 거쳐 퇴역 또는 제적된다. 다만, 본인이 현역복무를 원하는 경우에는 각 군 전역심사위원회는 의무조사위원회의 전문적 소견을 참고하여 해당 자의 군에서의 활용성을 심의한 후 현역으로 복무하게 할 수 있다.

병의 경우에는 병역법 제65조 및 동법시행령 제137조에서 정하는 바에 따라 신체등급에 의해 병역면제 또는 전시근로역에 편입되며, 각군 사령부 및 각군 본부에 병역처분변경심사위원회의 심의를 거쳐 전역조치된다.

군간부후보생의 경우 원신분이 현역준사관, 장·단기복무 부사관인 경우에는 장교·준사관·부사관의 기준을 적용하고, 원신분이 민간인 또는 병인 경우에는 현역병의 기준을 적용한다.

b) **현역복무 부적합자 전역**   현역복무 부적합제도란 능력의 부족으로 당해 계급에 해당하는 직무를 수행할 수 없는 자와 같이 대통령령으로 정하는 일정한 사유로 인하여 현역복무에 적합하지 아니한 자를 전역심사위원회의 심의를 거쳐 현역에서 전역시키는 제도를 말한다. 이 제도와 징계처분은 그 규정취지와 사유, 위원회의 구성 및 주체 등에 있어서 구분된다.[24] 이 제도는 군인의 직무를 수행할 능력과 근무성적이 저열한 자를 직무수행에서 배제함으로써 군조직운영의 효율성을 높이고자 하는 데 그 취지가 있다.

장교(준사관 포함)는 각군 본부, 부사관은 장성급장교 지휘부대 이상, 병은 군사령부급 이상에 각각 설치된 전역심사위원회에서 심의한 결과 현역복무 부적합자로 결정되어 전역하게 된다. 현역복무부적합 여부의 판정은 자유재량행위이다. 군의 특수성에 비추어 명백한 법규위반이 없는 이상 군당국의 판단은 존중된다.[25] 그러나 재량권의 유월이나 일탈이 있는 경우는 위법한 행위가 된다.

따라서 대통령령에 정한 일정한 사유가 있을 경우에는 군인 본인의 의사에 관계 없이 전역심사위원회의 심의를 거쳐 현역에서 전역시킬 수 있다. 현역복무에 적합하지 아니한 자의 예로서는 능력의 부족으로 당해 계급에 해당하는 직무를 수행할 수 없는 자,[26] 성격상의 결함으로 현역에 복무할 수 없다고 인정되는 자,[27] 직무수행에 성의가 없거나 이를 포기하는 자,[28] 기타 군발전에 저해가 되는 능력 또는 도덕상의 결함이 있는 자[29] 등을 들 수 있다.[30]

위의 행위를 규정하고 있는 군인사법시행규칙 제56조에 열거된 사항은 예시적 사유로 보는 것이 타당하다. 따라서 위 이외의 사유에 의해서도 현역복무 부적합심사를 할 수 있다고 보아야 할 것이다.[31]

---

24) 대법원 2001.5.29. 선고 99두9636 판결. 따라서 징계처분을 받은 자에 대하여 현역복무부적합자 전역처분이 있었다고 하더라도 이중처벌 또는 이중징계에 해당되지 않는다(서울행정법원 2006.6.28. 선고 2006구합743 판결).

25) 대법원 2004.4.27. 선고 2004두107 판결.

26) 본항에 해당하는 구체적인 예로서 발전성이 없거나 능력이 퇴보하는 자, 판단력이 부족한 자, 지휘 및 통솔능력이 부족한 자, 지능정도가 낮은 자, 군사보수교육을 받을 능력이 없는 자를 들 수 있다(군인사법시행규칙 제56조 제 1 항).

27) 본항에 해당하는 경우는 사생활이 방종하여 근무에 지장을 초래하거나 군의 위신을 손상하게 하는 자, 배타적이며 화목하지 못하고 군의 단결을 파괴하는 자, 근무상 또는 타인에게 위험을 초래하게 할 성격의 결함이 있는 자, 변태적 성격자, 개인부채를 과다하게 계속하여 가지는 자 등이다.

28) 본항의 구체적 예로는 책임감이 없으며 적극적으로 자기 임무를 수행하지 아니하는 자, 위험 또는 곤란한 임무를 부당하게 회피하는 자, 정당한 명령을 고의적으로 수행하지 아니하는 자 등을 들 수 있다(군인사법시행규칙 제56조 제 3 항).

29) 동료들에 비하여 특히 발전이 늦으며 낙오되는 자, 타인을 중상·모함하고 정실로 업무를 처리하는 자, 신의가 없으며 허위보고를 하는 자, 축첩행위자, 보안업무규정이 정하는 바에 의하여 비밀취급인가를 받을 수 없는 사유가 있는 자로서 군보안적부심사위원회에서 부적격자로 판정된 자 등이 이에 해당된다.

30) 군인사법시행령 제49조 제 1 항.

31) 같은 견해: 임천영, 군인사법, 법률문화원, 2012, 643면. 단, 입법론상으로 도덕상의 결함에 대하여 포괄적 기준을 규정하는 것이 바람직하다고 본다.

장교 및 준사관, 그리고 부사관의 현역복무부적합 여부를 조사하기 위하여 참모총장이 지정하는 장성급장교인 지휘관은 현역복무부적합자조사위원회를 둘 수 있다. 이 조사위원회에 회부될 수 있는 사유로는 군사법원에서 유죄판결을 받은 자로서 제적되지 아니한 자, 중징계의 처분을 받았거나 동일계급에서 2회 이상의 경징계처분은 받은 자, 4주 이상의 군사교육과정 또는 위탁생교육과정에서 낙제 또는 불명예스러운 사유로 교육이 중단된 자, 근무성적평정이 참모총장이 정하는 기준에 미달되는 자, 전역심사위원회 설치권자가 현역복무부적합자로 인정하는 자,[32] 임기 전에 보직해임된 장교로서 3월이 경과하여도 보직되지 못하거나 동일계급에서 2회 이상 보직해임된 자,[33] 지휘관이 현역복무 부적합자기준에 해당된다고 인정한 자 또는 현역복무부적합자로서 조사받을 사유에 해당하는 자가 있어서 현역복무부적합자조사위원회 설치권자에게 보고된 자[34] 등을 들 수 있다.

현역복무 부적합사유 발생사실에 대해서는 시효가 적용되지 아니한다.[35] 또한 징계나 형사처벌을 받은 자가 현역복무 부적합자 여부의 심사대상이 되어 전역처분을 받은 경우, 일사부재리의 원칙 혹은 비례의 원칙에 위배된다고 할 수 없다.[36]

현역의 장교·준사관·부사관 중에서 전역심사위원회가 현역복무에 적합하지 아니한 자로 전역을 의결한 경우에는 의결한 날로부터 3월 이내에 전역하며, 전역일은 전역권자가 결정한다. 다만, 현역복무부적합 조사대상자는 전역심사위원회의 심사를 받기 전에 군인사법 제35조의 규정에 의하여 지원전역을 할 수 있다(군인사법시행규칙 제63조).

현역병에 대해서는 수형·고령 등 대통령령이 정하는 사유로 인하여 그 병역에 적합하지 아니하다고 인정되는 사람에 대하여는 보충역편입 또는 전시근로역으로의 편입을 할 수 있다(병역법 제65조 제1항). 병의 현역복무 부적합사유로는 간질·야맹증·정신이상·성격장애 등 군복무가 곤란한 질병 또는 심신장애가 있는 사람으로서 신체등위가 5급에 이르지 아니한 자, 1년 6월 미만의 징역 또는 금고의 실형을 선고받은 자, 외관상 식별이 명백한 혼혈아 및 부의 가에서 성장하지 아니한 혼혈아, 호적상 부모를 알 수 없는 자, 13세 이전에 부모가 사망하고 부양할 가족이 없는 자, 아동복지법시행령에 의한 영아시설 또는 육아시설에 5년 이상 수용된 사실이 있는 자, 귀화에 의하여 대한민국국적을 취득한 자, 중학교를 졸업하지 아니한 자 등이다(병역법시행령 제137조 제1항 제3호).

c) 진급낙천자 전역 및 병력감축 또는 복원시 전역　　군인사법 제31조 및 제32조에 의해 대령 이하의 장교로서 장교진급선발위원회에서 진급될 자격이 없다고 인정되어 진급심사대상에서 제외된 자, 진급예정자명단에서 진급이 취소 또는 삭제되거나 동일계급

---

32) 군인사법시행규칙 제57조.
33) 군인사법시행령 제17조의 2.
34) 군인사법시행규칙 제58조.
35) 서울행정법원 2002.3.12. 선고 2001구35422 판결.
36) 서울고등법원 1999.4.22. 선고 98누2593 판결.

에서 2회(소위는 1회) 진급을 낙천당한 장교에 대해서는 각군 본부 전역심사위원회의 심의를 거쳐 전역시킬 수 있다.

또한 병력감축 또는 복원시에 있어서 병력조정시 전역시킬 필요가 있다고 인정된 자도 전역된다(군인사법 제37조 제1항 제4호). 이 경우는 국방정책의 측면에서 전군의 병력정원을 감축·조정하여야 할 불가피한 필요성이 있는 경우에 한하여 본인의 의사와 관계 없이 강제전역을 시킬 수 있도록 한 것으로 보아야 하므로 적체인력을 해소하는 방편으로 본 조항을 적용할 수 없다.[37]

d) **병과장 전역 및 임기제진급자의 전역**   병과장에 임명된 자가 그 임기(연임된 경우 연임기간 포함)를 종료 후 유사한 계통의 직위에 전직되지 아니한 경우 임기만료일부로 전역조치되며, 전직된 경우는 전직 후 2년이 경과되면 전역조치된다.

군인사법 제24조의 2 제1항에 의한 임기제진급자는 그 임기가 2년이며, 임기가 만료되는 때에 전역조치된다. 영관급 이상 장교에 대하여는 인력운영상 필요 또는 전문인력의 확보를 위하여 2년을 임기로 진급시킬 수 있도록 하는 임기제진급제도를 운영하고 있다. 임기제진급자는 그 직위에 다시 보직되거나 유사한 계통의 직위에 전직될 경우에는 다시 보직되거나 전직된 때부터 2년의 범위 내에서 국방부장관이 정하는 기간이 경과된 때에 전역된다.

e) **휴직자의 전역**   장교·준사관 및 부사관이 전공상을 제외한 심신장애로 인하여 6월 이상 근무하지 못하게 되는 경우와 행방불명된 때에는 1년간 휴직을 명하여야 하며, 그 기간이 만료될 때까지 복직되지 아니할 때에는 당연히 전역된다.

(라) **전역보류**(轉役保留)   현역정년에 달한 영관급장교로서 박사학위소지자, 정밀장비기술자, 대통령령으로 정하는 외국어에 능통한 자, 정책관리·관리정보·연구개발·특수정보분야 등의 전문지식 및 특수기술을 가진 자로서 국방부장관이 선정한 특수관리요원에 해당하는 자와 연령정년 또는 근속정년에 달한 준사관으로서 대통령령으로 정하는 군의 기술분야에 종사하는 자에 대하여는 3년의 범위 내에서 전역을 보류할 수 있고, 전역될 자로서 2년 이내에 퇴역연금을 받을 수 있는 자는 본인의 신청에 의하여 전역심사위원회의 심의를 거쳐 연금을 받을 수 있는 날까지 그 전역을 보류할 수 있다.[38]

기술 및 전문직에 보직된 대위는 전역심사위원회 심의를 거쳐 제8조 제1항 제2호에 규정된 근속정년 이후 연령정년에 달할 때까지 매 3년을 단위로, 연령정년 이후에는 3년의 범위 안에서 1년을 단위로 전역을 보류할 수 있다.[39]

---

37) 국방관계법령질의응답집 제23집, 73~74면 참조; 임천영, 앞의 책, 524면: 사관학교 편제조정 또는 교과개편으로 인하여 재임용에 탈락된 교수요원은 군인사법 제37조 제1항 제4 호상의 "병력감축 또는 복원시에 있어서 병력조정상 전역시킬 필요가 있는 자"에 해당하지 않는다(국방관계법령질의응답집 제22집, 35~36면).
38) 군인사법 제39조 제1항.

제 3 장 군사행정작용법 555

2) 제   적   제적이란 제적권자가 장교·준사관·부사관에 대하여 일정한 사유가 있는 경우에 병적에서 삭제하는 것을 말한다. 제적처분을 받은 자는 예비역에도 편입될 수 없다.

제적의 사유는 사망하였을 때, 실종선고를 받았을 때, 파면되었을 때, 군인사법 제10조상의 임용결격사유에 해당하게 되었을 때,[40] 심신장애로 인하여 현역복무에 부적합한 자에 대해 전역심사위원회에서 제적결의가 있었을 때(전공상에 해당되지 않는 경우에 한함), 포로 또는 행방불명자로서 국방부령이 정하는 사유에 해당하게 되었을 때이다.

평상시 장교·준사관 및 부사관의 제적은 임용권자인 대통령이 행하고, 대령 이하의 장교에 대해서는 임용권자의 위임에 의하여 국방부장관이 행할 수 있다. 전시·사변 등 국가비상시에 있어서는 사망·실종·파면·임용결격사유 발생시 제적결의가 있을 때, 전공상이 아닌 경우로서 심신장애 발생시 참모총장이 제적할 수 있다.

제적처분은 인사명령의 형태로 하여야 한다. 군인사법 제40조 제1항에 의한 제적처분은 군인의 신분을 상실시키는 새로운 형성적 행위인 독립된 행정처분이 아니라 군인사법상의 당연히 발생하는 제적사유를 공적으로 확인하여 알려 주는 이른바 관념의 통지에 해당한다.[41]

제적대상자가 제적명령이 발령되지 않아 제적되지 않은 상태에 있는 경우, 그 신분관계가 문제가 될 수 있다. 고등법원의 판례에서는 "군인사법 제10조 제2항 제4호 및 제5호의 규정에 해당하는 사실이 발생하였다고 하더라도 군인사법 제40조 규정에 의하여 행정관청이 구체적으로 제적이라는 행위를 하지 않은 이상 군인사법상 효과는 나타나지 않는다"라고 하고 있다.[42] 그러나 제적사유에 해당되면 제적명령이 발령되지 아니하였다 하더라도 이미 신분이 변동된 것으로 보아 민간법원에 형사재판권이 있는 것으로 판단하여야 할 것이다.[43]

군인이 제적사유에 해당되면 군적을 잃는다. 또한 예비역에도 편입될 수 없다. 군인이

---

39) 군인사법 제39조 제2항.
40) 자격정지 이상의 형의 선고유예를 받고 그 유예기간 중에 있는 사람은 제적사유가 되는 것으로 군인사법 제40조 제1항 제4호에서 규정하고 있으나, 이와 유사한 규정을 두고 있는 지방공무원법 제61조, 제31조 제5호 조항이 "범죄의 종류와 내용을 가리지 않고 모두 당연퇴직사유로 규정함으로써 입법목적을 달성하기 위하여 필요한 최소한의 정도를 넘어 청구인들의 기본권을 과도하게 제한하였고, 공직제도의 신뢰성이라는 공익과 공무원의 기본권이라는 사익을 적절하게 조화시키지 못하고 과도하게 공무담임권을 침해하였다고 할 것이다"라는 이유로 2002. 8. 28. 헌법재판소에서 위헌결정을 받은 바 있다(헌법재판소 2002. 8. 29. 선고 2001헌마788, 2002헌마173(병합) 결정 참조). 이에 따라 2014. 6. 11. 군인사법 개정을 통해 법 제10조 제2항 제6호의 경우에는 「형법」 제129조 부터 제132조까지 및 직무와 관련하여 같은 법 제355조 또는 제356조에 규정된 죄를 범한 사람으로서 자격정지 이상의 형의 선고유예를 받은 경우만 해당하는 것으로 변경되었다.
41) 임천영, 앞의 책, 621면.
42) 고등군사법원, 군사법원판결요지집 ― 대법원·고등군사법원 판결 ―, 2002, 4면 참조.
43) 임천영, 앞의 책, 622면.

군적에서 제적되면 민간인신분으로 되어 군형법 및 군사법원법의 적용대상에서 제외되므로 군사법원이 아닌 민간법원에서 재판을 받게 된다. 그 외에도 사망으로 인하여 제적되는 경우에는 군인연금법상에 규정된 각종 급여를 수령할 수 있게 된다.

(8) 퇴역·면역 및 예편

퇴역이란 현역·예비역 또는 보충역인 장교·준사관 및 부사관인 군인이 군인사법에 의한 그 계급의 연령정년에 도달하여 병역의무 복무기간을 마친 경우와 같이 병역의무가 종료되어 현역·예비역 또는 보충역에서 제외는 것을 말한다(군인사법 제41조, 병역법 제72조).

20년 이상 복무한 자로서 퇴역을 원하는 자 및 연령정년으로 인한 전역자와 전·공상으로 인해 현역에서 복무할 수 없을 경우, 여자군인으로서 현역을 마친 자가 퇴역의 대상이 되며 이들은 유사시 재소집되지 아니한다.

면역이란 현역·예비역·보충역의 병과 전시근로역이 40세를 초과하여 병역의무기간을 마쳐 병역의무가 종료되는 것을 말한다. 병역의무기간을 마친 때에 장교·준사관 및 부사관의 경우는 퇴역이 되고, 병의 경우는 면역이 된다. 현역군인이 장기간 군무이탈한 상태에서 병역의무 종료연령을 초과한 경우에 군인신분을 계속 보유하는 것인가 문제될 수 있다. 국방부에서는 이 경우 "병역의 일종인 현역으로서의 복무는 병역의무의 존재를 전제로 하므로 현역인 군인은 병역의무의 종기도래시에 전역처분과 관계 없이 당연히 면역 또는 퇴역하여 군인신분을 상실한다"고 하고 있다.[44]

예비역편입이란 현역에서 전역되는 자로서 퇴역 또는 면역되지 아니하는 경우를 말한다. 현역복무를 마치고 동원 또는 연습을 위한 소집이나 근무소집시 군에 복무할 수 있는 장교 및 부사관, 병 또는 병역법에 의하여 실역을 마치지 아니한 자는 예비역에 편입된다.

한편 현역 및 예비역의 장교, 준사관 또는 부사관이 군인사법의 규정에 의한 임용결격사유에 해당되어 제적되거나 그 신분이 상실된 경우에는 보충역에 편입한다.

(9) 파   면

파면이란 그 관직을 박탈하여 특별권력관계로부터 배제하는 것을 말하며, 병에게는 적용되지 아니한다. 파면은 중징계의 하나로서 가장 중한 징계처분이다. 파면된 자는 군인사법상의 임용결격사유에 해당되며 병적에서 제적된다.

파면은 징계의 절차에 따라 징계위원회의 심의를 거쳐 해당 징계권자가 파면처분을 하며, 승인권자의 승인을 받아야 한다.

---

44) 국방관계법령해석질의응답집 제22집, 112면 참조: "병역법 제72조 조문의 취지는 국방의 의무는 법률로써 정한다는 헌법 제39조의 위임에 근거하여 병역의무의 종료시기를 법률로써 구체화한 것으로 보아야 할 것이며, 이와 달리 이를 병역의무를 부과할 수 있는 종기를 정해 놓은 것으로 해석할 여지는 전혀 없다."

4. 권리·의무

(1) 권 리

군인은 일반국민으로서의 지위와 군사행정기관 구성원으로서의 지위를 동시에 가지고 있다. 즉 군인은 이중적 지위를 가지는 신분이다. 따라서 군인은 국민의 지위에서 기본권을 가짐과 동시에 국가기관의 구성원으로서 국가의 사무를 수행할 권한과 이에 부수되는 권리 등 일반사인(一般私人)이 갖지 아니하는 권리를 보유한다. 이러한 권리는 국가에 대하여 가지는 공권으로서 사권과는 다른 특성을 가진다.

아래에서는 군인사법과 군인의 지위 및 복무에 관한 기본법(이하, 군인복무기본법)을[45] 참고하여 군인의 권리에 관하여 설명한다.

1) 신분상 권리   군인은 대한민국 국민으로서 일반 국민과 동일하게 헌법상 보장된 권리를 가진다.(군인복무기본법 제10조). 이러한 군인의 기본권보장규정에 따라 신분상·재산상의 권리를 향유할 수 있다. 군인복무기본법에서 규정하고 있는 권리는 '통신의 비밀보장', '종교생활의 자유', '의료권의 보장', '휴가 등의 보장', '영내 대기금지', '의견건의권', '고충처리심사청구권'이 있었으며, 권리제한으로서 '집단행위금지', '이동지역 제한', '대외발표 및 그 활동의 제한', '정치적 행위 제한', '영리행위 및 겸직 금지' 등을 규정하고 있었다.

(가) 신분보장권   공무원의 신분보장이란 공무원은 법령이 정한 사유가 발생하지 않는 한 자신의 의사에 반하는 신분상의 불이익처분을 받지 아니하는 것을 말한다. 신분상의 불이익처분은 법이 정한 경우에 한하고, 법이 정한 절차를 준수한 가운데 본인의 의사를 존중하여 행해져야 한다.

직업공무원제도와 실적주의를 근간으로 하는 현대인사행정에 있어서 공무원의 신분보장은 행정의 일관성과 전문성·능률성을 유지·향상하고, 책임성확보와 능동적이고 창의적 업무수행을 위하여 필수적이라고 할 수 있다.

군인은 헌법 제 7 조 제 2 항이 규정하는 바와 같이 제적되었을 경우를 제외하고는 그 계급을 보유하며 예우를 받는다. 군인은 법률이 정하는 바에 의하여 신분이 보장되며, 그 계급에 상응하는 예우를 받는다. 또한 법률에 의하지 아니하고는 그 의사에 반하여 휴직을 당하거나 현역에서 전역 또는 제적되지 아니한다(군인사법 제44조). 또한 군인은 국가

---

45) 군 내 기본권 침해가 근절되지 못하고 있어 군의 사기 및 전투력 저하와 군에 대한 국민의 신뢰 상실이 우려되고 있는 상황을 고려하여 주기적인 기본권 교육을 통해군인의 기본권 의식을 함양하고, 군인에게 다른 군인의 가혹행위에 대한 신고의무를 부과하며, 국방부장관이 가혹행위를 신고한 군인을 보호하도록 함으로써 병영 내에 잔존한 구타·가혹행위 등의 병폐를 근절하며, 현재 법률의 구체적인 위임 없이 대통령령에서 규정하고 있는 군인의 기본권 제한, 의무 등에 관한 사항을 법률에서 직접 규율함으로써 군인의 기본권이 보장될 수 있도록 하려는 목적으로 2016.12.29. 법률 제13631호로 「군인의 지위 및 복무에 관한 기본법」이 제정되었다.

공무원법에서 정하고 있는 바와 같이 법에 의하지 아니하고는 형의 선고, 징계처분을 받지 않도록 보장된다.

기타 군인의 신분보장과 관련한 제도로는 정년제도(법 제8조), 부적합전역사유의 법제화(법 제37조), 보직해임(법 제17조), 전보제도(법 제16조) 등이 있다.

장교, 준사관 및 부사관은 전·공상을 제외한 심신장애로 인하여 6월 이상 근무하지 못할 때, 형사사건으로 기소되었을 때, 행방불명되었을 때를 제외하고는 휴직당하지 아니하며, 기소 후 무죄선고를 받은 때에도 그 봉급의 차액을 소급하여 지급하며, 휴직을 이유로 진급·보직 등에 있어서 불리한 처우를 받지 아니한다.

휴직기간은 심신장애로 인한 때에는 1년까지 할 수 있고, 기소로 인한 경우는 당해 사건의 계속기간 휴직할 수 있다(군인사법 제49조).

(나) 직위보유권 직위란 한 사람에게 부여할 수 있는 직무와 책임을 말한다. 그리고 그 직위에서 직무를 수행할 수 있도록 책임과 권한을 부여하는 것을 보직이라고 한다. 공무원의 경우에 일반적으로 직위보유권이 인정된다. 공무원의 직위보유권은 직위를 부여받을 권리와 부여받은 직위를 부당하게 박탈당하지 않을 권리를 내용으로 한다. 그러나 공무원에게 특정한 직위를 부여해 달라고 요구하는 직위부여청구권은 인정되지 않는다. 공무원에게 어떠한 직위를 부여할 것인가, 또는 인력배치를 어떻게 할 것인가는 전적으로 임용권자의 재량에 속하기 때문이다.

군공무원도 공무원의 지위에서 직위보유권이 인정된다. 군공무원으로 임용되고도 직위를 부여받지 못한 경우에는 임용권자의 보직부작위가 될 것이고, 이 보직부작위에 대해서는 소청심사위원회에의 소청과 행정법원에의 행정소송을 제기하여 구제받을 수 있다.

군인(병 포함)·군무원은 국방부소속 특정직공무원이므로 그에 따른 권리·의무가 부여되며, 법령에 정하는 일정한 사유와 절차에 의하지 아니하고는 그 직위에서 일방적으로 배제되지 아니한다. 부당하게 직위를 박탈당한 경우에도 소청과 행정소송으로 구제를 받을 수 있다.

군공무원의 직위보유권과 관련해서 문제가 되는 것이 보직해임과 기소휴직이라 할 수 있다. 보직해임이란 군공무원에게 보직을 유지시킬 수 없는 사유가 발생한 경우에 그 군공무원의 신분관계는 그대로 존속시키면서 그 보직만을 부여하지 아니하는 행정처분을 말한다. 이는 국가공무원법상의 직위해제와 유사한 제도이다. 보직해임은 징계나 형사처벌 전후에 행하는 인사권자의 인사조치 중의 하나이다. 장교를 보직해임할 때에는 보직해임심의위원회의 의결을 거쳐야 한다. 보직해임된 자는 권리구제를 받기 위하여 먼저 인사소청을 제기하고,[46] 인사소청을 통해 권리구제를 받지 못한 경우에는 행정소송을 제기하여

---

46) 서울행정법원 2001.12.11. 선고 2001구25227 판결.

구제받을 수 있다.[47]

　　기소휴직이란 장교 등 군공무원이 기소되었을 때 임용권자가 휴직을 명하는 것을 말한다. 기소휴직은 직권휴직이고, 임의적 휴직에 해당한다. 기소휴직은 형사상 기소되었다는 사실만으로 유·무죄 판결이 확정되기 전에 휴직을 명하는 것이므로, 헌법 제27조 제4항에서 규정하고 있는 무죄추정의 원칙에 반하는 것으로 군공무원의 직위보유권을 침해하는 것이 아닌가 하는 문제점이 대두된다. 헌법재판소는 기소로 인해 업무활동에 지장을 초래했는지, 아니면 필요적으로 휴직을 명한 경우인지에 따라서 위헌여부가 달라진다고 결정하고 있다.[48]

　　군인사법상의 기소휴직제는 임의적인 것이고, 임용권자가 기소된 사건의 성격, 범죄의 동기, 직무수행의 공정성이나 기타 문제의 소지, 국민과 다른 군인의 불신 등을 고려하여 휴직여부를 결정한다면 위헌의 소지는 제거될 수 있을 것이다.[49] 임용권자가 기소된 군공무원의 직무수행의 지장 여부 등의 사정을 판단하여 휴직을 명한 경우라면, 이는 법률이 직접 군공무원의 직위보유권을 침해한 것이 아니라 임용권자의 행정처분에 따른 것이므로 인사소청과 행정소송을 통하여 권리구제를 받을 수 있다.[50]

　　(다) 직무수행권　　　공무원은 자기가 담당하는 직무를 방해받지 아니하고 수행할 권리를 가지며, 특히 군인의 경우에는 군형법 등에 의하여 강력한 보호를 받는다. 직무를 수행하는 군인에 대하여 폭행 또는 협박하거나 위계로서 직무집행을 방해한 경우에는 형법상의 공무집행방해죄(형법 제136조, 제137조)에 의하여 처벌받게 되며, 초병에 대한 폭행·협박·상해·살해를 한 경우에는 군형법 제54조 내지 제59조에 의하여 처벌받게 된다.

　　(라) 직명사용권·제복착용권　　　군인은 계급에 따른 명칭을 사용하고, 제복을 착용할 권리가 있다. 따라서 군인신분이 아닌 사람이 직명을 사칭하거나 제복을 사용한 사람은 처벌받는다.

　　제복착용의 경우는 권리로서 작용하기도 하지만, 다른 한편으로는 제복을 착용할 의무로 보는 경우도 있다. 군인사법 제47조의 3 제1항에서도 "군인은 근무의 특수성으로 인하여 국방부장관이 허가하는 예외를 제외하고는 제복을 착용하여야 한다"라고 하여 제복착용의무를 규정하고 있다.

　　(마) 영조물 이용권　　　군공무원은 통합병원·사관학교·복지시설 등의 이용권을 가지며, 영조물주체는 일정한 이용조건을 구비한 이용신청자에 대하여 그 시설이 허용하는 한도 내에서 이용을 허용할 법률상 또는 조리상의 의무를 진다. 영조물이용관계는 그

---

47) 군인사법 제51조의 2; 서울고등법원 2007.3.30. 선고 2006누30982, 30999 판결 참조.
48) 헌법재판소 1998.5.28. 선고 96헌가12 결정.
49) 같은 의견: 임천영, "군인사법상 기소휴직제," 저스티스 통권 제79호, 2004.6, 128면 이하.
50) 같은 의견: 이광원, "군인의 법적 지위," 전남대학교 대학원 법학과 박사학위논문, 2010.8, 127면.

공익성·집단성 등으로 말미암아 법규·영조물규칙(학칙·내규 등)에 의하여 정형화되며, 이용권자는 이를 준수할 의무를 진다. 이하에서는 영조물의 대표적인 예로서 학교기관인 군사교육기관을 중심으로 살펴보기로 한다.

a) 군일반교육　　군인의 자질을 향상시키고 군무수행능력을 배양하기 위하여 필요한 교육을 하며, 전역 후 취업을 위한 기술교육을 실시하고 있다. 소속 상관은 군무에 특별한 지장이 없는 한 이를 금할 수 없다. 또한 군인으로서 각급의 야간학교에 취학하고 자 할 때에는 소속 상관의 허가를 받아야 하는데, 이것도 군무에 특별한 지장이 없는 한 허가해야 한다.

b) 사관학교　　육·해·공군의 정규장교가 될 자에게 필요한 교육을 필하기 위 하여 설치하는 4년제 또는 2년제 사관학교에서 군사학과정과 일반학과정의 교육을 받을 수 있다. 사관학교에서 소정의 교과과정을 마치고 졸업한 자에게 학사학위를 수여하여 소 위로 임용할 수 있도록 사관학교설치법과 시행령이 제정되었다.

c) 합동군사대학·합동참모대학　　기존에는 각 군별로 각군대학을 설치, 운영하 였다. 정규과정은 영관급장교에게 대단위부대의 지휘관 및 참모의 직무를 효과적으로 수 행할 수 있는 전문지식·판단력 및 자질을 함양시키기 위하여, 초급과정은 소부대지휘관 및 참모요원이 될 장교에게 그 직무를 능률적으로 수행할 수 있는 창의력과 전술을 습득하 게 하는데 목적을 두고 운영하였다.

그러나 육군·해군(해병대를 포함한다.)·공군의 전력을 효과적으로 통합·발전시키는 합동성을 구현하기 위한 군사전략, 국방기획, 합동·연합작전 및 어학에 관한 교육을 실시 하고 합동교리(合同敎理) 등을 연구·발전시키기 위하여 국방부장관 소속으로 합동군사대학 교를 두었다(합동군사대학교령 제 1 조).

합동군사대학교에서는 ① 국방정책, 군사전략, 국방기획 및 합동·연합작전에 관한 교육업무, ② 육군·해군·공군의 작전계획 수립 및 수행, 전술제대(戰術梯隊) 지휘관 및 참 모의 직무 수행을 위한 교육업무, ③ 합동·연합작전 및 국제 군사교류 등에 필요한 어학 교육 업무, ④ 합동·연합작전의 개념과 합동교리의 연구·발전에 관한 업무, ⑤ 교육과정 개발 등 합동군사 교육체계의 발전에 관한 업무 등을 담당한다(합동군사대학교령 제 2 조).

또한, 각군의 영관급장교에 대하여 연합 및 합동작전과 군사전략·기획에 관한 교 육을 실시하고, 이와 관련된 군사문제를 연구·발전시키기 위하여 국방부장관소속 하에 합동참모대학을 둔다.[51] 교육과정·수업연한 및 입학자격은 국방부장관이 별도로 정한다.

d) 국방대학교　　국방대학교는 국가안전보장에 관한 학술을 교수하며, 이에 관 한 사항을 분석·연구·발전시키고, 각군·정부 각 기관 및 정부관리기업체에서 선발된

---

51) 합동참모대학설치령 제 1 조.

학생에게 국가안전보장에 관여할 간부로서의 자질을 부여하기 위하여 국방부장관소속 하에 설치된 군의 최고 교육기관이다. 국방대학교의 과정은 안보과정과 석·박사과정으로 하되, 필요에 따라 단기특별과정을 둘 수 있다. 안보과정의 수업연한은 1년으로 하고, 석사학위 수업연한은 2년, 박사학위 수업연한은 3년으로 하며, 단기특별과정에 관하여 필요한 사항은 국방부장관이 정한다(국방대학교설치법 참조).

㈏ 휴가를 받을 권리 및 영내대기 금지　　군공무원은 군인사법에 근거하여 대통령령이 정하는 바에 따라 매년 휴가를 받을 수 있다. 휴가의 종류와 휴가권자·기간·시행방법 등은 대통령령으로 정한다. 따라서 군인의 지위 및 복무에 관한 기본법 및 동법 시행령은 휴가의 구분·기간·사유·허가범위·휴가제한 및 보류에 관하여 규정하고 있다.

휴가는 연가·공가·청원휴가·특별휴가 및 정기휴가로 구분된다. 공무상 사유로 연가를 활용할 수 없는 경우에는 예산의 범위 내에서 연가일수에 해당하는 연가보상비를 받을 수 있다.

지휘관은 부대임무를 수행함에 있어서 아래의 상황에서는 휴가를 제한할 수 있다(군인의 지위 및 복무에 관한 기본법 제18조 제2항).

1. 전시·사변 또는 이에 준하는 국가비상사태가 발생한 경우
2. 침투 및 국지도발 상황 등 작전상황이 발생한 경우
3. 천재지변이나 그 밖의 재난이 발생한 경우
4. 소속부대의 교육훈련·평가·검열이 실시 중이거나 실시되기 직전인 경우
5. 형사피의자·피고인 또는 징계심의대상자인 경우
6. 환자로서 휴가를 받기에 적절하지 아니한 경우
7. 전투준비 등 부대임무수행을 위해 부대병력유지가 필요한 경우

영내대기란 지휘관이 징계절차를 거치지 않고, 일정한 과오를 범한 자에 대하여 문책 또는 징계성의 의미로 일정기간 동안 영외출입을 금지시키면서 영내에 대기하도록 명하는 것을 말한다.[52]

군인은 비상소집이 발령된 때에는 지체 없이 소속부대에 집결하여야 하며, 이를 위하여 장성급지휘관은 대통령령이 정하는 바에 따라 소속부대원의 이동지역을 제한할 수 있다(군인복무기본법 제47조 제2항). 긴급사유가 발생된 경우, 징계의 일환으로 영내에서 근신하는 경우에는 영내대기가 가능하지만, 지휘관이 부대를 지휘·통솔 및 관리를 위하여 또는 부하의 과오를 시정하기 위하여 업무가 수반된 단기간의 영내대기명령을 발하는 것이 가능한지에 대해서는 논란이 되었다.

영내대기는 지휘관이 초급간부에 대한 제재수단으로 광범위하게 활용하고 있으나,

---

52) 전규형, "영내대기에 대한 법적 검토," 법무공보 제85호, 육군본부, 2005.10, 122면.

헌법이 보장하는 신체의 자유, 거주·이전의 자유가 제한되는 등 기본권제한에 해당됨으로써 법적 근거가 있어야 한다. 지휘관은 법령에 의하지 아니하고 처벌·훈계 등을 목적으로 영내거주자가 아닌 군인을 영내에 대기시킬 수 없다. 이에 따라 군인복무기본법은 지휘관은 아래의 경우를 제외하고 영내 거주 의무가 없는 군인을 근무시간 외에 영내에 대기하도록 하여서는 아니 된다는 규정을 마련하였다(동법 제12조).

1. 전시·사변 또는 이에 준하는 국가비상사태가 발생한 경우
2. 침투 및 국지도발(局地挑發) 상황 등 작전상황이 발생한 경우
3. 경계태세의 강화가 필요한 경우
4. 천재지변이나 그 밖의 재난이 발생한 경우
5. 소속 부대의 교육훈련·평가·검열이 실시 중인 경우

　　　　(사) 의견건의 및 고충심사청구권　　　군인은 규정과 제도개선 등 군에 유익하거나 임무수행을 위해 더 좋은 방법이 있는 경우 지휘계통에 따라 상관에게 건의할 수 있으며, 의견건의를 이유로 어떠한 불이익을 받지 아니한다(군인복무기본법 제39조 제2항). 건의를 접수한 상관은 건의내용을 검토한 후 그 결과를 30일 이내에 건의한 당사자에게 서면·게시·구두 등의 방법으로 통보하여야 한다(동법 제39조 제3항).

　　　　또한 군인은 근무여건·인사관리 및 신상문제 등에 관하여 군인고충심사위원회에 고충의 심사를 청구할 수 있으며, 이를 이유로 불이익한 처분이나 대우를 받지 아니한다(군인복무기본법 제40조)

　　　　청구받은 군인의 고충심사처리를 위하여 국방부 및 각군 본부 및 장성급 장교가 지휘하는 부대에 군인고충심사위원회를 둔다(군인복무기본법 제40조).

　　　　고충심사위원회는 위원장 1인을 포함하여 위원 5인 이상 7인 이내로 구성하고, 위원은 고충심사위원회가 설치되는 기관의 장이 임명하며, 위원장은 위원 중 가장 선임인 자로 한다(군인복무기본법시행령 제25조). 고충심사청구자는 고충심사청구서를 고충심사위원회의 설치기관의 장에게 제출하여야 한다(동시행령 제26조). 고충심사위원회에서는 청구서접수 후 30일 이내에 고충심사에 대한 결정을 하여야 한다. 고충심사결정은 재적위원 3분의 2 이상의 출석과 출석위원 과반수의 찬성으로 의결한다.

　　　　고충심사위원회의 결정에 불복이 있는 청구인은 그 심사결과를 통보받은 날로부터 30일 이내에 소관위원회에 재심청구를 할 수 있다. 재심청구시 고충심사위원회의 고충심사결정서 사본을 첨부하여야 한다. 중앙군인사소청심사위원회는 재심청구서를 받은 날로부터 30일 이내에 재심결정을 하여야 한다. 중앙군인사소청심사위원회에서 결정된 재심청구사항에 대해서는 다시 심사를 요구할 수 없다(동시행령 제30조).

(아) **불이익처분에 대한 시정청구권과 쟁송제기권**   장교, 준사관 및 부사관은 징계처분을 제외한 위법·부당한 전역·제적 및 휴직 등 그 의사에 반한 불리한 처분에 대하여 불복이 있는 때에는 이에 대한 심사를 소청할 수 있다(군인사법 제50조).

장교 및 준사관의 소청을 심사하기 위하여 국방부에 중앙인사소청심사위원회를 두고, 부사관의 소청을 심사하기 위하여 각군 본부에 군인사소청심사위원회를 둔다(군인사법 제51조 제1항).

소청은 위법·부당한 전역·제적 및 휴직명령 등 본인의 의사에 반한 불리한 처분이 있음을 안 날로부터 30일 이내에 제기하여야 한다(군인사법 제50조, 시행령 제56조 제1항). 중앙인사소청심사위원회 또는 군인사소청심사위원회 회의는 관계서류에 의하여 심사하고, 필요한 경우에는 소청인을 출석시켜 불복의 요지와 이유를 청취할 수 있다. 소청심사위원회는 소청장을 접수한 날로부터 30일 이내에 소청에 대한 결정을 하여야 한다. 중앙인사소청심사위원회 및 군인사소청심사위원회에서 전역·제적·휴직명령 기타 불리한 처분의 취소 또는 변경을 명한 때에는 처분부대 또는 기관의 장은 30일 이내에 소청인을 현역에 복귀 또는 복직시키거나, 불리한 처분을 취소 또는 변경하여야 한다(시행령 제59조 제1항). 소청의 사유가 법에 적합하지 아니하거나 심사청구가 이유 없다고 결정된 때에는 15일 이내에 소청인에게 통고함으로써 당해 소청은 종료한다(군인사법시행령 제59조 제2항). 처분부대 또는 기관의 장은 소청심사위원회의 결정이 부당하다고 인정할 때에는 그 결정통지를 받은 날로부터 10일 이내에 그 이유를 명시하여 재심을 요구할 수 있으며, 재심의 요구가 없으면 그 기간이 경과함으로써 소청심사위원회의 결정이 확정된다. 재심에서 전과 동일한 결정을 하면 그 결정으로 확정된다.

소청심사위원회의 결정에 대하여 처분부대장이나 기관의 장은 결정에 대해 재심을 청구할 수 있으나, 소청제기인은 재심을 제기할 수 없다. 그러나 소청제기인은 소청심사위원회의 결정에 불복이 있는 경우에는 행정소송을 제기할 수 있다.

그 밖에 군공무원은 징계처분을 받은 때에는 항고를 통해 권리구제를 받을 수 있다. 항고는 징계처분에 대해 재심사를 청구하는 것이므로 행정심판에 해당된다. 항고권자는 장교·준사관·부사관뿐만 아니라 병도 포함된다. 항고에 관해서는 군징계부분에서 상술한다.

인사소청심사위원회 소청권 및 항고권 이외에도 위에서 열거한 권리들을 침해하는 위법·부당한 처분이 있는 경우에 당해 군공무원은 행정심판 및 행정소송 등 행정상 쟁송제기권을 가진다.

(자) **서신 등의 자유**   통신의 자유는 헌법에서 보장하는 기본권에 해당된다. 헌법 제18조는 "모든 국민은 통신의 비밀을 침해받지 아니한다"라고 하여 통신의 비밀에 대한 불가침을 규정하고 있다. 통신의 자유에는 서신을 비롯한 전화·전신·전자우편·인터

넷과 그 밖의 모든 방법에 의한 격지자간의 의사전달과 물품수수의 내용・형태・당사자・조달방법 등의 비밀침해금지가 포함된다.

그러나 헌법상 보장되는 통신의 자유는 합법적이고 정당한 통신만을 그 대상으로 한다. 헌법질서를 침해하거나 범죄를 모의하거나 타인의 권리를 방해하기 위한 행위는 보호되지 않는다. 또한 통신의 자유도 헌법 제37조 제2항에 의한 제한을 받는다. 국가안전보장, 질서유지 또는 공공복리를 위하여 필요한 경우에는 법률로써 제한할 수 있다.

따라서 군인의 지위 및 복무에 관한 기본법에서는 "군인은 서신 및 통신의 비밀을 침해받지 아니한다."(군인의 지위 및 복무에 관한 기본법 제14조 제1항)라고 규정하여 통신의 비밀을 보장하고 있으면서, "군인은 작전 등 주요임무수행과 관련된 부대편성・이동・배치와 주요직위자에 관한 사항 등 군사보안에 저촉되는 사항을 통신수단 및 우편물 등을 이용하여 누설하여서는 아니 된다."(동조 제2항)라고 규정하여 통신의 자유에 대한 제한을 명백히 하고 있다.

(차) 종교활동의 자유   헌법 제20조 제1항은 "모든 국민은 종교의 자유를 가진다"고 규정하고 있다. 종교의 자유는 헌법이 보장하는 기본권이다. 군인도 종교의 자유를 가진다. 군인의 종교생활은 참된 신앙을 통하여 인생관을 확립하고, 인격을 도야하며, 도덕적인 생활을 하는 데 그 목적이 있다.

따라서 지휘관은 부대의 임무수행에 지장이 없는 범위 안에서 개인의 종교생활을 보장하여야 한다(군인의 지위 및 복무에 관한 기본법 제15조 제1항). 영내 거주 의무가 있는 군인은 지휘관이 지정하는 종교시설 및 그 밖의 장소(이하 "종교시설등"이라 한다)에서 행하는 종교의식에 참여할 수 있으며, 종교시설등 외에서 행하는 종교의식에 참여하고자 할 때에는 지휘관의 허가를 받아야 한다(동조 제2항).

(카) 진료권   헌법 제36조 제3항은 "모든 국민은 보건에 관하여 국가의 보호를 받는다"고 규정하여 국민의 기본권으로서 보건권을 인정하고 있다. 또한 헌법 제34조에서 "모든 국민은 인간다운 생활을 할 권리를 가진다"고 하여 인간다운 생활권을 인정하고 있다. 보건권이라 함은 국민이 자신과 가족의 건강을 유지하는 데 필요한 국가적 급부와 배려를 요구할 수 있는 권리를 말한다. 또한 인간다운 생활권이라 함은 인간의 존엄성에 상응하는 건강하고 문화적인 생활을 영위할 권리를 말한다. 따라서 군인도 국민의 한 사람으로서 보건권과 인간다운 생활권의 주체가 된다.

보건권의 하나로서 모든 군인은 건강을 유지하고 복무 중에 발생한 질병이나 부상을 치료하기 위하여 적절하고 효과적인 의료처우를 받을 권리가 있다(군인복무기본법 제17조).

국가는 군인의 전투력을 유지하기 위하여 정기적인 진료 등의 의료지원을 할 수 있다. 의료지원은 원칙적으로 군의료기관에서 하되, 필요한 경우에는 민간의료기관에 의뢰하거나 위탁할 수 있다(군보건의료에 관한 법률 제13조). 국가는 "국민건강보험법" 제47조의 적용 대상이 아닌 군인에 대하여 건강검진을 실시할 수 있다. 이 경우 건강검진의 대상·횟수·절차, 그 밖에 필요한 사항은 대통령령으로 정한다(군보건의료에 관한 법률 제16조).

2) 재산상의 권리   공무원의 재산상의 권리로는 보수청구권·연금청구권·실비변상청구권 등이 인정된다. 군공무원의 경우에도 이와 같은 재산상의 권리가 동일하게 인정된다.

(가) 보수청구권   보수는 공무원의 근무에 대한 직접적인 금전적 보상을 의미한다. 보수는 공무원 개인에게 가족생활을 유지하고 부를 축적하는 수단으로서 뿐만 아니라, 조직 내외에 대한 자신의 위신 또는 지위를 결정해 주는 요소로 작용한다. 군인의 보수에 관하여는 군인보수법이 정하는 바에 의하여 지급되는데, 공무원의 보수는 노무에 대한 반대급부의 성질을 가지는 데 그치는 것이 아니라, 적어도 공무원과 그 가족의 최저생활을 보장하기 위한 생활자료의 제공이라는 성질을 아울러 가지고 있다.

군인도 자신의 노무를 제공하므로 그에 대한 반대급부로서 보수를 받을 권리를 가진다. 군인의 보수는 군인보수법이 정하는 바에 의하여 지급된다. 군인의 보수는 기본급여와 특별급여로 구분된다. 기본급여라 함은 군복무에 대한 대가로 지급되는 봉급과 가족수당·주택수당·피복수당을 의미하며, 특별급여라 함은 특수한 근무로 인하여 지급되거나 사기앙양을 위하여 지급되는 특수근무수당·전투근무수당·상여금 및 기타 수당을 의미한다.[53]

보수청구권은 직접 공무원관계에 준하는 관계에서 발생하므로 공법상 권리이며, 사법상 채권과는 다른 특수한 성질을 가진다. 즉 그 소멸시효는 민법에 의하지 아니하고, 국가재정법 제96조에 의하여 5년으로 완성하며, 일반공권에 있어서와 마찬가지로 임의로 포기하지 못한다.

그러나 재산권적 성질을 가지므로 보수금액의 2분의 1까지에 대하여는(다만, 병의 급료는 압류불가) 압류할 수 있으며,[54] 동 한도 내에서 이전성이 인정된다. 이 보수청구권에 관한 쟁송이 민사소송에 의할 것인지 행정상 쟁송수단에 의할 것인지의 문제가 있으나, 공법관계의 소송이므로 공법상 당사자소송에 의하는 것으로 본다. 다만, 판례는 이를 민사소송으로 하고 있다.

(나) 연금청구권   군인연금은 군인의 퇴직 또는 사망과 공무로 인한 부상·질병 등의 사유가 발생한 경우에 국가의 책임 아래 보험기술을 통하여 그 부담을 여러 사람들에게 분산시킴으로써 군인 및 그 유족의 생활안정과 복리향상을 도모하는 사회보험제도의 일종이다.

군인사법 제55조에서 군인연금 지급에 관한 근거를 규정하고 있고, 이를 실현하기 위하여 제정된 법이 군인연금법이다. 군인연금법 제1조에서 "군인연금은 군인이 상당한

---

53) 군인보수법 제6조.
54) 민사집행법 제246조.

기간 성실히 복무하고 퇴직하거나, 심신의 장애로 인하여 퇴직 또는 사망한 때 또는 공무상의 질병·부상으로 요양하는 때에 본인 및 그 유족의 생활안정과 복리향상을 위하여 지급하는 급여를 말한다"(군인연금법 제1조)고 규정하여 군인연금의 의의를 밝히고 있다.

　　군인연금법은 현역 또는 소집되어 군에 복무하는 군인에게 적용하는데, 지원에 의하지 아니하고 임용된 부사관 및 병에게는 재해보상금(사망보상금·장애보상금)에 한해서만 적용된다.[55]

　　군인연금법에 따른 급여의 종류로는 퇴직급여(퇴역연금·퇴역연금일시금·퇴역연금공제일시금·퇴직일시금), 유족급여(유족연금·유족연금부가금·유족연금특별부가금·유족연금일시금·유족일시금), 재해보상금(유족연금·상이연금·공무상요양비·사망조위금·재해부조금· 사망보상금· 장애보상금), 퇴직수당이 있다. 급여 중 퇴직급여·유족급여·퇴역연금을 받는 군인이 사망한 경우, 유족이 받는 유족연금에 소요되는 비용은 국가와 군이 부담한다. 군인은 자신의 부담부분에 대해서 매월 일정액의 기여금을 납부하여야 한다.[56]

　　연금청구권은 보수청구권과 마찬가지로 공법상의 권리이기 때문에 양도·포기할 수 없으며, 보수청구권과 달리 연금액의 절반에 해당하는 액에 대해서는 압류할 수 없다. 연금청구권의 소멸시효는 5년이다.

　　군인 또는 군인이었던 자가 복무중의 사유로 금고 이상의 형을 받았거나 징계에 의하여 파면된 때에는 대통령령이 정하는 바에 의하여 급여액의 일부를 감액하여 지급할 수 있다(군인연금법 제33조 제1항).

　　(다) 실비변상청구권　　군인은 보수를 받는 이외에 직무수행에 소요되는 실비변상을 받는다(군인사법 제53조). 군인보수법 제18조에 의하면 군인은 출장, 전속, 부임 및 영내거주자의 정기휴가와 전역, 귀가 등을 할 때에는 그에 소요되는 여비를 지급받을 수 있다. 실비의 예로는 여비, 일당, 숙박료, 제복 기타의 급여·대여 등이 있다.[57] 보상과 연금에 관하여는 항을 바꾸어 자세히 설명한다.

　　(라) 주거 및 교육권　　국가는 10년 이상 복무한 군인 중 무주택세대주에 대하여는 주택을 우선적으로 공급할 수 있다. 이 경우 입주자의 기준은 무주택기간·부양가족 수 등을 고려하여 대통령령으로 정한다(군인복지기본법 제10조 제1항). "택지개발촉진법" 제7조에 따른 택지개발사업의 시행자는 군인의 생활안정과 복지증진을 도모할 목적으로 설립된 법인이 무주택군인을 대상으로 주택을 공급하기 위하여 택지를 필요로 하는 경우에는 이를 우선하여 공급할 수 있다(동법 제10조 제2항).

　　이를 근거로 군인공제회에서 군인들에게 아파트를 공급하는 경우에 저렴하게 우선

---

55) 군인연금법 제2조, 제31조, 시행령 제65조.
56) 군인연금법 제36조.
57) 군인보수법 제18조, 구 군인보수법시행령 제22조, 제23조 참조.

공급받을 수 있게 되었다. 또한 국방부장관은 국방·군사시설을 다른 지역으로 이전함으로써 용도 폐지된 잡종재산을 매각하려는 경우, 무주택 군인을 대상으로 주택을 공급하는 용도로 사용하려는 자에게 이를 우선하여 매각할 수 있다. 이 경우 국유재산법 제49조에 따라 해당 재산의 용도와 그 용도에 사용하여야 할 기간을 정하여 매각할 수 있다(동법 제10조 제 3 항).

또한 국가는 군인의 안정된 주거생활을 함으로써 근무에 전념할 수 있도록 하기 위하여 군인(지원에 의하지 아니한 부사관, 병은 제외)에게 관사 또는 독신자숙소를 제공하여야 한다. 군숙소의 규모와 시설기준은 예산의 범위 안에서 국민의 평균주거수준을 고려하여야 한다(동법 제 9 조).

모든 군인은 군의 복지시설을 이용할 권리를 갖는다. 이에 따라 국방부장관은 군인의 복지증진과 체력의 유지·향상을 위하여 필요한 경우에는 군인복지기본계획 및 시행계획에 따라 복지시설 등을 설치·운영할 수 있다(동법 제14조 제 1 항). 이 경우 회계처리는 "군인복지기금법" 규정에 따른다.

국가는 군인의 근무지이동으로 인하여 그 자녀가 "초·중등교육법"에 따른 학교의 전·입학이 필요한 경우에는 군인의 특수성을 고려하여 전·입학을 지원한다. 국가 및 지방자치단체가 "영유아보육법" 제12조에 따라 군인밀집지역에 국공립보육시설을 설치하는 경우, 국방부장관은 보육시설설치에 필요한 시설을 지방자치단체에게 무상으로 사용·수익하게 할 수 있다(동법 제11조 제 1 항, 제 2 항).

국방부장관은 군인의 근무형편상 군인과 같이 생활할 수 없는 군인의 직계비속(군인이 부양하는 배우자의 직계비속을 포함)이 "초·중등교육법" 또는 "고등교육법"에 따른 학생(국내에 소재하는 학교의 학생에 한하며, 대학원생을 제외)인 경우 숙식시설을 제공할 수 있다(동법 제11조 제 3 항).

(2) 의   무

공무원의 의무는 공무원의 종류 또는 그 직무의 성질에 따라 다르며, 각종의 법령에서 개별적으로 규정하고 있다. 군공무원의 의무에 관하여도 군인사법, 군인의 지위 및 복무에 관한 기본법, 군무원인사법 등에 따로 규정하고 있으나, 국가공무원법상의 복무에 관한 규정도 동시에 적용된다(국가공무원법 제 3 조).

1) 선서의무(충성의무)   군공무원은 취임할 때에 임용권자 앞에서 일정한 선서를 하여야 한다. 군인의 지위 및 복무에 관한 기본법은 군인은 입영하거나 임관 시 선서를 하도록 하고 있으며(동법 제19조) 입영 시에는 "○○○는 대한민국의 군인으로서 국가와 민족을 위하여 충성을 다하고 법규를 준수하며 상관의 명령에 복종하고 맡은 바 임무를 성실히 수행할 것을 엄숙히 선서합니다"라는 선서와 임관 시에는 "○○○는 대한민국의 장교로서

국가와 민족을 위하여 충성을 다하고 헌법과 법규를 준수하며, 부여된 직책과 임무를 성실히 수행할 것을 엄숙히 선서합니다"라는 선서를 하도록 되어 있다(군인복무기본법 시행령제 17조). 군인의 선서의무는 군인의 충성의무, 법령준수의무, 복종의무, 성실의무 등 기본의무를 확인하는 의미를 가진다.

충성의무란 특정한 구성원에게 소속집단에 대하여 충성할 것이 규범으로서 요구되는 경우를 말한다. 현행 헌법에서는 충성의무를 직접 규정하고 있지는 않지만, 국군의 사명을 규정하고 있는 헌법 제 5 조 제 2 항을 충성의무의 헌법적 근거로 볼 수 있다. 즉 군인은 국가안전보장과 국토방위의 신성한 의무를 수행해야 하는 당사자라는 점에서 충성의무가 도출된다고 할 수 있다.

이에 따라 군인복무기본법 제 20 조에서 군인의 충성의무에 관하여 규정하고 있다. 군인의 지위 및 복무에 관한 기본법 제 20조는 충성의무라는 제목으로 군인은 국군의 사명인 국가의 안전보장과 국토방위의 의무를 수행하고, 국민의 생명 · 신체 및 재산을 보호하여 국가와 국민에게 충성을 다하여야 한다고 규정하고 있다. 또한 위 군인의 지위 및 복무에 관한 기본법 제 19조에서와 같이 군인은 입영과 임관시 국가와 민족을 위하여 충성을 다할 것을 선서하여야 한다.

공무원은 국가를 위해 신의를 가지고 충실하게 본분을 다하는 태도를 가져야 하는데, 특히 군인은 국가안전을 직접 책임지고 있기 때문에 더욱 충성의무가 강조된다. 일반국민 또는 공무원과 달리 군인의 충성의무위반은 단순히 직무의무위반에 그치는 것이 아니라 국가존립 자체에 위협을 줄 수 있는 방위사태를 초래하기 때문에 군인의 국가에 대한 배신적 행위에 대해서는 특별히 가혹한 형사처벌이 가해진다.[58]

2) 성실의무   군인은 성실히 그 직무를 수행해야 하며, 직무수행중 요구되는 위험과 책임을 고의로 회피하거나 상관의 허가 없이 직무를 이탈할 수 없다(군인복무기본법 제 21조). 이는 군인이 전인격과 양심을 바쳐서 공공이익에 충실하고, 최대한으로 국가의 이익을 도모하며, 그 불이익을 방지해야 한다는 것을 나타내고 있는 것이다.

군인이 직무수행상 성실의무를 다하지 못한 경우에는 군인사법상 보직해임이나 징계벌을 받을 수 있으며, 직무를 유기한 경우에는 형법상 직무유기죄에 해당될 수 있고, 특히 지휘관이 직무를 유기하거나 태만히 한 경우에는 군형법상의 지휘관 직무유기죄(군형법 제 24조)나 근무태만죄(군형법 제35조)로 처벌받는다. 군인이 군무기피의 목적을 가지고 부대를 이탈한 경우에는 군무이탈죄로 처벌된다.

---

58) 이광원, 앞의 논문, 175면 : 군인이 반란한 경우에 수괴는 사형, 중요 임무종사자는 사형, 무기 또는 7년 이상의 징역 또는 금고, 부화수행 또는 단순관여자는 7년 이하의 징역 또는 금고로 처벌받으며(군형법 제 5 조), 군인이 간첩행위나 군사기밀의 누설의 죄를 지은 경우에 정범은 사형, 방조범은 사형 또는 무기징역에 처한다(군형법 제13조).

군인은 성실의무와 더불어 정직의무가 강조된다. 즉 군인은 정직하여야 하며, 명령의 하달이나 전달, 보고 및 통보에는 허위, 왜곡, 과장 또는 은폐가 있어서는 아니 된다(군인복무기본법 제22조). 정직의무는 공무원 모두에게 당연히 요구되는 것이지만 특별히 군인의 지위 및 복무에 관한 기본법에서 규정하고 있는 것은 군무가 명령의 하달과 전달, 보고와 통보를 통하여 이루어지기 때문에 군무수행과정에서 허위가 개입될 경우 막대한 지장을 초래하게 된다는 점을 강조하기 위해서이다.

군사에 관하여 거짓으로 명령·통보·보고한 경우에는 군형법상 처벌을 받으며, 특히 보고의무자가 거짓으로 보고한 경우에는 형을 가중해서 처벌한다(군형법 제38조).

　3) 법령준수의무　　　모든 공무원은 법령을 준수하여야 하는바(국가공무원법 제56조), 이에 위반하면 위법 또는 불법행위로서 징계책임은 물론 형사·민사책임도 지게 된다. 법령은 성문법 전체, 즉 헌법·법률·명령·조례·규칙·조약뿐만 아니라 관습법·조리 등의 불문법을 포함한 국법질서 전체를 의미한다고 본다. 이는 군공무원의 경우도 동일하다.

그런데 법질서는 위계질서를 형성하고 있으므로 하위법령이 상위법령에 위배되어서는 아니 된다. 그 결과 공무원은 상위법에 위배되는 하위법에 대하여도 준수할 의무가 있는가가 문제된다. 현행 헌법상 명령·규칙의 위헌·위법은 법원이, 그리고 법률의 위헌 여부는 법원의 제청으로 헌법재판소가 판단하게 되어 있으므로 법령에 대한 위헌·위법 여부의 심사는 사법작용에 속하는 것이다.

따라서 공무원은 상위법에 위반한 하위법을 준수할 것인가 여부를 판단하는 권한을 갖지 못한다. 다만, 공무원은 일련의 절차를 거쳐 효력을 발생한 법령에만 구속되므로, 입법예고의 단계에 있는 법안이라든가 공포되었으나 아직 시행되지 않은 법령 등에는 구속되지 않는다. 그러한 의미에서 공무원은 형식적 요건에 대한 심사권은 가진다고 할 수 있다.

　4) 복종의무　　　공무원은 직무를 수행함에 있어서 소속 상관의 직무상의 명령에 복종하여야 한다(국가공무원법 제57조). 직무의 성질상 독립성이 인정된 공무원(감사위원, 의결기관의 구성원, 법관 등)을 제외한 모든 공무원은 이러한 복종의무를 지며, 특히 엄격한 상명하복의 위계조직으로 구성된 군대는 그 기능적 측면을 고려하여 상관의 정당한 명령에 대한 복종의무를 형사상의 의무로까지 규정하고 있다. 군인복무기본법 제25조는 "군인은 직무를 수행할 때 상관의 직무상 명령에 복종하여야 한다."고 규정하고 있다.

　　㉮ 소속 상관　　　소속 상관은 공무원의 직무를 지휘·감독할 권한이 있는 자인 직무상의 소속 상관과 공무원의 진퇴·상벌을 행하거나 그 제청권을 가진 자인 신분상의 소속 상관으로 구별되는바, 여기서는 전자의 의미로 사용된다고 본다. 따라서 기관의 장뿐 아니라, 보조기관인 상관과 기타 지휘·감독권을 가지는 상급자를 포함한다.

　　㉯ 직무명령　　　직무명령(Dienstbefehl)이란 상관이 하관에게 발하는 일체의 명령

을 말한다. 따라서 구체적인 명령뿐 아니라 법조의 형식으로 발하여지는 추상적인 명령도 포함한다.

그러나 비록 법조의 형식을 취한다 하더라도 직무명령은 법규와는 구별되는 행정규칙에 불과하므로, 이에 대한 위반은 내부적 징계사유일 뿐 위법한 행위를 구성하지는 않는다. 그러나 군사행정조직 내에서는 직무명령의 위반이 단순히 징계사유에 그치지 아니하고 군형법상의 범죄로 처벌되는 수가 있다.[59]

또한 직무명령은 상관이 하관에 대하여 발하는 명령이라는 점에서 상급관청이 하급관청에 대하여 발하는 훈령과 다르다. 따라서 훈령은 발령기관이 이를 취소하거나 기관 자체가 폐지되지 않는 한 기관구성자의 변동에 관계 없이 그 효력을 유지하나, 직무명령은 상급공무원 또는 수명공무원의 변동에 따라 효력을 상실하게 된다. 다만, 훈령은 수명기관을 구속할 뿐만 아니라 수명기관의 구성원도 구속하게 되므로 직무명령의 성질도 동시에 가진다. 따라서 직무명령은 훈령적 직무명령과 비훈령적 직무명령으로도 구별할 수 있다.

(다) 복종의무와 그 한계

a) 직무명령의 요건　　직무명령이 적법·유효한 명령이 되기 위해서는 형식적 요건으로서 ① 직무상의 소속 상관이 발한 것일 것, ② 하관의 직무범위 내에 속할 것, ③ 하관의 직무상 독립이 인정되는 사항이 아닐 것, ④ 법정의 형식·절차가 필요하면 이를 갖출 것 등이 요구되며, 실질적 요건으로서 그 내용이 법규와 공익에 위배되지 않을 것이 요구된다.

b) 복종의무의 한계　　공무원의 복종의무의 한계로 문제되는 것은 바로 위의 요건을 결한 하자(瑕疵) 있는 직무명령에 대한 복종의무 여하이다. 형식적 요건을 결한 명령은 외견상 그 하자가 명백하므로 하관도 이를 심사할 수 있고, 이에 대하여 복종을 거부할 수 있다는 데에는 이론이 없다. 따라서 권한 없는 자의 명령이나 직무 이외의 명령에 대하여는 복종의무가 발생하지 않는다고 본다.

그러나 실질적 요건을 결한 명령에 대하여 복종의무가 있는가, 즉 명령의 내용에 대한 실질적 심사권이 하관(下官)에게 인정되느냐에 대하여는 견해의 대립이 있다. 통설은 원칙적으로 법규에 위배되는 명령, 즉 위법한 명령에는 복종의무가 없으나, 공익위반명령, 즉 부당한 명령에는 복종의 의무가 있다고 한다.[60]

다만, 위법한 명령의 경우 그 명령이 위법한 것인가의 여부가 단순히 법령해석상 견해차이에 불과한 경우에는 복종의무가 있으며, 중대하고 명백한 법규위반의 경우에는 복종의무가 없다고 한다. 따라서 그러한 명령에 따른 경우에는 자신의 행위에 대한 책임을

59) 군형법 제44조 내지 제47조.
60) 임덕규, "군대의 명령과 복종," 육사논문집 제38집, 1990.6, 109면 이하; 니코케이저 저, 조승옥·민경길 편역, 군대명령과 복종, 법문사, 1994, 218면 이하 참조.

면할 수 없다고 한다.

　구체적인 내용이 공익에 적합한지 여부에 대한 판단은 상급행정기관의 독자적인 판단권한 내의 행위(즉 자유재량행위)이므로 하관은 당연히 상관의 판단에 복종하여야 할 것이다. 따라서 비록 그 명령이 부당하다 하더라도 위법하지 않은 한 그 명령에 대하여는 복종의무가 있으며, 이를 거부하면 징계를 면하지 못하게 된다. 이에 대하여 명령의 적법·위법 여부에 대한 판단은 궁극적으로 법원의 권한에 속하므로 상관의 판단이 하관의 판단에 우선하여야 할 법적 근거가 없으며, 더욱이 공무원은 법령준수의무가 있으므로 법령에 위반한 명령에 대하여는 복종할 의무가 없다고 본다. 다만, 그러한 위법이 명백하지 아니하고 법령해석상의 견해차이에 불과할 경우에는 행정행위에 공정력(公定力)을 인정하는 것과 동일한 취지로 상관의 견해에 복종하여야 할 것이다.

　이 경우 상관의 명령의 위법성이 후에 법원에 의하여 결정되더라도 하관은 복종의무 위반으로 징계처분을 받을 수 있기 때문에 명령보다 법령에 충실한 자가 오히려 불이익한 처분을 받는 결과가 되지만, 군인의 경우 직무의 성격상 엄격한 명령복종의 의무를 요구하므로 위법여부가 불명확한 명령에 불복함으로써 야기되는 혼란을 고려할 때, 앞서 언급한 바 있는 사회적 요청으로서의 합법성과 기능적 요구로서의 효율성을 조화시키기 위해서는 이러한 해석이 불가피하다고 본다.

　참고로 독일 연방공무원법 제56조 제 1 항은 "공무원은 그 직무상의 행위의 적법성에 관하여 개인적으로 모든 책임을 진다"고 하고, 동조 제 2 항에서 "공무원이 직무명령의 적법성에 관하여 의문을 가지는 경우에는 지체 없이 직근(直近)의 상관에 의하여 해결하지 않으면 아니 된다. 공무원은 그 명령이 유지된 경우에 여전히 적법성에 관하여 이의가 있을 때에는 직근상관보다 상급의 상관에 호소하지 않으면 아니 된다. 상관이 명령을 승인하면 그 명해진 행위가 가벌적이 아니고 또한 가벌성이 인정되지 않는 한, 그리고 인간의 존엄을 침해하지 않는 경우인 한 공무원은 명령을 수행하지 않으면 아니 된다. 이 경우에는 수명공무원(受命公務員)은 책임을 지지 않는다. 상관의 승인은 요구가 있으면 문서로 하지 않으면 아니 된다"고 규정하고 있으며, 독일 군인법 제11조 제 1 항에서는 "군인은 상관에게 복종해야 한다. 군인은 그 명령을 최선을 다하여 완벽하고 성실하게, 그리고 즉각적으로 실행해야 한다. 인간의 존엄을 손상시키는 명령 또는 군무 이외의 목적으로 발하여진 명령이 아닌 한 이에 불복종할 수 없다"고 하고, 제 2 항에서는 "명령은 그것으로 범죄가 성립되지 않는 한 이행되어야 한다. 이 명령으로 범죄가 성립됨에도 불구하고 부하가 따른 경우에는 그가 이 명령으로 범행이 이루어질 것을 인식하였거나 주어진 여건으로 보아 범행이 이루어질 것이 명백한 경우, 이에 대하여 책임을 진다"고 규정하고 있다.

　또한 스위스의 공무원근무에 관한 연방법 제25조는 "공무원은 상관의 직무명령을 양심적으로, 그리고 합리적으로 수행하여야 한다. 상관은 자신이 내린 명령에 대하여 책임을 진다"고 규정하고 있다.

c) 상충되는 직무명령에 대한 복종의무 동일한 상관의 명령이 충돌할 경우에는 통상 뒤의 명령이 앞의 명령을 취소한 것으로 볼 수 있을 것이고, 당해 상관에 의하여 해결이 가능하므로 특별히 문제되지는 않을 것이다. 그러나 둘 이상의 상관으로부터 모순되는 명령을 받았을 때에는 어느 명령에 복종하여야 하는가가 문제로 된다.

이 경우에도 충돌되는 명령 중 어느 명령이 위법한 경우에는 위에서 전개한 논지에 따라 해결될 것이다. 따라서 복종의무 있는 둘 이상의 서로 다른 상관으로부터 발하여진 명령이 서로 모순될 때가 문제로 된다 할 수 있다. 이러한 경우 어느 상관의 명령에 따를 것인가에 대해서는 직근상관에게 복종해야 한다는 직근상관설(우리나라의 다수설)과 상급의 상관에게 복종하여야 한다는 상급상관설(우리나라의 소수설, 일본의 다수설)이 대립하고 있다.

생각건대 직근상관설은 행정조직의 계층적 질서에 착안한 것이라 하나, 직근상관과 차상급상관(또는 차차상급상관일 수도 있을 것이다)의 명령이 충돌할 경우 직근상관의 명령은 이미 차상급상관의 명령에 따르지 아니한 명령으로서, 그러한 발령은 공무원의 위계질서를 파괴하는 행위인바, 만일 법질서가 이러한 명령을 보호한다면 오히려 행정조직의 계층적 질서가 저해된다 할 것이다. 특히 군인의 경우 상관의 정당한 명령에 대한 불복종은 군형법상의 항명죄를 구성하게 되는데, 차상급상관의 명령에 대한 직근상관의 불복이 항명죄를 구성할 경우 이러한 항명행위에 따르는 하관의 행위는 경우에 따라서는 항명죄의 책임을 질 수도 있게 될 것이다. 또한 상관은 하관에 대한 감독권을 가지고 있으므로, 위와 같은 경우에는 수명자의 직근상관이 내린 명령에 대하여 차상급상관의 지휘·감독권을 보장하기 위해서라도 보다 상급의 상관명령에 따라야 한다고 할 것이다.

따라서 군조직의 특성을 고려할 때, 둘 이상의 명령이 충돌하는 경우에는 그 중 상급상관의 명령에 따라야 한다고 본다.[61]

5) 직무전념의무 공무원은 전력을 다하여 직무를 성실히 수행할 의무를 지며, 이에 따라 직장이탈의 금지·영리겸직금지·영예제한 등의 제한을 받는다. 특히 군인은 직무상의 위험이나 책임을 회피하여서도 아니 된다.[62]

군인의 지위 및 복무에 관한 기본법은 군인의 직무전념의무를 장소적으로 보장하는 근무지이탈 금지의무를 규정하고 있다. 즉 군인은 직무를 유기하거나 소속 상관의 허가 없이 근무지를 이탈하여서는 아니 된다. 군인이 허가 없이 근무장소 또는 지정장소를 일시적으로 이탈하거나 지정한 시간까지 지정한 장소에 도달하지 못한 사람은 무단이탈죄로 처벌되고(군형법 제79조), 군무를 기피할 목적으로 부대 또는 직무를 이탈한 사람 또는 위험하거나 중요한 임무를 회피할 목적으로 배치지 또는 직무를 이탈한 사람은 군무이탈죄나 특

---

61) 이상철, 국방행정법원론, 봉명, 2008, 149면.
62) 군인복무기본법 제21조

수군무이탈죄로 처벌된다(군형법 제30조, 제31조).

6) 비밀엄수의무   공무원은 재직중은 물론 퇴역 후에도 비밀엄수의 의무를[63] 지며, 의무위반시에는 형법 제127조 등의 범죄를 구성한다. 군인은 직무수행중 알게 된 비밀을 직무와 관련된 공무 외의 목적으로 사용할 수 없으며, 공무의 목적이라도 대외공개 또는 일반인에게 제공시에는 국방부장관의 승인을 득하여야 한다. 군복무중 취득한 비밀은 현역을 면한 후에도 누설하여서는 안 된다(군인복무기본법 제28조).

군인이 군사기밀을 누설한 경우에는 군형법상 군사기밀누설죄로 처벌된다(군형법 제80조 제1항). 군인이 군사기밀을 적법한 절차에 의하지 아니하고 탐지·수집한 경우에는 군사기밀보호법상 탐지·수집죄에 해당하고(군사기밀보호법 제11조), 군사기밀을 탐지·수집한 자가 그 기밀을 누설한 경우에는 군형법상 군사기밀누설죄보다 형이 가중된 군사기밀보호법상의 탐지·수집자 누설죄로 처벌된다(군사기밀보호법 제12조 제1항).

업무상 군사기밀을 취급하는 군인 또는 취급하였던 군인이 그 업무로 인하여 알게 되거나 점유한 군사기밀을 타인에게 누설한 때에는 군사기밀보호법상 업무상 누설죄로 가중처벌된다(군사기밀보호법 제13조 제1항). 더욱이 군인의 경우에는 과실에 의한 비밀누설도 군형법상 처벌의 대상이 된다(군형법 제80조 제2항). 군사기밀보호법도 업무상 과실누설의 경우 2년 이하의 징역 또는 300만 원 이하의 벌금에 처하고 있다(군사기밀보호법 제14조).

7) 품위유지의무·청렴의무·영리행위금지   공무원은 직무의 내외를 불문하고 품위를 유지하여야 한다.[64] 특히 군인은 군의 위신과 군인으로서의 명예를 손상시키는 행동을 하여서는 아니 되며, 항상 용모와 복장을 단정히 하여 품위를 유지하여야 한다. 또한 군인은 타인의 명예를 존중하여야 하며, 이를 손상하는 행위를 하여서는 아니 되고, 정보통신망을 이용하는 경우에도 타인의 명예를 존중해야 한다.

군이 국가의 무력을 관리하는 집단이고, 군인은 그 무력관리자로서 타인에게 물리적·정신적 위해를 가할 위험성을 가지고 있기 때문에 그 위험성을 내부적으로 관리하고 조절하여야 한다는 점에서 군인의 품위유지의무와 기사도정신으로서의 명예존중의무가 더욱 중요한 의미를 가진다고 할 수 있다.

한편 공무원은 직무와 관련하여 사례, 증여 또는 향응을 수수할 수 없으며, 직무상의 관계 여하를 불문하고 그 소속 상관에게 증여하거나 하관으로부터 증여를 받아서는 아니 된다. 이를 청렴의무라 하며, 이러한 의무를 위반한 행위는 경우에 따라서 형법상의 증·수뢰죄를 구성할 수도 있다(형법 제129조 내지 제133조).

군인에게도 청렴의무가 동일하게 요구된다. 즉 군인은 청렴결백하고 검소하게 생활할 것이 요구되고, 금품수수가 엄격히 금지된다. 군인은 직무와 관련하여 직접 또는 간접을

---

63) 국가공무원법 제60조, 군인의 지위 및 복무에 관한 기본법 제10조.
64) 국가공무원법 제63조.

불문하고 사례 · 증여 또는 향응을 주거나 받아서는 아니 되고, 직무상의 관계를 불문하고 그 소속상관에게 증여하거나 소속부하로부터 증여를 받아서는 아니 된다(군인복무기본법 제23조). 군인의 경우에도 직무에 관하여 뇌물을 주고 받는 경우에 형법상의 수뢰죄와 뇌물공여죄로 처벌이 되고, 직무와 관계 없이 증여를 하거나 받은 경우에도 부정청탁 및 금품등 수수의 금지에 관한 법률에 의거 형사처벌 또는 과태료 부과대상이 된다.

군인은 군무 외 영리를 목적으로 하는 업무에 종사하거나 다른 직무를 겸할 수 없다. 영리목적이 아닌 업무에 종사하거나, 다른 직무를 겸할 경우에는 국방부장관의 허가를 받아야 한다. 영리행위 및 겸직금지의무는 군인의 직무전념성을 확보하기 위한 것이므로 그 직무가 정치적 · 반사회적 또는 영리적이 아니며, 이를 겸직하여도 군무에 지장이 없다고 인정되어 국방부장관이 허가한 것은 겸직이 허용된다(군인복무기본법 제30조).

8) 정치운동 금지의무   군인은 정치적 중립을 지키며, 정치행위는 금지된다(군인복무기본법 제33조). 군의 정치적 중립성은 헌법이 요구하는 것(헌법 제 5 조 제 2 항)이고, 군인의 정치운동 금지의무는 헌법의 정치적 중립성의 요구를 반영한 것임과 동시에 군인의 직무전념성을 확보하기 위한 것이다.

군인은 법률이 정하는 바에 의한 선거권 또는 투표권을 행사는 외에 다음의 행위를 하여서는 아니되며, 다른 군인에게 이에 위배되는 행위를 하도록 요구하거나, 정치적 행위에 대한 보상 또는 보복으로서 이익 또는 불이익을 약속하여서는 아니 된다.

1. 투표를 하거나 하지 아니하도록 권유 운동을 하는 것
2. 서명 운동을 기도 · 주재하거나 권유하는 것
3. 문서나 도서를 공공시설 등에 게시하거나 게시하게 하는 것
4. 기부금을 모집 또는 모집하게 하거나, 공공자금을 이용 또는 이용하게 하는 것
5. 타인에게 정당이나 그 밖의 정치단체에 가입하게 하거나 가입하지 아니하도록 권유 운동을 하는 것

공무원은 정당 기타 정치단체의 결성에 관여하거나 이에 가입할 수 없으며, 선거에 있어서 특정정당 또는 특정인의 지지나 반대를 하기 위한 행위들을 하여서는 안 된다(국가공무원법 제65조). 특히 군인의 경우는 헌법에서 정치적 중립을 선언하고 있을 뿐 아니라, 정치단체에의 가입과 정치적 의견공표에 대하여 군형법상 정치관여죄로 처벌하고 있다(군형법 제94조).

9) 집단행위의 금지   공무원은 사실상의 노무에 종사하는 공무원을 제외하고 노동운동 기타 공무 이외의 집단행위를 할 수 없다(국가공무원법 제66조). 군인의 경우에는 국방부장관이 허가하는 경우를 제외하고는 일체의 사회단체가입 또는 군무 이외의 집단행위를 금지하고 있다(군인복무기본법 제31조).

군무 이외의 집단행위라 함은 군인으로서 군복무에 관한 기강을 저해하거나 기타 그 본분에 배치되는 등 군무의 본질을 해치는 특정목적을 위한 다수인의 행위로서 단체의 결성단계에는 이르지 아니한 상태에서 행하는 행위를 말한다. 따라서 그 행위는 계속적일 필요도 없고, 통솔형태를 갖출 정도의 조직화된 행위일 필요도 없다.

판례도 같은 입장을 취하고 있다. 공무원의 집단행위 금지조항에 관하여 서울고등법원은 "집단적 행위라 함은 … (중략)… 단체적 행위 전반을 그 목적과 내용에 관계없이 전부 포함한다고 볼 것이 아니라, 어떠한 단체의 구성이나 단체적 행동이 그 목적과 행위의 내용에 비추어 공무원의 복무에 관한 질서유지에 유해하거나 그 밖에 공무원으로서의 품위를 손상하는 등 공익을 해치는 특별한 사정이 있는 경우의 집단적 행위를 일컬어 뜻하는 것이다"라고 판시한 바 있으며, 대법원은 "집단행위는 공무원으로서 직무에 관한 기강을 저하하거나 기타 그 본분에 배치되는 등 공무의 본질을 해치는 특정목적을 위한 다수인의 행위로서, 단체의 결성단계에는 이르지 아니하는 상태에서의 행위를 의미한다"고 하고 있다.[65]

군인복무기본법 제31조에서는 군인의 집단행위를 금지하면서 집단행위의 범위를 규정하고 있다. 즉 ① 노동단체의 결성·단체교섭 및 단체행동, ② 군무에 영향을 줄 목적의 결사 및 단체행동, ③ 집단으로 상급자에게 건의 또는 항의하는 행위, ④ 집단으로 정당한 지시를 거부하거나 위반하는 행위, ⑤ 군무와 관련된 고충사항을 집단으로 진정 또는 서명하는 행위를 금지된 집단행위로 보고 있다.

공무원이 집단행위 금지의무를 위반한 경우에는 징계사유가 됨은 물론이고, 형사처벌을 받게 된다(국가공무원법 제78조 제1항, 제84조). 군인의 경우에도 징계벌(군인사법 제56조)과 형사처벌의 대상이 됨은 동일하다.[66]

10) 대외발표 및 그 활동의 제한　　군인이 국방 및 군사에 관한 사항을 군 외부에 발표하거나, 군을 대표하여 또는 군인의 신분으로 대외활동을 할 때에는 국방부장관의 허가를 받아야 한다. 그러나 순수한 학술·문화·체육·친목활동 등의 분야에서 개인적으로 대외활동을 하는 경우로서 군무에 지장이 없는 때에는 예외로 하며, 구체적인 사항은 국방부장관이 별도로 정한다(군인복무기본법 제16조).

11) 사적 제재의 금지　　군인은 어떠한 경우에도 구타, 폭언, 가혹행위 및 집단 따돌림 등 사적 제재를 하여서는 아니 된다(군인복무기본법 제26조). 군인이 이러한 사적 제재를 가한 경우에는 군형법상의 폭행 및 상해죄, 가혹행위죄 등으로 처벌된다.

---

65) 대법원 1991.4.23. 선고 90누4839 판결; 대법원 1992.3.27. 선고 91누9145 판결.
66) 국가공무원법 제84조에서 집단행위 금지위반자에 대한 형사처벌의 법적 근거를 규정하고 있음에 반하여, 군인사법에서는 그러한 규정이 결여되어 있다. 입법적으로 해결해야 할 점이다. 군형법상의 각종 집단범죄처벌 규정은 군인사법과 군인의 지위 및 복무에 관한 기본법에서 말하는 집단행위 금지위반에 대한 처벌과 다르다는 점에서 군인사법상 각종 의무위반 중 특히 형사처벌의 대상이 되는 경우에 군형법 또는 일반형법에 의해 처벌할 수 있는 근거조항을 마련함이 필요하다고 본다. 군인의 집단행위 금지위반에 대한 형사처벌은 국가공무원법 제84조를 준용하여야 할 것이다.

병 상호간에는 직무에 관한 권한이 부여된 경우 이외에는 명령, 지시 등을 하여서는 아니된다(군인복무기본법 제35조 제 3 항).

또한 군인은 ① 언어적·신체적인 성희롱, 성추행, 성폭력 등 성군기 위반행위, ② 병영 내 도박 및 사행성오락행위, ③ 근거 없는 인신공격 혹은 무기명에 의한 인터넷게시 등을 통한 무고행위 등을 할 수 없다. 이러한 행위를 한 자에 대해서는 군형법상의 추행죄·무고죄 및 징계벌로서 처벌된다.

12) 의무복무기간   장기복무장교는 사관학교를 졸업한 자, 군법무관임용등에관한 법률 제 3 조의 규정에 의한 군법무관 및 단기복무장교 중 선발된 자를 말하고, 기타의 장교를 단기복무장교로 한다(군인사법 제 6 조). 장기복무장교는 10년을 의무복무기간[67]으로 하되 제 5 년차에 1회의 전역지원을 할 수 있다.

단기복무장교의 의무복무기간은 3년으로 한다. 다만, 육군3사관학교나 국군간호사관학교를 졸업한 사람은 6년으로 하고, 「병역법」 제57조 제 2 항에 따른 학생군사교육단 사관후보생과정 출신 장교, 여군(女軍) 중 간호과 장교(국군간호사관학교를 졸업한 간호과 장교는 제외한다) 및 예비역 장교로서 전역 당시의 계급에 재임용된 중위 이상의 장교에 대하여는 국방부장관이 각 군의 인력 운영을 위하여 필요하다고 인정하는 경우 1년의 범위에서 그 복무기간을 단축할 수 있다.

준사관의 의무복무기간은 5년으로 한다. 다만, 대통령령으로 정하는 군의 필수 기술 분야에 종사하는 준사관(상사와 원사에서 준사관으로 임용된 사람은 제외한다)은 10년으로 하되, 임용된 날부터 7년이 되는 해에 한 차례 전역을 지원할 수 있다.

군무원의 복무연한서약은 법적으로 효력이 없다. 군인의 경우에는 법정기간 이상의 복무연한서약도 법적 효력이 있다고 본다. 또한 의무복무기간 내라도 원에 의하지 않은 전역 등을 시킬 수 있는 것은 물론이다.

군인으로서 외국에 유학한 자 및 국내 군(한국군만을 의미하는 것으로 해석됨) 이외의 기관에서 위탁교육을 받은 자는 그 수학기간의 2배에 해당하는 기간을 의무복무기간에 가산하여 복무한다. 이 경우에 복무기간의 가산은 수학 또는 위탁교육을 의무복무연한 내에 종료하였을 때에는 그 의무복무연한의 만료일의 익일부터 기산하며, 의무복무연한이 경과한 후에 종료하였을 때에는 그 종료일의 익일부터 기산한다. 단, 그 가산기간이 1년 미만인 경우에는 1년으로 한다(군인사법 제 7 조 제 2 항). '외국에 유학한 자' 등에는 자비유학의 경우도 포함될 것이며, 군 외 기관에의 위탁의 경우에는 비록 소속부대에서 근무하면서 야간학

---

67) 해군의 장교 또는 공군의 장교로서 비행훈련과정을 수료하여 비행자격을 취득한 사람[회전익(回轉翼)항공기로 기종이 분류된 사람은 제외] 중 해군사관학교 또는 공군사관학교를 졸업한 사람의 의무복무기간은 15년, 그 외의 사람의 의무복무기간은 13년으로 한다. 다만, 장교로 임용된 날부터 5년이 되는 해에 한 차례 전역을 지원할 수 있다(군인사법 제 7 조 제 1 항 제 2 호).

교에 취학하였더라도 제도의 취지상 통상근무에 종사하지 않은 점보다도 경비를 사용한 점에 중점이 있으므로, 이 경우에도 의무복무기간에 가산된다.

국방부장관은 특수장비운용을 위하여 외국에 유학한 자에 대하여는 그 이수기간의 2배에 해당하는 기간이 5년 미만인 경우에는 5년까지를, 그 이수기간의 2배에 해당하는 기간이 5년을 초과하는 경우에는 그 이수기간의 2배에 해당하는 기간을 각각 그 의무복무기간에 가산하여 복무하게 할 수 있으며, 그 가산의 방법은 위탁교육의 경우와 같다(군인사법 제 7 조 제 5 항).

위탁교육이수자의 복무기간계산에 관한 규정은 군위탁생규정(59.12.10.), 정규군인신분령 중 개정의 건(61.4.12.), 군위탁생규정 시행세칙(61.6.10.), 군인사법(62.1.20.), 군인사법 중 개정법률(63.9.24.) 등의 개폐가 있었으나, 명시적인 경과규정이 없으므로 어느 규정에 의하여야 할 것인가의 문제가 제기된다. 후법우선의 원칙에 따라 최후법인 군인사법 중 개정법률에 의할 것이라는 설이 있으나, 구법에 의하여 발생된 권리나 의무를 신법에 의하여 박탈하거나 가중시킬 수 없다고 보는 것이 헌법상의 소급입법금지의 정신과 법의 일반원리에 비추어 타당하다 할 것이므로 구법의 규정보다 신법이 불리한 피적용자에 대하여는 구법이 적용된다고 본다. 한편 이와 같은 복무기간의 가산은 위탁교육을 받은 자에 대한 의무조항에 불과하고, 이로 인하여 신분을 보장하는 취지는 아니므로 군인사법 제 8 조 · 제21조 등 소정의 사유가 발생할 때는 소정의 절차에 의하여 전역시킬 수 있다고 본다.

장기복무장교의 전역과 관련하여, 장기복무장교가 의무복무를 마친 때에는 수시로 전역지원서를 제출할 수 있으나, 그러하지 아니한 때에는 4년의 복무를 마치기 전에 참모총장에게 전역원을 제출해야 한다(군인사법 시행령 제45조).

이와 관련하여 실무적으로는 몇 가지 관련문제가 있다. 먼저 전역지원서를 '4년의 복무기간을 마치기 전이면 언제라도 제출이 가능한가?'의 문제가 있다. 이를 살펴보면 전역원은 통상 전역 전 1~2개월 전에 제출하고 있으며, 6개월 전까지 제출하는 것은 상당하다고 보아 처리하지만, 6개월 이전에 제출하는 것은 반려하고 있다. 그러나 이는 법령상 아무런 근거가 없는 것이고, 다만 행정의 능률적이고 원활한 수행이라는 관점에서 행해지고 있는 관행이므로, 당해 전역장교의 권익을 침해하지 않는 범위 내에서만 인정된다고 볼 것이다.

또한, '4년의 복무를 마치기 전'이라는 기한을 초과해서 전역원을 제출한 경우, 이를 수리할 것인가의 문제가 있다. 군인사법 시행령 제45조의 '본인이 원하는 전역일부터 1년 전까지의 기간'이라는 요건은 인사행정 업무수행상 소요되는 상당한 기간을 입법화한 것으로 행정편의를 위한 규정이므로, 전역원의 제출이 소정의 기간을 다소 초과하였더라도 인력수급계획의 입안 기타 행정업무 처리상의 문제가 없다면, 이를 수리하는 것이 당해 장교의 권익보호를 위하여 타당할 뿐만 아니라 본 제도의 취지에도 부합된다고 본다. 그러나 현재의 실무관행은 제출기한을 초과한 경우에는 이를 받아주지 않고 있다.

5. 연금 및 복지

(1) 연 금

1) 총 칙　　군인연금법은 군인이 상당한 군복무기간 동안 성실히 복무하고 퇴직하였거나, 심신장애로 인하여 퇴직 또는 사망한 때에 본인이나 그 유족에게 적절한 급여를 지급함으로써 본인 및 유족의 생활안정과 복리향상에 기여함을 목적으로 하며, 현역 또는 소집되어 실역(實役)에 복무하는 장기하사 이상의 군인에게 적용한다(군인연금법 제1조, 제2조). 단, 재해보상금(법 제31조)은 지원에 의하지 아니하고 임용된 부사관과 병에게도 적용한다. 군무원에게는 공무원연금법이 적용된다.

여기에서 퇴직이라 함은 전역·퇴역 및 제적을 말하고, 유족이라 함은 군인 또는 군인이었던 자의 사망 당시 그에 의하여 부양되고 있던 배우자·자·부모·손 및 조부모를 말한다. 이때, 배우자는 사실상 혼인관계에 있던 사람을 포함하나, 퇴직 후 61세 이후에 혼인한 배우자는 제외한다. 자녀와 손자녀는 퇴직 후 61세 이후에 출생하거나 입양한 자녀는 제외하되, 퇴직 후 60세 당시의 태아는 복무 중 출생한 자녀로 본다. 부모와 조부모의 경우, 퇴직일 이후에 입양된 경우의 부모 및 조부모는 제외한다. 다만, 자 또는 손은 18세 미만으로서 배우자가 없거나, 18세 이상의 자 및 손으로서 군인 또는 군인이었던 자의 사망 당시부터 계속하여 동법 시행령 제5조에 정하는 정도의 폐질상태(廢疾狀態)로 기동능력이 없는 자에 한하고, 사망 당시의 태아에 관하여는 출생한 것으로 본다. 부양사실은 호적등본, 주민등록표등본 또는 거주지 읍·면장의 확인서에 의한다(동법 제3조, 동법시행령 제3조).

군인연금법상 급여를 받을 권리가 없거나, 그 액이 기여금(급여에 소요되는 비용으로서 군인이 부담하는 금액인 바, 국고가 부담하는 부담금에 대한 말이다) 원리합계액에 미달한 자에게는 그 기여금에 이자(연 1할의 단리로 하되 월을 단위로 함)를 합한 액을 반환한다(동법 제4조). 동법에 의한 급여에 대한 이의는 국방부에 설치하는 군인연금급여심사위원회에 그 심사를 청구할 수 있다(동법 제5조).

급여를 받을 권리는 양도·압류하거나 담보에 공(供)할 수 없다. 다만, 대통령령이 정하는 바에 의하여 금융기관의 담보로 공하거나, 제대군인지원에 관한 법률의 규정에 의한 대부에 따라 국가에 담보로 제공하는 경우 및 국세징수법이나 지방세기본법의 규정에 의하여 체납처분을 하는 경우에는 예외로 한다(동법 제7조). 급여를 받을 권리는 그 급여의 사유가 발생한 날로부터 5년, 기여금반환을 받을 권리는 그 급여의 사유가 발생한 날로부터 5년간 행사하지 아니할 때 시효로 인하여 소멸하나, 전시·사변 등의 사유로 발생한 날로부터 5년간 행사하지 아니할 때에는 대통령령이 정하는 바에 의하여 2년 이내의 범위 내에서 시효기간을 연장할 수 있다(동법 제8조).

급여를 받을 유족의 순위는 재산상속의 순위에 의하고(민법 제1000조 이하), 동순위자가 2인 이상이면 등분하여 지급한다.

군인 또는 군인이었던 자가 사망한 경우에 급여를 받을 유족이 없을 때에는 동법 시행령 제10조에서 정하는 한도의 액을 그 직계비속 또는 직계존속에게 지급하고, 그것도 없을 때에는 비석·제기 등을 구입하는 등 그 사망한 군인을 위하여 사용한다(동법 제14조). 부정수급자로부터는 국방부장관이 그 급여와 이자 및 환수비용을 환수할 수 있다(동법 제15조).

복무기간은 월단위로 하되 양단의 월을 산입하며, 부사관·준사관·장교로 복무한 기간은 통산한다. 전투에 종사한 기간은 3배로 계산하고, 잔여 6월 이상은 1년으로 한다. 복무기간 계산은 정부수립연도 이전으로 소급하지 못한다. 퇴직 후 다시 실역에 복무하게 된 때에는 통산하나, 기여금반환 또는 퇴직일시금을 지급한 기간은 통산하지 아니한다(동법 제16조). 군인보수의 개정시에는 퇴직 또는 사망시의 호봉에 해당하는 개정된 봉급월액에 의하여 급여액을 정한다(동법 제18조).

이민의 경우에는 특례가 있다. 즉 연금을 받을 권리가 있는 사람이 외국으로 이주하게 된 경우에는 본인이 원하는 바에 따라 연금인 급여를 갈음하여 출국하는 달의 다음 달을 기준으로 한 4년분의 연금에 상당하는 금액을 지급받을 수 있다(동법 제18조의 2). 동일인에게 수종의 급여지급사유가 있을 때에는 유리한 급여를 택일하여 지급한다(동법 제19조).

2) **퇴역연금**   군인이 20년 이상 복무하고 퇴직한 때에는 그 때부터 사망할 때까지 퇴역연금을 지급하는바, 평균기준소득월액의 1천분의 19에 상당하는 금액으로 한다. 이 경우 퇴역연금의 금액은 평균기준소득월액의 1천분의 627을 초과하지 못한다.

퇴직연금을 받을 권리가 있는 자가 다시 군인 또는 공무원이 될 때에는 그 복무기간 중 퇴역연금의 전부 또는 일부의 지급을 정지하고, 퇴역 후 1년 이내에 군인 또는 공무원이 되어 과분수령액이 발생한 때에는 이자를 붙여 6월 이내에 국고에 반환하여야 한다(동법 제21조의 2).

연금수급자의 연금지급정지 대상기관은 2000년 이후 모든 정부출자기관과 국·공유재산의 귀속, 무상공여·무상대부기관 등이 된다.

3) **퇴직일시금**   군인이 5년 이상 20년 미만 복무하고 퇴직한 때에는 퇴직한 날의 전날이 속하는 달의 기준소득월액에 복무연수를 곱한 금액의 1천분의 975에 상당하는 금액으로 하되, 복무기간이 5년을 초과할 때에는 그 초과하는 매 1년에 대하여 퇴직한 날의 전날이 속하는 달의 기준소득월액에 복무연수를 곱한 금액의 1만분의 65에 상당하는 금액을 가산한다. 복무기간이 1개월 이상 5년 미만 경우에는 퇴직일시금의 금액은 퇴직한 날의 전날이 속하는 달의 기준소득월액에 복무연수를 곱한 금액의 100분의 78에 상당하는 금액으로 한다(동법 제22조).

4) **상이연금**   군인이 공무상 질병 또는 부상으로 인하여 장애상태가 되어 퇴직한

580 제 Ⅲ 부 군사행정법

때 또는 퇴직 후에 그 질병 또는 부상으로 인하여 장애상태가 된 때에는 그때부터 사망할 때까지 제 1 급 내지 제 7 급의 구분에 의하여 상이연금을 지급한다. 예컨대, 제 1 급은 기준소득월액의 1만분의 5,200에 상당하는 금액, 제 2 급은 기준소득월액의 1만분의 4,875에 상당하는 금액, 제 3 급은 기준소득월액의 1만분의 4,550에 상당하는 금액, 제 4 급은 기준소득월액의 1만분의 4,225에 상당하는 금액을 지급한다(동법 제23조).

사정이 변경된 때에는 그 급수를 개정할 수 있고, 각급에 해당하지 않게 된 때에는 그 익일로부터 퇴역연금을 지급하며, 복무기간이 20년 미만으로서 상이연금을 받을 권리가 있는 자가 그 지급을 받지 못하게 된 때에는 이미 받은 상이연금의 총액이 그 자가 퇴직할 때에 받을 수 있었던 퇴직일시금액보다 적을 때에는 그 차액에 상당하는 금액을 지급한다(동법 제24조).

상이연금을 받을 권리가 있는 자가 다시 군인 또는 공무원이 된 때에는 그 복무기간 중 그 지급을 정지한다(동법 제25조).

5) 유족연금   퇴역연금, 상이연금을 받을 권리가 있는 자 또는 공무상 질병 또는 부상으로 인하여 복무중에 사망한 때에는(복무기간 불문) 그 유족에게 유족연금을 지급한다.

퇴역연금을 받은 자가 퇴역 후 1년 이내에 사망한 경우에 유족연금을 받게 되는 유족에 대하여는 그 군인이었던 자의 사망 당시에 과분히 지급된 연금액에 상당하는 그 유족연금에 해당하는 기간이 경과한 익월부터 그 유족연금을 지급한다(동법 제26조).

유족연금을 받을 권리자가 1년 이상 행방불명된 경우에는 동순위자 또는 차순위자의 청구에 의하여 그 행방불명된 기간에 해당하는 당해 연금을 동순위자 또는 차순위자에게 지급할 수 있다(동법 제28조).

유족연금을 받을 권리는 사망, 재혼(사실상 혼인관계 포함), 사망한 군인과 친족관계 소멸, 자 또는 손이 18세에 달할 때, 폐질상태가 해소된 때에 상실하고, 그 권리는 이전된다(동법 제29조). 그리고 퇴직 이후에 입양한 자녀는 유족급여의 대상에서 제외된다.

군인이 20년 이상 복무중 사망한 경우에는 그 유족에게 유족연금부가금을 지급하며, 그 금액은 군인연금법 제21조 제 3 항의 규정(복무기간이 20년 이상인 자의 퇴역연금의 액)에 준하여 계산한 금액의 4분의 1에 상당하는 금액으로 한다. 이 경우에 그 복무연수는 33년을 초과하지 못한다(제29조의 2).

퇴역연금을 받을 권리가 있는 자가 군복무중 사망한 경우 유족이 원하는 때에는 그 유족에게 유족연금과 유족연금부가금에 갈음하여 유족연금일시금을 지급하며, 그 금액에 관하여는 군인연금법 제21조 제 3 항(퇴역연금일시금의 금액)의 규정을 준용한다(동법 제29조의 3).

6) 유족일시금   군인이 5년 이상 20년 미만 복무하고 공무 외로 사망한 때에는 그 유족에게 유족일시금을 지급한다. 이것은 퇴직일시금에 사망 당시의 복무월액을 가산

한 금액으로 한다.

군인이 5년 미만 복무하고 공무 외로 사망한 때에는 퇴직하는 날이 속한 월의 보수월액에 복무연수를 곱한 금액(퇴직일시금)에 사망 당시의 보수월액을 가산한 금액을 유족일시금으로 지급한다. 선임자의 기합으로 상해를 입었을 경우에도 공상에 해당한다.

7) 재해보상금   군인이 질병에 걸리거나 부상을 당하거나 또는 사망한 경우에는 국고가 부담하는 장애보상금 또는 사망보상금을 지급한다(군인연금법 제31조, 제32조).

사망보상금은 복무중 사망한 군인(군간부후보생을 포함)의 유족에게 지급하되, 그 지급은 다음의 구분에 의한다. 전사의 경우, 군인 전체의 기준소득월액 평균액의 10분의 577에 상당하는 금액. 특수직무 순직의 경우, 군인 전체의 기준소득월액 평균액의 10분의 442에 상당하는 금액. 복무중 공무를 수행하다가 사망하거나 공무상 질병 또는 부상으로 인하여 사망한 경우에는 기준소득월액의 10분의 234에 상당하는 금액을 각각 사망보상금으로 지급한다.

장애보상금은 군인이 군복무중 질병에 걸리거나 부상으로 인하여 심신장애 판정을 받고 퇴직하는 경우(퇴직 후 6개월 이내에 심신장애 판정을 받은 경우를 포함한다)에 지급하며, 다음의 구분에 의하여 지급한다. 단, 제4급의 경우에는 공무상 부상 또는 질병으로 인하여 퇴직하는 경우에만 장애보상금을 지급한다.

R.O.T.C 야영훈련중 부상을 입은 자는 군적에 편입되지 않았으므로 동법상의 보상을 받을 수 없다. 이는 입법상의 불비라고 할 수 있다.

군인의 배우자 또는 직계존속이 사망한 때에는 당해 군인에게 사망조위금을 지급하고, 군인이 사망한 때에는 그 배우자에게 사망조위금을 지급하되 배우자가 없는 경우에는 장례를 행하는 자에게 지급한다. 배우자 또는 직계존속이 사망한 때의 사망조위금은 사망 당시의 당해 군인의 보수월액에 상당하는 금액으로 하며, 군인이 사망한 때에는 당해 군인의 월보수액의 3배에 상당하는 금액으로 한다(군인연금법 제32조의 2).

8) 급여의 제한   군인 또는 군인이었던 자가 복무중의 사유로 금고 이상의 형의 확정[68], 파면 또는 해임된 때에는 퇴직급여 및 퇴직수당의 일부를 감액하여 지급하며, 수사나 형사재판이 계속중인 때에는 일부에 대하여 지급을 정지할 수 있고, 내란·외환·반란, 이적의 죄 및 국가보안법에 규정된 죄를 범하여 금고 이상의 형을 받은 경우에는 이미 낸 기여금의 총액에 이자를 가산한 금액을 반환하되 급여는 지급하지 아니한다(동법 제33조).

고의로 질병, 부상 또는 폐질을 발생하게 하여 급여를 받을 수 있는 자가 군인, 군인이었던 자 또는 유족급여를 받고 있는 자나, 그 자의 사망으로 인하여 유족급여를 받을 수 있는 동순위자 또는 선순위자를 사망하게 한 때에는 그 자에 대한 유족급여를 지급하지 아

---

68) 2017.11.28. 군인연금법 개정으로 재심 등으로 무죄판결을 받아 연금 급여 제한사유가 소멸되면 그 동안 감액된 급여에 이자를 가산하여 지급하는 규정이 신설되었다(제33조 제2항).

니한다.

중대한 과실에 의하거나 정당한 사유 없이 요양에 관한 지시에 불응하여 질병 등을 발생하여 그 정도를 증진 또는 그 회복을 방해한 경우에는 그에 대한 급여의 전부 또는 일부를 지급하지 않을 수 있고(동법 제34조), 신체의 진단을 정당한 사유 없이 받지 아니하는 경우에도 전부 또는 일부를 지급하지 아니할 수 있다(동법 제35조).

한편, 금품 등을 수수하여 군사기밀을 누설하거나 외국 등에 군사기밀을 유출하여 금고 이상의 형을 받으면 간첩죄 등 반국가적 범죄와 동일하게 연금 급여 전액을 지급하지 아니한다(동법 제33조 제4항).

9) 기금과 비용분담(군인연금법 제37조, 제39조)　　　군인연금법에 따른 연금제도를 운영하기 위한 기금은 군인이 납부한 기여금과 국고가 부담하는 동액의 부담금 및 그 이자로 조달한다. 이때 군인이 납부하는 기여금은 기준소득월액의 1천분의 70에 상당하는 금액으로 한하며, 기준소득월액은 군인 전체의 기준소득월액 평균액의 100분의 180을 초과할 수 없다(군인연금법 제38조 제2항). 한편, 연금업무에 소요되는 비용은 국고가 부담하며, 특별회계를 설치·운영한다.

10) 이중배상 등의 금지　　　타법령에 의하여 국고 또는 지방자치단체의 부담으로 군인연금법에 의한 급여와 같은 금액의 급여를 받는 자에게는 그 급여금에 상당하는 액에 대하여는 군인연금법에 의한 급여를 지급하지 아니한다(동법 제41조). 단, 국가유공자 등 예우 및 지원에 관한 법률에 의한 보상금은 제외된다.

군인·군무원 등이 전투훈련 등 직무집행과 관련하여 받은 손해에 대하여는 법률이 정한 보상 이외에 국가나 공공단체에 공무원의 직무상 불법행위로 인한 배상은 청구할 수 없다(헌법 제29조 제2항, 국가배상법 제2조). 또 그러한 사유로 재해보상금·유족연금·상이연금 등의 보상을 받을 수 있을 때에는 국가배상법 및 민법의 규정에 의한 손해배상을 청구할 수 없다(국가배상법 제2조 제1항 후단).

이것은 영미의 경우와 같이(영국 국왕소추법 제10조, 국왕연방사법법 제2608조 제1항) 위험성이 높은 직무에 종사하는 자에 대하여는 사회보장적 위험부담으로서의 국가배상제도를 별도로 마련함으로써 그것과 경합되는 국가배상청구를 배제하려는 취지라고 볼 것이다.

구 헌법 하에서 판례도 재해보상금 등의 지급요건과 국가배상요건은 상이하므로 이중배상을 인정하였는데, 그 결과 예컨대 후방에서 자동차사고로 인한 사상자가 전투로 인한 사상자보다 오히려 많은 배상금을 받는 등의 모순이 발생하여 헌법규정으로 명문화한 것이다. 그러나 이는 위헌여부 논란이 있는 조문으로서 법개정이 있어야 하겠다.[69]

─────────────

69) 이상철, "국가배상법 제2조 제1항 단서의 위헌성," 육사논문집 제43집, 1992.12, 235면 이하; 전광석, "국가배상법 이른바 이중배상금지 원칙의 위헌성," 공법학의 제문제, 현재 김영훈박사 화갑기념논문집, 1995, 568면 이하.

(2) 군인복지기금

군인의 복지증진을 위한 사업을 효율적으로 수행하기 위하여 복지기금을 설치하고, 이를 관리·운용하여 군인의 생활안정과 국군의 전력향상을 도모한다는 목적으로 군인복지기금법이 제정되었다.

군인복지기금의 재원은 군 복지시설 및 체육시설의 운용으로 발생한 수익금과 기금운용사업에 의하여 발생한 수익금 등으로 조성되며, 주로 군 복지시설 및 체육시설의 유지·관리·확충에 필요한 사업과 군인의 자녀에 대한 장학금의 지원 등 군인의 복지향상 및 사기진작 등에 사용한다.

군인복지기금은 국방부장관이 관리·운용하되 대통령령이 정하는 바에 의하여 사무의 일부를 각군 참모총장에게 위임할 수 있도록 하였다.

(3) 국가유공자예우

국가를 위하여 공헌하거나 희생한 국가유공자와 그 유족에 대하여 국가가 응분의 예우를 행함으로써 그들의 생활안정과 복지향상을 도모하고, 아울러 국민의 애국정신함양에 이바지함을 목적으로 국가유공자 등 예우 및 지원에 관한 법률(법률 제10303호)이 제정되었다.

이 법에 의한 적용대상 국가유공자는 순국선열, 애국지사, 전몰군경, 전상군경, 순직군경, 공상군경, 무공, 보국수훈자, 6·25 참전 재일학도의용군인, 4·19 의거 사망자, 순직공무원, 공상공무원, 국가사회발전 특별공로순직자, 국가사회발전 특별공로상이자, 국가사회발전 특별공로자 등이며(동법 제4조), 동법에 의하여 보상을 받는 국가유공자의 유족 또는 가족의 범위는 배우자(사실상의 배우자를 포함), 자녀, 부모, 성년인 직계비속이 없는 조부모, 60세 미만의 직계존속과 성년인 형제자매가 없는 미성년자매 등이다(동법 제5조).

(4) 병역법상의 특전

고등학교 이상의 복학보장(병역법 제73조), 복직보장(휴직, 승진, 보수, 차액지급가능성, 불리한 대우금지 등)(병역법 제74조) 및 병역의무불이행자에 대한 제재(병역판정검사기피자·징집소집기피자·군복무이탈자 등의 임용제한 및 해직의무)(병역법 제76조)에 관한 규정들이 있다. 병역의무는 국민의 기본의무이기 때문에 이를 마친 국민에게는 특전을 주고, 이를 기피한 자에게는 불이익을 주어 명실공히 국민의 군대로서 유지하기 위한 것이다.

6. 군공무원의 책임

군공무원은 직무수행상 헌법이나 법규에 위반하여 위법 또는 부당한 행위를 한 경우에는 각종 법적 책임을 부담하여야 한다. 군공무원이 부담하는 책임으로는 행정법상의 책임(징계책임, 변상책임), 형사법상의 책임, 민사법상의 책임이 있다.

(1) 행정법상의 책임

1) 징계책임   징계라 함은 공법상의 특별권력관계에서 그 내부질서를 유지하기 위하여 질서유지의무를 위반하는 자에게 특별권력관계에 기하여 가하는 제재를 말한다. 이러한 징계에 의한 제재로서 과하는 벌을 징계벌이라고 하는데, 이 징계벌을 받을 지위를 징계책임이라고 한다. 징계벌은 공무원의 비위행위에 대한 내부적인 제재이므로 범죄행위에 대하여 국가형벌권을 발동하는 형벌과는 그 성격이 다르다. 따라서 징계벌과 형벌은 병과(並科)가 가능하며 병과하더라도 일사부재리의 원칙에 위배되는 것이 아니다.

징계제도에 관해서는 후술한다(제 4 장 군징계).

2) 변상책임   군공무원은 그 의무위반으로 인하여 국가의 재산에 손해를 입힌 경우에는 사용자인 국가에 대하여 국가배상법 또는 회계관계직원등의책임에관한법률 등이 정하는 바에 의하여 손해배상책임을 진다. 이 책임을 변상책임이라고 한다. 변상책임은 국가배상법에 의한 변상책임과 회계관계직원등의책임에관한법률에 의한 회계관계직원 등의 변상책임으로 나누어진다.

(가) 국가배상법상의 변상책임   헌법 제29조는 "공무원의 직무상 불법행위로 인한 손해를 받은 국민은 법률이 정하는 바에 의하여 국가 또는 공공단체에 정당한 배상을 청구할 수 있다. 이 경우 공무원 자신의 책임은 면제되지 아니한다"라고 규정하여 국민의 국가배상청구권을 인정하고 있다.

헌법 제29조를 근거로 국가배상법 제 2 조와 제 5 조는 공무원의 직무상 불법행위와 영조물 설치 또는 관리상의 하자에 따른 국가배상책임을 규정하고 있으며, 내부적으로 그 구상권을 인정하고 있다. 즉 국가배상법 제 2 조는 "공무원이 그 직무를 집행함에 당하여 고의 또는 과실로 법령에 위반하여 타인에게 손해를 가하거나 자동차손해배상보장법의 규정에 의하여 손해배상의 책임이 있는 때에는 국가가 그 손해를 배상할 책임이 있고, 이 경우에 국가는 공무원에게 고의 또는 중과실이 있을 때에는 그에게 구상할 수 있다"고 규정하고 있다.

또한 제 5 조에서는 "공공의 영조물의 설치 또는 관리의 하자로 인하여 타인에게 발생한 손해를 국가가 배상한 경우에 공무원에게 그 원인에 대한 책임이 있을 때에는 국가는 그 공무원에게 구상할 수 있다"고 규정하고 있다. 이에 따라 공무원이 직무상 불법행위를 한 경우에는 국가 또는 지방자치단체가 국가배상책임을 지지만, 내부적으로 국가나 지방자치단체는 당해 공무원에 대하여 구상권을 행사할 수 있어 결국은 공무원은 국가나 지방자치단체에 대하여 변상책임(구상책임)이 발생되는 것이다.

(나) 회계관계직원 등의 변상책임　　회계관계직원등의책임에관한법률은 회계관계직원 등의 책임을 명확히 하고, 법령, 그 밖의 관계규정 또는 예산을 위반한 회계관계행위를 방지함으로써 국가, 지방자치단체 기타 감사원의 감사를 받는 단체의 회계집행의 적정화를 도모함을 목적으로 한다. 회계관계직원 등의 고의 또는 중과실로 법령, 그 밖의 관계규정 및 예산에 정하여진 바에 위반하여 국가 또는 단체 등의 재산에 대하여 손해를 끼친 때에는 변상책임이 있으며, 현금 또는 물품을 출납·보관하는 자가 그 보관에 속하는 현금 또는 물품을 손실·훼손하였을 경우에 선량한 관리자의 주의를 태만히 하지 아니하였다는 증명을 하지 못하였을 때에는 변상책임이 있다.

위의 경우에 손해가 2인 이상의 회계관계직원의 행위로 인하여 발생한 때에는 각각 손해발생에 미친 정도에 따라 책임을 진다. 손해발생에 미친 정도가 분명하지 아니한 때에는 그 정도가 동일한 것으로 본다.

또한 회계관계직원의 상급자로서 위법한 회계관계행위를 명령했을 경우에는 당해 상급자도 연대하여 변상책임을 진다. 그러나 회계관계직원은 스스로 사무를 집행하지 아니한 것을 이유로 그 책임을 면할 수 없다.

그리고 소속장관 또는 감독기관의 장은 회계관계직원의 변상책임이 있다고 인정하는 때에는 감사원의 판정이 있기 전이라도 당해 회계관계직원에 대하여 변상을 명할 수 있다. 이 경우 소속장관 또는 감독기관의 장은 필요하다고 인정하는 때에는 대통령령이 정하는 기관별·직위별 위임한도액의 범위 안에서 대통령령이 정하는 바에 의하여 당해 기관 또는 직위에 있는 자에게 이미 납부한 변상금을 지체 없이 반환하여야 한다.

공무원의 변상책임과 관련하여 감사원은 감사의 결과에 따라 회계관계직원 등에 대한 변상책임 유무를 심리하고 판정하여야 한다. 감사원은 변상책임이 있다고 판정하였을 때에는 변상책임자, 변상액 및 변상의 이유를 명백히 한 변상판정서를 소속장관, 감독기관의 장 또는 당해 기관의 장에게 송부하고, 그 송부를 받은 소속장관, 감독기관의 장 또는 당해 기관의 장은 그 송부를 받은 날로부터 20일 이내에 변상판정서를 당해 변상책임자에게 교부하여 감사원이 정한 기한 내에 변상하게 하여야 한다.

(2) 형사책임

군공무원의 행위가 의무를 위반하여 일반법익을 침해하는 범죄에 해당하는 경우에는 징계벌을 과하는 외에 법질서를 유지할 목적으로 공권력주체인 국가에 의하여 형벌을 받게 된다.

군공무원의 범죄는 일반공무원과 같이 일반법인 형법 등의 적용을 받는 외에 군사범죄와 형벌에 관한 특별법인 군형법의 적용을 받는다. 형법상 공무원의 형사범죄는 직무를 태만히 하거나 직권을 남용하는 것과 같이 직무와 관련된 행위 또는 공무원의 신분이 범죄를 성립시키는 직무범죄와 준직무범죄로 나눌 수 있는데, 군공무원에 대해서도 동일하게 적용된다.

현행 군형법은 군기유지와 전투력의 보존·발휘를 위한 목적으로 하여 규정된 특별형법으로서 일반형법에서는 범죄가 되지 아니하는 행위를 범죄로 규정하여 처벌하고 있다. 일반공무원의 경우 직장을 무단결근한다든지 상관의 명령에 불복종하는 경우 징계벌을 받고 형사처벌은 받지 아니하지만, 군공무원의 경우에는 군무이탈죄·항명죄라는 형사처벌을 받게 된다.

(3) 민사법상의 배상책임

군공무원이 위법행위를 하여 타인에게 손해를 입힌 경우에는 직접 상대방에 대하여 민법상의 불법행위책임을 지게 된다. 군공무원이 직무와 관련 없는 순수한 개인적 행위로 인하여 타인에게 손해를 가한 경우에 피해자에게 민사법상의 손해배상책임을 부담하는 것은 당연하다.

군공무원이 직무수행중 불법행위로 인하여 타인에게 손해를 입힌 경우에 그 군공무원의 행위가 고의 또는 중과실에 의한 경우에는 피해자는 그 군공무원에 대하여 손해배상을 청구할 수 있다. 피해자는 국가나 공공단체에 대해서 또는 군공무원에 대해서 선택적으로 손해배상청구를 할 수 있다. 그러나 그 행위가 경과실에 의한 경우에는 손해배상청구권이 인정되지 아니한다.[70]

제 2 절 병 역 법

Ⅰ. 병역제도 개관

1. 병역의 의의

병역이라 함은 국가의 국방력 구성을 위한 국민의 인적부담을 말하는데, 그 인적부담에는 특히 국가에 대한 충성심이 요구된다. 국방력은 국토를 방위하여 국가의 주권과 국민의 기본권과 생명, 재산을 유지하고 보호하는 군사력을 말하는 것으로서 외부로부터 국가위험을 전투력에 의하여 배제함을 그 목적으로 하나 내란 등에 의한 국내의 질서유지를 위하여 발동되는 경우가 있다.

국방을 위한 국가활동을 적극적 측면과 소극적 측면으로 나눌 때 전자는 외적의 공격에 대하여 자국의 영역이나 외국에 있는 자국 또는 자국민의 권익과 생명 그리고 재산

---

70) 대법원 1996.2.15. 선고 95다38677 판결.

을 보호하는 활동을 말하는 것이며, 후자는 군비를 철저히 하여 국제사회에서 자국의 지위나 권위를 유지, 향상시키는데 필요한 위력을 항상 보유하고 있음으로써 외적의 침략을 사전에 방지함은 물론 나아가 국가정책 수행의 추진력이 되게 하는 것이다. 국방력은 적의 전투력을 약화하여 승리를 획득하는 것을 전제조건으로 하고 있으므로 직접 전투행위에 투입되는 군비가 그 기본이 되는 것이며, 군비는 병력과 무기 기타 장비로 구성되는데, 병역은 이 병력 또는 병원(兵員)을 획득하고 유지하기 위하여 국민에게 과하는 의무인 것이다.

병역은 국가에 대한 충성심에 의한 국민의 인적부담이라고 할 수 있는데, 개인의 모든 정신적 지능과 육체적 능력을 발휘하여 국가에 봉사함을 의미한다. 따라서 병역은 전시의 징용이나 노무동원과 구별되는 것이다. 병역의무는 국가의 주권을 수호하기 위한 생사를 초월한 부담으로 국민의 기본의무 중 가장 신성하며 숭고한 의무라 하겠다.

2. 병역제도의 종류

국군의 병원(兵員)을 충족시킬 제도를 병역제도라 하는데, 병역제도는 크게 의무병제도와 지원병제도로 구분된다. 의무병제도는 이를 다시 징병제도와 민병제도로, 지원병제도는 직업군인제도·모병제도·용병제도로 구분할 수 있다. 그 밖에 지원병제도에 용병제도를 포함시켜 설명하는 경우도 있으나 이론이 있을 수 있다. 병역제도의 종류와 그 내용을 살펴본다.

(1) 의무병제도

이 제도는 국가는 전체국민에 의하여 방위되어야 한다는 정신 하에 국민 모두에게 병역의무를 부과하는 제도이다. 국민 모두가 병역의무를 지는 관념을 국민개병주의라고 하며, 이에 따라 개인의 의사와는 관계 없이 국민이면 누구나 국가에 의해 병역의무가 부과된다. 이 의무병제도는 다시 징병제(徵兵制)와 민병제(民兵制)로 나뉜다.

징병제는 국민개병주의에 입각하여 병원(兵員) 훈련의 주안을 정병주의(精兵主義)에 두고, 정예화된 병원으로써 국군을 조성하려는 병역제도이다. 징병제 하에서는 평시에 전시편제의 기간(基幹)이 될 군대를 상시 설치하고, 소요의 병원을 징집하여 일정기간 교육·훈련을 시킨 후 점차 신진으로 교대시키고, 전시 또는 사변과 같은 국가비상시에는 그들을 소집하여 전시편제를 완성한다.

이에 대하여 민병제는 병원훈련의 목표를 다병(多兵) 또는 중병주의(衆兵主義)에 두는 제도로서, 영국의 지방군 및 미국 호국군과 같이 국민개병(國民皆兵)을 기본으로 하면서 경제적으로 군을 양성하고 유지하고자 하는 제도이다. 민병제 하에서는 군의 간부는 지원으로 충원되며, 전국민은 반드시 단기간의 군사훈련을 받고 재영복무 대신 자가에서 종사하면서 매년 일정기간의 군사교육을 통한 전술을 연마하여 유사시 동원·소집되어 전시체제로 편성되게 된다. 스위스 민병제가 대표적 사례이다.

의무병제도의 장점은 국민 전체가 국가를 보호하는 것이므로 국가존립에 가장 적합하다고 할 수 있다. 또한 의무병제도는 편제상 군기를 유지시키고 교육·훈련을 철저히 시킬 수 있으므로 군대의 단결이 강하고 통제 및 지휘가 용이하다는 장점을 가지고 있다.

의무병제는 유사시를 대비하여 많은 현역 병력을 적은 비용으로 보유할 수 있고, 이들이 전역 후에는 경험 있는 예비전력으로서 유사시 즉각 전투력을 발휘할 수 있다는 장점이 있다. 또한 일정한 자격을 갖는 모든 국민들을 대상으로 함으로써 군이 사회적 대표성을 갖게 되며, 군사력의 양적·질적 소요를 용이하게 충족시킬 수 있는 장점이 있다.

그러나 의무병제도를 유지하자면 국민의 부담이 비교적 크고, 병원의 기능 및 정신력을 고려하여 징집할 수 없다는 단점이 있다. 또한 의무병제도는 복무기간이 짧아 무기나 장비를 다룰 수 있는 능력이나 기술숙달 정도가 미흡하다는 단점이 있다. 그 외에도 의무병제도의 단점으로는 수요와 공급의 불균형이 상존함에 따른 형평성의 문제가 제기되고, 개인의 의지와는 무관하게 국가의 강제력에 의해 소집되므로 군복무의 동기유발이 적다는 단점이 있다. 또한 첨단기술과 고학력소지자들은 더 좋은 사회적 기회를 가지므로 입대하기를 꺼려하고, 입대에 대한 거부감과 함께 입대시에도 수동적이고 소극적인 생활을 하게 되는 단점도 있다.

(2) 지원병제도

지원병제도는 자유병제도(自由兵制度)로서 국가와 국민이 합의하여 또는 계약에 의하여 병역에 복무하는 제도이다. 지원병제도는 비교적 전쟁발발가능성이 없는 나라에서 채택될 수 있다. 지원병제도에는 직업군인제와 모병제, 그리고 의용병제도와 용병제도가 있다.

직업군인제는 군인을 직업으로 하는 제도로서 장교 또는 부사관 등 장기복무를 희망하는 자가 지원에 의하여 직업군인으로 복무한다. 모병제는 징병제와 달리 본인의 자유의사와 희망에 따라 군별·신분별·병과별로 지원하여 국가와 계약을 체결하고 병역에 복무하는 제도이다.

의용병제도는 헌신 또는 순국의 정신으로 지원하는 자들을 응모케 하여 그들을 중심으로 군사력을 형성하는 제도이다. 의용병제도는 의용병 자신의 물질적 요구 없이 스스로 응모하는 병원으로서 충족시키는 제도라는 데 특징이 있다.

의용병은 직업군인이나 지원병과 같이 지원에 의하여 병역에 복무하는 점에서는 동일하나 그 지원하는 동기에 있어서는 많은 차이가 있다. 직업군인이나 지원병은 병역완수라는 목적 외에 보수를 목적으로 하는 경우가 있는 데 반하여, 의용병의 경우는 병역의무나

제 3 장　군사행정작용법　**589**

보수는 생각하지 않고 오로지 정의감과 충성심에 의하여 자진 종군하는 것으로서, 십자군 전쟁시 기독교인들의 참전을 그 예로 들 수 있다. 의용병은 국가와 민족이 위기에 처했을 때에 자발적으로 일어나 싸우는 경우이므로 국가에 의하여 상설적으로 운영되는 병역제도로 보는 데는 문제가 있다.

용병제도는 일반국민 또는 외국인으로부터 지원병을 모집하여 계약함으로써 급여와 복무연한을 정하는 소위 직업병제도이다. 용병제는 금전획득만을 목적으로 고용되는 제도이다. 프랑스에서 용병을 유지하고 있는 외에 다른 나라에서는 용병제도를 시행하고 있지 않다.

지원병제도의 장점은 지원자를 장기복무시킬 수 있으므로 경비 이외의 국민의 부담이 적고, 병원의 기능, 정신력 등의 선택을 할 수 있으며, 장기복무하게 할 수 있으므로 무기 기타 기술을 숙달시킬 수 있는 점이다. 또한 지원병제도는 병역의 형평성과 인력자원의 효율적 배분을 성취할 수 있는 장점을 가지고 있다. 그 외에도 개인의 자유의지에 따라 군복무를 하게 되므로 보다 적극적인 군복무를 예상할 수 있고, 상급자의 지휘통솔도 용이하다는 점이 장점이 된다.

그리고 지원병제도는 자신의 적성에 맞는 병과 또는 특기를 선택할 수 있기 때문에 개인의 능력을 최대한 발휘할 수 있는 여건이 마련된다면 전투력향상을 기대할 수 있으며, 현대전의 특성상 고도의 무기체계를 다룰 수 있는 첨단기술분야의 병력을 확보할 수 있다는 장점이 있다.

그러나 지원병제도는 국방을 일부 국민 또는 외국인에게 맡기는 결과가 되어 국가존립상 극히 불합리하고, 사회적 대표성을 갖지 못한다는 단점이 있다. 또한 국민의 모든 계층을 징집할 수 없으므로 소질과 기능이 저하되고, 유사시 병원의 증가 및 보충이 곤란하며, 군기를 진작시키고 교육을 철저히 하게 되면 지원이 적어지고 이탈자가 늘어날 염려가 있다.

지원병제도는 민군관계의 갈등을 증폭시킬 수 있다는 우려와 함께 수요에 비해 공급이 부족한 경우 전투력유지를 위한 별도의 유인책이 필요하다는 문제점이 제기된다. 그 외에도 의무병제도 하의 징병제와 비교하여 같은 인원을 유지하고자 할 때 지원병제도를 운영하는 경우에 더 많은 국방예산이 소요된다는 단점이 있다.

(3) 선　　택

위 병역제도 중 어느 것이 좋은 제도라고 판단하기는 쉽지 않다. 따라서 구체적인 국가에서 어느 제도를 선택할 것인가는 국가의 형태 또는 국가체제, 역사, 국민성, 국방상의 요구, 재정 및 산업 등의 고려요소에 따라 달라질 수 있다. 병역제도는 어느 제도만이 최선의 제도로서 존재하지 않으므로 각각의 장·단점과 자국의 여건을 고려하여 최선의 제도를 선택하는 것이 필요하다.

다만, 전시 등 국가의 위급·존망시에는 반드시 의무병제도를 택하지 않을 수 없다. 이는 제 1 차 세계대전에 있어서 지원병제도이던 영·미가 전시중에 징병제를 실시했고, 제 2 차 세계대전에 있어서도 징병제를 실시한 것에 비추어 보아도 명백하다.

그리고 국가는 각종 제도 중 어느 하나만을 택해야 하는 것도 아니므로 양자를 병용하여 단점을 서로 보완하는 방법도 고려할 수 있다. 두 제도가 가지는 장·단점이 위와 같다고 할 때, 그 단점을 보완하기 위하여 고려하여야 할 점은 다음과 같다.

1) 의무병제도   이 제도의 근본은 병역의무를 균등히 하고, 국민의 병역의무심을 진작하며, 국민개병제도를 실시하여 막강한 국군을 유지하고 육성하는 데 있다. 의무병제도를 시행함에 있어서는 다음과 같은 점을 고려하여야 한다.

① 건전한 병원(兵員)을 공급할 수 있는 국가시설을 완전히 할 것, 즉 병원의 공급원인 청소년의 정신과 체력을 향상할 수 있는 각종 제도 및 제반 시설을 정비하여야 한다.
② 병역제도는 가능한 한 균등히 하고 국민개병의 실질을 보여 줄 것
③ 국방과 용병상의 방침에 합치되도록 평시병력과 전시병력을 유지할 수 있도록 복무연한을 결정한다.
④ 국방방침에 의하여 국군을 훈련하고, 정예의 요구와 소요 병수를 고려하여 교육하여야 할 연한을 결정하고, 장정의 자원과 장비에 따라 군사교육의 난이도를 고려하며, 국가재정과 산업의 관계를 고려하여 재영기간을 결정할 것
⑤ 평시와 전시에 소요될 간부양성을 위한 시설을 유지할 것
⑥ 병원(兵員) 유지 및 국방에 차질이 없도록 병무정책을 시행할 것.

2) 지원병제도   정신력과 체력이 우량한 자를 선발하여 채용함을 제일 중점으로 하면서 다음을 고려한다.

① 정신적·물질적 대우를 양호하게 하는 등 각종 장려법을 만들어 그 응모자를 증대시키고 우수자를 선발한다.
② 복무 및 재영연한의 결정은 평시·전시의 요구를 충족할 수 있도록 결정할 것
③ 무기사용 및 훈련을 충분히 숙달시키고 완전히 전투능력을 구비시킬 것
④ 평시에 전시에 소요되는 간부를 양성할 것
⑤ 전시에 대비하여 지원병제도를 채용하는 국가에 있어서는 유사시 국민 전체가 병역에 복무할 필요가 생길 경우를 고려하여 징집을 강제할 수 있는 병역법을 평시에 제정하여 유지하는 것이 필요하다.

병역제도를 여러 가지로 분류하여 설명하였으나 실제로 널리 활용되고 있는 병역제도는 혼합형 제도라고 할 수 있다. 어느 한 제도에 의해서는 효율적인 병원 획득이 어렵기

때문이다. 민병제를 실시하는 스위스도 간부는 지원으로 충원하고 있으며, 우리나라도 직업군인에 대해서는 모두 지원으로 충원하고, 특수한 기술을 요하는 해·공군에 있어서는 전원 모병에 의하고 있다. 세계 각국은 혼합형제를 선호하고 있으며, 의무병제와 지원병제를 적절하게 혼합한 유형이 전형적이다.

세계 각국의 병역제도선택의 경향 및 분포도를 보면 의무병제도와 지원병제도가 각각 비슷한 수준으로 나타난다. 동유럽의 대부분의 국가들과 구 소련연방에 속해 있었던 중앙아시아국가들, 동아시아의 라오스·몽골, 그리고 구 소련과 인접해 있던 덴마크·스웨덴·노르웨이·핀란드 등의 북부유럽국가, 터키와 그리스 등 분쟁국가들이 징병제를 채택하고 있다.

한편 주변국가로부터 안보위협이 상대적으로 적었고, 천연적 안전지대라고 할 수 있는 바다를 연해 있는 카리브해연안국들은 지원병(모병제) 제도를 채택하고 있다.

병역제도의 세계적인 추세(특히 유럽의 경우)는 점차 의무병제도에서 지원병제도로 변하는 경향을 보이고 있다. 이는 냉전종식에 따른 안보환경의 변화와 현대전이 병력수에 의하기보다는 무기체계와 기술전문요원에 의해 좌우되는 전쟁양상으로 변화되고 있기 때문이라고 할 수 있다. 그러나 동아시아의 중국·일본을 비롯하여 우리와 북한의 경우는 의무병제도(징병제)를 유지하고 있으며, 북한의 경우는 군복무기간이 5년에서 10년이라는 것을 간과할 수 없다.

II. 국방의무와 병역법

1. 국방의무

헌법 제39조 제1항은 "모든 국민은 법률이 정하는 바에 의하여 국방의 의무를 진다"라고 하여 국민의 국방의무를 규정하고 있다. 이에 관한 기본법률이 병역법이다. 제2항에서는 "누구든지 병역의무의 이행으로 인하여 불이익한 처우를 받지 아니한다"라고 규정하고 있다.

국방의무의 주체는 국가구성원인 자국민임을 원칙으로 한다. 다만, 방공(防空)의 의무는 외국인도 부담한다. 국방의무 중에서 직접적인 병력형성의무는 병역법에 의한 징집대상자인 대한민국의 남성이 부담하고, 간접적인 병력형성의무는 남녀구분 없이 모든 국민이 부담한다.

헌법상 국방의무라 함은 외국의 침략적 행위로부터 국가의 독립을 유지하고 영토를 보전하기 위하여 부담하는 국가방위의무를 말한다.[71] 헌법상의 국방의무는 그 성격에 따라

---

71) 권영성, 헌법학원론, 법문사, 2005, 703면.

적극적 국방의무와 소극적 국방의무로 구분할 수 있으며, 병력형성의 관여정도에 따라 직접적 병력형성의무와 간접적 병력형성의무로 구별하여 이해할 수 있다.

적극적 국방의무는 병역법이 정하는 바에 따라 국군의 구성원이 되어야 하는 의무를 말하고, 소극적 국방의무는 국가방위를 위하여 불가피하게 군작전명령에 복종하고 협력해야 하는 의무를 말한다.

직접적 병력형성의무는 법률, 즉 병역법이 정하는 바에 따라 징집에 응해야 할 의무를 말하고, 간접적인 병력형성의무는 예비군법에 의한 예비군복무의무, 민방위기본법에 의한 민방위소집의무, 비상대비자원관리법에 의한 훈련에 응할 의무를 말한다.[72]

현행법상 적극적인 국방의무와 관련된 법률로서는 병역법·예비군법·민방위기본법 등이 있고, 소극적 국방의무와 관련된 문제로는 군작전상 불가피한 재산권의 수용·사용·제한과 거주·이전의 제한 등 기본권제한과 관련된 사항들이 있다. 이와 관련하여 징발법을 비롯한 각종 군사제한법이 규정되어 있다.

이하에서는 병역법에 관하여 살펴보기로 한다.

2. 병 역 법

(1) 강제징병제도

우리 헌법은 제39조 제1항에서 "모든 국민은 법률이 정하는 바에 의하여 국방의 의무를 진다"라고 규정하여 국방의무를 명문화하고 있으며, 이를 근거로 병역에 관하여 구체적으로 규정한 것이 병역법이다. 우리나라의 병역법은 강제징병제도를 채택하여 국민으로서 만 18세로부터 40세까지의 모든 남자는 특별한 결격사유가 없는 한 당연히 병역에 복무할 의무가 있음을 규정하고 있다. 또한 지원에 의한 임의적 병역제도를 병행하고 있다(병역법 제3조).

(2) 병역의무의 성질

법률상의 병역의무는 현실적으로 특정한 군사상의 근무에 복무함을 내용으로 하는 것이 아니고, 국가의 특별한 행위에 의하여 비로소 발생하게 되는 것이다.

따라서 병역의무는 오직 국가로부터 병역에 복무할 것을 명령받을 수 있는 지위를 말하는 것으로서, 그 의무내용은 복역의 명령이 있을 때에 그 명령에 복종하는 데 있다. 즉 병역의무는 현실적 의무가 아니라 복역명령을 조건으로 하는 정지조건부 의무에 불과하다. 따라서 병역의무자라 할 때 이 의미는 병역의무에 따르는 자 전체를 말하는 것이 아니

---

72) 헌법재판소 2002.11.28. 선고 2002헌바45 결정 : "국방의 의무는 외부 적대세력의 직·간접적인 침략행위로부터 국가의 독립을 유지하고 영토를 보전하기 위한 의무로서, 현대전이 고도의 과학기술과 정보를 요구하고 국민 전체의 협력을 필요로 하는 이른바 총력전인 점에 비추어 ① 단지 병역법에 의하여 군복무에 임하는 등의 직접적인 병력형성의무만을 가리키는 것이 아니라, ② 병역법, 예비군법, 민방위기본법, 비상대비자원관리법 등에 의한 간접적인 병력형성의무 및 ③ 병력형성 이후 군작전명령에 복종하고 협력하여야 할 의무도 포함하는 개념이다."

고, 일정한 조건 아래 자유의사에 의하지 아니하고 군인이 될 지위에 있는 자가 포함된다는 것으로 보면 된다. 그러므로 병역의무의 면제는 단순한 현실적인 복무의 면제가 아니고, 국가로부터 복역명령을 받지 아니할 지위가 설정된다는 것을 의미한다.

(3) 기본권과 병역의무

헌법에서 보장하고 있는 종교의 자유 또는 양심의 자유에 따라 병역의무를 거부하고 대체복무를 요구할 수 있는가 하는 문제와 관련하여 학설과 판례에서 논란이 되고 있다.

소위 종교의 자유 및 양심의 자유와 병역의무의 관계에 있어서 대법원은 처음에는 적극적인 잠익사실이 없는 행위는 병역법 제75조에 해당하지 않는다(1961.9.28.)고 하였으나, "여호와의 증인이라는 종교를 신봉하고, 그 교리에 크리스트인의 양심상의 결정으로 군복무를 거부한 행위는 응당 병역법의 규정에 따른 처벌을 받아야 하며, 한번 처벌을 받았다고 하여서 다시는 같은 법의 적용으로 처벌을 받지 않게 되는 것이 아니고, 논지에서 말하는 소위 양심의 결정은 헌법 제19조에서 보장한 양심의 자유에 속하는 것이 아니라고 할 것이다"라는 판결을 내렸다.[73] 양심의 자유를 이유로 병역의무를 거부할 수 있는 것이 아니라는 것을 분명히 하고 있다.[74]

대체복무를 인정할 것인가 하는 문제는 헌법해석의 문제가 아니라 국방정책 내지는 병무정책의 문제라고 볼 수 있다. 따라서 장래의 남북관계변화에 따라 입법론으로서 비전투업무, 예컨대 양로원의 노인 및 장애자 보조, 청소부, 국토건설사업 또는 간호요원 기타 군수산업 등에 종사할 수 있도록 하는 대역제도(代役制度)를 논의할 수 있을 것이다.[75] 한편 병역의무를 남자에게 한하는 것은 자의적 차별대우라고 볼 수 없고, 합리적인 사유에 의한 차별대우라 보아 남녀평등원리에 어긋나지 아니한다고 볼 것이다.

---

73) 대법원 1995.12.21. 선고 65도894 판결; 대법원 1969.7.22. 선고 69도934 판결; 대법원 1976.4.27. 선고 75누249 판결; 대법원 1985.7.23. 선고 85도1094 판결.

74) 한편 여호와의 증인 신도인 피고인이 현역병 입영통지서를 수령하였음에도 종교적 신념에 반한다는 이유로 입영일부터 3일이 경과한 날까지 입영하지 아니하였다고 하여 병역법 위반으로 기소된 사안에서, 우리나라가 가입한 '시민적 및 정치적 권리에 관한 국제규약(International Covenant on Civil and Political Rights)' 제18조 에서 양심적 병역거부권을 도출할 수 없다는 대법원과 헌법재판소의 판단은 국제사회의 흐름에 비추어 시대에 뒤떨어지고 국제인권규약에 대한 정당한 방법론적 해석으로 보기 어려운 점, 국제사회가 규범적인 차원에서도 급격하게 양심적 병역거부를 인정하는 방향으로 나아가고 있고, 대법원도 병역법 제88조 제1항의 정당한 사유의 범위에 양심의 자유가 포함될 여지가 있음을 부정하지 아니한 점, 양심적 병역거부를 정당한 사유에 해당하는 것으로 보아 현역입영 대상에서 제외하고 대신 대체복무의 가능성을 열어두는 것이 국민들 간의 실질적 형평을 기하고, 헌법이 추구하는 다양한 가치를 규범조화적으로 해석하는 것으로서 부당하다고 보기 어려운 점 및 갈등을 완화할 국가의 의무(헌법 제10조), 양심적 병역거부자들에 대한 재판과 형 집행의 현실 등 제반 사정을 종합하면, 병역법 제88조 제1항의 '정당한 사유'에 양심적 병역거부가 포함된다는 사유로 지방법원(항소심)에서는 무죄를 선고한 사례가 있다(광주지방법원 2016.10.18. 선고 2015노1181 판결).

75) 국방부에서도 대체복무를 인정하여 그 종류·방안 등을 논의한 바 있으나, 남북관계 및 병력수급문제 등을 고려하여 그 결정을 유보하고 있다.

(4) 병역법의 효력범위

병역법은 대한민국 국민의 병역의무에 관하여 규정함을 목적으로 한다(제1조, 제3조). 즉 병역법은 대한민국 국민에게 적용된다. 국민의 요건은 국적법에 의하여 정하므로 국적을 갖는 한 그 주소가 국내에 있지 아니하더라도 상관없다.

다만, 병무청장은 외국에 체제 또는 거주하는 자로서 징병적령에 달한 자에 대하여는 병역판정검사를 연기할 수 있고, 일본국 등 외국에서 대한민국 국적으로 영주권을 얻은 자에 대하여는 전시근로역으로 편입할 수 있다(제60조 제1항, 동법시행령 제136조 제1항). 또한 미수복지구로부터 이주하여 온 자에 대하여는 병역판정검사를 하지 아니하고 병역을 면제할 수 있다(제64조 제1항 제2호). 즉 이러한 국민에게도 동법이 적용되는 것은 당연한 것이다.

병적을 가진 자로서 6년 이상의 징역 또는 금고의 형을 받은 자는 병적에서 제외되며 (제3조 제4항), 남자만 병역의무를 지므로 여자는 병역의무를 지지 않음이 원칙이나, 지원에 의하여 현역에 복무할 수 있다.

Ⅲ. 병역의 종류

병역의 종류에는 현역·예비역·보충역·병역준비역·전시근로역이 있다(병역법 제5조). 현역이란 징집 또는 지원에 의하여 입영한 병과 병역법과 군인사법에 의하여 현역으로 임용된 장교·준사관·부사관 및 군간부후보생을 말한다.

예비역은 현역을 마친 사람과 병역법에 의하여 예비역에 편입된 사람을 말하고, 보충역은 병역판정검사를 받아 현역복무를 할 수 있다고 판정된 사람 중에서 병력수급사정에 의하여 현역병입영대상자로 결정되지 아니한 사람과 사회복무요원·공중보건의사·공익법무관·전문연구요원·산업기능요원으로 복무하고 있거나, 그 복무를 마친 사람 기타 병역법에 의하여 보충역에 편입된 사람을 말한다.

부모·배우자 또는 형제자매 중 전사자·순직자가 있거나 전상(戰傷)이나 공상(公傷)으로 인한 장애인이 있는 경우의 1명은 원할 경우 보충역으로 처분할 수 있다(동법 제62조 제1항).

병역준비역은 병역의무자로서, 현역, 예비역, 보충역 또는 전시근로역이 아닌 사람을 말한다. 대한민국의 국민인 남자는 18세부터 병역준비에 편입된다. 행정안전부장관은 매년 18세가 되는 남성에 대하여 병역준비역 편입자의 조사에 필요한 주민등록 정보화자료를 병무청장에게 통보하여야 한다(동법 제10조).

병역준비역 편입자는 거주지 지방병무청장 또는 읍·면·동의 장이 병적을 관리한다. 단, 국외출생자 등 주민등록이 없는 사람, 주민등록이 말소된 사람, 병역판정검사에서 현역병 입영대상자로 병역처분을 받은 사람, 병역판정검사에서 재신체검사로 병역처분받은 사람 및 병역처분이 취소된 사람, 군간부후보생 병적에 편입된 사람 등은 예외적으로 병적을 관리한다.

전시근로역은 병역판정검사 또는 신체검사 결과 현역 또는 보충역 복무는 할 수 없으나, 전시근로소집에 의한 군사지원업무는 감당할 수 있다고 결정된 사람과 기타 병역법에 의하여 전시근로역에 편입된 사람을 말한다. 전시근로역 처분대상은 다음과 같다.(병역법 시행령 제136조 제1항)

1. 1년 6개월 이상의 징역 또는 금고의 실형을 선고받은 사람. 다만, 병역법 제86조에 따라 병역의무를 기피하거나 감면받을 목적으로 신체를 손상하거나 속임수를 써서 징역형을 선고받은 사람은 제외한다.
2. 가족관계등록부상 부모를 알 수 없는 사람
3. 13세 이전에 부모가 사망하고 부양할 가족(「민법」 제779조 및 제974조에 따른 가족을 말한다)이 없는 사람
4. 18세 미만의 아동으로 「아동복지법」 제52조제1항에 따른 아동양육시설·아동보호치료시설 및 공동생활가정에 5년 이상 보호된 사실이 있는 사람
5. 「국적법」 제5조부터 제8조까지의 규정에 따라 대한민국국적을 취득한 사람
6. 성을 전환하여 가족관계등록부상 여성에서 남성으로 성별이 정정된 사람

병역의무는 18세가 되는 해 1월 1일부터 시작된다. 병역준비역에 편입되는 연령이 18세이기 때문이다(병역법 제8조). 그리고 현역과 예비역, 보충역의 병(兵)과 전시근로역의 병(兵)은 40세가 되는 해의 12월 31일까지 병역의무를 지고, 예비역과 보충역의 장교, 준사관, 부사관은 군인사법이 정하는 그 계급의 연령정년이 되는 해의 12월 31일까지 의무를 진다. 병역의무를 마치면 장교, 준사관, 부사관은 퇴역하고 병은 면역하게 된다.

현역병입영 또는 사회복무요원 소집은 36세부터 면제된다. 병역의무가 면제된 사람은 전시근로역에 편입된다. 그러나 다음의 사유에 해당되는 사람은 38세부터 면제된다. 정당한 사유 없이 병역판정검사, 현역병 입영 또는 사회복무요원 소집을 기피하고 있는 사람과 행방을 알 수 없는 사람, 공중보건의사·병역판정검사전담의사·공익법무관 또는 공중방역수의사의 편입이 취소된 사람, 전문연구요원·산업기능요원의 편입이 취소된 사람, 의무·법무·군종·수의사관후보생의 병적에서 제적된 사람, 허가를 받지 않고 출국한 사람, 국외에서 체류하고 있는 사람 또는 정당한 사유 없이 허가된 기간 내에 귀국하지 않은 사람, 국외에 체재 또는 거주하는 사유로 병역판정검사, 재병역판정검사 또는 입영 등이 연기된 사람 등(병역법 제71조 제1항).

Ⅳ. 병역판정검사

병역판정검사는 만 19세 되는 해 또는 20세(군 소요를 감안하여 일부에 한하여 20세에 병역판정검사를 실시)에 주민등록상의 거주지를 관할하는 지방병무청장이 지정하는 일시(日時) · 장소에서 병역판정검사를 받아야 한다. 그러나 의무자의 편익을 도모하기 위하여 거주지에서 교통이 편리한 인정지의 병역판정검사장에서 병역판정검사를 받는 경우도 있다.

주민등록 전입일자를 기준으로 지정된 병역판정검사 일정 이전에 주민등록을 이전한 사람은 새로운 거주지의 일정과 장소에서 병역판정검사를 받아야 한다. 같은 지방병무청 관할로 이전했을 때에는 당초 지정된 일자와 장소에서 병역판정검사를 받게 된다. 병역판정검사통지서는 병역판정검사 기일 20일 전까지 교부하는 것을 원칙으로 하며, 전자우편처리센터를 이용하여 우편으로 교부한다.

병역판정검사대상자는 19세로서 1월 1일부터 12월 31일 사이에 출생한 사람(대학생을 포함한다)과 20세 이상인 사람으로서 병역판정검사 연기사유가 해소된 사람이 된다. 병역판정검사 결과 중학 졸업 이상의 학력소지자로 신체등위 1급, 2급, 3급은 현역으로, 4급은 보충역으로, 5급은 전시근로역으로, 6급은 병역면제로, 7급은 재검사 대상자로 병역처분이 된다. 7급 판정을 받은 사람은 1개월 이내에 치유하여 다시 신체검사를 받아야 하고, 재검사 결과 7급 판정을 받으면 전시근로역으로 편입된다. 재 신체검사 기간은 12개월을 넘을 수 없다.

질병, 선원 등 부득이한 사유로 지정된 일자에 병역판정검사를 받을 수 없는 경우에는 사유를 증명할 수 있는 서류를 갖추어 병역판정검사기일 전일까지 읍, 면, 동장에게 병역판정검사기일 연기원서를 제출해야 한다.

병역판정검사 대상자로서 국외여행을 하고자 하는 사람이나 산업요원 편입을 원하는 사람 그리고 19세 입영희망자로서 7월 이후에 병역판정검사가 실시되는 시, 군, 구에 주민등록이 된 사람은 우선 병역판정검사원서를 출원할 수 있다. 우선 병역판정검사를 받고자 하는 사람은 병역판정검사 희망일 10일 전까지 읍, 면, 동장에게 우선 병역판정검사원서와 국외여행자의 경우 중앙행정기관의 장의 추천서 사본, 산업기능요원 편입 희망자의 경우 지정업체 발행 재직증명서, 19세 입영희망원서 등을 첨부하여 제출하여야 한다.

19세로서 병역판정검사 수검결과 현역입영 대상자 중 당해연도에 입영을 희망하는 사람은 당해연도 10월 31일까지 병역판정검사장 또는 지방병무청 민원실, 주민자치센터에 19세가 된 때 입영희망원서를 제출하여 입영할 수 있다.

지방병무청장은 신체검사 결과 신체 등위가 1급 내지 4급으로 판정된 사람에 대하여 자격, 면허, 전공분야 등을 고려하여 군복무에 필요한 적성을 분류, 결정하고 각군 참모총장은 적성에 적합한 병종을 부여한다.

V. 입 영

1. 현역병 입영일자의 결정 및 입영통지

(1) 현역병 입영일자 안내

병역판정검사 결과 현역병 입영대상으로 판정을 받은 사람은 병역판정검사를 받은 해 또는 그 다음해에 입영하게 되며, 19세에 입영을 희망하는 사람은 수검 당해년도에 입영할 수 있다. 입영시기는 병역판정검사 시 본인이 신청한 입영희망시기를 반영하여 병역판정검사를 받은 해의 12월 31일까지 결정한 다음, 학업 및 생활 계획에 도움이 되도록 다음해 연초에 우편엽서로 정확한 입영일자와 입영부대를 본인에게 안내한다.

(2) 입영통지서의 작성 및 송달

지방병무청장(병무지청장을 포함)은 병역의무자에게 병역의무를 부과하는 통지서를 우편 또는 교부의 방법이나 정보통신망을 이용하여 송달하여야 한다. 병역의무자가 없으면 세대주, 가족 중 성년자, 고용주(雇用主) 또는 본인이 선정한 통지서 수령인(受領人)에게 송달하여야 하며, 통지서를 받은 사람은 지체 없이 병역의무자에게 전달하여야 한다. 이 경우 병역의무부과 통지서는 위에 규정된 사람에게 송달된 때에 병역의무자에게 송달된 것으로 본다.

현역입영통지서를 수령 또는 전달할 의무가 있는 사람이 정당한 사유 없이 그 수령을 거부한 때 또는 이를 전달하지 아니하거나 전달을 지체한 때에는 6개월 이하의 징역 또는 100만원 이하의 벌금에 처한다.

2. 입영연기와 입영기일 연기

(1) 입영연기

지방병무청장은 국외를 왕래하는 선박의 선원, 국외에 체재 또는 거주하는 사람, 범죄로 인하여 구속되거나 형의 집행중에 있는 사람에 대하여는 병역판정검사를 연기할 수 있으며 고등학교 이상의 학교에 재학중인 학생, 연수기관에서 소정의 과정을 이수중에 있는 사람에 대하여는 징집 또는 소집을 연기할 수 있다.

따라서 고등학교 이상의 학교에 재학중인 학생의 경우와 사법연수원에서 연수를 받고 있는 경우에 입영연기를 받을 수 있다. 그러나 휴학자, 재학중의 유급 또는 정학 등으로 제한연력 내 당해 학교를 졸업할 수 없게 된 자, 대학 또는 대학원을 졸업하고 다시 동급의 대학 또는 대학원에 편입하거나 입학한 사람, 재학생 입영원 출원자로 입영통지되어 입영을 기다리고 있는 사람, 병역판정검사 및 입영을 기피한 사람은 입영을 연기할 수 없다.

학교별 입영연기 제한 연력을 보면, 고등학교는 당해 학교 졸업시까지 입영을 연기할 수 있으며, 전문대학은 2년제인 경우 22세, 3년제인 경우 23세까지 연기할 수 있다. 4년제 대학은 24세, 6년제 대학은 26세까지 연기가 가능하다. 대학원의 경우 4학기제는 26세, 6학기제는 27세, 박사과정은 27세까지 연기가 가능하다. 사법연수원의 경우는 26세까지 연기할 수 있다.

입영연기와 구별하여 현역병 입영대상자로서 천재지변, 교통두절, 통지서 전달의 지연 기타 부득이한 사유로 인하여 입영할 수 없는 경우에는 입영기일로부터 5일 이내로 지연입영할 수 있다. 지연입영을 하고자 하는 사람은 지방병무청장에게 지연입영신고를 하고 그 입영일에 입영하여야 한다.

(2) 입영연기 절차

고등학교에 재학중인 학생으로 19세에 달하는 학생에 대하여는 당해 학교의 장이 명단을 거주지 시, 군, 구별 학년 순으로 작성하여 관할 교육청을 거쳐 지방병무청장에게 3월 31일까지 송부하여야 한다.

대학 이상의 학교는 매년 입학하는 학생의 명단을 시, 군, 구별로 작성하여 3월 31일까지 학교소재지 관할 지방병무청장에게 송부하여야 한다. 이를 받은 관할 지방병무청장은 병적을 확인하여 병역판정검사를 받은 사람으로 현역병 또는 사회복무요원 소집 대상자는 졸업시까지 입영을 연기할 수 있다.

(3) 입영기일 연기

질병 또는 심신장애로 병역의 이행이 어려운 사람은 90일 한도 내에서 기간을 정하여 연기할 수 있다. 질병사유가 계속되어 그 병역을 감당할 수 없다고 인정되는 사람에 대하여는 징병서 또는 군병원에서 신체검사를 거쳐 병역처분을 변경하거나 전시근로역에 편입된다.

본인의 직계 존비속, 배우자, 형제 또는 가족 중 생계를 같이하는 사람이 위독하거나 사망하여 본인이 아니면 간호 또는 장례 등 가사정리가 어려운 사람은 30일 한도 내에서 연기가 가능하다. 천재지변 기타 재난을 당하여 본인이 아니면 이를 처리하기 어려운 사람의 경우에는 60일 한도 내에서 연기할 수 있다.

각군의 모집에 응하여 그 수험 또는 수험결과를 기다리는 사람은 당해 모집계획에 의한 합격자 발표 시까지 일단 연기하고 합격자는 그 입영일까지 연기한다. 군 지원사유로 1회 입영기일을 연기받은 사람이 입영 대기 기간 내에 현역병으로 각군 채용시험에 합격하였거나 또는 채용통지서를 받은 사람은 그 입영일자까지 연기할 수 있다. 단 1회에 한한다.

그 밖에도 국외여행 허가를 받고 출국을 기다리는 사람과 각급 학교 입학시험에 응시하고자 하는 사람, 본인의 범죄로 구속되어 있는 경우와 형의 집행중에 있는 경우, 사법시험 및 5급 공채시험 응시자와 같은 부득이한 사유로 인하여 병역의무를 이행하기 어려운 사람의 경우에는 입영기일을 연기할 수 있다.

이와 같은 사유의 해당자는 입영기일 연기원서에 구비서류를 갖추어 입영기일 전일까지 사유에 따라 시, 군, 구의 장 또는 지방병무청장에게 제출한다. 돌발사태로 인하여 입영기일 연기원서를 제출할 시간적 여유가 없을 때에는 전보, 전화 또는 구두로 신고하고 신고 후 3일 이내에 구비서류를 첨부하여 연기원서를 제출하여야 한다.

3. 입영신체검사 및 귀향

(1) 입영부대 신체검사

입영부대의 장은 현역병 입영대상자가 입영한 때에는 입영한 날로부터 5일 이내에 입영부대의 의료시설로 입영신체검사를 실시한다. 입영부대의 의료시설에서 신체검사 결과 귀향대상자가 되는 경우에는 군병원에서 정밀신체검사를 실시하여 현역복무에 적합하지 않거나 질병 또는 심신장애로 15일 이상의 치유기간이 필요하다고 인정되는 사람에 대하여는 신체 등위 또는 치유기간을 명시하여 귀향조치하게 된다.

(2) 귀향자 처리

입영부대로부터 귀향된 사람은 신체등위 또는 치유기간에 따라서 병역처분을 하게 된다. 신체등위가 5급인 사람은 전시근로역에, 6급인 사람은 병역면제를 받는다. 치유기간이 3월 미만인 사람은 그 치유기간이 경과된 후 재입영통지를 받게 된다. 치유기간이 3월 이상인 사람과 2회 이상 계속하여 귀향된 사람은 치유기간이 경과된 후 병역판정검사장 또는 군병원에서 신체검사를 실시하여 그 결과에 따라 병역처분을 하되 신체등위가 7급으로 판정된 사람은 그 치유기간이 끝난 날부터 1월 이내에 재신체검사를 한다. 이 경우 재신체검사를 할 때까지 치유되지 아니한 사람에 대하여는 다시 치유기간을 지정하고 그 기간이 끝난 날부터 1월 이내에 다시 재 신체검사를 실시한다.

재신체검사 결과 치유기간과 같은 병명으로 최초 검사일로부터 통산하여 12월을 초과하게 될 것으로 인정되는 사람 및 재신체검사를 2회 실시하여도 같은 병명으로 신체 등위가 7급인 사람은 최초 검사일로부터 12월이 되는 달에 재신체검사를 실시하고, 재신체검사 결과 신체등위가 7급인 사람은 전시근로역에 편입된다. 다만, 최초 검사일로부터 9월이 지나서 재신체검사를 한 결과 치유기간이 최초 검사일로부터 통산하여 12월을 초과하게 될 것으로 인정되는 사람의 경우는 그 때에 전시근로역에 편입된다.

그리고 귀향된 사람 중에서 병역판정검사 시 확인되지 아니한 질병 또는 심신장애로 귀향된 사람, 귀향시와 병역판정검사시의 신체등위가 현저하게 차이가 나는 사람, 기타 학력, 연령, 병역사항을 감안하여 지방병무청장이 특히 필요하다고 인정하는 사람에 대하여는 병역판정검사장 또는 군병원에서 재검사를 실시하여 신체등위에 따라 병역처분을 할 수 있다.

4. 현역복무기간 단축처리

(1) 가사사정으로 인한 전역

현역병(상근예비역, 교정시설 경비교도로 복무중인 사람을 포함한다)으로서 입영하여 복무중인 사람이 본인이 아니면 생계를 유지할 수 없는 경우에는 전시근로역에 편입되며, 현역병또는 사회복무요원으로 복무중인 사람으로서 아버지 또는 형제 중 전사, 순직자나 전·공상으로 인한 장애인이 있는 경우 1인에 대해 원에 의하여 복무기간을 6개월로 단축할 수있으며, 그 복무기간을 마친 사람은 보충역으로 편입하거나 소집을 해제한다.

병력동원소집 또는 전시근로소집에 의하여 복무중인 병의 경우에도 위와 같은 사정이있는 경우에는 원에 의하여 전시근로역에 편입하거나 그 소집을 해제 또는 연기할 수 있다. 가사사정으로 인한 전시근로역 편입에 필요한 서류로는 생계유지 곤란사유 병역감면원서와 주민등록표 등본, 호적 등본, 재적 등본, 진단서, 복무확인서 등을 제출하여야 한다. 서류에 허위사실이 있어 처분의 잘못이 발견되면 현역병은 처분이 취소됨과 동시에 잔여복무기간을 복무하여야 하며, 사회복무요원의 경우에도 마찬가지로 처분이 취소되고 잔여복무기간을 마쳐야 한다.

(2) 전상·공상·질병 또는 심신장애로 인한 전역

전상·공상·질병 또는 심신장애로 인하여 군복무를 감당할 수 없는 경우에는 군병원에서 신체검사를 하여 신체등위가 5급 이상인 사람은 전시근로역에 편입되고, 6급인 사람은 병역을 면제한다. 간질·야맹증·정신이상·성격장애 등 군복무가 곤란한 질병 또는심신장애가 있는 사람으로 신체등위가 5급에 이르지 아니한 사람과 2년 미만의 징역 또는금고의 형의 선고를 받은 사람의 경우에는 심사를 거쳐 전시근로역에 편입된다.

(3) 수형자의 전역

현역복무중 1년 6월 이상의 징역 또는 금고의 형의 선고를 받은 사람은 전시근로역에편입된다. 단, 그 형의 집행이 유예된 사람은 제외된다. 징역 또는 금고의 형을 선고받은사람 중 앞의 경우에 해당하지 아니하는 사람은 병역처분 변경 심사위원회의 심사를 거쳐전시근로역에 편입된다.

(4) 가족이 국외로 이주한 경우

해외이주법의 규정에 따라 가족과 같이 국외로 이주하는 사람은 원(願)에 의하여 보충역에 편입하거나 상근예비역 소집을 해제할 수 있다. 이 경우 보충역 편입 또는 소집해제의 처분을 받은 사람으로서 정당한 사유 없이 1년 6월 이내에 출국하지 아니하거나 출국

후 영주할 목적으로 귀국한 사람 및 국내에서 1년 이상 취업 또는 체류하고 있는 사람 중 32세 이하의 사람에 대해서는 보충역 편입 또는 상근예비역 소집해제의 처분과 국외여행 허가를 취소하고 잔여 복무기간을 마칠 때까지 재복무하게 한다.

VI. 소   집

1. 상근예비역 소집

상근예비역은 지원 또는 징집에 의하여 상근예비역 소집대상자로 선발되어 현역병으로 입영한 사람이 일정기간(기본 군사교육훈련) 동안 현역병으로 복무하고, 예비역에 편입된 후 21개월(기본 군사교육훈련 포함)간 집에서 출·퇴근하면서 향토방위와 이와 관련된 업무를 지원하기 위하여 실역에 복무하는 사람을 말한다.

지방병무청장은 징집에 의하여 상근예비역 소집대상자를 거주지권역별로 군수요에 따라 선발한다. 지방병무청장은 징집에 의하여 현역병으로 입영할 사람 중에서 거주지와 신체등위·학력·연령 등 자질을 감안하여 소요지역에 거주하는 사람을 징집순위 후순위자부터 선발하여 현역병으로 입영시킨다. 상근예비역의 복무기간은 통산 21개월이며, 상근예비역에 소집된 사람의 복무는 향토방위업무를 수행하는 군부대 또는 이를 지원하는 기관(예비군중대 행정병, 군부대 또는 경찰관서의 무기고 관리 등)에 파견하여 복무한다.

현역입영대상자 및 현역병 중에서도 자녀 출산 또는 양육으로 인하여 상근예비역으로 복무하기를 원하는 경우에는 상근예비역 선발을 신청할 수 있으며, 이 경우 병무청장이 정한 선발기준에 따라 예비역에 편입될 수 있다(법 제21조 제3항, 법 시행령 제137조5의 2호).

2. 사회복무요원 소집

(1) 사회복무요원제도의 의의

1994년 말 방위소집제도가 폐지됨에 따라 현역병을 충원하고 남는 자원을 국가 또는 지방자치단체에 필요한 공익분야에 배치하여 근무하게 함으로써 병역의무의 형평성을 유지하고, 인력을 효율적으로 활용하기 위하여 1995년도부터 공익근무요원 소집제도를 시행하였다. 한편, 공익근무요원의 복무분야가 사회복지·환경·안전 등 사회서비스 분야로 확대됨에 따라 2013.6.4.에는 병역법을 개정하여 기존의 공익근무요원의 명칭을 '사회복무요원'으로 변경하였다. 사회복무요원은 자가 숙식, 출·퇴근 근무를 하면서 소속기관장의 지휘감독을 받되, 출퇴근 근무가 곤란하거나 업무수행의 특수성에 따라 필요한 경우에는 합숙근무를 실시한다. 사회복무요원제도에 관하여는 병역법 제5장 제1절 이하에서 규정하고 있다.

(2)사회복무요원의 종류 및 근무

2013년 법개정으로 기존의 공익근무요원의 명칭이 사회복무요원으로 변경되면서, 공익근무요원에 포함되어 있던 국제협력봉사 분야 종사자와 예술·체육 분야 종사자는 각각 '국제협력봉사요원'과 '예술·체육요원'으로 구분하여 별도의 보충역 편입대상자로 분류하였으나, 「국제협력요원에 관한 법률」이 폐지됨에 따라 국제협력봉사요원 및 국제협력의사 관련 규정은 삭제되었고 예술·체육요원의 편입 대상을 병역의무이행 유형별로 구체화 아여(2016.1.19. 병역법 일부개정) 현재는 사회복무요원의 업무별 복무분야를 다음과 같이 분류하고 있다. 복무분야별 임무 및 복무형태 등에 관한 구체적 내용은 「사회복무요원 소집업무 규정(병무청훈령 제1489호)」에서 규정하고 있다.

① 사회복지업무: 사회복지시설 운영 지원, 지방자치단체 사회복지 업무 지원 등
② 보건·의료업무: 방역·식품위생 등 국민건강 보호·증진 업무 지원, 응급구조·환자이동 등 환자구호 업무 지원 등
③ 교육·문화업무: 교과·특기적성 지도 등 학습 지원, 초등학고·중학교·고등학교 장애학생 활동 지원, 궁(宮)·능(陵) 등 문화재 관리 지원 등
④ 환경·안전업무: 환경 보호·감시 지원, 재난 안전관리 지원 등
⑤ 행정업무: 일반행정 지원, 행정기관 경비 지원 등

(3) 소집절차 및 복무기간

병역판정검사 결과 보충역으로 처분을 받거나, 전·공상 등 법령에 의해 보충역으로 처분을 받은 경우 사회복무요원의 소집대상이 된다. 지방병무청장은 사회복무요원 소집대상자에 대하여 신체등위·학력·연령 등의 자질을 고려하여 지역별로 소집순서를 결정한다. 지방병무청장은 사회복무요원 소집순서가 결정된 사람을 대상으로 복무기관을 정하여 사회복무요원을 소집한다. 사회복무요원 소집대상자로서 질병 등 부득이한 사유로 지정된 입영(소집) 기일에 입영할 수 없는 경우 병역이행일자 변경신청서를 제출하면 심사절차를 거쳐 입영(소집) 기일을 연기할 수 있다. 사회복무요원의 복무기간은 2년 2개월이다.

(4) 복무 및 소집해제

사회복무요원은 민간인신분으로서 직무상 행위는 공무수행으로 보며, 근무시간은 공무원복무규정을 준용한다.

사회복무요원으로서 질병 또는 심신장애가 있는 사람이 지방병무청 지정병원 또는 1월 이상 입원치료중이거나 치료경력이 있는 병원의 진단서를 발급받아 병역처분 변경원서를 복무기관장에게 제출하면, 지방병무청에서 이를 접수받아 신체검사가 필요하다고 인정되는 경우 군병원 또는 병역판정검사장에 신체검사를 의뢰하며, 신체검사결과 5급 또는 6급 판정자에 대하여 소집해제처분을 한다.

(5) 보수지급 및 권익보장

현역병의 봉급에 상당하는 보수 외에 중식비와 교통비를 지급하고, 사회복무요원으로 소집되어 복무중에 질병 등 사고가 발생하거나 복무가 만료된 자에 대한 권익보장으로서 복무중 순직 혹은 부상을 입은 경우는 국가유공자예우 등에 관한 법률규정에 의거 보상을 받는다. 복무중 질병 또는 부상을 입은 경우는 국가 또는 지방자치단체의 부담으로 치료를 받는다. 사회복무요원으로 복무중인 사람이 질병치료가 필요하거나 가족의 간병을 위해 필요한 경우, 또는 재난이나 그 밖의 가사사정으로 본인의 지원이 필요한 경우에는 일정기간 복무를 중단한 후 다시 복무하게 할 수 있다. 다만 가족의 간병이나 기타 가사사정으로 인한 경우에는 복무중단기간이 통틀어 6개월을 초과할 수 없다(법 제31조의 3). 복무만료자의 경우는 복무 전 직장과 학교에 복직과 복학이 보장된다. 또한 보충역 복무기간을 취업·승진·연금 등에 가산하는 혜택을 받는다.

(6) 복무태만자의 불이익조치

사회복무요원 소집복무중 정당한 사유 없이 근무지를 이탈하거나 해당 분야에 근무하지 않는 등 불성실하게 근무한 경우에는 불이익의 처분을 받는다. 즉 정당한 사유 없이 복무를 이탈한 경우에는 그 이탈일수의 5배의 기간을 연장하여 복무하게 하여야 한다. 또한 다른 사람의 근무를 방해하거나 근무태만을 선동한 경우, 정당이나 그 밖의 정치단체에 가입하는 등 정치적 목적을 지닌 행위를 한 경우, 다른 사회복무요원에게 가혹행위를 한 경우, 복무와 관련하여 영리행위를 하거나 복무기관의 장의 허가 없이 다른 직무를 겸하는 행위를 한 경우, 정당한 사유 없이 임무를 수행하지 않거나 지연하게 하는 등 법 시행령 제65조의 3에 해당하는 행위를 한 경우에는 경고처분을 받을 뿐 아니라, 경고처분 횟수가 더해질 때마다 5일을 연장하여 복무하여야 한다(제33조). 그리고 이와 같은 행위로 인하여 병무청장이 보수교육이 필요하다고 인정한 사람에 대해서는 병무청장 또는 지방병무청장이 보수교육을 실시할 수 있다(제33조의 2).

3. 병력동원소집

(1) 병력동원소집 대상자

병력동원소집은 전시, 사변 또는 이에 준하는 국가비상사태시 부대편성이나 작전수요를 위한 것으로서, 예비역, 교육소집복무를 마친 보충역, 제66조의 규정에 의하여 보충역에 편입된 자(병력동원소집 대상자라 함)에 대하여 행하며(제44조 제1항), 병력동원소집으로 입영한 자의 복무 및 처우는 현역과 같이한다(제48조).

(2) 병력동원소집 대상자의 연령

병력동원소집 대상자의 계급별·연령별 기준은 장교와 부사관, 병이 각각 다르게 규정되어 있는데, 구체적인 내용은 다음의 표와 같다(병력동원 및 전시근로소집규정, 병무청훈령 제1457호).

1) 장교의 경우

〈표 5〉

전역연도 \ 계급	'89.3 이전 전역자	'89.4 -'90. 전역자	'91 -'92 전역자	'93 -'96 전역자	'97 -'99 전역자	'00 -'02 전역자	'03 -'05 전역자	'06 이후 전역자
대 장	60세	63세						
중 장	60세	61세						
소 장	56세	59세						
준 장	54세	58세						
대 령	50세	51세	52세	53세	54세	55세	56세	
중 령	47세	48세	49세		50세	51세	52세	53세
소 령	43세	44세	45세					
대위 · 소위	43세							

2) 준사관 및 부사관의 경우

〈표 6〉

전역연도 \ 계급	'83-'84 전역자	'85-'86 전역자	'87-'89.3 전역자	'89.4-'93 전역자	'94-'96 전역자	'97-'99 전역자	'00 이후 전역자
준 위	50세			53세	54세	55세	
원 사	47세	48세	50세	53세	54세	55세	
상 사	47세	48세	50세		51세	52세	53세
중 사	45세						
하사 (장·단기)	40세						
일반하사	군복무를 마친 다음날부터 만 8년이 되는 해의 12월 31일까지						

3) 병의 경우

예비역의 병 또는 의무복무를 마친 보충역의 병으로서, 그 복무를 마친 다음 날부터 만 8년이 되는 날이 속하는 해의 12월 31일까지의 예비역의 병, 보충역의 부사관 및 병은 병력동원소집의 대상이 된다.

4. 병력동원훈련 소집

병력동원소집 대상자로 동원지정된 사람 중 장교·부사관은 1–6년차, 병(일반하사 포함)은 1–4년차에 연1회 2박 3일간 병력동원훈련 소집을 실시하며, 동원미지정자중 장교·부사관은 2박 3일의 동원미참자 교육을, 병은 24시간의 미참자 훈련과 12시간의 향방작계훈련을 실시한다. 병력동원훈련 소집은 전시·사변 등 국가유사시를 대비한 훈련 또는 점검을 위하여 병력동원소집 대상자 중 동원지정자에 대하여 실시하는 것으로 지방병무청장이 훈련소집을 통지하고, 소집부대에서 훈련한다.

소속군부대의 장은 병력동원훈련소집으로 복무중인 사람에게 병력동원훈련 소집기간이 만료된 때, 병력동원 소집된 때, 국방부장관이 병력동원훈련소집훈련을 실시할 필요가 없다고 인정하는 때에는 병력동원훈련소집을 해제하여야 한다.

병력동원훈련소집 통지서를 받은 사람이 정당한 사유 없이 지정된 일시 내에 입영하지 아니하거나 점검에 불참한 때에는 병역법 제90조 제1항에 의거 6월 이하의 징역, 200만 원 이하의 벌금, 구류에 처하게 되며, 입영하거나 점검을 받아야 할 사람을 대리하여 입영하거나 출석한 사람도 1년 이하의 징역을 받는다.

구 분			계	동원 훈련	동미참 훈련	향방 기본 훈련	향방 작계 훈련	소집 점검	예비 시간
신규전역자(간부, 병)			160						160H
병	1–4 년차	동원지정자	160	2박3일					132H
		동원미지정자	160		24H		12H		124H
		공군 동원미지정자	160		2박3일				132H
	5–6 년차	동원지정자	160			8H	6H	4H	142H
		동원미지정자	160			8H	12H		140H
	7–8년차		160						160H
간부	1–6 년차	동원지정자	160	2박3일					132H
		동원미지정자	160		2박3일				132H
	7–8년차		160						160H

※ 예비시간은 필요한 경우 수임군부대장이 재해복구동원·작전참가 등의 시간으로 활용가능.

5. 전시근로소집

전시근로소집은 전시·사변 또는 이에 준하는 국가비상사태시 군사업무지원에 필요한 노무인력을 신속히 충원하기 위한 제도로서, 소집대상자 중에서 소집할 사람을 미리 지정하여 두었다가 국가비상사태시 통지서를 교부하여 소집하게 된다.

전시근로소집은 사회복무요원 및 산업기능·전문연구요원 복무만료 등의 교육소집을 마친 보충역 중 병력동원소집 지정에서 제외된 사람, 또는 20-40세까지의 전시근로역 및 소집면제 보충역을 소집대상자로 한다(법 제53조). 전시근로소집 자원관리는 개인별 주민등록 및 민방위대원 연명부에 의거하여 읍, 면, 동장이 파악관리 한다. 유사시에 대비하여 평시부터 소요대비 120%를 지정관리한다.

전시근로소집 대상으로 지정된 사람에게는 평시 전시근로소집 통지서를 교부하며, TV나 라디오 등 언론매체를 통하여 동원령이 선포되면 통지서에 기재된 일시 및 장소로 입영하여야 한다.

6. 교육소집

교육소집은 보충역과 전시근로역에 대하여 지방병무청장이 소정의 군사교육을 위하여 필요한 경우에 실시할 수 있으며, 그 기간은 60일 이내로 하고(제55조 제1항), 복무 및 처우는 현역의 경우에 준한다(제56조 제3항).

VII. 병무행정

1. 주관 및 사무의 위임

병무행정에 관한 일반적인 사무는 병무청장이 관할한다. 병무청장은 그 권한을 대통령령이 정하는 바에 의하여 그 일부를 본적지 또는 거주지 지방병무청장에게 위임할 수 있고, 지방병무청장의 권한은 그 일부를 지방행정관서의 장에게 위임할 수 있다. 권한을 위임받은 지방행정관서에서는 그 사무를 전담하는 병무담당직원을 두며, 지방행정관서의 장이 병무담당직원을 교체하고자 할 때는 관할 지방병무청장과 협의해야 한다.

병무청장의 권한 및 지방병무청장의 권한은 대통령령이 정하는 바에 의하여 그 일부를 재외공관의 장에게 위임할 수 있다. 병무행정관서의 장은 병무행정에 관하여 경찰관서의 장에게 협조를 요청할 수 있고, 그 장은 적극적으로 협조해야 하며, 정당한 사유 없이 이를 거부하지 못한다.

2. 거주이전 및 국외여행의 신고

병역의무자가 거주지를 이동한 때에는 14일 이내에 관할 읍·면·동의 장에게 퇴거신고 및 전입신고를 하여야 한다.

종래 현역 또는 보충역 복무를 마치지 아니하거나 전시근로역에 편입되지 아니한 18세 이상의 모든 병역의무자는 국외여행을 하려는 때에는 병무청장의 허가를 받아야 했다.

이는 징병제하에서 병역의무이행을 담보하기 위한 것으로 그 필요성은 인정되나, 병역의무부광에 큰 지장이 없는 사람까지도 국외여행허가를 받도록 하는 것은 과잉규제에 해당한다는 점, 병역법상 30세까지 현역병 입영의무 등을 부과할 수 있는 점 등이 고려되어 현역 또는 보충역으로 복무중인 경우를 제외하고는 25세가 되지 아니한 사람은 허가를 받지 아니하고 자유롭게 국외여행을 할 수 있도록 개선되었다. 현재는 25세 이상인 병역준비역 또는 보충역으로서 소집되지 아니한 자, 승선근무예비역 또는 보충역으로 복무 중인 자의 국외여행에 한하여 병무청장 허가사항이다.

VIII. 벌   칙

1. 신고불이행 등

병역준비역의 편입대상자신고, 거주지이동신고, 국외여행의 신고를 정당한 사유 없이 행하지 아니하거나 허위신고를 한 사람과, 국외여행신고를 한 사람이 출국 또는 귀국하는 때에 출국확인을 받지 아니하고 출국한 사람은 200만 원 이하의 벌금이나 구류에 처한다.

고용주가 정당한 사유 없이 전문연구요원 및 산업기능요원의 신상이동통보 또는 전시소집순위가 후위로 조정된 사람의 신상이동통보를 하지 아니하거나 허위통보를 한 때에는 6월 이하의 징역 또는 2,000만 원 이하의 벌금에 처한다.

2. 통지서수령거부 및 전달의무태만

병역의무 부과통지서를 수령 또는 전달할 의무가 있는 자가 정당한 사유 없이 그 수령을 거부한 때, 또는 이를 전달하지 아니하거나 전달을 지체한 때에는 6월 이하의 징역 또는 100만 원 이하의 벌금에 처한다.

3. 도망 · 잠익 등

병역의무를 기피하거나 감면받을 목적으로 도망, 잠익, 신체손상 또는 허위행위를 한 사람은 1년 이상 5년 이하의 징역에 처한다.

4. 병역판정검사기피

병역판정검사 또는 신체검사통지서를 받은 자가 정당한 사유 없이 그 기일에 병역판정검사 또는 신체검사를 받지 아니한 때에는 6월 이하의 징역에 처하며, 대리하여 병역판정검사 또는 신체검사를 받은 자는 1년 이상 3년 이하의 징역에 처한다.

5. 입영기피

현역입영 또는 소집통지서를 받은 자가 정당한 사유 없이 입영기일로부터 현역입영은 5일, 병력동원소집·전시근로소집은 2일, 교육소집 및 사회복무요원 소집은 3일을 경과하여도 입영하지 아니한 때에는 3년 이하의 징역에 처한다. 대리로 입영하거나 소집에 응한 사람은 1년 이상 3년 이하의 징역에 처한다. 전시근로소집 대리출석은 1년 이하의 징역에 처한다. 사회복무요원의 대리복무를 한 사람은 1년 이상 3년 이하의 징역에 처한다. 사회복무요원 등이 8일 이상 근무이탈하면 3년 이하의 징역에 처한다.

병역동원훈련 소집통지서를 받은 사람이 정당한 사유 없이 지정된 일시에 입영하지 않거나 점검에 불참한 때에는 6월 이하의 징역 또는 200만 원 이하의 벌금이나 구류에 처한다. 대리출석한 사람은 1년 이하의 징역에 처한다.

6. 고용주 등에 대한 처벌

고용주가 전문연구요원 또는 산업기능요원으로 의무종사중인 사람을 정당한 사유 없이 당해 지정업체의 해당 분야 외의 다른 분야에 종사하게 한 때에는 200만 원 이상 2,000만 원 이하의 벌금에 처한다. 고용주가 병역의무 불이행자를 임직원으로 채용하거나 재직중인 사람을 해직하지 아니한 때에는 6월 이하의 징역 또는 200만 원 이상 2,000만 원 이하의 벌금에 처한다.

7. 국외여행허가위반자에 대한 처벌

국외여행허가를 받지 아니하고 국외로 출국한 사람, 국외에 체류하고 있는 사람 또는 정당한 사유 없이 허가된 기간 내에 귀국하지 아니한 사람(귀국명령에 위반하여 귀국하지 아니한 사람 포함)은 3년 이하의 징역에 처한다.

전시, 사변 또는 동원령이 선포된 때에 병역법에 규정된 죄를 범한 사람에 대하여는 각 본조에 정한 형의 장기의 2분의 1까지 가중한다.

제 3 절 계 엄 법

Ⅰ. 개   요

국가긴급권이라 함은 전쟁·내란·경제공황과 같이 국가의 존립이나 헌법질서를 위태롭게 하는 비상사태가 발생한 경우에, 정부가 평상시의 헌법상 제한을 무시하고 국가의 안전과 헌법질서를 유지하기 위하여 필요한 조치를 강구할 수 있는 비상적 조치를 말한다.

계엄은 이 국가긴급권제도의 하나로서 헌법 제77조에서 규정하고 있다. 계엄은 주로 적침 또는 반란의 위기에 직면하여 적용되도록 규정된 긴급제도로서 적대세력에 의한 현실적인 공격이 있거나, 그 위험이 급박한 경우에 정부가 위험지역에 계엄을 선포하게 된다.

계엄제도의 고전적 형태는 고대 로마에서 찾을 수 있다. 프랑스 또한 1789년 시민혁명을 성취하고 보불전쟁과 양차 대전을 겪으면서 심한 혼란을 겪어야 했던 역사 속에서 국가긴급권제도가 잘 정비되어 다른 나라에 많은 영향을 주었다. 독일의 경우도 입헌적 독재는 프랑스로부터 전래되었으며, 기본법상 재해사태·방위사태 등을 규정하고 있다. 영국에서는 1588년 무적함대가 접근하였을 때 Elizabeth여왕이 최초로 Martial Law를 포고하였으며, 미국은 남북전쟁 당시 링컨 대통령에 의하여 최초로 긴급권행사를 하였다. 우리나라에서도 1948년 제주도폭동을 진압하기 위해 발해졌던 계엄 이래 11차례의 계엄이 있었다.

헌법 제77조 제1항은 "대통령은 전시, 사변 또는 이에 준하는 국가비상사태에 있어서 병력으로써 군사상의 필요에 응하거나 공공의 안녕·질서를 유지할 필요가 있을 때에는 법률이 정하는 바에 의하여 계엄을 선포할 수 있다"라고 하여 대통령의 계엄선포권을 규정하고 있다. 이에 관한 법률로서 계엄법이 있다.

Ⅱ. 계엄법령제정사

1. 한국 계엄법제정사

우리나라에서는 1948년 제헌헌법에서 긴급명령(제5조)과 함께 제64조에서 "대통령은 법률의 정하는 바에 의하여 계엄을 선포 한다"라고 하여 계엄에 관한 내용을 처음으로 규정하였다. 이에 의거하여 1949년 11월 24일 법률 제69호로 계엄법이 제정되었다. 이 법은 일본의 1882년 8월 5일 제정된 계엄령을 모범으로 한 것으로서 "臨戰地境"과 "合圍地境"을 "非常戒嚴"과 "警備戒嚴"으로 번역하여 규정화하였고, 계엄선포권자를 대통령으로 하되 예외적으로 당해 지방을 관할하는 군사책임자가 계엄을 선포할 수 있도록 하였다. 그리고 이 법에서는 계엄사령관이 모든 행정사무와 사법사무를 관장토록 하였으며, 일정한 죄에 대한 군법회의의 재판을 인정하였다.

그러나 실제로 계엄이 선포된 것은 계엄법이 제정되기 전인 1948년 10월 17일 제주도 무장폭동과 10월 21일의 여수·순천 반란사건이 발생한 때로서, 헌법 제64조를 근거로 하면서도 근거법률이 없어 일본의 계엄령을 의용(依用)하여 이 지역에 合圍地境 계엄을 선포하였다.

1949년 계엄법이 제정된 이후 1950년 6월 25일 한국전쟁이 발발하자 7월 8일을 기하여 전국에 비상계엄이 선포되어 1953년 7월 23일까지 무려 3년 16일간이나 계엄 하에 생

활을 해야 했다. 그 외에도 계엄이 선포된 예로는 4·19와 5·16, 그리고 6·3 사태, 10월
유신, 부산사태, 10·26 사태 등 11회나 된다.

1981년 4월 17일에는 1949년에 제정된 계엄법의 규정내용과 체계가 현실에 부합되지
않을 뿐만 아니라, 계엄업무의 효율적 수행을 기할 필요성이 있다는 이유로 큰 폭의 개정
을 하였다. 이 개정법에서는 계엄의 선포요건을 강화하였으며, 비상계엄뿐만 아니라 경비
계엄에도 국회에 통고를 하도록 하고, 계엄사령관의 자격과 기본권에 대한 특별한 조치,
재산파괴에 대한 보상, 군법회의 재판범위 등을 규정하였다.

1987년 12월 4일에는 군법회의명칭이 군사법원으로 변경됨에 따라 부분개정이 있었
고, 1997년 12월 13일에는 정부부처 명칭변경에 따라 일부개정이 있었다. 이 두 번의 개정
에서는 내용상의 변경은 없었고, 단지 명칭변경에 따른 부분수정에 불과했다. 1981년 계엄
법이 새로 개정된 이후 계엄은 선포되지 않았다.

2. 각국의 계엄제도 개관

(1) 프 랑 스

프랑스는 1789년 대혁명 이후, 보불전쟁, 제1, 2차 세계대전 등 격심한 외침을 받았
고 국내적으로는 혁명 후 지금까지 헌법을 15회 이상 전면 개편하는 등 수많은 국가적 비
상사태를 극복해 왔다. 이러한 연유로 프랑스의 국가긴급권 제도는 타국에 유례없이 발전
하여 많은 나라에 영향을 주었다고 할 수 있다.

프랑스는 독일, 영국이나 미국과 달리 국가긴급권제도에 대하여 일찍부터 법제화 노
력을 해왔다. 프랑스의 국가긴급권제도의 가장 대표적인 계엄(état de siège)이 법제화된
것은 이미 1791년 7월 10일의 「군사지역의 유지와 분류에 관한 법률」이라 할 수 있다. 프
랑스의 계엄은 대혁명 이후 순수한 군사계엄으로 발전하였으나 1791년 7월 10일의 법률과
동년 9월 27일의 법률에 의하여 정치계엄으로 법제화가 이루어 졌고, 1814년의 흠정헌법
이 종언을 고한 후 1848년 11월 4일 제2공화국 헌법 제106조에 규정되었다. 1848년의 제
2공화국 헌법이 제정된 다음해인 1949년 8월 9일에는 헌법을 근거로 하여 계엄의 남용을
막을 수 있도록 하는 계엄법이 제정되었다. 이 계엄법은 현재까지도 입헌적 독재의 기본법
으로서의 효력을 가지고 있다. 제2차 세계대전이 끝난 1956년 4월 19일의 제4공화국 헌
법 초안에는 계엄에 관한 조항이 있었으나, 국민투표에 의하여 부결되었고, 동년의 10월
27일의 제4공화국 헌법에는 계엄에 관한 조항이 없었다. 그 후 동서냉전의 긴장과 국내적
어려움에서 위기의식이 고조되자, 1954년 12월 7일 헌법 개정시 「계엄은 법률에 정한 조건
에 따라 선포된다」(제7조 제2항)라는 계엄 조항을 신설하였다. 이어서 1958년 10월 5일의
제5공화국 헌법에서도 「계엄은 각의에서 포고한다. 12일을 초과하는 계엄의 계속은 국회
에 의하는 외에는 인정될 수 없다.」(제36조)고 규정하여 오늘날의 프랑스 계엄의 헌법적 근

거를 갖게 되었다.

(2) 독   일

독일에는 17세기부터 국가긴급권(Staatsnotrecht)로서의 jus emines(긴급수용권)와 summapotestas(긴급명령권)이라는 개념이 있었다. 그러나 독일에서 현대적인 국가긴급권 사상이 확립되고 그것이 실정법으로서 헌법 또는 법률에 규정되게 된 것은 프랑스의 계엄제도의 영향이라고 할 수 있다.

독일이 프랑스의 계엄제도를 받아들여 군주의 강한 절대주의적 권한을 반영하여 긴급권체계를 제도화한 것이 1850년 1월 31일의 Preußen의 헌법 제111조이며, 이를 근거로 하여 제정된 법률이 1851년 6월 4일의 계엄법이다, 보불전쟁에서 승리한 독일은 1871년 4월 16일 독일제국헌법(비스마르크 헌법) 제68조에서도 Preußen헌법의 긴급권을 승계하여 전쟁상태에 관한 규정을 두었다. 그 후 제1차 세계대전에서 패배한 독일은 1919년 8월 19일의 바이마르 헌법 제48조에서 긴급권 행사의 요건과 결과에 대한 규정을 두었으나, 결국 나치 히틀러의 등장으로 바이마르 체제 자체가 붕괴되고 긴급권이 남용되는 결과를 가져왔다. 제2차 세계대전 이후 독일이 연합군에게 패배하고 1949년 5월 23일 제정된 독일 기본법에서는 국가긴급권에 관한 규정을 두지 않았었다. 나치 치하에서 자행되었던 긴급명령이라는 이름으로 정치적 파괴와 국민의 기본권이 침해된 경험이 있었기 때문이었다. 그러나 국토분단과 핵무기 개발 등 위기에 대처하기 위한 필요성이 대두되어 1956년 3월 19일 개정 기본법에서 긴급사태에 관한 규정을 두게 되었다. 그 후에도 몇 번의 개정과정을 거치면서 1968년 6월 27일 개정기본법에서 긴급사태 헌법이라고 할 수 있는 「기본법 보충법」이 성립되어 오늘에 이르고 있다.

(3) 영   국

영국은 1914년 이전까지는 지리적 특성상 프랑스나 독일과 같이 국가적 비상사태에 대응한 입헌적 독재를 실시해야 할 필요성이 그다지 크지 않았다. 그러나 영국도 1914년 이후부터는 양차 세계대전과 심각한 경제공황을 겪어야 했기 때문에 국가긴급권의 필요와 발동이 유럽대륙의 국가들과 크게 차이가 없게 되었다.

영국의 긴급조치로는 대내외적인 위기에 대처하기 위하여 제정법적 규정을 마련하는 경우, 이미 발생한 중대위기에 대처하기 위하여 의회 자신이 행동을 취하는 경우, 의회가 기능할 수 없는 때 국왕의 특권 또는 commom law에 의거하여 정부가 자신의 책임에 의하여 조치를 취하는 경우 등이 있다. 이 중 마지막 정부의 조치가 입헌적 독재의 기본제도라고 할 수 있는 계엄(martial law)의 형식을 취하고 있다.

영국에서 계엄법에 해당하는 martial law는 국내에서 군 당국이 정부 혹은 적어도 정부의 일부기능을 운영할 때에 적용하는 긴급법을 의미하며, 계엄은 적침 또는 반란의 경우에 있어서의 국정의 국내지역 및 민간인에의 확대를 의미한다. 프랑스와 마찬가지로 계엄상황, 즉 적침이나 반란으로 말미암아 대내적 국가질서가 교란된 경우에 있어서 공공질서 유지의 급박한 필요가 있을 때에 인정되고, 군사 권력수단의 개입(군의 무기사용, 임시군법회의의 반란자에 대한 즉심 등)이 허용된다. 계엄정부는 경찰권을 전제적으로 행사할 수 있고, 침입과 반란에 관련이 있는 시민을 체포하고 재판 없이 구금할 수 있으며, 그들을 처벌할 수 있다. 그리고 영장 없이 압수 및 수색할 수 있고, 집회, 야간통행, 표현의 자유를 제한할 수 있으며, 범죄의 즉결심판을 위한 군법회의를 설치하는 등의 계엄지역을 일반적으로 통치한다.

martial law와 그에 의하여 취해지는 조치들은 통상 이 긴급제도를 취할 때에 수반되는 선포에 의존하지 않는다. 선포행위는 현존사실에 대한 선언과 긴급조치의 불가피성에 대한 보고에 지나지 않는다. 영국의 의회는 계엄을 선포할 수 있으나, 정부에 위임하기 때문에 프랑스와 달리 계엄의 통제기관이라고 할 수 없다. 오히려 법원(재판소)이 계엄권 남용에 대한 통제기관이 된다. 법원은 국내 계엄상태와 그에 의거한 조치에 대한 심사권을 가지고 있다.

(4) 미　국

미국은 역사적으로 남북전쟁과 식민지전쟁(영미전쟁)을 제외하고는 국내적으로 비상사태가 발생하지 않았으며, 대외적으로도 제 1, 2 차 세계대전도 모두 다른 나라에서 치루어진 전쟁이었기 때문에 독일, 프랑스, 영국과는 매우 다른 경향을 보이고 있다.

미국은 국가비상사태하에서도 통상적인 헌법에 의하여 통치가 이루어지고 있다. 미국 헌법에 비상사태에 관한 규정이 없는 것은 아니나 martial law와 같은 직접적인 규정은 없다. 따라서 미국의 위기정부 문제는 제도의 문제가 아니라 위기정부의 중심이라고 할 수 있는 미국 대통령의 문제라고 할 수 있다.

미국에서 연방의 군사력을 사용함에 있어서 대통령과 의회의 헌법적 권한을 구분하는 명백한 기준은 없다. 그러나 입법의 위임과 행정적 주도력에 의하여 대통령이 우월한 위치에 있다. 대통령은 미국 전역에 있어서 질서와 권위를 유지하기 위하여 무력을 사용할 수 있으며, 미국의 모든 주에서 민병을 소집하고 연방의 모든 군사력을 사용할 수 있는 권한을 가지고 있다.

미국은 제 1 차 세계대전 이후에 특히 대통령의 긴급권이 확대되는데, 대부분이 국회의 위임입법에 의해서였다. 그 대표적인 예로는 경제문제에 관하여 대통령에게 광대한 권한을 부여한 1971년 8월 10일의 「Lever Act」, 1933년 3월 6일의 대공황에 대한 루즈벨트 대통령의 비상사태 선포와 3월 9일의 긴급은행법(Emergency Banking Act)을 비롯한 위임법률

을 들 수 있다. 제 2 차 세계대전 중의 미국의 중요한 위임입법으로는 1941년 대여법
(Lend-Lease Act), 제 1 차 전쟁권한법(First War Act), 1942년의 제 2 차 전쟁권한법, 1942년
의 긴급물가통제법(Emergency Price Control Act)이 있다.

제 2 차 세계대전 이후에도 1950년 한국전쟁을 수행하기 위한 트루먼 대통령의 국가비
상사태 선포, 1970년 우편물 운반에 예비군의 일부를 사용하기 위해, 그리고 1971년 계약
조건을 일시적으로 중지시키고 수입상품에 대하여 추가의무를 부과시켜 지불균형을 유지
하기 위한 닉슨 대통령의 비상사태 선포가 있다.

(5) 일　　본

戒嚴이라는 용어는 일본인이 고안한 것이다.

즉, 그 어원은 正字通의「敵將至設備曰戒嚴」(적이 바야흐로 쳐들어옴에 방비를 굳게 함을 일
컬어 계엄이라 한다)에서 유래한다.

일본은 프랑스의 국가긴급법을 모방하여 臨戰地境戒嚴하에서는 지방행정사무 및 사법
사무 중 군사에 관한 사건에 한하여 계엄사령관이 관장하고, 合圍地境戒嚴이 선포되었을
때에는 모든 지방행정사무와 사법사무를 관장하는 권한을 가졌다. 그리고 합위지경 내에
서는 군사에 관한 민사사건과 공공의 안녕질서를 해치는 특정 범죄에 관하여는 군법회의
에서 재판을 하도록 되어 있고, 합위지경 내에 법원이 없거나 관할법원과의 통로가 단절되
었을 때에는 민사, 형사의 구별이 없이 군법회의에서 재판하도록 되어 있었다. 그러나 제
2 차 세계대전이 연합국의 승리로 끝나면서 일본에서는 새 헌법이 제정되었다. 일본의 새
헌법에 따라 군대가 없어지고 자위대가 그 역할을 대신하면서 자연히 계엄령도 없어지게
되었다.

Ⅲ. 계엄의 종류와 변경

1. 비상계엄

계엄에는 비상계엄과 경비계엄의 두 종류가 있다. 비상계엄은 전시, 사변 또는 이에
준하는 국가비상사태에 있어서 적과 교전상태에 있거나, 사회질서가 극도로 교란되어 행
정기능과 사법기능의 수행이 현저히 곤란할 경우에 군사상의 필요에 응하거나 공공의 안
녕・질서를 유지하기 위하여 선포하는 계엄이다(계엄법 제 2 조 제 2 항).

2. 경비계엄

이에 대하여 경비계엄은 전시, 사변 또는 이에 준하는 국가비상사태에 있어서 사회질
서가 교란되어 일반 행정기관으로는 치안을 확보할 수 없는 경우에 공공의 안녕・질서를

유지하기 위하여 선포하는 계엄이다(계엄법 제 2 조 제 3 항).

3. 계엄의 변경

대통령은 국무회의의 심의를 거쳐 계엄의 종류를 변경할 수 있고, 시행지역을 확대 또는 축소할 수 있으며, 계엄사령관을 경질할 수도 있다(계엄법 제 2 조 제 4 항·제 5 항).

Ⅳ. 계엄선포의 요건

1. 실질적 요건

계엄은 ① 전시, 사변 또는 이에 준하는 국가비상사태가 발생하여, ② 병력으로써, ③ 군사상의 필요에 응하거나 공공의 안녕·질서를 유지할 필요가 있을 때에 한하여 선포할 수 있다. 계엄선포의 경우에는 국민의 자유와 권리가 일시적으로 제한되고 행정 및 사법권한이 제한되므로 계엄선포의 요건은 엄격하게 해석되어야 한다.

첫째, 전시, 사변 또는 이에 준하는 국가비상사태가 발생한 경우라야 한다. 여기서 전시라 함은 전쟁시를 말하고, 전쟁이라 함은 무력을 중심으로 한 국가간의 투쟁상태를 말하며, 사변이라 함은 국토를 참절하거나 국헌을 문란하게 할 목적으로 하는 무장반란집단의 폭동행위를 말한다. 그러나 계엄선포의 요건으로서의 전시와 사변의 구별은 실정법운영면에서 실익이 없다. 어느 경우에 해당하든 계엄선포의 요건이 충족되기 때문이다. '이에 준하는 국가비상사태'라 함은 위에 든 전시 또는 사변에 해당하지 아니하는 경우로서, 무장 또는 비무장의 집단 또는 군중에 의한 사회질서 교란상태와 자연적 재난으로 인한 사회질서 교란상태를 말한다. 비상적 사태는 이미 구체적으로 발생한 경우라야 하고, 단지 비상적 사태의 발생이 예견되는 데 지나지 아니하는 경우는 여기에 포함되지 아니한다. 계엄은 사후진압적 성격을 갖기 때문이다. 다만, 무장 또는 비무장의 집단이나 군중에 의한 사회질서교란은 계엄의 목적에 비추어 엄격하게 해석하여야 할 것이므로 국가의 존립 그 자체 또는 헌법질서에 직접적으로 위해를 가져오는 정도의 교란상태를 말한다.

둘째, 병력으로써 군사상의 필요에 응하거나 공공의 안녕·질서를 유지할 필요가 있는 경우라야 한다. 여기서 군사상의 필요라 함은 군대의 안전을 위한 군작전상의 필요를 말하고, 공공의 안녕·질서의 유지라 함은 사회적 안전이나 평온과 같은 경찰상의 질서유지를 말한다. 국가비상사태가 발생한 경우에도 경찰력만으로 비상사태를 극복할 수 있을 때에는 계엄을 선포할 수 없다. 병력을 사용하지 아니하고는 비상사태의 극복이 불가능한 때에 한하여 계엄을 선포할 수 있는 것이다.

2. 절차적 요건

대통령이 계엄을 선포하려면 국무회의의 심의를 거쳐야 한다(헌법 제89조 제 5 호, 계엄법 제 2 조 제 5 항). 국방부장관 또는 행정안전부장관은 계엄선포의 요건에 해당하는 사유가 발생한 때에는 국무총리를 거쳐 대통령에게 계엄의 선포를 건의할 수 있다(계엄법 제 2 조 제 6 항). 대통령이 계엄을 선포할 때에는 계엄선포의 이유, 계엄의 종류, 계엄시행일시, 시행지역 및 계엄사령관을 공고하여야 한다(계엄법 제 3 조). 계엄사령관은 현역 장성급장교 중에서 국방부장관이 추천한 자를 국무회의의 심의를 거쳐 대통령이 임명한다. 또한 대통령이 계엄을 선포한 때에는 지체 없이 국회에 통고하여야 하며, 이 때 국회가 폐회중이면 지체 없이 임시국회소집을 요구하여야 한다(계엄법 제 4 조 제 2 항).

V. 계엄의 선포권자와 지휘·감독권자

계엄을 선포할 수 있는 권한은 오로지 대통령만이 가진다(헌법 제77조 제 1 항). 계엄이 선포되면 계엄사령관은 계엄의 시행에 관하여 국방부장관의 지휘·감독을 받는다. 다만, 전국을 계엄지역으로 하는 경우와 대통령이 직접 지휘·감독할 필요가 있는 경우에는 대통령의 지휘·감독을 받는다. 이 때 계엄사령관을 지휘·감독함에 있어 국가정책에 관계되는 사항은 국무회의의 심의를 거쳐야 한다(계엄법 제 6 조).

VI. 계엄의 효력

계엄의 구체적인 효력은 비상계엄인 경우와 경비계엄인 경우에 따라 다르다.

1. 비상계엄의 효력
(1) 행정 및 사법사무에 관한 특별조치

헌법 제77조 제 3 항은 "비상계엄이 선포된 때에는 법률이 정하는 바에 의하여 … 정부나 법원의 권한에 관하여 특별한 조치를 할 수 있다"라고 규정하고 있다. 여기서 정부나 법원의 권한에 관한 특별조치라 함은 집행권과 사법권의 행사가 군대의 관할 하에 있게 된다는 의미이다. 이에 따라 비상계엄의 선포와 동시에 계엄사령관은 계엄지역 내의 모든 행정사무와 사법사무를 관장하게 된다. 따라서 당해 지역 내의 행정기관과 사법기관은 지체 없이 계엄사령관의 지휘·감독을 받는다.

다만, 계엄법 제 7 조 제 1 항에서 말하는 사법사무는 엄격한 의미에서 재판작용을 제외한 사법행정사무, 즉 사법경찰, 검찰, 공소의 제기, 형의 집행, 민사비송사건 등을 말한다. 그러나 내란죄·외환죄 등 계엄법 제10조 제 1 항에 열거된 13가지 유형의 범죄에 관한 사건은 군사법원에서 재판을 담당한다. 이 경우에도 계엄사령관은 당해 관할법원으로 하여금 재판을 담당하게 할 수 있다. 비상계엄지역 내에 법원이 없거나 당해 관할법원과의 교통이 차단된 경우에는 모든 형사사건에 관한 재판을 군사법원이 행한다(계엄법 제10조 제 2 항). 그리고 비상계엄 하의 군사재판은 군인·군무원의 범죄나 군사에 관한 간첩죄의 경우와 초병·초소·유독음식물공급·포로에 관한 죄 중 법률이 정한 경우에 한하여 단심으로 할 수 있으나, 사형선고의 경우는 예외로 한다(헌법 제110조 제 4 항).

(2) 기본적 인권에 관한 특별조치

헌법 제77조 제 3 항에 의하면 "비상계엄이 선포된 때에는 법률이 정하는 바에 의하여 영장제도, 언론·출판, 집회·결사의 자유… 에 관하여 특별한 조치를 할 수 있다"고 규정되어 있다.

이에 의거하여 제정된 계엄법에는 ① 비상계엄지역 안에서 계엄사령관은 군사상 필요한 때에는 체포·구금, 압수·수색, 거주·이전, 언론·출판, 집회·결사 또는 단체행동에 대하여 특별한 조치를 할 수 있도록 하고(계엄법 제 9 조 제 1 항), ② 작전상 부득이한 경우에는 국민의 재산을 파괴 또는 소훼할 수도 있다(계엄법 제 9 조 제 3 항)라고 규정하고 있다. 또한 ③ 법률이 정하는 바에 따라 동원·징발을 명할 수 있고, 필요에 의하여 군수에 공할 물품의 조사·등록과 반출금지를 명할 수 있다고 규정하고 있다.

2. 경비계엄의 효력

경비계엄의 선포와 동시에 계엄사령관은 계엄지역 내의 군사에 관한 행정사무와 사법사무를 관장한다. 따라서 경비계엄이 선포되면 당해 지역 내의 군사에 관한 행정사무와 사법사무를 담당하는 기관은 지체 없이 계엄사령관의 지휘·감독을 받는다. 그러나 경비계엄 하에서는 헌법과 법률에 의하지 아니한 특별조치로서 국민의 자유와 권리를 제한할 수 없다. 경비계엄은 단지 공공의 안녕·질서를 회복하기 위한 소극적인 치안유지를 목적으로 하는 것이기 때문이다.

Ⅶ. 계엄의 해제

1. 계엄해제의 요구

비상사태가 평상상태로 회복되거나 국회로부터 계엄해제의 요구가 있으면, 대통령은 계엄을 해제하고 이를 공고하여야 한다. 대통령은 국방부장관 또는 내무부장관(현 행정안전부장관)이 국무총리를 거쳐 계엄의 해제를 건의하면, 국무회의의 심의를 거쳐 계엄을 해제한다(헌법 제89조 제 5 호, 계엄법 제11조 제 2 항·제 3 항).

또한 국회가 재적의원 과반수의 찬성으로 계엄의 해제를 요구한 때는 대통령은 국무회의의 심의를 거쳐 계엄을 해제하여야 한다(헌법 제77조 제 5 항, 제89조 제 5 호). 국회의 계엄해제요구에 대통령이 응하지 않았을 때는 대통령의 탄핵소추사유가 된다.

2. 계엄해제의 효과

계엄이 해제되면 해제된 날로부터 모든 행정사무와 사법사무는 평상상태로 복귀한다. 또한 비상계엄시행중에 군사법원에 계속중이던 재판사건의 관할은 비상계엄의 해제와 동시에 일반법원으로 이관되게 된다. 다만, 대통령이 필요하다고 인정할 때는 군사법원의 재판권을 1개월 이내에 한하여 연기할 수 있다.

Ⅷ. 계엄에 대한 통제

1. 국회에 의한 통제

국회는 헌법 제77조 제 5 항에 따라 재적의원 과반수의 찬성으로 계엄의 해제를 요구할 수 있을 뿐 아니라, 그 입법활동과 집행부통제권에 의하여 계엄을 통제할 수 있다. 계엄기간중에도 국회는 입법활동을 계속할 수 있고, 국정감사 및 국정조사권, 탄핵소추권, 국무총리와 국무위원에 대한 출석요구 및 질문권, 해임건의권과 같은 대집행부통제권에 의하여 계엄을 통제할 수 있다.

2. 법원에 의한 통제

계엄에 대한 사법적 심사가 가능한가 하는 문제와 관련하여 학설과 판례는 대통령의 계엄선포행위 그 자체는 통치행위성을 인정하여 사법심사를 부정하고 있으나, 계엄당국의 개별적·구체적 집행행위는 사법심사의 대상이 되는 것으로 보고 있다.[76]

제 4 절 군사기밀보호법

Ⅰ. 서 설

군사상 기밀을 보호하여 국가안전보장에 기여함을 목적으로 하는 군사기밀보호법은 1972년 12월 26일 법률 제2387호로 제정된 후 1981년 12월 31일 군사법경찰관이 검사의

---

76) 이상철, "계엄의 통치행위 여부와 사법심사 가능성," 육사논문집 제45집, 1993.12, 311면.

지휘하에 대 민간인수사를 할 수 있도록 개정되었으며, 1993년 12월 27일 전부개정을 통하여 군사기밀의 정의를 명확하게 하고 구체적으로 규정하여 군사기밀의 대상을 축소하고, 국민의 군사기밀 공개 요청권 등을 신설하여 국민의 알 권리를 보호하는 한편, 군사기밀의 충실한 보호를 위하여 군사보호구역의 설치, 외국을 위하여 군사기밀을 탐지, 수집 또는 누설하는 때에는 그 죄의 정한 형의 2분의 1까지 가중처벌하는 규정을 신설하여 오늘에 이르고 있다.

군사기밀과 관련 법규체계로서 가장 기본적인 법률은 군사기밀보호법으로서 군사기밀의 범위와 벌칙을 규정하고 있다. 대통령령으로서는 군사기밀보호법시행령과 보안업무규정이 있고, 국방부훈령으로서 군사보안업무시행규칙이 하위규정으로 있다.

그 밖에도 군사기밀에 관련된 처벌규정은 형법(제98조 제 2 항), 군형법(제13조 제 2 항, 제80조), 국가보안법(제 4 조 제 1 항 제 2 호, 제 5 조), 군사기밀보호법 제10조 이하 등에 산재해 있다. 공무원의 비밀엄수와 관련해서는 국가공무원법 제60조, 군인복무기본법(구 군인의 지위 및 복무에 관한 기본법)에서 규정하고 있으며, 비밀관리에 관해서는 일반규정으로서 국가정보원법 제 3 조 제 2 항의 위임을 받은 보안업무규정(대통령령), 군사보안업무시행규칙(국방부훈령)이 있으며, 이에 위반하는 경우에는 징계사유가 된다.

형법상 기밀누설에 관해서는 형법 제98조 제 2 항의 간첩죄, 제113조의 외교상 기밀누설죄, 제127조의 공무상 비밀누설죄가 있다. 이 조항들은 국가적 법익을 보호하기 위하여 누설자들에 대한 징계 외에 형사법적 제재를 가할 수 있도록 하고 있다.

군형법 제13조 제 2 항의 이적죄, 제35조 제 4 호의 근무태만죄 중 기밀문건방임죄, 제80조 군사기밀누설죄는 군사기밀의 보호를 위한 특별형법규정이다. 군형법 제13조 제 2 항의 군사상 기밀누설죄는 자기가 알고 있는 군사상 기밀이나 간첩의 목적 없이 수집한 군사상 기밀을 적에게 누설하는 범죄이다. 이 죄는 내부적으로 이적의 목적이 수반되며, 적에 대한 누설만을 대상으로 한다. 제35조 제 4 호의 기밀문건방임죄는 군사기밀의 문서 또는 물건을 보관하는 자로서 위급한 경우에 있어서 부득이한 사유 없이 적에게 방임하는 행위를 말한다. 여기에서의 군사기밀은 군사기밀보호법이 대상으로 하는 군사기밀을 말하며, 비밀표시가 반드시 있을 필요는 없다. 보관하는 자는 비밀을 점유·소지하는 자를 말하고 반드시 법령에 의하여 보관 및 취급에 대한 책임을 지는 자일 필요는 없다. 전달을 위임받는 자도 본죄의 주체가 된다. 군사기밀누설죄를 규정하고 있는 제80조는 기밀누설에 관한 일반적 규정이다. 군사기밀보호법에서의 처벌은 군사상의 기밀취급자에 한하지만 본죄는 반드시 기밀취급자에 한하지 않는다. 본죄가 말하는 군사기밀도 간첩죄에서의 협의군사기밀뿐만 아니라 모든 군사상의 기밀을 말한다. 본죄의 군사기밀은 직무상 지득한 것이든, 우연히 지득한 것이든, 또는 군부대 내에 널리 알려져 있는 것이든 불문한다. 누설의 상대방은 적이건 민간인이건 무관하다. 본죄는 기밀에 대한 누설금지 의무위반 자체를 처벌하기 위한 것이다.

아래에서는 군사기밀보호법과 시행령에 관한 내용을 중심으로 상설한다.

Ⅱ. 군사기밀의 범위

군사상 기밀이란 "일반인에게 알려지지 아니한 것으로서 그 내용이 누설되는 경우, 국가안전보장에 명백한 위험을 초래할 우려가 있는 군관련 문서·도서·전자기록 등 특수매체기록 또는 물건으로서 군사기밀이라는 뜻이 표시 또는 고지되거나 보호에 필요한 조치가 행하여진 것과 그 내용"을 말한다.[77]

대법원은 군사기밀의 의미와 관련한 판결에서 "군기밀보호법의 입법취지상 소정의 군사기밀 중 일부를 누설한 자를 처벌규정에 의하여 처벌하기 위하여는 그 누설된 부분이 일반인에게 알려지지 아니한 것으로서 누설된 부분만으로도 국가안전보장에 명백한 위험을 초래할 우려가 있어야 한다"고 하여 군사기밀의 의미를 엄격하게 해석하고 있다.[78] 또한 "군사기밀의 지정이 적법절차에 의해 해제되었거나 국방부장관에 의해 공개되지 않는 한 비록 군내부에서 그 사항이 평문으로 문서수발이 되었거나 군사기밀사항이 장비제작사의 장비설명 팜플렛, 상업견적서 요구공문에 기재되어 배포되었다고 하더라도 군사기밀로서의 성질을 그대로 가지고 있다"고 하는 판결[79]을 내리고 있음을 주시하여야 한다. 누설한 사항 중 일부내용이 실제 군사기밀내용과 다른 경우에도 나머지 부분이 군사기밀인 내용을 제대로 담고 있다면, 전체적으로 보아 군사기밀보호법 제12조상의 군사기밀누설죄에 해당하는 것으로 본다.[80]

군사기밀의 범위는 국민의 표현의 자유 내지 알 권리의 대상영역을 최대한 넓혀 줄 수 있도록 최소한도에 한정되어야 할 것이지만, 군사상의 기밀이 비공지의 사실로서 적법절차에 따라 군사기밀로서의 표지를 갖추고 그 누설이 국가의 안전보장에 명백한 위험을 초래한다고 볼 만큼의 실질가치를 지닌 것으로 인정되는 경우에 한하여 누설자를 처벌하는 것은 헌법에 위반되지 않는다.[81]

---

77) 개정 전 군사기밀보호법 제2조 제1항에서는 군사기밀의 대상을 ① 군사정책·군사전략·군사외교 및 군의 작전계획과 이에 따르는 군사용병에 관한 사항, ② 군의 편제·장비 및 동원에 관한 사항, ③ 군사정보에 관한 사항, ④ 군의 운수 및 통신에 관한 사항, ⑤ 군용물의 생산·공급 및 연구에 관한 사항, ⑥ 군의 중요 부서의 인사에 관한 사항, ⑦ 향토예비군의 편제·장비 및 동원에 관한 사항 등의 7개 항목으로 크게 분류하고, 이를 다시 제2항에서 세부적으로 분류하였었다. 그러나 본 조항은 헌법재판소의 구 군사기밀보호법 제6조 등에 대한 한정합헌결정을 통하여 열거규정임에도 불구하고 군사에 관한 모든 경우가 군사기밀보호의 대상이 될 수 있다는 지적을 한 후 삭제되었다(헌법재판소 1992.2.25. 선고 89헌가104 결정[한정합헌] 참조).
78) 대법원 2002.5.10. 선고 2000도1956 판결; 대법원 1994.4.26. 선고 94도348 판결.
79) 대법원 2000.1.28. 선고 99도4022 판결.
80) 위 대법원 판결.

Ⅲ. 군사기밀의 분류

1. 군사기밀의 구분

군사기밀은 군사기밀보호법 제 3 조와 동법 시행령 제 3 조에서 그 내용이 누설되는 경우, 국가안전보장에 미치는 영향의 정도에 따라 군사 Ⅰ · Ⅱ · Ⅲ급 비밀로 구분되어 있다. 즉 군사기밀 중 누설될 경우 국가안전보장에 치명적인 위험을 초래할 것으로 명백히 인정되는 가치를 지닌 기밀을 군사Ⅰ급 비밀, 군사기밀 중 누설될 경우 국가안전보장에 현저한 위험을 초래할 것으로 명백히 인정되는 가치를 지닌 기밀을 군사Ⅱ급 비밀, 군사기밀 중 누설될 경우 국가안전보장에 상당한 위험을 초래할 것으로 명백히 인정되는 가치를 지닌 기밀을 군사Ⅲ급 비밀로 한다. 구체적인 분류기준은 다음과 같다.[82]

(1) 군사 Ⅰ급비밀

군사기밀 중 누설되는 경우에 국가안전보장에 치명적인 위험을 초래할 것으로 명백히 인정되는 가치를 지닌 것으로서 다음과 같은 군사기밀이 이에 해당한다.

① 비밀군사동맹 추진계획 또는 비밀군사동맹조약
② 전쟁계획 또는 정책
③ 전략무기 개발계획 또는 운용계획
④ 극히 보안을 요하는 특수공작계획
⑤ 주변국에 대한 아측의 판단과 의도가 포함된 장기적이고 종합적인 군사전략

(2) 군사 Ⅱ급비밀

누설되는 경우 국가안전보장에 현저한 위험을 초래할 것으로 명백히 인정되는 가치를 지닌 비밀로 다음과 같은 군사비밀이 이에 해당된다.

① 집단안보결성 추진계획
② 비밀군사 외교활동
③ 전략무기 또는 유도무기의 사용지침서 및 완전한 제원
④ 특수공작계획 또는 보안을 요하는 특수작전계획

---

81) 헌법재판소 1992. 2. 25. 선고 89헌가104 결정 : 이에 대해서 변정수 재판관의 전부위헌의견과 한병채 · 최광률 · 황도연 재판관의 단순합헌의견이 개진되어 있다. 또한 이 결정에 대한 평석으로는 정재황, "군사기밀보호법 제 6 조 등에 대한 위헌심판결정," 법률신문, 1992. 6. 22.; 신동운, "군사기밀보호법상 형벌법규의 위헌성," 판례월보 제251호 참조.

82) 보안업무규정에서 정하고 있는 Ⅰ급 비밀은 "누설되는 경우 대한민국과 외교가 단절되고 전쟁을 유발하며, 국가의 방위계획 · 정보활동 및 국가방위상 필요불가결한 과학과 기술의 개발을 위태롭게 하는 등의 우려가 있는 비밀"로 하고 있으며, Ⅱ급 비밀은 "누설되는 경우 국가안전보장에 막대한 지장을 초래할 우려가 있는 비밀"이라고 하고, Ⅲ급 비밀은 "누설되는 경우 국가안전보장에 손해를 끼칠 우려가 있는 비밀"이라고 규정하고 있다(보안업무규정 제 4 조).

⑤ 주변국과 외교상 마찰이 우려되는 대외정책 및 정보보고
⑥ 군사령부급 이상까지 망라된 편제 또는 장비현황
⑦ 국가적 차원의 동원내용이 포함된 동원계획
⑧ 종합적이고 중·장기적인 전력정비 및 운영·유지 계획
⑨ 간첩용의자를 내사 또는 수사중인 수사기관 또는 군부대활동내용
⑩ 암호화 프로그램
⑪ 군용암호자재

(3) 군사 Ⅲ 급비밀

누설되는 경우 국가안전보장에 상당한 위험을 초래할 것으로 명백히 인정되는 가치를 지닌 군사비밀로서 다음과 같은 경우가 있다.

① 전략무기 또는 유도무기 저장시설 또는 수송계획
② 종합적인 연간 심리전작전계획
③ 상황발생에 따른 일시적 작전활동
④ 사단(해군의 함대, 공군의 비행단을 포함한다)급 이상 부대의 전체편제 또는 장비현황
⑤ 연대급 이상 증편계획
⑥ 정보부대 또는 기무부대의 세부조직 및 세부임무
⑦ 장성급장교를 장으로 하는 전투부대·정보부대 및 기무부대의 현직지휘관의 인물정보
⑧ 종합적인 방산업체의 생산 또는 수리능력
⑨ 사단급 이상 통신망운용지시 및 통신규정
⑩ 전산보호 소프트웨어
⑪ 군용음어자재

2. 군사기밀지정권자

군사기밀은 그 내용과 가치의 정도에 따라 적절히 보호할 수 있는 최저등급으로 지정하여야 한다. 군사기밀분류권자에 관하여는 보안업무규정에서 다른 국가기밀분류권자와 총괄하여 정하고 있다.

동 규정 제7조 제1항은 Ⅰ급 비밀 취급인가권자로서 국방부장관(제4호), 합동참모의장, 각군 참모총장 및 육군 1·2·3군 사령관(제11호), 국방부장관이 지정하는 각군 부대장(제12호), 제2항은 Ⅱ급비밀 취급인가권자로서 Ⅰ급비밀 취급인가권자가 지정한 기관의 장(제5호)을 규정하고 있다. 그리고 동 규정 제9조 제1항은 비밀취급인가를 받은 자는 인가받은 비밀 및 그 이하 등급비밀의 분류권을 가지도록 규정하고 있다.

군사기밀보호법 시행령 제4조에 의해 비밀지정권자가 결정된다. Ⅰ급 비밀지정권자는 다음과 같다.

① 보안업무규정 제 7 조 제 1 항 제 1 호 내지 제10호의 규정에 의한 Ⅰ급 비밀 취급인가권자 및 그가 지정하는 자
② 국방부장관 · 방위사업청장
③ 합동참모의장, 국방정보본부장
④ 육군참모총장, 해군참모총장, 공군참모총장
⑤ 육군의 군사령관, 해군 작전사령관, 해병대사령관, 공군 작전사령관
⑥ 국군기무사령관 · 국군정보사령관 · 777부대장[83]
⑦ 국방과학연구소법에 의한 국방과학연구소장
⑧ 기타 국방부장관이 지정하는 자

군사 Ⅱ 급 및 Ⅲ 급 비밀지정권자는 다음과 같다.

① 군사 Ⅰ 급 비밀지정권자 및 그가 지정하는 자
② 보안업무규정 제 7 조 제 2 항 제 2 호 내지 제 4 호의 규정에 의한 Ⅱ급 및 Ⅲ급 비밀취급인가권자 및 그가 지정하는 자
③ 국방부 · 합동참모본부 및 국방정보본부의 장성급장교
④ 국방부 직할부대 및 기관의 장, 편제상 장성급장교의 참모
⑤ 육군 · 해군 · 공군 본부의 장성급장교 및 그 직할부대장
⑥ 각군 예하부대 중 편제상 장성급장교가 지휘하는 부대의 장, 장성급장교인 참모
⑦ 기타 국방부장관이 지정하는 자

그런데 군사보안업무시행규칙 제108조 제 2 항 제 2 호에 따르면 인사명령권이 있는 대대장급 이상의 각급 부대장까지 Ⅱ급 및 Ⅲ급 비밀취급인가권이 있으므로, 이들로부터 비밀취급인가를 받은 자는 역시 비밀분류권을 가지게 된다. 또한 국방부장관의 업무 조정 및 감독을 받는 기관 · 단체 · 연구소 등에 대한 비밀취급 인가업무는 업무 조정 · 감독 부서의 장이 행한다. 그리고 최초의 비밀취급인가는 신원조사회보서에 의하여 특이사항이 없을 때에 인사명령으로 인가하며, 신원조사를 필한 자는 그 근거에 의하여 비밀취급을 인가한다(군사보안업무시행규칙 제108조 제 4 항). Ⅰ급 비밀취급인가는 대위급 이상의 장교와 5급 이상의 국가공무원에 한하여 발급된다(동 규칙 제110조).

Ⅳ. 기밀보호의 조치 및 공개

1. 기밀보호조치

군사상 기밀을 취급하는 자는 군사상의 기밀에 대하여 군사상의 기밀이라는 뜻을 명백히 표시 또는 고지하여야 한다. 다만, 국방부장관 또는 그 위임을 받은 자가 그 기밀의

---

83) 군사보안업무시행규칙 제108조 제 2 항.

표시 또는 고지가 불가능하거나 부적당한 것으로 인정한 것에 대하여는 그 기밀에의 접근을 방지하거나 기밀의 소재를 은폐하는 등 기밀보호에 필요한 조치를 하여야 한다. 군사기밀을 관리 또는 취급하는 부대 또는 기관의 장은 군사기밀의 보호를 위하여 군사보호구역을 설정할 수 있다.

군사기밀을 취급하는 자는 군사기밀에 대하여 다음과 같은 보호조치를 취하여야 한다. 즉 ① 군사기밀은 도난, 분실, 화재 또는 파괴 등으로부터 보호되고, 그 생산과정과 전파경로를 확인할 수 있도록 그 대책을 강구하여야 하며, ② 군사기밀은 해당 등급의 비밀취급인가를 받은 자로서 업무상 관련이 있는 자에 한하여 취급하게 하고, ③ 군사기밀은 그 내용과 가치의 정도에 따라 결재선상의 최초지정권자가 군사기밀로 지정할 것, ④ 군사기밀은 그 취급자에게 경고하고 비밀취급비인가자의 접근을 방지하기 위하여 최초생산시부터 군사기밀의 표시 또는 고지를 할 것, ⑤ 군사기밀의 표시 또는 고지방법은 〈별표 2〉의 규정에 의하는 등 보호조치를 취하여야 한다.

또한 군사보호구역의 설정에 관하여 이를 군사제한구역과 군사통제구역으로 나누어 그 설정대상 및 설정방법을 규정하고(제5조 제3항, 〈별표 3〉), 군사보호구역에 관하여 군사기밀의 보호를 위한 경비, 출입인가자의 한계설정과 비인가자의 출입통제, 보관용기의 시건장치 등 보호조치의무를 규정하고 있다(제5조 제4항).

기밀보호조치에 관한 자세한 규정은 보안업무규정, 군사보안업무시행규칙에 위임되어 있다. 군사보안업무시행규칙은 개인보안과 관리자보안으로 구분하여 개인보안에서는 다시 문서보안・인원 및 시설보안・정보통신보안을 규정하고 있으며, 관리자보안에서는 인원보안, 시설보안, 정보통신보안, 비밀(대외비)의 공개・제공・설명 및 보안성 검토, 국제보안, 보안교육에 관하여 규정하고 있다.

2. 해제와 공개

군사기밀을 지정한 자는 군사기밀로 지정된 사항이 군사기밀로서 계속 보호할 필요가 없게 된 때에는 지체 없이 그 지정을 해제하여야 한다(군사기밀보호법 제6조). 군사기밀의 해제는 해제예고일자의 도래로 해제되는 예고문에 의한 해제와 공개 등의 사유로 군사기밀로서 계속 보호할 필요가 없게 되어 군사기밀의 지정이 해제되는 긴급해제로 구분된다. 긴급해제시에는 당해 군사기밀의 지정권자는 해제사실을 해당 군사기밀취급부서에 신속하게 통보하여야 한다(군사기밀보호법시행령 제6조). 비밀지정권자는 Ⅰ급비밀을 해제할 수 없다. 또한 해제할 내용이 전체비밀의 일부분인 경우에는 해제할 수 없다(군사보안업무시행규칙 제215조).

모든 국민은 군사기밀의 공개를 국방부장관 또는 방위사업청장에게 문서로써 요청할 수 있다(군사기밀보호법 제9조). 또한 군사기밀이라 할지라도 국민에 알릴 필요가 있는 때와 공개함으로써 국가안전보장에 현저한 이익이 있다고 판단되는 때에는 국방부장관과 방위사업청장은 군사기밀을 공개할 수 있다. 공개를 하고자 할 때에 국방부장관과 방위사업청장은 보안정책회의의 회의를 거쳐야 하며, 중요한 군사기밀의 공개에 관하여는 국가정보원장의 승인을 얻어야 한다(군사기밀보호법 제7조, 시행령 제7조). 공개되는 군사기밀은 공개한 때부터 군사기밀의 지정이 해제된 것으로 본다.

그리고 공무원 또는 공무원이었던 자는 법률이 정하는 경우를 제외하고는 소속 또는 소속되었던 기관의 장의 승인 없이 기밀을 공개하지 못한다(보안업무규정 제24조).

군사보안업무시행규칙 제212조에 의하면 각급 부대장이 군사기밀보호법 제7조와 시행령 제7조에 의거하여 군사비밀 또는 대외비를 공개할 필요가 있다고 판단한 경우에 국방부장관에게 요청하여 승인을 득해야 한다. 또한 보안심사위원회의 심의를 거쳐야 하고, 국가정보원장에게 통보하여야 한다. 국방부장관에게 승인요청을 하는 경우에 공개기간, 비밀공개대상, 공개내용, 이유, 방법 기타 참고사항을 첨부하여야 한다.

3. 제공 및 설명

국방부장관 또는 방위사업청장은 법률의 규정에 의하여 군사기밀의 제출 또는 설명의 요구가 있는 때, 군사외교상 필요한 때, 군사에 관한 조약 기타 국제협정에 의하여 외국 또는 국제기구의 요청이 있는 때, 기술개발·학문연구 등을 목적으로 연구기관 등의 요청이 있는 때에 군사기밀을 제공하거나 설명할 수 있다(군사기밀보호법 제8조).

국방부장관 또는 방위사업청장이 군사기밀을 제공 또는 설명하고자 할 때에는 군사기밀의 제공 또는 설명에 따른 보안조치를 강구한 후에 행하여야 한다. 각급 부대장은 법규가 정하고 있는 공개조건의 경우를 제외하고는 비밀을 비인가자(외국인 포함)에게 제공하거나 설명할 수 없다. 다만, 공개조건에 해당하는 경우에 비밀을 보호하여 주는 조건으로 Ⅱ급 비밀, Ⅲ급 비밀, 대외비를 제공하거나 설명할 수 있다. 각급 부대장이 비밀의 제공 또는 설명할 때에는 국군기무사령관의 의견을 받아 국방부장관의 승인을 받아야 한다(군사보안업무시행규칙 제213조). 국가기밀을 취급할 수 있는 타국가기관에 대한 비밀제공의 경우에도 필요한 최소한의 비밀을 제공하여야 하고, 국회에 비밀을 제공하는 경우에는 "대국회및당정협조업무처리등에관한지침"을 준수하여야 한다. 그리고 법원에 증거물을 제출하는 경우에도 장성급부대장의 승인을 받아 제출하여야 하며, 보안조치를 강구하고, 재판종료시 회수하여야 한다(군사보안업무시행규칙 제214조).

V. 처   벌

군사기밀보호법 제10조 이하는 보호조치의 불이행, 탐지·모집, 누설, 업무상 누설, 과실누설, 분실 등 불신고, 습득자의 불제출, 미수범, 예비·음모, 자격정지, 자수자의 감경을 규정하고 있는데, 타법에 규정한 죄와 비교하여 중한 형으로 처벌하도록 하였다.

군사상의 기밀을 취급하는 자가 정당한 사유 없이 표시·고지 기타 군사기밀의 보호에 필요한 조치를 하지 아니한 때에는 2년 이하의 징역에 처한다. 군사기밀을 취급하는 자가 정당한 사유 없이 군사기밀을 손괴·은닉하거나 기타의 방법으로 그 효용을 해한 때에는 1년 이상의 유기징역에 처한다(군사기밀보호법 제10조).

군사상의 기밀을 적법한 절차에 의하지 아니한 방법으로 탐지하거나 수집한 자는 10년 이하의 징역에 처한다(군사기밀보호법 제11조).[84] 또한 이러한 행위의 미수도 처벌한다. 이는 형법상 간첩죄 및 국가보안법상 탐지·모집죄와 비교하여 기밀의 범위가 널리 국가기밀을 포함하지 아니하고 군사기밀에 국한된다는 점, 행위주체와 목적에 제한이 없다는 점에서 다르다.

군사상의 기밀을 탐지하거나 모집한 자가 이를 타인에게 누설한 때에는 1년 이상의 유기징역에 처한다. 우연히 군사기밀을 알게 되거나 점유한 자가 그 정을 알면서도 이를 타인에게 누설한 때에는 5년 이하의 징역 또는 700만 원 이하의 벌금에 처한다(군사기밀보호법 제12조). 업무상 군사기밀을 취급하는 자 또는 취급하였던 자가 그 업무로 인하여 알게 되거나 점유한 군사기밀을 타인에게 누설한 때에는 3년 이상의 유기징역에 처한다. 그 외의 자가 업무로 인하여 알게 되거나 점유한 군사기밀을 타인에게 누설한 자는 7년 이하의 징역에 처한다(군사기밀보호법 제13조).

업무상 과실누설의 경우에는 기밀취급업무자는 2년 이하의 징역 또는 300만 원 이하의 벌금에 처한다(군사기밀보호법 제14조). 누설·업무상 누설의 경우 미수도 처벌한다. 외국을 위하여 군사기밀을 탐지 또는 모집하거나 누설한 경우에는 그 죄에 정한 형의 2분의 1까지 가중하여 처벌한다.

군사기밀을 보관하는 자가 이를 분실하거나 도난당한 경우에 지체 없이 그 사실을 소속기관 또는 감독기관의 장에게 신고하지 아니한 때에는 3년 이하의 징역 또는 500만 원 이하의 벌금에 처한다(군사기밀보호법 제16조 제1항). 군사기밀을 지득하거나 타인으로부터 제공받아 이를 점유한 자가 수사기관이나 군부대로부터 제출요구를 받고 즉시 이를 제출하지 아니한 때에는 2년 이하의 징역 또는 300만 원 이하의 벌금에 처한다(군사기밀보호법

---

84) 구 군사기밀보호법 제6조 "군사기밀을 부당한 방법으로 탐지하거나 모집한 자는 10년 이하의 징역이나 금고에 처한다"는 규정이 헌법재판소의 위헌법률심사에서 한정합헌결정을 받은 바 있다. 따라서 제6조가 제11조로 되면서 "부당한 방법"을 "적법한 절차에 의하지 아니한 방법"이라고 개정하였다.

제16조 제 2 항).

군사보호구역을 침입한 자는 2년 이하의 징역 또는 300만 원 이하의 벌금에 처한다. 군사보호구역을 침입하여 군사기밀을 절취한 자 또는 군사기밀을 손괴·은닉하거나 기타의 방법으로 그 효용을 해한 자는 1년 이상의 유기징역에 처한다(군사기밀보호법 제17조).

위의 각각의 범죄를 범한 자가 자수한 때에는 그 형을 감경 또는 면제한다(군사기밀보호법 제19조). 또 위 죄에 관하여 징역형을 선고한 때에는 그 형의 장기 이하의 자격정지를 병과할 수 있다.

군사기밀보호법은 우리나라에 주둔하고 있는 국제연합군의 기밀, 국군과 연합작전을 수행하고 있는 외국군의 기밀 및 군사에 관한 조약 기타 국제협정 등에 의하여 외국으로부터 제공받은 기밀로서 본법의 군사기밀에 해당하는 것에 대해서도 적용하도록 하고 있다.

Ⅵ. 기타 기밀관계 법규

1. 공공기관의 정보공개에 관한 법률

정보공개법(공공기관의 정보공개에 관한 법률)은 정보공개에 관한 기본법으로서 이법의 제정과 더불어 모든 공공기관의 정보는 공개가 원칙이고 비공개는 예외적으로 사유가 있을 때 가능하게 되었다. 여기서 정보는 널리 공문서의 성격을 갖는 일체의 기록물을 포함하는 것으로서, 문서는 서류, 보고서, 연구서, 합의서, 의견서, 통계자료, 예측서, 결정서, 회람, 지시 및 법률의 해석과 행정절차의 기술을 담고 있는 관계부처의 답변서를 포함하는 포괄적인 것이며, 이에는 컴퓨터에 의하여 처리된 정보까지를 포함한다(정보공개법 제 2 조 제 1 호).

정보에 대하여 '모든 국민'은 정보공개를 청구할 수 있으며(정보공개법 제 5 조 제 1 항), '공개'한다는 것은 공공기관이 동법에 의하여 정보를 열람하게 하거나 그 사본 또는 복재물을 교부하는 것 또는 전자정부법 제 2 조 제 7 호의 규정에 의하여 정보통신망을 통하여 정보를 제공하는 것 등을 말한다(정보공개법 제 2 조 제 2 호).[85] 그러나 정보공개법 제 4 조 제 3 항은 "국가안전보장과 관련되는 정보 및 보안업무를 관장하는 기관에서 국가안전보장과 관련된 정보분석을 목적으로 수집되거나 작성된 정보에 대하여는" 이 정보공개법을 적용하지 아니한다고 규정하고 있다.[86] 또한 제 9 조 제 1 항 제 2 호에서는 구체적으로 국가기밀

---

85) 공공기관의 정보공개에 관한 법률에 의한 정보공개의 청구와 군사기밀보호법에 의한 군사기밀의 공개의 요청은 그 상대방, 처리절차, 및 공개의 사유 등이 전혀 다르므로, 공공기관의 정보공개에 관한 법률에 의한 정보공개청구를 군사기밀보호법에 의한 군사기밀 공개요청과 동일한 것으로 보거나 그 공개요청이 포함되어 있는 것으로 볼 수 없다(대법원 2006.11.10. 선고 2006두9351 판결 참조).

86) 정보목록의 작성 비치는 공개하여야 하지만 이 경우에도 목록에 공개해서는 안되는 정보가 포함되어 있으면 공개하지 않을 수 있다.

에 관련된 정보를 비공개 대상정보로 분류하고 있다. 즉 "국가안전보장, 국방, 통일, 외교관계 등에 관한 사항으로 공개될 경우 국가의 중대한 이익을 현저히 해할 우려가 있다고 인정되는 정보"는 공개하지 아니할 수 있다. 그리고 제 9 조 제 1 항 제 1 호에서 "다른 법률 또는 법률이 위임한 명령에 의하여 비밀 또는 비공개 사항으로 규정된 정보"는 공개하지 아니할 수 있다고 규정하고 있어 각종 법령이 비공개 정보의 근거가 된다.

그 밖에 제20조 제 3 항에서는 재판의 대상이 국가안전보장 등을 이유로 하는 제 9 조 제 1 항 제 2 호 상의 비공개 정보인 경우에는 공공기관이 그 정보에 대한 비밀지정의 절차, 비밀의 등급 및 종류, 성질과 이를 비밀로 취급하게 된 실질적인 이유 및 공개를 하지 아니하는 사유 등을 입증하는 때에는 당해 정보를 법관에게 제출하지 않을 수 있도록 규정하고 있다. 전자정부법(전자정부 구현을 위한 행정업무 등의 전자화 촉진에 관한 법률) 제21조 제 2 항에서도 "국가의 안전보장과 관련된 행정정보와 비밀 또는 이에 준하는 행정정보는 이를 공동이용의 대상이 되는 정보에서 제외할 수 있다."고 규정하여 예외적 비공개를 인정하고 있다.

2. 보안업무시행규칙

보안업무시행규칙은 국방부 훈련으로서 군사기밀보호법 시행령 제10조, 보안업무규정 시행규칙 제69조에 의하여 군사보안업무의 시행에 관하여 필요한 사항을 규정함을 목적으로 제정된 행정규칙이다. 이 규칙은 국방부(본부, 합동참모본부, 국방정보본부를 포함한다), 국방부 직할 부대 및 기관과 육군, 해군, 공군 및 국방과학연구소, 국방기술품질원, 한국국방연구원, 전쟁기념사업회, 군인공제회, 호국장학재단, 한국전략문제연구소, 한국군사문제연구원 등 국방부 장관의 지휘, 조정, 감독을 받는 부대, 기관 및 단체에 적용한다. 다만, 전쟁기념사업회 이하 기관 및 단체는 국방부장관이 위임하거나 감독, 승인하에 승인하는 사업에 한한다.

국방부장관이 위임하거나 감독, 승인하에 수행하는 사업과 관련하여 민간업체에 대한 군사보안업무의 시행에 관한 사항은 방위산업보안업무 시행규칙이 규정하는 바에 의하며 동규칙에 규정되지 아니한 사항은 이 규칙을 준용한다. 또한 한·미 연합사령부에 근무하는 한국군의 보안업무는 유엔사·연합사 보안업무시행규칙에 의하며 동 규칙에 규정되지 아니한 사항은 이 규칙을 적용한다. 그리고 이 규칙은 국방부장관의 방위사업청장에 대한 보안지원시 적용한다.

군사보안업무시행규칙은 "개인보안" 분야와 "관리자 보안" 분야로 나누어 규정하고 있다. 개인보안은 장병(공무원, 군무원 포함) 개인이 부여된 업무를 수행하면서 반드시 알아야 하고, 지켜야 할 보안사항에 관하여 규정하고 있으며, 관리자 보안은 보안관계관(보안담당관, 분임보안담당관, 관리책임관, 보관책임관 "정") 및 암호취급 요원, 시스템 관리자, 정보통신장비 운영자, 비밀사업 관계자 등이 전문적으로 수행해야 할 보안사항을 규정하고 있다.

군사보안의 임무 및 책임에 관하여 제 5 조부터 제11조까지 규정하고 있다. 즉 각군 참모총장은 국방부장관으로부터 보안업무와 관련하여 위임받은 사항에 대해 보안계획을 수립, 시행하고 각군의 보안업무를 지도, 관리, 감독하여야 한다.[87]

국방정보본부장은 국방부장관의 명을 받아 군사보안에 관한 제반방침과 계획을 수립하여 시행하고, 조정, 통제업무를 수행하며, 암호장비 연구개발 및 획득 운용, 관리업무를 수행한다. 정보화기획관은 정보화 및 해킹, 사이버테러 등 정보보호업무 추진간 군사보안과 관련된 사항에 대해 시행하고, 합참 지휘통신참모부장은 연합 암호장비 운용관리, 군 통신전자 운용, 주파수, 전자보호, 지휘소 자동화체계 등 지휘통신분야 업무추진 군사보안과 관련된 사항을 정보본부장과 협의하여 시행하여야 한다. 국군기무사령관은 국방부장관의 명을 받아 각급 부대 및 방위사업청의 효율적인 군사 및 방산보안업무 수행에 필요한 지원임무를 수행할 책임이 있다. 각급 부대장은 부대 및 책임지역 내의 전반적인 보안에 대한 지휘 및 감독책임을 진다. 각급 부대의 보안담당관은 부대장의 명을 받아 부대의 전반적인 보안에 대한 조정, 감독 업무를 수행한다. 또한 이 군사보안업무시행규칙의 적용을 받는 모든 개인은 비밀을 보호할 책임이 있으며, 보안사고가 발생하였을 때에는 지휘계통으로 보고하여야 한다. 보안업무는 업무담당자가 직접 수행하여야 하며, 보안사고가 발생할 경우에는 개인이 책임을 진다.

제 5 절　군사기지 및 군사시설 보호법

Ⅰ. 총　　설

중요한 군사시설을 보호하고 군작전의 원활한 수행을 기하기 위하여 군사시설 보호구역을 설정하고 일정한 행위제한을 규정하는 군사시설보호법은 1972년 12월 26일 법률 제2388호로 제정된 후 1981년 12월 31일의 개정과 1997년 1월 13일 전면개정이 있었다.

군사시설보호법은 2007년 12월 27일 법률 제8733호로 삭제되고, 군사기지 및 군사시설 보호법(이하 "군사기지시설보호법"으로 칭함)으로 새롭게 제정·시행되고 있으며, 토지매수와 관련한 일부 조항은 2009년 1월 1일부터 시행되었다.[88] 이 법의 제정과 함께 해군기지법과 공군기지법은 삭제되었다.

---

87) 이에 따라 각군의 군사보안규정이 제정되어 시행되고 있다.
88) 군사기지 및 군사시설 보호법 제17조 내지 제19조.

군사기지시설보호법은 군사기지 및 군사시설을 보호하고, 군사작전을 원활히 수행하기 위하여 필요한 사항을 규정함으로써 국가안전보장에 이바지함을 목적으로 한다.

군사기지시설보호법에 규정되어 있는 통제보호구역 및 제한보호구역의 설정과 행위제한은 군사행정의 목적을 위하여 국민에게 과하는 경제적 부담인 군사부담에 속한다.

II. 군사기지 및 군사시설의 의의

군사기지시설보호법에서 정하고 있는 '군사기지'란 군사시설이 위치한 군부대의 주둔지·해군기지·항공작전기지·방공기지·군용전기통신기지, 그 밖에 군사작전을 수행하기 위한 근거지를 말한다. '군사시설'이란 전투진지, 군사목적을 위한 장애물, 폭발물 관련시설, 사격장, 훈련장, 군용전기통신설비, 그 밖에 군사목적에 직접 공용되는 시설을 말한다.[89] 기타 군사목적에 직접 공용되는 시설이란 전투지휘시설, 유도탄 및 레이다기지, 전쟁장비의 연구·생산 및 저장시설, 탄약의 생산 및 저장시설, 유류저장시설, 항만, 비행장 및 훈련장을 말한다.[90]

방위산업시설도 중요한 군수물자의 생산을 목적으로 설치되었으므로 군사시설보호법상의 군사시설로 보아 보호하여야 한다. 그러나 모든 방위산업체가 모두 군사시설이라고는 볼 수 없고, 군사시설로서 보호를 받기 위해서는 군사시설보호법 시행령(시행령은 개정되지 않음) 제 2 조가 규정하는 요건을 갖추어야 한다.

한편 '해군기지'는 해상작전의 근거지로서 군항과 해군작전기지를 의미하고, 군항은 해군 주세력의 근거지를 말하며, 해군작전기지란 함대별 작전근거지를 의미한다(동법 제 2 조 제 3 호). '항공작전기지'란 군의 항공작전의 근거지로서 전술항공작전기지, 지원항공작전기지, 헬기전용작전기지, 예비항공작전기지를 말한다(동법 제 2 조 제 4 호). 방어해면법상의 '방어해면'은 군사상 방어를 요하는 해면(제 1 조)을 의미하고, '대공방어 협조구역'이란 대공방어작전을 보장하기 위하여 국방부장관이 지정하는 구역을 말한다.

---

89) 군사시설은 반드시 견고한 재료에 의하여 축조된 건축물 등만을 의미하는 것은 아니고, 그 사용목적이 임시적이든 영구적이든 상관없이 진지·장애물 등 기타 군사목적에 직접 공용되는 시설에 해당하기만 하면 군사시설에 해당한다. 그리고 군사시설보호법 제 2 조 내지 제 4 조는 보호구역설정으로 보호하려는 군사시설에 관하여 아무런 제한 없이 군사시설이라고만 규정하여 그것이 반드시 현존할 것을 요구하지는 않고 있고, 군사목적에 직접 공용되는 군사시설은 국가의 안보와 직결되어 일반적으로 사전에 치밀한 계획 하에 설치·유지·관리된다고 할 것인데, 그 설치계획단계에서부터 당해 군사시설설치에 대한 방해를 예방하고 적국의 첩보로부터 보안을 유지할 필요성이 있는 점에 비추어 보면, 그것이 현재 완공 혹은 완성되지 않았다고 할지라도 가까운 장래에 그 설치가 구체적이고 확정적으로 예정되어 있는 것이라면 이는 보호구역설정으로 보호하여야 할 군사시설에 포함된다(서울행정법원 2006.12.5. 선고 2006구합17383 판결).
90) 평택미군기지 이전예정지에 설치된 군사보호구역설정 표지판과 철조망, 군부대주둔을 위한 숙영시설은 군사시설에 해당된다(위 서울행정법원 판결).

'군사기지 및 군사시설 보호구역'이란 군사기지 및 군사시설을 보호하고, 군사작전을 원활히 수행하기 위하여 국방부장관이 지정하는 구역으로서 '통제보호구역'과 '제한보호구역'이 있다. '통제보호구역'은 고도의 군사활동보장이 요구되는 군사분계선의 인접지역과 중요한 군사기지 및 군사시설의 기능보전이 요구되는 지역을 말한다. '제한보호구역'은 보호구역 중 군사작전의 원활한 수행을 위하여 필요한 지역과 군사기지 및 군사시설의 보호 또는 지역주민의 안전이 요구되는 지역을 말한다.

'군사작전'이란 군사적 목적을 이루기 위하여 행하는 전투·수색·행군·보급 따위의 조치나 방법 등에 국한되지 아니하고, 전략, 작전술, 전술, 군수 또는 훈련을 포함하는 군의 행동 또는 군임무의 수행, 즉 어떤 전투·전력의 목표를 달성하는 데 필요한 모든 수행과정·지원과정·훈련과정을 말한다.[91] 또한 새로운 군사기지 건설과정에서 경계, 기밀유지 등을 위한 작업은 제한보호구역 설정에 있어서 군작전에 해당한다.

Ⅲ. 군사기지시설보호구역의 지정

1. 지정권자

군사기지시설보호구역(민간인통제선·비행안전구역·대공방어 협조구역 포함)은 군사기지 및 군사시설의 보호, 군사작전의 원활한 수행 및 군용항공기의 비행안전에 필요한 최소한의 범위 안에서 지정되어야 한다.

군사기지시설보호구역의 지정·변경·해제권자는 국방부장관이다. 국방부장관은 합동참모의장의 건의에 따라 보호구역 등을 지정하거나 변경 또는 해제할 수 있다. 합동참모의장(이하 "합참의장")은 군사시설보호구역을 설정·변경·해제할 필요가 있다고 인정할 때에는 그 사유와 관할부대장을 명시하고, 통제보호구역과 제한보호구역별로 그 지역을 군사지도와 지번도 또는 지적도에 구분·도시하여 국방부장관에게 건의하여야 한다(동법 제4조 제1항, 시행령 제4조 제1항). 건의시 관계행정기관의 장과 미리 협의한 후 관계행정기관의 장의 의견서를 첨부하여야 한다.[92]

---

91) 위 서울행정법원 판결; 권락균, "군사시설보호법상의 제문제," 군사법논집 제12집, 국방부, 2007.12, 115면.
92) 군사시설보호법상 합참의장이 국방장관에게 설정, 변경 또는 해제에 관하여 건의할 때에 그 절차에 관한 재위임규정을 두고 있지 아니한 점에 비추어 볼 때, 군사시설보호법시행규칙 제2조 제1항에서 관할부대장 또는 관리부대장으로 하여금 관계행정기관의 장과 협의하여 보호구역의 설정·변경 또는 해제에 관한 건의를 할 수 있도록 규정하고 있는 것은 군사시설보호구역의 설정절차에 관한 행정청내부의 사무처리준칙을 정한 것에 불과하다. 따라서 그것이 대내적으로 행정청을 기속함은 별론으로 하되 대외적으로 법원이나 일반국민을 기속하는 효력은 없으므로 관할부대장이 합동참모의장에게 보호구역설정을 건의하기 전에 관계행정기관의 장과 협의하지 아니하고 건의한 다음 날 비로소 이를 시행하였다고 하여 군사시설보호구역 설정지역을 보호지역으로 설정하는 처분이 대외적 구속력이 있는 법령에 정해진 절차를 위반한 것이라고 할 수 없다(위 서울행정법원 판결).

국방부장관은 보호구역 등을 지정변경 또는 해제하려는 때에 국방부 군사지지 및 군사시설보호 심의위원회의 심의를 거쳐야 하고, 이를 지정변경 또는 해제한 때에는 관계 행정기관의 장에게 통보하여야 한다(동법 제4조 제3항, 제4항). 국방부 보호구역심의위원회는 국방부차관을 위원장으로 하고, 9인 이상 11인 이하의 위원으로 구성되며(시행령 제15조), 관계행정기관에서 추천하는 자를 2인 이상 포함하여야 한다. 합참심의위원회 및 관할부대 심의위원회는 합참의장 또는 관할부대장이 지명하는 5인 이상 9인 이하의 위원으로 구성한다. 합참심의위원회의 심의사항 중 비행안전구역의 건축물 등의 건축에 관한 사항을 심의하는 경우에는 민간항공전문가를 포함하여야 한다.

보호심의위원회는 보호구역 및 민통선범위의 타당성, 국민생활과 재산권의 규제 정도, 지역개발계획과의 관련성 등을 참작하여 심의한다(시행규칙 제9조).

2. 보호구역의 범위

보호구역은 군사분계선 인접지역에 있어서는 군사분계선 남방 25km 이내, 기타의 지역에 있어서는 군사시설의 최외곽경계선으로부터 300미터로부터 1km 이내까지로 각각 구분되어 정해진다(동법 제5조 제1항). 민간인통제선(민통선)은 군사분계선 이남 10km 범위 내에서 지정할 수 있다(법 제5조 제2항).

군사분계선 인접지역으로서 민통선이북지역은 통제보호구역으로 설정할 수 있으며, 민통선이남지역은 제한보호구역으로 설정할 수 있다. 민통선이남의 제한보호구역에서 중요한 군사시설이 있는 경우는 군사시설의 최외곽경계선으로부터 300m 이내(방공기지는 500m)에서 통제보호구역으로 설정할 수 있고, 군작전상 장애가 되지 않는 지역인 경우에는 제한보호구역에서 제외될 수 있다.

통제보호구역 중 통일정책의 추진에 필요한 지역, 취락지역 또는 안보관광지역 등으로서 대통령령으로 정하는 기준에 해당하는 지역은 제한보호구역으로 지정할 수 있으며, 제한보호구역의 경우에도 중요한 군사기지 및 군사시설이 없거나 군사작전상 장애가 되지 아니하는 지역으로서 대통령령으로 정하는 기준에 해당하는 지역은 제한보호구역의 지정에서 제외하여야 한다(동법 제5조 제1항 제1호 가목 단서, 제2호 가목 단서).

군사분계선 인접지역 외의 지역에서의 보호구역의 설정은 다음과 같은 기준에 따라 필요한 최소한의 범위 안에서 행하여야 한다. 즉 ① 진지장애물 등과 같은 전투시설물이 있는 지역은 관측과 사계 및 개인화기의 유효사거리 등을 고려하여 정하되 전투시설물의 최외곽에 설치된 유자재시설물로부터 500m 이내, ② 대공방호시설과 통신시설이 있는 지역은 장비운영과 시설보호에 지장이 없는 최소한의 범위, ③ 군용비행장과 비상활주로 및 사격장이 있는 주변지역은 항공기운용과 사격안전에 지장이 없는 최소한의 범위, ④ 폭발물관련시설이 있는 지역은 폭발물안전거리를 초과하지 아니하는 범위, ⑤ 기타 군사시설이 있는 지역은 당해 시설의 운용에 필요한 최소한의 거리로서 울타리로부터 500m 이내로 한다. 다만, 취락지역은 울타리로부터 300m 이내로 한다.

해군기지 중 군항의 보호구역의 범위는 위와 같은 통제보호구역 또는 제한보호구역의 범위와 달리 대통령령으로 정하고, 특히 해군작전기지의 수역에 대한 보호구역은 항만의 경계 안에서 지정한다(법 제 5 조 제 3 항). 비행안전구역은 항공작전기지의 종류별로 구분하되 그 지정범위는 별표에서 정한다(구체적 범위는 본서 군사부담 군용항공기지법에서 상설하였다). 대공방어 협조구역은 특별시ㆍ광역시ㆍ특별자치도ㆍ시ㆍ군 관할구역을 기준으로 지정한다.

3. 보호구역의 고시 및 표지

국방부장관은 보호구역을 지정, 변경 또는 해제한 때에는 이를 고시하여야 한다.[93] 군사시설보호구역이 지정된 때에는 국방부장관이 보호구역 또는 민간인통제선의 지정사실, 관할부대장 또는 관리부대장, 보호구역에서의 제한 또는 금지사항 및 그 위반자에 대한 처벌의 취지, 그 밖에 필요한 사항을 알리는 표지(표찰 또는 표석)를 보호구역의 외곽경계선에 연하여 300m마다 1개씩 설치하게 하여야 한다. 다만, 접적지역에 있어서는 국방부장관이 보호구역의 범위와 설정사실, 관할부대장, 제한 또는 금지사항, 위반자처벌의 취지 등을 명시하여 관보에 고지함으로써 이에 갈음할 수 있다. 민간인통제선의 경우에도 고시로서 갈음할 수 있다(법 제 8 조 제 2 항, 시행령 제 7 조 제 1 항).

4. 군사시설보호구역의 설정 및 고시의 법적 성격

군사시설보호구역의 설정행위 또는 고시를 통치행위 내지는 행정입법으로 보고 있는 대법원의 판례도 있지만, 통치행위 자체도 완전히 법으로부터 자유로운 행위로서 사법심사의 대상이 되지 않는다고 할 수 없으므로 군사시설보호구역 설정행위 또는 고시 자체를 통치행위로 보아 사법심사로부터 자유로운 것으로 보는 것은 타당하지 못하다. 군사시설보호구역의 설정행위(고시)도 법률에 의한 행위로서 사법심사의 대상이 된다고 보아야 할 것이다.

위 각주에서 보는 바와 같이 학설과 헌법재판소에서는 군사시설보호구역의 설정 또는 고시에 대하여 처분성을 인정하는 방향으로 바뀌었음을 확인할 수 있다.

---

93) 군사기지시설보호법에 의한 군사시설보호구역의 설정ㆍ고시에 관한 법적 성격을 대법원은 '행정입법' 또는 '통치행위'로 보아 사법심사의 대상이 되지 않는 것으로 보았으나(대법원 1983.6.14. 선고 83누43 판결; 대법원 1985.1.22. 선고 83누279 판결), 학설에서는 처분성을 인정하여 항고소송의 대상이 된다고 보고 있고, 헌법재판소에서도 개발제한구역의 지정ㆍ고시와 관련한 사건(헌법재판소 1991.6.3. 선고 89헌마46 결정)과 토지소유자의 지목변경신청을 거부한 행정청의 처분과 관련한 헌법소원심판(헌법재판소 1999.6.24. 선고 97헌마315 결정)에서 각각 처분성을 인정하고 있다.

그러나 군사시설보호구역의 설정·변경·해제행위는 고도의 군사작용이라는 특수성을 띤다는 점을 무시할 수 없다. 또 군사시설보호구역 설정을 위한 요건이라고 할 수 있는 "군사시설을 보호하고 작전의 원활한 수행을 보장"한다는 개념은 해석의 여지가 전혀 없는 일의적인 규정이라고 할 수 없고, 현대 급변하는 작전환경에 능동적으로 대응할 수 있다는 점에서 법적 성격을 판단하여야 할 것이다.

따라서 군사시설보호구역의 설정행위에 대한 법적 규명은 군사시설의 보호와 작전의 원활한 수행보장이라고 하는 목적달성과 설정으로 인하여 받는 침해를 최소화할 수 있는 방향에서 이루어져야 한다.[94]

이러한 이유로 군사시설보호구역의 설정 등의 행위를 함에 있어서는 구역의 설정에 다른 토지재산권의 침해가 필요불가피한 범위 내에서 최소한도에 그쳐야 하고, 비례의 원칙에 위배되지 말아야 한다.[95] 따라서 군사기지시설보호법령상의 절차규정을 준수하지 아니하였거나 정확하지 아니한 군사정보에 근거하여 자의적으로 판단한 경우, 또는 군사시설보호구역의 설정범위를 헌법상의 평등원칙에 위배하여 정한 경우에는 위법한 처분으로서 취소 또는 무효확인을 구하는 항고소송의 대상이 될 것이다. 나아가 위법한 군사시설보호구역의 설정으로 인하여 손해가 발생한 경우에는 국가배상법 제 2 조에 따라 국가배상 청구의 대상이 될 수 있다.

Ⅳ. 군사기지시설보호구역의 종류

보호구역은 통제보호구역과 제한보호구역으로 구분된다.

1. 통제보호구역

고도의 군사활동보장이 요구되는 군사분계선에 인접한 지역과 기타 중요한 군사시설의 기능보전이 요구되는 지역을 통제보호구역이라 말한다.

통제보호구역은 군작전상 민간인출입을 통제하기 위하여 군사분계선남방 10km의 범위(민통선) 안에서 국방부장관이 합참의장의 건의에 의하여 정하며 관보에 고시한다. 군사분계선 인접지역 이외의 지역에서는 통제보호구역 설정시 군사시설의 최외곽경계선으로부

---

94) 군사시설보호와 작전의 원활한 수행이라는 불확정개념의 해석·적용을 재량으로 보지 않고, 법의 해석·적용, 즉 판단여지로 보아야 한다는 주장이 있다(박영만, "군사상 필요에 의한 사인의 토지재산권에 대한 공용침해와 그 구제," 경북대학교 대학원 박사학위논문, 2000, 114면).

95) 평택미군기지는 국가안보를 위한 중요한 군사시설로서 그 보안을 위하여 설치시부터 보호되어야 할 필요성이 있는 점을 고려할 때, 평택미군기지 이전예정지에 대한 군사시설보호구역 설정처분이 그 지역 내 거주자들의 권리를 과도하게 침해한 것으로서 최소침해의 원칙이나 비례의 원칙에 반하지 않는다(서울행정법원 앞의 판결).

터 500m를 초과할 수 없다.

통제보호구역의 구체적 범위는 민간인통제선 이북지역(군사분계선으로부터 10km 이내)과 그 이외의 지역으로서 중요한 군사기지 및 군사시설의 최외곽경계선으로부터 300미터 범위 이내(방공기지는 500m 이내)의 지역으로 제한된다.

2. 제한보호구역

군작전의 원활한 수행을 위하여 필요한 지역과 기타 군사시설의 보호 또는 지역주민의 안전이 요구되는 지역에 국방부장관이 제한보호구역을 설정할 수 있다.

제한보호구역의 구체적 범위는 다음과 같다. 즉 제한보호구역은 군사분계선의 이남 25km 범위 이내의 지역 중 민간인통제선 이남지역과 그 이외의 지역으로서 군사기지 및 군사시설의 최외곽경계선으로부터 500m 이내의 지역(다만, 취락지역에 위치한 경우는 300m 이내의 지역)을 말한다.

그러나 폭발물관련 시설, 방공기지, 사격장 및 훈련장은 당해 군사기지 및 군사시설의 최외곽경계선으로부터 1km의 이내로 제한보호구역의 범위를 확대한다. 전술항공 작전기지는 당해 군사기지 최외곽경계선으로부터 5km 이내로 하고, 지원항공작전기지 및 헬기전용 작전기지는 2km 이내의 지역을 제한보호구역으로 한다. 군용전기통신기지의 경우는 군용전기통신설비 설치장소의 중심으로부터 반지름 2km 범위 이내의 지역을 제한보호구역으로 한다.

V. 군사기지시설보호구역 내 행위제한

1. 출입통제

통제보호구역으로 설정된 지역, 울타리 또는 출입통제표찰이 설치된 군사시설지역, 군사시설 등에 해당하는 지역 또는 시설 내에 출입하고자 하는 자는 관할부대장의 허가를 받아야 한다(법 제9조 제1항).

관할부대장은 군사시설보호구역 내의 군사시설을 관리·보관할 책임을 지고 있는 부대의 장으로서, 육군에 있어서는 여단장급 이상의 지휘관을, 해군에 있어서는 함대사령관급 이상의 지휘관을(해병에 있어서는 여단장급 이상의 지휘관), 공군에 있어서는 비행단장급 이상의 지휘관을 말한다.

거주 또는 영농을 위하여 통제보호구역이나 울타리 또는 출입통제표찰이 설치된 부대 주둔지를 출입하고자 하는 자는 거주지를 관할하는 시장, 군수 또는 구청장을 거쳐 관할부대장 또는 주둔지부대장에게 출입허가신청을 하여야 하고, 특별한 사유로 일일출입을 하고자 하는 자는 직접 관할부대장 또는 주둔지부대장에게 그 허가를 신청할 수 있다. 관할부대장 등 또는 주둔지부대장은 출입허가 여부를 결정하고, 그 결과를 시장, 군수 또는 구청장을 거쳐 신청인에게 통지하여야 한다(시행령 제 8 조 제 1 항, 제 3 항).

출입의 기간을 1일 이내로 하는 자에 대하여는 당해 자가 소속하는 기관 또는 단체의 장(특정기관 또는 단체에 소속하지 아니한 자의 경우에는 거주지를 관할하는 시·읍·면 또는 동장)의 신원확인서가 관할부대에 접수되고, 작전상 지장이 없다고 인정되는 경우에 한하여 허가하며, 일정기간을 정하여 계속하여 출입하고자 하는 자에 대하여는 신원조회서가 관할부대에 접수되고, 작전 및 보안상 지장이 없다고 인정되는 경우에 한하여 허가한다(군사시설보호구역 통제규정 제 9 조).

2. 금지행위

군사시설보호구역 내에서는 보호구역의 표지나 출입통제표찰의 이전 또는 손괴가 금지되며, 통제보호구역 안에서의 주택 또는 구조물의 증축, 수산동식물의 포획 또는 채취, 군함의 항로방해, 표류물·침몰물의 습득 또는 군사작전이나 항해에 장애가 될 우려가 있는 유해물의 유기, 군용항공기를 제외한 항공기의 항공작전기지에 착륙, 군사시설 또는 군용항공기를 손괴하거나 그 기능을 손상시키는 행위, 군용항공기를 향하여 물건을 던지거나 군용항공기의 운항에 위험을 일으킬 우려가 있는 행위 등은 금지된다.

군사시설의 촬영·모사·녹취 및 이에 관한 문서나 도화 등의 발간 또는 복제가 금지된다. 단, 국가기관 또는 공공단체가 공공사업을 위하여 미리 관할부대장의 승인을 얻은 경우에는 예외로 한다.

제한보호구역 안에서의 각종 총포의 발사, 폭발물의 폭발 등의 행위, 군용통신장애가 되는 것으로서 건축물의 건축, 공작물·매설물 등의 설치 등이 금지되며, 군용통신에 장애가 되는 장애설비 등의 사용이 제한된다.

또한 비행안전구역에서도 금지 또는 제한 사항이 있다. 이에 대해서는 본서의 군사부담 중 항공기지법에서 상설하였다.

3. 퇴거의 강제 등

관할부대장은 그의 허가나 승인 없이 통제보호구역 내에 출입하거나 군사시설의 촬영·모사·녹취 및 이에 관한 문서나 도화 등의 발간 또는 복제 등의 행위를 한 자 또는 그 행위로 인한 장애물에 대하여는 퇴거의 강제, 장애물의 제거 기타 군사시설을 보호하기 위하여 필요한 조치를 하여야 한다(법 제11조).

이 때 관할부대장은 군사상 긴급한 사유가 있는 경우를 제외하고는 먼저 그 행위자에게 행위의 중지 또는 장애물의 제거를 명한 다음, 이를 이행하지 않는 경우에 퇴거의 강제

등의 조치를 취하여야 한다(시행령 제12조). 방어해면법 제 7 조(퇴거의 명령과 강제퇴거), 구 공군기지법 제21조(명령불응시의 조치) 등에서도 유사한 내용이 규정되어 있다.

관할부대장은 소유자를 알 수 없거나 급박한 위험이 존재하는 등 긴급을 요하는 경우에는 명령 없이 직접 이를 제거 또는 이전할 수 있다. 그에 사용된 비용은 소유자에게 징수할 수 있다. 관할부대장은 장애물의 제거나 그 밖에 필요한 조치명령에 따르지 않는 경우, 행정대집행법에 따라 직접 또는 제 3 자로 하여금 제거 또는 이전하게 할 수 있다.

4. 비행금지구역과 대공방어협조구역의 설정 등

국방부장관은 군사상 필요하다고 인정하는 때에는 일정한 구역을 정하여 그 구역을 비행안전구역 및 대공방어 협조구역 등으로 지정하거나 변경 또는 해제할 수 있다(법 제 3 조, 제 4 조).

군용항공기지의 관할부대장은 항공작전에 위해를 끼칠 장애물 이외의 건축물·공작물·식물 등으로서 항공기의 비행안전에 위해를 끼칠 우려가 있는 장애물에 대해서는 소유자 등에게 소요비용을 지급하고 항공장애등 및 주간장애표지의 설치를 명할 수 있다(법 제11조 제 4 항).

선박은 보호구역 안에서 군의 작전이나 항해에 장애가 되지 아니하도록 정박하여야 한다. 관할부대장은 보호구역 안에 정박중인 선박에 대하여 필요한 경우 그 정박지를 지정 또는 변경하거나 퇴거의 강제 등 필요한 조치를 할 수 있다. 그리고 해군기지에 입항하는 선박은 보호구역외곽의 3해리 지점으로부터 정박지점에 이르기까지 만국선박식별 신호에 따라 그 선박명을 표시하여야 한다.

Ⅵ. 행정기관의 허가사항에 관한 협의

1. 협의사항

관계행정기관은 보호구역 내에서의 다음 사항에 관한 허가 기타의 처분을 하고자 할 때에는 사전에 국방부장관 또는 관할부대장 등과 협의하여야 한다. 국가기관 또는 지방자치단체가 행위를 하는 경우에도 동일하다. 단, 보호구역의 보호·관리 및 군사작전에 지장이 없는 범위 안에서 대통령령으로 정하는 사항은 예외로 한다(법 제13조 제 1 항).

① 건축물의 신축·증축 또는 공작물의 설치와 건축물의 용도변경
② 도로·철도·교량·운하·터널·수로·매설물 등과 그 부속 공작물의 설치 또는 변경
③ 하천 또는 해면의 매립·준설(浚渫)과 항만의 축조 또는 변경
④ 광물·토석(土石) 또는 토사(土砂)의 채취

⑤ 해안의 굴착

⑥ 조림 또는 임목(林木)의 벌채

⑦ 토지의 개간 또는 지형의 변경

⑧ 해저시설물의 부설 또는 변경

⑨ 통신시설의 설치와 그 사용

⑩ 총포의 발사 또는 폭발물의 폭발

⑪ 해운의 영위

⑫ 어업권의 설정, 수산동식물의 포획 또는 채취

⑬ 부표(浮標)·입표(立標), 그 밖의 표지의 설치 또는 변경

2. 협의주체

군사기지시설보호법 제13조의 규정에 의하면 협의주체는 '국방부장관 또는 관할부대장 등'으로 되어 있는데, 국방부장관은 별문제가 없지만 '관할부대장 등'이라고 할 때 협의주체를 어느 범위로 한정할 것인지 문제가 될 수 있다. 관할부대장이란 작전책임지역 안의 군사기지 및 군사시설을 보호·관리하거나 비행안전 또는 대공방어 등에 관한 사항을 관장하는 대통령령으로 정하는 부대의 장을 말한다(법 제2조 제14호). 즉 일정한 지역에 대한 작전책임과 그 지역 안에 설정된 군사기지시설보호구역을 보호·관리하는 책임을 지고 있는 부대의 장을 말한다. 관리부대장이란 관할부대장의 작전책임지역 안에 주둔하고 있으나 지휘계통이 달라 당해 지역의 관할부대와 독립하여 일정한 범위의 군사기지 및 군사시설을 보호·관리하거나 비행안전 및 대공방어 등에 관한 사항을 관장하는 대통령령으로 정하는 부대의 장을 말한다(법 제2조 제15호).

그러나 법시행령 제3조에서 육군의 경우 관할부대장을 '여단장급' 이상의 지휘관으로 한정하고 관리부대장의 경우는 시행령 제3조에서 편제상 '창장급' 또는 '단장급' 이상의 지휘관으로 한정하고 있어 실제 운용상 문제점이 있다. 개인이나 대외기관에서 작전성검토 협의주체인 관할부대와 관리부대의 관계를 구별하는 것은 쉽지 않고, 관리부대와 관할부대 간에 작전성검토의견이 다른 경우, 어느 의견을 우선하여야 하는지에 대한 명확한 기준이 없다.[96]

3. 협의절차

국방부장관 또는 관할부대장은 위와 같은 사항에 대하여 협의요청을 받은 경우에는 보호심의위원회의 심의를 거쳐 30일 이내에 그 의견을 관계행정기관의 장에게 통보하여야

---

[96] 이러한 문제점을 해소하기 위한 방안으로 군사시설보호구역 내 작전성검토의 주체를 원칙적으로 군단사령부 또는 그 이상의 상급부대로 통합하여 관리하는 것이 바람직하다는 견해가 있다(박영만, 앞의 논문, 89면).

한다.[97] 그 통보기한을 1회에 한하여 10일의 범위 안에서 연장할 수 있다. 의견의 통보를 받은 관계행정기관의 장은 그 의견에 이의가 있는 경우에는 국방부장관 또는 관할부대장에게 재협의를 요청할 수 있다. 당사자 역시 재협의를 요청할 수 있고 특별한 사유가 없는 한 관계행정기관의 장은 그에 따라야 한다.

다만, 항공작전기지의 비행안전구역에 있어서 그 구역의 표면 높이 이상인 건축물의 건축, 공작물·식물이나 그 밖의 장애물의 설치 또는 재배를 허용하는 사항에 재협의하는 경우에는 합동참모본부 군사기지 및 군사시설보호심의위원회의 심의를 거쳐야 한다(법 제13조 제8항).

행정청이 위와 같은 사항에 관한 허가나 기타의 처분을 하고자 할 때에는 중앙행정기관의 장은 국방부장관과 기타 행정기관의 장은 관할부대장과 협의하여야 한다(법시행령 제13조 제1항).

국방부장관 또는 관할부대장은 관계행정기관의 장이 협의를 거치지 아니하거나 협의 조건을 이행하지 아니하고 허가 등을 한 경우에는 당해 행정기관의 장에게 그 허가 등의 취소, 행위의 중지, 시설물의 철거 등 원상회복에 필요한 조치를 취할 것을 요청할 수 있고, 그 요청을 받은 행정기관의 장은 특별한 사유가 없는 한 그 요청에 응하여야 한다(법 제13조 제9항).

국방부장관 또는 관할부대장은 도시지역 안의 보호구역, 농공단지 등 작전에 영향이 경미하면서 지역사회발전 및 주민편익을 도모할 수 있는 지역에 대한 협의업무를 보호심의위원회의 심의를 거쳐 관계행정기관의 장에게 위탁할 수 있다. 관할부대장이 협의업무를 위탁하고자 하는 경우에는 관할부대 또는 관리부대 보호심의위원회의 심의를 거친 후 합참의장의 승인을 받아야 한다(법 제14조 제1항).

4. 동의의 요건

(1) 기본적 요건

관할부대장은 '작전기능을 보장함에 필요한 모든 요건을 고려하여' 동의하여야 한다. 이에 관하여는 군사시설보호구역통제규정 제2조에서 규정하고 있다. 국민의 재산권도 보호하고, 군사시설의 기능도 보유해야 하는 두 가지 목적을 충족해야 한다.

(2) 공익사업의 경우

공익사업에 관하여는 군사시설에서의 관측, 사계 및 기동 등을 고려하여 작전에 지장

---

97) 13조 제1항 각호의 허가 등을 받으려는 자는 허가 등을 신청하기 전에 관할부대장 등에게 사전상담을 요청할 수 있는데, 관할부대장 등은 요청을 받은 날부터 10일 이내에 사전상담 결과를 요청인에게 알려주어야 하고, 이 경우에는 협의요청을 한 관계기관의 장에게 20이내에 통보하여야 한다(법 제13조 제3항).

이 없는 범위 안에서 동의하여야 한다.

(3) 가옥 등의 경우

보호구역 내의 가옥, 기타 축조물의 신축 또는 변경의 허가를 위한 관계행정청의 협의 요청이 있는 때에는 다음과 같은 기준에 따라 동의하여야 한다.

① 도시계획법에 의한 도시개발계획에 따라 택지로 확정된 지역에 있어서는 진지에서의 관측사계 및 기동을 고려하여 작전에 지장이 없다고 인정되는 경우
② 주택공간 및 사각지대에 있어서의 가옥, 기타 축조물의 높이가 기존 가옥 또는 축조물의 높이를 초과하지 아니하는 경우
③ 기존의 인공절개지로 인하여 진지로부터 사각지대를 이루고 있는 지역에 있어서는 가옥, 기타 축조물의 높이가 절개지형상의 높이를 초과하지 아니하는 경우
④ 기존의 가옥, 기타 축조물의 높이보다 높은 가옥 기타 축조물의 신축 또는 변경허가에 관한 협의에 있어서는 기존의 가옥 기타 축조물상에 설치된 대공포 등 장비를 이설하는 조건을 수락하는 경우.

(4) 토사채취 등의 경우

토사채취 등의 경우에는 토사의 채취로 인하여 군사상 보호되어야 할 제방이 유실 또는 붕괴될 우려가 없는 경우에 한하여 동의하여야 한다. 하천매립의 경우에는 하천의 범람으로 인하여 군사시설이 유실 또는 손괴될 우려가 없고, 관측·사계 및 기타 작전상 지장을 초래하지 아니하는 경우에 한하여 동의하여야 한다.

(5) 토석채취 등의 경우

토석의 채취 및 절개의 허가를 위한 행정청의 협의의 요청이 있을 때에는 작전상 지장이 없다고 인정되는 경우에 한하여 동의하여야 한다. 군사시설로부터 전사면 500m, 배사면 200m 이내의 지역에서는 작전상 지장 여부에 관계 없이 동의하여서는 아니 된다.

(6) 해면매립 등의 경우

항만의 축조, 주택단지, 공업단지, 기타 산업단지를 조성할 목적으로 해면의 매립 또는 준설의 허가에 관한 관계행정청의 협의요청이 있는 때에는 매립 및 준설공정의 단계에 따라 기존 군사시설을 이설할 수 있고, 작전상 지장이 없다고 인정되는 경우에 한하여 동의하여야 한다.

(7) 조림허가 등의 경우

조림의 허가를 위한 관계행정청의 협의요청이 있을 때에는 조림하고자 하는 수종이 군사시설의 위장에 적합한 경우에 한하여 동의하여야 하는데, 동의의 조건으로서 '군사작

전상 필요한 경우에 관할부대장의 요청이 있을 때에는 언제든지 이를 제거할 것'이라는 조건을 붙여야 한다. 임목의 벌채에 있어서는 군사시설의 보호에 지장이 없다고 인정되는 경우에 한하여 동의하여야 한다.

5. 협의를 거치지 아니한 경우

국방부장관 또는 관할부대장은 관계행정기관의 장이 협의사항에 관하여 협의를 거치지 않거나 협의조건을 이행하지 않고서 허가 등의 처분을 한 경우에는 당해 행정기관의 장에 대하여 그 허가 등의 처분을 취소하고, 행위의 중지, 시설물의 철거 등 원상회복에 필요한 조치를 할 것을 요구할 수 있고, 그 요구를 받은 행정청은 이에 응하여야 한다(법 제13조 제8항).

그 밖에 관할부대장은 군이 상주하지 않는 군사시설로서 이를 보호하여야 할 필요가 있다고 인정되는 때에는 그 시설의 소재지를 관할하는 경찰서장에게 그 시설의 관리에 필요한 협조를 요청할 수 있고, 협조요청을 받은 경찰서장은 군사시설의 손괴방지, 기능보전 및 보안유지 등에 관하여 협조하여야 한다. 또한 군사시설보호법은 헌법에 규정된 절차에 따라 대한민국에 주류하는 외국군의 군사시설에 대하여도 적용한다. 외국군의 군사시설에 관한 보호구역 내 사항의 협의에 있어서는 국방부장관 또는 관할부대장이 협의당사자가 되지만, 관할부대장은 그 시설을 관리하는 외국군부대장과 협의하여 처리하여야 한다.

6. 관리기본계획의 수립

국방부장관은 보호구역을 체계적으로 관리하기 위하여 군사기지 및 군사시설보호에 관한 기본방향, 보호구역 등의 관리에 관한 사항 등이 포함된 보호구역관리 기본계획을 5년마다 수립하여야 한다. 기본계획을 수립하는 경우 국방부 심의위원회의 심의를 거쳐야 한다.

관할부대장도 국방부장관의 관리기본계획에 따라 소관관할부대의 보호구역 관리계획을 5년마다 수립하고 추진하여야 한다. 관할부대장의 관리계획의 수립에 있어서도 관할부대 심의위원회의 심의를 거쳐야 한다.

Ⅶ. 토지매수청구 및 손실보상청구

보호구역 등의 지정으로 인하여 그 구역 안의 토지를 종래의 용도로 사용할 수 없어 그 효용이 현저하게 감소한 토지 또는 당해 토지의 사용·수익이 사실상 불가능한 토지의 소유자는 국방부장관에게 당해 토지의 매수를 청구할 수 있다. 그 소유자는 보호구역지정당시부터 당해 토지를 소유한 자, 토지의 사용·수익이 사실상 불가능하게 되기 전에 당해 토지를 취득하여 계속 소유한 자, 또는 위 두 경우의 소유자로부터 상속받아 계속 소유한 자이어야 한다.

국방부장관은 매수청구를 받은 토지에 대하여 대통령령으로 정하는 판정기준에 해당되는 경우에는 예산의 범위 내에서 매수하여야 한다. 매수가격은 "부동산 가격공시에 관한 법률"에 따라 공시지가를 기준으로 당해 토지의 위치·형상·환경 및 이용 상황 등을 고려하여 평가한 금액으로 한다.

국방부장관은 매수가격의 산정을 위한 감정평가 등에 사용되는 비용을 부담하여야 한다. 단, 매수청구인이 정당한 사유 없이 매수청구를 철회하는 경우에는 감정평가에 따르는 비용의 전부 또는 일부를 매수청구인에게 부담시킬 수 있다. 그러나 매수예상가격에 비하여 매수가격이 30퍼센트 이상 하락한 경우, 법령의 개폐 등으로 인하여 매수청구의 사유가 소멸된 경우에는 매수청구인에게 부담시킬 수 없다. 매수청구인이 부담하여야 하는 비용을 납부하지 아니한 경우에는 국세체납처분의 예에 따라 징수할 수 있다(법 제18조).

국방부장관은 보호구역 등이 지정목적을 달성하기 위하여 필요한 경우에는 토지소유자와 협의하여 그 구역 안의 토지 및 그 토지의 정착물을 매수할 수 있다. 이 경우 가격의 산정시기·방법 및 기준에 관하여는 "공익사업을 위한 토지 등의 취득 및 보상에 관한 법률"의 관계규정을 준용한다.

그리고 국방부장관은 군용통신에 장애가 되는 장애설비 등의 사용제한으로 인하여 발생한 손실, 비행안전구역 안의 장애물제거로 발생한 손실에 대하여 정당한 보상을 지불하여야 한다. 손실보상을 받으려는 자는 청구의 원인이 되는 사유가 발생한 날로부터 1년 이내에 국방부장관에게 청구하여야 하고, 국방부장관은 청구를 받은 날로부터 90일 이내에 손실보상금의 지급 여부를 결정하여 청구인에게 통지하여야 한다(법 제20조).

Ⅷ. 벌   칙

1. 군사시설손괴

군사시설 또는 군용항공기를 손괴하거나 그 기능을 손상시킨 자는 3년 이상의 유기징역에 처한다.[98] 그 미수범도 처벌한다. 군사시설보호법상 군사시설과 군형법 제69조의 군용시설은 중복되는 경우가 많은데, 이 경우에는 법정형이 무거운 군형법상 군용시설손괴죄만 성립한다고 본다.

---

98) 이하 군사기지시설보호법 제24조(벌칙) 참조.

2. 금지사항위반

관할부대장의 승인을 얻지 아니하고 전술항공작전기지 내에서 총포의 발사, 폭발물의 폭발행위를 한 자, 군함의 항로를 방해한 자, 군용항공기를 향하여 돌을 던지거나 군용 항공기운항에 위험을 일으킬 우려가 있는 행위를 한 자, 비행장애를 일으킬 우려가 있는 연막, 증기의 발산 또는 색채유리나 그 밖의 반사물체를 진열한 자는 5년 이하의 징역 또는 1천 500만 원 이하의 벌금에 처한다.

통제보호구역 안에서 허가를 받지 아니하고 수산동식물을 포획 또는 채취한 자는 3년 이하의 징역 또는 200만 원 이상 2천만 원 이하의 벌금에 처한다.

보호구역 내에서 군사시설의 촬영·모사·녹취 및 이에 관한 문서나 도화 등의 발간·복제 등의 행위를 한 자, 보호구역 등의 표지를 이전 또는 훼손한 자는 3년 이하의 징역 또는 1천만 원 이하의 벌금에 처한다. 통제보호구역 안에서 주택을 신축한 경우 또는 장애물의 제거명령, 그 밖에 비행안전구역에서 건축물의 건축, 공작물·식물·장애물을 설치·재배·방치한 자에 대해서는 2년 이하의 징역 또는 500만 원 이하의 벌금에 처한다.

3. 출입금지위반

통제보호구역 또는 울타리나 출입통제표찰이 설치된 군사기지 및 군사시설 내의 출입통제에 위반하여 관할부대장의 허가를 받지 아니하고 무단으로 출입한 자, 표류물·침몰물의 습득 또는 군사작전이나 항해에 장애가 될 우려가 있는 유해물을 유기한 자, 군용항공기를 제외한 항공기가 항공작전기지에 착륙한 경우, 제한보호구역 안에서 군용통신에 장애가 되는 건축물의 건축, 공작물·매설물을 설치한 자, 군용통신에 장애가 되는 장애장비를 설치한 자, 군용항공기를 제외한 항공기가 비행안전구역 상공을 비행한 경우 보호구역 또는 비행안전구역에서 장애물의 제거명령에 위반한 자, 항공등화의 명료한 인지를 방해하거나 항공등화로 오인할 우려가 있는 유사등화를 설치한 자, 보호구역 안에 정박중인 선박으로서 관할부대장으로부터 정박지 지정 또는 변경, 퇴거를 명받았으나, 이를 위배한 자는 1년 이하의 징역 또는 300만 원 이하의 벌금에 처한다.

해군기지에 입항하는 선박으로서 보호구역외곽 3해리 지점에서 정박지점에 이르는 동안 만국식별신호에 따라 선박명을 표시하지 아니한 선장 또는 그 직무를 대행하는 자는 100만 원 이하의 벌금에 처한다.

통제보호구역 안에서 허가를 받지 아니하고 수산동식물의 포획 또는 채취를 한 자가 소유하는 어획물, 제품, 어선 또는 어구는 몰수할 수 있다. 다만, 어선몰수의 경우에는 최근 5년 이내에 위 행위로 2회 이상 처벌을 받은 경우에 한한다. 몰수할 수 없을 때에는 그 가액을 추징할 수 있다(군사기지시설보호법 제25조).

제 4 장

군 징 계

제1절 총 설

군공무원으로서가 아니라 일반 개인의 자격에서 행한 행위에 대하여 지는 민사·형사책임은 여기에서 특별히 논하지 않는다. 일반적으로 책임을 논함에 있어서 학자에 따라서는 군공무원으로서 지는 의무를 위반함으로써 법률상 제재를 받지 않으면 아니 될 공무원법상의 징계책임과 변상책임, 그리고 군공무원의 행위가 군공무원으로서의 의무위반에 그치지 않고, 나아가서 일반법익을 침해함으로써 형벌의 제재를 받지 않으면 아니 될 지위까지를 포함시키며, 가장 넓게는 의무위반행위가 위법하게 타인의 권리를 침해하여 손해를 발생하게 한 경우의 공무원 자신의 민사상 손해배상책임을 드는 경우도 있다.

여기서는 군공무원으로서의 군인사법 및 군무원인사법상의 징계책임에 대하여 상술하기로 하겠다. 다만, 군무원에 대한 군무원인사법상의 징계제도는 그 내용상 일반공무원의 경우와 동일하게 개정되었으므로, 주로 군인사법과 군인징계령상의 규정을 중심으로 설명할 것이다.[1]

---

[1] 군징계의 법적 근거는 군인사법 제10장(제56조-제61조), 군인징계령(대통령령 제28266호), 군무원인사법 제 7 장(제37조-제43조), 군무원인사법시행령 제 7 장(제105조-제124조), 국방부 군인·군무원 징계업무처리 훈령(국방부훈령 제1897호), 징계·항고심사 및 인사소청심사위원 준수사항에 관한 훈령(국방부훈령 제760호), 징계입창자 영창집행 및 처우 기준에 관한 훈령(국방부훈령 제1309호), 육규 180 징계규정, 해규 8-0-1-규05 해군징계규정, 공규 10-5 징계규정 등을 들 수 있다.

Ⅰ. 징계의 의의

1. 의   의

징계(懲戒)라 함은 공법상의 특별권력관계에 있어서 그 내부질서를 유지하기 위하여 내부적 질서유지의무를 위반한 자에게 특별권력에 기하여 과하는 제재를 말하며, '징계처분'이라고도 한다. 이러한 징계에 의한 제재로서 과하는 벌을 징계벌이라고 하며, 그 과벌의 원인이 되는 의무위반행위를 한 자를 징계범이라고 한다. 그리고 이러한 징계범이 징계벌을 받아야 하는 지위를 징계책임이라고 한다.

군인이나 군무원도 특정직공무원으로서 전형적인 특별권력관계 내에 있으므로 그 내부의 질서를 유지하기 위하여 일정한 제재로서 징계벌을 받으며 징계의 객체가 된다. 특히 군인이나 군무원은 군조직의 특수성에 비추어 일반공무원에 대한 징계보다 중한 징계책임을 지고 있는 것이다. 다만, 군무원의 경우 종래에는 군인과 동일하게 중징계로서 파면·해임·정직 및 감봉을, 경징계로서 근신 및 견책을 각각 규정하여 왔으나, 군무원인사법 전면개정(1989. 12. 30.)을 통하여 국가공무원의 징계와 동일하게 근신제도는 폐지되고, 중징계·경징계의 구분 없이 파면·해임·강등·정직·감봉 및 견책으로 규정되었다. 이와 같이 군인이나 군무원에게 인정되는 징계를 특히 '군징계'라고도 한다.

다시 말하면 군징계라 함은 군인 또는 군무원이 직무상의 의무를 위반하거나 직무를 태만히 한 때, 직무의 내외를 불문하고 품위를 손상하는 행위를 한 때, 그 밖에 군인사법 (군무원인사법) 또는 군인징계령(군무원인사법)에 의한 명령에 위반한 때에 군인사법(군무원인사법)상의 징계규정에 따라 제재를 가하는 것을 말한다. 이러한 징계는 군공무원 본연의 자세로 회복시킴을 그 목적으로 하므로, 이를 위해서는 엄정한 행사가 요구된다.

2. 군징계의 특수성

군징계도 넓은 의미의 공무원징계의 일종으로서 공무원에 대한 징계의 특수성은 군징계에 있어서도 원칙적으로 타당하다. 그러나 군징계는 군대라고 하는 특수한 조직사회를 그 적용범위로 하는 것이므로, 일반 공무원징계에서는 볼 수 없는 특수성을 또한 지니고 있다. 주로 군인에 대한 그 주요한 특수성을 살펴보면 다음과 같다.

(1) 징계벌의 다양성

일반 공무원징계는 신분적 제재를 원칙으로 하므로 그 징계벌도 신분적 이익의 전부 또는 일부를 박탈하는 데 그치고, 그 종류도 파면·해임·정직·감봉·견책 등으로 되어 있지만, 군징계는 신분적 제재를 원칙으로 하면서도 신체적 제재를 아울러 규정하고 있고, 그 종류도 다양하다는 점에 그 특징이 있다.

즉 군인사법에는 일반 공무원징계에서는 볼 수 없는 근신·군기교육·휴가제한과 같은 징계벌이 규정되어 있다(군인사법 제57조). 군기교육은 이전의 영창을 대체한 제도로서 (2020년 2.4. 개정) 군징계가 규정하는 신체적 제재의 대표적 유형이다. 휴가제한은 병에 한하여 가하는 징계벌로서 새로 제정된 징계벌이다. 휴가제한은 휴가일수를 제한하는데, 1회 5일 이내로 한다. 군기교육에 대해서는 인권담당군법무관에 의한 적법성심사를 거치도록 하고 있다(군인사법 제59조의 2 신설).

(2) 신분 또는 계급에 의한 차별성

일반 공무원징계에 있어서는 원칙적으로 공무원의 신분이나 계급에 의하여 달리 취급하는 일이 없으나, 군징계에 있어서는 신분에 상응한 문책과 위계질서의 확립을 위하여 신분과 계급에 따라 여러 가지로 상이한 취급을 하고 있다. 즉 ① 파면, 해임과 정직은 장교, 준사관과 부사관에 한하고, 군기교육과 휴가제한은 병에 한한다든가(군인사법 제57조), ② 계급에 따라 징계권자 또는 승인권자를 달리한다든가(군인사법 제58조), ③ 징계위원회위원은 징계심의대상자보다 선임인 장교·부사관 중에서 임명한다든가(군인사법 제58조의 2) 하는 것 등이다.

(3) 절차의 철저한 직권성

물론 일반 공무원징계에 있어서 그 절차가 다분히 직권주의적 구조를 가지고 있음은 사실이나, 군징계에 있어서는 과벌의 신속성을 기하고 통수계통(統帥系統)의 확립을 보장한다는 견지에서 더욱 철저한 직권주의적 절차를 취하고 있다. 즉 징계절차의 개시에 있어서 어떠한 소추나 징계요구를 원칙적으로 요하지 아니하고 직권으로서 개시하며, 징계위원회의 결정에 대하여 징계권자 또는 승인권자가 감경 또는 연기 및 중지조치를 할 수 있게 한 점(군인징계령 제20조, 제23조) 등은 이를 단적으로 나타내고 있다.

이 밖에도 군인징계에는 ① 징계사유가 극히 개괄적이라든가(군인사법 제56조), ② 중징계처분을 받은 자는 진급예정자명단에서 삭제되고, 그 자가 임시계급을 부여받은 자이면 원계급에 복귀한다든가(군인사법 제31조 제 2 항 및 동 시행령 제42조) 하는 일반 공무원징계에서 볼 수 없는 여러 가지 특수성을 지니고 있다. 요컨대 이러한 특수성은 군의 임무와 조직의 특수성에서 비롯하는 것이라고 할 것이다.

3. 징계벌과 형벌

징계벌과 형벌은 경우에 따라서 동일한 군인의 의무위반행위에 대하여 과하여지는 수도 있으나, 이들 양자(兩者)는 서로 성질을 달리하는 별개의 것이다. 즉 징계벌과 형벌은 그 권력의 기초·목적·내용 및 대상을 달리한다.[2]

징계벌은 공무원(군인)에 대하여 가지는 특별권력관계에 의한 특별권력의 발동으로 행하여지는 데 반하여, 형벌은 국가의 일반통치권의 발동으로 과하여지며, 징계벌은 특별권력관계의 질서(군조직내부의 질서) 유지를 목적으로 하는 데 반하여, 형벌은 일반국가의 질서 유지를 목적으로 한다. 또한 징계벌의 대상은 공무원(군인)의 의무위반인 데 반하여, 형벌은 형사법상의 의무위반을 대상으로 한다.

형벌에 있어서는 주로 행위(범죄)가 문제되고 재재의 내용은 신분적 이익이 박탈됨에 그치지 아니하고 재산적 이익 또는 인간의 자유나 생명까지도 박탈함을 그 내용으로 함에 반하여, 징계벌에 있어서는 주로 행위자의 신분이 문제되고 제재의 내용도 신분적 이익의 전부 또는 일부를 박탈함에 그친다는 특징을 가지고 있다.

따라서 형벌은 일반국민의 지위에서 받는 제재이기 때문에 공소권 또는 형집행이 시효로 인하여 소멸하지 않는 한 퇴직 후라도 언제든지 재직중의 행위에 대하여 과할 수 있는 데 반하여, 징계벌은 공무원이라는 특수신분에 의거하여 과하는 제재인 까닭에 공무원의 신분을 가지고 있는 경우에 가능하고 퇴직 후에는 징계벌을 과할 수 없다는 특징이 있다.[3]

또한 징계벌은 의무위반이라는 객관적 사실에 주로 착안하여 과하는 제재이기 때문에 형벌과 달리 고의를 요하는 것도 아니며, 부하공무원의 의무위반에 대한 감독상의 책임도 면하지 못한다는 점에서 형벌과 차이점을 가지고 있다. 형벌은 과형절차가 철저한 당사자주의를 취하고 있지만, 징계절차는 직권주의를 취하고 있다는 것도 서로 다른 점이라고 할 것이다.

이와 같이 형벌과 징계벌은 그 권력적 기초·대상·목적·내용 등을 달리하는 까닭에 동일한 행위에 대하여 양자를 병과할 수 있으며, 병과하더라도 일사부재리의 원칙(一事不再理의 原則)에 저촉되지 아니함이 이론상 당연하다 할 것이다. 이와 관련하여 형사재판의 결과 자격정지 이상의 형의 선고유예를 받으면[4] 제적사유가 되므로(군인사법 제10조 제 2 항, 제40조) 징계벌을 과할 필요가 없게 되나, 벌금 이하의 형을 받거나 면소 또는 무죄의 재판을 받았을 때에는 따로 징계절차를 진행할 수 있다.

군인징계령 제 8 조에서는 "감사원이나 군검찰, 군사경찰, 그 밖의 수사기관이 군인의 비행사실에 대한 조사나 수사를 개시하거나 마친 때에는 10일 이내에 그 군인의 소속 또는 감독 부대나 기관의 장에게 그 사실을 통보하여야 한다," "통보가 있는 경우에는 통보를 받은 날부터 징계의결의 요구, 그 밖의 징계절차를 진행하여서는 아니 된다"고 규정하여 형사소추우선의 원칙(刑事訴追先行의 原則)을 밝히고 있는데, 이는 동일한 의무위반

---

2) 대법원 1985.4.9. 선고 84누654 판결.

3) 이에 따라 군인사법 제35조의 2〈16.1.19. 본조신설〉에서는 징계위원회에 중징계에 해당하는 사유로 징계의결이 요구중인 때에는 지원 또는 본인의 의사에 따른 전역을 제한하는 규정을 신설하였다.

4) 「성폭력범죄의 처벌 등에 관한 특례법」 제2조에 따른 성폭력범죄의 경우에는 300만 원 이상의 벌금형을 선고받은 경우(군인사법 제10조 제 2 항 제 6의 2호).

에 관하여 형벌과 징계벌을 동시에 과할 수 없다는 것이 아니라 일단 형사소추가 진행하는 경우에는 형사절차는 엄격하므로, 그 절차에서 의무위반 여부가 징계절차에서의 그것보다 더욱 명백히 밝혀질 것이므로 형사소추가 끝날 때까지 잠시 징계절차를 중지한다는 의미이다.[5]

형벌과 징계벌이 이와 같이 서로 다른 특징이 있다고 하더라도 군인공무원의 신분보장 및 기본권보호를 위하여 징계벌에도 법치주의가 원칙적으로 적용된다고 보아야 한다. 현행법상 국가공무원의 징계에 대해서는 국가공무원법에서 규정하고 있으며, 군인에 대해서는 군인사법과 군인징계령에서 징계에 관한 규정을 두고 있다.

II. 징계사유

군인사법 제56조는 "제58조의 규정에 의한 징계권자는 군인이 다음 각 호의 어느 하나에 해당되는 때에는 징계의결의 요구를 하고, 동 징계의결의 결과에 따라 징계처분을 행하여야 한다. ① 직무상의 의무를 위반하거나 직무를 태만히 한 때, ② 직무의 내외를 불문하고 품위를 손상하는 행위를 한 때, ③ 그 밖에 이 법 또는 이 법에 의한 명령에 위반한 때"라고 규정하여 징계의 대상이 되는 행위를 직무범과 신분범으로 나누고 있다. 즉 군인이 군율에 위반하여 군풍기를 문란하게 하는 직무상의 의무위반이나 직무를 태만히 한 경우의 행위가 직무범이며, 군인의 본분에 배치되는 행위를 하는 신분상의 의무위반이 신분범인 것이다. 이러한 징계범은 군무원에 대하여도 동일하게 적용되나, 다만 그 정도에 있어서 차이가 있을 뿐이다(군무원인사법 제37조 참조).

징계사유를 이와 같이 구분할 수 있으나, 이는 예시에 불과하다. 그 징계사유는 포괄적인 것이기 때문에 어느 한 가지 유형으로 구분하는 것은 실익이 없다. 따라서 군인으로서의 복무상 의무에 위배하여 군기문란의 결과를 초래한 경우에는 징계사유가 될 수 있다. 그러나 어떠한 징계사유에 불구하고 동일한 내용의 비행에 대하여 두 번 징계할 수는 없으며, 두 종류 이상의 징계를 병과하여서는 아니 된다(군인징계령 제3조).[6]

임용 전의 비위사실에 대한 징계 여부에 대해서는 원칙적으로 인정되지 않지만 임용 전의 특정한 행위로 인하여 임용 후에도 계속하여 공무원의 품위를 손상하게 된 것과 같은

---

5) 국가공무원법 제83조 제2항에서는 "검찰, 경찰 기타 수사기관에서 수사중인 사건에 대하여는 수사개시의 통보를 받은 날로부터 징계의결의 요구 기타 징계절차를 진행하지 아니할 수 있다"고 하여 임의적 규정을 두고 있다.

6) 일사부재리원칙의 예외에 해당하는 경우로서 징계처분을 받고도 또다시 의무를 이행하지 아니하는 경우, 서면경고를 받고도 그 경고에 해당하는 행위를 다시 하는 경우를 들 수 있다. 그러나 징계위원회에서 불문에 붙인 경우와 징계권자가 징계간사의 사실조사결과보고를 보고 불회부(경고장수여) 결정을 한 후 경고장수여 전 단계에서 종전의 결정을 취소하고, 징계위원회에 회부하는 결정은 할 수 없는 것으로 본다.

경우에는 그 임용 후의 공무원의 의무위반이라는 사실에 입각하여 징계할 수 있다.[7]

군인사법 제56조에서 규정하고 있는 징계사유로서의 "직무상 의무위반 또는 직무태
만," "직무내외를 불문한 품위손상행위," "이 법 및 이 법에 의한 명령에 위반되는 행위"
는 의미가 매우 포괄적이라고 할 수 있다. 이하에서는 직무범과 신분범의 유형을 나누어
구체적으로 살펴보기로 한다.

1. 직무범(군무위배행위)

(1) 반국가적 행위

군인은 국가의 안전보장과 국토방위의 신성한 의무를 수행할 의무를 지는데(헌법 제 5
조 제 2 항), 이것은 군인의 국가에 대한 충성의무를 나타낸 것이다(군인복무기본법 제20조).

따라서 군인이 이러한 충성의무에 반하여 국권에 항거하거나 이적(利敵) 등의 방법으
로 국가에 불이익한 행위를 하는 경우에는 군형법상의 범죄를 구성하거나 징계의 대상이
된다. 특히 충성이나 성실의무의 위반이 경미한 것은 징계범만을 구성한다.

이와 같은 반국가적 행위에는 국권에 대한 항거, 반란행위, 이적행위, 국가나 군에 불
이익을 가져오는 적극적 혹은 소극적인 행위 등이 있다.

(2) 위법행위와 항명행위

군인은 법령을 준수하여야 하며(군인복무기본법 시행령 제 2 조 제 1 호, 제17조), 직무를 수행
할 때 상관의 직무상 명령에 복종하여야 한다(군인복무기본법 제 25조). 따라서 군인이 법령을
위반하거나 상관의 명령에 복종하지 않는 경우에는 군형법상의 범죄를 구성하거나 징계의
대상 혹은 손해배상책임을 지게 된다.

여기서 법령이라 함은 헌법과 법률 기타 법률에 의하여 위임된 명령이나 규칙, 그리고
자치법규를 포함하는 것이며, 특별권력관계 내부의 규정(즉 행정규칙)도 포함한다.

한편 명령이란 상관이 직무 또는 복무에 관하여 부하에게 발하는 직무명령이나 복무
명령에 한하며, 법규에 위반되지 않는 정당한 명령을 말한다.

(3) 권력남용행위

군인은 어떠한 경우에도 사적제재를 하거나 직권을 남용해서는 안 되는바(군인복무기본
법 제26조), 이에 반하여 군의 위력이나 군인의 신분을 내세워 타인에게 폐를 끼치는 행위를
하는 경우에는 징계의 사유가 된다. 물론 권력의 남용이 중대한 것이거나 민폐행위가 개인
의 권리와 자유를 침해할 정도에 이르는 경우에는 형사처벌의 대상이 될 것이다(군형법 제18
조 내지 제21조, 제82조 등 참조).

---

7) 임천영, 군인사법, 법률문화원, 2012, 1138-1239면; 대법원 1990.5.22. 선고 89누7368 판결: 이 때 임
용 전 비위행위의 징계시효기산점은 공무원으로 임용된 시점으로 보아야 한다.

(4) 직무위반행위

군인은 직무기간중 성실히 그 직무를 수행하여야 하며, 직무상의 위험 또는 책임을 회피하거나 상관의 허가를 받지 않고 직무를 이탈해서는 안 되는바(군인복무기본법 제 29조), 이러한 의무를 위반하여 군무에 지장을 초래한 경우에는 군형법상의 범죄를 구성하거나 징계의 사유가 된다.

이러한 직무위반행위로는 직무의 유기나 태만, 무단이탈, 영리행위나 겸직(동법 제30조), 집단행위나 정치운동(동법 제31조, 33조) 등을 들 수 있다.

(5) 비밀누설행위

군인은 복무 중 알게된 비밀을 엄격히 지켜야 하는바(동법 제 28조), 이에 위반하여 직무상 혹은 직무와 관련하여 지득(知得)한 군사기밀을 정당하게 지득할 자격이 없는 자에게 누설하는 경우에는 군형법상의 범죄를 구성하거나 징계의 사유가 된다.

(6) 지휘감독 의무위반행위

1) 의의　　'지휘감독책임'이란 사건·사고와 관련되어 있는 지휘·감독 대상 인원의 비위사실 등 과오·위법행위를 예방하기 위해 적절한 조치를 하지 않는 등 구체적인 지휘·감독 의무위반에 대한 책임을 말한다(부대관리훈령 제9조 제1항). '지휘·감독책임자'란 부대지휘 및 업무감독과 관련하여 분대장급 이상의 지휘·감독자를 말한다(제9조 제2항). 지휘·감독책임은 사안의 중요성에 따라 1차, 2차, 3차 상급 지휘·감독자로 구분하여 적용하되, 장관 지휘보고 사고 등 극히 중한사고의 경우 3차 이상 상급 지휘·감독자에게도 적용될 수 있다(동 훈령 제12조 제1항). 지휘·감독책임은 사고예방 시스템 미구축으로 발생한 사고, 지휘·감독의 분명한 결함에 의한 사고, 규정 및 절차의 미준수가 주된 원인인 사고, 잘못된 부대환경 및 병영문화로 인한 동일유형의 반복된 사고 등을 포함한다(제12조 제2항).

부하직원의 비위에 대한 감독상의 책임을 지우기 위해서는 부하직원이 구체적으로 어떠한 직무수행상의 태만이나 고의가 있었는지 구체적인 감독의무 위반사실을 밝혀 증거에 의하여 이를 인정하여야 한다.[8] 부하직원들에게 비위사실이 있었다는 사실 자체만으로는 감독자가 직무를 태만히 하거나 성실의 의무를 위반한 것으로 볼 수 없다.[9] 따라서 부하직원의 비위사실에 대하여 그 감독자에게 지휘감독책임을 묻기 위해서는 증거에 의하여 감독의무를 태만한 것이라는데 대한 구체적인 사실의 인정이 있어야 한다.[10]

---

8) 대법원 1989.12.26. 선고 89누589 판결.
9) 대법원 1978.8.22. 선고 78누164 판결.
10) 대법원 1979.11.13. 선고 79누245 판결.

2) 지휘감독자에 대한 문책기준　지휘보고 사고 등 중요사고의 문책대상 및 범위 기준에 관해서는 사고대책위원회에서　사고유형별 사고결과와 영향 등을 고려하여 1,2,3차 지휘·감독자 및 관련 참모의 문책 대상을 심의하여 결정한다(동 훈령 제270조 제1항, 제2항). 구체적인 문책처리기준 요소는 동 훈령 별표 5(사고처리 관련 문책기준/결정절차)[11]이 적용된다(제4항).

육군에서는 사고결과와 영향에 따라 경한 사고는 1차 지휘·감독자 및 관련참모, 중한 사고는 2차 지휘·감독자 및 관련 참모, 극히 중한 사고는 3차 이상 지휘·감독자 및 관련 참모까지 문책한다(육군규정 941 사고예방및처리규정 제64조 제1항).[12] 예컨대, 입대 전 우울증 등으로 자살을 시도한 전력이 있어 전입시부터 도움·배려병사[13]로 선정되었던 병사가 부대에서 자살을 한 경우, 자살사고는 '중한 사고'에 해당하므로 문책대상 범위는 2차 지휘·감독자 및 관련 참모라 할 수 있다.

2. 신분범(본분배치행위)

(1) 군기유해행위

군대는 항상 엄정한 군기를 세워야 하는바(군인복무기본법 제2조 제1호), 군인이 단결을 파괴하거나 군의 위엄을 타락시키는 파렴치한 행위를 하여 군기를 해롭게 하는 경우에는 징계의 사유가 된다.

군기유해행위에는 단결파괴행위와 파렴치행위가 있는데, 전자는 상경하애에 의한 화

---

11) 사고처리 관련 문책기준/결정절차
　　1. 신분별 문책권자 기준

관련자 신분	문책권자		항고심사권자
	경 징계시	중 징계시	
병	중대장		징계처분 제대의 행정권이 있는 차상급 제대 지휘관
부사관	대대장	연대장	
위관장교	연대장	사단장	
영관장교	장성급 지휘관		
장 군	참모총장		

　　2. 문책기준

분야	문책기준 요소
사고결과	• 사고 규모(사상자 수 등)　• 부대지휘에 미친 영향 • 사고 성격(유형, 죄질정도)　• 동일 유형사고 반복여부
사고원인/ 예방활동	• 사고 원인(개인·부대적 원인)　• 지휘력 작용여부 • 예방시스템 구축 상태　• 행동화 조치 여부
사고 후속조치	• 사고보고, 조치 여부
감경기준	• 평소 근무실적　• 부대발전을 위한 노력

　　3. 지휘책임 문책여부 결정시 고려요소(사고대책위원회에서 결정)
　　　① 지휘력 작용 여부 확인
　　　② 사고예방시스템 구축여부
　　　③ 행동화 조치 정도
12) 사고규모의 분류 기준(육규 941 사고예방 및 처리규정 제113조 제1항)

목하고 단결된 생활을 깨뜨리는 사적 제재, 상관에 대한 폭행·협박·명예훼손, 부하에 대한 가혹행위 등을 말하며, 후자는 군인으로서 가져야 할 명예심·사명감·필승의 신념 등에 반하는 행위를 말한다.

(2) 부패·독직(腐敗·瀆職) 행위

군인은 검소하고 근면한 생활태도와 청렴결백한 살림을 자랑으로 삼아야 하며, 사치와 허례허식, 그리고 태만은 군인정신을 좀먹는 것이므로 모름지기 군인은 청백한 품성과 검소한 기풍, 근면한 습성을 길러야 한다. 뿐만 아니라 직무와 관련하여 사례, 증여 또는 향응을 주거나 받아서도 안 된다(군인복무기본법 제23조). 따라서 이에 대한 의무위반이 있는 경우에는 일종의 청렴의무에 반하는 것으로서 징계의 사유가 된다.

부패행위의 유형으로는 군용물영득·방탕(放蕩)(도박·금전대차) 등을 들 수 있고, 수뢰행위(收賂行爲)에 대하여는 부정청탁 및 금품등 수수의 금지에 관한 법률위반 또는 형법상의 수뢰죄(收賂罪)가 성립하게된다.

(3) 품위손상행위

군인은 군인정신의 함양에 전력을 기울여야 하는바, 이에 반하여 군의 위신을 실추시키거나 군인의 품위를 손상시키는 행위를 하는 경우에는 징계의 사유가 된다.

품위손상행위는 크게 군인의 품위유지의무에 반하는 위신실추행위·복장위반행위·언동불근신행위(저속한 언어사용·경어무시·유언비어·불법선동 등) 등이 있다.

군인의 사생활이 문란한 경우 징계사유가 되는지 문제이다. 이는 군인의 사생활이 공직의 체면에 직접적인 영향을 끼쳤는가 하는 점을 기준으로 판단하여야 할 것이다. 군인의

구 분	사 고 내 용
극히 중한사고	• 항공기 추락/함정 침몰·충돌사고 • 3명 이상 사망, 7명 이상 중·경상자 발생 사고 • 대상관 살인/상해사고, 집단 살인사고 • 군인 집단 항명 사고 • 대형 군 부정·비리 사고 • 인명피해를 수반한 대민사고(무기휴대 군탈) • 기타 중요하다고 판단되는 사고
중한 사고	• 강력범죄 사고(살인+강도·인질 등) • 3명 이상 집단 군무이탈 • 전차 및 장갑차 사고(인명사고 수반시) • 인명피해가 없는 대민사고(무기휴대 군탈, 절도, 폭행치상 등) • 부대관계 원인에 의한 사망사고(폭행치사, 자살) • 영내 성폭행 사고 • 주요 화재사고, 주요 보안사고(비문) • 일반 군 부정비리사고 • 기타 중요하다고 판단되는 사고
경미한 사고	• 기타 사고

13) 육군규정 941 사고예방 및 처리규정 제17조(장병 병영생활 도움제도)

사생활이 비윤리적이고 비도덕적인 것으로 사회 일반의 평가를 받을 만한 것으로서, 직장
내 또는 주변 사람들에게 알려져 비난을 받을 정도라면 징계의 사유가 된다고 보아야 할
것이다.[14]

Ⅲ. 징계벌의 종류

징계벌(징계처분)이라 함은 특별권력관계 내부에 있어서 특별권력(징계권)에 기하여 의
무위반자에게 과하는 제재벌을 말한다는 것은 전술한 바와 같다.

징계벌은 내용에 따라 크게 교정징계(矯正懲戒)와 배제징계(排除懲戒)로 나눌 수 있다.
전자는 공무원(군복무) 관계를 유지하면서 장래의 의무위반행위를 방지하기 위하여 신분적
이익이나 신체적 이익의 일부를 박탈함을 내용으로 하며, 군인사법상의 징계벌이 대부분
여기에 속한다. 후자는 공무원관계를 완전히 배제함을 내용으로 하는 것이며, 파면과 해임
이 여기에 속한다.

군인사법상 징계처분은 장교·준사관·부사관에 대한 중징계와 경징계, 그리고 병에
대한 징계로 구분되는데, 장교 등에 대한 파면·해임·강등·정직은 중징계에 속하며, 감
봉·근신·견책은 경징계에 속한다. 병에 대한 징계는 강등·군기교육·휴가제한·감봉·
근신·견책이 있다(군인사법 제57조). 병에 대한 징계처분의 경우에도 종래에는 중징계와 경
징계로 구분하였으나, 현행법은 이를 구별하지 않고 있다. 아울러 영창이 폐지되고 군기교
육이 이를 대체하고 있으며, 감봉과 견책이 신설되었다.

여기서는 군인사법상의 분류에 따라 장교·준사관·부사관과 병의 징계벌을 각각 구
별하여 중징계와 경징계로 나누어 설명하고, 추가로 경고에 대하여 설명하기로 한다.

1. 장교·준사관·부사관

(1) 중 징 계

1) 파　　면　　파면은 그 관직을 박탈하여 특별권력관계(군조직)로부터 배제하는 것
을 말하며(군인사법 제57조 제 1 항 제 1 호), 가장 중한 징계벌이다. 파면은 관직이 없는 병에게
는 적용되지 않으며, 부사관급 이상의 장교·준사관·부사관 및 군무원에게만 적용된다.[15]

징계파면된 자는 군인사법상의 임용결격사유에 해당되며(법 제10조 제 2 항 7호) 병적(兵
籍)에서 제적될 뿐만 아니라(법 제40조 제 1 항 3호), 예비군지휘관 임명결격사유에도 해당된

---

14) 임천영, 앞의 책, 1140면: 사실혼관계의 파탄에 이르게 된 불미스러운 경위가 부대의 구성원들에게 알
　　려지고 그 구성원들에게 영향을 미쳤다면, 사생활의 영역을 벗어나 품위유지의무의 위반으로서 징계사
　　유가 된다고 판결한 사례가 있다(대법원 1992.2.14. 선고 91누4904 판결 참조).
15) 군인사법 제57조 제 1 항 제 1 호, 군무원인사법 제39조 제 1 항.

다(예비군법 제14조의 2). 또한 명예전역 대상에서도 제외된다. 부사관급 이상의 장교·준사관 및 부사관이 파면·해임되어 제적된 경우에는 보충역이나 전시근로역에 편입되고, 그 계급은 당해 계급으로 한다.[16] 또한 징계파면된 자는 군사원호대상자로서의 임용·고용·정착대부·보상 등 여러 특전에서 제외되고, 5년간 공직에 취임할 수 없다. 또한 군인연금법에 의한 퇴직급여 및 퇴직수당을 50% 감액당한다(군인연금법 시행령 제70조). 군무원은 파면되면 당연퇴직되고(군무원인사법 제27조), 공무원연금법에 의한 퇴직급여가 감액된다.(공무원연금법 제64조) 재직기간이 5년 미만인 경우는 퇴직금의 4분의 1이 감액되며, 5년 이상인 경우는 2분의 1이 감액된다. 퇴직수당은 2분의 1 감액된다.

파면 등의 중징계처분을 받은 경우 현역복무부적합자조사위원회 회부사유가 되며(법 시행규칙 제57조 제 2 호), 진급시킬 수 없는 사유에 해당되어 진급예정자로 공표된 경우라 할지라도 진급발령 전에 진급권자에 의해 진급예정자 명단에서 삭제될 수 있다(법 제31조 제 2 항).

2) 해 임   군인사법규정 중 일부 내용이 개정되어 2006년 10월 29일부터 시행되고 있다. 그 중 중요한 것으로서 중징계의 종류로서 해임이 새로 규정되었다. 그간 군인의 경우 퇴직금의 삭감 없이 징계처분에 따라 강제로 퇴직시킬 방법이 없었는데, 그를 시정하기 위하여 해임을 신설하게 된 것이다.

해임은 파면과 같이 군인신분을 배제시키는 징계로서 해임 후에는 5년간 공직취임을 금지하게 된다.[17] 퇴직금은 전액 지급한다. 단, 금품 및 향응수수 또는 공금의 횡령·유용으로 해임된 경우에는 퇴직금의 25%를 반환한다(군인연금법 제33조, 시행령 제70조 제 2 호). 그 외에는 파면과 동일한 효력을 발휘한다.

군무원의 해임은 관직을 박탈하는 것을 말하는데, 해임과 동시에 당연히 퇴직되며(군무원인사법 제27조), 5년간 공직에 취임할 수 없다.

3) 강 등   강등은 당해 계급(임시계급은 포함되지 않는다)에서 일계급 내리는 것을 말하며(군인사법 제57조 제 2 호, 군무원인사법 제39조 제 2 항), 파면·해임 다음가는 중한 징계벌이다.

강등에는 일정한 적용상의 한계가 있는데, 즉 장교로부터 준사관, 부사관으로부터 병으로는 강등시킬 수 없다. 이것은 임용절차와 요건을 달리하는 계급에 구조적 혼란이 야기되는 것을 방지하기 위함이다. 따라서 장교인 소위, 부사관인 하사, 준사관인 준위에 대하여는 강등을 할 수 없다고 해석된다.[18] [19]

---

16) 병역법 제66조 제 1 항, 동 시행령 제140조.
17) 국가공무원법 제33조.
18) 육군사관학교, 군법개론, 일신사, 1995, 457면.
19) 그러나 군인사법상으로는 준사관에 대해서도 강등을 징계의 한 종류로 규정하고 있으며, 군인사법상 이를 제한하는 규정도 두고 있지 않다는 점과 국가공무원으로서 계급 구조상 최하위 계급인 공무원에 대하

징계 강등된 자는 당해 계급에서 일계급 강하(降下)되는 이외에 여러 가지 신분적 불이익을 받게 된다. 즉 징계 강등된 자는 군인사법상 진급시킬 수 없는 사유에 해당하여(군인사법 제31조 제 2 항 및 동 시행령 제38조 제 1 항) 장교의 경우에는 진급예정자로 선발되었더라도 그 명단에서 제외되며, 부사관 및 병의 경우에는 진급선발대상이 될 자격까지도 일회 정지된다.

뿐만 아니라 징계 강등된 자는 군위탁생으로 선발될 수도 없으며, 장기복무장교에 선발될 수도 없다. 임시계급을 부여받은 자는 원계급으로 복귀하여 강등된다. 부사관 이상의 군인이 강등되면 현역부적합자 심사대상이 되고, 진급선발기준상 감점을 받는다. 또한 명예전역을 원하는 경우에도 제한을 받으며, 명예전역이 결정된 경우에도 그 효력이 상실된다.

군무원의 경우 강등처분을 받은 사람은 군무원의 신분은 보유하나 3개월 동안 직무에 종사할 수 없으며, 그 기간 보수의 전액을 감액한다.

4) 정   직   정직은 그 직책을 보유하나 직무에 종사하지 못하며, 일정한 장소에서 근신하게 함을 말한다(군인사법 제57조 제 3 호). 그 기간은 1월 이상 3월 이하이며(군인사법 제57조 제 3 호, 군무원인사법 제39조 제 3 항), 그 기간 봉급의 3분의 2를 감액한다(법개정으로 군무원의 경우 전액 감액).[20] 정직은 병에게는 적용되지 아니하는데, 이것은 그 직무의 성질과 신분의 특수성에 비추어 정직처분이 큰 의미를 가지지 않기 때문이다.

정직도 중징계의 일종이므로 그에 따른 결과는 강등의 경우와 동일하다. 다만, 그 이외에도 정직기간은 현역복무기간에 산입되지 않으므로 그 기간만큼 의무복무기간과 현역정년기간이 연장되고(군인사법시행령 제 6 조 제 4 항 제 2 호), 봉급이나 호봉을 위한 근무기간으로도 산입되지 않는다(군인보수법 제11조 제 2 항). 호봉승급도 18개월 지연된다(공무원보수규정 제14조 제 1 항).

부사관 이상의 군인이 정직처분을 받으면 진급시킬 수 없는 사유에 해당되고, 진급된 경우에도 진급예정자명단에서 삭제된다. 또한 진급선발기준상 감점을 받는다. 임시계급을 부여받은 자는 원계급으로 복귀하며, 현역복무부적합자 심사대상이 된다.

명예전역 수혜대상에서 제외될 뿐만 아니라 명예전역대상자로 선발된 경우에도 그 효력이 상실된다. 군무원의 경우에는 18개월간 일반 및 특별 승진 임용대상자에서 제외되고, 명예퇴직수당을 받을 수 없다. 군무원이 정직된 경우, 그 정직기간 동안은 보수의 3분의

여 징계처분 중 강등이 가능한지 여부에 대하여 행정안전부 복무담당관-287(2011.3.8.)에서, "공무원인사기록·통계 및 인사사무 처리 규정, 공무원 보수규정 제15조 등에 의한 징계처분 기록말소 및 승급기간 특례 등에 있어 강등처분의 실익이 있으므로 국가공무원으로서 계급구조상 최하위 계급의 공무원에 대해서도 강등처분이 가능하다."고 해석한 것 등을 근거로 준사관에 대한 강등 여부에 대하여는 다르게 보는 견해도 있다(임천영, 전게서, 1145면).

20) 군무원 인사법 개정으로 정직기간 중 보수 전액 감액한다.

2가 감봉된다.

정직처분의 경우 직무종사의 범위는 현 직책을 기준으로 판단하여야 하고, 군인으로서의 기본직무는 종사할 수 있는 것으로 보아야 한다. 정직처분에 따른 근신의 경우 그 근신장소는 부대 내의 일정한 장소이고, 정직 중에는 전보 등 인사조치도 가능하다.[21]

(2) 경 징 계

1) 감   봉   1977년 군인사법 개정에 의하여 장교·준사관·부사관에 대한 징계의 종류 중 중징계로 구분되었던 감봉이 경징계로 변경되었다.

감봉은 봉급의 3분의 1에 해당하는 액수를 감액함을 말하며,[22] 그 기간은 1월 이상 3월 이내로 한다(군인사법 제57조 제4호). 감봉은 정직과는 달리 직무종사의 금지나 지정장소에서의 근신을 포함하지 않으며, 병을 제외한 모든 군인에게 적용된다. 군무원의 경우도 일반공무원의 경우와 마찬가지로 봉급의 3분의 1을 감액한다(군무원인사법 제39조 제4항).

여기서 기준이 되는 봉급은 군인의 경우에는 본봉(本俸), 군무원의 경우에는 본봉과 직책수당이며, 감액의 기준은 봉급지급액으로 보아야 할 것이다.

부사관 이상의 군인이 감봉처분을 받으면 호봉승급이 12개월 지연되며, 진급선발기준상 4점의 감점처리라는 불이익을 받게 된다.

군무원이 감봉처분을 받으면 12개월간 승진임용이 제한되며,[23] 명예퇴직수당 지급신청기간 개시일 현재 승진임용제한 기간중에 있는 경우에는 명예퇴직수당 지급대상에서 제외된다.[24]

동일계급에서 2회 이상의 경징계처분을 받는 경우 현역복무부적합자조사위원회 회부사유에 해당하며(법 시행규칙 제57조), 진급심사시 일정한 점수가 감점된다(육규110 장교인사관리규정 제239조).

2) 근   신   근신은 평상근무 후 징계권자가 지정한 영내의 일정한 장소에서 과오를 반성하게 함을 말하며, 그 기간은 10일 이내로 한다(군인사법 제57조 제1항 제5호). 군무원에게 있어서는 일반공무원과 마찬가지로 근신을 징계의 종류로 하고 있지 않다.

근신의 집행 방법에 대해서는 통일된 규정이 없었으나, 「국방부 군인 군무원 징계업무처리 훈령」 일부개정을 통해(국방부훈령 제1897호) 다음과 같이 근신의 집행방법을 명시하여 집행방법을 통일하였다. 즉, 근신처분은 일과시간 종료 후부터 22시까지(휴일의 경우 09시부터 22시까지)의 범위 내에서 징계권자가 지정한 시간과 장소에서 과오를 반성하게 하는 방

---

21) 임천영, 앞의 책, 1147면.
22) 군인사법 개정 전 해군징계규정에서는 감봉처분시 감액규모를 봉급의 3분의 1에서 10분의 1로 제한하고 있었다. 그러나 법개정으로 감봉액수를 3분의 1로 정액화했다. 정액화 개정의 필요성은 감액기준에 대한 징계위원회 결정시 형평성제고를 위함에 있다.
23) 군무원인사법시행령 제40조 제1항, 제46조 제2항.
24) 국가공무원 명예퇴직수당 등 지급규정 제3조 제3항.

법으로 집행하여야 하며, 단순노역의 감독, 부대의 안전순찰 또는 그 밖에 이에 상응하는 조치를 병과할 수 있다(동 훈령 제34조의 2).

근신에 따르는 효과는 부사관 이상의 군인의 경우는 호봉승급이 6개월 지연되며, 진급 선발기준에서 3점 감점된다. 동일계급에서 2회 이상의 경징계처분을 받는 경우 현역복무 부적합자조사위원회 회부 사유에 해당한다(법 시행규칙 제57조).

한편 근신과 함께 수반되는 영내대기로서 일정기간 동안 지휘관이 영외출입을 금지시 키면서 영내에 잔류하도록 명하는 것이 적법한지 문제된다. 통상 근신처분에 따라 10일 이 내의 기간동안 영내의 일정장소에서 반성하는 의미에서 취해지는 영내대기는 적법하다 할 것이나, 징계절차를 거치지 아니하고 지휘관에 의한 제재수단으로 남용되는 경우에는 기 본권 침해가 문제될 수 있다. 이에 군인의 지위 및 복무에 관한 기본법에서는 영내거주 의 무가 없는 군인의 경우 근무시간 외에 영내대기를 명할 수 있는 요건을 법률에 명시함으로 써 군인의 거주·이전 등 기본권에 대한 임의적 침해 가능성을 차단하여 최소한의 권리를 보장하였다[25](군인복무기본법 제12조)

3) 견 책   견책은 비행을 규명하여 장래를 훈계함을 말한다(군인사법 제57조 제 1항 제6호, 군무원인사법 제39조 제5항). 견책은 병을 제외한 모든 군인과 군무원을 그 대상 으로 한다.

견책의 효과는 부사관 이상의 군인의 경우 호봉승급이 6개월 지연되고, 2회 이상의 경 징계처분을 받는 경우 현역복무부적합자조사위원회 회부 사유에 해당한다(법 시행규칙 제57 조). 군무원의 경우 견책처분을 받으면 6개월간 일반승진 및 특별승진 임용이 제한되며, 승 진임용 제한기간중에 있는 경우는 명예퇴직수당 지급대상에서 제외된다.

4) 경 고   경고라 함은 지휘권 및 군기확립에 유해한 행위를 행한 비위당사자 에게 그 비행을 반성하고 뉘우치게 하여 배전의 노력과 결심을 촉구하기 위하여 지휘관이 발하는 일종의 훈계를 말한다.

경고의 근거는 국방부 군인·군무원 징계업무처리훈령 제21조에서 찾아볼 수 있다.

육군에서 징계권자는 징계의 필요성이 없다고 인정하는 경우 징계위원회에 징계의결 을 요구하지 아니하고 경고장을 수여할 수 있다(육규 180 징계규정 제35조 제1항, 제3항). 경고 장을 받은 경우 종래에는 보직해임과사실보고자 인사관리방침(01-19호 2001.6.1.)에 의거하 여 과사실로 보고하여 전산자력표에 기록하였으나, 현재에는 과사실보고 대상이 아니다. 다만, 성과상여금 등에서 실질적인 불이익이 있다.

경고는 지휘관이 소속직원에 대하여 근무에 충실하라는 권고행위 내지 지도행위로서 징계처분의 일종이 아니다. 경고처분이 행정소송의 대상이 되는 행정처분인가 여부에 대

---

25) 국방부 법무관리관실, 군인의 지위 및 복무에 관한 기본법 해설서('16.9.30.), 40면.

해서 판례도 견해가 다양하나,[26] 행정처분이란 원칙적으로 행정청의 공법상 행위로서 특정 사항에 대하여 법규에 의한 권리의 설정 또는 의무의 부담을 명하거나 기타 법률상 효과를 발생하게 하는 등으로 일반 국민의 권리 의무에 직접 영향을 미치는 행위를 가리키는 것이지만, 어떠한 처분의 근거나 법적인 효과가 행정규칙에 규정되어 있다고 하더라도, 그 처분이 행정규칙의 내부적 구속력에 의하여 상대방에게 권리의 설정 또는 의무의 부담을 명하거나 기타 법적인 효과를 발생하게 하는 등으로 그 상대방의 권리 의무에 직접 영향을 미치는 행위라면, 이 경우에도 항고소송의 대상이 되는 행정처분에 해당한다고 보아야 한다는 것이 판례의 태도이다.[27]

지휘관은 지휘권(재량권)의 일환으로서 부하에 대하여 경고를 할 수 있다. 그러나 경고처분시에는 인사부서에 통보되고 인사기록에 기재됨으로 인하여 진급 등에 있어서 사실상의 불이익을 받게 되므로 경고장 발부시 신중을 기할 필요가 있다. 더욱이 경고는 지휘관이 지휘권 및 군기확립에 유해하다고 판단되는 경우, 징계위원회의 심사를 거치지 않고 비행인의 반론권보장도 인정하지 않은 상태에서 발부되는 것이므로 지휘관은 자의에 의한 경고장발부가 되지 않도록 하여야 한다.

2. 병

(1) 강 등

강등은 당해 계급(임시계급은 포함되지 않는다)에서 일계급 내리는 것을 말하며(군인사법 제57조 제 2 호), 병에게는 가장 무거운 징계벌이다. 병의 경우에 강등되면 그 강등된 계급에서 전에 복무하였던 기간을 합산하여 진급 최저 복무기간을 산출하며, 강등되기 전의 계급에서 복무한 기간을 산입하지 아니한다.[28] 진급선발 대상이 될 자격을 정지하는데, 징계처분마다 1회 정지돼 현역복무부적합 심사대상이 된다.[29]

---

26) 대법원 1991.11.12. 선고 91누2700 판결; 대법원 2004.4.23. 선고 2003두13687 판결: 서면경고처분에 대하여 대법원이 행정처분성을 인정하지 않은 판례. 서울고등법원 1997.6.12. 선고 96구41528 판결; 대법원 2002.7.26. 선고 2001두3532 판결: 불문경고처분에 대하여 항고소송의 대상이 되는 행정처분성을 인정한 판례; 대법원 2021. 2. 10. 선고 2020두47564 판결: 검사에 대한 경고처분에 대해 행정규칙에 규정되어 있는 경우 항공소송의 대상이 되는 행정처분으로 판시.

27) 대법원 2021.2.10. 선고 2020두47564 판결: 검사에 대한 경고조치 관련 규정을 위 법리에 비추어 살펴보면, 검찰총장이 사무검사 및 사건평정을 기초로 대검찰청 자체감사규정 제23조 제 3 항, 검찰공무원의 범죄 및 비위 처리지침 제 4 조 제 2 항 제 2 호 등에 근거하여 검사에 대하여 하는 '경고조치'는 일정한 서식에 따라 검사에게 개별 통지를 하고 이의신청을 할 수 있으며, 검사가 검찰총장의 경고를 받으면 1년 이상 감찰관리 대상자로 선정되어 특별관리를 받을 수 있고, 경고를 받은 사실이 인사자료로 활용되어 복무평정, 직무성과금 지급, 승진·전보인사에서도 불이익을 받게 될 가능성이 높아지며, 향후 다른 징계사유로 징계처분을 받게 될 경우에 징계양정에서 불이익을 받게 될 가능성이 높아지므로, 검사의 권리 의무에 영향을 미치는 행위로서 항고소송의 대상이 되는 처분이라고 보아야 한다.

28) 육군규정 113 병 인사관리규정 제47조.

29) 육군규정 113 병 인사관리규정 제49조 제 2 항.

(2) 군기교육

군기교육은 국방부령으로 정하는 기관에서 군인정신과 복무 태도 등에 관하여 교육·훈련하는 것을 말하며, 그 기간은 15일 이내로 한다(군인사법 제57조 제2항 제2호). 군기교육은 군인 중에서도 병만을 그 대상으로 하는데, 장교와 준사관 및 부사관은 그 지위와 명예를 존중해 준다는 취지에서 제외하고 있는 것이다.

군기교육을 운영하는 기관은 장성급 지휘관이 지휘하는 각 군 부대와 이에 준하는 기관 및 국방부 직할부대·기관으로 한다. 다만, 도서지역의 경우 적시적인 교육을 위해 대령급 지휘관이 지휘하는 각 군 부대와 이에 준하는 기관 및 국방부 직할부대·기관으로 할 수 있다(군인징계령 제4조).

군기교육은 신체적인 제재를 가하는 징계이므로, 이로 인한 기타의 신분적인 제재를 받지 않음이 원칙이나, 병의 경우에는 진급선발대상에서 일회 누락[30]되고, 군기교육기간은 군복무기간에 산입되지 아니한다.[31] 한편, 인권담당 법무관은 군기교육 결정에 대해 징계사유, 징계절차 및 징계 정도의 적정성 등 군기교육처분의 적법성에 관한 심사를 하고 그 의견을 징계권자에게 통보하여야 한다.[32] 인권담당 법무관의 심사의견을 통보받은 징계권자는 그 의견을 존중하여야 한다. 징계권자는 징계위원회의 징계의결 사유가 징계사유에 (군인사법 제56조) 해당하지 아니한다는 의견이면 해당 군기교육 처분을 하여서는 아니 되고, 징계대상자에게 진술할 기회를 주지 아니한 경우 등 절차에 중대한 흠이 있다고 인정한 의견이면 다시 징계위원회에 회부(回附)할 수 있다.[33]

(3) 휴가단축

병에 대한 징계처분으로서 정해진 휴가일수를 단축하는 것으로, 그 기간은 1회에 5일 이내로 하며, 복무기간 중 총 15일을 초과하지 못한다.

(4) 감　봉

2020년 2월 4일 개정된 군인사법에 의거 병의 징계벌목으로 감봉이 신설되었다. 이는 병 처우개선을 위해 병들의 급여가 인상되어, 병에게도 감봉을 징계벌목을 할 수 있다는 인식의 변화에 의한 것이다. 감봉은 보수의 1/5에 해당하는 금액을 감액하고 그 기간은 1개월 이상 3개월 이하로 한다.[34]

---

30) 육군규정 113 병 인사관리규정 제56조 제2항.
31) 군인사법 부칙 제4조, 병역법 제18조 제3항.
32) 군인사법 제59조의 2 제3항.
33) 군인사법 제59조의 2 제5항.
34) 군인사법 제57조 제2항

(5) 근   신

근신은 연습 또는 교육의 경우를 제외하고는 일상근무에서 복무함을 금하며, 일정한 장소에서 비행(非行)을 반성하게 함을 말한다(군인사법 제57조 제2항 제4호). 병의 경우 근신기간은 15일 이내로 하고 평상근무를 금한다. 근신기간에는 영내이탈을 금한다. 병에 대한 근신처분시 징계권자는 근신기간 중 수행할 과외업무를 지정할 수 있다.

〈별표 #1 : 군징계의 종류와 내용〉

구분	종류	대상	내용	부수효과(기타 불이익)
중징계	파면·해임	병 제외한 全 군인(군무원 포함)	장교·준사관·부사관 신분박탈(군무원 신분박탈)	1. 제적 및 퇴직 2. 5년간(해임은 3년간) 공직취임 불가 3. 퇴직금 및 퇴직수당 감액(퇴직금 : 재직 5년 미만 4분의 1, 5년 이상 2분의 1, 퇴직수당은 2분의 1) 4. 군인연금법에 의한 제급여금 중 50% 감액 * 해임은 퇴직금감액 없음. 3년간 공직취임금지
	강등	全 군인(군무원 포함)	당해 계급에서 1계급 강하(임시계급 부여받은 자는 원계급 복귀 후 강등) 군무원의 경우 3개월간 보수 전액 삭감	1. 현역부적합 심사대상 2. 진급선발기준상 감점·진급명단 삭제·진급불가사유 3. 명예전역 수혜제한·효력상실 4. 병의 진급선발제한
	정직	병 제외한 全 군인(군무원 포함)	1월 이상 3월 이하의 기간 1. 직책은 보유하나 직무종사 금지 2. 일정한 장소에서 근신 3. 봉급의 3분의 2 이하 감액 (군무원의 경우 정직기간 보수 전액감액)	1. 강등의 효과와 동일 2. 정직기간은 군복무기간 승진기간에 가산 안 함 3. 18개월간 승진제한 4. 군무원 명퇴수당 지급대상제한 5. 병은 진급선발대상에서 1회 누락 6. 정직기간 중 연가사용불가, 정지기간은 연간 사용가능한 연가일 수 산정기준이 되는 실무복무 개월수에서 제외
경징계	감봉		1월 이상 3월 이내의 기간 동안 봉급의 3분의 1을 감액(병의 경우 5분의 1감액)	1. 호봉승급 12월 지연 2. 진급선발 4점 감점 3. 2회 이상 경징계시 현역복무부

제 Ⅲ 부 군사행정법

징계		적용대상	내용	효과
				적합심사 4. 군무원은 승진임용 제한(12월)/ 병은 진급선발대상에서 1회 누락
	군기교육	병에게만 적용	15일 이내의 기간 동안 군인정신과 복무태도 등에 고나하여 교육·훈련하거나, 일정한 장소에서 비행반성	1. 진급선발대상에서 1회 누락 2. 복무기간불산입
	휴가단축	병에게만 적용	1회 5일, 총 15일 이내	휴가기간 박탈·휴가횟수 박탈불가·매 휴가 시 최소 5일 보장
	근신	全 군인(군무원 제외)	장교·준사관·부사관 10일간 근무 후 반성, 병은 15일간 복무 금지(교육훈련실시), 비행반성	1. 호봉승급 6월 지연 2. 진급에서 3점 감점 3. 2회 이상 경징계시 현역복무부적합심사 4. 병은 진급선발대상에서 1회 누락
	견책		비행반성·훈계	1. 호봉승급 6월 지연 2. 2회 이상 경징계 시 현역복무부적합심사 3. 군무원의 경우 승진임용 제한(6월)/병은 진급선발대상에서 1회 누락

병에 대한 징계벌의 종류는 수차례 변화가 있었는데 중징계와 경징계 구분하던 것을 이를 구분하지 않고, 강등·영창·근신·휴가제한으로 단일화한 바 있다. 2020년 2월 4일 재차 군인사법 개정을 통해 영창을 폐지하는 대신 군기교육, 감봉 그리고 견책을 추가하여 강등·군기교육·휴가제한·감봉·근신·견책으로 변경되었다. 군기교육은 군기교육 실시 기간 등이 정해져 있어 전역을 앞둔 병사들에게는 실질적으로 집행이 불가하다는 문제점이 있어 이에 대한 보완이 필요하다.

Ⅳ. 징계기관

1. 서 설

일정한 징계사건에 대하여 제3자적 입장에서 징벌권의 존부를 확정하는 징계의 주체를 징계기관이라고 하며, 비행을 저지른 당사자인 징계심의대상자, 즉 징계혐의자와 대립되는데, 이러한 징계기관은 징계절차에 있어서 복합적인 성격을 띠고 있다. 즉 ① 징계권의 존부에 관한 의사를 대외적으로 표시하는 징계권자, ② 징계사건에 관한 징계권자의 소추에 따라 징계권의 존부에 대한 국가의사를 결정하는 징계위원회, ③ 징계권자가 징계위원회의 의결을 거쳐 행한 일정한 징계벌(군인에 대하여는 파면·해임 또는 강등,[35] 군무원에 대하여는 파면·해임·강등 또는 정직[36])에 대하여 상급지휘관이 행하는 감독조치의 주체인 징계승인권자, ④ 징계처분에 대한 항고사건을 심사·결정하는 항고심사권자와 항고심사위원회(이에 대하여는 항고절차에서 후술한다) 등이 있다.

2. 징계권자

(1) 의의 및 성격

징계권자라 함은 징벌권의 존부에 관한 국가의 의사를 확정시키고, 이를 대외적으로 표시하는 권한을 가진 국가기관, 즉 징계사무에 관한 행정관청이라고 할 수 있다. 군인사법상 징계권자의 의미는 국군조직법을 근거로 군인의 신분에 관한 지휘·감독권을 갖는 국가기관의 장으로서 군인에 대하여 징계권을 행사할 수 있는 군징계기관을 뜻한다.[37]

징계권자는 자신의 징계권 하에 있는 군인이나 군무원의 비행(非行)에 대하여 징계조사관인 간사로 하여금 혐의사실에 대한 각종 증거를 확보케 하고(육군규정 180 제32조), 징계권자 아닌 상관의 징계요청이 있는 경우에는 그것을 참작하여(군인징계령 제 7 조 참조), 징계위원회에 회부할 것인가 여부를 결정한다.

또한 징계권자는 징계위원회의 징계결정에 대하여 필요하다고 인정할 경우에는 이를 감경·정지할 수 있고, 그렇지 않은 경우에도 징계위원회의 결정에 대하여 승인권한을 가지며, 확정된 징계처분에 대하여 유예 또는 집행할 권한도 가진다.

이와 같이 징계권자는 징계사건의 조사·결정·집행 등 징계절차 전반에 걸쳐서 강력한 권한을 가지므로 징계기관의 중추적인 역할을 담당하고 있다고 할 수 있다.

(2) 종 류

징계권은 임용권에 포함되는 것이 원칙이므로 징계혐의자의 임용권을 가진 자가 징계권을 가질 것이나, 군인사법은 편의상 임용권으로부터 분리하여 비행을 한 징계혐의자의 신분이나 계급, 비행의 정도(징계벌의 경중구분)에 따라 징계권자를 달리하고 있다. 국방부장관과 각급 부대 또는 기관의 장은 군인인 소속부하 또는 그의 감독을 받는 군인에 대하여 다음과 같이 징계권을 갖는다. 징계권자를 분설하면 다음과 같다.

1) 국방부장관·합동참모의장 및 각군 참모총장[38]   국방부장관은 대통령의 군통수

---

35) 군인사법 제58조 제 3 항
36) 군무원인사법 제39조 제 2 항
37) 국군조직법과는 관계 없이 정부조직법에 의하여 설치된 병무청장 또는 일반 행정기관의 장은 군인사법상 징계권자가 될 수 없다(임천영, 앞의 책, 1130면 참조).

권을 위임받아 군령권과 군정권을 행사하는 군사행정기관으로서 징계권자로서의 권한을
행사하며, 합동참모의장은 군령권의 최고행사권자로서 작전부대 및 합동군을 지휘하며, 일
부 장성의 인사에 실질적으로 관여하는 등 권한을 행사하게 되어 새로이 징계권을 행사할
수 있도록 법개정이 이루어졌다. 참모총장 역시 당해 군의 최고지휘자로서 비행인의 계
급·신분, 징계벌의 경중을 불문하고, 그의 소속부하 또는 그의 감독을 받는 모든 군인·군
무원에 대하여 중·경징계권을 갖는다. 특히 장성급장교나 1급 일반군무원에 대한 징계권
은 국방부장관·합동참모의장·참모총장만이 가지고 있다(군인사법 제58조 제1항 제1호 및
군무원인사법 제38조 제1항).

    국방부장관은 방위사업청소속 장성급장교에 대하여 징계권을 가지며, 방위사업청장은
방위사업청 소속 장성급 장교 이외의 장교와 준사관 및 부사관에 대하여 징계권을 가진다
(군인사법 제58조 제2항). 국방부장관이 방위사업청 소속 장성급장교에 대하여 징계를 하는
경우에는 방위사업청장의 요청이 있어야 한다(동조 제4항).

    2) 사단장·전단사령관·비행단장 및 이와 동급 이상의 부대 또는 기관의 장   사단
장(장성급여단장 포함)과 동급 이상의 부대 및 기관의 장이라 함은 군의 편제상 사단급 혹은
이상의 부대나 군의 기관, 학교의 장을 말하며, 군단장·군사령관·사관학교장 등을 들 수
있다.

    사단장급 이상의 지휘관은 장성급장교를 제외한 군인(영관급 이하 장교·준사관·부사관)
이나 2급 이하의 일반군무원과 모든 기능군무원 중에서 자신의 지휘·감독을 받고 있는 자
에 대하여 그의 계급이나 징계벌의 종류를 불문하고 징계권을 가진다.[39]

    3) 연대장·함정장·전대장 및 이에 준하는 부대 또는 기관의 장   연대장에 준하는
부대의 장이라 함은 군의 편제상 단위부대가 연대와 동급인 부대 또는 군의 기관, 학교의
장을 말하며, 군단군사경찰대장·미8군 한국군 지원단장·지구병원장 등을 포함한다.

    연대장 및 이에 준하는 부대의 장은 장성급장교 이외 영관 이하의 장교 및 준사관, 2
급에서 6급 일반군무원과 1급에서 6급까지의 기능직군무원 중 그의 지휘·감독 하에 있는
자에 대한 경징계권을 가지며, 그의 지휘·감독 하에 있는 부사관 및 병, 7급 이하의 일반
군무원 및 7급 이하의 기능군무원에 대한 모든 징계권을 가진다.

    특히 부사관, 7급 이하의 군무원에 대한 중·경징계권은 연대장 및 이에 준하는 부대
의 장 이상의 자만이 행사할 수 있다(군인사법 제58조 제1항 제3호 및 군무원인사법 제38조 제

---

38) 국방부장관과 합동참모의장이 새로이 장성급장교에 대한 징계권자로 규정되었다. 종래 합참의장은 작전에
    실패한 작전부대의 장에 대하여 징계권을 행사할 수 있는가 여부와 관련하여 국방부는 "일반적으로 작전지
    휘·감독권은 작전임무수행에 필요한 명령과 지시를 하는 것으로 군정사항인 정책·편제·교육훈련·인
    사·군수·동원 등과 기타 군 운영에 관한 사항에는 미치지 않는 것이므로 작전지휘·감독권에는 인사권의
    일종인 징계권은 포함되지 않는 것으로 판단"된다고 유권해석을 하고 있었다(국방관계법령질의응답집 제23
    집, 3-4면 참조). 그러나 2006년 10월 29일 개정 군인사법에 합동참모의장이 징계권자로 규정되었다.
39) 군인사법 제58조 제1항 제2호 및 군무원인사법 제38조 제1항 참조.

1항 참조).

4) 대대장, 중대장 및 이에 준하는 부대 또는 기관의 장   대대장 또는 이에 준하는 부대의 장이라 함은 군의 편제상 대대와 동급인 단위부대의 장을 말하며, 대대장은 부사관과 7급 이하의 일반군무원과 기능군무원에 대한 경징계권과 병에 대한 징계권을 가진다(군인사법 제58조 제1항 제4호). 중대장과 이에 준하는 부대의 장과 기관의 장은 병에 대한 모든 징계권을 가진다.

이외의 자들은 계급을 불문하고 징계권을 가질 수 없다. 예컨대 사단참모나 군단참모는 지휘관이 아니므로 징계권을 가지지 아니하며, 소대장은 중대 이하의 단위부대의 장이므로 징계권이 없다.

징계권자 중에서 '이와 동등 이상의 부대 및 기관의 장' 또는 '이에 준하는 부대 및 기관의 장'은 편제상 당해 보직에 부여되는 계급(직급)을 기준으로 결정한다.

5) 파면 · 해임 · 강등에 대한 특례   위에서 각급 지휘관이 가지는 징계권을 분류하여 보았으나, 군인사법은 이외에도 파면 · 해임 · 강등이라는 중징계에 대하여는 그 행사의 신중을 기하도록 하기 위하여 계급에 따라 일정한 절차를 거치도록 하고 있다.

모든 장교(장성급장교도 포함)의 파면 · 해임과 장성급장교의 강등은 임용권자의 승인을 얻어야 하며, 준사관의 파면 · 해임 및 장성급장교 이외의 장교의 강등은 국방부장관의 승인을, 부사관의 파면 · 해임은 참모총장의 승인을, 병에 대한 강등은 연대장 · 함정장 및 전대장의 승인을 각각 얻어야 한다. 군무원의 경우에는 그 급을 불문하고 파면 · 해임 · 강등 또는 정직의 징계처분을 함에는 임용권자의 승인을 받아야 한다(군무원인사법 제38조 제2항).

(3) 징계권의 범위(관할)

징계권자는 전술한 징계권의 범위 내에서 소속 부하 또는 그의 감독을 받는 자에 대하여 징계권을 가진다. 그러나 일정한 징계혐의자에 대하여 징계권을 가지는 자가 수인(數人)이 있는 경우(예컨대 병의 근신에 대하여는 중대장 · 대대장 · 연대장 · 사단장 · 참모총장이 모두 징계권을 가진다), 상급징계권자는 가능한 한 하급징계권자의 권한을 존중하여 하급징계권자에게 징계권을 행사하도록 하여야 한다.

자신의 소속 부하라고 하더라도 비행의 정도나 비행인의 계급 등을 고려하여 자신의 징계권범위 내에 없다고 판단되면 지체없이 상급징계권자에게 혐의사실과 관계자료를 이송 · 처리케 하여야 하며, 징계절차가 진행되는 도중에 징계혐의자의 소속이 변경되었을 경우에는 전(前)소속 부대 또는 기관의 장은 혐의사실과 관계자료를 현(現) 소속 부대 또는 기관의 장에게 이송하고, 현 소속장은 처리결과를 전 소속장에게 통보하여야 한다(군인징계령 제7조 제4항).

또한 관할을 달리하는 2개 이상 부대의 장병 및 군무원이 관련된 사건은 공통된 최 직 근상급부대에서 병합·처리한다(군인군무원징계업무처리훈령 제16조 제3항). 또한, 징계유예 기 간 중 징계혐의자가 타부대로 전속되었을 때에는 유예기간에 한하여 전 소속부대의 징계 권자가 당해 사건을 처리하고, 그 처리결과(유예조치취소 후 확인·감경시)를 현 소속부대의 징계권자에게 통보하여야 한다(육군규정 180 제16조 제3항, 제4항).

3. 징계위원회
(1) 의의 및 성격
징계위원회라 함은 징계권자가 회부한 징계사건에 대하여 그 혐의사실과 관계자료를 심의하여 징벌권의 존부를 결정하는 징계의결기관을 말한다(군인사법 제59조 제1항 참조).

징계위원회는 징계사건을 심의하여 징계양정기준[40]에 의거하여 그 정도·정상(情狀) 기타 성행(性行)을 참작하여 징계처분을 결정한다. 다만, 징계권자의 감경·정지처분이 없 는 경우 징계위원회의 의결·결정은 특별한 사유가 없는 한 징계권자도 기속하는 것이며, 이러한 점에서 징계위원회는 의결기관으로서의 성격을 가진다고 할 것이다.[41] 그러나 징 계권자는 징계위원회의 의결이 경하다고 인정되는 때에는 그 처분을 하기 전에 법무장교 가 배치된 징계권자의 차상급 부대 또는 기관에 설치된 징계위원회(국방부에 설치된 징계위원 회의 의결에 대하여는 그 징계위원회)에 심사 또는 재심사를 청구할 수 있다. 이 경우 징계권자 는 심사 또는 재심의 의결결과에 따라 징계처분을 한다(군인사법 제59조 제5항).

징계위원회는 당해 징계권자의 부대 또는 기관에 설치하므로(군인사법 제58조 제1항), 그 종류도 징계권자에 따라 상이하다.

(2) 구   성
징계위원회는 징계심의대상자보다 선임인 장교·준사관 또는 부사관 중에서 3인 이상 7인 이하로 구성하며,[42] 그 위원은 장교(징계심의대상자가 부사관이며 장교 및 그보다 선임인 부사 관으로 구성하고 병의 경우에는 장교 및 부사관 또는 부사관만으로 구성할 수 있다) 중에서 징계권자 가 임명한다(군인징계령 제5조 제1항, 제2항). 징계위원은 당해 부대의 소속이어야 하나, 당 해 부대에서 위원회 구성원 수가 부족한 때에는 타 부대 장교 및 부사관 중에서 임명할 수 있다(군인징계령 제5조 제3항).

---

40) 군인징계령 시행규칙 제2조.
41) 국가공무원법상 징계위원회는 의결기관이다. 따라서 징계권자는 징계위원회의 의결에 기속되어 징계 의결된 양정을 변경할 수 없다. 그러나 군인사법상의 징계위원회는 징계권자의 감경권 및 징계유예권행 사 등으로 의결기관으로서의 법적 성격에 제한을 받고 있다고 할 수 있다.
42) 군인사법은 3인 이상으로 규정하고 있으나 군인징계령(제19조)은 3인 이상 7인 이하로 규정하고 있다. 군무원의 경우에는 5인 이상 7인 이하로 구성하되 징계혐의자보다 상위직인 장교, 군무원 또는 공무원 중에서 임명하되, 군법무관 또는 법률지식이 풍부한 사람 1명과 군무원 또는 일반직 공무원이 2인 이상 포함되어야 한다(육규 180 제9조).

위원장은 위원 중 최상위서열자를 위원장으로 하고, 위원회를 소집하며 사무를 총괄하고, 위원장이 부득이한 사유로 직무를 수행할 수 없는 경우에는 차상위서열자인 장교가 위원장의 직무를 대행한다. 단, 심의 대상자가 병인 경우에는 부사관이 직무를 대행할 수 있다(군인징계령 제6조 제1항·제2항).

징계위원회는 징계업무를 수행하기 위해 징계간사와 징계서기를 둔다. 징계위원회 간사는 징계위원회가 설치된 부대 또는 기관에 소속된 군인 중에서 위원장이 임명하되, 그 부대 또는 기관에 소속한 군법무관이 있는 경우에는 군법무관 중에서 임명하여야 한다. 군법무관이 없는 부대의 경우에는 인사담당장교 또는 부사관 중에서 임명할 수 있다. 징계간사는 징계사건의 조사 및 증거확보를 위하여 노력하여야 하며, 징계혐의자 및 참고인을 소환하여 조사할 수 있다. 필요한 경우에는 수사기관 및 기타 기관에 사실조사를 위촉할 수 있다. 징계서기는 징계권자가 당해 부대 소속의 부사관(징계혐의자가 병인 경우는 병도 가능) 또는 군무원 중에서 임명하며, 징계에 관한 행정사무를 담당한다.

징계위원은 제반 법규와 양심에 따라 독립하여 심의하며, 징계에 관한 직무상의 행위로 인하여 형사 및 징계처분 기타 어떠한 불이익도 받지 아니하며, 징계위원회의 회의에 참여한 자는 직무상 알게 된 비밀을 누설하지 못한다.[43]

징계위원이 징계혐의자보다 선임이 아닌 경우(군인사법 제58조의 2 제2항)이거나 위원이 징계심의대상자와 친족관계에 있거나 있었던 경우, 위원이 징계대상사건에 대하여 감정을 하거나 증언 등을 한 경우, 위원이 징계대상사건에 대하여 대리인으로 관여하고 있거나 관여하였던 경우, 위원이 징계대상 사건의 피해자인 경우, 위원이 징계대상 사건을 직접 조사한 경우, 위원과 직접적인 이해관계가 있는 안건인 경우에 위원은 징계위원회의 심의의결에 참여할 수 없다(군인징계령 제12조 제1항, 육군규정 180 제20조).[44]

이러한 자가 징계절차에 관여한 경우에는 당해 징계처분은 위법한 징계처분으로서 항고의 사유가 될 뿐만 아니라, 징계심의대상자는 위원에게 심의·의결의 공정을 기대하기

---

43) 군인징계령 제15조, 국방부 군인군무원 징계업무처리훈령 제22조.

44) 제척사유에 해당하는 자를 징계위원으로 임명하여 징계권을 행사하는 것은 절차에 있어서의 정의에 반하는 것으로서 무효라고 할 것이다(대법원 1994.10.7. 선고 93누20214 판결: 지역의료보험조합운영규정(이하 운영규정이라 한다) 제94조는 "징계위원회의 위원중 징계혐의자의 친족이나 그 징계사유와 관계가 있는 자는 그 징계사건의 심의에 관여하지 못한다"고 규정되어 있는 바, 위 규정의 취지는 피징계자의 친족이나 그 징계사유와 이해관계가 있는 자는 그가 피징계자와 이해를 같이하는 자이거나 징계사유의 피해자인 사용자이거나를 불문하고 모두 제척시키려는 취지라고 보아야 할 것이고, 제척제도는 기피신청제도와는 달리 당사자의 신청이나 재판 등 특별한 절차를 거칠 필요 없이 제척원인이 있다는 사유만으로 당연히 당해 사건의 직무집행을 할 수 없는 제도이므로, 제척 원인이 있는 징계위원은 비록 그가 당연직 징계위원이고 또한 피징계자가 징계절차에서 그 징계위원에 대한 제척의 재판을 신청한 적이 없다고 하더라도 당해사건의 직무집행으로 부터 당연히 제외되어야 할 것이고, 한편 징계위원의 제척을 규정한 위 운영규정 제94조는 공정하고 합리적인 징계권의 행사를 보장하기 위한 것으로서 이에 위반한 징계권의 행사는 징계사유가 인정되는 여부에 관계없이 절차에 있어서의 정의에 반하는 것으로서 무효라고 할 것이다).

어려운 사정이 있다고 인정하는 경우에는 그 사유를 기재하여 기피신청을 할 수 있다. 이 경우 기피신청을 받은 자는 그 심의·의결에 참여하지 못하고, 위원회는 해당 위원의 기피 여부를 지체 없이 결정하여야 한다(군인징계령 제12조 제2항, 육규 180 제20조 제2항, 제3항).

「성폭력범죄의 처벌 등에 관한 특례법」 제2조에 따른 성폭력범죄 또는 「양성평등기본법」 제3조 제2호에 따른 성희롱 사건을 심의하는 징계위원회를 구성하는 경우에는 피해자와 같은 성별의 위원이 3분의 1 이상 포함되어야 한다. 다만, 부득이한 사유가 있어 같은 성별의 위원이 3분의 1 이상 포함되도록 징계위원회를 구성할 수 없는 경우 징계위원회가 설치된 부대 또는 기관의 징계권자는 사전 승인을 받아야 한다. 이 경우 국방부, 방위사업청 및 합동참모본부, 육군본부, 해군본부, 공군본부 및 해병대사령부 등은 국방부장관의 승인을, 육군·해군·공군 소속의 부대 또는 기관의 경우에는 육군·해군·공군 참모총장의 승인을, 해병대 소속의 부대 또는 기관의 경우에는 해병대사령관의 승인이 필요하다.

(3) 권   한

징계위원회는 징계권자로부터 회부된 징계사건에 대하여 혐의사실과 관계자료를 조사하고, 가장 타당한 징계벌을 양정하여 징벌권의 존부에 관한 국가의사를 결정할 권한을 가진다.

징계위원회는 위원장을 포함하여 재적위원 과반수의 출석과 출석위원 과반수의 찬성으로 의결한다. 징계위원회가 4명 이하의 위원으로 구성된 경우에는 3명 이상이 출석하여야 한다. 위원장도 징계위원으로서 1표를 가지며, 가부동수인 경우에는 과반수의 찬성이 아니므로 위원장이 결정권을 행사하는 것은 위법이 된다. 의결에 있어서 의견이 나뉘어 출석위원 과반수에 이르지 못한 때에는 출석위원 과반수에 이르기까지 징계혐의자에게 가장 불리한 의견에 순차 유리한 의견을 더하여 그 가장 유리한 의견을 합의된 의견으로 본다(군인징계령 제14조 제3항).[45] 징계위원회의 의결은 무기명투표로 하며, 회의는 공개하지 않는다.

징계위원회는 사건의 심의를 위하여 징계혐의자를 출석시켜야 하고, 징계대상자에게 서면 또는 구술로 진술할 기회를 주어야 한다.[46] 출석통지서는 징계위원회 개최일 3일 전에 징계심의대상자에게 도달하여야 한다. 다만, 부득이한 경우에는 그 기간을 단축할 수 있다(군인징계령 제9조 제1항). 출석통지서를 직접 전달하는 것이 주소불명 또는 그 밖의 사유로 곤란하다고 인정할 때에는 출석통지서를 징계심의대상자의 소속부대 또는 기관의 장

---

45) 구체적 예 : 징계위원회가 5명으로 구성되었고, 5명 모두 참석하여 징계심의를 마치고 무기명투표를 한 결과 정직 3월에 2표, 정직 2월에 2표, 감봉 3월에 1표를 투표한 경우, 징계 벌목은 가장 불리한 의견인 정직 3월 2표와 순차 유리한 의견인 정직 2월 2표를 더하여 과반수(4표)가 되는 정직 2월을 징계 벌목으로 정하여야 한다.

46) 다만, 징계위원회는 징계혐의자가 변명을 원하지 아니할 때에는 진술권포기서를 제출하게 하여 기록에 첨부하고, 서면심사만으로써 징계처분을 결정할 수 있다(군인징계령 제9조 제3항).

에게 전달하여 징계심의대상자에게 교부하게 할 수 있다. 출석통지서를 전달받은 부대 또는 기관의 장은 지체 없이 징계심의대상자에게 이를 교부한 후 그 교부상황을 징계위원회에 통보하여야 한다.

진술을 원하지 않으면 진술포기서를 제출하게 하여 서면심사만으로 징계를 결정할 수 있다. 또한 징계심의대상자가 2회 이상의 출석을 요구하였는데도 불구하고 진술권포기서를 제출하지 않고, 정당한 사유 없이 응하지 않았을 때에는 출석을 원치 않는 것으로 보고 서면심리에 따라 징계를 결정할 수 있다(군인징계령 제 9 조 제 3 항, 제 4 항, 육군규정 180 제21조).

징계심의대상자가 국외에 체재하거나 형사사건으로 인한 구속, 그 밖의 사유로 징계의결이 요구된 날로부터 50일 이내에 출석할 수 없을 때에는 서면진술서를 제출하게 하여 징계를 결정할 수 있다. 서면진술서를 제출하지 아니할 때에는 진술 없이 서면심사에 따라 징계 및 징계부과금을 결정할 수 있다. 징계심의대상자가 출석통지서 수령을 거부한 경우에는 진술권을 포기한 것으로 본다. 다만, 징계심의대상자는 출석통지서를 거부한 경우에도 원하면 징계위원회에 다시 출석하여 진술할 수 있다(군인징계령 제 9 조 제 6 항).

또한 징계위원회는 회부된 사건을 심의하기 위하여 징계심의대상자에게 혐의내용에 관하여 신문(訊問)을 행하고, 필요하다고 인정하는 경우에는 관계인을 출석하게 하여 신문할 수 있다. 징계위원회는 징계심의대상자에게 충분한 진술기회를 부여하여야 하며, 징계심의대상자는 서면이나 구술로 자기에게 이익이 되는 사실을 진술하거나 증거를 제출할 수 있다. 또한 징계심의대상자는 증인의 신문을 신청할 수 있다. 징계위원회는 업무수행을 위하여 필요한 경우에는 간사에게 사실조사를 하게 하거나 특별한 학식·경험이 있는 자에게 검증이나 감정을 의뢰할 수 있다(군인징계령 제10조 제 4 항).

징계심의대상자는 본인의 진술이 기재된 서류나 자신이 제출한 자료를 열람하거나 복사할 수 있다. 그 외에도 징계심의대상자는 본인의 징계와 관련된 서류나 자료에 대하여 위원장에게 열람이나 복사를 신청할 수 있다. 다만, 위원장은 기록의 공개로 인하여 사건 관계인의 명예, 사생활의 비밀, 생명·신체의 안전이나 생활의 평온을 해할 우려가 있는 경우, 기록의 내용이 국가기밀인 경우, 기록의 공개로 국가의 안전보장, 선량한 풍속, 그 밖의 공공질서나 공공복리가 침해될 우려가 있는 경우에는 열람이나 복사를 허가하지 않을 수 있다(군인징계령 제11조).

한편, 징계위원회 회의에 참석한 사람은 녹음기, 카메라, 휴대전화 등 녹음·녹화·촬영이 가능한 기기, 흉기 등 위험한 물건, 그 밖에 징계등 사건의 심의와 관계없는 물건을 소지할 수 없고, 녹음, 녹화, 촬영 또는 중계방송, 회의실 내의 질서를 해치는 행위, 다른 사람의 생명·신체·재산 등에 위해를 가하는 행위를 해서는 안 된다(군인징계령 제15조의 2).

4. 징계승인권자

일정한 징계심의대상자에 대한 파면·해임이나 강등의 징계처분을 함에는 미리 일정한 승인권자의 승인을 얻어야 하며, 승인권자는 그러한 처분에 대하여 감경·정지 등 실질적 변경을 가할 수 있는데, 이와 같은 승인권자의 승인은 징계처분의 유효요건이라고 할 수 있다.

원래 징계권자의 상급부대 또는 기관의 장은 자신의 감독권에 기하여 징계처분에 대한 예방적·교정적 권한을 가질 수 있으나, 법률은 특별히 일정한 자에 대한 이러한 권한을 명시하고 있는 것이다(군인사법 제58조 제 3 항).

첫째, 장교의 파면·해임 및 장성급(將官級) 장교의 강등은 그 임용권자가 승인권자가 된다. 장교의 임용은 각군 참모총장의 추천에 의하여 국방부장관의 제청으로 대통령이 행하므로 장교의 파면과 장성급장교의 강등에 대하여는 대통령이 승인권자가 되나, 대령 이하의 장교에 대하여는 임용권자의 위임에 의하여 국방부장관이 행할 수 있으므로 장성급 이외의 장교에 대한 파면은 국방부장관도 승인권자가 될 수 있다(군인사법 제13조 제 1 항 참조).

둘째, 준사관의 파면·해임과 장성급 이외의 장교의 강등에 대하여는 국방부장관이 승인권자가 된다.

셋째, 부사관의 파면·해임에 대하여는 당해 참모총장이 승인권자가 된다. 한편 군무원의 경우에는 모두 임용권자가 파면·해임 또는 정직에 대한 승인권자가 된다(군무원인사법 제38조 제 2 항). 따라서 5급 이상의 군무원에 대한 파면·해임 또는 정직에 대해서는 대통령(위임시에는 국방부장관)이 승인권자가 되고, 6급 이하의 군무원에 대한 파면, 해임 또는 정직은 국방부장관(위임시에는 참모총장, 직할기관의 장, 장성급장교인 부대·기관의 장)이 승인권자가 된다(군무원인사법 제 6 조).

Ⅴ. 징계시효

1. 서   설

군인사법 제60조의 3 제 1 항에서는 "징계의결의 요구는 징계사유가 발생한 날부터 3년(금품 및 향응수수, 공금의 횡령·유용의 경우에는 5년)이 지났을 때에는 할 수 없다"고 하여 징계시효 제도에 관하여 규정하고 있다. 이와 같은 징계시효 제도는 징계사유가 발생하더라도 징계권자가 그에 따른 징계절차를 진행하지 않거나 못한 경우 그 사실상태가 일정기간 지속되면 진실된 사실관계를 묻지 않고 그 상태를 존중함으로써 직무의 안정성 및 징계권을 행사하지 않으리라는 징계혐의자의 신뢰를 보호하기 위한 것이다.[47]

　　징계사유의 시효의 기산일은 '징계사유가 발생한 날'이므로 원칙적으로는 행위시점이
그 기산일이 된다. 다만, 비위행위가 계속적으로 행해진 일련의 행위인 경우에는 일련의
행위 중 최종행위가 있은 날,[48] 결과를 요하는 행위의 경우에는 결과가 발생한 날이 기산일
이 된다.[49]

2. 징계시효에 관한 특례

　　징계의결의 요구는 원칙적으로 징계사유가 발생한 날로부터 3년이지만, 일정한 경우
에는 그 기간이 경과하거나 그 잔여기간이 3월 미만인 경우에도 다시 징계의결을 요구할
수 있도록 하고 있다. 이를 분설하면 다음과 같다.

(1) 징계처분에 대한 무효 또는 취소의 결정이나 판결

　　징계위원회의 구성, 의결 기타 절차상의 하자나 징계양정의 과다를 이유로 항고심사
위원회 또는 법원에서 징계처분의 무효 또는 취소의 결정이나 판결을 한 때에는 징계시효
가 경과하거나 그 잔여기간이 3월 미만인 경우에도 그 결정 또는 판결이 확정된 날로부터
3월 이내에는 다시 징계위원회에 의결을 요구할 수 있다(군인사법 제60조의3 제 2 항). 따라서
징계혐의자에 대한 진술권 미부여, 징계위원회 개최 일시·장소 미통보 등 사실조사, 출석
통지, 심문과 진술, 집행상 관련되는 각종 절차상의 하자가 있거나, 제척·기피대상 위원
의 의결참가, 무자격자의 위원임명과 같은 징계위원회 구성상의 하자가 있는 경우, 또는
의결정족수 미달이나 의결방법상의 문제 등 징계의결상의 하자가 있는 경우에는 다시 정
당한 절차에 따라 재징계의결을 할 수 있다. 판례는 이와 같은 재징계의결 요구는 새로운
징계의결의 요구가 아니라 이미 적법하게 요구된 징계의결의 내용을 일부 수정하는 것이
라는 입장이다.[50]

(2) 수사 및 조사 중인 사건

　　징계혐의자의 군무이탈 등으로 사실상 징계절차의 진행이 불가능하거나 수사기관에서
수사 중임을 이유로 징계절차가 중지된 기간 내에 징계시효가 완성되거나 그 잔여기간이
1월 미만인 때에는 수사종료의 통보를 받은 날 또는 징계절차의 진행이 불가능한 사유가
종료한 날부터 1월이 경과한 날에 징계시효가 완성되는 것으로 본다(군인사법 제60조의 3 제
3 항). 이는 국가공무원법 제83조의 2 제 2 항의 내용을 바탕으로 2006.4.28. 신설된 것이
다. 공무원에 대한 징계의결을 요구하여야 할 사건이 수사기관의 수사로 말미암아 징계절

---

47) 임천영, 앞의 책, 1164-1165면.
48) 대법원 1986.1.21. 선고 85누841 판결.
49) 대법원 1990.4.10. 선고 90누264 판결.
50) 대법원 1981.5.26. 선고 80다2945 판결.

차를 밟지 않고 중지한 경우에 그 사유가 종료된 날이라 함은 수사가 종료한 날을 말하는 것이지 수사된 사건에 대한 판결이 확정된 날을 의미하는 것이 아니며,[51] 수사기관에서 수사결과 통보를 지연한 경우라 할지라도 징계권자는 수사종료를 통지받은 날로부터 1월 이내에 징계를 할 수 있다.[52]

감사원의 조사개시 통보로 인해 징계절차가 중지된 기간 내에 징계시효가 완성된 경우에도 감사원법 제32조의2 제 2 항의 조사종료의 통보를 받은 날 또는 동법 제32조 제 1 항에 의하여 징계요구를 받은 날로부터 1월이 경과한 날에 징계시효가 완성되는 것으로 본다. 감사원의 징계요구 등에 대하여 징계혐의자의 소속 장관 등이 이의를 제기하여 감사원법 제36조 제 2 항의 규정에 의한 재심의를 청구한 경우에는 감사원의 재심의 결정서를 송부받은 날로부터 1월이 경과한 때에 징계시효가 완성된다.

Ⅵ. 징계절차

1. 서   설

징계권의 행사는 특별권력관계에 복종하는 자의 비위행위에 대한 신체적·신분적 제재를 가하는 것이므로 군사재판절차와 마찬가지로 법적인 규제를 요하며, 이러한 징계절차에 대하여 군인사법과 군인징계령, 그리고 군무원인사법 및 동 시행령에 상세히 규정되어 있다. 이러한 징계절차는 크게 다음과 같은 네 가지로 구분된다.

첫째, 징계권자는 군인·군무원으로서 그 의무에 위반하여 군기를 문란케 하는 비행, 즉 징계사범을 인지한 때에는 징계절차를 개시하고, 징계조사관인 간사에게 명하여 조사·보고하게 하여야 한다(조사절차).

둘째, 간사로부터 조사결과를 보고받은 징계권자는 당해 징계사범에 대하여 징계벌을 과하여야 할 필요가 있다고 판단한 때에는 당해 사건을 징계위원회에 회부하고, 그로 하여금 징계혐의사실을 심의하여 징계의사를 결정케 하여야 한다(결정절차).

셋째, 징계위원회의 의결에 의하여 당해 징계사건에 관한 징계의사가 결정되면 징계권자 또는 승인권자는 이에 대하여 확인(또는 승인) 조치를 하고 징계처분을 하여야 한다(처분절차).

넷째, 이와 같은 절차에 의하여 징계처분이 행하여지면 징계권자는 스스로 또는 다른 집행기관으로 하여금 비행인(非行人)에게 처분내용을 집행하게 한다(집행절차).

---

51) 대법원 1978.10.31. 선고 78누250 판결.
52) 대법원 1981.7.28. 선고 80누515 판결.

2. 조사절차

(1) 조사의 개시

일정한 비행사실에 대한 조사는 다음과 같은 원인(혹은 단서)에 의하여 개시된다.[53]

1) 징계권자의 직접인지   징계권자가 자신의 지휘·감독 하에 있는 군인이나 군무원의 비행사실을 직접 알게 된 경우에는 물론 간사에게 조사를 명할 수 있다.

2) 비행인의 자수   자수(自首)는 비행인이 징계권자나 그의 하급자에게 자신의 비행사실을 자진하여 알리고 처벌을 요하는 것으로서, 이러한 경우에도 징계권자는 간사로 하여금 조사할 것을 명할 수 있다.

3) 제 3 자의 징계요구   징계권자 또는 비행인 이외의 제 3 자가 징계권자에 대하여 비행사실을 통고하고 그 처벌을 요구하는 의사표시를 하는 것이며, 제 3 자인 한 누구든지 불문한다. 다만, 징계권자는 이러한 제 3 자의 징계요구에 기속될 필요는 없다. 이를 크게 분류해 보면 다음과 같다.

① 징계권자가 아닌 상관이 하급자의 비행을 발견하였을 때에는 그 징계권자에게 비행사실을 통고하여 징계를 요청할 수 있다(군인징계령 제 7 조 제 1 항).

② 군검사나 군사법경찰관 등 범죄수사에 종사하는 자가 직무상 징계사범이 되는 비행을 발견한 때에도 형사소추와는 별도로 징계권자에게 징계를 요청할 수 있다.

③ 감사원은 법정징계사유에 해당하거나 정당한 사유 없이 감사원법에 의한 감사를 거부하거나 자료의 제출을 해태한 자에 대하여 징계권자에게 징계를 요구할 수 있다(감사원법 제 32조 제 1 항).

④ 기타의 자도 비행사실을 아는 사람은 군사법원법상의 고소·고발과 같이 징계를 요구할 수 있다. 그 외에도 청원법 제 4 조 제 2 호에 의하여 공무원의 비위의 시정 또는 공무원에 대한 징계나 처벌을 요구하는 청원이 제기된 경우에는 징계권자가 우선 청원내용의 적정·타당성 여부를 조사하고, 비위사실이 인정되면 징계절차를 개시할 수 있다.

(2) 조사의 방법

서면이나 구두에 의하여 조사가 개시되면 징계권자는 간사로 하여금 그 사건을 조사하여 결과를 보고하고, 처리의견을 건의하도록 명하여야 한다.

간사는 징계사건이 개시되면 모든 징계사건에 대하여 징계번호를 부여하되 징계처리대장의 징계번호란에 연도별로 기재하여야 한다.[54] 그리고 간사는 신속히 비행사실을 조사하고 징계혐의사실을 입증할 수 있는 각종 증거를 확보하여야 하는데, 이러한 증거수집, 즉

---

53) 군인징계령 제 7 조(징계의결등 요구 등) 참조.

54) 육군의 경우 징계번호는 법무참모부에서 부여함을 원칙으로 하되, 법무참모부가 없는 부대에서는 직근 상급부대 법무참모부에서 징계번호를 부여받아야 한다(육규 180 징계규정 제30조 제 2 항). 병에대한 징계번호는 연대급 부대에서 부여함을 원칙으로 한다. 다만, 연대급 부대가 없는 경우에는 인사권을 가진 대대급 부대에서 부여한다(동조 제 3 항).

징계혐의자의 진술서·전말서·증인진술서 기타 물적 증거의 확보를 위하여 징계혐의자·
증인 및 참고인의 출석을 요구할 수 있다(육군규정 180 제22조). 다만, 징계사건의 조사는 징
계혐의 등의 임의출석을 기초로 하므로 압수·수색 등 강제에 의한 조사를 해서는 안 된다
는 점에서 군사법원의 조사와 구별된다.

징계혐의자 등 사건관계인을 조사할 때에는 대기시간, 휴식시간, 식사시간 등 모든
시간을 합산한 조사시간(이하 "총조사시간")이 12시간을 초과해서는 안 된다. 특별한 사정이
없는 경우, 총조사시간 중 식사시간, 휴식시간 및 조서 열람시간을 제외한 실제 조사시간
이 8시간을 초과할 수 없다. 조사가 길어질 경우, 특별한 사정이 없다면 조사 도중에 최소
한 2시간마다 10분 이상의 휴식시간을 주어야 한다. 징계혐의자가 조사 도중에 휴식시간
을 요구하는 경우에는 그때까지의 실제 조사시간, 이미 부여된 휴식시간, 징계혐의자의
건강상태 등을 고려하여 적정하다고 판단되는 경우 이를 허락하여야 한다(육규 180 제22조
의 2).

(3) 조사의 종결

간사는 위와 같은 방법으로 증거가 확보되면 지체 없이 징계권자에게 징계위원회에
회부를 상신(上申)하여야 하며, 이 경우에 징계권자는 관계서류와 혐의사실을 검토한 후 다
음과 같은 처분에 의하여 조사를 종결한다.

1) **징계위원회에의 회부**   징계혐의사건을 조사한 결과 비행사실에 대한 객관적 혐
의가 충분하고 처분의 필요가 있다고 인정하는 경우에는 징계간사는 징계혐의자에 대한
상벌 유무의 확인 및 사실조사결과보고서를 작성하여 징계권자에게 징계위원회의 회부를
상신하여야 한다(국방부 군인 군무원 징계업무처리 훈령 제20조). 이에 징계권자는 징계위원회에
사건을 회부하여 심의·결정을 요구할 수 있다. 징계위원회에의 회부는 조사를 종결시키
는 가장 전형적인 방법으로서 구술 혹은 서면에 의한다.

2) **불문조치**(징계불회부)   징계간사는 징계사건을 조사한 결과 징계혐의가 없다고
인정되는 경우, 또는 정상을 참작하여 징계위원회에 회부하지 아니함이 상당하다고 인정
되는 경우에는 사실조사결과보고서를 작성하여 징계사건 불문조치(불회부조치)를 건의할 수
있다(국방부 군인 군무원 징계업무처리 훈령 제20조, 제21조).

징계권자는 징계위원회에 회부할 것으로 상신된 내용이 불충분하거나 사안이 극히 경
미하여 문책의 필요성이 없다고 인정될 때에는 직권으로 징계위원회에 회부함이 없이 불
문조치(불회부조치)할 수 있다(동조 제2항). 징계권자는 징계간사로부터 징계사건에 대해 징
계혐의가 없다는 이유로 불회부조치건의를 받은 경우 재조사를 명하거나 불회부조치할 수
있다(동조 제1항). 그러나 징계권자는 불문조치하였던 사건에 대하여 언제든지 조사의 재개
를 명하여 징계절차를 다시 진행할 수 있다. 또한 징계권자는 사안이 경미하여 징계의 필

요성이 없다고 인정되어 불회부조치할 때에 징계혐의자에 대하여 경고장을 수여할 수 있다(동조 제 3 항).

감사원법 제32조의 규정에 의하여 감사원에서 징계요구가 있는 경우에는 시효기간경과 등의 명백한 각하사유가 있는 경우 등 이외에는 징계간사는 징계혐의가 없다고 인정되는 경우 또는 정상을 참작하여 징계위원회에 회부하지 않는 것이 타당하다고 인정되어도 불회부상신은 할 수 없으며, 징계권자도 사안이 극히 경미하여 징계의 필요성이 없다고 하여 징계위원회에 불회부조치를 할 수 없다. 따라서 감사원의 징계요구 시에는 징계위원회에 회부하여야 한다. 그러나 징계위원회에서는 반드시 징계를 하여야 하는 것은 아니며, 징계양정 일반원칙에 따라 징계처분을 할 수 있다.[55]

3) 타관송치 징계사건을 조사한 결과 그 사건 비행인의 소속·계급, 비행의 정도 등에 비추어 징계권자의 관할 외에 있거나 군사법원에 회부될 성질의 사건인 경우라고 판단되는 때에는 지체 없이 관할 징계권자 또는 군사법원에 통지·송치하여야 한다. 징계의결 전에 징계심의대상자의 소속이 변경된 경우 전 소속 또는 감독 부대나 기관의 장은 혐의사실과 관련자료를 징계심의대상자의 현 소속 또는 감독 부대나 기관의 장에게 이송하여야 한다.

4) 징계중지 징계를 하여야 할 사실에 대하여 형사소추가 있을 때에는 징계를 행하지 못한다. 징계절차가 진행중에 형사소추가 있는 때에도 마찬가지이다.

감사원이나 군검찰, 군사경찰, 그 밖의 수사기관이 군인의 비행사실에 대한 조사나 수사를 개시하거나 마친 때에는 10일 이내에 그 군인의 소속 또는 감독 부대나 기관의 장에게 그 사실을 통보하여야 하고, 통보가 있는 경우에는 통보를 받은 날부터 징계의결의 요구, 그 밖에 징계절차를 진행하여서는 아니 된다. 징계심의대상자가 군사법원에서 재판을 받고 있거나 수사기관 또는 감사원에서 사건을 취급하고 있는 경우,[56] 또는 군이탈자나 거동불능의 중환자인 경우는 징계를 중지하여야 한다. 다만, 수사기관의 조사나 수사의 지연 등 특별한 사유가 있는 경우에는 징계절차를 진행할 수 있다(군인징계령 제 8 조 제 2 항).

3. 결정절차

(1) 징계위원회의 소집

징계권자가 징계사건을 징계위원회에 회부하고 이를 징계혐의자에게 통고하면, 징계위원회의 위원장은 개최일시와 장소를 정하여 징계위원회를 소집하여야 한다.

그러나 실제 운영에 있어서는 징계권자가 임명한 간사가 소집 및 회의진행을 담당하고 있다. 또한 간사는 징계심의대상자의 상벌 유무를 확인하는 확인서를 관계관에게 요구

55) 임천영, 앞의 책, 1174면.
56) 감사원법 제32조의 2.

하여 징계양정 경감대상자 여부를 징계위원회에 제출하여야 한다.

징계위원회는 징계심의대상자에게 출석요구서를 발행하고, 그 심의대상자를 출석시켜 심의하여야 한다. 다만, 징계심의대상자가 혐의사실에 대하여 진술을 원하지 아니할 때에는 진술권포기서를 제출케 하여 기록에 첨부하고 서면심사만으로써 징계처분을 결정할 수 있으며, 징계심의대상자가 출석통지에도 불구하고 정당한 사유 없이 징계위원회에 출석하지 아니하였을 때에는 진술의사가 없는 것으로 보아 그 사실을 구체적으로 밝히고 서면심사에 의하여 징계결정한다(군인징계령 제 9 조 제 3 항, 제 4 항).

징계사건을 심의할 때에 반드시 징계심의대상자를 출석시켜 진술의 기회를 부여해야 하고, 이를 전혀 부여하지 않은 경우에는 그 징계의결은 무효이다.[57] 또한 징계심의대상자에게 서면, 전화 또는 구두에 의하여 적당한 방법으로 변명과 소명자료를 준비할 만한 상당한 시간을 주고, 징계위원회의 개최일시와 장소를 통보하여야 한다. 이러한 시간적 여유를 주지 않고 촉박하게 이루어진 통보는 징계규정이 규정한 사전통보의 취지를 몰각한 것으로서 부적법하다고 보아야 한다.[58]

(2) 심   의

징계위원회가 소집되면 회부된 사건에 대하여 비행사실과 관계증거를 조사하여야 한다. 징계위원회가 관계된 징계사건을 심의함에 있어서 다음의 절차에 따라 심의를 진행한다.

1) 개최보고   징계위원, 징계 등 심의대상자, 참고인 등의 출석여부를 확인한 후 간사 또는 서기가 징계위원장에게 개최보고를 한다.

2) 개최보고   징계위원장은 징계번호를 명시하여 개최선언을 하여야 한다.

3) 인정신문   징계위원장은 징계심의대상자의 소속·계급·군번·성명·직책을 물어서 혐의자 본인이 틀림없는가를 확인한다. 대리인이 선임된 경우에는 위임장제출 여부를 확인하여야 한다.

4) 징계등 심의대상사실의 요지 낭독   인정신문이 끝나면 징계간사는 징계권자를 대신하여 징계사건의 혐의사실의 요지를 낭독한다.

5) 징계등 심의 대상자신문   징계혐의사실의 요지가 진술되면 각 징계위원들은

---

57) 본인이 반드시 징계위원회에 출석해야 하는 것은 아니고, 출석요구를 전화로 통지하고 전화회답까지 하였다면 방어기회가 충분히 부여된 것으로 보아 적법하다(대법원 1984.5.15. 선고 83누714 판결).

58) 판례에서는 징계위원회의 개최일시 및 장소를 그 개최의 30분 전에 통보한 것은 징계대상자로 하여금 사실상 변명과 소명자료를 준비할 수 없게 만드는 것이어서 적법한 통보라고 볼 수 없다(대법원 1991.7.9. 선고 90다8077 판결)고 판시하였다. 그러나 다른 판례에서는 하루 전에 통보한 경우는 진술권보장의 취지를 몰각한 부적법한 통지라고 볼 수 없고, 더욱이 재심을 청구하여 그 재심에서 스스로에게 이익이 되는 진술을 하였다면 징계절차가 진술권보장에 위배되어 무효라고 주장할 수 없다고 판시하였다(대법원 1992.6.26. 선고 91다42982 판결). 현재는 징계위원회 개최일 3일 전에 징계등 심의대상자에게 출석통지서를 도달되도록 하고 있다(군인징계령 제 9 조 제 1 항).

징계심의대상자에 대하여 혐의사실과 정상에 관하여 필요한 사항을 신문한다. 이 때 위원회는 심의대상자에게 이익되는 사실을 충분히 진술할 기회를 주어야 하며, 심의대상자는 각개의 신문에 대하여 진술을 거부할 수도 있다.

6) 증거조사   증거조사는 징계심의대상자의 청구 또는 징계위원회의 직권으로 할 수 있다. 징계위원회는 심사상 필요하다고 인정하는 경우에는 관계인의 출석 또는 증거물의 제출을 요구하여 진술을 듣거나 증거를 조사할 수 있다(육군규정 180 제42조 제 6 호).

피해자의 진술 신청이 있을 경우, 징계위원회는 징계위원회 개최 3일 전에 피해자에게 개최일시를 통지하여야 한다. 신청 피해자가 다수인 경우, 위원회는 진술자의 수를 제한할 수 있다. 징계위원회는 피해자를 참고인으로 신문하는 경우 피해자의 연령, 심신의 상태, 그 밖의 사정을 고려하여 피해자가 현저하게 불안 또는 긴장을 느낄 우려가 있다고 느낄 때 심의의 진행에 지장을 줄 우려가 있는 등 부득이한 경우가 아니면 피해자의 신청에 따라 피해자와 신뢰관계에 있는 자를 동석하게 할 수 있다. 단, 「성폭력범죄의 처벌등에 관한 특례법」 제34조 제 1 항에 규정된 성폭력 등 사건에 대한 징계위원회에는 피해자의 신청에 따라 피해자와 신뢰관계에 있는 자를 동석하게 하여야 한다. 다만, 동석자는 피해자의 진술을 방해하거나 진술의 내용에 부당한 영향을 미칠 수 있는 행위를 하여서는 아니 된다.

징계위원회는 필요하다고 인정할 때에는 징계심의대상자 기타 관계인의 퇴장을 명할 수 있고 대질신문도 할 수 있다.

7) 징계심의대상자의 최종진술   징계심의대상자에 대한 신문과 증거조사가 끝나면 징계위원회는 심의대상자(대리인이 선임된 경우에는 대리인을 포함한다)로 하여금 최종진술을 할 수 있는 기회를 주어야 한다.

8) 평의와 의결   이와 같이 징계심의대상자의 최종진술까지 끝나면 징계위원회는 당사자와 대리인을 퇴장시키고, 당해 사건에 관한 징벌권의 존부와 과벌의 정도를 결정하기 위하여 평의로 들어간다. 위원장은 사실의 인정여부 및 양정의 정도에 대하여 간사에게 의견을 진술하게 할 수 있다. 평의의 결과 위원간에 의견이 일치하지 아니할 때에는 의결로써 결정하는데, 의결은 위원 3인 이상의 출석과 출석위원 과반수의 찬성으로써 결정하며, 무기명투표를 원칙으로 하고, 이러한 평의와 의결의 내용은 공개하지 아니한다(군인징계령 제14조 제 4 항). 의견이 3설 이상 대립하여 어느 의견도 과반수에 이르지 않은 경우에는 가장 불리한 의견에 순차 유리한 의견을 더하여 과반수에 이르는 가장 유리한 의견을 결정된 것으로 본다(군인징계령 제14조 제 3 항).

징계위원회는 징계권자가 징계의결을 요구한 날로부터 30일 이내에 심의·의결하여야 한다. 다만, 부득이한 사유가 있을 때에는 징계위원회의 의결에 따라 30일의 범위에서만 기간을 연장할 수 있다.[59]

(3) 결 정

징계위원회의 평의 및 의결을 통한 결정은 당해 사건에 관하여 징계벌의 존부에 관한 국가의사를 결정하는 것으로서 군사법원에서의 종국판결에 해당하는 것이라고 할 수 있다. 징계위원회가 징계사건을 의결함에 있어서는 징계심의대상자의 소행·근무성적·공적(功績)·뉘우치는 정도, 징계요구의 내용, 그 밖에 정상을 참작하여야 한다(군인징계령 제13조). 징계심의대상자가 훈장, 국무총리 이상의 표창, 참모총장 이상의 표창(부사관과 병)을 받은 경우에는 정상을 참작할 수 있다. 그러나 징계처분 대상자가 징계처분을 받은 사실이 있는 경우에는 그 징계처분 전에 받은 표창은 제외되고 금품이나 향응의 수수나 공금의 횡령·유용과 관련되는 경우, 성폭력범죄의 처벌 및 피해자보호에 관한 법률에 따른 성폭력범죄에 관련되는 경우에는 정상을 참작하지 아니한다(국방부 군인군무원징계업무처리규정 제19조 제3항 제1호). 징계의결의 요구를 받은 사건에 대하여 특별한 사유가 없는 한 30일 이내에 의결하여야 한다. 다만, 특별한 사유가 있는 경우에는 징계위원회의 결정으로 30일의 범위 내에서 그 기간을 연장할 수 있다(군인사법 제59조 제4항).[60]

징계위원회가 내리는 결정은 대체로 다음과 같이 구분할 수 있다.

1) 관할위반의 결정   징계혐의자가 징계위원회에 회부되어 심의하는 과정에서 타 부대에 전속되거나 애당초 당해 징계위원회의 관할에 속하지 아니한 때에는 징계위원회는 관할위반의 결정을 하여야 한다.

2) 의결요구기각의 결정   징계위원회는 ① 징계혐의자가 사망하거나 현역에서 전역·제적(군무원의 경우에는 면직)되었을 경우, ② 징계시효가 지난 경우, ③ 동일한 비행사실로 인하여 이미 징계처분을 받은 경우, ④ 심의대상 사실이 있은 후 법령의 개폐로 처벌대상이 되지 않을 때 의결요구기각의 결정을 하여야 한다.

3) 혐의없음 결정   징계위원회에 회부된 징계의결요구된 사실이 징계사유에 해당되지 않거나 일정한 사유로 인하여 징계책임이 조각(阻却)되는 경우, 또는 회부된 비행사실을 인정할 만한 증거가 없는 경우에는 징계위원회는 혐의없음 결정을 하여야 한다.

징계위원회의 혐의없음 결정과 구분하여야 할 것이 징계권자의 징계의결(불)요구이다. 징계권자는 징계혐의 사실조사결과 보고를 받고 징계혐의사실에 대한 증명이 없는 경우, 즉 징계혐의사실이 인정되지 않거나 혹은 인정되더라도 내용이 경미하여 문책의 필요성이 없다고 인정된 때에는 징계의결 요구를 하지 않을 수 있다(육군규정 180 제32조 제3항, 제35조 제1항).

---

59) 징계절차의 진행이 중지된 경우에는 중지된 기간은 징계의결 기간, 즉 30일의 기간에 포함되지 아니한다(군인징계령 제16조).

60) 의사결정기간은 훈시적 규정으로서 30일을 경과하여 결정된 징계위원회의 결정은 위법이라고 할 수 없다. 단, 관계자의 책임문제는 별도의 문제이다(대법원 1993.2.23. 선고 92누16096 판결).

징계권자가 징계의결 요구를 하지 않는 경우에도 지휘관으로서 권한행사로 경고장을 발하여 비행인에게 비행사실을 적시(摘示)하고 이를 뉘우치게 할 수 있으나, 이것은 징계벌과는 별개의 것이다.

4) 징계결정 　　징계위원회는 징계혐의가 있는 사안을 심의하여 혐의사실이 인정될 때에는 징계벌의 종류와 정도를 양정하여 징계결정을 하여야 한다.

징계위원회에 회부된 혐의사실에 관하여 징계사범에 해당되는 것이라고 인정할 때에는 징계결정을 하며, 이 경우에 선고나 집행을 유예하거나 전역명령, 환부 혹은 몰수명령 등의 부수적 처분을 내려서는 안 된다. 또한 징계결정을 함에 있어서도 징계양정기준에 따라 어느 하나의 징계벌만을 과하여야 한다(육군규정 180 제46조). 징계처분은 징계권자의 재량사항이라고 하지만, 재량권의 한계를 일탈하거나 남용하는 등 사회통념상 현저하게 그 타당성을 잃은 경우에는 위법한 처분이 된다.

징계위원회에서 징계종류를 결정할 때 징계종류는 법 또는 군인징계령에서 따로 규정한 것을 제외하고는 중징계 및 경징계를 불문하고 동일한 사실에 대하여 2종류 이상을 병과하지 못한다(군인징계령 제3조). 다만, 기간과 감액기준은 징계벌목의 선택 후 별도로 결정한다.

특별히 군기교육의 경우에는 징계위원회의 의결을 거쳐 병의 인권보호를 담당하는 군법무관이 적법성심사를 거친 후에 징계권자가 행하여야 한다. (군인사법 제59조의2 제3항, 군인징계령 제18조 제1항).

징계위원회의 의결은 일사부재리의 원칙이 적용되어 특별한 규정이 없는 한 재의 또는 재심할 수 없고, 징계위원회는 형식적 쟁송을 거쳐 이루어지므로 성질상 확정력을 발생시키며, 징계위원회 스스로도 변경할 수 없는 불가변력을 갖게 된다.[61]

(4) 의결서의 작성 · 보고

징계위원회는 회부된 사건에 대하여 심의 · 결정한 사항을 징계의결서에 기록하고, 출석위원이 이에 서명 · 날인한 후 10일 이내에 징계권자에게 송부하여야 한다.

징계의결서에는 징계위원회 개최일시, 징계혐의사실, 징계심의대상자 및 증인의 출석여부, 징계심의대상자의 진술, 증거의 요지, 정상참작의 경우 그 인정요지, 의결방법, 의결내용 및 결론 등이 기재되어야 한다(군인징계령 제17조, 육규 180 제48조).

4. 처분 및 집행절차

(1) 징계권자의 조치

징계위원회의 결정은 징계권자의 조치를 거쳐 징계혐의자에게 징계처분장에 의하여

---

61) 임천영, 앞의 책, 1195면.

선고됨으로써 대외적으로 효력을 가지게 된다. 따라서 사실적으로 볼 때 징계권자의 징계벌의 조치는 징계처분의 최종적인 결정이라고 할 수 있다. 다만, 일정한 자에 대한 일정한 징계벌에 대해서는 승인권자의 승인을 얻어야 함은 전술한 바와 같다(군인사법 제58조 제3항 참조).

징계위원회의 결정에 대한 징계권자의 조치는 확인·감경·정지·유예(군무원과 병에 대하여는 유예불가)의 네 가지 종류가 있다. 이러한 권한을 행사하는 경우에도 징계권자는 가능한 한 징계위원회의 결정을 존중하여야 하며, 결정 자체를 부인하거나 재심을 명할 수는 없다.[62] 그러나 징계권자는 징계위원회의 의결이 경하다고 인정할 때에는 심사 또는 재심사를 청구할 수 있다.[63]

징계권자는 징계위원회로부터 징계의결서를 송부받은 때, 또는 인권담당군법무관으로부터 의견서를 통보받은 때에는 그 날로부터 15일 이내에 조치를 하고 징계처분을 하여야 한다(군인징계령 제19조 제1항).

1) 확   인   확인이라 함은 징계권자가 징계위원회의 결정내용을 그대로 인용하는 조치를 말한다. 따라서 징계권자(그리고 승인권자)가 징계위원회의 결정을 확인하면, 바로 징계처분이 성립한다. 한편 확인은 징계위원회의 징계결정뿐만 아니라 관할위반·징계의결기각·혐의없음 등 모든 결정에 대한 것이어야 하며, 관할위반의 경우에는 바로 관할 징계권자에게 당해 사건을 이송(移送)하여야 한다. 영창의 경우에는 인권담당군법무관의 적법성심사를 거친 후에 집행할 수 있다.

2) 감   경   감경이라 함은 징계권자 혹은 승인권자가 징계위원회의 결정에 관하여 혐의사실의 인정은 승인하면서 징계벌의 벌목이나 그 정도를 감경·변경하는 조치를 말한다. 감경은 징계권자나 승인권자가 필요하다고 인정할 때에 한한다.[64] 징계권자가 감경하는 경우 징계의 종류를 1단계 초과하여 감경할 수 없다. 또한 징계사유가 금품이나 향응의 수수, 공금의 횡령·유용에 해당하거나 징계위원회의 의결시 참작한 사유와 동일한 사유를 적용하고자 하는 경우에는 감경할 수 없다.

3) 정   지   정지라 함은 징계권자가 징계위원회의 결정을 승인하면서 필요하다고 인정한 경우에 그 집행을 일시 유보(保留)시키는 조치를 말한다. 정지의 범위, 즉 필요하

---

62) 다만, 징계위원회에서 혐의 없음으로 결정된 사건에 대하여 비행사실을 인정할 새로운 증거가 발견된 경우에는 예외로 한다.

63) 징계권자가 징계심의결과가 만족스럽지 않다고 하여 재심을 명하는 것과 징계의결의 결과가 경하다고 하여 심사 또는 재심사를 청구하는 것은 구별하여야 한다. 징계권자는 군인사법 제59조 제5항에 따라 징계위원회의 결정이 경하다고 인정하는 때에는 처분을 하기 전에 법무장교가 배치된 징계권자의 차상급 부대 또는 기관에 설치된 징계위원회에 심사 또는 재심사를 청구할 수 있다. 심사 또는 재심 청구는 징계의결서를 송부받은 날로부터 15일 이내에 하여야 한다(군인징계령 제25조).

64) 징계권자가 감경할 수 있는 경우는 상훈법 및 정부표창규정에 의하여 국무총리 이상의 표창수상자 및 훈장·포장 수상자인 경우와 징계혐의자의 비행이 성실하고 능동적인 업무처리과정에서 과실로 인하여 생긴 경우, 징계혐의자의 평소의 소행 기타 정상을 참작할 사유가 있는 경우를 들 수 있다.

다고 인정되는 경우란 피징계자가 작전임무를 수행중이거나 또는 해외출장중인 경우 등에 한하며, 정지사유가 해소된 경우에는 지체 없이 결정내용대로 집행하여야 한다(육군규정 180 제53조).

여기서 법문으로는 정지기간을 명시하고 있지 않으므로 당해 처분이 정지기간을 명시한 경우와 그렇지 않은 경우에 집행에 따른 항고제기(抗告提起)가 문제로 된다. 정지기간이 명시된 경우에는 물론 그러한 사유를 명시하여 징계처분장을 본인에게 송달함으로써 30일 이내에 항고를 제기할 수 있으나(군인사법 제60조), 그렇지 않은 경우에는 징계처분장을 발행할 수 없으므로 정지기간의 완료로 징계처분장이 발행될 때까지 항고를 제기할 수 없다.

4) 유　　예　　　　유예라 함은 징계권자가 징계위원회가 결정한 장교·준사관 및 부사관(병은 제외)에 대한 경징계처분(근신·견책)의 확인 또는 감경의 조치를 유보하는 것을 말한다. 징계유예는 훈장 또는 표창을 받았거나 과실로 비행사실이 발생한 경우, 뉘우치는 등의 사정이 현저하여 징계처분을 즉시 집행하지 아니하고도 징계의 효과를 기대할 수 있다고 인정하는 경우에 6개월의 범위 내에서 행해진다(군인징계령 제21조 제1항). 징계유예는 비행사실은 규명하되 징계심의대상자에게 개전의 기회를 부여하고, 근무의욕을 고취하고자 하는 데 그 취지가 있다고 할 수 있다.

징계유예는 근신·견책의 경우에 한하여 가능하다. 따라서 중징계의 경우와 감봉에 대해서는 징계유예를 할 수 없다. 징계권자는 징계위원회의 중징계결정에 대하여 경징계로 감경한 후 징계유예조치를 할 수는 없다고 보아야 한다. 비행사실이 금품이나 향응 수수, 공금횡령·유용에 해당하거나 징계권자가 징계위원회의 의결에 대하여 감경한 경우에는 징계유예처분을 할 수 없다(군인징계령 제21조 제4항).

징계권자는 징계유예기간 중에도 유예처분을 취소하고 확인 또는 감경의 조치를 할 수 있으며, 이러한 조치 없이 유예처분한 날로부터 유예기간을 경과한 때에는 불문으로 확정한다. 징계유예를 받은 자가 징계유예기간 동안 확인 또는 감경 없이 유예기간이 경과되면 징계위원회의 결정은 효력을 잃는다. 징계간사는 징계유예기간 중 유예처분을 받은 자의 비행사실 등을 발견한 때에는 이를 즉시 징계권자에게 보고하여야 한다. 징계권자는 징계유예를 받은 자가 그 유예기간 중에 다시 징계사유에 해당하는 행위를 한 경우에는 징계유예처분을 취소하여야 한다.

5) 징계권자의 심사 또는 재심사청구　　　　징계권자는 징계위원회의 의결이 경하다고 인정되는 경우에는 그 처분을 하기 전에 법무장교가 배치된 징계권자의 차상급 부대 또는 기관에 설치된 징계위원회(국방부에 설치된 징계위원회의 의결에 대해서는 그 징계위원회)에 심사 또는 재심사를 청구할 수 있다.[65] 이 경우 징계권자는 심사 또는 재심사의 의결결과에 따라

---

65) 징계권자는 징계위원회의 '혐의 없음' 의결에 대해서도 심사 또는 재심사를 청구할 수 있다. 국방부 법무담당관-7115(2011.9.21.).

징계처분을 한다(군인사법 제59조 제 7 항). 징계권자가 심사 또는 재심사를 청구하고자 할 때
에는 징계의결서를 송부받은 날로부터 15일 이내에 심사 또는 재심사청구의 취지, 심사 또
는 재심사청구의 이유 및 입증방법, 징계의결서사본을 기재한 징계의결심사(재심사) 청구서
에 사건관계기록을 첨부하여 해당 징계위원회에 제출하여야 한다(군인징계령 제25조 제1항).
국방부에 설치된 징계위원회의 의결에 대하여 재심사를 청구한 사건에 대하여는 징계위원
회 위원장을 제외한 위원의 과반수가 당초 심의·의결에 참여하지 않은 위원으로 구성되
어야 한다(군인징계령 제25조 제2항).

징계권자의 심사 또는 재심사 청구는 가능하지만 징계권자가 직권으로 징계위원회의
결정에 대하여 취소할 수 없다. 징계위원회의 심의의결은 사법적 절차에 준하는 절차를 거
쳐 결정되며, 절차의 안정성과 징계심의대상자의 신뢰보호 측면에서 볼 때 준사법행위로서
불가변력이 인정되기 때문이다.[66]

(2) 징계처분의 집행

징계권자가 징계처분을 결정한 때에는 지체 없이 징계처분서를 작성하여 본인에게 교
부하여야 한다.

병에 대한 근신처분이 있는 경우에는 비행을 반성하게 하기 위한 방법을 징계의결서
에 기록하여야 한다.

징계처분이 있는 경우 징계권자는 일상명령 발령규정에 의하여 징계명령을 발령하고,
그 명령을 관련 기관 및 부서[67]에 보고하여야 한다. 명령서 1부는 소속대에 보관하여야 한
다. 승인을 필요로 하는 징계처분의 경우는 승인권자가 승인일자부로 징계명령을 발한다.[68]

징계권자가 승인을 요청하고 할 때에는 징계의결서를 송부받은 날로부터 15일 이내에
징계의결서 및 관련서류를 첨부하여 승인권자에게 제출하여야 한다. 다만, 출항한 함정에
서 징계를 하고자 하는 경우 등 부득이한 사유로 15일 이내에 승인요청을 하기 어려운 때
에는 그 사유가 해소된 날로부터 15일 이내에 승인을 요청하여야 한다(군인징계령 제19조 제
3 항, 제 4 항).

징계처분에 대한 본인의 불복이 없는 경우에는 징계권자로부터 집행지시를 받은 집
행기관이 이를 집행한다. 징계처분의 집행관으로는 간부의 중징계 처분과 감봉, 병에 대
한 강등 및 휴가제한의 경우에는 피징계자의 직근소속부대장(인사참모)이, 경징계의 경우
에 영창처분은 소속부대관할 군사경찰대장이, 근신 및 견책처분은 피징계자의 직속상관

---

66) 국방부 법무팀-4913(2006. 9. 5); 국방부법령질의응답: 육군본부 법제과-325(2006. 7. 28.); 육군본
부 법령질의응답 : 대구고등법원 1979.6.5. 선고 78구92 판결.
67) 각군 본부 법무실·인사참모부·국군재정단 및 인사자력표 보관부대장을 들 수 있다.
68) 준사관의 파면과 관련하여 승인권자는 국방부장관이지만, 참모총장이 징계명령을 발한다(육군규정
180 제60조 제 5 항 단서).

이 된다.

(3) 집행의 연기

징계권자의 승인을 얻으면 징계처분의 집행관은 지체 없이 이를 집행하여야 한다. 그러나 전시, 사변이나 징계처분을 받은 자의 질병, 구속, 그 밖의 사유로 인하여 징계처분을 집행할 수 없는 경우에는 집행을 연기할 수 있다(군인징계령 제23조 제1항). 연기사유가 해소된 때에는 즉시 그 징계처분을 집행하여야 한다.

징계처분을 연기한 자는 지체 없이 징계권자에게 사유를 들어 보고하고 승인을 얻어야 한다. 따라서 집행연기는 징계권자가 비행인의 직속부대장에게 집행을 명한 경우에 한하여 문제로 되며, 승인을 얻지 못한 경우에는 즉시 결정된 처분을 집행하여야 한다.

(4) 집행의 중지

징계처분의 집행관은 천재, 지변, 징계처분을 받은 자의 구속 기타 집행할 수 없는 부득이한 사유가 발생한 경우에는 집행을 중지할 수 있다. 중지사유가 해소된 경우에는 지체 없이 잔여분을 집행하여야 하며, 징계권자에게 그 사유를 명시하여 보고하여야 한다.

(5) 징계처분의 보고와 통보

1) 보　　고　　　징계권자가 징계처분을 한 경우에는 징계의결서 원본을 첨부하여 다음의 구분에 따라 보고하여야 한다(군인징계령 제36조). ① 장성급장교에 대한 징계처분은 국방부장관, ② 장성급 이외의 장교·준사관 및 부사관에 대한 징계처분은 참모총장, ③ 병에 대한 징계처분은 사단장·함대사령관·비행단장 또는 이에 준하는 부대의 장에게 보고하여야 한다.

이러한 집행절차는 징계처분도 행정처분의 일종이므로 상급기관의 감독자에게 그 권한을 보장해 주기 위한 것이다.

2) 통　　보　　　자기감독 하에 있는 타부대소속의 장병을 징계처분한 경우에는 그 소속부대에서도 징계사실을 알아야 할 것이므로, 징계권자는 당해 비행인의 소속상관에게 이를 통보하여야 한다(군인징계령 제4조).

5. 징계처분의 효과

(1) 징계처분의 효력발생

행정처분의 효력은 특별한 규정을 두고 있는 경우를 제외하고는 원칙적으로 성립과 동시에 발생하지만, 고지를 요하는 행정처분의 경우에는 이를 고지함으로써 효력이 발생한다. 이 경우 고지는 상대방이 알 수 있는 상태에 둠으로써 족하고, 그 방법에는 특별한 제한이 없다. 객관적으로 행정처분으로 인식할 수 있게 고지하면 된다.

따라서 징계처분은 상대방이 징계처분장을 통고받은 경우에 그 효력이 발생한다고 보아야 한다.

(2) 징계처분자의 불이익

파면처분을 받은 자는 장교·준사관·부사관의 신분을 박탈하며(군인사법 제57조 제1항 제1호), 제적사유(군인사법 제40조 제1항 제3호)가 된다.

중징계처분을 받았거나 동일계급에서 2회 이상의 경징계처분을 받은 자는 현역복무부적합조사위원회 회부사유에 해당되며(군인사법시행규칙 제57조), 또한 육군의 경우 진급심사 시 감점사유에 해당되고[69], 진급 1회 낙천사유에 해당한다.

중징계처분을 받은 자는 진급시킬 수 없는 사유에 해당되어 진급예정자로 공표된 자라 할지라도 진급권자는 진급예정자명단에서 삭제할 수 있다(군인사법 제31조 제2항).

그 이외에도 파면처분을 받으면 국가공무원 임용결격, 예비군지휘관 임명결격(예비군법 제14조의2 제2항), 퇴직금의 50% 감액(군인연금법시행령 제70조) 및 명예전역대상에서 제외되는 불이익을 받는다.

제2절 항 고(징계처분에 대한 불복)

I. 의 의

징계권자의 징계처분에 의하여 자신의 권익을 침해당한 자(즉 징계처분을 받은 자)는 인권담당군법무관의 조력을 받아 그 처분의 통지를 받은 날로부터 30일 이내에 장성급장교가 지휘하는 징계권자의 차상급 부대 또는 기관의 장에게 항고할 수 있다.[70] 항고는 징계권자의 상급기관이나 법원에 당해 징계처분이 위법 혹은 부당함을 주장하여 그 처분의 취소·변경을 청구할 수 있는 제도로서, 이것은 행정법상의 절차적 구제방법의 일환이라고 할 수 있다.

군인사법은 이러한 절차적 구제방법으로서 항고제도(抗告制度)를 두고 있는데(제60조), 이것은 행정법상의 행정심판에 해당한다고 할 수 있다. 항고에 대한 결정에 불복하는 경우에는 행정소송을 제기하여 당해 징계처분의 취소·변경을 청구할 수 있으나, 군인사법상 항고심사위원회의 심사 및 결정을 거쳐야만 행정소송을 제기할 수 있다(군인사법 제51조

---

69) 강등 −6점(말소기간 9년), 정직 −5점(말소기간 7년), 감봉 −4점(말소기간 5년), 근신 −3점(말소기간 3년), 견책 −2점(말소기간 2년)(육규110 제239조).
70) 국방부장관이 징계권자이거나 장성급장교가 지휘하는 징계권자의 차상급 부대 또는 기관이 없는 경우에는 국방부장관에게 항고할 수 있다(군인사법 제60조 제1항 단서).

의 2).[71]

여기서는 징계처분에 대한 구제방법 중 징계권자의 상급기관을 상대로 당해 처분의 취소·변경을 요구하는 항고제도에 대해서만 설명하기로 한다. 징계처분도 행정행위의 일종이므로 행정행위의 일반적 효력인 공정력(公定力)을 가지며, 따라서 항고를 제기한 경우에도 결정이 있을 때까지는 피징계자는 당해 징계처분에 따라야 한다는 점이다.

II. 항고의 요건

1. 제기요건

징계처분을 받은 자가 당해 처분이 위법, 부당 혹은 과중하다고 인정할 때에는 다음과 같은 요건을 갖추어 항고를 제기할 수 있다.

① 징계처분이 존재할 것
② 당해 처분의 위법, 부당 혹은 과중을 이유로 할 것
③ 당해 처분이 항고로 다툴 수 있는 상태에 있을 것. 예컨대 이미 항고심사에 의하여 확정된 결정이 있거나 항고를 취하한 경우에는 다시 항고를 제기할 수 없다(군인징계령 제28조 참조).
④ 항고서면(국방부 군인군무원징계업무처리훈령 별지 제11호 서식)에 의할 것
⑤ 당해 처분의 통지를 받은 날(처분장을 받은 날 혹은 처분이 있는 것을 안 날)로부터 30일 이내에 제기할 것
⑥ 정당한 항고심사기관에 제기할 것

징계처분을 받은 자가 항고를 제기할 때에는 항고심사권자에게 항고서에 징계처분서 사본을 첨부하여 제출하여야 한다. 이 경우 증거서류와 관련 자료를 함께 제출할 수 있다.

2. 항고심사권자

항고심사권자는 원칙적으로 장성급장교가 지휘하는 징계권자의 차상급부대[72] 또는 기

---

71) 종래의 행정소송법에서는 행정심판전치주의를 채택하여 행정소송을 제기하고자 하는 때에는 먼저 행정심판절차를 반드시 거친 후 소송을 제기할 수 있었으나, '94.7.27.행정소송법의 개정(법률 제04770호)으로 바로 행정소송을 제기할 수 있게 되었다(행정소송법 제18조 제1항). 그러나 동조 제1항 단서규정에는 다른 법률에 당해처분에 대한 행정심판의 재결을 거치지 아니하면 취소소송을 제기할 수 없다는 규정이 있는 경우는 예외로 하고 있어 예외적으로 행정심판전치주의를 택하고 있다.

72) 징계처분에 대한 항고제기에 있어서 사단의 차상급부대가 군단인가 군사령부인가에 대해 견해가 일치되고 않고 있다. 육군본부 법무실이 군인사행정을 담당하는 군사령부가 항고심사를 위한 사단의 차상급부대라고 유권해석을 하고 있으나(육군본부, 징계업무에관한해석질의응답집 제1집, 1978, 7면 참조), 군행정에 대한 관장권이 야전군사령부와 2작전사령부가 서로 다르고, 군사령부보다는 군단이 거리상 가까우며, 상명하복의 명령체계를 유지해야 한다는 이유를 들어 항고에 있어서 군단이 사단의 차상급부대

관의 장이 된다(군인사법 제60조 제 1 항). 다만, 국방부장관이 징계권자이거나 장성급장교가 지휘하는 징계권자의 차상급 부대 또는 기관이 없는 경우에는 국방부장관에게 항고할 수 있다.

또한 예외적으로 장교 및 준사관의 중징계 및 5급 이상 군무원의 파면·해임·강등 또는 정직처분은 징계권자의 차상급부대장 이외에 국방부장관에게 항고할 수 있으며, 중징계를 받은 부사관은 징계권자의 차상급부대장 외에 소속 참모총장에게 항고할 수 있다(군인사법 제60조 제 1 항, 제 2 항). 방위사업청장이 징계권을 가지는 방위사업청 소속 군인이 징계처분을 받은 경우에는 국방부장관에게 항고할 수 있다(군인사법 동조 제 3 항).

항고를 제기함에 있어서 징계처분을 받은 자의 소속이 변경된 때에는 항고 당시의 소속 부대 또는 기관의 차상급 부대 또는 기관의 장에게 항고하여야 한다. 이 경우 차상급부대 또는 기관의 장은 장성급장교로서 징계처분을 한 자보다 상급자이어야 한다(군인사법 동조 제 4 항).

3. 항고제기의 효과

항고가 제기되면 항고심사기관은 항고서를 접수하고 당해 사건을 심사·결정할 의무, 즉 항고계속의 효과가 생긴다. 항고서의 접수는 형식적 요건만을 심사[73]하여 접수여부를 결정하여야 하며, 형식적 요건이 구비되어 있으면 접수를 거부할 수 없다.

항고가 제기되더라도 징계처분의 집행은 정지되지 않고, 항고인이나 원징계권자는 당해 처분에 따라야 한다. 항고심사권자인 국방부장관과 부대 또는 기관의 장은 항고심사위원회의 심사를 거쳐 원징계처분을 취소 또는 감경할 수 있으나, 원징계처분보다 과중하게 처분할 수는 없다.

Ⅲ. 항고의 심사

1. 항고심사위원회

항고심사권자는 항고의 공정한 심사를 보장하기 위한 의결기관으로서 장성급장교가 지휘하는 징계권자의 차상급 부대 또는 기관에 5인 이상 9인 이내의 장교로 구성되는 항고심사위원회을 설치하여야 한다. 항고심사위원회는 항고인보다 하위계급의 위원으로 구성할 수 없으며, 위원 중 1인은 법무관 또는 법률에 소양이 있는 장교라야 한다(군인사법 제60조의 2 제 2 항). 단, 군법무관은 항고인보다 하위계급이라도 항고위원이 될 수 있다(군인군무

가 되어야 한다는 견해도 있다(임천영, 전게서, 1200면 참조).

73) 항고제기가 부적법하나 보정할 수 있다고 인정하는 경우에는 상당한 기간을 정하여 보정을 요구하여야 한다(군인징계령 제29조).

원징계업무처리훈령 제58조 제 3 항). 국방부장관이 징계권자인 경우와 국방부장관에게 항고한 경우에는 이를 심사하기 위하여 국방부에 항고심사위원회를 둔다.

항고심사위원회 위원장은 위원 중 최상위서열자로 하고, 항고위원회 사무를 처리하기 위하여 간사를 둔다.

항고심사위원회의 회의는 위원 3분의 2 이상의 출석으로 개의하고, 출석위원 과반수의 찬성으로써 의결하되, 의견이 나뉠 경우에는 출석위원 과반수에 이를 때까지 항고인에게 가장 불리한 의견에 차례로 유리한 의견을 더하여 그중 가장 유리한 의견을 합의된 의견으로 본다(군인징계령 제31조 제1항).

2. 항고의 심사

항고심사권자는 항고장을 접수한 날로부터 30일(군무원의 경우는 7일) 이내에 항고심사위원회에 이를 회부하고, 그 항고요지를 당해 징계권자에게 통보하여야 한다(육군규정 180 제68조 제 2 항). 이 통고를 받은 원징계권자는 3일 이내에 당해 징계관계서류 일체를 항고심사권자에게 송부하여야 한다(군인군무원징계업무처리훈령 제55조 제4항).

항고심사위원회는 회부된 사건에 관한 원심 징계관계서류와 항고서류 등을 심사하는데, 먼저 요건심사를 하여 당해 항고의 제기가 부적법하거나 소정의 기간 내에 보정하지 아니한 경우에는 각하의결을 하고, 항고의 제기가 이유 없다고 인정한 경우에는 기각을, 항고의 제기가 이유있다고 인정하여 징계처분을 취소·무효확인 또는 변경하는 것으로 의결하는 경우에는 인용을 의결한다(군인군무원징계업무처리훈령 제59조 제3항).

항고심사위원회는 항고인이 항고제기 부대 및 기관을 위반하여 항고서를 제출하였거나 형식 등에 하자가 있을 경우, 상당한 기간을 정하여 보정을 명할 수 있고, 보정할 사항이 경미한 경우에는 직권으로 보정할 수 있다(군인군무원징계업무처리훈령 제57조 제1항).

항고심사위원회는 항고의 제기가 이유있는 것인지 여부를 조사하기 위하여 항고서와 징계심사서류 등의 기록에 의한 서면심사를 하거나, 피징계인 및 관계인의 출석 또는 증거물의 제출을 요구할 수 있다(군인징계령 제35조 준용규정).

항고심사위원회는 원징계처분 이후 피징계자가 달리 어떠한 정상참작의 사유가 없어 원징계처분이 적정하다고 판단된 경우에 항고기각결정을 하고, 비행사실이 징계사유에 해당하지 않거나 이를 판단할 증거가 없는 경우 또는 원징계위원회의 징계절차에 중대한 하자가 있는 경우에는 원징계처분의 취소를 의결한다. 원징계처분이 과중하거나 징계처분 이후 정상참작사유가 발견되었을 때에는 원징계처분에 대한 감경의 의결을 할 수 있다(육군규정 180 제73조).

의결된 내용에 대해서 항고심사위원회는 항고심사의결서(징계처분의결서 양식과 동일함)를 작성하여 당해 안건이 의결된 날로부터 10일 이내에 항고심사권자에게 송부하여야 한다. 동 의결서에는 항고심사위원회 개최일시, 징계혐의사실, 항고인 및 증인의 출석 여부, 항고인의 진술, 증거의 요지, 정상참작의 경우 그 인정요지, 의결방법, 의결내용 및 결론 등을 기재하여야 한다(군인군무원징계업무처리훈령 제61조).

3. 항고의 결정

항고심사권자가 항고심사위원회로부터 의결의 보고를 받았을 때에는 7일 이내에 이에 대한 결정을 하고, 이 내용을 원징계권자와 항고인에게 징계 항고심사 결정통지서로 통보하여야 한다(군인징계령 제33조, 군인군무원징계업무처리훈령 제62조). 이러한 결정을 통보받은 징계권자는 바로 이를 집행하여야 한다(군인징계령 제34조, 군인군무원징계업무처리훈령 제63조).

또한, 항고심사권자는 항고심사위원회의 의결을 감경할 수 있다(군인징계령 제35조, 제20조). 그러나 유예할 권한은 행사할 수 없다. 항고심사권자는 항고심사위원회의 심의 없이 직권으로 징계처분을 취소할 수 없다. 징계항고에 대한 취소는 쟁송절차에 따라서 행해져야 한다.

4. 재항고의 금지

항고심사위원회에서 항고에 대한 의결이 있거나 항고인이 항고를 취하한 경우에는 동일한 사실에 대하여 다시 항고할 수 없다(군인징계령 제28조). 이 경우에 재항고(再抗告)는 당해 항고심사권자에게 하거나 그의 상급기관에 하거나 간에 이를 불문하고 금지되는 것이다.

다만, 그러한 경우에도 위법한 징계처분에 대하여는 행정소송을 제기할 수 있다. 징계권은 적법한 징계절차에 따라 행사되어야 하므로 징계절차상의 하자,[74] 내용상의 하자, 징계권의 일탈 및 남용이 있는 경우[75]에는 위법한 처분으로서 행정소송의 대상이 된다.

징계처분에 대하여는 인사소청을 제기할 수 없으며, 항고심사위원회의 심사 및 결정을 거치지 아니하고는 행정소송을 제기할 수 없다(군인사법 제51조의 2).

---

74) 징계규정이 강행규정의 성격을 가지는 규정의 내용(출석통지서·진술권미보장)의 위반인 경우에는 취소사유에 해당하고, 훈시적 규정내용(징계의결 기한준수)에 위반한 경우에는 처분에 아무런 영향이 없다.
75) 재량권의 일탈 및 남용으로 위법사유가 되는 경우로는 사실오인, 목적위반, 동기의 불법, 평등원칙의 위반, 비례의 원칙위반 등을 들 수 있다.

제 5 장

군사행정구제법

제1절 총 설

　행정법을 행정권에 대한 법적 통제의 법이라 이해할 때, 위법·부당한 행정작용으로 인하여 국민이 권리를 침해받았다면 국민의 권리구제(權利救濟)의 문제는 행정법에서 가장 중요한 부분의 하나가 아닐 수 없다. 현행 행정구제제도는 행정상의 손해배상과 손실보상을 내용으로 하는 국가보상제도와 행정심판(좁은 의미의 행정쟁송) 및 행정소송을 내용으로 하는 행정쟁송제도의 두 가지로 대별된다. 그러나 이상과 같은 전통적인 행정구제제도는 그 어느 것이나 행정작용이 행해지고 난 뒤에 있어서의 권리구제제도라는 데 그 공통적 특색이 있다. 이러한 사후적 권리구제로서는 충분한 국민의 권리구제의 실효를 거두기 어렵다는 이유와 현대에 있어서의 행정의 기술성·전문성으로 인하여 그에 대한 사법권에 의한 외재적 통제가 힘들게 되었다는 이유 등에 의하여 최근에 와서는 행정작용에 대한 절차적 구제라고 하는 사전구제제도가 주목의 대상이 되고 있으며, 그 밖에 이른바 '옴부즈만'(Ombudsman) 제도와 같은 민원구제제도(民願救濟制度)가 채택되고 있다.

　본장에서는 사후적 권리구제제도에 관해서 고찰한다.

제 2 절　행정상의 손해배상

I. 국가의 배상책임

　헌법 제29조 제 1 항은 "공무원의 직무상 불법행위로 손해를 받은 국민은 법률이 정하는 바에 의하여 국가 또는 공공단체에 배상을 청구할 수 있다. 이 경우 공무원 자신의 책임은 면제되지 아니한다"고 규정함으로써 국가의 일반적인 배상책임을 헌법상으로 보장하고 있으며, 이 헌법규정을 바탕으로 하여 1951년 9월 국가배상법이 제정되어 배상의 요건과 정도를 규정하였으나, 1967년 1월에 그것을 개정하여 배상청구의 절차까지 아울러 규정하게 되었다. 공무원의 불법행위로 인한 개인의 손해에 대하여 근대국가의 초기에는 이른바 국가무책임의 원칙이 지배적이었고, 사실상의 행위자인 공무원 자신의 민사책임만이 문제되었다. 그러나 행정기능이 증대되고 개인의 권리를 침해하는 위험성이 커짐에 따라 일반적으로 대부분의 근대국가가 시간적으로 전후의 차이나 배상책임을 인정하는 정도상의 차이는 있지만, 실정법 또는 판례법으로 배상책임을 인정함에 이르렀다.

1. 공무원의 직무상 불법행위로 인한 손해에 대한 배상책임

국가배상법 제 2 조가 규정하는 배상책임이다. 즉 "국가나 지방자치단체는 공무원 또는 공무를 위탁받은 사인이 직무를 집행하면서 고의 또는 과실로 법령을 위반하여 타인에게 손해를 입히거나, 자동차손해배상보장법에 따라 손해배상의 책임이 있을 때에는 그 손해를 배상하여야 한다"(제 1 항 본문), "제 1 항 본문의 경우에 공무원에게 고의 또는 중대한 과실이 있으면 국가나 지방자치단체는 그 공무원에게 구상할 수 있다"(제 2 항)라고 규정하여 공무원의 위법한 직무행위로 인한 국가의 배상책임을 밝히고 있다.

(1) 배상책임발생의 요건

첫째, 공무원이 손해를 가한 것이어야 하는데, 여기서 공무원은 각종 공무원법상의 공무원만이 아니라 널리 공무를 위탁받은 모든 사람을 의미한다.[1]

둘째, 공무원이 직무를 집행함에 당하여 손해를 발생케 한 경우라야 하는데, 직무행위에 해당하는가의 여부는 가해자의 주관이 아니라 객관적·외형적으로 판단해야 한다고 해석되고 있다. 단, 직무행위가 공행정작용만이 아니라 사경제적 국고작용도 포함되는 것인지에 관해서는 학설과 판례의 태도가 일정하지 않다.

셋째, 고의 또는 과실로 법령을 위반하여 손해를 발생케 한 경우라야 하는데, 특히 여기서의 과실개념은 폭넓게 해석하려는 것이 최근의 경향이라 할 수 있다. 그리고 법령위반도 반드시 엄격한 의미의 것이 아니라, 예컨대 권리남용금지라든가 신의성실원칙 위반, 사회질서위반 등 여러 행정법상의 일반원칙의 위반도 포함되는 것으로 해석되고 있다.

(2) 배상책임의 범위

국가나 지방자치단체가 배상할 범위는 가해행위와 상당인과관계가 있는 모든 손해이다. 이에 관해서 국가배상법이 중대한 특례를 인정하고 있는데, 첫째는 군인, 군무원, 경찰

---

1) 김남진, 행정법, 법문사, 1995, 499면; 대법원 1970.11.24. 선고 70다225 판결.

공무원 또는 향토예비군대원이 전투·훈련 기타 직무수행과 관련하거나 기타의 사유로 전사, 순직 또는 공상을 입은 경우에 법령의 규정에 의하여 재해보상금·유족연금·상이연금 등의 보상을 지급받을 수 있을 때에는 국가배상법이나 민법의 규정에 의한 손해배상을 청구할 수 없게 되었으며(헌법 제29조 제2항), 둘째로는 국가배상법이 공무원의 가해행위에 의해 신체나 생명에 해를 입은 경우에 있어서의 배상의 기준을 설정해 놓고 있음으로써(제3조) 실질적으로 민법상의 그것과의 차이를 인정하고 있는 점이다. 다만, 위의 두 가지 점에 관해서는 학설상 및 판례상 여러 가지 이견이 있는 점에 유의할 필요가 있다.[2]

(3) 배상책임의 성질과 주체

국가나 지방자치단체의 법적 성질에 관해서는 대위책임설, 자기책임설, 중간설 등 학설이 갈라져 있으나, 통설인 대위책임설에 의하면 국가 등의 배상책임은 고의 또는 과실에 의한 가해자인 공무원 자신의 불법행위책임을 재정력이 풍부한 국가나 지방자치단체가 대신 부담하는 책임이며, 피해자는 국가나 지방자치단체에 대해서만 손해배상을 청구할 수 있다고 한다. 국가 등의 배상책임이 이와 같이 대위책임인 이상 국가 등은 내부관계에 있어 불법행위를 행한 가해공무원에 대하여 구상권(求償權)을 행사할 수 있다. 다만, 경과실의 경우까지 구상권에 응하게 한다면 너무 가혹하고 공무원의 직무수행상의 사기도 떨어뜨리는 결과를 가져올 수 있으므로 고의나 중과실이 있는 경우에 한하여 구상권에 응하도록 규정하고 있다(제2항). 한편 가해공무원에 대한 선임감독자는 국가이고 봉급의 급여자는 지방자치단체인 경우 피해자는 양자 중 선택적으로 배상을 청구할 수 있으며, 손해를 배상한 자는 내부관계에서 그 손해를 배상할 책임이 있는 자(선임감독책임자 또는 봉급의 급여자)에게 구상할 수 있도록 되어 있다(제6조).

(4) 배상금의 청구절차

배상금의 지급을 받고자 하는 자는 그 소재지 또는 배상원인발생지를 관할하는 배상심의회에 대하여 배상금의 지급신청을 하여야 한다(제12조 제1항). 다만, 배상심의회에 청구한 날로부터 3월이 경과하도록 지급이 없거나, 심의회의 결정에 불복이 있는 자는 법원에 소송을 제기할 수 있다(제9조).

2. 공공시설 등의 설치·관리의 하자로 인한 손해의 배상책임

도로·하천 기타 공공의 영조물의 설치 또는 관리에 흠이 있기 때문에 타인의 재산에 손해를 발생케 하였을 때에는 국가 또는 지방자치단체는 그 손해를 배상할 책임이 있다(제5조 제1항). 여기서 '영조물'이라 함은 행정주체에 의해 공적 목적에 제공된 유체물, 즉 공

---

2) 이상철, "국가배상법 제2조 제1항 단서의 위헌성," 안암법학 창간호, 1993, 274면.

물을 말하는데, 일반적으로 공공시설을 의미한다. 한편 설치·관리에 흠이 있다 함은 그 공공시설 등이 통상적인 물적 안전성을 결여하였음을 말한다. 이러한 물적 안전성의 결여에 관하여 관리자의 과실유무를 불문한다는 점에서 무과실책임의 전형적인 예이다. 이러한 흠의 존재 여부의 입증책임은 원고인 피해자에게 있다.

피해자는 국가 또는 지방자치단체에 대하여 배상을 청구할 수 있는데, 이 경우 그 영조물의 설치·관리를 맡은 자와 그 비용을 부담하는 자가 동일하지 않을 때에는 피해자는 그 양자에 대하여 선택적으로 배상을 청구할 수 있다(제6조). 그리고 손해의 원인에 대하여 책임을 질 자가 따로 있을 때에는 국가 또는 지방자치단체는 이들에 대하여 구상권을 가진다(제5조). 그 밖에 배상의 범위·배상책임자·손해배상청구절차 등은 앞서 고찰한 직무상의 불법행위로 인한 손해배상책임의 경우와 같다.

3. 민법 및 특별법에 의한 국가배상

국가 또는 지방자치단체의 손해배상책임에 관하여는 국가배상법에 의한 것을 제외하고는 민법의 규정에 의하도록 되어 있다. 그러나 민법 이외의 법률에 다른 규정이 있을 때(예 : 우편법 제38조 이하, 철도법 제77조 이하)에는 그 규정에 의하도록 되어 있다.

제 3 절   행정상의 손실보상

헌법 제23조 제1항에 "모든 국민의 재산권은 보장된다"고 하면서 그 제3항에서 "공공필요에 의한 재산권의 수용(收用)·사용(使用) 또는 제한 및 그에 대한 보상은 법률로써 하되 정당한 보상을 지급하여야 한다"고 규정하여 손실보상에 관한 규정을 두고 있는바, 손실보상에 관해서는 결국 어떤 경우에 보상이 주어지는가라는 손실보상의 원인과 그 보상은 어떻게 행해야 할 것인가라는 손실보상의 내용 및 방법에 관한 문제가 주된 고찰대상이다.

1. 손실보상의 원인(특별한 희생)

연혁적으로 보면 본래 손실보상제도는 철도사업 등 특정한 공익사업을 실시하기 위해 필요한 경우에 행해졌으나, 오늘날은 그 범위가 확대되어 가는 경향이 있다. 행정상 손실보상은 공공필요에 의해 손실을 받은 자에게 전체의 부담으로 그 손실을 보상함으로써 이해를 조정하기 위하여 마련된 제도로서, 적법한 행정활동에 의해 사인이 다른 사람이 받지 않는 '특별한 희생'을 받았다면 이를 보상해주어야 한다는데 이론적 근거가 있다. 문제는 어떠한 경우에 수인의 한도를 넘은 특별한 희생이 있다고 볼 것인가에 대하여 여러 가지

이론이 제기되고 있으나, 대체로 다음과 같이 생각해볼 수 있을 것이다.

첫째, 재산권박탈 또는 재산권 본래의 효용을 저해하는 정도의 침해에 관해서는 권리자측이 그것을 참고 견디어야 할 이유가 없는 한 당연히 보상을 하여야 한다고 볼 수 있다.

둘째, 위의 정도에 이르지 않는 재산권행사의 제한에 관해서는 그 재산이 사회적 공동생활상의 조화를 유지하기 위해 필요한 제한인 경우에는 재산권에 내재하는 사회적 구속에 해당하는 것으로 보아 보상을 하지 않아도 된다고 보며, 다른 특정한 공익목적을 위해 그 재산의 본래의 사회적 효용과는 관계 없이 우연히 과해지는 제한인 경우에는 역시 보상을 요한다고 보는 것이 타당할 것이다.

2. 손실보상의 내용(기준)

피침해재산가치와의 관련에서 손실보상을 어느 정도로 할 것인가 하는 문제가 손실보상의 기준문제이다. 이에 대해서는 종래 자유국가적 입장을 강조하여 완전보상을 하여야 한다는 완전보상설과 사회국가적 입장을 강조하여 손실보상은 완전보상을 원칙으로 하면서도 공익상의 합리적 사유가 있으면 그것을 하회할 수 있다는 상당보상설이 대립하여 왔다.

그런데 이 문제는 궁극적으로 실정 헌법구조와의 관련 하에 결정되어질 사안으로서, 우리 헌법은 제헌헌법이 '상당한 보상'을 규정한 데 반해서, 제3공화국 헌법은 '정당한 보상'을 규정하였고, 제5공화국 헌법은 "보상은 법률로써 하되 정당한 보상을 지급하여야 한다"라고 규정함으로써 더욱 완전보상의 입장으로 접근하고 있다고 할 수 있다.

그러나 이러한 원칙이 그대로 관철될 수 없는 경우도 있음을 유의할 필요가 있다. 예컨대 농지개혁법에 의한 농지의 강제매수의 경우로서, 헌법상 경자유전(耕者有田)의 원칙에 따라 농민 아닌 자의 농지소유가 금지되고, 또한 농민이라 할지라도 일정한도 이상의 농지소유가 금지됨으로써 이른바 지주의 땅을 정부가 강제로 매수하는 경우의 보상은 완전보상이 될 수 없음이 당연하다(농지개혁법 제2장 참조).

또한 징발보상의 경우처럼 전쟁이라는 국가의 비상사태에 있어서 작전수행을 위해 필요한 물자의 징발시에 평상시의 보상기준이 그대로 준용될 수 없을 것이다(징발법 제3장 참조). 반면에 때로는 시가 이상의 보상이 고려되어야 할 경우도 생각할 수 있는데, 예컨대 어느 산간벽지에 댐을 설치하기 때문에 농민이 조상대대로 살아 온 집과 땅을 버리고 떠나야 하는 경우 등은 그들이 다른 곳에서 생활을 재건할 수 있을 정도의 보상을 해 주어야만 정당한 보상이 될 수 있는 것이다.

최근에는 입법을 통한 보상기준의 적정화가 시도되고 있는데, 예컨대 구 토지수용법(제46조)이나 구 국토이용관리법(제29조) 등은 지가의 변동이 심할 우려가 있는 토지 등에 대해서는 사전에 해당 지역의 지가를 평가고시하여 공익사업을 위해 당해 토지를 매수하거나 수용하는 경우의 기준지가로 삼고 있는바, 이것은 정부의 투자사업 등으로 생기는 개발

이익을 제 3 자가 불로소득하는 것을 막기 위한 정책의 산물로 볼 수 있다.

3. 손실보상의 방법

손실보상은 금전으로 하는 것이 원칙이지만, 때로는 국채·증권 등으로 하는 경우도 있으며, 대토(代土) 등 현물로 하는 경향도 증가하는 추세에 있다. 보상액의 결정은 먼저 당사자간의 협의에 의하고, 만일 협의가 이루어지지 않을 때에는 토지수용위원회 등 합의기관의 재결(裁決)에 의하는 것이 보통인데(구 토지수용법 등), 행정청이 일방적으로 결정하는 경우도 없지 않다(도로법 등). 토지수용위원회나 기타 행정청의 결정에 대하여 이의가 있는 때에는 소정의 불복절차를 통해 쟁송을 제기할 수 있다.

제 4 절   행정심판

1. 행정쟁송과 행정심판

근대법치국가에서는 모든 행정작용이 법에 적합하여야 하고 또한 공익에 합치되어야 하는바, 이러한 행정의 적법성과 타당성은 행정감독 등의 방법에 의해서도 어느 정도 보장될 수 있는 것이 사실이다. 그러나 보다 실효적인 것은 위법 또는 부당한 행정작용으로부터 권리 또는 이익이 침해된 자가 직접 그 효력을 다툴 수 있게 하여 일정한 판정기관이 그에 대한 유권적 판정을 하는 것일 것이다. 이와 같은 방법이 행정쟁송에 의한 권리구제인데, 이러한 쟁송절차의 보장은 국민의 권익을 보호하려는 법치주의의 실질적 요청에도 부합하는 것이라고 할 수 있다.

행정쟁송은 일반적으로 광의의 행정쟁송과 협의의 행정쟁송으로 나누는 것이 보통이다. 광의의 행정쟁송은 행정상의 유권적 판정절차를 총칭하는 것으로서 그 심판기관(행정기관이든 법원이든)이나 심판절차(정식절차 또는 약식절차)를 불문하는 것이다. 이에 대하여 협의의 행정쟁송은 행정기관(일반행정청 또는 행정부소속의 특별행정재판소)이 행정상 분쟁을 판정하는 절차를 의미한다.

협의의 행정쟁송은 종래 대륙법계국가에 특유한 것이었으나, 오늘날에 있어서는 영미법계국가에 있어서도 행정심판소(administrative tribunal)·독립규제위원회(independent regulatory commission) 등 이에 준하는 기능을 하는 기구가 존재하고 있다.

우리나라에서는 행정상 법률관계에 대해 영·미법적인 사법심사제도를 채택하고 있으나 사법심사에 앞서 행정심판을 거치게 하고 있으므로, 이러한 의미에서 우리나라에서는 협의의 행정쟁송제도가 행정심판제도를 가리킨다고 할 것이다.

2. 행정심판의 의의

행정심판이라 함은 행정상 법률관계에 분쟁이 있는 경우 당사자의 청구에 의하여 행정청에서 이를 심판하는 행정쟁송절차를 총칭하여 말하는 것으로서, 각 개별 법규에서는 이의신청·심판청구·불복신청·소원 등 각각의 명칭으로 사용되어 왔으며, 해당 법률에서 그 절차도 조금씩 다르게 규정하고 있었다.

그러나 그 동안의 행정심판체계의 불통일로 인한 모순점을 없애고 사회발전에 따른 행정심판체계의 보완을 위하여 1984년 11월 29일 전문 43개조로 된 행정심판법이 소원법을 대체하여 제정되어 소원법 및 각 개별 법규상의 소원은 행정심판이라는 용어로 대체되었고(행정심판법 부칙 제 4 조 참조), 행정심판의 형태는 원칙적으로 이 법에 의해 통일적으로 규율되었으며, 개별법에서의 특수한 행정심판형태의 창출은 동법 제43조에 의해 제한되었다. 또한 행정소송법 제18조 제 1 항의 개정(1994.7. 개정, 1998.3.1. 효력발생)으로 행정심판의 성격은 임의적인 절차로 변경되었다. 다만, 개별법에서 명시적으로 행정심판전치주의를 규정하고 있는 경우에는 이를 거쳐야 한다. 개정 행정소송법상 이러한 특례를 규정하고 있는 법률은 국가공무원법(제16조), 지방공무원법(제20조의 2), 국세기본법(제56조), 관세법(제38조의 2) 등이 있다.

이러한 행정심판은 여러 가지 점에서 행정소송과 구별되는데, 전자는 행정조직의 내부에서 행정청 자신의 손에 의해 적은 비용으로, 그리고 간이·신속한 절차에 따라 국민의 권리·이익의 구제를 도모함과 아울러 행정의 자율적 반성과 그 적정한 운영을 확보하는 것을 그 목적으로 하는 데 대하여, 후자는 공정·독립의 법원에 의한 정식의 소송절차에 의하여 국민의 권리구제를 도모함으로써 참다운 법치주의를 실현하려는 데 그 목적이 있다. 따라서 뒤에서 보는 바와 같이 그 판단의 범위·절차 등에서 여러 가지 차이가 있게 된다.

3. 행정심판의 종류 및 대상

행정심판법은 행정심판의 종류를 취소심판·무효 등 확인심판 및 의무이행심판의 세 가지로 명시하고 있다(제5 조). 취소심판은 처분의 취소 또는 변경을 구하는 행정심판을 말하고, 무효 등 확인심판은 처분의 효력 유무 또는 존재 여부에 대한 확인을 구하는 것이며, 의무이행심판은 위법·부당하게 거부되거나 부작위로 방치된 처분의 이행을 구하는 행정심판을 말한다. 행정심판법은 전형적인 항고심판인 취소심판 외에 무효 등 확인심판과 의무이행심판을 명시한 데에 특색이 있다.

행정심판의 대상, 즉 행정심판사항에 대해 행정심판법은 '행정청의 처분 또는 부작위'라고 하여(제3 조 제 1 항) 구 소원법의 경우와 같이 개괄주의(槪括主義)를 취하였다. 그러나 행정청이 부작위에 대한 행정심판을 명시적으로 인정하였을 뿐 아니라, '처분' 및 '부작위'의 정의를 분명히 함으로써(제2조 제1항) 해석상의 의문을 없애고자 하였다. 즉 '처분'이란 행정청이 행하는 구체적 사실에 대한 법집행으로서의 공권력의 행사 또는 그 거부와 그밖에 이에 준하는 행정작용을 총칭하며, '부작위'란 행정청이 당사자의 신청에 대하여 상당한 기간 내에 일정한 처분을 하여야 할 법률상 의무가 있음에도 불구하고 이를 하지 아니하는 경우를 말하는 것으로 규정하였다.

4. 행정심판기관과 행정심판의 청구인적격

행정심판법은 종래 심판청구사건에 대하여 심리·의결하는 행정심판위원회와 그 의결된 내용에 따라 재결만을 행하는 재결청으로 분리되어 있었으나, 2008년 2월 29일에 개정된 현행 행정심판법은 재결청제도를 폐지하고 행정심판위원회가 심리·의결과 재결을 모두 하도록 하고 있다.

한편 행정심판법은 행정심판을 제기할 수 있는 자격이라고 할 수 있는 청구인적격의 요건을 '법률상의 이익'이 있는 자로 규정함으로써(제13조) 처분의 상대방인 여부에 관계없이 당해 처분 또는 부작위로 인하여 권익을 침해당한 자는 행정심판을 제기할 수 있도록 하고 있다. 다만, 처분의 효과가 소멸된 뒤에라도 당해 처분의 취소나 변경으로 회복될 이익이 있으면 청구인적격을 인정하도록 하여(제13조 제1항 후단) 청구인적격을 확대하고 있다.

5. 행정심판의 심의절차·심리원칙 등

행정심판의 심리는 행정심판위원회가 담당하는데, 행정심판법은 행정심판의 심리절차를 준사법화(準司法化)하고 있다. 심판청구사건의 심리에 있어서는 행정소송에 준하여 대심구조를 취하면서 변론주의정신을 가미하기 위하여 피청구인인 처분청 또는 부작위청은 행정심판청구서를 재결청에 송부할 때에는 답변서를 첨부하여야 하고(제24조 제1항), 답변서가 제출된 때에는 행정심판위원회는 그 부본을 청구인에게 송달하여야 한다(제24조 제4항).

당사자는 심리가 진행되는 동안에 그의 주장을 보충하는 서면이나 증거서류 또는 증거물을 제출할 수 있고(제34조 제1항), 제출된 증거서류의 부본은 당사자의 수만큼 함께 제출하여야 하며, 제출한 증거서류의 부본은 지체 없이 상대방 당사자에게 송달하여야 한다(제34조 제2항·제3항). 행정심판의 심리는 서면심리에 의하는 것이 원칙이나, 당사자의 신청이 있거나 행정심판위원회가 필요하다고 인정할 때에는 구술심리를 할 수 있고(제40조), 행정심판위원회는 심리상 필요한 경우에는 직권으로 증거조사를 할 수 있다(제36조 제1항).

행정심판법은 개인에게 행정심판청구의 기회를 보장함으로써 행정구제제도로서의 행정심판을 실효화하기 위하여 고지제도를 채택하였다. 즉 행정청이 서면에 의한 처분을 하는 경우에는 그 상대방에게 당해 처분이 행정심판의 대상이 되는 것인지의 여부와 행정심판의 대상이 되는 것인 때에는 소관위원회 및 심판청구기간을 아울러 고지하도록 한 것이다(제58조).

그리고 행정심판법은 행정심판의 행정구제수단으로서의 성질에 비추어 불고불리(不顧不理)의 원칙 및 불이익변경금지의 원칙을 채택하였다(제47조). 즉 재결은 심판청구의 대상인 처분 또는 부작위에 대해서만 해야 할 뿐 아니라, 심판청구의 대상인 처분보다 청구인에게 불이익한 내용의 재결을 하여서는 아니 된다.

또한 행정심판법은 공공복리에 대한 중대한 영향을 배제하기 위해 행정소송의 경우에 준하여 사정재결제도를 인정했다. 즉 심판청구가 이유 있다고 인정되는 경우에도 그 청구를 인용하는 것이 현저히 공공복리를 해칠 것으로 인정할 만한 상당한 이유가 있는 때에는 그 심판청구를 기각할 수 있도록 한 것이 곧 그것이다(제44조 제 1 항 전단). 당사자가 재결의 결과에 불복하고자 할 때에는 원칙적으로 원처분을 대상으로 하여 행정소송을 제기할 수 있다. 그러나 재결 자체에 고유한 위법이 있는 경우에는 그 재결을 대상으로 행정소송을 제기할 수 있다.

제 5 절 행정소송

1. 행정소송의 의의와 특수성

널리 행정소송이라 함은 행정법(공법)상의 법률관계에 관하여 다툼이 있는 경우에 당사자의 한쪽으로부터의 소송제기에 의해 법원이 정식의 소송절차에 따라 재판하는 절차를 가리킨다. 우리나라 헌법은 "사법권은 법관으로 구성된 법원에 속한다"(제101조 제 1 항), "명령, 규칙, 처분이 헌법이나 법률에 위반되는 여부가 재판의 전제가 된 때에는 대법원은 이를 최종적으로 심사할 권한을 가진다"(제107조 제 2 항)라고 규정함으로써 일제시대의 대륙법적인 행정재판소의 설치를 부인하고 영·미법적인 사법심사제도를 취하고 있다.

행정소송은 행정목적의 실현과 법보장이라는 양면의 기능을 가지고 있기 때문에 권력분립의 원칙에 비추어 행정소송의 본질이 행정이냐 사법이냐 하는 문제에 관하여 학설이 대립되고 있지만, 우리나라의 통설은 국민의 권리구제를 위한 법보장적 측면을 중시하여 그 본질을 사법으로 보고 있다. 그리하여 행정소송도 당사자간의 구체적인 법률상의 분쟁을 해결하기 위한 사법작용인 소송이라는 점에서 본질적으로 민사소송과 다를 바가 없다.

그러나 행정소송이 행정(공법) 사건에 대한 재판절차인 데 대하여, 민사소송은 민사(사법) 사건에 대한 재판절차라는 점에서 양자간에 차이가 있다.

행정소송법상 항고소송의 특성을 보면 다음과 같다.

(1) 행정심판전치주의(제18조)

종래에는 행정심판을 행정소송의 전치절차로 하여 행정소송을 제기하기 위해서는 미리 행정심판절차를 거치도록 하였다. 그러나 행정소송법 제18조 제1항의 개정으로 행정심판을 거치지 않고 바로 행정소송을 제기하는 것이 가능하게 되었다.

원래 이 제도의 취지는 첫째로 권력분립의 원칙에 충실하고, 둘째로 행정부에 대해 자기통제의 기회를 주며, 셋째로 사법부가 행정사건의 해결에 있어서 필요한 전문·기술성을 갖추지 못하고 시간·비용 등의 측면에서도 비경제적인 측면이 있으므로, 이에 대해 사법기능을 보완하기 위한 것이라고 할 수 있다.

(2) 심급상의 특수성(제9조)

행정소송법은 행정소송의 제1심 관할법원을 피고의 소재지를 관할하는 행정법원으로 하고 있다. 중앙행정기관 또는 그 장을 피고로 하는 경우에는 대법원이 소재하는 행정법원 관할로 한다.

(3) 피고의 특수성(제13조)

소송의 당사자가 되는 것은 권리·의무의 주체인 것이 원칙이므로 행정소송의 피고로 특별한 규정이 없으면 국가나 지방자치단체 같은 행정주체가 되어야 하나, 행정소송법은 당해 행정소송의 대상인 '처분 등'을 행한 행정청을 피고라 하고 있다.

(4) 관련청구의 병합(제10조)

항고소송에서는 형식적으로 별개의 소송물이더라도 관련이 있는 원상회복·손해배상 기타의 청구를 병합할 수 있다.

(5) 직권탐지주의(제26조)

행정사건에서는 민사사건과 달리 그 심리에 있어 직권주의가 인정되어 법원은 당사자의 주장에 관계 없이 스스로 탐지한 진실에 따라 사건을 적절·공정하게 판단할 수 있다.

(6) 출소기한의 제한(제20조)

행정소송 중 취소소송은 행정처분이 있음을 안 날로부터 90일, 행정처분이 있은 날로부터 1년 이내에 소송을 제기하여야 한다. 행정심판을 거쳐야 하는 경우 또는 행정청이 행정심판청구를 할 수 있다고 잘못 알린 경우에는 재결이 있은 날로부터 1년 이내에 소를 제기하여야 한다. 다만, 무효 등 확인소송은 언제라도 소송을 제기할 수 있다.

(7) 집행부정지(제23조)

항고소송이 제기되어도 원칙적으로 집행이 정지되지 않는다. 다만, 공공복리를 중대하게 해하지 않는 한도에서 집행정지가 허용되는 예외가 있다.

2. 행정소송의 종류

행정소송은 보는 각도에 따라 여러 가지로 분류할 수 있는데, 대표적인 것으로서 항고소송·당사자소송·민중소송(民衆訴訟)·기관소송(機關訴訟)의 네 가지를 들 수 있다. 이 중에서 항고소송과 당사자소송은 주관적 소송에 해당되고, 민중소송과 기관소송은 객관적 소송에 해당된다.

(1) 항고소송

항고소송이라 함은 행정청의 공권력의 행사에 대한 불복의 소송이라 말할 수 있는데, 공권력의 주체로서의 행정청을 상대로 하여 그의 권력의 행사 또는 불행사의 적법성을 다투는 복심적(覆審的) 소송은 전부 이에 해당한다. 신행정소송법은 이 항고소송을 다시 취소소송·무효 등 확인소송 및 부작위위법확인소송으로 나누어 규정하고 있다(제4조).

(2) 당사자소송

예컨대 공무원의 봉급청구소송, 행정상의 손실보상청구소송 등과 같이 행정청의 처분 등을 원인으로 하는 법률관계에 관한 소송 기타 공법상의 법률관계의 한쪽 당사자를 피고로 하는 소송(행소법 제3조 제2호)으로서, 서로 대립하는 대등한 당사자 사이에 있어서의 행정법관계의 형성·존부에 관한 소송이다. 당사자소송의 대상은 행정처분의 적법 여부가 아니고 공법상의 권리관계 자체라는 점에서 시심적(始審的) 소송에 속하며, 오히려 민사소송에 가까운 성질을 가진다. 따라서 행정소송법의 모든 규정이 당사자소송에 적용되는 것이 아니라 그 일부만이 적용되는 것으로 보고 있다.

(3) 민중소송·기관소송

민중소송이란 국가 또는 공공단체의 기관이 위법한 행위를 한 때에 직접 자기의 법률상 이익과 관계 없이 그 시정을 구하기 위하여 제기하는 소송을 말한다(행소법 제3조 제3항). 그러므로 민중소송은 행정법규의 적정한 집행을 보장하기 위하여 원고의 권익침해의 요건을 완화하여 일반민중에게 소송의 제기를 인정하는 예외적인 행정소송이다.

기관소송이란 국가나 공공단체의 기관 상호간에 권한의 존부 또는 그 행사에 관한 다툼이 있을 때에 그에 관하여 제기하는 소송을 말한다(행소법 제3조 제4호). 양자는 모두 객관적 소송이고, 개별적인 법률이 허용하는 경우에 한하여 제기할 수 있으며, 그 절차도 원칙적으로 개별적인 법률규정에 따른다.

3. 행정소송의 대상과 한계

행정소송의 대상은 그것을 일일이 법으로 규정한 것에 한정하는 열기주의(列記主義)와 행정소송을 제기할 수 있는 사항을 널리 모든 위법한 행정처분 등으로 규정하는 개괄주의(概括主義)라는 두 가지 입법주의가 있다. 오늘날에는 대체로 개괄주의의 입장에 서는 것이 각국의 통례이며, 우리나라도 개괄주의를 채택하여 행정소송의 대상을 행정청의 위법한 처분 등과 부작위위반으로 하고 있다. 처분과 부작위의 관념은 행정심판법의 그것과 대체로 같다. 다만, '처분 등'이란 처분과 행정심판에 대한 재결을 포괄하는 개념이다.

그러나 행정소송의 대상에 있어서 개괄주의의 입장에 서더라도 행정소송의 본질상 행정소송의 대상이 될 수 있는 것에는 일정한 한계가 있다. 그리하여 법령의 상위법적 이익의 침해 등 구체적 권리·의무관계의 분쟁이 아닌 경우라든가, 행정상의 방침규정에 지나지 않는 규정위반, 자유재량행위, 통치행위 등 법률적용문제가 아닌 경우에는 행정소송의 대상이 되지 않는다. 그리고 행정청의 단순한 부작위에 대해서 일정한 행정처분을 하라고 명령하든가, 행정처분의 내용을 법원이 변경시키는 재판 등은 권력분립의 원칙에 반한다고 함이 다수설의 입장이다.

4. 행정소송의 재판관할 및 당사자

(1) 관할법원

행정소송의 재판관할을 어떻게 할 것인지는 헌법 제107조 제3항에 의한 통일관할주의(統一管轄主義) 범위 내에서 입법정책적으로 결정할 문제라 할 수 있다. 행정소송법은 항고소송의 제1심 관할법원은 피고의 소재지를 관할하는 행정법원으로 하되, 중앙행정기관 또는 그 장을 피고로 하는 경우에는 대법원이 소재하는 행정법원관할로 한다(제9조). 과거의 고등법원을 전속관할로 하던 것을 폐지하고 임의관할로 하였다. 동법은 당사자소송의 재판관할도 항고소송의 경우와 같이 관계행정청의 소재지를 관할하는 행정법원으로 하였으나(제40조), 국가 또는 공공단체가 피고인 경우에는 관계행정청의 소재지를 피고의 소재지로 본다.

한편 취소소송과 관련된 원상회복·손해배상 등의 청구소송에 대해서는 당사자의 신청 또는 직권에 의하여 취소소송과 병합하여 심리할 수 있도록 되어 있다(제10조).

(2) 당 사 자

취소소송의 원고는 처분 등의 취소를 구할 법률상 이익이 있는 자가 된다(행소법 제12조). 행정소송의 피고도 이론상으로 처분의 효과가 귀속되는 국가나 지방자치단체가 되어야 하지만, 소송상 공격방법의 편의와 재판의 신속·공정을 도모하기 위하여 행정소송법은 특히 취소소송의 피고는 처분 등을 행한 행정청이 되도록 하고 있다(제13조 제1항). 당사자소송에 있어서는 국가나 지방자치단체 등의 행정주체가 피고가 된다(제39조).

5. 행정소송의 제기요건

취소소송을 제기하기 위해서는 첫째, 위법한 행정처분이 존재하여야 한다. 여기서 행정처분이란 좁은 의미의 행정행위에 한하지 않고, 입법행위나 권력적인 사실행위(철거작업 등)를 포함하며, 직접 국민에 대하여 침해적 효과를 미치는 권력적 행위로서 달리 적절한 구제방법이 없는 것은 모두 그에 포함시킬 수 있다.

둘째, 원고적격과 소의 이익이 있어야 한다. 원고적격이라 함은 취소에 관해 개인적 법률상 이익을 가지는지의 여부를 말하는데, 법률상 이익이 무엇을 의미하느냐에 대해서는 법률상 보호되는 이익보호설과 법률상 보호할 가치 있는 이익보호설이 대립하고 있으며, 판례는 전자의 입장에 서고 있다. 그리고 소의 이익이라 함은 취소판결이 내려진 경우에 원고의 권리구제가 현실적으로 달성될 수 있는 상황을 말한다. 종래 우리나라의 통설과 판례는 행정소송에 있어서의 원고적격과 소의 이익을 지나치게 좁게 보려는 경향이 있었으나 최근 새로운 행정기능의 확대, 특히 공해·환경소송 등과 관련하여 그것을 넓게 해석하려는 경향이 점차 나타나고 있으며, 이것이 또한 세계적인 경향이라 할 수 있다.

셋째, 취소소송은 이미 고찰한 바와 같이 처분청 또는 재결청을 피고로 하여 관할권이 있는 법원에 제기하여야 한다.

넷째, 법률에 정한 전심절차를 거쳐 제기하여야 한다. 즉 취소소송은 처분에 대하여 행정심판 등 행정청에 대한 불복의 신청(행정심판이라 통칭한다)을 할 수 있는 경우에는 그에 대한 재결을 거친 후가 아니면 제기할 수 없다(제18조). 이것을 행정심판전치주의라고 한다. 다만, 행정심판청구가 있은 날로부터 60일이 지나도 재결이 없는 때, 처분의 집행 또는 절차의 속행으로 생길 중대한 손해를 예방하여야 할 긴급한 필요가 있는 때, 법령의 규정에 의한 행정심판기관이 의결 또는 재결을 하지 못할 사유가 있는 때, 그 밖의 정당한 사유가 있는 때에는 행정심판의 재결을 거치지 않고 소송을 제기할 수 있다(행소법 제18조 제2항).

다섯째, 취소소송은 앞에서 본 바와 같은 출소기간 내에 제기하지 않으면 아니 된다.

끝으로, 취소소송의 소장형식에 관해서는 행정소송법에 특별한 규정이 없으므로 민사소송법이 정한 바에 따른다.

이상과 같이 취소소송이 모든 요건을 구비하게 되면 사건이 법원에 계속되며, 법원은 그것을 심리·판결할 구속을 받는 동시에 당사자는 동일한 사건에 대하여 다시 소송을 제기할 수 없게 된다. 그러나 이와 같이 취소소송이 적법하게 제기되었다 하더라도 그 소송의 대상인 행정처분 등은 원칙적으로 그 집행을 정지하지 않는다(행소법 제23조 제1항).

다만, 처분과 그 집행 또는 절차의 속행으로 인하여 생길 회복하기 어려운 손해를 예방하기 위하여 긴급한 필요가 있다고 인정할 때에는 법원은 직권 또는 당사자의 신청에 의하여 처분의 집행정지결정을 할 수 있다(행소법 제23조 제 2 항). 그러나 법원은 행정처분의 집행정지결정을 한 후에라도 그 정지결정이 공공복리에 중대한 영향을 미치거나 그 정지사유가 없어진 때에는 직권이나 당사자의 신청에 의하여 언제든지 그 결정을 취소할 수 있다(행소법 제24조 제 1 항).

6. 행정소송의 심리 및 판결

(1) 행정소송의 심리

위에서 본 행정소송의 제기요건을 갖춘 적법한 소에 대하여 법원은 처분의 취소를 구하는 청구의 당부에 관해 심리하게 되는데, 그 심리의 범위는 법률문제・사실문제・재량문제의 전반에 걸쳐 그 실체면과 절차면의 모든 점에 걸쳐 행할 수 있으며, 그 절차에 있어서는 행정소송의 공익성에 비추어 직권증거조사, 구두변론의 생략, 서면심리주의 등이 채택되고 있다. 또한 취소소송에 있어서 원고와 피고 중 어느 쪽에 입증책임을 지게 할 것인가에 관해서 견해가 갈라지고 있는데, 최근의 통설과 판례는 취소소송에 있어서도 당사자소송과 같이 민사소송의 일반원칙에 따라 결정하여야 한다고 한다.

(2) 행정소송의 판결

소송은 법원의 판결에 의해 종료되는 것이 원칙인데, 판결은 그 내용에 따라 일단 소송판결(각하판결)과 본안판결로 구별된다. 본안판결은 다시 청구인용판결(請求引用判決)과 청구기각판결(請求棄却判決)로 나누어지는데, 행정소송에는 그 특유한 것으로서 앞에서 살펴본 바와 같은 사정판결(事情判決)이 있다. 즉 원고의 청구가 이유 있는 경우라 하더라도 그 행정처분을 취소・변경하는 것이 현저하게 공공복리에 반한다고 인정되는 때에 법원은 원고의 청구를 기각할 수 있다(행소법 제28조). 행정소송의 판결에는 기판력(旣判力), 형성력, 기속력(羈束力) 등의 효력이 인정된다.

제 IV 부

전 쟁 법

제1장

서   론

제1절 국제법과 무력사용

I. 국제사회와 무력사용

전쟁법에 대한 논의에 앞서 현대 국제사회에서의 무력사용에 대해 살펴보지 않을 수 없다. 국제사회에서 헌법과 같은 UN 헌장 제2조에서는 '국제평화와 안전의 유지'를 목적으로 예외적인 사항을 제외하고는 국제사회에서 일체의 무력사용을 불법화하였다.

그러나 역설적으로 UN 창설 이후부터 국제사회는 이른바 냉전체제 하에서 수많은 크고 작은 무력분쟁을 겪어 오고 있다. 그리고 냉전의 체제가 붕괴되어 평화의 시기가 도래하리라는 예상과는 달리 여전히 국제사회는 무력분쟁에 시달리고 있다. 그럼에도 불구하고 헌장이 규정하고 있는 무력사용의 예외적 허용원칙은 사문화(死文化)되었다고 평가받기보다는 여전히 변함없이 국제사회에서 무력사용에 관한 확고한 원칙으로 자리하고 있다. 오히려 분쟁의 당사자들은 자국의 무력사용이 헌장이 규정하고 있는 예외적 허용사유에 해당한다고 주장하고 있다.

이렇듯 UN 헌장이 규정하고 있는 무력사용에 관한 원칙은 오늘날 무력사용에 관한 기본원리라고 할 것이며, 이에 대한 이견(異見)은 없다. 그러한 이유에서 본격적인 전쟁법에 대한 논의에 앞서 아래에서는 UN 헌장상의 무력사용에 관한 원칙에 대해 살펴보기로 한다.

Ⅱ. 무력사용에 대한 국제법상 규제에 대한 역사적 개관

국제사회에서 무력사용에 대한 국제법의 규제는 크게 세 시기로 구분이 가능하다. 먼저 제1차 세계대전 이전의 시기, 양차 세계대전 시기, 그리고 UN 창설 이후 시기가 바로 그것이다.

1. 제1차 세계대전 이전 시기

전쟁과 같은 대규모의 무력사용은 고대시기부터 존재하였으며, 이러한 무력행사는 민족이나 국가의 생존과 이익을 추구하는 하나의 자연스러운 방법이었다. 고대 유럽에서는 그리스·로마 철학과 기독교사상이 결합되어 어떠한 전쟁이 정당한 전쟁인가, 어떠한 전쟁이 신의 뜻에 합치하는가와 같은 정전론(正戰論, Just War Theory)을 시작으로 무력사용에 대한 법적 논의가 시작되었다.[1]

이후 중세에 접어들어 당시의 스콜라철학과 결합한 정전론은 이론적으로 더욱 정교해졌다. 대표적으로 그로티우스의 저서 「전쟁과 평화의 법」은 그 좋은 예이다. 그러나 실제 어떠한 전쟁이 정당한 전쟁인지에 대해 판단하기란 쉽지 않았다.[2]

18세기 이후부터 정전론은 서서히 그 의미를 잃게 되었다. 국가들이 전쟁을 하나의 합법적인 국가정책 이행수단으로 인정하게 되었기 때문이다. 다시 말해 국가라는 국제법상 법인(法人)에게 있어 전쟁을 개시할 권리는 당연한 권리로서 자리 잡게 된 것이다. 이러한 이유에서 국가들은 정당한 전쟁의 논의보다는 이미 시작된 전쟁을 어떻게 규율할 것인가에 관심을 경주하게 되었으며, 그 결과 국제법 역시 전쟁수행방법에 대한 법적 규제에 대한 논의에만 관심이 집중되었다, 기존의 정전론을 전쟁에 관한 법이라고 하여 "jus ad bellum"이라고 하는 데 반하여. 이러한 논의를 전쟁중 당사자들이 지켜야 할 법이라는 뜻에서 "jus in bello," "전시법" 또는 "전시인도법"이라고 부른다.

한편 20세기에 접어들어 무력사용과 관련하여 국가의 개전권(開戰權)을 제한하려는 시도가 있었다. 이러한 시도는 강대국들간의 세력균형을 통해 국제질서를 유지하려는 의도에서 비롯되었다.[3] 일명 "포터조약"이라 불리는 "계약상의 채무회수를 위한 병력사용제한에 관한 1907년 헤이그협약"은 국가의 개전권의 제한을 시도한 대표적인 조약이다.[4] 그러나 강대국의 세력균형에 의존하여 국제질서를 유지하겠다는 생각은 결국 제1차 세계대전의 발발과 함께 빛을 잃게 되었다.

---

1) 정인섭, 신국제법강의(제12판), 박영사, 2022, 1138면.
2) 정인섭 외 13인, 국제법, 방송통신대학 출판부, 2006, 442면.
3) 정인섭, 앞의 책(각주 1), 1138면.
4) 참고로 포터조약 이전에 체결된 "1899년 국제분쟁의 평화적 해결을 위한 헤이그협약" 역시 제2조에서 미약하나마 무력에 호소하기 전에 우호국의 주선 또는 중재를 부탁할 것을 규정하고 있어 개전권에 대한 제한을 가하려고 시도하였다.

이와는 달리, 전시인도법은 발전의 토대를 마련하였다. 미국의 남북전쟁(Civil War, 1861~1865)중 링컨 대통령의 지시로 콜럼비아대학의 법학교수인 Francis Lieber에 의해 만들어져 북군(Union Army)의 전쟁법규로 적용된 Lieber code(리버 법전 또는 리버코드)는 이후, 전투와 전시에 있어서 여러 국가의 모델 규범으로 역할을 하였으며,[5] 현대전시법(Jus in bello)의 기초가 되었다.[6]

요약하자면 무력사용에 관한 법적 규제는 최초 정당한 전쟁에 대한 논의인 정전론을 필두로 시작되었다. 18세기와 19세기에 접어들면서 전쟁은 국가의 정당한 정책결정수단이라는 인식의 변화와 함께 정전론은 점차 그 의미가 퇴색되었다. 이러한 관계로 19세기에는 전쟁 그 자체에 대한 논의가 아닌 전쟁중의 규범인 전시법에 관한 논의가 활발하게 되었다. 20세기 초에 들어서면서 국제사회는 국가의 개전권을 제한하려는 시도와 함께 강대국 간의 세력균형을 통한 국제질서유지를 희망하였으나 제 1 차 세계대전의 발발로 이러한 질서는 오래가지 못하였다.

2. 양차대전의 시기(제 1 차·제 2 차 세계대전 시기)

제 1 차 세계대전의 발발은 국제연맹(League of Nations)이라는 집단적 안보체제를 도입하는 역사적인 계기가 되었다. 제 1 차 세계대전의 전후처리와 함께 설립된 국제연맹은 제 1 차 세계대전이라는 충격적인 사건에 대한 규제수단으로 국가의 개전권 통제를 한층 더 강화하는 내용의 연맹규약을 제정하였다. 연맹규약 제12조는 회원국들 사이에 국교단절이 예상되는 분쟁이 발생할 경우 당사국들은 먼저 중재판정, 사법적인 분쟁해결 또는 이사회(국제연맹 이사회)의 사실심사에 회부할 것을 규정하고 있다. 아울러 위의 평화적 해결절차의 판정·판결 또는 보고 후 3개월의 냉각 및 숙려기간을 거치고 나서야 비로소 전쟁에 호소할 수 있도록 규정하고 있다. 또한 국제연맹 이사회가 만장일치로 채택한 보고서의 권고를 따르는 국가를 대상으로 전쟁에 호소하는 것을 금지하였다.[7] 그러나 연맹규약은 전쟁에 대한 전면적 금지가 아닌 제한에 그친다는 점, 연맹규약의 해석상 숙려기간이 도과하면 전

---

5) Lieber code는 네델란드(1871), 세르비아(1879, 1882), 포르투갈(1896)에서 군사교범으로 채택되었다. 자세한 내용은 ADAM ROBERT & RICHARD GUELFF, DOCUMENTS ON THE LAW OF WAR, 12-13, Oxford Univ. Press (3rd ed., 2000) 참조.

6) 당시 현대의 전시법과 견주어도 손색이 없는 전시법 제정이 가능했던 이유는 Lieber 교수의 가족사와 관련이 있는데, 남북전쟁 당시 Lieber 교수의 두 아들이 각각 남군과 국군에 입대하여 복무하고 있었다.

7) (Article 12) The Charter of the League of Nations
   The Members of the League agree that, if there should arise between them any dispute likely to lead to a rupture they will submit the matter either to arbitration or judicial settlement or to enquiry by the Council, and they agree in no case to resort to war until three months after the award by the arbitrators or the judicial decision, or the report by the Council. In any case under this Article the award of the arbitrators or the judicial decision shall be made within a reasonable time, and the report of the Council shall be made within six months after the submission of the dispute.

쟁에 호소할 수 있는 점, 그리고 무력복구(armed reprisal)와 같이 전쟁에 이르지 않는 무력의 행사까지 금지하는 것은 아니라는 점 등으로 인해 국제사회에서 전쟁을 규제함에 있어서는 한계가 있을 수밖에 없었다.

연맹규약보다 전쟁규제를 한층 더 강화한 것은 뒤이은 1928년의 "부전(不戰)조약"("켈로그-브리앙 조약" 또는 "파리조약"이라고도 함)이다.[8] 동 조약은 조약 당사국들이 국가정책의 수단으로 전쟁을 포기하고, 국가 간의 분쟁은 평화적 수단에 의하여만 해결할 것을 약속하는 것을 그 내용으로 삼고 있다. 그러나 동 조약 역시 조약의 이행을 담보하는 강제적 수단이 없다는 점과 조약 당사국들에게만 적용된다는 점, 자위권과 같은 무력행사도 금지하는 것인지 명문의 규정이 없다는 점 등의 한계로 인해 국제연맹의 가입국보다 더 많은 당사국을 보유하고 있었음에도 제 2 차 세계대전의 발발을 막지 못하고, 그로 인해 그 의미가 퇴색하였다.[9]

3. UN 헌장상의 무력행사

(1) 무력행사금지의 원칙

UN 헌장 제 1 조 제 1 항은 UN의 설립목적이 "국제평화와 안전을 유지하고, 이를 위하여 평화에 대한 위협의 방지·제거, 그리고 침략행위 또는 기타 평화의 파괴를 진압하기 위한 유효한 집단적 조치를 취하고 평화의 파괴로 이를 우려가 있는 국제적 분쟁이나 사태의 조정·해결을 평화적 수단에 의하여 또한 정의와 국제법의 원칙에 따라 실현"하는 것임을 천명하고 있다. 아울러 UN 헌장 제 2 조 제 4 항은 "모든 회원국은 그 국제관계에 있어서 다른 국가의 영토보전이나 정치적 독립에 대하여 또는 국제연합의 목적과 양립하지 아니하는 어떠한 기타 방식으로도 무력의 위협이나 무력행사를 삼간다"라고 하여 UN 헌장상 원칙적으로 무력의 사용 또는 행사가 불법한 행위임을 천명하였다. 아울러 ICJ[10]는 제 2 조 제 4 항이 UN 헌장이라는 조약상의 내용을 넘어서 국제관습법임을 판시한 바 있다.[11]

---

8) 이 조약의 탄생 배경에 관하여는 정인섭, 국제법의 이해, 홍문사, 1996, 275-279면을 참조.

9) 그러나 부전조약이 사문화된 것은 아니다. 제 2 차 세계대전 이후 전후처리의 일환으로 설립된 뉴렌베르크 재판소에서 독일과 일본의 주요 전범들이 부전조약의 위반을 근거로 한 평화에 반한 죄(Crime against peace) 위반으로 기소·처벌되었다. 이후 조약의 내용은 UN 헌장 제 2 조 제 4 항 내용의 기초가 되었다.

　동 조약의 역사적 배경에 대해서는 다음의 미국무부 사이트(Department of State Office of Historian)를 참조. http://history.state.gov/milestones/1921-1936/Kellogg(최종방문일 2014.5.13.)

10) International Court of Justice(ICJ, 국제사법재판소)는 UN의 내부기관으로 출범한 상설국제재판소로서, ICJ 에 회부되어 결정된 분쟁은 더 이상의 이견을 제시할 수 없는 종국적인 결정이 된다. ICJ 재판소규정은 UN 헌장의 불가분의 일부를 구성하며, 모든 UN 회원국은 자동적으로 동 재판소규정의 당사국이 된다. 한편 ICJ 는 자신에게 회부된 국제재판 이외에 법적 질의에 대한 권고적 의견(Advisory Opinion)을 제시할 수 있다. 이 권고적 의견은 판결과 같은 구속력은 없으나, 국제사법재판소의 유권해석이라는 차원에서 사실상 판결만큼이나 강력한 영향력을 행사한다.

11) *Military and Paramilitary Activities in and against Nicaragua, Nicaragua v. U.S.A. (Merits)*,

    그럼에도 UN 창설 이래 수많은 무력분쟁이 발생했다. 이는 어떻게 설명될 수 있는 것일까. 아울러 침략을 받은 피침략국은 고스란히 침략의 피해를 감수해야 하는 것인가. 이러한 문제와 관련해서 UN 헌장은 제7장에서 집단안전보장제도를 규정하고 있다.[12] 헌장 제39조는 "평화에 대한 위협, 평화에 대한 파괴 및 침략행위의 존재" 여부에 대해 결정할 수 있는 권한을 안전보장이사회(이하 "안보리")에 부여하고 있다.[13] 한편 안보리는 제39조에 규정된 세 가지 사태 중 하나가 존재한다고 결정한 경우에 권고를 하거나 제41조상의 비군사적 조치[14]를 취하거나 앞서의 조치들이 불충분하다고 여겨질 경우 제42조의 군사적 조치[15]를 취할 수 있다.

    여기서 또 한 가지 의문이 제기되는데, 피침략국은 안보리의 결의 전에는 침략국의 무력행사에 대해 아무런 조치도 할 수 없는 것인가 하는 문제이다. UN 헌장이 원칙적으로 개별 국가의 무력행사를 금지하고 있음을 앞서 살펴본 바와 같지만, 동시에 이러한 원칙의 중대한 예외로서 자위권을 헌장 제51조에 규정하고 있다. 즉 피침략국의 침략국에 대한 자위권행사는 무력행사금지원칙의 중대한 예외로서 인정된다. 자위권에 대해서는 아래에서 좀더 상세히 살펴본다.

(2) 자위권(Self-Defense)

    Yoram Dinstein은 "자위권은 자력구제(self-help)의 한 종류로 이전의 불법한 무력행사에 대해 국제법이 규정하고 있는 조건에서 이루어지는 합법적 무력행사"라고 설명하고 있다.[16] 쉽게 표현하자면 자위권은 형법이 규정하고 있는 정당방위와 같은 의미로서 정당방위가 개인적 차원에서의 논의라고 할 때 국가적 차원에서의 논의라는 점이 차이라고 할 것이다. 국가가 전쟁에 호소할 수 있는 권리가 국가의 권리로 당연시되던 시대에는 자위권의 개념은 별로 중요하지 않았으며, 단지 자국의 무력행사에 정치적으로 정당성을 부여하기 위한 수단에 불과하였다.

    1837년의 Caroline호 사건[17]은 자위권에 대한 대표적 사례로 손꼽히며, 오늘날 국제법

상 자위권 행사의 전통적인 요건으로 자리매김하고 있다. 캐롤라인호 사건은 영국군이 미국에 정박하고 있던 미국 선적의 캐롤라인호가 영국과 분쟁상태에 있던 캐나다반군을 지원하는 선박이라는 이유에서 파괴하고 나이아가라폭포 아래로 떨어뜨린 사건으로, 영국은 자신들의 행위가 자위권의 행사임을 주장했다. 그러나 당시 미국의 국무장관인 Webster는 항의서한에서 "자위권은 그 필요성이 급박하고, 압도적이며, 다른 수단을 선택할 여지가 없으며, 숙고할 여유가 전혀 없는 경우(a necessity of self-defense, instant, over-whelming, leaving no choice of means, and no moment of deliberation)"에만 허용되어야 한다고 주장하였다.[18] 필요성의 원칙과 비례성의 원칙으로 요약되는 Webster의 자위권 행사 요건은 국제사회에서 자위권 행사의 적법성에 관한 원칙이 되었다.

한편 자위권은 헌장 제51조에 의해 무력공격이 발생한 경우 안보리가 국제평화와 안전을 유지하기 위하여 필요한 조치를 취할 때까지만 행사할 수 있으며, 자위권을 행사함에 있어 회원국이 취한 조치는 즉시 안보리에 보고되어야 한다. 그리고 이러한 자위권의 행사는 무력공격에 비례해야 하며, 대응함에 필요한 조치들로 구성되어야 한다.[19]

그러나 현대무기의 발전은 고전적인 자위권의 요건에 의문을 제기하고 있다. 첨단무기의 파괴력으로 인해 실제 피해가 발생하여야만 자위권을 발동할 수 있다는 기존의 논의는 시대에 맞지 않는 이론이라는 비판을 받고 있다. 하지만 한편으로 실질적인 무력공격이 발생하지 않았음에도 적의 공격이 예상되기 때문에 자위권 행사를 인정하는 이른바 예방적 자위권(anticipatory self-defense) 또는 선제적 자위권(preemptive self-defense)을[20] 전면

---

18) 1841년 동 선박의 파괴에 참여한 것으로 알려진 McLeod가 뉴욕에서 체포되어 살인죄로 재판에 회부되자 영국정부는 선박파괴에 대한 책임을 인정하고 동인의 석방을 요구하였으며, 이후 McLeod는 알리바이가 성립되어 무죄로 석방되었다. 자세한 내용은 김정건 외, 국제법 주요판례집, 연세대학교 출판부, 2006, 126-127면을 참조.

19) (UN 헌장 제51조) 이 헌장의 어떠한 규정도 국제연합회원국에 대하여 무력공격이 발생한 경우, 안전보장이사회가 국제평화와 안전을 유지하기 위하여 필요한 조치를 취할 때까지 개별적 또는 집단적 자위의 고유한 권리를 침해하지 아니한다. 자위권을 행사함에 있어 회원국이 취한 조치는 즉시 안전보장이사회에 보고된다. 또한 이 조치는 안전보장이사회가 국제평화와 안전의 유지 또는 회복을 위하여 필요하다고 인정하는 조치를 언제든지 취한다는 이 헌장에 의한 안전보장이사회의 권한과 책임에 어떠한 영향도 미치지 아니한다.

20) Bonner Joe Barnes와 Richard J. Stoll은 preemptive self defense 즉, 선제적 자위권은 "대상 목표물이 곧 군사공격을 감행할 것이라는 확고부동한 증거가 있을 때, 당해 목표물에 취하는 군사행위(조치)"로, Preemption(또는 Preventive war)은 "비록 긴박하지는 않지만, 목표물이 공격을 감행할 것이라는 믿음이 있는 경우 취하는 군사조치"로 설명하고 있다. (Preemption is the taking of military action against a target when there is incontrovertible evidence that the target is about to initiate a military attack. Prevention is the taking of military action against a target when it is believed that an attack by the target, while not imminent, is inevitable, and when delay in attacking would involve greater risk.) JOE BARNES & RICHARD J. STOLL, "Preemptive and Preventive War: A Preliminary Taxonomy" RICE UNIV., pp.7-8, (March 2007). 예방적 자위권은 캐롤라인호 사건에서 미국의 외무상 Webster의 정의처럼 상대방의 공격이 확실하고 임박한 경우, 자위권을 행사하는 경우를 의미한다. Anticipatory self-defense(예방적 자위권)의 대표적인 예로 '6일 전쟁'에서 이스라엘의 이집트 공습이 있다. 한편, 이스라엘은 이라크 원자로 공습(1981) 역시 예방적 자위

적으로 허용할 경우 UN 헌장의 목적과 헌장상의 무력행사금지 원칙에 위배되는 자위권의
남용이 예상되므로, 이는 엄격히 제한해야 한다는 주장도 여전히 강력하게 대두되고 있다.

UN의 설립목적, 그리고 헌장 제51조의 해석상 예방적 자위권은 그 허용이 엄격하게
제한되어야 할 것이다. 그러나 침략국의 공격이 임박한 것이 확실하거나, 적어도 침략국이
피침략국을 향해 미사일 등의 무기를 발사한 것이 확인된 경우 자위권의 행사는 인정되어
야 한다. 이 경우 자위권의 행사는 예방적 자위권이 아니라 일반적인 자위권의 행사라고
할 것이다. 실제 캐롤라인호 사건 당시와 달리 현대의 군사적 특징, 첨단무기의 발전, 전쟁
의 양상을 고려할 때 긴박성(급박성)의 해석을 좀더 확장할 필요성이 있기 때문이다.

헌장 제51조에 의할 경우 개별 국가의 자위권 이외에도 집단적 자위권 역시 자위권의
일환으로 인정됨을 알 수 있다. 집단적 자위권의 개념에 있어 의견의 대립이 있으나, 대부
분이 무력공격의 대상인 국가를 방어하거나 원조하기 위하여 제 3 국이 무력을 행사하는
독자적인 권리로 이해하고 있다. 다만, ICJ는 니카라과사건에서 집단적 자위권의 남용과
강대국들의 제 3 세계 국가에 대한 군사적 개입을 방지하기 위하여 피침략국의 명시적이고
공식적인 요청이 있어야만 집단적 자위권을 행사할 수 있다고 판시하였다.[21]

(3) 무력행사와 관련한 최근의 논의

그 동안 UN 헌장상의 무력행사금지 원칙에 대해서는 사실상 이견이 없었다. 그러나
최근 코소보사태 등을 겪으면서 국제사회에서는 서서히 무력행사금지 원칙에 대한 새로운
의견들이 제시되고 있다. 이른바 인도적 간섭(humanitarian intervention)이 그것이다. 즉 국
제평화와 안전을 유지하는 UN의 목적에 위배되지 않는 무력사용은 허용된다는 것이다. 코
소보지역에서와 같이 소위 인종청소(ethnic cleansing-Genocide)라는 잔학행위들이 발생할
경우, 전통적인 무력사용금지 원칙의 적용은 옳지 않다는 것이 이를 주장하는 학자들의 주
된 논거이다. 그러나 자국의 이익이 되지 않는 상황에서 자국민의 생명과 재원을 희생하고
소비하면서 인도적인 간섭을 행할 국가는 사실상 희박하다.[22] 아울러 인권의 보호 등을 이

권 행사에 해당한다고 주장하였지만, UN 안전보장이사회는 안보리 결의 제487(S/RES/487(1981))에서
이스라엘의 공습을 규탄하는 결의문을 채택하였다. 이스라엘의 이라크 공습은 선제적 자위권
(Preemptive self defense)에 해당한다고 할 것이다. 한편 조지 W 부시 대통령의 명령으로 수행된 제
2 차 이라크전은 Preemption에 해당한다. 결국 imminency(긴박성) 요건을 기준으로 할 때
Anticipatory self defense(예방적 자위권)가 가장 긴박한 상황, 그 다음으로 Preemptive self defense
(선제적 자위권), 끝으로 Preemption 순이다. 앞서 언급하였듯이 이스라엘의 이라크 원전공습에 대한
안전보장이사회의 결의 등에 의할 경우, 국제인도법에서는 (국제사회는) 예방적 자위권만을 UN헌장 제
51조가 규정한 자위권의 행사라는 입장을 견지하고 있는 것으로 보인다.

　미국의 입장에 관해서는 미국 Land 연구소 보고서인 Striking First: Preemptive and Preventive
Attack in U.S. National Security Policy와 James J. Wirtz and James A. Russell, "U.S. Policy
on Preventive War and Preemption", The Nonproliferation Review, (Spring 2003)을 참조
(http://www.rand.org/content/dam/rand/pubs/monographs/2006/RAND_MG403.pdf)

21) *Military and para Military Activities in and against Nicaragua*, para. 199.

유로 하는 인도적 간섭은 강대국들의 합법을 가장한 무력개입수단으로 악용될 소지 역시 크다. 인도적 간섭이 당사국의 정치적 독립성 또는 민족자결주의에 위배될 경우, 이는 UN 의 목적에 부합하는 무력행사로 보기 어렵다. 그러나 1999년 코소보에서의 잔학행위를 저 지하기 위해 시행되었던 NATO의 공중폭격에 대해 국제사회가 용인하였던 것을 보았을 때, 인도적 간섭이 완전히 금지된 것이라고 단정하기도 어렵다. 최근 시리아 내전(2011~) 과 관련하여 미국, 영국 그리고 프랑스가 각각 시리아 정부의 화학무기 사용을 비난하며 무력행사 가능성을 천명하였는데, 이들 국가 중 영국은 무력사용의 근거를 인도적 간섭 (Humanitarian Intervention)에 기인한 것이라고 주장한 바 있다.[23] 이 문제는 앞으로도 계속해 서 국제사회에서의 무력행사, 즉 오늘날 UN 헌장이 천명하고 있는 무력행사금지의 원칙에 계속해서 이의를 제기하는 논란거리가 될 것이다.

제 2 절   국제법상 전쟁의 개념

I. 국제법의 발전과 전쟁의 법적 지위

역사적으로 전쟁을 법적 규제의 대상으로 인식하게 된 것은 근대부터였다.[24] 근대 이 후 자연법사상의 등장과 더불어 근대 국제법이 탄생하였고, 근대 국제법의 아버지로 불리 는 Grotius는 전쟁을 자연법의 관점에서 '정당한 전쟁'(Just War)과 '부당한 전쟁'(Unjust War)으로 나누어 보게 되었다. Grotius에 이어서 근대자연법을 집대성한 Pufendorf 역시 그의 대저(大著) 「자연법과 국제법」에서 '정당한 전쟁'이라는 관념을 승계하였다. 탄생 초기 부터 18세기에 이르기까지 근대 국제법의 주요 테마는 언제나 전쟁이었다.[25]

---

22) 예컨대 대표적인 인종청소 사건으로 불리는 르완다사태(1994)와 최근의 수단 다르프르 사태 등에 있어 열강들에 의한 이른바 인도적 간섭은 이루어지지 않았다.

23) 그러나 영국의회는 2013년 8월 30일 285대 272의 표결로 영국의 시리아 공습안을 부결하였으며, 러시 아와 중국의 공습 반대로, 시리아 사태는 2013년 9월 27일 안전보장이사회 상임이사국들의 사전 조율에 의해 시리아 공습을 보류하는 조건으로 시리아가 모든 화학무기를 폐기하기로 하는 UN 안보리는 결의 안 2118(2013)이 만장일치로 채택되었다.

24) 법적 사고가 뛰어났던 로마인은 어느 정도 전쟁을 법의 문제로 생각하고 있었다. 로마는 '페티알레의 법(jus fetiale)'에 따라서 행해지는 전쟁은 적법한 것이라고 인정하였다. 그러나 '페티알레의 법'은 국가 로서 조직화되지 못한 적을 상대하는 경우라든가, 갑자기 로마가 기습을 받았을 경우, 더욱이 내란의 경 우에는 적용되지 않았다. 또 '페티알레의 법'은 그 내용에도 변화가 생겨 4세기에 이르러서는 완전히 모 습을 감추었다고 한다. 그러나 중요한 것은 '정당한 전쟁' 또는 '적법한 전쟁'이라는 관념이 등장하였다는 점이다. '정당한 전쟁'의 관념은 그리스에서 발생했고, 로마에서도 철학자 Cicero가 이를 발전시켜서 '페 티알레의 법'에 의한 전쟁선언과 정당한 원인보유를 '정당한 전쟁'의 조건으로 보았다. 그러나 중세 스콜 라학파에서는 '정당한 전쟁' 문제를 법의 문제로 보지 않았다. 筒井若水, 戰爭の法, 東京大學出版會, 1976, 14-15面.

25) 위의 책, 15面.

한편 19세기의 빈번한 국제회의는 그 결과로 많은 성문조약을 양산하였고, 성문조약
이라는 실정법을 통해서 전쟁을 법의 영역에서 추방해야 한다는 요구가 등장하였다.[26] 그
러나 최대의 문제는 근대 이래의 국가주권체제는 본질적 수정이 가해지지 않고 거의 그대
로 남아 있다는 것이었다. 20세기로 들어서면서 이러한 요청과 문제점을 반영시킨 UN 헌
장은 앞서 살펴보았듯이 전쟁금지의 원칙을 선언함과 동시에 국제사회의 조직화를 시도하
였다. UN은 이러한 20세기적 요청을 안고 출범한 국제사회의 조직인 것이다.

UN이 전쟁 추방의 기능을 수행하기 위해서는 국가의 주권을 실질적으로 제한하지 않
으면 안 된다. 그렇다면 UN 헌장의 전쟁금지에 관한 규범과 현실은 어떠한가. 오늘날 전쟁
의 금지가 UN 헌장의 규범 내용대로 실행되고 있다면, 전쟁과 법에 관한 여러 가지 중요한
문제는 많은 부분에서 이미 해결되었을 것이다. 그러나 UN 헌장은 적어도 전쟁에 관해서
는 이러한 기대를 하기에 너무나 이상적이었다.

국제연맹 및 UN 체제 이전의 무차별전쟁관(無差別戰爭觀)은 전쟁을 위법한 현상으로 보
지 않고 이를 국가의 권리로서 긍정하고 있었다. 전쟁법은 본래부터 그러한 전쟁관에 기초
해서 성립하고 발달한 것이었다. 그러나 제2차 세계대전 후에 전쟁은 원칙적으로 금지되
었으므로 전통적인 전쟁법은 백지(tabula rasa)가 되어야 했고, 종래의 전쟁법의 토대 위에
이를 고쳐 쓰는 시도 역시 필요가 없는 것이 되어야 했다.[27] 또한 "위법에서 권리는 생기지
않는다"(Ex injuria jus non oritur)는 법원칙에 따라서 침략자에 대하여는 전쟁법상의 권리를
부여할 필요가 없었다. 300년 이래의 국제법, 특히 전쟁법의 성과를 단숨에 부정해 버린다
는 것에 대하여는 누구라도 의문을 느끼게 될 것이지만, 그러한 생각은 전쟁의 금지를 엄
격히 이해하는 점에서는 필연적으로 도출되는 사고이다. 그러나 오늘의 현실은 전쟁이 사
라졌다고 하기 보다는 오히려 전쟁의 '상태'(常態)에 있다고 할 수 있다. UN 헌장이 탄생한
이후 국제사회에 있어 전쟁을 '법외적(法外的) 예외현상'이라고 파악해 버리는 것은 국제법
의 발달에 있어서나 현실적으로나 부정적 효과밖에 초래하지 못하게 된 것이다.[28]

비록 전쟁이 불법이라 할지라도 전쟁법의 기본적 고려(국제인도법)는 여전히 중요하게
남아 있는 것이다. 국제법이 더 이상 전쟁의 관념을 인정하지 않고 방치한다면 국가간의
관계에서 법적 진공상태를 야기할 수도 있을 것이며, 오히려 침략을 허용한다는 본의 아닌
결과도 예상할 수 있는 것이다. 이는 국제법의 역사적 발전에 있어서 후퇴일 뿐만 아니라

---

26) 위의 책, 17面.
27) 국제분쟁의 평화적 해결수단에 관하여 낙관적이며 UN 헌장의 무력사용 금지체제에 자신을 가지고 있
   는 일부 학자들은 그들의 교과서에서 의도적으로 전쟁법부분을 삭제하고 있거나(Brierly, *The Law of
   Nations*, 1963; Ross, *A Textbook of International Law*, 1947), 간단히 언급하는 데 그치고 있다
   (Kelsen, *Principles of International Law*, RINEHAT & COMPANY.INC., NEW YORK, 1952).
28) UN 체제는 정치적인 이유로 인하여 효과적인 억제책을 제공하지 못하고 있다. 따라서 계속되는 현상으
   로서 전쟁에 대한 법적 규제는 현대 국제법에 있어서도 계속적으로 요구되는 것이다. Werner Meng,
   "War," Bernhardt(ed.), in *Encyclopedia of Public International Law*, Instalment 1, 1981, p.283.

인류에 대한 비극이다. 적어도 인도적 법규에 관한 한 더욱 그러하다.[29) 현대 국제법에 있어서도 전쟁은 여전히 중요한 테마로 존재하고 있다.[30)

Ⅱ. 전쟁의 개념

국제법상 전쟁이 무엇이냐 하는 것은 일반국제법규에 명문으로 규정되어 있지 않기 때문에 전쟁의 정의에 관하여 많은 견해가 주장되었다.[31) 대체로 제 1 차 대전 이전에 국제법학자들에 의하여 내려진 전쟁의 정의는 전쟁의 사실적 측면, 즉 무력사용과 적의 압도라는 목적에 기초를 두었다. 이러한 정의의 특징은 Clausewitz가 언급한 '전쟁은 적을 굴복시켜 자기의 의지를 강요하기 위하여 사용되는 일종의 폭력행위'[32)라는 생각에 기초한 것이다. 전쟁의 정의에 있어서 무력사용과 목적이라는 두 기준은 이후 여러 국제법학자들의 정의에서도 나타나고 있는바,[33) 전통적인 입장에서 "전쟁이란 주로 무력사용을 통하여 상대방을 제압하고 자기가 원하는 평화의 조건을 부과하기 위해 행해지는 복수국가간의 투쟁이다"라고 정의되었다.[34)

오늘날 전쟁이라는 용어는 매우 다의적(多義的) 개념으로 쓰이고 있다. 다시 말해서 전쟁이란 비단 전통 국제법상 의미로만 쓰이는 것은 아니다. 집단적 자위권을 위한 무력행사 역시 현상적으로 보면 주권국가간 전쟁과 유사하고, 흔히 일상적으로도 전쟁으로 불리어왔다. 또한 UN 헌장 제 7 장에 규정된 강제조치도 아직 발동된 바는 없으나 그 현상적 양태는 역시 전자의 경우와 다를 바 없을 것이다. 그러므로 여기서는 전통국제법상 전쟁개념은 물론 국제조직에 의한 법적 제재조치까지 모두 포함하는 포괄적 전쟁개념을 설정하는 것이 필요하다고 본다. 이제 이러한 광의의 전쟁개념에 따라 전쟁의 주체, 전쟁의 의사, 전쟁의 상태, 그리고 전쟁의 수단에 관해서 차례로 검토해 보기로 한다.

---

29) Antonio Cassese, *Violence and Law in the Modern Age*, Princeton University Press, 1988, p. 285 : 1949년의 제네바 제 협약 및 1954년의 전시문화재보호협약에 의하면 동 협약상의 제 규정이 전쟁의 선언 여부를 불문하고 적용되도록 하고 있으며, 또한 1977년의 추가의정서에도 전투방법 및 수단의 규제에 관한 제 규칙을 포함하여 모든 의정서의 규정이 전쟁의 선언 여부와는 관계 없이 모든 국제적 무력충돌에 적용되도록 명시되어 있다. 이와 같은 규정들은 인도적 동기에서 비롯된 것이라고 하겠다.

30) H. Lauterpacht(ed.), *Oppenheim's International Law*, Vol. Ⅱ, 7th ed., Longmans, Green & Co., 1952, pp.201-202 참조.

31) 프랑스와 벨기에의 국제변호사인 Fauchille Rolin은 모든 국제법학자는 전쟁에 대한 그 자신의 정의를 갖고 있다고 주장하였다. Fritz Grob, *The Relativity of War and Peace*, Yale University Press, 1949, pp.201-202.

32) Carl von Clausewitz, *On War*, translated by J. Graham, Vol. 1, Routledge and Kegan Paul, 1968, p.2.

33) Oppenheim, Verdross, Kelsen, Menzel, Reuter, Sauer, Starke 등의 정의가 다 이 범주에 속하고 있다. Meng, 앞의 책(각주 28), p.283.

34) J. G. Starke, *Introduction to International Law*, 9th ed., Butterworths, 1984, p.501; Lauterpacht, 앞의 책(각주 30), p.202.

1. 전쟁의 주체

전쟁은 전통적 견해에 의하면 국가간의 투쟁이다. 전쟁의 주체로서의 국가는 그 종류를 불문한다. 따라서 보호국과 피보호국 간, 종주국과 종속국 간, 그리고 연방국가와 그 지방(支邦) 사이의 무력충돌 역시 국제법상 전쟁으로 고려되어져야 한다.[35] 포괄적 전쟁개념을 취할 때 UN이 승인하고 있는 합법적 무력행사의 주체는 당연히 전쟁의 주체이다.

전쟁의 주체에서 가장 문제되는 한계는 폭도나 반도단체에 의한 투쟁이다. 보통 국내에서 혁명이나 독립운동이 발생하였을 경우, 그 혁명 또는 독립운동단체와 정통정부 또는 본국과의 사이에 벌어진 무력투쟁은 본래 전쟁이 아니라 내란이라고 보고 있다.[36] 그리하여 사실상의 전쟁상태가 발견되어도 일반적으로 전쟁은 국가 대 국가의 무력투쟁이므로 반도가 교전단체로서 승인을 받은 경우에 비로소 그 내란은 전쟁으로 전환되며, 당사자간에는 전쟁법규가 적용되고 제 3 국과 당사국 간에는 중립법규가 적용되게 된다. 그런데 교전단체로 승인되기 전의 단순한 반도단체가 교전단체로 승인될 요건을 구비하지 않더라도 일정한 지역을 사실상 점령하고 일정한 정치조직을 가지고 전쟁법규를 준수하면서 정통정부에 의하여 반도단체로 승인될 수 있다. 여기서 반도단체의 승인은 편의적·인도적 및 경제관계의 이유 때문에 승인할 뿐 새로운 지위를 창설하는 것은 아니라고 보는 것이 전통적 견해이다.[37] 그러나 이와 같은 견해는 내란도 외국으로부터의 인적·물적 원조에 의하여 국제적 성격을 띠는 경향이 강하며, 반도단체의 승인이나 교전단체의 승인을 문제로 하지 않고 직접 국제평화기구가 여기에 개입하는 경우가 많아짐으로써 전쟁으로의 전환을 당연히 상정하고 있는 것이다. 그러므로 승인된 반도단체이거나 확립된 반도단체의 경우는 전쟁의 주체로 보아야 할 것이다.[38]

---

35) 1861-1865년 사이의 미국의 남북전쟁은 진정한 의미의 전쟁이었다. Lauterpacht, 앞의 책(각주 30), p.204.

36) 이한기, 국제법학(하), 박영사, 1961, 242면.

37) H. Lauterpacht, *Recognition in International Law*, Cambridge University Press, 1948, pp.276-277; T. Chen and L.C. Green, *The International Law of Recognition*, Praeger, 1951, p.391.

38) 최근에 있어서 반도단체와 관련하여 문제되는 사항은 '식민지 해방투쟁'의 주체로서 '민족해방운동단체'의 지위에 관한 것이다. 이 운동단체를 폭도로서 볼 것인가, 아니면 국제법적 지위를 인정하여 전쟁의 주체(교전단체)로 볼 것인가가 문제된다. 이에 관해서는 UN 총회가 1960년 채택한 '식민지 독립부여 선언'과 그 후의 제 결의를 기초로 하고, 특히 제네바 제 협약 제Ⅰ추가의정서에서 식민지지배·인종차별 반대를 위한 무력투쟁을 국제적으로 인정한 것(동 의정서 제 1 조 제 4 항) 및 UN헌장 제 1 조 제 2 항을 고려하여 민족자결권을 국제법상 원리로서 보는 견해가 국제사회에서 주류적 흐름이라고 보는 입장에 서고, 또 전쟁법규 적용을 위한 인도주의적 관점에 선다면 국제사회에서 일반적으로 승인을 받고 있는 민족해방운동단체는 전쟁의 주체(교전단체)로 보아야 할 것이다.

2. 전쟁의 의사

평시에서 전시로의 전환을 명확하게 하는 전쟁의사의 표시 문제는 국가에게 전쟁선언을 의무적으로 하는 것에 의해 해결한다고 주장되어 왔다. 그러나 관행상 선언의 필요성에 있어서 일정한 원칙은 없었다.[39] 1907년 "전쟁개시에 관한 조약"은 조약당사국에 관하여 선언 등의 사전통고를 요구했지만, 반드시 지켜진 것은 아니었다. 그러나 전쟁당사국으로 볼 때 적어도 전쟁을 수행하려고 하는 한 전쟁의사를 부정함으로써 법적으로 크게 이익이 되는 것은 아니다. 왜냐하면 전쟁상태는 적국과의 관계에 있어서나, 제 3 국과의 관계에 있어서 평시에 허용되지 않는 많은 행위를 할 수 있었기 때문이다. 이리하여 근대 국제법에서는 전쟁상태의 발생을 오로지 당사국의 전쟁의사의 명시적 또는 묵시적 표시에 따르게 하는 것이 가능하였다.

그런데 전쟁의사표시를 기준으로 한 전시와 평시의 절대적 구별은 제 1 차 세계대전 이후 국제연맹에 의한 집단안보제도가 성립함에 이르러서[40] 당사국의 전쟁의사표시에 전쟁의 존재를 결부시키는 것에 대한 재검토가 요구되었다. 더욱이 부전조약(不戰條約)이나 UN 헌장에 이르러서는 전쟁을 금지시켰다고 해석됨에 따라서 전쟁선언을 행하는 것 자체가 오늘날에는 위법행위가 되는 것이 아닌가 하는 의문이 생긴 것이다. 그러므로 UN 체제상 무력행사가 인정된 무력공격의 희생자로서 자위조치를 한 국가의 경우, 전쟁선언은 허용될 것인가의 문제가 당연히 대두된다.

일부 학자들은 아무 제한 없이 긍정적이다.[41] 그들은 비례의 문제에 아무런 중요성도 부여하지 않는다. 침략의 희생자는 어떤 경우에도 침략자에 대한 전쟁을 선포할 수 있다는 것이다. 한편 다른 학자들은 전쟁선언은 방어를 위해 필요한 조치일 때만 적법하다고 주장한다. 그들에 의하면 침략의 희생자가 아닌 국가가 침략자에 대하여 전쟁을 선언한다면 이는 곧 자위권의 남용이라는 것이다.[42] 또 다른 그룹의 학자들은 전쟁상태를 항상 헌장과 양립할 수가 없다고 주장한다.[43] 그러나 다수의 학자들은 전쟁상태의 적법성이 전쟁상태와 적 및 중립재산에 대한 교전권의 동시적 행사가 자위에 필요한 것인지의 여부에 달려 있다고 하는 데 일치한 것처럼 보인다. 그들은 만일 UN 안보리가 국제평화와 안전의 유지 및

---

39) 筒井若水, 앞의 책(각주 24), 20面.
40) 전쟁에 호소하는 국가행위의 규제가 국제연맹의 제 규정 가운데 나타난 것이다. 제12조 제 1 항, 제13조 제 4 항, 제15조 제 6 항 등이 대표적인 규정들이다.
41) Antonio Cassese, *The New Humanitarian Law of Armed Conflict*, Editoriale Scientifica s.r.l., 1978, p.17.
42) 위의 책.
43) Feinberg, *The Legality of a State of War After the Cessation of Hostilities*, 1961, p.15 et seq., 41 et seq., 52 et seq.; Wright, "The Middle East Crisis," Moore(ed.), *The Arab-Israeli Conflict*, 1974, Vol. 2, p.115.

회복을 위하여 강제조치를 결정한다면 필요성과 비례성의 원칙이 똑같은 기준으로 적용된다는 것을 인정한다. 여기서 문제는 필요성 및 비례성의 원칙이 추상적이고, 일반적인 방법으로 대답하기 어렵다는 데 있다.

전쟁선언의 적법성문제는 1907년 "전쟁개시에 관한 조약"의 효력문제와 관련해서 검토해 볼 필요가 있다.[44] 동 조약의 목적은 전쟁개시의 절차를 신중히 하고 억제함과 동시에 개전의 시기를 명확히 하고 적용법규를 확인한다고 하는 점에 있다. 전쟁법의 인도주의적인 목적에 착안하면, 이 조약의 취지는 UN의 목적(기본적 인권의 존중)에 오히려 합치할 것이다. 따라서 UN의 결정이나 권고 하에서 가입국이 강제행동으로 나갈 때 전쟁선언 그 자체는 아니더라도 침략자에 대해 똑같은 효과를 갖는 의사의 표시를 행하면, 오늘날도 동 조약의 취지는 살릴 수 있을 것이다.

한편 자위권발동의 경우를 본다면, 자위조치는 예견 못한 순간에 생기는 무력공격에 대처하는 것이기 때문에 이론상 전쟁선언의 문제가 일어나기 어렵겠지만 경우에 따라서는 전쟁선언이 바람직할 수도 있을 것이다. 그러나 이러한 사고방법은 현실의 무력행사에 있어서 국제사회의 관행상 지지되고 있다고는 볼 수 없을 것이다.[45]

제1차 세계대전 이후부터 전쟁선언을 피하면서 전쟁과 실질상 다름없는 대규모의 전투가 원칙적으로 전개되고 있기 때문이다. 그리하여 일부 학자들은 전쟁을 2종으로 나누어 정식으로 전의표시가 있는 전쟁(형식적 의의에 있어서의 전쟁: 정식전쟁), 전의표시가 없는 전쟁(실질적 의의에 있어서의 전쟁: 실질상 전쟁)으로 구별하기도 한다.[46] 이와 같은 구분에 관해서는 실익이 없음을 주장하는 견해도 있다.[47]

3. 전쟁의 상태

전쟁은 국가간의 투쟁행위 자체인가(행위설), 아니면 투쟁상태인가(상태설)에 관해서 고래로부터 수많은 논란이 있어 왔다. 고대 Cicero는 전쟁을 힘에 의한 투쟁이라고 규정하고, 실제로 군사적 행위가 없으면 전쟁은 성립하지 않는다고 생각했다.[48] 그 후 Grotius는 이 생각을 부정하고 전쟁은 투쟁 자체가 아니고 무력에 의한 투쟁상태라고 주장하였다.[49] 이와 같은 Grotius의 주장은 수백 년 동안 학계를 지배해 왔다. 물론 오늘날도 유력한 학자들

---

44) 미군 야전교범은 헤이그 제Ⅲ협약이 효력이 있는 것으로 인용하고 있다. Department of the Army Field Manual(FM 27-10), *The Law of Land Warfare*, 15 July 1976, p.15.

45) 정운장, "현대 국제법에 있어서의 전쟁법규의 재검토," 대한국제법학회논총 제27권 제2호, 1982.12, 68면.

46) Gugenheim, *Lehrbuch des Völkerrechts*, Bd. Ⅱ, 1951, SS.779-781; 박재섭, 전쟁과 국제법, 일조각, 1964, 61-62면.

47) 이한기, 신고 국제법강의, 박영사, 1990, 684면.

48) H. Grotius, "The Law of War and Peace," in *The Classics of International Law*, edited by J. Brown Scott, The Bobbs-Merril Company, Inc., 1925, p.33.

49) 위의 글.

에 의해서 전쟁의 투쟁행위설이 주장되어 오고 있다.[50] 그러나 상태설은 국가가 언제 전쟁에 들어간다고 하는 의사를 명료하게 나타내고 있는가 하는 문제를 별론으로 한다면 법학적으로 극히 유용한 설명이다. 전쟁의 개시와 동시에 당사국간에 적용되는 법관계를 완전히 변화시키기 때문에 2분론에서는 상태설이 적합한 것이다.[51] 즉 외국영역에 군대를 투입하고 포화로 공격하는 것은 평시에 있어서는 위법이 되지만 전시에서는 적법한 행위로 간주된다. 그리고 이 전쟁상태설에 의하면 전쟁상태는 전쟁이 사실상 끝났는지의 여부는 관계 없고 강화조약의 발효에 의해 평시로의 복귀가 확인되어질 때까지는 원상으로 돌아가지 않는다.[52] 이와 같은 전쟁개념의 상태로서의 파악은 20세기 전까지의 국제법학에서는 통설로서 자연스럽게 받아들여질 수 있었다.[53]

그러나 이 사고가 충분히 성립되기 위해서는 전쟁상태로 이행한다고 하는 국가의 의사가 항상 명확해야 한다. 그런데 20세기 후반에 들어와서 국가관례를 볼 때 전쟁상태의 개념을 과거의 유물로 만들고 있지 않나 하는 우려가 있을 정도이다. 현대 국제법에서 전쟁상태의 개념은 미미한 역할에 불과하다. 무력충돌의 당사자가 적 및 중립화물에 대해서 교전자의 권리를 실행하고자 하였을 때만 전쟁상태는 원용(援用)되었음을 보여 주고 있는 것이다.[54] 국제사회의 다수국가가 의도적으로 전쟁의사에 대한 표시를 애매하게 하려고 하고 있는 이상 전통적 관념이 내포하는 상태설과 2분론의 결합은 완전하게 극복되어질 수 없다. 이렇게 보면 전쟁이 존재하는 것인지 아닌지, 곧 전시법이 적용되는 경우에 해당하는지 어떤지는 결국 당사자의 행위를 중심으로 실질적으로 판단하지 않으면 안 된다. 전쟁의 법적 지위가 애매하게 된 현대에서는 이것 이외의 방법은 없다. 1949년 제네바 제 협약도 조약의 적용에 있어서 선언 등에 의한 정식의 전쟁상태의 성립을 기다리는 것은 필요로 하고 있지 않다. 그렇다면 국제현실은 사실상 전쟁행위의 측면에서 전쟁의 행위개념을 당연히 상정하고 있는 것이다. 그리하여 Quincy Wright는 전쟁과 평화의 날카로운 구별보다 전쟁과 평화에 대한 극단상태의 조화를 찾아야 하고, 이러한 조화는 국제관계의 외부적 형태나 내부적 본질에서 찾아질 수 있다고 하였다.[55] 따라서 Wright가 실질적 의미에 있어서 전

---

50) H. Kelsen, *Principles of International Law*, Rinehart & Company Inc., 1959, pp.26-27; Oppenheim-Lauterpacht, 앞의 책(각주 30), pp.202-203.

51) 전통국제법상 전쟁상태(state of war)란 복수국가간 평화관계의 파괴 및 전쟁법에 의한 평시법의 대치를 의미한다. K. Skubisewski, "Use of Force by States, Collective Security, Law of War and Neutrality," in *Manual Public International Law*, edited by Max Sφrensen, Macmillan, 1968, p.805.

52) 예컨대 연합국과 일본 간의 적대행위는 1945년에 종결되었으나, 그들 사이의 전쟁상태는 1951년 — 또는 일부 연합국에 대해서는 그 이후 — 까지 종료되지 아니하였다(앞의 책).

53) 筒井若水, 앞의 책(각주 24), 20面; 전쟁의 개념을 상태설의 입장에서 설명하는 학자(McNair, Hyde, Moore, Westlake, Wilson, Briggs, Brierly, Starke, Stone 등)들의 견해에 관한 소개는 김명기, "국제법상 전쟁개념에 관한 연구," 혁명전쟁과 국제법, 육군사관학교, 1975, 38-39면을 참조.

54) Dietrich Schindler, "State of War, Belligerency, Armed Conflict," edited by Antonio Cassese, 앞의 책(각주 29), p.19.

55) Quincy Wright, *A Study of War*, abridged by L. Wright, University of Chicago Press, 1964, p.11 :

쟁개념의 본질은 행위이며, 법적 의미에 있어서 전쟁개념의 본질은 상태라고 한 것은[56] 전쟁개념의 본질을 잘 직시한 것이라고 할 수 있다.

4. 전쟁의 수단

전쟁의 개념을 실질적인 전쟁행위의 측면에서 파악하려는 행위설에 입각할 때 전쟁의 수단은 무력의 행사이다. 그러나 법적인 의미의 전쟁을 그 관념의 측면에서 관찰하는 상태설에 의할 때, 전쟁의 수단은 무력의 행사라는 것은 의제적인 설명으로서만 이해될 수 있다. 왜냐하면 상태설에 의할 때 무력의 행사가 없는 선언에 의한 전쟁이 있을 수 있기 때문이다.

전쟁의 개념요소의 하나로서 무력의 행사를 드는 것은 일반적인 견해이다.[57] 그것은 전쟁에 대한 정의를 Clausewitz가 말한 전쟁의 본질에 입각하였기 때문에 지극히 당연한 것이었다. 제 2 차 세계대전에서 본 바와 같이 현대전은 교전국의 무력만을 동원하는 것이 아니라 전인구와 자원을 총동원한다. 병력의 사용은 물론이고, 국제법상 금지되지 않은 일체의 힘(武力)을 총동원하여 적의 전력을 파괴하는 데에 사용할 수 있다. 소위 총력전(total war)이 전개되는 것이다. 그러나 전쟁은 '원칙적으로'[58] 혹은 '주로'[59] 무력사용을 통하여 행해진 투쟁이므로, 무력은 전쟁의 중심적 요소가 되지 않을 수 없다. 따라서 무력의 행사 없이 전개되는 소위 냉전은 전쟁으로 볼 수 없다.[60]

오늘날 무력행사의 개념은 UN 체제 하의 원칙적 무력사용금지 때문에 전쟁성격 여부를 결정하는 데 중요성을 갖고 있다.[61] 여기서 무력의 수단이란 두 개의 개념을 내포한다. 그 하나는 병력이고, 다른 하나는 무기이다.[62]

첫째, 병력에 의한 무력사용이란 일반적으로 국가의 조직적인 육·해·공군력에 의한 군사적 공격을 의미한다.[63] 그러나 경찰력이든 보안군이든 혹은 의용군이든 간에 정부행위로서 중무장되어 있다면, 그들에 대한 국가책임은 똑같기 때문에 국방을 담당하는 행정관서 통제 하의 병력에만 한정시킬 필요가 없을 것이다. 더구나 정부는 완전히 비공식단체,

따라서 Wright의 전쟁에 대한 정의는 절충적인 입장이다. "전쟁은 조직화된 인간집단 사이에서 법적 평등, 적대행위 및 폭력을 고도로 포함하는 법적 상태(state of law) 및 투쟁형태(form of conflict)이다"라고 정의한다(같은 책, p.13).

56) Quincy Wright, "Changes in the Conception of War," 18 *A.J.I.L.*, October 1924, p.763.
57) Meng, 앞의 책(각주 28).
58) Lauterpacht, 앞의 책(각주 30), p.204.
59) Starke, 앞의 책(각주 34), p.501.
60) 위의 책, p.506, footnote 34.
61) Kelsen, 앞의 책(각주 27), p.31.
62) J. B. Kelly, "A Legal Analysis of the Changes in War," *Military Law Review*, Vol.13, U.S. Department of the Army, 1961, p.91.
63) I. Brownlie, *International Law and Use of Force by States*, Clarendon Press, 1963, p.361.

예컨대 무장반도 및 의용병의 수단에 의해 행동할 수도 있고, 타국의 영토상에 있는 반도 단체를 후원할 수도 있다. 이렇게 보면 무력행사의 개념은 불분명해진다. 1949년 제네바협약상 조직적인 저항운동의 인정은 게릴라를 일정한 요건 하에 교전자로 인정함으로써 전투원과 비전투원의 구별을 상대화하고 있다.[64] 더구나 1977년 채택된 제네바 제협약 제 Ⅰ 추가의정서는 게릴라전투원의 지위를 더욱 고양시켜 민간인과의 구별을 매우 어렵게 하고 있다.[65] 이러한 사실들은 전통적인 병력 개념의 변화를 의미하는 것이다.

둘째, 무기도 현대과학의 발달에 따라 심각한 변화를 가져왔다.[66] 특히 핵무기의 발달은 전통적인 적대행위의 큰 변화를 가져왔다. 새로운 무기가 개발됨에 따라 적대행위는 더욱 가공할 만한 것이 되고 있다. 오늘날 이 사실은 다른 어떤 요소보다도 정치가들의 마음속에 문제의식을 야기하는 혁명을 가져왔다.[67]

이와 같이 전쟁의 수단으로서의 무력의 개념은 종래의 의미를 변화시켰다.

제 3 절 전쟁법의 의의·유형·기본원칙

Ⅰ. 전쟁법의 의의

좁은 의미에서 전쟁법(Law of war)[68]이란 전투행위(conduct of combat)와 전투로 인한 희생자의 보호(protection of victims of combat)에 관한 문제를 규율하는 국제법의 원칙과 법규를 말한다.[69] 일반적으로 전쟁법이란 전쟁 혹은 무력충돌에 있어서 무력충돌 당사자 상호간의 적대관계를 규율하는 법으로서 전쟁에 호소하려는 것 자체를 규제하려는 법, 즉 전쟁 금지를 효율적으로 실현하기 위한 전쟁방지법(jus ad bellum)과는 구별된다. 광의로는 교전국과 중립국 간의 관계를 규율하는 중립법을 포함하는 전시국제법과 같은 의미로 쓰이기도 한다. 전쟁법의 근본적 목적이 전투행위 자체의 규율이라기보다는 인간의 고통을 덜어 주고자 하는 인도적(humanitarian) 이유들을 목표로 한다는 점에서 '국제인도법'(international humanitarian law)이라고도 부른다.[70] 전쟁법의 규율대상은 다양하다. 전투수행과 무력행사

---

64) 1949년 제네바 제 Ⅰ 협약 및 제Ⅲ협약 제13조 참조.

65) 동 추가의정서 제44조 제 3 항 참조.

66) U.S. Department of the Army, *International Law*, Vol. Ⅱ, Pam 27-161-2, 1962, p.3.

67) 위의 책.

68) 일부 학자들은 '전쟁'이라는 용어 대신 '무력충돌(武力衝突)'이라는 용어를 선호하여 '전쟁법' 대신에 '무력충돌법'(The Laws of Armed Conflicts)이라고 부르고 있다.

69) Frederic De Mulinen, *Handbook on the Law of War for Armed Forces*, International Committee of the Red Cross(ICRC), 1987, p.1; Jean Pictet, *The Principles of International Humanitarian Law*, ICRC, 1966, p.10; Starke, 앞의 책(각주 34), p.585.

70) 이 용어는 1974년 "1949년 제네바 제 협약" 보완을 위한 외교관회의의 명칭(Diplomatic Conference

의 수단과 방법에 대한 규제에서부터 개전(開戰)과 종전(終戰), 교전국과 제 3 국과의 관계, 그리고 전쟁희생자의 보호 등이 모두 여기에 포함된다.

전쟁 혹은 무력충돌에는 법적 규제가 따른다. 이 법적 규제는 두 가지 측면에서 이루어져 왔다. 그 하나는 전쟁이나 무력충돌 자체에 대한 법적 규제(jus ad bellum)이다. 이것은 바꾸어 말하면 전쟁이나 무력충돌의 적법성에 관한 문제이다. 다른 하나는 전쟁이 이미 발발하였거나 무력충돌이 발생한 경우, 이에 따른 문제에 대한 법적 규제(jus in bello)이다. 전통적인 전쟁의 적법성 문제는 제 2 차 세계대전 이후 UN 헌장의 채택과 Nuremberg 국제군사재판의 결과로 인하여 법적으로는 논의의 실익이 없게 되었다.

UN 헌장에서는 전쟁 대신에 '침략행위', '평화의 파괴', 그리고 '평화에 대한 위협'이라는 용어를 쓰고 있다. 이것은 형식상 또는 공식적인 의미의 전쟁과 실질적 또는 사실상의 전쟁까지를 금지한 것이다. 그러나 이미 침략전쟁의 위법성과 범죄성이 누차 재확인되어 왔음에도 불구하고, 사실상 아직도 국제적 무력충돌과 내전이 그칠 줄을 모르고 있다. 다만, UN 체제 하에서 자위를 위한 무력행사나 헌장 제 7 장에 근거한 강제조치 등 국제법상 합법성을 승인받고 있는 무력행사가 있고, 비록 위법한 전쟁이더라도 국제사회에서 현실의 무력충돌 가능성이 부인될 수 없다면 이와 같은 상황을 통제하는 법이 필요하게 된다. 즉 전쟁개시의 정당성을 규율하는 법(jus ad bellum)과 전쟁수행과정의 법(jus in bello)은 별개차원의 것으로 이해되어야 한다. 후자가 바로 이 장(章)에서 언급하는 전쟁법(jus in bello)이다.[71]

전쟁법은 전쟁을 위법화하기 보다는 전쟁의 발생가능성을 줄이고, 전쟁으로 인한 비교전국과 일반국민의 고통을 축소시키며, 더 나아가 국제관계를 가능한 한 안정시키는 데 공헌하였다. 전쟁 그 자체의 재앙을 없앨 수 있다고 주장하기는 처음부터 불가능하였으므로, 적어도 불필요하고 가혹한 행위를 수행함에 있어 특정 '경기규칙'(rules of the game)을 준수할 것이 강요되는 것은 바로 교전자 상호간에 이익(principle of reciprocity)이 있기 때문이다. 이것이 국제법의 가장 중요한 부분을 구성하는 전쟁법의 근원인 것이다.[72] 또한 전쟁법은 비록 불충분하다고 할지라도 문명생활의 지속성(continuity of civilized life)을 보장하는 데 있어서 기여하는 것이다.[73] 개별 국가 내에서 그래 왔던 것과 마찬가지로 국제적 영역에서 이의 달성을 추구하기가 그렇게 쉬운 일이 아님은 말할 필요도 없다.

역사적으로 볼 때 국제적 분쟁을 평화적으로 해결하고 전쟁을 억제하거나 금지하기

---

on the Reaffirmation and Development of International Humanitarian Law Applicable in Armed Conflicts)에서 사용하기 시작되면서 보편화되고 있다. 앞의 책, p.586.

71) jus ad bellum과 jus in bello의 개념에 관한 보다 자세한 이해는 임덕규, 전쟁과 국제법, 법문사, 1985, 103면 참조.

72) Pictet, 앞의 책(각주 69), p.29.

73) Georg Schwarzenberger, *A Manual of International Law*, Stevens & Sons Limited, 1967, p.197.

위한 인간의 노력은 끊임없이 계속되어 왔으며, 그러한 결과로서 분쟁과 전쟁에 관한 법규범이 창안·생성되어 획기적인 발전이 이루어지고 있는 것이 사실이다. 그러나 이러한 가운데서도 오늘날 사람들은 전쟁과 평화 그 어느 것이라고 규정지을 수 없는 어두움 속에서 방황하고 있는 것도 사실이다. 그러므로 전쟁법 연구는 전쟁이 앞으로도 인간조건의 계속적인 특징으로 남아 있으리라는 사실을 받아들이는 것으로부터 출발해야 한다.[74] 모든 폭력과 죽음이 비통한 일인 것처럼 이런 상황도 통탄하여야 마땅하지만, 이것은 새롭게 생겨난 것은 아니다. 그렇다고 이 상황을 불식시키려는 노력을 포기하도록 장려할 수는 없으며, 이런 상황으로부터 빚어지는 해악을 완화시킬 수 있는 온갖 노력을 다하여야 하는 것이 우리의 의무인 것이다.

II. 전쟁법의 유형

전쟁법에 관한 조약체결이 시작된 것은 1860년대에 이르러서이다. 1864년에 Geneva에서는 전장에서 부상병들의 운명에 관해서, 그리고 1868년 St. Petersburg에서는 작열탄의 금지에 관한 국제회의가 각각 개최되어 조약이 체결되었다. 이들 조약들은 두 가지 독특한 경향을 나타내고 있다. 하나는 소위 "제네바법"(law of Geneva)이라고 부르는 것으로, 적군의 장악 하에 들어간 전쟁희생자의 상태에 관한 법규들이며, 다른 하나는 통상 "헤이그법"(law of The Hague)이라고 지칭하는 것으로 전쟁 그 자체의 행위와 전쟁에서 허용된 수단 및 방법에 관한 법규들이다.

그런데 1960년대 이후부터 UN은 무력충돌 시 주로 기본적 인권의 구현이라는 관점으로부터 무력충돌법에 관심을 갖기 시작하였다. 특히 1968년을 '인권의 해'(Human Rights Year)로 정하였고, 같은 해 UN 총회는 결의(2444, XXIII)를 채택하여 UN 사무총장에게 국제적십자위원회(ICRC)와 협의하여 무력충돌법의 발전과 재확인에 관한 연구를 수행할 것을 요구하였다.[75] 그리고 이 결의로 인하여 지금까지의 전쟁법에 대한 상이한 조류는 하나의 방향으로 가속화되는 운동을 일으켰다. 각국 정부와 UN 기구 및 ICRC가 여기에 참가하였다. 이들의 토의의 논점은 헤이그법적 의미에서 전투규칙, 제네바법적 의미에서 전쟁희생자보호, 그리고 무력충돌에 있어서 인권의 국제적 보호관념의 증진이었다.[76]

이러한 노력들은 1971년과 1972년 2차에 걸친 정부전문가회의(Conference of Government

---

74) William V. O'Brien, *The Conduct of Just and Limited War*, Praeger, 1981, p.329.

75) 동 결의에 따라 1969년 11월 UN 사무총장은 "무력충돌에 있어서 인권보호에 관한 보고서"라는 중요한 문서(GA Doc. A/7720)를 제출하였다. Gerhard von Glahn, *Law Among Nations*, Macmillan Publising Co., 1981, p.604.

76) Frits Kalshoven, *Constraints on the Waging of War*, ICRC, 1987, pp.7-8.

Expert)와 1974년에서 1977년에 이르는 4차에 걸친 외교관회의(Diplomatic Conference)로 나타났고, 마침내 1977년 6월 8일 2개의 추가의정서가 채택되었다. 이러한 새로운 전쟁법규의 성격은 기존의 2원적인 체계를 서로 혼합하고 있다는 점에서 별도의 법체계(혼합법, Mixed Law)의 유형으로 분류할 수 있다.[77]

1. 헤이그법

헤이그법은 전투행위에 있어서 교전자의 권리와 의무를 결정하며, 해적수단의 선택에 제한을 가한다. 헤이그법은 주로 전투행위, 점령 및 중립의 개념이 포함된다. 헤이그법에는 네델란드의 도시이름(헤이그)이 붙은 제 협약만이 포함된 것은 아니다. 전시에 특정 투사물(投射物)의 사용을 금지한 1868년의 "St. Petersburg 선언"이나 질식성·유독성 등의 Gas와 세균학적 방법의 사용을 금지한 1925년의 "Geneva 의정서"는 여기에 속한다. 헤이그법에는 ① 1899년 및 1907년의 헤이그 제 협약, ② 1923년 공전법규 초안, ③ 특정무기에 관한 제 조약(St. Petersburg 선언, 1925년 Geneva 의정서, 1980년 특정 재래식 무기사용의 금지 또는 제한에 관한 협약 및 의정서 등)이 있다.

2. 제네바법

제네바법은 적대행위에 가담하지 않은 인원과 전투능력을 상실한 군사요원의 안전을 보호하려는 것이다. 제네바법은 1949년 이래 그 이름으로 된 이후 4개의 협약들에 의해 구체적인 형태를 띠게 되었다. 제네바법의 적용대상에는 전쟁포로·부상자·병자·난선자 등 무력충돌의 희생자가 된 자, 민간인 일반, 무력충돌의 희생자를 돌보는 자(특히 의무요원) 등이 포함된다. 제네바법은 문명과 평화의 제1차적 요소인 인도주의적 성격을 보다 정확히 나타내면서 적십자의 이상을 실체화하고 있다. 여기에는 국제적십자사의 역할이 개입되어 있다. 그러므로 제네바법을 때로는 적십자의 법이라고도 부른다. 제네바법에는 ① 1864년, 1906년, 1929년의 제네바협약, ② 전 항의 협약을 개정하고 완성한 1949년의 제네바 4개 협약이 있다.

헤이그법과 제네바법 간의 명확한 차이는 점차 감소되고 있다. 그러나 두 법 간의 본질적인 차이는 전쟁법을 실제적으로 이해하는 데 있어서 여전히 유용하다. 특히 헤이그법은 지휘책임을 담당하는 모든 자에 대하여 언급함으로써 지휘계통을 통하여 모든 군대요원에 관하여 규율하고 있다.

제네바법과 헤이그법을 구별할 수 있게 하는 또 다른 요소인 제네바협약문은 오로지 개인의 이익만을 위해 작성되어 왔다. 일반적으로 말할 때 여기서는 국가간의 권리에 관해

---

77) De Mulinen, 앞의 책(각주 69), p.4.

서는 정하고 있지 않다. 제네바법은 개인과 인도주의원칙에 우위성을 부여한다. 반면에 헤이그법은 군사작전을 통제하는 것을 목적으로 하며, 부분적으로는 군사필요의 원칙에 기초를 두고 있다.[78]

3. 혼 합 법

혼합법은 헤이그 및 제네바법적 규정들을 함께 포함하고 있는 형태의 법을 지칭하며, 구체적으로는 1954년 "무력충돌 시 문화재보호에 관한 헤이그협약"과 1977년 체결된 "1949년 제네바 제 협약 제Ⅰ추가의정서" 등을 포함한다. 전자는 문화재보호를 위해서 전투행위를 규제하는 헤이그법원칙을 상세히 규정하고, 아울러 문화재보호에 종사하는 민간주민의 보호를 규정하여 제네바법요소를 아울러 담고 있다.

한편 후자는 전통 전쟁법의 일반원칙을 재확인 및 발전시키고 그 범위를 확대하고 있으며, 민간주민을 위한 일련의 보호규정들을 열기하여 무력충돌에서 민간주민 일반에 대한 보호조치를 강화함으로써 제네바(Geneva)제협약을 보완하고 있다.[79]

Ⅲ. 전쟁법의 기본원칙과 구속력

1. 전통 전쟁법의 원칙과 그 발전

전통 전쟁법은 기본적으로 교전당사자가 적의 군사적 능력을 무력화하기 위하여 필요한 종류 및 정도의 군사력을 사용할 군사적 필요성(군사적 필요의 원칙)과 전쟁의 희생을 극소화하고 불명예스러운 전쟁수단·방법·행위를 금지하려는 인도적·기사도적 요청(인도주의 및 기사도의 원칙)이라는 상반된 가치의 조화의 산물로서, 다음과 같은 다양한 기본원칙을 정립하였다.[80] 즉 ① 불필요한 고통금지의 원칙, ② 전투원과 민간인의 구별원칙, ③ 비례성의 원칙, ④ 인도주의의 원칙, ⑤ 군사적 필요의 원칙, ⑥ 기사도의 원칙 등이다.[81]

모든 법규범과 마찬가지로 전쟁법도 무력충돌의 사실적 변화에 따라 새로운 법규범의 변화를 필요로 하는 것은 당연하다. 제2차 세계대전 후 현대전은 과학기술의 발달에 따라 총력전·비정규전의 강화 및 핵전쟁가능성 등의 변화양상을 가져왔다. 이러한 현대전의 기본적 특성은 전통 전쟁법의 원칙에 중대한 영향을 미치고 있음에 틀림없다.

---

78) Pictet, 앞의 책(각주 69), pp. 11-12.
79) 임덕규, "전쟁법과 인도주의," 인권과 국제법, 배재식박사 화갑기념논문집, 박영사, 1989, 149-155면 참조.
80) 미군의 구 야전교범(1940)은 전통 전쟁법의 원칙으로 군사적 필요의 원칙, 인도주의의 원칙 및 기사도의 원칙을 들고 있다. U.S. War Department, Basic Field Manual 27-10(1940), para.4.a; William W. Bishop, Jr., *International Law-Cases and Materials*, 3rd ed., Little, Brown and Company, 1971, pp.962-963. 국내에서도 이 세 가지 원칙을 전쟁법의 원칙으로 기술하는 교과서가 많다.
81) 임덕규, 앞의 책(각주 79), 141-144면.

먼저 민간주민의 무력충돌 관련가능성이 증대되어졌다는 사실이다. 이는 전투원과 민간주민과의 엄격한 구별에 관한 전통 전쟁법 원칙의 중요성을 약화시키는 경향에 있음을 알 수 있다. 그러나 전쟁법규범의 근본적 전제가 군사적 필요와 인도주의의 조화에 있는 한 전투원과 민간주민 간의 구별은 그 규범적 효력을 완전히 상실할 수는 없다. 다만, 그 구체적 적용에 있어 민간주민은 전투관련성의 증대에 따라 그에 상응하는 위험노출 개연성을 감수하여야 한다는 선에서 완화되는 것으로 보아야 할 것이다. 그리고 전투원의 전투능력을 빼앗는 능력과 불필요한 고통을 가져오는 능력과의 엄격한 구별이 존재하지 않는다는 점에서 불필요한 고통금지의 원칙은 그 중요성을 상실해 가고 있으나, 그 규범성은 여전히 강조되고 있다.[82] 그러므로 이 문제에 대한 실질적인 해결은 독립적 역할을 담당하게 된 인도주의 원칙 및 비례성의 원칙이 이를 보완하고 있다고 보아야 할 것이다.[83]

이처럼 전통 전쟁법 원칙은 제2차 세계대전 및 한국전·월남전을 거쳐 이란−이라크전에 이르기까지의 관행을 통해 변화한 것은 사실이지만, 전통 전쟁법의 기초까지 변화된 것은 아니다. 이러한 사실은 월남전 이후에 성립된 1977년 제네바 제협약 제 I 추가의정서의 관계규정[84]을 통해 볼 때 명백하며, 오히려 민간주민 및 민간물자에 관한 보호존중의 범위를 1907년 헤이그 육전규칙 및 1949년 제네바 제협약보다 훨씬 강화하고 있음을 알 수 있다. 또한 포클랜드전쟁(Falkland Islands War) 및 이란−이라크 전쟁을 통해서도 대체로 전통 전쟁법 원칙은 준수된 것으로 평가되고 있다.[85] 1990년대 들어와 최대의 무력충돌사건인 걸프전과 코소보사태에서도 전통 전쟁법 원칙을 파괴했다는 적극적인 징후는 없다. 오히려 국제사회가 'UN 유고전범재판소'를 1993년 11월 17일 헤이그에서 개설하고[86] 지금까지 유고연방대통령 밀로세비치를 포함한 89여 명 이상을 기소함으로써[87] 전쟁법 원칙의 실효성을 확인한 것으로 볼 수 있다. 최초의 상설국제재판소인 국제형사재판소도 소년병의 강제징집 및 적대행위에 사용을(전쟁법 위반−관습국제법상 범죄이며, ICC규정 제8조(e)항 위반

---

82) 1980년 10월 10일 제네바에서 채택된 "특정 재래식무기에 관한 사용금지 및 제한에 관한 협약"과 4개의 의정서 참조.

83) 김성훈, "특정 재래식무기의 국제법적 규제," 대한국제법학회논총 제25권 제1호·제2호 합병호, 1980. 12, 129−130면 참조.

84) 동 추가의정서는 민간주민 및 민간물자는 전투원 및 군사목표물과 구별하여 충돌당사자의 작전은 오직 후자에만 지향되도록 함으로써 전통 전쟁법상의 전투원과 민간인 구별원칙을 재확인하고 있으며(제48조), 민간주민에 대한 무차별공격금지(제51조 제4항 및 제5항), 민간물자의 일반적 보호(제52조), 문화재·예배장소의 보호(제53조), 무방수지역 공격금지(제59조) 등을 통해 이를 확인·강화하고 있다.

85) Andrea De Guttry and Natalino Ronzitti(ed.), *The Iran−Iraq War(1980~1988) and the Law of Naval Warfare*, Grotius Publications Limited, 1993, pp.13−14 참조; 다만, 동 전쟁에서는 대량의 화학무기가 공공연하게 사용되어 국제사회의 큰 우려를 갖게 하였고, UN 안보리결의 582(1986.2.24.)에서는 1925년 제네바의정서의 준수를 상기시키면서 동 의정서의 의무에 반하는 화학무기사용을 개탄하고 있다. 같은 책, pp.214−216, 523, 540.

86) http://www.icty.org/ 참조(최종방문일 2014.5.13.)

87) *Ibid.* 2013년 10월 7일 현재, 확정된 판결을 기준으로 징역형 64명, 무죄선고 16명, 그리고 피고인의 사망으로 공소기각결정이 내려진 경우가 9명에 해당한다.

이다.) 이유로 기소된 콩고의 군벌 루방가에게 2012년 7월 유죄확정선고를 하여 역시 전쟁
법의 실효성을 확인하고 있다. 따라서 현대전의 관행변화를 통하여 전통 전쟁법은 효력을
상실한 것이 아니라, 오히려 그 원칙을 재확인하면서 발전하고 그 범위를 확대하여 가고
있다 할 것이다.

2. 현대 전쟁법의 기본원칙

(1) 불필요한 고통금지의 원칙

전쟁목적의 달성에 불필요한 행위는 허용되지 않는다는 것이 불필요한 고통금지에 관
한 법원칙이다. 교전당사자는 해적수단의 선택에 관하여 무제한적인 권리를 갖는 것이 아
니다.[88] 불필요한 고통 또는 과도한 상해의 금지에 관한 법원칙은 항복한 병사의 살상금
지,[89] 조명거부선언의 금지[90] 및 불필요한 고통을 주는 무기사용의 금지[91]에서 찾아볼 수
있다. 특히 1980년 체결된 "특정 재래식 무기사용의 금지 또는 제한에 관한 협약 및 의정
서"는 동 법원칙의 집약적 표현을 담고 있다.

(2) 전투원과 민간인의 구별원칙(Distinction)

전쟁은 교전당사자의 전투원간의 무력충돌로써 전투원과 민간인은 엄격히 구별되어
전자에만 전투행위가 국한되고, 후자는 전투대상에서 제외된다는 것이 일반원칙으로 인정
되고 있다.[92] 1868년 St. Petersburg 선언은 "국가가 전쟁기간중에 달성하려고 노력하여야
할 정당한 유일의 목표는 적의 군사력을 약화시키는 것이다"라고 하여 이를 분명히 하고
있으며, 방수되어 있지 않은 도시·촌락·주택·건물에 대한 공격금지[93]와 방수지역에 대
한 공격개시 전 경고의무[94]는 이 원칙을 구체화한 일례라 할 것이다. 그러나 군사적 필요가
압도적으로 우월한 비중을 점하여 민간주민에 대한 강제적 수단사용을 허용하는 경우는
예외가 인정되고 있다. 즉 봉쇄는 금지되지 않으며,[95] 무방수지역이라도 그 지방당국이 해
군의 수요에 충당하기 위해 필요한 식량 또는 군수품의 징발요구에 불응하는 경우 포격을

---

88) 1907년 육전의 법규 및 관례에 관한 헤이그협약 부속규칙(약칭 : 1907년 헤이그육전규칙) 제22조.
89) 위의 규칙, 제23조 ⓒ.
90) 위의 규칙, 제23조 ⓓ.
91) 위의 규칙, 제23조 ⓔ.
92) Department of the Navy, *The Commander's Handbook on the Law of Naval Operations*, NWP
9(Rev. A), FMFM 1-10(October 1989), Chap.5, para.5-3.
93) 앞의 규칙(각주 88), 제25조.
94) 위의 규칙, 제26조.
95) 적의 항복을 요구하기 위하여 민간인을 아사(餓死)토록 포위하는 것은 많은 전쟁에서 실증되고 있다.
1863년 Lieber 교범 제17조는 "전쟁은 무기에 의해서만 수행되지 않는다. 적의 빠른 항복을 얻기 위하
여 교전당사자의 무장 여부에 관계없이 아사전법(餓死戰法)을 사용하는 것은 적법한 것이다"라고 규정
하였다. Stockholm International Peace Research Institute, *The Law of War and Dubious Weapons*,
Almqvist & Wiksell Internatioal, 1976, p.9.

허용하고 있다.[96]

(3) 군사적 필요의 원칙(Military Necessity)

군사적 필요의 원칙이란 최소한의 경제적·인적 자원의 소비로써 적을 제압하는 데 필요불가결하고 동시에 국제법에 의해 금지되지 않는 제한된 군사력의 사용조치는 정당화 된다는 원칙이다.[97]

이 개념은 네 가지 기본요소를 가지고 있다. 첫째 사용된 군사력은 실제로 사용자에 의해서 규제되어질 것, 둘째 사용된 군사력은 적의 부분적 혹은 완전한 제압을 가능한 빨리 달성하는 데 필요할 것, 셋째 사용된 군사력은 신속한 제압을 달성하는 데 필요한 것보다 적의 인명 혹은 재산에 대한 피해효과가 훨씬 크지 않을 것, 넷째 사용된 군사력은 달리 (예컨대 실정 국제법상) 금지되지 않을 것 등이다.[98]

이 군사적 필요의 원칙은 인도주의 원칙과의 상대적 관점에서 조명되어진다. Schwarzenberg는 전쟁법규범을 상기 2개 변수로 하여 결정되는 4개의 범주로 구분하고 있다.[99] 첫째 군사적 필요의 원칙과 상호 충돌되지 않는 규범, 둘째 인도주의의 원칙이 우월하여 군사적 필요가 허용되지 않기 때문에 전쟁행위가 무조건적으로 제한되는 규범, 셋째 인도주의의 원칙과 군사적 필요의 타협의 산물로써 군사적 필요가 있는 경우 전쟁행위에 대한 제한을 제거시킨 규범, 넷째 군사적 필요의 우위를 인정하는 규범이 그것이다. 그러므로 군사적 필요의 원칙과 인도주의 원칙이 전쟁법규범의 매개변수로서 불가분의 일체를 구성한다고 본다면, 군사적 필요의 원칙은 전쟁법규범에 대한 일반적 제한의 원용근거가 될 수 없다 할 것이다. 따라서 후술하는 전수론은 전쟁법 위반을 정당화하기 위하여 군사적 필요의 원칙을 부당히 확장한 것으로써 그 효력이 부인되어야 한다.

(4) 비례성의 원칙(Proportionality)

McDougal과 Feliciano는 비례성의 원칙에 대하여 투입된 군사력의 양과 작전수행 중에 평가되는 군사적 가치와의 관계가 비례적이어야 한다고 설명하고 있다.[100] 오늘날 비례성의 원칙은 (지휘관이) 군사목표를 공격함에 있어 군사적 필요성(Military Necessity)과 이로 인해 발생하는 불가피한 민간인의 피해(Collateral Damage)를 비교형량하여 군사적 필요성이 월등히 커야만 적법한 군사행위가 된다는 원칙이다.[101] 군사목표에 대한 공격으로 민간주

---

96) 1907년 전시 해군력에 의한 포격에 관한 헤이그규칙 제 3 조.

97) U.S., Department of the Air Force, *International Law: The Conduct of Armed Conflict and Air Operations*, AF Pamphlet 110-31(19 November 1976), pp.5-6(Chapter I).

98) 위의 책.

99) G. Schwarzenberg, *International Law as Applied by Courts and Tribunals*, Vol. II, Stevens & Sons Limited, 1968, pp.11-12.

100) McDougal and Feliciano, *Law and Minimum World Public Order*, Yale University Press, 1961, pp.524-525.

민에게 비례하지 않는 고통을 가져오는 것을 금지시키는 결과를 가져옴으로써 전투원과 민간인의 구별원칙과도 간접적으로 연결되고 있다.

1977년 제네바 제협약 추가의정서는 이 원칙을 민간주민보호에 관한 제 규정에 구체화시키고 있다. 우발적인 민간인 생명의 손실, 민간인에 대한 상해, 민간물자에 대한 손상, 또는 그 복합적 결과를 야기할 우려가 있는 공격으로서 구체적이고 직접적인 군사적 이익에 비하여 과도한 공격을 무차별공격으로 간주하여 금지하고 있으며,[102] 공격의 계획・결정에 있어서 군사적 이익에 비추어 과도한 공격의 개시를 피하도록 하고,[103] 개시 후 과도한 것으로 될 것이 분명한 경우 공격의 취소・중지를 규정하고 있다.[104]

비례성의 원칙은 주관적 요소에 의존하는 가치판단을 기반으로 하며 가변적인 상황을 일반화하려는 데에 따른 어려움 때문에 국제법의 명확한 원칙으로 성립하였는가는 의문의 여지가 있었으나,[105] 대량파괴무기의 등장으로 새로운 중요성을 얻고 있으며 그 위치를 굳히고 있다.

(5) 인도주의의 원칙(Humanity)

인도주의의 원칙이란 전쟁목적달성을 위하여 실질적으로 필요하지 않은 폭력사용을 금지하는 것을 말한다.[106] 교전당사자에게 군사적 목적달성을 위한 모든 전투수단이 허용되는 것은 아니며, 문명과 인도주의 원칙에 의해서 제한된다. 그러므로 특정부류의 사람(포로, 상병자, 조난자, 적국에 억류된 민간인 등), 특정부류의 건물(사찰・교회・학교・문화기념관・병원 등), 특정부류의 무기 등에 관해서는 제한이 따르는 것이다.[107] 결국 인도주의의 원칙은 불필요한 고통금지, 비례성의 요구 및 전투원과 민간인의 구별원칙으로 귀착된다.

인도주의의 요구는 다음의 몇 가지 중요한 문서에서 공식화되고 있다. 1868년 St. Petersburg 선언은 "모든 교전당사자는 군사적 필요와 인도주의법을 조화시켜야 한다"라

---

101) Emory University School of Law의 International Humanitarian Clinic Director이자 국제법 교수인 Laurie R. Blank는 비례성의 원칙(proportionality)에 관해서 "비례성의 원칙은 군사공격을 통해 기대되는 군사상의 이익보다 예상되는 민간인 피해가 과도한 경우, 당사자들이 이를 삼가야" 하는 것으로 설명하고 있다.(The principle of proportionality requires that parties refrain from attacks in which the expected civilian casualties will be excessive in relation to the anticipated military advantage gained.) Laurie R. Blank, Gregory P. Noone, INTERNATIONAL LAW AND ARMED CONFLICT, Wolters Kluter, 2012. P. 51; Judice Gardham, Necessity and Proportionality in Jus ad Bellu and Jus in Bello, in International Law, THE INTERNATIONAL COURT of JUSTICE AND NUCLEAR WEAPONS, (Laurence Boisson de Chazoumes & Philippe Sands eds., 1999), pp.283-284.
102) 1977년 제네바협약 제 I 추가의정서 제51조 제 5 항 ⓑ.
103) 제 1 의정서 제57조 제 2 항 a (iii).
104) 제 1 의정서 제57조 제 2 항 b.
105) SIPRI, 앞의 책(각주 95), p.10.
106) Bishop, 앞의 책(각주 80), p.963.
107) SIPRI, 앞의 책(각주 95), p.11.

고 하여 인도주의 원칙이 전쟁법의 기본원칙임을 분명히 하고 있다. 특히 1907년 헤이그 육전규칙 전문에서는 육전규칙에 명시적 규정이 없는 경우에도 문명국 간에 존재하는 관습 및 인도주의 원칙과 공적 양심의 요구에 따른 보호가 전투원 및 민간인에게 부여된다는 'de Martens 조항'[108]을 삽입하여 이를 뒷받침하고 있다. 1949년 제네바 4개 협약도 'de Martens' 조항을 삽입하여 동일한 목적을 추구하고 있으며,[109] 1977년 제네바제협약 제Ⅰ 추가의정서 제1조 제2항에서도 같은 내용을 담고 있다.

(6) 기사도의 원칙(Chivalry)

기사도의 원칙이란 불명예스러운 수단·방법 및 행동을 취하는 것을 금지하는 것을 말한다.[110] 기사도란 개념을 정의하는 것이 어렵지만, 널리 인정받은 정식절차와 정중함으로 조화된 무력충돌의 행동을 의미한다. 중세시대 기사도는 전투원이 특권계급에 속한다는 관념, 무장전투가 하나의 의식이라는 관념, 적에게도 존경과 명예가 주어진다는 관념 및 적도 무장기사단의 형제애 속의 한 형제라는 관념을 포함하였다.[111] 현대의 기술적이고 산업화된 무력충돌은 보다 비신사적으로 전쟁을 만들었다. 그럼에도 불구하고 기사도원칙은 독약, 불명예스럽거나 배신적인 부정행위,[112] 적기·적의 제복·제네바협약의 특수휘장[113] 등의 오용을 반대하는 특별한 금지로써 남아 있다. 요컨대 기사도의 원칙은 무력충돌에 있어서 전투원 개개인을 덜 야만적이고 보다 더 문명적으로 만들고자 하는 것이다.

(7) 환경보전의 원칙

환경보전에 대한 새로운 전쟁법 원칙은 인류사회에 심각한 문제로 대두되고 있는 환경보전의 필요성을 승인하는 것과 관련된다. 1974년 12월 9일 UN 총회에서 채택된 결의 3264(ⅩⅩⅠⅩ)는 적절한 국제협약의 체결을 통해 국제안보·인류복지 및 건강의 유지에 반하는 군사적 기타 적대 목적으로 환경 및 기후에 영향을 주는 행동을 금지하기 위한 실효적 조치의 필요성을 강조하였으며,[114] 1977년 제네바제협약 제Ⅰ추가의정서에도 반영되고 있다. 즉 전투방법 및 수단에 관한 기본원칙의 하나로서 자연환경에 대하여 광범위하고 장기간의 극심한 손상을 야기하려는 의도를 갖거나 그렇게 될 것으로 예상되는 전투방법 및 수단의 사용을 금지하고 있으며,[115] 전투중 광범위하고 장기간의 극심한 손상으로부터 자

---

108) 1899년 및 1907년 양차 헤이그평화회의에 참석했던 러시아대표단의 한 사람인 de Martens에 의해서 동 조항의 내용이 제안되어져 소위 'de Martens Clause'로 불리게 되었다. Georg Schwarzenberg, *The Legality of Nuclear Weapons*, Stevens and Sons Limited, 1958, p.10.
109) 제Ⅰ협약 제63조; 제Ⅱ협약 제62조; 제Ⅲ협약 제142조; 제Ⅳ협약 제158조.
110) Bishop, 앞의 책(각주 80), p.963: 동 원칙을 평화회복에 필요한 신뢰에 반하는 간악한 행위를 금지하는 것을 말하는 '평화회복의 원칙'으로 설명하기도 한다. SIPRI, 앞의 책(각주 95), p.14.
111) U.S. Air Force, 앞의 책(각주 97), p.Ⅰ-6.
112) 1907년 헤이그 육전규칙 제23조 ⓑ. 2.
113) 위의 규칙 제23조 ⓕ.
114) SIPRI, 앞의 책(각주 95), p.39.

연환경을 보호하기 위한 조치를 취할 의무를 부과하면서 주민의 건강 또는 생존을 침해할 것이 예상되는 전투방법 및 수단의 사용과 복구(復仇)에 의한 자연환경에 대한 공격을 금지시키고 있다.[116] 1977년 5월 18일에 서명되고 1978년 10월 5일에 발효된 "환경변형기술의 군사적 또는 기타 적대적 사용의 금지에 관한 협약(Convention on the Prohibition of Military or Any Other Hostile Use of Environmental Modification Techniques)" 역시 환경보전의 원칙에 관한 중요한 법원(Source of Law)이다.[117] 동 협약 제 1 조에서는 "협약의 당사국이 다른 당사국에 대한 파괴·손상 또는 위해의 수단으로서 광범위하거나 장기적이거나 또는 극심한 효과를 미치는 환경변형기술의 군사적 또는 기타 적대적 사용에 종사하지 않을 것"을 규정하고 있다. 제 2 조는 "환경변형기술이란 자연과정에 고의적 조작을 통하여 생물상, 암석권, 수권 및 대기권을 포함한 지구의 또는 외기권의 역학·구성 또는 구조를 변화시키는 모든 기술"을 의미한다고 규정하고 있다.

동 원칙과 관련하여 걸프전 당시 이라크군이 쿠웨이트와 자국의 유정(油井)과 송유관을 파괴한 사건이 있었다. 이라크는 다국적군의 공중공습을 저지하기 위해 유정에 불을 질러 그 연기로 다국적군의 시야확보를 어렵게 하였는데, 이로 인해 상당한 대기오염이 발생하였다. 아울러 이러한 파괴로 인해 걸프지역의 담수시설을 비롯하여 많은 야생생태계 또한 파괴되는 결과가 발생하였다. 전후 이러한 이라크의 행위를 환경보전의 원칙에 위배된 전쟁범죄로 처벌해야 한다는 주장이 있었다. 그러나 이라크의 일련의 유정파괴행위는 '광범위하고 장기간의 극심한 손상을 야기하려는 의도(with the intention of modifying the environment)'를 가지고 행한 행위가 아니라 전술적 차원에서 다국적군의 공중공습을 막기 위한 고육지책이었다는 이유에서 환경보전의 원칙을 위반한 전쟁범죄로 처벌되지는 않았다.[118]

평시에 있어서 환경에 대한 국제법상 책임은 현대 국제법에서 널리 인정되고 있는 바,[119] 전쟁법에서도 동일하게 인정되어야 한다. 오늘날의 신형무기는 인류환경을 심각하게 위협할 수 있는 존재가 되고 있다.[120] 과학기술의 발전은 지구의 생태를 근본적으로 변화시킬 가능성을 보여 주고 있다. 그러므로 전쟁법은 이 새로운 사태에 적응되어져야 할 것이다.[121]

115) 동 의정서 제35조 제 3 항.
116) 동 의정서 제55조.
117) 우리나라는 이 협약에 1986년 12월 2일에 가입했다.
118) L. C. Green, *The Contemporary Law of Armed Conflict*, Manchester Univ., Press, 1993, pp.289-290; L. C. Green, "The Environment and the Law of Conventional Warfare," *29 Canada Year Book of International Law*, 1991, p.222.
119) Ian Brownlie, *Principles of Public International Law*, 4th ed., Oxford University Press, 1990, p.446.
120) 월남전에서 대량으로 살포된 고엽제·지뢰·부비트랩·기상무기 등은 좋은 예이다.
121) SIPRI, 앞의 책(각주 95), p.41.

3. 전쟁법의 구속력

전쟁법은 비합법적인 전쟁행위에 대한 복구의 경우 외에는 모든 상황과 조건 하에서 교전당사국을 구속한다.[122] 그런데 전쟁 중에 교전당사국이 전쟁법 준수의무로부터 해방되는 사유로 주장되는 전수론(戰數論, doctrine of Kriegsraison: 일명 전시비상사유)이 있다. 이 이론에서는 전쟁 중 교전당사국이 전쟁법을 준수함으로써 자국의 중대이익이 위험에 직면하는 예외적인 경우에는 전쟁의 필요가 전쟁법에 우선하여 전쟁법의 구속으로부터 이탈할 수 있다고 주장한다.

(1) 전수(戰數) 긍정론

제 1 차 세계대전 전의 많은 독일학자들에 의해 주장되어 온 전수 긍정론에 의하면 "전쟁에 있어서 필요성은 전투의 방법을 압도한다"는 독일의 법언(法諺)에 따라 전쟁법은 극단적인 필요의 경우에는 그 구속력을 상실한다고 한다. 그러한 경우란 극단적인 위험을 피하기 위한 수단이든지, 혹은 적을 제압하려는 전쟁목적의 실현이라고 말한다.[123]

19세기 독일 전쟁법의 권위자 류더(Lüeder)는 전수론의 근거로 다음 몇 가지를 들고 있다. ① 지휘관은 형식적인 법을 위반하기 위해서가 아니라 위급한 경우에 패배와 황폐를 면하기 위해 전수(戰數)에 따라 행동할 수 있으며, ② 개인은 그들이 위급한 경우 전쟁법을 위반해도 처벌로부터 면제된다는 것이 일반적으로 승인되어 있고, ③ 일반 형법상 위급의 경우에 면책에 관한 이론을 전쟁법에도 적용할 수 있다는 것이 그것이다.[124]

20세기에 와서도 스톤(Stone) 같은 학자는 자기보존권(the privilege based on self-preservation)에 입각하여 전수론을 긍정하고 있다. 그에 의하면 국가는 심지어 평시의 경우라도 국가의 자기보존권을 행사함에 있어서 국제법상 일반적 의무를 위반해도 좋은 특권이 주어져 있다는 것과 국가는 자기보존권이 관련되어질 때에는 국가 자신에 의해서 결정될 수 있다고 본다. 또한 그는 평시에 있어서의 자기보존권이 전시에 있어서는 국가에게서 어찌하여 부인되어질 수 있는가에 대하여 어떠한 관행이나 문서도 만족스럽게 설명하지 못한다고 주장하고 있다.[125]

(2) 전수(戰數) 부정론

군사적 필요의 경우에도 전수(戰數)에 의해 전쟁법의 구속력을 배제할 수 없다는 전수(戰數) 부정론은 영국·미국·프랑스·이탈리아의 대부분의 학자에 의해 주장되었다.[126] 전

122) Lauterpacht, 앞의 책(각주 30), p.231.
123) 위의 책, pp.231-232.
124) 김명기, 국제법학, 일신사, 1977, 375면.
125) Julius Stone, *Legal Controls of International Conflict*, Rinehart & Company Inc., 1958, pp.352-353.

수론에 대한 반론을 상세하게 전개한 최초의 학자는 영국의 웨스트레익(Westlake)인데, 전
수 부정론은 영국의 통설로 되어 있다. 부정론에 의하면 "모든 전쟁법규는 군사적 필요와
인도주의 원칙과의 타협의 산물이며, 따라서 전쟁법규에는 이미 군사적 필요가 고려되어
있다. 이러한 전쟁법규를 또다시 군사적 필요에 의하여 파괴할 수 있다고 한다면 전쟁법규
제정의 의의를 몰각하는 것이 된다."[127]

(3) 결 론

전수(戰數) 긍정론은 전쟁법규가 이미 군사적 필요의 원칙에 입각하여 정립되었다[128]는
사실을 간과하는 것이다. 1907년 헤이그 육전법규 전문에는 이러한 취지가 명시되어 있
다.[129] 그러므로 전쟁법 위반을 정당화시킬 수 있는 군사적 필요성의 조건을 구성하는 경우
란 관습법규가 명백하게 군사적 필요에 대한 예외적 작전을 규정할 때만이 가능하다고 제
한적으로 해석하는 것이 타당하다.[130] 헤이그 육전규칙 제23조 ⓖ는 그 좋은 예로 들 수 있
다. 군사필요의 원칙은 결코 모든 전쟁법규에 우월할 수 없으며 제한을 받아야 한다. 제네
바 제협약 제1조도 "체약국은 모든 경우에(in all circumstances)에 있어서 본 협약을 존중할
것과 보장할 것을 약정한다"고 규정하고 있다.

또한 많은 판례가 전수론(戰數論)을 부정하고 있다. 1945년 영국 군사재판소는
Peleus호 사건에서 독일이 항변한 군사적 필요성을 부정하였으며,[131] 1945년 미국 군사재
판소도 Thiel과 Steinert 사건에서 연합군에 의해 포위되었을 때에 안전한 곳으로 피신하
기 위하여 동반했던 포로를 살해한 독일인 병사에게 유죄를 선고함으로써 위급성 혹은 군
사적 필요성을 부인하였다.[132] 1948년 Nuremberg 군사재판소 역시 헤이그규칙에 포함된
금지조항들은 동 규칙이 특별히 규정한 것을 제외하고는 아무리 위급한 경우라도 군사적
필요성에 우선하며, 편의주의나 필요성은 법규위반을 정당화할 수 없다고 하여 전수론을
부정하였다.[133]

---

126) Lauterpacht, 앞의 책(각주 30), p.232.
127) 위의 책.
128) U.S. Department of the Army Field Manual(FM 27-10), *The Law of Land Warfare*, 1976, p.4.
129) 헤이그 육전법규 전문은 "체약국의 의견에 의하면 이들 규정은 군사상 필요가 허용하는 한 전쟁의 격렬
함을 감소시킬 희망으로 규정된 것으로서 교전자 상호간 및 주민과의 관계에 있어서 교전자의 행위의
일반적 준칙으로서 의도된 것이다"라고 규정하고 있다.
130) H. Kelsen, *Principles of International Law*, Holt, Rinehart and Winston, Inc., 2nd ed., 1966, p.100.
131) 1945년 영국 군사재판소가 Peleus호 사건에서 내린 판결에서 독일잠수함(U-852)이 그리스의 화물선
Peleus호를 격침하고 구명정에 분승한 승무원을 포격하였을 때 독일측은 그 행동이 격침의 흔적을 불능
케 하려는 군사적 필요에 의하여 부득이한 조치였다고 항변하나, 그러한 군사적 필요는 인정할 수 없고
당시 독일 잠수함으로서의 적절한 행동은 침몰의 장소로부터 가급적 속히 이탈하는 일이었다고 동 재판
소는 지적하였다. Lauterpacht, 앞의 책(각주 30), pp.232-233.
132) 위의 책, p.233.
133) United Nations War Crimes Commission, *Law Reports of Trials of War Criminals*, Vol. 8, 1949,
p.69.

전쟁법은 국가뿐만 아니라 개인, 특히 군대구성원들에게도 그 구속력을 가진다.[134] 군사적 필요성은 법에 의해 절대적으로 금지된 행위를 정당화시킬 수 없다.[135] 군사적 승리를 달성하기 위한 수단에는 제한이 있는 것이다. 무력충돌은 군사필요의 원칙을 내재하고 있는 제한들을 포함한 국제법상 금지의 범위 내에서 수행되어야 한다. 그러나 어떤 특별한 행위의 적법성은 호혜주의(reciprocity)를 포함하여 무력충돌을 지배하는 모든 원칙들을 고려하지 않고 판단되어서는 안 될 것이다.[136]

제4절   전쟁법의 발달

전쟁법의 기원은 중세 후기에 생성하여 점진적으로 발전한 교전자들의 실행(practices)에 두고 있다. 중세의 전쟁은 일반적으로 극히 잔인한 것이었으나 말기에 이르러 기독교와 기사도정신에 의한 영향으로 점차 완화되기 시작하였다.[137] 당시의 전쟁법은 이미 현대 전쟁법의 원형으로 볼 수 있는 일련의 규칙을 포함하고 있었다(전투원과 민간인의 구별, 종교·학술·자선의 용도에 제공된 재산의 불가침, 전쟁목적의 수행에 불필요한 살상과 파괴의 금지, 잔혹성이 큰 해적수단의 금지).

중세시대에 봉건제후나 군주간의 평시관계를 규율하는 법은 로마법을 부활·발전시킨 것이었다. 그러나 로마법 속에는 전쟁을 규율하는 법규가 없었기 때문에 당시의 학자들은 전쟁에 적용할 법규의 발견에 노력하였다. 전쟁의 합리적 설명, 합법적인 전쟁과 불법적인 폭력행사와의 구별, 교전자가 행사할 수 있는 무력의 한계, 전승자의 패전자에 대한 권력행사 정도 등이 연구의 중심과제였다. 또한 선구적 국제법학자들의 저술은 대부분 전쟁법에 관한 연구였다. 평시법의 연구는 전쟁법연구의 과정에서 얻어진 부차적인 것이었다. 당시의 학자들은 전쟁을 정당화하는 원인을 국가의 권리침해에서 구한 결과 침해의 대상이 되

---

134) U.S. Army, 앞의 책(각주 66), p.4.
135) Laurie Blank 교수는 다음과 같은 일화를 자신의 책에서 소개하며 흥미있는, 그렇지만 결코 쉽지 않은 질문을 제시하고 있다.
　　"최근 아프가니스탄 전쟁(Global War On Terror: 테러와의 전쟁)에서 미국의 네이비실(Navy SEAL)팀은 정찰임무 수행 중 남자아이를 포함한 목동에게 우연하게 노출되었다. 네 명의 팀원들은 목동을 그냥 보내줄 경우 탈레반에게 자신들의 위치가 노출될 위험에 처하게 될 것을 알고 있었다. 논의 끝에(4명이 투표를 하여 기권 1명, 사살 1명, 그냥 보내자는 의견에 2명이었다고 한다) 이들은 목동을 그냥 보내주었다. 그로부터 2시간 후에 140명의 탈레반 전투원이 그들을 공격하여 모두 전사하였다. 뿐만 아니라 이들을 구출하기 위해 투입되었던 네이비실 8명의 팀원과 육군특수전 대원 8명도 탈레반이 쏜 로켓추진유탄에 헬기가 피격되어 전사하였다." – 그렇다면 유사한 상황에 직면한 군인들도(전수부정론에 입각하여 이들과) 같은 판단을 하여야 하는가 아니면 군사적 필요성을 이유로 불가피하게 목동을 사살하거나 일정 기간 동안 억류할 수 있는 것인가? Laurie R. Blank, Gregory P. Noone, 앞의 책, pp.327-328.
136) U.S. Air Force, 앞의 책(각주 97), p.Ⅰ-6.
137) Lauterpacht, 앞의 책(각주 30), p.226.

는 평시 국가의 권리를 명확히 할 필요가 있었으며, 따라서 전쟁개시의 정당한 원인에 관한 연구의 일부로 평시법의 연구가 필요했던 것이다.[138] Hugo Grotius의 「전쟁과 평화의 법」도 제목만 보면 전쟁과 평화가 등위관계에 있으나 내용상으로는 전체가 전쟁법에 관한 것이다. 그는 당시 30년 전쟁(1618-1648)의 참화를 몸소 겪고, 문명세계에서 '야만인이라도 치욕으로 여길 전쟁'이 자행되고 있음을 통탄하면서 책을 저술하였던 것이다. 그는 전쟁을 일정한 국제법의 원칙에 복종케 하여 전쟁을 조절하고 그 참화를 방지하고자 하였다.[139] 중세학자들의 전쟁법연구가 전쟁원인의 정당성판정 여부에 집중되어 있었던 데 비하여, Grotius는 전쟁법체계를 전쟁원인의 정당성 부분과 구체적·개별적 전투행위의 정당성 부분으로 나누어 근대적 정전론(正戰論, Just War Doctrine)을 정립하였다.[140]

중세의 정전론은 교전당사자의 일방은 반드시 정당하고, 타방은 당연히 부당하다는 지극히 기계적이고 이분법적인 이론이었다. 그러나 근대 이후 정전론은 주권적이며 평등한 군주(또는 국가) 상호간의 투쟁을 내용으로 하여야 했기 때문에 그와 같은 이분법적 이론이 더 이상 유지되기 어려웠다.[141] 근대 초기 주권사상의 발전과 더불어 18세기부터는 교전당사국의 입장을 평등한 것으로 보는 무차별전쟁관(無差別戰爭觀)이 등장하여 제 1 차 세계대전에 이르기까지의 국제법학에 있어서 지배적 견해가 되었다.[142] 주권국가 위에 상급의 판정자가 없는 국제사회의 현실에 있어서는 각국의 주관적 판정을 그대로 인정할 수밖에는 없었던 것이 무차별전쟁관의 배경이었고, 그 결과 국가가 행하는 모든 전쟁은 국제법상 적법한 것으로 간주되게 되었다.[143] 이와 같은 상황을 반영하여 제 1 차 세계대전 전에는 전쟁의 합법성의 문제(jus ad bellum)는 거의 거론되지 않았고, 전적으로 전쟁개시의 절차나 전쟁수행과정에 있어서의 교전법규(jus in bello)의 제정에 노력이 집중되었다. 그 결과 교전법규가 전쟁법의 주류를 차지하게 되었으며, 이론면에서도 정비되게 되었다.[144] 더욱이 19세기는 법전화의 세기였다. 대륙 제 국가 내에서의 법전화가 진행되는 경향에 따라 국제법에 있어서도 이 풍조가 반영되고, 두 번의 헤이그평화회의(1899년, 1907년)에 있어서 이것이 시험되기에 이르렀다. 당시에 법전화의 대상으로서 주로 거론된 것은 전쟁법이었으며, 그 중에서도 특히 개개의 교전법규가 중심이 되었다. 당시까지 관습으로서 집적되어 왔던 전쟁법규를 법전화하는 작업이 이루어짐으로써 오늘날까지 실제적으로 적용되는 전쟁법규는

---

138) 이한기, 국제법강의, 박영사, 1995, 691-692면.

139) Hugo Grotus, "The Law of War and Peace"(1625), in *Classics of International Law*, edited by James Brown Scott, Bobbs-Merrill Company, 1925, p.20.

140) Grotius의 「전쟁과 평화의 법」은 3권으로 구성되어 있는데, 제 1 권에서는 법과 전쟁의 근본적 개념에 대한 연구를 하고, 제 2 권에서는 전쟁의 정당한 제 원인을 검토하고 있으며, 제 3 권에서는 실제 전투에 있어서 정당성에 관하여 설명하고 있다.

141) 田畑茂二郎, 國際法講義(下), 有信堂, 1973, 161面.

142) 위의 책, 164面.

143) Stone, 앞의 책(각주 125), p.297.

144) 田畑茂二郎, 앞의 책(각주 141), 164-166面.

대부분 이 시기에 조약화되었다. 제2차 세계대전 후에 제정되어진 중요한 전쟁법인 1949년의 제네바 4개 협약도, 예를 들면 교전자와 비교전자를 구별하는 것이라든가 포로의 인도적 대우 등에 있어서 이 시기에 확인된 원칙을 기본적인 사고방법으로 계승하고 있는 것이다.[145] 이리하여 국제법학에는 그 체계 속에 '전시'(戰時)의 존재를 인정하여 전시국제법과 평시국제법과의 이분론이 채용되었다. 전시국제법은 각국에 평등한 교전권을 인정한 전제 위에서 발전되게 되었다.

제1차 세계대전 전의 국제법 하에서 전쟁은 자조(自助)의 수단 및 국제분쟁을 해결하기 위한 최후의 수단으로써 일반적으로 그 합법성이 인정되었고, 더욱이 국가를 초월한 유권적 판정자가 없는 국제사회의 현실에 있어서는 사실상 모든 전쟁에 대하여 합법성을 인정하는 결과를 초래하였다. 그리하여 전쟁을 규제하기 위해서는 국가가 국제분쟁을 해결하기 위한 수단으로 전쟁을 수행하는 행위 그 자체를 제한하는 것이 무엇보다 필요하였고, 그러한 방향으로의 첫걸음을 내디딘 것이 제1차 세계대전 후에 등장한 국제연맹이었다. 이를 계기로 전쟁의 위법화가 국제법상의 중요한 문제로서 제기되었고, 자조(自助)나 국제분쟁을 해결하기 위한 수단으로써 전쟁을 수행하는 것은 점차 국제법상 금지되게 되었다. 이것은 제1차 세계대전 전까지의 '무차별전쟁관'(無差別戰爭觀)이 새로운 '차별전쟁관'(差別戰爭觀)으로 변화하였음을 의미하는 것이었다.[146]

국제연맹규약은 모든 전쟁을 금지하지는 않았다. 국제연맹규약은 일정한 전쟁을 금지하고 있었으나 전쟁을 전면적으로 금지하고 있지는 않아 전쟁을 합법적으로 행할 수 있는 여지가 남아 있었다. 그러므로 전쟁의 전면적 금지를 조약화하려는 기도에서 1928년에 부전조약이 성립되었다. 그러나 이와 같은 노력에도 불구하고 인류는 제2차 세계대전의 참화를 겪었고, 그 후 구축된 UN 체제는 무력행사의 일반적 금지 및 위법화를 선언하게 되었다.

오늘날 UN 체제 하에 있어서 전쟁의 지위에 대한 변화를 계기로 전쟁법의 무용론을 주장하는 학자도 없지 않다. 그러나 전쟁법의 윤리적 내용을 구성하는 인도주의와 기사도 정신이 전쟁에 있어서의 야만성을 극복하고, 무제한적인 무력행사에 억제를 가하는 작용을 하여 왔다는 인류문명의 성과를 망각하여서는 안 된다. 19세기 이래의 전쟁법을 그대로 적용하는 데에 많은 의문이 있을 수 있으나, '있어야 할 법'(lege ferenda)을 제시하기 위해서는 '있는 법'(lege lata)을 알아야 하며, 그 중에 무엇이 실효성을 가진 실정법인가를 발견하여야 한다. 이것이 현대 전쟁법의 과제이다.[147]

145) 筒井若水, 앞의 책(각주 24), 72面.
146) 田畑茂二郎, 앞의 책(각주 141), 167面.
147) 이한기, 앞의 책(각주 138), 693면.

제 5 절 전쟁법의 법원(法源)

전쟁법규(교전법규)는 본질적으로 국제관습법 및 조약의 산물이나, 그 기원을 거슬러 올라가면 그것은 대개 지도적인 군사국가가 그 때까지의 관습을 참작하여 자국의 군대에게 지시한 야전교범 내지 국내법령에 공통되었던 규칙이라고 볼 수 있다. 미국 남북전쟁시인 1863년 북군 측이 사용한 야전교범은 그 대표적인 예로서, 그 후 전쟁법의 발달에 모범을 제시하여 주었다.[148] 이같이 각국의 군사법전이 일반적으로 제정됨과 더불어 문명의 요청 및 전쟁의 필요성과의 상호작용에 의하여 서서히 조약의 형태로 전쟁법이 성문화되었다. 초기 조약은 대개 양자조약에 지나지 않았으나, 19세기 중엽부터는 전쟁법에 관한 다자조약이 체결되기 시작하였다. 이러한 조약형태의 전쟁법규를 연대순으로 적으면 다음과 같다.

- 1856년 해상법에 관한 파리선언(크림전쟁 종료 후 해상포획법의 원칙을 선언)
- 1864년 전지 군대에 있어서 상병자의 상태개선에 관한 제네바조약(제 1 차 적십자조약; 1906년 개정됨)
- 1868년 전시에 있어서 400그램 이하의 작열탄(炸裂彈, explosive projectiles) 사용금지에 관한 세인트 피터스부르그(St. Petersburg) 선언
- 1874년 브뤼셀 선언(동 선언은 채택되지 못했으나 국제법협회가 동 선언을 연구 및 보완하여 'Oxford 육전법규교범'으로 발간함)
- 1880년 옥스포드 육전법규교범(국제법협회에 의해서 채택되었으며, 브뤼셀 선언과 함께 제 1 차·제 2 차 헤이그협약의 기초를 형성했음)
- 1899년 제 1 차 헤이그 국제평화회의에서 채택된 제 조약
  - ① 육전의 법규 및 관례에 관한 조약(동 규칙을 포함)
  - ② 1864년 제네바조약의 제 원칙을 해전에 적용하는 조약
  - ③ 덤덤탄(expanding bullets)[149]의 금지선언
  - ④ 5년간 기구(氣球)로부터 투사물(投射物), 폭발물 및 기타 유사수단 투하의 금

---

148) 동 야전교범, 즉 "야전에 있어서 미국정부 군대를 위한 지침"은 남북전쟁 기간 중인 1863년 4월 24일 링컨(Lincoln) 대통령에 의하여 일반명령 제100호로 공포되었다. 동 지침은 Columbia대학 교수 Francis Lieber에 의하여 기초되었으며, 전쟁법의 법전화를 위한 최초의 노력으로서 1874년 Brussel 회의, 1899년 및 1907년 Hague 협약에 영향을 주었고, 심지어 오늘날까지도 큰 가치와 중요성을 갖고 있다. Dietrich Schindler and Jiri Toman(ed.), *The Laws of Armed Conflicts*, 3rd ed., Henry Dunant Institute, 1988, p.3.

149) '덤덤탄'이란 인도의 캘커타근교 덤덤(Dum-Dum)에 위치한 영국의 군수공장에서 제조한 특수한 소총 탄환인데, 이 탄환이 인체에 명중하면 재폭발하여 파편이 인체 내에 널리 확산되어 치명적인 상처를 입히게 된다. 1899년의 금지선언 이후 이 탄환은 거의 사용되지 않는 것으로 알려졌지만, 1995년 11월 이스라엘의 과격파 테러리스트가 라빈총리를 암살할 때 사용한 총탄이 덤덤탄 종류인 것으로 보도된 바 있다.

지선언(공폭금지선언)¹⁵⁰⁾

⑤ 독가스금지선언

−1904년 전시 병원선의 공격면제에 관한 조약

−1906년 전지 군대에 있어서 상병자 상태개선에 관한 제네바조약(제 2 차 적십자조약)

−1907년 제 2 차 헤이그 국제평화회의에서 채택된 제 조약[151]

  제 1 호 조약: 국제분쟁의 평화적 처리에 관한 조약

  제 2 호 조약: 계약상 채무회수를 위한 무력사용의 제한에 관한 조약

  제 3 호 조약: 적대행위 개시에 관한 조약

  제 4 호 조약: 육전의 법규 및 관례에 관한 조약(1899년의 조약을 개정)

  제 5 호 조약: 육전에 있어서 중립국 및 중립인의 권리·의무에 관한 조약

  제 6 호 조약: 개전시 적상선(敵商船)의 취급에 관한 조약

  제 7 호 조약: 상선을 군함으로 변경하는 일에 관한 조약

  제 8 호 조약: 자동촉발수뢰의 부설에 관한 조약

  제 9 호 조약: 전시 해군력에 의하여 행하는 포격에 관한 조약

  제10호 조약: 제네바조약의 제 원칙을 해전에 적용하는 조약(제 1 회의 것을 수정)

  제11호 조약: 해전에 있어서 포획권행사의 제한에 관한 조약

  제12호 조약: 국제포획심판소의 설치에 관한 조약(발효되지 못함)

  제13호 조약: 해전에 있어서의 중립국의 권리·의무에 관한 조약

  제14호 조약: 기구(氣球)로부터 투사물(投射物) 및 폭발물발사의 금지선언[152]

−1909년 해전법규에 관한 런던선언(불성립)[153]

이상의 제 조약은 제 1 차 세계대전 전의 조약들인데, 이것들은 이른바 '총가입조항(general participation clause)'을 포함하고 있다. '총가입조항'이라고 하는 것은 교전국 전체가 조약가입국인 전쟁에 한해서만 그 조약을 적용할 수 있다는 것을 규정한 조항이다. 이 조항으로 인하여 위의 여러 조약들은 전쟁에 있어서 교전국 중 하나라도 조약에 가입하지 않은 국가가 있는 경우에는 그 전쟁 전체에 효력을 발생하지 않으며, 따라서 조약에 가입한 교전국 상호간에도 효력을 발생하지 않게 된다. 예를 들면 제 1 차 세계대전에서는 전쟁에 참가한 이탈리아·터키 및 발칸제국이 제 2 차 헤이그 평화회의의 조약들을 비준하지 않았기 때문

---

150) 동 선언은 제 1 차 헤이그회의에서 금지기간을 5년간(1905년 9월 4일 종료)으로 하는 것을 조건으로 하여 수락되었다. SIPRI, 앞의 책(각주 95), p.141.

151) 제 1 호 및 제 2 호 조약은 교전법규는 아니다.

152) 2 차에 걸친 헤이그회의 기간 중 항공술의 진보가 있게 되자 다수국가들(특히 강대국들)은 동 선언에 유보적 태도를 갖게 되었다. 그리하여 1907년의 동 선언은 제 3 차 국제평화회의의 개최시까지만 효력이 있도록 하였다. 그런데 제 3 차 회의는 개최되지 못했기 때문에 공식적으로는 지금도 여전히 유효하다. 그러나 프랑스·독일·이탈리아·일본·러시아 등 다수국가가 서명 혹은 비준을 하지 않았다. 강대국 중에서는 영국과 미국만이 비준하였다. SIPRI, 앞의 책(각주 95), p.141.

153) 영국정부의 주선으로 London에서 10개국의 참석 하에 회의가 개최되어 동 선언을 채택하였으나, 영국 의회에 의하여 거부되었기 때문에 어떤 서명국가에 의해서도 비준되지 못했다. 그러나 제 1 차 세계대전 중 수개의 교전국에 의해서 승인되었다. 위의 책, p.755.

에 이 조약은 적용되지 않았다. 그러므로 제1차 세계대전 이후에는 헤이그조약에 가입하지 않은 신생국의 증가로 인하여 조약적용의 기회가 더욱 감소되었다.[154]

그러나 조약의 내용이 관습법을 성문화한 선에서는 관습법으로서 적용될 것이고, 또 조약의 내용이 체약국 이외의 타국에 의하여 일반적으로 실행됨으로써 관습법적 성질을 갖게 되는 경우에도 역시 관습법으로서 적용을 보게 될 것이다. 예를 들면 1946년 Nuremberg 국제군사재판소는 "육전의 법규 및 관례에 관한 조약"이 모든 문명국가에 의하여 승인되어졌고, 전쟁의 법규 및 관례를 선언한 것으로 간주될 수 있다는 이유에서 체코슬로바키아가 비체약국이었음에도 불구하고 그 적용을 인정하였다.[155] 여하튼 총가입조항은 조약의 적용을 불가능하게 만드는 경우가 많으므로 제1차 세계대전 이후의 조약에는 총가입조항을 삭제하는 경향이 있다. 특히 1949년 제네바 제협약(각 협약 제2조 제3항 참고) 이후의 전쟁법조약은 총가입조항을 두지 않음으로써 비체약국이 교전당사국으로 포함된 무력충돌의 경우에도 체약국 사이에서는 그 조약의 구속을 받도록 하고 있다.

제1차 세계대전 이후의 전쟁법관계의 중요한 조약은 다음과 같다.

−1922년 잠수함 및 독가스 사용제한에 관한 조약(불성립)[156]
−1922/1923년 헤이그 법률가위원회에 의한 규칙안[157]
　　　① 공전규칙안(空戰規則案)
　　　② 전시 무선관제규칙안
−1925년 화학전 및 세균전의 금지에 관한 제네바의정서
−1928년 해상중립에 관한 Havana협약
−1929년 전지 군대에 있어서 상병자의 상태개선에 관한 제네바조약(제3차 적십자조약)
−1929년 전쟁포로의 대우에 관한 조약
−1930/1936년 London 해군군축조약 제4편[158]

제2차 세계대전 이후에 체결된 조약은 다음과 같다.

−1949년 전쟁희생자의 보호에 관한 제네바 4개 협약
　　　① 육전에 있어서 군대의 부상자 및 병자의 상태개선에 관한 협약(제 I 협약)

---

154) 이한기, 앞의 책(각주 138), 694−695면.
155) Lauterpacht, 앞의 책(각주 30), pp.234−235.
156) 제1차 세계대전의 전승 5국이 워싱턴에서 모여 조약을 체결했으나, 프랑스의 비준실패로 조약의 효력이 발생하지 못했다. Schindler and Toman, 앞의 책(각주 148), p.789.
157) 1922년 워싱턴회의는 "공전 및 전시 무선사용에 관한 규칙안"을 준비하도록 법률가위원회의 지명을 위한 결의안을 채택하였다. 위원회는 6개국의 대표로 구성되어 1922년 12월부터 시작하여 1923년 2월까지 헤이그에서 모여 각각 규칙안을 마련하였다. 비록 이 규칙안들은 법적 구속력을 가진 형태로 채택되지는 않았으나, 전시 항공기의 사용에 관한 법규를 명확히 하고 정식화한 권위를 가진 시안으로서 중요성을 가진다. SIPRI, 앞의 책(각주 95), p.147.
158) 동 조약은 1930년 London에서 체결되었고, 전체로서는 1937년 이후 실효되었으나 1936년 11월 동 조약 제4편(제22조) '잠수함전의 규칙에 관한 의사록'이 별도로 체결되었다. 다수의 국가가 이 의사록을 인정하였다. Schindler and Toman, 앞의 책(각주 148), p.793.

② 해상에 있어서 군대의 부상자·병자 및 조난자의 상태개선에 관한 협약(제Ⅱ협약)

③ 포로의 대우에 관한 협약(제Ⅲ협약)

④ 전시에 있어서 민간인의 보호에 관한 협약(제Ⅳ협약)

-1954년 무력충돌의 경우에 있어서 문화재보호를 위한 협약

-1968년 전쟁범죄와 인도에 대한 죄의 시효(時效) 부적용(不適用)에 관한 협약

-1972년 세균(생물) 무기 및 독소무기의 개발·생산 및 비축의 금지와 그 폐기에 관한 조약

-1977년 환경변형기술의 군사적 혹은 기타 적대적 사용의 금지에 관한 조약

-1977년 1949년 8월 12일자 제네바 제 협약에 대한 추가 및 국제적 무력충돌희생자의 보호
에 관한 추가의정서(제Ⅰ추가의정서)

-1977년 1949년 8월 12일자 제네바 제 협약에 대한 추가 및 비국제적 무력충돌희생자의 보
호에 관한 추가의정서(제Ⅱ추가의정서)

-1980년 특정 재래식 무기사용의 금지 또는 제한에 관한 협약 및 의정서

① 탐지불능파편에 관한 의정서(제Ⅰ의정서)

② 지뢰·부비트랩 및 기타 장치물사용의 금지 또는 제한에 관한 의정서(제Ⅱ의정서)

③ 소이성(燒夷性) 무기사용의 금지 또는 제한에 관한 의정서(제Ⅲ의정서)

-1993년 화학무기의 개발·생산·비축·사용 금지 및 폐기에 관한 협약

-1995년 실명(失明) 레이저무기에 관한 의정서(1980년 CCW 협약의 제 4 의정서)

-1996년 지뢰·위장성(僞裝性) 무기 및 기타 장치물사용의 금지 또는 제한에 관한 개정의정서
(1980년 협약의 개정 제 2 의정서)

-1997년 대인지뢰의 사용·비축·생산 및 이전(移轉) 금지와 이들 무기의 폐기에 관한 협약(오
타와협약)

-1998년 국제형사재판소 규정 채택(ICC 로마규정) (2002년 7월 1일자 발효)

이상 여러 조약이 총체적으로 현재 전쟁법규의 법원을 형성하고 있다.

제 6 절 전쟁법의 적용

Ⅰ. 전쟁법의 적용범위

전쟁법의 시간적 적용범위는 전쟁의 개시로부터 종료시까지이다. 전쟁개시의 방법에
는 선전포고, 조건부의 전쟁선언을 포함한 최후통첩, 사실상의 적대행위개시 등이 있다.
전쟁은 강화조약체결이나 사실상의 적대행위 중지를 통하여 종료된다. 상세한 것은 다음
제 2 장에서 논하기로 한다.

전쟁법의 공간적 적용범위는 교전구역이다. 교전구역이란 교전국이 병력에 의한 해적
행위를 실행할 수 있는 공간으로서, 원칙적으로 교전국의 영토·영해·영공·공해 및 그

상공 모두를 포함한다. 중립국의 영역은 교전구역이 아니기 때문에 중립국 영역으로부터 공격을 하거나 또는 중립국 영역 내에 있는 적을 공격하는 것은 허용되지 않는다.

전쟁법의 인적 · 물적 적용범위는 적성(敵性)에 의하여 결정된다. 교전국은 전쟁의 개시와 더불어 '적'에게 여러 가지 가해수단을 적용할 권리를 가지므로, 먼저 '적'이란 무엇인가를 결정할 필요가 생긴다. 따라서 적의 인(人: 자연인, 법인) 및 적의 물(物: 재산, 선박, 항공기, 화물 등)에 관하여 적으로서의 성질, 즉 적성을 결정하지 않으면 안 된다. 각국의 실행으로서는 제 1 차 세계대전 이래 적성(敵性)의 범위가 점차 확대되어 가는 경향이다. 상세한 것은 다음 제 3 장의 "군사목표물" 항에서 논하기로 한다.

한편 무력에 의한 해적수단은 교전자격을 가진 자(교전자)만이 행사할 수 있다. 전쟁법은 교전자 외에는 아무런 법적 지위도 부여하지 않으므로 교전자격이 없는 자가 적대행위에 가담하는 경우 전쟁법의 보호를 받지 못한다. 상세한 것은 다음 제 3 장의 "교전자격요건" 항에서 논한다. 각국은 교전당사국과 특정사항에 관하여 특별협정을 체결할 수 있다. 그러나 그러한 협정으로 사람이나 물건에 대하여 전쟁법상 부여되는 보호의 정도를 약화시킬 수는 없다. 누구도 전쟁법이나 각국과 당사국간에 체결된 특별협정에 의하여 보장된 권리의 전부 또는 일부를 포기할 수 없다.

Ⅱ. 국제적 무력충돌에서의 일반적 적용

전쟁법은 전쟁선언의 존재 여부와 관계 없이 국제적인 무력충돌에 적용된다. 1949년 제네바 4개 협약은 제 1 조에서 제 2 조까지 공통적인 내용을 규정하고 있는바, 제 1 협약 제 2 조는 다음과 같이 규정하고 있다.

"본 협약은 평시에 실시된 규정 외에도 둘 또는 그 이상의 체약국간에 발생할 수 있는 모든 선언된 전쟁 또는 기타 무력충돌의 모든 경우에 대하여 당해 체약국의 하나가 전쟁상태를 승인하거나 아니하거나를 불문하고 적용된다.

본 협약은 또한 한 체약국 영토의 일부 또는 전부가 점령된 모든 경우에 대하여, 비록 그러한 점령이 무력저항을 받지 아니한다 하더라도 적용된다.

충돌당사국의 하나가 본 협약의 당사국이 아닌 경우에도 본 협약의 당사국은 그들 상호간의 관계에 있어서 본 협약의 구속을 받는다. 또한 체약국은 본 협약 당사국이 아닌 충돌당사국이 본 협약의 규정을 수락하고 적용할 때에는 그 국가와의 관계에 있어서 본 협약의 구속을 받는다."

위 조항의 내용은 분명히 동 협약의 적용을 선전포고로 개시되는 법률상의 전쟁에 국한시키지 않고 현 국제사회의 분쟁상태를 반영시켜 기타 무력충돌상태, 즉 '사실상의 전쟁'

에도 적용가능하게 한 것이 특징이다. 그리고 양 교전국이 체약국인 경우는 물론이고, 두 교전국 중 일방만이 체약국인 경우에도 적용되는 것으로 규정하고 있다. 더욱이 무력저항의 유무를 불문하고 일부 또는 전부의 체약국 영토가 점령되었을 때에도 적용된다고 규정하고 있다. 국제관습법의 경우도 전쟁법의 적용을 법률상의 전쟁에만 국한시키지 않고, 모든 국가간의 무력충돌에 적용하였다. 이 경우 때로는 공식적인 선전포고가 있었고, 때로는 아무런 사전예고가 없는 상태에서 전쟁이 시작되기도 하였다. 뿐만 아니라 점령과정에서 하등의 저항이나 무력반응이 없는 경우, 바꾸어 말하면 완전히 일방적인 무력행사의 경우에도 관습법은 그 유효성을 발휘하였다.[159]

제2차 세계대전 이후로 국가들은 공식적인 선전포고를 회피하여 왔다.[160] 이것은 분쟁해결수단으로 전쟁에 호소하여 왔던 국가들의 법적 기초의 변화를 반영한다. 즉 제2차 세계대전 이후의 국가관행에서 중요한 요소인 선전포고의 회피는 UN 헌장 및 부전조약(不戰條約, Kellogg-Briand Peace Pact)에서 유래한다. 그러므로 국가들은 정치적 목적을 달성하기 위하여 선전포고를 할 권리를 주장하지 않았다. 다만, 어떤 국가가 무력충돌에 호소할 권리에 존재하는 한계를 인정하여 침략이나 전복에 대한 개별적 혹은 집단적 자위권의 행사시 그러한 무력충돌은 정당화되었다. 이것은 각국이 전쟁에 호소할 권리를 인정하고 실행하였던 이전 시대와는 뚜렷한 대조를 이룬다. 그러나 국제법이 비록 침략전쟁을 금지하고 있지만, 오늘날 무력충돌은 여전히 사라지지 않고 있음도 사실이다. 따라서 법률상의 전쟁이건 사실상의 전쟁이건 간에 전쟁법은 유효하게 적용되어야 하며, 후술하게 될 불법적 무력사용에 대한 전쟁법의 적용도 가능해야 하는 것이다.

국제적 무력충돌은 그 충돌의 심도에 관계 없이 법의 규제를 받는다. 그러나 충돌당사국들이 무력충돌이 존재하는 것으로 간주하지 않는 한 국가간에 산발적인 폭력행위들이 발생한다고 하여도 국제사회는 이를 무력충돌상태로 간주하지 않는다.[161] 일반적으로 국제사회는 무력충돌의 희생자를 보호하기 위하여 가능한 많은 상황에 전쟁법을 널리 적용하기 위하여 장려하여 왔다.

Ⅲ. 국제군에 대한 전쟁법의 적용

국제군(international armed forces)에 대해서는 전쟁희생자의 보호를 위한 1949년 제네바 4개 조약뿐만 아니라 이를 보완한 1977년 2개의 추가의정서에도 아무런 규정을 두고 있지 않다. 상기 제네바조약이나 제Ⅰ추가의정서 모두 국가의 군대를 그 대상으로 하고 있

---

159) M. Whiteman, *Digest of International Law*, Vol.10, 1968, p.67.
160) US Air Force, 앞의 책(각주 97), p.Ⅰ-10.
161) 위의 책.

고, 국제관습법의 생성 당시에도 국제군은 예상조차 어려운 현상이었다. 통상적으로 흔히 말하는 UN군이나 다국적군이 개입하는 무력충돌시 전쟁법규를 적용토록 한 명문의 규정을 두지 않은 것은 결과적으로 이들 조약과 추가의정서의 흠결로 지적되고 있다.[162] 그 결과 현행법상 국제군이 조직되어 파병되는 경우에 전쟁법규가 적용될 것이냐의 여부와 그 범위가 문제시될 수 있다.

이러한 국제군의 법적 문제는 제 2 차 세계대전 이래 학구적 논문의 주제가 되어 왔다. 조약 의무의 충돌 및 관습법해석상의 충돌은 미해결인 채로 남아 있다. 전쟁법은 권리·의무를 단일국가에 대하여서만 부과하고 있다. 국내법은 그 국가의 군대를 통제하기 위해서 제정된 것이지 국제군을 통제하기 위한 것은 아니다. 국제군이라는 새로운 현상에 따라서 전통국제법에 의해서는 규제되지 않던 상황에 돌입하게 된 것이다.[163]

UN의 경우를 볼 때, UN의 군사행동은 종래와 같은 국가 사이의 전쟁이 아니고 타방 교전자와 비교하여 더 우월한 지위에서의 강제조치이므로 UN은 전쟁법 전체의 구속을 받을 필요는 없고, UN의 목적과 일치하는 범위 내의 전쟁법을 임의로 선택할 수 있다고 하는 주장이 있었다.[164] 그러한 예로는 포로에 대한 문제, 전시점령의 문제 등을 들 수 있다.

그러나 이에 반대하는 다음과 같은 견해가 지배적이다. 전쟁은 통상적으로 국가간에 존재하는 것이고, UN은 우월한 도덕적·법적 위치에 있음이 분명하나, 전쟁행위를 규율하는 전쟁법은 인도적인 필요성에서 생겨난 것이다. 인도주의라는 전쟁법의 근본원리로 볼 때 UN 활동에 전쟁법이 적용되지 않는다는 주장은 불가능하다. 1949년 제네바 4개 협약은 선언된 전쟁뿐만 아니라 어떤 무력충돌사태에도 적용되는 것으로 규정하고 있다. 만일 동 조약들이 UN 활동에 적용불가능하다는 입장을 표면적으로 관찰했을 때, 예를 들어 포로의 취급, 부상자 및 병자의 취급 등에 관한 규칙이 UN에 관한 한 적용될 수 없다는 결론이 나올 수 있는데, 그렇게 되면 UN군은 교전상태에 있어서 인도적인 고려를 전혀 받을 수 없다는 결론이 불가피하다.[165]

생각건대 전쟁법의 본질은 전쟁목적의 달성을 위하여 불가결한 것이 아닌, 그리고 인도주의의 정신에 반하는 전투방법을 금하고자 하는 것이다. UN에 의한 강제조치의 경우도 그 목적을 달성하는 데 필요하지 않는 인명·재산의 파괴는 금하여야 하므로 UN의 군사행동에 전쟁법의 적용을 부정할 이유는 없다. 현존하는 다수의 전쟁법규는 전쟁포로뿐만 아니라 민간인을 포함한 특정집단을 전쟁의 참화로부터 보호하기 위하여 마련되었다. 그러므로 그 기본적 목적은 국제군이 적대행위에 개입하든지, 혹은 특정국가가 불법적

---

162) Schindler and Toman, 앞의 책(각주 148), p.Ⅷ.

163) U.S. Army, 앞의 책(각주 128), p.29.

164) Gerhard von Glahn, *Law Among Nations*, 4th ed., Macmillan Publishing Co., Inc., 1981, p.606.

165) R.R. Baxter, "The Role of Law in Modern War," *Procedings of the American Society of International Law*, 1953, pp.90, 95-96, 98.

침략으로 추정되어 개입하든지 이러한 우연한 요인에 의해서 결코 변할 이유가 없는 것이다.[166]

다음의 문제는 UN의 가맹국이 그 군사적 제재조치에 대하여 어떠한 지위에 서는가에 관한 것이다. 안전보장이사회에 의한 침략국의 인정과 이에 대한 제재조치의 결정은 가맹국을 법적으로 구속하는 것이므로, 만약 이사회의 이러한 결정이 내려진 경우에는 모든 가맹국은 중립국이 될 수 없다. 그러나 실제에 있어서 이러한 이사회의 결정은 성립되기 어려우며, 만일 성립되었다 하더라도 UN 헌장 제43조의 특별협정이 체결되지 않았으므로 가맹국은 스스로의 판단에 의하여 중립국의 지위에 설 수 있는 여지가 충분히 있다.[167]

IV. 국제적 내전(內戰) 및 민족해방전쟁에의 적용

1. 국제적 내전

국제관습법상 국가의 영역 안에서 발생하여 오로지 그 국가의 국민에게만 영향을 미치는 사건은 국내관할권의 범위 내에 속하는 사항이다. 그 결과 국제적 성격을 띠지 아니한 무력충돌 역시 국제법의 규율대상에서 제외될 수밖에 없었다. 그러다가 1949년의 제네바 제 협약에서 최소한의 인도적 대우를 규정함으로써 이에 대한 법적 규제를 시도하였다. 내란(內亂) 시에 오히려 국제적 무력충돌의 경우보다 더 심한 폭행과 잔혹행위가 자행되는 현상이 목격되었던 것이다. 더구나 통계적으로도 1945년 이후에 일어난 무력충돌의 희생자 중 약 80퍼센트가 비국제적 무력충돌의 희생자였다.[168] 이에 제네바 4개 협약의 규정만으로는 충분한 대처가 불가능하다는 판단에서 제II추가의정서가 채택되었다. 바로 이 사실이 내전과 전쟁법규의 상관성을 잘 말해 주고 있는 것이다.

1945년 이후 대부분의 무력충돌은 내전의 형태로 발발하였다. 다수의 국제전의 경우에도 그 분쟁의 뿌리는 내전에서 기원한 것이 많았다. 예컨대 아랍과 이스라엘 간의 전쟁도 그 기초는 영국의 팔레스타인 위임통치시부터 유대인사회와 아랍인사회 간의 반목에서 기원하고 있다. 현대세계에서 각국은 자신의 군대를 파견하여 타국 영토를 침공하는 일은 회피하고 있다. 그 대신 상대국 내에서 자신과 이데올로기를 같이하는 분파를 선동·지원함으로써 자신의 영향력 확대를 기도하는 것이 보통이다. 이 같은 외세의 간접적 개입은 타국에 의한 내전참여의 국제법규가 국제전을 금지하는 법규만큼 명확하지 못하기 때문에 내전을 국제전으로 발전시키는 계기를 증가시키고 있다.[169]

166) Glahn, 앞의 책(각주 164), p.606.
167) 이한기, 앞의 책(각주 138), 687면.
168) Schindler and Toman, 앞의 책(각주 148), p.619.
169) Michael Akehurst, *A Modern Introduction to International Law*, 6th ed., Allen and Unwin, 1987, p.281.

내전을 일으키는 측은 대개 일국 내에서의 정권장악이나 분리독립을 목표로 하고 있다. 전통국제법에 따르면 일국은 타국의 내란시 그 반란 측을 지원할 수 없다. 이 원칙은 오늘날까지 일반적으로 인정되고 있으나, 여기에는 몇 가지 예외가 주장되기도 하였다.[170] 내전에 대한 외국의 지원에 관하여는 과거의 예를 살펴보아도 확립된 관행을 발견하기 어렵다. 동일한 국가도 경우에 따라 관행을 바꾸었다. 그러나 1945년 이후 외부의 전복활동이 있을 때 합법정부를 방어하기 위하여 타국이 내전에 개입하는 것은 정당화될 수 있다는 경향이 형성되고 있다. 예컨대 미국의 레바논개입(1958년)·도미니카개입(1965년)·베트남 개입(1965~1973) 및 구소련(USSR)의 헝가리개입(1956년)·체코개입(1968년)·아프가니스탄개입(1979년) 등이다. 이러한 개입시 명분은 "외국의 선동으로부터 그 나라의 주권을 보전하기 위하여"라고 주장되었다. 강대국이 외국의 내전에 직접 개입할 때마다 견강부회(牽强附會) 식으로 자신들의 개입을 정당화하는 것을 볼 때, 그 정당성에 의문이 없지 않다. 다만, 각종 형태의 내란발생시 합법정부 측에 자금과 무기를 제공하는 것은 허용하되, 외세의 전복활동발생시를 제외하고는 합법정부를 지원하기 위한 파병은 금지된다는 새로운 관습법규의 출현이 목격되고 있다고 결론을 내릴 수 있다.[171]

전통 국제법에 있어서 내전은 일반적으로 국내문제이며, 본래 국가간의 전쟁에 적용되는 교전법규는 내전의 경우 당연히 적용되지 않았다. 합법정부로서는 설사 외국이 반란 측을 교전단체로서 승인할지라도 자신이 직접 교전단체로 승인을 하지 않는 한 반란 측과의 교전에서 교전법규를 적용할 필요가 없고, 반란 측을 국내법상 범죄자로서 극형에 처하는 것이 허용되었다. 오직 합법정부가 반란 측을 교전단체로 승인하였을 경우에 한하여 내전은 국제법상의 전쟁으로 취급되어 교전법규가 적용되는 것이었다. 그러나 실제로 합법정부는 반란 측에 교전단체로의 승인을 부여하여 자신과 대등한 지위를 인정하는 데에 소극적인 경우가 보통이다. 이리하여 교전단체 승인의 제도는 미국의 남북전쟁 이후 거의 이용되지 않게 되었다.[172]

전술한 바와 같이 제 2 차 세계대전 후의 무력분쟁법은 내전의 참화를 경감하기 위하여 종래의 교전법규와 다른 새로운 규칙을 작성하였다. 우선 1949년 제네바 제 조약의 공통 제 3 조는 '체약국의 한 영역 내에 발생한 국제적 성질을 갖지 않는 무력충돌의 경우'에 각 충돌당사국은 적대행위에 직접적으로 참가하지 않은 자를 인도적으로 대우하도록 규정하였다. 이 규정은 교전단체승인의 유무에 관계없이 적용되어야 한다. 종래에는 비국제적

---

170) 예를 들면 오늘날 '민족자결권'의 행사를 좌절시키고자 하는 무력사용은 불법적인 것으로 간주되기 때문에 이를 지원하는 것은 합법적이라고 주장할 수 있을 것이다. 또한 합법정부의 존립 역시 외국원조에 의존하고 있을 뿐이라면, 다른 외국 역시 반란 측을 지원할 수 있다고 주장되기도 한다. 반면 내란 시 합법정부의 요청에 기하여 외국이 합법정부를 지원하는 것이 국제법상 합법적인가의 여부에 관하여도 논란이 많다. 앞의 책, pp.282-287 참조.

171) 위의 책, pp.287-288.

172) Lauterpacht, 앞의 책(각주 30), p.250; 이한기, 앞의 책(각주 138), 688-689면.

무력분쟁에는 교전단체의 승인이 있는 경우에 한하여 전쟁법이 부분적으로 적용된 데 반하여, 내전에 대하여도 법률상 당연히 최소한의 전쟁법규를 적용할 수 있게 되었다. 그러나 그 적용은 충돌당사국의 법적 지위에 영향을 미치지 않는다고 하였으므로(동 협약 제3조 제2항), 반란 측은 체포되었을 경우 포로대우를 받지 못하고 국내법상 범죄자로서 재판을 받아야 할 입장에 있다. 또한 공통 제3조는 군사행동으로부터 일반주민을 보호하는 규정을 두고 있지 않았다.[173]

이리하여 1977년에 1949년 제네바 제 협약을 보완하기 위한 2개의 추가의정서를 채택한 것이다. 이 중에서 제Ⅱ추가의정서는 내전에 적용될 인도적 보호규칙을 확대·강화하고 있으며, 군사행동으로부터 발생하는 위험에 대하여 일반주민을 보호하는 규칙도 신설하였다. 그러나 제Ⅱ추가의정서가 적용되는 무력충돌의 범위는 공통 제3조의 적용범위에 비하여 협소하게 되었다(동 의정서 제1조 참조). 물론 공통 제3조는 모든 비국제적 무력충돌의 희생자에 대한 기초적 보장규정으로 계속 적용될 것이다. 또한 제Ⅱ추가의정서에 있어서도 반란 측은 합법정부와 대등한 지위가 인정되고 있지 않다. 이는 국가주권 및 국내문제 불간섭원칙의 존중이 동 의정서를 적용하기 위한 전제조건이기 때문이다. 그리고 무력충돌이 아닌 폭동, 고립되고 산발적인 폭력행위 및 기타 유사한 성질의 행위와 같은 내부혼란 및 긴장의 상황에는 적용되지 않으며(제1조 제2항), 인권보호에 관한 일반국제법규의 구속을 받을 뿐이다.

2. 민족해방전쟁

민족해방전쟁이란 국가성은 결여되나 민족해방운동을 목적으로 하는 조직이 수행하는 민족의 자결과 독립을 위한 무력투쟁을 말한다. 일반적으로 국가간의 충돌 및 명백한 국내적 폭동은 이 개념에서 제외된다.[174]

민족해방전쟁은 전통 국제법에서는 내전으로 간주되었다.[175] 식민지 인민이 독립을 위하여 본국정부에 무력저항을 시도하는 경우, 종래 이들은 반도로 간주되고 그 싸움은 내전과 동일시되는 것이 상례였다. 1949년 제네바 제 협약의 작성과정에서도 식민지의 반란은 비국제적 무력충돌로 취급되었다. 그러나 제2차 대전 후 국제사회의 변화에 따라 식민지 독립의 추세가 급속하게 되었고, 민족자결권이 국제법 수준으로 등장하게 되자 그 자결권 실현을 위한 무력투쟁은 단순한 내전과는 다른 국제적 무력충돌로 보아야 한다는 주장이

---

173) 민간인들은 때로는 주요한 희생자가 되기도 하였는데, 이는 그들이 반도들에 의하여 보호처가 되었기 때문이다. Sandoz, Swinarski and Zimmermann(ed.), *Commentary on the Additional Protocols of 8 June 1977 to the Geneva Conventions of 12 August 1949*, ICRC, 1987, p.1326.

174) Henn-Jüri Uibopuu, "Wars of National Liberation," R. Bernhardt(ed.), *Encyclopedia of Public International Law*, Instalment 4, North-Holland Publishing Company, 1981, p.343.

175) Sandoz, Swinarski and Zimmermann(ed.), 앞의 책(각주 173), p.1323.

강하게 대두되었다. 민족자결이란 외국의 지배·종속으로부터의 이탈을 의미하는 것으로 제2차 대전중 양 진영 모두로부터 강조되었고, 전후 UN헌장의 기본이념 중 하나가 되었다(동 헌장 제1조 제2항, 제55조). 1960년 12월 14일 UN 결의 1514(ⅩⅤ) "식민지 독립부여에 관한 선언"은 자결권행사에 대한 무력행사를 금지하였다. 그 후 민족자결권은 1970년 10월 24일 "국가간의 우호관계와 협력에 관한 국제법원칙의 선언" 등 각종 국제문서에서 계속적으로 확인되었고, 국제사법재판소에 의해서도 확인됨으로써 국제법상의 권리가 되었다.[176] 이러한 상황의 변화에도 불구하고 민족자결권의 실현을 위한 무력충돌의 성격에 관하여는 국가간의 합의가 이루어지지 않았다.[177]

국제인도법의 재확인 및 발전작업에서도 많은 논의가 있었으며, 마침내 제Ⅰ추가의정서의 적용범위에 포함되게 되었다.[178] 그리하여 동 의정서는 "'UN 헌장에 따른 국가간의 우호관계와 협력에 관한 국제법원칙의 선언'에 의하여 보장된 민족자결권을 행사하기 위하여 식민통치, 외국의 점령 및 인종차별에 대항하여 투쟁하는 무력충돌"을 규정하기에 이르렀다(동 의정서 제1조 제4항). 그러나 상기 의미의 민족해방전쟁이 발생하는 경우 동 의정서가 자동적으로 적용되는 것은 아니다. 그 같은 무력충돌에 가담하는 민중을 대표하는 당국은 수탁국에 제출되는 일방적 선언의 방식으로 당해 충돌에 관하여 제네바 제 협약 및 본 의정서를 적용할 수 있다. 이 일방적 선언은 수탁국에 접수되는 즉시 충돌당사국에 대하여 효력을 갖게 된다(동 의정서 제96조 제3항). 민족해방단체에 대하여 상대국과 동일한 권리·의무를 부여하는 절차에 있어서 동 단체에 주도권을 주고 있음이 주목된다.

민족해방전쟁의 성격을 새로운 국제인도법에서 국제적 무력충돌로 인정하고 있음에도 불구하고,[179] 모든 문제가 해결되었다고 볼 수는 없다. 여전히 반대의견들이 존재하기 때문이다. 특히 국제관계에 있어서 무력사용은 국제법상 금지되어 있고, 무력공격에 대한 자위권 행사에 의해서만 가능하도록 되어 있는데, 민족해방전쟁은 통상 기존 정부를 전복하기 위하여 민족해방단체에 의한 무력공격으로 시작하기 때문에 적법성에 의문이 제기된다.[180] 물론 그 적법성을 옹호하는 다양한 견해가 있다.[181] 그러나 민족해방전쟁의 적법성은 국가

---

176) Rosalyn Higgins, *The Development of International Law Through the Political Organs of the United Nations*, Oxford University Press, 1963, pp.101-102; 장효상, 현대국제법, 박영사, 1987, 41-42면.
177) 서구국가들은 민족해방전쟁을 내전으로 간주했으나, 공산국가 및 아시아·아프리카 국가들은 국제전으로 간주하였다. Akehurst, 앞의 책(각주 173), p.299.
178) 외교관회의에서 동 규정은 컨센서스(consensus)를 이루지 못하고 투표에 의하여 채택되었다. Sandoz, Swinarski and Zimmermann(ed.), 앞의 책(각주 173), p.70.
179) 추가의정서 해설서는 민족해방전쟁이 보편적인 승인을 얻었다고 한다. 앞의 책, p.1324.
180) Akehurst, 앞의 책(각주 169), pp.301-302.
181) 적법성주장의 논거는 대체적으로 3가지로 요약된다. 첫째, UN 헌장 제51조에서의 식민지 지배에 대한 자위권 행사라는 주장이다. 둘째, 식민주의는 본래 시초부터 침략을 구성하고 있다. 셋째, 민족해방단체에 의한 무력행사는 국제공동체의 식민주의에 대한 강한 비난으로부터 연유된 특유의 권리(right sui generis)로서 인정된다는 것이다. Uibopuu, 앞의 책(각주 174), pp.344-345.

및 국제법학자들간에 완전한 일치를 보았다고 할 수는 없다. 더구나 민족해방단체는 아직 국가를 형성하고 있지 못한 단계에 있기 때문에 그 법적 지위에 관해서 많은 견해의 대립이 있다. 그렇지만 오늘날 민족해방단체가 국제법의 한정적 주체로서 일정한 권리능력을 인정받고 있음도 부정할 수 없다.[182] 그 권리능력은 관계국가 및 국제조직에 의한 승인을 요하는 것이며, 그 목적달성에 필요한 범위 내에서의 기능적·과도적인 성질을 갖는 것에 지나지 않는다. 그러므로 국제인도법 중에서는 그 완전한 적용이 어려운 부분도 있으리라 생각된다. 따라서 새로운 국제인도법은 한편으로는 해석의 발달에 대응하고, 다른 한편으로는 민족해방단체 외의 국제군 등 국가 이외의 조직에 대하여 그 적용을 용이하게 하는 방향으로 나아가는 것이 요망된다고 본다.

V. 불법적 무력사용에 대한 전쟁법의 적용

전쟁법은 원칙적으로 합법적인 무력사용의 경우뿐만 아니라 불법적인 무력사용의 과정 중에도 적용된다. 전쟁위법화의 원칙이 확립된 오늘날에 있어도 위법한 전쟁에 호소한 국가가 합법적인 전쟁을 행하는 국가와 똑같이 전쟁법의 적용을 받아 그 전투행위를 합법적인 것으로 인정한다면, "불법으로부터 법은 발생하지 않는다"(ex injuria jus non oritur)라는 원칙에 반한다고 할 수 있다.[183] 그러나 전쟁법은 국제사회가 어떤 당사국을 침략자로 보든지, 혹은 피해자로 보든지 간에 무력충돌의 모든 당사국들에게 적용된다. 그 적용은 충돌의 원인에 의해서 영향을 받지 않는다. 이 원칙은 매우 중요하다. 제2차 세계대전 이후로 국제적 사건들은 그들의 충돌이유에 관한 국제적 합의를 얻는 것이 종종 불가능하다는 것을 보여 주었다. 누가 침략자이고 누가 피해자인가에 관한 동의를 얻는 것은 더욱 더 어렵다. 그러므로 침략의 발생의 여부 및 침략자의 확인, 그리고 침략으로부터 야기되는 결과를 결정하는 문제는 실제적으로 발생하고 있는 충돌행위에 전쟁법(또는 무력충돌법)을 동등하게 적용하는 것과는 별개의 문제로 되어 있다.[184] 전쟁법은 침략을 정당한 것으로 인정하지도 않으며 침략을 비난하지도 않는다. 전쟁법은 충돌의 원인과는 독립하여 존재하며, 무관하게 적용되는 것이다.[185]

또한 전쟁법은 본질적으로 충돌의 효과를 감소시키려는 문명국들의 인도주의적 희망에 의해 고무되어 왔다. 충돌의 개인적 희생자들, 특히 민간인·전쟁포로·부상자·병자·

182) 1974년부터 1977년까지 스위스에서 개최된 "무력충돌시에 적용될 국제인도법의 재확인 및 발전에 관한 외교관회의"에 ANC, ANCZ, FNLA, FRELIMO, PLO, PAC, MPLA, SPUP, SWAPO, ZANU, ZAPU 등의 민족해방단체가 초청되었다. Schindler and Toman, 앞의 책(각주 148), p.541.
183) 이한기, 앞의 책(각주 138), 686면.
184) U.S. Air Force, 앞의 책(각주 97), p. I -4.
185) 위의 책, p. I -14.

조난자들은 전쟁법의 큰 수혜자이다. 무력충돌에 관련된 모든 국가의 군대구성원들은 이 법으로부터 이익을 받는다. 따라서 충돌의 원인에 관한 국제적 합의로 그들의 법적 보호를 불확실하게 만드는 것은 받아들일 수 없는 것이다.[186]

　이와 같이 전쟁과정 중에는 전쟁의 합법성 여하의 문제와 전쟁법의 적용문제와는 구별이 필요 없으며, 그러한 선에서 "사실로부터 권리가 발생한다"(ex factis jus oritur)라는 원칙이 타당한 경우가 있음을 인정하지 않을 수 없다. 실제로 제 2 차 세계대전에서의 연합국의 견해나 뉘른베르크와 동경의 국제군사재판소의 판결은 추축국을 침략자로 판정하였으나, 교전법규가 쌍방에 평등하게 적용되는 것을 부정하지 않았다. 그 후의 무력충돌에 있어서도 무력충돌법의 평등적용을 부인하지 않았다. 이러한 국가적 실행과 무력충돌법의 법전화의 진전은 무력충돌의 성질이나 기원의 문제와는 관계 없이 무력충돌법의 평등 적용을 요구하고 있는 것이다(제 I 추가의정서 전문 참조).[187] 이러한 법원칙을 '교전자 평등의 원칙'(Principle of Equality of Belligerents)이라고 한다. 국제군에 대한 전쟁법의 평등 적용도 이러한 원칙 때문이라 할 수 있다.

---

186) 위의 책, p. I-5.
187) 이한기, 앞의 책(각주 138), 686-687면.

제 2 장

전쟁의 개시와 종료

제 1 절   전쟁의 개시

1907년 10월 18일 제 2 차 헤이그평화회의에서 "전쟁개시에 관한 협약"[1] 제 1 조는 "체약국은 '이유를 붙인 선전포고'(reasoned declaration of war) 또는 '조건부 선전포고를 포함한 최후통첩'(ultimatum with conditional declaration of war)의 형식으로 명시적인 사전경고 없이는 상호간에 적대행위를 개시하지 못함을 승인한다"고 규정하고 있다.

그러나 현재까지 국가들의 관행을 보면 선전포고 없이 적대행위를 개시한 많은 예들이 있다.[2] 특히 1945년 이후에 와서는 많은 무력충돌의 당사자들이 이 협약의 적용가능성을 부인하기에 이르렀다.[3] 그렇다고 해서 이 협약이 완전히 사문화된 것이라고 할 수는 없지만,[4] 무력충돌의 현대적 양상에 비추어 볼 때 이 협약의 실효성을 인정하기도 매우 어려운 실정이다.[5]

또한 선전포고를 전쟁개시의 요건으로 규정한 이 협약은 오직 이 협약의 당사국간에만 적용되며, 특히 이 협약에 규정된 총가입조항 때문에 교전국 중 한 국가라도 이 협약에 가입하지 않은 국가가 있으면 이 협약은 적용되지 않는다.[6] 다만, 선전포고 없이 적대행위

---

1) Convention No. Ⅲ, Relative to the Opening of Hostilities.
2) 선전포고를 거치지 않은 대표적 예로는 1941년 6월 22일 독일이 소련을, 1941년 12월 4일 일본이 미국을 기습적으로 공격한 것을 들 수 있다. 1950년 6월 25일 북한에 의한 기습남침 역시 마찬가지이다.
3) J. G. Starke, *Introduction to International Law*, 9th ed., Butterworths, 1984, p.495.
4) 뉘른베르크 국제군사법정에서의 독일의 주요 전범들에 대한 공소사실 중에는 이 협약에 대한 위반혐의가 포함되어 있다.
5) Swift는 이 조항이 이미 사문화되었다고 주장한다. R. N. Swift, *International Law: Current and Classic*, John Wiley and Sons Inc., 1969, p.504.
6) 김명기 · 김성훈, 국제법학, 일신사, 1971, 380면.

를 개시하면, 이 협약에 대한 위반이 되는 외에 최초의 무력행사에 의하여 침략행위를 행한 것으로 인정될 가능성이 크다.[7]

선전포고 또는 최후통첩은 일정한 형식이 요구되지 않으며, 선전포고 후 개전에 이르기까지 일정한 기간이 필요한 것도 아니다. 따라서 선전포고 즉시 공격을 감행하더라도 위법은 아니다.[8]

선전포고 및 최후통첩의 법적 성질은 일방적 법률행위이므로 상대방에 수령됨을 요하나 수락됨을 요하지는 않는다.[9] 그리고 선전포고 및 최후통첩은 중립국에 지체 없이 통고되어야 한다(협약 제 2 조). 그러나 이러한 통고는 중립국에 대한 대항요건이지 전쟁개시의 성립요건은 아니다.[10]

제 2 절   전쟁개시의 법적 효과

전쟁개시는 교전국 상호간의 관계를 평시관계로부터 전시관계로 전환시키며, 이에 따라 교전국은 평시국제법의 구속으로부터 해제되고 전시법규의 적용을 받게 되어 전시국제법에 의한 특수한 권리와 의무가 발생하게 된다. 또한 교전국과 중립국 간의 관계에서는 중립법규에 의한 새로운 권리와 의무가 발생한다. 그러나 여기에서는 전자, 즉 교전국가 상호간의 관계에 미치는 일반적인 효과만을 논하기로 한다.

Ⅰ. 외교관계

전쟁상태의 발생은 외교관계를 중단시킨다. 외교관계란 국가간의 우호관계를 전제로 하는 것이기 때문이다. 외교사절은 주재국으로부터의 요청에 의하여 또는 자진하여 본국으로 귀국한다. 귀국할 때까지는 계속 외교특권을 향유하며, 주재국은 이를 인정하여야 한다.[11] 외교사절의 공관은 전쟁중 폐쇄되나 폐지되는 것은 아니며, 그 재산은 보호된다.[12] 공관, 공문서, 적국에 잔류하는 국민 및 그들의 재산보호는 전쟁중 중립국의 외교사절에게

---

7) 이한기, 신고 국제법강의, 박영사, 1990, 696면.
8) 그러나 전쟁이 일반적으로 금지되고, UN 회원국은 헌장 제33조에 따라 우선 평화적인 방법으로 분쟁을 해결해야 할 의무가 있으므로, 기습공격이 위법이 아니라는 것은 구(舊) 학설에 불과하다는 주장도 있다. M. Greenspan, *The Modern Law of Land Warfare*, University of California Press, 1959, p.37.
9) 김명기·김성훈, 앞의 책(각주 6), 378-379면.
10) U.S. Department of Army, *The Law of Land Warfare*, FM 27-10, U.S. Government Printing Office, 1956, para. 21.
11) 그러나 1941년 12월 미국 내 일본외교관들의 경우와 같이 적국외교직원의 면제(immunity)와 안전을 보장하기 위하여 이들을 특별한 장소에서 보호한 경우도 있다. 김정건, 국제법, 박영사, 1990, 643면.
12) M. Greenspan, 앞의 책(각주 8), p.45, note 39.

위탁하는 것이 보통이다. 이 경우의 중립국을 이익보호국(protecting power)이라고 한다. 외교공관과 공문서 등을 보호하기 위해 외교직원 중의 특정인이 그대로 적국에 잔류하는 경우도 있기는 하지만, 이것은 적국정부의 허가가 있는 경우에만 가능하다.

외교관계와 마찬가지로 영사관계도 개전과 더불어 중단된다. 영사의 퇴거의 자유는 국제관행으로 인정되어 왔으나, 외교사절의 경우처럼 확립된 국제관습은 아니다. 영사공관과 그 공문서 등은 외교사절의 경우와 같이 이익보호국에게 그 보호가 위탁된다.

Ⅱ. 조약관계

특별히 전쟁을 위하여 체결된 조약을 제외한 모든 조약이 전쟁의 개시로 인하여 교전국간에는 그 효력을 상실한다는 것이 종래의 일반적인 견해였으나, 이것은 지나친 극단론으로서 국가들의 관행도 그러하지 않았다. 따라서 오늘의 국제법학자들은 대부분 그러한 입장을 포기하고 모든 조약들이 전쟁의 개시로 인해 무효가 되는 것은 아니라고 보고 있다. 그러나 전쟁의 개시에 따라 효력이 상실되는 조약과 그러하지 아니한 조약이 각각 어떤 것인지에 관해 일치된 의견은 존재하지 않는다.

이러한 조약들을 구별할 명확한 기준을 밝히기가 매우 어려운 일이기는 하지만, 적어도 다음과 같이 몇 가지의 원칙을 제시할 수는 있다.

첫째, 일반적으로 전쟁상태와 양립할 수 없는 것이 아닌 조약은 전쟁의 개시로 인하여 그 시행이 정지되거나 종료되지 아니한다.[13]

둘째, 다자조약의 경우 교전당사국과 여타의 당사국 간에 있어서는 계속 효력을 갖는다.[14] 특히 입법적 성질의 다자조약은 전쟁의 개시로 인하여 폐기되거나 그 효력을 상실하지 않는다.[15] 다만, 그 시행이 전쟁상태와 양립할 수 없을 때에는 조약체결 당시에 별단의 의도가 있었음이 확인되지 아니하는 한 당해 조약이나 그 규정 일부의 시행이 정지된다.[16]

셋째, 영토할양조약이나 국경획정조약과 같은 처분적 조약은 조약의 목적이 이미 달성되어 전쟁의 영향을 받지 않기 때문에 그 효력이 계속되는 것으로 볼 수 있다.[17]

넷째, 우호통상조약 · 동맹조약 · 평화조약 등 당사국간의 선린우호관계를 전제로 한 조약은 전쟁개시와 함께 폐기된다.[18]

다섯째, 전시에 적용되도록 명시된 조약은 개전과 더불어 그 적용이 개시됨은 당연하다.

---

13) G. von Glahn, *Law Among Nations*, Macmillan Publishing Co., Inc., 1981, p.620.
14) 위의 책.
15) 위의 책.
16) von Glahn, 위의 책, p.622; J.G. Starke, 앞의 책(각주 3), p.518.
17) 이한기, 앞의 책(각주 7), 459-460면.
18) 장효상, 현대국제법, 박영사, 1987, 460면.

Ⅲ. 통상관계

교전국간의 통상관계 및 계약의 효력문제는 당사국의 정책과 국내법이 정하는 바에 따른다. 그러나 전쟁이 개시되면 상대국 국민과 자국민 간의 모든 경제교류 및 법률관계가 단절되는 것이 오늘날의 일반적인 관행이 되었다.[19]

Ⅳ. 적국민 및 적산(敵産)

1. 적국민

18세기 이래의 국제관습에 의하면 교전국은 자국 내의 적국민에게 상당한 기간 내에 퇴거하는 것을 허용하여야 한다. 단, 적국의 병력에 속한 자 또는 과학기술자나 징집적령기의 장정 등 적국의 전쟁능력의 증강에 이바지할 수 있는 중요 인물들에 대하여는 거주구역의 지정이나 수용 등 억류조치를 취할 수 있다.[20] 한편 1949년 민간인의 보호에 관한 제네바협약은 적국민의 퇴거의 권리를 명백히 인정하고 있으며, 만약 퇴거의 신청을 거부한 경우에는 그 거부의 이유를 신속히 본인에게 통보하여야 하는 것으로 규정하고 있다(제35조).

2. 적 산(敵産)

(1) 국유재산

개전 당시 적의 영역 또는 전투지역 내에 있는 국유재산은 외교공관을 제외하고는 모두 몰수된다.[21]

(2) 사유재산

자국 내에 있는 적국인의 사유재산은 이를 몰수하지 않고 일시적으로 억류만 하는 것이 오늘날의 일반적인 관행이지만, 현재 자국에 거주하고 있는 적국인의 사유재산에 대해서는 억류까지도 자제하는 것이 새로운 추세이다.[22]

(3) 상 선

개전 당시 교전국의 항구에 와 있는 적의 상선(商船)이나 이에 선적되어 있는 화물은 일반재산과는 달리 교전자의 전쟁수행에 이용될 가능성이 많기 때문에 몰수하는 것이 과

19) Starke, 앞의 책(각주 3), p.519; von Glahn, 앞의 책(각주 13), p.623.
20) 이한기, 앞의 책(각주 7), 699면.
21) von Glahn, 앞의 책(각주 13), pp.622-623.
22) 위의 책, p.625.

거의 국제관습이었다.[23] 그러나 1854년 크림전쟁 이래 그러한 관습이 완화되어 개전 당시 적 항구에 와 있는 상선은 일정한 기간(恩惠期間)을 정하여 출항을 허용하는 관례가 생겨났으며, 이러한 새로운 관례는 1907년의 헤이그평화회의에서 서명된 "개전시 적 상선의 취급에 관한 조약"으로 성문화되었다.[24]

(4) 민간항공기

개전시에 적국의 영역 내에 있는 민간항공기의 취급에 관하여는 아직 이에 관한 관행이 확립된 바 없고 조약도 체결된 바 없다. 1923년의 헤이그공전규칙안[25]에 의하면 "적국의 민간항공기는 모든 경우에 포획할 수 있다"고 규정하였다. 항공기는 그 구조상 민간항공기와 군용항공기의 구별이 별로 없고, 민간항공기는 손쉽게 군용항공기로 변경될 수 있다는 점에서 상선과는 달리 취급하고 있는 것이다.

V. 참고판례

전쟁개시의 법적 효과와 관련하여 흥미로운 판례가 있다.[26] 1965년 9월 6일의 파키스탄과 인도의 분쟁을 살펴보면 동 분쟁에서 파키스탄의 대통령은 방송으로 파키스탄이 인도와의 전쟁상태에 있음을 확인하였다. 그러나 당사국 사이에서는 외교관계가 계속적으로 유지되고 있었다. 파키스탄정부는 자국항의 인도상선을 나포하고 해당 선박의 물품을 포획하였다. 이와 관련해 인도는 국제법상 전쟁상태가 아님에도 자국선박을 나포하고 물품을 포획한 파키스탄의 행위가 불법행위라고 주장하였고, 이에 대해 중재재판이 이루어졌다.[27] 중재재판소는 '전쟁'이라는 용어를 사용하였다고 하여 그것이 전쟁선언에 의한 전시체제로의 전환을 의미하는 것은 아니며, 무력충돌간에도 양국 간 외교관계가 단절되지 않

---

23) 김명기·김성훈, 앞의 책(각주 6), 387면.
24) 그러나 이 조약에 따른 은혜기간은 상호주의 원칙 아래에서만 부여되어 왔을 뿐이다. 김명기·김성훈, 위의 책, 388면; 김정건, 앞의 책(각주 11), 654면.
25) 이 규칙은 하나의 안(案)에 불과하며 법적 구속력은 없다. 그러나 공전(空戰)에 관한 한 이 안은 오늘날까지 하나의 중요한 지침으로써 그 설득력과 영향력이 인정되고 있다. Greenspan, 앞의 책(각주 8), pp. 351-352.
26) *Dalmia Cement Ltd v. National Bank of Pakistan*(1976), 67 ILR 611, 616.
27) 동 중재재판의 쟁점은 크게 2가지였다. 첫째는 중재재판소가 관할권을 가지는가 여부였고, 둘째는 1965년 9월에 양국이 전쟁상태(state of war)에 있었는지 여부였다. 한편 양 당사자들은 1964년 9월 30일에 은행보증(bank guarantee)을 체결하였는데, 동 보증의 내용에는 양자 사이의 모든 분쟁은 국제상업중재재판소(International Chamber of Commerce)의 단독중재재판관에 의해 처리한다고 제IX조에 규정되어 있었다. 피고측인 파키스탄 국립은행은 1965년 9월에 양국은 전쟁상태(state of war)에 있었기 때문에 평시에서 전시체제로 변경되었으며, 따라서 앞서의 중재재판조항이 적용될 수 없다며 중재재판부의 관할을 부정하였다. 그러나 중재재판부는 양국 사이에 은행보증체결은 여전히 유효하며, 그 이유는 1965년 9월 양국 사이에 무력충돌(분쟁)이 존재하였던 것은 사실이나 이것이 전쟁상태(state of war)에는 이르지 않았기 때문이라고 판시하였다.

앞으며, 당사국간의 양자조약 역시 유효하였으므로 전시체제가 성립되었다고 볼 수 없어 평시체제에서 양국 간 무력충돌이 있었을 뿐이므로 파키스탄의 포획행위는 위법행위라고 판시하였다.[28] 다시 말해 전쟁이 개시되었다면 당사국간의 외교관계는 단절되어야 하고, 조약은 파기되어야 한다. 동 사례처럼 당사국들이 외교관계 및 양자조약을 계속 유효하게 유지할 경우, 이는 전쟁이 아닌 당사국 사이에 무력충돌 또는 무력분쟁이 발생했을 뿐이라고 보아야 한다.

제 3 절   전쟁의 종료

Ⅰ. 휴   전

1. 휴전의 의의

휴전(armistice)은 교전당사자간의 합의에 의한, 군사작전의 일부 또는 전부의 정지를 말한다.[29] 고전적 이론에 의하면 휴전은 전쟁의 일시적 정지에 불과하므로 휴전이 성립되어도 전쟁상태는 계속되며, 전쟁은 강화조약이 체결될 때 비로소 종료된다.[30] 이와 같이 휴전을 사실상 및 법률상의 어느 의미에서도 전쟁상태를 종료시키지 않는 것으로 취급하는 것이 제 2 차 세계대전 이전에 있어서는 실제로 각국의 관행 및 법원의 태도와도 일반적으로 일치하는 것이었다.[31] 그러나 이와 같은 고전적 이론에 대하여 스톤(J. Stone)은 휴전에 관한 현대적 경향을 분석한 후, 휴전은 그것이 일반적 휴전(general armistice)인 경우에는 일종의 '전쟁의 사실상의 종료'(de facto termination of war)에 해당한다고 주장하였다. 따라서 스톤은 1953년 7월 27일의 한국전쟁의 휴전도 비록 협정문상에는 '순군사적'(purely military) 협정임을 명시하고는 있지만, 그것이 전면적인 일반휴전인 까닭에 전쟁의 사실상의 종료에 해당하는 역할을 할 수 있는 것이라고 단정한 바 있다.[32]

스톤의 견해와 같이 일반적 휴전인 한 이를 전쟁의 '사실상' 종료를 의미한다고 보아도 무방하지만, 법적으로는 휴전 자체가 전쟁을 종료시키는 것은 아니다. 휴전기간중 교전당

---

28) 앞의 판결.

29) 1907년 헤이그 육전규칙 제36조 및 제37조.

30) Lauterpacht, *Oppenheim's International Law*, Vol. 2, 7th ed., Longmans, 1952, p.597.

31) 가까운 한 예를 들면 1940년 6월 22일 꽁뻬뉴(Compiegne)의 숲 속에서 독일·프랑스 간 휴전이 성립한 후 프랑스의 한 법원은 독일과의 내통혐의로 기소된 신문기자 Suarez의 재판에서, 휴전은 전쟁상태를 종료시키는 것이 아니라고 판시하고 피고에게 사형을 선고한 바 있다. 이한기, 앞의 책(각주 7), 784면.

32) 이와 같은 견지에서 그는 1907년 헤이그 육전규칙 제36조 내지 제41조에 이르는 휴전규정은 재검토를 요한다고 주장하였다. *J. Stone, Legal Control of International Conflict, Stevens & Sons Ltd., 1959*, pp.643-647.

사국간에는 여전히 전쟁상태가 계속되며, 교전국과 제 3 국 간에는 중립관계(또는 비교전관계)가 존속한다. 즉 휴전기간은 전시로 규정되는 것이다. 그러나 복잡한 양상을 지닌 현대전에 있어서는 적대행위의 종료와 강화조약의 체결 간에 그 시간적 거리가 점점 멀어지는 일반적 경향이 있어 그러한 휴전기간에 관한 전통적인 법제도에 대한 재고가 요청되고 있다. 휴전기간이 단기로 끝나는 경우에는 그 기간을 전시로 보는 것이 무방하지만, 그 기간이 장기화하는 경우에는 국민의 생활과 국가의 활동에 막대한 고통과 부담이 뒤따르기 때문이다. 현행 법제도에서 야기되는 이러한 문제점을 해결하기 위해서는 전쟁과 평화의 중간상태를 규율하는 새로운 법제도를 설정할 필요성이 있다.[33]

2. 휴전의 종류

1907년 헤이그육전규칙은 휴전을 일반적 휴전(general armistice)과 부분적 휴전(partial armistice)의 두 가지로 나누고 있다(제37조). 양자는 모두가 교전국의 정부간 또는 최고군사령관간의 합의에 의한 적대행위의 일시적 정지이다. 단지 전자는 모든 전쟁구역에 걸친 적대행위의 정지이며, 후자는 일정한 지역에 한정된 적대행위의 정지라는 점에서 차이가 있을 뿐이다.[34] 이들과는 달리 부분적 휴전의 최소형태로서, 하급지휘관들이 상호합의 하에 자신들의 지휘 하에 있는 병력에 한하여 일시적으로 적대행위를 정지시키는 정전(停戰, suspension of arms)이 있는데, 이 역시 휴전의 한 종류로 볼 수 있다.[35]

---

33) 이한기, 앞의 책(각주 7), 785면.
34) 제 2 차 세계대전에서는 연합국의 압도적인 군사력에 의한 소위 '무조건 항복'(unconditional surrender)이라는 방식으로 적대행위가 중지되었는데, 무조건 항복은 일반적 휴전에 해당된다고 볼 수 있다. 무조건 항복은 일반적 휴전과 같이 전쟁의 사실상 종료라는 효과는 가져오지만 정식의 전쟁종료효과는 없다.
35) UN의 관행상 안보리 등 UN의 어느 기관의 조치로서 적대행위가 정지되는 것으로 정전(停戰, truce : 고전적인 suspension of arms와 우리말 번역이 같음)과 정화(停火, cease-fire)가 있다. 한국전쟁에서의 휴전은 UN의 입장에서 보면 바로 이러한 정전에 해당된다. 그러나 한국전쟁 당시 남북한과 중국은 모두가 UN의 회원국이 아니었으며, 따라서 1953년 7월 23일 체결된 적대행위의 정지에 관한 조약의 공식명칭으로는 "Agreement Concerning a Military Armistice in Korea"이라는 명칭이 사용되었다. 한글본의 명칭인 "조선정전협정"은 북한의 번역본이다. 외교통상부의 조약법규집은 공식 한글번역본을 게재하고 있는 권위 있는 조약집이다. 이에 의하면 외교부는 Armistice를 휴전으로 공식 번역하고 있다. 따라서 '조선정전협정'이 아닌 '조선휴전협정'이 정확한 번역에 해당할 것이나, 한국전 당시 중국과 북한 측에서 이를 '조선정전협정'이라는 명칭으로 사용하여 고유명사화 하여 사용됨을 유의해야한다. 중국과 북한이 어떠한 의도를 가지고 정전이라는 용어를 사용했는지는 훗날 사료를 통해 파악해볼 필요가 있다.
   휴전과 관련된 몇 가지 용어를 소개하면, 북한이 계속해서 주장하는 Peace Treaty는 평화협정으로 완전한 전쟁의 종료 및 정상관계로 회복하는 것을 말한다. 그러나 역사상 peace treaty는 강화조약이라고 하여 일방이 전쟁의 패배를 인정하며 승리한 쪽의 요구를 조약의 형태로 이행하는 공식적인 수단이었다. Armistice(휴전)는 평화협정 체결 전 지속적인 정전상태를 의미한다. Truce(정전)는 휴전협정을 체결하기 위한 잠정적으로 전쟁을 중지하는 것을 의미하며, 이 기간 당사자들 사이에 negotiation(협상)이 이루어진다. Cease fire(정화)는 일시적으로 전 지역 또는 일부지역에 대한 전투행위를 중지하는 것으로 예를 들어 한국전쟁 당시 유엔군과 중공군 사이에 이루어진 크리스마스 기간 동안 일시적인 전투행위 중지 합의가 여기에 해당한다. 자세한 내용은 Yoram Dinstein, Armistice, in Bernhardt (ed), Encyclopedia of Public International Law [Installment 1 (1981) p.31. 을 참조.

3. 휴전조약의 형식 및 내용

휴전조약의 형식에 관한 법적 규제는 없으며, 정전조약의 경우에는 간혹 구두로 체결되기도 한다. 휴전조약에는 통상 ① 휴전개시의 정확한 일시, ② 휴전기간, ③ 원칙적인 휴전선, ④ 휴전 간 금지되는 행위, ⑤ 포로의 처리 등의 내용이 포함된다.

휴전조약에 조약체결권자의 비준이 필요한지의 여부는 궁극적으로는 각국의 국내법이 정할 문제이지만, 휴전조약은 통상 서명과 함께 효력을 발생한다.

4. 휴전의 종료

휴전조약에 휴전의 기간이 정해진 경우에는 그 기간의 만료와 동시에, 또 해제조건이 정해진 경우는 그 해제조건의 성취와 동시에 당연히 휴전은 종료한다.[36] 1907년 헤이그육전규칙 제36조는 휴전기간을 정하지 않은 경우에는 언제라도 다시 작전을 개시할 수 있지만, 휴전조약에 사전통고의무를 정한 경우라면 그에 따르도록 규정하였다. 그러나 최근의 경향은 일반휴전조약에는 휴전기간에 관한 규정이 통상 포함되지 않으며, 한국휴전협정도 그러한 예들 중 하나이다.

헤이그육전규칙 제40조는 휴전조약의 당사자 중 일방이 휴전협정에 대한 중대한 위반행위를 저지른 경우에는 타방당사자는 조약폐기의 권리를 가질 뿐만 아니라 긴급한 경우에는 즉시 전투를 개시할 수 있다고 규정하고 있다.[37] 그러나 동 규칙 제41조에 의하면 어느 개인이 임의로 휴전조약을 위반한 것일 경우에는 다만 그 위반자에 대한 처벌과 필요시 손해배상을 요구할 수 있는 권리가 발생하는 데 그칠 뿐이다.[38]

Ⅱ. 전쟁의 종료

전쟁은 보통 강화조약의 체결에 의해 종료된다. 그러나 교전자 쌍방이 사실상 적대행위를 중지하고 전쟁의사를 포기한 경우에도 전쟁은 종료한다.[39]

---

36) 일자로 휴전기간 만료일을 정한 경우 그 일자의 24시를 종료시점으로 보아야 하지만, 영국과 독일은 당일 0시를 종료시점으로 보고 있다. M. Greenspan, 앞의 책(각주 8), p.389.

37) 이 경우에는 제36조의 통고도 필요로 하지 않는다. 김명기·김성훈, 앞의 책(각주 6), 1971, 522면, 각주 29.

38) 휴전협정을 위반하다가 체포된 군인은 포로대우를 받으며, 고의가 아닌 경우 그 포로는 소속국으로 귀환시켜야 한다. 그러나 휴전기간 중의 귀순자를 귀환시킬 의무는 없다. M. Greenspan, 앞의 책(각주 8), p.392.

39) J. Stone은 이러한 방식 이외에도 전승국에 의한 일방적 전쟁상태 종료선언을 전쟁종료의 한 방식으로 보고 있다. 비록 제1차 세계대전 이후 전승국이 일방적으로 전쟁상태의 종료를 선언하는 예는 많이 있었지만, 그 어느 경우에나 상대방이 이에 명시적 또는 묵시적으로 동의하거나 또는 후에 쌍방이 정식으로 강화조약을 체결하는 등 후속조치들이 있었던 사실은 전승국의 일방적인 전쟁상태 종료선언만으로는 전쟁이 종료될 수 없음을 입증하는 증거라 할 수 있다. 또한 전통적인 국제법이론에 의하면 교전국의 일

1. 강화조약

전쟁종료의 가장 일반적인 방식은 강화조약의 체결이다. 강화조약은 전쟁상태의 종료를 목적으로 하는 조약으로서, 평화조약(peace treaty)이라고도 칭하지만 반드시 그러한 명칭이 요구되는 것은 아니다.[40]

강화조약은 전쟁상태의 종료와 평화의 회복을 규정함과 동시에 평화회복 후의 당사국간의 법적 관계를 규정하는 것이 보통이다. 당사국간의 권리·의무는 강화조약에 별도의 규정이 없는 한 원상회복주의(jus postliminii)에 따르는 것이 원칙이다. 그러나 전쟁중 교전국이 압수한 국유동산(병기 등)과 점령지부동산에서 수득(收得)한 과실(果實)은 현유상태주의(現有狀態主義, principle of uti possidetis)에 따라 압수한 국가의 소유가 된다는 것이 다수설이다.[41]

2. 적대행위의 중지 및 전쟁의사의 포기

교전자 쌍방이 전쟁상태의 종료에 관한 형식적 절차를 밟지 않고 단순히 적대행위를 중지하여 전쟁을 계속하겠다는 의사를 포기한 경우에도 전쟁은 종료된다.[42] 물론 이러한 전쟁종료의 방식은 19세기 이전의 방식이지만, UN의 집단적 강제조치의 경우에 이러한 방식이 새로이 부활될 가능성을 부인할 수 없다. 이러한 경우에 교전국간의 권리·의무 관계에는 현유상태주의가 적용된다는 것이 다수설이다.[43]

방이 타방의 전영토를 완전히 정복하여 그 점령한 영토를 자국영토로 병합한 경우에도 전쟁은 종료되는 것으로 보고 있다. 그러나 현대 국제법 하에서는 정복과 병합에 의한 전쟁종료가 과연 성립할 수 있는지에 대해 많은 의문이 제기되고 있다. 침략 및 정복의 전쟁은 현대 국제법 하에서 국제적 범죄, 즉 전쟁범죄를 구성하기 때문이다. 이 문제에 관하여는 민경길, 핵무기와 국제법, 문원사, 1990, 94-95면(특히 95면, 각주 143) 참조.

40) 한 예로 1920년 5월 20일 독일과 중국 간에 체결된 강화조약은 "평화상태 회복에 관한 협정"이라는 명칭이 사용되었다.
41) 이한기, 앞의 책(각주 7), 790면.
42) 그 예로서 1867년의 프랑스·멕시코 전쟁을 들 수 있다.
43) 이한기, 앞의 책(각주 7), 791면.

제3장

육 전 법 규

제1절 교 전 자

I. 교전자의 의의

교전자(belligerent)라는 용어는 전쟁의 주체로서의 국가 또는 교전단체, 즉 교전당사자를 지칭하는 경우와 교전당사자의 병력, 즉 교전자격자를 의미하는 경우가 있는데, 일반적으로 전쟁법규상 교전자라 할 때는 후자를 의미한다.[1]

교전자가 아닌 자는 이를 비교전자 또는 평화적 인민이라 부르며, 육전법규상 교전자만이 해적행위를 할 수 있고, 해적행위는 적의 교전자에 대해서만 행할 수 있는 것이 원칙이다.[2] 교전자를 전투원으로, 평화적 인민을 비전투원으로 부르는 경우도 있다.[3] 그러나 육전법규상 전투원과 비전투원이라는 용어는 교전자 내의 구별용어이다.

---

1) 1907년의 헤이그육전규칙 제1장의 교전자는 교전당사자를 지칭하고, 제29조 및 제32조의 교전자는 교전자격자를 의미한다.

2) 만약 교전자격이 없는 평화적 인민이 해적행위를 하거나, 교전자격이 있는 자라 해도 무고한 적국의 평화적 인민에 대하여 해적행위를 하게 되면 전쟁범죄인으로서 처벌대상이 되는 것이 원칙이다. 경찰관은 원칙상 평화적 인민의 부류에 속하지만, 1949년 제네바 제 협약에 대한 1977년 제 I 추가의정서 제43조 제3호에서는 상대방 충돌당사자에게 통보한 후 준군사적 또는 무장한 법률집행기관, 즉 경찰관 등을 군대에 편입할 수 있도록 허용하고 있다. 동조 제1호 및 제2호에서는 군대의 구성원 모두(의무요원 및 군종요원 제외)를 전투원으로 보며 전투원 모두에게 교전자격을 인정하고 있다.

3) 총력전의 발전과 더불어 교전자와 평화적 인민의 구별은 점차 그 명백성이 상실되고 있다. 그러나 전투효과에 있어서 현대총력전의 실체는 양자의 구별을 전적으로 말소하는 것이 아니라 점차 축소시키고 있을 뿐이며, 교전자와 평화적 인민(또는 전투원과 비전투원)의 구별은 바로 전쟁법의 본질인 것이다. 이 문제에 관한 보다 깊은 논의는 민경길, 「핵무기와 국제법」, 문원사, 1990, 74-75면 참조.

II. 교전자의 구분

육전법규상 교전자는 정규군(regular armies)과 비정규군(irregular armies)으로 구분되며, 정규군은 다시 전투원(combatant)과 비전투원(non-combatant)으로 구별된다. 비정규군은 민병(militia), 의용병(volunteer corps), 군민병(levée en masse) 등을 지칭하는 용어이다.

1. 정규군

(1) 정규군의 의의

정규군이란 국가가 정식으로 임명한 지휘자 밑에서 일정한 조직을 갖고 통상 제복을 착용한 상비군을 말한다.[4] 어떤 종류의 병력이 정규군을 구성하느냐는 국내법이 배타적으로 결정하고[5] 국제법은 이에 관여하지 않으며, 군인의 국적은 국제법상 정규군의 자격과 관계가 없다.

(2) 정규군의 구분

1907년 헤이그육전규칙 제 4 조 제 2 항은 정규군을 전투원과 비전투원으로 구분하고 있다. 육전규칙에는 이에 대한 정의를 내리고 있지 않지만, 통상 전투원이란 직접적으로 해적행위(害敵行爲)에 종사하는 것을 임무로 하는 군인을, 그리고 비전투원이란 의무·종교 등의 임무에 종사하는 특수병과요원을 말한다.[6]

2. 비정규군

(1) 비정규군의 의의

비정규군이란 정규군이 아닌 자로서 전시에 임시로 군에 종사하는 비상비군을 말한다. 비정규군도 일정한 자격요건을 구비할 경우 정규군과 마찬가지로 교전자격자이다.

(2) 비정규군의 구분

비정규군에는 소속된 교전당사자에 의해 인가된 병력(민병 및 의용병)과 인가되지 않은 병력(군민병 및 조직화된 저항단체로서의 게릴라)이 있으며, 육전법규상 비정규군은 소속 교전당사자의 인가 여부와 관계 없이 일정한 조건 하에서 모두가 교전자격자로 인정되고 있다.[7]

민병은 평시에 수시로 훈련을 받고 전시에 정부로부터 소집되어 조직되는 병력이며, 의용병은 전시에 본인들의 지원과 이에 대한 국가의 인가로 조직되는 병력이다.[8] 1907년

---

4) 김명기·김성훈, 국제법학, 일신사, 1971, 390면.
5) 사관생도는 정규군의 병력에 속하지 않는 것이 일반적이다.
6) 전투원과 비전투원의 구분은 정규군 내에서의 직무분담에 의한 것이며, 양자는 모두 정규군이다.
7) 비정규군의 교전자격 요건에 대해서는 후술하는 교전자의 교전자격 요건에서 같이 설명하기로 한다.

헤이그육전규칙 제1조 제1항에 의하면, 민병과 의용병은 정규군에 편입시킬 수 있다.

군민병은 미점령지역의 주민으로서 민병 또는 의용병으로서의 요건을 구비할 시간적 여유가 없어서 자발적으로 무기를 들고 적군에 대항하는 조직화되지 못한 주민의 집단이다. 이는 국가에 의해 인가된 병력이 아니고 정규군에 편입될 수 없다는 점에서 민병 및 의용병과 구별되며, 그 활동공간이 미점령지역이며 조직화되지 못한 병력이라는 점에서 다음의 '조직화된 저항운동의 구성원'으로서의 게릴라와도 구별된다.

'조직화된 저항운동의 구성원'(members of organized resistance movements)이란 1949년 제네바 제Ⅲ협약에서 사용된 용어로서 교전자로서의 지위가 전쟁법상 인정된 게릴라를 말한다. 동 협약에는 이러한 게릴라에 관한 정의가 명시되어 있지는 않지만, 다음과 같은 요소들로 게릴라의 개념은 구성되어 있다.

첫째, 게릴라는 정규군이 아니라 비정규군으로 조직이 구성된다.

둘째, 게릴라는 전선(戰線)을 넘어서 이미 적이 점령한 지역에서 활동하는 소부대의 구성원이다.

셋째, 게릴라는 통상 정규군과 같은 제복을 착용하지 않는다.[9]

넷째, 게릴라는 정규군과는 별도로 혹은 그와 협력하여 자국 또는 상대국의 공인된 정부 또는 군사당국에 대항하여 군사적·정치적 및 경제적 작전을 수행한다.

통상의 게릴라는 이와 같이 조직화된 병력이지만, 때에 따라서는 소위 군민병에 속하는 비조직적인 게릴라도 있을 수 있다.[10]

3. 용 병

(1) 용병의 의의와 역사

용병이란 일반적으로는 '오로지 사적인 이득을 위해서 복무하거나 행동하는 자 — 특히 자신을 고용한 군대에서 복무하는 군인'을 지칭한다.[11] Singer는 자신의 책에서 용병을 "어느 나라 정부에도 충성하지 않는 돈벌이를 추구하는 사적 집단인 전쟁참가자"라는 표현을 쓰고 있다.[12] 쉽게 말해 일반적으로 '용병'이라 하면 돈벌이를 위해 전쟁(전투행위)에 참가하는 민간인 또는 민간군사집단을 의미한다. 이들은 통상 어느 한 정부를 위해 싸우는 것이 아니라 많은 액수를 부르는 쪽을 위해 전투에 참가하는 자들이다.

---

8) 우리의 향토예비군은 민병의 부류에 속한다 할 수 있다. 김명기·김성훈, 앞의 책(각주 4), 391면.

9) 따라서 정규군이 제복을 착용한 채 게릴라 전술 수행을 위해 위장을 하고 적진에 깊숙이 잠입하여 철로·교량·전투지휘소·보급시설 등을 파괴하는 경우, 이들은 게릴라의 개념에서 제외된다. 이들은 육전법규에서 승인된 작전을 수행하는 정규군이며, 여기서 논의되는 게릴라는 아니다.

10) 김명기·김성훈, 앞의 책, 403면.

11) *Encyclopedia Britanica*, 1955 ed., Vol. 15, p.264.

12) P.W. Singer, *Corporate Warriors : The Rise of the Privatized Military Industry*, Cornell University Press, 2003; 전쟁대행주식회사, 유강은 역, 지식의 풍경, 2005, 46~47면.

이러한 용병은 사실 인류의 역사와 그 기원을 같이 한다고 할 수 있다. 다시 말해서 "고대 그리스에서부터 영국의 빅토리아시대에 이르기까지 과거의 거의 모든 제국은 어떤 형태로든 외국인부대와 청부계약을 맺었다"[13]는 표현에서도 알 수 있듯이 용병의 활동은 과거에는 너무나도 당연하게 받아들여졌다. 사실 국가가 합법적으로 폭력을 독점한 것은 인류역사상 불과 몇 백 년에 불과하고, 따라서 오히려 인류역사 전체로 볼 때 국가가 합법 적으로 무력을 독점한 것이 예외에 해당한다고 할 것이다.

이들로부터 국가가 무력을 독점하기 시작한 계기는 18세기 말의 나폴레옹전쟁이었다. 초기 유럽국가의 형성기에 있어 다양한 국가형태의 공통점은 모두가 국가와 민간군사기업 가들 사이에 경쟁관계가 존재했었다는 점이며, 국가들은 다른 국가의 내부의 경쟁자들로 부터 자신들의 합법적인 폭력의 독점을 방어하기 위한 비용효율적 수단으로 용병주의의 관행을 누적해 갔다. 그러나 용병 자체가 국가의 경쟁자로 부상하게 되고, 국가 차원의 화 기(火器)의 발달과 평시 상비군의 조직과 훈련으로 비용효과적인 측면에서 효율성이 점점 쇠퇴하기 시작하였다.[14] 그러나 이로 인해 용병의 활동이 완전히 사라진 것은 아니었으며, 여전히 그들에게는 전투원의 자격이 인정됐다. 1949년 제네바 제Ⅲ협약은 이러한 용병에 관하여 구체적인 언급 없이 단지 '충돌당사자의 군대의 일부를 구성하는 의용병의 구성원' 및 뒤에 언급할(Ⅲ. 2.) 1907년 헤이그육전규칙 제1조에 규정된 네 가지 요건을 구비한 '여 타의 의용병의 구성원' 모두에게 포로자격을 부여하고 있다(제4조 제1항 및 제2항). 따라서 국제적 무력충돌에 있어서의 용병은 위에 언급한 요건들을 충족시키기만 하면 합법적인 교전자로 간주될 수 있었다.[15]

(2) 전쟁법상 용병의 의의와 용병의 지위

1960년대에 들어서면서 국제사회에서는 용병에 대한 혁명적인 변화가 발생했다. 탈식 민지화와 함께 민족해방운동이 활발해지면서 이러한 탈식민지화 또는 민족해방운동을 방 해하기 위해 기존의 식민지배국가들이 용병을 활용하게 되자 이에 대해서 신생독립국가 또는 민족해방운동을 행하는 많은 제3세계국가들의 비난이 쏟아지게 되었다. 이에 아프 리카대륙에서는 아프리카에서의 용병철폐를 위한 OAU 협약(이하 "OAU 협약")[16]을 통해 최

---

13) 위의 책.

14) James Cockayne, "The Global Reorganization of Legitimate Violence : Military Entrepreneurs and Private Face of International Humanitarian Law," *International Review of the Red Cross*, Vol. 88, 2006, p.466.

15) A. Cassess, "Mercenaries," in *Encyclopedia of Public International Law*, Bernhardt(ed.), Installment 3, 1982, p.256.

16) 동 협약은 1977년 3월 7일 가봉 리브르빌에서 체결되었고, 정식명칭은 "OAU Convention for the Elimination of Mercenaries in Africa"이다. 동 조약 제1조에 의하면 용병은 다음과 같은 자를 말 한다.
　(a) 무력충돌에서 싸우게 할 목적으로 국내외에서 특별히 고용한 자

초로 용병의 활동을 금지하고 처벌하도록 하였다. 이러한 신생독립국가들의 용병금지의 노력은 이들 국가의 UN 가입과 활동이 활발해지면서 식민지배국가의 용병고용에 대한 UN 차원의 비난으로 발전하였다. 나아가 용병에 대한 비난여론은 소련을 위시한 사회주의국가의 반서구정서와 맞물려 한층 더 강화되었다. 1974년부터 1977년까지 제네바에서 개최된 외교회의에서 용병에 관한 국제법규가 새로 제정되는데, 그것이 제 1 추가의정서 제47조이다. 제 1 추가의정서 제47조는 용병의 정의와 용병의 법적 지위에 대해 명문화함으로써 국제사회가 용병활동을 금지함을 명백하게 보여 주는 계기가 되었다. 제 1 추가의정서 제47조 제 2 항에 의하면 용병이란 다음의 각 호에 해당하는 자이다.[17]

A. 무력충돌에서 싸우기 위하여 국내 또는 국외에서 특별히 징집된 자
B. 실제로 적대행위에 직접 가담한 자
C. 근본적으로 사적 이익을 얻을 목적으로 적대행위에 참가한 자 및 충돌당사국에 의하여 또는 충돌당사국을 위하여 그 당사국 군대의 유사한 지위 및 기능의 전투원에게 약속되거나 지급된 것을 실질적으로 초과하는 물질적 보상을 약속받은 자
D. 충돌당사국의 국민이 아니거나 충돌당사국에 의하여 통치되는 영토의 주민이 아닌 자
E. 충돌당사국의 군대의 구성원이 아닌 자
F. 충돌당사국이 아닌 국가에 의하여 동국의 군대구성원으로서 공적인 임무를 띠고 파견되지 아니한 자

다만, 위 규정은 누적적인(accumulative) 조항이기에 한 가지 요건이라도 충족하지 못할 경우에는 용병으로 의율할 수 없다. 이들 요건 중 C.·E.·F.의 경우는 그 해석에 별다른 어려움이 없어 보인다. 그러나 나머지의 요건들은 첨예한 법적 쟁점이 내재해 있다. 다

(b) 실제로 전쟁에 참여한 자
(c) 기본적으로 개인의 이익을 위한 욕망이 동기가 되어 전쟁에 참여하고자 하고, 실제로 분쟁당사자로부터, 또는 분쟁당사자를 대신하여 물질적 보상을 약속받은 자
(d) 분쟁당사국 일방의 국민이거나 분쟁당사국 일방이 통제하는 영토에 거주하는 자가 아닌 자
(e) 분쟁당사국의 정규군인이 아닌 자
(f) 분쟁당사국이 아닌 국가가 자국의 정규군인으로서 공식파견지 않은 자.
17) 동 의정서 제47조의 원문은 다음과 같다.
   2. A mercenaries is any person who
     (a) is specially recruited locally and abroad in order to fight in armed conflict;
     (b) does, in fact, take participate in the hostilities;
     (c) is motivated to take part in the hostilities by the desire for personal gain and, in fact, is promised by or on behalf of a Party to the conflict, material compensation substantially in excess or that promised or paid to combatants of similar ranks and functioning in the armed conflict;
     (d) is neither a nation of a Party to the conflict nor a resident of territory controlled by a arty to the conflict;
     (e) is not a member of armed forces of a Party to the conflict; and
     (f) has not been sent by a State which os not a Party to the conflict on official duty as a member of its armed forces.

시 말해 위 규정에서 A. · B. · D.가 용병 여부를 결정짓는 핵심요건인 것이다.

　　1) 제 1 추가의정서 제47조 제 2 항 A호의 의미　　먼저 용병은 무력충돌에서 싸우기 위하여 국내 또는 국외에서 특별히 징집된 자이어야 한다(is specially recruited locally or abroad in order to fight in an armed conflict). ICRC의 commentaries(이하 "해설서")에 의하면 동 조문은 영구적이거나 장기 지속되는 기초 하에서 그것이 순수하게 개별 모병에 의하든 또는 국가당국에 의한 제도에 의한 것이든 불문하고, 외국군대에 입대하여 복무하는 자를 제외하기 위하여 제정된 조항이다.[18] 따라서 정식적인 법제도에 의해서 자기 국적국이 아닌 타국의 군대에 입대하여 복무하는 자는 동 조항에 해당하지 않는다고 할 것이다.

　　다음으로 살펴볼 것은 동 조항의 전반적인 해석과 관련한 것이다. 최근에 이와 관련하여 다음과 같은 흥미로운 주장이 제기되고 있다. 개인이 본 조문에 의해 용병에 부합되기 위해서는 특정 무력분쟁에서 특별히 싸우도록 고용되어야만 한다는 주장이다. 다시 말해 일반적으로 어떠한 무력분쟁이라도 발생하여 필요시 싸우도록 고용된 자를 의미하는 것은 아니라는 주장이다.[19] 그러나 이러한 주장이 옳은 것인가에 대해서는 의문이 있다. 조약해석의 일반원칙인 조약법에 관한 비엔나협약 제31조 제 1 항에 규정된 문언주의에 따를 경우, 'is specially recruited locally or abroad in order to fight in an armed conflict'가 '특정 무력분쟁에서 싸우기 위해서 국내 또는 국외에서 특별히 징집된 자'로 해석될 수 있을지 의문이다. 아울러 그러한 해석이 가능하다고 한다면 어느 곳이든 무력분쟁이 발생하고 수요가 있다면 언제든지 용병활동을 하고자 하는 개인 또는 단체는 본 조문의 범주에 들어가지 않는 것으로 해석되게 되는데, 이 또한 본 조문의 취지상 옳은 것인지 의문이 아닐 수 없다. 따라서 Cameron의 주장과 같이 특정한 무력분쟁에서 싸우기 위하여 특별히 징집된 자로 본 조문을 해석하는 것은 조약법에 관한 비엔나협약상의 기본적인 해석원칙과도 부합하지 않는다고 할 것이다.

　　끝으로 본 조문에서 살펴볼 것은 "싸우기 위해서(in order to fight) 징집된 자"에서 'fight'의 국제인도법상 의미는 무엇인가 하는 점이다. 이에 대해서는 공격행위뿐만 아니라 방어적 공격행위도 포함한다는 점에 이론의 여지가 없는 듯하다.[20] 다시 말해 방어작전 시의 공격행위도 국제인도법상의 'fight'에 포함된다는 것이다.

---

18) ICRC, *commentaries on Protocol Additional to the Geneva Conventions of 12 August 1949, and relating to the Protection of Victims of International Armed Conflicts (Protocol I)*, 8 June 1977, p. 578, para. 1805 (https://ihl-databases.icrc.org/en/ihl-treaties/api-1977/article-47/commentary/1987?activeTab=1949GCs-APs-and-commentaries; 최종방문일 2022. 12. 01.).

19) Lindsey Cameron, "Private Military Companies : Their Status Under International Humanitarian Law and its Impact on Their Regulation," *International Review of the Red Cross*, Vol. 88, No. 863, 2006, p.581.

20) 제 1 추가의정서 제49조 제 1 항에 의하면 "공격이라 함은 공세나 수세를 불문하고 적대자에 대한 폭력행위를 말한다."라고 규정하고 있다.

　　결론적으로 동 조문은 '특정 무력분쟁과 관계없이 무력분쟁이 발생한 지역 또는 그 외의 지역을 불문하고, 그것이 공세적 또는 수세적인 성격임에 상관없이 무력분쟁에서 싸우기 위해 특별하게 징집된 자'를 의미한다고 할 것이다.

　　2) 제 1 추가의정서 제47조 제 2 항 B호의 의미　　민간인이 실제로 적대행위에 직접 참가하여야만 용병으로 포섭할 수 있다. 그렇다면 실제로 적대행위에 직접 참여하다는 것은 무엇을 의미하는가. 동 조문에서는 '적대행위' 그리고 '직접 참가'(take a direct part in)라는 용어의 의미 규명이 핵심사항이라 할 것이다.

　　먼저 적대행위(hostilities)에 대해 살펴보면, 해설서에는 '그것들의 성질과 목적에 의해 적군의 인원과 장비에 대해서 실제로 위해(危害, harm)를 야기할 것을 의도한 행위'라고 규정하고 있다.[21] 2006년 이스라엘 대법원 또한 이와 유사하게 요인사살(targeted killings) 사건에서 '적대행위란 성질과 목적상 군대(the army)에 피해(damage)를 야기할 것을 의도한 행위'라고 판시한 바 있다.[22]

　　다음으로 '적대행위에 직접 참가'(take a direct part in)의 의미는 무엇인가. 우선 해설서에서는 '직접 참가'란 그것의 성질 또는 목적상 적군의 인원과 장비에 대해 실제로 피해를 야기할 수 있는 전투행위라고 설명하고 있다.[23] 아울러 '적대행위에 직접 참가'란 그 행위가 발생한 장소와 그 시간에서 참가한 행위와 적에게 가해진 피해 사이의 직접적인 인과관계를 의미한다고 설명하고 있다.[24] 한편 공간적인 측면에서 살펴보면 일반적인 적대행위의 참가는 전투지역 또는 그 인접지역에서 발생한다는 점을 부정할 수 없지만, 그렇다고 직접 참가가 '전투지역에서의 인접성'(proximity of the combat zone)만을 의미하지는 않는다.[25] 과학기술의 발전으로 인해서 첨단장비를 이용한 원격조종이 가능한 무기(예를 들어 미사일 또는 무기를 장착한 무인항공기 등)를 통해 적에게 피해를 가할 수 있기 때문이며, 이는 전투지역과의 인접성이 결정적인 것은 아니라는 것을 말해 준다.

　　그렇다면 직접 참가는 '전투'나 '실제군사작전'에만 국한되는 좁은 의미인가. 그렇지는 않지만 그렇다고 하여 모든 전쟁지원(war effort) 활동까지 포함할 정도로 넓게 해석해서도 안 될 것이다. 왜냐하면 현대전의 특징상 비록 간접적이긴 하지만 모든 국민이 어느 정도 전쟁노력에 참가하기 때문이다.[26] 한 가지 주목할 것은 해설서에서 '단지 전투원만, 그리고 적대행위에 직접 참가하는 전투원'만을 의미한다고 규정하고 있다는 점이다. 또한 해설서

---

21) ICRC, 앞의 책(각주 18), p.618.

22) "Targeted Killings," HCJ 769/02, Judgment, para.33.

23) ICRC, 앞의 책, p.619.

24) Nicki Boldt, "Outsourcing War-Private Military Companies and International Humanitarian Law," *German Yearbook of International Law*, Vol.47, 2005, p.516.

25) Michael N. Schmitt, "Humanitarian Law and Direct Participation in Hostilities by Private Contractors or Civilian Employees," *Chicago Journal of International Law*(2004-2005), p.537.

26) 위의 책, p.532, footnote 83.

는 다음과 같이 설명하고 있다.

> "이 조항(원문에서는 조건, condition)은 비록 그들이 금전적인 이익이 동기가 되어 참
> 가하였다고 하더라도 외국인 군사고문이나 군사기술자들을 제외한다."[27]

그러나 이것이 국제적인 무력충돌상황에서 모든 외국인 군사고문이나 군사기술자들의
활동이 용병의 정의에 포섭되지 않는다는 것을 의미한다고 할 수 없다. 그 이유는 동 해설
서가 다음과 같이 설명을 하고 있기 때문이다.

> "전에 없던 비율로 전 세계로 퍼져 나가는 점점 더 완벽해지는 현대무기의 특성은 군(軍)
> 인원의 훈련 또는 무기의 유지를 위해 이러한 전문가들의 출현을 요구하고 있다. 전문가들이
> 여하한 적대행위에 직접 참가하지 않는 한 그들은 전투원도 용병도 아닌 전투에 참가하지 않
> 는 민간인이다."[28]

다시 말해서 외국인 군사고문 또는 민간인 무기전문가들은 평시에 그 무기를 사용하
는 군인들을 훈련하거나 무기를 유지하는 업무에 종사하거나, 무력분쟁 시 무력분쟁과 직
접적인 관련이 없는 훈련 또는 무기의 유지업무에 종사할 경우에만 민간인의 지위를 유지
한다. 따라서 단순히 일반적인 군사조언 또는 훈련이 아닌 특정 무력분쟁에 있어 전투를
지휘하거나 전투수행방법에 대해서 조언하는 것은 적대행위의 직접적인 참가에 해당한다
고 할 것이고, 이 경우 외국인 군사고문과 무기전문가는 용병의 범위에 포섭될 수 있다고
할 것이다. 요컨대 해설서와 기존의 논의를 바탕으로 '적대행위에 직접 참가'의 의미는 상
당히 직접적이고 즉각적인 방법으로 적의 인원 또는 물자에 위해(危害) 또는 피해를 야기하
는 것을 알고, 그러한 행위에 참가한 것이라고 하겠다. 그러나 여전히 적대행위에 직접 참
가한다는 의미를 사전적으로 명확히 설명하기란 앞서의 군사고문과 무기전문가의 경우에
서와 같이 쉽지 않다.

그렇다면 과연 어떠한 행위가 직접적인 적대행위의 참가에 해당하는 것일까. 이는 단
순히 실제 적과 교전을 하는 것만을 의미하는 것은 아니지만, 그렇다고 앞서 살펴보았듯이
모든 전쟁지원(war effort)까지도 포함할 정도로 광범위하여서도 아니 될 것이다. 왜냐하면
현대전은 모든 국민이 간접적이지만, 어느 정도 전쟁지원에 종사하기 때문이다. 따라서 직
접적인 참가 여부의 결정은 필연적으로 각 사안별로 판단할 수밖에 없다.[29] 아울러 특정 행

---

27) ICRC, 앞의 책(각주 18), p.579.
28) 위의 책.
29) 국제 유고전범재판소(ICTY)는 Tadic 사건에서 적대행위의 직접 참가와 관련하여 "실제로 적대행위에
　　직접 참가한 자와 그렇지 않은 자를 정확하게 선을 나누듯이 정의할 필요성은 없다. 각각의 희생자에 대
　　한 관련 사실을 조사하고 각각의 개인별 상황들에 있어 그 인원이 실제로 관련 시간에 적대행위에 가담
　　했는지 규명하는 것으로 충분하다"고 판시하여 적대행위의 직접 참가와 관련해서 개별 사안별로 판단해
　　야 한다는 입장을 취하고 있다. 자세한 내용은 *Prosecutor v. Tadic*, Case No. IT-94-1-T, p.220,

위를 검토함에 있어 최고의 방법은 적대상대방에 대해서 직접적으로 행해진 적대행위의 임계치를 평가하는 방법이라고 하겠다. 다시 말해 적에게 얼마나 직접적인 적대행위로 영향을 미치는가를 검토해야 할 것이다.

　　3) 제 1 추가의정서 제47조 제 2 항 D호의 의미　　　충돌당사국의 국민이 아니거나 충돌당사국에 의하여 통치되는 영토의 주민이 아닌 자의 의미는 결국 용병의 범주에 포섭되기 위해서는 개인이 국제적인 무력충돌에 있어 양 당사국의 국민이 아닌 자, 다시 말해 제 3 국의 외국인이어야 한다는 것이다.

　　ICRC의 해설서에는 이에 대해서 특별한 언급이 없다. 다만, 제 1 추가의정서를 채택함에 있어 용병의 조건으로 외국인요건(foreign character of mercenary)이 각국의 대표들로부터 일반적으로 받아들여졌다는 것만큼은 확실하다.[30]

　　이 조항과 관련해서는 다음과 같은 의문이 제기된다. 첫째, 여기서 말하는 국적은 자연인에게만 적용되는 것인지, 아니면 법인에게도 적용되는 것인가 하는 문제이다. 둘째는 국적조항이 법인에게 적용된다고 가정할 경우, 그 법인의 구성원 또는 피고용인의 국적의 문제는 어떻게 되는가 하는 문제이다.

　　제 1 추가의정서를 채택하기 전까지는 용병의 활용이 보편적이었다는 점에서 당연한 것이겠지만 용병의 법적 지위, 특히 국제인도법상 용병의 법적 지위는 전투원이었다. 비록 정규군은 아니라고 할지라도 용병은 교전상대방의 정식의 전투원의 일원으로서 인정되었다. 따라서 용병은 합법적으로 직접적인 적대행위에 참가할 수 있었고 생포 시에는 당연히 포로의 권리를 누렸다. 마찬가지로 용병도 전투원인 만큼 적대상대방의 합법적인 공격대상이 되었다.

　　그러나 1977년 제 1 추가의정서가 채택되면서 용병은 더 이상 전투원의 지위와 생포 시 포로의 지위를 누릴 수 없게 되었다.[31] 제 1 추가의정서 제47조 제 1 항에서는 "용병은 교전자 또는 전쟁포로의 권리를 보유하지 못한다"라고 규정하였기 때문이다. 제47조로 인하여 이제 국제적 무력충돌에 참여하는 용병은 교전자의 지위를 인정받을 수 없게 되었다. 다만, 동 의정서 제75조에 의한 기본적인 권리[32]는 용병에게도 적용된다고 할 것이다. 한

---

para. 616, 1999를 참조.

30) H. W. Van, Deventer, "Mercenaries at Geneva," *American Journal of International Law*, Vol. 70, 1976, pp.813-814: 각국의 대표들은 해당국의 군대에서 복무하는 국민은 용병이 될 수 없다는 것에 일반적으로 동의했다.

31) 제 1 추가의정서 제47조 제 1 항에 의하면 "용병은 교전자 또는 전쟁포로의 권리를 보유하지 못한다"고 규정되어 있다. 따라서 용병은 대개 그들을 체포한 국가의 국내법상 반란죄의 범죄인으로 처벌받게 된다.

32) 이러한 권리는 무력충돌의 행위로 인하여 체포 또는 구류되는 모든 자는 자기가 이해하는 언어로 체포 또는 구류가 취해진 이유를 신속히 통지받을 권리, 일반적으로 승인된 사법절차의 원칙을 존중하는 공정하고 정식으로 구성된 법원에 의하여 재판을 받을 권리, 재판시 항변의 권리, 죄형법정주의와 사후입법금지 등 일반적으로 형사범에게 부여되는 일체의 권리들을 말한다.

편 제1추가의정서는 당사국이 적대상대방의 용병을 생포했을 경우, 시혜적인 행위의 일환으로서 그들을 포로로 대우를 하는 것까지 금지하고 있지는 않다.[33] 국내적 무력충돌에 있어서 국제법은 충돌당사자들의 법적 지위를 규제하지 않으므로 충돌당사자들의 법적 지위의 결정에는 국내법이 적용된다.[34] 따라서 합법 정부를 위하여 복무하는 용병인 경우[35] 합법정부 측은 이들을 합법적 교전자로 간주하려 하겠지만, 반란군 측에서는 이들을 보통의 범죄인과 같이 취급할 수 있다. 역으로 반란군 측을 위하여 복무하는 용병의 경우에도[36] 합법정부 측은 이들을 보통의 범죄인으로 취급할 수 있다.

한편 1980년 12월 4일 UN 총회결의 35/48에 의해 용병의 고용·사용·자금지원·훈련의 방지에 관한 국제협약(이하 "1989년 UN 용병협약")의 작성을 위해 특별위원회가 설립되었다. 동 위원회에서 초안을 작성한 지 9년 후인 1989년 12월 4일 UN 총회결의 43/34로 협약이 채택되었으며. 협약은 2001년 10월 20일에 발효되었다. 위 협약은 용병활동뿐만 아니라 용병활동을 조장·조직·허용하는 자의 불법행위에도 초점을 맞추고 있다는 특징이 있다. 동 협약의 제1조에는 제1추가의정서 제47조상의 용병의 정의를 그대로 규정하고, 더불어 국제적인 무력충돌상황 외에도 정부의 전복이나 기타 국가의 헌정질서파괴 또는 영토보전을 저해하기 위하여 폭력행위에 투입할 목적으로 고용하는 경우도 용병에 해당한다고 규정하여 용병의 정의를 한 차원 더 확장시켰다. 그러나 안보리 상임이사국 모두가 동 협약의 비당사국인 점, 그리고 당사국의 숫자도 31개국에 불과한 점을 감안할 경우, 국제사회에서 용병의 정의와 관련된 실질적인 규범으로서의 역할은 제1추가의정서가 하고 있다고 할 것이다.[37] 따라서 현재 국제사회에서 보편적인 개념으로서의 용병은 제1추가의정서 제47조 제2항에 규정된 것이라고 하겠다.

(3) 국제사회의 실행

용병과 관련하여 다음과 같은 판례와 국제적 관행이 존재한다.

1970년대 중반 당시 앙골라는 1975년 포르투갈로부터 독립을 쟁취한 이래로 민족주의

---

33) Office of The High Commissioner for Human Rights, "The Impact of Mercenaries Activities on The Right of Peoples to Self-Determination," Human Right Fact Sheet No. 28, 2002, "용병활동이 민족자결권에 미치는 영향," 국가인권위원회 역, UN인권해설집 제28권 번역본, 2005, 25면.
　　참고로 실제 위 규정의 제안국이었던 나이지리아 대표단은 "용병에게 교전자 또는 전쟁포로로서의 권리를 부여해서는 아니 된다"라고 제안했으나, 토의과정에서 현재 규정의 내용으로 수정되었다. 따라서 용병을 체포한 국가가 용병에게 포로로서의 자격을 부여하는 것은 그럴 경우는 거의 없겠지만 국제법상 가능한 일이다.
34) 위의 책.
35) 1964년 콩고내란에서 정부측의 군대에서 복무한 용병.
36) 1961년의 콩고내란, 1967년의 비아프라내란 및 1976년의 앙골라내란에서 반란군측 군대에서 복무한 용병.
37) 1989년 용병협약의 당사국에는 미국·영국·러시아·프랑스·중국 등 이른바 초강대국(안전보장이사회 상임이사국)이 모두 빠져 있지만, 제1추가의정서의 경우 미국을 제외한 안보리 상임이사국 모두가 당사국이다.

계열의 FNLA(Frente Nacional de Libertação de Angola-the National Front for the Liberation of Angola)와 공산주의계열의 MPLA(Movimento Popular de Libertação de Angola-People's Movement for the Liberation of Angola) 간의 치열한 내전이 발생했다. 당시에 FNLA에 고용된 영국과 미국 출신이 주축이 된 용병 13명[38]이 이후 MPLA에 생포되어 재판에 회부되었다. 그들은 용병의 모집과 용병활동으로 인한 현지인의 살인 및 동료용병 14명의 살인, 그리고 각종 파괴행위 혐의로 기소되었으며, 1976년 6월 11일에 루안다궁(Luanda palace)에서 시작된 재판은 앙골라인으로 구성된 재판부에 의해 1주일가량 지속되었고, 이 재판은 영어·러시아어·불어 등으로 번역되어 전 세계 언론에 의해 보도되었다.

이들 중 미국 신문에 자신을 용병으로 광고했던 미국인 1명과 용병의 지도자 격인 3명의 영국인이 살인혐의로 사형선고를 받았으며,[39] 나머지 9명은 동일한 혐의로 각각 16년에서 30년의 징역형을 선고받았다. 동 판례의 특징은 국제적 무력분쟁(international armed conflicts)에서 용병이 활동한 사례가 아닌 비국제적 분쟁(non-international armed conflicts)에서 용병이 활용된 사례라는 점이다. 따라서 용병활동으로 기소된 이들은 앙골라 형법을 위반한 범죄자로 처벌되었다. 동 판결은 이후 아프리카에서 용병활동의 금지와 처벌을 규정한 이른바 OAU 협약을 체결하는 결정적인 계기가 되었을 정도로 국제사회에 용병에 관한 크나큰 반향을 일으키었다. 1907년 헤이그 제 5 협약에 의하면 중립국의 영토에서 교전 당사국을 돕기 위해 전투원을 구성하거나 요원의 모집을 할 수 없음을 규정하고 있다.[40] 그러나 동 협약은 교전 당사국 일방을 위해 개인이 중립국의 국경을 넘어가는 것을 금지하고 있지는 않다.[41] 다시 말해 교전 당사국이 자국을 위해 용병을 사용하는 것에 대하여는 문제삼지 않았으나 제 3 국, 즉 중립국이 자국의 영토에서 교전 당사국 일방을 돕기 위해서 군대를 조직하거나 인원을 모집하는 것은 금지하였다. 그러나 개인이 개별적으로 교전당사국 일방의 영토로 들어가 교전자를 위해 입대를 하는 것을 금지하지는 않고 있다.

20세기에 들어와서의 용병활동에 대한 국제사회의 관행은 용병 자체를 금지하지는 않았다가 나중에 용병활동 자체를 금지하는 쪽으로 변화하였다고 하겠다.

---

38) 이들은 10명의 영국인, 2명의 미국인, 1명의 아르헨티나인이었다. 이렇듯 구성원의 국적이 다양한 이유는 초기 전문직업군인 출신으로 구성되어 성공적인 용병활동을 수행하던 이들 부대의 리더인 Geogiou라는 전직 영국군출신 용병이 완편된 대대규모의 용병부대를 창설하려고 하였으나, 의도와는 달리 전문직업군인 출신의 모집에 실패하자 군대경력이나 전쟁경험이 없는 민간인들로 대부분의 인원을 충원하면서 여러 국가에서 인원을 모집했기 때문이다. 결국은 이러한 아마추어리즘이 이들 용병부대가 최후를 맞이하게 된 주요한 원인이 되었다. 자세한 내용은 다음의 BBC 홈페이지를 참조할 것.
〈http://news.bbc.co.uk/onthisday/hi/dates/stories/june/11/newsid_2510000/2510947.stm〉.
39) 이들 4명의 사형은 1976년 7월 10일에 집행되었다. 자세한 내용은 아래의 BBC 홈페이지 참조할 것.
〈http://news.bbc.co.uk/onthisday/hi/dates/stories/june/28/newsid_2520000/2520575.stm〉.
40) 1907 Hague Convention(V), "Respecting the Right and Duties of Neutral Powers and Persons in Case of War on land," Article 4.
41) 위의 협약, Article 6.

1963년 벨기에로부터 콩고가 독립하자 독립한 지 12일 만에 콩고의 남쪽 지역인 카탕가지역에서 모이스 촘베(Moise Tshombe)가 독립을 선언하였다. 벨기에가 이를 지지하면서 백인용병을 고용해 촘베를 지원하였다. 이에 대항하여 UN은 1963년에 평화유지군을 파병하였으며, 1964년 문제의 카탕가지역을 수복하자 철수하였다. UN은 용병활동을 아프리카의 식민독립의 크나큰 위협으로 판단하고 적극적으로 대응하였다.

1970년 UN 헌장에 따른 "국가들 간의 우호관계와 협력에 관한 국제법 원칙의 선언"에서는 "모든 국가는 다른 국가의 영토를 침략하기 위해서 용병을 포함하여 비정규군 또는 무력단체를 조직 또는 구성하는 것을 삼가야 할 의무를 지닌다"라고 규정하고 있다.[42] 그러나 동 선언은 용병 자체를 금지한다고 하기보다는 한 국가가 타국의 영토를 침략하기 위해 그러한 용병을 포함한 무장단체를 결성 또는 조직하는 것을 금지하고 있다. 따라서 문리적 해석에 의하면 타국을 침략하기 위한 목적이 아닌 경우에는 국가는 용병을 포함하여 그러한 무장단체를 조직할 수 있다고 할 것이다.

1977년 3월 7일 가봉에서는 앞서 언급하였듯이 OAU 협약이 체결되어 아프리카대륙에서 용병활동을 금지하기 시작했다. 아울러 1977년에는 제1 추가의정서에 용병에 관한 내용이 규정되어 국제사회에서 용병은 반드시 금기시되어야 하는 존재가 되었다. 또한, 1989년에는 UN 용병금지협약이 채택되었다. 다만, 1989년 UN 용병금지협약의 경우 당사국이 31개국에 불과하다는 점에서 문제점이 지적되고 있다.[43] 그러나 이는 동 협약에서 용병의 정의를 확대하였을 뿐만 아니라 새로이 용병을 고용, 활용, 자금지원 또는 훈련하는 자와 관련하여 용병과 동일하게 범죄행위를 자행하는 자로 처벌하도록 규정하고 있어 협약의 당사국이 될 경우, 해당 국가가 이로 인해 국가책임을 져야 한다는 우려로 미국 등과 같은 서방국가들이 참여를 꺼렸기 때문이지 용병 자체에 대한 국제사회의 인식의 차이 때문은 아니다. 아울러 UN 인권위원회(현재 '인권이사회'로 격상됨)가 용병과 관련한 특별보고관을 임명해서 이에 대한 UN 차원의 문제해결을 위해 계속해서 노력하고 있는 점을 고려한다면,[44] 국제사회의 실행(practice)은 국제적 무력충돌에서 용병을 일관되게 비난과 금지의 대상으로 본다는 점이다.

4. 간 첩

일반적으로 간첩(spy)이란 타국에 침투하여 첩보를 수집하는 자를 말하며, 간첩을 사

---

42) UN General Assembly Resolution on the Declaration of Principles of International Law Concerning Friendly Relations and Co-operation Among States in Accordance with the Charter of the United Nations, Resolution 2625, U.N. G.A.O.R., 25th Sess., 1883rd Meeting, U.N. Doc. A/8082(1970).

43) 2008년 10월 18일 현재 동 협약의 당사국은 31개국인 반면, 제1 추가의정서의 당사국은 168개국이다.

44) The Right of Peoples to Self-Determination and Its Application to Peoples Under Colonial or Alien Domination or Foreign Occupation, E/CN.4/2004/15.

용하여 첩보를 수집하는 교전당사자의 행위 또는 간첩이 적진에서 첩보를 수집하는 행위를 간첩행위(espionage)라 부른다. 그러나 1907년 헤이그육전규칙 제29조는 '적에게 통보할 의도 하에 교전당사자의 작전구역 내에서 은밀히 또는 속임수를 써서 첩보를 수집하거나 수집하려는 자'만을 간첩으로 보고 있다. 따라서 변장하지 않고 제복을 착용한 채 적진에 침투하여 첩보를 수집하는 군인은 정상적인 교전자이며 간첩이 아니다. 1977년 제 1 추가의정서 역시 간첩에 관한 종래의 규칙을 재확인하였다(제46조).

전쟁은 적의 병력, 의도 및 작전지역의 지형적 특징 등에 관한 정보 없이는 수행될 수 없다. 때문에 정보의 기초가 될 첩보의 수집을 위하여 간첩을 사용하는 교전당사자의 행위는 국제법상 일반적으로 합법적 행위로 간주된다.[45] 1907년 헤이그육전규칙 제24조는 "적정(敵情) 및 지형에 관한 정보의 수집을 위하여 필요로 하는 수단의 사용은 허용되는 것으로 본다"라고 하여 간첩행위의 적법성을 명문화하였다. 따라서 간첩의 사용은 국제법상 합법적이며, 간첩의 첩보수집행위도 국제법에 위반되지 않는다.[46]

그러나 간첩행위 자체는 국제법상 합법적이라 해도 상대방 교전당사자는 간첩을 체포하여 국내법에 따라 처벌할 수 있다. 이를 간첩의 이중적 특성이라 부른다.[47] 간첩은 전쟁법규의 위반을 이유로, 즉 전쟁범죄인으로 처벌되는 것이 아니라, 첩보수집을 위험하고 곤란하게 또는 실효성이 없도록 처벌하는 것이다.[48] 결국, 간첩은 국제법에 의하여 금지된 것도 아니며, 그렇다고 보호되는 것도 아니다.[49]

한 가지 유의해야 할 것은 1977년 제 1 추가의정서 제44조 제 3 항의 채택에 따라 '조직적인 저항운동의 구성원'인 게릴라는 민간인으로의 위장 이외에 다른 속임수만 쓰지 않는다면 적진에 침투하여 첩보수집활동을 하더라도 합법적인 교전자로서의 자격을 보유하며, 간첩으로 취급되지 않는다는 점이다.

5. 민간군사기업(Private Military Companies or Contractors)[50]

(1) 의   의

PMC는 Private Military Companies의 약자로서 우리말로 "민간군사기업"으로 해석된다. 이에 대해서 "민간군사용역회사"라고 칭하기도 한다.[51] 이는 이들 기업이 무기의 판

45) M. Greenspan, *The Modern Law of Land Warfare*, University of California Press, 1959, p.328; J. Stone, *Legal Controls of International Conflict*, Stevens & Sons Ltd., 1959, p.561; H. Lauterpacht, *Oppenheim's International Law*, Vol. 2, 7th ed., Longmans, 1952, p.452.
46) 김명기·김성훈, 앞의 책(각주 4), 436면.
47) H. Lauterpacht, 앞의 책(각주 45), p.422.
48) 김명기·김성훈, 앞의 책, 436, 517면; U.S. Department of Army, *The Law of Land Warfare*, FM 27-10, U.S. Government Printing Office, 1956, para.203.
49) R. R. Boxter, "So-called Unprivileged Belligerency," in *British Yearbook of International Law(BYIL)*, Vol. 28, 1951, p.335.
50) 이하 "PMC"라 한다.

매 등과 같이 특정 재화를 제공하는 것이 아닌 군사관련 서비스를 제공하기 때문에 명명된
것으로 보인다. 미국 브루킹스연구소의 Singer에 의하면 이들은 전쟁과 밀접하게 연관된
전문적인 서비스를 제공하는 사업체이며, 교전 · 전략입안 · 첩보활동 · 위험평가 · 작전지
원 · 군사훈련 · 전문기술 등의 군사기술을 지원하는 데 주력하는 법인체인데,[52] 결국 이들
은 현재까지도 국가만이 수행할 수 있는 유일한 배타적 영역으로 간주되어 온 국방과 안보
서비스를 소비자에게 제공하는 사기업집단을 총칭하는 것이라고 하겠다.

이러한 민간군사기업의 활동은 최근의 모습은 아니다. 영리를 목적으로 민간인 또는
기업이 군대에 음식재료나 교통수단을 제공하는 행위도 그러한 예의 하나이다. 다만, 이러
한 활동은 직접적인 군사지원활동은 아니었다.[53] 테러와의 전쟁의 일환으로 시작된 이른바
제 2 차 이라크전쟁은 PMC가 국제분쟁에 있어 새로운 행위자로 출현하게 된 계기가 되었
다. 안타깝게도 이들이 전 세계적으로 관심을 받게 된 이유는 국제분쟁에 있어서의 그들의
활약상 또는 역할 혹은 그들이 달성한 효과 때문이 아니라 그들이 야기한 일련의 인권유린
행위 또는 무력에 관한 국제법을 위반한 사건들이 언론을 통해 일파만파 알려지기 시작하
면서부터이다. 사실 민간군사기업의 출현은 이라크전쟁에서 최초로 또는 대규모로 발생한
것은 아님에도 그 동안 국제사회는 이들의 출현과 행위에 대해 대체로 무관심했다. 이라크
에서 발생한 민간군사기업의 인권유린 및 비인도적인 행위는 일회성의 사건 또는 우연히
발생한 불행한 일이 아니라 앞으로도 국제사회에서 커다란 문제점이 될 것이며 국제사회
가 민간군사기업의 활동의 규제에 있어 적극적으로 대처해야 함을 보여준 사례라고 할 것
이다.

(2) 민간군사기업에 대한 평가와 문제점

민간군사기업(PMC)에 대한 지금까지의 평가는 3가지로 요약할 수 있다. 다만, 이러한
평가들은 상반된 견해를 갖추고 있다.

1) 기업화된 용병이론   '기업화된 용병이론'은 결론적으로 말하자면 PMC는 국제
사회가 금지하고 있는 용병(mercenaries)에 불과하다는 견해이다. 다만, 이들과 과거 용병
과의 차이점은 과거의 용병이 개별적 · 독립적인 계약을 통해 무력분쟁에 개입하였다고 한
다면, PMC는 이러한 용병들이 기업체의 모습을 갖추고(회사법상 기업이 되어) 활동하고 있을
뿐이라고 설명하고 있다.[54] 이 이론은 국제사회에서 금지되고 있는 용병들이 단지 합법화

---

51) 김수정, "민간군사용역회사의 이중적 특성 — MPRI의 사례분석 —," 서울대학교 대학원 석사학위논문,
2006, 2면. 한편 이장욱은 논문에서 군사기능대행업체라고 표현하고 있는데, 그는 군사기능대행업체란
"이윤을 추구하는 민간기업으로서 일정 수준의 경제적 대가를 받고 국가정규군의 업무를 대행하는 기
업"이라고 정의하고 있다. 이장욱, "군사기능대행업체와 국가의 활용," 서강대학교 대학원 박사학위논
문, 2006, 9면.
52) Singer, 앞의 책(각주 12), pp.27–28.
53) 정인섭, 신국제법 강의(12판), 박영사, 2022, 1193면.

를 가장하여 활동하고 있을 뿐이므로, 이들을 전통적인 규범을 통해 금지해야 한다는 주장을 한다. 그러한 근거로 그 동안 PMC가 국제사회에서 각종 인권유린행위와 국제인도법을 위반하는 행위, 그리고 민족자결주의 원칙을 훼손하는 등의 국제사회가 금기시하고 있는 모든 규범을 위반하고 있음을 제시하고 있다.[55] 아울러 설령 PMC의 주장대로 그들이 일반적인 기업체라고 인정하더라도 기업의 궁극적인 목적은 이윤추구이기 때문에 정규군과 같은 도덕적·윤리적 또는 규범적인 의지가 미약하다는 것은 명약관화(明若觀火)하므로, 이들이 분쟁에 개입하는 것은 분쟁 그 자체를 더욱 악화시킬 수 있음을 지적하고 있다. 최근 일부 PMC의 구성원이 이윤의 추구를 위해서 마약카르텔, 인신매매단체·테러단체·반란군과도 계약을 체결해 활동하고 있음이 밝혀지면서 이들의 주장은 점차 더 큰 호소력을 갖게 되었다.

　　2) 새로이 등장한 안보민영화산업체이론　　　PMC를 새로이 등장한 안보민영화산업체라고 평가하는 이들은 PMC가 탈냉전 이후 전 세계적인 안보공백을 극복하고 공공분야의 효율성 제고를 위한 민영화라는 세계적 흐름에 의한 필연적인 현상에서 비롯된 산물이므로, 이들을 기존의 용병과 같이 취급하는 것은 타당하지 않다고 주장한다.

　　그 근거로 첫째, PMC가 실제 안보공백 지역에서 자타가 공인하는 성과를 올렸다는 것을 들고 있다. 구 유고사태에서 대규모의 인종청소와 같은 반인륜적인 행위들로부터 크로아티아를 보호한 군사작전을 이끈 민간군사기업의 활약상과 시에라리온에서의 반군을 퇴치하는 데 실제로 참여한 민간군사기업의 모습은 그 대표적인 예이다. 둘째, 탈냉전이 도래함에 따라 각국은 외부로부터의 안보위협이 점차 감소하고 핵심안보역량을 제외하고서는 비효율적인 군사분야에 대해 경제적 효율성을 추구하고, 여기서 절약된 자원을 다른 분야에 투입하고자 하는 강한 필요성을 느끼게 되었는데, 이러한 각국의 욕구를 충족시켜 주는 방안이 바로 민간군사기업을 활용하는 이른바 안보분야의 아웃소싱(외주화)이라는 것이다. 즉 이는 경제적 효율성을 추구하는 사회·경제적으로 지극히 당연한 모습이며, 이를 비난하거나 금지하는 것은 타당하지 않다는 것이다.[56]

---

54) 대표적인 부정론자 중 한 사람인 Abdel Fatau Musah는 "민간군사기업은 정처 없이 떠도는 용병이라는 낡은 독을 새롭게 디자인한 병에 담은 것에 불과할 뿐"이라고 표현했다 : Palph Peters, "The New Warrior Class," *Palameters*, Vol. 24, Summer 1994, p.24. 아울러 이러한 주장의 대표적인 논의는 Filiz Zabci, "Private Military Companies: 'Shadow Soldiers' of Neo-Colonialism," *Capital & Class*, Summer 2007, pp.1-11 외에 Ryan M. Scoville, "Toward an Accountability-based definition of Mercenary," *Georgetown Journal of International Law*, Vol. 37, Spring 2006, pp.541-581 등이 있다.

55) P. W. Singer, 앞의 책(각주 12), p.383: 1997년 브리티시석유의 콜롬비아 내 송유관에 대한 경비업무를 체결한 디펜스서비스는 영국 공수특전단 출신의 교관들을 중심으로 현지 콜롬비아 정부군에 게릴라 소탕전술을 교육했다고 한다. 뿐만 아니라 이들은 브리티시석유의 송유관사업을 반대하는 환경운동가들과 지역공동체지도자들에 대한 정보를 콜롬비아군대에 제공했다. 이후 콜롬비아군대는 제공된 정보를 바탕으로 환경운동가들과 지도자들을 납치, 고문 및 살해하였다.

56) 이와 같은 입장의 대표적 인물과 논문은 다음과 같다. Avant Deborah, "Privatizing Military

3) 절 충 론   절충론적 입장은 PMC의 존재나 행위 자체를 부정하지 않는다는 점에서 새로운 안보민영화산업체론과 동일하다. PMC의 필요성과 효용성에 대해서도 동일한 입장을 취하고 있다. 다만, 절충론은 PMC의 규모확대와 함께 국제사회에서의 부정적인 모습이 계속 대두되자 최소한의 규범적 통제가 필요하다고 주장하고 있다. 그럼에도 불구하고 절충론은 PMC를 전통적인 용병금지규범으로 규제하는 것에는 반대하고 있다. 결국, 절충론은 안보민영화산업체론과 비교할 때, 자체규율 또는 민간차원의 규제(시장논리에 의한 규제) 외에 최소한의 공적 규제를 포함하자는 주장이 추가되었을 뿐이라는 점에서 동일한 이론으로 보아도 무방할 것으로 보인다.

4) PMC에 대한 기존 평가의 검토   기존의 평가들은 다음과 같이 몇 가지로 요약될 수 있다. 첫째는 PMC에 대한 국제사회의 평가가 양 극단을 이루고 있다는 점이다. 둘째는 이러한 극단 사이에서도 국제사회에서 용병만큼은 반드시 금기시되어야 하는 존재로서 공통된 인식을 가지고 있다는 점이다. 결국 PMC가 용병인지 아닌지를 검토한다면, PMC와 관련된 제반 문제해결의 기초를 다질 수 있는 것이다. 물론 기존의 평가들도 각자 PMC의 법적 지위에 대해서 언급하고 있다. 다만, 기존의 평가들은 양자 모두 상대를 논리적으로 압도하지 못하고 있다. 그 이유는 한쪽에서는 용병으로 의율하자고 강력하게 주장하는 반면, 또 다른 한쪽에서는 이를 강력하게 거부하고 있고, 이와 함께 각자 주장의 근거를 제시하고 있지만, 본질적인 요소인 용병이 무엇인가에 대한 검토와 설명은 없고 자신들 주장의 근거만을 제시할 뿐이기 때문이다.

기존의 이분법적인 논의처럼 PMC 모두가 국제사회가 금지하는 용병에 해당하지도 않지만, 그렇다고 모두가 다 민간인에 해당하는 것도 아니다. 또한 ,특정 민간군사기업이 항상 용병활동을 하는 것도 그렇다고 그 반대도 아니다. 이들의 활동은 국제분쟁지역에서 고용국과 어떠한 계약을 체결하는가에 따라 달라질 수 있다. 이들의 용병 여부에 대한 논의는 민간군사기업의 수행하는 다양한 활동만큼이나 다양한 결론으로 도출될 수밖에 없을 것이며, 이러한 논쟁만이 계속된다면 무력충돌 시 민간인의 보호, 인권유린행위의 방지 및 무력충돌의 법규를 위반하는 행위에 대한 규제라는 논의의 합목적성이 몰각되고 말 것이다.

무력충돌에 있어 새로운 행위자가 출현하고, 또한 이들에 대한 기존의 규범체계를 통한 포섭이 어렵다는 것이 실상이라면, 이제 국제사회가 그것이 연성적인 것이든 경성적인 것이든 그 성격을 불문하고 포섭 가능한 새로운 규범체계를 논의하고 만들어 나가야 할 것이다.   스위스 정부와 국제적십사위원회가 주도가 되어 민간군사기업과 관련한 몽트뢰지침(The Montreux Document)를 2008년 9월 채택하였다. 몽트뢰 지침은 법적 구속력이 없는

Training," *Foreign Policy in Focus*, Vol. 7 No. 6, 2002; House of Commons Foreign Affairs Committee, *Green Paper-Private Military Companies*, Ninth Report of Session 2001-02, p.6, para. 60.

문서로서 민간군사기업의 적법한 활동과 규제를 위한 최소한의 가이드 라인을 제시하였다. 이후 스위스 정부가 주축이 되어 2010년 민간군사기업의 자발적 준수를 위한 「민간군사기업을 위한 국제행동지침(2010 International Code of Conduct for Private Security Service Provides)」을 제정하였으며, 유엔 역시 민간군사기업의 규제를 위한 국제조약을 채택을 위해 노력하고 있다.[57]

Ⅲ. 교전자의 자격요건

1. 교전자격요건의 의의

앞서 '교전자의 의의'에서 언급한 바와 같이 해적행위를 할 수 있는 자는 교전자에 한하며, 교전자 이외의 평화적 인민은 해적행위를 행할 수 없다. 만약 평화적 인민이 해적행위를 하였을 경우에는 전쟁범죄인으로서 처벌대상이 된다. 교전자격요건이란 교전자로서 인정받을 수 있는 전쟁법상의 요건들을 말한다.

정규군의 교전자격요건과 관련하여서는 크게 문제될 것이 없다. 정규군의 경우에는 제복의 착용을 통하여 평화적 인민과의 구별이 가능하게 하는 등 전쟁에 관한 법규 및 관례에 따라 작전을 수행하기만 하면 된다. 물론 정규군소속의 병력이라도 전쟁에 관한 법규 및 관례를 준수하지 않은 자는 전쟁범죄인으로 처벌대상이 된다. 교전자격요건이 특히 문제시되는 것은 비정규군의 경우이다.

2. 비정규군의 교전자격요건

1907년 헤이그육전규칙 제1조는 민병 및 의용병에 대하여 다음과 같은 조건 하에서 교전자격을 인정하고 있다.

첫째, 부하에 대해 책임을 지는 자에 의해 지휘될 것
둘째, 멀리서 인식할 수 있는 고착된 특수표지를 할 것
셋째, 공연(公然)히 무기를 휴대할 것
넷째, 전쟁에 관한 법규 및 관례를 준수할 것

또한 동 규칙 제2조는 비조직적인 군민병에 대하여는 위의 네 가지 요건 중 셋째 및 넷째의 요건을 구비할 경우 교전자격을 인정하고 있다.

한편 1949년의 제네바 제Ⅲ협약 제4조는 '조직적인 저항운동의 구성원'으로서의 게릴라에 대하여도 1907년 헤이그육전규칙 제1조에 규정된 네 가지의 요건을 구비할 경우, 교

---

57) 정인섭, 전게서, 1194면

전자격을 인정하여 적에게 포획될 경우 전쟁포로로서의 지위를 부여하고 있다. 따라서 게릴라는 '조직적인 저항운동의 구성원'인 경우와 '비조직적인 군민병의 구성원'인 경우에 각각 교전자격요건을 달리하게 되었다. 전자인 경우에는 위에서 언급한 네 가지의 요건을 모두 구비해야 하지만, 후자인 경우에는 네 가지의 요건 중 셋째 및 넷째의 요건만 구비하면 교전자격을 인정받을 수 있는 것이다.

그러나 이와 같은 게릴라의 교전자격요건들은 1950년대 이후, 특히 한국전, 중동전 및 월남전에서의 새로운 전쟁양상을 경험하면서 재검토가 요구되기 시작하였다. 이러한 요구에 따라 적십자국제위원회(ICRC)의 주관 하에 1974년부터 1977년까지 스위스의 제네바에서 개최되었던 "무력충돌에 적용되는 국제인도법의 재확인 및 발전에 관한 외교회의"에서 최종 채택된 "1949년 제네바 제 협약에 대한 제 I 추가의정서"는 제44조 제 3 항에서 전투원 일반의 교전자격과 관련하여 다음과 같이 규정하게 되었다.

"3. 적대행위의 영향으로부터 민간주민보호를 촉진하기 위하여 전투원은 공격 또는 공격준비 군사작전에 가담하는 동안 자신을 민간주민과 구별되도록 하여야 한다. 그러나 무장전투원이 적대행위의 성격으로 인하여 자신을 그와 같이 구별되도록 할 수 없는 무력충돌상황이 존재함을 감안하여 무장전투원은 그러한 상황 하에서 아래의 기간중 공연히 무기를 휴대한 경우에 한하여 전투원으로서의 지위를 보유한다.
  (a) 매회(每回)의 군사교전기간 중
  (b) 자신이 참가하는 공격의 개시에 선행하는 군사적 전개에 가담하며 적에게 노출되는 기간 중."

1977년 제 I 추가의정서 제44조 제 3 항은 민간인보호를 위하여 모든 교전자에 대하여 민간인과 구별되게 하여야 할 의무를 재확인하였으나, 그러한 의무의 이행기간에 관하여는 '공격 또는 공격준비 군사작전에 가담하는 기간'으로 단축시키고, 종래의 비정규군의 교전자격요건 중 두 번째 및 세 번째의 요건을 '조직적인 저항운동의 구성원'인 게릴라에 대하여 크게 완화시켰다. '고착된 특수표지'의 의무를 종래의 '비조직적인 군민병'인 게릴라의 경우와 같이 '조직적인 저항운동의 구성원'인 게릴라에 대하여도 해제함과 동시에, '공연히 무기를 휴대'하여야 할 의무에 대해서도 그 의무이행의 기간을 '매회의 군사교전기간중' 및 '자신이 참가하는 공격의 개시에 선행하는 군사적 전개에 가담하면서 적에게 노출되는 기간중'으로 단축함으로써 게릴라전을 실정법상 완전히 합법화시킨 것이라 할 수 있다.[58]

---

58) 새로운 규칙 하에서는 '조직적인 저항운동의 구성원'인 게릴라가 공격의 개시에 선행하는 군사적 전개에 참여하여 적에게 노출되기 시작하면서부터 자신을 민간인과 구별되게 하기만 하면 비록 그가 여타의 시간에 민간인으로 위장한다 하여도 교전자로서의 자격을 잃지 않으며, 그 결과 민간인으로의 위장 이외의 다른 속임수만 쓰지 않는다면 적진에서의 첩보수집활동도 합법적으로 수행할 수 있고, 체포되더라도 포로로서의 대우를 받을 수 있다. M. Bothe, K. J. Partsch and W. A. Solf, *New Rules for Victims of Armed Conflicts*, Martinus Nijhoff Publishers, 1982, p.252.

제 2 절 해적수단(害敵手段)의 제한

전쟁은 승리를 목적으로 하지만, 목적의 달성을 위하여 어떠한 해적수단(means of injuring the enemy)을 사용하여도 무방한 것은 아니다. 1907년 헤이그육전규칙 제22조는 "교전자는 해적수단의 선택에 있어서 무제한의 권리를 갖는 것이 아니다"라고 선언하였으며, 전쟁법규들은 해적수단의 사용에 관한 각종의 금지규칙들을 명문화하고 있다. 그러한 금지의 이유가 각각의 경우에 있어서 반드시 동일하지는 않으나, 일반적으로 말하자면 인도적 고려와 군사적 고려를 교량하여 잔학성에 비하여 군사적 효과가 적은 해적수단을 제한하는 것이 일반적이다.

해적수단의 제한은 크게 나누어 전투수단(means of warfare), 즉 무기에 관한 제한과 전투방법(methods of warfare)에 관한 제한으로 나누어진다.[59]

I. 전투수단의 제한

1. 전투수단에 관한 법적 규제의 역사

전투수단의 규제에 관한 각종 조약들의 체결은 400g 이하의 투사물, 즉 소총탄환으로서 작렬성(灼熱性) 또는 소이성(燒夷性) 물질을 충전한 것의 사용을 금지한 1868년의 "세인트 피터스버그 선언"[60]으로부터 시작하였는데, 이 선언은 전쟁에서 불필요한 고통을 제거하기 위한 것이었다. 그 이후에 유사한 원칙을 승인하는 선언들이 채택되었는데, 특히 1874년 선언에서는 "전쟁법은 교전자가 해적수단을 채택함에 있어서 무제한의 권한을 갖는 것을 승인하지 않는다"라고 하였다.[61]

1899년 제 1 차 헤이그 만국평화회의에서는 상기의 원칙을 더욱 강조하는 협약 및 선언들이 채택되었는데, "육전의 법규 및 관습에 관한 협약"[62](부속규칙 포함)은 교전자는 해적수단의 선택에 관하여 무제한적인 권리를 갖는 것이 아니라는 전쟁법 기본원칙의 재확인

---

59) 전투수단의 제한에 있어서는 파괴력이 강한 것보다 도리어 약한 것이 제한되는 이해하기 어려운 현상이 나타나고 있다. 실정법상 핵무기 같은 대량파괴무기는 금지되어 있지 않고, 작렬성 또는 소이성의 소총탄 등 그보다 파괴력이 약한 무기들은 금지되어 있다. 소총탄의 경우에는 인체에 대한 직접적인 정밀조준을 통하여 적에게 치명적 피해를 줄 가능성이 높기 때문에 일찍이 제한법규가 탄생한 것이다. 반면 핵무기와 같이 파괴력은 대단히 높으면서도 전투수단으로서의 사용이 허용되고 있는 무기가 있는데, 이러한 무기들도 전투방법에 대한 규제를 통하여 그 사용이 실질적으로는 거의 금지되어 있는 것이나 마찬가지이다. 따라서 해적수단의 제한에 대한 올바른 이해를 위해서는 전투수단의 규제와 전투방법의 규제에 대한 체계적인 이해가 필요하다.

60) 1868 St. Petersburg Declaration Renouncing the Use, in Time of War, of Explosive Projectiles under 400 Grammes Weight.

61) I.D. De Lupis, *The Law of War*, Cambridge University Press, 1987, p.176.

62) Hague Convention Respecting the Laws and Customs of War on Land.

과 아울러 독무기 등 불필요한 고통을 주는 무기의 사용을 금지하였다. 또한, 이때 채택된 선언들은 질식성가스의 사용[63] 및 덤덤탄이라 불리는 특수한 소총탄환의 사용[64]을 금지하였다. [65]

　　1907년의 제 2 차 헤이그 만국평화회의에서는 "육전의 법규 및 관습에 관한 협약"(부속규칙 포함)을 개정한 제Ⅳ협약이 채택되었는데, 이 협약에도 1899년의 협약과 마찬가지로 이른바 총가입조항(general-participation clause)이 포함되어 있기는 하지만, 협약은 관습법이므로 비록 이 협약의 당사자가 아닌 국가라 하여도 이 협약의 규정을 준수하여야 할 의무가 있다. [66]

　　제 1 차 세계대전 이후 1925년에는 제네바에서 독가스 및 생물학무기의 사용을 금지하는 의정서[67]가 채택되었으며, 이 의정서 역시 오늘날 관습법으로 인정되고 있다. [68]

　　제 2 차 세계대전 이후 1949년에는 적십자국제위원회(ICRC) 주관 하에 전쟁희생자의 보호에 관한 4개의 제네바협약이 체결되었으나, 이 협약들에는 전투수단의 규제에 관한 조항은 없었다. 그러나 월남전이 종료된 이후 1977년에 제네바에서는 적십자국제위원회(ICRC) 주관 하에 1949년의 제네바 제 협약에 대한 두 개의 추가의정서가 체결되었는데, 제Ⅰ추가의정서 제35조는 교전자의 무기선택권이 무제한의 권리가 아니며(제1항), 과도한 상해(superfluous injury) 또는 불필요한 고통(unnecessary suffering)을 야기하는 성격의 무기는 사용이 금지된다(제2항)는 전쟁법 기본원칙을 재확인하였고, 나아가 자연환경에 대한 '광범위하고 지속적이며 심각한 피해'를 야기할 수 있는 무기의 사용을 금지(제3항)하였다. 뿐만 아니라 동 의정서 제36조는 모든 체약당사자에게 '새로운 무기, 전투수단 또는 전투방법을 연구, 개발, 획득 또는 채택함에 있어 그러한 것들의 사용이 … 이 의정서에 의해 또는 체약당사자에게 적용되는 여타의 국제법규칙에 의해 금지되는 것인지의 여부를 결정하여야 할 의무'를 부과하였다.

　　그리고 같은 해인 1977년에 기상조작 등 환경조작에 관한 기술을 군사적 목적으로 사용하는 것을 금지하는 국제협약[69]이 UN 주관 하에 체결되었다. 이어서 1981년에는 과도한

---

63) Declaration Ⅰ Prohibiting the Use of Asphyxiating Gases.
64) Declaration Ⅱ Prohibiting the Use of Expanding Bullets. 참고로 덤덤탄에 관해서는 앞의 각주(제1장 각주 143)를 참조할 것.
65) 이외에도 "공중으로부터 투사물(投射物) 및 폭발물의 투하금지선언," 즉 공중폭격금지선언이 채택되었지만, 이 선언은 현대전의 기술과 성격으로 보아 완전히 사문화된 것이라 할 수 있다. 이한기, 신고 국제법강의, 박영사, 1990, 707면.
66) 1946년 뉘른베르크 국제군사법정은 이 협약은 모든 문명국가들에 의해 전쟁의 법규 및 관습을 선언한 것으로 간주될 수 있다는 이유에서 당사국이 아닌 체코에 대하여 협약의 적용을 인정하였다.
67) Protocol for the Prohibition of the Use in War of Asphyxiating, Poisonous and Other Gases, and of Bacteriological Weapons of Warfare.
68) A. Roberts and R. Guelff(ed.), *Documents on the Laws of War*, Clarendon Press, 1982, p.138.
69) UN Convention on the Prohibition of Military and Any Other Hostile Use of Environmental Modification Techniques.

상해를 야기할 수 있는 재래식 무기의 금지에 관한 협약(이른바 "재래식 무기협약")[70]과 이에 부속된 3개의 의정서가 UN 주관 하에 체결되었다.

2. 재래식 무기의 규제

(1) 재래식 무기의 정의

1948년 UN의 재래식 군축위원회가 안보리에 제출한 결의문에 의하면, 재래식 무기 (conventional weapon)란 '원자무기 및 대량파괴무기를 제외한 모든 무기'를 말한다.[71]

그러나 1985년 UN의 전문가그룹은 핵무기·화학무기·생물학무기·방사선무기, 그리고 여타의 대량파괴무기를 제외한 모든 무기를 일반적으로 지칭하여 재래식무기라 정의하고 있다.[72] 따라서 레이저유도무기(laser-guided weapon), 미립자광선무기(particle beam weapon) 및 여타의 지향성에너지무기(directed energy weapon) 등의 신무기는 재래식 무기로 간주되고 있다.[73]

(2) 1981년의 재래식 무기협약

1981년의 재래식 무기협약 자체는 형식적 성격의 조약으로서, 단지 발효, 재검토회의 및 탈퇴 등에 관한 규정만이 있고, 실체적 내용은 각기 분리된 5개의 부속의정서에서 정하고 있다.[74]

1) 제Ⅰ부속의정서(탐지불능 파편성무기)　　파편성무기는 통상 탄약이 폭발하면서 사방으로 고속의 그리고 강한 충격력을 지닌 파편들을 흩뿌리게 되는데, 대인지뢰가 그 대표

---

70) Convention on Prohibitions or Restrictions on the Use of Certain Conventional Weapons Which May Be Deemed to Be Excessively Injurious or to Have Indiscriminate Effects.

71) S/C. 3/32/Rev. Ⅰ, 1948.

72) United Nations, *Group of Experts*, A/39/349, 1985, pp.6-7.

73) 위의 문서.

74) 이 협약은 비록 명문화되어 있는 것은 아니지만 상호주의의 원칙에 따라 이 협약의 당사자 및 이 협약을 수락하고 적용하는 당사자들 사이에서만 적용되는 것으로 해석되는데, 과거의 총가입조항체제와 다른 점은 이 협약의 구속을 받는 당사자들간의 무력충돌에 이 협약의 구속을 받지 않는 제3자가 참여할 경우에도 원래의 충돌당사자들간에는 이 협약이 계속 적용된다는 점이다. 이 점은 조약법상 매우 획기적인 사건으로 평가되는 요소이다(De Lupis, 앞의 책(각주 61), p.182). 또한 이 협약은 서명 및 비준 또는 가입이라는 종래의 조약법상의 전형적 절차 이외에도 일정한 조건 하에서 충돌당사자에게 이 협약과 3개의 부속의정서, 그리고 1949년의 제네바 제 협약이 동시에 모두 적용되게 하는 매우 특수한 체제를 지니고 있다. 예를 들자면 이 협약의 당사자이긴 하지만 1949년의 제네바 제 협약의 당사자가 아닌 어느 국가가 민족해방운동단체와 같은 어떤 실체와 무력충돌상태에 들어갔을 때 만약 그 상대방의 실체가 제네바 제 협약 및 재래식 무기협약상의 의무를 '수락'하고 '적용'한다고 선언하게 되면, 이 때부터 이들 상호간에는 제네바 제 협약과 재래식 무기협약이 동시에 모두 적용되게 된다(제7조 제4항 (b)(ⅰ)). 제4부속의정서는 실명레이저무기 사용금지(나안 및 보조장치를 착용한 눈에 치명적인 무기의 사용 및 이전금지), 제5부속협약서는 전쟁잔류폭발물에 관한 의정서이다. 미국이 주도한 제6의정서(확산탄 관련)는 확산탄금지협약(Convention on Cluster Munitions, 2008)을 퇴보시키는 결과를 초래할 것이라는 우려에서 2011년 채택이 무산되었다. 우리나라는 제1부속의정서, 제3부속의정서, 제5부속의정서 당사국이다.

적인 예이다.

이때 발생되는 파편 중에는 인체에 침투시 X-레이에 의해서도 탐지가 안 되는 것이 있어 치료를 곤란하게 하며, 때로는 우라늄이나 아연과 같이 독성물질이 첨가된 파편이 사용되기도 한다.

또한, 작은 화살 또는 바늘 같은 것을 고속으로 발사하는 무기들도 있다. 이러한 무기들은 인체에 치명적 상처를 입히지는 않아도 복합적인 상처를 남기고 매우 큰 고통을 안겨 주기도 한다. 이러한 작은 화살들이 때로는 다수의 극소형 폭탄이 동시에 발사되는 다발성 탄두(cluster warhead)의 내용물로 이용되기도 한다.[75] 이러한 무기들은 광범위한 지역에 무차별한 살상효과를 발생시킬 뿐 아니라, 작은 파편들로 인하여 불필요한 고통을 야기하는 무기라 할 수 있다. 작은 화살들은 소총탄환의 내용물로 이용되기도 하지만, 그보다는 포탄의 탄두로 더 많이 이용된다.

그러나 1981년 재래식 무기협약 제 I 부속의정서는 그러한 무기 가운데 일부에 대해서만 사용을 금지하였다. 즉 '인체 내에서 X-레이로 탐지가 불가능한 파편'을 사용해 상해를 가하도록 고안된 무기를 금지하였을 뿐이다. 금속제의 작은 화살들을 충전한 파편성무기도 그 파편이 X-레이에 의해 탐지가 가능한 것은 금지된 무기가 아니다. 지뢰탐지기에 의한 발견을 피하려고 지뢰의 표피를 플라스틱으로 제작한 소형 지뢰인 소위 '발목지뢰'는 제 I 부속의정서의 규제대상이 아니라 다음의 제 II 부속의정서의 규제대상일 뿐이다.

2) 제 II 부속의정서(특수지뢰)[76]

(가) 일반규정   전쟁무기로서의 지뢰에 대한 비판은 주로 지뢰가 지닌 무차별성 때문이다. 만약 점령지로부터 후퇴하는 병력이 그들이 점령하고 있던 어느 민간가옥에 부비트랩(booby-traps)으로 지뢰를 설치하여 놓았을 경우, 적의 병력뿐만 아니라 그 가옥에 다시 돌아온 원주민까지도 피해자가 될 가능성이 높다. 특히 최근 들어 지뢰에 대한 관심이 높았던 이유는 부분적으로 부비트랩 또는 이와 유사한 장치들을 테러리스트들이 자주 이용하고 있기 때문이다. 이런 이유에서 제 II 부속의정서에서는 원격투하지뢰(remotely delivered mines) 및 부비트랩 등 특수지뢰의 사용을 규제하고 있다.

동 의정서 제 1 조는 규제대상의 지뢰를 땅이나 해변 및 교량 등에 설치되는 지뢰에 한정하였으며, 바다 또는 내수면의 수로에 설치되는 대함기뢰(對艦機雷)는 규제대상에서 제외시켰다. 그리고 제 2 조는 지뢰에 관하여 이를 '땅의 밑이나 위나 부근에 또는 여타의 표면지역에 설치되어 사람이나 차량이 이를 밟거나 접촉하거나 접근할 때 폭발 또는 작열하

---

75) 월남전 당시 이러한 무기의 실제사용 및 이에 대한 법적 평가에 관하여는 M. Krepon, "Weapon Potentially Inhuman : the Case of Cluster Bomb," in R. A. Folk(ed.), *The Vietnam War and International Law, Princeton*, 1976 참조. 현재 국제사회는 이러한 종류의 무기의 사용을 제한하기 위한 조약을 논의중이다.

76) 제 II 부속의정서는 1981년 체결된 이후 1996년도에 개정된 바 있다.

도록 고안된 탄약'으로(제1항), 또 원격투하지뢰에 관하여는 이를 '대포 · 로켓 · 박격포 및 이들과 유사한 수단에 의해 또는 항공기에 의해 투하되는 지뢰'라고 정의하고 있다(제 2항).

　　이어 제3조에서는 지뢰, 부비트랩 또는 이와 유사한 장치들은 의정서에 첨부된 기술부록에서 명시한 기준 및 제한사항을 충족시키는 경우에만 사용을 허용하고 있으며(제4항), 또한 이러한 무기들의 무차별 사용을 금지하고 있는데(제3항), 무차별 사용이란 군사목표물을 겨냥하지 않은 지뢰의 설치, 단일의 특정된 군사목표물을 겨냥할 수 없는 운반수단을 사용하는 지뢰의 설치, 예상되는 직접적인 군사적 이익에 비하여 과도한 민간인 살상이나 민간 재산에 대한 피해를 부수적으로 발생시킬 수 있는 지뢰의 설치를 의미한다(제8항).[77]

　　(나) 원격투하지뢰　　원격투하지뢰란 종래 '확산성지뢰'(scatterable mines)라 불리던 것으로서, 원거리로부터 항공기 · 대포 · 로켓 · 박격포 등을 이용하여 투하되는 지뢰를 말한다. 이러한 지뢰들은 무엇보다도 그렇게 하여 설치된 지뢰지대의 범위가 불확실할 뿐만 아니라, 만약 지뢰 자체에 자동폭발장치를 부착하지 않았을 경우 적대행위가 종료된 이후에도 민간인이나 교전자 모두에게 무차별 살상효과를 야기할 수 있다는 점에서 매우 위험한 무기인 것이다.

　　제 II 의정서 제2조에 언급된 원격투하지뢰란 500미터 이상의 원거리로부터 투하되는 지뢰를 의미한다.[78]

　　(다) 부비트랩　　제 II 의정서 제2조에 의하면 부비트랩이란 "살상을 가하기 위하여 고안되거나 제작되거나 채택된 것으로서, 사람이 명백히 무해한 물체를 건드리거나 접근할 때 또는 명백하게 안전한 행위를 행할 때 예상 외의 기능이 나타나는 장치나 물질"이라고 정의되어 있다(제4항). 부비트랩과 여타의 지뢰 간의 구분이 언제나 용이한 것은 아니지만, 여하간 의정서 제7조는 소위 '배신성' 부비트랩의 사용을 특별히, 그리고 예외 없이 금지하고 있다(제1항). 배신성의 부비트랩은 내용물만이 사전에 제작되어 실제 사용시는 외관상 무해한 물질로 포장되는 조립식의 부비트랩과 전쟁법상 보호된 휘장이나 표지

---

77) '직접적인' 군사적 이익이 과연 존재하였는지의 여부에 대하여는 공격자의 견해와 방어자의 견해가 서로 다를 수 있다. 또한, 급박한 군사적 이익이 아니라 '예상되는' 군사적 이익을 판단기준으로 규정하였는데, 어느 정도의 시간 차이를 기준으로 해서 '예상되는'이라고 판단할 수 있는지도 불명확한 것이 사실이다.

78) 제 II 부속의정서와는 달리 모든 대인지뢰의 사용 · 비축 · 생산 및 이전을 금지하고, 이미 생산된 지뢰의 폐기를 목적으로 하는 대인지뢰전면금지협약이 비정부기구(NGO)의 주도 하에 1997년 (Convention on the Prohibition of the Use, Stockpiling, Production and Transfer of Anti-Personnel Mines and on their Destruction: 오타와 조약-캐나다 오타와에서 체결되었기 때문)체결되었다. 이 협약은 대인지뢰에 대하여는 어떠한 예외도 인정하지 않고 있고 또한 유보도 허용하지 않고 있기 때문에 미국 · 러시아 · 중국 등 군사대국들은 이 협약에 서명을 거부하였으며, 한국도 안보상의 이유로 이 협약에 서명하지 않았다.

에 결합되어 사용되는 부비트랩으로 구분된다. 어린이 장난감과 같은 통상적으로 무해한 물질에 은닉되거나 또는 적십자휘장 등을 이용한[79] 기폭장치가 바로 그 예이다. 그러한 장치들은 대부분이 1907년 헤이그육전규칙에 의해 이미 금지된 것이라고 볼 수 있다.[80]

(라) 지뢰지대에 관한 기록유지 및 적대행위 종료 후의 피해방지　　제Ⅱ의정서에 의해 사용이 금지된 특정의 지뢰, 부비트랩 및 여타의 유사한 장치는 사용이 허용되기는 하지만, 동 의정서 제 9 조에서는 교전당사자에게 그 매설에 관한 기록을 유지하여 적대행위종료 후의 피해를 방지하기 위한 모든 조치를 강구하여야 할 의무를 부과하는 한편, 제10조 및 제11조에서는 피해방지를 위한 국제적 협력에 관한 규정을 두었다.[81]

3) 제Ⅲ부속의정서(소이성무기)

(가) 일반규정　　소이성(燒夷性) 무기란 소이성작용제를 이용하는 무기에 대한 일반명칭이다. 소이성작용제란 화학적인 발열반응, 그 중에서도 특히 연소반응으로부터 발생하는 화염이나 열 또는 그 둘 모두를 매개로 하여 작용을 일으키는 물질을 말한다.[82] 소이성작용제에는 크게 나누어 금속성(마그네슘 등)·가연성(공기와 접촉시 발화가능한 것)·자연성(自燃性: 공기와 접촉시 스스로 발화하는 것) 및 유기성(油基性: 네이팜 등)의 네 가지 종류가 있는데, 이러한 소이성작용제를 이용한 무기들은 모두가 무차별성의 효과를 지니고 있을 뿐 아니라 인체에 치료가 매우 곤란한 상처를 입힐 수 있다.

소이성무기의 사용을 금지하려는 노력은 제 1 차 세계대전 이후 체결되었던 평화조약들로부터 시작하였다.[83] 그러나 소이성무기의 무차별성효과가 세인의 비난대상이 된 것은 최근 들어 월남전에서의 경험 때문이었으며, 소이성무기 중에서도 가장 비난이 높았던 것은 네이팜탄이었다.

제Ⅲ의정서 제 1 조는 소이성무기를 정의하면서 조명탄·예광탄 등 2차적이고 부수적인 소이성효과를 갖는 탄약들을 규제대상에서 제외하고 있다(제 1 항 b. i). 또한 고폭효과 등 여타의 파괴적 효과를 소이성효과와 결합하여 철갑관통용이나 공중공격방어용으로 고안된 무기들도 규제대상에서 제외시켰다(제 1 항 b. ii).

그러나 제Ⅲ의정서가 금지하고 있는 것은 그러한 규제대상의 소이성무기의 사용 자체는 아니다. 동 의정서 제 2 조는 직접적으로 민간주민을 또는 민간인 밀집지역(concentration of civilians) 내에 위치한 군사목표물을 소이성무기의 공격대상으로 하는 행위(제 1

79) 전쟁법상 보호되는 표지의 종류에 관하여는 1977년의 제Ⅰ추가의정서 부록 Ⅰ 참조.
80) 동 규칙 제23조 (e).
81) 동 의정서 제12조는 UN이 개입한 무력충돌시에 지뢰 및 부비트랩 등으로부터 UN의 병력 및 기타 요원을 보호하기 위한 규정을 별도로 두고 있다.
82) United Nations, Report by the Secretary General on Napalm and Other Incendiary Weapons and All Aspects of Their Possible Use, 1972.
83) Treaty of St. German 제135조; Treaty of Neuilly 제82조; Treaty of Trianon 제119조; Treaty of Sevres 제176조.

항 및 제 2 항) 및 산림이나 수목엄폐물을 소이성무기의 공격대상으로 하는 행위(제 4 항 본문)를 금지시키고 있을 뿐이다.[84] 따라서 엄격한 의미에서 말하자면, 제Ⅲ의정서는 전투의 수단에 관한 규제법규가 아니라 뒤에 언급될 전투의 방법에 대한 규제법규라 할 수 있다.

(내) 예외적 허용   제Ⅲ의정서 제 2 조는 공중운반수단을 이용하지 않는 소이성무기에 한하여 민간인 밀집지역 내에 위치한 군사목표물이라 하여도 그 군사목표물이 민간인 밀집지역과 분명히 구분되고, 소이성무기의 효과가 군사목표물에 한하여 발생되도록, 그리고 민간인의 생명·신체 및 재산에 대한 우발적 피해를 회피하고 최소화할 수 있도록 모든 가능한 예방조치들이 취해진 때에는 그러한 군사목표물에 대하여 사용할 수 있도록 허용하고 있으며(제 3 항), 또한 산림이나 수목엄폐물의 경우에도 그러한 것들 자체가 군사목표물인 경우나 그러한 것들이 전투원들이나 여타의 군사목표물들을 엄폐 또는 은폐하기 위하여 사용되고 있는 경우에는 이를 소이성무기의 공격대상으로 할 수 있도록 허용하고 있다(제 4 항 단서).

4) 제Ⅳ부속의정서(실명레이저무기)[85]

(개) 일반규정   제Ⅳ의정서 제 1 조는 인체에 대하여 영구적인 실명을 일으키는 것을 목적으로 하는 레이저무기의 사용을 금지하고 있다.

(내) 예외적 허용   제Ⅳ의정서 제 3 조는 적의 관측장비 등에 대한 사용 등 레이저무기를 합법적으로 사용 시 부수적 또는 우발적으로 인체에 대하여 실명(失明)을 일으키는 경우에는 이를 금지된 무기로 보지 않는다.

5) 제Ⅴ부속의정서(전쟁잔류폭발물)

(개) 일반규정   제Ⅴ의정서는 체약당사국이 개별적으로 또는 다른 체약당사국과 협력하여 무력충돌이 종료된 상황에서 전쟁잔류폭발물(지뢰, 부비트랩 및 기타 장치를 제외한 폭약을 포함하고 있는 지뢰)의 위험과 영향을 최소화하기 위해 전쟁잔류폭발물의 관한 준수사항을 규정하고 있다(제 1 조).

(내) 기타 내용   제Ⅴ의정서는 무력충돌의 당사자들이 무력충돌 종류 후 가능한 빠른 시간 내에 전쟁잔류폭발물을 정리, 제거 또는 파괴하고(제 3 조), 전쟁잔류폭발물의 위험과 영향으로부터 민간인 주민이나 개개의 민간인 및 민간 물자를 보호하기 위한 예방 조치를 취하도록 규정하고 있다(제 5 조). 해당 당사자의 동의를 얻어, 체약당사국 또는 무력충돌 당사자의 통제 하에 있는 지역에서 활동하고 있거나 활동하게 될 인도지원단 또는 기구가 요청하는 경우, 요청한 인도지원단 또는 기구가 활동 예정이거나 활동하고 있는 영역

---

84) 제Ⅲ의정서 제 1 조의 정의에 의하면 민간인 밀집지역이란 영구적인 것이건, 일시적인 것이건 도시나 촌락 내의 비거주지역에 위치한 또는 피난민이나 유랑민 등의 수용소나 대열에 위치한 민간인 밀집지역을 의미한다(제 2 항).

85) 제Ⅳ부속의정서는 1995년 개최된 재래식 무기협약에 대한 제 1 차 검토회의에서 추가제정된 의정서이다.

내에서, 인지하고 있는 모든 전쟁잔류폭발물 위치에 관한 정보를 가능한 한 제공해야 한다 (제 6 조). 또한, 존 전쟁잔류폭발물로 인한 문제를 다루는 데 있어서 다른 체약당사국들, 비체약당사국, 그리고 관련 국제기구 및 기관으로부터 지원을 요청하고 받을 수 있는 권리를 보유함을 규정하고 있다(제 7 조).

(3) 고속 소구경무기

1960년대 이후 월남전을 통하여 개발된 M-16 소총과 같은 소구경무기의 탄두는 비행속도가 매우 빨라서 인체에 명중 시 탄두가 구르면서 종래의 탄두보다 큰 관통로를 형성할 뿐 아니라, 특히 강력한 유체역학적 충격파를 발생시켜 이로 인해 실제의 관통로보다도 더욱 큰 상처를 남기게 된다. 그러나 소총탄환의 형태나 기능을 규제하는 조약법규는 400g 이하의 투사물, 즉 소총탄환으로서 작열성 또는 소이성이 있는 물질을 충전한 것의 사용을 금지한 1868년의 "세인트 피터스버그선언"과 덤덤탄이라 불리는 특수한 소총탄환의 사용을 금지한 1899년의 "헤이그선언"이 있을 뿐이다.[86]

1981년의 재래식 무기협약 및 그 부속의정서에는 소구경무기에 관한 규제조항이 전혀 포함되어 있지 않으나, 동 협약 및 의정서의 체결을 논의하였던 1976년의 루가노회의 (Lugano Conference)에서는 그러한 무기의 개발에 신중을 기할 것을 호소하는 특별선언을 채택한 바 있다.

(4) 적법성이 의심되는 여타의 재래식 무기

앞서 언급한 바와 같이 1977년 스위스 제네바에서는 1949년의 제네바 제 협약에 대한 두 개의 추가의정서가 체결되었는데, 그 중 제 I 추가의정서 제36조는 모든 체약당사자에게 '새로운 무기, 전투수단 또는 전투방법을 연구, 개발, 획득 또는 채택함에 있어 그러한 것들의 사용이 … 이 의정서에 의해 또는 체약당사자에게 적용되는 여타의 국제법규칙에 의해 금지되는 것인지의 여부를 결정하여야 할 의무'를 부과하였다. 그러나 어떤 새로운 무기의 사용이 관련된 일반국제법상의 규칙과 양립할 수 있는 것인지의 여부를 검토하여야 할 의무는 이러한 추가의정서의 당사자 여부와는 무관하게 모든 국가가 지니고 있는 의무라 할 수 있다.

위와 같은 관점에서 일반국제법상 비록 명문의 금지규칙은 존재하지 않지만 적법성이 의심되고 있는 새로운 무기들이 있는데, 그 대표적인 예로서는 공기충격파를 발생시켜 인명을 살상할 수 있는 연료폭발무기(fuel explosive weapon), 열방사선을 방출하여 인명을 살상할 수 있는 화학적 화구(火口) 탄약(chemical fireball munition), 그리고 양자를 결합한 화염폭풍탄약(flame blast munition) 등이 있다.[87]

---

86) 일부 국가의 야전교범에서는 '불규칙한 형태의 탄환'의 사용을 금지하고 있기도 하다. De Lupis, 앞의 책(각주 61), p.194.

그 외에도 화상 및 시력파괴를 유발할 수 있는 레이저무기 및 섬광발사장비(light flash device), 역시 레이저광선을 이용한 지향성 에너지무기(directed energy weapon), 인체내부에 화상을 입힐 수 있는 고밀도 극초단파방사장비(high intensity microwave radiation), 단독으로 또는 스트로보스코프 섬광과 결합하여 중추신경계통에 손상을 입힐 수 있는 초저주파음무기(infra-sound weapon) 등도 역시 일반국제법상의 관련규칙에 비추어 볼 때 적법성이 의심되고 있는 무기들이다.[88]

3. 대량파괴무기의 규제

(1) 대량파괴무기의 정의

1948년 UN 재래식 군비위원회는 재래식 무기와 대립되는 개념으로서의 대량파괴무기에 대하여 원자폭발무기·방사선물질무기·치명적인 화학 및 생물학무기, 그리고 이들과 유사한 파괴효과를 갖는 미래에 개발될 무기들이 망라되는 것으로 정의하였다.[89] UN 총회 역시 대량파괴무기에 대하여 이와 유사한 정의를 내리면서,[90] 이러한 무기의 사용에 대한 관심을 계속 나타내고 있다.[91]

상기의 정의는 주로 무기의 물리적 성격과 파괴효과의 크기를 동시에 기준으로 한 것이라 할 수 있다. 그러나 예를 들어 파괴효과가 그리 크지 않은 소형의 전술핵무기를 대량파괴무기가 아니라고 할 수는 없는 것이며, 앞에서 언급한 연료폭발무기·소이성무기 등은 소형의 핵무기보다 오히려 더 큰 파괴효과가 있을 수 있어도 이들을 대량파괴무기라고 부르는 것은 아니다.

1973년 적십자국제위원회(ICRC)는 대량파괴무기에 대한 정의를 내린 것은 아니지만, 군사목표물과 민간목표물에 대하여 '본질적으로' 무차별적 파괴효과가 있는 무기 및 정상적이고 전형적인 사용시에 무차별적 파괴효과가 있는 무기들을 금지된 무기라고 주장하였다.[92] 만약 ICRC와 같은 기준을 대량파괴무기의 정의에 적용한다면, 보통의 핵무기나 치명적인 화학무기 및 생물학무기는 물론이고, 초저주파음무기(infra-sound weapon) 등도 대량파괴무기의 범주에 속하게 될 것이다. 그러나 무기 자체의 무차별적 효과를 기준으로 하여 대량파괴무기의 여부를 판단하는 데 대하여는 이에 동의하는 전문가가 전혀 없는 것이 현

---

87) 루가노회의에서 스웨덴, 스위스 및 멕시코는 이러한 무기들에 대한 규제를 주장하였으나, 이에 관한 어떤 결의조차 채택된 바 없다. GAOR, 33rd sess., Suppl. no. 44, A/33, Anex E 참조.

88) 스트로보스코프형(strovoscopic type)의 약간 성능이 약한 섬광발사장비가 이미 폭동진압용으로 사용되고 있다. De Lupis, 앞의 책(각주 61), p.195.

89) S/C. 3/32/Rev. Ⅰ.

90) GA Res. 32/84B, 1977.

91) 그 예로서 GA Res. 3479(ⅩⅩⅩ), 1975; 31/74, 1976; 32/84A, 1977; 33/66B, 1978; 34/79, 1979; 35/149, 1980; 36/89, 1981; 37/77, 1982 등.

92) ICRC, "Weapons That May Cause Unnecessary Suffering or Have Indiscriminate Effects," 1973, para.27 and 244.

실이다.[93]

결국 현재로서는 대량파괴무기를 정의하기 위한 기준이 매우 불명확한 것이 사실이다. 따라서 우리는 앞서 언급된 바와 같이[94] 1985년 UN의 전문가그룹이 재래식 무기를 정의하면서 재래식 무기의 범주에서 제외되는 것으로 언급한 핵무기, 화학 및 생물학무기, 그리고 방사선무기와 더불어 환경무기를 추가하여 대량파괴무기로 보고, 이에 관한 규제법규들을 알아보기로 하겠다.

(2) 핵 무 기

1) 핵무기의 정의 및 특성   핵무기(nuclear weapon)란 원자핵(atomic nuclei)의 분열 혹은 융합 또는 양자 모두를 포함하는 핵반응에서 방출되는 에너지로부터 폭발이 발생하는 모든 무기들에 부여된 일반적 명칭이다.[95]

원자탄이나 수소탄은 모두가 핵무기이다. 주된 에너지가 원자핵의 분열반응으로부터 생성되는 것을 원자탄 또는 원자무기로, 주된 에너지가 수소원소들의 원자핵의 융합반응으로부터 생성되는 것을 수소탄 또는 열핵무기라고 부르기도 하며, 이들을 통칭하여 핵무기라 한다. 중성자탄도 역시 핵무기의 일종이며, 전술핵무기란 그 위력이 0.5KT 내지 10KT 정도인 소위력 핵무기를 말한다.

핵무기가 폭발하면 폭풍·열 및 방사선의 세 가지 효과가 동시에 나타난다. 폭풍효과 및 열효과는 재래식 고폭탄이 폭발시에도 발생하는 것으로 핵무기의 경우 단지 그 크기가 클 뿐이지만, 방사선효과[96]는 핵무기만의 특수효과이다. 핵폭발시 방출되는 방사선에 노출된 물질들은 방사능(radio-active) 물질로 변하는데, 세슘(Cs-137)이나 스트론튬(Sr-90) 등 일부 방사능 동위원소들은 반감기가 근 30년에 이르는 방사능물질로서 장기간에 걸쳐 피해를 야기하며, 인체에 흡수시는 암 등의 치명적 피해와[97] 더불어 체세포·염색체 변화라는 유전적 피해를[98] 야기한다.

2) 핵무기의 법적 지위판단과 관련된 국제법규   1907년의 헤이그육전규칙 제23조 제 e 호는 '불필요한 고통을 주는 무기'의 사용을 금지하고 있다. 그러나 이 규정은 동 규칙

---

93) 무차별적 효과를 기준으로 하여 금지된 무기 여부를 판단하는 데 대하여 동의하는 전문가는 전혀 없다. De Lupis, 앞의 책, p.198.

94) 앞의 각주 93.

95) 민경길, 앞의 책(각주 3), 8면.

96) 핵무기의 폭발 후 1분 이내에 방출되는 방사선을 초기방사선이라 하며, 폭발 후 1분 이후에 방출되는 방사선을 잔류방사선이라 한다. 잔류방사선은 바람을 타고 원거리까지 이동하여 지상에 떨어지는데, 이를 낙진(落塵, fall-out)이라 부른다.

97) U.S. Department of Army, *The Effects of Nuclear Weapons*, Pamphlet No.39-3, edited by S. Glasston and P. J. Dolan, Revised ed., U.S. Government Printing Office, 1964, pp.604-609.

98) T. Ohkida, "Delayed Effects at Hiroshima and Nagasaki," in Last Aid, *The Medical Dimensions of Nuclear War*, edited by International Physicians for the Prevention of Nuclear War, W. H. Freeman, 1982, pp.93-108.

에 의해 명시적으로 금지된 무기, 즉 동조 제 a 호에 언급된 '독 또는 독을 가공한 무기' 이 외에는 사용이 허용된다는 해석을 피하기 위해 삽입된 원칙규정으로서,[99] 이 규정을 근거로 하여서는 실정 국제법상 어떤 특정의 무기를 금지된 무기라고 결론지을 수 없다.[100]

1925년에 체결된 제네바의정서[101]는 질식성, 유독성 기타의 가스 및 이와 유사한 일체의 재료와 고안의 사용을 금지하고 있는데, 핵무기폭발시 발생하는 방사선 또는 방사능 낙진을 바로 유독성가스라고 보는 견해들도 있다.[102] 그러나 방사선이나 방사능낙진은 결코 가스나 가스와 유사한 물질이 아니다.

1949년 제네바 제 협약 및 1977년 제 Ⅰ 추가의정서는 군사목표물과 민간목표물에 대한 무차별공격을 금지하고 있는데, 이러한 규정들을 근거로 핵무기를 금지된 무기로 보는 견해들도 있다.[103] 물론 MT 급의 큰 위력을 가진 핵무기는 필연적으로 무차별적 효과를 발생시킬 것이지만, 이는 어디까지나 전투의 방법에 관한 문제이지 전투의 수단 자체에 관한 문제는 아니다. 현재의 핵무기 제조 및 사용기술로는 군사목표물만을 정확히 겨냥하여 민간인에 대한 피해를 재래식 무기의 수준으로 얼마든지 감소시킬 수가 있다.

UN 총회는 1961년에 핵무기는 불필요한 고통을 주고 비전투원에 대한 무차별 살상의 효과를 나타내기 때문에 핵무기의 사용은 UN 헌장과 국제법의 제 규칙에 위반된다는 내용의 선언을 채택하였고,[104] 그 이후에도 이와 유사한 결의를 반복채택하고 있다. 그러나 총회의 결의는 법적 효력이 없는 정치적 선언에 불과한 것으로서, 이 결의에 찬성을 표시한 국가들의 공식적 입장표명에 불과하다.[105]

오늘날 핵무기 금지 협약(Treaty on the Prohibition of Nuclear Weapons(entered into force 22 January 2021))이 채택 및 발효되기는 하였으나 핵무기의 사용 자체가 국제법상 금지되어 있다고는 할 수 없다. 정밀하게 군사목표물만을 공격할 수 있고, 민간인에 대한 우발적 피해를 재래식 무기의 수준으로 감소시킬 수 있는 소위력의 핵무기는 국제법상 합법적인 무기이다. 1996년 국제사법재판소(ICJ)는 핵무기 사용 위협 또는 사용의 합법성에 관한 권고적 의견(LEGALITY OF THE THREAT OR USE OF NUCLEAR WEAPONS)에서 "국가의 생존

---

99) G. Schwarzenberger, *The Legality of Nuclear Weapons*, Stevens and Sons, 1958, p.10.

100) 질식성가스는 분명 불필요한 고통을 주는 무기이지만, 질식성가스의 사용이 금지된 것은 1925년 제네바의정서가 체결된 이후인 것이 이를 증명한다. 만약 질식성가스가 1907년 헤이그육전규칙에 의해 금지된 무기라면, 1925년 제네바의정서에는 질식성가스를 포함시킬 필요가 없었을 것이다.

101) Protocol for the Prohibition of the Use in War of Asphyxiating, Poisonous or Other Gases, and of Bacteriological Methods of Warfare.

102) 대표적 예로서 N. Singh, *Nuclear Weapons and International Law*, Stevens and Sons, 1959, pp.163-164.

103) 대표적 예로서 H. Lauterpacht, 앞의 책, p.350.

104) GA Res. 1953(ⅩⅥ), 24 Nov., 1961.

105) 1961년 선언의 경우 구 소련과 당시의 공산권국가들 및 아프리카국가들을 포함하여 55개국이 이에 찬성하였으나 미국을 포함한 20개 서방국가들은 이에 반대하였고, 중남미국가들을 포함한 26개국이 기권하였다.

이 위협에 처한 극단적인 자위권 상황 하에서 핵무기 사용의 위협 또는 사용이 합법인지 위법인지 명확하게 결론지을 수 없다"고 하여 최소한 핵무기의 사용 또는 위협이 현행 국제법상 위법이라고 결정하지 않았다.[106] 그러나 핵무기의 사용으로 얻는 군사적 이익보다 민간인의 피해가 상당한 경우, 또는 민간인과 전투원을 구분하지 않고 핵무기를 사용할 경우, 핵무기 자체의 위법성은 별도로 전쟁에 관한 국제관습법 위반을 이유로 처벌을 받게 될 것이라는 점을 인식해야 한다.

마지막으로 언급해야 할 것은 1968년의 핵무기비확산조약(NPT) 등 핵무기의 개발 및 보유 등을 규제하는 국제법규들이 있으나, 이는 전쟁법규가 아니다. 이들은 평시법의 영역에 속하는 국제법규들로서 전쟁의 방지를 위한 규범들이다.

(3) 방사선무기

방사선무기란 보통의 핵무기와는 달리 핵폭발 시 방출되는 방사선의 양을 극대화시킴으로써 방사능낙진을 증대시키는 특수핵무기[107] 및 핵폭발과는 관계 없는 방사능작용제를 사용하는 특수무기를 말한다.[108] 이러한 무기들의 사용을 금지시키려는 논의가 일찍부터 UN을 중심으로 전개되어 왔지만, 아직까지는 가시적 성과가 없는 실정이다.[109]

(4) 화학 및 생물학무기

화학무기 및 생물학무기는 주로 전투원만을, 그것도 개별적인 전투원이 아니라 전투원집단만을 공격대상으로 하는 무기라는 점에서 매우 유사한 성격을 지니고 있다. 뿐만 아니라 양자는 법적 규제의 역사에 있어서도 제 1 차 세계대전 이후에는 통상 동일한 무기로 취급되어 동시에 협상대상이 되어 온 공통점을 지니고 있다.

화학 및 생물학무기에 대한 최초의 법적 규제는 질식성가스의 사용을 금지한 1899년 헤이그선언[110]으로부터 시작된다. 1899년에 체결되고 1907년에 개정된 헤이그육전규칙은 '독 또는 독을 가공한 무기'의 사용을 금지하였는데, 독가스의 사용에는 이 규칙이 적용된다. 그러나 화학 및 생물학무기가 전면적으로, 그리고 동시에 사용이 금지된 것은 제 1 차 세계대전 후 체결된 제네바의정서[111] 이후의 일이다.[112] 이 의정서는 전시에 '질식성, 독성,

---

106) *Legality of the Threat or Use of Nuclear Weapons, Advisory Opinion, 1.C.J. Reports 1996*, p. 226.
　　"in view of the current state of international law, and of the elements of fact at its disposal, the Court cannot conclude definitively whether the threat or use of nuclear weapons would be lawful or unlawful in an extreme circumstance of self-defence, in which the very survival of a State would be at stake."
107) 이러한 종류의 핵무기를 특히 '추악한 폭탄'(dirty bomb)이라 부른다.
108) De Lupis, 앞의 책, p.210.
109) 방사선무기의 규제를 촉구하는 UN 총회의 결의들이 1969년의 Res. 2602 C(XXIV) 이후 매년 한두 차례씩 반복되고 있다.
110) 앞의 각주 62.

그 밖의 가스 및 이와 유사한 일체의 액체와 물질 또는 장치' 및 '세균학적 전투의 수단'을
사용하는 것을 동시에 금지시켰다.[113]

　　마지막으로, 화학 및 생물학무기와 관련하여 언급하지 않을 수 없는 것이 1972년에
체결된 생물학무기협약[114]과 1992년의 화학무기협약[115]이다. 전자는 생물학무기의 생산
및 보유를 금지하는 협약인데, 앞서 말한 1968년의 핵무기비확산조약과 마찬가지로 평시
법의 영역에 속하는 국제법규이며, 전쟁법규가 아니다. 그러나 후자에는 화학무기의 생산
및 보유의 금지와 아울러 사용의 금지에 관한 조항까지 포함되어 있다.[116]

(5) 환경무기

　　최근 들어 인간의 자연환경에 대한 관심이 증대되면서 전쟁법영역에서도 그러한 추세

---

111) 앞의 각주 100.

112) 제 1 차 세계대전 이전 잠수함・탱크・항공기 등 각종 신형무기들이 연이어 개발되자 이를 획득하려는
국가간 경쟁이 치열해졌고, 이를 위한 사인간 또는 국가간의 국제거래가 활발하게 진행되었다. 전쟁의
종료와 더불어 이러한 국제무기거래가 전쟁의 발발을 촉진시킨 중요 요인이라고 인식한 국가들은 이에
대한 규제의 필요성을 강력히 느꼈으며, 그 결과 국제연맹규약에도 이에 관한 규제조항이 삽입되게 되었
다(제 8 조 제 6 항). 이러한 연맹규약의 정신에 따라 1925년 제네바에서는 국제무기거래 규제문제를 토
의하기 위한 국제회의가 소집되었다. 이 회의에서 미국은 독가스의 국제거래를 금지하는 내용의 초안을
제출하였으나 가스비생산국의 반대와 더불어 사용금지만을 내용으로 하는 별도의 의정서를 체결하자는
프랑스측의 제안, 그리고 여기에 생물학무기의 사용금지까지 포함시키자는 폴란드측의 제안 등이 가세
되어 결국 화학 및 생물학무기의 사용을 전면적으로 그리고 동시에 금지하는 의정서가 본 협약과는 별도
로 체결된 것이다.

113) 미국은 가스를 국제거래규제의 대상에 포함시키지 못한 불만 때문에 이 의정서에 대한 비준을 미루어
오다가 1975년에야 비로소 비준하고 당사자가 되었는데, 이와 같이 비준이 늦추어지는 과정에서 월남전
당시 미국이 사용한 화학제초제(chemical herbicides), 즉 고엽제(枯葉濟)와 폭동진압작용제가 이 의정
서의 적용대상인지의 여부 등 의정서의 해석에 관한 논란이 UN 내외에서 장기간 계속되었다. 그러나 이
문제에 관한 합의된 결론은 아직까지 존재하지 않는다.

114) Convention on the Prohibition of the Development, Production and Stockpiling of Bacteriological
and Toxin Weapons and Their Destruction.

115) Convention on the Prohibition of the Development, Production, Stockpiling and Use of
Chemical Weapons and Their Destruction. 한국은 1996년도에 이 협약에 가입하였으며 협약상 의무
를 이행하기 위하여 동년 8월 "화학무기의 금지를 위한 특정 화학물질의 제조・수출입규제 등에 관한
법률"을 제정하였다. 동 법률 제25조는 화학무기를 개발, 제조 또는 사용하는 자는 무기 또는 5년 이상
의 징역에 처하도록, 그리고 화학무기를 사용하여 사람의 생명・신체 또는 재산을 해한 자는 사형, 무기
또는 7년 이상의 징역에 처하도록 규정하고 있다.

116) 이런 의미에서 1992년의 화학무기협약은 국제법의 체계상 매우 독특한 위치를 차지하게 되었다. 일반
적으로 말해서 무기의 생산과 보유 등에 관한 법질서와 무기의 실제 사용에 관한 법질서는 실정국제법의
체계상 엄격히 분리되어 있다. 전자는 상호억제를 통한 전쟁방지를 목적으로 하는 평시법질서이며, 후자
는 억제의 실패로 인한 무력충돌발생시 상호간의 피해를 최소화하고 인도주의정신을 실현시키기 위한
전시법질서이다. 1992년의 화학무기협약은 양자를 동시에 내용으로 하는 협약으로서 종래에 찾아볼 수
없었던 독특한 체계를 갖추고 있다. 최근 시리아 내전(2011~)에서 반군을 대상으로 시리아 정부가 화학
무기를 사용했다는 주장과 함께 서방국가들은 국제관습법을 위반한 시리아에 공습을 포함한 제재를 주
장한 바 있다. 그러나 1992년 협약은 관습국제법은 아니다. 아울러 당시 시리아는 동 협약의 당사국이
아니기 때문에 조약의 위반 역시 아니다. 그러나 민간인에 대한 무차별적인 화학무기 사용은 민간인 구
별원칙을 위반하여, 그 자체로서 관습국제법 위반이기 때문에 제재가 가능하다. 2013년 9월 27일자 유
엔 안보리 결의로 시리아는 보유한 모든 화학무기를 폐기해야하며 시리아 역시 동 결의에 따라 화학무기
금지 협정에 가입하였다.

가 반영되고 있다. 1981년의 재래식 무기협약은 비록 매설 지뢰에 한정된 것이기는 하지
만 전쟁잔해물에 의한 환경피해를 규제하는 규정을 두게 되었으며,[117] 특히 1977년 제 I 추
가의정서 제35조 제 3 항에서는 "자연환경에 대하여 광범위하고 지속적인, 그리고 심각한
피해를 야기하려는 의도를 지닌, 또는 그러한 피해를 야기할 것으로 예측할 수 있는 전투
수단 및 방법의 사용"을 금지하는 일반적 조항을 두게 되었다. 물론 그 외에도 동 의정서
에는 환경의 보호와 관련된 여타의 조항들이 포함되어 있기는 하지만,[118] 이들은 전투의 방
법에 관한 규제조항이지 무기에 대한 규제조항은 아니다.

제 I 추가의정서의 일반조항과는 달리 구체적으로 환경무기를 규제하는 조약법규로서
는 동 의정서와 같은 해에 체결된 "환경조작기술협약"[119]이 있다. 동 협약당사국들은 "광범
위하고 지속적이며 심각한 효과를 지닌 환경조작기술을 타당사국에 대한 파괴, 손상 또는
가해수단으로 군사적 또는 기타의 적대적 목적에 사용하지 않을 것"을 약속하였다(제 1 조).
그리고 동 협약은 환경조작기술에 대하여 이를 "자연환경의 고의적 조작을 통한 생물상(生
物相), 지각(地殼), 수계(水界), 대기권 및 외기권을 포함한 지구의 역학(力學), 구성 및 구조
를 변화시키는 모든 기술"이라고 정의하였다(제 2 조).[120]

II. 전투방법의 제한

전투수단과 전투방법의 구별이 항상 명확하기만 한 것은 아니다. 어떤 무기가 전쟁법
에 위반되는 방식으로 사용될 경우 그것이 과연 전투방법과 관련된 문제인지, 전투수단과
관련된 문제인지를 전문가들도 혼동하는 경우가 많다. 전쟁법규칙들은 전투수단에 관한
규제와 전투방법에 관한 규제가 혼합되어 있는 복합적인 규칙이 대부분이기 때문이다.

전투방법의 규제와 관련된 가장 중요한 주제는 소위 군사목표물에 관한 것이다. 전쟁
법상 합법적인 전투란 크게 보아서 전쟁법상 사용이 금지되지 않은 무기로 군사목표물만
을 공격하는 것이라고 할 수 있다.

1. 군사목표물의 원칙

군사목표물의 원칙(doctrine of military objectives)이란 교전자가 군사목표물만을 공격

---

117) 제 II 부속의정서 제 9 조 내지 제11조.
118) 그 예로서는 자연환경의 보호에 관한 제55조 및 위험한 시설 등의 보호에 관한 제56조를 들 수 있다.
　　 특히 제56조는 구체적으로 댐·제방·핵발전소 등 위험한 시설물에 대한 공격을 금지하고 있다.
119) Convention on the Prohibition of Military or Any Other Hostile Use of Environmental
　　 Modification Techniques(일명 "ENMOD 협약").
120) UN 군축회의위원회(CCD)가 이 협약의 초안을 마련하여 UN 총회에 상정할 당시 협약초안과 더불어
　　 그 내용들에 관한 양해사항이 동시에 제출되었는데, 이 양해사항에서는 조약의 중요 내용들에 관하여 좀
　　 더 구체적으로 설명하고 있다.

의 대상으로 할 수 있다는 것으로서, 이러한 원칙은 교전자와 비교전자(즉 전투원과 비전투원)의 구별원칙만큼이나 전쟁법의 근간에 해당되는 중요한 원칙이다. 법적 측면에서건 사실적 측면에서건 양자는 각각 동일한 원칙의 앞뒷면에 해당된다고 할 수 있다. 이러한 원칙이 적용되기 위해서는 우선 교전자는 자신을 민간인과 구별되게 하여야 한다. 그러한 의무를 준수한 전투원은 적에게 포획되더라도 전쟁포로로 취급된다. 한편 민간인과 민간재산은 적으로부터 공격의 대상이 될 수 없다. 민간인과 민간재산은 공격의 대상으로부터 면제되는데, 이 점이 바로 교전자와 비교전자의 구별원칙과 군사목표물의 원칙이 동일한 원칙의 앞뒷면에 해당한다는 이유이다.

(1) 군사목표물과 민간목표물의 구분

군사목표물(military targets 또는 military objectives)은 전쟁법상 합법적인 공격의 대상이 될 수 있는 목표물이며, 그러한 목표물 이외에는 모두가 민간목표물로서 공격의 대상에서 면제된다. 그러나 구체적으로 과연 어떤 목표물들이 군사목표물인지는 전쟁법의 제규칙들에 대한 종합적인 검토 이후에야 결론을 내릴 수 있는 문제이다.

1923년 공전규칙안(空戰規則案) 제24조는 어떤 목표물의 전부 또는 일부에 대한 파괴가 공격자에게 '분명한 군사적 이익'을 주는 것들을 군사목표물이라고 정의하면서, 그러한 목표물들의 종류를 열거하고 있다.[121] 물론 동 규칙안이 육전에 관한 것도 아니고 조약으로서 성립되지도 못했지만, 지금까지도 군사목표물에 관한 국제법의 입장을 해석함에 있어 지도적 역할을 수행하여 왔다. 1954년의 "문화재보호에 관한 헤이그협약"[122]에서는 비록 군사목표물에 관한 정의규정은 두고 있지 않지만, 제 8 조에서 역시 군사목표물의 종류를 열거하고 있다.[123]

한편 1977년 제Ⅰ추가의정서 제52조 제 2 항은 비록 어떤 열거규정을 두고 있지는 않지만, 민간재산의 보호와 관련하여 '그 성질, 위치, 목적 또는 용도에 의하여 군사작전에 효과적으로 기여하며, 그에 대한 전체적 또는 부분적인 파괴, 노획 또는 무력화가 당시의 지배적 상황 하에서 분명한 군사적 이익을 주는 목표물'만이 군사목표물이라고 정의하였다.[124]

(2) 원칙의 적용

1) 전략폭격의 금지[125]

전략폭격(strategic bombing) 또는 지역폭격(area bombing)이

---

121) 군병력, 군사건조물, 군사저장소, 병기와 탄약 및 분명한 군수품의 제조에 종사하는 공장으로서 중요하고도 공지된 중추를 구성하는 것, 그리고 군사상의 목적에 사용되는 교통선 또는 운수선 등.

122) The Hague Convention for the Protection of Cultural Property.

123) 대규모 산업시설, 비행장, 방송국, 국방업무에 종사하는 시설물, 상대적으로 중요한 항구 및 철도역 또는 주된 교통선 등.

124) 반면 군사목표물에 관한 이와 같은 조약법상의 정의 및 열거규정을 비판하면서 일부 학자들은 군사목표물이란 공허하게 이론상으로(in vacuo) 정의될 수 없는 개념으로서, 그 목표물들이 사용되는 목적에 따라 군사목표물에 해당되는지의 여부가 판단되어야 한다고 주장한다. 그 대표적인 예로서는 J. M. Spaight, *Air Power and War Right*, 3rd ed., Longmans, 1947, p.215.

125) 군사목표물의 원칙에 따라 민간주민을 목표물로 하는 폭격은 금지된다. 그리고 폭격에 관한 전쟁법규

란 제 2 차 세계대전 당시 영국과 미국에 의해 널리 사용되던 방법으로서, 민간주민을 사이에 끼고 있을 수도 있는 여러 개의 군사목표물들을 항공기를 이용하여 동시에 공격하는 무차별 전투방법을 말한다.[126]

이러한 종류의 폭격을 금지한 최초의 조약은 1977년 제 I 추가의정서이며, 동 의정서 제51조 제 4 항은 군사목표물과 민간목표물에 대한 무차별공격(indiscriminate attacks)을 금지하면서, 다음과 같은 공격을 무차별공격이라고 정의하고 있다.

(a) 특정된 군사목표물을 지향하는 것이 아닌 공격
(b) 특정된 군사목표물을 지향하는 것이 불가능한 전투의 방법 또는 수단을 사용하는 공격
(c) 그 효과를 이 의정서가 요구하는 바대로 제한하는 것이 불가능한 전투의 방법 또는 수단을 사용하는 공격

동조 제 5 항은 더 나아가 다음과 같은 유형의 공격을 무차별공격으로 간주하고 있는데, 이들이 바로 전략폭격에 해당되는 공격유형이다.

(a) 도시·읍·촌락이나 그와 유사한 여타의 민간인 또는 민간재산의 집중지역 내에 위치한 다수의 명백히 분리되어 있고 구분되는 군사목표물들을 단일의 군사목표물로 취급하는 방법 또는 수단을 사용한 폭격에 의한 공격
(b) 예상되는 구체적이고도 직접적인 군사적 이익에 비추어 보아 과도하게 민간인 생명의 손실, 민간인에 대한 상해 또는 민간재산에 대한 피해 중 어느 하나 이상을 우발적으로 야기할 것으로 예상할 수 있는 공격

2) 공격면제목표물　　　다음과 같은 목표물들은 군사목표물의 원칙에 따라 전쟁법의 개별 규칙들이 공격의 대상에서 제외하고 있는, 즉 공격면제목표물들이다.

㈎ 민간인 및 전투능력을 상실한 전투원　　　군사목표물의 원칙에 따라 민간인은 개인의 경우건 집단의 경우건 공격의 대상에서 제외된다. 전쟁의 역사에서 민간인의 희생비율이 대폭적으로 증가함에 따라[127] 민간인을 공격대상에서 제외하는 전쟁법 규칙들도 점차 발전되었을 뿐 아니라, 민간인보호는 전쟁에 대한 법적 규제의 노력에 있어서 가장 중

칙은 종래에는 공전법규로 취급되어 왔다. 그러나 지상발사미사일이나 해상발사미사일 등 발전된 현대 무기체계로 보아 폭격에 관한 전쟁법규칙은 공전뿐 아니라 해전 및 육전 모두에 적용되어야 할 것이다. 따라서 1977년 제 I 추가의정서는 폭격에 관한 법규칙들이 모든 형태의 전투에 다 적용되는 것으로 체제를 구성하였다(동 의정서 제49조 제 3 항 참조).

126) 전략폭격의 이론을 전투의 방법으로 고안, 채택한 것은 1943년 1월 21일 카사블랑카에 위치한 미·영연합군 최고사령부에 의해서이며, 월남전 당시에도 이러한 폭격이 광범위하게 실시되었다. De Lupis, 앞의 책(각주 61), p.240.

127) 전쟁의 역사는 전쟁중 희생(사상자 및 실종자)되는 민간인의 비율이 점차 증대되어 왔음을 보여 주고 있다. 제 1 차 세계대전중의 희생자 중 민간인의 비율은 약 5%에 불과하였지만, 제 2 차 세계대전에서는 48%, 한국전쟁에서는 84%, 그리고 월남전에서는 무려 90%로 비약적으로 증가되었다. De Lupis, 앞의 책, p.241.

요한 과제로 대두되게 되었다.

1907년의 헤이그육전규칙의 경우만 해도 민간인은 무방수(無防守) 지역에 대한 공격을 금지한 일반규칙(제25조)에 따라 초보적인 보호밖에는 받지 못하였었다.[128] 보다 광범위한 민간인보호체계를 수립한 것은 제 2 차 세계대전 이후 체결된 1949년 제네바 제 협약이다.

한국전쟁과 월남전쟁 이후에 체결된 1977년의 제 Ⅰ 추가의정서는 민간인보호의 범위를 대폭 확장하였는데, 특히 전투원임이 증명되지 않은 자는 민간인으로 간주하는 제50조 및 군사적 이익의 획득을 위한 경우뿐 아니라 복구(復仇, reprisals)의 수단으로도 민간인에 대한 공격을 금지하는 제51조 제 6 항은 민간인보호의 범위를 대폭 확장한 획기적 규정이라 할 수 있다. 그러나 민간인에 대한 법적 보호의 역사에 있어 제 Ⅰ 추가의정서가 갖는 중요한 의미는 동 의정서가 민간인과 '전투능력을 상실한'(hors de combat) 교전자는 공격대상이 되어서는 안 된다는 규칙(제41조 및 제51조 제 2 항)을 최초로 성문화한 조약이라는 사실이다.[129] 1977년 제 Ⅰ 추가의정서에서 공격이 면제되는 것으로 규정한 사람에는 두 부류가 있는데, 첫째는 적대행위에 전혀 참가한 바가 없으며 정상적인 민간주민의 일부를 구성하는 민간인이고, 둘째는 전투원이었으나 항복·부상·질병 등으로 인하여 전투능력을 상실하여 더 이상 적대행위에 참가하지 않는 사람이다.[130]

(나) 조난된 낙하산병   적의 항공기는 분명한 공격목표물이다. 그러나 조난을 당하여 낙하산을 이용하여 항공기로부터 탈출중인 적군병력이 합법적인 공격목표물인지는 논란의 대상이 될 수 있을 것이다. 적어도 지상에 도달할 때까지는 전투를 수행할 수 없는 인원이기 때문이다.

이 문제에 관하여 1977년 제 Ⅰ 추가의정서 제42조는 그들을 전투능력상실자와 대등하게 취급하여 낙하중에는 공격해서는 안 되며, 낙하 후에라도 그들이 적대행위를 수행하고 있음이 명백하지 않은 한 공격에 앞서 항복의 기회를 부여해야 한다고 규정하였다(제 1 항 및 제 2 항). 그러나 조난항공기로부터의 탈출이 아닌 공수부대의 낙하산하강에 대하여는 물론 그러한 공격면제가 적용되지 않는다(동조 제 3 항).

(다) 군 사(軍使)   교전자 일방의 명령을 받아 타방과 교섭하기 위하여 백기를 들

---

128) 종교시설 및 병원시설 등에 대한 보호규정인 제27조, 그리고 점령지에서의 행동규칙인 제42조 내지 제56조의 규정들도 간접적인 민간인보호규정이라고 할 수 있지만, 그 보호의 정도는 매우 미약한 것이다.

129) 1923년의 공전규칙안 제22조 및 제24조도 그러한 취지의 규정이라 할 수 있지만, 이 규칙안은 앞서 언급한 바와 같이 조약으로 성립되지 못하였다.

130) Bretton은 전투능력을 상실한 전투원을 민간인의 한 부류로 보고 있으나(P. Bretton, "Le Problème des Methodes et Moyens de Guèrre ou de Combat dans les Protocoles Additionnels aux Conventions de Genève du 12 Aout 1949," *Revue Gènèrale Droit International Public(RGDIP)*, Vol. 82, No.1, Janviers-Mars 1978, p.43), 전투능력을 상실한 전투원은 민간인이 아니며 공격면제대상일 뿐이다.

고 타방의 지역으로 들어오는 자와 이에 따르는 나팔수·고수(鼓手)·기수(旗手) 및 통역은 1907년 헤이그육전규칙 제32조에 따라 공격대상에서 면제된다.[131] 그러나 이러한 면제는 물론 상호주의원칙의 적용을 받게 될 것이다. 군사(軍使)의 불가침권의 역사는 외교관 및 외교사절과 동일한 뿌리를 갖고 있다.

(라) 식료품 및 농작물　　식료품·가축·농작물 및 음료수 등 민간주민의 생존에 불가결한 목표물들도 공격면제의 대상이다. 1977년 제 I 추가의정서 제54조는 민간주민에 대한 기아작전(飢餓作戰)의 경우건 퇴거작전(退去作戰)의 경우건 그러한 목표물에 대해서는 공격해서는 안 된다고 규정하였다(제1항 및 제2항). 반면 동 추가의정서는 오로지 군대급식용으로 사용되거나 군대급식용이 아니더라도 결과적으로 군사작전에 대한 직접적인 지원용으로 사용되는 식료품이나 농작물 등에 대하여는 그러한 면제를 해제하고 있다.[132] 그러나 여하한 경우라도 민간주민에게 기아상태를 유발시키거나 그들의 퇴거가 강요될 정도로 식량 또는 음료수의 부족이 초래되어서는 안 된다(제3항).

(마) 병원 및 의무부대　　군용이건 민간용이건, 또 군사작전에 동원되고 있건 아니건 불문하고, 모든 병원 및 의무부대는 공격대상으로부터 면제된다.[133]

그러나 병원과는 달리 의무부대의 경우에는 공격면제의 대상이 되지만, 교전당사자에게 몇 가지 의무가 뒤따른다. 첫째, 다른 군사목표물을 엄폐하기 위하여 의무부대를 이용하여서는 안 된다.[134] 그와 같이 의무부대를 이용하는 행위는 후술할 소위 배신행위(背信行爲, perfidy)에 해당한다. 둘째, 교전당사자는 의무부대임을 명백하게 식별될 수 있도록 적에게 통보된 표지[135] 또는 적십자표지[136]를 의무부대에 부착하여야 한다.

(바) 위험한 시설물　　1977년 제 I 추가의정서 제56조는 댐·제방·핵발전소 등 위험한 시설물에 대한 공격을 금지하고 있다. 그러한 시설물들에 대한 공격은 민간인의 안전에 대한 큰 위협요인이 되기 때문이다.

(사) 정부청사　　혹자는 정부청사는 합법적인 군사목표물이 아니라고 주장한

---

131) 미육군의 야전교범은 군사(軍使)를 "야전에서 군지휘관이 적의 군지휘관과 공연히 또는 직접적으로 통신이나 교섭을 할 목적으로 적진으로 보내는 기관"이라고 정의하고, 군사로 인정되기 위하여는 군지휘관이 서명한 신임장을 휴대하여야 한다고 규정하였다. U.S. Department of Army, 앞의 책(각주 48), para. 262.

132) Lupis는 이러한 면제의 해제를 이유로 이른바 초토화작전(焦土化作戰, scorched earth policy)이 전쟁법상 허용된다고 보고 있다. De Lupis, 앞의 책(각주 61), p.245 and 261.

133) 1907년 헤이그육전규칙 제27조, 1949년 제네바 제 IV 협약 제18조 및 제19조, 1977년 제 I 추가의정서 제12조. 특히 제네바 제 IV 협약 제18조는 '여하한 경우에도' 병원은 공격목표물이 될 수 없다고 규정하고 있다.

134) 1907년 헤이그육전규칙 제27조, 1949년 제네바 제 I 협약 제19조 및 제 IV 협약 제18조, 1977년 제 I 추가의정서 제12조.

135) 1907년 헤이그육전규칙 제27조.

136) 1949년 제네바 제 I 협약 제38조 및 제42조, 동 제 IV 협약 제18조 및 제21조, 1977년 제 I 추가의정서 제18조 및 동 부록 제3조 내지 제4조.

다.[137] 그러나 그러한 주장에 대하여는, 예를 들어 월남전의 경우와 같이, 만약 그 청사를 사용하고 있는 당국이 정부로 승인된 당국이 아닐 경우 그 청사가 정부청사에 해당되는지 등 많은 의문이 제기되어 왔다.

아울러, 정부의 심장부는 공격의 면제대상이 아니라 오히려 공격의 주된 목표물로 인식하여 온 것이 종래의 정치적 현실이다.[138] 과연 어떤 전쟁법규칙에 의해 정부청사가 공격의 면제대상이 되는지의 여부는 매우 불분명한 것이 현재의 실정이다.

(아) 문화재　　　　1954년 문화재보호에 관한 헤이그협약[139]은 '문화유산으로서 대단히 중요한' 기념탑, 건축물, 예술작품, 박물관, 예술적·역사적 또는 고고학적 가치를 지닌 원고 및 서적, 도서관 및 문서보관소 등에 대하여 협약에 규정된 표지를 부착할 것을 조건으로 하여 특별한 보호규정을 두고 있다.

그러나 그와 같은 특별한 보호는 대상물들이 군사목표물로부터 이격되어 있는 경우에 한하여 허용되며(제8조), 그러한 보호의 대상이 되기 위해서는 평시에 그 대상물을 유네스코(UNESCO)에 등록하여야 한다(동 협약 시행규칙 제12조). 또한, 동 협약 내에는 협약이 허용하는 보호를 군사적 필요성에 따라 잠식할 수 있는 다수의 도피조항들이 포함되어 있다.[140]

1977년 제Ⅰ추가의정서 제53조는 그와 같은 보호의 범위를 더욱 확대하여 헤이그협약이 요구하는 조건의 충족 여부와 관계없이 모든 예배의 장소 및 여타의 민간목표물들을 보호의 대상으로 규정하였다. 그러나 보호의 수준에 있어서는 추가의정서의 규정이 해석상 오히려 헤이그협약보다도 약한 것이라는 비판을 받고 있다.[141]

(자) 민 방 위　　　　민방위활동이란 적대행위나 재난 발생 시 그 위험상태로부터 민간주민을 보호하고, 복구활동을 지원하며, 민간주민의 생존에 필요한 조건들을 충족시켜 주기 위하여 경보·소개(疏開)·응급치료·소화(消火) 등 제반 인도주의적인 임무들을 수행하는 것을 말하는데,[142] 1977년 제Ⅰ추가의정서는 민방위활동을 담당하는 요원들과 그들이 사용하는 건물 및 재산들을 공격의 면제대상으로 규정하고 있다(제62조).

민방위의 요원·건물 및 재산이 공격 면제를 받기 위해서는 오렌지색 바탕에 청색 정삼각형을 그려 넣은 국제적 식별표지를 부착하여야 하며, 특히 민방위요원은 그들의 지위를 증명할 수 있는 국제적 양식의 신분증명서를 휴대하여야 한다(제66조 제3항 및 제4항).

또한, 민방위요원은 적에게 유해한 행위를 하여서는 안 되는데, 민방위활동의 주체

---

137) 그 예로서는 J.W. Garner, "La Réglementation de la Guèrre Aérienne," RGDIP, 1923, p.386.
138) De Lupis, 앞의 책, p.249.
139) Hague Convention for the Protection of Cultural Property in the Event of Armed Conflict.
140) 제23조 등.
141) M. Bothe et. al., 앞의 책(각주 58), p.331.
142) 1977년 제Ⅰ추가의정서 제61조 (a).

는 군당국이 아니므로 만약 민방위 임무가 군당국의 지시 또는 지배 하에 수행될 경우, 적에게 유해한 행위로 간주되어 보호의 대상이 되지 못한다(제65조 제2항).

2. 특별히 금지된 전투의 방법

(1) 몰살작전(沒殺作戰 -No Quarter)

1977년 제Ⅰ추가의정서 제40조는 "생존자가 없도록 하라는 명령은 이를 통해 상대방을 위협하려는 것이건, 아니면 실제로 그와 같이 적대행위를 수행하려는 것이건 금지된다"라고 규정하여 이른바 몰살작전은 물론이고 위협용의 몰살명령까지도 금지하고 있다.

이 조항에서 한 가지 불분명한 점은 과연 그러한 금지가 상대방 전투원의 보호만을 위한 것인지, 아니면 민간인까지 보호대상에 들어가는 것인지의 여부이다. 동 조항이 전투원에 관한 부분에 들어 있기 때문이다.[143]

(2) 기아작전(飢餓作戰)

적을 굴복시키기 위한 책략으로서 민간주민을 굶주림에 몰아넣는 전투방법은 1907년 헤이그육전규칙 제23조에서도 비록 미약한 수준이기는 하지만 제한된 것이라고 볼 수 있는 여지가 있으며, 1949년 제네바 제Ⅳ협약 제23조 역시 그러한 전투방법을 제한하는 초보적 규정이라 할 수 있다.[144]

그러나 그와 같은 전투방법을 명문으로 그리고 전적으로 금지한 것은 1977년 제Ⅰ추가의정서 제54조 제1항이다. 동 의정서는 더 나아가 민간주민 구호활동을 보호하는 규정 또한 두고 있다(제68조 내지 제71조). 민간주민 구호활동에 대한 이와 같은 추가의정서의 규정들은 1949년 제네바 제Ⅳ협약 제23조, 제55조 및 제59조 등을 더욱 발전시킨 것이다.

(3) 민간인 등에 대한 복구(復仇, Reprisal)

전통국제법에서는 복구(reprisals)를 평시복구와 전시복구(belligerent reprisals)로 나누어 전시복구에 대하여는 전시에 있어서 상대방교전국의 전쟁법위반행위를 중단케 할 목적으로 행하는 대응조치로서 그 위법성이 예외적으로 조각(阻却)되는 경우라고 정의한다.[145]

그러나 제1차·제2차 세계대전의 경험을 보면 전시복구는 상대방 교전국으로 하여금 전쟁법을 준수케 하겠다는 본래의 목적을 달성하기보다는 오히려 전쟁법위반의 폭을 확대시키는 구실로 이용되었다. 특히 제2차 대전중에 유행하던 적국 영토에 대한 전략폭격은 전시복구의 구실을 이용한 좋은 예이다.

그와 같은 관행을 중단시키기 위하여 1949년 제네바 제 협약은 각각 보호의 대상으로

---

143) Lupis는 양자 모두가 보호대상에 들어가는 것으로 해석하고 있다. De Lupis, 앞의 책, p.252.
144) 위의 책.
145) 김정건, 국제법, 박영사, 1990, 605면.

규정한 인원·시설 및 장비에 대해서 이를 대상으로 복구조치를 가하는 것을 명문으로 금지하고 있으며,[146] 문화재의 보호에 관한 1954년 헤이그협약 제 4 조 역시 문화재에 대한 복구를 금지하고 있다.

1977년 제Ⅰ추가의정서는 복구금지의 대상을 더욱 확대하여 민간인(제51조 제 6 항), 민간재산(제52조 제 1 항), 문화재 및 예배장소(제53조 c.), 자연환경(제55조 제 2 항)과 더불어 위험한 물리력을 포함한 공장 및 시설물(제56조 제 4 항)에 대한 복구를 모두 금지하였다.

(4) 배신행위(背信行爲, Perfidy)

'병자 궤도야(兵者 詭道也)'[147]라는 손무(孫武)의 말과 같이 속임수는 전쟁에서 승리를 달성하기 위한 매우 효과적인 수단이다. 그러나 전쟁법은 전쟁에서의 속임수를 기계(奇計)와 배신행위로 나누어 전자는 허용하고 있지만, 후자는 금지하고 있다.

1907년 헤이그육전규칙 제24조 및 1977년 제Ⅰ추가의정서 제37조 제 2 항은 기계(奇計)의 적법성을 명문으로 인정하고 있다. 헤이그육전규칙에서는 구체적으로 어떤 것이 기계에 해당하는지가 명시되어 있지 않지만, 제Ⅰ추가의정서는 "적을 오도하거나 무모하게 행동토록 유도하기 위한 행위이지만 무력충돌에 적용되는 국제법규칙에 위반되지 않으며, 적으로 하여금 그러한 규칙상의 보호에 대한 신뢰를 유인하는 것이 아니기 때문에 배신적(perfidy)이 아닌 행위"라고 정의하면서, ① 위장, ② 유인, ③ 양동, ④ 허위정보의 이용 등과 같은 것들이 기계에 해당된다고 예시하였다.

헤이그육전규칙 제24조 b.는 '적국 또는 적군에 속하는 자를 배신행위로써 살상하는 것'을 금지하고 있으나, 무엇이 배신행위인지에 관한 정의규정은 없다. 단지 동조 f.에서 군사기(軍使旗), 적의 국기·군용휘장·제복 및 적십자휘장의 부당한 사용을 금지하고 있는데, 이를 배신행위의 예시규정이라고 볼 수 있을 뿐이다.[148] 그러나 1977년 제Ⅰ추가의정서 제37조 제 1 항은 적을 배신행위에 의하여 살상 또는 포획하는 행위를 금지하면서, 배신행위에 관하여 "자신이 무력충돌에 적용되는 국제법규칙상의 보호를 받을 자격이 있다고 또는 그러한 보호를 제공할 의무가 있다고 믿도록 유도하기 위하여 적의 신뢰를 유인하는 행위"라고 정의하고, 다음과 같은 것들이 배신행위에 해당된다고 예시하였다.

(ⅰ) 군사기(軍使旗: flag of truce) 또는 투항기를 휴대한 협상의도의 가장
(ⅱ) 부상 또는 질병으로 인한 전투능력상실의 가장

---

146) 제Ⅰ협약 제46조, 제Ⅱ협약 제47조, 제Ⅲ협약 제13조, 제Ⅳ협약 제33조.

147) 손자(孫子), 시계(始計) 편.

148) 1949년 제네바 제Ⅰ협약(제44조) 및 제Ⅱ협약(제43조 내지 제45조)에서도 역시 적십자휘장 및 이와 동일한 목적으로 사용되는 휘장들의 부당한 사용을 금지하고 있을 뿐이다. 미육군의 야전교범은 항복의 가장, 휴전성립을 알리는 허위방송 등도 배신행위로 간주하고 있다. U.S. Department of Army, 앞의 책(각주 48), para.50.

(iii) 민간인 또는 비전투원 지위의 가장

(iv) UN, 중립국 또는 여타 비충돌당사국의 표지, 표장 또는 제복을 이용한 피보호지위의 가장.

마지막으로 배신행위에 관한 규칙들의 해석과 관련하여 주의해야 할 것은 배신행위 자체가 전쟁법상 금지된 것은 아니라는 점이다. 헤이그육전규칙은 배신행위에 의한 살상 (殺傷)만을, 제 I 추가의정서는 배신행위에 의한 적의 살상 및 포획만을 금지하고 있을 뿐이 다. 따라서 위에 예시된 네 가지의 범주에 속하는 배신행위는 그 자체로서는 금지된 전투 방법이라고는 할 수 없다.[149]

제 3 절   인도주의적 보호

비록 전쟁법의 발전추세는 전통적 의미에서의 헤이그법과 제네바법의 엄격한 구분을 거의 불가능하게 하고 있기는 하지만, 앞에서 논의된 전쟁의 개시, 교전자 및 해적수단 등 에 관한 법규칙들은 전통적 의미에서의 소위 헤이그법에 속하는 것들이라 할 수 있다. 이 러한 규칙들은 주로 소극적인, 즉 금지 또는 제한 등을 내용으로 하는 규제적인 성격의 규 칙들로 구성되어 있다.

이와는 달리 주로 비전투원, 즉 민간인 및 전쟁희생자 등에 대한 적극적 보호를 내용 으로 하고 있는 규칙들을 전통적 의미에서의 제네바법이라고 하는데, 본절에서는 이러한 규칙들에 대해 설명하기로 하겠다.[150]

I. 민간인의 보호

민간인에 대한 보호법규 중 가장 중요하고도 체계적인 것은 1949년 제네바 제IV 협약 이다.[151] 1977년 제 I 추가의정서는 제네바 제IV 협약을 더욱 보완하고 발전시켰는데, 특히 전투원임이 분명하지 않은 인원을 민간인으로 추정하는 제50조와 충돌당사국의 권력 내에 있는 모든 개인들에 대해 절대 행해서는 아니 될 관행들을 명시한 제75조의 규정은 민간인

---

149) M. Bothe et. al., 앞의 책, pp.203-204.

150) 물론 제네바법에 속하는 모든 법규칙들이 적극적 보호규칙들만으로 구성되어 있는 것은 아니다. 특히 민간인 및 전쟁포로에 관한 법규칙에는 적극적인 보호규칙뿐 아니라 소극적인 규제규칙들이 혼재되어 있다. 그러한 소극적 규제규칙 중에서 공격면제에 관한 규칙을 제외한 나머지가 본절의 범위에 포함되어 있다.

151) 특히 동 협약 제 8 조에 의하면 동 협약이 민간인에게 부여한 권리는 민간인 스스로도 포기할 수 없다 고 규정하고 있다.

보호법규의 발전에 있어서 매우 큰 공헌으로 평가되고 있다.[152] 제 Ⅰ 추가의정서 제75조 제 2항은 어느 때건, 어느 장소에서건, 누구에 의해서건 행해져서는 안 될 행위로서 다음과 같은 것들을 열거하고 있다.

(a) 특히 다음과 같은 인간의 생명, 건강 및 심신(心神)의 안녕에 대한 폭력행사
　(ⅰ) 살 인
　(ⅱ) 모든 종류의 신체적 또는 정신적 고문
　(ⅲ) 체 벌
　(ⅳ) 신체훼손
(b) 치욕적인 대우, 강제적인 매음 및 모든 종류의 성폭행 등과 같은 모욕적인 인간존엄성 침해행위
(c) 인 질
(d) 연대벌(연대책임)
(e) 위의 행위들 중 어느 것을 행하도록 요구하는 협박.

동 추가의정서 제68조부터 제71조는 또한 민간주민을 위한 구호활동의 허용 및 구호요원들에 대한 보호의 의무를 규정하고 있다.

Ⅱ. 부상자 및 병자의 보호

부상자 및 병자의 보호에 관한 육전법규 중 가장 중요하고도 체계적인 것은 1949년 제네바 제 Ⅰ 협약이다.[153] 특히 동 협약 제14조에 의하면 전투원이 부상자 또는 병자가 되어 적의 수중에 들어갈 경우 그들은 최소한 포로로서의 대우를 받게 되며, 제15조에 의하면 충돌당사국은 교전 후에 부상자 및 환자를 찾아 수용하고, 약탈과 학대로부터 보호하며, 충분한 치료와 간호를 제공할 것과 사망자를 찾아서 그들에 대한 약탈을 방지하기 위한 모든 가능한 조치들을 지체 없이 취하여야 할 의무가 있다. 그리고 동 협약 제16조는 충돌당사국에게 부상자·병자 및 사망자의 신원을 확인하여 그에 관한 정보를 제네바에 위치한 적십자국제위원회(ICRC) 정보국에 송부하여야 할 의무를 부과하고 있으며, 제18조는 군 당국은 민간주민들과 구호단체들이 부상자와 병자들에 대하여 그들의 국적에 관계 없이 자발적으로 구호활동을 전개하는 것을 허용하여야 하고, 그러한 구호활동을 이유로 박해 또는 처벌하지 못하도록 규정하고 있다.

1977년 제 Ⅰ 추가의정서는 제네바 제 Ⅰ 협약을 더욱 보완하고 발전시켰는데, 특히 부상

152) De Lupis, 앞의 책, p.273.
153) 제 Ⅰ 협약 역시 제 7 조에서 동 협약이 부상자 및 병자에게 부여한 권리를 그들 스스로도 포기할 수 없는 것으로 규정하고 있다.

자 및 병자에 관한 정의를 내린 제 8 조, 비록 본인의 동의가 있는 경우라 해도 부상자 및 병자에 대하여 신체훼손, 의학 또는 과학실험, 이식(移植) 목적의 세포조직 또는 장기의 적출(摘出) 등을 금지한 제11조는 부상자 및 병자에 대한 보호법규의 발전에 있어 크게 기여한 것으로 평가되고 있다.[154]

Ⅲ. 여타의 특수보호대상

1. 부녀자 및 아동

1949년 제네바 제Ⅳ협약은 강간, 강제적 매음 및 모든 형태의 성폭행 등과 같은 가해행위로부터 부녀자를 보호하고 있는 제27조 및 전쟁으로 인하여 고아가 되거나 가족과 분리된 15세 미만의 아동들에 대한 특별한 보호의 의무를 규정한 제24조를 비롯하여 임산부·출산부를 포함한 부녀자 및 아동들의 보호와 존중에 관한 많은 규정들을 두고 있다.[155] 1977년 제Ⅰ추가의정서는 임산부보호에 관한 제 8 조와 제76조 및 아동들의 보호에 관한 제77조와 제78조에서 제네바 제Ⅳ협약상의 부녀자 및 아동들에 대한 보호를 더욱 확대하였다.

2. 기   자

1949년 제네바 제Ⅲ협약 제 4 조 a.에 따라 종군기자는 만약 그들이 적의 수중에 들어갈 경우에는 포로로서의 지위를 보장받는다. 1977년 제Ⅰ추가의정서 제79조는 기자에 대한 보호를 더욱 확대하여 종군기자가 아니라도 무력충돌지역 내에서 위험한 직업적 임무에 종사하는 기자에 대하여는 그들을 민간인으로 간주하여 그들에게 민간인과 동일한 보호를 보장하고 있다.

전쟁법이 기자들에게 그와 같은 보호를 제공하는 데에는 여러 가지 이유가 있지만, 무엇보다도 중요한 이유는 바로 그들이 전쟁법의 준수를 감시하는 유효한 수단이 될 수 있기 때문이다. 전쟁 중 발생하는 비인도적 관행들이 외부세계에 알려져 여론의 압력에 의해 그러한 관행이 제재를 받게 하는 데에는 기자들의 역할이 필수적이라고 할 수 있다.[156]

3. 민방위요원

1949년 제네바 제Ⅳ협약은 점령지역 내에서의 민방위기구의 조직 및 활동을 예상하고 장차 설립될 그러한 기구의 구성요원 및 활동들에 대하여 적십자활동과 동일한 보호를 보

---

154) De Lupis, 앞의 책, p.276.
155) 제14조, 제16조, 제17조, 제21조, 제50조, 제89조, 제91조, 제132조(부녀자의 보호); 제14조, 제49조, 제51조, 제89조, 제94조, 제132조, 제136조(아동의 보호).
156) G. Best, *Humanity in Warfare*, J. W. Arrowsmith, 1983, p.329.

장하는 규정을 미리 마련하고 있었다.[157] 민방위기구의 요원 및 활동에 대하여 보호를 제
공하는 것은 그들의 임무가 교전행위로부터 민간인을 보호하는 것이기 때문이다.

1977년 제Ⅰ추가의정서 역시 민방위기구에 대한 보호를 인정하고, 이에 관한 상세한
규정을 두고 있다.[158]

4. 의무요원

의무요원은 공격대상에서 면제될 뿐 아니라 특별대우 및 존중을 보장받는다. 1949년
제네바 제Ⅰ협약에 의하면 그러한 특별대우를 받을 수 있는 의무요원의 범주에는 군의관
과 간호사뿐 아니라 군병원의 행정요원, 의무부대에 배속된 경계병 및 지원병력, 그리고
그들과 동일한 임무를 수행하는 적십자요원 및 기타의 자원봉사자 등이 포함된다(제25조 및
제26조). 1977년 제Ⅰ추가의정서는 그러한 특별대우 및 존중의 대상을 확장하여 모든 민간
의무요원을 이에 포함하고 있다(제8조 및 제15조).

제네바 제Ⅰ협약에 의하면 의무요원이 적에게 포획되었을 경우 그들은 포로가 되지
않는다. 그러나 그들을 포획한 측에서는 포로들의 치료 및 간호를 위해 필요한 한도 내에
서 그들을 포로수용소에 억류할 수 있을 뿐이다(제28조). 이러한 경우에 의무요원들은 자신
이 소속한 군대의 구성원 중 포로가 된 자에 대한 의료상의 임무를 우선적으로 수행할 수
있으며, 그들의 임무수행에 필요한 시설과 장비를 제공받는다(제28조, 제30조 및 제31조).

의무항공기는 응급치료를 위한 필수수단이다. 그러나 의무항공기의 군사적 이용에 대한
우려 때문에 제네바 제Ⅰ협약은 의무항공기의 상대방지역 상공운항에는 상대방 교전자의 사
전동의를 요구하고 있다(제36조). 이러한 사전동의 요구는 긴급 의료구조활동에 장애가 될 가
능성이 높지만, 제Ⅰ추가의정서 역시 적지역이나 중립지역에서의 의무항공기 운항에는 상대
방 사전동의를 요구하고 있다(제27조 및 제31조). 제Ⅰ추가의정서에 의하면 충돌당사국 이외의
제3국이 의료지원을 제공하는 것을 허용하고 있다(제9조 제2항 및 제22조 제2항).

5. 종교요원

1949년 제네바 제Ⅰ협약은 군목 등과 같은 군대의 종교요원에 대하여 의무요원과 유
사한 보호를 제공하고 있다(제24조 및 제28조). 1977년 제Ⅰ추가의정서는 의무요원의 경우와
마찬가지로 군대의 종교요원에 대한 보호를 민간 종교요원에게까지 확대적용하고 있다(제
15조 제5항). 따라서 군대 및 민간의 종교요원은 적에게 포획 시 포로가 되지 않고 그들의
정상적 임무수행을 위하여 억류될 수 있을 뿐이며, 이 경우 의무요원과 동일한 대우 및 존
중을 보장받는다.

---

157) 제63조.
158) 제61조 내지 제66조.

6. 전쟁포로

전쟁포로의 보호에 관한 전쟁법규의 발달은 매우 깊은 역사를 지니고 있다. 전쟁포로의 보호에 관한 최초의 성문법규정을 우리는 "상병자(傷病者)의 상태개선에 관한 1864년 제네바협약"(속칭 "제1차 적십자협약") 속에서 발견할 수 있다. 이 협약은 그 후 동일한 명칭의 1906년 제네바협약(속칭 "제2차 적십자협약") 및 1929년 제네바협약(속칭 "제3차 적십자협약")으로 대체되었다. 그러나 전쟁포로 대우에 관한 독자적 성문법이 완성된 것은 제2차 세계대전 이후의 일이다. 1949년에 체결된 제네바 제Ⅲ협약은 전쟁포로의 대우에 관한 매우 상세하고도 체계적인, 그리고 거의 완결적인 조약이다.

그러나 앞서 교전자의 자격요건에 관해 설명하면서 언급한 바와 같이 1949년 제네바 제Ⅲ협약은 조직적 저항운동을 포함한 민병대 및 의용대의 구성요원에 대하여 동 협약 제4조에서 규정한 네 가지의 요건이 구비된 경우에만 전쟁포로의 자격을 인정하였을 뿐인데, 1977년 제Ⅰ추가의정서는 그러한 자격요건을 대폭 완화하였다. 한편 동 추가의정서는 전쟁포로의 보호와 관련하여 그 자격요건을 완화시키는 데 그치지 않고, 앞서 민간인의 보호와 관련하여 설명한 바 있는 동 의정서 제75조 제2항에 규정된 기본적 보장의 적용대상에 전쟁포로를 포함하여 보호의 질을 대폭 높였다. 1949년 제네바 제Ⅲ협약 및 1977년 제Ⅰ추가의정서에 따라 전쟁포로는 다음과 같은 광범위한 권리들을 향유한다.

포로는 1977년 제Ⅰ추가의정서 제75조 제2항에 규정된 보장에 따라 고문 또는 의학실험 등 비인도적 대우를 받지 않고, 무엇보다도 복구(復仇) 행위의 대상이 될 수 없다.[159]

억류국이 포로로부터 정보를 획득하기 위하여 불법적인 수단을 사용하는 것은 금지된다. 포로는 자신의 성명·계급·출생연월일·군번 및 소속부대번호 외에는 진술하지 않을 권리가 있다.[160]

포로에게는 충분한 식량과 피복 및 숙소가 제공되어야 하며,[161] 포로수용소에는 적절한 위생조건 및 의료활동이 제공되어야 한다.[162] 그리고 포로는 적절한 안전대책이 강구된 상태 하에서만 소개(疏開)되거나 타지역으로 수송될 수 있다.[163]

포로를 밀폐된 장소에 감금하거나 교도소 등 구치시설로 이동시켜 징계벌을 받게 해서는 안 되며,[164] 도주에 실패한 포로에게 징계벌을 가할 수는 있지만, 도주 자체만을 이유로 형벌

---

159) 제Ⅲ협약 제13조.
160) 제Ⅲ협약 제17조.
161) 제Ⅲ협약 제25조 내지 제27조.
162) 제Ⅲ협약 제29조 내지 제32조.
163) 제Ⅲ협약 제20조, 제46조 내지 제48조.
164) 제Ⅲ협약 제21조 및 제97조.

을 가할 수 없다.[165] 그리고 포로에게 범죄의 혐의가 있으면 공정한 재판을 통해서만 형벌을 가할 수 있으며,[166] 포로에 대한 징계 권한은 여하한 경우에도 포로에게 위임할 수 없다.[167]

포로에게는 포로수용소 자체의 행정 및 시설과 관련된 노동, 농업, 원료의 생산 또는 채취, 야금(冶金)과 기계공업 및 화학공업을 제외한 제조공업, 군사적인 성질 또는 목적을 가지지 않는 토목업과 건축업 등 특정된 종류 이외의 노동이 강요되어서는 안 되며,[168] 부사관인 포로에게는 노동감독의 임무만을 부여할 수 있고, 장교 및 그에 상당한 지위를 지닌 포로에게는 본인이 원하지 않는 한 노동을 강요할 수 없다.[169] 또한 포로에게는 본인이 원하지 않는 한 건강에 해롭거나 위험한 또는 굴욕적인 성질의 노동을 시킬 수 없으며,[170] 억류국은 포로에게 월급 및 공정한 노동임금을 지급하여야 한다.[171],[172]

포로에게는 외부와 접촉할 수 있는 통로가 제공되어야 한다. 포로는 가족 및 포로정보 기구에게 자신이 포로가 된 사실과 주소 및 건강상태를 알리는 통지표를 작성하여 직접 통지할 수 있으며, 매월 2통의 서신 및 4장의 엽서를 발송할 수 있고, 자신에게 보내진 우편물을 받을 수 있다.[173]

포로는 적대행위 종료 후 지체 없이 석방되고 본국으로 송환되어야 한다.[174] 중상을 입은 포로는 적대행위가 종료되지 않았더라도 송환되어야 하지만, 포로의 의사에 반해 송환할 수 없다.[175]

포로는 자신이 보유한 권리의 일부 또는 전부를 포기할 수 없다.[176] 그러나 만약 이 규칙을 엄격히 적용한다면, 특히 적대행위의 종료 후 본국으로의 송환을 반대하는 포로가 있을 경우 포로에게 오히려 불리한 결과가 초래될 수 있다. 그 대표적인 예가 한국전쟁 당시의 반공포로 문제인데, 이 규칙을 근거로 포로 전원의 송환, 즉 반공포로에 대한 강제적 송환을 주장하는 북한 측의 입장과 관련하여 UN 총회는 포로를 송환시키기 위하여 강제력이 사용되어서는 안 된다는 결의를 채택한 바 있다.[177] 그러나 UN의 그와 같은 결의는 분단국

---

165) 제Ⅲ협약 제89조 내지 제92조.
166) 제Ⅲ협약 제84조.
167) 제Ⅲ협약 제96조.
168) 제Ⅲ협약 제50조.
169) 제Ⅲ협약 제49조.
170) 제Ⅲ협약 제52조.
171) 제Ⅲ협약 제58조 내지 제68조.
172) 1949년 제네바 제Ⅲ협약에는 명문규정이 없지만 1907년 헤이그육전규칙 제 6 조는 작전과 관계가 있는, 즉 자신의 본국에 해를 주는 노동을 포로에게 강요할 수 없다고 규정하고 있으며, 제23조 h.는 포로를 억류국의 군대에 복무시켜 자신의 원소속국에 대항한 전투에 참가시키는 것을 금지한다고 규정하고 있다.
173) 제Ⅲ협약 제71조, 제73조 및 제75조.
174) 제Ⅲ협약 제118조. 1907년 헤이그육전규칙 및 1929년 제네바협약에서는 '가능한 조속히'라는 표현이 사용되었으나, 1949년 협약에서는 '지체 없이'라는 표현으로 바뀌었다.
175) 제Ⅲ협약 제109조.
176) 제Ⅲ협약 제 7 조.
177) GA Res. 610(Ⅶ), 1952.

내에서의 무력충돌이라는 특수상황을 고려한 임시방편적 해결이었으며, 강제로 송환해도 그의 생명 또는 자유에 대한 부당한 조치가 가해질 우려가 없는 한 중상자를 제외한 모든 포로는 강제로라도 송환되어야 한다는 것이 일반적인 해석론이다.[178]

1977년 제Ⅰ추가의정서는 포로의 송환과 관련하여 포로송환에 있어서의 부당한 지연을 동 의정서에 대한 중대한 위반으로 간주하고, 이러한 중대한 위반을 전쟁범죄라고 보고 있다.[179] 그러나 우리 정부는 동 의정서를 비준할 당시 포로 자신의 자유로운 의사에 따라 그 포로를 송환하지 아니함은 그러한 부당한 지연에 포함되지 않는다는 내용의 유보(留保)를 붙였다.

최근 9.11 사태와 그 대응으로서 미국 부시행정부는 '테러와의 전쟁'(Global War on Terror: GWOT)을 수행하였다. 그 과정에서 억류된 탈레반(Taliban)과 알카에다(Al Qaeda) 전투원에 대한 인권유린 행위와 함께 그들의 신분이 포로인지 여부에 대한 논란이 제기되고 있다. 부시행정부는 테러와의 전쟁을 국제적 성격의 무력충돌(International Armed Conflict: IAC)이고 탈레반과 알카에다 피억류자들은 교전자 자격요건을 갖추지 못한 이른바 '불법전투원'(Unlawful Combatant)이며 전투원도 민간인도 아닌 제3의 영역에 속하는 부류라고 주장하며, 그 결과 현행 국제법 하에서 이들에게는 포로로서의 지위는 물론 불법하게 전투에 참여한 민간인(형사범)으로서의 최소한의 보호도 제공되지 않는다고 하였다. 그러나 미국 연방대법원은 Humdan 사건에서 탈레반 전투원의 지위에 대해서는 언급하지 않은 채, 알카에다 전투원을 상대로 하는 '테러와의 전쟁(war on terror)'은 비국제적 무력충돌로서 이들에게는 1949년 8월 12일자 제네바 제 협약 공통 제3조의 최소한의 보호 규정이 적용되어야 한다고 판시하였다.[180]

생각건대, 적어도 테러와의 전쟁에서 당시 합법정부인 아프가니스탄 탈레반 정권의 무력충돌은 국제법상 국제적 무력충돌에 해당한다고 보아야 할 것이다. 따라서 무력충돌 과정에서 생포된 탈레반 전투원은 포로로서의 지위가 주어져야 할 것으로 보인다. 아울러 전쟁법은 모든 인원을 전투원과 민간인으로 구분하고 있는데, 이 둘 중 어디에도 속하지 않는 '불법전투원'이라는 새로운 범주가 있다는 주장은 타당하지 않다. 현행 국제법상 불법전투원은 교전자격을 가진 전투원이 전쟁법을 어기거나 교전자격이 없는 민간인이 직접적인 적대행위에 참여(taking direct participation in hostilities)한 경우를 의미할 뿐이다.[181]

178) ICRC, Commentary to the 1949 Geneva Conventions.
179) 제Ⅰ추가의정서 제85조.
180) Hamdan v. Rumsfeld, SECRETARY OF DEFENSE, et al. 548 U.S. 557 (2006).
181) Ingrid Detter도 "정규군 또는 레지스탕스 또는 게릴라 활동을 하는 자들 중 합법교전자의 조건을 충족하지 못한 자들을 의미하는 것"이라고 기술하고 있다. 따라서 국제인도법상, 미국이 주장하듯이 제3의 영역으로 불법전투원(unlawful enemy combatant)이 존재하는 것은 아니다. Ingrid Detter, The Law of War, 136-137, 2000; Israel 대법원도 동일한 견해를 피력하고 있다. 자세한 내용은 다음을 참조. ANONYMOUS v. STATE OF ISRAEL, Israel Supreme Court sitting as the Court of Criminal Appeals, CrimA (TA) 6659/06.

제4장

전쟁법과 군대

제1절   군대행동준칙으로서의 전쟁법

전쟁법에 관한 국제조약을 승인(관습법의 경우는 당연히 승인)한 국가는 어떠한 경우에도 그 조약을 준수해야 하고 또한 그 준수를 보장하여야 한다. 국가의 군대는 그 정부와 국민을 대신하여 행동하기 때문에 전쟁법은 군대의 행동준칙으로서 그 기능을 수행함이 당연히 요구된다. 그런데 전쟁법은 모든 사태에 대하여 상세한 규정을 두고 있지는 않기 때문에 세부적인 사항들이 국가에 의해서 마련되어져야 한다. 이는 각국의 특수한 상황과 필요에 따라 국가적 차원에서만 수행되어질 수 있고, 또한 되어져야 한다. 그러므로 전쟁법은 각 국가 내에 있어서 전략적 차원으로 고려되어야 한다. 각국의 전략적 상황(지리적·인구통계학적·경제적·정치적·군사적 등)은 전쟁법의 실효적 준수를 확보하는 데 꼭 필요한 내부적 명확성과 정확성을 결정할 것이다.[1] 국가가 이러한 일을 게을리함으로써 생긴 결과에 대해서는 당연히 국가가 책임을 져야 할 것이다.

전쟁법을 효과적으로 준수하기 위하여 군대에는 일반적으로 적용되는 법원칙이 필요하다. 이 법원칙은 국제적 및 비국제적 무력충돌을 위한 행동방식에 있어서 모두 동일하게 군대에서 교육되어야 한다. 그리고 실제상황에 즉각 적용될 수 있기 위하여 이 원칙들은 정확하고 상세하여야 한다. 그리고 국제적 무력충돌에 대한 보다 완전한 원칙들은 일반적으로 이용될 수 있는 행위 및 행동규범으로 나타나고, 해당 무력충돌에 있어서 모든 교전당사국과 그 군대를 지도해야 한다. 이 경우 그 군대는 정규군이든지, 혹은 비정규군이든지를 불문한다.[2]

---

1) Mulinen, *Handbook on the Law of War for Armed Force*, ICRC, 1987, p. xv.
2) 위의 책, pp.10-11.

전쟁법이 군대의 행동준칙으로 그 기능을 다하기 위해서는 군대구성원 각자의 군기에 의존하지 않으면 안 된다. 그러므로 전쟁법은 군기와 밀접한 관계가 있다. 힘(force)의 통제라는 개념이 양자에 있어서 중심적 개념이다. 군기의 중요한 기능은 전쟁법의 이행을 보장하는 데 있다. 역사적으로 국가는 군대구성원에 의한 전쟁 기간 중의 위법행위를 포함한 군기위반에 대한 형사책임을 장려하였다. 엄정한 군기를 유지한 군대는 평화 시 군기와 법규위반보다 전쟁기간중의 군기위반을 더 참을 수 없는 것이다.[3] 물론 전쟁법은 국가 그 자체뿐만 아니라 개인, 특히 그 국가의 군대 구성원들에게도 그 구속력을 가진다.[4]

직업군인으로서 갖는 명예(honor)와 고결함(integrity) 역시 전쟁법을 군대의 행동준칙으로 확립하는데 내면적 기초를 제공한다. 군대에 있어서 명예는 수단이며 또한 목적이다. 명예규범은 직업군인, 특히 장교에게 어떻게 행동해야 하는가를 밝혀주는 것이다. 군대의 명예가 효력을 발휘할 때 그 강제적인 힘은 무시할 수 없는 것이 될 것이다. 왜냐하면 명예란 단 하나의 압도적인 명령, 곧 "직업군인은 언제나 싸운다."라는 명령을 끊임없이 가르치는 것이기 때문이다.[5] 그러므로 명예는 모든 군 직업윤리를 구속할 것으로 기대되고 있으며, 장교의 독특한 특성을 보증하고 그의 직업적 서약을 담보할 것으로 기대되는 것이다.[6]

여기서 우리가 주목할 것은 이러한 군대 명예 관념이 봉건주의 하에서 기사도의 관념에서 유래하였음을 이해하는 것이다. 봉건주의 하에서 장교는 귀족출신이었을 뿐만 아니라 기사도의 규칙을 준수하고자 했기 때문에 신사였다. 장교는 신사다운 행동이 요구되었으며, 무사로서의 영광을 위해 싸웠다.[7] 그리하여 오늘날 비록 신사라는 개념은 현대적 상황에 그대로 적용하는 것은 어렵다 하더라도 서구에 있어서 군대 명예의 핵심으로 남아 있다고 말할 수 있는 것이다.[8] 그리고 전술한 바와 같이 기사도의 원칙이 전쟁법의 한 원칙으로서 존재하는 이유도 이와 무관하지 않은 것이다.

---

3) U.S. Air Force, AF Pamlet 110-31(1976), p.15-4.
4) U.S. Department of the Army, *The Law of Land Warfare*, FM 27-10(1956), p.4.
5) Morris Janowitz, *The Professional Soldier*, The Free Press, 1960, p.215.
6) 예링(Jhering)은 그의 명저 「권리를 위한 투쟁」에서 다음과 같이 말하고 있다. "우리들은 명예침해의 가장 확실한 경우를 생각해 보고, 또 명예감정이 극히 민감하게 형성되어 있는 계급인 군장교의 신분을 한번 생각해 보자. 명예감정을 꾹 참고 견딘 장교는 이미 군인으로서 끝장난 셈이다. 왜 그런가. 그 이유는 장교라면 다음과 같은 올바른 감정을 가지고 있기 때문이다. 즉 인격에 대한 용감한 주장이 바로 그에게는 그의 전 지위의 결할 수 없는 조건이 되어 있다고 하는 감정 또는 그 성질상 인격적 용기의 화신이어야 할 신분에 있는 자는 자기 자신을 포기하지 않는 한 자기의 동료의 비겁함을 참을 수 없다고 하는 감정들이 그것이다." 예링(Rudolf von Jhering), 심재우 역, 권리를 위한 투쟁, 박영사, 1977, 64-65면.
7) Janowitz, 앞의 책, p.217.
8) 위의 책, p.219.

제 2 절 국가의 전쟁법 준수의무

Ⅰ. 전쟁법의 준수를 위한 요구

국가의 군대는 그 정부와 그 국민을 대신하여 행동한다. 무력충돌 기간중의 잔혹함과 과도한 행위들은 정부지도자와 국민의 양심을 무겁게 압박한다. 더구나 모든 국가는 자국 정책에 대한 다른 국가의 반응에 상당히 민감하게 되어 있다. 다른 국가와 국민들의 선의와 지원은 전반적인 외교정책의 수행과 국가목표의 성취에 중요하다. 그러므로 상호성 (reciprocity)의 원칙은 결정적 요소가 된다. 만약 한 국가가 먼저 기본적 인권존중을 보장하지 않는다면, 그 국가의 행동은 적대국에 의한 위반을 가져오게 할 것이다. 더욱이 적대국에 의한 위반에 대하여 호소하는 국제적 입장은 심각하게 훼손되어질 것이다. 전쟁법의 위반은 달성하고자 하는 정치적 목적에 대하여 부정적인 기능을 하는 것으로 간주되어 왔다.[9] 또한 국민의 충성심은 전술한 잔혹함과 과도한 행위에 의하여 흔들리게 되고 훼손되어질 것이다. 역사는 적대행위의 성공적인 협상 혹은 중지가 잔혹한 위반에 의하여 고양된 적개심과 불화 때문에 연기되거나 복잡하게 되는 것을 보여 준다.[10]

모든 무력충돌이 발생하는 중의 정치적 상황 하에서 두드러진 특징은 적대국이 전쟁법과 기본적인 인도적 규범을 위반하였다고 주장하는 선전이 주를 이룬다는 것이다. 불행하게도 국가는 특히 실제적 무력충돌 기간 중에 그들 국가 자신의 이익을 정확히 인식하지 못한다. 그 결과 위반행위는 고의적인 국가정책을 취함으로써 혹은 적절한 예방조치를 취하는 데 실패함으로써 발생한다. 이때 국가책임은 양자의 경우에 모두 존재한다.

전쟁법은 사회적·정치적 및 군사적 고려사항의 혼합체로 발전하여 왔다. 법의 기본적인 기초 및 법을 준수해야 할 주요한 이유는 법이 그 명령에 따라야 하는 모든 사람들의 이해관계에 봉사한다는 것이다. 국제사회에서 전쟁을 방지할 효과적인 국제기구가 없기에 무력충돌은 발생하는 것이다. 마찬가지 이유에서 최근의 공식적인 국제합의의 결과인 1949년 제네바 제 협약의 위반을 포함하여 전쟁법의 위반행위도 발생하는 것이다. 그리고 발생하는 위반행위들은 널리 공표되는 경향이 있다. 그것들은 심지어 현존하는 국제법의 정상적인 준수 및 시행을 흐리게 하는 것이다. 그럼에도 불구하고 전쟁법의 위반이 많이 발생한 것은 아니며, 무력충돌 기간 중 모든 관계자에 의하여 법이 준수되고 있다는 사실은 대단히 중요하다. 법의 준수는 항상 있는 일이므로 거의 알려지지 않는 것이다.[11]

---

9) 예를 들면 위반행위는 여론을 환기시켜 제 1 차 세계대전중 미국이 전쟁에 개입하게 된 것처럼 중립국을 적국측에 가입하도록 유도한다.
10) U.S. Air Force, 앞의 책(각주 3), p.15-1.
11) 위의 책, p. Ⅰ-11.

Ⅱ. 국가의 의무

전쟁법의 위반은 많은 경우 공식적인 국가정책으로부터 발생하지는 않는다. 사실상 각 국은 관행적으로 국제법상 그들 행위의 적법성을 과시하기 위하여, 또는 최소한 위반행위 를 부인하거나 은폐하기 위하여 교묘한 조처를 한다. 그러나 국가는 국가정책으로서 법을 준수할 뿐만 아니라 전투원으로 하여금 법을 이행·준수하도록 보장할 관습상 및 조약상 의 중요한 의무가 있다. 예컨대 1907년 육전의 법규 및 관례에 관한 조약(Hague Ⅳ) 제 1 조는 헤이그규칙에 합치되는 훈령을 발할 것을 당사국에게 요구하고 있다. 제 3 조는 전투 원에 의하여 저질러진 헤이그규칙 위반행위에 대한 국가의 배상책임에 관한 규정이다.

1949년 제네바 제 협약 및 동 협약 제Ⅰ추가의정서는 위와 같은 의무를 다수 포함하고 있다. 제 협약 및 제Ⅰ추가의정서의 존중과 존중의 보장이 각 체약국의 기본의무임을 명시 한 외에도[12] 국가는 1949년 제네바협약을 위반하거나 중대한 위반을 지시한 자에게 효과적 인 형사처벌을 과하는 데 필요한 입법조치를 취할 것을 약정한다고 규정하고 있다. 또한 각 체약국은 중대한 위반행위를 범하였거나 범할 것을 명령한 혐의가 있는 자를 수사할 의 무를 지며, 이러한 자는 국적 여하를 불문하고 자국의 재판소에 기소되어야 하고, 체약국 이 희망하는 경우 또한 국내법의 규정에 따라 이러한 자를 다룰 관계체약국에서 재판받도 록 인도할 수 있으며, 다음에 언급할 중대한 위반행위 외에 제네바협약에 반하는 모든 행 위를 금지하는 데 필요한 조치를 취하도록 규정하고 있다.[13]

중대한 위반행위란 제네바협약이 보호하는 사람 또는 재산에 대하여 행하여지는 다음 의 행위를 의미한다. 고의적인 살인, 신체 또는 건강을 고의로 크게 해치거나 고통을 주는 고문이나 대우(생물학적 실험 포함), 피보호자의 불법추방·이송(移送) 또는 감금, 적국의 군 대에 복무하도록 포로(혹은 피보호자)를 강요하는 것, 본 협약에 정하는 공정한 정식재판의 권리를 박탈하는 것, 인질 및 군사상의 필요로서 정당화되지 아니하며 불법적이고 고의적 인 재산의 광범위한 파괴 또는 징발(혹은 몰수) 등이다.[14] 이상이 제네바 제 협약에서 구체적 으로 명시하고 있는 내용이며, 제Ⅰ추가의정서는 중대한 위반행위의 범위를 더욱 확대하 였다(동 의정서 제11조 제 4 항, 제85조 제 2 항, 제 3 항, 제 4 항 참조).[15]

---

12) 제네바 제 협약 공통 제 1 조 및 제Ⅰ추가의정서 제 1 조 제 1 항 참조.
13) 1949년 제네바 제 협약(Ⅰ-49조, Ⅱ-50조, Ⅲ-129조, Ⅳ-146조) 참조.
14) 제네바 제 협약(Ⅰ-50, Ⅱ-51, Ⅲ-130, Ⅳ-147) 참조.
15) 제Ⅰ추가의정서에 중대한 위반행위에 대해 추가·보완된 내용은 다음과 같다. ⑴ 자신의 소속국이 아 닌 국가의 권력 하에 있는 자의 신체적·정신적 건강 또는 존엄성에 대하여 심대한 위해를 가하는 행위 및 아래와 같은 행위를 고의적 작위 또는 부작위로 행하는 경우는 본 의정서의 중대한 위반이 된다. 즉 ⓐ 당사자의 건강상태로 보아 필요하지 아니하고 또한 일반적으로 승인된 의료기준에 합치하지 아니하 는 의료상의 처치를 받도록 하는 행위, ⓑ 신체절단, 의학 또는 과학실험 및 의학적으로 정당화되지 아 니하는 이식을 위한 신체조직 또는 장기(臟器)의 적출(摘出) 행위, ⓒ 헌혈 또는 피부기증을 강요하거나 권유하는 행위 등이다(제11조 제 4 항). ⑵ 상기 제네바 제 협약상의 중대한 위반행위가 ⓐ 본 의정서 제

국가는 상기의 중대한 위반행위를 범하였다고 주장되는 자를 체포하고, 그들을 재판에 회부하거나 추방하며, 제네바협약에 위반되는 행위를 억지하는 데 필요한 조치를 하는 등 모든 의무를 이행할 명시적인 의무가 있다. 그리고 상기 협약규정들의 원리는 특히 자국의 군대에 의하여 범해진 것을 포함하여 전쟁법의 위반을 방지하여야 할 관습법상의 의무를 선언하고 있다고 볼 것이다.[16] 한편 각 충돌당사국은 그들의 총사령관을 통하여 제네바협약의 이행을 위한 세부 시행령을 마련하고, 예견할 수 없는 경우를 대비하여야 한다.[17] 제 Ⅰ 추가의정서에서는 더욱 명확하게 자국의 의무이행을 위하여 지체 없이 필요한 모든 조치를 취하여야 하고, 제네바 제 협약 및 추가의정서의 준수를 보장하기 위한 명령과 지시를 내려야 하고, 그 시행을 감독하여야 함을 규정하고 있다.[18] 또한, 체약국은 전·평시를 막론하고 제네바 제 협약 전문을 가급적 광범위하게 자국 내에 보급해야 하며, 특히 군교육계획, 가능하면 민간교육계획에도 동 협약에 관한 학습을 포함함으로써 동 협약의 원칙을 모든 국민, 특히 군인, 의무요원 및 종교요원에게 습득시킬 것을 약정하고 있다.[19] 그리고 전시에 있어서 포로(혹은 피보호자)에 대하여 책임을 지는 군당국(혹은 민간당국, 경찰당국 등)과 기타의 당국은 제네바협약의 본문을 소지하고, 제네바협약의 규정에 대하여 특별한 교육을 받아야 함을 규정하고 있다.[20]

44조(전투원 및 포로), 제45조(적대행위 가담자의 보호) 및 제73조(무국적자와 피난민의 보호)에 의하여 보호되는 자로서 적국의 권력 내에 있는 자에 대하여 행하여지거나, ⓑ 본 의정서에 의하여 보호되는 적국의 상병자·조난자에 대하여 행하여지는 경우, 또는 ⓒ 적국의 지배 하에 있으되 본 의정서에 의하여 보호되는 의무요원, 종교요원, 의무부대 또는 의무용 수송수단에 대하여 행하여지는 경우(제85조 제 2 항). (3) 본 의정서의 관계규정을 위반하여 아래와 같은 행위를 고의적으로 행함으로써 아래의 자를 사망하게 하거나 신체 또는 건강에 대하여 중대한 상해를 일으키는 경우도 본 의정서의 중대한 위반으로 간주한다. 즉 ⓐ 민간주민이나 민간 개인을 공격의 대상으로 하는 것, ⓑ 과도한 민간인생명의 손실, 상해 또는 민간물자의 손상을 야기하리라는 것을 알면서 민간주민 또는 민간물자에 대하여 영향을 미치는 무차별공격을 개시하는 것, ⓒ 상기한 바와 같은 손실·상해·손상을 야기하리라는 것을 알면서 위험한 물리력(dangerous forces)을 내포하고 있는 시설물에 대하여 공격을 개시하는 것, ⓓ 무방호지구 및 비무장지대를 공격의 대상으로 하는 것, ⓔ 어떠한 사람이 전투능력상실자임을 알면서 그 자를 공격의 대상으로 하는 것, ⓕ 적십자, 적신월 또는 적사자태양의 식별표장 또는 제 협약이나 본 의정서에 의하여 승인된 기타 보호표시를 배신적으로 사용하는 것 등이다(제85조 제 3 항). (4) 그 외에도 ⓐ 점령국이 자국의 민간주민의 일부를 점령지역으로 이송하는 행위 및 점령지역 주민의 전부 또는 일부를 점령지역의 내부 혹은 외부로 추방하거나 이송하는 행위, ⓑ 포로 또는 민간인의 송환을 부당하게 지연시키는 행위, ⓒ 인종차별정책의 관행 및 기타 인종차별정책에 기초하여 인간의 존엄성에 대한 모욕을 포함하는 비인도적이고 품위를 저하시키는 관행, ⓓ 특별보호대상으로 명백하게 승인된 역사적 기념물, 예술작품 또는 예배장소를 공격목표로 하여 광범위한 파괴를 야기하는 행위(단, 군사목표의 직접적인 근처에 위치하고 있지 않은 경우에 한함), ⓔ 제네바 제 협약에 의하여 보호되는 자 또는 본조 제 2 항에 언급된 자(전투원, 포로, 적대행위 가담자 및 무국적자, 피난민 등)로부터 공정한 정식재판을 받을 권리를 박탈하는 행위 등이 고의적으로 행하여진 경우에는 본 의정서의 중대한 위반으로 간주된다(제85조 제 4 항).

16) U.S. Army Field Manual, FM 27-10, p.181; Morris Greenspan, *The Modern Law of Land Warfare*, University of California Press, 1959, p.93.
17) 제네바 제 협약(Ⅰ-45, Ⅱ-46).
18) 제 Ⅰ 추가의정서 제80조.
19) 1949년 제네바 제 협약(Ⅰ-47, Ⅱ-48, Ⅲ-127, Ⅳ-144) 참조.
20) 제네바 제 협약(Ⅲ-127, Ⅳ-144) 참조.

Ⅲ. 자격요원 및 군대 내 법률고문

전쟁법의 준수를 확보하기 위한 하나의 수단으로서 제네바 제 협약 제 I 추가의정서에는 자격요원 및 군대 내 법률고문에 관한 새로운 규정을 두고 있다.

1. 자격요원

자격요원은 제네바 제 협약 및 제 I 추가의정서의 적용과 특히 이익보호국의 활동을 촉진하기 위하여 이에 관한 교육을 받은 요원을 말한다. 체약국은 평시에 국내 적십자사의 지원을 받아 이러한 자격요원을 훈련하도록 노력해야 한다(동 의정서 제 6 조 제 1 항).

자격요원의 기능은 ① 전·평시를 불문하고 제네바 제 협약 및 추가의정서의 보급(dissemination), ② 제 협약 및 추가의정서의 실시에 따르는 제반 문제, 예컨대 전쟁법상의 법률문제를 비롯하여 의료 및 보건분야, 행정관리분야, 희생자의 구호분야 등에 관한 참가와 조언의 제공, ③ 특히 무력충돌이 발생한 경우 제 협약 및 제 I 추가의정서의 효과적 실시를 위한 기여(각급 군대와 공무원 및 일반국민에 대한 제 협약 및 제 I 추가의정서의 교육과 보급), ④ 무력충돌이 발생한 경우 이익보호국의 효과적 활동을 촉진하기 위하여 그 활동에 참여하는 일, ⑤ 타국의 무력충돌에서 자국이 그 이익보호국으로서 지명되고 이를 수락하였을 때 이익보호국의 활동요원으로 참여할 수 있고, 반면에 다른 제 3 국이 이익보호국으로서 지명되고 수락되었으나, 당해 제 3 국의 국내에 이익보호국의 활동요원이 부족할 경우에는 거기에도 참여할 수 있는 것 등이다.[21]

자격요원의 선발 및 교육훈련은 체약국의 국내문제이다(동 의정서 제 6 조 제 2 항). 국제적십자위원회는 모든 체약당사국이 이용할 수 있도록 하기 위하여 각 체약국에 의하여 작성되고 송부된 자격요원의 명단을 보관하여야 한다(동조 제 3 항). 이 조항은 상기 자격요원의 기능(위의 ⑤)에서 언급한 바와 같이 이익보호국으로 지명되고 수락된 특정국가에게 자격요원이 부족하다고 생각되는 경우, 국제적십자위원회에 의하여 보관되는 자격요원의 국가별 명단을 전달함으로써 당해 특정국가로 하여금 그 명단 중에서 자격요원을 선정·위촉하게 하여 이익보호국으로서 부족한 활동요원을 보충할 수 있도록 하기 위한 조항이다.

바로 이러한 경우와 관련되는 것이 동조 제 4 항의 규정이다. 즉 국가영역 밖에서 그러한 요원의 사용을 규율하는 조건은 각 경우에 관계당사국간의 특별협정에 의하여 결정된다(제 4 항). 그러므로 이익보호국이 자국민 혹은 중립국민 가운데서 자격요원을 임명할 경우, 국제적십자위원회의 권위 하에 활동할 경우, 혹은 상기 두 기관과는 무관하게 행동할

---

21) Sandoz, Swinarski & Zimmermann(ed.), *Commentary on the Additional Protocols*, ICRC, 1987, pp.94-97; 정운장, 국제인도법, 영남대학교 출판부, 1994, 342면.

경우에 그 특별협정의 내용은 각각 다를 것이다.[22]

2. 군대 내 법률고문

헤이그육전조약(Hague Ⅳ) 제 1 조는 헤이그육전규칙에 합치되는 훈령을 자국 군대에게 발하도록 하고 있다. 이에 따라 1949년 제네바 제 협약의 채택 전까지 대다수의 군사강국들은 주로 자국 군대를 위한 군사교범의 발전을 통해서 이를 수행하였다. 그러나 이들 군사교범은 대부분 헤이그 육전조약 및 육전규칙의 내용을 모두 그대로 반영한 것은 아니었다. 물론 그 주요 부분은 반영하고 있으되, 그 외에 자국에서 인정하고 있는 전쟁법분야의 관행을 — 그 관행이 국제적으로 승인된 것인지의 여부를 평가함이 없이 — 각 교범에 포함시키고 있었기 때문이다. 이러한 실정을 수정·보완하고자 하여 제네바 제 협약의 기초자들은 보급 및 교육에 관한 규정을 제 협약에 각각 두게 되었던 것이다.

그러나 제네바법 및 헤이그법의 내용은 점점 더 복잡하고, 소상하고, 광범위하게 되었다. 그리하여 군대지휘관들이 그들의 부대를 지휘하는 기법을 통달해야 하는 것과 같은 정도로 동시에 복잡한 전쟁법을 완전히 이해한다는 것은 기대할 수 없게 되었다. 업무분담이 군사분야의 다른 영역에서와 마찬가지로 필요하게 된 것이다.

이러한 사정을 감안하여 제 Ⅰ 추가의정서에서 새로이 규정된 것이 상기 자격요원제도 외에 '군대 내 법률고문'(legal advisers in armed forces) 제도이다.[23] 즉 "체약국은 항시, 그리고 충돌당사국은 무력충돌시 필요한 경우에 제 협약 및 본 의정서의 적용에 관하여, 그리고 이 문제에 있어 군대에 시달되는 적절한 지시에 관하여 적절한 수준에서 군지휘관에 대한 자문을 하게 될 법률고문들의 확보를 보장하여야 한다"(제82조).

군대 내 법률고문이 수행할 수 있는 역할을 정리해 보면 다음과 같다.[24]

(1) 평시의 역할: 법률고문은 무력충돌 시 적용되는 전쟁법의 교육에 협력하도록 요구된다.
　　　－사관학교 교육
　　　－그가 배속된 부대 본부의 참모에 대한 교육
　　　－하급부대의 장교에 대한 교육
　　　－특히 작전연습에 관련된 부대원 교육
(2) 무력충돌시의 역할: 법률고문의 역할은 예방적인 것이다. 그것은 전쟁법상의 규칙적용과

---

22) 이익보호국이 그들의 외교관이나 영사 이외의 대표로 자격요원을 자국민 혹은 중립국민 가운데서 임명할 경우는 그 대표가 외교적 신분을 갖고 있지 않으므로 이익보호국의 외교관 및 영사기관과 동등한 지위를 허용하는 특별승인을 얻어야 할 것이며, 국제적십자위원회(ICRC)의 권위 하에 활동하게 될 경우에는 ICRC의 대표와 같은 방법으로 특별승인을 받아야 하고, 그 지위도 ICRC의 대표와 같아야 할 것이다. 그러나 상기 두 기관과 독립하여 자격요원이 행동할 경우에는 그들의 지위와 경비부담 등에 관한 특별협정을 맺는 것이 더욱 중요한 의미가 있을 것이다. Sandoz, 위의 책, pp.101-102.
23) 위의 책, pp.947-948.
24) 위의 책, p.953.

그에 대한 존중에 관련된다. 이런 이유로 법률고문은 다음과 같은 역할을 수행하는 경우도 있을 것이다.

- 계획된 군사작전 또는 이미 수행된 군사작전에 관한 의견제시
- 특수문제(예컨대 무기선정)에 관한 의견제시
- 하위제대에 대한 법률상담의 절차보장
- 지휘관에게 본 의정서 제87조(지휘관의 의무)에 따른 의무를 상기시키는 것

(3) 그 밖에 다음과 같은 역할이 특히 요구될 수도 있을 것이다.

- 예하부대에 배속되는 법률고문보(assistant legal advisers)의 훈련에 대한 협력
- 대규모 작전연습, 곧 전시작전을 위한 계획의 전개에 적극적으로 참여함으로써 그들 계획의 집행에서 생기는 법적 결과의 평가, 특히 계획되거나 사용된 수단이 가져올 법적 영향에 대한 평가
- 법률상담절차의 활용권장 및 그 운용에 대한 평가
- 예하부대에서의 교육수행에 대한 감독 및 습득된 지식의 정도에 대한 평가
- 습득된 지식을 영구히 간직하도록 하며, 전쟁법에 대한 교육이 계속 유지되도록 확보하는 것.

과거의 약간의 사례를 보건대 군지휘관들은 군사작전을 계획하거나 이를 수행할 때 대체로 법률고문의 존재를 환영하지 않았던 것이 사실이다. 그러나 이제 각 체약국은 제네바 제 협약 및 제 I 추가의정서의 준수를 확보하기 위하여 군대 내 법률고문을 임명하고 그 원만한 임무수행을 보장해야 한다.

그러므로 각 체약국은 군대 내 법률고문을 최고사령부, 사단 및 독립여단급까지의 하급부대, 독립적으로 작전하기 위하여 구성된 기타의 부대, 그리고 점령지의 사령관을 포함한 지역사령관과 군대기지의 사령관급부대의 참모부의 상임구성원으로 두는 것이 바람직할 것이다.[25]

군대 내 법률고문 선발은 법률고문을 민간인 혹은 군인 중에서 임명할 수 있을 것이다. 법률고문을 군인 중에서 선발하는 경우 전투병과의 현역 또는 예비역장교 중에서 전쟁법의 전문교육을 받은 자를 배치할 수도 있고, 군사법요원 중에서 임용할 수도 있을 것이다. 민간인으로부터 선발되는 경우 민간인인 대학교수를 선발하지 않는 한 국제법(전쟁법) 전문가를 찾는 것이 쉽지 않을 것이다. 그러나 군대의 최고사령부 수준에서는 그러한 전문가의 존재가 필요하다. 상기 각 경우에는 각각 장·단점이 있을 것이다.[26]

법률고문은 작전계획의 전개와 수행 및 교육계획에 관하여 잘 알아야 할 것이다. 그리고 필요한 경우 군지휘관의 의사결정에 관하여 대안을 제시할 수 있어야 한다. 그러나 어떤 경우에 있어서도 법률고문은 사실상 전쟁법을 위반하는 명령에 대하여 합법성을 거짓

---

25) 위의 책, p.954.
26) 위의 책, pp.955-956.

으로 꾸며 줌으로써 그 지휘관과 공범이 되어서는 안 될 것이다.[27]

Ⅳ. 자발적 이행보고서

전쟁법의 준수를 확보하기 위한 하나의 수단으로서 유엔 총회는 2022년 12월 22일 제 75회기에서 83째 안건으로 「무력충돌에서 희생자 보호에 관한 추가의정서와 제네바협약에 대한 지위(A/RES/75/138)」에 관해 결의를 채택하였다. 동 결의는 제네바협약들과 의정서의 당사국이 아닌 유엔회원국들이 당사국이 되도록 독려하고, 나아가 국가 차원에서 동 협약 및 의정서에 관한 자발적 이행실태 보고서를 제출할 것을 결의하였다.

이에 영국(Voluntary Report on the Implementation of International Humanitarian Law at Domestic Level 2019), 루마니아(Voluntary Report on the Implementation of International Humanitarian Law at Domestic Level 2021), 스위스(The implementation of international humanitarian law by Switzerland 12 August 2020), 폴란드(유엔 결의 전부터 이행보고서 작성 및 제출), 독일(National Implementation of International Humanitarian Law 2020), 불가리아 (International Humanitarian Law and Its Implementation in the Republic of Bulgaria Review and Assessment of the Compatibility of the Bulgarian Law with the National Measures for Implementation of International Humanitarian Law (IHL) 2021), 벨기에 등이 동협과 의정서에 대한 자발적 이행보고서를 작성 제출하였다. 이와 별도로 미주지역, 아랍지역과 아프리카 지역은 지역 차원의 이행보고서를 지속해서 작성·보고하고 있다. 그러나, 아시아 지역에 서는 지역 차원 또는 개별 국가 차원의 자발적 이행보고서는 아직 작성 또는 제출된 바가 없다. 자발적 이행보고서는 전쟁법의 준수와 관련하여 자발적인 평가체계로서 역할을 하 는 기능을 수행하고 있으며, 외부적인 평가가 아닌 스스로 평가를 통해 이루어지는 것이므 로 개별 국가가 자국의 이행실태에 대해 현실을 인지하고 전쟁법 준수를 위한 기초적인 자 료를 제공한다는 점에서 효과적인 메커니즘으로 작용할 것으로 보인다. 아시아 지역에서 대한민국이 최초의 개별보고서 작성국가가 된다면 전쟁법의 보급, 전파 및 이행에 관해 선 도적 국가로 역할을 하게 되는 계기가 될 것이다

---

27) 위의 책, p.956.

제 3 절 전쟁법에 대한 책임[28)]

Ⅰ. 지휘관의 책임

무력충돌에 있어서 지휘관의 책임은 실로 막중하다. 지휘관은 휘하 부대로 하여금 전투에서 승리를 얻도록 하여야 하며, 동시에 자신은 물론이고 부하들에게도 전쟁법을 준수케 하고, 그 위반을 방지하도록 하여야 하기 때문이다. 특히 무력충돌의 기간중에 군대는 전쟁법의 적용을 직접 담당하는 주된 기관이다. 그러므로 지휘관의 책임에 관해서 전쟁법은 여러 곳에서 그 중요성을 언급하고 있다.

1. 전쟁법의 교육·보급·전파 및 훈련의 책임

지휘관은 전·평시를 막론하고 전쟁법을 교육·보급·전파 및 훈련시킬 책임이 있다. 특히 제네바 제 협약 제Ⅰ추가의정서 제87조(지휘관의 의무) 제 2 항은 다음과 같이 규정하고 있다.

"(제 협약 및 본 의정서의) 위반을 예방하고 억제하기 위하여 체약당사국 및 충돌당사국은 군 지휘관들이 그들의 책임수준에 상응하게 그들의 지휘 하에 있는 군대구성원들이 제협약 및 본 의정서에 의거한 자신의 의무를 알고 있도록 보장할 것을 요구하여야 한다."

여기서 "군지휘관들이 … 그들의 지휘 하에 있는 군대구성원들이 … 자신의 의무를 알고 있도록 보장할 것"이라고 규정한 것에 유의할 필요가 있다. 이 규정은 지휘관이 적절한 전쟁법의 교육·보급·전파 및 훈련의 책임이 있음을 의미한다.

전쟁법 교육훈련의 목적은 모든 군대구성원이 그의 직무·시간·위치·상황에 불구하고 전쟁법을 완전히 준수하도록 보장하려는 데 있다.[29)] 그러므로 전쟁법교육은 군사교육과정에 포함되어야 한다. 그리고 모든 지휘관은 그의 지휘권의 영역범위 내에서 전쟁법을 교육·훈련시킬 완전한 책임이 있다. 따라서 전쟁법의 교육·훈련은 지휘활동의 필수불가결한 일부분이라 할 것이며,[30)] 모든 지휘관은 자신의 부하에 대하여 교육을 할 수 있을 만큼

---

28) 책임이라는 용어는 내용상 "맡은 바 책임을 다한다"고 할 때의 책임과 "자기가 취한 행동(특히 법규위반행위)에 대하여 책임을 진다"고 할 때의 책임 두 가지로 이해할 필요가 있다. 전자는 적극적으로 어떤 행동을 취함을 말하는 것으로 적극적 의미의 책임이라고 할 수 있으며, 법률적으로는 의무라고 표현하는 것이 보다 적절할 것이다. 한편 후자의 책임은 어떤 행동이 이미 이루어지고 난 연후에 그 행동의 시비나 당·부당을 문제 삼는 의미로 사용된다. 이것은 전범재판이나 군사법원에서 군인이 범한 위법행위에 대한 형사책임의 추궁으로 나타나게 된다. 이러한 책임의 문제는 전자에 대비하여 소극적 책임이라고 할수 있을 것이다. 여기에서 지휘관 또는 상관의 책임이란 양자를 포함한 의미로 사용하였고, 나머지의 경우에는 후자의 의미로 사용하였다.

29) 제네바 제 협약(Ⅰ-1, Ⅱ-1, Ⅲ-1, Ⅳ-1) 및 추가의정서 제 1 조 각각 참조.

30) 제네바 제 협약(Ⅰ-47, Ⅱ-48, Ⅲ-127, Ⅳ-144), 1954년 무력충돌의 경우에 있어서 문화재보호를 위

교육되어 있어야 한다. 무엇보다도 개별 전투원에 대한 교육이 우선적으로 실시되어야 할 것이다. 그러한 교육은 자동적인 반응이 나오도록 하는 데 있다. 그러한 자동적 반응은 야전교육 및 통상적인 개별 훈련에 의하여 체득되어야 하고, 그 훈련결과는 개인이나 분대, 소대 기타의 전투훈련에서 확인·평가되어야 한다. 참모요원도 참모활동에 있어서 전쟁법적 문제를 해결하도록 교육되어야 할 것이다. 고급참모요원에 있어서 전쟁법의 중점은 합동작전에 주어져야 하고, 법무관을 이용할 수 있을 때는 그들을 참모업무에 참여시키며, 필요한 경우에는 특수임무에 이용해야 한다. 특수한 상황에 대하여는 지휘관은 특별한 지침을 발하고, 적절한 교육계획을 수립하여야 한다. 예컨대 독자적 임무를 지닌 특공대나 특수한 여건 하에서의 전투 및 상이한 군대간의 전쟁(예컨대 현대식 고급병기를 지닌 군대와 재래식 무기를 가지고 싸우는 엉성하게 조직된 집단간의 전쟁) 같은 경우이다.[31]

이와 같은 교육문제에 관하여 지휘관은 '군대 내 법률고문'의 적절한 자문을 구해야 한다. 그러나 법률고문은 각급 부대에 모두 배치되는 것은 아니다. 따라서 설령 법률고문의 적절한 자문을 구할 수 없는 경우가 있다고 할지라도 모든 부대원에게 전쟁법의 내용을 교육하여야 하는 책임은 분명히 지휘관이 지게 될 것이다.

2. 전쟁법의 준수 및 이행의 감독책임

지휘관은 자신이 전쟁법을 준수해야 함은 물론이고, 자기의 부하들이 전투수행과정에서 전쟁법의 위반을 예방할 의무가 있다. 이러한 지휘관의 의무는 제Ⅰ추가의정서 제87조 제1항에서도 확인되고 있다.

> "체약당사국 및 충돌당사국은 지휘관들에게 그들의 지휘 하에 있는 군대구성원 및 그들의 통제 하에 있는 다른 자들의 제 협약 및 본 의정서에 대한 위반을 예방하고, 필요한 경우에는 이를 억제하며, 권한 있는 당국에 이를 보고하도록 요구하여야 한다."

상기 조항은 무력충돌 시 각급 지휘관이 취하여야 할 전쟁법상의 일련의 의무적 조치, 즉 ① 전쟁법 위반 방지를 위한 조치, ② 위반행위가 행하여지는 때 그 위반행위를 제압하는(repress) 조치, ③ 권한 있는 당국에 위반행위의 보고조치를 규정하고 있다. 여기에서의 위반행위의 주체는 자신의 부하들뿐만 아니라 자신의 통제하에 있는 자들을 포함한다. 자신의 통제하에 있는 자들이란 전시에 군의 통제하에 놓이게 되는 전방지역과 점령지역의 현지 민간주민을 말한다. 그러므로 지휘관은 자신의 부하들 외에 이러한 현지주민에 의한 전쟁법의 위반행위도 방지하고 억제해야 할 책임을 지는 것이다. 이러한 책임을 다하지 못한다면 위반을 구성하게 되며(전쟁범죄), 국내법상으로도 징계 및 형사책임(「국제형사재판소 관할범죄

_____

한 협약 제25조 및 제Ⅰ추가의정서 제83조, 제87조 각각 참조.
31) De Mulinen, 앞의 책(각주 1), pp.64-66.

의 처벌」등에 관한 법률)을 지게 될 것이다. 지휘관은 전쟁법위반의 사실을 몰랐다고 항변함으로써 면책될 수는 없다.

전쟁법의 준수 및 이행은 군대에서는 명령과 군기의 문제이다. 엄정한 명령과 군기만이 전쟁법을 모든 상황에서 준수되고 이행될 수 있게 할 것이다.[32] 따라서 지휘관은 부하들에게 전쟁법위반을 금하고, 위반시 징계나 형벌이 가해진다는 것을 확신시켜야 한다. 제Ⅰ추가의정서 제87조 제 3 항은 이 사실을 다음과 같이 강조하고 있다.

"체약당사국 및 충돌당사국은 자신의 통제 하에 있는 부하 또는 다른 자들이 제 협약 또는 본 의정서의 위반을 행하려 하거나 행하였다는 것을 알고 있는 모든 지휘관에게 제 협약 또는 본 의정서의 그러한 위반을 예방하기 위하여 필요한 조치를 취할 것과 적절한 경우에는 그것의 위반자에 대하여 징계상 또는 형사상 조치를 솔선하여 취하도록 요구하여야 한다."

위에서 본 것처럼 지휘관은 추가의정서 제87조 제 1 항에 의거하여 전쟁법의 위반을 방지하고 필요한 경우 위반행위를 억제하고 또한 권한 있는 당국에게 위반사실을 보고하여야 할 책임을 지고 있는바, 동조 제 3 항에서 적절한 경우에 위반자에 대한 징계상 또는 형사상의 조치를 취할 것을 요구하고 있으므로 상기 제 1 항과 제 2 항은 상호보완적인 규정이라고 하겠다.[33] 상기 조항들은 새로운 것이라기보다는 각국의 군대규범 가운데서 이미 발견되어지는 것들이다. 그러므로 각급 제대의 지휘관은 전쟁법의 준수 및 이행의 감독책임을 지고 있으며, 지휘관이 이러한 책임을 해야 할 의무가 있음에도 불구하고 이를 행하지 않음으로써 야기된 전쟁법위반에 대하여도 그 책임은 당연히 미친다.[34]

3. 작전수립시의 책임

지휘관은 상부로부터 공격임무를 받으면 통상의 지휘절차에 따라 전투를 수행한다. 지휘관은 먼저 각종의 첩보를 수집하고 정보를 조사하여야 한다. 정보조사에 있어서 지휘관은 정보참모의 조력을 받게 되는데, 이때 의료설비의 위치, 문화재 및 예배장소, 댐, 제방, 원자력발전소, 그리고 민간인 집중거주지역 등이 포함되어야 한다.[35] 특히 민간인의 집중지역, 중요한 민간목표물, 그리고 특별히 보호되는 설치물에 관한 정보는 중요하다. 제복을 착용하고 아무런 위장 없이 하는 정보수집이 합법적인 것은 물론 간첩을 사용할 수도 있다. 위장, 모조시설, 기만적인 작전이나 허위정보 등의 기만수단은 이른바 '기계(奇計)'로서 허용된다.[36] 그러나 적의 신뢰를 악용하여 보호받는 상태를 가장하는 것은 배신행위로

---

32) 제네바 제 협약(Ⅰ-1, Ⅱ-1, Ⅲ-1, Ⅳ-1), 문화재보호에 관한 조약 제 4 조 및 제Ⅰ추가의정서 제 1 조 참조.
33) Sandoz, 앞의 책(각주 21), p.1022.
34) 제Ⅰ추가의정서 제86조(부작위)는 상관의 형사 또는 징계책임을 규정한다.
35) 제Ⅰ추가의정서 제53조 및 제56조 참조.

서 금지된다.[37] 그러한 행위로서는 식별기호, 휴전 표시의 기호나 깃발의 오용, 항복이나 부상병에 의한 무능력의 가장 또는 적의 제복이나 깃발을 사용하는 것 등을 들 수 있다. 한편 정보자료를 수집하거나 수송하기 위해서 이동의무부대나 시설을 이용할 수 없다.[38] 요컨대 이상의 전쟁법 상의 제한을 유념하여 지휘관은 허용되는 수단만을 사용하여 정보를 수집하여야 한다.

다음으로 작전의 수립과 그 결정이 행해지게 된다. 이 단계에서 지휘관은 군사적 필요와 인도주의를 신중히 비교하여야 한다.[39] 먼저 군사적 필요는 전쟁법이 허용되는 한도 내에서 고려되며, 군사적 필요에 따라 목표물을 공격하더라도 임무완수를 위해 불가결한 수단만이 정당화될 수 있다. 또한, 지휘관은 그의 작전수립과 전투판단에 있어서 그 자신과 적의 행위가 일반 민간인과 민간목표물에 대한 영향 및 특별히 보호되는 사람과 목적물에 대한 특수한 영향을 고려해야 한다. 이것은 전쟁법 상의 대원칙으로 기능하는 '전투원과 민간인의 구별원칙'에 따라 지휘관에게 요구되는 의무라 할 것이다.

지휘관이 최종결정을 할 때, 민간인 사상자와 피해를 가장 극소화시키는 해결책을 선택하여야 한다. 즉 전술적으로 동등한 선택 중에서는 공격방향, 목표물, 목표와 민간인의 피해가 가장 극소화할 수 있는 방책이 선택되어야 한다.[40] 그리고 부하들에게는 오로지 그들이 완수할 수 있고, 전쟁법에 합치되는 임무만을 부여해야 한다.

4. 전투수행시의 책임

지휘관은 전투원이나 군사목표물에 대하여 공격행위를 하기에 앞서서 임무가 허용되는 한 공격방향이나 부과된 목표로 인해서 위험에 처하게 될 민간주민에게 사전에 적절한 경고를 해야 한다. 경고를 했다고 해서 지휘관이 자신의 책임을 다한 것은 아니고, 실제로 민간인 사상자 및 피해를 피하고 또 최소한으로 극소화하기 위하여 가능한 모든 예방조치를 강구하여야 한다.[41] 공격작전 시, 지휘관은 공격목표를 엄격히 분리해야 한다. 전투원과 군사목표물은 공격할 수 있으나 민간인은 적대행위에 직접적으로 참가하지 않는 한, 그리고 민간목적을 위해 사용되는 비군사물은 군사적인 목적을 위해 제공되지 않는 한 공격해서는 안 된다. 즉 공격을 위한 군사목표물에는 전투원, 각종의 군사시설 및 수송, 진지와 전술적으로 관련 있는 지점만이 포함된다.[42] 또한, 공격목표의 대상에서 문화재의 보호는

---

36) 1907년 헤이그육전규칙 제29조와 제Ⅰ추가의정서 제37조 및 제46조 참조.
37) 제Ⅰ추가의정서 제37조.
38) 1945년 제네바 제Ⅱ협약 제34조 및 제35조, 제Ⅰ추가의정서 제23조 및 제28조 각각 참조.
39) 1980년 특정 재래식 무기의 사용 및 제한에 관한 협약 제Ⅱ의정서(지뢰나 부비트랩 등의 사용금지 내지 제한에 관한 의정서) 제3조 및 동 협약 제Ⅲ의정서(소이무기사용의 금지 내지 제한에 관한 의정서) 제1조 참조.
40) 제Ⅰ추가의정서 제57조 참조.
41) 앞의 책.

허용되는 한 최대한으로 존중해야 한다.

그러나 전투수행 중에 있어서 '긴요한 군사적 필요'(imperative military necessity)는 상기 보호를 실효하게 하는 경우가 있다. 소위 '긴요한 군사적 필요'의 예를 들면 다음과 같은 것이 있다. ① 목적물의 파괴나 장악의 '긴요한' 군사적 필요, ② 탈취한 의료시설의 '긴급성', ③ 점령지에서 파괴활동의 '절대성', ④ 일반적 보호를 받는 문화재[43]에 대한 공격면제 철회의 '긴요성', ⑤ 특별한 보호를 받는 문화재에 대한 공격면제의 '불가피성', ⑥ 주민의 생존에 필수불가결한 목적물의 파괴의 '긴요성'(적의 침공에 대비하기 위한 조치로서 오직 자기 영토 내에서만 가능), ⑦ 민방위조직에 의한 군사업무수행의 '긴요성' 등이 그것이다.[44]

여기서 군사적 의미에 있어서 '긴요성'(imperative), '긴급성'(urgent) 또는 '절대성'(absolute)이란 용어 사이에 실제적 차이는 없다. 그러나 일반적 보호를 받는 문화재에 대한 공격면제의 철회에 요구되는 군사적 필요의 '긴요성'과 특별한 보호를 받는 문화재에 대한 공격면제의 철회에 요구되는 '불가피성'의 경우에는 그러하지 아니하다.[45]

전시에 특별한 보호하에 들어가는 문화재에 대한 공격면제를 철회하기 위해서는 최소한 사단장 혹은 그 이상의 부대지휘관에 의해서 설정된 불가피한 군사상의 필요가 요구된다. 보호대상의 문화재에 대한 공격면제를 철회하는(즉 공격하는) 경우에도 그러한 문화재에 대하여 적국이 안전조치를 취하고, 면제철회에 대한 사실을 알 수 있는 충분한 시간이 확보될 수 있을 만큼의 사전경고를 하지 않으면 안 된다.[46]

5. 체포된 적 인원 및 물건에 대한 취급책임

적대행위가 종료한 후에는 지휘관은 먼저 체포된 적국의 전투원을 무장해제하고, 전쟁포로로서 인간적인 대우를 해야 하며, 가능한 후방으로 이동시켜야 한다.[47] 일반적으로 체포된 적 전투원의 후송은 자국 군대 구성원의 수송과 같은 조직하에서 신속히 이루어져야 한다. 전쟁포로는 후송 도중 보호되어야 하며, 특히 폭행·협박·모욕 및 대중의 호기심

42) 제Ⅰ추가의정서 제51조, 제57조 및 제58조 참조.
43) 1954년 헤이그에서 체결된 "무력충돌의 경우 문화재보호에 관한 협약"에 의하면 문화재의 보존 및 존중에 관하여 모든 문화재에 관한 일반적 보호와 특별보호로 나눌 수 있다. 일반적 보호란 충돌당사국이 자국 또는 적국 영내에 소재한 문화재를 존중할 의무를 가짐을 의미하는 것인데, 이 의무는 절대적인 것은 아니어서 군사상 필요한 경우 면제될 수 있다(동 협약 제4조). 특별보호제도는 문화재의 불가침을 최대한으로 확보할 것을 목적으로 하는 것으로 체약국은 한편으로는 특별보호 하의 문화재에 대하여 어떠한 적대행위도 할 수 없으며, 다른 한편으로 그 문화재 또는 그 주변을 군사적으로 이용하지 않음으로써 문화재의 불가침을 약속한다(동 협약 제9조). 특별보호 하에 있는 문화재는 일정범위에 한정되어 협약의 규정에 따라 특별보호문화재 국제등록부에 등록된 것에 한한다(동 협약 제8조).
44) 1907년 헤이그육전규칙 제23조, 1945년 제네바 제Ⅰ협약 제33조 및 제Ⅳ협약 제53조, 1954년 문화재 보호에 관한 헤이그협약 제4조 및 제11조, 1977년 제Ⅰ추가의정서 제54조 및 제62조 각각 참조.
45) De Mulinen, 앞의 책(각주 1), pp.83-84.
46) 1954년 문화재보호에 관한 헤이그협약 제11조.
47) 포로의 대우에 관한 1945년 제네바협약(제Ⅲ협약) 제13조 및 제19조 참조.

으로부터 보호되어야 한다.[48] 전쟁포로는 그들이 수용소에 억류되어 있든 아니든 그들을 처리하여야 할 책임 있는 억류국의 수중에 있는 것이다.[49] 그리고 체포된 군 의료요원 및 종교요원은 적의 전투원과는 다르며, 그들에게는 최소한 전쟁포로 또는 그 이상의 인도적인 대우를 해야 하고,[50] 민간인의 경우에는 제네바 제 IV 협약에 따라 적절한 보호를 제공하여야 한다.

지휘관은 부상자·병자 및 조난자가 된 적의 군대 구성원들에 대해서는 응급처치 및 적절한 간호를 제공하고, 필요에 따라 후방으로 후송시킬 수 있다.[51] 부상포로는 의무후송이나 병참 지원계통을 통하여 포로수용소로 후송되어야 한다.

사망자에 대해서는 인식표에 의해 일반적으로 식별할 수 있도록 하고, 현장에서 매장 및 화장(火葬) 또는 수장(水葬)하여야 한다. 다만, 화장은 위생상 부득이한 경우이거나 사망자의 종교적 동기에 의한 경우에만 할 수 있다. 현장에서 매장 또는 화장되지 않은 시체는 그들이 식별되어 매장될 수 있는 경로나 장소에 후송되도록 해야 한다. 선박으로부터 육지로 후송하는 시체에 대해서도 마찬가지로 취급해야 한다.[52] 적국의 군 의무요원을 체포하거나 의무목적에 사용되는 설비 및 수송시설을 노획한 경우에는 그러한 의무요원은 부상자·병자와 조난자의 치료를 위해서 필요한 한도에서 그들의 임무에 계속 종사하도록 하여야 하고, 의무설비나 야전구급차도 계속 의무목적을 위해 사용되도록 해야 한다.[53] 한편 적국의 군 종교요원을 체포한 경우에는 적국의 군 의무요원과 동등하게 취급해야 한다.[54]

포획된 적의 군사목적물은 신분증명수단, 의무 및 종교적 목적물과 피복, 급식 및 포획된 요원의 보호를 위하여 필요한 것들을 제외하고는 모두 전리품이 된다. 전리품은 점령국에 속하고, 개별적 전투원에게 속하지 않는다.[55]

II. 부하의 위법행위에 대한 상관(지휘관)의 지휘책임

여기서 지휘책임(command responsibility)이란 부하에 의하여 전쟁법의 위반행위가 행하여졌을 경우, 그의 상관(지휘관)이 지는 형사 또는 징계책임을 말한다.[56] 이러한 상관의 책임에 관하여는 세 가지 입장이 있다.[57]

---

48) 동 협약 제13조.
49) 제네바 제 III 협약 제12조, 제13조 및 제21조 참조.
50) 동 협약 제33조.
51) 제네바 제 협약(I−15, II−18, III−19); 제 I 추가의정서 제 8 조 및 제10조.
52) 제네바 제 협약(I−16·17, II−19·20) 참조.
53) 제네바 제 협약(I−19·33, II−22·27).
54) 제네바 제 협약(I−28, II−37).
55) 제네바 제 III 협약 제18조.
56) 제 I 추가의정서 제86조 제 2 항 참조.
57) 橫田喜三郎, 戰爭犯罪論, 有斐閣, 1947, 142−143面.

첫째는 상관은 자기가 명령한 행위에 대해서만 책임을 진다는 견해이며, 둘째는 상관은 부하의 모든 전쟁법위반행위에 대하여 그의 명령의 유무를 불문하고 책임을 진다는 견해이며, 셋째는 중간적인 입장에서 상관은 자기가 명령한 행위와 허가, 묵인 및 간과한 행위에 대해서만 책임을 진다는 견해이다.

위 세 가지 입장 중에서 상관은 자기가 직접 명령하고 지휘한 행동에 대해서만 책임을 진다고 하는 것은 오늘날 받아들이기 어려운 이론이다. 왜냐하면, 상관은 자신이 직접 명령하거나 지휘한 부하의 행위에 대하여는 물론이고, 부하의 위법행위를 묵인하거나 또는 이를 제압하는 데 필요한 조치를 하지 않은 경우에도 동일하게 책임을 져야 하기 때문이다. 그러므로 상술한 세 가지 입장 중에서 남은 두 가지 경우가 중요한 논의의 대상이 된다.

상관은 부하의 모든 위법행위에 대하여 그의 명령의 유무에 상관없이 책임을 진다는 원칙은 절대지휘책임의 원칙(principle of absolute command responsibility)으로 불린다. 이 원칙은 일본군사령관 야마시다(山下)의 재판에서 지휘책임원칙으로 적용되었다고 하여 소위 '야마시다원칙'이라고도 부른다.[58]

야마시다 사건(In Re Yamashita)에서 야마시다는 그의 형사책임을 부인하였다. 그는 대부분의 잔혹 행위들은 지리적으로나 혹은 지휘계통에서 멀리 떨어진 예하부대나 지휘관들에 의하여 행하여졌으며, 그러한 잔혹 행위에 대해 그는 아는 바가 없었다고 주장하였다.[59] 그러나 미국 연방대법원은 군사법원(military commission)에서 확정된 사형판결을 승인하면서 다음과 같이 판시하였다.[60]

"지휘관에 의한 명령 또는 노력으로 통제되지 않는 과도한 행위를 한 부대의 군사작전 행동은 대부분 전쟁법이 금지하고 있는 위반행위라는 결과를 가져온다. 민간인 및 전쟁포로를 야만적 행위로부터 보호하려는 법의 목적은 침략군의 지휘관이 그들을 보호하기 위한 적절한 조치를 안일하게 무시한다면 심각하게 파괴될 것이다. 따라서 전쟁법은 휘하 병력에 대하여 어느 정도 책임이 있는 지휘관에 의한 군사작전의 통제를 통하여 위반행위를 회피할 수 있다고 전제한다."

58) Richard B. Lillich and John Norton Moore(ed.), *Readings in International Law from the Naval War College Review 1947~1977*, Naval War College Press, 1980, p.405, 412.
59) 위의 책, p.399: "나는 발생한 사건에 대해 한 번도 듣지 못했고, 또 그들이 일으킬지도 모른다는 것을 미리 알지도 못했다. … 나는 우세한 미국군에 대한 반격을 계획하거나 연구하거나 실천하는 데 몰두하고 있었다. … 나는 내가 모르고 또 그 특징이나 능력에 능통하지 못한 부하를 지휘하여 우세한 미국군과 대결하도록 강요를 당했다. 일본의 군 체계의 비능률적인 결과로써 나는 지휘를 통일할 수가 없었다. 나의 직무는 매우 복잡했다. 군단은 흩어지게 되고, 일본과의 연락망은 극히 빈약했었다. … 그와 같은 상태 하에서 내가 할 수 있는 최선을 다했다고 나는 확신한다. 나는 어떠한 학살도 지령하지 않았다." David Bergamini, 문일영 역, *Japan's Imperial Conspiracy*(천황의 음모) 제 5 권, 태극출판사, 1970, 109면.
60) Leon Friedman(ed.), *The Law of War : A Documentary History*, Vol. Ⅱ, Random House, 1972, p.1605.

당시 군사법원의 관할관이었던 맥아더 장군도 야마시다에 대한 사형판결을 옹호하였다. 그는 "야마시다가 사형되지 않을 이유를 발견하지 못했다. 재판에 의하여 밝혀진 야마시다의 군인으로서의 의무위반은 군인이라는 직무를 더럽히는 것이며, 문명의 오점이고, 결코 잊을 수 없는 수치와 불명예를 구성하는 것"이라고 성명을 발표하였다.[61] 한편 야마시다 원칙을 절대지휘책임의 원칙과 동일시 하는 데 반대하는 유력한 견해도 있다.[62] 야마시다에 대한 판결은 후술하는 제한책임의 원칙과 동일하다는 것이다. 야마시다의 형사책임에 관하여는 지금까지도 찬반논의가 계속되고 있다.[63]

한편 상관이 자기가 명령한 행위와 허가, 묵인 및 간과한 행위에 대해서 책임을 진다는 원칙은 제한지휘책임의 원칙(principle of limited command responsibility)이라고 부른다.[64] 제 2 차 세계대전 후 Nuremberg 군사재판에서는 제한지휘책임의 원칙을 분명히 하였다.[65] 즉 지휘관은 부하들의 범죄를 알고 묵인 혹은 참가하거나, 혹은 범죄행위를 중지하는 데 형사상 태만이 있어야 한다고 판시하였다.[66] 이러한 전쟁범죄에 관한 원칙은 제 2 차 세계대전 후 각국의 전범재판소에서,[67] 그리고 일부 국가의 국내 입법[68] 및 야전교범에서 수용되고 있다. 예컨대 미국 육군 야전교범 제501항에서는 다음과 같이 규정하고 있으며, 이러한 견해는 미공군성 발간 팜플렛의 내용과도 일치한다.[69]

"군지휘관은 부하들 혹은 자신의 통제하에 있는 기타의 자가 행한 전쟁범죄에 대하여 책

---

61) 맥아더는 야마시다에 대한 군사법원의 사형판결이 미국 대법원에 상소되어 대법원에서 확정되자 대법원의 소수의견을 의식하여 다음과 같은 유명한 그 자신의 옹호성명을 발표하였다. "군인이란 그가 자기 편이든 적이든 약한 사람들이나 무장하고 있지 않은 사람을 보호할 의무가 있다. 이것이야말로 군인이 존재하는 참다운 본질과 이유이다. 그가 이 신성한 의무를 더럽혔을 때 그는 자기의 모든 신앙을 저버릴 뿐만 아니라 참다운 국제사회조직을 위협하게 된다. 전사의 전통은 영원하고 명예로운 것이다. 그것은 가장 고상한 인간의 특성, 곧 희생에 기초한다. 책임에 합당한 권위를 포함한 높은 지휘권이 부여된 이 장교(야마시다)는 이러한 바꿀 수 없는 규범에 위반하였으며, 그의 부대, 그의 조국, 그의 적 및 인류에 대한 의무에 위반하였다. 그리고 무엇보다도 군인으로서의 신념을 저버렸다. 재판에 의하여 밝혀진 야마시다의 군인으로서의 의무위반은 군인이라는 직무를 더럽히는 것이며, 문명의 오점이고 결코 잊을 수 없는 수치와 불명예를 구성하는 것이다." Richard L. Lael, *The Yamashita Precedent: War Crimes and Command Responsibility*, Scholarly Resources Inc., 1982, p.118.
62) Lillich and Moore(ed.), 앞의 책(각주 58), pp.405-412.
63) Richard L. Lael, 앞의 책(각주 61), p.xii; Frederick B. Wiener, "Comment : The Years of Macarthur, Volume Ⅲ : Macarthur Unjustifiably Accused of Meting out 'Victors' Justice' in War Crimes Cases," *Military Law Review*, Vol. 113, U.S. Department of the Army, 1986, pp.203-218.
64) Lillich and Moore(ed.), 앞의 책, p.405.
65) 위의 책.
66) Leon Friedman(ed.), 앞의 책(각주 60), p.1451.
67) Oppenheim-Lauterpacht, *Oppenheim's International Law*, Vol. Ⅱ, 7th ed., Longmans, Green & Co., 1952, p.573.
68) 예컨대 캐나다·네덜란드 및 프랑스 등의 국가는 전쟁범죄의 규제에 관한 법규를 갖고 있다. 앞의 책, p.573, foot note 2 참조.
69) U.S. Air Force, 앞의 책(각주 3), p.15-3.

임을 지는 경우가 있다. 예를 들면, 부대원이 점령지역 내의 민간주민 또는 포로에 대하여 학살 혹은 잔학한 행위를 행하였을 경우, 행위자(가해자)뿐만 아니라 지휘관도 문책당할 수 있다. 상기 행위가 지휘관 명령으로 행해진 때에는 지휘관은 직접 이에 대하여 문책당한다. 또한, 지휘관은 부대원 또는 자신의 통제하에 있는 기타의 자가 전쟁범죄를 시도하거나 이미 행하였다는 사실을 실제로 알고 있었음에도(has actual knowledge), 혹은 보고나 기타 수단을 통하여 당연히 알고 있어야 함에도(should have knowledge) 전쟁법을 준수토록 하거나, 또는 위반자를 처벌하기 위해, 필요하고도 합리적인 조치를 하지 않았을 경우이다."[70]

제 I 추가의정서는 대체로 상기 제한지휘책임의 원칙을 반영하여 제86조 제 2 항에서 다음과 같이 규정하고 있다.

"제네바 제 협약 및 본 의정서의 위반이 부하에 의하여 행하여졌다는 사실은 경우에 따라 부하가 그러한 위반을 행하고 있는 중이거나 행하리라는 것을 알았거나 당시의 상황에서 그렇게 결론지을 수 있을 만한 정보를 갖고 있었을 경우, 그리고 권한 내에서 위반을 예방 또는 억제하기 위하여 실행가능한 모든 조치를 하지 아니하였을 때는 그 상관의 형사 또는 징계 책임을 면제하지 아니한다."

대한민국이 당사자인 2002년 7월에 발효된 국제형사재판소에 관한 로마규정(Rome Statute of the International Criminal Court)은 부하의 전쟁법위반에 대한 지휘관 및 상관의 형사책임에 관하여 규정하고 있다. 규정에 의할 경우 상급자는 군지휘관뿐만 아니라 민간인인 경우에도 그가 병력을 실효적으로 지휘/통제하는 경우에는 처벌의 대상인 상급자에 해당함을 명시하고 있다.[71]

---

70) U.S. Department of the Army, 앞의 책(각주 4), pp.178-179.
71) 국제형사재판소에 관한 로마규정 제28조(지휘관 및 여타 상관의 책임)
   본 재판소의 관할범죄에 대하여 이 규정에 따른 형사책임의 다른 근거에 추가하여
   가. 다음과 같은 경우 군지휘관 또는 사실상 군지휘관으로 행동하는 자는 자신의 실효적 지휘와 통제하에 있는 병력이 범한 본 재판소 관할범죄에 대하여 그 병력을 적절하게 통제하지 못한 결과에 대해 형사책임을 진다.
   (1) 자신의 실효적 지휘와 통제 하에 있는 병력이 그러한 범죄를 범하고 있거나, 또는 범하려 한다는 사실을 알았거나, 또는 당시의 정황상 알았어야 하는 경우
   (2) 자신의 실효적 지휘와 통제 하에 있는 병력이 그러한 범죄를 실행하는 것을 방지하거나 억제하기 위해 또는 그러한 범죄에 대한 수사 및 기소의 목적으로 권한 있는 당국에 회부하기 위하여 자신의 권한 내에 있는 모든 필요하고도 합리적인 조치를 취하지 않은 경우
   나. 위의 '가'호에 기술되지 않은 상급자와 하급자의 관계에 있어서 다음과 같은 경우, 상급자는 자신의 실효적 지휘와 통제 하에 있는 하급자가 범한 본 재판소 관할범죄에 대하여 하급자를 적절하게 통제하지 못한 결과에 대해 형사책임을 진다.
   (1) 하급자가 그러한 범죄를 범하고 있거나 또는 범하려 한다는 사실을 상급자가 알았거나 또는 이를 명백히 보여 주는 정보를 의식적으로 무시하였고,
   (2) 그 범죄가 상급자의 실효적 책임과 통제범위 내의 활동과 관련된 것이었으며,
   (3) 하급자가 범죄를 실행하는 것을 방지하거나 억제하기 위하여 또는 그러한 범죄에 대한 수사 및 기소의 목적으로 권한 있는 당국에 회부하기 위하여 상급자가 자신의 권한 내에 있는 모든 필요하고도 합리적인 조치를 취하지 않은 경우.

III. 상관의 위법한 명령에 따른 부하의 책임[72]

금세기 초까지 대부분 국제법학자나 각국 군사교범은 상관의 위법한 명령에 복종한 부하는 그 결과에 대하여 책임이 없고, 단지 위법한 명령을 내린 상관만이 책임질 뿐이라고 설명하고 있었다.[73] 군대란 명령에 대한 엄격한 복종을 요구하는 곳이며, 전쟁 중에는 합법성을 숙고할 시간적 여유도 없으므로 명령에 따른 행동은 처벌될 수 없다는 것이 논거였다.

그러나 이에 대하여 다음과 같은 반론이 제기되었다. 군 구성원이라 할지라도 위법한 명령에는 구속되지 않으므로 명령에 복종한 행동이었다고 하여 무조건 면책될 수는 없다는 것이다. 특히 상관은 직접 전투에 참여하였다가 체포될 경우가 희박하므로 사실상 책임추궁이 불가능하다. 더욱이 '공적 자격에서의 행동'이라는 국가 행위의 항변과 아울러 상관 명령에 복종이란 항변이 인정된다면 아무도 책임을 지지 않고 그 결과 아무도 처벌되지 않게 되므로, 전쟁법규준수를 확보하기 위해서는 전투를 실제로 수행하는 담당자의 처벌이 불가피하다.[74]

실제 전범으로 기소된 독일군 또는 일본군의 피고인들에 대해 행해진 일반적인 변호는 그들이 상관에 의해 명령받은 대로 행하였다는 것이었다. 당시의 독일과 같이 경직된 위계체제 속에서는 죽어버린 히틀러에게 모든 책임을 전가하기가 매우 쉬웠을 것이다. 그러나 독일 군사법을 포함한 많은 나라의 군사법 체계에서는 불법적인 행위를 이행한 개인에 대해서 책임을 묻고 있다. 그러므로 불법적인 명령을 이행하고 나서 국내의 군사법하에서는 처벌을 받을 수 있고, 국제법하에서는 처벌을 받지 않는다면 아무래도 이상할 수밖에 없을 것이다.[75]

상관 명령을 따른 부하의 책임을 묻게 될 때 나타나는 부하 항변의 문제는 상관 명령에 의존하는 획일적이고 위계적인 계층이 존재하는 곳에서는 항상 발생할 수 있는 일이다. 그러나 이는 엄격한 명령복종 관계의 계층구조로 형성되어 있는 군대사회에서 주로 문제되고 있다. 예컨대 한 지휘관이 부하에게 포로를 사살하라고 하거나 가옥을 불태우라고 하였을 때, 이러한 명령에 복종한 것이 전쟁법위반이었다는 이유로 형사책임을 물을 수 있는가? 이런 문제들은 전쟁법 그 자체만큼이나 오래된 역사를 가진 논쟁이다.[76] 불법한 명령

---

72) 상세한 논의는 임덕규, "상관명령과 하급자책임," 국제법학회논총 제33권 제 1 호, 대한국제법학회, 1988, 83–110면 참조.
73) Oppenheim-Lauterpacht, 앞의 책, p.568.
74) Sheldon Glueck, "The Nnuremberg Trial and Aggressive War," 41 *A.J.I.L.*, 1946, pp.140-144.
75) Richard R. Baxter, "The Law of War," 앞의 책(각주 58), p.214.
76) Telford Taylor, *Nuremberg and Vietnam*, Qudrangle Books, 1970, p.42. Taylor는 한 예로써 다음과 같이 영국의 Axtell's Case를 들고 있다. 1660년에 영국의 스튜어트 왕정복고 후 Charles 1세의 처형에 대한 반역과 살인죄로 근위대장이 재판에 회부되었을 때에 벌써 법적인 항변으로 나타났다. 그 장교는 그가 했었던 모든 것은 한 군인으로서 복종하든지, 아니면 죽어야 한다는 상관 명령에 따른 것이라며

수행에 관한 법적 규제에는 대체로 세 가지 입장이 있다.[77]

첫째는 완전책임의 원칙(doctrine of full responsibility)이다. 이 원칙에 의하면 명령에 따라서 수행했다는 사실, 그 자체만으로는 범죄를 행한 부하의 행위가 정당화되거나 면책되기에 충분하지 않다는 것이다. 이 관점은 부하가 적법한 명령만을 수행해야 하며, 그가 범한 범죄에 대해서는 개인적으로 책임을 져야 한다는 것이다.

둘째는 상관책임의 원칙(doctrine of respondent superior)이다. 이 원칙은 명령에 따라 수행된 범죄의 비난에 대해, 그 명령은 항상 그 자체만으로 정당화를 제공할 수 있다는 것이다. 이 이론은 소위 "명령은 명령이다"(Befehl ist Befehl)의 원칙으로 불려진다. 이 원칙에서 군대의 하급자들은 자기 상관들의 명령을 마땅히 복종해야 한다는 요구를 법의 유지보다 우선순위에 둔다.[78]

셋째는 제한책임의 원칙(doctrine of limited responsibility)이다. 이 원칙은 전술한 두 원칙의 극단 사이에 위치한다. 즉 명령에 복종하여 행동했다는 사실이 항변으로 성립되는 사건과 항변으로 성립되지 않는 사건을 구별한다. 그리고 이러한 구별을 도출하고자 여러 가지 기준이 제안되고 있다. 명령받은 범죄의 심각성이라든지, 혹은 부하의 위계적 수준을 들기도 하나, 가장 일반적으로 적용되는 기준은 주관적 혹은 객관적 의미에 있어서 인식요소이다. 그것은 명령의 수령자가 명령한 행위의 불법성을 실질적으로 알았느냐, 혹은 행위의 불법성이 명백하여서 이를 인식했어야 했느냐에 관한 것이다.[79]

상기 세 가지 원칙들은 각국의 국내법에서 다양하게 존재하고 있다. 미국 및 독일의 법에 따르면 항변사유가 되는 명령은 명백히 불법적인 것이어서는 안 되며, 피고인은 그 명령의 불법성에 대한 개인적 지식을 가져서도 안 된다고 본다.[80] 이 관점은 전술한 제한책임의 원칙이다. 한편 영국과 프랑스에서는 상관명령의 항변이 사실상 부인되었던 제2차 대전 후 Nuremberg 재판의 영향에 완전책임의 원칙이 수용되었다.[81] 한편 소련은 상관책임의 원칙에 서 있다.[82]

상관 명령에 대한 국제법상 규제를 위한 입법화 시도는 국내법과는 다르게 성공적이지 못하였다. 상관 명령에 대한 국제적 협정의 전형적인 모습은 1945년 8월의 London 협정이라고 할 것이다. 동 협정에 부속된 국제군사재판소 헌장 제8조는 "피고가 그의 본국

자신을 변호하였다. 그러나 법원은 그 명령이 반역이었을 때, 그 명령에 복종하는 것 역시 반역이라고 판결하면서 즉시 처형하였다. 같은 책, pp.42-43.

77) Nico Keijzer, *Military Obedience*, Sijthoff & Noordhoff, 1978, p.150.
78) 위의 책, p.41.
79) 위의 책, p.153.
80) Edward M. Byrne, *Military Law*, 3rd ed., Naval Institute Press, 1970, p.144; 임덕규, 앞의 논문 (각주 72), 90-92, 109면.
81) 임덕규, 위의 논문, 91-92, 109면.
82) 위의 논문.

정부 혹은 상관의 명령에 따라 행동했다는 사실은 피고의 면책사유가 되지 아니한다. 그러나 정의를 위하여 필요하다고 재판소가 결정하는 경우에는 형벌의 감경을 고려할 수 있다"고 규정하여 완전책임을 묻고 있다. 한편 1950년 국제법위원회가 동 헌장 및 국제군사재판소 판결에서 승인된 국제법원칙을 7가지로 요약한 소위 'Nuremberg 원칙'에서는 "사실상 도덕적 선택(moral choice)이 가능하였을 경우, 개인이 그의 본국 정부 혹은 상관의 명령에 따라 행동하였다고 하더라도 국제법상의 책임으로부터 면제사유가 될 수 없다(동 제4 원칙)"고 규정함으로써 제한책임 원칙으로 수정되었다.[83] 이 원칙은 "인류의 평화와 안전에 대한 범죄의 법전 초안"에서 그대로 반영되었다.[84]

다만, 상기 법규범들의 국제적 효력에 대해서는 오늘날 여전히 논란이 있다.[85] 상관명령의 항변에 관한 규정은 "1949년 제네바 제 협약"이나 "1977년 제네바 제 협약 제Ⅰ추가의정서"에서도 채택되지 못하였다. 제Ⅰ추가의정서 초안에서는 이에 관한 제안이 있었으나,[86] 이 문제의 해결은 결국 각국 국내법에 위임되고 말았다.[87] 결국 전술했던 제Ⅰ추가의정서 제87조의 지휘관의 의무에 관한 규정으로 대체되고 말았던 것이다.

그러나 전쟁범죄와 관련된 상관 명령(superior order)의 항변에 관한 국제 및 국내 판결은 제1차 대전 이후 지금까지 꾸준하게 나타나고 있다. 제1차 대전 이후의 Leipzig에서 가진 독일국내의 전범재판을 위시해서, 제2차 대전 이후의 광범위한 전범재판은 실정국제법의 불비에도 불구하고 전쟁법 발전에 이바지하였다.[88] 전쟁범죄와 관련한 국내 판결로서 유명한 사례는 1968년 월남 민간주민의 살해사건(소위 "My Lai촌 민간인 학살사건")이 있다. 이 사건에 대해서 미군사법원은 "비록 위법한 명령이 주어졌다고 할지라도 보통의 분별력과 이해력을 가진 사람이라면 그러한 경우 그 명령의 불법성을 인식했어야 할 것이며, 그 명령의 수행을 거부했어야 할 것이다"라고 판결하여 유죄를 선고하였다.[89]

---

83) 위의 논문, 94-95면.

84) 동 법전 초안 제4 조는 "이 법전에서 정의된 범죄로 기소된 자가 그의 본국 정부 혹은 상관의 명령에 따라 행동했다는 사실은 당시의 상황에서 그 명령에 따르지 않는 것이 그에게 가능하였다면 국제법상 책임을 면하지 못한다"고 규정함으로써 '도덕적 선택'이라는 표현 대신에 '당시의 상황에서 그 명령에 따르지 않는 것이 가능했다면'이라고 함으로써 보다 명확한 설명을 하고 있다. *Yearbook of I.L.C. (1983)*, Vol. Ⅱ, Part Two, Report of the Commission to the General Assembly on the Work of its Thirty-Fifth Session, p.11.

85) 임덕규, "Nuremberg 원칙과 그 규범성," 국제법학회논총 제32권 제1호, 1987 참조.

86) 동 초안 제77조는 다음과 같이 규정하였다. 제77조 제1항 "제 협약 및 동 의정서규정의 중대한 위반을 구성하는 본국 정부 혹은 상관의 명령에 대해서 복종하기를 거부하는 자는 처벌되지 않는다." 제77조 제2항 "피고가 당시의 상황에서 제 협약 혹은 동 의정서규정의 중대한 위반을 범했다는 것을 이성적으로 알았어야만 했고, 또 그 명령에 복종하기를 거부할 가능성을 가졌었다고 입증된다면 그의 본국 정부 혹은 상관의 명령에 따라서 행하였다는 사실은 형사책임으로부터 면제되지 않는다."

87) J. H. W. Verzijl, *International Law in Historical Perspective*, Vol. Ⅸ, Sijthoff & Noordhoff, 1978, p.461.

88) 임덕규, 앞의 논문(각주 72), 97-102, 109면.

89) "My Lai촌 사건"에 대한 미 군사법원의 판결은 다음과 같다. "군인은 명령에 따라야 하고, 군사적 효율성은 명령에 대한 복종에 의존한다. 그러나 군인들의 복종은 기계적인 복종은 아니다. 군인은 기계가

한편 전쟁법에 관한 각국 야전교범은 국제법에 대한 선언적 기능을 갖고 있기 때문에 이에 대한 검토도 의미가 있다. 또한, 이들 야전교범은 유력한 국제법학자들의 주장이 그대로 반영되는 경우가 많았다.[90] 영국과 미국의 야전교범은 전자가 완전책임의 원칙을,[91] 후자가 제한책임을[92] 설정한 점에서 그들의 국내법과 일치하고 있다. 또한 오늘날 상관명령의 항변에 대한 학자들의 견해는 대체로 제한책임원칙의 입장에 서 있다. 다만, 그 기준의 설정과 설명에는 각각 차이가 있다.[93]

2002년 7월에 발효된 국제형사재판소에 관한 로마규정(Rome Statute of the International Criminal Court)은 상급자의 명령에 따른 부하의 전쟁법위반에 대한 형사책임에 관하여 정부 또는 상급자의 명령에 복종할 법적 의무가 있는 하급자(부하)가 정부 또는 상급자의 명령이 불법한 명령인지 알지 못하였고 아울러 그러한 명령이 명백하게 불법이 아닌 경우에만 형사책임(처벌)에서 면제된다고 규정하고 있다.[94] 아울러 집단살해죄(Genocide)와 인도에 반한 죄(Crime against Humanity)를 지시하는 명령은 명백한 불법이라고 규정하고 있다.[95]

아닌 이성을 가진 공무집행자이다. Cally 중위는 이런 사실에 의해서 볼 때 그 명령을 불법이라고 볼 수 있는 지식이 있었다. … 그러므로 상관의 명령에 따라 My Lai촌 주민을 살상했다는 것은 비록 그러한 명령이 주어졌다고 할지라도 보통의 분별력과 이해력을 가진 사람이라면, 그 명령의 불법성을 인식해야 하며, 그 명령의 수행을 거부해야 할 것이다." Leon Friedman(ed.), 앞의 책(각주 60), pp. 1720-1723.

90) 임덕규, 앞의 논문(각주 72), 102-103면.

91) 영국의 경우 1958년 H. Lauterpacht와 G.I.A.D. Draper에 의하여 현행의 군법 교범으로 개정되었다. 동 교범의 상관 명령에 관한 규정은 다음과 같다. "군사적 또는 비군사적 혹은 국내법률 또는 규정에 의한 것인지를 불문하고 본국 정부 또는 상관 명령에 대한 복종은 전쟁범죄를 범하는 기소에서 항변이 되지 않는다. 그러나 형의 감경사유로 고려될 수 있다." Great Britain, *The Manual of Military Law*, Part Ⅲ, 1958, para.627.

92) 미군 야전교범 제509항은 다음과 같이 규정하고 있다. 제509항 ⓐ "군사적 또는 비군사적 고위당국자의 명령에 따라 전쟁법을 위반했다는 사실은 명령한 행위가 위법임을 피고인이 알지 못하였거나, 또는 합리적으로 판단하여 알고 있었음을 기대할 수 없는 경우가 아니고는 문제된 행위의 전쟁범죄적 성격을 없애거나 피고인의 재판에서 항변이 될 수 없다. 명령이 전쟁범죄라는 주장에 대한 항변으로 제출된 것이 아닌 모든 경우에는 개인이 명령에 따라 행동했다는 사실은 형의 감경사유로 고려될 수 있다." 제509항 ⓑ "상관 명령이 유효한 항변이 되느냐를 결정할 때 법원은 적법한 군사적 명령을 준수하는 것이 전부대원의 의무라는 점, 전쟁 상황에서는 수령된 명령의 법률적 시비를 일일이 따져볼 수 없다는 점, 어떤 전쟁법 규정은 논의의 여지가 있다는 점, 그리고 전쟁범죄에 해당할 만한 행위가 복구조치로서 받은 명령의 복종으로 수행될 수 있다는 점 등을 고려하여야 한다. 동시에 군대 구성원은 오직 적법한 명령에 대해서만 복종하게 되어 있다는 것을 유념하여야 한다." U.S. Army, 앞의 책(각주 4), pp. 182-183, para. 509.

93) 임덕규, 앞의 논문(각주 72), 104-106면.

94) 국제형사재판소에 관한 로마규정, 제33조(상급자의 명령과 법률의 규정)
  1. 어떤 자가 정부의 명령이나 군대 또는 민간인 상급자의 명령에 따라 재판소 관할범죄를 범하였다고 해도 다음의 경우를 제외하고는 그의 형사책임이 면제되지 않는다.
  가. 그에게 정부 또는 상급자의 명령에 따라야 할 법적 의무가 있었고,
  나. 그는 명령이 불법한 명령을 알지 못했고,
  다. 명령이 명백하게 불법한 명령은 아니었던 경우
  2. 본조의 목적상 집단살해죄 또는 인도에 반한 죄를 범하도록 하는 명령은 명백하게 불법한 명령이다.

Ⅳ. 국제형사재판소

1. 국제형사재판소의 의의와 연혁

마지막으로 특별히 유의해야 할 것은 전쟁법위반에 대한 책임은 국가책임의 문제인 동시에 개인책임의 문제가 된다는 점이다. 제2차 대전 이후 독일 Nuremberg 및 일본 동경에 설치된 국제재판소인 전범재판소는 직접 개인의 책임을 물어 전쟁범죄자들을 처벌하였다. 이는 개인의 범죄를 국내법원이 아닌 국제법원에서 재판하여 처벌한 최초의 사건이었다. 뿐만 아니라 최근에는 구 유고연방 해체과정에서 발생한 내란 당시의 전쟁범죄자를 재판하기 위한 유고전범재판소(International Criminal Tribunal for the former Yugoslavia: ICTY)와 르완다내전 당시의 전쟁범죄자를 재판하기 위한 르완다전범재판소(International Criminal Tribunal for Rwanda: ICTR)가 UN의 결의로 창설되기도 하였다.[96] 다만, 이러한 재판소들은 특정한 무력충돌 당시의 전쟁범죄를 다루기 위한 임시(ad hoc) 재판소에 불과하였다.

그러나 1998년 7월에는 인류의 오랜 염원 끝에 국제형사재판소에 관한 로마규정(Rome Statute of the International Criminal Court)이 채택되어 2002년 7월 발효하였고 2003년 3월 11일 드디어 상설 전범재판소인 국제형사재판소(International Criminal Court: ICC)가 창설되기에 이르렀다. 국제형사재판소는 수사와 기소(起訴), 그리고 상소심(上訴審)을 포함한 재판에 대한 포괄적 권한을 지닌 특수재판소다. 이제 중요한 전쟁범죄 및 집단살해죄에 대해서는 특별재판소 설치 없이도 네덜란드 헤이그에 상설재판소로 설치된 국제형사재판소가 개인의 책임을 물을 수 있게 되었다.[97]

국제형사재판소는 집단살해죄, 인도에 반한 죄, 전쟁범죄 및 침략범죄 등 4가지 부류의 범죄에 대한 관할권을 갖는다.

국제형사재판소에 관한 로마규정은 소급효를 인정하지 않기 때문에 동 규정이 발효한 2002년 7월 이후에 발생한 범죄에 대해서만 관할권을 행사할 수 있으나, 국제형사재판소

---

95) 상게주.
96) 우리나라는 UN 회원국으로서 UN이 설치한 유고전범재판소(권오곤 재판관) 및 르완다전범재판소(박선기 재판관)에 각각 한국인 1명씩이 재판관의 일원으로 선출되었다.
97) 2002년 11월 우리나라는 국제형사재판소규정을 비준하였으며, 2003년 3월 국제형사재판소가 창설되면서 초대재판관의 일원으로 한국인 1명이 임명되기도 했다. 반면 한국군은 현재 UN 평화유지군 또는 다국적군의 일원으로 세계 도처에서 발생하고 있는 무력충돌에 참여하고 있다. 만약 이러한 인원들이 중요한 전쟁범죄를 범할 경우, 피고인으로서 국제형사재판소의 재판에 기소되는 비극이 발생할 수도 있을 것이다. 우리나라는 국제형사재판소 관할 범죄의 처벌(수사, 기소, 재판 및 형의 집행)을 위해 "국제형사재판소 관할 범죄의 처벌 등에 관한 법률(법률 제8719호, 2007. 12. 21 제정)"을 제정하였다(상세내용은 후술).

의 관할범죄에는 어떠한 시효(時效)도 적용되지 않는다. 국제형사재판소는 국제형사재판소에 관한 로마규정의 당사국 또는 UN 안전보장이사회가 동 재판소 관할범죄를 동 재판소에 회부한 경우에도 관할권을 행사할 수 있지만, 그러한 회부가 없더라도 독자적으로 관할권을 행사하여 수사, 기소 및 재판할 수 있다. 국제형사재판소에 관한 로마규정은 UN이 설치한 여타의 모든 전범재판소와 같이 사형제도 폐지의 국제적 추세에 따라서 최고형을 무기징역으로 한정하고 있으며, 유기징역의 경우 최고한도를 30년으로 하였다.[98] 국제형사재판소가 선고한 형벌은 국제형사재판소가 지정한 국가에서 집행되며, 국제형사재판소는 언제든지 수형자(受刑者)를 다른 국가의 교도소로 이송할 것을 결정할 수 있다.[99]

　국제형사재판소가 선고한 형을 집행하도록 지정된 집행국은 형기(刑期) 만료 전에는 수형자를 석방할 수 없으며, 감형(減刑)의 권한은 국제형사재판소만 갖는다. 다만, 국제형사재판소는 형기의 3분의 2가 경과 하거나 무기징역의 경우에는 수형자가 25년 이상을 복역한 경우에만 감형조치를 취할 수 있다.

2. 관할대상범죄

(1) 제노사이드(Genocide, 집단살해) 범죄

1) 의　　　의　　　로마규정 제 7 조는 집단살해죄를 다음과 같이 규정하고 있다.

　　"이 규정의 목적상 집단살해죄라 함은 국민적·민족적·인종적 또는 종교적 집단의 전부 또는 일부를 그 자체로서 파괴할 의도를 가지고 말하여진 다음의 행위를 말한다.
　　(a) 집단구성원의 살해(b) 집단구성원에 대한 중대한 신체적 또는 정신적 위해의 야기
　　(c) 전부 또는 부분적인 육체적 파괴를 초래할 목적으로 계산된 생활조건을 집단에게 고의적으로 부과
　　(d) 집단 내의 출생을 방지하기 위하여 의도된 조치의 부과
　　(e) 집단의 아동을 타집단으로 강제이주."

　집단살해죄는 출생에 의해 비자발적으로 소속된 집단(종교적 집단은 후천적 소속도 포함함)에 대한 물리적 파괴를 의미한다.[100] 아울러 이들은 국민적·민족적·인종적 및 종교적 단체의 파괴를 목적으로 한다. 따라서 정치적 또는 문화적 박해는 집단살해죄에 해당하지 않는다.[101]

---

98) 국내법에서 법정형(형기의 하한선과 상한선)을 범죄별로 각각 정하고 있는 것과는 달리 국제형사재판소에 관한 로마규정은 모든 관할범죄에 대하여 포괄적으로 무기징역 또는 30년 이하의 징역형을 법정형으로 정하고 있다.
99) 수형자 역시 언제든지 현재의 집행국으로부터 다른 국가 교도소로의 이송을 재판소에 신청할 수 있다.
100) 정인섭, 신국제법 강의(제12판), 박영사, 2022, 1008면.
101) *Proscutor v. Jean Paul Akayesu*, International Criminal Tribunal for Rwanda Case No. ICTR-96-4-t(1998). 이 판결에서 재판부는 제노사이드범죄로부터 보호되는 집단이란 개인이 자발적

2) 요 건　　　집단살해죄의 요건은 일반의 범죄와 동일하게 주관적 구성요건과 객관적 구성요건으로 구성된다. 주관적 구성요건(mens rea)은 파괴행위 그 자체에 대한 인식 또는 고의뿐만 아니라 국가적·민족적·인종적 및 종교적 집단을 파괴하겠다는 추가적인 고의를 필요로 한다. 그러므로 집단살해죄는 영미법상 이중고의를 요하는 특별고의범죄(special intent crime)에 해당한다.[102] 따라서 이러한 추가적인 고의가 없는 파괴행위는 집단살해죄를 구성하지 않는다. 예를 들어 특정 인종에 대한 연쇄살해 및 상해행위를 저지른 범죄자가 이들 인종에 대한 파괴를 범죄의 목적으로 한 것이 아니라면 집단살해죄로 처벌할 수 없다.

객관적인 구성요건은 로마규정 제6조에 규정된 살해, 아동의 강제이주 등 5가지 행위이다. 공격의 대상이 된 집단의 구성원 중 피해자의 숫자는 중요하지 않다. 다시 말해 제노사이드범죄의 의도로 해당 집단의 구성원 1명을 파괴하는 행위를 했다면, 그것만으로 동 범죄는 성립하게 된다.

(2) 인도에 반한 죄(Crime against Humanity)

1) 의　　의　　　인도에 반한 죄는 "민간이 주민에 대한 광범위하거나 체계적인 공격의 일부로서 그 공격에 대한 인식을 가지고 범하여진 살해, 절멸, 노예화, 주민의 추방 또는 강제이주, 국제법의 근본원칙을 위반한 구금 또는 신체적 자유의 다른 심각한 박탈, 고문, 강간, 성적 노예화, 강제매춘, 강제임신, 강제불임 또는 이에 상응하는 중대한 성폭력 또는 국제법상 허용되지 않는 것으로 보편적으로 인정되는 다른 사유에 근거하여 어떠한 동일시될 수 있는 집단이나 집합체에 대한 박해 또는 강제실종, 인종차별범죄 또는 신체 또는 정신적·육체적 건강에 대하여 중대한 고통이나 심각한 피해를 고의적으로 야기하는 유사한 성격의 다른 비인도적인 행위"를 의미한다. 다시 말해 인도에 반하는 죄는 인간존엄을 파괴하는 범죄행위이다.

"민간인주민에 대한 공격"이란 그러한 공격을 행하려는 국가나 조직의 정책에 따르거나 이를 조장하기 위하여 민간이 주민에 대하여 상기 행위를 행하는 것을 의미한다. "절멸"이라 함은 주민의 일부를 말살하기 위하여 계산된 행위로서 식량과 의약품에 대한 접근 박탈과 같이 생활조건에 대한 고의적 타격을 주는 행위이다. "노예화"는 사람에 대한 소유권에 부속된 어떠한 또는 모든 권한의 행사를 말하며, 특히 여성과 아동을 거래하는 과정

의사를 통하여 소속될 수 있는 가변적 집단이 아닌 선천적으로 속한 안정적 집단을 의미한다고 판시하였다. "… the crime of genocide was allegedly perceived as targeting only 'stable' groups, constituted in permanent fashion and membership of which is determined by birth, with the exclusion of the more 'mobile' groups which one joins through individual voluntary commitment, such as political and economic groups."

102) 자세한 내용은 van der Vyver, Johan D., Prosecution and Punishment of the Crime of Genocide, 23 Fordham Int'l L.J. 286 (1999-2000)를 참조.

제 4 장 전쟁법과 군대 **827**

에서 그러한 권한을 행사하는 것을 포함한다. "주민의 추방 또는 강제이주"는 국제법의 근거 없이 주민을 추방하거나 다른 강요행위로 일정지역에 합법적으로 거주하고 있는 주민을 다른 지역으로 강제퇴거시키는 행위를 의미한다. "고문"은 구금 또는 통제 하에 있는 사람에게 고의적으로 신체적·정신적으로 고통이나 괴로움을 가하는 것을 말한다. 그러나 합법적인 제재의 부수효과로서의 고통이나 괴로움은 제외된다. 예를 들어 살인죄를 저질러 수감 중인 범죄자는 그 처벌로 인해 자유를 억압받고 정신적으로 고통을 받는다고 하더라도 이는 합법적 제재에 대한 부수적인 결과일 뿐이지 고문에 해당하지 않는다.

인도에 반한 죄는 민간인을 대상으로 해야 하며, 국가나 조직에 의한 광범위하고 체계적인 공격의 일부로서 이루어져야만 한다. 여기서 말하는 "광범위(widespread)"는 집단적으로 자행된 반복적이며 대규모적인 행동을 의미한다. 아울러 "체계적(systematic)"이란 용어는 공동의 정책기반 위에서 조직화되고 규칙적인 패턴을 따르는 것을 의미한다.[103]

2) 요　건　　인도에 반하는 죄 역시 그 성립에 있어 주관적인 요건으로 범죄자가 자신의 범죄행위가 '광범위하거나 체계적인 공격'의 일부라는 인식을 필요로 한다. 범죄자는 범죄행위가 광범위하거나 체계적인 공격의 일부로 이루어진다는 인식과 그러한 행위를 한다는 인식의 이중의 고의를 가져야 하며, 이러한 이유에서 집단살해죄와 같이 인도에 반한 범죄는 영미법상의 특별고의범죄(special intent crime)에 해당한다. 그러나 이러한 인식이 국가 또는 집단이 행하는 공격행위의 성질이나 계획 모두에 대한 인식이 있을 것을 요구하는 것은 아니며, 이에 대한 전반적인 인식이면 충분하다.

(3) 전쟁범죄(War Crime)[104]

국제형사재판소는 계획이나 정책의 일부로서 또는 그러한 범죄의 대규모 실행의 일부로서 범하여진 전쟁범죄에 대하여 관할권을 가진다. 국제형사재판소는 모든 전쟁범죄에 대하여 관할권을 가지는 것은 아니다. 로마규정 제 8 조 제 1 항에서와 같이 '계획이나 정책의 일부로서 또는 그러한 범죄의 대규모 실행의 일부'로서 자행된 전쟁범죄에 대해서만 관할권을 가지게 된다. 다시 말해 계획이나 정책의 일부가 아닌 개인적인 전쟁범죄행위는 당사국 국내법의 전쟁범죄 또는 일반범죄를 구성하는 것이지 로마규정상의 전쟁범죄를 구성하지는 않는다.[104]

---

103) 정인섭, 앞의 책, 1013면.
104) 국제형사재판소 관할범죄 처벌등에 관한 법률 제10조에서 14조에서 규정하고 있다.
　　제10조(사람에 대한 전쟁범죄)
　　① 국제적 무력충돌 또는 비국제적 무력충돌(폭동이나 국지적이고 산발적인 폭력행위와 같은 국내적 소요나 긴장 상태는 제외한다. 이하 같다)과 관련하여 인도에 관한 국제법규에 따라 보호되는 사람을 살해한 사람은 사형, 무기 또는 7년 이상의 징역에 처한다.
　　② 국제적 무력충돌 또는 비국제적 무력충돌과 관련하여 다음 각 호의 어느 하나에 해당하는 행위를 한 사람은 무기 또는 5년 이상의 징역에 처한다.
　　1. 인도에 관한 국제법규에 따라 보호되는 사람을 인질로 잡는 행위

2. 인도에 관한 국제법규에 따라 보호되는 사람에게 고문이나 신체의 절단 등으로 신체 또는 건강에 중대한 고통이나 손상을 주는 행위

3. 인도에 관한 국제법규에 따라 보호되는 사람을 강간, 강제매춘, 성적 노예화, 강제임신 또는 강제 불임의 대상으로 삼는 행위

③ 국제적 무력충돌 또는 비국제적 무력충돌과 관련하여 다음 각 호의 어느 하나에 해당하는 행위를 한 사람은 3년 이상의 유기징역에 처한다.

1. 인도에 관한 국제법규에 따라 보호되는 사람을 국제법규를 위반하여 주거지로부터 추방하거나 이송하는 행위

2. 공정한 정식재판에 의하지 아니하고 인도에 관한 국제법규에 따라 보호되는 사람에게 형을 부과하거나 집행하는 행위

3. 치료의 목적 등 정당한 사유 없이 인도에 관한 국제법규에 따라 보호되는 사람을 그의 자발적이고 명시적인 사전 동의 없이 생명·신체에 중대한 위해를 끼칠 수 있는 의학적·과학적 실험의 대상으로 삼는 행위

4. 조건 없이 항복하거나 전투능력을 잃은 군대의 구성원이나 전투원에게 상해(傷害)를 입히는 행위

5. 15세 미만인 사람을 군대 또는 무장집단에 징집 또는 모병의 방법으로 참여하도록 하거나 적대행위에 참여하도록 하는 행위

④ 국제적 무력충돌 또는 비국제적 무력충돌과 관련하여 인도에 관한 국제법규에 따라 보호되는 사람을 중대하게 모욕하거나 품위를 떨어뜨리는 처우를 한 사람은 1년 이상의 유기징역에 처한다.

⑤ 국제적 무력충돌과 관련하여 다음 각 호의 어느 하나에 해당하는 행위를 한 사람은 3년 이상의 유기징역에 처한다.

1. 정당한 사유 없이 인도에 관한 국제법규에 따라 보호되는 사람을 감금하는 행위

2. 자국의 주민 일부를 점령지역으로 이주시키는 행위

3. 인도에 관한 국제법규에 따라 보호되는 사람으로 하여금 강제로 적국의 군대에 복무하도록 하는 행위

4. 적국의 국민을 강제로 자신의 국가에 대한 전쟁 수행에 참여하도록 하는 행위

⑥ 제2항·제3항 또는 제5항의 죄를 범하여 사람을 사망에 이르게 한 사람은 사형, 무기 또는 7년 이상의 징역에 처한다.

⑦ 제1항부터 제5항까지에 규정된 죄의 미수범은 처벌한다.

제11조(재산 및 권리에 대한 전쟁범죄)

① 국제적 무력충돌 또는 비국제적 무력충돌과 관련하여 적국 또는 적대 당사자의 재산을 약탈하거나 무력충돌의 필요상 불가피하지 아니한데도 적국 또는 적대 당사자의 재산을 국제법규를 위반하여 광범위하게 파괴·징발하거나 압수한 사람은 무기 또는 3년 이상의 징역에 처한다.

② 국제적 무력충돌과 관련하여 국제법규를 위반하여 적국의 국민 전부 또는 다수의 권리나 소송행위가 법정에서 폐지·정지되거나 허용되지 아니한다고 선언한 사람은 3년 이상의 유기징역에 처한다.

③ 제1항 또는 제2항에 규정된 죄의 미수범은 처벌한다

제12조(인도적 활동이나 식별표장 등에 관한 전쟁범죄)

① 국제적 무력충돌 또는 비국제적 무력충돌과 관련하여 다음 각 호의 어느 하나에 해당하는 행위를 한 사람은 3년 이상의 유기징역에 처한다.

1. 국제연합헌장에 따른 인도적 원조나 평화유지임무와 관련된 요원·시설·자재·부대 또는 차량이 무력충돌에 관한 국제법에 따라 민간인 또는 민간 대상물에 부여되는 보호를 받을 자격이 있는데도 그들을 고의적으로 공격하는 행위

2. 제네바협약에 규정된 식별표장(識別表裝)을 정당하게 사용하는 건물, 장비, 의무부대, 의무부대의 수송수단 또는 요원을 공격하는 행위

② 국제적 무력충돌 또는 비국제적 무력충돌과 관련하여 제네바협약에 규정된 식별표장·휴전기(休戰旗), 적이나 국제연합의 깃발·군사표지 또는 제복을 부정한 방법으로 사용하여 사람을 사망에 이르게 하거나 사람의 신체에 중대한 손상을 입힌 사람은 다음의 구분에 따라 처벌한다.

1. 사람을 사망에 이르게 한 사람은 사형, 무기 또는 7년 이상의 징역에 처한다.

2. 사람의 신체에 중대한 손상을 입힌 사람은 무기 또는 5년 이상의 징역에 처한다.

③ 제1항 또는 제2항에 규정된 죄의 미수범은 처벌한다.

재판소가 관할하는 전쟁범죄는 로마규정 제 8 조 제 2 항의 행위로 ① 1949년 8월 12일자 제네바협약의 중대한 위반으로 제네바협약의 규정의 중대한 위반행위, ② 확립된 국제법체제 내에서 국제적 무력충돌에 적용되는 법과 관습에 대한 기타 중대한 위반행위, ③ 비국제적 성격의 무력충돌의 경우 1949년 8월 12일자 제네바 4개 협약 공통 제 3 조의 중대한 위반행위, ④ 확립된 국제법체제 내에서 비국제적 성격의 무력충돌에 적용되는 법과 관습에 대한 여타의 중대한 위반행위가 있다.

이때의 분쟁은 국제적 또는 비국제적 분쟁을 불문한다.[105] 다만, 제네바 4개 협약 공통 제 3 조는 폭동이나 국지적이고 산발적인 폭력행위 또는 이와 유사한 성격의 다른 행위와 같은 국내적 소요나 긴장사태에는 적용되지 않는다. 아울러 ④의 경우는 정부당국과 조직화된 무장집단 또는 무장집단들 간의 장기적인 무력충돌이 존재할 때, 그 국가의 영역에서

제13조(금지된 방법에 의한 전쟁범죄)
① 국제적 무력충돌 또는 비국제적 무력충돌과 관련하여 다음 각 호의 어느 하나에 해당하는 행위를 한 사람은 무기 또는 3년 이상의 징역에 처한다.
  1. 민간인 주민을 공격의 대상으로 삼거나 적대행위에 직접 참여하지 아니한 민간인 주민을 공격의 대상으로 삼는 행위
  2. 군사목표물이 아닌 민간 대상물로서 종교·교육·예술·과학 또는 자선 목적의 건물, 역사적 기념물, 병원, 병자 및 부상자를 수용하는 장소, 무방비 상태의 마을·거주지·건물 또는 위험한 물리력을 포함하고 있는 댐 등 시설물을 공격하는 행위
  3. 군사작전상 필요에 비하여 지나치게 민간인의 신체·생명 또는 민간 대상물에 중대한 위해를 끼치는 것이 명백한 공격 행위
  4. 특정한 대상에 대한 군사작전을 막을 목적으로 인도에 관한 국제법규에 따라 보호되는 사람을 방어수단으로 이용하는 행위
  5. 인도에 관한 국제법규를 위반하여 민간인들의 생존에 필수적인 물품을 박탈하거나 그 물품의 공급을 방해함으로써 기아(飢餓)를 전투수단으로 사용하는 행위
  6. 군대의 지휘관으로서 예외 없이 적군을 살해할 것을 협박하거나 지시하는 행위
  7. 국제법상 금지되는 배신행위로 적군 또는 상대방 전투원을 살해하거나 상해를 입히는 행위
② 제 1 항 제 1 호부터 제 6 호까지의 죄를 범하여 인도에 관한 국제법규에 따라 보호되는 사람을 사망 또는 상해에 이르게 한 사람은 다음의 구분에 따라 처벌한다.
  1. 사망에 이르게 한 사람은 사형, 무기 또는 7년 이상의 징역에 처한다.
  2. 중대한 상해에 이르게 한 사람은 무기 또는 5년 이상의 징역에 처한다.
③ 국제적 무력충돌 또는 비국제적 무력충돌과 관련하여 자연환경에 군사작전상 필요한 것보다 지나치게 광범위하고 장기간의 중대한 훼손을 가하는 것이 명백한 공격 행위를 한 사람은 3년 이상의 유기징역에 처한다.
④ 제 1 항 또는 제 3 항에 규정된 죄의 미수범은 처벌한다.
제14조(금지된 무기를 사용한 전쟁범죄)
① 국제적 무력충돌 또는 비국제적 무력충돌과 관련하여 다음 각 호의 어느 하나에 해당하는 무기를 사용한 사람은 무기 또는 5년 이상의 징역에 처한다.
  1. 독물(毒物) 또는 유독무기(有毒武器)
  2. 생물무기 또는 화학무기
  3. 인체 내에서 쉽게 팽창하거나 펼쳐지는 총탄
② 제 1 항의 죄를 범하여 사람의 생명·신체 또는 재산을 침해한 사람은 사형, 무기 또는 7년 이상의 징역에 처한다.
③ 제 1 항에 규정된 죄의 미수범은 처벌한다

105) 중대한 위반의 자세한 내용은 국제형사재판소에 관한 로마규정 제 8 조 제 2 항을 참조.

발생하는 무력충돌에 적용된다. 이와 관련해 국제형사재판소는 콩고에서 발생한 비국제적 무력분쟁에서 15세 이하의 소년병사(child soldier)를 징집(conscript)하고 이들을 적대행위에 실질적으로(use them to actively paticipate in hostilities) 투입한 행위가 비국제적 무력분쟁에서 행한 명백한 전쟁범죄에 해당한다고 판시하였다.[106]

(4) 침략범죄

로마규정의 협상 시 침략범죄의 정의에 대한 많은 논란이 있었다. 침략범죄를 재판소 관할범죄로 포함하는 것에는 의의가 없었으나, 침략범죄를 어떻게 정의할 것인가에 대한 의견 차이는 이른바 강대국과 약소국들 사이에서 첨예하게 대립하였다. 침략범죄를 규율하는 데 있어 어려운 점은 비단 강대국과 약소국 간의 의견 차이 외에도 당해 범죄의 특성에 기인한다. 침략범죄(Crime of aggression)는 국가의 침략행위(Act of aggression)에 대해서 개인을 처벌하는 규정이다. 다시 말해 국가의 침략행위를 개인의 형사책임으로 귀속하는 것으로 이는 쉽지 않다. 예를 들어 미국의 경우 헌법에 의해 의회가 전쟁선언(Congress shall have power to …declare War)을 한다.[107] 만약 미국이 수행한 전쟁이 침략행위로 결정된 경우 처벌 대상을 결정하기란 쉽지 않을 것이다. 이 경우 군통수권자인 대통령만 처벌의 대상인가? 아니면 전쟁을 승인하고 선언한 의회 구성원 모두가 처벌의 대상인가? 결국, 침략범죄에 대해서는 재판소가 정의하고 관할권행사의 조건을 규정한 조항을 채택한 이후 이를 관할하도록[108] 합의되었으며, 이에 따라, 2010년 5월 31일에서 6월 11일까지 우간다 캄팔라에서 개최된 국제형사재판소 Review Conference에서 침략범죄의 정의를 규정하는데 합의하였다. 다만, 침략범죄를 관할 대상범죄로 국제형사재판소가 실제 관할권을 행사하는 것은 2017년 1월 1일 규정의 개정과 동일한 당사국 투표를 통해 결정하기로 하였다.[109] 2017년 8월 20일에 파리에서 개최된 파리 Review Conference에서도 침략범죄에 대해 언제부터 국제형사재판소가 관할권을 행사할 것인지에 대해 결정하지 못하였다. 2017년 12월 4일에서 14일까지 미국 뉴욕의 유엔본부에서 개최된 국제형사재판소 당사국 총회(Assembly of States Party)에서는 참가국의 Consensus 방식으로 6개의 결의를 결정하였는데, 이 결의를 통해 국제형사재판소는 2018년 7월 17일부터 침략범죄에 대해 관할권을 행사할 수 있게 되었다.[110]

---

106) SITUATION IN THE DEMOCRATIC REPUBLIC OF THE CONGO IN THE CASE OF THE PROSECUTOR v .THOMAS LUBANGA DYILO, ICC-01/04-01/06, 14 March 2012.

107) United States of America Constitution, art 1 (8).

108) 국제형사재판소에 관한 로마규정 제 5 조 제 2 항.

109) *U.S. Engagement with the International Criminal Court and the Outcome of the Recently Concluded Review Conference* (June 15, 2010), (statement by Mr. Koh), available at http://www.state.gov/s/wci/us_releases/remarks/143178.htm

110) 자세한 내용은 ICC Press Release를 참조(https://www.icc-cpi.int/Pages/item.aspx?name=pr1350 최종방문일 2018. 1. 15.)

3. 한국의 실행

(1) 개   관

우리나라는 국제형사재판소 설립을 위한 로마회의에 대표단을 파견하여 동 재판소의 관할권과 관련하여 중요한 제안을 제시하는 등 동 재판소의 설립에 있어 적극적인 역할을 하고 있다. 우리나라는 2000년 3월 8일에 동 조약에 서명하고, 2002년 11월에 국회의 동 의를 받아 같은 달 13일 비준서를 기탁했다. 재판소의 초대재판관 중의 한 명인 송상현 재판관은 2009년 3월 11일부로 국제형사재판소의 소장직을 역임하고 있다.[111] 아울러 동 규정의 국내이행을 위해 법률 제8715호로 "국제형사재판소 관할범죄의 처벌 등에 관한 법률 (이하 이행입법)"을 제정하여 2007년 12월 21일부로 시행하고 있다(현행 법률 제10577호, 2011. 4. 12., 일부개정).

(2) 국제형사재판소 관할범죄의 처벌 등에 관한 법률

동 법률은 제 3 조에서 대한민국 영역 외에서 반인도적 범죄를 저지르고 현재 대한민국 영역 내에 있는 외국인에 대하여 이 법을 적용·처벌할 수 있도록 규정하였으며, 제 6 조에 서는 반인도적 범죄에 대해서 시효가 배제됨을 규정하고 있다. 이로 인해 일반범죄와는 달리 반인도적 범죄행위에 대해서는 시효의 도과로 인해 처벌을 하지 못하는 사례를 방지하고 있다. 제 8 조 내지 제14조에서는 로마규정상의 범죄에 대하여 구체적인 범죄구성요건을 규정하고, 이에 대한 처벌규정을 마련하여 반인도적 범죄행위자에 대한 국내처벌 가능성을 확보하고 있다. 아울러 국제형사재판소 사건과 관련된 사건에서 수사 및 재판의 공정성의 확보를 위해 제16조에는 사법방해죄를 규정하여 허위증거의 제출, 위증, 국제형사재판소 직원에 대한 공무집행방해 및 뇌물공여와 기타 사법방해행위에 대한 처벌을 가능하게 하였다.

제19조에는 범죄인인도 및 국제형사사법공조 등 국제형사재판소와의 협력과 관련하여 기존의 법률을 준용하되 로마규정을 우선해서 적용하도록 하여 동 재판소와의 협력과 특수성을 반영하고 있다.

국제형사재판소 관할범죄 처벌 등에 관한 법률은 국제형사재판소 규정과 차이가 없다. 그 이유는 국제형사재판소 규정을 제정할 당시 미국 대표의 요구에 의해서였다. 원래 각국 대표들은 로마규정에서 국제형사재판소의 설립에 관한 대략적인 규정만을 제정하고 구체적인 범죄와 재판절차 등은 별도로 정하는 방식을 채택하려 하였다. 그러나 국제형사재판소 설립에 부정적이었던 미국은 구체적인 범죄 및 재판절차까지도 로마규정에 반드시

---

111) 송상현 재판관은 2003년 임기 9년의 재판관으로 선임되고 2012년 재판장으로 재선되어 활동하였다. 현재는 2014년 유엔 크메르루주 특별재판소 재판관이었던 정창호 재판관이 한국인으로 두 번째 ICC 재판관으로 선출되었다.

제정할 것을 주장하였다. 미국의 협조 없이는 국제형사재판소의 미래가 불투명하다는 현실적인 고려에서 각국 대표들은 미국의 주장을 받아들여 현재의 로마규정을 제정, 채택하게 된 것이다. 미국은 여전히 국제형사재판소의 회원국이 아니다. 그러나 미국의 요구에 의해 로마규정은 관할범죄에 대한 명확하고 구체적인 요건을 적시하고 있다. 이러한 연유에서 국제형사재판소 규정과 그의 국내적 이행을 위한 입법의 내용이 유사하게 된 것이다.

(3) 국제형사재판소 규정, 이행입법 그리고 우리 군(軍)과의 관계

앞서 언급하였듯이 대한민국은 국제형사재판소의 회원국이다. 아울러 국제형사재판소 규정의 준수를 위해 조약상의 의무인 이행입법 또한 제정 공표하였다. 이는 무엇을 의미하는가? 전/평시를 불문하고 국제형사재판소 규정의 관할 대상범죄를 저지른 범죄자는 국내에서 국내법인 이행입법에 의해 처벌의 대상이 된다. 특히, 동 이행이법은 특별법에 해당하여 관할대상범죄가 군형법상의 범죄를 구성하더라도 후법우선(後法優先, lex posterior principle)의 원칙에 의해 군형법에 우선하여 동 이행입법이 적용된다.[112] 아울러 국제형사재판소의 관할 대상범죄는 전시상황에서만 발생하는 범죄만을 처벌하는 것이 아니라는 점을 주목해야 할 것이다. 다시 말해, 국제법상 내전에 해당하지 않는 국내 소요사태에서 인도에 반한 죄 등이 발생할 경우, 국제형사재판소 규정이 적용될 수 있다. 다만, 제노사이드 또는 인도에 반한 범죄(Crimes against Humanity)의 경우, 대부분 무력충돌 기간에 발생한다는 점에서 우리 군은 특별히 관심을 가져야 할 것이다. 전쟁범죄는 일반적으로 국가 간의 전쟁이 발발한 경우에만 발생한다고 생각할 수 있으나 그렇지 않다. 내전(비국제적 무력분쟁)의 경우라도 로마규정이 규정하고 있는 범죄행위를 저지른 경우에는 처벌된다. 예를 들어, 민간주민에 대한 고의적인 살해는 내전(비국제적 무력분쟁)의 경우에도 국재형사재판소 규정의 전쟁범죄에 해당한다.[113]

국제형사재판소 규정은 국제형사재판소의 관할권의 행사와 관련하여 보충성의 원칙을 천명하고 있다. 다시 말해, 회원국이 대상 범죄에 대해 관할권을 행사하기로 하였다면 국제형사재판소는 관할권을 행사하지 않는다. 다만, 회원국의 관할권 행사가 국제형사재판소에 의한 처벌을 면하기 위한 엉터리 재판(Kangaroo Court)인 경우에는 국제형사재판소가 동 범죄에 대해 관할권을 행사할 수 있다.[114]

특히, 국제형사재판소 규정과 관련하여 지휘관, 지휘자들의 관심이 더욱 요구된다. 국제형사재판소 규정은 제28조에서 군대의 지휘관 또는 실질적으로 군대를 지휘하는 자가[115]

---

112) 군형법과 국제형사재판소 이행입법 모두 형법의 특별법이므로 범죄가 두 법에 모두 저촉될 경우 후법우선법칙이 적용된다.

113) Article 8(2)(E)(i) of ICC Statute.

114) Article 17 of ICC Statute.

115) 군형법과 달리 국제형사재판소 규정은 법적인 지휘관뿐만 아니라 실질적으로 군대를 지휘하는 자를 지휘관과 동일하게 처벌하고 있음을 보여준다. 예를 들어, 지휘관이 부재인 대대에서 대대 작전장교가 실

부하의 전쟁범죄를 알았거나 알 수 있었을 경우, 당해 범죄행위를 방지 또는 저지하기 위해 자신의 권한에 속하는 필요하고 적절한 모든 조치를 하지 않았거나 이를 처벌하기 위해 관련 기관에 당해 범죄사실을 보고하지 않는 경우("That military commander or person failed to take all necessary and reasonable measures within his or her power to prevent or repress their commission or to submit the matter to the competent authorities for investigation and prosecution.") 전쟁범죄를 저지른 부하와 같이 처벌하도록 규정하고 있다.[116] 아울러, 제33조는 상관의 명령에 따라 범죄를 저지른 부하를 원칙적으로 처벌하되, 부하가 법률상 국가 또는 상관의 명령에 복종할 의무가 있고, 당시에 상관의 명령이 위법한지 알지 못하였으며 실제 상관 또는 국가의 명령이 명백히 위법하다고 볼 수 없는 경우에만 상관의 명령에 복종하여 자신의 행위가 위법하지 않다는 항변을 인정하고 있다("The person was under a legal obligation to obey orders of the Government or the superior in question; The person did not know that the order was unlawful; and The order was not manifestly unlawful"). 단, 집단살해죄(제노사이드)와 인도에 반한 범죄의 실행을 지시한 경우 명백한 불법 명령에 해당한다.[117]

결국, 국제형사재판소 규정은 우리 군과 동떨어진 국제법상의 조약이 아니라 우리 군에 직접 적용되는 군형법과 같이 반드시 지켜야 할 규범이며, 위반 시, 국제형사재판소 관할 범죄 처벌을 위한 이행입법에 의해 처벌된다는 점을 명확하게 인식해야 한다. 따라서 국제형사재판소 규정 또는 적어도 동 규정의 국내 이행입법과 관련된 내용을 군법교육에

질적으로 대대장 역할을 수행한다면 부하의 전쟁범죄와 관련하여 지휘관으로서 적절한 조치 또는 관련 기관에 범죄사실을 보고하지 않는 경우, 처벌대상이 된다.

국제형사재판소관할범죄 처벌 등에 관한 법률은 다음과 같이 규정하고 있다.

제 5 조(지휘관과 그 밖의 상급자의 책임) 군대의 지휘관(지휘관의 권한을 사실상 행사하는 사람을 포함한다. 이하 같다) 또는 단체·기관의 상급자(상급자의 권한을 사실상 행사하는 사람을 포함한다. 이하 같다)가 실효적인 지휘와 통제하에 있는 부하 또는 하급자가 집단살해죄등을 범하고 있거나 범하려는 것을 알고도 이를 방지하기 위하여 필요한 상당한 조치를 하지 아니하였을 때에는 그 집단살해죄 등을 범한 사람을 처벌하는 외에 그 지휘관 또는 상급자도 각 해당 조문에서 정한 형으로 처벌한다.

116) Article 28(1) of ICC Statute. 한편, 이행입법은 다음과 같이 규정하고 있다.

제15조(지휘관 등의 직무태만죄)

① 군대의 지휘관 또는 단체·기관의 상급자로서 직무를 게을리하거나 유기(遺棄)하여 실효적인 지휘와 통제하에 있는 부하가 집단살해죄등을 범하는 것을 방지하거나 제지하지 못한 사람은 7년 이하의 징역에 처한다.

② 과실로 제 1 항의 행위에 이른 사람은 5년 이하의 징역에 처한다.

③ 군대의 지휘관 또는 단체·기관의 상급자로서 집단살해죄등을 범한 실효적인 지휘와 통제하에 있는 부하 또는 하급자를 수사기관에 알리지 아니한 사람은 5년 이하의 징역에 처한다.

117) 이 세 가지 요건 모두를 충족하여야만 상관의 명령에 복종하여 범죄에 해당하지 않는다고 항변할 수 있다. 이행이법은 다음과 같이 규정하고 있다.

제 4 조(상급자의 명령에 따른 행위)

① 정부 또는 상급자의 명령에 복종할 법적 의무가 있는 사람이 그 명령에 따른 자기의 행위가 불법임을 알지 못하고 집단살해죄등을 범한 경우에는 명령이 명백한 불법이 아니고 그 오인(誤認)에 정당한 이유가 있을 때에만 처벌하지 아니한다.

② 제 1 항의 경우에 제 8 조 또는 제 9 조의 죄를 범하도록 하는 명령은 명백히 불법인 것으로 본다.

반드시 포함해야 할 것이다.

Ⅴ. 테러와의 전쟁

9.11 테러사건은 피해 당사자인 미국뿐만 아니라 전 세계에게 큰 충격을 안겨준 사건이었다. 실시간으로 중계된 테러공격의 참상은 비극과 충격 그 자체였다. 그런데 9.11사건은 테러공격에 대한 충격뿐만 아니라, 그에 대한 미국의 대응으로 테러와의 전쟁 수행 중 발생한 수많은 인권유린행위들로 국제사회에 또 다른 충격을 안겨주었으며, 국제법 특히, 국제인도법(전쟁법)의 실효성과 관련하여 많은 의문점을 제기하였다.

9.11 사태가 제기한 첫 번째 의문점은 비국가행위자(Non-state actor)에 대해 국가가 무력공격을 할 수 있는가이다. UN헌장 체제와 현행 국제법하에서는 헌장 제 7 장에서 규정한 강제조치로서 UN 안전보장이사회의 결의를 통한 무력행사와 자위권의 행사로서의 무력행사만이 허용되기 때문이다. 자위권을 행사하기 위해서는 피해국이 무력공격(armed attack)을 받은 경우에만 국한되는데 9.11 이전까지 테러단체와 같은 비국가행위자가 국가를 상대로 무력공격을 수행할 것이라고는 예상치 못한 것이 사실이다. 다행스럽게도 이 첫 번째 의문점은 9.11 테러공격에 대해 피해국인 미국이 필요한 모든 조치를 할 수 있다는 UN 안전보장이사회의 결의로[118] 인해 비국가행위자의 공격에 대해서도 자위권 행사를 근거로 무력을 행사할 수 있다는 원칙이 확립되었다고 할 것이다.[119] 다만, 유엔안보리 결의는 9.11 사태를 유엔헌장에 규정된 '무력공격'(armed attack)이 아니라 'Terrorist attack'이라고 표현하고 있어 9.11 사태 자체가 무력공격에 해당하는지 명확하게 규정하고 있지는 않다.

두 번째 제기된 의문점은 테러와의 전쟁의 성격과 전쟁법의 한계에 관한 의문점이다. 테러와의 전쟁은 단순한 수사학적인 표현에 불과한 것인가?[120] 아니면 전쟁법에서 말하는 무력충돌에 해당하는가? 무력충돌에 해당한다면 국제적 무력충돌인가 비국제적 무력충돌인가? 지금까지의 논의에 의하면, 테러와의 전쟁은 무력충돌의 성격을 분명히 지니고 있

---

118) UN Doc. S/RES/1368 (2001);UN Doc. S/RES/1373 (2001);UN Doc. S/RES/1377 (2001).
119) 자세한 내용은 도경옥, 「비국가행위자의 테러행위에 대한 무력대응」, 경인문화사, 2011을 참조.
120) 테러와의 전쟁이 국제인도법상의 무력충돌에 해당하지 않는다는 대표적인 주장으로, Gabor Rona, INTERNATIONAL LAW UNDER FIRE: Interesting Times for International Humanitarian Law: Challenge from the "War on Terror," 27 Flecher F. World Aff. 55-70. 2003; Yoran DInstein, *The Conduct of Hostilities under the Law of International Armed Conflict*, (Cambridge, Cambridge University Press, 2004); RESPONSE OF THE GOVERNMENT OF THE UNITED STATES OF AMERICA TO THE LETTER FROM SPECIAL RAPPORTEUR ON EXTRAJUDICIAL, SUMMARY ON ARBITRARY EXECUTIONS [ASMA JAHANGIR] TO THE SECRETARY OF STATE DATED NOVEMBER 15, 2002 AND TO THE FINDING OF THE SPECIAL RAPPORTEUR CONTAINED IN HER REPORTTO THE COMMISSION ON HUMAN RIGHTS, E/CN.4/2003/G/80, April 22, 2003.

다. 그러나 테러와의 전쟁이라는 명분에 미국과 그 동맹국이 수행하고 있는 모든 행위가 전쟁법이 규정하고 있는 무력충돌에 해당한다고 할 수는 없다고 할 것이다.[121] 다음으로 무력충돌에 해당하는 부분의 성격에 관해서도 국제적 무력충돌이라는 주장과 비국제적 무력충돌에 해당한다는 주장이 팽팽하게 맞서고 있다. 미연방대법원은 관타나모 수용소 인권유린 사건으로 유명한 Hamdan 사건에서 테러와의 전쟁이 국제적 성격을 띠지 아니한 무력충돌에 해당하여 제네바협약 공통 제 3 조가 피억류자에게 적용되어야 한다고 판시하였다.[122] 그러나 아직 테러와의 전쟁이 국제적 무력충돌에 해당하는지 비국제적 무력충돌에 해당하는지 명확하지 않다. 이를 두고 전쟁(무력충돌)을 국제적 무력충돌 또는 비국제적 무력충돌로 규정한 기존 전쟁법의 한계로 인한 필연적 결과이며 새로운 형태의 무력충돌을 규정하는 것이 필요하다는 논의도 있다.[123] 테러와의 전쟁과 관련하여 더 많은 연구와 논의가 필요하다.

주지해야 할 것은 전쟁법, 다시 말해 국제인도법의 목적과 정신은 모든 무력충돌에서 인도주의를 최대한 적용하여 살상, 인권유린 그리고 불필요한 파괴행위를 최소화하는 데 있다는 점이다. 법의 흠결을 이유로 타인의 생명과 인권을 짓밟는 것은 결코 정당화될 수 없는 것이다. "조약에 규정되어 있지 않은 경우에도 문명국 간에 존재하는 관습, 인도의 법칙 및 공공양심의 요구에서 발생한 국제법의 원칙이 지배한다는 것을 명기"한다는 마르텐스 조항(Martens Clause)에 비춰볼 때 이는 더욱 명확하다.

Ⅵ. 사이버전(Cyber warfare)

사이버전은 전쟁법과 관련하여 최근의 주요 이슈(issue)이다. 이는 전 세계적으로 해킹이 사고가 발생하면서 사이버전에 관한 관심이 높아졌기 때문이다.

사이버전의 특징은 적은 비용으로 극대화된 효과를 성취할 수 있다는 점, 공격자를 정확히 판별할 수 없다는 점, 인터넷 기반시설이 잘 갖추어진 나라의 피해가 크다는 점 등으로 인해 비대칭적 전력을 단기간에 그리고 효과적으로 수립할 수 있다는 점을 들 수 있다. 이러한 특징으로 인해 러시아, 중국, 북한과 같이 기존의 군사강대국과 군비경쟁에 한계점을 들어낸 국가들이 열세를 만회하기 위해 적극적으로 사이버전 능력을 확대하고 있다.[124]

---

121) 도경옥, 앞의 책, 14-15면.
122) Hamdan v. Rumsfeld, SECRETARY OF DEFENSE, et al. 548 U.S. 557, 628-631 (2006).
123) Geoffrey S. Corn, Hamdan, Lebanon, and the Regulation of Armed Hostilities: The Need to Recognize a Hybrid Category of Armed Conflict, 40 Vand. J. Transnat'l L. 295 (2007); Extraterritorial Law Enforcement or Transnational Counterterrorist Military Operations: The Shake of Two Legal Models, NEW BATTLEFIELDS OLD LAWS, Willian Banks eds, 23-45, (New York, Columbia University Press, 2011).
124) 강정호, 김희동 외, "국외 주요국과 북한의 사이버전 수행전략 및 기술 비교분석을 통한 대응방향", 「보

특히, 러시아의 경우는 사이버전 초기 단계부터 적극적으로 활용하였으며, 최근에는 미국의 대선에도 개입했다는 정황이 드러나면서[125] 사이버전에 대한 국제사회의 관심은 규제와 효과라는 양쪽 모두에 쏠려있다고 하겠다.

현재의 사이버전은 2000년대 중반부터 시작되었는데 2007년 러시아에 의해 자행된 에스토니아 사이버공격(해킹)이 대표적이다.[126] 러시아가 자행한 사이버공격(cyber attack)으로 인해 인터넷 기반이 잘 갖추어진 국가로 손꼽히던 에스토니아의 정부, 금융기관, 통신 등이 3주간 마비되었다.[127] 2008년 6월에도 러시아와 조지아의 무력분쟁에 앞서 러시아에 의한 사이버공격(cyber attack)이 조지아를 대상으로 자행되었다.[128] 2011년 6월 이스라엘의 지원을 받은 미국이 '스턱스넷'을 이용하여 이란의 핵발전소를 오작동하게 하여 무력화시킨 사례도 있다.[129] 사이버공격(cyber attack)의 효과가 가시화되자 이에 대해서 각국은 사이버공격(cyber attack)에 대비하기 위한 조직과 규범의 제정에 적극적이다. 아울러 사이버공격(cyber attack) 역량 구비에 힘쓰고 있다. 대표적인 예로 미국은 사이버사령부를 창설하고 대통령 직속 보좌관직을 신설하여 운영하고 있다. 유럽의 경우 2012년 유럽연합 차원의 사이버 침해대응계획을 만들었으며 현재까지도 계속해서 대응 매뉴얼을 최신화하고 있다.[130]

한편, 사이버전을 규제하기 위해 전쟁법을 사이버공격(cyber attack)에 적용할 수 있을지가 계속해서 논의되고 있다. 주된 논의로는 첫째, 전쟁법이 규율하는 무력분쟁에 사이버전이 포함되는지 여부이다. 다시 말해, 전쟁법 상 무력분쟁에 해당하는 사이버전과 그렇지 않은 사이버테러의 구분은 어떻게 되는지가 논의의 핵심이라고 할 것이다. 둘째는 사이버전 공격은 사이버 영역에서만 방어하거나 대응하는 것인지, 사이버전 공격에 대해 기존의 물리적 공격은 가능한 것인지 여부이다. 이와 관련하여서 사이버공격(cyber attack)을 통해 물리적 피해가 발생하였다면 사이버상의 대응 외에도 물리적 대응이 가능하다는 것이 지

안공학연구논문지」 Vol. 13 No. 4, (2016) 참고.

125) Mary Pepenfus, 러시아가 트럼프 당선을 위해 해킹으로 미국 대선에 개입했다는 미 CIA 내사결과가 나왔다, The Huffington Post US, (2016. 12. 10)(http://www.huffingtonpost.kr/2016/12/10/story_n_13543716.html)

126) 최초의 사이버공격(cyber attack)은 사담 후세인과 콜린 파월로 유명한 1992년 걸프전이었다. 이때 미국은 이라크가 자국에서 수입한 컴퓨터와 네트워크 제품에 바이러스를 미리 심어 놓았다. 이를 전시 이라크에서 사용하자 바이러스를 작동시켜 이라크의 군사 네트워크를 마비시켰다. 관련 내용은 육군본부, 4차 산업혁명과 사이버전, 2017, 56-59면 참조.

127) 한국통신학회 군통신연구회, 「군통신 시스템」, 홍릉 Science, 2014, 433-434면.

128) 이 때 러시아가 시행한 사이버공격은 대규모의 분산서비스거부(DDos)공격이었으며 이는 북한 소행으로 추정되는 대한민국에 대한 사이버공격과 같은 형태이다.; 한국통신학회 군통신연구회, 군통신 시스템, 위의 책, 434면.

129) 한국통신학회 군통신연구회, 상게서, 435면.

130) European Commission-Press release, State of the Union 2017-Cybersecurity: Commission scales up EU's response to cyber-attacks, Brussels, 19 September 2017. (http://europa.eu/rapid/press-release_IP-17-3193_en.htm 최종 방문일: 2017.12.1.)

금까지의 중론이다.

사이버전과 관련하여 국제사회가 과민반응을 하고 있다는 지적도 있다.[131] 사이버범죄와 사이버테러 그리고 무력분쟁에 해당하는 사이버공격(cyber attack)을 구분하지 않고 모든 것은 '사이버공격(cyber attack)'으로 통칭하는 언론이나 기술 분야의 관용적 어구로 인해 단순 사이버상의 해킹마저도 사이버공격(cyber attack)으로 지칭하는 경우가 허다하기 때문이다. 이는 규범적 판단이 아니므로 사이버공격(cyber attack), 사이버테러, 사이버범죄(단순 해킹, 범죄수단으로서의 정보조작 등)을 명확히 구분하는 필요할 것이다. 사이버전을 규율하기 위한 국제사회의 노력으로 사이버 및 보안기술 전문가들과 국제법학자들이 공동으로 집필한 「탈린 매뉴얼 1, 2」가 제정되었다.[132] 동 매뉴얼은 사이버전과 관련하여 국제사회의 규범적 합의를 담았다기보다는 모델 규범으로서의 역할을 하고 있다고 할 것이다.

사이버전은 양날의 칼과 같다. 누구도 절대적으로 우의를 점유하기 힘들다는 기술적 특징으로 인해 앞으로도 규범적 합의에 도달하기란 쉽지 않을 것이다. 그러나 사이버전이 사이버 공간에서만 이루어지는 한정적인 분쟁의 형태로 판단하는 우를 범하여서는 아니 될 것이다. 아울러 당해 분야는 단순히 법률전문가 또는 기술전문가 독자적으로 규율할 수 있는 분야가 아닌 융합적인 규범의 산물이 될 것이라는 점에서 규범과 기술전문가 공동의 대처가 절실하다.

Ⅷ. 하이브리드 전쟁(Hybrid warfare)

하이브리드 전쟁의 개념과 관련하여 Hoffman은 "국가 또는 정치 집단이 재래식 전쟁 수행능력, 비정규전 전술과 조직, 무차별적인 폭력과 강압을 동반하는 테러행위, 그리고 범죄행위 등의 다양한 전쟁방식을 사용하여 수행"하는 전쟁이라고 정의한다.[133] 크름반도와 돈바스 지역의 일부를 점령·병합한 러시아가 사용한 대표적인 전쟁 수행방식이며, 중국도 자국의 해양영유권을 확장하기 위한 수단으로서 해양경계획정이 합의에 이르지 않은 국가에 대응하여 이른바 '해상민병'을 활용하는 것도 대표적인 하이브리드 전쟁의 방식 중 하나인 '법률전(lawfare)'이라고 할 것이다.

하이브리드 전쟁과 관련하여 이른바 Gray-Area 또는 'below the threshold'라는 개

131) Laurie R. Blank, Cyber versus Cyber Attack: The Role dof Rhetoric in the Application of Law to Activities in Cyber space, in CYBER WAR Law and Ethics for VIrtual Conflicts, Editted by Jens David, Kevin Govern, anc Clair Finkelstein, pp.76-101, (2015) 참조.

132) Tallinn Manual on the International Law Applicable to Cyber Warfare, Edited by Michael N. Schmitt, Cambridge, 2013: Tallinn Manual 2.0 on the International Law Applicable to Cyber Warfare, Edited by Michael N. Schmitt, Cambridge, 2017.

133) Frank G. Hoffman, 'Hybrid vs. compound war: The Janus choice of modern war: Defining today's multifaceted conflict', Armed Forces Journal. 2009, p. 3

념이 있다.[134] 이분 되는 양쪽 중간에 있는 회색지대에 직면할 때 즉각적이고 적절한 결정 또는 대응을 하지 못한다는 것을 의미한다. 이러한 관념은 사물을 인식하는 방식에 있어 이분법적 사고에 입각한 서구사회의 한 특징이기도 하다. 하이브리드 전쟁에 대해 전쟁법 이 규율할 수 없는 새로운 전쟁유형의 발생이라는 평가도 있다.[135] 그러나 법은 그 지역 또 는 당사자를 불문하고 이른바 '문지방(threshold)을 넘지 않을 행위', 다시 말해 critical point를 넘어서지 않는다면 적용되지 않는다. "전쟁 직전" 또는 "전쟁과 평화 사이의 지 대"라는 것은 실제 존재한다고 하더라도 전쟁과 평화 사이의 지대라는 것이 법적으로는 존 재하지 않는다고 할 것이다.[136] 따라서 하이브리드 전쟁이 수행될 경우 회색지대 또는 '문 지방 아래에서 이루어진 행위'들이 상당할 것이지만, 이에 대해 국제인도법 또는 관련 국 제법이 적용되지 않는 제한사항 또는 문제점이 있다고 주장하는 것은 설득력이 없다고 할 것이다.

---

134) 손승종, "러시아 하이브리드 전쟁의 이론과 실제", 「한국군사학논집」 제73집 제 1 권, 2017, 86-87면.
135) Shane R Reeve and Robert E Barnsby "The New Griffin of War-Hybrid International Armed Conflicts", Harvard International Law Review, Winter 2013, p.18.
136) Douglas Cantwell, Hybrid Warfare: "Aggression and Coercion in the Gray Zone", AJIL Insights, Vol.21, Issue 14, November 29, 2017, pp. 3-6; Douglas는 러시아가 비록 전쟁과 평화의 중간에서 크림지역에 개입하여 마치 국제법을 위반하지 않거나 비록 국제법이 요구하는 행위는 아니라 도 그러한 행위는 이른바 문지방 아래에(below the threshold) 있는 까닭에 크림병합사건에 국제법의 적용을 받지 않는다고 주장할 수 있지만, 러시아가 크림합병을 위해 취한 행위들은(cyber전 수행, 역 정 보전, 심리전의 수행 등) 유엔헌장 제 2 조 제 4 항의 영토의 완결성을 침해한 행위에 해당하며, 외국에 의한 여하한 타국의 외교 또는 국정에 관한 간섭은 주권불가침의 원칙을 선언한 유엔총회결의의 위반에 해당한다고 주장한다.

사항색인

공저자소개

김현주
육군사관학교 문학사
서울대학교 법과대학 졸업(법학사)
고려대학교 법과대학 대학원 졸업(법학석사)
미국 Washington Univ. in St. Louis 법학석사(L.L.M.),
　　법학박사(S.J.D)
대한적십자사 인도법연구소 자문위원
육군사관학교 법학 교수
現) 화랑대연구소 소장

김동혁
육군사관학교 문학사
서울대학교 법과대학 졸업(법학사)
서울대학교 법과대학 대학원 졸업(법학석사)
사법연수원 39기 수료
육군본부 법무실 보통검찰부장
3군단 법무참모
국방부 고등군사법원 군판사(보통부장)
육군 법무실 법무과장
육군 검찰단장
現) 국방부 검찰단장(준장)

김회동
육군사관학교 문학사
서울대학교 법과대학 졸업(법학사)
서울대학교 법과대학 대학원 졸업(법학석사)
미국 Univ. of Illinois in Urbana Champaign 법학석사
　　(L.L.M.)
Emory Univ. 법학박사(S.J.D)
대한국제법학회 이사
서울국제법연구원 이사
육군사관학교 법학 부교수

제 4 판
군사법원론

초판발행   2011년 2월 25일
제4판발행   2023년 9월 10일

지은이   김현주 · 김회동 · 김동혁
펴낸이   안종만 · 안상준

편 집   이승현
기획/마케팅   최동인
표지디자인   Benstory
제 작   고철민 · 조영환

펴낸곳   (주) 박영사
            서울특별시 금천구 가산디지털2로 53, 210호(가산동, 한라시그마밸리)
            등록 1959. 3. 11. 제300-1959-1호(倫)

전 화   02)733-6771
f a x   02)736-4818
e-mail   pys@pybook.co.kr
homepage   www.pybook.co.kr
ISBN   979-11-303-4436-2   93360

copyright©김현주 외, 2023, Printed in Korea

* 파본은 구입하신 곳에서 교환해 드립니다. 본서의 무단복제행위를 금합니다.

정 가   49,000원